DAS PFENNIG-MAGAZIN
DER GESELLSCHAFT ZUR VERBREITUNG
GEMEINNÜTZIGER KENNTNISSE.
1842.

DELPHI 1020.

NEU VERLEGT BEI FRANZ GRENO, NÖRDLINGEN 1985.

Herausgegeben von Reinhard Kaiser.

Copyright © 1985 bei GRENO Verlagsgesellschaft mbH,
D-8860 Nördlingen.

Die Reproduktion erfolgte
nach dem Hand-Exemplar von Arno Schmidt
mit freundlicher Genehmigung
der Arno-Schmidt-Stiftung, Bargfeld.

Reproduktionen G. Mayr, Donauwörth
und G. Bergmann, Frankfurt/Main.
Gedruckt und gebunden bei Wagner GmbH, Nördlingen.
Printed in Germany.

ISBN 3921568544.

Das Pfennig-Magazin

der

Gesellschaft

zur

Verbreitung gemeinnütziger Kenntnisse.

Zehnter Band

Nr. 457—509.

Leipzig,

In der Expedition des Pfennig-Magazins.

(F. A. Brockhaus.)

1842.

Inhaltsverzeichniß des zehnten Jahrganges.

Zur bequemen Übersicht der mit Abbildungen versehenen Artikel sind die Titel derselben mit gesperrter Schrift gedruckt; die mit [ ] versehenen Ziffern weisen die Nummer des Stücks nach, die am Ende der Zeilen stehenden die Seitenzahl.

	Nr.	S.
Aachen, das Rathhaus daselbst	[502]	364
Abtei, die, Melrose	[464]	60
Abzugskanäle in London	[472]	128
Afghanistan, die Engländer daselbst	[475]	151
	[476]	155
Afrika, die wilden Schweine daselbst	[490]	271
Ägyptisches Museum in Rom	[460]	30
Albatros, der	[509]	424
Alexandria, der Hafen von	[492]	284
Amerika, die Freistaaten desselben in politischer Beziehung	[483]	214
Ananaspflanze, die	[479]	180
Ancona	[509]	417
—— Hafen daselbst	[492]	281
Angelo, Michel, Buonarotti	[493]	290
Anna, Kurfürstin von Sachsen	[505]	385
Ansicht von Boston Bai in Südaustralien	[496]	316
—— des kaiserlichen Palastes und Gartens zu Peking	[485]	225
—— von Tagdempt nach der Zeichnung eines französischen Offiziers	[506]	393
Armeen, französische, Stärke derselben seit dem 16. Jahrhundert	[491]	280
Aron, der gefleckte	[483]	212
Artischocke, die	[485]	228
Ataraipu, der Berg, im britischen Guiana	[475]	152
August, Kurfürst von Sachsen	[486]	233
Baden-Baden (Stadt)	[489]	260
Baden (Schloß) Felsbrücke hinter demselben	[489]	260
Bagdad	[495]	311
Bagnos, die französischen	[503]	376
Basedow, Johann Bernhard	[462]	41
	[463]	50
Batterie, galvanische, von Bunsen	[470]	108
Bedschapur (die Stadt)	[461]	40
Begräbnisse in Neapel	[504]	378
Beleuchtung durch Stearin- und Wachslichter	[488]	256
Bettelknaben, spanische, nach einem Gemälde von Murillo	[467]	81
Bewässerung, die, im Morgenlande	[473]	129
	[481]	197
Bienen, das Schwärmen derselben	[482]	202
Bienenschwarm	[481]	197
Bierbrauerei, eine londoner	[461]	33
—— Eingang in dieselbe	[457]	8
Bierprobe, eine neue	[475]	148
Bilder, bunte, aus Petersburg		
1. Straßenleben		157
2. Märkte		
3. Der große Maskenball in der Butterwoche	[476]	159
4. Die Eisberge		160
Blumenbach, Johann Friedrich	[494]	297
	[495]	306
Böhmens Leinwandfabrikation	[457]	8
Bonn	[494]	299
—— das Münster daselbst	—	300
Boote auf dem Ganges	[507]	405
Boston Bai in Südaustralien, Ansicht derselben	[496]	316

	Nr.	S.
Brand, der, von Hamburg	[486]	240
	[487]	245
—— des londoner Tower	[457]	5
Brasilien, Diamantenwäschen daselbst	[506]	396
Brasilische Indianer nach einer Zeichnung von Rugendas	[505]	388
Bronnizy, die Brücke daselbst	[500]	352
Brot, gepreßtes	[485]	232
Brücke, die, des Bergues in Genf	[472]	124
—— bei Bronnizy	[500]	352
—— von St.-Maurice	[466]	76
—— im norwegischen Gebirge	[489]	257
Buffon, George Louis	[476]	153
Bulak, bei Kairo, Landungsplatz daselbst	[471]	113
Bunsen's galvanische Batterie	[470]	108
Buonarotti, Michel Angelo	[492]	281
	[493]	290
Bürger, Gottfried August	[460]	25
	[461]	36
Burke, Edmund	[484]	217
Burnes, Sir Alexander	[477]	162
Byron, Lord	[464]	57
	[465]	69
Campe, Joachim Heinrich	[478]	169
Chalons an der Saone	[474]	140
Cherbourg, der Hafen daselbst	[502]	361
Christian VIII., König von Dänemark	[482]	201
Christiania, Hauptstadt in Norwegen	[490]	269
—— Gegend zwischen hier und Drontheim	[491]	273
Christine, Königin von Schweden	[498]	329
	[499]	343
	[500]	348
Chronik der Eisenbahnen im Jahre 1841	[470]	110
	[471]	115
	[472]	126
	[473]	133
Chronologie der Erdbeben	[497]	328
Continente, mittlere Höhe derselben	[506]	399
Criminaljustiz, die englische	[473]	133
Curiosum	[465]	72
Daguerreotypie neueste Fortschritte derselben	[478]	171
Dampf, Zusammenhang desselben mit der Elektricität	[469]	99
Dampfschifffahrt, Statistik derselben	[503]	376
Denkmäler, die, der neuern Zeit	[463]	55
	[464]	61
Deutschland, Größe der berühmtesten Kirchen desselben	[485]	232
Diamanten, Transport derselben aus dem Diamantendistrict nach Rio Janeiro	[506]	396
Diamantenwäschen in Brasilien	[506]	396
Diorama, das	[469]	102
Dom, der, in Worms	[478]	172
Dombau, der kölner	[498]	335
	[499]	337
Donau, die	[486]	236
	[487]	241
Dreur	[494]	299
Drontheim, Gegend zwischen Christiania und dieser Stadt	[491]	273
Dürer, Albrecht, Gemälde, die Falkenjägerin	[493]	289

Inhaltsverzeichniß.

	Nr.	S.
Dyk, van		
—— die Jungfrau mit dem Kinde, Gemälde desselben	[457]	1
Ehrenbezeigung, seltsame	[502]	368
Ehrenbreitstein, der	[497]	324
Ehrlichkeit, russische	[462]	48
Eigenthümliche Anwendung der Galvanoplastik	[507]	408
Einfuhr in den Staaten des Zollvereins im Jahre 1841	[484]	224
Eingang in eine londoner Bierbrauerei	[461]	33
Eisberge, die, in Petersburg	[476]	160
Eisenbahn, die hydraulische	[468]	96
Eisenbahnen, Chronik der, im Jahre 1841	[470] [471] [472] [473]	110 115 126 133
Eisenwerk, das größte englische	[507]	408
Elektricität, Zusammenhang des Dampfes mit derselben	[469]	99
Elektromagnete von außerordentlicher Tragkraft	[478]	176
Elias, des Propheten, Schule	[504]	384
Emgalo, Kampf einer Löwin mit einem solchen	[492]	286
England, Landreise von da nach Indien	[471]	143
Englands Staatsschuld	[505]	392
Engländer, die, in Afghanistan	[475] [476]	151 155
Erdbeben und andere Naturerscheinungen im Jahre 1841	[466]	76
Erdbeben, Chronologie der	[497]	328
Erweiterung, wichtige, der Photographie	[504]	383
Europa, Landreise von Indien nach	[459] [460]	21 28
Europas Universitäten	[493]	291
Expedition der Franzosen gegen Tagdempt	[506] [507] [508]	393 407 414
Falkenjägerin, die, nach einem Gemälde von Albrecht Dürer	[493]	289
Farbenverschönerung durch Umkehren des Kopfes	[479]	184
Felsbrücke hinter dem alten Schlosse Baden	[489]	260
Felsenharmonika, die	[478]	176
Fenster, luftdichte	[496]	320
Feuerland, das, und seine Bewohner	[503]	373
Feuersbrunst als Folge einer Feuerkugel	[458]	16
Feuerstein, der	[490]	270
—— Gebrauch desselben	[495]	310
Fichte, Johann Gottlieb	[468] [469]	89 97
Finsternisse, die, an Sonne und Mond	[477]	164
Fleischconsumtion in verschiedenen Städten	[503]	376
Flintensteine, Zurichtung derselben in Frankreich	[491]	275
Fortschritte, neueste, der Daguerreotypie	[478]	171
Francia, Don José Gaspar Rodriguez	[467]	85
Frankreich, Steinkohlenproduction daselbst	[462]	48
—— die Thronfolge daselbst	[495]	309
—— Viehzucht daselbst	[479]	184
—— Zurichtung der Flintensteine daselbst	[491]	275
Frankreichs Handel im Jahre 1840	[460]	32
—— Handel mit Preußen	[474]	144
—— Marschälle	[458]	14
Franzosen, Expedition derselben gegen Tagdempt	[506] [507] [508]	393 407 414
Französische und belgische Rübenzuckerproduction	[509]	424
Freistaaten, die, Amerikas, in politischer Beziehung	[483]	214
Fremde in Wien	[493]	296
Fuhrwerk in Paris, durch dasselbe verursachte Unglücksfälle	[501]	360
Galvanoplastik, eigenthümliche Anwendung derselben	[507]	408
Galvanoplastische Nachbildung von Kupferplatten	[470]	112
Ganges, der	[507]	404
—— Boote auf demselben		405
Garten, kaiserlicher, zu Peking, Ansicht desselben	[485]	225
Gasthof, der große, in Genf	[472]	124
Gebrauch des Feuersteins	[495]	310
Gegend zwischen Christiania und Drontheim	[491]	273

	Nr.	S.
Gegenden, drei, an der Donau	[486] [487]	236 241 244
Gelehrtenversammlung in Strasburg im Jahre 1842	[504]	384
Gellert, Christian Fürchtegott	[458] [459]	9 18
Generalgouverneurs in Ostindien seit 1758	[485]	232
Genf	[472] [473] [507]	124 131 401
George Washington	[508] [509]	414 417
Gepreßtes Brot	[485]	232
Gerhard, Paul	[474]	137
Gesellschaft, die zoologische, in London	[481]	200
Gewebe, unentzündliche	[505]	387
Girardet, Karl, Gemälde: Mahlzeit von Landleuten aus dem berner Oberlande	[463]	49
Gletscher, die, der Schweiz	[488] [489] [490]	253 262 267
Goldsmith, Oliver	[496]	313
Gothakanal, der	[504]	381
Gregorianisches Museum in Rom	[460]	30
Größe der berühmtesten Kirchen in Deutschland	[485]	232
Grundzüge der Wärmelehre	[505] [506] [507] [508]	389 397 406 413
Guiana, das britische	[475]	145
1) Guiana im Allgemeinen	—	146
2) Historisches und Statistisches		
Der Berg Ataraipu	[475]	152
Die Roainaberge	—	147
3) Skizzen aus dem Innern	[476]	156
Gegend am Massaruni. Fischende Indianer.	—	157
Gute Lehre	[496]	315
Hafen, der, von Ancona	[509]	417
—— der, von Cherbourg	[502]	361
—— der, von Haiti	[498]	332
Hagel, der	[501] [502]	357 365
Haiti, die Insel	[498] [499]	332 341
Halley, Edmund	[490]	265
Ham, das Schloß	[465]	68
Hamburg, der Brand von	[486] [487]	240 245
Hamburger Schiffahrt	[470]	112
Handel Frankreichs im Jahre 1840	[460]	32
—— mit Preußen	[474]	144
Häufigkeit der Hinrichtungen	[495]	312
Haus des Malers Rubens in Antwerpen	[469]	97
Häuser in Neapel	[502]	367
Hausfrau, die holländische, nach einem Gemälde des Nikolaus Maes	[465]	65
Heroismus, fanatischer	[465]	72
Heuschrecken, die	[474]	141
Hinrichtungen, Häufigkeit derselben	[495]	312
Höhe, mittlere, der Continente	[506]	399
Hütten der Indianer in Guiana	[477]	161
Iffland, August Wilhelm	[466] [467]	73 81
Indianer, brasilische, nach einer Zeichnung von Rugendas	[505]	388
Indianer, in Guiana fischende	[476]	157
—— Hütten und Kähne derselben	[477]	161
Indien, Landreise von da nach Europa	[459] [460]	21 28
—— Landreise von England nach	[471]	113
Inseln, die schwimmenden	[508]	412
Invalidenhotel in Paris, die verschiedenen Bewohner desselben	[507]	408
Invalidenhaus, das, zu Paris	[464]	64
Joseph II., römisch-deutscher Kaiser	[501] [502]	353 362
Jungfrau, die, mit dem Kinde, nach van Dyk	[457]	1
Jupiter, der Planet	[481]	196

Inhaltsverzeichniß.

	Nr.	S.
Iwan in Ungarn, Meteorsteinregen daselbst	[460]	31
Kaffeehäuser in Moskau	[491]	279
Kaffern, die	[463]	51
Kafferndorf, ein	[463]	52
Kähne der Indianer in Guiana	[477]	161
Kaiser Joseph II.	[501]	353
	[502]	362
Kalender, der türkische	[502]	364
Kampf einer Löwin mit einem Emgalo	[492]	286
Kanal, schiffbarer, zwischen dem atlantischen und stillen Ocean	[477]	168
Karmel, der Berg	[504]	377
Karthago	[483]	209
	[484]	218
	[485]	227
—— Ruinen von	[483]	209
Kasan	[481]	193
Kaschmir	[464]	62
	[465]	66
Katakomben in Neapel	[503]	370
Kathedrale, die, von Lyon	[458]	12
Kenntniß altenglischer Lebensweise	[500]	345
Kesselflicker, der spanische, nach Murillo	[461]	36
Kettenbrücke, die, in Prag	[471]	120
—— Nachtrag über dieselbe	[484]	224
Kirchen in Deutschland, Größe der berühmtesten derselben	[485]	232
—— in Moskau	[491]	277
—— in Neapel	[502]	367
Klöster in Moskau	[491]	278
Koblenz	[497]	324
Kometen, die	[457]	5
	[458]	14
	[459]	23
Konstantinopel, Meerenge von, die Mündung derselben	[493]	292
Kopf, Farbenverschönerung durch Umkehren desselben	[479]	184
	[480]	185
	[481]	198
Kranach, Lukas		
Kreml, der, in Moskau	[491]	277
Krieg, der große, zur Geschichte desselben	[474]	139
Küchenzettel, der kolossale	[462]	43
Kupferplatten, galvanoplastische Nachbildung derselben	[470]	112
Kutschenboot, das	[471]	119
Landreise von England nach Indien	[471]	113
—— von Indien nach Europa	[459]	21
	[460]	28
Landschaft nach Wouverman	[459]	17
Landungsplatz in Bulak bei Kairo	[471]	113
Landwirthschaftliche Statistik der Vereinigten Staaten von Nordamerika	[500]	346
Lazzaroni in Neapel	[503]	371
Larventaucher, der gezopfte	[495]	308
Leben auf der Straße in Neapel	[502]	366
Lebensweise, altenglische, zur Kenntniß derselben	[500]	345
Lehre, gute	[496]	315
Leinwandfabrikation Böhmens	[457]	8
Letten und Esthen, die	[496]	317
Letten	—	318
Esthen	—	320
	[497]	327
Lincoln (Port) in Südaustralien	[496]	316
Liszt, Franz	[470]	105
London, Abzugskanäle daselbst	[472]	128
—— Die zoologische Gesellschaft daselbst	[481]	200
Londoner Bierbrauerei	[461]	33
Löwin, Kampf einer solchen mit einem Emgalo	[492]	286
Ludwig XIV., ein Tag desselben in Versailles	[457]	2
—— Ludwig XIV. in seinem Schlafgemach	—	4
Luftdichte Fenster und Thüren	[496]	320
Luftdruck, ein durch denselben in Bewegung gesetzter Wagen	[463]	56
Lyon, die Kathedrale daselbst	[458]	12
Maas- und Moselkanal, der	[505]	392
Madonna dell' Arco, Volksfest in Neapel	[509]	378
Maes, Nikolaus, dessen Gemälde, die holländische Hausfrau	[465]	65

	Nr.	S.
Mafra, das Kloster daselbst	[470]	109
Mahl, das ländliche, nach einem Gemälde von Karl Girardet	[463]	49
Maria, Theresia, deutsche Kaiserin	[472]	121
	[473]	130
Märkte, die, in Petersburg	[476]	157
Mars, der Planet	[481]	195
Marschälle Frankreichs	[458]	14
Maskenball, der große, in der Butterwoche zu Petersburg	[476]	159
Massaruni, Fluß, Gegend an demselben	[476]	157
Massillon, Jean Baptiste	[488]	249
Medina	[500]	347
Meerenge von Konstantinopel, die Mündung derselben	[493]	292
Mekka	[499]	340
Melrose, die Abtei	[464]	60
Metall, was ist gediegenes, feines und reines?	[488]	255
Meran in Tirol	[488]	251
Mercur, der Planet	[480]	192
Metallplattirung, die elektrochemische	[477]	168
Meteorsteinregen zu Iwan in Ungarn	[460]	31
Metz	[482]	204
Michel Angelo Buonarotti	[492]	281
	[493]	290
Miethwagen in Paris	[505]	391
Ministerien, die, der größern europäischen Staaten am 2. Mai 1842	[475]	147
Mittlere Höhe der Continente	[506]	399
Mosaikarbeit und ähnliche Künste der Italiener	[467]	85
Mosaikboden, der, in Salzburg	[469]	104
Moselkanal, der	[505]	392
Moskau, Skizzen aus	[491]	276
1) Quartiere und Straßen		
2) Der Kreml	—	277
3) Die Kirchen	—	278
4) Klöster	—	278
5) Kaffeehäuser und Wirthsgärten	—	279
Mündung der Meerenge von Konstantinopel	[493]	292
Münster, das, zu Bonn	[494]	300
Murillo's Gemälde: Spanische Bettelknaben	[467]	81
Museum, das ägyptische und das Gregorianische in Rom	[460]	30
Nachbildung, galvanoplastische, von Kupferplatten	[470]	112
Nachtrag über die prager Kettenbrücke	[484]	224
Naturerscheinungen im Jahre 1841	[466]	76
Neapolitanische Räuber	[508]	409
Neapolitanische Skizzen	[502]	366
1) Leben auf der Straße	—	366
2) Häuser, Kirchen, Villen	—	367
3) Die Katakomben	[503]	370
4) Lazzaroni	—	371
5) Spiele	—	372
6) Die Tarantella	—	—
7) Das Volksfest Madonna dell' Arco	[504]	378
8) Begräbnisse		
Neu-Südwales bis zum Jahre 1836	[492]	284
	[493]	293
	[494]	302
	[495]	307
Nigerexpedition	[505]	386
Ningpo	[495]	305
	[489]	257
Norwegen und die Norweger	[490]	268
	[491]	273
Notizen.		
—— Böhmens Leinwandfabrikation	[457]	8
—— Eine neue Bierprobe		
—— Feuersbrunst als Folge einer Feuerkugel	[458]	16
—— Ein vom Licht einer Wolke erzeugter Regenbogen		
—— Erlegung mehrer Gattungen von Wild in Schweden im Jahre 1840	[461]	40
—— Stahlfedern den Gänsefedern im Gebrauche ähnlich zu machen	[500]	352
—— Die Gelehrtenversammlung in Strasburg im Jahre 1842	[504]	584
—— Das größte englische Eisenwerk	[507]	408

Inhaltsverzeichniß.

	Nr.	S.
Ocean, atlantischer, Kanal zwischen demselben und dem stillen Ocean	[477]	168
Odessa, Skizzen aus	[477]	167
	[478]	173
Ostindien, Generalgouverneurs von, seit 1758	[485]	232
Palast, kaiserlicher zu Peking, Ansicht desselben	[485]	225
Paris, Bewohner des Invalidenhauses daselbst	[507]	408
—— das Invalidenhaus daselbst	[464]	64
—— Miethwagen daselbst	[505]	391
Peking —— Ansicht des kaiserlichen Palastes und Gartens daselbst	[485]	225
Petersburg, bunte Bilder aus	[475]	148
1) Straßenleben		
2) Märkte		157
3) Der große Ball in der Butterwoche	[476]	159
4) Die Eisberge		160
Phönizier, die alten	[479]	177
	[480]	187
Photographie, wichtige Erweiterung derselben	[504]	384
Planeten, die vier kleinsten: Vesta, Juno, Ceres, Pallas	[481]	195
	[479]	182
Planetensystem, das	[480]	190
	[481]	194
	[482]	205
Plinius, der Tod des ältern	[468]	95
Polygaren, die, von Tinvelly	[501]	356
Port Lincoln in Südaustralien	[496]	316
Postchaise, eine walachische	[460]	28
Prag, die Kettenbrücke daselbst	[471]	120
Preußen, Handel Frankreichs mit demselben	[474]	144
—— Todesurtheile daselbst	[466]	80
Preußens Sparkassen	[484]	224
Propaganda in Rom	[489]	264
Prophet Elias, Schule desselben	[504]	384
Prinz, der, von Wales	[459]	22
Pulkowa, die Sternwarte daselbst	[482]	207
Quai, der große, in Genf	[472]	124
Quartiere in Moskau	[491]	276
Rad, das persische, oder Sackiyeh	[473]	136
Rathhaus, das, zu Aachen	[502]	364
Räuber, neapolitanische	[508]	409
Rechnenmaschine, neue	[462]	48
Regenbogen vom Licht einer Wolke erzeugt	[458]	16
Reise nach Surinam	[462]	44
	[463]	52
Reise um die Welt	[482]	208
Reisewagen, südrussische	[499]	337
Riesengasthof	[475]	152
Rio Janeiro, Transport von Diamanten aus dem Diamantendistrict nach dieser Stadt	[506]	396
Roaina-Berge, die, im britischen Guiana	[475]	145
Rom, Propaganda daselbst	[489]	264
Rousseau's Insel in Genf	[472]	124
Rubens, der Maler, dessen Haus in Antwerpen	[469]	97
Rübenzuckerproduction, französische und belgische	[509]	424
Ruinen von Karthago	[483]	209
—— von Tyrus	[479]	177
Russische Ehrlichkeit	[462]	48
Sackiyeh, das, oder persische Rad	[473]	136
Salzbergwerke, die, von Wieliczka	[492]	287
Salzburg, der Mosaikboden daselbst	[469]	104
Saturn, der Planet	[482]	205
Schafe, Statistik derselben	[506]	400
Schiffahrt, hamburger	[470]	112
—— preußische	[507]	408
Schiffe, verloren gegangene	[493]	296
Schlacht, die, bei Worcester	[467]	83
		84
Schule des Propheten Elias	[504]	384
Schwärmen, das, der Bienen	[481]	197
	[482]	202
Schweden, Erlegung mehrer Gattungen Wild daselbst	[461]	40
Schweine, gehörnte	[467]	88
—— die wilden, in Afrika	[490]	271

	Nr.	S.
Schweiz, die Gletscher daselbst	[488]	253
	[489]	262
	[490]	267
See der schwimmenden Inseln	[508]	412
Skizzen aus Moskau	[491]	276
1) Quartiere und Straßen		
2) Der Kreml	—	277
3) Die Kirchen		
4) Klöster	—	278
5) Kaffeehäuser und Wirthsgärten	—	279
Skizzen, neapolitanische	[502]	366
1) Leben auf der Straße		
2) Häuser, Kirchen, Villen	—	367
3) Die Katakomben	[503]	370
4) Lazzaroni	—	371
5) Spiele	—	372
6) Die Tarantella	—	—
7) Das Volksfest Madonna dell' Arco	[504]	378
8) Begräbnisse		
Skizzen aus Odessa	[477]	167
	[478]	173
Souveraine, die, europäischer Abkunft	[457]	1
	[458]	13
Sparkassen Preußens	[484]	224
Spiele in Neapel	[503]	372
Spinnmaschine, eine neue	[473]	135
Staaten des Zollvereins, Einfuhr in dieselben im Jahre 1841	[484]	224
Staatsschuld Englands	[505]	392
Stahlfedern im Gebrauche den Gänsefedern ähnlich zu machen	[500]	352
Stärke der französischen Armeen seit dem 16. Jahrhundert	[491]	280
Statistik der Dampfschiffahrt	[503]	376
—— landwirthschaftliche, der Vereinigten Staaten von Nordamerika	[500]	346
—— der Schafe	[506]	400
Stearinlichter, Beleuchtung durch dieselben	[488]	256
Steinkohlenproduction in Frankreich	[462]	48
Steppen, die südrussischen	[483]	215
	[484]	222
	[485]	230
	[486]	237
Sternwarte, die, zu Pulkowa	[482]	207
St.-Maurice, die Brücke von	[466]	76
Straßburg, Gelehrtenversammlung daselbst im Jahre 1842	[504]	384
Straßen in Moskau	[491]	276
Straßenleben in Petersburg	[475]	148
Südaustralien, Port Lincoln daselbst	[496]	316
Südpolarland, das	[414]	143
Südrussische Reisewagen	[499]	337
Suez, Ansicht dieser Stadt	[471]	120
Sultanieh in Nordpersien	[459]	21
Sumbekathurm, der, in Kasan	[481]	193
Surinam, Reise nach	[462]	44
	[463]	52
Tabacksfabrikation, die	[497]	321
	[498]	334
Tabacksmagazin, ein, in London	[497]	321
Tag, ein, Ludwig's XIV. in Versailles	[457]	2
—— Ludwig XIV. in seinem Schlafgemach	—	4
Tagdempt, Expedition der Franzosen gegen diese Stadt	[506]	393
	[507]	407
	[508]	414
—— Ansicht von, nach der Zeichnung eines französischen Offiziers	[506]	393
Tarantella, die, neapolitanischer Tanz	[503]	372
Thomson, James	[503]	369
Thronfolge, die, in Frankreich	[495]	309
Thüren, luftdichte	[496]	320
Tinvelly, die Polygaren von	[501]	356
Tirol (Schloß) bei Meran	[488]	252
Tod, der, des ältern Plinius	[468]	95
Todesurtheile in Preußen	[466]	80
Tokat, die Stadt	[462]	44
Tower, londoner, der Brand desselben	[457]	5
Tragkraft, außerordentliche, der Elektromagnete	[478]	176
Transport von Diamanten aus dem Diamantendistrict nach Rio Janeiro	[506]	396

Inhaltsverzeichniß.

	Nr.	S.
Tromben oder Wasserhosen	[471]	119
Trotzburg, Schloß in Oberbaiern, Ansicht desselben	[484]	221
Tyrus, Ruinen von	[479]	177
Uhr, die genaueste	[506]	400
Uhrenfabrikation, schweizer	[473]	136
Unentzündliche Gewebe	[505]	387
Unglück durch Fuhrwerk	[501]	360
Universitäten, die deutschen	[488]	251
—— Europas	[493]	291
Uranus, der Planet	[482]	207
Utrecht vom Kanal gesehen	[480]	189
Venus, der Planet	[481]	194
Vereinigte Staaten von Nordamerika, landwirthschaftliche Statistik derselben	[500]	346
Verloren gegangene Schiffe	[493]	296
Versailles, ein Tag Ludwig's XIV. daselbst	[457]	2
—— Ludwig XIV. in seinem Schlafgemach	—	4
Verstorbene, die ausgezeichnetsten des Jahres 1841	[461]	39
Viehstand in Frankreich	[479]	184
Villen in Neapel	[502]	367
Volksfest, das, Madonna dell' Arco in Neapel	[504]	378
Vorrichtung, ägyptische, zum Wasserschöpfen	[473]	129
Wachslichter, Beleuchtung durch dieselben	[488]	256
Wagen, ein durch Luftdruck in Bewegung gesetzter	[463]	56
Walachische Postchaise	[460]	28
Wales, der Prinz von	[459]	22
Walhalla, die	[504]	379
Walzenmühlen, die	[501]	360

	Nr.	S.
Wärmelehre, Grundzüge derselben	[505]	389
	[506]	397
	[507]	406
	[508]	413
Washington, George	[507]	401
	[508]	414
	[509]	417
Was ist gediegenes, feines und reines Metall?	[488]	255
Wasserhosen oder Tromben	[471]	119
Wasserschöpfen, ägyptische Vorrichtung dazu	[473]	129
Weinproduction in den Zollvereinsstaaten	[491]	375
Werdenberg	[469]	100
Wieliczka, die Salzbergwerke von	[492]	287
Wien, Fremde daselbst	[493]	296
Wild, Erlegung mehrer Gattungen desselben in Schweden	[461]	40
Winde, die	[466]	79
	[467]	87
	[468]	93
	[469]	100
Wirthsgärten in Moskau	[491]	279
Worcester, die Schlacht bei	[467]	83
		84
Worms	[478]	172
Wouverman, Philipp	[459]	17
—— Eine Landschaft von demselben	—	—
Xeres (de la Frontera)	[468]	92
Zeitungsstatistik	[496]	315
Zollverein, Einfuhr in die Staaten desselben im Jahre 1841	[484]	224
Zollvereinsstaaten, Weinproduction in denselben	[491]	275
Zurichtung, die, der Flintensteine in Frankreich	[491]	275
Zusammenhang des Dampfes mit der Elektricität	[469]	99

Das Pfennig-Magazin
für
Verbreitung gemeinnütziger Kenntnisse.

457.]   Erscheint jeden Sonnabend.   [**Januar 1, 1842**.

Die Jungfrau mit dem Kinde, nach Van Dyk.*)

Die Souveraine europäischer Abkunft,
nach den Zeitpunkten ihres Regierungsantritts, geordnet am 1. Januar 1842.

(Die am Ende jeder Zeile stehende Zahl bezieht sich auf die Reihenfolge der nach dem Lebensalter geordneten Souveraine.)

	Regierungsantritt.	Dauer der Regierung.	Alter.	
1. Fürst von Lippe-Schaumburg .	1787. Febr. 13.	54 J. 10 M. 15 T.	57 J. — M. 11 T.	(15)
2. Fürst von Lippe-Detmold	1802. April 4.	39 = 8 = 26 =	45 = 1 = 24 =	(33)
3. Herzog von Sachsen-Meiningen	1803. Dec. 24.	38 = — = 7 =	41 = — = 14 =	(40)
4. Herzog v. Sachsen-Koburg-Gotha	1806. = 9.	35 = — = 22 =	57 = 11 = 29 =	(14)

*) Vgl. über Van Dyk Nr. 439 des Pfennig-Magazins.

	Regierungsantritt.	Dauer der Regierung.	Alter.	
5. Fürst v. Schwarzburg-Rudolstadt	1807. April 28.	34 J. 8 M. 2 T.	48 J. 1 M. 24 T.	(27)
6. Fürst von Waldeck	1813. Sept. 9.	28 = 3 = 21 =	52 = 3 = 10 =	(21)
7. Herzogin von Parma	1814. Mai 30.	27 = 7 = 1 =	50 = — = 19 =	(24)
8. Herzog von Modena	1815. Juni 8.	26 = 6 = 22 =	62 = 2 = 25 =	(10)
9. König von Würtemberg	1816. Oct. 30.	25 = 2 = 1 =	60 = 3 = 3 =	(11)
10. Großherzog von Mecklenburg-Strelitz	1816. Nov. 6.	25 = 1 = 24 =	62 = 4 = 19 =	(9)
11. Herzog von Anhalt-Dessau	1817. Aug. 9.	24 = 4 = 22 =	47 = 3 = — =	(29)
12. König von Schweden	1818. Febr. 5.	23 = 10 = 23 =	77 = 11 = 5 =	(1)
13. Fürst von Reuß-Schleiz	1818. April 17.	23 = 8 = 13 =	56 = 7 = — =	(17)
14. Kurfürst von Hessen-Kassel	1821. Febr. 27.	20 = 10 = 1 =	64 = 5 = 3 =	(5)
15. Fürst von Reuß-Ebersdorf	1822. Juli 10.	19 = 5 = 21 =	44 = 9 = 4 =	(34)
16. Herzog von Lucca	1824. März 13.	17 = 9 = 18 =	42 = — = 9 =	(38)
17. Großherzog von Toscana	1824. Juni 18.	17 = 6 = 12 =	44 = 2 = 28 =	(36)
18. König von Baiern	1825. Oct. 13.	16 = 2 = 18 =	55 = 4 = 6 =	(18)
19. Kaiser von Rußland	1825. Dec. 1.	16 = 1 = — =	45 = 5 = 25 =	(32)
20. Königin von Portugal	1826. Mai 2.	15 = 7 = 29 =	22 = 8 = 26 =	(48)
21. Großherzog v. Sachsen-Weimar	1828. Juni 14.	13 = 6 = 16 =	58 = 10 = 26 =	(12)
22. Großherzog von Oldenburg	1829. Mai 21.	12 = 7 = 10 =	58 = 5 = 18 =	(13)
23. Großherzog von Baden	1830. März 30.	11 = 9 = 1 =	51 = 4 = 2 =	(22)
24. Großherzog v. Hessen-Darmstadt	1830. April 6.	11 = 8 = 24 =	64 = — = 5 =	(6)
25. König der Franzosen	1830. Aug. 9.	11 = 4 = 22 =	68 = 2 = 25 =	(4)
26. Herzog von Anhalt-Köthen	1830. Aug. 23.	11 = 4 = 8 =	63 = 5 = 1 =	(7)
27. König beider Sicilien	1830. Nov. 8.	11 = 1 = 22 =	31 = 11 = 19 =	(45)
28. Papst	1831. Febr. 2.	10 = 10 = 26 =	76 = 3 = 12 =	(2)
29. Kaiser von Brasilien	1831. April 7.	10 = 8 = 23 =	16 = — = 29 =	(51)
30. Herzog von Braunschweig	1831. April 25.	10 = 8 = 5 =	35 = 8 = 5 =	(44)
31. König von Sardinien	1831. April 27.	10 = 8 = 3 =	43 = 2 = 29 =	(37)
32. König der Belgier	1831. Juli 21.	10 = 5 = 10 =	51 = — = 15 =	(23)
33. Fürst von Hohenzollern-Sigmaringen	1831. Oct. 17.	10 = 2 = 14 =	56 = 10 = 8 =	(16)
34. König von Griechenland	1832. Oct. 5.	9 = 2 = 26 =	26 = 7 = — =	(46)
35. Königin von Spanien	1833. Sept. 29.	8 = 3 = 1 =	11 = 2 = 21 =	(52)
36. Herzog von Anhalt-Bernburg	1834. März 24.	7 = 9 = 7 =	36 = 9 = 29 =	(43)
37. Herzog von Sachsen-Altenburg	1834. Sept. 29.	7 = 3 = 1 =	52 = 4 = 4 =	(20)
38. Kaiser von Ostreich	1835. März 2.	6 = 9 = 29 =	48 = 8 = 11 =	(26)
39. Fürst von Schwarzburg-Sondershausen	1835. Aug. 19.	6 = 4 = 12 =	40 = 3 = 6 =	(42)
40. Fürst von Liechtenstein	1836. April 20.	5 = 8 = 10 =	45 = 7 = 5 =	(31)
41. König von Sachsen	1836. Juni 6.	5 = 6 = 24 =	44 = 7 = 13 =	(35)
42. Fürst von Reuß-Greiz	1836. Oct. 31.	5 = 2 = — =	47 = 6 = 1 =	(28)
43. Großherzog von Mecklenburg-Schwerin	1837. Febr. 1.	4 = 11 = — =	41 = 3 = 15 =	(39)
44. Königin von Großbritannien	1837. Juni 20.	4 = 6 = 10 =	22 = 7 = 7 =	(49)
45. König von Hanover			70 = 6 = 25 =	(3)
46. Fürst v. Hohenzollern-Hechingen	1838. Sept. 12.	3 = 3 = 18 =	40 = 10 = 12 =	(41)
47. Landgraf von Hessen-Homburg	1839. Jan. 19.	2 = 11 = 12 =	62 = 9 = 20 =	(8)
48. Der Großsultan	1839. Juli 1.	2 = 6 = — =	18 = 8 = 10 =	(50)
49. Herzog von Nassau	1839. Aug. 20.	2 = 4 = 11 =	24 = 5 = 7 =	(47)
50. König von Dänemark	1839. Dec. 3.	2 = — = 28 =	55 = 3 = 12 =	(19)
51. König von Preußen	1840. Juni 7.	1 = 6 = 23 =	46 = 2 = 16 =	(30)
52. König der Niederlande	1840. Oct. 7.	1 = 2 = 24 =	49 = — = 25 =	(25)

(Der Beschluß folgt in Nr. 458.)

Ein Tag Ludwigs XIV. in Versailles.

Folgende Erzählung eines Tages am Hofe des sogenannten großen Königs, welche einem der gleichzeitigen Memoirenschriftsteller entnommen ist, gibt ein treues, wenn auch nicht sehr geschmeicheltes Bild von dem französischen Hofe und Adel, dessen größter Ehrgeiz damals darin bestand, die Gunst des Monarchen zu erlangen, weshalb er sich eifrig zu den niedrigsten Diensten an seiner Person drängte.

Um acht Uhr des Morgens, während ein Diener im Kamin des königlichen Schlafzimmers Feuer machte und Ludwig noch schlief, öffneten die dienstthuenden Pagen behutsam die Fenster des anstoßenden Gemachs und entfernten die Mahlzeit, die für den Fall, daß der König in der Nacht eine Erfrischung verlangen sollte, zurückgelassen worden war. Bontemps, der erste Kammerdiener, der in demselben Zimmer geschlafen und sich im Vorzimmer angekleidet hatte, kam wieder herein und wartete in der Stille, bis die Uhr die Stunde anzeigte, zu welcher der König aufgeweckt zu werden verlangt hatte. Dann näherte er sich dem Bette des Königs und sagte: „Sire, die Glocke hat geschlagen", hierauf ging er in das Vorzimmer, um zu melden, daß Seine Majestät erwacht sei. Die Flügelthüren wurden nun geöffnet und der Dauphin und seine Kinder, Monsieur und der Herzog von Chartres warteten auf den geeigneten Zeitpunkt, um dem König guten Morgen zu wünschen. Der Herzog von Maine, der Graf von Toulouse, der Herzog von Beauvilliers, erster Kammerherr, und der Herzog von Rochefoucauld, Großaufseher der Garderobe, traten ein, gefolgt von dem ersten Diener der Garderobe, der mit einigen andern den Anzug des Königs hereinbrachte. Gleichzeitig wurden der erste Leibarzt und der Leibwundarzt eingelassen. Bontemps goß aus einem silbernen und vergoldeten Gefäße etwas Weingeist auf des Königs Hände und der Herzog von Beauvilliers überreichte ihm das Weihwasser, während der Dauphin und der Herzog von Maine sich dem Bette des Königs näherten und ihn fragten, wie er geschlafen habe. Nachdem er ein sehr kurzes Morgengebet gesprochen, legte der Herr von St.=Quentin ihm mehre Perücken vor, von denen der König diejenige bezeichnete, welche er tragen wollte. Sobald er aufgestanden, reichte ihm der Herzog von Beauvilliers ein reiches Morgengewand und Quentin die erkorene Perücke, die sich der König in höchsteigner Person aufsetzte.

Hierauf entfernte sich der König von der Balustrade, innerhalb deren sein Bette stand, setzte sich in einen Armstuhl neben dem Kamin und verlangte la première entrée, was der mehrerwähnte Herzog und Kammerherr mit lauter Stimme wiederholte, worauf ein dienstthuender Page alle Diejenigen einließ, welche vermöge ihres Amtes oder durch Vergünstigung des Königs berechtigt waren, bei dem kleinen Lever anwesend zu sein. Der Marschall Herzog von Villeroi, Graf von Grammont, Marquis von Dangeau, die vier Secretaire, die beiden Vorleser Coin und Beaurepas, der Cabinetssecretair Graf von Crecy und der Baron von Breteuil mit den nicht dienstthuenden Garderobebeamten und den Aufsehern der Silberkammer wurden sodann eingeführt. Seine Majestät unterzog sich nun der Operation des Rasirens, die von Quentin verrichtet wurde, wobei Bontemps den Spiegel, Charles de Guisne aber das Rasirbecken hielt. War dies vorüber, so schickten Caillebot, Marquis de la Salle, und Letellier, Marquis de Louvre, als Garderobenmeister sich an, den König beim Ankleiden zu bedienen; aber bevor dieser Act vorgenommen wurde, verlangte der König die grande entrée, zu welcher zugelassen zu werden für eine große Gunst gehalten wurde. Beim Erscheinen jedes Aufwartenden im Vorzimmer näherte sich Herr von Raffe, der mit der Einführung beauftragt war, dem Herzoge von Beauvilliers und nannte ihm leise den Namen, den Jener dem Könige wiederholte, und wenn dieser nichts einzuwenden hatte, so fand die Einführung statt. Marschälle, Bischöfe, Gouverneurs der Provinzen, Parlamentspräsidenten und andere Würdenträger traten nun in langer Reihenfolge ein. Endlich wird ein leises Pochen gehört und der Herzog von Beauvilliers schickt sich an, den Namen des neuen Ankömmlings zu erfahren und dem Könige mitzutheilen, aber die Thür wird ohne Umstände geöffnet, obgleich der Eintretende weder ein hoher Würdenträger der Kirche noch ein Militair ist, sondern — der Dichter Racine. Mit ebenso wenig Umständen werden Boileau, Molière und Mansard, des Königs Baumeister, eingeführt.

Der König ist nun mit seinem Anzuge beschäftigt und die Hofleute haben das Vergnügen, Zeugen dieses erhabenen Schauspiels zu sein. Der Page der Garderobe reicht dem Gabriel Bachelier des Königs Strümpfe und Strumpfbänder; jener überreicht sie dem König, welcher die erstern selbst anzieht. Ein anderer Beamter übergibt des Königs Beinkleid, an welches seidene Strümpfe befestigt sind, ein dritter zieht dem Könige die Schuhe an. Zwei reichgekleidete Pagen entfernen die von dem Könige abgelegten Kleider und dieser schnallt die Strumpfbänder selbst zu. Zwei Küchenbeamte bringen hierauf das Frühstück herein. Der Obermundschenk reicht dem Herzog von Beauvilliers einen vergoldeten Becher, in diesen gießt der Herzog Wasser und Wein, kostet und reicht dann den Kelch, nachdem er wieder ausgespült worden ist, dem König, welcher zu trinken geruht; der Dauphin aber reicht ihm, nachdem er Hut und Handschuhe einem Kammerherrn zu halten gegeben, eine Serviette, womit sich der König die Lippen wischt. Nach dem Frühstück legt Ludwig sein Morgengewand ab und vertauscht es mit dem Staatskleide, wobei ihn der Marquis de la Salle unterstützt, der ihm zugleich eine reiche Spitzencravatte überreicht, sowie das blaue Band des Heiligengeistordens, während der Herzog von Rochefoucauld dem König den Degen umschnallt. Hierauf kniet der König in dem Zwischenraume zwischen seinem Bette und der Wand nieder und spricht ein zweites Gebet, in welches die anwesenden Geistlichen mit leiser Stimme einstimmen.

Nun war Ludwig bereit, die fremden Botschafter, welche Audienz begehrten, zu empfangen; nachdem eine Decke über das Bette gelegt und der Vorhang desselben zugezogen worden war, wurde der spanische Gesandte eingeführt, wobei der König innerhalb der Balustrade saß und die Prinzen von Geblüt neben ihm, die Herzoge von Beauvilliers und Rochefoucauld und der Marquis de la Salle aber standen. Der Gesandte machte drei Verbeugungen, worauf der König sich erhob und, seinen Hut abnehmend, den Gesandten grüßte, dann aber sich wieder bedeckte und niedersetzte. Der Gesandte, der mittlerweile seine Anrede begonnen hatte, setzte nun seinen Hut auf, worauf die Prinzen Dasselbe thaten. Nachher wurde der Statthalter einer Provinz eingeführt, um den Diensteid zu leisten, was er kniend that, nachdem der Schwert, Hut und Handschuhe einem Hofbeamten übergeben hatte.

Das Lever oder die grande entrée beendigte der König durch den Ausruf: „Ins Conseil!" worauf er sich sofort in sein Cabinet begab, wo ihn schon mehre Beamte erwarteten, denen er seine Befehle für diesen Tag ertheilte. Dem Bischof von Orleans, als erstem Almosenier, sagte er, daß er nicht halb 10, sondern erst um 12 Uhr Messe hören wollte; seinem Haushofmeister, Marquis de Livry, daß er in seinen Privatgemächern und au grand couvert (in Gala) soupiren wollte; zu Bontemps, der ihm seine Uhr zustellte, daß er den Hof der Fünfe besuchen wolle; dem Oberaufseher der Garderobe, daß er um 2 Uhr mit Mantel und Muff ausfahren wolle. Dann erst nahm er am obern Ende einer mit grünem Sammt überzogenen Tafel Platz, neben ihm zu beiden Seiten der Dauphin und andere Große des Reichs nach ihrem Range. Nach dem Schlusse der Conseilsitzung begab sich Ludwig in die Kapelle und gab im Vorbeigehen den Gendarmen, Dragonern und Musketieren die Parole.

Während der Messe führten des Königs Musiker eine vom Abbé Robert componirte schöne Motette auf. Um 1 Uhr zeigt der Marquis de Livry mit einem Stabe in der Hand an, daß das Mittagsmahl aufge=

tragen sei, worauf Ludwig, beständig von einem Gardehauptmann begleitet, sich nach seinen Gemächern zurückverfügt, wohin zwei Diener eine schon besetzte Tafel bringen. Jedes Gericht war vorher gekostet worden. Nach beendigtem Diner warf der König seinen Mantel um, stieg in den im Marmorhofe haltenden Wagen und fuhr in den Fünferhof, wo gleichzeitig die Herzoge von Chartres, Bourgogne und Maine sich mit diesem beliebten Spiele belustigten. Um 3 Uhr besuchte er Frau von Maintenon, wo er, ihr gegenüber in einem Armsessel am Kamin sitzend, täglich 1—2 Stunden zubrachte, zuweilen dem Racine zuhörend, der dann und wann eine seiner Dichtungen hier vortrug. „Esther" und „Athalia", zwei von Racine's schönsten Stücken, wurden bei Frau von Maintenon durch die jungen Damen aus der Schule von St.-Cyr zur großen Belustigung des Königs, dem diese Unterhaltung ganz unerwartet war, aufgeführt. Die Aufführung endigte zeitig und um 10 Uhr entfernte sich Ludwig, nachdem er sich noch einige Zeit mit Frau von Maintenon, die bereits zu Bette gegangen war, unterhalten hatte. Nun folgte erst in den königlichen Zimmern das feierliche Souper au grand couvert.

Nachdem der König sich gesetzt, foderte er den Dauphin und die übrigen Prinzen auf, Platz zu nehmen, und das Souper begann, wobei sechs Edelleute hinter den Sesseln des Königs und der Prinzen standen, um ihnen aufzuwarten. Wenn der König zu trinken wünschte, rief der Obermundschenk laut aus: „Einen Trunk für den König", worauf zwei seiner obersten Diener dem Könige einen silbernen Becher und zwei Flaschen präsentirten, deren Inhalt der Mundschenk vorher kostete. Während der Mahlzeit fand Musik statt und eine Menge Hofleute und andere Personen vom Stande waren sitzend oder stehend gegenwärtig. Mit dem König zugleich erhoben sich Alle; Jener begab sich nun in den großen Saal, wohin die Höflinge ihm folgten, unterhielt sich hier noch einige Minuten stehend und zog sich dann nach einer flüchtigen Verbeugung in ein anderes Zimmer zu seiner Familie zurück.

Um Mitternacht begab sich der König zur Ruhe, was ebenfalls nicht ohne ein Heer von Ceremonien stattfinden konnte. In dem Schlafzimmer, wo eine kalte Collation in Bereitschaft gesetzt worden war, fand der König wieder einen Theil der Höflinge versammelt. Er gab seinen Hut und seine Handschuhe dem Marquis de la Salle, schnallte seinen Degen ab, der auf den Anzugtisch gelegt wurde, und sprach dann ein Gebet, worauf der Kaplan, Wachslichter in den Händen, ein anderes für den König sprach und ihm mittheilte, daß am folgenden Tage um 9 Uhr die Messe stattfinden würde. Der König kehrte zu seinem Sitze zurück und reichte seine Uhr und sein Reliquienkästchen einem Kammerdiener; auf die Frage des Herzogs von Beauvilliers, von wem er geleuchtet haben wolle, wurde der Herzog von Chartres durch dieses Zeichen königlicher Gunst ausgezeichnet und nahm ein Wachslicht in jede Hand. Der König nahm nun das blaue Ordensband ab und setzte sich nieder, worauf ihn zwei Diener seiner Schuhe und Strümpfe entkleideten. Der Dauphin überreichte ihm sein wohlgelüftetes Nachthemde und der König erhob sich, um seinen Schlafrock anzulegen, wobei er die Höflinge durch eine leichte Verbeugung entließ; gleichzeitig rief ein Kammerdiener aus: „Allons, messieurs, passez!" Das große coucher war somit beendigt und es blieben nur die Prinzen und die Personen zurück, die

Ludwig XIV. in seinem Schlafgemach.

beim kleinen lever gegenwärtig gewesen waren. Der König setzt sich nun auf eine Art Feldstuhl; Quentin kommt und ordnet sein Haar, während zwei Diener einen Spiegel und ein Licht halten, der Herzog von Rochefoucauld aber reicht dem Könige seine Nachtmütze und zwei Schnupftücher. Alle Anwesenden werden nun entlassen, nur der Leibarzt bleibt noch einige Minuten zu geheimer Besprechung; dann wird Ludwig endlich allein gelassen, um sich wo möglich der Ruhe zu erfreuen, welche so lästige Ceremonien nöthig gemacht haben. Bontemps zieht die Vorhänge zu, schließt die Thüren und legt sich dann selbst auf ein in demselben Zimmer bereitetes Lager nieder.

Der Brand des londoner Tower.

Der Tower in London, von welchem ein großer Theil durch den furchtbaren Brand am 31. October vorigen Jahres zerstört wurde, liegt auf dem linken Ufer der Themse, das hier ziemlich hoch ist, etwa 800 Ruthen unterhalb der Londonbrücke und ganz in der Nähe des Zollhauses. Er bildet ein ungeheures Quadrat; an jedem Winkel desselben steht ein viereckiger Thurm von einfacher, fast roher Bauart. Der Flächeninhalt des Tower beträgt 12¼ Acres, der äußere Umfang mit den Gräben 3156 Fuß. Nach der Themse hin befindet sich eine schöne Terrasse, auf welcher 60 Kanonen stehen. Der Haupteingang ist von Westen durch ein Doppelthor; das Wasserthor auf der Stromseite heißt das Thor der Hochverräther, weil Staatsgefangene ehemals durch dasselbe nach Westminster geführt wurden. Die Hauptgebäude, aus denen der Tower bestand, waren: der weiße Thurm, die Peterskirche, die alte Kapelle, das Feldzeugmeisteramt, das Staatsarchiv, der Juwelenthurm, in welchem die Kronjuwelen, die Krone und die übrigen Kleinodien aufbewahrt wurden, die Rüstkammer, die beiden Waffenmagazine und die Caserne für die Besatzung. Einer der Thürme, der Löwenthurm, enthält eine Menagerie.

Ursprünglich diente der Tower als königlicher Palast, welchen die englischen Souveraine von Wilhelm dem Eroberer bis auf Elisabeth von Zeit zu Zeit bewohnten. Den Ursprung des Tower führt die Sage auf Julius Cäsar zurück, dessen Namen noch ein Thurm trägt; Münzen der Kaiser Honorius und Arcadius, die man hier gefunden, deuten auf spätere Ansiedelung der Römer an dieser Stelle. Wilhelm der Eroberer erbaute hier im Jahre 1078 den unbeschädigt gebliebenen weißen Thurm; zwischen diesem und der Themse errichtete Wilhelm der Rothe 1092 ein Castell und umgab es mit Mauern und Gräben; spätere Monarchen, namentlich Richard I., Heinrich III., Eduard I. und Karl II. (1663), veränderten und erweiterten den Bau.

In der Geschichte Englands spielt der Tower als Staatsgefängniß, das oft Personen vom höchsten Range beherbergte, selbst eine Zeit lang die Königin Elisabeth, eine wichtige, aber leider oft sehr blutige Rolle. Nicht wenige Gefangenen, namentlich Heinrich VI., Herzog Georg von Clarence, Eduard V., Herzog Richard von York und Andere sollen in ihm heimlich ermordet worden sein. Zwei Gemahlinnen Heinrich VIII., Anna Boleyn und Katharina Howard, wurden in der Tower-Kapelle enthauptet. Johanna Gray und viele britische Staatsmänner gingen aus dem Gefängniß des Towers auf das Schaffott über; zuletzt unter Jakob II. Algernon Sidney und Lord William Russell, ein Vorfahr des vor kurzem abgetretenen Ministers Lord John Russell. Jakob I., der in den Höfen des Tower mehrmals Kämpfe wilder Thiere veranstaltete, ließ nach der Sage eine Art Ohr des Dionysius anbringen, um die auf sein Geheiß eingekerkerten zahlreichen Gefangenen belauschen zu können. Zur Zeit bürgerlicher Unruhen diente der Tower den englischen Monarchen nicht selten als Zufluchtsort, z. B. Richard II., der sich bei dem Aufstande Wat Tyler's zugleich mit 600 Adeligen dahin flüchtete.

Der durch die Feuersbrunst angerichtete Schade wurde anfangs auf eine Million Pf. St. und darüber, später auf einen viel kleinern Betrag (kaum den vierten Theil jener Summe) angegeben. Gänzlich zerstört ist das Arsenal oder die große Waffenhalle (auf der Nordwestseite des Tower), 345 Fuß lang und 60 Fuß breit, welche 250,000 Flinten enthielt, von denen nur 4000, meist Percussionsgewehre, gerettet sein sollen, ferner der Bowyer-Thurm, der Butlers-Thurm am östlichen Ende der Rüstkammer, welcher Schiffsgeräthe aller Art, besonders Schiffswaffen, Äxte, Piken u. s. w. enthielt, und zwei andere ausgedehnte Gebäude. Mit dem Waffensaal ist das über demselben befindliche Magazin von Zelten für 20,000 Mann verbrannt; desgleichen 12—1500 Tonnen Bücher und Manuscripte, welche das englische Seewesen betrafen. Was am meisten bedauert wird, ist der Untergang einer großen Zahl von Trophäen und Alterthümern der englischen Geschichte. Darunter befanden sich: mehre zur Zeit Marlborough's erbeutete Kanonen; eine hölzerne Kanone, welche der Herzog von Suffolk zur Zeit der Belagerung von Boulogne gebraucht haben soll, um die Einwohner zu schrecken; das Rad am Steuer des Schiffes Victory, auf welchem Nelson fiel; acht im Jahre 1798 von Bonaparte erbeutete fremde Fahnen, die den Franzosen wieder abgenommen worden sind, u. a.

Das Feuer übertraf an Gewalt und Größe die beiden großen Feuersbrünste, welche das Parlamentshaus und die londoner Börse verzehrten, jenes im Jahre 1834, diese am 11. Jan. 1838. Der Ort, wo das Feuer entstand, war der sogenannte Inspectionssaal; über demselben befand sich das berühmte Tafelzimmer, wo der Herzog von Clarence im Jahre 1481 auf Befehl seines Bruders, König Eduard IV., in einem Fasse Malvasier — diese Todesart hatte er selbst gewählt — ertränkt ward.

Von den Kometen.

Das Wort Komet (deutsch: Haarstern) bezeichnet bekanntlich solche Weltkörper, die sich von allen übrigen Sternen durch ihre nebelartige Hülle, in der Regel auch durch ihren Schweif und durch ihre scheinbar unregelmäßigen Bewegungen unterscheiden. Weil sie immer nur kurze Zeit auf einmal sichtbar sind, so hat man sie lange Zeit für bloße Meteore oder veränderliche Erscheinungen, um nicht zu sagen Lufterscheinungen, angesehen; selbst der große Kepler war dieser Ansicht noch zugethan und Tycho war der Erste, welcher nachwies, daß die Kometen Gestirne seien. Jetzt zweifelt Niemand mehr daran, daß die Kometen, gleich den Planeten, dauernde Weltkörper sind, die uns nur darum so selten sichtbar werden, weil sie nur selten der Sonne und mithin auch der Erde nahe genug kommen, um von uns gesehen zu werden. An ihr seltenes Erscheinen knüpfte sich in den frühern Zeiten des Aberglaubens, deren Dunkel noch nicht die Aufklärung unserer Zeit verscheucht hatte, die Meinung, daß jeder Komet irgend ein großes verderbenbringendes Ereigniß, als Krieg, verheerende Seuchen, Feuers- und Wassersnoth, vorherbedeute, — eine Meinung, von deren Ungrund jetzt, wo jährlich Kometen beobachtet werden, auch der gemeine Mann gewiß überzeugt ist.

Die äußere Erscheinung der Kometen ist zwar insofern sehr verschieden, als einige davon zu den glänzendsten und großartigsten Erscheinungen gehört haben, die je am Himmel vorgekommen sind, während andere nicht einmal mit bloßem Auge gesehen werden können; darin aber stimmen sie überein, daß sie aus einer nebelartigen Lichtmasse bestehen, welche mehr oder weniger glänzend, immer aber schlecht begrenzt ist und der Kopf genannt wird. Nach der Mitte zu wird sie gewöhnlich viel heller und bildet einen sogenannten Kern, der mit einem Firsterne oder einem Planeten viel Ähnlichkeit hat. Die lichtschwächere Umgebung des Kerns nennt man das Haar, wol auch den Bart oder die Mähne. Die Zunahme des Lichts nach der Mitte ist aber nicht allmälig, sondern plötzlich, und in der nächsten Umgebung des Kerns ist der Lichtnebel sehr blaß und durchsichtig, sodaß der Kern von einem leuchtenden Ringe umgeben scheint, bisweilen auch von zwei bis drei concentrischen Ringen, die durch blassere Zwischenräume getrennt sind. An den Kopf schließt sich an der der Sonne entgegengesetzten Seite (nur selten an der ihr zugewandten) ein heller Streif an, der sogenannte Schweif, oft von dem Kopfe durch einen leeren Zwischenraum, der keine leuchtende Materie enthält, getrennt. Von diesen Theilen ist nur der Kopf wesentlich, während die andern, Kern und Schweif, sich nicht bei allen Kometen finden. Der letztere ist oft von ungeheurer Größe (bei dem Kometen von 1811 war er 12 Millionen, bei dem von 1680 über 20 Millionen Meilen lang; in einzelnen Fällen nimmt er am Himmel 90 und mehr Grade ein) und nicht selten doppelt oder mehrfach; ja der Komet von 1744 hatte sogar sechs Schweife. Er hat im Allgemeinen Ähnlichkeit mit den Lichtspuren, welche feurige Lichterscheinungen oder Racketen hinterlassen, und ist oft gekrümmt und zwar gegen die von dem Kometen eben verlassene Stelle, außerdem bald spitzig, bald fächerartig ausgebreitet. Der Schweif ist immer so dünn, daß er auch das Licht der schwächsten Sterne durchläßt; daher auch so schwach glänzend, daß er in der Regel nur bei ganz heiterer Luft und außer den Zeiten der Dämmerung und des Mondscheins gesehen werden kann. Durch den Kopf sind ebenfalls Sterne sichtbar, nur in der Regel nicht durch den mittelsten Theil desselben. Noch ist eine dem Schweife eigenthümliche Erscheinung anzuführen: das sogenannte Scintilliren oder Strahlenschießen; an der Grenze des Schweifes schießen nämlich bald hier bald dort Lichtstrahlen mit großer Geschwindigkeit fort, um gleich darauf wieder sich zurückzuziehen und ganz zu verschwinden.

Über die eigentliche Natur der Kometen sind wir noch sehr im Dunkeln. Die Fragen: ob sie feste Körper sind oder nicht, und ob sie mit eigenem oder mit erborgtem Lichte leuchten, hängen ganz genau zusammen. Nie hat man an einem Kometen eine Spur von Phasen oder Lichtwechseln wahrgenommen, wie wir sie an dem Monde und auch an der Venus beobachten, die uns nach ihrem verschiedenen Stande gegen die Sonne ganz oder theilweise erleuchtet erscheinen; wären nun die Kometen feste Körper und erhielten sie ihr Licht von der Sonne, so müßten sie uns ebenfalls Phasen zeigen, was sie, wie gesagt, nicht thun, sowie sie auch keinen Schatten werfen. Demnach bleibt uns nur die Wahl zwischen zwei Fällen; entweder die Kometen sind feste Körper, die mit eigenem Lichte leuchten, oder sie sind keine festen Körper und in diesem Falle können sie füglich ihr Licht von der Sonne erhalten. Daß aber die Kometen feste Körper sind, kann nicht wol angenommen werden, wenigstens nicht im Allgemeinen; viele Kometen, z. B. die von 1795, 1797 und 1804, zeigen nämlich gar keinen Kern und sind überall durchsichtig (durch die Mitte des Encke'schen konnte Struve 1828 einen Stern der elften Größe sehen) und auch da, wo ein Kern vorhanden ist, ist er klein, immer schlecht begrenzt und von so mattem Lichte, daß es kaum für Sonnenlicht, das von einem festen Körper zurückgeworfen wird, gehalten werden kann. Der Durchmesser des Kerns betrug bei dem zweiten Kometen von 1811 570, bei dem von 1807 115, bei dem von 1799 80, bei denen von 1805 und 1798 endlich nur sechs Meilen. Wahrscheinlich ist auch der glänzendste Theil des Kometen, den man für den Kern ansieht, nichts Anderes als eine mehr verdichtete Nebelmasse, sichtbar aber werden uns die Kometen nur durch reflectirtes Sonnenlicht, das ihre ganze Masse durchdringt, weshalb wir niemals eine unerleuchtete Seite wahrnehmen können. Fast alle neuern Astronomen, unter ihnen namentlich auch Olbers und Herschel der Jüngere, sind dieser Meinung. Übrigens ist es wol möglich, daß unter den Kometen Körper von sehr verschiedener physischer Beschaffenheit vorkommen und daß einige von ihnen feste Körper sind, andere nicht, und einige von ihnen mit eigenem, andere nur mit erborgtem Lichte leuchten.

Vielfach hat man versucht, den merkwürdigen Umstand zu erklären, daß die Kometen kleiner werden, wenn sie sich der Sonne nähern, und größer, wenn sie sich von ihr entfernen (wobei natürlich nicht von der scheinbaren, sondern von der wirklichen Größe die Rede ist). So wurde bei dem Encke'schen Kometen im J. 1828 der Durchmesser des Kopfs in acht Wochen 26 Mal kleiner, während der Abstand des Kometen von der Sonne drei Mal kleiner wurde, als er anfangs war. Die Erklärung scheint aber ziemlich nahe zu liegen. Je mehr sich der Komet der Sonne nähert, je mehr er also der Erwärmung durch die Sonnenstrahlen ausgesetzt ist, desto größer ist der Theil seiner Nebelmasse, welcher in Folge der Hitze aus dem dampfförmigen und daher sichtbaren Zustande in den gasförmigen und unsichtbaren übergeht; entfernt sich hingegen der Komet von der Sonne, so werden bei abnehmender Hitze die verflüchtigten Theile wieder in sichtbaren Dampf verwandelt und vereinigen sich mit dem Kopfe des Kometen. Hierzu kommt wahrscheinlich noch folgender einfache optische Grund. Wenn ein Komet weiter von der Sonne entfernt ist, so sehen wir ihn schon längere Zeit vor dem Aufgange oder noch längere Zeit nach dem Untergange der Sonne und daher an Stellen des Himmels, die weit dunkler sind, als die näher bei der Sonne befindlichen, wir können daher im erstern Falle weit blassere Theile desselben wahrnehmen, als in dem sehr nahe bei der Sonne erscheint.

Auch über die Entstehung der Schweife und den Grund, warum sie sich in der Regel an der der Sonne entgegengesetzten Seite befinden, sind verschiedene Vermuthungen aufgestellt worden. So viel ist wol keinem Zweifel unterworfen, daß auch der Schweif aus Dünst- oder Nebeltheilchen besteht; aber warum ist er mit wenigen Ausnahmen immer an der der Sonne entgegengesetzten Seite zu sehen? Man nimmt freilich an, daß die Sonne auf die Schweiftheilchen eine abstoßende Kraft ausübt, eine Behauptung, die zuerst von Newton ausgesprochen wurde; aber damit ist die Ursache der Abstoßung noch immer nicht aufgeklärt, und da es viele Kometen gibt, die gar keinen Schweif haben, so müssen wir annehmen, daß nicht alle Kometen eine Materie entwickeln, die der abstoßenden Kraft der Sonne unterworfen ist. Die von der Sonne abgestoßenen, von den Kometen aufsteigenden Theilchen scheinen aber in ihrer Bewegung mehr Widerstand zu finden als der Kern selbst und bleiben daher hinter dem Kometen zurück, weshalb sie uns gekrümmt erscheinen; der von 1689 hatte nach dem Ausdrucke von Beobachtern die Gestalt eines Türkensäbels. Das Strahlenschießen hat Schröter durch eine elektrische Wirkung erklärt, oder doch von einer Naturkraft, die der Elektricität ähnlich ist, hergeleitet. Sehr einfach ist dagegen die Erklärung von Olbers; nach diesem hat das Strahlenschießen in der ungleichen Dichtigkeit der Atmosphäre und dem Vorübergehen ungleich brechender Luft= und Dunstmassen seinen Grund, also gleichen Ursprung mit dem Funkeln der Sterne.

Die Bewegungen der Kometen zeigen zahllose Verschiedenheiten und sind anscheinend höchst unregelmäßig. Einige bewegen sich sehr langsam, andere außerordentlich schnell (der von 1472 an einem Tage durch einen Bogen von 120 Grad); einige rechtläufig, d. h. von Westen nach Osten, andere rückläufig, d. h. von Osten nach Westen; bisweilen sind sie nur wenige Tage, bisweilen aber auch viele Monate sichtbar. Newton war der Erste, in welches das Dunkel, in welches die Kometenbewegungen gehüllt waren, verscheuchte. Er hatte nämlich gefunden, daß ein Körper, der sich um die Sonne bewegt und von derselben nach dem von Newton entdeckten Gesetze angezogen wird, einen Kegelschnitt beschreiben muß, d. h. eine der merkwürdigen drei krummen Linien, welche man Ellipse, Parabel und Hyperbel nennt; die Bahnen der Planeten sind bekanntlich sämmtlich Ellipsen, d. h. Ovale, welche von einem Kreise mehr oder weniger verschieden sind. Newton untersuchte nun, ob dies mit dem großen Kometen von 1680 derselbe Fall sei, und fand, daß er sich ebenfalls, wie die Planeten, in einer Ellipse bewege. Seitdem hat man die Bahnen vieler andern Kometen berechnet, wozu eine ziemlich geringe Anzahl von Beobachtungen hinreichend ist, und von ihnen ganz Dasselbe bestätigt gefunden; sie sind gleichfalls Ellipsen, in deren einem Brennpunkte die Sonne steht, unterscheiden sich aber von den Planetenbahnen dadurch, daß sie von der Kreisform in weit höherm Grade abweichen, und die Bewegungen in ihnen nicht durchgängig von West nach Ost, wie es bei den Planeten der Fall ist, sondern zum großen Theile auch in entgegengesetzter Richtung stattfinden. Der Punkt einer Planeten= oder Kometenbahn, welcher der Sonne am nächsten ist, heißt seine Sonnennähe, derjenige Punkt aber, wo er von ihr am weitesten absteht, seine Sonnenferne; je mehr nun die Bahn von der Kreisform abweicht, desto größer ist der Unterschied zwischen der kleinsten und größten Entfernung von der Sonne, und bei den Kometen ist er ohne allen Vergleich größer als bei den Planeten. Von diesen beschreibt Juno eine von der Kreisform am meisten verschiedene Bahn und ihr kleinster Abstand von der Sonne beträgt 41, ihr größter über 69 Millionen Meilen, also ist dieser nur etwa um zwei Drittel größer als jener. Ganz anders bei den Kometen, die fast sämmtlich in ihrer Sonnenferne ohne Vergleich viel weiter von der Sonne entfernt sind, als in der Sonnennähe. Der große Komet von 1811 hat sich der Sonne bis auf 48 Millionen Meilen genähert und entfernt sich von derselben auf 8000 Millionen Meilen. Kein Komet ist während seines ganzen Laufes sichtbar, alle nur kurze Zeit vor oder nach ihrer Sonnennähe; hinsichtlich der Abstände von der Sonne aber, welche sie in der Sonnennähe haben, findet die größte Verschiedenheit statt. Von allen bekannten Kometen ist keiner der Sonne so nahe gekommen, als der von 1680, der bei seiner Sonnennähe vom Mittelpunkte der Sonne 128,000 Meilen, von der Oberfläche derselben nur 32,000 Meilen entfernt war; dagegen hat sich der von 1729 der Sonne nur auf 84 Millionen Meilen genähert. Ob alle Kometenbahnen Ellipsen sind, läßt sich nicht mit Bestimmtheit entscheiden; gibt es einen Kometen, dessen Bahn eine Parabel oder Hyperbel ist, so kann derselbe, weil diese krummen Linien nicht, wie die Ellipse, in sich selbst zurücklaufen, sondern sich ins Unendliche erstrecken, überhaupt nur einmal in die Nähe der Sonne kommen und muß sich, wenn er durch seine Sonnennähe gegangen ist, von der Sonne wieder entfernen, ohne daß es für diese Entfernung eine Grenze gäbe, wo sie aufhören müßte. Doch läßt sich bis jetzt kein Komet nachweisen, dessen Bahn eine entschieden parabolische oder hyperbolische Gestalt habe. Die Bestimmung der Bahn eines Kometen hat große Schwierigkeiten, weil wir immer nur einen verhältnißmäßig kleinen Theil derselben sehen können; daß aber mehre Kometen Ellipsen und also geschlossene krumme Linien beschreiben, ist durch ihre Wiederkehr zu vorher bestimmten Zeiten außer allen Zweifel gesetzt worden.

Über die Anzahl der Kometen läßt sich nur so viel sagen, daß sie sehr groß sein und wenigstens viele Tausende betragen muß. Gegenwärtig vergeht nicht leicht ein Jahr, ohne daß ein Komet oder mehre beobachtet werden, und wenn dies in frühern Zeiten weit seltener der Fall war, so hat dies seinen natürlichen Grund darin, daß man ehemals keine Fernröhre besaß, während jetzt allnächtlich so viele treffliche Fernröhre auf den Himmel gerichtet sind, denn die große Mehrzahl der sichtbar werdenden Kometen erheischt Fernröhre, um gesehen zu werden, weshalb man sie teleskopische nennt. Aber der aufmerksamsten Beobachtung des Himmels ungeachtet müssen viele Kometen uns ganz unsichtbar bleiben, theils weil sie nur bei trüber Witterung oder am Tage in hinreichende Nähe kommen, theils weil sie nur auf der südlichen Erdhälfte beobachtet werden können, die viel weniger bewohnt ist als die nördliche und nur zwei bis drei Sternwarten enthält, theils endlich weil sie selbst in ihrer Sonnennähe zu entfernt oder doch zu klein sind, um von uns, wenigstens bei den jetzt erreichten Grade von Vollkommenheit der astronomischen Werkzeuge, beobachtet zu werden (und zwar werden uns jetzt fast nur diejenigen sichtbar, deren Sonnennähe innerhalb der Marsbahn liegt). Hinsichtlich derjenigen, deren Bahnen durch den bei uns am Tage über dem Horizonte befindlichen Theil des Himmels gehen, bedarf es, um sie uns sichtbar zu machen, des höchst seltenen Zusammentreffens mit einer totalen Sonnenfinsterniß, das aber nach Seneca's Erzählung im J. 60 v. Chr. und erst vor wenigen Jahren (am 20. Nov. 1835) wieder stattgefunden hat. Ebenso selten kommt es vor, daß Kometen hell genug sind, um im hellen Sonnenscheine sichtbar zu sein, wie dies 1402 (bei zwei verschiedenen Kometen), 1532, 1577 (bei einem Kometen, den Tycho de Brahe sogar am Tage entdeckte), 1744 (dieser Komet war am 1. März um 1 Uhr Nachmittags sichtbar) der Fall war; außerdem auch bei dem vom Jahre 43 v. Chr., den die Römer für die Seele des kurz vorher ermordeten Cäsar hielten. Erwägt man alle diese Umstände, so wird man gewiß einräumen müssen, daß diejenigen Kometen, die wir sehen können, ohne Zweifel nur einen sehr kleinen Theil aller vorhandenen ausmachen.

Aber auch die Zahl der beobachteten Kometen beläuft sich schon auf mehre Hunderte und von einem großen Theile derselben sind die Bahnen berechnet worden. Olbers hat ein Verzeichniß von 129 Kometen, deren Bahnen berechnet sind, geliefert, ebenso Schumacher, Delambre u. s. w.; von diesen sind einige wenige deshalb merkwürdig, weil man wiederholt ihre Wiederkehr nach bestimmten Zeiträumen beobachtet hat und ihr Wiedererscheinen mit Bestimmtheit vorhersagen kann. Der erste, dessen Rückkehr vorher berechnet und wirklich beobachtet wurde, ist der Halley'sche Komet, der unter andern 1682 erschien und damals von dem berühmten englischen Astronomen Edmund Halley beobachtet wurde. Dieser berechnete seine Umlaufszeit auf etwa 76 Jahre, erkannte ihn für denselben Kometen, der den vorhandenen Nachrichten zufolge schon 1456, 1531 und 1607 (wahrscheinlich auch 855, 1006, 1230 und 1305) beobachtet worden war, und sagte seine Rückkehr für das Ende des Jahres 1758 oder den Anfang von 1759 voraus. In der That wurde er im J. 1759 wieder beobachtet und zwar zuerst von dem astronomischen Bauer Palitsch unweit Dresden; seitdem ist er auch 1835 wieder gesehen worden, in welchem Jahre er am 16. Nov., genau an dem von dem französischen Astronomen Damoiseau vorherbestimmten Tage, durch die Sonnennähe ging, aber schon am 5. Aug. gesehen wurde. Dieser Komet ist einer der größern und zeichnet sich durch die Länge seines Schweifes aus, der im J. 1456 auf 60 Grad, 1682 auf 30 Grad, 1835 auf 20 Grad angegeben wurde; bei jedem wiederholten Erscheinen zeigte sich sowol der Schweif als der Glanz des Kometen vermindert. Die kleinste Entfernung dieses Kometen von der Sonne beträgt etwa 12, die größte 739 Millionen Meilen.

Der zweite Komet von kurzer Umlaufszeit wurde 1815 von Olbers entdeckt, hat nach Bessel's Berechnung eine Umlaufszeit von etwa 74 Jahren und ist in der Sonnennähe 25, in der Sonnenferne 710 Millionen Meilen von der Sonne entfernt, gehört aber insofern eigentlich nicht hierher, weil seine Wiederkehr noch nicht beobachtet worden ist.

(Die Fortsetzung folgt in Nr. 458.)

Notizen.

Böhmens Leinwandfabrikation.

Böhmen erzeugt jährlich 1,028,000 Stück rohe Leinwand, von 8,995,000 Gulden Werth, der durch die Auslagen für Bleiche, Druck und Appretur (752,000 Fl.) auf 9,747,000 Fl. erhöht wird. Der einheimische Landesbedarf beträgt nur 506,000 Stück, also noch nicht die Hälfte, die Ausfuhr 522,000 Stück; der Werth von jenem ist 4,262,000 Fl., von dieser 5,485,000 Fl. oder mit Handelsprovision, Frachtlohn u. s. w. 6,287,600 Fl. Da die oben angegebene Zahl nur die in den Handel kommende Quantität umfaßt, nicht aber diejenige, welche die Weber für den eigenen Hausbedarf und die zahlreichen Familien auf dem Lande, die das von ihnen gesponnene Garn gleichfalls für ihren eigenen Bedarf verweben lassen, verfertigen, so kann die gesammte Leinwandproduction des Landes auf 12 Mill. Fl. angegeben werden, was den vierten Theil der Gesammtproduction Preußens erreicht, die zu einem Werthe von 30 Mill. Thlr. angegeben wird. Die britische Leinwandproduction wird auf 8 Mill Pf. St. berechnet, ist demnach 6—7 Mal so groß als die böhmische.

Eine neue Bierprobe.

Der rühmlichst bekannte Physiker Steinheil in München hat eine neue Bierprobe angegeben, die auf der strahlenbrechenden Eigenschaft dieser Flüssigkeit beruht und jedenfalls im höchsten Grade sinnreich genannt werden muß. Mit Hülfe eines optischen Instruments wird beobachtet, um wieviel ein acht Fuß entfernter Gegenstand verschoben zu werden scheint, wenn man ihn durch Bier betrachtet oder wenn man die von demselben ausgehenden Lichtstrahlen durch ein Gefäß mit dem zu untersuchenden Biere hindurchgehen läßt. Die Theile eines mit dem Instrumente verbundenen Maßstabes geben die Masse Wasser an, welche das zu untersuchende Bier auf einen Eimer enthält. Näheres ist uns noch nicht bekannt geworden.

Literarische Anzeige.

Im Verlage von **Karl Göpel** in **Stuttgart** erschien soeben und wird

Freunden
des Gesanges und heiterer Geselligkeit

von allen Buch- und Musikhandlungen bereitwillig zur Ansicht vorgelegt:

Deutsche Liederhalle.

Vollständigste Sammlung der beliebtesten ältern und neuern, sowie bisher noch ungedruckter Lieder und Gesänge (Soldaten-, Kriegs- und Heldenlieder; Vaterlands- und Bundeslieder; Studenten-, Trink- und Tafel-, gesellschaftliche Lieder; Frühlings- und Wander-, Jagd- und Schützenlieder; Lieder der Liebe; Ständchen, Balladen und Romanzen, Volkslieder u. s. w.)

mit mehrstimmigen Melodien in Notendruck

und mit Beiträgen der ersten deutschen Gesangs-Componisten herausgegeben von **Th. Täglichsbeck.**

In 4- bis 6wöchentlichen Heften von 4 Bogen (64 Seiten) Notendruck zu nur 24 Kr. Rhein. oder 7½ Sgr.

Erstes Heft, 29 Lieder enthaltend, und **zweites Heft,** 28 Lieder enthaltend.

Ausführliche Prospecte gratis.

Es ist dies ein **Nationalwerk** im echten Sinne des Wortes — ein Werk für **jeden Deutschen**, welcher singt, und welchem Stande in Stadt und Land er angehöre, wird sich in allen Ständen nur Freunde erwerben, überall edler, geselliger Freude dienen.

Für eine entsprechende äußere Ausstattung sind keine Kosten gespart worden; die Noten sind so elegant, scharf und deutlich, Druck und Papier so vorzüglich, gleichwol dabei der Preis so niedrig, wie man bisher an Werken dieser Art nicht gewohnt war. Gesangvereinen, Liedertafeln u. s. w., sowie auch Sammlern, an welche Subscriptionslisten mit Probeheft gratis verabfolgt werden, können bei Abnahme von Partien noch besondere Vortheile bewilligt werden.

Das Pfennig-Magazin

für Verbreitung gemeinnütziger Kenntnisse.

458.] Erscheint jeden Sonnabend. [Januar 8, 1842.

Christian Fürchtegott Gellert.

Wenn es ein Ruhm ist, sich die Liebe und Verehrung edler Seelen gewonnen zu haben, so gebührt dieser Ruhm unserm Gellert gewiß in einem sehr hohen Grade. Nur wenige Dichter haben sich und ihre Werke dem Herzen des Volkes so werth und theuer gemacht; nur wenige haben durch ihr Leben und durch ihre schriftstellerische Thätigkeit so viel zur geistigen und sittlichen Bildung der Nation beigetragen, als eben er. Darum wird auch sein Andenken stets ein gesegnetes bleiben, so lange Tugend und Frömmigkeit unter den Menschen noch eine bleibende Stätte finden. Sollte dies wol nicht immer der Fall sein?

Gellert wurde in Hainichen, einer kleinen Stadt des sächsischen Erzgebirges, am 4. Jul. 1715 geboren. Sein Vater war daselbst als zweiter Prediger angestellt und verwaltete dieses eben nicht glänzende Amt länger als 50 Jahre mit dem redlichsten Eifer. Sicherlich war es für ihn bei seinen geringen Einkünften keine leichte Aufgabe, seinen 13 Kindern eine der Zeit entsprechende Erziehung angedeihen zu lassen; aber wie gewissenhaft und glücklich er diese Aufgabe gelöst hat, beweist die Stellung, welche späterhin seine Söhne, namentlich der dritte, Christian Fürchtegott, in der Welt einnahmen. Vor Allem war er darauf bedacht, den Gemüthern der Kleinen jenen Sinn für Religion und Tugend einzupflanzen, ohne welchen selbst die glänzendsten Talente nothwendig an Werth verlieren müssen; aber zugleich sorgte er auch, so gut es die Umstände erlaubten, für die Entwickelung ihrer geistigen Kräfte und Fähigkeiten. Als daher der kleine Gellert das erforderliche Alter erreicht hatte, wurde er der Schule seiner Vaterstadt übergeben. Der Unterricht, den er hier genoß, war freilich nicht eben geeignet, ihn leicht und schnell in seinen Kenntnissen zu fördern; allein er konnte, verbunden mit fortlaufenden Unterweisungen im älterlichen Hause, auf die Länge seine Wirkung um so weniger verfehlen, je mehr der Knabe zum Fleiß und zur Arbeitsamkeit angehalten wurde. Nur selten mochte oder durfte dieser an den

Spielen und Belustigungen seiner Altersgenossen Antheil nehmen, vielmehr mußte er sich in seinen freien Stunden allerlei kleinen häuslichen Geschäften unterziehen, die oft mit seiner Bestimmung zum Gelehrtenstande sich kaum vereinigen ließen. Auch wurde er später von selben befreit, um sie mit andern zu vertauschen. Schon im elften Jahre schrieb er zur Deckung seiner kleinen Ausgaben so viele Kaufbriefe, gerichtliche Acten und andere Documente ab (den Bogen für wenige Pfennige), daß er später ohne Übertreibung sagen konnte, seine Vaterstadt habe in ihren Kaufbüchern und Contracten mehr Werke von seiner Hand aufzuweisen, als die Welt von seinem Geiste.

Glücklicherweise stumpfte diese mechanische Arbeit die ihm von der Natur verliehenen höhern Anlagen durchaus nicht ab, vielmehr fallen gerade in diese Zeit die ersten Versuche, welche er auf dem Gebiete der Dichtkunst wagte. Diese Versuche, so unbedeutend sie auch an und für sich gewesen sein mögen, würden doch für die Geschichte des Dichters keinen geringen Werth haben, und es ist daher zu bedauern, daß Gellert sie später mit unbarmherziger Strenge sämmtlich vernichtete. Übrigens waren sie, zum Theil wenigstens, nicht ohne eine echt poetische Färbung. Dies beweist schon sein erstes Gedicht, welches er seinem Vater an dessen Geburtstage als ein Zeichen seiner Liebe und Dankbarkeit überreichte. Er verglich darin — für einen dreizehnjährigen Knaben gewiß sinnig genug — die 15 Kinder und Enkel des alten Pfarrers mit den 15 Stützen, welche die morsche, baufällige Pfarrwohnung vor dem Einsturze bewahrten, und hatte überhaupt seine Gedanken so wohl einzukleiden gewußt, daß es allgemeinen Beifall fand. Dieser Beifall munterte ihn auf, seine Kräfte bald wieder zu versuchen, und der Vater, welcher selbst zuweilen dichtete, ließ es den Sohn gern gewähren. Es läßt sich denken, daß Gellert, ohne Anleitung sich selbst überlassen, keine gar zu großen Fortschritte in der Kunst machen konnte; indeß dieser Mangel an Anleitung war jedenfalls immer noch besser für ihn, als die schlechte, die er sich auf der Fürstenschule zu Meißen mit vieler Mühe verschaffte. Auf dieser Schule nämlich, welche er von 1729 an besuchte, um sich daselbst zur Universität vorzubereiten, wurde das Griechische und Lateinische mit solchem Eifer getrieben, daß man die arme Muttersprache dabei gänzlich außer Acht ließ, ja es war sogar die Beschäftigung mit deutscher Literatur den Zöglingen als eine ihrer unwürdige bei Strafe verboten. Allein sie fanden Mittel, dieses Verbot zu umgehen, und auch Gellert kehrte sich nicht daran. Verstohlen las er die Gedichte Günther's und Neukirch's — zwei längst der verdienten Vergessenheit anheimgefallene Namen — und stellte sich dieselben als Muster und Vorbilder auf, um seinen Geschmack durch sie zu — verderben. Ein Glück war es für ihn, daß der Ruhm dieser Männer nur von kurzer Dauer war und daß er selbst bald unter die Gesellschaft kam, welche die Spuren ihres üblen Einflusses so ziemlich wieder verwischte. Schon auf der Schule schloß er den Freundschaftsbund mit Rabener, dessen Umgang er auch später noch lange genoß und zur Reinigung und Fortbildung seines Geschmacks benutzte. Das Studium der alten griechischen und römischen Schriftsteller, dem er mit großer Ausdauer und mit dem besten Erfolge oblag, trug auch das Seine dazu bei, daß er nicht ganz verließ. Und so kam denn Gellert, nachdem er von Meißen weggegangen war und sich einige Zeit im älterlichen Hause aufgehalten hatte, mit guten Vorkenntnissen versehen 1734 nach Leipzig, um hier auf der Universität den höhern Wissenschaften sich zu widmen. Vier Jahre lang hörte er daselbst Vorlesungen über die einzelnen Zweige der Philosophie und Theologie, welche letztere er zu seinem Fachstudium gewählt hatte, um einst in den Stand seines Vaters einzutreten. Die Universität hatte damals wenig bedeutende Männer aufzuweisen und namentlich die Gottesgelahrtheit war nicht zum besten vertreten. Der Einzige, welcher sich theils als gelehrter Theolog, theils als ausgezeichneter Kanzelredner Ruhm erwarb, war der noch jetzt hochgeschätzte Mosheim. Ihn hörte Gellert am liebsten, ihn bewunderte er, ihm gleich zu werden war sein Bestreben.

Gern hätte der wißbegierige Jüngling seinen Aufenthalt in Leipzig noch verlängert; allein obschon er bei seinem stillen, eingezogenen Leben nur wenig zu seinem Fortkommen bedurfte, so konnte ihm doch sein Vater nicht einmal dieses Wenige länger gewähren. Er wurde daher 1738 von ihm nach Hause zurückgerufen. Hier in seiner Vaterstadt bestieg Gellert zu wiederholten Malen die Kanzel; jedoch geschah dies stets trotz des Beifalls, den seine Vorträge fanden, mit einer gewissen Schüchternheit, von der er sich seit einem ersten mißlungenen Versuche nicht wieder frei zu machen vermochte. „Die erste Probe meiner Beredtsamkeit", sagt er selbst in Bezug auf diesen Vorfall, „legte ich an meinem Geburtsorte in meinem funfzehnten Jahre ab. Ein Bürger bat mich, Taufzeuge bei seinem Kinde zu sein, welches wenig Tage nachher starb. Ich wollte ihm die Leichenrede halten, wiewol mir mein Vater die Erlaubniß dazu nur ungern gab. Das Kind sollte zu Mittag begraben werden; früh um 8 Uhr fing ich an, meine Parentation auszuarbeiten, ward spät fertig, verschwendete die übrige Zeit mit seiner Grabschrift und behielt keine ganze Stunde zum Auswendiglernen. Ich ging indeß beherzt in die Kirche, fing meine Rede sehr feierlich an und kam ungefähr bis zur dritten Periode. Auf einmal verließ mich mein Gedächtniß und der vermessene Redner stand in einer Betäubung da, von der er sich kaum erholen konnte. Endlich griff ich nach meinem Manuscripte, das actenmäßig auf einen ganzen Bogen geschrieben war, wickelte es vor meinen ebenso erschrockenen Zuhörern auseinander, las einige Zeit, legte es dann in den Hut und fuhr endlich noch ziemlich dreist fort. Man glaubte, ich wäre vor Betrübniß von meinem Gedächtnisse verlassen worden." Übrigens blieb Gellert nicht lange in Hainichen, sondern nahm schon 1739 eine Hauslehrerstelle bei einem Herrn von Lüttichau an, welcher in der Nähe Dresdens ein Gut besaß; späterhin unterrichtete er auch die Kinder seiner Schwester und war überhaupt bemüht, so viel Nutzen zu schaffen als er nur immer vermochte. Dafür ward ihm aber auch die Liebe Aller, die ihn kennen lernten, und man suchte ihm seinen Aufenthalt so angenehm als möglich zu machen. Indeß wie glücklich er sich auch in Dresden und dessen Umgebung fühlte, so zog es ihn doch unwillkürlich nach seinem geliebten Leipzig hin und freudig benutzte er die Gelegenheit, die sich darbot, seinen Wunsch zu befriedigen. Ein junger Anverwandter nämlich, den er auf die Universität vorbereitet hatte, war eben im Begriff, dorthin zu gehen, und Gellert begleitete ihn, um ihn bei seinen Studien mit Rath und That zu unterstützen. Seit dem Jahre 1741 ward nun Leipzig seine zweite Vaterstadt, die er nur selten und nur auf kurze Zeit wieder verließ.

Anfangs war er genöthigt, sich sein Auskommen durch Unterrichtgeben zu verschaffen, was ihn jedoch nicht hinderte, auf seine eigene Fortbildung fortdauernden Fleiß zu verwenden. Namentlich gab er sich in freien

Stunden seiner Neigung für die Dichtkunst hin, welche durch die freundschaftliche Verbindung, in die er bald mit Zachariä, Klopstock, Cramer und Andern trat, nur noch mehr genährt und geweckt wurde. Aber er urtheilte zu bescheiden von den Erzeugnissen seiner Muse, als daß er öffentlich mit ihnen hervorzutreten gewagt hätte. Erst nach langem Zureden brachten es seine Freunde dahin, daß er in der von ihnen gegründeten Monatsschrift: „Belustigungen des Verstandes und Witzes", einige Fabeln, Erzählungen und Lehrgedichte dem Publicum zur Beurtheilung vorlegte. Das Urtheil desselben konnte nicht anders als günstig für ihn ausfallen. So oft ein neues Heft der „Belustigungen" erschien, sah Jedermann zuerst nach, ob nicht etwas von Gellert darin enthalten sei. Alle fühlten sich angezogen von der Leichtigkeit und Anmuth, mit der diese kleinen Gedichte geschrieben waren, von der gutmüthigen Laune und dem treuherzigen Tone, der in ihnen herrschte, von dem tiefen sittlichen Ernste, der sie durchwehte und dem Leser unwillkürlich Achtung für den Dichter abzwang. In der That leuchtete Gellert's reiner, frommer Sinn fast aus jeder Zeile seiner Poesien hervor, und unbegreiflich ist es daher, wie er drei Jahre später nach Herausgabe seines ersten Lustspiels „Die Betschwester" 1745 beschuldigt werden konnte, die Religion verspottet und der Moralität des Volkes geschadet zu haben. Wie ungerecht dieser Vorwurf sei, lehrt das Stück selbst, in welchem man bei dem schlechtesten Willen nichts von der Art zu finden im Stande ist; und wie sehr er den armen Gellert gekränkt habe, läßt sich ermessen, wenn man bedenkt, daß seinem Herzen nichts theurer war als die Religion. Er selbst sagt in der Vorrede zu seinen sämmtlichen Komödien (1747): „Der Witz sei verdammt, den ich mit Vorsatz oder auch wider meinen Willen gegen die Religion anwende! Wer mit der Religion spottet oder es auch nur merken läßt, daß er damit spotten will, ist der unverschämteste und frechste Mensch." Ebenso unbegreiflich wie jener Vorwurf möchte wol Manchem der Beifall erscheinen, mit dem seine Theaterstücke im Übrigen aufgenommen wurden, und vergleicht man seine Leistungen in diesem Gebiete mit den nur wenige Jahre später fallenden Lessing's, so wird man wirklich nicht umhin können, einzugestehen, daß Gellert nicht die Eigenschaften besaß, die bei einem guten Bühnendichter vorausgesetzt werden müssen. Auch wendet er sich bald wieder dem Felde zu, in dessen Bearbeitung er noch jetzt unübertroffen dasteht. Im J. 1745 nämlich erschien der erste Band seiner „Fabeln", durch die er seinen Namen weit über Deutschlands Grenzen hinaus berühmt und geehrt machte. Gebildete und Ungebildete ergötzten sich an ihnen. Man fand sie in den Palästen ebenso wie in den Hütten. Gellert selbst sagt: „Ich komme selten zu Jemandem, daß ich nicht wenigstens eine von meinen Schriften auf dem Fenster oder auf dem Nachttische ganz sauber eingebunden finde." In demselben Briefe erzählt er eine Anekdote, welche drollig genug ist, um ihr hier ein Plätzchen zu vergönnen. Als er nämlich einmal bei seinem Buchbinder war, trat ein Holzbauer herein, langte die Fabeln hervor, die er sich auf Empfehlung des Schulmeisters angeschafft hatte, und bat, sie fein und sauber einzubinden. Zugleich beklagte er sich über den hohen Preis des Buches. „Der Herr, der es in Druck hat ausgehen lassen," fügte er zuletzt hinzu, „war noch jung. Er hatte noch viele Bücher; das Bücherschreiben muß ihm recht von der Hand gehen." Und als ihm der Buchbinder erklärte, daß der Mann, bei dem er das Buch gekauft habe, nicht der Verfasser desselben sei, sondern nur damit handle, rief er aus: „Der Schelm! Ich dachte, es wäre der Herr selber, sonst hätte ich ihm nicht so viel gegeben." Von allen Seiten erhielt der Dichter Versicherungen der Liebe und Verehrung und nicht selten auch thatsächliche Beweise davon, welche zuweilen von Personen kamen, von denen er sie am wenigsten erwarten konnte. So fuhr ein sächsischer Bauer im Winter mit einem großen Wagen voll Brennholz vor seine Wohnung, fragte ihn, ob er der Herr wäre, der so schöne Fabeln machte, und bat ihn unter vielen Entschuldigungen seiner Zudringlichkeit, die Ladung Holz als ein Zeichen seiner Dankbarkeit anzunehmen.

Gellert bedurfte aber auch der kleinen Freuden, welche ihm diese allgemeine Anerkennung verschaffte; denn schon um diese Zeit hatte er viel mit körperlichen Beschwerden zu kämpfen und die Anfälle von Hypochondrie wurden immer häufiger bei ihm. Die Geschichte seines Lebens wird von nun an fast nur eine Geschichte seines Leidens. Sein Körper war ohnehin von Natur schwächlich und die sitzende Lebensart, welche Gellert von Jugend an führte, nicht geeignet, ihn zu kräftigen und zu stählen. Bereits auf der Fürstenschule zu Meißen hatte er mehrmals gekränkelt; seit seinem Aufenthalte in Leipzig aber stellte sich sein Übel heftiger als je wieder ein. Bei einem solchen Zustande seiner Gesundheit fühlte er sich untauglich zur Übernahme eines Predigt- oder Schulamts, da diese Ämter eine geordnete, ununterbrochene Thätigkeit erheischen; vielmehr strebte er nach einer Stellung, in der er bei aller Unabhängigkeit und Freiheit des Wirkens sich dennoch nützlich zu machen hoffen durfte. Er erwarb sich daher 1744 durch Vertheidigung einer gelehrten Abhandlung die Erlaubniß, an der Universität Vorlesungen zu halten. Gewährte ihm dieses Amt auch sonst keine Vortheile, so hinderte es ihn doch wenigstens nicht, auch der Dichtkunst manche Stunde zu widmen, und er that dies mit stets reger Liebe, fortwährend darauf bedacht, seinen Werken eine immer größere Vollendung zu geben. Sogar auf dem Gebiete des Romans versuchte er sich; allein seine „Schwedische Gräfin", deren erster Theil 1746 erschien, beweist, daß er auf diesem Felde noch weniger einheimisch war als auf dem der dramatischen Literatur. Auch mochte er dies wol selbst fühlen; denn sein erster Versuch war zugleich sein letzter. Ebenso wenig waren seine Briefe und Lehrgedichte, welche später kurz nacheinander herauskamen, im Stande, seinen Ruf zu vermehren. Dagegen erhielt dieser neuen Glanz, als Gellert 1748 den zweiten Band seiner „Fabeln" veröffentlichte, den man mit derselben Begierde las und wieder las, mit der man den ersten Band gelesen hatte. Auch herrschte in diesen neuen Fabeln dieselbe Klarheit und Deutlichkeit, dieselbe gutmüthige Schalkhaftigkeit, derselbe volksthümliche, leicht verständliche und doch nicht gemeine Witz, derselbe sittliche Ernst, der sich in den frühern bemerkbar gemacht und jene Anerkennung gefunden hatte, die ihnen noch jetzt zu Theil wird.

Neun Jahre später erblicken wir Gellert auf einem Gebiete, auf welchem er seiner ganzen Geistesrichtung nach wenigstens ebenso Ausgezeichnetes leisten mußte und wirklich leistete, wie auf dem der Fabel. Es erschienen nämlich 1757 seine „Geistlichen Oden und Lieder", an denen er schon längst mit Liebe gearbeitet hatte. Sie erregten eine wahrhafte Begeisterung. Sogleich nach ihrem Erscheinen gingen sie in mehre Gesangbücher über, welche gerade damals in Kopenhagen, Hanover, Celle und anderwärts zum Gebrauch beim Gottesdienste neu besorgt wurden (auch in dem leipziger Gesangbuche finden sich ungefähr 25 von ihnen; leider aber sind sie zum Theil verkürzt, zum Theil so arg verstümmelt, daß man sie kaum wiedererkennt); auch einige reformirte Gemeinden nahmen sie in ihre Liedersammlungen auf, ja selbst Katholiken zollten dem nichtkatholischen Dichter für diese Gabe ihren Dank. Ein katholischer Landgeistlicher in Böhmen fühlte sich so durch sie erwärmt und erbaut, daß er dem Verfasser in einem Briefe seine aufrichtige Bewunderung zu erkennen gab und ihn zugleich dringend auffoderte, doch ja zur katholischen Kirche überzutreten. Sogar aus Mailand erhielt der Dichter von einem Geistlichen der römischen Kirche Versicherungen von dem wohlthätigen und segensreichen Einflusse, den seine Lieder auch dort ausübten. Sie wurden ebenso, wie seine übrigen Werke, von dem Verbote ausgenommen, welches zu jener Zeit in katholischen Ländern in voller Gesetzeskraft bestand, nämlich von dem Verbote, die Schriften nichtkatholischer Schriftsteller zu verbreiten oder zu lesen. Allgemein bewunderte man sie; und verdienten sie es nicht? Schon beinahe ein Jahrhundert lang haben diese religiösen Gesänge ihren Platz neben denen Gerhard's, Flemming's und anderer Meister, deren sich die evangelische Kirche in so reichem Maße zu erfreuen hat, eingenommen und sie werden ihn gewiß für immer behaupten. Lieder, wie: „Was ist's, daß ich mich quäle?“; „Wie groß ist des Allmächt'gen Güte“; „Mein erst Gefühl sei Preis und Dank“; „Meine Lebenszeit verstreicht“; „Auf Gott und nicht auf meinen Rath“ u. s. w., gehören sie nicht noch jetzt unter die Lieblingsgesänge frommer Herzen? Aber Gellert benutzte auch zu ihrer Ausarbeitung seine heitersten Augenblicke, seine feierlichsten Stunden, und war unermüdlich in ihrer Verbesserung. Er sprach keinen Gedanken aus, von dessen Wahrheit er nicht überzeugt, kein Gefühl, von dem er nicht im Innersten selbst durchdrungen war. Natürlich mußte Das, was vom Herzen kam, mächtig zum Herzen sprechen und konnte am allerwenigsten bei Denen seine Wirkung verfehlen, welche den Dichter persönlich kannten.

(Der Beschluß folgt in Nr. 459.)

Die Kathedrale von Lyon.*)

*) Vgl. über Lyon Nr. 403 des Pfennig-Magazins, wo auch die hier abgebildete Kathedrale ausführlich beschrieben ist.

Die Souveraine europäischer Abkunft,
nach den Zeitpunkten ihres Regierungsantritts geordnet, am 1. Januar 1842.
(Beschluß aus Nr. 457.)

Von allen 52 Souverainen europäischer Abkunft — von denen einer, der Kaiser von Brasilien, einem außereuropäischen Lande, einer, der Großsultan, einer andern als der christlichen Religion angehört, vier aber weiblichen Geschlechts sind, nämlich die Königinnen von Großbritannien, Portugal und Spanien und die Herzogin von Parma — sind gegenwärtig (am 1. Jan. 1842) drei über 70 Jahre alt, nämlich der König von Schweden, von allen regierenden Herren der älteste, 77 Jahre 11 Monate alt, der Papst, 76¼ Jahre, und der König von Hanover, 70½ Jahre alt. Von den übrigen sind 8 zwischen 60 und 70 Jahren, 13 zwischen 50 und 60 Jahren, 18 zwischen 40 und 50 Jahren, 3 zwischen 30 und 40 Jahren, 4 zwischen 20 und 30 Jahren, endlich 3 (der Großsultan, der Kaiser von Brasilien und die Königin von Spanien, welche erst 11¼ Jahre alt und unter allen gekrönten Häuptern am jüngsten ist, auch von allen Souverainen allein noch unter Vormundschaft steht) zwischen 10 und 20 Jahre alt. Am längsten regiert der Fürst von Lippe-Schaumburg, welcher vor fast 55 Jahren, allein unter allen Souverainen im vorigen Jahrhundert, zur Regierung gekommen ist. Im vierten Jahrzehnd ihrer Regierung stehen 4 Regenten (die Fürsten von Lippe-Detmold und Schwarzburg-Rudolstadt und die Herzoge von Sachsen-Meiningen und Sachsen-Koburg-Gotha, welcher die Regierung am längsten, nämlich 35 Jahre, selbständig geführt hat, da alle länger regierenden Fürsten bei ihrem Regierungsantritte minderjährig waren), im dritten 9, im zweiten 19, im ersten gleichfalls 19; im letztvergangenen Jahre hat (seit dem Jahre 1819 zum ersten Male) kein Regierungswechsel stattgefunden. Diejenigen 3 Regenten, welche zuletzt zur Regierung gekommen, sind die Könige von Dänemark, von Preußen und der Niederlande, welcher letztere erst 1¼ Jahr regiert. — 42 Souveraine sind nach dem Erbrechte und zwar durch den Tod ihrer Vorgänger, 4 (der Kaiser von Brasilien, die Königin von Portugal, der König der Niederlande und der Fürst von Schwarzburg-Sondershausen) durch Abdankung ihrer Vorgänger (Väter), 2 (der König der Franzosen und der Herzog von Braunschweig) in Folge der Absetzung ihrer Vorgänger, 2 (der Herzog von Modena und die Herzogin von Parma) in Folge besonderer Verträge zur Regierung berufen worden; endlich 2 (die Könige von Belgien und Griechenland) sind die ersten Oberhäupter neugebildeter Staaten.

Unverheiratet (und nie verheiratet gewesen) sind 7 Souveraine (außer dem Papst der Kaiser von Brasilien, die Königin von Spanien, die Herzoge von Braunschweig und Nassau und die Fürsten von Reuß-Schleiz und Reuß-Ebersdorf), verwitwet 4 (der König von Hanover, der Großherzog von Hessen-Darmstadt, der Herzog von Modena und die Herzogin von Parma), die übrigen 41 verheiratet, worunter 2 (der Kurfürst von Hessen-Kassel und der Landgraf von Hessen-Homburg) in morganatischer Ehe, 10 zum zweiten, 2 (der König von Würtemberg und der Großherzog von Oldenburg) zum dritten Male; einer (der Großsultan) lebt in Polygamie. Von den 38 standesmäßigen Gemahlinnen und Gemahlen (der letztern sind 2, die Gemahle der Königinnen von Großbritannien und Portugal) von christlichen Souverainen ist die Königin von Schweden am ältesten, über 60 Jahre alt; zwei sind zwischen 50 und 60, 17 zwischen 40 und 50, 9 zwischen 30 und 40, 9 zwischen 20 und 30 Jahre alt. Am jüngsten sind: die Königin von Griechenland 23 Jahre, die Fürstin von Reuß-Greiz, 22¾ Jahre, und Prinz Albert (Gemahl der Königin von Großbritannien), 22 Jahre 4 Monate alt. Die Ehe des Königs von Schweden ist am frühesten geschlossen worden, vor 43 Jahren 4½ Monaten, die der Königin von Großbritannien zuletzt, vor 1 Jahre 11 Monaten. Der Abstammung nach gehören jene 36 Gemahlinnen und 2 Gemahle von Souverainen 26 Familien an, indem 3 aus 2 kaiserlichen, 15 aus 7 königlichen, 2 aus einem kurfürstlichen, 2 aus 2 großherzoglichen, 8 aus 6 herzoglichen, 5 aus gleich vielen fürstlichen, je eine aus einem landgräflichen, einem gräflichen und einem bürgerlichen Hause, überhaupt aber 5 aus nicht souverainen Häusern stammen. Aus den Häusern Preußen und Würtemberg stammen je 3.

Von den verheiratheten und verwitweten Souverainen sind (ohne Rücksicht auf morganatische Ehen) 8 kinderlos (der Kaiser von Östreich, die Könige von Preußen, Sachsen und Griechenland, die Herzoge von Anhalt-Bernburg und Anhalt-Köthen, die Herzogin von Parma und der Fürst von Hohenzollern-Hechingen); von den übrigen 36 haben 7 je 1, 4 je 2, 7 je 3, 7 je 4, 3 je 5, 3 je 6, 3 je 7 und 2 (der König von Baiern und der Fürst von Lippe-Detmold) je 8 Kinder, was zusammen 134 Kinder von Souverainen gibt. Nur Töchter haben 2 Souveraine: der Herzog von Sachsen-Altenburg und der Fürst von Reuß-Greiz. Die übrigen 34 haben männliche Erben, von denen 8 verheirathet sind, 5 bereits Kinder haben und zwei (die Kronprinzen von Sardinien und Baiern) verlobt sind. Der älteste Erbprinz ist der Kronprinz von Schweden, 42½ Jahre alt; von den übrigen sind 6 zwischen 30 und 40, 11 zwischen 20 und 30, 9 zwischen 10 und 20, 7 unter 10 Jahren alt; die jüngsten sind der Erbprinz von Liechtenstein, der türkische Thronfolger und der britische Thronerbe, die beiden letzten erst im vorigen Jahre geboren. — 11 Souverains haben Seitenverwandte zu präsumtiven Nachfolgern, und zwar 8 von ihnen (der Kaiser von Östreich, die Könige von Preußen, Sachsen und Griechenland, die Herzoge von Nassau und Sachsen-Altenburg, der Fürst von Reuß-Schleiz und der Landgraf von Hessen-Homburg) Brüder, 2 (der Kaiser von Brasilien und die Königin von Spanien) Schwestern, einer (der Fürst von Hohenzollern-Hechingen) einen Großoheim, den ältesten aller präsumtiven Nachfolger (84 Jahre 7 Monate alt). Von den übrigen präsumtiven Regierungsnachfolgern dieser Kategorie ist einer über 60, einer zwischen 50 und 60, 3 sind zwischen 40 und 50, einer zwischen 30 und 40, 2 wenig über 20, die Kronprinzessin von Brasilien beinahe 20, die Schwester der Königin von Spanien beinahe 10 Jahre alt. Mit Ausnahme der vier jüngsten sind alle verheirathet und haben Kinder. — Die vier Linien Anhalt-Bernburg, Anhalt-Köthen, Reuß-Greiz und Reuß-Ebersdorf sterben mit den jetzt regierenden Fürsten (falls diese ohne männliche Nachkommenschaft bleiben) aus; der Herzog von Braunschweig wird, obgleich er einen Bruder hat, falls er ohne Nachkommenschaft stirbt, von Hanover, die Herzogin von Parma wird von dem jetzigen Hause Lucca beerbt. — Großväter (durch standesmäßige Ehen) sind 9 Souveraine, und zwar haben die Könige der Franzosen und von Schweden, sowie der Großherzog von Sachsen-Weimar jeder 5, der Fürst von Hohenzollern-Sigmaringen 4, der Kaiser von Rußland, der Großherzog von Hessen-Darmstadt und der Herzog von Sachsen-Koburg-Gotha jeder 2, der König der Niederlande und der Kurfürst von Hessen-Kassel jeder einen Enkel, also alle zusammen 27 Enkel.

Mütter sind am Leben von 12 Souverainen, Stiefmütter von 8, Väter von 2 (den Königen von Griechenland und der Niederlande). Ferner sind 23 Witwen regierender Fürsten am Leben, nämlich 3 Kaiserswitwen, 5 verwittwete Königinnen, 3 Großherzoginnen, 1 Kurfürstin, 3 Herzoginnen, 8 Fürstinnen.

Über 70 Jahre alt sind 10 männliche und 12 weibliche Souveraine und Mitglieder souverainer Fürstenhäuser, über 80 Jahre alt nur 3, nämlich Prinz Franz von Hohenzollern-Hechingen, präsumtiver Regierungsnachfolger, 84 Jahre 7 Monate alt, Fürstin Luise von Reuß-Köstritz, 82 Jahre alt, und Fürstin Henriette von Reuß-Schleiz, 80 Jahre alt.

Die Zahl der männlichen Mitglieder von souverainen christlichen Fürstenhäusern und deren Nebenlinien beträgt 349, wovon aber 40 auf fürstliche, 38 auf gräfliche Nebenlinien kommen; 112 sind katholischer, 6 englischer, 6 griechischer, die übrigen evangelischer, lutherischer oder reformirter Confession. Die zahlreichsten Regentenhäuser sind: Lippe mit 36, Bourbon mit 32 (Frankreich 10, Sicilien 11, Spanien 9, Lucca 2), Sachsen (5 Linien) mit 29, Östreich (nebst Toscana und Modena) mit 29, Holstein mit 29 (Rußland 6, Dänemark 3, Oldenburg 4), Hessen mit 28; Hohenzollern mit 23 (wovon Preußen 15), Würtemberg mit 20, Reuß mit 20, Liechtenstein mit 15 männlichen Mitgliedern.

Frankreichs Marschälle.

Sämmtliche Marschälle von Frankreich gehören gegenwärtig dem Greisenalter an; im Durchschnitt ist jeder von ihnen 72 Jahre alt. Es sind folgende 9:
1) Moncey, Herzog von Conegliano, ernannt 1804, 87 Jahre alt.
2) Soult, Herzog von Dalmatien, ernannt 1804, 72 Jahre alt.
3) Oudinot, Herzog von Reggio, ernannt 1809, 74 Jahre alt.
4) Graf Molitor, ernannt 1823, 71 Jahre alt.
5) Graf Gérard, ernannt 1830, 68 Jahre alt.
6) Graf Clauzel, ernannt 1831, 69 Jahre alt.
7) Marquis v. Grouchy, ernannt 1831, 75 Jahre alt.
8) Graf Valée, ernannt 1837, 69 Jahre alt.
9) Graf Sebastiani, ernannt 1840, 66 Jahre alt.

Unter dieser Zahl sind, wie man sieht, nur noch drei von Napoleon ernannte Marschälle und ein während der Restauration ernannter, die andern fünf hat Ludwig Philipp ernannt. Zwar leben außerdem noch zwei Marschälle von Napoleon's Ernennung: Bernadotte, 77 Jahre alt, und Marmont, Herzog von Ragusa, 67 Jahre alt, aber Jener kann als König von Schweden nicht mehr den französischen Marschallsstab führen, der Letztere steht seit der Julirevolution nicht mehr im Dienste Frankreichs und ist aus den Listen der Armee gestrichen, was auch vom Grafen Bourmont, jetzt 68 Jahre alt, gilt, welcher 1830 von Karl X. für die Einnahme von Algier zum Marschall ernannt wurde.

Während der Regierung Ludwig Philipp's sind folgende von Napoleon ernannte Marschälle mit Tode abgegangen:

Jourdan, ernannt 1804, gestorben 1833, 71 J. alt.
Mortier, Herzog von Treviso, ernannt 1804, gestorben 1835, 67 Jahre alt.
Macdonald, Herzog von Tarent, ernannt 1809, gestorben 1840, 75 Jahre alt.
Victor, Herzog von Belluno, ernannt 1807, gestorben 1841, 75 Jahre alt;
außerdem ein unter der Restauration ernannter:
Marquis Maison, ernannt 1829, gestorben 1840, 70 Jahre alt,
und ein von dem jetzigen Könige ernannter:
Mouton, Graf von Lobau, ernannt 1831, gestorben 1838, 68 Jahre alt.

Von den Kometen.
(Fortsetzung aus Nr. 457.)

Merkwürdiger ist der dritte Komet von kurzer Umlaufszeit, welcher 1818 von Pons zu Marseille entdeckt wurde, aber von dem Berechner seiner Bahn, Professor Encke in Berlin, den Namen des Encke'schen Kometen führt. Er hat eine sehr kurze Umlaufszeit von nur 3 Jahren 115 Tagen, ist in der Sonnennähe nur $6\frac{1}{2}$, in der Sonnenferne dagegen 85 Millionen Meilen von der Sonne entfernt, kann aber nur durch Fernröhre wahrgenommen werden und hat keinen Schweif. Seit seiner Entdeckung (oder vielmehr seit seiner Berechnung, denn erwiesenermaßen wurde derselbe schon früher mehrmals gesehen) ist dieser Komet regelmäßig in den Jahren 1822, 1825, 1828, 1832 und 1835 beobachtet worden; dabei ist aber eine merkwürdige Thatsache zum Vorschein gekommen, nämlich eine beständige Abnahme der Umlaufszeiten, die wieder mit einer Abnahme seines Abstandes von der Sonne und einem Kleinerwerden seiner Bahn unzertrennlich verbunden ist. Encke erklärt diese auffallende Erscheinung durch das Vorhandensein einer feinen elastischen Flüssigkeit oder eines sogenannten Äthers, welcher den Weltraum erfüllt und dem Kometen bei seiner Bewegung Widerstand leistet. Dieser Widerstand hat zur Folge, daß die Geschwindigkeit des Kometen abnimmt, mit derselben aber zugleich seine Schwungkraft; dadurch erhält die Anziehung der Sonne das Übergewicht und der Komet nähert sich der Sonne so lange, bis das frühere Gleichgewicht zwischen Schwungkraft und Anziehung wiederhergestellt ist. Indem aber der Abstand des Kometen von der Sonne abnimmt, muß zugleich die Umlaufszeit vermindert werden, die Bewegung des Kometen wird daher nicht, wie man von dem Einflusse eines Widerstandes vermuthen sollte, verzögert, sondern beschleunigt. Daß der Äther auf die Planeten keine störende Wirkung ausübt, ist aus der größern Dichtigkeit der letztern leicht zu erklären.

Der vierte Komet von kurzer Umlaufszeit ist der Biela'sche, von dem östreichischen Hauptman von Biela in Josephstadt in Böhmen am 28. Febr. 1826 entdeckt, fast gleichzeitig auch von Clausen und Gambart berechnet. Diese Astronomen fanden, daß er sich in $6\frac{3}{4}$ Jahren in einer Ellipse um die Sonne bewege und schon in den Jahren 1772 und 1805 beobachtet worden sei; nach den damals angestellten, von ihm berechneten Beobachtungen will Biela die Rückkehr dieses Kometen beobachtet haben. Im J. 1832 wurde der Komet abermals beobachtet. Er erreicht in der Sonnenferne einen Abstand von 127 Millionen Meilen von der Sonne, in seiner Sonnennähe aber kommt er der Erdbahn sehr nahe und es wäre daher möglich, daß er einmal mit der Erde zusammenstieße. Im J. 1805 kamen beide einander ziemlich nahe; im J. 1832 war der Komet in der Sonnennähe nur 4⅔ Erdhalbmesser oder 4000 Meilen von der Erdbahn entfernt, ging aber schon am 29. Oct. durch die Erdnähe, während die Erde noch weit (etwa 12 Millionen Meilen) von jener nächsten Stelle ihrer Bahn entfernt war und dieselbe erst am 30. Nov. erreichte, als sich der Komet bereits längst wieder entfernt hatte. Ebenso wird es in der Regel bei andern Durchgängen des Kometen durch die Sonnennähe sein. Eine leichte Rechnung zeigt, wie gering die Wahrscheinlichkeit eines Zusammentreffens der Erde mit dem Kometen ist. Wenn der Komet in seinem Laufe die Erdbahn durchschneidet, so ist 365 gegen 1 zu wetten, daß die Erde nicht an demselben, sondern einem andern Tage des Jahres durch diesen Punkt der Ekliptik geht. Da aber die Erde in vier Minuten 1000 Meilen, also in einem Tage 360,000 Meilen zurücklegt, so können Erde und Komet in jenem Tage durch denselben Punkt der Ekliptik gehen und doch einander nur bis auf 360,000 Meilen nahe kommen. Gehen beide in derselben Stunde durch denselben Punkt der Ekliptik, so müssen sie einander bis auf höchstens 15,000 Meilen nahe kommen; aber diese Wahrscheinlichkeit ist noch 24 Mal geringer als die vorige, oder man kann 8766 gegen 1 wetten, daß Erde und Komet nicht in derselben Stunde durch denselben Punkt gehen werden. Schließt man so fort, so findet man, daß die Wahrscheinlichkeit eines Zusammenstoßes noch viel geringer ist, als die, in einer Lotterie das große Loos zu gewinnen, und daß wir Menschen vernünftigerweise keine Ursache haben, den Eintritt eines solchen Ereignisses zu fürchten. Da nämlich der Komet nur alle 6¾ Jahre die Erdbahn durchschneiden kann, so wird er der Wahrscheinlichkeit nach erst in 6¾ Mal 365¼ Jahren, d. h. in 2465 Jahren einmal an demselben Tage und in etwa 60,000 Jahren einmal in derselben Stunde mit der Erde durch denselben Punkt der Ekliptik gehen. Ob ein Zusammenstoß zwischen der Erde und diesem oder einem andern Kometen der erstern wirklich sehr nachtheilig sein würde, hängt davon ab, ob der Komet einen festen Kern hat oder nicht. In dem ersten Falle könnte der Komet allerdings auf der Erde eine große Zerstörung anrichten. Er könnte der Erdaxe eine andere Lage geben, sodaß eine ganz andere Vertheilung der Zonen einträte und die heißen Länder vielleicht in Polargegenden, die wüsten Steppen des Nordens in blühende Fluren verwandelt würden; das Meer würde sein altes Bette verlassen und dem neuen Äquator zuströmen; ja vielleicht würde die Erde durch die Heftigkeit des Stoßes gänzlich zerstört werden. Wahrscheinlich ist dies Alles freilich gar nicht; bei der geringen Masse, die ein Kometenkern nur haben kann, wird ein Zusammenstoß ohne Zweifel für den Kometen selbst ungleich verderblicher sein als für die Erde. Erfolgte kein wirklicher Anstoß, so würde die Wirkung des Kometen nur sehr gering sein, denn seine Anziehung würde die Bahn der Erde gewiß nur sehr wenig ändern. Im J. 1770 ist ein Komet sehr nahe am Jupiter vorbeigegangen, ohne den Lauf derselben auf eine bemerkbare Weise zu stören. Dieser Komet ist übrigens bemerkenswerth theils darum, weil er sich der Erde mehr genähert hat, als, so viel bekannt, irgend ein anderer Komet, nämlich bis auf 368 Erdhalbmesser oder mehr als 300,000 Meilen, was das Sechsfache von der Entfernung des Mondes ist, theils wegen der großen Veränderungen, die seine Bahn erlitten hat. Im gedachten Jahre bewegte er sich in einer Ellipse, die er in 5½ Jahren hätte durchlaufen müssen; nach Verlauf dieser Zeit wurde er jedoch vergebens wieder erwartet, weil er im J. 1776 bei Tage durch die Sonnennähe ging, aber auch später ist er nicht wieder gesehen worden. Laplace fand den Grund davon darin, daß er 1779 durch die Anziehung des Jupiter, dem er 500 Mal näher als der Sonne kam, völlig aus seiner frühern Bahn (in der sich übrigens auch erst seit 1767 bewegte) herausgerissen und in eine viel weitere Bahn versetzt worden sei. Diese durchläuft er in etwa 20 Jahren, kann aber von uns nicht ferner gesehen werden, da er sich der Sonne selbst in der Sonnennähe nur bis auf 70 Millionen Meilen nähert.

Man hat vielfach die Behauptung aufgestellt, daß die Kometen auf die Jahreszeiten einen Einfluß ausübten, und zwar insofern, als sie immer eine große Sommerhitze zur Folge hätten; man hat sich in dieser Hinsicht namentlich auf den prachtvollen Kometen des Jahres 1811 bezogen, welches sich allerdings durch einen sehr heißen Sommer und daher auch durch eine treffliche Weinernte auszeichnete. Eine genauere Vergleichung älterer und neuerer Beobachtungen zeigt den Ungrund jener Behauptung; unter 28 Kometenjahren von 1632—1785, die sich durch außerordentliche Temperatur des Sommers oder Winters auszeichneten, sind neun durch einen heißen Sommer, drei durch einen kalten Sommer, sechs durch einen warmen Winter, zwölf durch einen strengen Winter ausgezeichnet; unter den letztern befindet sich das Jahr 1680, dessen Komet zu den glänzendsten gehört, die je erschienen sind. Hiernach läßt sich mit ebenso vielem Rechte behaupten, daß das Erscheinen von Kometen mit strengen Wintern zusammentreffe und also diese zur Folge habe. Eine unmittelbare Wirkung eines Kometen auf das Thermometer ist nicht einmal bei dem glänzenden Kometen von 1811 bemerkt worden.

Bei der Erklärung der Erdrevolutionen hat man nicht selten zu den Kometen seine Zuflucht genommen. Der Engländer Whiston suchte nachzuweisen, daß die Sündflut Noah's durch einen Kometen verursacht worden sei und zwar durch denselben, welcher im J. 43 v. Chr. erschien und nach ihm mit denen von 531, 1106 und 1680 einerlei war und eine Umlaufszeit von etwa 575 Jahren hatte. Nimmt man diesen Zeitraum vier Mal und legt 43 dazu, d. h. rechnet man von dem Jahre 43 v. Chr. 2300 Jahre rückwärts, so findet man das Jahr 2343 v. Chr., was nur wenig von dem nach der Bibel sich ergebenden Datum der Sündflut (2349 v. Chr.) abweicht. Nach Whiston ist der Erdkern nichts Anderes als der ehemalige Kern des Kometen. Seine Theorie ist jedoch ganz unhaltbar; denn angenommen, daß der Komet von 1680 zur Zeit der Sündflut erschienen sei, so kam er damals der Erde bestimmt nicht näher als im J. 1680, wo er der Erde oder vielmehr nur ihrer Bahn zwar bis auf 112 Erdhalbmesser nahe kam, aber weder Überschwemmungen noch etwas Ähnliches zur Folge hatte. Whiston's berühmter Landsmann, Halley, erklärt von dem Umstand, daß das Meer Gegenden der Erde, die es einst erwiesenermaßen bedeckt haben muß, verlassen habe, gleichfalls aus der Nähe oder vielmehr dem Anstoße eines Kometen; aber die möglichen Folgen eines solchen stimmen keineswegs mit den Erscheinungen, welche die Versteinerungen darbieten, überein. Ebenso verhält es sich mit den andern angeblichen Spuren eines vormaligen Zusammenstoßes der Erde mit einem Kometen. Aus den fossilen Elefanten, die sich in Sibirien finden, hat man schließen wollen, daß Sibirien einst ein viel wärmeres Klima gehabt haben müsse, aber jene Thiere waren mit einer dichten Haut und doppelten Haaren (schwarzen und röthlichen) bedeckt, sodaß sie im Sommer füglich in der kalten Zone leben konnten. Das auffallend strenge Klima von Nordamerika erklärt Halley dadurch, daß der Stoß eines Kometen die Lage der Erdaxe geändert und den Nordpol, der einst in der Nähe der Hudsonsbai gelegen, weiter nach Osten versetzt habe; die von dem Nordpol verlassenen Gegenden, die so lange Zeit und so tief gefroren gewesen seien, hätten nothwendig noch lange Spuren der Polarkälte bewahren müssen. Aber diese Erklärung ist schon darum unstatthaft, weil auch die Ostküste Asiens sich vor der Westküste durch außerordentliche Kälte auszeichnet, die auf diese Weise nicht zu erklären wäre. Überhaupt aber gibt es keine einzige meteorologische Erscheinung, die auf eine Änderung der Lage der Erdachse in Folge des Zusammenstoßes mit einem Kometen schließen ließe. Die niedrige Lage vieler Gegenden in Rußland und Persien, die weit unter der Fläche des Meers liegen (die Stadt Astrachan und das kaspische Meer liegen über 300 Fuß, die Wolga und die von ihr durchströmten Gegenden 150 Fuß unter dem schwarzen Meere), erklärt Halley gleichfalls durch den Eindruck, den der Stoß eines Kometen hinterlassen habe; aber weit einfacher ist Humboldt's Erklärung, der jene Erscheinung aus der Erhebung benachbarter Gegenden herleitet, da kein Welttheil so viele erhabene und gewaltige Gebirgsmassen als Asien darbietet.

(Der Beschluß folgt in Nr 459.)

Notizen.

Feuersbrunst als Folge einer Feuerkugel. Am 25. Febr. vorigen Jahres wurde in der Gemeinde Chanteloup im nordwestlichen Frankreich das Dach eines Kelterhauses durch ein Feuermeteor in Brand gesteckt, welcher sich bald zwei benachbarten Häusern mittheilte. Dieselbe Feuerkugel wurde zu Cherbourg beobachtet. Derselbe und der folgende Monat waren überhaupt an Feuerkugeln ziemlich fruchtbar: am 27. Februar wurden dergleichen zu Parma und Guastalla, am 21.—22. März zu Commercy und St.-Menehould, am 24. und 30. zu Genf beobachtet. Von gefallenen Meteorsteinen wird nichts berichtet.

Ein vom Licht einer Wolke erzeugter Regenbogen. Vor kurzem beobachtete ein Herr Tessan von der Terrasse des Tuileriengartens (in Paris) aus zwei schöne Regenbogen, concentrisch und mit gewöhnlicher Farbenfolge, von denen der eine von der Sonne, der andere aber von einer zwei Grad unterhalb der Sonne und mit ihr in demselben Verticalkreise stehenden Hauptwolke herrührte, welche so hell erleuchtet waren, daß das Auge ihren Glanz kaum ertragen konnte.

Literarische Anzeige.

Vollständig ist jetzt erschienen:

Conversations-Lexikon der Gegenwart.

4 Bände in 5 Abtheilungen oder 36 Heften. Gr. 8. 364 Bogen. 1838—41.

Druckp. 12 Thlr., Schreibp. 18 Thlr., Velinp. 27 Thlr.

Das Werk ist ein für sich bestehendes und in sich abgeschlossenes, bildet aber zugleich ein Supplement zur 8. Auflage des Conversations-Lexikon, sowie zu jeder frühern, zu allen Nachdrucken und Nachbildungen desselben; es ist nicht nur ein Werk zum Nachschlagen, sondern zugleich ein durch gewandte Darstellung anziehendes Lesebuch über Alles, was die Zeit bewegt. — Die

achte Auflage des Conversations-Lexikon

an das sich das **Conversations-Lexikon der Gegenwart** zunächst anschließt, behauptet fortwährend unter allen ähnlichen Werken den ersten Rang. Ein vollständiges Exemplar kostet auf Druckp. 16 Thlr., Schreibp. 24 Thlr., Velinp. 36 Thlr. und ein für jeden Besitzer unentbehrliches

Universal-Register

auf Druckp. ⅔ Thlr., Schreibp. 1 Thlr., Velinp. 1½ Thlr. — Von dem

Conversations-Lexikon der neuesten Zeit und Literatur,

das in den Jahren 1832—34 in 4 Bänden erschien und zunächst einen **Supplementband zur 7. Auflage** des Conversations-Lexikon bildet, sind noch einige Exemplare vorräthig, die auf Druckp. 8 Thlr., Schreibp. 12 Thlr., Velinp. 18 Thlr. kosten. Es gibt, wie das **Conversations-Lexikon der Gegenwart** für die letzten Jahre, so für die denkwürdige Zeit von 1830—34 ein lebensvolles anziehendes Gemälde.

Durch alle Buchhandlungen kann Obiges von mir bezogen werden; solche Personen, die wünschen sollten, sich diese Werke nach und nach anzuschaffen, können ganz nach ihrer Convenienz und in beliebigen Zeiträumen dieselben in einzelnen Bänden, Lieferungen oder Heften ohne Preiserhöhung beziehen.

Leipzig, im Januar 1842.

F. A. Brockhaus.

Das Pfennig-Magazin
für
Verbreitung gemeinnütziger Kenntnisse.

459.] Erscheint jeden Sonnabend. [Januar 15, 1842.

Philipp Wouverman.

Eine Landschaft nach Wouverman.

Philipp Wouverman, einer der trefflichsten Landschafts-, Pferde- und Schlachtenmaler der niederländischen Schule, wurde zu Harlem 1620 geboren und war der Sohn eines wenig bekannt gewordenen Geschichtsmalers, Paul Wouverman, dessen drei Söhne (die beiden andern hießen Peter und Johann und zeichneten sich gleichfalls aus) sich sämmtlich der Malerei widmeten. Den ersten Unterricht in seiner Kunst erhielt er von seinem Vater; später studirte er unter seinem Landsmann Johann Wynants, einem Landschaftsmaler von großem Rufe. Unter diesem einsichtsvollen Lehrer machte er so schnelle Fortschritte, daß ihm derselbe schon in frühem Alter gestattete, seine eigenen Werke mit menschlichen und thierischen Figuren auszustaffiren, in deren Darstellung er Meister war. Nachdem er Wynants verlassen hatte, malte er sorgfältig nach der Natur in der Nähe seines Geburtsortes Harlem, ohne sich, wie man allgemein glaubt, von dieser Gegend jemals zu entfernen. Ungeachtet des großen Kunstwerths seiner Werke lebte er in Armuth und Dürftigkeit; er war zwar, um seine zahlreiche Familie zu ernähren, genöthigt, mit rastlosem Fleiße und sehr schnell zu arbeiten, aber seine Arbeiten wurden ihm schlecht bezahlt und bereicherten nur die Kunsthändler, welche sie ins Ausland verkauften. Zu derselben Zeit war der Maler Peter von Laar, bekannt unter dem Namen Bamboccio, d. i. Krüppel, bei den Sammlern in Holland sehr beliebt; während nun dessen Werke eifrig gekauft wurden, wurde Wouverman, dessen Werke demselben Genre als die jenes angehörten, vernachlässigt und hintangesetzt. Doch soll der bekannte holländische Staatsmann de Witt das große Talent des damals unbekannten Malers erkannt und nach dem Ankaufe eines Bil-

X. 3

des von Bamboccio seinen Landsmann aufgefodert haben, zu jenem ein Seitenstück zu liefern, das er nach seiner Vollendung für in jedem Betracht vorzüglicher als jenes erklärte. Vielleicht würde dieses Urtheil auf die Umstände Wouverman's nicht ohne wohlthätigen Einfluß geblieben sein, aber er starb sehr bald nachher, 1668, erst 48 Jahre alt, so arm als er gelebt hatte, und man sagt, daß der seinen Ohren so ungewohnte Ausdruck des Beifalls nachtheilig auf ihn gewirkt und seine schnelle Auflösung beschleunigt habe. Vor seinem Tode vernichtete er eine große Anzahl seiner Zeichnungen und andern werthvollen Arbeiten, damit sein Sohn nicht durch den Besitz derselben bewogen werden möchte, eine Beschäftigung fortzusetzen, die seinem Vater nur Armuth und Elend verschafft hatte; daher kommt es, daß Zeichnungen von Wouverman jetzt außerordentlich selten sind. Bald nach seinem Tode stiegen seine Arbeiten zu einem sehr hohen Preise, indem sie der Kurfürst von Baiern, Maximilian Moritz, damaliger Gouverneur der Niederlande, eifrig aufsuchen und kaufen ließ.

Die Gegenstände, welche Wouverman vorzugsweise malte, waren Landschaften, Jagdzüge, Pferdemärkte, Reitergefechte u. s. w.; fast auf allen seinen Bildern finden sich Pferde, in deren Darstellung er eine seltene Meisterschaft besaß; gewöhnlich ist ein Schimmel darunter. Auch die übrigen Figuren sind meisterhaft gezeichnet; das bald kräftige, bald zarte, immer geistreiche Colorit ist ebenso trefflich als die Composition. Den größten Schatz Wouverman'scher Bilder besitzt wol die königliche Galerie zu Dresden (57 an der Zahl); nächstdem das französische Museum im Louvre, die Galerien zu München, Wien u. s. w. Das umfangreichste findet sich im königlichen Museum im Haag.

Christian Fürchtegott Gellert.

(Beschluß aus Nr. 458.)

Gellert erhielt auch jetzt wieder viele Beweise von dankbarer Erkenntlichkeit und Liebe. So bot ihm ein schlesischer Freiherr von Crausen einen nicht unbedeutenden Jahrgehalt an, welchen er zwar für seine Person ablehnte, aber auf wiederholte Bitten für seine alte ehrwürdige Mutter annahm, die ihn auch bis zu ihrem Tode genoß. Eine Frau von Campenhausen, die er früher hatte kennen lernen und welcher er seine Lieder zuschickte, sandte ihm einen Wechsel von 300 Thlrn. zu. Ein junger preußischer Offizier, welcher durch seine Schriften gebessert und auf den Weg der Tugend zurückgeführt worden war, suchte ihn in Leipzig auf und nöthigte ihn, trotz alles Widerstrebens, eine Rolle mit 20 Louisdor anzunehmen. Gewöhnlich schlug Gellert solche Geschenke, die ihm von allen Seiten angeboten und zugeschickt wurden, aus, obgleich er eigentlich seinen Umständen nach Ursache dazu hatte. Denn er hatte zwar, von der Regierung dazu veranlaßt, 1751 eine außerordentliche Professur der Philosophie angenommen, allein der jährliche Gehalt, welcher damit verbunden war, betrug nur 100 Thlr.! Und gleichwol wirkte er auch als öffentlicher Lehrer so unendlich viel Gutes. Seine Vorlesungen, die er anfangs über Dichtkunst und Beredtsamkeit, später über einzelne Theile der Sittenlehre hielt, wurden so fleißig besucht, daß die Anzahl seiner Zuhörer oft über 400 stieg, und in den Zeiten des siebenjährigen Kriegs, wo Leipzig von Truppen aller Art überschwemmt war, pflegten sich so viele Offiziere in seinem Hörsaale einzufinden, daß dieser dem Vorzimmer eines commandirenden Generals glich. Die Studirenden verehrten ihn wie einen Vater. Wenige ermahnende Worte von seiner Seite reichten hin, sie zur Ordnung zurückzuführen, wenn sie im jugendlichen Übermuthe davon abgewichen waren; denn der Verlust seiner Achtung schien ihnen eine größere Strafe, als selbst die Wegweisung von der Universität. Viele wurden durch seine Vorträge theils zur Liebe für die Wissenschaften angeregt, theils in ihren Kenntnissen mannichfach gefördert; noch mehre aber verdankten seinen Lehren und seinem Beispiele ihre sittliche Veredelung und Vervollkommnung. Darum schickten viele Ältern ihre Söhne nur deswegen nach Leipzig, damit sie unter seiner Leitung, vor allen Verführungen bewahrt, neben tüchtiger Geistesbildung auch ein unverdorbenes Herz mit nach Hause brächten. Wer einen brauchbaren Hauslehrer für seine Kinder wünschte, wandte sich mit Fragen und Bitten an den berühmten Professor Gellert. Fürsten und Prinzen suchten ihn auf. Friedrich der Große, welcher doch von deutscher Wissenschaft und Kunst ziemlich verächtlich dachte, ließ ihn zu sich rufen und unterhielt sich beinahe zwei Stunden lang mit ihm. Zuletzt mußte ihm Gellert eine seiner Fabeln vortragen, worauf er äußerte: „Das ist gut! Das ist sehr gut! Das hätte ich nicht gedacht! Das ist schön, gut und kurz. Ich muß Ihn loben; nein, Ihn muß ich unter den Deutschen doch loben!" Der Prinz Heinrich von Preußen schenkte ihm als ein Zeichen hoher Hochachtung das Pferd, welches er in der Schlacht bei Freiberg geritten hatte. Sogar seine Vaterstadt zog aus der Achtung, in welcher er allgemein stand, einen kleinen Nutzen, denn der General Hülsen belegte sie nur mit einer sehr leichten Einquartierung und ließ dem Rathe ausdrücklich sagen, daß dies aus Wohlwollen gegen den Professor Gellert geschehe.

So glücklich indeß auch die Lage erscheint, in der sich damals Gellert befand, so wenig war sie es. Seine Gesundheit hatte sich seit dem Sommer des Jahres 1752 fort und fort verschlimmert. Zwar verabsäumte er nichts, um sie zu verbessern; er gab die Gewohnheit auf, bis gegen Mitternacht zu arbeiten, da er fühlte, wie nachtheilig ihm dies sei. Oft sah man ihn allein oder in Begleitung von Freunden im Rosenthale und auf dem Friedhofe, wo er am liebsten lustwandelte. Allein weder die hochaußerdem mit einer überaus großen Mäßigkeit verbundene Sorgfalt, die er auf seinen Körper verwendete, noch die Mittel, welche ärztliche Kunst ersann, vermochten sein Siechthum und seine Hypochondrie zu überwältigen. Umsonst gebrauchte er 1753 in Lauchstädt und im folgenden Jahre in Karlsbad die Badecur; sein Zustand ward im Gegentheil immer bedenklicher. Oft vermochte er den Tag über nicht zu arbeiten und die Nacht über nicht zu ruhen. Floh ihn der Schlaf ja nicht, so wurde er durch schwere, furchtbare Träume erschreckt, und er verließ alsdann das Lager abgespannter und schwächer, als er es gesucht hatte. Seine Schwermuth und seine Niedergeschlagenheit ward immer häufiger und anhaltender. Bange Zweifel und peinigende Sorgen bemächtigten sich seiner Seele. Der Mann, den die Welt wegen seiner Frömmigkeit und Religiosität mit Recht so hoch achtete, machte sich fortwährend bittere Vorwürfe wegen kleiner Schwächen, von denen selbst der beste Mensch nicht ganz frei ist. Der Gedanke, daß er nicht ganz vollkommen sei, verursachte seinem Herzen mehr Kummer, als Andern die Erinnerung an grobe Fehler und Vergehungen. Die Natur versagte ihm die Ruhe des Körpers, er selbst brachte sich um die Ruhe seiner Seele. Kaum verschaffte ihm, wenn seine bösen Stunden kamen, das Gebet, in welchem er sich oft und inbrünstig an Gott wendete, einige Erleichterung und Beruhigung. Um sich wenigstens einigermaßen zu zerstreuen und zugleich dem Kriegsgetümmel aus dem Wege zu gehen, begab er sich 1757 auf längere Zeit nach Bonau, einem Rittergute des Kammerherrn von Zedtwitz. Hier war es, wo er durch ein heftiges Fieber, welches er sich durch Erkältung zugezogen hatte, dem Grabe so nahe gebracht wurde, daß sich in Leipzig schon die Nachricht von seinem Tode verbreitete, auf der bekannte Dichter Ewald von Kleist damals folgende Verse machte:

Als dich des Todes Pfeil, o Gellert, jüngst getroffen,
Klagt' ich und weint' und sah den Himmel offen;
Auch den belebten Raum der weiten Welt sah ich:
Die Erde weinete, der Himmel freute sich.

Indessen genas Gellert zwar durch die liebevolle Pflege der Familie, deren Gast er war, von dieser Krankheit; aber sein gewöhnliches Übel blieb dasselbe. Im Jahre 1758 kehrte er nach Leipzig zurück, um seine frühern Beschäftigungen wieder aufzunehmen. Zum Dichten freilich fühlte er sich nicht mehr aufgelegt und keine Aufforderung konnte ihn mehr dazu bewegen. „Ich empfinde", schrieb er an den Grafen von Brühl, „daß mich der Witz verläßt; zur Vorbedeutung, daß ich keine Gedichte mehr schreiben soll. Sagen Sie es also, daß Niemand verbunden sein könne, mehr zu dichten, wenn er nicht mehr kann; daß es auch ein Verdienst sei, zur rechten Zeit aufzuhören und Genies, wie Pope sagt, die letzten heftigen Tropfen des Genies auszupressen. Ich werde alle Tage kälter und unfähiger, etwas zu thun; was mir angenehm war, wird mir gleichgültig, und was leicht ist, Arbeit. Doch ich will nicht klagen! Gott ist der Herr von unsern Schicksalen, und unser ist die Pflicht, uns in Demuth auch da zu unterwerfen, wo es uns schwer ankommt, unsere Umstände zu ertragen."

Nichts aber hielt ihn ab, seine Pflichten als öffentlicher Lehrer an der Universität gewissenhaft zu erfüllen. Die Regierung erkannte die Verdienste, welche er sich namentlich durch seine moralischen Vorlesungen erwarb, an und suchte seine Lage zu verbessern. Sie trug ihm daher, sobald eine ordentliche Professur in der philosophischen Facultät erledigt wurde, dieselbe an; allein Gellert schlug sie trotz dem Zureden seiner Freunde aus, weil er den Pflichten, die er damit verbunden glaubte, wegen seiner Kränklichkeit nicht genügen zu können meinte. Übrigens war er mit seiner Stellung zufrieden, denn er bedurfte wenig, und dieses Wenige erwarb er sich durch seinen Fleiß. Auch fehlte es nicht an Wohlthätern, die ihn großmüthig unterstützten. So gab ihm einer seiner Schüler, der Graf von Brühl, eine jährliche Pension von 150 Thlrn., ohne daß er den Geber hätte entdecken können. Selten verging ein Jahr, in welchem ihm nicht selbst aus den entferntesten Ländern, aus England, Dänemark, Liefland und Ungarn, ansehnliche Geschenke zugesandt worden wären. Doch auch der Staat wollte und konnte nicht länger gegen einen seiner berühmtesten Bürger undankbar erscheinen. Nach dem Tode des geachteten Historikers Mascov mußte es Gellert geschehen lassen, daß der Gehalt desselben auf ihn übertragen wurde. Wie sehr er sich dagegen sträubte, zeigt ein Brief an den Grafen Brühl, in welchem sich seine Genügsamkeit auf eine wahrhaft rührende Weise ausspricht. „Die Pension, die mir bestimmt wird", sagt er darin, „beträgt 485 Thlr. So viel wünsche ich nicht, und ich getraue mir nicht, es anzunehmen; denn Sie müssen sich erinnern, daß ich auf Befehl des Hofes schon seit zehn Jahren eine Pension von 100 Thlrn. genieße. Wenn ich diese beiden Pensionen zusammen genösse, so hätte ich jährlich 585 Thlr. Nein, das ist zu viel! Von dieser Summe kann noch ein rechtschaffener Mann einen Antheil ziehen, ohne daß ich darbe." Hätte er nur wenigstens dieses kleine Glück, das er so wohl verdient hatte, ruhig genießen können! Allein seine Leiden hinderten ihn daran. Sie bewogen ihn, 1763 und 1764 zum zweiten und dritten Male nach Karlsbad zu gehen, um dort die Brunnencur zu gebrauchen, welche jedoch abermals die Wirkungen nicht äußerte, die seine Freunde sich davon versprochen hatten. Nicht einmal der Aufenthalt im Bade selbst behagte ihm. „Was würden Sie Merkwürdiges wissen", schrieb er an eine Freundin, „wenn ich Ihnen sagte, daß ich täglich früh um 5 Uhr an die Quelle gegangen wäre; 8, 10, auch 15 Becher warmes Wasser im Freien getrunken, bald mit Diesem, bald mit Jenem, am meisten aber mit mir selbst geredet hätte; nach Verlauf von anderthalb Stunden mit meinem Reitknechte spazieren geritten wäre, ein Morgenlied gesungen und fleißig nach der Uhr gesehen hätte, ob die Plage des Reitens bald überstanden wäre; daß ich nachher zu Hause eine Viertelstunde in einem von meinen zwei Büchern gelesen, alsdann Chocolade getrunken, mich kraftlos angekleidet, darauf die Promenade genähert und Denen mich preisgegeben hätte, welche aus Langeweile oder aus Sympathie der Krankheit oder aus Neugierde oder auch aus Liebe mich anfielen. Der Nachmittag war, das Trinken des Brunnens ausgenommen, immer wie der Vormittag. Beschwerlicher Müßiggang; Unterredung von guten und bösen Wirkungen des Bades; Complimente und Gegencomplimente; Lobsprüche, die ich nicht verdiente; Fragen, die ich nicht beantworten mochte; Einladungen zur Tafel, die ich abschlagen mußte; Reiten, wo ich bald erfrieren, bald wieder vor Hitze schmachten mußte. Die Nacht war noch der beste Theil meines Tages und Lebens in dem mir traurigen Karlsbad, in welchem ich schon vor zehn Jahren viel tausend Thränen auf den höchsten Bergen, von allen Menschen ungesehen, geweint habe." So schildert er seinen Aufenthalt im Bade. Indeß waren dies nur die Schattenseiten desselben; er hatte auch sein Angenehmes, welches Gellert keineswegs verkannte. Besonderes Vergnügen gewährte ihm das Zusammentreffen mit vielen berühmten Personen seiner Zeit. Denn wenn er auch, von seinem Trübsinn abgehalten, die Gesellschaft nicht suchte, so suchte sie doch ihn und er machte auf diese Weise manche interessante Bekanntschaft. Zu Denen, mit welchen er am häufigsten zusammenkam, gehörte der berühmte östreichische General Laudon, der Sieger bei Kunersdorf. Jeder von Beiden wunderte sich, in dem Andern einen so wohlverdienten und so lautgepriesenen Mann zu erkennen. „Sagen Sie mir nur, Herr Professor", äußerte sich Laudon einmal, „wie es möglich ist, daß Sie so viel Bücher haben schreiben können, und so viel Munteres und Scherzhaftes? Ich kann's gar nicht begreifen, wenn ich Sie so ansehe." „Das will ich Ihnen wol sagen", antwortete der Dichter, „aber sagen Sie mir erst, Herr General, wie es möglich ist, daß Sie die Schlacht bei Kunersdorf haben gewinnen und Schweidnitz in einer Nacht einnehmen können? Ich kann's gar nicht begreifen, wenn ich Sie so ansehe." So hatte Gellert wenigstens zuweilen eine Zerstreuung, und man kann sagen, daß die Badegesellschaft ihm mehr nützte als das Bad selbst. Er verließ es weder gestärkt noch geschwächt. In Leipzig setzte er sogleich seine moralischen Vorlesungen wieder fort. Der Beifall, den dieselben fanden, verminderte sich durchaus nicht, vielmehr wurde ihr Eindruck später noch durch sein ehrwürdiges Äußere — er hatte, wenn auch nicht das Alter, doch das Ansehen eines Greises — bedeutend verstärkt

*

und gehoben, sodaß seine Zuhörer oft bis zu Thränen gerührt wurden. Zuweilen mußte er vor dem Kurfürsten und dessen Familie dergleichen Vorträge halten, ja der Kurfürst bat sich sogar eine Abschrift derselben aus, um sich, wie er sagte, aus denselben zu belehren. Überhaupt gab ihm dieser Fürst jederzeit Beweise seines ganz besondern Wohlwollens. So schickte er ihm noch im December 1768, damit es ihm an einer heilsamen Bewegung nicht fehlen sollte, aus seinem eigenen Marstalle ein sicheres, sanftes Pferd, dessen blausammtner Sattel und mit Gold besetzte Schabracke den Leipzigern lange Stoff zur Unterhaltung gab.

Unterdessen nahmen die Kräfte Gellert's immer mehr und mehr ab, sodaß er sogar einmal den Gedanken faßte, alle akademische Vorlesungen aufzugeben und sich auf dem Lande bei einigen Freunden mit der Vorbereitung auf seinen Tod zu beschäftigen. Obgleich ihn nun zwar seine Gewissenhaftigkeit abhielt, dies zu thun, so konnte er doch trotz derselben bei einer neuen Ausgabe seiner Werke, welche 1768 erschien, nicht die gewünschten Verbesserungen vornehmen. Seine Briefe aus dieser Zeit sind voll von bittern Klagen, die ihm der Schmerz auspreßte, aber auch ebenso voll von Beweisen eines Gott ergebenen Sinnes. Zu Anfang des folgenden Jahres machte er noch eine kleine Reise, auf welcher er auch seine Vaterstadt noch einmal besuchte. Eine Ahnung sagte ihm, daß er sie nicht wieder sehen würde. „Freilich", schreibt er, „war es eine harte Reise, aber es ist auch die letzte nach Hainichen, und also will ich gern zufrieden sein und Gott danken, daß ich euch und die übrigen Verwandten und Freunde noch einmal habe sehen können. Ich habe förmlich von meiner Vaterstadt mit Gebet und Thränen Abschied genommen." Nach seiner Zurückkunft im Mai 1769 legte er noch die letzte Hand an seine moralischen Vorlesungen, um sie sodann dem Drucke zu übergeben; allein er erlebte die Ausgabe dieses schätzbaren Werkes nicht mehr. Seit dem Beginn des Decembers fesselte ihn seine Krankheit an das Lager, welches er nicht wieder verlassen sollte. Die sorgsame Pflege, welche ihm seine Freunde und namentlich die Frau seines ältesten Bruders, des Postamtssecretairs Friedrich Leberecht Gellert, angedeihen ließen, sowie alle Bemühungen der Ärzte, die ihre ganze Kunst aufboten, sein geliebtes Leben zu retten, waren umsonst. Die letzten Tage vor seinem Tode unterhielt er sich in den wenigen leichtern Stunden mit seinen Freunden und mit seinem Beichtvater Thalemann, meist aber mit Gott in stillem und lautem Gebet. Als die Worte in der Geschichte des Lazarus auf ihn angewendet wurden: „Herr, den du lieb hast, der liegt krank", rief er aus: „Ach, wenn ich doch das wäre!" bald aber fügte er hinzu: „Nun, ich hoffe es zu deiner Gnade, mein Heiland, daß du mich noch als den Deinigen lieb hast." Ein andermal sprach er zu einem Freunde: „Ach, mein lieber Freund, ich bin ein schwacher Mensch, ein armer Sünder! Beten Sie für mich, daß ich nicht in Versuchung falle!" Trotz seiner großen Leiden pries er mit rührender Dankbarkeit die Barmherzigkeit Gottes. Sein Lager wurde ihm zu einer wahren Folter. Der Kurfürst schickte auf die Nachricht von seinem schweren Darniederliegen sogleich einen seiner Leibärzte, Demiani, von Dresden, welcher in Verbindung mit den geschicktesten und erfahrensten Ärzten Leipzigs wirken und ihm von dem Verlaufe der Krankheit Kunde ertheilen sollte. Die längste Zeit des Tages mußte sich der arme, so hart geprüfte Gellert den schmerzhaftesten Operationen unterwerfen, die doch alle vergeblich waren. Die Entzündung des Unterleibs griff immer weiter um sich und machte jede Rettung unmöglich. Den letzten Tag seines Lebens brachte er fast ganz unter Gebeten zu. Als er seine Auflösung herannahen fühlte, fragte er die um ihn stehenden trauernden Freunde, wie lange er wol noch leben könne, und als man ihm entgegnete, vielleicht noch eine Stunde, da hob er seine Hände gen Himmel empor und sprach: „Nun Gottlob! nur noch eine Stunde!" Hierauf wendete er sich mit heiterm Antlitz auf die Seite und betete wieder. Endlich gegen Mitternacht verschied er. Sein Todestag war der 13. December 1769.

So starb einer der edelsten Menschen. Zwar hatte auch er seine kleinen Fehler und war namentlich nicht frei von aller Empfindlichkeit und Eitelkeit; aber theils besaß er diese Schwächen, deren eine noch dazu in seinem krankhaften Zustande volle Entschuldigung findet, nur in einem sehr geringen Grade, theils wurden sie von den rühmlichsten Tugenden überstrahlt. Von diesen war seine fast beispiellose Geduld keine der geringsten. Sein Leben war beinahe ein ununterbrochenes Leiden; aber gleichwol klagte er wenig, und wenn er es that, so geschah es auf eine Weise, an der man erkennt, daß nur Überwältigung des Schmerzes ihn dazu vermochte. War sein Zustand auch noch so schlimm, stets dankte er doch Gott, daß er nicht noch schlimmer sei. Schwerlich würde er sich mit so ruhiger Gelassenheit in sein Schicksal haben fügen können, wenn er nicht in der Religion, die ihm das Theuerste auf Erden war, immer neuen Trost und neue Beruhigung gefunden hätte. Frömmigkeit war der Grundzug seines liebenswürdigen Charakters. Sie zeigte sich bei jeder Gelegenheit. Vorzüglich war er sorgsam darauf bedacht, den Sonntag als einen Tag des Herrn zu feiern. Er enthielt sich an diesem Tage aller Arbeit und brachte ihn in stiller, ernster Selbstprüfung hin. Niemals versäumte er den Sonntags- und Wochengottesdienst, außer wenn sein Gesundheitszustand ihn durchaus abhielt.

Seine Frömmigkeit war übrigens als eine ungeheuchelte mit alle den Tugenden verbunden, ohne welche Frömmigkeit überhaupt gar nicht gedacht werden kann. Strenge Gewissenhaftigkeit in Erfüllung seiner Pflichten oder Dessen, was er für seine Pflicht hielt, zeichnete ihn von Jugend an aus; dabei war er aber keineswegs finster und mürrisch, wenn nicht gerade schwere Leiden die Heiterkeit seiner Seele trübten; vielmehr war er die Liebe selbst. Fast niemals schrieb er an die Seinigen, ohne größere oder kleinere Geschenke für sie beizulegen; namentlich trug er Sorge, daß es seiner alten Mutter (sie starb 1759) an nichts mangelte. Allein auch fremder Menschen Elend konnte er nicht sehen, ohne zu helfen. Kein Armer ging unbeschenkt von ihm; waren seine eigenen Mittel zur Aushülfe zu schwach, so bat er bei seinen reichern Gönnern und Freunden vor. Die Armen seiner Vaterstadt bedachte er besonders; nicht nur schickte er oft Geld dorthin, um es nach Bedürfniß zu vertheilen, sondern er ließ auch zwei Kinder unbemittelter Ältern auf seine Kosten in der Schule unterrichten und verschaffte ihnen den nöthigen Bedarf an Büchern. Seine Dienstfertigkeit war so bekannt, daß sie zuweilen wirklich gemisbraucht wurde. Leute, welche ihm gänzlich unbekannt waren, wendeten sich an ihn mit Bitten um Belehrung bei schwierigen Fällen, um Beruhigung bei Zweifeln, um Trost in Leiden, um Hülfe und Fürbitte in Unglück und Noth. Ihnen allen half er, wie er konnte, auf die freundlichste, liebreichste Weise. Wurden ihm aber Wohlthaten erwiesen, so kannte seine Dankbarkeit keine Grenzen. Im Umgange war er bescheiden, offenherzig, witzig, in den letzten Jahren seines Lebens aber wenig gesprächig.

Gellert war niemals verheirathet. Schon 1746, als seine Schwester sich verehelichte, schrieb er an diese: „Es ist sehr gut für alle meine Anverwandte, daß ich niemals heirathen werde." Wahrscheinlich hielt ihn der Zustand seiner Gesundheit davon ab; denn in demselben Briefe sagt er: „Zur Hypochondrie auch noch eine Frau, das wäre zu viel Kreuz!" Sein Äußeres beschreibt Cramer so: „Gellert war von einer mittlern Leibesgröße, mehr lang als kurz, ansehnlich von Gestalt, aber hager. Er hatte eine hohe, freie Stirn, sehr beseelte blaue Augen, eine hohe und zugleich gebogene Nase und einen wohlgebildeten Mund. Seine immer kränklichen Umstände gaben ihm eine ernsthafte Miene, die ins Traurige fiel. Seine Sprache war deutlich, biegsam, aber hohl." Goethe dagegen, welcher ihn als Student kennen lernte, sagt von ihm: „Nicht groß von Gestalt; zierlich, aber nicht hager; sanfte, eher traurige Augen; eine sehr schöne Stirn; eine nicht übertriebene Habichtsnase; ein feiner Mund; ein gefälliges Oval des Gesichts — Alles machte sein Äußeres interessant und angenehm zugleich."

Gellert wurde, seinem Wunsche gemäß, auf dem Friedhofe zu St.=Johannis dicht hinter der Kirche begraben. Vier Wochen später bettete man seinen ältesten Bruder, der vor Gram über des Theuren Tod starb, neben ihm. Ein Stein deckt Beider Grab. Erst neuerdings erhielt dieses, jetzt von vier Cypressen beschattet, durch einen Verehrer des Dichters im fernen Auslande eine geschmackvollere, eiserne Einfassung. Bald nach Gellert's Dahinscheiden setzten ihm seine Freunde in der Johanniskirche ein Denkmal ihrer Liebe und seines Verdienstes. Viele feierten des Edeln Tod in Liedern. Selbst ein Jesuit, Michael Denis, rief ihm ein trauerndes Lebewohl in das Jenseits nach.

Landreise von Indien nach Europa.

Sultanieh in Nordpersien.

Erster Weg.

Wiewol die Communication zwischen England und seinem indischen Reiche noch immer nicht selten zur See um das Cap der guten Hoffnung herum stattfindet, so wird doch in neuern Zeiten von Reisenden häufig der kürzere Weg vorgezogen, welchen wir den Landweg nennen können, weil ein größerer oder kleinerer (in der Regel der bei weitem größte) Theil desselben zu Lande zurückgelegt werden muß. Die Reisenden haben dann die Wahl zwischen mehren Wegen, von welchen wir denjenigen zuerst schildern wollen, der zur See von Bombay bis zum persischen Meerbusen, dann zu Lande durch Persien, Georgien und Rußland führt.

Wenn die Reise von Indien nach Persien zu Wasser gemacht wird, so schifft man sich immer in Bombay ein, der an der westlichen Küste der vorderindischen Halbinsel gelegenen Hauptstadt der Präsidentschaft gleiches Namens. Bekanntlich wird das britische Reich in Indien in drei Präsidentschaften getheilt, deren Sitze Kalkutta, Madras und Bombay sind und deren jede unter einem Gouverneur steht. Kalkutta liegt am nordöstlichen Ende der indischen Halbinsel, und dem hier residirenden Gouverneur, welcher den Titel Generalgouverneur führt, sind die beiden andern untergeordnet. Madras liegt an der östlichen Küste; Bombay ist von allen Europa am nächsten und von der Mündung des persischen Meerbusens in gerader Linie 240 deutsche Meilen, in der Richtung aber, welche die Schiffe nehmen, etwa 300 Meilen entfernt. Hat man den indischen Ocean durch=

schnitten, welcher Indien vom gedachten Meerbusen trennt, so ist das erste Land, das man erreicht, Arabien, welches den westlichen Rand vom Eingange des Meerbusens bildet. Es erstreckt sich in einer ziemlich geraden Linie etwa 75 Meilen in nordöstlicher Richtung und führt uns zu der engen Straße, welche die unmittelbare Öffnung des Meerbusens bildet und Persien zur Rechten, Arabien zur Linken hat. Etwa in der Mitte der nordöstlichen Küste Arabiens, fast genau unter dem Wendekreise des Krebses oder an der Nordgrenze der heißen Zone, liegt der arabische Hafen Maskat, einer der wichtigsten in diesem Lande. Maskat ist die Hauptstadt der arabischen Provinz Oman, welche zwar nicht der bekannteste, aber der blühendste und wohlhabendste Theil Arabiens ist; es wurde von Albuquerque im Jahre 1507 erobert und blieb im Besitze Portugals bis 1648, wo die Portugiesen von den Eingeborenen vertrieben wurden. Jetzt wird diese Provinz von einem Imam oder geistlichen Oberhaupte regiert, der seine Macht auf sehr verständige Weise auszuüben scheint und dem alle Häfen an dieser Küste tributpflichtig sind, sowie er auch einen beträchtlichen Handel mit dem Innern durch Karavanen eingerichtet hat; der Hafen von Maskat aber, gebildet von hohen Felsen an einer und der Insel Maskat an der andern Seite, ist geräumig und sicher und soll der besteingerichtete in Arabien und Persien sein. Die Stadt wird umgeben von einer festen Mauer, innerhalb deren nur Araber und Bananien wohnen dürfen; die Fremden wohnen in Häusern außerhalb der Ringmauer. Die Stadt enthält einen bedeckten Bazar; eine zahlreiche Colonie von Indiern von den Ufern des Indus ist im Besitz fast des ganzen Handels. Die Häuser haben flache Dächer und sind aus unbehauenen Stämmen erbaut; die Straßen sind unreinlich und so eng, daß man oft durch Ausstrecken der Arme beide Seiten zugleich berühren kann. Die Einwohner, deren Zahl Einige auf 10,000, Andere nur auf 2000 schätzen, leiden an einer eigenthümlichen Augenentzündung, die von den Sandtheilchen herrühren soll, welche durch den Wind von der Seeküste herbeigeweht werden.

Wir schiffen uns wieder in Maskat ein und segeln nordwestlich, bis wir am Cap Musseldom und somit am Eingange in den persischen Meerbusen ankommen. Diesem Cap schief gegenüber liegt Ormus, einst der Sitz eines sehr ausgedehnten Handels und zu den Zeiten des Albuquerque eine der glänzendsten Städte des Morgenlandes. Später haben Eroberungen sie fast ganz zerstört und als sie in die Hände ihrer jetzigen Besitzer kam, zählte sie nicht über 20 Häuser.

In den persischen Meerbusen einfahrend, kommen wir bei den berühmten Perlbänken von Bahrein unweit der arabischen Küste vorbei; weiterhin liegt an der persischen Küste die Stadt Buschir, wo Reisende, welche nach dem östlichen Persien gehen wollen, zu landen pflegen. Unser Weg führt uns aber bis an das nördliche Ende des persischen Golfs zu den Mündungen der seit den ältesten Zeiten bekannten Flüsse Tigris und Euphrat, die ein Delta bilden, wie wir es an den Mündungen des Nil, des Ganges und des Mississippi finden. Wir fahren den Euphrat hinauf und kommen nach Bassora, einer zur asiatischen Türkei gehörigen Stadt von großer commercieller Wichtigkeit, wo wir landen.

(Der Beschluß folgt in Nr. 460.)

Der Prinz von Wales.

Jeder englische Thronerbe männlichen Geschlechts, welcher als solcher geboren wird, erhält bei seiner Geburt den Titel Herzog von Cornwall; doch ist dies kein leerer Titel, sondern die Einkünfte dieses Herzogthums, die jetzt auf 14,000 Pf. St. berechnet werden, fließen ihm gleich von dem Augenblicke seiner Geburt an zu. Dieses Herzogthum ist das erste, welches in England errichtet wurde; es wurde am 13. März 1337 von Eduard III. seinem Sohne Eduard, dem Sieger von Crecy und Poitiers, welcher unter dem Namen des schwarzen Prinzen bekannt geworden ist und bis dahin Graf von Chester gewesen war, übertragen. Der Übertragungsurkunde gemäß geht das Herzogthum nach dem Tode des Kronprinzen auf dessen ältesten Bruder (nicht aber auf seinen ältesten Sohn) über; hat der Kronprinz keinen Bruder, so fällt es an den Souverain selbst zurück. Der Titel eines Grafen von Chester, welcher früher dem Kronprinzen gleichfalls gleich bei seiner Geburt ertheilt wurde und mit den Einkünften der Grafschaft Chester verbunden war, wurde seit Heinrich IV. dem Kronprinzen erst später durch Patent ertheilt, verbunden mit dem eines Prinzen von Wales. Seit der Thronbesteigung des Hauses Stuart werden dem Kronprinzen noch außerdem diejenigen Titel ertheilt, welche seit 1399, wo König Robert III. von Schottland sie einführte, dem Kronprinzen von Schottland übertragen zu werden pflegten, nämlich: Herzog von Rothsay, Graf von Carrick und Bruce, Ritter von Renfrew.

Als eigentlicher Titel des Kronprinzen wird jetzt der eines Prinzen von Wales betrachtet, welcher ihm erst einige Tage, wol gar Jahre nach der Geburt durch königliches Patent beigelegt wird, wobei er mittels eines Krönleins, eines goldenen Stabes und eines Ringes die Investitur erhält. Der Ursprung des Titels Prinz von Wales wird gewöhnlich auf Eduard II., Sohn und Erben Eduard I., zurückgeführt, welcher seine Gemahlin Eleonore der Sage nach auf dem Carnarvon-Schlosse in Wales niederkommen ließ (25. April 1284) und dadurch die rebellischen Großen des seit kurzem der englischen Herrschaft unterworfenen Fürstenthums von Wales (dessen letzter Fürst Llewelyn ap Gryffith im Kampfe mit Jenem ein Jahr zuvor Leben und Herrschaft verloren hatte) gewann. Der König berief sie nach der Niederkunft seiner Gemahlin zu einer Versammlung in Ruthlan und erklärte ihnen, er sei bereit, ihnen nach ihrem oft geäußerten Verlangen einen einheimischen Fürsten zu geben, wenn sie der von ihm getroffenen Wahl Beifall zu schenken versprächen. Als sie hierauf einstimmig Gehorsam gelobt hatten, fügte er weiter hinzu, er wolle einen ernennen, der in Wales geboren sei, kein Wort Englisch spreche und durch sein Leben und Benehmen keinerlei Einwendung veranlaßt habe, worauf er seinen neugeborenen Sohn zum Fürsten von Wales ernannte und ihn mit den wallisischen Worten „Eich Dyn" (das ist Euer Mann) der Versammlung zeigte. Von jenen Worten soll das noch heutiges Tages im Wappen des Prinzen von Wales befindliche Motto: „Ich dien" herrühren; nach Andern ist es die Devise eines deutschen Ritters, welchen der schwarze Prinz, gleichfalls Prinz von Wales, bei Crecy erschlug. Vor Einführung jenes Titels hieß der Kronprinz oder „älteste Sohn von England" Lord Prince; so lange England noch die Normandie besaß, hieß er Herzog von der Normandie, seit der Union mit Schottland aber Prinz von Großbritannien. Königin Victoria ist die erste regierende Königin von England, welche einen Prinzen von Wales geboren hat. Im Ganzen hat es bisher 20 Prinzen von Wales gegeben; der letzte war der nachherige König Georg IV., Victoriens Oheim. Vollständig lautet der Titel des jetzigen Thronerben seit dem 7. December 1841: Prinz von Wales, Prinz des vereinigten Königreichs Großbritannien und Irland, Herzog von Sachsen, Cornwall und Rothsay, Graf von Chester und Carrick, Baron von Renfrew, Lord der Inseln, Großsteward von Schottland.

Einem Theile unserer Leser wird es gewiß interessant sein, die Abstammung des neugeborenen englischen Thronerben bis zu dem ersten normannischen Könige von England zu verfolgen. In der folgenden Liste ist sie so angegeben, daß jede der genannten Personen Vater oder Mutter der darauf folgenden ist. Die eingeklammerten Zahlen bezeichnen die Ordnungszahl in der Reihe der englischen Souveraine (seit der Eroberung durch die Normannen).

1. (1) König Wilhelm I. der Eroberer, reg. 1066—87.
2. (3) König Heinrich I. der Gelehrte 1100—35.
3. Kaiserin Mathilde, Gemahlin (des deutschen Kaisers Heinrich V. und) des Grafen v. Anjou, Gottfried von Plantagenet, gest. 1167.
4. (5) König Heinrich II., reg. 1154—89.
5. (7) König Johann ohne Land, reg. 1199—1216.
6. (8) König Heinrich III., reg. 1216—72.
7. (9) König Eduard I., reg. 1272—1307.
8. (10) König Eduard II., reg. 1307—27.
9. (11) König Eduard III., reg. 1327—77.
10. Herzog Edmund von York, gest. 1402.
11. Graf Richard von Cambridge, gest. 1415.
12. Herzog Richard von York, gest. 1460.
13. (16) König Eduard IV., reg. 1461—83.
14. Königin Elisabeth, Gemahlin Heinrichs VII.
15. Königin Margarethe von Schottland, Gemahlin Jakob IV.
16. König Jakob V. von Schottland, reg. 1513—42.
17. Königin Maria Stuart v. Schottland, reg. 1542—87.
18. (24) König Jakob I., reg. 1603—25.
19. Kurfürstin Elisabeth von der Pfalz, Gemahlin Friedrich V., gest. 1662.
20. Kurfürstin Sophie von Hanover, Gemahlin Ernst August's, gest. 1714.
21. (31) König Georg I., reg. 1714—27.
22. (32) König Georg II., reg. 1727—60.
23. Prinz Friedrich Ludwig von Wales, gest. 1751.
24. (33) König Georg III., reg. 1760—1820.
25. Herzog Eduard von Kent, gest. 1820.
26. (36) Königin Victoria I., geb. 1819, succ. 1837.
27. Prinz von Wales, geb. 1841.

Der Übergang von Eduard III. zu Eduard IV. kann auch folgendermaßen gemacht werden:
König Eduard III.
Herzog Lionel von Clarence, gest. 1368.
Gräfin Philippe von la Marche (Gemahlin von Edmund Mortimer).
Graf Roger Mortimer von la Marche, gest. 1398.
Gräfin Anna von Cambridge (Gemahlin von Richard).
Herzog Richard von York.
König Eduard IV.

Wie Königin Victoria und der Prinz von Wales gleichzeitig auch von Heinrich dem Schwarzen, dem Stolzen und dem Löwen abstammen, zeigt folgende Stammtafel:

1. Herzog Welf I. von Baiern, gest. 1101.
2. Herzog Heinrich der Schwarze v. Baiern, gest. 1125.
3. Herzog Heinrich der Stolze von Baiern und Sachsen, gest. 1139.
4. Herzog Heinrich der Löwe von Baiern und Sachsen, gest. 1195.
5. Herzog Wilhelm zu Lüneburg, gest. 1213.
6. Otto das Kind, erster Herzog von Braunschweig und Lüneburg, gest. 1252.
7. Herzog Albrecht I. der Große von Braunschweig, gest. 1279.
8. Herzog Albrecht der Feiste zu Braunschw., gest. 1318.
9. Herzog Magnus I. der Fromme zu Braunschweig, gest. 1368.
10. Herzog Magnus II. Torquatus zu Braunschweig, gest. 1373.
11. Herzog Bernhard I. zu Lüneburg, gest. 1434.
12. Herzog Friedrich der Fromme zu Lüneburg, gest. 1478.
13. Herzog Otto der Großmüthige zu Lüneburg, gest. 1471.
14. Herzog Heinrich der Mittlere zu Lüneburg, gest. 1532.
15. Herzog Ernst der Bekenner zu Celle, gest. 1546.
16. Herzog Wilhelm der Jüngere zu Lüneburg, gest. 1592.
17. Herzog Georg (zu Calenberg), gest. 1641.
18. Kurfürst Ernst August von Hanover, gest. 1698.
19. König Georg I. von England, gest. 1727.
u. s. w. (siehe die vorige Tafel).

Von Ernst des Bekenners älterm Sohne, Heinrich zu Dannenberg (gest. 1598), stammt die herzogliche Linie des Hauses Braunschweig ab.

Von den Kometen.

(Beschluß aus Nr. 458.)

Noch muß der seltsamen Meinung einiger Philosophen und Astronomen gedacht werden, welche den Kometen einen Antheil an der Bildung unsers Planetensystems zugeschrieben haben. Buffon nahm an, daß ein Komet in schräger Richtung in die Sonne gestürzt sei und die Oberfläche derselben gestreift habe oder mindestens nicht sehr tief in ihre Masse eingedrungen sei. Er bemerkt, daß in dem Strome flüssiger Materie, den er vor sich her schleuderte, die leichtesten Theile den stärksten Impuls erfahren, sich am meisten von der Sonne entfernen und durch Verdichtung außerordentlich große Planeten bilden mußten, nämlich Jupiter und Saturn, deren Dichtigkeit in der That sehr schwach ist; daß die dichtesten Theile sich in den von ihrem Ausgangspunkte weniger weit entfernten Gegenden anhäuften und dort Mercur, Venus, die Erde und Mars hervorbrachten; daß daher anfänglich die Planeten heiß und in vollständigem Zustande der Flüssigkeit waren; daß sie später regelmäßige Formen annahmen und sich allmälig so abkühlten, daß sie die verschiedenen Erscheinungen zeigen können, die wir jetzt beobachten. Einen solchen gemeinschaftlichen Ursprung der Planeten anzunehmen, wurde Buffon durch den merkwürdigen Umstand bewogen, daß alle Bewegungen im Sonnensysteme, soweit wir sie durch Beobachtungen kennen, die der Planeten um die Sonne, die der Nebenplaneten um ihre Hauptplaneten und die der Planeten und Nebenplaneten um ihre Axe, im Ganzen 43, in derselben gemeinschaftlichen Richtung von Westen nach Osten vor sich gehen, und da nach der Wahrscheinlichkeitsrechnung 4000 Millionen gegen eins zu wetten ist, daß diese Übereinstimmung keine Wirkung des Zufalls ist, so muß angenommen werden, daß eine ursprüngliche physische Ursache allen Bewegungen der Planeten im Augenblicke ihres Entstehens ihre Richtung gab. Indessen entspricht Buffon's Hypothese keineswegs allen Umständen der angeführten Erscheinung; denn Himmelskörper, die nach Buffon's Annahme entstanden wären, würden zwar in ihren fortschreitenden Bewegungen die in unserm Planetensysteme beobachtete Übereinstimmung zeigen, nicht aber nothwendig in ihren Axendrehungen, die recht wohl in entgegengesetzter Richtung stattfinden könnten, und Dasselbe gilt auch von den Bewegungen der Nebenplaneten. Hierzu kommen noch viele andere Einwürfe. Hätte der Komet Buffon's bei seinem Stoße gegen die Sonne feste Theile von derselben abgerissen, und wären die Planeten unsers Systems ursprünglich solche Fragmente, so müßten sie bei jedem Umlaufe die Oberfläche der Sonne streifen, was von der Wahrheit sehr weit abweicht. Buffon nahm zwar an, daß die Materie der Sonne, wenigstens die äußere, sich in flüssigem Zustande befinde, aber nach neuern Beobachtungen ist dies keinesweges der Fall, sondern der äußere glühende Theil der Sonne ist ohne Zweifel ein gasförmiger Stoff. Damit fällt aber Buffon's ganze Hypothese zusammen und wir haben keinen Grund, anzunehmen, daß im Anfang der Dinge ein Komet in die Sonne gestürzt und Ursache des Entstehens der Planeten geworden sei. Eine ganz andere Frage ist die: Kann ein Komet überhaupt in die Sonne stürzen? Diese muß allerdings bejaht werden und der Komet von 1680, der bei seinem Durchgange durch die Sonnennähe von der Oberfläche der Sonne nur um den sechsten Theil ihres Durchmessers abstand, und in solcher Nähe ohne Zweifel einen bedeutenden Widerstand durch die Atmosphäre der Sonne erleidet, welcher seine Centrifugalkraft vermindern und ihn dem anziehenden Mittelpunkte immer mehr nähern muß — dieser Komet wird aller Wahrscheinlichkeit nach endlich in die Sonne stürzen, nur ist es freilich unmöglich, zu berechnen, nach wie vielen Jahrhunderten dieses Ereigniß eintreten wird. Daß in historischen Zeiten etwas dergleichen geschehen sei, ist nicht nachzuweisen.

Einige Astronomen haben die Wirksamkeit eines Kometen wenigstens bei der Entstehung der vier kleinsten, erst im gegenwärtigen Jahrhunderte entdeckten Planeten Ceres, Pallas, Juno und Vesta angenommen, die nach ihnen die Fragmente eines großen, durch den Stoß eines Kometen zertrümmerten Planeten sind. Diese Planeten bewegen sich in verschlungenen Bahnen um die Sonne in nahe gleichen Abständen, namentlich Ceres und Pallas, und scheinen daher ehemals durch denselben Punkt im Raume gegangen zu sein, wodurch es (wie zuerst Olbers vermuthet) sehr wahrscheinlich wird, daß sie ursprünglich einen einzigen bildeten. Aber durch welche Ursache sollte dieser zerstückelt worden sein? Einige meinten, er sei durch die Wirkung innerer vulkanischer Kräfte zerplatzt, wie Dampfkessel zerplatzen, weil es ihm an vulkanischen Kratern fehlte, die der Erde gleichsam als Sicherheitsklappen dienen; andere nahmen den Stoß eines Kometen zu Hülfe. Diese Annahme schien an Wahrscheinlichkeit zu gewinnen durch die ausgedehnten Atmosphären, welche jene Planeten zeigen und die von dem Kopfe des Kometen herrühren könnten; im Wege steht aber freilich der Umstand, daß Vesta bisher noch gar keine Spuren einer Atmosphäre gezeigt hat.

Der große Newton bediente sich der Kometen zur Erklärung des zeitweiligen Glanzes neuer Sterne, worunter man solche Sterne versteht, die zuweilen plötzlich am Himmel erscheinen, kurze Zeit sichtbar geblieben und dann wieder spurlos verschwunden sind, die sich aber von den Kometen durch ihr entschieden firsternartiges Aussehen und ihren unbeweglichen Platz unter den übrigen Firsternen sehr bestimmt unterscheiden. Solche Sterne sind bisher nur einige Mal beobachtet worden: 125 v. Chr. (dieser soll den griechischen Astronomen Hipparch zur Anfertigung seines Sternverzeichnisses veranlaßt haben), 389 n. Chr., 945, 1264, 1572 (vielleicht erschien in den letzten drei Fällen derselbe Stern) und 1604. Der Stern vom Jahre 1572 übertraf gleich anfangs den Sirius an Glanz, später sogar den Jupiter zur Zeit seines größten Glanzes, war auch am hellen Tage sichtbar und im März 1574 nach 1½ Jahren ganz verschwunden. Der Stern von 1604 war anfangs klein, übertraf später ebenfalls den Jupiter und blieb ein Jahr lang sichtbar. Hier haben wir den Beweis, daß es dunkle Sterne gibt, die nur von Zeit zu Zeit aufblitzen. Newton nahm nun an, daß sie dann wieder leuchtend werden und ihren ehemaligen Glanz wieder erlangen, wenn sich ein Komet in dieselben stürzt und ihnen gewissermaßen neuen Brennstoff zuführt, vorausgesetzt, daß die Firsterne wirklich Sonnen sind, um welche sich, wie um die unsrige, sowol Planeten als Kometen bewegen.

Schließlich mag die Frage beantwortet werden, ob etwa der Mond nach der Annahme einiger Philosophen (welche vielleicht Veranlassung in der Behauptung der Arkadier fanden, daß ihre Vorfahren die Erde bewohnt hätten, bevor sie einen Mond hatte) ursprünglich ein Komet gewesen ist, der auf seiner elliptischen Bahn um die Sonne in die Nähe der Erde kam und fortan sie zu umkreisen genöthigt wurde? Zur Unterstützung dieser Meinung führte man die Abwesenheit jeder Art von Atmosphäre um den Mond und den verbrannten Anblick seiner hohen Berge, seiner tiefen Thäler und seiner wenigen Ebenen an; denn jene Bahnveränderung konnte nur dann eintreten, wenn der Komet zugleich der Sonne ziemlich nahe kam, in welchem Falle die auf ihn wirkende heftige Hitze alle Spuren von Feuchtigkeit entfernen mußte. Aber gerade die Abwesenheit einer Atmosphäre um den Mond ist der Meinung, daß er einst ein Komet gewesen sei, nachtheilig, denn es ist durchaus kein Grund denkbar, warum die jeden Kometen nothwendig und beständig begleitende Atmosphäre oder Nebelhülle sich von ihm trennen sollte, wie groß auch die Störung sein mag, die durch eine zufällige Anziehung in der Gestalt und ursprünglichen Lage seiner Bahn hervorgebracht werden könnte.

Literarische Anzeige.

Auf die mit dem 1. Januar d. J. in meinen Verlag übergegangene

Landwirthschaftliche Dorfzeitung.

Herausgegeben unter Mitwirkung einer Gesellschaft praktischer Land- und Hauswirthe von E. von Pfaffenrath und William Löwe. Mit einem Beiblatte: **Gemeinnütziges Unterhaltungsblatt für Stadt und Land.**

Dritter Jahrgang. 1842. Preis 20 Ngr.

werden bei allen Buchhandlungen, Postämtern und Zeitungsexpeditionen fortwährend Bestellungen angenommen, wo auch Probenummern dieses Blattes gratis zu erhalten sind. Anzeigen werden mit 2 Ngr. für den Raum einer Zeile berechnet.

Leipzig, im Januar 1842.

F. A. Brockhaus.

Das Pfennig-Magazin
für Verbreitung gemeinnütziger Kenntnisse.

460. Erscheint jeden Sonnabend. [Januar 22, 1842.

Gottfried August Bürger.

Gottfried August Bürger wurde in den ersten Stunden des Jahres 1748 zu Wolmersmende bei Halberstadt geboren. Zum Knaben herangewachsen, zeigte er noch keineswegs Spuren von Dem, was er einst werden sollte. Man hielt ihn allgemein für einen ziemlich beschränkten Kopf, und selbst seine Ältern versprachen sich nichts Gutes von ihm. In der That legte er auch nicht die geringste Lernbegierde an den Tag, und wenn es auch übertrieben ist, was man behauptet hat, daß er in seinem zehnten Jahre kaum fertig habe schreiben und lesen können, so ist es doch gewiß, daß er seinen Altersgenossen an Kenntnissen bedeutend nachstand. In der Schule aufmerksam zu sein war gar nicht seine Sache; dagegen liebte er es, auf Wiesen und Feldern einsam umherzustreifen oder unter dem Schatten eines Baumes hingestreckt seinen Träumereien sich hinzugeben, in die er sich nicht selten so sehr vertiefte, daß er erst spät in der Nacht nach Hause zurückkehrte. Wo andere Kinder Furcht und Grausen empfinden, da weilte er gerade am liebsten; bei Mondschein im schauerlich rauschenden Haine zu wandeln war sein größtes Vergnügen. Natürlich konnte er unter solchen Umständen nur langsame Fortschritte machen, und er würde noch weiter zurückgeblieben sein, wenn er nicht von Natur ausgezeichnete geistige Fähigkeiten besessen hätte, die freilich erst später in ihrem vollen Glanze sich entfalteten. Zu ihnen gehörte namentlich ein überaus glückliches Gedächtniß. Mit leichter Mühe behielt er ganze Abschnitte aus den Psalmen, den Propheten und aus der Offenbarung Johannis, in welcher letztern er vorzüglich gern las, weil sie seine Phantasie lebhaft erregte. Viele Kirchenlieder wußte er von Wort zu Wort auswendig, und wahrscheinlich waren sie es, welche sein Dichtergenie zunächst weckten und bildeten, denn schon um diese Zeit machte er zuweilen Verse, deren größtes Verdienst, was er selbst später mehrmals versicherte, darin bestand, daß sie vollkommen richtig waren. Ohne die Sylben mühsam an den Fingern abzuzählen, gebrauchte er deren nie eine zu viel oder zu wenig; nie setzte er eine lange für eine kurze oder umgekehrt, höchst selten wendete er unreine oder falsche Reime an. Vor allen diesen Fehlgriffen bewahrte ihn ein gewisses Gefühl, das ihn unbewußt und unwillkürlich das Richtige treffen ließ.

Je leichter es ihm aber wurde, seine Gedanken in dichterische Formen zu kleiden, desto mehr Gefallen fand er an dieser Beschäftigung und desto weniger war er aufgelegt zu ernster, geregelter Thätigkeit. Er sollte die lateinische Sprache erlernen, allein nach zweijährigem Unterricht verstand er ebenso wenig davon als beim Beginn desselben. Da halfen keine Bitten, keine Ermahnungen, keine Drohungen; selbst Schläge fruchteten nichts. Freilich war sein Vater, welcher, wenn er seine Amtsgeschäfte als Prediger verrichtet hatte, gern in Ruhe seine Pfeife rauchte, zu bequem, um sich gehörig mit dem Knaben abzugeben; aber an ihm allein lag die Schuld sicherlich nicht; denn ebenso wenig lernte Bürger, als er zu einem benachbarten Pfarrer geschickt wurde, der für seine Kinder einen Hauslehrer angenommen hatte. Der Unterricht desselben war an ihm verloren. Nur seine Augen hafteten auf dem Buche, mit dessen Hülfe er die Anfangsgründe des Lateinischen sich einprägen sollte; seine Aufmerksamkeit war auf Das gerichtet, was der Lehrer unterdessen den übrigen Schülern zur Erklärung eines alten Dichters sagte. Gleichwol hatte er nun bereits sein zwölftes Jahr erreicht und da er durch den Willen seines Vaters bestimmt war, einst in den Gelehrtenstand einzutreten, so wurde es Zeit für ihn, sich die nöthigen Vorkenntnisse anzueignen. Um es ihm wenigstens nicht an Gelegenheit dazu fehlen zu lassen, brachten ihn seine Ältern 1760 in das Haus seines Großvaters Bauer in Aschersleben und auf die dortige Stadtschule. Auch hier jedoch kam er nur langsam vorwärts, indem er nicht immer Das leistete, was von ihm gefodert wurde. Um desto schneller entwickelten sich seine poetischen Talente; namentlich hatte er sich eine nicht gewöhnliche Fertigkeit im Abfassen von Spottgedichten erworben, deren Benutzung aber für ihn zuletzt von sehr unangenehmen Folgen war. Als er nämlich einst durch ein solches Gedicht den übergroßen Haarbeutel eines Mitschülers dem allgemeinen Gelächter preisgegeben hatte, so entstand in der Schule eine förmliche Schlägerei, als deren Urheber Bürger so derb gezüchtigt wurde, daß der Großvater nicht nur den Rector verklagte, sondern auch seinen Enkel von der Schule wegnahm und ihn 1762 auf das Pädagogium nach Halle schickte.

Trotz der übeln Erfahrung, die er eben erst in Aschersleben gemacht hatte, konnte er doch auch hier seine muthwillige Laune, der übrigens durchaus keine Bitterkeit und Schadenfreude beigemischt war, nicht zügeln. Zugleich aber zeigte er jetzt mehr Fleiß und Ausdauer im Arbeiten, sodaß er schon nach zwei Jahren hinreichend befähigt war, die Universität in Halle zu beziehen. Gemäß dem Verlangen seines Großvaters, von dem er seit dem Tode seines Vaters (1763) ganz abhing, widmete er sich anfangs der Theologie und predigte sogar einmal auf einem Dorfe bei Halle; allein dieses Studium war ihm zu sehr zuwider, als daß er es hätte mit Eifer betreiben können. Die meiste Zeit verwendete er auf die Lecture alter und neuer Dichter. Mit Macht warf er sich auf die Erlernung ihrer Sprachen, um sich das Verständniß derselben immer mehr zu eröffnen und leichter zu machen; unabläßig beschäftigte er sich mit den schönen Wissenschaften, um ihre Leistungen richtig würdigen und beurtheilen zu können, kurz ein tieferes Eindringen in das Wesen der Poesie war das Ziel, welches er sich um diese Zeit gesetzt hatte und das er desto leichter und schneller erreichte, je mehr es ihm mit seinen Bestrebungen Ernst war und je mehr er darin von außen her aufgemuntert und unterstützt wurde. Der Mann, dem er in dieser Beziehung besonders viel zu verdanken hatte, war der Geheimrath Klotz, Professor der Beredtsamkeit in Halle. Der Einfluß, den dieser auf den Jüngling ausübte, war unendlich groß, nicht allein im Guten, sondern leider auch im Bösen. Klotz hatte die seichtesten moralischen Grundsätze und sein Leben war denselben vollkommen angemessen. Es kostete ihm wenig Mühe, das Herz Bürger's, dessen größter Fehler Mangel an Stärke und Festigkeit des Willens war, zu vergiften und ihn selbst in ein sittenloses Leben mit hineinzuziehen. Ihm zumeist fällt das namenlose Elend zur Last, in welches unser Dichter freilich nicht ohne eigene Schuld gerieth; ihm vorzüglich hat es dieser zuzuschreiben, daß er später als Mensch den Tadel, ja die Verachtung so Vieler sich zuzog, die kaum durch das Mitleid, das man dem Unglücklichen nicht versagen konnte, in etwas gemildert wurde.

Dem Großvater konnte das gefährliche Treiben des Enkels nicht lange verborgen bleiben und er rief ihn, als er davon hörte, erzürnt von Halle zurück. Bald aber ließ er sich wieder von ihm besänftigen und erlaubte ihm sogar, das Studium der Theologie aufzugeben und sich in Göttingen der Rechtsgelehrsamkeit zu widmen. Bürger bezog die dortige Universität 1768. Anfangs arbeitete er fleißig auf seine zukünftige Bestimmung hin und führte dabei ein ordentliches, geregeltes Leben; allein kaum war ein halbes Jahr verflossen, als er durch die Verbindung, in der er mit der Schwiegermutter des Professors Klotz als deren Hausgenosse stand, von neuem auf den eben erst verlassenen Irrpfad zurückgeleitet wurde. Es fehlte ihm an Kraft, die Gaukelbilder seiner leicht erregbaren Phantasie zurückzudrängen, an Willensstärke, den Reizen der Sinnenlust und den süßen Lockungen arger Verführungskünste männlich zu widerstehen. Je mehr er versucht wurde, desto weniger kämpfte er gegen die Versuchung, und vielleicht würde er gänzlich verloren gewesen sein, wenn ihn nicht die Noth aus seinem Taumel aufgerüttelt hätte; denn er war damals bereits in einer Lage, daß selbst seine besten Freunde nahe daran waren, sich für immer seinem Umgange zu entziehen. Es war also in der That ein großes Glück für ihn, daß ihm sein Großvater, aufgebracht über den schlechten Wandel, welchen er führte, die bisherige Unterstützung entzog. Dies wirkte. Die Sorge für seinen Unterhalt ließ ihm keine Zeit mehr, seine Tage und Nächte auf die gewohnte Weise hinzubringen; sie verdrängte die unlautern Vorspiegelungen seiner Einbildungskraft und richtete seinen Geist auf ernstere und würdigere Gegenstände. So riß er sich denn aus den Armen des Lasters los und weihte sich wiederum ganz den Wissenschaften, namentlich aber der Dichtkunst. Gerade um diese Zeit bildete sich in Göttingen jener unter dem Namen des Hainbundes bekannte Verein von jungen, für deutsche Kunst hochbegeisterten Männern, welcher auf unsere Nationalpoesie einen so tiefen und nachhaltigen Einfluß ausübte. Zuerst bestand er nur aus einigen wenigen Studirenden, deren Namen theilweise vergessen sind. Hierher gehören Biester, von Kielmannsegge, Sprengel und Andere, vor Allen aber Boje, Bürger's bester und treuester Freund; später, seit 1771, traten auch noch Voß, Hölty, Miller, die Grafen von Stolberg, Leisewitz, Cramer und Mehre hinzu. Gemeinschaftlich mit ihnen las Bürger die besten Muster der Alten und der Neuern und zwar im Original;

denn er verstand nicht nur Griechisch und Lateinisch, sondern war auch des Französischen, Englischen und Italienischen mächtig; ja selbst im Spanischen hatte er es so weit gebracht, daß er, durch eine Wette veranlaßt, eine Novelle in dieser Sprache abzufassen versuchte und glücklich zu Stande brachte. Außer der Lecture fremder Erzeugnisse beschäftigte die Glieder des Vereins bei ihren Zusammenkünften auch noch die Mittheilung und gegenseitige Beurtheilung ihrer eigenen Producte; eine Einrichtung, welche nicht nur dazu diente, zu immer wiederholten Versuchen auf dem Gebiete der Dichtkunst anzuspornen, sondern auch, da die Kritik mit wissenschaftlicher Strenge ausgeübt wurde, auf Gehalt und Form der Leistungen selbst höchst wohlthätig einwirkte. Bürger's „Lied an die Hoffnung" und seine „Nachtfeier der Venus" geben Zeugniß davon, wie großen Gewinn er aus den gemeinschaftlichen Übungen des Bundes zog, der übrigens bald, namentlich seit 1770, auch öffentlich hervortrat. In diesem Jahre nämlich gaben Gotter und Boie nach französischem Muster den ersten deutschen Musenalmanach heraus, welcher mit so ungetheiltem Beifall aufgenommen wurde, daß Boie das Unternehmen fortzusetzen beschloß. Von nun an wurde dieser Almanach der Sprechsaal für den göttinger Dichterverein, und auch viele von Bürger's Liedern wurden hier zuerst abgedruckt. Andere erschienen einzeln, wie das Gedicht: „Herr Bacchus ist ein braver Mann", das erste, welches von ihm veröffentlicht wurde.

Bürger befand sich indeß in einer sehr traurigen und dürftigen Lage. Unfähig, die alten Schulden zu bezahlen, sah er sich vielmehr, seitdem er keine Unterstützung mehr erhielt, genöthigt, neue zu machen. Lange waren seine Bewerbungen um ein Amt fruchtlos, bis er endlich 1772 durch Boie's Vermittelung von dem Herrn von Uslar die Stelle eines Justizbeamten im Gerichte Alten-Gleichen erhielt. Als sein Großvater dies hörte, söhnte er sich wieder mit ihm aus und zahlte sogar die geforderte Cautionssumme für ihn; allein da er dies Geld ihm selbst zu übergeben Bedenken trug, so legte er es in die Hände des Hofraths Liste zu Gelliehausen, bei dem er es am sichersten aufgehoben glaubte. Dieser Mann aber, der Bürger'n lange Zeit unter der Maske der Freundschaft zu täuschen wußte, eignete sich einen großen Theil jener Summe an, sodaß der arme Dichter mehr als 700 Thlr. durch ihn verlor und seine Vermögensumstände in eine Lage gebracht sah, die er nie wieder zu verbessern im Stande war. In seiner neuen Stellung befand er sich übrigens nicht wohl, denn die Beschäftigungen, welche damit verbunden waren, sagten ihm nun einmal durchaus nicht zu. Sobald er sich daher einige freie Stunden machen konnte, that er es, um seinen Hang zur Poesie zu befriedigen. Besonders lieb gewann er jetzt jene Gattung von Gedichten, in der er sich später den meisten Ruhm erwarb, die Ballade und Romanze. Einer seiner ersten Versuche auf diesem Felde, „Lenore", war zugleich sein Meisterwerk. Die Idee zu diesem Gedichte, welches keineswegs Nachahmung eines englischen Musters ist, faßte er, als er einst ein Bauermädchen bei Mondschein singen hörte.

Der Mond der scheint so helle,
Die Todten reiten so schnelle:
Feins Liebchen, graut dir nicht?

Sogleich bei seiner Zurückkunft setzte er einige Strophen auf und als er es vollendet hatte, las er es im Kreise seiner Freunde vor. Der Eindruck, den es auf diese machte, konnte nicht stärker sein. Als Bürger die Worte las:

Rasch auf ein eisern Gitterthor
Ging's mit verhängtem Zügel;
Mit schwanker Gert' ein Schlag davor
Zersprengte Schloß und Riegel

und dabei mit seiner Reitgerte an die Thür des Zimmers schlug, sprang Friedrich von Stolberg mit allen Zeichen des Entsetzens von seinem Stuhle auf. Jetzt glaubte Bürger selbst, der anfangs wegen der ungewöhnlichen Form des Gedichts keinen guten Erfolg erwartet hatte, daß es doch nicht ohne Werth sein möge. Es wurde allenthalben mit unerhörtem Beifall aufgenommen, mit einem Beifall, der in solchem Grade kaum noch einem andern Erzeugnisse ähnlicher Art zu Theil geworden ist.

Bürger ging auf dem so glorreich betretenen Pfade weiter und erntete noch manchen Lorber. „Den Raugraf", „Die Weiber von Weinsberg", „Die Entführung", „Des Pfarrers Tochter von Taubenhain" und vor Allem das herrliche „Lied vom braven Manne" dichtete er noch während seines Aufenthalts auf dem Lande, welcher im Ganzen zwölf Jahre dauerte. Zuerst wohnte er in Gelliehausen beim Hofrath Liste, seit 1774 aber in Wöllmershausen. Der Grund dieser Wohnungsveränderung lag theils in einer zwischen ihm und Liste entstandenen Mishelligkeit, theils aber und vorzüglich in seiner Verheirathung. Obgleich er nämlich bei seinem geringen Gehalte kaum genug besaß, um für sich allein anständig zu leben, so glaubte er doch einer tüchtigen Hausfrau nicht länger entbehren zu können. Eine solche hoffte er in der ältesten Tochter eines benachbarten hanöverschen Beamten, Leonhart in Niedeck, gefunden zu haben, und ohne weiteres Bedenken führte er sie im September des gedachten Jahres als seine Gattin heim. Dieser Schritt, den er nicht aus Liebe und Zuneigung, sondern mehr aus äußern Rücksichten that, war sein Verderben in jeder Beziehung; denn noch ehe ihm seine erwählte Braut angetraut worden war, hatte sein Herz die glühendste Liebe gefaßt, die um so gefährlicher für sein neues Verhältniß sein mußte, da ihr Gegenstand Niemand anders war — als die jüngere Schwester seiner nunmehrigen Gattin. Wäre er klug und vorsichtig genug gewesen, so würde er lieber das mit der ältern Schwester eingegangene Verlöbniß gebrochen, als ihr und sich selbst so großen Kummer bereitet haben; hätte er Manneskraft genug besessen, so würde er die beklagenswerthe Leidenschaft für die jüngere Schwester überwunden oder wenigstens in sich verschlossen haben; aber zu dem Einen war er zu wenig klug oder zu gewissenhaft, zu dem Andern zu schwach, und so entstand denn eine Beziehung zwischen diesen drei Personen, die für Alle gleich unglückselig sein mußte. Lange zwar kämpfte Bürger mit sich selbst und mit seiner Leidenschaft, allein es gelang ihm nicht, sie zu besiegen. Die Versuchung war zu groß. Er selbst schildert seinen damaligen Seelenzustand in der schönen Elegie: „Als Molly (unter diesem Namen feierte er seine Auguste) sich losreißen wollte", mit furchtbaren Farben und läßt uns einen Blick in sein von Liebe verzehrtes Herz thun, der uns mit Schaudern, aber zugleich mit Mitleid erfüllt. Wie hätte sie, die von demselben Gefühle durchdrungen war, seiner Flammenglut widerstehen sollen? Bürger ist gerecht genug, alle Schuld auf sich allein zu nehmen. Er sagt in einem Briefe an Boie: „Wie nur irgend ein sterblicher Mensch ohne Sünde sein kann, so war sie es; und was sie je in ihrem Leben Unrechtes gethan hat, das steht allein mir und meiner heißen, flammenden, Alles verzehrenden Liebe zu Buche. Wie wäre es möglich gewesen, dieser bei eben so hinreißenden Gefühlen auf ihrer Seite zu widerstehen? Und dennoch, den-

*

noch) hat sie ihre Jahre lang unter den stärksten Prüfungen widerstanden; dennoch ist sie ihr endlich nur auf eine Art unterlegen, die auf die höchstreinste weibliche Unschuld und Keuschheit auch nicht ein Fleckchen zu werfen vermag." Die Welt erfuhr das Verhältniß, in welchem Beide zueinander standen, bald; um so weniger konnte es der Gattin Bürger's verborgen bleiben, aber sie ertrug es mit einer Großmuth und Resignation, die ebenso selten sein möchte, wie glücklicherweise das Verhältniß selbst, in welchem sie geübt wurde.

(Der Beschluß folgt in Nr 461.)

Eine walachische Postchaise.

An nichts fehlt es der Walachei wie der Moldau noch mehr als an guten oder doch leidlichen Straßen und Communicationsmitteln.*) Das in unserer Abbildung vorgestellte Fuhrwerk, welches des ihm hier gegebenen stolzen Namens nach unsern Begriffen wenig würdig ist, besteht ganz aus Holz, ohne ein einziges Stück Eisen und ist daher sehr leicht; es ist etwa 3 F. hoch, 4 F. lang und kann höchstens einen kleinen Koffer oder Mantelsack fassen, der mit einer geringen Quantität Heu bedeckt wird, worauf der Reisende sitzt. Bei der rohen Construction dieser Wagen sind sie leicht auszubessern. Sie werden mit vier Pferden bespannt und auf jeder Station gewechselt.

Landreise von Indien nach Europa.
(Beschluß aus Nr. 459.)

Die Stadt Bassora ist im Besitz fast des ganzen auswärtigen Handels von Persien. Sie hat 1½ deutsche Meile im Umfange, enthält jedoch viele Gärten und Felder und wird von Kanälen, welche für kleine Fahrzeuge schiffbar sind, durchschnitten. Ihr wichtigster Handel, der mit Indien, wird zum Theil durch britische, hauptsächlich aber durch arabische Schiffe betrieben, von denen diejenigen von 500 und weniger Tonnen Last bis zur Stadt kommen können. Die Einwohner, deren Zahl auf 60,000 geschätzt wird, bilden ein buntes Gemisch von Arabern, Türken, Indern, Persern und andern Völkern des Orients. Auf die Verschönerung ihrer Stadt, die im Allgemeinen unansehnlich und schmutzig ist, haben sie nicht viel gewandt.

Von Bassora fahren wir den Tigris hinauf bis Bagdad. Man reist von einer Stadt zur andern (beide sind 60 Meilen voneinander entfernt) entweder auf einer Flotte von Böten, welche zusammen fahren, um die Reisenden gegen die Angriffe der nomadischen Araberstämme zu schützen, welche die Ufer bewohnen und unsicher machen, oder in einem Bughalou, einem Schiffe von 60 F. Länge und 14 F. größter Breite mit einer niedrigen Kajüte von 10 F. im Quadrat. Man kommt erst zum Zusammenflusse des Euphrat und Tigris und folgt dann dem letztern, welcher nördlicher fließt. Weiter stromaufwärts kommen wir in eine Gegend, die jetzt öde ist, aber einst große und volkreiche Städte enthielt. Noch finden wir einige Ruinen von Seleucia und Ktesiphon. Die erstere gründete ihre Größe auf den Verfall der noch weit ältern Stadt Babylon und erhielt einst 600,000 Einwohner, wurde aber ihrerseits wie Ktesiphon in den Hintergrund gedrängt; beide sind jetzt nichts als Trümmerhaufen. Der schmale Landstrich, welcher die Flüsse Tigris und Euphrat in

---

*) Vergl. Nr. 429 des Pfennig-Magazins.

dem untern Theile ihres Laufs trennt, ist völlig eben, sodaß in der nassen Jahreszeit beide Flüsse oft austreten und das Land weit und breit überschwemmen, dadurch aber zugleich fruchtbar machen.

Die Stadt Bagdad liegt an beiden Ufern des Tigris. Der westliche oder ältere Theil wird jetzt als Vorstadt des neuen betrachtet, welcher am östlichen Ufer steht. Die Form der neuen ist ein unregelmäßiges Oblongum von 1500 Schritt Länge und 800 Schritt Breite; eine Mauer von Backsteinen, welche etwa eine Meile im Umfange hat, umschließt beide Städte, welche durch eine baufällige Brücke verbunden sind. An den Hauptecken der Mauer stehen runde Thürme, längs der Mauer kleinere in kleinen Abständen; auf ihnen sind Kanonen aufgepflanzt; durch die Mauer führen drei Thore. Mit Ausnahme des Bazars und einiger offener Plätze bietet das Innere der Stadt ein Labyrinth enger Gassen dar, welche nicht gepflastert sind; alle Gebäude sind aus gebrannten Steinen von gelblichrother Farbe erbaut, die hauptsächlich den benachbarten Ruinen alter Städte entnommen sind. Auf den flachen Dächern nehmen die Hausbewohner oft ihre Mahlzeit ein und halten wol sogar ihr Nachtlager daselbst. Die Zahl der Moscheen beträgt gegen 100, die den türkischen ähnlich sind und durchaus nichts Ausgezeichnetes haben; die der Karavansérais oder Khans 30, die der Bäder 50.

Wir verlassen das weltberühmte Bagdad, den alten Sitz der Khalifen und den Schauplatz so vieler orientalischer Märchen, in nördlicher Richtung und kommen zu den Ruinen der alten Stadt Artemita, der Lieblingsstadt des persischen Königs Chosroes. Die erste Ruine, welche wir sehen, ist eine Art viereckiger gemauerter Wall, der nach den Himmelsgegenden orientirt ist und auf welchem wahrscheinlich einst ein Tempel stand. Weiterhin folgen zahlreiche andere ähnliche Bauten, welche auf regelmäßige Straßen deuten; am westlichen Ende steht ein weit größerer Bau, welcher die Grundlage des königlichen Palastes gebildet zu haben scheint. Das Ganze ist von den Überresten einer Mauer mit kreisrunden Bastionen umgeben. Bei den Arabern heißt dieser Platz jetzt Kurustur. Nicht weit von da erblicken wir einen seltsamen Bau aus Backsteinen, die durch sehr harten Mörtel verbunden sind. Die östliche Seite dieses Gebäudes enthält 16 Bastionen, von denen 12 noch ganz erhalten sind, jede 30 F. hoch und 58 F. voneinander abstehend; die andere Seite enthält eine flache Mauer. Reisen wir von hier nördlich, so kommen wir in die Stadt Shehreban, einst eine der blühendsten im Gebiete von Bagdad, jetzt fast verlassen.

Nachdem wir die Grenze des türkischen und persischen Reichs überschritten haben, in deren Nähe einst auch die Grenze des assyrischen und medischen Reichs war, gelangen wir zu der in neuerer Zeit emporgekommenen persischen Stadt Kermanschah, die auf vier niedrigen Hügeln liegt und nördlich und östlich an eine schöne und ausgedehnte Ebene grenzt, an der andern Seite aber von einer Gebirgskette umschlossen ist. Noch vor 60 Jahren war Kermanschah nur ein großes Dorf, dessen Bewohner von Ackerbau und Viehzucht lebten. Da aber Persien das Bedürfniß einer Grenzstadt im Westen fühlte, die im Fall eines Kriegs zwischen Persien und der Türkei zum Schutze des erstern Reichs dienen könnte, so wurde der Ort zur Residenz eines Sohnes des Schahs von Persien erhoben und hat seit dieser Zeit an Größe und Bevölkerung, welche schon im J. 1807 auf 16—18,000, 20 Jahre nachher aber auf mehr als 30,000 geschätzt wurde, sehr schnell zugenommen. Der Prinz, der über die Umgegend mit fast souverainer Gewalt herrscht, sucht seinen Stolz in Verschönerung der Stadt.

Der directe Weg von Kermanschah nach dem Norden würde Teheran zur Rechten lassen, da aber diese Stadt die gegenwärtige Residenz des Schahs von Persien ist, so nehmen wir den Weg nach Rußland über Teheran. Fünf Tagereisen von Kermanschah liegt eine andere ansehnliche Stadt, Hamadan, von wo wir durch eine angenehme Gegend nach Teheran kommen. Diese Stadt liegt unweit der Südküste des kaspischen Meeres in einer sumpfigen, namentlich im Sommer sehr ungesunden Gegend und ist umgeben von einem tiefen Graben und einer Lehmmauer mit Thürmen, welche einen Umfang von 24,000 Fuß hat. Der Palast des Schahs ist zwar im Innern prächtig, zeigt aber von außen denselben Mangel an Eleganz, wie die meisten übrigen persischen Gebäude; er liegt in der Citadelle, einem abgesonderten Stadtviertel, das ein Quadrat von 3600 F. Seite einnimmt. Die geringe Breite der unreinlichen Straßen wird noch unbequemer durch den herrschenden Gebrauch der persischen Großen, mit einem Gefolge von 30—40 berittenen Dienern durch die Straßen zu reiten.

Wenn wir Teheran verlassen haben, so führt uns der Weg längs einem bedeutenden Theile der Süd- und Westküste des kaspischen Meeres durch einen District von sehr gebirgigem Charakter, bewohnt von kriegerischen Stämmen, deren Bekämpfung Rußland mehr Mühe und Kosten als alle übrigen Unterthanen des Reichs gemacht hat. Die erste ansehnliche Stadt ist Kasbin, die Residenz eines Gouverneurs, einst die Hauptstadt des Reichs und noch immer volkreich und lebhaft. Auf dem Wege nach Tabris kommen wir zu den Ruinen von Sultanieh oder Sultaneiah. (Siehe die Abbild. auf S. 21.) Dies war einst eine bedeutende, schöne Stadt, von welcher nur noch Trümmer übrig sind, worunter der Palast des Sultans Khobabundah, welcher die Stadt vor 600 Jahren erbaute. Ein wenig weiter nach Norden finden wir eine große und volkreiche Stadt, Zinjaim oder Zangan, Sitz eines Sohnes des verstorbenen Schahs. Wir nähern uns nun jenem Gebirge, welches das kaspische vom schwarzen Meere trennt, dem Kaukasus. Wenige Meilen über Sultanieh hinaus führt eine gemauerte Brücke über den Fluß Kyzil Oozan, welcher die Provinzen Irak Ajem und Azerbeidjan trennt. Etwas weiter nach Norden, östlich von dem See Urmia, liegt Tabris (Tauris, Tabriz), welche fast eine Meile im Umfange hat und von Mauern aus Backsteinen mit Thürmen in unregelmäßigen Abständen umschlossen ist. Tabris war einst die zweite Stadt Persiens an Größe und Wichtigkeit, hat aber in neuern Zeiten an Wohlstand und Einwohnerzahl sehr abgenommen. Die Gegend in der Nähe der Brücke ist ausnehmend wild und rauh. Nordwestlich von Tabris liegt der Ararat, einer der berühmtesten Berge in der Welt, auf welchem die Arche Noah ruhte, als die Wasser der Sündflut sich größtentheils verlaufen hatten. Eine besondere Wichtigkeit erhält er auch dadurch, daß drei der größten Reiche in seiner Nähe zusammenstoßen, das russische, das türkische und das persische.

Von Tabris können verschiedene Wege nach Europa eingeschlagen werden; derjenige, welchen wir wählen, führt in der Nähe des kaspischen Meeres nach Norden und berührt es in zwei Punkten: bei Baku und Astrachan. An der Stelle, wo wir die Grenze zwischen Persien und Rußland überschreiten, wird dieselbe durch den Fluß Araxes (jetzt Kur) gebildet. Etwa in der Mitte zwischen Tabris und Baku, schon auf russischem Gebiete, unweit der Grenze, liegt die Stadt Schuscha mit etwa

2000 Häusern, von denen drei Viertel von Tataren, die übrigen von Armeniern bewohnt sind. Die jetzige Stadt wurde von einem tatarischen Fürsten vor etwa hundert Jahren gegründet; die Überreste einer ältern sind am Fuße eines gegenüberliegenden Hügels zu sehen. Baku liegt auf einem Vorgebirge des kaspischen Meers und ist bekannt wegen der hier aus der Erde bringenden Flammen. (Vergl. Nr. 297.) Es ist eine kleine, aber freundliche Hafenstadt, ganz von Stein gebaut, umgeben von einem tiefen Graben und einer doppelten Steinmauer; die Dächer sind flach und mit einer Naphthaschicht gedeckt. Die Stadt enthält eine armenische Kirche, eine russische Kirche und 20 Moscheen; die Bewohner, etwa 4000 an Zahl, sind größtentheils Tataren. Die nächste bedeutende Stadt ist Kuba, einst die Residenz eines tatarischen Khans, jetzt von den Russen besetzt. Sie zählt 5000 Einwohner, von denen ein Drittel Juden sind. Noch weiter nördlich liegt die Stadt Derbend, welche durch die sehr alten Mauern in drei Theile getheilt wird; der höhere begreift die Citadelle, der mittlere bildet die eigentliche Stadt und der unterste besteht größtentheils aus Gärten. Hier zeigt man noch den Grund eines von Peter dem Großen erbauten Hauses, welcher die Stadt bald nach ihrer Einnahme durch die Russen besuchte. Sie ist nacheinander im Besitz der Türken, Tataren, Araber, Perser und Russen gewesen; daher hat auch ein Thor eine russische, ein anderes eine persische Inschrift.

Weiter nördlich kommen wir nach Kizliar am Flusse Terek, etwa acht Meilen vom kaspischen Meere; mit den dazu gehörigen Dörfern hat die Stadt gegen 20,000 Einwohner, meist Tataren und Armenier. Die Gegend von hier bis Astrachan ist öde und unfruchtbar. Astrachan selbst ist die bedeutendste Stadt im südlichen Theile des russischen Reichs, da sie den ganzen Handel des kaspischen Meeres beherrscht. Sie liegt unweit der Mündung des Wolgastroms, etwa 170 Meilen von Moskau, mit Petersburg durch ununterbrochene Wassercommunication verbunden, ist die achte Stadt des russischen Reichs und zählt 40,000 Einwohner, zu denen zur Zeit des Fischfangs noch 30,000 zeitweilige Bewohner kommen. Die Stadt ist unregelmäßig gebaut und die 4—5000 Häuser, meist von Holz, zeigen ein seltsames Gemisch des europäischen und asiatischen Geschmacks, wie denn überhaupt Europa und Asien in Astrachan verschmolzen erscheinen. Von gottesdienstlichen Gebäuden sind 4 armenische, 25 griechische Kirchen und 19 Moscheen vorhanden. Der Kreml oder die Citadelle ist ein großes und schönes Gebäude, welches die Kathedrale und die Kasernen enthält; jene zeigt vier kleine und in der Mitte eine große Kuppel, durch welche das Licht hereinfällt, und besitzt ein sehr geschätztes Bildniß der heiligen Jungfrau, außerdem ein Taufbecken von massivem Silber und andere Kostbarkeiten. Die Bevölkerung der Stadt bildet ein buntes Gemisch. Die Russen, der überwiegende Theil der Bevölkerung, treiben Handel und Gewerbe; die Tataren, von drei verschiedenen Stämmen, etwa 10,000 an Zahl, wohnen in den Vorstädten. Die Armenier, welche ihre eigenthümliche Tracht größtentheils abgelegt haben, sind der reichste Theil der Einwohner. Die Georgier sind meist Handwerker oder Tagelöhner und machen die niedrigste Volksclasse aus. Von Hindus sind etwa 3—400 hier, welche Wucher treiben; Chinesen sind nur zufällige Besucher.

Von Astrachan bis Petersburg (260 Meilen) brauchen wir den Leser nicht weiter zu begleiten, da sowol das Ziel dieser Reise als die einzige unterwegs vorkommende bedeutende Stadt, Moskau, Gegenstand besonderer Beschreibungen gewesen sind. Die zurückgelegten Distanzen aber lassen sich folgendermaßen berechnen: 1) von Bombay über den indischen Ocean bis zur Mündung des persischen Meerbusens in gerader Linie 240 Meilen; 2) vom Eingange bis zum nordwestlichen Ende des persischen Meerbusens 120 Meilen; 3) vom persischen Meerbusen bis Tabris (über Bagdad) 150 Meilen; 4) von Tabris bis Astrachan 120 Meilen; 5) von Astrachan bis Moskau 170 Meilen; 6) von Moskau bis Petersburg 90 Meilen, sodaß im Ganzen etwa 900 Meilen von Bombay bis Petersburg herauskommen.

Das Ägyptische und das Gregorianische Museum in Rom.

Im Jahre 1839 wurde das Ägyptische Museum in Rom vollendet, welches die früher vereinzelten, in Rom vorhandenen ägyptischen Alterthümer vereinigt. Es nimmt vier Säle im Vatican ein, zu denen noch eine im Halbkreis endigende Galerie und fünf Seitenzimmer kommen, sämmtlich im Geschmack der ägyptischen Baukunst verziert. Die Papyrusrollen in hieroglyphischer, hieratischer und demotischer Schrift belaufen sich ohne die Bruchstücke auf mehre 30. Einen ganzen Saal füllt eine schöne Sammlung von gemalten Mumienkästen und andern Erzeugnissen der ägyptischen Malerei. Ein Saal, den man den Löwensaal genannt hat, enthält einige Meisterwerke der ägyptischen Sculptur, unter andern zwei schöne Löwen aus dem Zeitalter des letzten Pharaonen, also aus dem 4. Jahrhundert v. Chr., ferner den Koloß der Königin Tuea, der Mutter des Sesostris, eine Statue ihres Gemahls Menephtah I., ein Bruchstück vom Throne des Sesostris und einen Torso von Nectanebo. Die Reihe der im Ägyptischen Museum aufgestellten Denkmäler umfaßt 20 Jahrhunderte, repräsentirt durch 28 Könige, von denen der erste ein Zeitgenosse Abraham's ist, der letzte aber, Ptolemäus Philopator, 219 v. Chr. regierte. Die Masse der vorhandenen Überreste bietet dem Scharfsinne der Alterthumsforscher ein ausgedehntes Feld der Forschung dar.

An dieses Museum schließt sich ein großer schöner Saal, der alle Statuen im nachgeahmten ägyptischen Styl umfaßt, die einst das Kanopon der Villa Hadrian's zu Tivoli zierten und bisher im Erdgeschoß des Museums im Capitol aufgestellt waren, sodaß man auf den ersten Blick übersehen kann, was die Kunst Ägyptens durch die griechische Behandlung im Styl, Charakter und Ausführung verlieren oder gewinnen konnte, wobei man sich überzeugen muß, daß der ernste und strenge Genius der ägyptischen Kunst bei der Mischung nur verloren hat.

Ein anderes Museum, das Rom ebenfalls dem jetzt regierenden Papste Gregor XVI. verdankt, ist das etrurische Museum im Vatican. Fast wäre es damit zu spät gewesen, denn nach allen Museen in Europa wanderten die im römischen Gebiete in den Gräbern gefundenen Gegenstände, über 10,000 gemalte Vasen von griechischer und etrurischer Arbeit, Schmuckgegenstände von Bronze und Gold, heilige und profane Geräthe von Bronze und Thon u. s. w. Die römische Regierung hatte sich aber klüglicherweise das Recht vorbehalten, von allen auf ihrem Gebiete gefundenen Alterthumsgegenständen beliebig auszuwählen, was ihr gefiele; so waren von ihr sehr bedeutende griechische und etrurische Alterthümer aus Vulci, Corneto, Todi, Bomarzo, Cäre u. s. w. angekauft worden und mehr als ein Sammler vermehrte den werthvollen Schatz durch freiwillige Beiträge.

Im ersten Vorzimmer findet man unter Anderm drei auf dem Deckel von Graburnen liegende Figuren von Terra cotta; in einem zweiten eine reiche Sammlung von Graburnen aus Alabaster von Volterra mit Sculpturen nach griechischen Basreliefs, welche Scenen aus griechischen Tragödien vorstellen. Im folgenden Zimmer steht ein prächtiger Sarkophag, der eine vollständige Darstellung der Begräbnißceremonien der alten Etrusker zeigt, dann eine Sammlung kleiner, bei Albano entdeckter Urnen in Form einer Hütte, mit Nachbildungen des ärmlichen Mobiliars der Ureinwohner in Thon. Hierauf tritt man in den Mercursaal, so genannt von einer in Tivoli gefundenen Statue dieses Gottes. Im folgenden Zimmer beginnt die prachtvolle Sammlung gemalter Vasen, welche eine lange, in mehre Säle getheilte Galerie füllt und in ganz Europa nicht ihres Gleichen hat. Die Darstellungen sind aus der griechischen Götter- und Heroengeschichte entlehnt. Besondere Erwähnung verdient eine Vase in Kantharenform, mit Henkeln und weiß gemaltem Grunde, auf welcher mit dem Pinsel gemalte Figuren Schatten und Licht hervortreten lassen, von einer Arbeit, die nur noch auf einer einzigen bekannten Vase, die sich in Florenz befindet, vorkommt. Der Gegenstand ist Bacchus als Kind, wie er von Mercur in Begleitung dreier Nymphen dem Silen in die Arme gelegt wird. Noch erwähnen wir unter den Überresten der Töpferkunst die Opferschalen, ausgezeichnet durch Feinheit des Thons, Glanz des Firnisses, Eleganz des Styls und Zierlichkeit der Zeichnungen. Man findet unter ihnen alle Formen von der ältesten an bis zu derjenigen, wo sich die griechische Kunst in ihrer Vollendung zeigt.

Der Saal der Bronzen von ungeheurer Größe enthält auf rundherumlaufenden Marmortischen, in den die Mauer bedeckenden Schränken und an den Wänden eine Unzahl von Gegenständen aller Art, Waffen, Vasen, Spiegeln u. s. w., unter denen die zu Todi aufgefundene Bildsäule eines etrurischen Kriegers in Harnisch und Helm mit einer Inschrift in etrurischen Schriftzügen, die man bisher nicht zu entziffern vermocht hat, am ersten die Aufmerksamkeit auf sich zieht. Die goldenen und silbernen Gegenstände sind auf einer großen runden Tafel in der Mitte aufgestellt: weibliche Schmucksachen, Schmuckgegenstände für Männer mit dem Abzeichen ihrer Würde, Bürger-, Triumph- und Lorberkronen, Halsbänder, Befehlshaberstäbe, Priesterabzeichen u. dgl.

Von dem Saale der Bronzen geht man durch einen Corridor mit etrurischen Inschriften in einen ungeheuren Saal, an dessen vier Wänden Copien der in einigen Gräbern von Corneto und Vulci aufgefundenen Malereien aufgestellt sind, aufgenommen zu einer Zeit, wo die einer baldigen Zerstörung preisgegebenen Originalgemälde noch fast ganz unversehrt waren. In der Mitte des Saals stehen etrurische Vasen und Sculpturen, meist mit etrurischen Inschriften. Am Ende des Saals ist in einem dazu eingerichteten Raume ein etrurisches Grab gebaut, den schönsten in neuerer Zeit aufgefundenen Denkmälern dieser Art getreu nachgeahmt; die Thüre bewachen zwei Löwen, wie sie an einem Grabe zu Vulci aufgestellt waren.

Der Meteorsteinregen zu Iwan in Ungarn.

In der Umgegend des Dorfes Iwan in Ungarn, einige Meilen südöstlich vom oedenburger See, ist im August (angeblich am 10.) ein Schwarm von Millionen kleinerer Meteorsteinchen niedergefallen und nach glaubhaften Nachrichten, die uns der Freiherr C. v. Reichenbach mittheilt, dem wir auch über den Meteorsteinfall von Blansko in Mähren (1833) genauere Nachrichten verdanken, ist diese Erscheinung von den früher vorgekommenen Steinfällen völlig verschieden. Unter andern Augenzeugen erzählte demselben ein Maishüter: Abends gegen 10 Uhr sei plötzlich bei ruhiger Luft, bedecktem Himmel und tiefer Finsterniß ein starker Platzregen gefallen und habe ihn zur Flucht in seine Strohhütte genöthigt. In der Eile habe er einen Gegenstand vor demselben im Regen liegen lassen und als er hinausgegriffen, um ihn zu holen, seien ihm Hagelkörner mit solcher Heftigkeit auf die Hand gefallen, daß sie heftigen Schmerz und ein Anschwellen der Hand verursacht hätten. Hierbei sei es ihm nun sogleich auffallend gewesen, daß die Hagelkörner keine weiße Decke des Bodens gebildet hätten; er habe daher seinen Hut hinausgeschoben, um von dem niederfallenden sonderbaren Hagel etwas zu sammeln, und am andern Morgen habe er mit großem Erstaunen schwarzbraune Steinchen in seinem Hute gefunden. Auf den Feldern um Iwan, dessen Umgegend eine weite unabsehbare Ebene bildet, sah Hr. v. Reichenbach solche braune Körner in zahlloser Menge zerstreut liegen. In Krautgärten, Maisfeldern, Kürbispflanzungen waren die Blätter überall auf eine eigenthümliche Weise durchlöchert, zerschlitzt oder gefleckt, zwischen ihnen lagen die braunen Körner. Daß dieselben dem dortigen Erdreich (das aus einem weißlichen feinen Sande besteht, stellenweise mit Lehm gemengt und nur da dunkel, wo er bearbeitet und dadurch theilweise in Gartenerde verwandelt worden ist) nicht angehören konnten, war augenscheinlich, und da Erddämme, die von Süden nach Norden liefen, auf dem Westabhange damit besäet, auf dem Ostabhange aber leer waren, während bei Gräben das Entgegengesetzte stattfand, so mußten die braunen Körner in der Richtung von West nach Ost herabgefallen sein.

Die Umstände des Steinregens waren von den sonst bei Steinfällen vorkommenden ganz verschieden. Gewöhnlich fallen die Steine mit Donner, Krachen und Feuer und sind selbst beim Fallen heiß und dampfend; die Steine zu Iwan waren dagegen sehr kalt anzufühlen, nicht von der mindesten Lichterscheinung, wol aber von tiefer Finsterniß und allgemeiner Stille begleitet und wie beim Hagel trat frostige Lufttemperatur ein. Am Abende desselben Tags, zwischen 4—5 Uhr, war die Witterung windig, ja stürmisch gewesen und darauf waren Blitz und Donner mit starkem Regen gefolgt, aber zwischen 8 und 9 Uhr trat Ruhe ein und die Steine fielen bei plötzlicher Windstille, gleichwol aber nicht lothrecht, sondern in schräger westöstlicher Richtung. Die Gewalt des Sturzes trieb sie ihrer Leichtigkeit ungeachtet ½ Zoll tief in den feuchten Lehm ein. Die meisten Steine haben die Größe eines Erbsen- oder Hirsenkorns, einige aber glichen einer Haselnuß und hatten bis 15 Millimeter im Durchmesser, während Tausende am Boden lagen, die kaum einem Mohnsamenkorne gleich kamen. Die Farbe ist von außen schwarzbraun, inwendig theils graubraun, theils schwarzblau, untermengt mit einer gelben oder rothen Substanz und kleinen metallischen glänzenden Pünktchen.

Die schlackige Rinde, welche Meteorsteine sonst haben, fehlt. Die Gestalt ist im Allgemeinen rund, aber unregelmäßig und der von Hagelkörnern ziemlich ähnlich. Im Innern ist ein Kern, der von concentrischen Schalen umgeben wird, vorhanden; die Festigkeit ist so gering, daß man die Körner mit dem Daumennagel zerdrücken kann; das specifische Gewicht schwankt zwischen zwei und drei. Den Hauptbestandtheilen nach sind die Steinchen aus Eisenoxydul, Eisenoxyd und Eisenoxydhydrat zusammengesetzt, nebst Mangan, Kieselerde, Kalkerde und Thonerde. Mit derjenigen Eisenerzgattung, die unter dem Namen Bohnerz bekannt ist und in zahllosen Abarten vorkommt, haben die kleinen Meteorsteine große Ähnlichkeit.

Die Menge der herabgefallenen Massen schätzt Hr. v. Reichenbach auf folgende Weise. Er sah den Boden bei Iwan dergestalt bestreut, daß auf einen Quadratzoll ein Steinkügelchen kommen mochte; doch mochte vor seiner Ankunft (Ende September) wenigstens die Hälfte durch Regen, Schafheerden u. s. w. unsichtbar gemacht oder entfernt, überhaupt verschwunden sein. Man hat die Erscheinung an Orten wahrgenommen, die 1½–2 Stunden von Iwan entfernt sind; nimmt man Iwan als Centrum und zieht von da mit einem Halbmesser von einer Meile einen Kreis, so schließt dieser etwa drei Quadratmeilen ein. Nach dieser Annahme würde die Anzahl der herabgefallenen Körner etwa 350,000 Millionen oder ⅓ Billion betragen. Von mittlern und größern Körnern, die Hr. v. Reichenbach untersuchte, gingen etwa 4000 auf ein Pfund; rechnet man im Durchschnitt auf ein Pfund 10,000 Körner aller Gattungen, so kann das Gesammtgewicht der herabgefallenen Massen auf 350,000 Centner geschätzt werden. Die Richtigkeit dieser Rechnung läßt freilich sehr bedeutende Zweifel zu.

Alle bisher beobachteten Meteorsteinfälle lieferten Bruchstücke eines unter unsern Augen zerplatzten Ganzen; hier haben wir eine schwarmartige Erscheinung, die in die Reihe der planetarischen Körper nicht eingereiht werden kann, aber wahrscheinlich gleich diesen unserm Sonnensysteme angehört; Hr. v. Reichenbach stellt nun die Vermuthung auf, das Meteor von Iwan stehe zu den Kometen in eben solcher Verwandtschaft, wie die bisher beobachteten Meteorsteine zu den Planeten, und die Kometenköpfe, deren Natur so räthselhaft ist, seien überhaupt nichts Anderes als ein Schwarm kleiner fester Körperchen in weiten Abständen voneinander. Dies würde allerdings die Durchsichtigkeit der Kometenköpfe ebenso gut als ihr Leuchten mit eigenem oder reflectirtem Lichte erklären. Der Umstand, daß der Steinregen von Iwan von keiner Lichterscheinung begleitet war, würde gar nichts gegen seine kometarische Natur beweisen, da die Kometen so äußerst verschiedenartig erscheinen und es Kometen geben kann, die ihr Licht eingebüßt oder auch niemals geleuchtet haben, sowie unsere Erde selbst ehemals feurig und leuchtend gewesen zu sein scheint, jetzt aber diese Eigenschaften nicht mehr besitzt.

Der den Steinfall begleitende Platzregen ist vielleicht, wie Hr. v. Reichenbach vermuthet, durch die Kälte der Steinchen verursacht worden (da im leeren Raume des Weltalls wahrscheinlich eine Kälte von 50 bis 60 Grad nach Réaumur herrscht), also eine Wirkung, kein integrirender Bestandtheil des Meteors, wenn man nicht etwa annehmen will, daß der Platzregen ganz oder zum Theil aus Wasser bestanden habe, das dem Meteor selbst angehörte und ursprünglich im Eiszustande mit ihm verbunden war. Die Wärme, welche sonst beim Eintritt der Meteorsteine in die Atmosphäre sich zu bilden pflegt, wäre dann zur Schmelzung des Eises verwandt worden, ohne sich anderweit äußern zu können.

Wenn das Ereigniß wirklich am 10. August stattgefunden hat, was freilich noch nicht für hinlänglich constatirt gelten kann, so ist dieses darum sehr bemerkenswerth, weil bekanntlich an diesem Tage nach vieljährigen Beobachtungen eine auffallend große Menge von Sternschnuppen gesehen wird und auch dieses Mal wieder gesehen worden ist, während man sonst nirgend ein ähnliches Lufterigniß, wie das in Rede stehende, wahrgenommen hat. Schwer wäre es dann, sich des Gedankens zu enthalten, daß es mit dem Sternschnuppenfalle in einem innern ursächlichen Zusammenhange stehe.

Handel Frankreichs im Jahre 1840.

Die Gesammtsumme des auswärtigen Handels von Frankreich im J. 1840 beträgt 2063 Millionen Francs, die größte Summe, welche er jemals erreicht hat; von dieser Summe kommen auf die Einfuhr 1052 Mill., auf die Ausfuhr 1011 Mill., ferner auf den Landhandel 582 Mill. (wovon auf die Schweiz 161, auf Belgien 125, auf Sardinien 105, auf Deutschland 98, auf Spanien 72, auf Preußen 18, auf die Niederlande 3 Mill. zu rechnen sind), auf den Seehandel 1481 Mill. Francs. An dem letztern haben französische Schiffe für 705, fremde für 776 Mill. Theil genommen; ferner kommen auf die europäischen Länder 757, auf die außereuropäischen 582, auf die französischen Colonien und den Walfischfang 142 Millionen. Für die Einfuhr nehmen die Vereinigten Staaten den ersten Rang ein (1839 die sardinischen Staaten); für die Ausfuhr England (1839 die Vereinigten Staaten). Unter den eingeführten Waaren kommen auf rohe Baumwolle 151 Mill. oder 14 Procent; unter den ausgeführten stehen die Seidenwaaren oben an (141 Mill. oder 20 Procent). Der Transithandel betrug 196 Mill. Francs; unter den durch Frankreich geführten Waaren nimmt Baumwolle dem Gewichte nach, Seide dem Werthe nach den ersten Rang ein.

Literarische Anzeige.

Bei **Herold und Wahlstab** in **Lüneburg** ist aufs neue wieder erschienen:

Dr. Heinrich Müller's
geistliche Erquickstunden.

Aufs neue revidirt und herausgegeben

von

Joh. G. Russwurm.

45 Bogen in 8. Preis 1 Thlr.

Unter allen Erbauungsbüchern der neuesten Zeit ist keins, welches dem Müller'schen gleich käme an Kürze, an Tiefe und an Kraft. Ein besonderer Vorzug desselben ist eine edle Popularität; Alles wird erläutert durch Bilder, aus dem gewöhnlichen Leben entnommen.

Nicht leicht wird Jemand dieses Buch ohne irgend eine fromme Anregung des Gefühls, froher Beruhigung in Gott aus der Hand legen.

Das Pfennig-Magazin

für

Verbreitung gemeinnütziger Kenntnisse.

461.] Erscheint jeden Sonnabend. [Januar 29, **1842**.

Eine Londoner Bierbrauerei.

Eingang in die Brauerei.

Wer in London, aus der City kommend, über die Southwark-Brücke geht, bemerkt unfehlbar eine Reihe großer Schornsteine zu beiden Seiten, durch deren Menge, sowie durch die ihnen entströmenden Rauchwolken Southwark sich schon von fern auszeichnet. Der massivste von allen bezeichnet die Stelle, wo eine große londoner Brauerei steht, eines jener riesenhaften Etablissements, welche sowol hinsichtlich der Ausdehnung ihrer Gebäude als wegen der Größe des darauf gewandten Capitals zu den ersten und ansehnlichsten dieser Art in der ganzen Welt gehören und außer England schwerlich irgendwo ihres Gleichen haben. Von dieser Brauerei wollen wir nach eigener Anschauung unsern Lesern eine Beschreibung liefern, die für einen großen Theil derselben hoffentlich nicht ohne Interesse sein wird.

Wenn man über die oben gedachte Brücke gegangen ist, so kommt man an eine enge, mit dem Flusse parallel laufende Straße, über welche eine Brückenbahn hinwegführt und zu welcher man auf einer Treppe steinerner Stufen herabsteigt. In derselben sehen wir auf beiden Seiten lange Reihen von Gebäuden, verbunden durch eine bedeckte Brücke, 30 Fuß über dem Boden. Diese Gebäude gehören zur oben erwähnten, im Folgenden näher zu beschreibenden Brauerei. Am Ende der Reihe zur Rechten kommen wir zu einer andern südlich führenden Straße, deren beide Seiten auf gleiche Weise von den Brauereigebäuden gebildet werden, die eine Ausdehnung von mehren hundert Fuß haben. Geht man in dieser Straße in südlicher Richtung fort, so kommt man unter einer leichten und eleganten Hängebrücke hindurch, welche eine Verbindung zwischen den entgegengesetzten Seiten der Straße bewirkt; sodann kommt man zum Eingange in die Brauerei, welchen unsere Abbildung vorstellt.

Etwa in der Mitte des ganzen Grundstücks steht ein Gebäude, genannt das Tonnenhaus, von dessen Bleidache aus die verschiedenen Theile der Brauerei am bequemsten übersehen werden können. Gegen Nordosten an der Flußseite ist ein Landungsplatz, wo das Bier zur Ausfuhr eingeschifft wird; gegen Norden stehen zwei lange Reihen von Malzniederlagen; westlich sieht man einen offenen Hof, der mit dem Dampfmaschinenhaus, zwei Wasserbehälter, eine Böttcherwerkstatt u. s. w. enthält; südlich ist eine ausgedehnte Reihe von Niederlagen, endlich östlich sind die Brauhäuser für Ale und Porter, verbunden durch die erwähnte Hängebrücke. Das Ganze nimmt einen Raum von fast 9 Acres (etwa 14 preuß. Morgen) ein.

Das zum Brauen angewandte Wasser ist das der Themse, welches mittels einer Dampfmaschine in einer weiten eisernen Röhre emporgepumpt wird. Die letztere geht unter den Malzniederlagen hin und führt zu den

Cisternen oder Wasserbehältern im offenen Hofe der Brauerei. 15 gußeiserne Säulen, jede von 1½ Fuß Durchmesser, sind in drei Reihen aufgestellt; auf ihnen ruht die untere Cisterne, ein gußeisernes Gefäß, 32 F. lang und 20 F. breit. Von dieser Cisterne gehen die Stützen aus, welche eine zweite von beinahe gleicher Größe tragen, zu welcher eine leichte Treppe führt. Täglich werden im Mittel 100,000 Gallons (etwa 400,000 preuß. Quart) Wasser für den Dienst der Brauerei erfodert. Nicht weit von der Cisterne befindet sich ein Brunnen, aber das aus demselben erhaltene Wasser dient wegen seiner niedrigen Temperatur hauptsächlich zur Abkühlung des Biers in der heißen Jahreszeit. Alle Pumpen, welche das Wasser aus der Themse in die Cisternen führen, und alle sonst in der Brauerei gebrauchten Maschinerien werden durch zwei Dampfmaschinen betrieben, von denen die eine 45, die andere 30 Pferdekraft hat.

Das Malz kaufen die englischen Bierbrauer aus besondern Malzfabriken, während bekanntlich in Deutschland die Verwandlung der Gerste in Malz (das aus Pflanzenleim oder Kleber und Zuckerstoff besteht, der sich aus dem Mehle erzeugt hat) die erste Arbeit in der Bierbrauerei bildet. Es wird von Trägern in Säcken von etwa 1½ Ctr. aus den Böden in die Niederlagen (die sich nicht ganz bis zum Flusse erstrecken) geschafft und dort in ungeheure hölzerne Fässer oder Bottiche gethan. Soll es wirklich zum Brauen verwandt werden, so thut man es in einen großen Trichter, aus welchem es mittels einer Röhre in einen tiefer liegenden Behälter gelangt; aus diesem kommt es endlich in eine der Reibmaschinen oder Mühlen, deren jede ein paar sich fast berührende, in Umdrehung befindliche Walzen enthält, zwischen denen das Malz hindurchgeht und dadurch zerrieben wird. Eine sogenannte Jakobsleiter hebt das zerriebene Malz, Malzschrot genannt, zu einer Höhe von 60—70 Fuß, nämlich mitten in das große Brauhaus und zwar in die Nähe vom Dache desselben. Die Abtheilungen oder Fächer dieser Leitern (von denen eine leer hinunter und gleichzeitig eine gefüllte hinaufgeht), sind ihrer ganzen Länge nach in ein eisernes Gehäuse eingeschlossen. Der Riemen ohne Ende, an welchem die Leitern befestigt sind, wird durch Maschinerie, die mit einer der an den Enden der Leiter befindlichen Walzen in Verbindung steht, in Bewegung gesetzt. Auf diese Weise werden wöchentlich mehr als 2200 Quarter oder 11,500 preuß. Scheffel Malz (denn so viel verbraucht die Brauerei im Durchschnitt) gehoben.

Das große Brauhaus selbst ist von wahrhaft ungeheurer Größe. Der Hauptraum kommt an Größe fast der Westminsterhalle gleich, ist ganz von Eisen und Backsteinen gebaut und in der Höhe nicht durch Stockwerke, sondern nur an einzelnen Stellen durch Gerüste und Platformen abgetheilt. Er erhält sein Licht durch 80 hohe Fenster auf der einen Seite; längs der Wände befinden sich dicht unter dem Dache Öffnungen für den Dampf. Der größte Theil des ganzen Raums wird durch 10 ungeheure Braugefäße von etwa 20 Fuß Durchmesser, welche zwei den Fenstern parallele Reihen bilden, eingenommen. Die den Fenstern zunächst stehenden enthalten unten ein vierseitiges eisernes Gefäß; darüber steht ein kreisrundes, genannt Maischtonne, über diesem wieder ein vierseitiges, genannt Malzbehälter; zu oberst eine Röhre zum Einfüllen des Malzes. Von der andern Reihe enthält jedes Braugefäß unten einen großen Ofen, darüber einen in Mauerwerk eingeschlossenen Kessel, der nahe an 12,000 Gallons fassen kann; über diesem befindet sich wieder eine Kupferpfanne und zu oberst ein Behältniß zur Aufnahme der Würze, bevor sie mit dem Hopfen gesotten wird. Außer den zehn Braugefäßen befindet sich noch an jedem Ende ein sehr geräumiges vierseitiges Gefäß, genannt Hopfenbottich.

Sehen wir nun, wozu die einzelnen Theile dieser gewaltigen Apparate gebraucht werden. Die Öfen und die über ihnen befindlichen kupfernen Kessel dienen zunächst dazu, um Wasser, welches den Zuckerstoff aus dem Malz ausziehen soll, heiß zu machen, dann um den so erhaltenen Malzertract (die Maische) zu sieden. Das Wasser wird aus den großen Behältern im offenen Hofe durch Röhren in den Kessel geleitet, in welchem es allmälig bis zur Gewinnung des Extracts erfoderliche Temperatur annimmt.

Alle Arten von Malzflüssigkeit sind nichts Anderes als Malzertracte, welche mit Hopfen gekocht worden sind und dann gegohren haben, sodaß wir drei Hauptprocesse zu unterscheiden haben: das Extrahiren oder Maischen, das Sieden und das Gähren. Das Wasser im Kessel dient zu der ersten dieser Processe, und während es allmälig erhitzt wird, wird das Malz in die Maischtonne gebracht, was auf folgende Weise geschieht. Wie bereits erwähnt, wird das zerriebene Malz oder Malzschrot durch eine lange Jakobsleiter bis nahe an den Boden des Brauhauses gebracht. Hier leeren die Einer der Leiter ihren Inhalt in ein ziemlich kleines Gefäß, von welchem fünf Röhren auslaufen, deren jede zu einem der vorhin genannten Malzbehälter führt. Diese sollen nur das zu einmaligem Maischen nöthige Malz enthalten; ist die Zeit des Maischens gekommen, so werden vier Klappen im Boden jedes Behälters geöffnet und das Malz fällt dadurch in die Maischtonne. Diese hat einen doppelten Boden, der obere ist mit sehr kleinen Löchern siebförmig durchlöchert. Der Raum zwischen beiden Böden communicirt mit dem Kessel mittels einer Röhre; der untere oder eigentliche Boden hat ein paar mit Pflöcken oder Stöpseln verschlossene große Löcher. Ist die Maischtonne mit Malz gefüllt, so läßt man eine geeignete Quantität heißes Wasser aus dem Kessel in den Raum zwischen den beiden Böden der Tonne fließen; dieses vermischt sich mit dem Malz, indem es aufwärts durch die kleinen Löcher steigt und das Schrot durchdringt. Malz und Wasser werden dann mittels einer von der Dampfmaschine umgetriebenen Maischmaschine umgerührt, und nachdem dies eine Weile gedauert hat, läßt man das Wasser, welches nun einen großen Antheil Malzertract enthält, aus der Tonne in die darunter befindliche Cisterne fließen; die Löcher in dem falschen Boden sind zu klein, um die Trebern durchzulassen. Die so gewonnene Flüssigkeit heißt Würze; sie hat eine widerliche Süßigkeit und ist nicht trinkbar.

Eine Pumpe wird nun angewendet, um die Würze aus der untern Cisterne in den Kessel zu pumpen. Hier kommen wir zuerst zur Anwendung des Hopfens, d. i. der Blüten oder genauer der Samenkapseln der weiblichen Hopfenpflanze, welche dem Biere seine eigenthümliche Bitterkeit geben. Die Hopfenblüten werden in großen Leinwandsäcken in die Brauerei gebracht und in besondern Niederlagen bis zum Gebrauche aufbewahrt. Dieser geschieht so, daß der Hopfen durch das sogenannte Mannsloch des Kessels (das Loch, durch welches Arbeiter einsteigen, um nach jedesmaligem Brauen den Kessel zu reinigen) in denselben geworfen und dann mit der Würze unter beständigem Umrühren durch eine Rotationsmaschine so lange gesotten wird, bis jene den Geschmack des Hopfens hinreichend angenommen hat.

Zu stark darf der Hopfen nicht ausgekocht werden, weil das Bier sonst zu bitter ausfallen würde.

Die gekochte Würze fließt nun, mit Hopfen vermischt, durch ein Rohr aus dem Kessel in ein sehr großes vierseitiges Gefäß (von etwa 4000 Cubikfuß Inhalt), genannt Hopfenbottich, welches einen durchlöcherten falschen Boden hat, durch dessen Öffnungen die Würze fließt, während der Hopfen zurückbleibt. Zu bemerken ist jedoch, daß der Hopfen durch einmaliges Kochen keineswegs alle seine Kraft verliert; er wird daher zum zweiten Male gebraucht. Um den bereits einmal gebrauchten Hopfen wieder zurück in den Siedekessel zu bringen, entledigen sich einige Männer ihrer Oberkleider und steigen dann in den Hopfenbottich, wo sie den trockenen Hopfen, der noch heiß ist, in einen Eimer sammeln, welcher heraufgezogen und in den Kessel ausgeleert wird. Dies geschieht jedoch nur bei der Porterbrauerei, bei der Alebrauerei wird der Hopfen durch eine Jakobsleiter emporgehoben, die mit dem untern Ende in den Hopfenbehälter eintaucht.

An der westlichen Seite der Brauerei stehen noch andere ausgedehnte Gebäude, in welchen die Würze den folgenden Processen unterworfen wird. Der erste derselben nach Entfernung des Hopfens ist das Abkühlen, was so bewirkt wird. In dem obern Theile eines hohen Gebäudes befinden sich zwei geräumige Abkühlungsgefäße, sogenannte Kühlschiffe, übereinander, von denen jedes eine Fläche von 10,000 Quadratfuß darbietet. Jedes ist durch Ränder von wenigen Zoll Höhe in Abtheilungen getheilt, in welche die heiße Würze gepumpt wird. Da die Oberfläche der Bierschicht in Vergleich zur Tiefe derselben so sehr groß ist, so kühlt die von den offenen Seiten des Gebäudes herbeiströmende Luft das Bier in einem sehr kurzen Zeitraume ab. Bei einem solchen Zustande des Wetters, wo das Bier auf diesem Wege nicht mit hinreichender Schnelligkeit abgekühlt werden würde, wird es durch einen besondern Abkühler (Refrigerator) geleitet, in welchem es in Berührung mit kaltem Quellwasser gebracht wird, das eine schnelle Erniedrigung der Temperatur bewirkt.

Unser nächster Besuch führt uns in denjenigen Theil der Anstalt, wo der Proceß der Gährung vor sich geht. Man läßt die abgekühlte Würze in vier ungeheure vierseitige Gährungsbottiche von Holz fließen (jeder 1500 Fässer zu 36 Gallons haltend), in denen die Flüssigkeit mit Hülfe von Hefe (zu welcher der Schaum auf der Oberfläche der Würze genommen werden kann) eine bestimmte Zeit lang gährt. Durch die Gährung erfolgt eine totale Veränderung der Flüssigkeit; der Zuckerstoff verwandelt sich nämlich in Weingeist, wobei eine große Menge Kohlensäure entwickelt wird. Besteigt man eine Leiter, um in einen der Bottiche hinabzusehen, so erblickt man die dicken Massen der Hefe, welche die Oberfläche des Biers bedecken, und erstickenden Rauch, der einem Nebel gleich über derselben schwebt. Hierauf besuchen wir das geräumige Tonnenhaus in dem untern Theile eines Gebäudes, dessen oberer Theil die erwähnten Kühlschiffe enthält. Dasselbe enthält etwa 300 cylindrische Gefäße in 20 Reihen, jedes über 300 Gallons haltend. Sie werden aus den Gährungsgefäßen gefüllt; zwischen ihnen stehen lange Tröge, die zur Aufnahme der von dem Biere abgesetzten Hefe bestimmt sind. Dieser Proceß des Absetzens der Hefe, genannt das Klären des Biers, ist für die Qualität desselben von großer Wichtigkeit.

Alle bisher erwähnten Gefäße und Räume werden an Größe von denen übertroffen, in welchen das Bier aufbewahrt wird. In diesen Vorrathshäusern, wo die herrschende Ruhe gegen das geräuschvolle Leben in den andern Theilen der Anstalt seltsam absticht, stehen nicht weniger als 150 große Fässer, deren jedes im Durchschnitt über 30,000 Gallons faßt. In manchem der hier stehenden Fässer hätte das berühmte heidelberger Faß sehr bequem Platz. Die größern halten 108,000 Gallons und wiegen gefüllt etwa 500 Tonnen (10,000 Centner). *)

Alles bisher Gesagte bezieht sich nur auf die Porterbrauerei, von der sich die Alebrauerei durch eine etwas verschiedene Behandlung der heißen Würze unterscheidet, denn die vorhergehenden Processe sind dem beim Porter vorkommenden ganz ähnlich. Bekanntlich hat Ale eine hellere, gelbliche, Porter eine dunkelbraune Farbe; zu jenem wird nur blasses, zu diesem größtentheils braunes, d. h. braungedörrtes Gerstenmalz genommen. Beim Ale wird die Gährung langsamer geleitet und die höhere Temperatur während derselben möglichst vermieden. Die Würze wird von dem Hopfenbottich bis in den obersten Theil der Alebrauerei geleitet und hier in zwei Kühlschiffen abgekühlt, die, wie bei der Porterbrauerei, durch erhöhte Ränder in Abtheilungen getheilt sind. Dann geht sie noch durch einen besondern Abkühler und wird zu dem die Gährungsgefäße enthaltenden Stockwerke geleitet, wo sie gährt und in Ale verwandelt wird. Im Tonnenhause findet die Klärung statt, zu welchem Zwecke 350 cylindrische Fässer, jedes 150 Gallons fassend, hier aufgestellt sind. Von der Art der Gährung rührt die Menge des im Ale enthaltenen unzersetzten Zuckerstoffs her, welche in Verbindung mit der vollständigen Ausscheidung der Hefe die große Haltbarkeit dieses Biers bewirkt. Eine besondere Läuterung wird noch mittels einer besondern Flüssigkeit (die eine Auflösung von Hausenblase und anderer ähnlicher Substanzen ist) vorgenommen, um das Bier heller und durchsichtiger zu machen.

Die Butten, in welchen das Bier zu den Gastwirthen gebracht wird und die in den Straßen Londons eine so häufige Erscheinung sind, enthalten jede 108 Gallons und werden mittels eines Kautschukschlauchs gefüllt.

Die Arbeiten der Brauerei gehen Tag und Nacht fort; die Kessel sind fast ununterbrochen in Gebrauch und die Arbeiter lösen einander ab. Sehr früh am Morgen, lange bevor London aus seinem Schlafe erwacht ist, sind im Hofe der Brauerei die Kärner beschäftigt, die Butten, welche durch Krahnen aus den Kellern heraufgehoben werden, auf die Bierwagen zu laden. Jeder Londoner kennt die Form dieser Bierwagen, deren beständig 70—80 im Gange sind und deren unangenehmes Geräusch sich dem Ohre der Vorübergehenden unfehlbar aufdrängen muß. Nicht minder bekannt sind die schwerfälligen Brauereipferde, die mit andern Pferden unmöglich verwechselt werden können. In den Ställen der von uns besuchten Brauerei werden gegen 200 Pferde gehalten, deren Futter durch eine kleine Dampfmaschine von 5—6 Pferdekraft klein gemacht wird, was den Thieren sehr zuträglich ist. Der Dampf dient nöthigenfalls, um das Trinkwasser der Pferde zu erwärmen.

---

*) In Whitbread's Brauerei, die nur eine vom zweiten Range ist, würden die Fässer, der Länge nach aneinander gelegt, eine Länge von mehr als vier deutschen Meilen einnehmen.

Der spanische Kesselflicker, nach Murillo.*)

*) Vergl. über Murillo Nr. 87 des Pfennig-Magazins.

Gottfried August Bürger.
(Beschluß aus Nr. 460.)

Der verzweiflungsvolle Zustand, worein sich Bürger durch diese Umstände versetzt sah, wurde noch unerträglicher durch hinzutretende Nahrungssorgen, die mit der Vergrößerung seiner Familie gleichmäßig sich vermehrten. Um nur nicht zu darben, sah er sich genöthigt, einen Theil seiner dichterischen Kraft an Übersetzungen zu verschwenden. Er verdeutschte um diese Zeit einige Gesänge der Homerischen „Iliade", Shakspeare's „Macbeth", einige Stücke Ossian's und Anderes. Im J. 1778 übernahm er die Herausgabe des „Musenalmanachs" und in demselben Jahre ließ er die erste Sammlung seiner Gedichte erscheinen. Aber wie unzureichend und ungenügend dies Alles war, seine Lage zu verbessern, beweist der Umstand, daß er sich an den König von Preußen mit der Bitte wendete, ihm eine seinen Fähigkeiten angemessene Stelle in seinen Staaten zu ertheilen. Der König war auch nicht abgeneigt, da aber nicht gleich eine passende Stelle erledigt war, so blieb die Sache ruhen und Bürger versäumte es, sich später wiederum zu melden. Dagegen machte er im J. 1780 den Versuch, sich und seiner Gattin durch Betreibung von Landwirthschaft größere Bequemlichkeit zu verschaffen. Er pachtete deshalb ein Gut in Appenrode; allein da weder er noch seine Gattin hinreichende Kenntnisse und Neigung zu solchen Beschäftigungen hatte, so sah er sich schon 1783 genöthigt, das Unternehmen wieder aufzugeben, nachdem er dabei einige tausend Thaler, den größten Theil desjenigen, was ihm als Erbe von seinem Schwiegervater zugefallen war, eingebüßt hatte. Dieser Verlust machte ihm aber beiweitem noch nicht den Kummer, den ihm eine böswillige Verleumdung verursachte. Eben jener Liste, welcher ihn schon um eine bedeutende Summe betrogen hatte, wußte es bei einem Gliede der Uslar'schen Familie so weit zu bringen, daß Bürger bei der hanoverschen Regierung förmlich der Vernachlässigung seiner Amtsgeschäfte angeklagt wurde. War nun auch seine Amtsführung nicht ganz von Fehlern frei gewesen, so waren diese doch in jener Anklage so sehr übertrieben und durch erlogene vermehrt worden, daß es ihm ein Leichtes war, die ihm gemachten Beschuldigungen abzuweisen. Er vertheidigte sich mit Würde, reichte aber zugleich, im Innersten verletzt, seine Entlassung ein, welche er denn auch erhielt.

In demselben Jahre, wo sich dies ereignete, verlor er seine Gattin. Konnte es ihm nun auch einerseits nicht unlieb sein, von den qual- und martervollen Fesseln befreit zu werden, in denen er zehn Jahre lang geschmachtet hatte, so war doch seine Trauer, die er bei diesem Todesfalle bewies, keine erheuchelte; denn hatte er die Verstorbene auch nicht geliebt, so hatte er ihr doch seine Achtung nicht versagen können, und diese folgte ihr auch in ihr Grab.

Bald nach ihrem Tode zog Bürger nach Göttingen, wo er fürs erste durch Privatunterricht und durch Vorlesungen so viel verdienen zu können glaubte, als er zu seiner und seiner Kinder Erhaltung bedurfte; später hoffte er eine Professur und einen Gehalt von der Regierung zu erlangen und nebenbei durch seine schriftstellerische Thätigkeit sich Einiges zu erwerben. Sogleich nachdem er sich in Göttingen niedergelassen hatte, begann er seine Vorträge, die aber nicht stark besucht wurden, so sehr er sich auch bemühte, es ihnen an Gediegenheit und Interesse nicht mangeln zu lassen. Im J. 1785 heirathete er seine „Auserwählte", mit der sein Herz schon seit zehn Jahren auf das engste verbunden war. Was er damals empfand, wie glücklich, wie unendlich glücklich er sich fühlte, das bezeugen seine Lieder, vor Allem sein „Hohes Lied an die Einzige". Aber ach! sein Glück war nur von kurzer Dauer. Schon im Januar 1786 starb seine angebetete Auguste, nachdem sie kurz vorher von einer Tochter entbunden worden war. Unmöglich läßt sich der Schmerz des armen Dichters beschreiben; fast erreichte er die Höhe der Verzweiflung, wie sie in „Lenore" so herzzerreißend geschildert ist. Bürger war taub für den Trost seiner Freunde. Immer klang es in seiner Seele wieder: „— — hin ist hin, verloren ist verloren!" Der Tod erschien ihm als das Wünschenswertheste. Er sang:

Wehe mir! seitdem du schwandest, trug
Bitterkeit mir jeder Tag im Munde,
Honig trägt nur meine Todesstunde.

Eine Reise, die er nach Brüssel unternahm, zerstreute ihn nur wenig; sein Muth, seine Kraft, seine Gesundheit waren dahin. Was ihm noch davon übrig blieb, raffte er zusammen, um für die Zukunft seiner Kinder zu sorgen, die er zu seinem großen Kummer hierhin und dorthin zu Verwandten schicken mußte. Er begann seine Vorlesungen aufs neue und widmete sich ihnen mit noch mehr Anstrengung, nachdem er 1787 seine Gesundheit durch eine Cur in etwas gebessert hatte. Auch erhielt er in demselben Jahre das Ehrendiplom der philosophischen Doctorwürde und zwei Jahre nachher eine außerordentliche Professur, aber ohne Gehalt. Indeß hatte er doch nun die Aussicht auf eine solchen, und diese erregte in ihm den Wunsch, seine geliebten Kinder wieder um sich versammelt zu sehen, zumal da auch im Übrigen seine Vermögensumstände jetzt besser waren als vorher. Unmöglich jedoch konnte er seinen Wunsch befriedigen, wenn er sich nicht zu einer neuen Ehe entschloß, um den Kleinen eine Mutter zu geben. Schon durchmusterte er daher seine Umgebung, ein Wesen suchend, das diese Stelle würdig vertreten könnte, als er von Stuttgart aus ein Gedicht empfing, worin ihm ein dem Anscheine nach edles und gebildetes Mädchen Herz und Hand anbot. Er scherzte anfangs über diesen auf so sonderbare Weise gemachten Antrag; aber als ihm die Dichterin von mehren Seiten als sehr reizend geschildert wurde, so antwortete er ihr zunächst wiederum durch ein Gedicht. Diese Antwort gab Veranlassung zu weitern Unterhandlungen, welche endlich damit schlossen, daß er 1790 sein „Schwabenmädchen" (eine geborene Hahn) sich antrauen ließ. Allein statt der gehofften glücklichen Tage fand er schon nach wenigen Wochen nur Verdruß und Kummer. Die häuslichen Zwistigkeiten, welche der unverträgliche Charakter seines Weibes hervorrief, nahmen immer mehr überhand, sodaß sich endlich Bürger nach Verlauf von zwei Jahren genöthigt sah, das lästige Band wieder lösen zu lassen, welches er mit so großen Hoffnungen geknüpft hatte. Die Geschiedene trat später in mehren Städten, wie in Dresden, Hamburg und anderwärts, als Schauspielerin auf.

Die Gesundheit unsers Dichters, welche schon seit dem Tode seiner unvergeßlichen Molly bedeutend gelitten hatte, war durch seine unseligen häuslichen Verhältnisse noch mehr erschüttert worden. Auch seine Vermögensumstände waren schlechter als jemals. Das Einzige, was er noch besaß, war sein Ruhm, aber auch dieser sollte ihm geschmälert werden. Freilich konnte dies nicht gelingen, selbst einem Schiller nicht; denn dieser war es, der in einer Recension der Bürger'schen Gedichte, welche er 1791 in die „Jenaische Literaturzeitung" einrücken ließ, nicht aus Verkleinerungssucht oder Neid — denn diese waren seinem edlen Herzen stets fremd —, sondern aus einem beklagenswerthen Irrthume in der That ein höchst verletzendes Urtheil fällte. Allerdings sagte er manches Wahre und brachte manchen Tadel vor, der Bürgern wirklich treffen mußte; allein weder der Maßstab selbst, den er an dessen Gedichte anlegte, noch auch die Art und Weise, wie er ihn anlegte, läßt sich rechtfertigen, obgleich Schiller auch späterhin noch bei seiner einmal ausgesprochenen Meinung verharrte.

Wie tief und schwer Bürger durch diese Kritik, die ihm sogar alle Bildung abzusprechen schien, verletzt wurde, beweist seine heftige, leider würdelose Gegenkritik, die er selbst nachher verdammte und nicht geschrieben zu haben wünschte. Von nun an hatte er an nichts Freude mehr. Schwermüthig und in sich gekehrt schloß er sich oft Monate lang auf seinem Studirzimmer ein, sodaß selbst seine besten Freunde kaum Zutritt zu ihm erhalten konnten. Im Anfange des Jahres 1792 zog er sich durch Erkältung eine Heiserkeit der Stimme zu, die ihn, weil er nicht in Zeiten auf ihre Entfernung bedacht gewesen war, bis zum Tode nicht wieder verließ. Doch dieser war nicht mehr fern. Im October 1793 verfiel Bürger in ein Fieber, welches mit heftigen Seitenschmerzen verbunden war. Nur auf kurze Zeit genas er. Bald stellten sich Brustleiden ein und es zeigten sich nach und nach alle Symptome der Lungenschwindsucht, welche auch am 8. Juni 1794 seinem Leben ein Ziel setzte, nachdem die Regierung noch durch ein unerbetenes Geschenk kaum den äußersten Mangel von seinem Krankenlager entfernt hatte. Er starb in so großer Armuth, daß sein Besitzthum nicht hinreichend war, die von ihm gemachten mäßigen Schulden zu bezahlen.

Als Dichter, namentlich als Balladen- und Romanzendichter, ist Bürger fast unübertroffen; nur da steht er seinem großen Gegner, Schiller, unbedingt nach, wo er, um sich dem Volkstone mehr anzuschließen, in eine minder edle oder spielende Ausdrucksweise verfällt, was ihm freilich nicht selten begegnet ist. Auch als lyrischer Dichter behauptet er einen hohen Rang. Seine „Elegie, als Molly sich losreißen wollte", sein „Hohes Lied an die Einzige" und andere seiner Lieder werden unvergängliche Denkmäler wie seiner Leiden und Freuden, so auch seiner hohen dichterischen Kraft und Fülle bleiben. Seine Sonette gehören zu den Besten, was in dieser Gattung bisher geliefert worden ist. An Bilderreichthum und prachtvollem Fluß der Sprache überragt ihn Keiner; nur Schiller steht auch hierin mit ihm auf gleicher Stufe. Alles Dies zusammengenommen sichert ihm einen unsterblichen Ruhm. Das Volk, und nicht etwa der ungebildete Theil desselben, wird ihn stets und mit Recht seinen Lieblingsdichtern beizählen und seine Lieder auswendig lernen.

Als Mensch verdient Bürger freilich mehr unser Mitleid als unsere Achtung. Mangel an Energie des Willens war sein Hauptfehler, der um so traurigere Früchte für ihn tragen mußte und wirklich trug, je lebhafter seine Phantasie und je reizbarer seine Sinnlichkeit war. Er liebte das Gute aufrichtig, aber er war oft zu schwach, es zu vollbringen, und ließ sich im Gegentheil von seiner Leidenschaft zu Vergehungen hinreißen, die er schrecklich genug gebüßt hat. Viele, welche seine Schwachheit verdammen, würden vielleicht in seiner Lage schon nach geringerm Gegenkampfe unterlegen sein. Seine Fehler sollen nicht entschuldigt oder beschönigt werden, ungerecht aber wäre es, wenn man seine Tugenden darüber vergessen wollte. Bürger selbst freilich legt keinen großen Werth auf sie. In der „Beichte eines Mannes, der ein edles Mädchen nicht hintergehen will", worin er dem Schwabenmädchen seinen Charakter mit rührender Aufrichtigkeit schildert, sagt er unter Anderm: „Da ich zu wenig Herr meiner Neigungen bin, um mich von ihnen loszureißen, wenn es darauf ankommt, dem gerade gegenüberliegenden, von mir selbst erkannten, beabsichtigten und geliebten Guten nachzustreben, so muß ich wol mein wirkliches Gute nur für das Product eines unterstützenden Temperaments halten. So glaube ich z. B. nicht, daß ich grob, beleidigend, hämisch, boshaft, zänkisch, unversöhnlich, rachgierig u. s. w. bin, aber warum bin ich's nicht? Etwa weil ich das Alles für Unrecht, das Gegentheil aber für Pflicht halte? Ach, das thu' ich freilich, aber darum meide ich wol jene Laster und übe die entgegengesetzten Tugenden aus, sondern vielleicht nur darum, weil mein träges und weichliches Temperament Frieden und Ruhe liebt." So irrig diese Ansicht auch ist, so müssen wir doch in der ganzen Schilderung die Offenheit bewundern, welche Bürger hier an den Tag legt. Aber noch mehr. Hätte er nicht folgerichtig sich auch bei seinen Fehlern auf sein Temperament berufen können, um sie zu entschuldigen? Gleichwol that er es nicht, und es wäre deshalb unbillig, wenn wir seine Tugenden einzig und allein auf Rechnung seiner Gemüthsstimmung setzen wollten. Zu diesen Tugenden gehört seine überaus große Herzensgüte und sein unbegrenztes Wohlwollen gegen Alle, selbst gegen Die, welche ihm feindlich gegenübergetreten waren. Als jener Hofrath Liste, der ihn um sein Geld, um sein Amt, beinahe um die Ehre gebracht hatte, später, in Mangel und Elend versunken, sich an Bürger mit der Bitte um Unterstützung wendete, gab dieser nicht nur selbst, was er vermochte, sondern er veranlaßte auch Andere, dem Unglücklichen beizustehen. Gewiß ein edler Zug! Überhaupt war Bürger gefühlvoll für Anderer Noth und dabei im höchsten Grade dienstfertig und gefällig. Die Bescheidenheit, welche er in seinem „Blümchen Wunderhold" so trefflich zu schildern wußte, war ihm stets eigenthümlich, obgleich er auch seines Werthes sich immer bewußt blieb. Die Trägheit, die man ihm zum Vorwurf gemacht hat, besaß er durchaus nicht, wenigstens nicht in seinen reifern Jahren, in denen er vielmehr anhaltend und unverdrossen arbeitete. Das Gute, was er an Andern fand, erkannte er freudig an, auch wenn er für seine Person desselben nicht rühmen konnte. Seine Fehler suchte er nicht zu bemänteln, wol aber machte er sich ihretwegen oft die stärksten Vorwürfe, ohne jedoch die Kraft in sich zu finden, sie abzulegen. Zu bemerken ist noch eine Eigenthümlichkeit an ihm, die sich zwar aus seinem Jugendleben und seiner ganzen Geistesrichtung erklären läßt, aber immerhin etwas sonderbar erscheint. Es ist dies sein Glaube an Gespenster und Spukereien und seine Furcht vor ihnen, deren er durchaus kein Hehl hatte, indem er behauptete, es liege gewissermaßen in der menschlichen Natur, abergläubisch zu sein. Dies war der Charakter eines Mannes, dessen dichterische Erzeugnisse unsere Bewunderung, dessen Schwachheiten unsere Nachsicht, dessen herbes Geschick unsere innigste Theilnahme in Anspruch nehmen.

Sein Äußeres schildert Bürger in der schon angeführten „Beichte" selbst. Er schreibt: „Ich bin am ganzen Körper weit schmächtiger und magerer, als mein Gesicht vermuthen läßt. Ich habe dunkelblondes Haar und blaue Augen. Von den letztern pflegten bisher Weiblein und Mägdlein, bei denen ich, Gott weiß warum, bis auf den heutigen Tag niemals übel gelitten gewesen bin, eben nicht nachtheilig zu urtheilen. Überhaupt soll ich bis unter die Nase herab, selbst nach Malerurtheil, nicht uneben gebildet, der Mund aber soll ganz verzweifelt häßlich sein. Mir selbst kommt nun weder der Mund so excessiv häßlich, noch Nase, Stirn und Augen besonders schön vor."

Nicht lange nach seinem Tode wurde Bürger auf Veranlassung seines Freundes Althof im Ulrich'schen Garten in Göttingen ein einfaches Denkmal gesetzt.

Die ausgezeichnetsten Verstorbenen des Jahres 1841.

I. Fürstliche Personen. 1) Mitglieder souverainer Fürstenhäuser: Die regierende Königin Friederike von Hanover (geborene Prinzessin von Mecklenburg-Strelitz, Schwester der verstorbenen Königin Luise von Preußen); die verwitwete Königin Karoline von Baiern (geborene Prinzessin von Baden, Mutter der regierenden Königinnen von Preußen und Sachsen); die Kurfürstin Auguste von Hessen-Kassel (Schwester des verstorbenen Königs von Preußen); die verwitweten Fürstinnen Amalie von Anhalt-Bernburg-Schaumburg (geborene Prinzessin von Nassau-Weilburg) und Amalie von Hohenzollern-Sigmaringen (geborene Prinzessin von Salm-Kyrburg); Fürst Ludwig von Anhalt-Pleß, Bruder und präsumtiver Nachfolger des Herzogs von Anhalt-Köthen; Prinzessin Amalie von Sachsen-Altenburg (geborene Prinzessin von Hohenzollern-Sigmaringen); Prinzessin Maria Antoinette von Lucca; Prinzessin Karl von Liechtenstein (geborene Gräfin Grunne); Prinz Emil von Holstein-Sonderburg-Augustenburg; Fürst Heinrich LXIII. Reuß; die Erzherzoginnen Maria Karoline und Marie Anna von Toscana; Prinz Alexander Nikolas von Hessen-Philippsthal-Barchfeld.

2) Mitglieder nichtsouverainer Fürstenhäuser: Fürst Honoratus V. von Monaco, Herzog von Valentinois (halbsouverain); Fürst Felix Bacciocchi, Erfürst von Lucca und Piombino (Witwer von Napoleon's Schwester Elise); Victor Maria Buoncampagni-Ludovisi, Fürst von Piombino; Fürst Mario Gabrielli (Schwiegersohn von Lucian Bonaparte); Fürst Anton von Grassalkovics; Prinz Karl von Croy-Dülmen; Fürst Franz Joseph von Hohenlohe-Schillingsfürst. — Prinzessin Therese von Aremberg (geborene Gräfin von Windischgrätz) und ihre Tochter Ernestine; die verwitwete Fürstin von Kinsky; Fürstin Luise von Rohan-Guemenée (geborene Rohan); Prinzessin Charlotte von Rohan-Rochefort; Prinzessin Natalie von Wrede; Prinzessin Adelheid von Carolath (geborene Carolath).

3) Cardinäle: Marco y Catalan, Gamberini und della Porta Rodiani; außerdem ein gewesener Cardinal, Fürst Odescalchi.

Von Mitgliedern ebenbürtiger gräflicher Familien nennen wir hier nur den Erbgrafen Hermann von Stolberg-Wernigerode und den Grafen von Harrach, Vater der Fürstin von Liegnitz.

II. Staatsmänner. 1) Dienstthuende Minister: zwei holländische, Baron Mey de Streefkerk und Elout (ohne Portefeuille); ein preußischer, Graf von Lottum; ein russischer, Graf Rehbinder; ein neapolitanischer, Marchese d'Andrea (Finanzminister); ein portugiesischer, Miranda (Marineminister); ein hessen-darmstädtischer, Freiherr von Hofmann (Finanzminister); der reuß-greizische Kanzler von Grün.

2) Gewesene Minister: fünf französische, Baron Bignon, Herzog von Belluno, Herzog von Doudeauville, Gaudin (Herzog von Gaeta), und Frayssinous (Bischof von Hermopolis); ein preußischer, General von Rauch, ein russischer, Admiral Schischkoff; drei englische, Lord Sydenham (zuletzt Generalgouverneur von Canada), Graf von Malmesbury und Graf von Westmoreland; zwei spanische, Herzog von Infantado und Alonzo; ein portugiesischer, Baron de Ribeira da Sabroza; ein belgischer, Ernst; ein bairischer, Eduard v. Schenk.

3) Gesandte: zwei päpstliche, Massi (in Turin) und Fabbrini (in Rio Janeiro); ein englischer, Canning (in Hamburg); ein sächsischer, Freiherr von Üchtritz (in Wien); ein russischer, Graf Santi (in Weimar); ein türkischer, Maurojeni (in Wien); ein neapolitanischer, Fürst Butera (in Petersburg).

4) Gewesene Gesandte: Graf de Celles, Lord Elgin und Graf Karl von Einsiedel.

5) Andere höhere Staatsbeamte: ein östreichischer, Freiherr von Baldacci; ein preußischer, v. Ribbentropp; zwei russische, von Fuhrmann und Fürst Trubetzkoi; zwei würtembergische, von Fischer und v. Pistorius; ein schweizerischer, Alt-Bundeslandamman von Sprecher-Bernegg; ein sächsischer, v. Zahn; der gewesene Bürgermeister von Bremen, Schmidt.

6) Französische Pairs (außer den bereits genannten, Baron Bignon, Herzog von Belluno und Herzog von Valentinois): Baron Grenier, Graf Alexander de la Rochefoucauld, Graf von Perregaur, Graf von Cessac, Herzog von Choiseul-Praslin, Herzog von Grammont-Caderousse, Vicomte Tirlet; — französische Deputirte: Garnier-Pagès, Nogaret, Saglio, Persil; — englische Lords: Lord Sydenham, Graf von Westmoreland, Graf v. Malmesbury, Graf v. Egmont; — englische Unterhausmitglieder: Ferguson und West; der frühere polnische Landmarschall Julian Niemcewicz; der gewesene belgische Deputirte Rodenbach. — Deutsche Ständemitglieder: Duttlinger (in Baden), Schomburg (in Hessen-Kassel), Ziegler und Klipphausen (in Sachsen). — Amerikanische Staatsmänner: Harrison, nordamerikanischer Präsident; Forsyth, gewesener nordamerikanischer Staatssecretair; Luis Perez, Vicepräsident von Montevideo.

III. Militairs. Der französische Marschall Victor, Herzog von Belluno; der griechische General Gordon (Engländer von Geburt); der spanische Generalcapitain Herzog von Alagon, sowie die spanischen Generale Antonio Quiroga, Quiroga y Frias, Diego Leon, Borso di Carminati (die drei letztern erschossen), und der Parteigänger Muñagorri; der nordamerikanische Oberbefehlshaber General Macomb; General Lavalle in Buenos Ayres; der preuß. General von Löbell; der polnische General Wengiersky.

IV. Hohe Würdenträger der Kirche (Cardinäle siehe bei I.). 1) Katholische: v. Hatten, Bischof von Ermeland (ermordet); Hüsgen, Generalvicar der Erzdiöcese Köln; Schwäbl, Bischof von Regensburg; Freiherr von Ledebur-Wichelm, Bischof von Paderborn; Gindl, Fürstbischof von Gurk; v. Montblanc, Erzbischof von Tours; Villèle, Erzbischof von Bourges; Bischof Mauermann in Sachsen. 2) Protestantische: Haas, würtembergischer Generalsuperintendent; Trefurt, Generalsuperintendent in Göttingen.

V. Gelehrte. 1) Theologen: die Professoren Augusti in Bonn, Meier und Kühnöl in Gießen, Hirzel in Zürich, Trefurt in Göttingen, Dr. Wolf in Leipzig.

2) Juristen: die Professoren Konapak in Jena, Duttlinger in Freiburg, Gärtner in Bonn, Gesterding in Greifswald.

3) Ärzte und Mediciner: die Professoren Döllinger in München und v. Pommer in Zürich; v. Stoffregen, russischer Leibarzt; Wundarzt Astley Cooper in London.

4) Physiker, Naturforscher, Mathematiker: die Professoren Parrot in Dorpat, Spenner in Freiburg, Scholtz in Breslau, Savart und Savary in Frankreich; der Botaniker Decandolle in Genf; der Chemiker Sertürner.

5) Philosophen: die Professoren v. Baader in München, Herbart in Göttingen und Wagner in Würzburg.

6) Historiker und Geographen: Ernst v. Münch, würtembergischer Bibliothekar; Hofrath Aloys Schreiber in Baden; Professor Vollrath Hoffmann in Stuttgart; Papencordt in Bonn; Meyer von Knonau in Zürich; der Pole Julian Niemcewicz in Paris.

7) **Philologen, Sprachforscher und Schulmänner:** Bach in Fulda; Spitzner in Wittenberg; Spillecke und Graff in Berlin; Beck und Beer in Leipzig; Mohnicke in Stralsund; Hesse in Darmstadt; Förster in Dresden; Ast in München; außer Deutschland der Orientalisten Gilchrist, Thomas von Chabert-Ostland und Arri.

8) **Publicisten und andere Schriftsteller:** Aloys Schreiber in Deutschland, Fonfrède in Frankreich und Cattaneo in Italien.

VI. **Künstler.** 1) **Dichter:** Tiedge und Eduard von Schenk in Deutschland, Thomas Dibdin und Hook in England und Théaulon in Frankreich.

2) **Musiker und Componisten:** Bernhard Romberg, Curschmann, Ignaz von Seyfried, Morlacchi und Felix Blangini.

3) **Maler:** v. Olivier, Löwenstein, Brentano, Wilkie, v. Dillis, Graf v. Forbin, Perrot, Veit Schnorr v. Karolsfeld.

4) **Bildhauer:** Kriesmayer, Chantrey, Dannecker.

5) **Architekten:** Schinkel in Berlin.

6) **Schauspieler:** Pauli in Dresden.

Die Stadt Bedschapur.*)

Die Stadt Bedschapur, gelegen in der Provinz desselben Namens im südwestlichen Hindostan, war einst prächtig, groß und berühmt. Als Aureng-Zeyb sie 1689 einnahm, scheinen die Festungswerke nach der auf uns gekommenen Beschreibung von wahrhaft ungeheurer Ausdehnung gewesen zu sein; denn zwischen dem Wall des Forts und der äußern Mauer der alten Stadt soll Platz zum Campiren für 15,000 Mann Reiterei gewesen sein. Innerhalb der Citadelle befanden sich des Königs Palast, die Häuser des Adels, große Magazine, ausgedehnte Gärten u. s. w. Noch jetzt versichern die Eingeborenen mit ihrer gewohnten Übertreibung, daß Bedschapur zur Zeit seiner Blüte 384,000 bewohnte Häuser und 1600 Moscheen gehabt habe. Jetzt ist das alte Bedschapur wenig mehr als ein Haufe von Ruinen. Die jetzige Stadt ist die ehemalige Citadelle, welche von einer acht englischen Meilen langen Mauer umgeben ist, durch welche sieben Thore führen, von denen eins jetzt verschlossen ist. Von dem Festungsgraben, dem bedeckten Wege und dem Glacis im Osten der Festung ist kaum noch eine Spur vorhanden. Ganz erhalten ist im Innern noch eine sehr regelmäßige, durchaus gepflasterte Straße, drei englische Meilen lang und 50 Fuß breit, welche viele steinerne Gebäude enthält. Die bemerkenswerthesten derselben sind: die Gräber von Abdul Reza und Schah Newauz, die große Moschee, das Mausoleum von Sultan Mahmud Schah u. s. w. Auch ein niedriger Hindutempel mit zahlreichen Pfeilern, im rohesten Style indischer Baukunst, ist vorhanden als einziges Hindugebäude in und bei Bedschapur. Der bewohnte Theil des Forts befindet sich in der Nähe der großen Moschee, den einzig bewohnten Theil der alten Stadt aber bildet ein steinerner Bazar vor dem westlichen Thore. Die Umgegend ist mit Ausnahme einiger wenigen umzäunten und angebauten Felder eine Wildniß, die nur einzelne Bäume und Sträucher enthält.

*) Nachtrag zu Nr. 425.

Die Ursache des Verfalls dieser einst so mächtigen und prachtvollen Stadt liegt in den wiederholten Kämpfen um die Herrschaft von diesem Theile Indiens. Der District, in welchem Bedschapur liegt, stand bis 1579 unter der Herrschaft indischer Fürsten, kam aber dann unter die mohammedanischen Fürsten des südlichen Indiens, welche sie bis 1689 behaupteten, wo Aurungzeb Stadt und Umgegend eroberte. Später kamen die Mahratten in den Besitz des Landes und behielten es bis in die neuere Zeit. Um das Jahr 1804 befand sich die Provinz in völliger Anarchie; dem Namen nach stand sie noch unter den Mahratten, aber ihre wirkliche Macht erstreckte sich nicht über die Stadt Punah hinaus und zahllose Räuberscharen waren im Besitze des Landes. Im J. 1818 eroberten die Briten Bedschapur und das umliegende Land.

Noch findet man hier zwei ungeheure Kanonen, die der cyklopischen Größe des Forts entsprechen. Ehemals waren ihrer 12; aber 1820 waren nur noch zwei vorhanden, eine 1543 gegossene von Erz und eine lange eiserne. Das Kaliber der erstern ist so groß, daß es angeblich Kugeln von 2646 Pfund erheischt. Im J. 1823 wünschte der Gouverneur von Bombay, sie nach England als Geschenk für den König zu schicken, aber der schlechte Zustand der Wege machte dem Transport einer so gewaltigen Masse bis zur Küste unmöglich.

Notiz.

Im Jahre 1840 sind im Königreiche Schweden erlegt worden: 99 Bären, 538 Wölfe, 212 Luchse, 50 Vielfraße, 8262 Füchse, 479 Marder, 42 Iltisse, 418 Ottern, 751 Hermeline, 416 Adler, 186 Uhus, 1308 Eulen, 1648 Habichte, 205 Reiher, 144 Falken.

Literarische Anzeige.

Vollständig ist jetzt erschienen und durch alle Buchhandlungen zu erhalten:

Bilder-Conversations-Lexikon für das deutsche Volk.

Ein Handbuch zur Verbreitung gemeinnütziger Kenntnisse und zur Unterhaltung.

Vier Bände in 54 Lieferungen.
Mit 1238 Abbildungen und 45 Landkarten.
400 Bogen in gr. 4. 1837—41.
Geh. 13 Thlr. 8 Ngr. Cart. 14 Thlr. 8 Ngr.
(Auch in Lieferungen zu 8 Ngr. zu beziehen.)

Dieses Werk verbreitet sich, in Form und Ausdruck das Strengwissenschaftliche vermeidend, über alle dem gewöhnlichen Leben angehörende Gegenstände, und bietet neben der Belehrung anziehende Unterhaltung. Die vielen dem Text eingedruckten Abbildungen vergegenwärtigen die interessantesten und lehrreichsten Gegenstände und beleben den Eindruck des Wortes durch bildliche Darstellung. Die sauber in Kupfer gestochenen Karten machen für die Besitzer jeden Atlas überflüssig.

Leipzig, im Januar 1842.

F. A. Brockhaus.

Herausgegeben unter Verantwortlichkeit der Verlagshandlung F. A. Brockhaus in Leipzig.

Das Pfennig-Magazin

für Verbreitung gemeinnütziger Kenntnisse.

462.] Erscheint jeden Sonnabend. **[Februar 5, 1842.**

Johann Bernhard Basedow.

Dieser sonderbare und merkwürdige Mann, der eine lange Zeit hindurch ganz Deutschland von sich reden machte und dessen Verdienste bald bis zum Himmel erhoben, bald wieder mit nicht weniger Übertreibung zu einem Nichts herabgezogen wurden, war der Sohn eines Perückenmachers und wurde zu Hamburg am 11. September 1723 geboren. Schon von seiner frühesten Jugend an zeichnete er sich durch eine eigenthümliche Lebhaftigkeit aus, die ihn einerseits zu manchem lustigen, losen Streiche verleitete, anderseits aber auch oft in Roheit und unbändiges Wesen ausartete. Dadurch zog er sich häufig derbe Züchtigungen von seinem überhaupt zur Strenge geneigten Vater zu, über die er sich später wol nicht ganz mit Recht bitter beklagte. Mit ungleich besserm Grunde tadelte er seine damalige Erziehung; denn der Schulunterricht, an welchem er Theil nahm, erscheint in der That höchst dürftig und mangelhaft, selbst dann noch, wenn man es in Anschlag bringt, daß Basedow dazu bestimmt war, einst das Gewerbe seines Vaters zu betreiben. Dazu kam noch, daß er ihn wenig benutzte, theils aus Abneigung gegen die Methode desselben, theils weil er von seinem Vater zur Besorgung von Aufträgen vielfach gebraucht wurde. Mit einem Kasten beladen mußte er die Straßen Hamburgs durchwandern, um hier eine Perücke abzugeben, dort eine andere in Empfang zu nehmen, wobei er Muße genug hatte, seinen Hang zu Neckereien nach Belieben zu befriedigen. Einige Jahre ging dies Alles recht gut, aber als er einst von seinem Vater besonders hart behandelt worden war, faßte er plötzlich den für sein Alter kühnen Entschluß, das älterliche Haus zu verlassen, den er auch auf der Stelle ausführte. Er lief heimlich davon und nahm Dienste bei einem Landphysikus im benachbarten Holstein, den er schon früher hatte kennen lernen. Bald gewann er sich durch seine Munterkeit, Gelehrigkeit und Dienstfertigkeit die Liebe seines Herrn in so hohem Grade, daß dieser ihn wie einen Sohn hielt und für die Ausbildung seiner natürlichen Anlagen nach Kräften Sorge trug. Nachdem Basedow so in dem Hause dieses Mannes eine geraume Zeit glücklich verlebt hatte, kehrte er auf die dringenden Vorstellungen seines Vaters nach Hamburg zurück, um sich von nun an für den Gelehrtenstand vorzubereiten.

In den untern Classen der Stadtschule, die er wegen Mangelhaftigkeit seiner Kenntnisse durchzumachen genöthigt war, wollte es ihm durchaus nicht behagen; am wenigsten sagte ihm das mechanische Auswendiglernen zu, worauf damals noch allenthalben ein großer Werth gelegt wurde. Besser gefiel es ihm in den höhern Classen, da hier sein Geist für die Nahrung fand, deren er bedurfte. Auf dem Gymnasium, welches er von 1741—44 besuchte, waren besonders Richey — ein zu seiner Zeit geachteter Dichter — und der bekannte Reimarus diejenigen Lehrer, die er am meisten verehrte und deren Verdienste um seine Bildung er auch noch im reifern Alter dankbar anerkannte. Der Einfluß des Erstern auf ihn zeigt sich in einem Gedicht über die Nothwendigkeit der Geschichtskunde, welches Basedow noch als Gymnasiast verfaßte und späterhin dem Drucke übergab; dem Einflusse des Letztern aber ist ein guter Theil der theologischen Ansichten zuzuschreiben, in denen Basedow von der gebräuchlichen Kirchenlehre nicht unbedeutend abwich. Übrigens ließ er sich hinsichtlich des Schulbesuchs auch jetzt wieder häufige Nachlässigkeiten zu Schulden kommen. Statt in die Lectionen zu gehen, saß er zu Hause, um für reiche, aber träge oder schwache Mitschüler die gestellten Aufgaben zu bearbeiten, wofür ihn dann diese aus Dankbarkeit an ihren Vergnügungen und Schmausereien Theil nehmen ließen. Außerdem gewann er sich durch Anfertigung von Gelegenheitsgedichten, ja selbst durch Unterrichtsertheilung bereits seit seinem 16. Jahre so viel, daß sein Vater der Sorge für seinen Unterhalt gänzlich enthoben war. Dabei aber gewöhnte er sich auch an eine unordentliche Lebensweise, in der er bis an sein Ende verharrte. Hatte er sich einmal etwas erworben, so konnte er es nicht schnell genug durchbringen; waren aber die Tage der Freude vorüber, so arbeitete er wieder mit solcher Anstrengung, daß seine Gesundheit unmöglich dabei gedeihen konnte. So trieb er es auch als Mann. Zugleich war er nicht fähig, sich anhaltend mit einem und demselben Gegenstande zu beschäftigen; je länger er an etwas arbeitete, desto mehr verlor es in seinen Augen an Interesse; bald ergriff er etwas Neues und diesem folgte ebenso schnell wieder etwas Anderes. Durch diese Art zu studiren schadete er sich ungemein; denn sie bewirkte, daß er sich zwar in vielen Dingen Kenntnisse verschaffte, aber Kenntnisse, deren Oberflächlichkeit und Lückenhaftigkeit er leider selbst zuweilen übersah und sich darum weiser dünkte, als er eigentlich war.

In Leipzig, wo er von 1744—46 nach dem Willen seines Vaters Theologie studirte, setzte er sein in Hamburg angefangenes Leben fort. Kaum ein paar Monate lang besuchte er die Vorlesungen, und Crusius war der Einzige, den er hörte. Die mündlichen Vorträge brachten ihn seiner Meinung nach nicht schnell genug vorwärts, weshalb er es vorzog, sich durch Lecture selbst zu bilden. Er las zu diesem Behufe eine Unzahl von Schriften, machte aus vielen Auszüge und arbeitete selbst Dieses und Jenes aus. Seinen natürlichen Anlagen verdankte er es, daß seine Bemühungen nicht ganz vergeblich waren, und seinem Ehrgeize, daß sein Eifer nicht erkaltete. Überhaupt war Ruhmsucht nicht die letzte Triebfeder, welche ihn in Bewegung setzte; sie ließ ihn Pläne fassen, die bei näherer Überlegung sich als gänzlich unausführbar erwiesen, und verwickelte ihn in Streitigkeiten, die nicht immer zu seinem Vortheile ausfielen.

Die drei nächsten Jahre seines Lebens verbrachte er still und zurückgezogen in seiner Vaterstadt, indem er wahrscheinlich seine frühern Beschäftigungen wieder aufnahm. Im J. 1749 aber ging er nach Borghorst im Holsteinischen zu dem Geheimrath von Qualen, der ihn zum Erzieher seines Sohnes ausersehen hatte. Da ihm der Unterricht, wie er zu jener Zeit beschaffen zu sein pflegte, so sehr mißfiel, so bot sich ihm jetzt die schönste Gelegenheit dar, einen neuen, bessern Weg einzuschlagen und eine solche Methode der Unterweisung zu befolgen, durch welche dem Zöglinge das Lernen nicht nur angenehmer, sondern auch leichter gemacht würde. Wirklich that er dies auch. Abweichend von dem alten Schlendrian, nach welchem es schon genug war, wenn nur der Schüler das Vorgetragene seinem Gedächtnisse eingeprägt hatte, er mochte es nun begriffen haben oder nicht, suchte er in seinem Zöglinge das eigene Nachdenken frühzeitig zu wecken, seinen Verstand zu schärfen und sein Urtheil sicher zu machen. Er war klug genug, einzusehen, daß er mit einem Knaben von so zartem Alter nicht in abstracten Formeln reden dürfe, sondern ihm Alles so viel als möglich anschaulich machen müsse; auch wußte er, wie schwer es sei, die Aufmerksamkeit der Kinder längere Zeit an einen Gegenstand zu fesseln, daher unterrichtete er mehr beiläufig und gelegentlich, als in gewissen festgesetzten Stunden. Beim Unterricht in fremden Sprachen verfuhr er so, wie Ältern verfahren, um den Kleinen die Muttersprache zu lehren oder vielmehr sie ihnen lernen zu lassen, indem er auf die Gegenstände zeigte und sie dann mit ihrem Namen nannte. Kurz sein ganzes Verfahren war, abgesehen davon, daß er zu Vielerlei lehrte, löblich und verdiente die Anerkennung, die ihm sein Principal bewies; denn schon nach vier Jahren — so lange blieb Basedow in Borghorst — war der junge v. Qualen zu einer Reife gelangt, die mit seinem Alter kaum vereinbar schien, jedenfalls aber auf seinen Lehrer ein sehr vortheilhaftes Licht werfen mußte.

Durch diese glücklichen Erfolge seiner Lehrmethode, die er übrigens 1752, um die Magisterwürde zu erlangen, in Kiel auch öffentlich vertheidigt und durch den Druck der Welt mitgetheilt hatte, war Basedow's Name schon in etwas bekannt geworden und so ward es dem Geheimrath leicht, ihm eine ansehnliche Stelle zu verschaffen. Auf seine Empfehlung geschah es, daß Basedow 1753 von der dänischen Regierung nach Soroe berufen und an der dortigen Ritterakademie als Professor der Moral und schönen Wissenschaften angestellt wurde. Hier heirathete er eine junge Französin, die in Borghorst hatte kennen lernen; allein sie starb nach nicht gar langer Zeit und ihre Verwandten schrieben ihren frühen Tod dem Verdruß und Ärger zu, den ihr Gatte ihr verursacht habe. Allerdings war Basedow nicht der beste Ehemann; denn entweder war er so in Geschäften vertieft, daß er sich um seine Familie gar nicht bekümmerte, oder er stürzte sich in einen Strudel von Vergnügungen; dann hatte er kaum einige nüchterne Augenblicke und bekümmerte sich wiederum nicht um seine Gattin. Dabei war er im höchsten Grade launisch; bald war er ausgelassen lustig und dann wurde er nicht selten gemein, bald war er mürrisch und dann fuhr er bei dem geringsten und gerechtesten Widerspruche oder Vorwurfe jähzornig, ja wüthend auf und geberdete sich wie Einer, der seiner Sinne nicht mächtig ist. Dies Alles, wozu noch eine unmäßige Spielsucht gerechnet werden kann, mußte freilich den Umgang mit ihm bedeutend erschweren und war wohl geeignet, einer Frau das Leben zu verbittern.

So großen Beifall auch Basedow's Vorlesungen fanden, so großen Ruhm er durch seine zahlreichen Schriften, namentlich durch seine „Praktische Philosophie für alle Stände" und durch einige pädagogische Werke erwarb, so viele Gönner und Freunde er besaß, unter ihnen den vielvermögenden Minister Grafen von Bernstorf, der ihm stets gewogen blieb, so brachte es doch seine Lebensweise, die mit seinen Lehren so wenig im Einklange stand, in Verbindung mit der abweichenden theologischen Meinungen, welche er nach seiner eigenen Aussage schon sehr frühzeitig gefaßt hatte und jetzt zuweilen etwas unvorsichtig laut werden ließ, endlich dahin, daß der dänische Hof ihn 1761 mit Beibehaltung seines seitherigen Gehalts von 800 Thlrn. jährlich als Professor an das Gymnasium zu Altona versetzte. Hier hätte er, da er wöchentlich nur drei Stunden Unterricht zu ertheilen hatte, recht gemächlich und ruhig leben können; allein sei es nun, um Aufsehen zu erregen oder daß feste Überzeugung ihn dazu bewog, kurz er gab jetzt eine Reihe von Schriften heraus, in denen er eine Art von Vernunftreligion vortrug und die ihm die bitterste Feindschaft vieler Theologen zuzogen. Vorzüglich eiferte der auch durch seinen Streit mit Lessing bekannte Hauptpastor Götze zu Hamburg gegen ihn, indem er ihn für einen ruchlosen Verführer der Jugend und für einen Erzketzer erklärte. Der hamburger Rath verbot das Lesen und Drucken der Basedow'schen Schriften. Kein Schullehrer durfte sich ihrer beim Unterrichte bedienen, wenn er nicht des Landes verwiesen werden wollte. In Lübeck wurde es den Buchhändlern bei 50 Thlr. Strafe untersagt, sie einzuführen und zu verkaufen. Basedow selbst wurde nebst seiner Familie — denn noch zu Soroe hatte er sich zum zweiten Male vermählt — von den lutherischen Predigern Altonas und der Nachbarschaft von der Beichte und dem Abendmahle ausgeschlossen und so gewissermaßen excommunicirt. Seine Vertheidigungen halfen nichts; ja durch eine derselben, die er unter dem Titel: „Der ehrliche Schuster" hatte ausgehen lassen, brachte er auch noch die Schuster in Altona gegen sich auf, welche Schuhmacher, nicht aber Schuster sein wollten und wegen der vermeinten Beleidigung vor seine Wohnung rückten, um Genugthuung zu verlangen. Berühmt machte er sich durch seine Angriffe auf die Kirchenlehre allerdings; weit und breit wurde er entweder als ein Irrgläubiger verschrieen oder als ein zweiter Luther gepriesen; aber dieser Ruhm war des Verdrusses nicht werth, welcher damit zusammenhing. Nicht selten ließ er an letzterm auch an seiner Familie und an seinen besten Freunden aus. Warf man ihm sein Unrecht vor, so wurde er entweder noch ungehaltener oder er vertheidigte sich auf die lächerlichste Weise, indem er selbst den klarsten Beweisen unzugänglich blieb; denn er glaubte Alles besser zu wissen, er war ja, wie er sich selbst in allem Ernste nannte, der große Basedow.

Seine äußern Umstände wurden bald noch besser, als sie es bereits waren. Seit dem Ende des Jahres 1767 nämlich hatte er sich demjenigen Gebiete der Wissenschaften zugewendet, für welches er am meisten Talent besaß, der Pädagogik. Sein ganzes Augenmerk war jetzt auf eine durchgreifende Verbesserung der Schulen und auf die Hebung und Vervollkommnung des Unterrichts in denselben gerichtet. Schon 1768 erschien von ihm eine „Vorstellung an Menschenfreunde und vermögende Männer", worin er den Einfluß der Schulen auf die öffentliche Wohlfahrt schilderte und den Plan zu einem Elementarbuche vorlegte, welches Alles für die Jugend Wissenswürdige in ansprechender Form und leichtfaßlicher Methode erschöpfen und als Grundlage beim Unterrichte dienen sollte. Um diesen Plan zu realisiren, bedurfte er aber der Unterstützung, weil nicht nur die Vorbereitungen zur Abfassung eines solchen Elementarbuchs, sondern auch der Druck und die Ausstattung desselben wegen der vielen Kupfer, die zur Veranschaulichung des Inhalts beigegeben werden sollten, sehr kostspielig sein mußte. Basedow verlangte daher vom Publicum einen Vorschuß von 2500, und als er diese Summe für unzureichend erkannte, von 5050 Thlrn., welche er vier Jahre lang zu verzinsen und alsdann entweder baar oder in Exemplaren des Werks zurückzuzahlen versprach. Im November 1769 hatte er schon 2500 Thlr. theils geliehen, theils geschenkt erhalten. Um den Eifer des Publicums noch mehr anzufeuern, machte er Reisen nach Kopenhagen, Berlin und in andere Städte, wo er Freunde besaß, die er zur Förderung des Unternehmens persönlich gewinnen wollte. Seine Bemühungen wurden mit so gutem Erfolge gekrönt, daß er bereits 1771 über 15,000 Thlr. verfügen konnte. Fürsten und Völker, unter den erstern vornehmlich die Kaiserin von Rußland und der König von Dänemark steuerten so reichlich bei, daß er sich weitere Geldsendungen vor der Hand verbat. Das Werk selbst, das er anfangs ganz allein unternahm, bei dessen Fortsetzung er aber von mehren Gelehrten unterstützt wurde, erschien nach und nach von 1770 an. Das Verdienstliche des Buches konnte unmöglich verkannt werden, und die wiederholten Auflagen und Übersetzungen desselben, sowie die beifälligen Beurtheilungen, deren es sich erfreute, bewiesen, daß man es zu schätzen wußte; aber ebenso wenig übersah man seine Fehler. Nur zu deutlich zeigten sich an ihm die Spuren der Eile, mit welcher es abgefaßt worden war, und das Gewagte, die Unausführbarkeit vieler darin enthaltenen Vorschläge leuchtete besonnenen Männern gar bald ein. Unter Andern griff Schlözer das ganze Unternehmen als eine Finanzspeculation an und tadelte es in vieler Beziehung mit Recht. Basedow gerieth deshalb in so große Heftigkeit, daß er seinen Gegner auf Pistolen foderte, ein Benehmen, worüber ihm selbst seine vertrautesten Freunde gerechte Vorwürfe machten.

(Der Beschluß folgt in Nr 463.)

Der colossale Küchenzettel.

Von dem Lordmayors-Banket, welches in der Guildhall am 9. Nov. 1841 stattfand, theilen englische Blätter mit gewohnter Genauigkeit den Küchenzettel mit, der für einen Theil unserer Leser nicht ohne Interesse sein dürfte. Den Reigen führten 250 Schüsseln mit je 5 Pinten wirklicher Schildkrötensuppe; dann folgten 30 Entrées; 6 Gerichte Fisch; 4 abgesottene Truthühner mit Austern; 60 gebratene Hühner; 60 Gerichte wildes Geflügel; 46 Kapaunen; 50 französische Pasteten; 60 Taubenpasteten; 53 verzierte Schinken; 43 geröstete Zungen; 2 Viertel Lammfleisch; 2 ungetheilte Rindslendenstücke (genannt barons of beef, d. h. Rindfleischbarone); 13 Rindslendenbraten (Sirloins genannt; nach der Sage soll ein englischer König dieses Stück des Thiers zum Ritter geschlagen haben) und Rippenstücke; 6 Gerichte Spargel; 60 Gerichte Kartoffeln theils ganz, theils als Brei (mashed patatoes); 44 Schüsseln Schellfisch; 4 große Schüsseln mit Hummern und Krabben; 140 Gelées; 50 Blancmangers; 110 Torten der verschiedensten Art; 20 Chantilly Baskets; 60 Schüsseln mit Pastetchen. — Removes (d. h. zweiter Gang): 56 Schüsseln Salat; 80 gebratene Indiane; 60 junge Hasen; 80 Fasanen; 24 Gänsebraten; 40 Schüsseln Rebhühner; 17 Schüsseln Wildpret und wildes Geflügel. Dessert: 100 zwei bis drei Pfund schwere Ananas; 200 Teller mit Treibhaustrauben; 250 Eiscrêmes; 50 Schüsseln mit Äpfeln; 100 mit Birnen; 60 verzierte savoyer Kuchen; 75 Schüsseln mit Wallnüssen; 80 Schüsseln mit trockenen und eingemachten Früchten, dazu Waffeln, Confect u. s. w.; eine Menge Weine und Liqueurs in entsprechendem Verhältniß, unter andern 200 Flaschen Sorbets, 200 Flaschen Madeira, außerdem Champagner, Burgunder, Bordeaux=, Port= und Rheinweine. Prachtvoll war die Beleuchtung des Locals; das Gas strömte aus 23,880 Brennern und gab ungefähr dieselbe Helligkeit wie die dreifache Zahl (71,640) von Wachskerzen. An der einen Wand glänzte ein Stern, der aus 2000 Flammen bestand.

Die Stadt Tokat.

Auf dem Wege zwischen Erzerum und Konstantinopel, mithin im nördlichen Theile der asiatischen Türkei und zwar in der am schwarzen Meere liegenden Provinz Siwas (dem alten Pontus), etwa doppelt so weit von der letztern als von der erstern Stadt entfernt, treffen wir die große offene Stadt Tokat (wie man glaubt, einerlei mit der alten Stadt Comana Pontica), am Fuße eines hohen Bergs, der zwei durch eine enge Schlucht getrennte Gipfel hat, und am Ufer des Küstenflusses Jekil=ermak oder Kasalmak (in alten Zeiten Iris), in einer wohlangebauten Gegend gelegen. Sie ist der Mittelpunkt eines ausgedehnten Binnenhandels. Noch vor 30 Jahren soll sie 100,000 Einwohner gehabt haben, was aber vermuthlich eine arge Übertreibung ist; jetzt wird ihre Zahl auf etwa 60,000 geschätzt. Die Bazars der Stadt sind reich ausgestattet; auch findet man hier Manufacturen von blauem Marokkoleder, Seidenstoffen und Kupfergeräthschaften, mit welchen letztern namentlich starker Handel getrieben wird.

Reise nach Surinam.
(Aus dem Französischen.)

Wir befanden uns noch eine gute Strecke im Meer, und schon begann sich Surinams Küste wie ein großes glänzendes Gemälde vor unsern Blicken zu entfalten. Dieselbe erstreckt sich in einer Länge von ungefähr 40 —50 deutschen Meilen vom Corentin= bis zum Maroniflusse. Das Auge des Seereisenden, welches mehre Monate der eintönige Anblick von Himmel und Meer ermüdete, ruht nun mit Erquickung auf den Flüssen dieses Landes, welches das Ziel seiner Sehnsucht ist. Nichts kommt den neuen, mannichfaltigen Regungen gleich, die der Anblick dieses Landstrichs, welchen alle Gaben der Natur verherrlichen, hervorruft. Wer vermöchte wol alle Wunder des Frühlings, Sommers und Herbstes treffend zu schildern, die sich hier vermählen! Einen Winter kennt diese glückliche Gegend nicht. Derselbe Baum trägt zugleich das neue und das hinwelkende Blatt, Knospen und Blüten, die kaum ansetzende und die reife Frucht. Auf dem nämlichen Stengel wiegen sich Hoffnung und Erfüllung, wie zwei Zwillingsschwestern. Von weitem glaubt man, einen unermeßlichen Garten zu sehen, welchen von allen Seiten ein grüner Dom überwölbt. Wenn man den Ufern sich nähert, athmet man eine Luft, welche tausend Orangenblüten durchwürzen. Dem Golde gleich sieht man im grünen Schooße die Früchte des Citronenbaums glänzen, während, in tausend Farben spielend, die Vögel vor dem trunkenen Blicke den Reichthum ihres Gefieders entfalten. Hierzu füge man noch, was der menschliche Kunstfleiß ersonnen, die Reize dieser bezaubernden Gegend zu erhöhen. Gebäude, deren anmuthiger Bau den schönsten Landhäusern Europas nichts nachgibt, erheben sich an den Blumengestaden. Prachtvolle Pflanzungen erstrecken sich in die Ferne, und das Auge kann nicht aufhören, ihre Reichthümer zu bewundern, welche Erzeugnisse der Verbindung von Kunst und Natur sind.

Wir gingen der Landspitze Braams-Punt gegenüber vor Anker. Hier gewahrt man einen Telegraphen, welchen ein Militairposten bewacht. Von diesem Posten aus signalisirt man die Ankunft der Schiffe einem andern Telegraphen, welcher auf dem Fort Amsterdam aufgerichtet ist; ein dritter steht auf der Plantage, die Jagdlust, und der vierte und letzte auf dem Fort Seelandia zu Paramaribo. Die Landspitze Braams-Punt, östlich von der Mündung des Flusses Surinam gelegen, hieß ursprünglich Parham-pointe, von Lord Franz Willoughby de Parham, dem König Karl II. 1662 diese Niederlassung überließ. Hier war sonst eine große Sandbank, die ins Meer ragte; heutzutage ist hier Alles so angebaut, daß das übrige Land, mit bewundernswerther Fruchtbarkeit. Tags darauf liefen wir in den prächtigen Surinamfluß ein, der mit Wäldern umgeben ist, welche bis zu seinen Wellen hinabzusteigen scheinen.

Die Mündung des Surinamflusses gewährt einen herrlichen Anblick. Der Reichthum der Vegetation, welche die Gestade des Weltmeers mit einem grünen Saum umgürtet, liefert einen auffallenden Contrast gegen die Nacktheit der Ufer, welche man in Europa verließ. Die sich verschlingenden Gesträuche lassen ihre mit Laub, das in tausend Farben schillert, geschmückten Zweige ins Wasser hinabhangen. Der entzückte Blick mißt die Riesenbäume, welche an den Himmel zu ragen scheinen, mit Verwunderung. Hier erheben die Ceder, die Cocospalme, der Palmbaum majestätisch ihre Kronenhäupter, während die Tamarinde zu ihren Seiten sich ausbreitet. Dort erblickt man das grüne Laubwerk der Baumwollenstaude, ihre großen gelben Blumen und kugelförmigen Samenknollen, weiß wie Schnee, mit den darin reifenden schwarzen Samen; weiterhin das Zuckerrohr, dessen silberfarbener, vielhaariger Schaft sanft im Winde sich wiegt, von süßduftenden Gewächsen umgeben. Gleich Blumen, von der Sonne ausgesandt und vom Winde sanft getragen, flattern Schmetterlinge und Kolibris, den Saft der Pflanzen flüchtig erbeutend, während zahlreiche Scharen von Flamingos sich im schimmernden Roth erheben, das gegen das Azurblau des Himmels seltsam absticht.

Beide Ufer sind in der Gegend der Mündung wenigstens drei Viertel einer französischen Meile voneinander entfernt. Linker Hand gewahrt man Braams-Punt, weiterhin an demselben Ufer sieht die Redoute von Leyden und das Fort von Amsterdam. Rechts erscheint die Redoute von Purmerend und das Fort Seelandia sammt den Gebäuden von der Hauptstadt Paramaribo. Unermeßliche Wälder geben den Hintergrund dieses bewundernswürdigen Gemäldes ab. Verläßt man Braams-Punt und geht den Surinamfluß hinauf, so trifft man in einer Entfernung von zwei französischen Meilen zu jeglicher Seite des letztern eine Redoute. Weiter oben am rechten Ufer erblickt man den zweiten Signalementsposten, Jagdlust genannt. Sobald das Erscheinen eines Schiffes signalisirt wird, bedeckt sich der Surinam mit einer Menge Barken und Boote. Man sieht, wie sich um das fremde Schiff die Pflanzer drängen, welche ihre Uferwohnungen verlassen, voll Ungeduld, Neuigkeiten aus Europa zu erfahren. Die Erkundigungen erfolgen so schnell, so mannichfaltig, so von allen Seiten, wegen so vieler Gegenstände, daß der Allen entsprechende Bescheid schwer fällt. Man denke sich hierbei den Zuruf und Gesang der Matrosen, denen Freudenbezeigungen der Einwohner entgegenschallen, den rauschenden Ton ihrer Instrumente, das mannichfaltige Gemisch der Sprachen und Racen, und doch wird man nur ein schwaches Bild von der Eigenthümlichkeit und Neuheit dieser Scenen haben. Das Verdeck ist in einem Augenblicke mit Blumen und Früchten überschüttet, die den Passagieren um die Wette angeboten werden. Der Eine erhebt den würzreichen Geschmack seiner Banane, der Andere die Frische seiner Citronen und Pomeranzen, ein Anderer meint, nichts sei mit dem angenehmen Trank zu vergleichen, welchen der Cocosnußbaum gewährt. Wie kann man so viel Lockungen widerstehen, welche gleichwol Denjenigen, die nicht ans Klima gewöhnt sind, für ihre Gesundheit so gefährlich werden können.

Die leichten Kähne, welche ein Neger mit Hülfe seines Ruders lenkt, wetteifern untereinander an Schnelligkeit, während die eleganten Zeltboote mit reißender Schnelligkeit über die Oberfläche des Flusses dahin gleiten. Gestützt auf ihre Ruder, deren Bewegungen sie mit dem Rhythmus eines eintönigen Gesanges begleiten, zeigen sechs stämmige Neger ihre nackten Glieder, deren Ebenholzschwärze unter dem Feuer der tropischen Sonne zu glänzen scheint, und lassen ihr Fahrzeug, in welchem der Pflanzer in sorgloser Ruhe auf reichen Teppichen ausgestreckt liegt, über die Wellen dahin gleiten.

Beim Zusammenflusse des Comawyne, dessen Lauf eine südwestliche Richtung nimmt, mit dem Surinam, welcher nach Südost fließt, findet sich eine Art Landenge, auf welcher sich das Fort Neuamsterdam erhebt. Es ist auf Felsengrund erbaut, inmitten eines kleinen Morastes. Der Bau begann 1733 und endigte 1747; der Umfang beträgt über eine französische Meile. Das Fort ist mit einem breiten Graben und mit einem verdeckten Wege, welcher mit Palissaden besetzt ist, umgeben. Durch eine Art Sandbank ist der Weg für Schiffe so gesperrt, daß sie nur unter dem Feuer der Batterien des Forts hinfahren können. Nordwestlich dienen Moräste und undurchdringliche Waldungen zum Schutze. Das Fort hat in den Flanken fünf Bastionen und bildet ein regelmäßiges Fünfeck. Die Mauern haben sechs Fuß Dicke und sind mit Schießscharten durchbrochen. Das Fort beherrscht den Comawyne- und Surinamstrom zugleich; alle Schiffe, welche den einen oder den andern dieser Flüsse passiren, sind dem Kreuzfeuer dieser Festung und der Redouten von Leyden und Purmerend ausgesetzt. Das Fort Neuamsterdam enthält reiche Magazine von Lebensmitteln und Munition, welche für alle Bedürfnisse einer starken Besatzung auslangen könnten. Gleichwol ist diese Besatzung nie von Bedeutung, indem die Vertheidigung der Colonie ihrer nicht bedarf.

Schweigend bewunderte ich die Scene, die sich vor mir in voller Majestät entfaltete. Neuamsterdam gleicht einer vorgeschobenen Schildwache, die mit beschützendem Blicke die zwei großen Flüsse mißt, die zu den Füßen ihres Herrn zu fließen scheinen. Es öffnen sich seine mächtigen Schießscharten, bereit, ihre weithin tönende Stimme vernehmen zu lassen, um den Verwegenen zu bändigen, welcher über diese fruchtbaren Gefilde Verheerung zu bringen unternehmen sollte. Grenzenlose Wälder bedecken das Land mit ihrem ewigen Schatten und verbreiten weithin ihr grünes Amphitheater. Rings wird man umgeben von einer Fülle der herrlichsten, neuen Blumen, von nie zuvor geathmeten Wohlgerüchen, von klaren Gewässern, wo unbekannte Fische in tausend Farben plätschern: kurz diese ganze herrliche Natur, deren Schätzen der gesittete Mensch zum Hüter bestellt ist; Alles dieses ist geeignet, uns in Erstaunen und Entzücken zu setzen.

Doch kann es sich auch fügen, daß das großartige und erhebende Bild der unter sich wetteifernden Flüsse, welche ihre raschen Wellen miteinander vermischen, um weiterhin, zwei Meilen von Paramaribo, sich ins Weltmeer zu stürzen, Scenen der Verwüstung darbietet. Zu der Zeit des Jahres, welche dem Winter unsers Himmelstrichs in Europa entspricht und sich durch anhaltende Regengüsse auszeichnet, die in Strömen vom Himmel herabstürzen, treten die beiden Flüsse oft aus ihren Ufern und wälzen ihre Wogen, welche sich übereinander thürmen, über die Flur, Alles mit sich fortreißend, was ihnen vorkommt. Dann sieht man oft ganze Wälder hinweggeschwemmt mit ihren ungeheuern Stämmen und ihren Labyrinthen von Strauchwerk und Lianengewinden. Die vierfüßigen Thiere beginnen den Affen und Vögeln, die sich schaukelnd von Baum zu Baum schwingen, ihren Sitz in den Baumwipfeln streitig zu machen. Hier ereignen sich sonderbare Kämpfe zwischen Feinden, welche eigentlich nie zusammengerathen sollten. Der Vogel flieht vor dem Fisch, der sich nun als Gast im Walde einfindet, der Kaiman und die ungeheuren Schlangen spielen im Laubwerk, während die Kaninchen und Bisamschweine ihre überschwemmten Höhlen verlassen, um auf der Höhe der Bäume sich eine Zuflucht zu suchen.

Der Surinam ist der einzige schiffbare Fluß des Landes und einer der schönsten Flüsse des holländischen Guiana. Sein Ursprung ist in den Thälern anzutreffen, welche dasselbe von den nordöstlichen Provinzen Brasiliens trennen. Er durchströmt die holländischen Besitzungen von Süden nach Norden, empfängt als Beisteuer das Wasser zweier Flüsse, sowie zahlreicher Bäche und verliert sich endlich an Braams-Punt in das atlantische Meer; seine Mündung liegt unter 5 Grad 49 Minuten nördlicher Breite. Bei der Ebbe hat er 16—18 Fuß Tiefe, bei der Flut erhebt er sich um mehr als 12 Fuß. Die größten Schiffe können ihn dann befahren und in den kleinen Häfen ihren Schutz finden, die sich längs des Ufers in großer Menge finden. Auch die Mühlen der umliegenden Pflanzungen haben dann vollauf Wasser, das ihnen in den häufig eintretenden Zeiten der Dürre gebricht.

Über das Fort Neuamsterdam hinaus stellen sich auf dem jenseitigen Ufer die Mauern des Forts Seelandia dar, welches die östliche Seite von Paramaribo beschützt. Es ward von den Seeländern erbaut und bildet, wie das Fort Neuamsterdam, ein regelmäßiges Fünfeck, mit fünf Bastionen, deren zwei den Fluß beherrschen. Das Fort Seelandia ist nur klein, aber vermöge der Eigenthümlichkeit seiner Befestigungswerke und seiner großen Gräben bietet es einen so tüchtigen Widerstand dar, daß es fast unüberwindlich erscheint. Es ist von Ziegelsteinen erbaut und mit Waß umgeben, und hat nur einen Zugang, welcher nach der Stadt zu gelegen ist, mit welcher es durch eine Esplanade oder einen großen ebenen Platz zusammenhängt, wo zuweilen die Truppen ihre Parade halten. Auf diesem Platze steht der Palast des Gouverneurs.

Geht man von der Jagdlust nach der Defensionslinie, welche in der Nähe der blauen Berge liegt, so gewahrt man eine endlose Reihe reicher Plantagen. Allenthalben mit Früchten beladene Bäume und Felder, deren Werth durch die Sorgfalt des verständigsten Anbaues erhöht ist; dann zahlreiche Mühlen und Dampfmaschinen, deren Kraft mit den Armen von hundert Sklaven wetteifert; rings überall der regsamste, reichbelohnte Kunstfleiß, der größte Flor. Tag für Tag füllen den Surinam tausend Barken, mit den mannichfaltigsten Erzeugnissen belastet, welche von den Plantagen des holländischen Guiana geliefert werden, um alle Nationen damit zu versehen, welche diesem bewundernswürdig fruchtbaren Boden zinsbar werden. Zucker, Cacao, Kaffee, Baumwolle, Indigo sind die großen Schätze, mit denen die Ufer des Surinam alljährlich sich bedecken; die jährliche Ausfuhr wird auf 8 Mill. Gulden geschätzt, aber die wichtigsten Handelsgegenstände sind Kaffee und Zucker.

Am rechten Ufer des Surinam, ungefähr acht Meilen von Paramaribo, erhebt sich ein Berg, welcher den Fluß majestätisch beherrscht. Auf allen Seiten dieses Berges dehnt sich ein Thal aus, wo über ein Bette von Sand und Kies das Wasser zweier Quellen rieselt, die an Kühlung und Klarheit um den Vorrang streiten. Dichtes Gehölz bildet einen grünen Vorhang, welcher sich auf eine ungemein malerische Weise im Hintergrunde dieser anmuthigen Landschaft hinabsenkt. Diesen Ort haben sich die Juden ausersehen, um eine kleine Stadt oder vielmehr Dorf zu gründen, genannt Savannah (Jooden-Savannah), welches ihnen im Verborgenen einen Wohnsitz gewährte zu einer Zeit, wo Glaubenswuth und Unduldsamkeit sie noch von der übrigen Menschheit trennten. Hier war es, wohin sie flüchteten, um sich den Verfolgungen und Gewaltthätigkeiten zu entziehen, welche tagtäglich ihr Dasein bedrohten. Savannah ist für den Handel nicht ohne Belang, denn es ist der Zwischenpunkt zwischen dem Ober- und Niederlande. Arbeitsamkeit und betriebsame Thätigkeit seiner Einwohner haben auf ihren Wohlstand reißend gewirkt; auch haben sie hier eine Synagoge und höhere Schule errichtet.

Paramaribo, Savannah und Nikery, ein artiges Dorf, das neuerlich am Ufer des Corentin erbaut ist, dienen ungefähr dem fünften Theile der Bewohner dieser Colonie zum Aufenthalte. Der Rest bewohnt die Plantagen oder einige in entferntern Gegenden angelegte Weiler. Die Neger haben, als sie rebellirten, im Innern der Colonie drei kleine Republiken errichtet, Arka, Kollika und Sarameka, deren von Wald und Flüssen geschützte Unabhängigkeit die Holländer anerkannt haben.

Im Allgemeinen haben die Flüsse der Colonie von Surinam eine große Breite, aber wenig Tiefe. Sie breiten sich zwar an zwei bis vier englische Meilen aus, sind aber ungemein flach und reich an Sandbänken, kleinen Inseln und Felsstücken, welche ziemlich hohe Wasserfälle in großer Zahl bilden. In allen diesen Flüssen ohne Ausnahme fällt und steigt das Wasser noch 60 englische Meilen von der Mündung mit der Ebbe und Flut. Indeß trifft man gewöhnlich in der Entfernung von 24—30 Meilen vom Meere Strömungen von süßem Wasser. Das Wasser des Flusses Surinam wird als das beste betrachtet und die Matrosen gehen darnach bis nach Savannah, das mehr als 40 Meilen von Paramaribo abliegt.

Die ganze Colonie von Surinam muß selbst Denen, welche Holland gesehen haben, einen außerordentlichen, ja einzigen Anblick darbieten. Eine weit ausgedehnte Ebene, die durchaus horizontal gelegen und mit blühenden Pflanzungen bedeckt ist, schließt auf der einen Seite ein undurchdringlicher Wald gleich einem schwarzen Vorhange, auf der andern wird sie von den Azurwellen des Weltmeers bespült. Dieser dem Meere und der Wüstenei abgewonnene Garten ist in eine große Anzahl von Dämmen umgebener Vierecke getheilt, welche durch breite Wege und schiffbare Kanäle gesondert sind. Jede Wohnung hat das Ansehen eines besondern kleinen Dorfes, und das Ganze vereinigt in gedrängtem Raum die Vorzüge des sorgfältigsten Anbaus mit den Reizen der wildesten Natur.

Die Colonie von Surinam besitzt nur eine einzige Stadt, nämlich Paramaribo. Die Stadt, welche ursprünglich in der Gegend stand, wo jetzt Paramaribo steht, war acht bis zehn Lieues höher gelegen und hieß Parembourg oder nach alten Chroniken Surinamsburg, welcher Name, als die Seeländer 1667 sich des Orts bemächtigten, in Nieuw-Middleburg verändert wurde. Die Schwierigkeiten und Hindernisse, mit welchen die aus Europa anlangenden Schiffe beim Anlegen zu kämpfen hatten, die Überfälle und beständigen Kriege, denen die Stadt ausgesetzt war, die Verheerungen, welche das Ergebniß davon waren, bestimmten die Bewohner wegzuziehen und sich unter den Schutz des Forts Seelandia zu begeben, wo damals ein Flecken von höchstens 100 Häusern stand. Paramaribo ist auf einem mit mancherlei Muschelwerk gemengten Sandboden erbaut. In einer Tiefe von sechs bis acht Fuß trifft man Seefossilien, was glauben macht, daß das Terrain, auf welchem die Stadt erbaut ist, sowie der niedriger gelegene Landstrich vor Alters vom Meere bedeckt war. In der That entsteht auch von Jahr zu Jahr nach einer Überschwemmung neues Land. Immer läßt das Meer eine Ablagerung von Schlamm und Sand zurück, welche, an mehren Stellen Dünen bildend, langsam einen Damm schafft, welcher weitern Einbrüchen ein Ziel setzt. Auch trifft man einzelne Hügel auf diesem Landstriche, welche vormals Inseln gewesen und durch die allmäligen Anspülungen mit dem Festlande vereinigt zu sein scheinen. Über den Ursprung des Namens der Stadt Paramaribo sind die Meinungen getheilt. Die Einen meinen, es sei eine Anspielung auf Lord Willoughby's Namen, welchem derselbe den Titel „von Parham" beifügte; Andere, er schreibe sich vom Flusse Para her, als einem der ersten, dessen Ufer bewohnt wurden. Noch Andere wollen, an diesem Orte habe sich ein indianischer Flecken befunden, Namens Panaribo, von welchem die Europäer Besitz genommen hätten, weil er höher und bequemer gelegen gewesen wäre und wo man dann eine Redoute errichtet habe, die gegenwärtig einen Theil des Forts Seelandia ausmacht; aus dem Namen Panaribo, das in der Sprache der Indianer so viel sagen will als Flecken der Freunde, wäre durch Corruption Paramaribo geworden. Es ist beinahe gewiß, daß die Portugiesen die ersten Bewohner dieser Stadt gewesen sind, aber die Engländer, welche nach Jenen sich in Besitz derselben setzten, haben sie bedeutend vergrößert. Nach ihnen kamen die Holländer unter van Sommelsdijk, welcher bei seinem Eintreffen nicht über 150 Häuser vorfand.

Die Stadt konnte früher rücksichtlich ihres Umfanges und der Bequemlichkeit ihres Hafens als eine der schönsten und bestgelegenen Städte in Südamerika angesehen werden. Sie mochte vor der Feuersbrunst am 21. Januar 1821 8—900 Häuser zählen. Kaum erhob sie sich wieder aus der Asche, als im J. 1824 noch eine fürchterlichere Feuersbrunst daselbst ausbrach, wobei mehr als 1500 Häuser eingeäschert wurden. Noch sieht man einige Trümmer aus dieser Zeit; aber von Tag zu Tag verlieren sich mehre Spuren dieses unglücklichen Ereignisses. Durch die neuen Baue werden allgemach die letzten Reste dieses Unglücks vertilgt und die Stadt gewinnt wieder ein so schönes als wohlhabendes Ansehen. Die Straßen sind breit, völlig gerade und mit grobem Kies und Muschelwerk auf holländische Weise gepflastert; fünf oder sechs ausgenommen, sind sie nach der Schnur gezogen. Sie sind auf beiden Seiten mit Citronenbäumen und Tamarinden eingefaßt, welche immer voll Früchte oder Blüten sind und sich zu einer Höhe von 25—30 Fuß erheben. Wenn alle diese Bäume blühen, was zwei Mal jährlich der Fall ist, so ist die ganze Atmosphäre, zumal früh und des Abends, davon wie von den Blumen, welche die Gärten schmücken, durchwürzt. Hat die Zeit, wo die Luft von diesen köstlichen Gerüchen geschwängert ist, etwas Entzückendes, so ist sie nur leider zu kurz. Das Morgenroth währt nur eine kleine Weile; die Sonne erhebt sich senkrecht am Himmelsgewölbe und bald verschwindet bei der sengenden Hitze, nebst der Feuchtigkeit der Nacht, die so reine und anmuthige Luft, welche man in vollen Zügen einschlürfte.

Die öffentlichen Plätze, welche gleichfalls von schönen Bäumen beschattet sind, sind groß und regelmäßig. Alle Tage müssen Sklaven, welche von einem Gouvernementsdiener befehligt werden, Schmuz und Unreinigkeiten fortschaffen; daher findet man in dieser Stadt eine wahrhaft holländische Sauberkeit. Die meisten Häuser sind von mehr oder minder kostbarem Holz erbaut, manche von Ziegeln, nur zwei von Bruchsteinen. Die Fenster sind anstatt des Glases mit Gazevorhängen und Fensterläden versehen, welche vollkommen geeignet sind, die Hitze abzuhalten. Die Wohnungen sind meist elegant und mit Gemälden, Spiegeln, Vergoldung, Krystallkronleuchtern und Porzellangefäßen geschmückt. Die Wände der Zimmer sind weder mit Gyps noch mit Papiertapeten verkleidet, sondern mit gutem Holz getäfelt. Gewöhnlich befindet sich bei jedem Hause ein ziemlich geräumiger Garten mit Blumenbeeten, strauchartigem Gebüsch und Küchengewächsen.

(Der Beschluß folgt in Nr. 463.)

Steinkohlenproduction in Frankreich.

Der Steinkohlenbergbau in Frankreich datirt erst ungefähr seit dem Jahre 1700, vor welcher Zeit die wenigen Steinkohlen, deren man bedurfte, aus England und Belgien eingeführt wurden. Noch im J. 1787 betrug der Verbrauch an Steinkohlen nur 4 Mill. metrische Quintals (à 1 Ctr. 103¾ Pf. preuß. Gewicht), wovon die Hälfte aus dem Auslande kam; im J. 1839 betrug er beinahe 42 Mill. metrische Quintals, während der Brennholzverbrauch auf 45 Millionen Stères (à ³⁄₁₀ preuß. Klafter) anzunehmen ist, sodaß (da ein Stère Brennholz ungefähr mit 180 Kilogr. oder 1⅘ Quintals Steinkohlen-äquivalent ist) mehr als ein Drittel der gesammten für den häuslichen Gebrauch und die Zwecke der Industrie erforderlichen Wärme durch Steinkohlen geliefert wurde. Seit 1819 hat die Gewinnung dieses Brennmaterials beständig zugenommen und seit 1832 einen auffallenden Aufschwung gewonnen. Im J. 1820 betrug die einheimische Gewinnung 10,936,578, die Einfuhr 2,809,197, die Ausfuhr 264,525, der Verbrauch gegen 13½ Mill. — 1830: einheimische Gewinnung 18,626,653, Einfuhr 6,372,912, Ausfuhr 60,117, Verbrauch gegen 25 Mill. — 1839: einheimische Gewinnung etwa 30 Mill. (worunter etwa 1 Mill. Braunkohlen und 832,396 Quintals Anthracid, Gesammtwerth 29 Mill. Francs), Einfuhr 12,187,448, Ausfuhr 328,524, Verbrauch 41,807,537 Quintals. Die Ausfuhr erreichte ihr Maximum im J. 1821 mit 739,354, ihr Minimum 1826 mit 39,182 Quintals. Die Einfuhr aus Belgien ist von 1815—38 fortwährend im Steigen gewesen; die aus England aber hat seit 1834 zum Nachtheil der Einfuhr belgischer Steinkohlen um das Sechsfache zugenommen. Die Einfuhr aus Deutschland (Rheinpreußen und Rheinbaiern) ist zwar im Steigen, aber wegen Mangels wohlfeiler Communicationswege verhältnißmäßig nur gering.

Sieben Departements verbrauchen ungefähr die Hälfte des Gesammtverbrauchs, 40 andere fast gar keine Steinkohlen.

Unter den steinkohlenreichen Gegenden steht das Bassin der Loire oben an, welches 12 Mill. Quintals liefert; dann folgt das Bassin von Valenciennes mit 7¼ Mill. Quintals.

Russische Ehrlichkeit.

Eine englische Dame, welche im kaiserlichen Winterpalast zu Petersburg angestellt war, übergab einst einem armen Isdawoi (Ausreiter oder Courier, dergleichen viele im kaiserlichen Schlosse angestellt sind) 500 Rubel, um sie ihrer Tochter, die sie in Zarskoje-Selo erziehen ließ, dahin zu überbringen. Den Tag darauf kam der Mann zu jener Dame zurück, küßte ihr die Hände und sagte: „Verzeiht, ich bin schuldig; ich habe das Geld verloren, welches Ihr mir anvertrautet und es trotz alles Suchens nicht wiederfinden können. Macht mit mir, was Euch gefällt." Die Engländerin hatte Mitleid mit dem Armen; sie schwieg und verschmerzte den erlittenen Verlust. Der Mann aber wurde später in einem andern Theile des Palastes angestellt und kam ihr so ganz aus dem Gesicht. Endlich nach Verlauf von sechs Jahren tritt er mit fröhlicher Miene vor sie hin und zählt 500 Rubel, die Summe, um welche er sie zuvor durch seine Fahrlässigkeit gebracht hatte, auf den Tisch. Befragt, wie er wieder zu dem Gelde gekommen sei, erzählt er dann, daß er sich alle Genüsse versagt und von seinem monatlichen Einkommen immer etwas zurückgelegt habe, bis das Ersparte endlich zu 300 Rubeln angewachsen sei. Vor kurzem habe er nun, da seine Stellung sich verbessert, geheirathet; seine Frau habe ihm 100 Rubel baar mitgebracht, außerdem noch mehre Kleinigkeiten von einigem Werthe. Durch Bitten habe er sie vermocht, zur Beruhigung seines Gewissens nicht nur jenes Geld, sondern auch diese Kleinigkeiten aufzuopfern; darauf habe er denn die letztern in einer Lotterie unter seinen Kameraden ausgespielt und durch deren Ertrag von 100 Rubeln endlich die ganze Summe von 500 Rubeln zusammengebracht, die er nun hocherfreut zurückzahle, nachdem ihn die Schuld sechs lange Jahre schwer genug gedrückt habe. Nichts konnte den ehrlichen Mann bewegen, das Geld zu behalten; die nicht minder brave Engländerin legte daher das Capital auf Zinsen an, damit es einst dem ersten aus der Ehe des Mannes zu hoffenden Kinde als willkommene Mitgabe zu Theil werden möchte. So gründete die Ehrlichkeit des Vaters das Vermögen des Kindes, noch ehe es geboren ward.

Neue Rechnenmaschinen.

Nach Zeitungsnachrichten machen jetzt zwei von einem Dr. Roth erfundene Rechnenmaschinen in London großes Aufsehen. Beide sind von Erz. Die eine, welche Addition und Subtraction verrichtet, ist ein Oblongum, 14 Zoll lang, 2 Zoll breit, 1 Zoll tief und enthält 10 kleine bewegliche Zifferblätter, die mit einem spitzigen Werkzeuge in Bewegung gesetzt werden; das Resultat kommt in den kleinen Öffnungen einer obern Galerie zum Vorschein. Die andere Maschine, welche Multiplication und Division verrichtet, bildet einen Kreis von einem Fuß Durchmesser und ist drei Zoll tief.

Literarische Anzeige.

Durch alle Buchhandlungen des In- und Auslandes ist von mir zu beziehen:

Der afrikanische Sklavenhandel und seine Abhülfe.

Von **Thomas Fowell Buxton.**

Aus dem Englischen übersetzt von **G. Julius.**

Mit einer Vorrede:

Die Nigerexpedition und ihre Bestimmung von **Karl Ritter.**

Mit einer Karte.
Gr. 8. Geh. 1⅔ Thlr.

Die Übersetzung dieser wichtigen und interessanten Schrift ist auf Kosten der Gesellschaft für die Ausrottung des Sklavenhandels und die Civilisation Afrikas gedruckt, und um durch große Verbreitung derselben die edlen Zwecke dieser Gesellschaft zu fördern, der Preis so billig gestellt worden. Von besonderer Bedeutung ist die ausführliche Vorrede des Herrn Prof. Ritter.

Leipzig, im Februar 1842.

F. A. Brockhaus.

Das Pfennig-Magazin
für
Verbreitung gemeinnütziger Kenntnisse.

463.] Erscheint jeden Sonnabend. [**Februar 12, 1842.**

Das ländliche Mahl.

Mahlzeit von Landleuten aus dem berner Oberlande. Nach einem Gemälde von Karl Girardet.

Das Gemälde, welches hier nachgebildet ist, hat auf der Kunstausstellung zu Paris im Jahre 1839, welche es zierte, gar manches Auge gefesselt; vielleicht, daß auch auf dem obenstehenden Abbilde desselben der Blick

X. 7

unsers Lesers mit Wohlgefallen verweilt. Ein freundlich ansprechendes Bild ist es; in der That so viel Wahrheit und Natur, so viel Ruhe und Einfalt, so viel Gemüthlichkeit und Anmuth! Ist es doch, als hätten wir uns mit geflüchtet hier unter den Baum mit seinem schattigen Laubdache, der die Müden zur Ruhe so freundlich einladet; als hätten wir zugleich mit den redlichen Schweizern, die sich unter ihm gelagert, des Tages Last und Hitze getragen und erholten uns jetzt in ihrem traulichen Kreise; als könnten wir auch Theil nehmen am einfach ländlichen Mahle, das mühvolle Arbeit gewürzt! Da sitzt er, der Alte (auf ihn fällt zuerst unser Blick; er ist gleichsam der Mittelpunkt der freundlichen Gruppe), gesenkten Blickes, den müden Rücken an den Stamm gelehnt und mit der Linken die kleine Enkelin, die lebhaft ihr Händchen ausstreckt, freundlich umschlingend. Doch ist es nicht, als ob ein milder Ernst, eine sanfte Wehmuth sich malte in den Zügen des Greises? Vielleicht denkt er daran, daß er all die Lieben, die ihn jetzt umgeben, bald nicht mehr sehen wird, daß die Sonne, die eben hinter die Gipfel der Berge hinabsinkt, ihm bald für immer untergehen wird; denn nicht mehr lange wird der hochbetagte Greis auf Erden wallen; die Wehmuth, die wir in seinem Gesichte lesen, ist wol das Heimweh — nicht das, welches den Schweizer aus der Fremde nach seiner irdischen Heimat, nach seinen hochragenden Bergen und trauten Thälern zieht; denn unser Greis ist ja mitten unter seinen Lieben, sieht die Gipfel der Alpen gen Himmel steigen und seine heimatliche Hütte liegt drunten im Thale — sondern die Sehnsucht hier aus der Fremde nach der himmlischen Heimat. Die rüstige Hausfrau an seiner Seite, die mit ihm Freude und Leid treulich getheilt hat, ist eben geschäftig, das Brot zu vertheilen, das den Müden trefflich munden wird, zu der Milch, die wir in reinlicher Asche unten auf einem Steinblocke, dem einfachsten Tische von der Welt, bereit stehen sehen; und sollte das Brot, das sie eben austheilt, nicht ausreichen, die Hungernden zu sättigen, der Korb da unten, dem der Deckel verrätherisch entfallen ist, sagt uns, daß der Vorrath damit nicht zu Ende geht. Wie gemächlich sitzt der Bube da zur Linken, an den Stein gelehnt im weichen Rasen; er scheint sein Theil schon vorweg zu haben, so gut als das Büblein hinter dem Korbe, das eben sein Händchen zum Munde führt; sonst würde er auch gewiß mit verlangender Geberde nach der Alten sehen, wie der Knabe da hinten mit dem Strohhute, oder begierig die Hand ausstrecken, wie die Kleine, auf welcher der Arm des Alten ruht. Selbst der wackere Knecht am Baume, der eben seine Sense schärft, daß wir fast den Klang des Wetzsteins zu hören meinen, sei es nun, um heute Abend noch ein Stückchen Wiese zu mähen, oder um morgen sogleich frisch an die Arbeit gehen zu können, scheint einen verlangenden Blick nach der Gegend des Brotes und der Milch zu werfen; und, was er begehrt, das wird ihm werden, denn der Arbeiter ist ja seines Lohnes werth. Auch die Kleine im Vordergrunde an der Hand der Mutter, die fragend ihr Köpfchen nach ihr hinauf richtet, möchte wol gern sich hin zu ihren Gespielen setzen und Theil nehmen am fröhlichen Mahle; doch jene will heimwärts gehen zur ländlichen Hütte; denn die Sonne sinkt, und der Gatte mag wol daheim warten, und die Kinder werden sie da umstehen und neugierig fragen, was der Kober wol bergen mag, den wir auf ihrem Rücken sehen. Das heitere Bild zu vollenden, sind auch die Säuglinge nicht vergessen; das

Horn von der Alpe dort hat ihnen ein süßes Wiegenlied getönt; jetzt ruhen sie sanft an der treuen Mutterbrust.

Fürwahr, ich lobe mir ein solches ländliches Mahl vor dem Mahle der Großen in ihren Palästen! Es fehlen die Kerzen und Lampen, die den prangenden Saal mit schimmerndem Lichte erhellen; aber seht ihr nicht die rothglänzenden Strahlen der Sonne, die scheidend noch einen feurigen Abschiedskuß auf die Wange der Erde drückt, und wölbt sich nicht der weite Himmelsdom über dem schützenden Laubdache? Prunkende Tapeten sehe ich nicht, aber ich sehe die Alpen hoch am Himmel ihr kühnes Haupt erheben. Statt der rauschenden Wirbel der Musik, die die Freuden der Tafel erhöhen soll, tönt nur von fern des Hirten munteres Horn und die Glocken der Heerde, die thalwärts zieht, erklingen melodisch. Was ist wol besser: Erschlaffung und Überdruß bei reichbesetzter Tafel oder ein heiterer Sinn bei einfach ländlichem Mahle, das treue, emsige Thätigkeit gewürzt?

Johann Bernhard Basedow.
(Beschluß aus Nr. 462.)

Indessen erkannte er selbst, wie unvollkommen sein Werk noch sei, weswegen er sich entschloß, es einer Umarbeitung zu unterwerfen. Er machte daher 1771 wieder eine Reise, um die Einrichtung verschiedener Schulen kennen zu lernen, da es zugleich in seinem Plane lag, eine Musterschule zu gründen, worin nach seiner Methode Unterricht ertheilt werden sollte. Auf dieser Reise hielt er sich vorzüglich in Dessau längere Zeit auf, und dieser Umstand gab Veranlassung, daß er von 1771 an dort seinen bleibenden Wohnsitz aufschlug; denn da der Fürst von Dessau wünschte, daß die projectirte Musterschule in seinem Lande gegründet werden möchte, so rief er Basedow in seine Residenz und bewilligte ihm einen jährlichen Gehalt von 1100 Thlrn. Der dänische Hof ertheilte ihm nicht nur die Erlaubniß, den Ruf anzunehmen, sondern ließ ihn auch im Genusse seiner bisherigen Pension, sodaß er sich nun in Dessau sorgenfrei der Ausführung seiner Pläne widmen konnte. Er vollendete hier zuerst die Umarbeitung des Elementarbuchs, welche 1774 und dann wieder 1785 unter dem Titel „Elementarwerk" in vier Bänden erschien. Zudem schrieb er noch andere pädagogische Werke von größerm oder geringerm Werthe, ja selbst in theologischen Angelegenheiten erhob er seine Stimme von neuem, jedoch mit dem nämlichen ungünstigen Erfolge wie das erste Mal. Endlich dachte er auch an die Errichtung seiner Musterschule, welcher er den Namen Philanthropinum geben wollte. Ohne Unterstützung war diese natürlich nicht möglich. Er wendete sich also wiederum an das Publicum, machte Reisen nach Frankfurt a. M., nach Ems und an mehre kleine deutsche Höfe, um überall des Interesse für seine Sache zu wecken. Sodann eröffnete er am 27. December 1774 das Philanthropin zu Dessau, welches freilich damals nur zwei Zöglinge zählte, mit einer feierlichen Rede. Er selbst wollte die Direction auf drei Jahre übernehmen, verlangte aber zugleich für das erste Jahr 10,000 Dukaten, damit das Institut das Versprochene leisten könne. Leider aber war das Publicum jetzt nicht mehr so freigebig wie vorher. Um die Mitte des Jahres 1775 waren erst 248 Thlr. eingelaufen und alle Versuche Basedow's, mehr zu erhalten, waren fruchtlos. Selbst ein öffentliches Examen, welches mit den Zöglingen des Philanthropins angestellt wurde und bei dem viele angesehene Personen erschienen, hatte, so vortheilhaft es auch ausfiel, die gehoffte Wirkung keineswegs. Unmuthig darüber sagte sich nun Basedow, der übrigens mit seinen Mitarbeitern in fortwährendem Streite lag, von der Leitung der Anstalt los, und wenig hätte gefehlt, so wäre sie aufgehoben worden. Da jedoch Campe die Direction übernahm, so hielt sich das Institut nicht nur, sondern es erhob sich auch zu einer unerwarteten Blüte, indem es im Sommer 1777 bereits 50 Zöglinge zählte. Jetzt verstand sich auch Basedow gern dazu, wieder thätigen Antheil an der Aufsicht über dasselbe zu nehmen; aber kaum hatte er seine Wirksamkeit begonnen, so verließ Campe Dessau; ihm folgten noch mehre der besten Lehrer, und nachdem Basedow sich auch noch mit Wolke veruneinigt hatte, zog er sich 1778 für immer von der Leitung des Philanthropinums zurück, in dessen Kasse er jedoch bis zu seinem Tode jährlich 300 Thlr. zahlte.

Für das Institut konnte sein Rücktritt nur von Nutzen sein, denn sein stolzes, auffahrendes, rechthaberisches Wesen, sein finsterer, mürrischer Sinn, den er oft durch Spiel und Wein zu verdrängen suchte, wobei er sich jedoch, da er in beiden nicht Maß hielt, noch unleidlicher machte, seine in seinem ganzen Charakter begründete Streitsucht, die ihn einst sogar zu einem Faustkampfe an einem öffentlichen Orte hinriß, sein Ehrgeiz und seine Ruhmsucht entfernten die tüchtigsten Männer aus seiner Umgebung und gefährdeten den Ruf der jungen Anstalt. Da er nun also gänzlich frei von Geschäften war, so wendete er sich nochmals der Theologie zu; allein obgleich er sich jetzt der Kirchenlehre wiederum genähert hatte, so trug doch der Umstand, daß er oft Privatandachten nach eigener Weise hielt und das Abendmahl in der Gemeinschaft der reformirten Kirche beging, viel dazu bei, ihn als einen Irrlehrer erscheinen zu lassen. Eben dadurch wurde auch der Familienfriede nicht selten gestört, da namentlich seine Schwiegermutter und seine Gattin trotz ihrer Liebe zu ihm nicht umhin konnten, ihm seiner religiösen Freidenkerei wegen Vorwürfe zu machen. Seit 1785 jedoch richtete er seine Bestrebungen wieder auf die Verbesserung des Schulwesens. Er hielt sich jährlich einige Monate in Magdeburg auf, wo er in zwei Schulen mit dem besten Erfolge jeden Tag 3—4 Stunden Unterricht ertheilte. Vor Allem lag ihm aber die Erziehung seines jüngsten Sohnes am Herzen. Er machte Reisen nach Halle, Frankfurt an der Oder, Leipzig, um einen Ort auszumitteln, wo dessen fernere Ausbildung am besten bewirkt werden könnte; endlich gab er Magdeburg den Vorzug. Dorthin begab er sich demnach mit ihm, aber fünf Tage nach seiner Ankunft starb er daselbst plötzlich an einem Blutsturz den 25. Juli 1790. Seine Gattin war ihm schon 1788 vorausgegangen, dagegen überlebte ihn seine Schwiegermutter, ein Sohn aus seiner ersten und eine Tochter und ein Sohn aus seiner zweiten Ehe. Bald nach seinem Ableben wurden Beiträge gesammelt, um ihm in Magdeburg ein Denkmal zu setzen. Seine Verdienste um das Schulwesen — andere lassen sich ihm schwerlich zuschreiben — machten ihn allerdings einer solchen Auszeichnung nicht unwerth, allein hüten muß man sich doch, sie zu überschätzen. Er hätte bei seinem natürlichen Scharfsinne unstreitig mehr leisten können, wenn er ruhiger und besonnener zu Werke gegangen wäre, sich die gehörigen Kenntnisse vorher selbst angeeignet, nicht unausführbare Pläne gefaßt, bei der Ausführung seiner Unternehmungen Ausdauer bewiesen und vor Allem tüchtige Mitarbeiter an seinem Werke zu gewinnen und zu fesseln gewußt hätte. Dies war jedoch nicht immer der Fall und so kam es denn, daß er mehr zum Niederreißen des Schlechten als zum Aufbauen des Guten geschickt war. Das Bessere aber angeregt, kräftig angeregt zu haben, das ist und bleibt sein Verdienst, dessen Größe nur Der richtig zu würdigen versteht, welcher eine Vergleichung zwischen den Schulen, wie sie vor, und denen, wie sie nach Basedow waren, anzustellen befähigt ist.

Die Kaffern. *)

Der Name Kaffern, d. h. Ungläubige, mit welchem man bekanntlich einen großen Theil der Bewohner von der afrikanischen Südostküste bezeichnet, rührt ursprünglich von den Mauren her, von denen ihn die Portugiesen annahmen. Ihre Abstammung ist unbekannt. Der Mehrzahl nach sind die Männer groß, gut gewachsen und muskulös; sie haben ein offenes, männliches Wesen, das sie von vielen andern uncivilisirten Völkern vortheilhaft unterscheidet. Ihre Länge ist zwischen 5—7 Fuß; misgestaltete Personen sind unter ihnen sehr selten. Ihre Gesichtsbildung ist ganz arabisch. Der Kopf ist nicht länger als bei den Europäern, und abgesehen von der Farbe, die vom Dunkelbraun bis zum Schwarz, welches vorherrscht, variirt, könnten die Kaffern es mit dem schönsten europäischen Volke aufnehmen. Die Frauen sind kleiner als die Männer und minder gut gebildet; doch sind sie in der Regel sehr lebhaft und munter, was sich auch in ihren Gesichtern ausspricht.

Die Lebensart dieses Volkes ist ausnehmend einfach. Ihre Kost besteht meist in Milch, die sie gleich den Arabern in sauerm Zustande genießen; sie wird in ledernen Schläuchen aufbewahrt, bis sie hinreichend alt und sauer ist. Süße Milch wird nur für Kinder gebraucht. Außerdem essen die Kaffern geröstetes Korn; auch bilden sie aus dem Korn eine Art dicker Kuchen, die auf dem Herde unter der heißen Asche nach Art der Alten gebacken werden. Fleischspeisen genießen sie nur von Zeit zu Zeit. Sie bauen Mais, Kürbisse und einige andere eßbare Gemüse und sammeln Vorräthe für den Wintergebrauch entweder in unterirdischen Scheunen oder in einer Art von Hütten, die auf Pfosten ruhen. Dem Gebrauche geistiger Getränke sind sie ganz fremd, aber zu beklagen ist es dennoch, daß die Europäer sie mit denselben bekannt gemacht haben, wenn es ihnen auch nicht gelungen ist, diesen Natursöhnen Geschmack dafür einzuflößen.

Die Kleidung der Kaffern besteht ganz aus Thierhäuten und hängt in der Form eines langen Mantels von den Schultern herab. Um ihren Körper gegen den Einfluß der Sonnenstrahlen zu schützen, schmieren sie sich vom Kopf bis zu den Füßen mit Fett ein. Verschieden von der männlichen ist die Tracht der Weiber; während der Arbeit (welche die Männer ihnen fast allein überlassen) tragen sie kurze lederne Unterröcke, denen zu andern Zeiten noch ein Obergewand beigefügt wird. Ihr Kopfputz wird aus dem Fell einer Antilopenart gemacht und nicht ohne Geschmack mit bunten Perlen verziert.

Der Hauptreichthum des Kaffern besteht in Viehheerden. Nichts kränkt ihn mehr als Unbilden gegen seine gehörnte Familie, deren Zunahme und Wohlbefinden in seinen Gedanken den ersten Platz einnimmt. Seit Einführung der Pferde in diesem Lande sind dieselben bei den Kaffern gleichfalls sehr beliebt geworden.

---

*) Vgl. Nr. 230 und 289 des Pfennig-Magazins.

Die Hauptbeschäftigungen der Kaffern bestehen in der Jagd auf Elefanten, Panther u. s. w., ferner in der Sorge für die Viehheerden. Die anstrengendsten Arbeiten, der Feldbau, das Holzfällen, selbst der Bau der Häuser, fallen den Weibern anheim; daher kommt es auch, daß die Weiber vor der Zeit altern und ihre Gesichter sehr früh einen nichts weniger als anziehenden Ausdruck annehmen.

Unsere Abbildung stellt ein Kafferndorf (Kraal) dar, bestehend aus bienenkorbförmigen Hütten, die von Ruthen geflochten und mit einer Mischung von Lehm und Kuhmist bedeckt sind. Die Hütte des Häuptlings ist die größte, die andern haben nur etwa 7 Fuß im Durchmesser. Wenn sie umherziehen, um frische Weideplätze zu suchen, so erbauen sie leichtere Hütten aus Baumzweigen und Gras.

Ein Kafferndorf.

Reise nach Surinam.
(Beschluß aus Nr. 462.)

Die Stadt Paramaribo enthält eine ziemlich große Anzahl öffentlicher Gebäude. Unter die vorzüglichsten gehört der Gouvernementspalast, welcher ursprünglich von Ziegeln erbaut und im Jahre 1710 vollendet wurde. Jeder Gouverneur hat sich bestrebt, zu dessen Verschönerung beizutragen. Da aber die erste Anlage mangelhaft war, so kostete es Mühe, dem Gebäude ein palastähnliches Ansehen zu geben. Erst unter dem Gouverneur Frederici kam die Façade zu Stande, welche man jetzt erblickt. Da aber dieser Palast sich in der Mitte des Waffenplatzes befindet und ihn von allen Seiten eine herrliche Tamarindenallee einfaßt, so ist sein Ansehen majestätisch genug, zumal wenn man ihn von der Flußseite betrachtet. Diese Alleen dienen zur öffentlichen Promenade. Zu gewissen Tagesstunden erblickt man hier Europäer, Indier und Neger untereinander, farbige Schönen, welche ihre braunen oder schwarzen Schultern dem Westwinde preisgeben, und Europäerinnen, die mit Entzücken die kühle Luft sich anwehen lassen, kurz, eine Welt von bunter Mannichfaltigkeit. Auf demselben Platze, etwa hundert Schritte vom Gouvernementspalaste, findet sich am Flußgestade das Fort Seelandia. Man gelangt von dem großen Platze über eine Zugbrücke dahin. In demselben sind die Gefängnisse für Militair- und Civilverbrecher enthalten. Ein Bataillon Jäger und eine Anzahl Kanoniere machen die gewöhnliche Garnison aus. Außerdem besteht ein Bataillon oder Corps aus freigelassenen Negern, das 1772 gebildet wurde und für die Colonie von großem Nutzen ist, wenn anders ein tüchtiger Mann an der Spitze steht. Dieses Negercorps ist in den Waffen geübt, erträgt leichter als die Europäer Klima und Hitze und ist mit einem geringen Solde zufrieden. Man wendete dieses Corps einige Mal wider die flüchtigen Negersklaven (die sogenannten Maroonneger) an, welche sich in den Plantagen benachbarten Waldungen niedergelassen hatten. Fast jederzeit waren diese Feldzüge mit glücklichem Erfolge gekrönt. Gewöhnlich begleiten sie ein Agent der Policei und einige Policeidiener; Letztere sind Negersklaven, bestimmt, die andern zu überwachen und nach erhaltener Ordre zu züchtigen.

Auf dem nämlichen Platze gerade gegenüber erhebt sich der Justizpalast, erbaut im Jahre 1774. Er ist von Ziegeln erbaut; an der Façade gewahrt man den Stein, welchen hier der berühmte Seereisende Condamine auf seiner Reise um die Welt legte. In der schönen Straße, die Grafenstraße genannt, befindet sich, wenn man vom Waffenplatze kommt rechter Hand, die von Holz erbaute katholische Kirche, welche ursprünglich als Schauspielhaus diente. Im Jahre 1785 war es, daß die Generalstaaten den Katholiken eine öffentliche Kirche zugestanden, und am 1. Aug. 1787 wurde mit einer großen musikalischen Messe, welcher alle Civil- und Militairbehörden beiwohnten, dieser Saal zur Kirche eingeweiht.

Verfolgt man die Grafenstraße, so erblickt man auf derselben Seite das Civil- und Militairhospital, welches der Gouverneur Crommelin in den Jahren 1758—60 errichten ließ. Dieses von Holz erbaute Gebäude ist groß und geräumig, enthält sehr schöne und gemächliche Krankensäle und ist mit einer guten Apotheke versehen. Die Kranken, welche in dieses Hospital kommen, werden von Negern in einer Art Sänfte, welche mit Vorhängen versehen ist, transportirt.

Das Waisenhaus ist gleichfalls ein schönes, auch von Holz aufgeführtes Gebäude. Die reformirte Kirche ist, wie das Rathhaus, ein Raub der Flammen geworden. Beide Gebäude standen auf dem Markte, wo Getreide, Früchte, Geflügel feilgeboten werden. Dieser länglich viereckige Platz diente vormals zum Gottesacker; aber schon seit einer langen Reihe von Jahren ist vom Gouvernement aus Gesundheitsrücksichten ein anderer, an einem der vier Enden der Stadt liegender Platz für diesen Zweck bestimmt worden. Die Wage der Stadt ist von Ziegeln erbaut und steht am Wasser; dasselbe Gebäude enthält auch die Bank. Die Lutheraner haben ihre Kirche am Ufer des Stroms, welche ebenfalls von Ziegeln erbaut und gewölbt ist. Ihr Äußeres bietet nichts Bemerkenswerthes dar, im Innern aber zeichnet sich die Kanzel durch sehr schönes Schnitzwerk aus.

Die portugiesischen und deutschen Juden haben zwei von Holz gebaute Synagogen, von denen die der erstern schön ist. Die Bekenner der bischöflichen (englischen) Kirche und die mährischen Brüder haben hier auch Kapellen; die der letztern ist seit 1779 errichtet. Ungeachtet dieser verschiedenen Glaubensverwandten oder vielleicht eben ihrer Vereinigung wegen wird in Surinam große Toleranz beobachtet. Jeder betet Gott nach seiner Weise an, ohne gestört, ja auch nur bemerkt zu werden. Es ist nichts Seltenes, in demselben Hause oder derselben Plantage Römisch-Katholische, Calvinisten, portugiesische und deutsche Juden und Heiden zusammen anzutreffen, welche unter dem Schutze der Gesetze und des Gouvernements der Colonie im besten Einverständnisse leben.

Die Einwohnerzahl von Paramaribo beträgt ungefähr 9—10,000, welche aus Weißen, Indianern oder Karaiben, Mulatten, Negern, Mestizen u. s. w. bestehen, deren Vermischung wieder Unterabtheilungen ins Unendliche bildet, so, daß unter 50 Personen, die man genau betrachtet, kaum zwei von einerlei Gesichtsfarbe sind. Diese Bevölkerung kann annäherungsweise eingetheilt werden, wie folgt: 1000—1100 Weiße, ohne die Garnison zu rechnen; 900—1000 deutsche und portugiesische Juden, 6—700 Creolen, freie Neger, Mulatten u. s. w. und 7—8000 Sklaven aller Farben, welche täglich bald zu häuslichen Verrichtungen, bald zu Künsten und Handwerken gebraucht werden; sie treiben das Zimmer-, Schlosser-, Schuhmacher-, Schmiedehandwerk, sind Friseurs, Träger, Höker, Milchhändler, treiben den Grünwaaren- und Stockfischhandel u. s. w. Der größte Theil dieser Professionisten oder Arbeiter ist verpflichtet, das Meiste von Dem, was sie einnehmen, ihren Herren zu bringen, welche sie oft wieder an Vorsteher eines Gewerbes vermiethen, die noch besser von ihnen Gebrauch zu machen verstehen. Wäre es aber nicht billig, daß man den armen Menschen einen größern Theil Dessen, was sie im Schweiß ihres Angesichts verdienen, ließe? Denn fast Alle sind von Natur zu Dievereien geneigt, und gewiß, zeigte man sich gerechter gegen sie, so würden die kleinen Hausdiebstähle abnehmen, vielleicht ganz verschwinden, welche sonst in der Stadt so häufig vorkommen. Was sehr beiträgt, in den Sklaven diesen Hang zu unterhalten und zu entwickeln, ist ihre unüberwindliche Neigung zum Putz und Vergnügen. Die Creolen und Sklaven opfern dieser, vorzüglich aber dem Tanze und denjenigen gastlichen Zusammenkünften, welche dou genannt werden (was so viel als schön, glänzend sagen will), wo sie mit ihrem oft wunderlichen Putz Aufsehen machen, Alles auf. Vergeblich hat man sich bemüht, bei den Sklaven diesen Hang zum Luxus abzuschaffen, welcher übrigens dem Handel dieser Hauptstadt Vortheil bringt und einer der wirksamsten Hebel ist, welche die Menge antreiben und thätig und betriebsam machen, um dadurch sich Mittel zu erwerben, sich herauszuputzen und zu belustigen. Zerlumpte Bettler, die in Europa überall zu finden sind, beleidigen in Paramaribo das Auge nicht und die in dieser Hinsicht geltenden Vorschriften könnten den meisten europäischen Staaten zum Muster dienen.

In der ganzen Colonie zählt man 806 Plantagen von Kaffee, Zucker, Baumwolle, Farbeholz, wobei die eingegangenen, welche zuweilen von neuem angebaut werden, mitgerechnet sind. Alle sind höchst vortheilhaft gelegen, längs dem Meere, den Flüssen und den Buchten. Der größte Theil der Eigenthümer dieser Besitzungen wohnt in den Niederlanden und läßt jene durch Aufseher oder Directoren verwalten, welche den Namen Großmeister tragen und oft nach Verfluß mehrer Jahre selbst Eigenthümer der beaufsichtigten Plantagen werden. Unter der genannten Zahl von Pflanzungen sind etwa 550 bewohnt; jede derselben enthält einen bis vier Weiße, sodaß durchschnittlich etwa zwei auf die Plantage kommen. Die Totalsumme der Weißen dürfte 1100 ausmachen; das macht, die in der Stadt mitgerechnet, ungefähr 2150 Weiße. Nimmt man nun hinzu alle andern Freien, Juden, Creolen, Mulatten und Neger, so enthält die Colonie etwa 4000 Freie auf 45—50,000 Sklaven oder vielmehr auf 75—80,000, wenn darunter die Schwarzen oder Buschneger, welche das Hochland bewohnen, mit begriffen werden, aber ohne die entflohenen Sklaven und die Indianer, die in der Nähe der Colonie wohnen.

Werfen wir nun einen Blick auf Sitten und Charakter der eingeborenen Bewohner von Surinam, welche im Allgemeinen aus Creolen und Negern bestehen, von denen die erstern von europäischen, die zweiten von afrikanischen Ältern geboren sind, so machen wir die Bemerkung, daß fast Alle viel Lebhaftigkeit, Verstand und Trieb zu den Wissenschaften zeigen; sie haben aber große Neigung zur Weichlichkeit und zum Müßiggang und scheuen sich vor der geringsten Handarbeit. Ich kann den Friseur zum Beispiel anführen, welcher selbst Sklave ist und den Überschuß des Verdienstes, welchen er seinem Herrn zu überbringen hat, dazu benutzt, einen kleinen Sklaven zu miethen, der ihm folgt und die Kämme, die Puderbüchse und das Brenneisen trägt. Auch der kleinste Handwerker oder freigelassene Sklave besitzt die nämliche Eitelkeit, die nämliche Trägheit, und das ist es, was das Tagelohn so sehr vertheuert. Auch hat man bemerkt, daß Diejenigen, welche in Europa die arbeitsamsten waren, bald eben so weichlich und lässig wurden, als die Creolen selbst. Die Ursache dieses Hanges liegt in der außerordentlichen Hitze des Klimas, und vor allen Dingen in dem Umstande, daß die Einwohner Alles, was zu den Lebensbedürfnissen gehört, sich so leicht anzuschaffen vermögen.

Im Handel sind sie ebenso verschmitzt und so geschickt, wie die Europäer. Da aber diese viel arbeitsamer sind, so kommen sie in weit kürzerer Zeit zu einigem Wohlstande. Ob nun gleich die Creolen und Weißen den nämlichen Gesetzen gehorchen und demselben Fürsten unterworfen sind, so bemerkt man doch zwischen ihnen eine große Antipathie. Die Hauptursache dieses Zwiespalts scheint mir darin zu liegen, daß die Creolen mit Misvergnügen wahrnehmen müssen, wie die Weißen, sobald sie aus Europa kommen, die wichtigsten Ämter der Colonie übertragen erhalten und durch ihre Thätigkeit bald in den Besitz des größten Theils des Handels gesetzt werden.

Die Creolen und freien Neger sind eben nicht lecker, essen aber oft und gierig und gewöhnlich in Gemeinschaft aus der nämlichen Schüssel. Zuweilen essen sie getrennt, auf der Erde liegend oder sitzend, einen gehöhlten Kürbis vor sich habend, der ihnen zugleich als Schüssel dient. Das Fleisch, das man in Surinam genießt, ist dermaßen mit spanischem Pfeffer gewürzt, daß es einem Europäer fast unmöglich fällt, die erste Zeit seines Aufenthalts in der Colonie davon zu genießen. Am Ende gewöhnt man sich indessen daran und begreift, daß unter einem so heißen Himmelsstriche die Gewürze selbst zum Mittel dienen, die Gesundheit zu erhalten. Bei meiner Rückkehr nach Europa machte ich dieselbe Wahrnehmung und fand, daß alle Gewohnheit endlich zum Bedürfnisse wird. Fast immer ist bei einem Volke der Gebrauch eines Nahrungsmittels, das dem Ausländer fremd und lächerlich vorkommt, das Ergebniß seines Klimas, seines Bedürfnisses und der gelieferten Naturerzeugnisse.

Man darf indessen nicht glauben, daß die Bewohner von Surinam mit den Leckereien der Tafel und den gewähltesten Gaumengenüssen unbekannt sind. Europäer wie Creolen höhern Standes entfalten einen großen Luxus und viel Glanz bei ihren Schmausereien; diese beginnen gewöhnlich zwischen fünf und sechs Uhr Abends und dauern bis Mitternacht, ja sie verlängern sich wol zuweilen bis gegen Morgen mitten unter Spiel, Tanz und Musik. Man trifft hier Alles an, was Europa und Amerika Leckeres und Seltenes liefern, an Fleisch, Gemüse, Wildpret, Geflügel, Fischen, Weinen, Liqueurs, Backwerk und tausend kleinen Delicatessen des Nachtisches, in dessen Bereitung sie große Geschicklichkeit besitzen. Bei diesen Zusammenkünften zeigt man gern die neueste, aus Europa erhaltene Mode. Ist man an einen Pflanzer empfohlen, so wird man in seinem Hause wohl und einer unbefangenen Herzlichkeit, welche der Etikette großer Städte fremd ist, aufgenommen. Zur Bedienung bei Tafel hat man eine Schar Negerinnen hinter sich, welche auf den kleinsten Wink ihres Herrn Alles, was man verlangt, darreichen. Die Magazine liefern Alles im Überflusse, was für den Luxus der Toiletten, die Zimmergeräthschaften und die Tafelbedürfnisse erheischt wird. Das Übrige erhält man von den Märkten. Diese sind reichlich mit allen Früchten versehen, welche die Jahreszeit mit sich bringt, als da sind Ananas, Pumpelmus, Orangen, Kajunüsse, Granatbirnen, Wassermelonen und viele andere Arten Früchte. Auch sieht man hier viel Geflügel, wovon das Land wimmelt, kalekutische Hähne, Enten, junge Hühner u. s. w., desgleichen Gemüse, als Bananen, grünen Kohl, Möhren, Petersilie, Pimpernelle, Endivien, Zwiebeln, Erdäpfel, Sallat verschiedener Arten, spanischen Pfeffer, Pilze, Cassave, entweder in Broten oder als Wurzel, und eine große Anzahl andern Zugemüses. Der Verkauf, welcher durch Sklaven der Plantagen zu geschehen pflegt, beginnt gegen sechs Uhr Morgens und hört Nachmittags zwischen drei und vier Uhr auf. Am Gestade des Flusses ist noch ein anderer Verkaufsplatz, wo hauptsächlich Brennholz und Fische verkauft werden, an denen die Flüsse einen Überfluß besitzen. Sie sind aber gewöhnlich theuer und halten sich nicht; denn kaum sind sie dem Wasser entnommen, so macht sie die Hitze riechend und verdirbt sie.

Man sieht wol, daß, wer sich mit den Landesproducten begnügen wollte, die sehr wohlfeil sind, ohne gerade die Gegenstände des Luxus zu suchen, welche der Handel mit Europa herbeischafft, mit mäßigen Einkünften in Surinam recht wohl leben könnte. Hier finden sich alle zum Leben nothwendige Dinge im Überflusse, nur geistige Getränke und Bier ausgenommen.

Die Haushälterinnen oder Missies gehören in der Regel zu den freigelassenen Sklaven und den Sklaven selbst, welches nicht hindert, daß sie wieder andere Sklaven als Diener sich folgen lassen. In ihrem Gange liegt viel scheinbar Nachlässiges und dennoch Gezirtes. Bald werfen sie ihren Shawl oder ihr Halstuch über die eine, bald über die andere Schulter. Fast alle haben um den Kopf ein Tuch gewunden, welches sie auf tausenderlei Weise und unter den mannichfaltigsten Formen zu legen und zu schlingen wissen. Ihre Gesichtsfarbe ist bräunlich, ihre Augen feurig und schwarz, gleich den Haaren, die sie mit Blumen schmücken und bald gekräuselt tragen, bald der ganzen Länge nach herabwallen lassen. Ihre Zähne sind sehr weiß, und ihr Wuchs in der Regel sehr schlank. Sie tragen Leibchen oder Jäckchen, die vorn offen sind, und darunter ein Gewand von buntesten Farben. Es reicht von den Hüften bis zu den Füßen, welche gleich den Armen und dem Halse mit Korallenringen geschmückt, aber meist nackt sind. Nur den Freigelassenen ist Fußbekleidung gestattet. An Gesellschaftstagen bedecken sie sich mit Zierathen und Schmuck.

Die Surinamesen halten sich für ihre Person sehr reinlich. Sie nehmen oft Bäder und waschen ihren Anzug, mag er auch noch so zerlumpt sein (ausgebesserte Kleider trägt man nicht), fast alle Tage. Auch ihre Kinder werden von ihrer Geburt an zwei bis drei Mal täglich in einer Wanne oder geradezu im Flusse gebadet.

Die Weiber niedern Standes haben sehr freie Sitten und treiben die Freiheit in ihren Handlungen bis zur Frechheit. Unterhaltungen und Ausdrücke, welche jede ehrbare Frau in Europa empören würden, erregen auf keine Weise ihren Unwillen. Ihre Schamlosigkeit geht so weit, daß ihnen Das oft schmeichelhaft vorkommt, was man bei uns als eine unerträgliche Schmach ansieht. In einem niederträchtigen Antrage sehen sie einen Vorzug, mit welchem sie beehrt werden.

Sonn- und Festtags lassen die reichen Pflanzer und Kaufleute, die sich mit ihrer Familie zur Kirche begeben, sich von fünf bis sechs Sklaven begleiten, deren jeder Etwas zu tragen hat. An solchem Tage wird immer im Putz ein großer Luxus gezeigt.

Beim Tode eines reichen Colonisten wird der Sarg von zwölf Negern getragen. Die Ältern und Freunde folgen in schwarzer Kleidung. Den Kopf haben sie mit einer Art Hut bedeckt, der ihr ganzes Gesicht verbirgt; ein schwarzer Kreppschleier ist daran befestigt. Die Sklaven, deren einer hinter jedem der Leidtragenden geht, haben einen großen grünen Sonnenschirm über das Haupt der Personen ausgespannt, welche so den Sarg begleiten.

Die Eigenthümlichkeit der Neger läßt sich nirgend besser beobachten, als bei ihren Bällen, die von ihrem Lieblingstanze dou genannt werden. Bei diesen Zusammenkünften vergessen sie auf einmal Spaten und Peitsche und erscheinen in vollem Putze, sehr unterschieden von dem Costume, das sie den Abend zuvor und Tags darauf tragen. Der Dou wird beim Klange der Trommel, des Tambourins und einer Art Guitarre getanzt. Diese Musik wird von Gesang und einem kleinen Instrumente begleitet, das ein Geräusch macht, wie eine Blase voll Steine. Die Weiber halten es in der rechten Hand und schlagen den Takt mit der linken, indem sie es hin und her bewegen und um die Spitze des Fußes schwenken.

Wenn ein Fremder sich in einer solchen Gesellschaft befindet, wo die Neger und Negerinnen ihre schönsten Anzüge tragen, welche sie mit einer gewissen Eleganz angelegt haben, und wenn er die ausgelassene Fröhlichkeit wahrnimmt, die unter ihnen herrscht, kann er sich kaum vorstellen, daß diese so belebten, fröhlichen, ja glücklichen Tänzer dieselben Sklaven sind, welche den Rest der Woche hindurch wie Lastthiere behandelt werden, mit der gröbsten Arbeit beschäftigt und immerfort der unerträglichsten Hitze, auch den Launen ihres Herrn oder der Brutalität ihres Zuchtmeisters ausgesetzt sind. Aber diese Tänze sind für sie eine Quelle des Glücks und entschädigen sie reichlich. Tags darauf werden sie nackt oder mit alten Lumpen bedeckt, mit gesenktem Kopfe, trauriger und niedergeschlagener Miene, denkend an die Freuden der vergangenen Nacht oder auch schon an die erst bei dem nächstkommenden Feste ihnen wieder bevorstehenden bei Tagesanbruche sich an ihre Arbeit machen, die Pfeife im Munde und ihre Kinder oder ihr Handwerkszeug auf dem Rücken. Ganz der Freude hingegeben, genießt der Sklave seine Lustbarkeiten weit mehr, als unser Gesinde in Europa. Selbst die Gegenwart des Aufsehers, der mit der Peitsche in der Hand die Ordnung aufrecht zu erhalten bemüht ist, ist kaum im Stande, ihm sein Verhältniß als Sklave ins Gedächtniß zurückzurufen. Je seltener die glücklichen Momente sind, desto mehr will er sie genießen. Man könnte sagen, er wolle sein unglückliches Verhältniß durch Betäubung sich ganz aus dem Sinne schlagen, dafern er anders ein Bewußtsein seines Unglücks hat, denn Diejenigen, die unter ihnen im Sklavenstande geboren sind, gewöhnen sich in Zeiten daran und scheinen weniger darunter zu leiden, auch muß man den Surinamesen zum Lobe nachsagen, daß der größte Theil unter ihnen alles Mögliche thut, was nur von ihm abhängt, die Sklaverei der Unglücklichen erträglich zu machen. Die eigenen Physiognomien, die seltsamen Gebräuche, der Klang der Instrumente, der wahrhaft nationelle Gesang, das Mannichfaltige, das Groteske der Tanzschritte — dies Alles gibt ein Schauspiel ab, von dem man sich in Europa keinen Begriff machen und das nur unvollkommen geschildert werden kann; namentlich in den Pflanzungen, wo die Zahl der Neger groß ist, bietet es für Fremde ein ganz außerordentliches Interesse dar. Bewundernswerth ist die Ausdauer der schwarzen Tänzer; sie hören nicht eher auf zu tanzen, als bis sie ganz ermattet und außer Stande fortzufahren sind; sobald aber der Schall der Trommel und das Geschrei Kaya Paramaribo sich vernehmen lassen, setzen sich alle Tänzer zugleich von neuem in Bewegung. Liegt nicht in dem Naturell dieser Sklaven, die sich auf einige Stunden so ganz über ihr Loos zu erheben und selbst die Sklaverei zu vergessen wissen, etwas wahrhaft Beneidenswerthes?

Die Denkmäler der neuesten Zeit.

Längst vorüber ist die Zeit, wo Jean Paul sich darüber beschweren konnte, daß es den Deutschen so schwer falle, es zu der Ehre eines Denkmals zu bringen; lebte er jetzt, er würde sich eher darüber zu beschweren haben, daß man mit dieser Ehre zu verschwenderisch umgehe, denn fast gibt es keine etwas größere Stadt, die nicht, sofern sie nicht etwa bereits im Besitze eines Denkmals ist, nach dem Ruhme geizte, die Statue irgend eines aus ihr hervorgegangenen großen oder doch in einer oder der andern Hinsicht bedeutenden Mannes innerhalb ihrer Mauern aufzustellen. Eine Aufzählung der in den letzten Jahren (von 1837 an) in Deutschland sowol als in den angrenzenden Ländern errichteten Denkmäler, wobei wir uns auf die bedeutendern beschränken, welche ein allgemeineres Interesse haben, wird vielleicht für unsere Leser nicht ohne Interesse sein.

Die am 24. Juni 1837 enthüllte Statue Gutenberg's in Mainz ist in diesen Blättern schon früher (Nr. 275) beschrieben worden. — Ein colossales eisernes Kreuz bezeichnet seit dem September 1837 unweit Braunschweig die Stätte, wo der Kopf des tapfern Ferdinand v. Schill (bisher in dem leydener Museum in Spiritus aufbewahrt), zugleich aber die Überreste der von den Franzosen erschossenen 14 Offiziere seines Freicorps begraben sind. In einer nahen Kapelle ist Schill's Büste, von Stiglmayer gegossen und ein Geschenk des Königs von Baiern, seit 1839 aufgestellt; außerdem finden sich hier die treuen Bildnisse des Herzogs von Braunschweig-Öls, des Erzherzogs Karl von Östreich und Hofer's, sowie mehre interessante Andenken aus der Zeit des großen Kriegs. — Am 17. September 1837 wurde das Denkmal des Königs Wilhelm IV. zu Göttingen enthüllt. — Am 6. November 1837 wurde das zu Ehren des Königs Gustav Adolf von Schweden von einer bei der zweiten Säcularfeier seines Todes (6. November 1832) begonnenen Sammlung errichtete Denkmal unweit Lützen eingeweiht; es besteht in einem kleinen gußeisernen gothischen Tempel, welcher den Schwedenstein, der bisher die Stelle bezeichnete, wo der heldenmüthige König gefallen ist, umschließt und ihm als Dach dient.

Am 11. October 1838 wurde zu Kappel in der Schweiz dem Reformator Zwingli, am 18. October desselben Jahres (als dem 25. Jahrestage der Völkerschlacht bei Leipzig) zu Meusdorf bei Leipzig dem östreichischen Feldmarschall, Fürsten Karl v. Schwarzenberg, welcher bekanntlich an dem Gewinn jener Schlacht den größten Antheil hat, ein Denkmal gesetzt. Das letztere besteht in einem einfachen Granitblock mit angemessener Verzierung (Helm und Schwert) und Inschrift und ist auf Kosten der Angehörigen des verstorbenen Feldherrn auf einem der Familie eigenthümlichen Grund und Boden, dem sogenannten Monarchenhügel, errichtet worden.

Im Jahre 1839 wurden in Deutschland zwei bedeutende Denkmäler errichtet: 1) Zu Stuttgart die von Thorwaldsen modellirte, von Stiglmayr in München in Erz gegossene Statue Schiller's, enthüllt am 8. Mai, errichtet durch den Schillerverein in Stuttgart, der auch Schiller's Geburtshaus zu Marbach schmückte. Sie ist 13½ Fuß hoch. Der Dichter steht mit gesenktem Antlitz, in der herabhängenden Linken ein Buch, in der Rechten den unter dem linken Arm aufgezogenen und über die rechte Schulter hinweggehenden Mantel und zugleich einen Griffel haltend, auf dem rechten Fuße ruhend. Das Piedestal besteht aus zwei durch Platten verbundenen Würfeln von röthlich=grauem Granit mit Reliefs und Gesims von Erz, die auf einer Unterlage von rothem Sandstein ruhen. Die letztere ist 4 Fuß, das eigentliche Fußgestell 16 Fuß hoch, sodaß die Gesammthöhe des Ganzen 33½ F. beträgt. Die Kosten betragen 42,000 Gulden Rhein., obgleich Thorwaldsen das Modell dem zur Errichtung des Denkmals zusammengetretenen Vereine geschenkt hat. 2) Zu München auf dem wittelsbacher Platze die von Stiglmayer gegossene Reiterstatue des Kurfürsten Maximilian I., enthüllt am 12. October.

Im J. 1840 wurden in Deutschland folgende Denkmäler gesetzt: 1) Am 15. April wurde die Statue Goethe's, ein Geschenk der Herren Seufferfeld, Rüppell und Mylius, in der Vorhalle der Stadtbibliothek zu Frankfurt am Main enthüllt. 2) Am 21. Mai Enthüllung der von Burgschmidt gegossenen, von Rauch in Berlin modellirten Statue Dürer's in Nürnberg. Dieselbe ist 12 Fuß hoch und steht auf einem gleich hohen Piedestal von feinem, weißem Granit. Dürer ist in dem Costum seiner Zeit dargestellt; mit der Linken hält er den pelzverbrämten Mantel unter der Brust zusammen, in der Rechten trägt er Malerpinsel, durch welche sich ein Lorberzweig schlingt. Auf der Vorderseite trägt das Piedestal in goldenen Buchstaben die einfache Aufschrift: „Albrecht Dürer", auf der Rückseite liest man die Jahrzahl der Errichtung des Denkmals. Außerdem fand 3) am 1. Juni zu Berlin die Legung des Grundsteins zu der auf königliche Kosten zu errichtenden Reiterstatue Friedrich's des Großen (der gerade hundert Jahre früher zur Regierung gekommen war) vor dem Universitätsgebäude unter großen Feierlichkeiten statt. Bischof Eylert weihte das Denkmal unter dem Geläute aller Glocken. — Außer Deutschland wurden enthüllt die Statuen von Kleber in Strasburg am 14. Juni, von Gutenberg ebendaselbst am 24. Juni (vergl. Nr. 383), von Jacquard in Lyon am 16. August (vergl. Nr. 421), von Fénélon ebendaselbst in demselben Monat, von Rubens in Antwerpen am 25. August.

(Der Beschluß folgt in Nr. 464.)

Ein durch Luftdruck in Bewegung gesetzter Wagen.

Die Franzosen Andraud und Tessié du Motay haben sich seit mehren Jahren, anfangs einzeln, dann gemeinschaftlich, mit Versuchen über Anwendung der comprimirten Luft zur Fortbewegung von Maschinen, insbesondere zur Fortbewegung eines Wagens auf einer Eisenbahn, beschäftigt und das Resultat ihrer Versuche, sowie einen von ihnen erfundenen Luftwagen der pariser Akademie zur Prüfung mitgetheilt. Diese Locomotive trägt außer dem Apparate acht Personen; sie ist etwa 3 Mètres lang, 2 Mètres hoch, zwischen den Schienen 1½ Mètres breit und enthält fünf unter dem Wagen angebrachte Recipienten (Luftbehälter) von Eisenblech. Um zugleich die Eigenschaft der Luft, sich durch Wärme auszudehnen, zu benutzen, dient der Dilatator, eine zwischen den Pumpenkörpern angebrachte Schlangenröhre; der Wagen läuft bald ohne Wärme blos mit comprimirter, bald mit comprimirter und zugleich ausgedehnter Luft. Die Erfinder glauben, durch Anwendung des Dilatators die Kraft der comprimirten Luft verdreifachen und vervierfachen zu können. Um eine Anhöhe zu ersteigen, dient ein unter dem Wagen angebrachter besonderer, isolirter Recipient, welcher stark comprimirte Luft enthält. Die angewandte Verdichtung der Luft ist 25; eine stärkere ist nicht nöthig. Die Leitung der Luftwagen ist sehr leicht, da es nur auf das Öffnen und Schließen von Hähnen ankommt; die Geschwindigkeit kann nach Belieben erhöht werden. Nach den Versuchen der Erfinder kann ein Luftwagen 3—4 französische Meilen zurücklegen, ohne mit neuer comprimirter Luft gefüllt zu werden. Die Füllung wird durch Reservoirs bewerkstelligt, die zur Seite der Bahn angebracht sind und nach Befinden durch Wind= oder Wasserräder oder Dampfmaschinen gespeist werden. Das Comprimiren der Luft ist die einzige Kosten verursachende Arbeit, aber selbst dann, wenn es durch Dampfmaschinen geschehen müßte, dürfte der Vortheil auf Seiten der neuen Triebkraft sein. Im größern Maßstabe ausgeführt, könnte ein Luftwagen 20—30 Passagiere fortschaffen; solche Wagen könnten auf einer Eisenbahn in sehr kurzen Zwischenräumen (vielleicht von 5 zu 5 Minuten) abfahren, was offenbar ein großer Vortheil sein würde. Dies sind im Wesentlichen die Angaben der Erfinder. Zur Prüfung der von ihnen angestellten Versuche und ihres Luftwagens hat die Akademie eine Commission niedergesetzt, welche aus den Herren Arago, Poncelet, Piobert und Seguier besteht.

Literarische Anzeige.

Wohlfeile Ausgabe
der „Skizzen aus dem Alltagsleben"
von **Frederike Bremer**.
Jeder Theil 10 Ngr.

Von dieser wohlfeilen Ausgabe, die den allgemeinsten Beifall findet, sind bis jetzt erschienen und unter besondern Titeln auch einzeln zu erhalten:

Die Nachbarn. Mit einer Vorrede der Verfasserin. Dritte verbesserte Auflage. Zwei Theile.
Die Töchter des Präsidenten. Erzählung einer Gouvernante. Dritte verbesserte Auflage.
Nina. Zweite verbesserte Auflage. Zwei Theile.
Das Haus, oder Familiensorgen und Familienfreuden. Dritte verbesserte Auflage. Zwei Theile.
Die Familie H.

Alle bereits erschienenen und noch erscheinenden Schriften von **Frederike Bremer** werden in dieser Ausgabe gegeben werden.

Leipzig, im Februar 1842.

F. A. Brockhaus.

Das Pfennig-Magazin
für
Verbreitung gemeinnütziger Kenntnisse.

464.] Erscheint jeden Sonnabend. **[Februar 19, 1842.**

Lord Byron.

Kaum sollte man es glauben, daß über den Geburtsort eines Mannes Zweifel stattfinden könnten, der vor noch nicht 60 Jahren das Licht der Welt erblickte und außerdem durch einen hohen Stand und durch einen Ruhm ausgezeichnet war, wie er nur selten Jemand in gleichem Grade zu Theil ward. Gleichwol ist dies bei George Noel Gordon, dem nachmaligen Lord Byron, der Fall, der nach Einigen in London, nach Andern auf dem Landgute seiner Mutter zu Rayne in Schottland und wieder nach Andern in Dover geboren wurde. Für alle diese Angaben sprechen nicht zu verachtende Gewährsmänner; da jedoch die Richtigkeit der ersten von des Dichters eigener Halbschwester, Maria Leigh, verbürgt wird, so möchte sie wol den Vorzug vor den übrigen verdienen. Wie dem aber auch sei, so viel ist gewiß, daß der 22. Januar 1788 sein Geburtstag war. Sein Vater, John Byron, der Neffe des Lords William Byron, aus einer Familie, deren Stammbaum bis in die Zeiten Wilhelm's des Eroberers hinaufreicht, stand als Capitain bei der königlichen Garde und führte ein wüstes, ausschweifendes Leben, weshalb er auch der tolle Hans Byron genannt wurde. Nach dem Tode seiner ersten Gattin, deren Vermögen er bald vergeudet und die er dann nebst einer Tochter verlassen hatte, heirathete er die Miß Katharina Gordon, ein Mädchen aus hoher, mit dem schottischen Königshause verwandter Familie, welche sich durch sein allerdings angenehmes Äußere hatte bestechen lassen. Die Ehe konnte nicht anders als unglücklich ausfallen. Der gewissenlose Mann brachte nicht nur das ganze baare Vermögen seiner Gemahlin binnen kurzem durch, sondern verkaufte auch noch überdies einen großen Theil ihrer sonstigen Besitzthümer, um seine sittenlose Lebensweise fortsetzen zu können, verließ die Gattin und den unmündigen Sohn und ging ins Ausland. Nichtsdestoweniger liebte ihn die Unglückliche fortwährend leidenschaftlich und nichts betrübte sie mehr als die Nachricht von dem Tode des Treulosen, welcher 1791 zu Valenciennes erfolgte.

Mit desto größerer Liebe pflegte sie von nun an ihren einzigen Sohn, George, welcher, überhaupt kränklich und schwächlich, noch an einem besondern Gebrechen litt, indem er durch die Ungeschicklichkeit der Hebamme mit einem Klumpfuße zur Welt gekommen war. Bis 1793 lebte sie mit ihm bei ihren Freunden zu Banff in Schottland, hierauf wendete sie sich nach Aberdeen. Erst nach geraumer Zeit sah sich der junge Byron, dessen Kräfte durch häufige und anhaltende Krankheiten erschöpft waren, im Stande, die dortige sogenannte grammatische Schule zu besuchen. Der wilde Knabe that sich hier keineswegs durch Wißbegierde und Fleiß besonders hervor. Trotz seiner körperlichen Schwachheit gab er sich den anstrengendsten Vergnügungen und Übungen hin. Im Ringen und Boxen übertraf er weit ältere und stärkere Bursche; im Reiten, Schwimmen und Rudern that es ihm Keiner gleich; überall, wo es Raschheit und Keckheit des Handelns galt, war er der Erste. An Veranlassung, seine Überlegenheit und Geschicklichkeit zu zeigen, fehlte es ihm nie; bald vertheidigte er Schwache und Unschuldige gegen ungerechte Gewaltthätigkeiten, bald rächte er sich selbst für erlittene Schmähungen, zu denen sein lahmer Fuß nicht selten den Stoff hergeben mußte.

So schädlich auch dieses ungeregelte Treiben auf den ersten Anblick zu sein schien, so war es doch für die gesammte Bildung des Knaben in der That nicht ohne Nutzen; denn abgesehen davon, daß durch das freie Umherschweifen in den schottischen Bergen seine Körperkräfte mächtig gestärkt und gestählt wurden, so weckte auch der Anblick der herrlichen Natur frühzeitig seine dichterischen Anlagen, was er selbst späterhin anerkannte. Freilich darf trotz alle Dem der Eigensinn, die Halsstarrigkeit und der stolze Übermuth nicht übersehen werden, welcher schon jetzt und noch mehr im reifern Alter eine Schattenseite seines noch dazu höchst reizbaren Charakters bildete und durch seine damalige Ungebundenheit wenn nicht hervorgerufen, doch jedenfalls vergrößert wurde.

Von noch mehr Bedeutung für ihn war ein Ereigniß, durch welches er in seinem zehnten Jahre plötzlich und gegen alle anfängliche Erwartung zu dem Besitze der Lords- und Pairswürde gelangte; denn obgleich bei seiner Geburt noch fünf Personen vorhanden waren, welche vor ihm auf jenen hohen Rang und die Erbrechte gesetzmäßige Ansprüche hatten, so fügte es sich doch, daß, als sein Großoheim, der Lord und Pair William Byron, starb, dessen Titel unmittelbar auf ihn übergehen mußten. Sein vollständiger Name lautete von nun an: George Gordon Lord Byron. Er achtete indeß seinen neuen Stand wenig. Als er von einem Mitschüler gefragt wurde, wie er dazu gekommen sei, sagte er mit Bezug auf eine Züchtigung, die er Tags vorher unverdienterweise erhalten hatte: „Ich kann nichts dafür. Der Zufall hat mich gestern für etwas bestraft, was ein Anderer gethan, und eben dieser Zufall macht mich heute zu einem Lord für Das, was ein Anderer gelassen hat. Ich danke ihm weder für das Eine noch für das Andere, denn ich habe ihn um keins gebeten." Für sein Leben war diese Veränderung, wie schon bemerkt wurde, natürlich von den wichtigsten Folgen. Zunächst wurde er der unmittelbaren Leitung seiner viel zu nachsichtigen Mutter entzogen, indem er unter die Vormundschaft des Grafen von Carlisle, dessen Gattin aus der Familie Byron stammte, kam. Dieser, darauf bedacht, ihm die Erziehung eines vornehmen Engländers angedeihen zu lassen, brachte ihn fürs Erste auf die Schule zu Harrow bei London und gab ihm zugleich der besondern Beaufsichtigung wegen den Dr. Drury mit, der durch eine geschickte und kluge Anbequemung an den Charakter des Knaben das Vertrauen und die Liebe desselben sich zu erwerben wußte, wodurch es ihm erst möglich ward, auch auf die Bildung des jungen Lords mit Glück einzuwirken. Byron gefiel sich übrigens in Harrow durchaus nicht; denn die alten Sprachen, auf deren Erlernung hier besonders hingearbeitet wurde, widerten ihn an, woran wol zum Theil die wenig ansprechende Lehrmethode Schuld sein mochte. Mit Eifer dagegen gab er sich dem Studium der neuern, namentlich seiner Muttersprache, und der Geschichte hin. Hatte er einen Aufsatz auszuarbeiten und mündlich vorzutragen, so löste er seine Aufgabe stets zur besten Zufriedenheit seiner Lehrer, die ihn in dieser Hinsicht dem späterhin und noch jetzt so berühmten Redner und Staatsmann, Robert Peel, Byron's damaligem Schulkameraden und Freund, an die Seite stellten. Im Übrigen ging er seinen frühern Vergnügungen nach; denn Reiten, Schwimmen, Rudern und Boxen war bei ihm nun einmal zur Leidenschaft geworden.

Im Jahre 1799 ging er nach London, um seinen formwidrigen Fuß einer durchgreifenden ärztlichen Behandlung zu unterwerfen, die wirklich in so weit einen guten Erfolg hatte, als Byron durch sie in den Stand gesetzt wurde, sich eines gewöhnlichen Schuhs zu bedienen und die fatale Unregelmäßigkeit so ziemlich zu verbergen. Nach Beendigung der Cur kehrte er nach Harrow zurück. Während dieses erneuten Aufenthalts daselbst verfaßte er seine ersten Gedichte, zu denen ihn die Liebe zu der jungen, schönen Miß Chaworth begeisterte. Seine Leidenschaft für dieses Mädchen schlug immer tiefere Wurzeln, und kaum konnte er die Zeit erwarten, wo es ihm die Schulferien erlaubten, einige Wochen auf seinem Erbgute Newstead-Abbey, in dessen Nähe Miß Mary wohnte, zuzubringen. Eine Verbindung mit ihr war sein sehnlichster Wunsch, dessen Erfüllung aber mancherlei entgegenstand; denn nicht nur hatte die Miß, welche einige Jahre älter war als Byron, bereits für einen andern Bewerber Neigung gefaßt, sondern es herrschte auch zwischen den Familien Byron und Chaworth eine nicht geringe und sehr natürliche Spannung, da der Lord William Byron den Vater der Miß Mary nach einem Streite in einem Wirthshause im Duell getödtet hatte. Nur mit Mühe konnte der junge Dichter seinen Schmerz verbergen, als er die Nachricht von der Verheirathung seiner Geliebten erhielt, und nie in seinem Leben vergaß er den Gegenstand dieser seiner ersten und glühendsten Liebe. Die Lieder, welche durch dieselbe veranlaßt wurden und von ihrer Innigkeit Zeugniß ablegen, ließ er im März 1807 nebst einer Widmung an seinen Vormund, den Grafen von Carlisle, unter dem Titel „Mußestunden" drucken.

Er war um diese Zeit eben erst von der Universität Cambridge abgegangen, welche er im Jahre 1805 bezogen hatte oder vielmehr hatte beziehen müssen, denn wäre er frei und Herr seiner selbst gewesen, so würde er Orford gewählt haben. In Cambridge behagte es ihm noch weniger als in Harrow. Er war ein Feind von den sogenannten classischen Studium und vorzüglich von der Mathematik, besuchte die Vorlesungen äußerst nachlässig und ging immer seinen eigenen Weg. Er verfaßte Satiren auf die Hochschule und ihre pedantischen Lehrer, schrieb andere Gedichte, meist Nachklänge seiner Liebe, studirte für sich auf seinem Zimmer und belustigte sich damit, einen jungen Bär abzurichten, den er, wie er sagte, zu seinem Freund und Stubenburschen erziehen wollte. Bei seinem Weggange von der Akademie, die er kaum zwei Jahre lang besuchte, ließ er diesen Bär zurück mit der malitiösen Bemerkung, man möge ihm die nächste Freistelle an der Universität zu Theil werden lassen.

Eine von dem nachmals berühmt gewordenen Lord Brougham herrührende Recension seiner bereits erwähnten Gedichtsammlung, mit welcher er zum ersten Male vor das Publicum trat, war schonungslos und dabei meist ungerecht. Byron fühlte sich durch dieselbe so beleidigt, daß er sogleich jene beißende Satire zu schreiben begann, welche unter dem Titel „Englische Barden und schottische Kritiker" bekannt ist, aber freilich nur von Dem verstanden und mit Genuß gelesen werden kann, welcher sich eine ausgebreitete und tiefe Kenntniß der englischen Literatur angeeignet hat. So erzürnt war der junge Dichter, daß er in der Hitze auch Männer angriff und lächerlich machte, die eine solche Behandlung keineswegs verdienten. Viele von Denen, mit welchen er später in der freundschaftlichsten Verbindung stand, wie Thomas Moore, Walter Scott u. A., spielen in dieser Satire eine schlimme Rolle, daher auch die Bemühungen Byron's, dieselbe zu unterdrücken, welche jedoch durch die Habsucht der Buchhändler und durch andere Umstände vereitelt wurden. Übrigens trug die Verkennung seiner poetischen Erstlinge viel dazu bei, den Groll und Haß gegen die Engländer in seinem Herzen zu wecken, den spätere Ereignisse immer mehr nährten und steigerten. Nachdem er einige Zeit sich Zerstreuungen aller Art hingegeben, dadurch sich sowol seine Gesundheit untergraben als sein Vermögen zerrüttet hatte, ward er mürrisch und übellaunig, zog sich aus der Gesellschaft, deren Seele er bisher gewesen war, auf sein Gut Newstead-Abbey zurück und beschäftigte sich dort meist mit Lesen. Zuweilen erschien er fast menschenfeindlich. So ließ er einer neufundländischen Dogge, die ihm sehr werth gewesen war, einen Grabstein errichten mit folgender merkwürdiger Inschrift: „Hier ruhen die sterblichen Überreste Eines, welcher Schönheit ohne Eitelkeit, Kraft ohne Vermessenheit, Muth ohne Trotz besaß — alle Tugenden des Menschen ohne seine Schwächen. Dieser Lobspruch, welcher, schrieb man ihn über menschlicher Asche, eine tolle Schmeichelei wäre, ist nur ein gerechter Zoll der Erinnerung an Boatswain, den Hund u. s. w." Byron war um so mismuthiger, da er nicht eben Ursache hatte, mit seinem frühern Leben, welches ziemlich frei und sittenlos gewesen war, zufrieden zu sein. Er selbst sagt in Bezug darauf: „Ich war weder ein Joseph noch ein Scipio, und doch kann ich heilig versichern, daß ich nie in meinem Leben ein Weib verführte." Wirklich sprechen Thatsachen für die Wahrheit dieser Behauptung, aber ebenso thatsächlich sind seine damaligen Ausschweifungen. Eine lange Zeit hindurch hatte er sich auf den Vorplätzen, in den Wein- und Spielhäusern und an noch schlechtern Orten Londons herumgetrieben, bis er, dieser traurigen Vergnügungen überdrüssig, sich aus der verführerischen Hauptstadt in die ländliche Einsamkeit flüchtete.

Jetzt faßte er den Plan zu einer großen Reise, die er nur noch verschob, um seinen Sitz im Parlament einzunehmen. Dies geschah am 13. März 1809. Die Kränkungen, welche er bei dieser Gelegenheit erfuhr, stimmten ihn noch feindlicher gegen seine Landsleute. Er hatte gehofft, daß sein bisheriger Vormund, der Graf v. Carlisle, ihn nach gewohnter Weise in das Haus der Lords einführen werde; allein dieser versagte ihm die gewünschte Gefälligkeit. Sonst hatte er Niemand, an den er sich hätte wenden können, denn er stand nur mit sehr wenigen Mitgliedern des Oberhauses in Verbindung; er mußte also allein gehen. Als er angemeldet worden war und in den Saal eintrat, kam ihm Niemand entgegen, Niemand sprach mit ihm. Erst als ihm von dem dazu bestellten Beamten der übliche Eid abgenommen war, bewillkommte ihn der Lordkanzler Eldon; aber obgleich er es mit Herzlichkeit that, so war doch Byron zu sehr aufgebracht, als daß er diese Herzlichkeit zu erwidern vermocht hätte. Er setzte sich auf die Seite der Opposition und verließ nach einigen Minuten das Haus.

Er traf nun sogleich seine Vorbereitungen zur Reise, welche er in Begleitung eines ihm befreundeten, sehr gebildeten Mannes, John Cam Hobhouse, am 11. Juni 1809 antrat und in den beiden ersten Gesängen seines größern Gedichts „Childe Harold", beschrieben hat. Außer dem gedachten Freunde nahm er einen Deutschen und seinen Kammerdiener William Fletcher mit, der ihm 20 Jahre lang mit Ergebenheit diente. Eigentlich war es seine Absicht, durch Frankreich und Italien nach Griechenland zu reisen, allein der Krieg hinderte ihn daran. Er segelte daher von Falmouth aus nach Portugal. Am 7. Juli landete er in Lissabon, wo er sich jedoch nur zehn Tage lang aufhielt; denn die Stadt befand sich in einem so anarchischen Zustande, daß in ihren Straßen täglich Mordthaten unbestraft begangen wurden. Die Engländer, obgleich Befreier des Landes, waren am wenigsten sicher; selbst Byron wurde angefallen und nur dem Umstande, daß er und sein Begleiter Waffen bei sich führten, verdankte er seine Rettung. Er setzte seine Reise nach Spanien fort, verweilte einige Zeit in Sevilla und Cadix und schiffte sich dort nach Albanien ein.

Im Herbst 1809 landete er in Epirus. Nachdem er das Land durchstreift hatte, besuchte er auch Janina, die Hauptstadt des grausamen Ali Pascha, welcher den Lord auf das zuvorkommendste empfangen ließ und ihn nach seinem Geburtsort Tepeleni einlud. Byron folgte der Einladung. Der Pascha erwies ihm alle erdenkliche Ehren, und da der Lord nach Morea zu reisen beabsichtigte, bot er ihm eine Leibwache von 50 Mann als Begleitung an, was der Dichter ablehnte. Von Janina aus bereiste er verschiedene Gegenden Griechenlands, hielt sich jedoch nirgend lange auf, am längsten in Athen, wohin er im December kam. Tief schmerzte ihn die Zerstörung so vieler herrlichen Denkmäler des Alterthums; sie schmerzte ihn noch mehr, da sie größtentheils von den Engländern ausging. Diese, und unter ihnen vorzüglich Lord Elgin, beraubten das Land seiner kostbarsten Schätze, indem sie nicht selten ganze Tempel abbrachen, um sie nach England einzuschiffen und dort aufzustellen. So weit ging der Vandalismus, daß eben jener Elgin seinen und seiner Gemahlin Namen auf einem Pfeiler des schönen Minerventempels eingraben ließ. Byron befahl sofort den Namen des Lords auszulöschen und an einer andern Stelle einen lateinischen Vers tief einzugraben, der zu deutsch lautet:

Was nicht thaten die Gothen,
Das thaten die Schotten.

Dagegen ergötzte er sich durch das Anschauen der lieblichen Natur jenes Landes, über welche ein ewiger Frühling ausgegossen zu sein schien. Was er damals fühlte, davon zeugt fast jedes seiner Gedichte, in denen sich viele unübertreffliche Schilderungen griechischer Landschaften vorfinden.

Auch dieses und jenes Abenteuer erlebte er, welches er späterhin poetisch ausschmückte und entweder zu einem schönen Ganzen verarbeitete oder hier und da einflocht. So verliebte er sich zu Athen in ein türkisches Mädchen. Er sah sie täglich, bis der Monat Ramadan herbeikam, während dessen Dauer die Weiber ihr Gemach nicht verlassen dürfen. Nichtsdestoweniger versuchte es Byron, ob er nicht trotz des Gesetzes seine Geliebte sehen und sprechen könnte. Aber die Mittel, die er zur Erreichung seiner Absicht ergriff, führten zur Entdeckung ihres Verhältnisses, in deren Folge die Unglückliche zum Tode verurtheilt wurde. Er erfuhr unterdessen von dem Vorgegangenen keine Sylbe, denn man verheimlichte es ihm absichtlich, um sein Einschreiten zu verhindern. Allein als er kurz darauf wie gewöhnlich am Meeresufer spazieren ritt, erblickte er einen großen Volkshaufen, welcher einer Abtheilung Soldaten folgte. Der Zug bewegte sich nach der Küste zu. Als Byron einen Diener abschickte, um zu erforschen, was es gäbe, erfuhr er, daß man im Begriff stehe, ein Mädchen in einen Sack eingenäht ins Meer zu werfen. Sogleich ritt er mit seinem Diener an den Zug heran und foderte den Offizier unter heftigen Drohungen auf, die Gefangene — in welcher er seine Geliebte wiedererkannte — herauszugeben, was denn auch geschah; hierauf bewirkte er durch eine große Summe Geldes ihre Freisprechung von Seiten der Obrigkeit, die jedoch dem Mädchen befahl, Athen sofort zu verlassen. Sie begab sich nach Theben, wo sie drei Tage nach ihrer Ankunft starb.

(Der Beschluß folgt in Nr. 465.)

Die Abtei Melrose.

Manche herrliche Klosterruine, zwar berührt und gebeugt von der rauhen Hand der Zeit, aber doch von ihr noch genugsam geschont, um laut zeugen zu können von der Pracht entschwundener Tage, bewahrt unser deutsches Vaterland. Gewiß mancher unserer Leser hat die noch im Staube prangenden Überreste des Klosters und der Kirche der Cölestinermönche auf dem Oybin unfern der freundlichen Stadt Zittau in der Oberlausitz gesehen, oder die ausgedehnten Ruinen von Walkenried am Harzgebirge oder die von Paulinzelle im lieben Thüringerlande. Das Ohr hört nicht mehr die ernsten Gesänge aus ihren Räumen ertönen, es hallen nicht mehr die Tritte der in feierlichem Zuge einherschreitenden Mönche in ihren weiten Kreuzgängen wieder, das Glöcklein vom hohen Thurme, dessen metallener Mund sonst stündlich zum Gebete rief, ist längst verstummt; aber doch verweilt noch gern unser Auge auf den erhabenen Denkmälern der Vergangenheit und unser Geist träumt sich gern in Zeiten, die nicht mehr sind. Doch nicht Deutschland nur bietet uns solchen Anblick; alle Länder der Christenheit, und insbesondere die protestantischen, enthalten mehr oder minder zahlreiche Klosterruinen, und zu den schönsten gehören die Ruinen der Abtei Melrose in Schottland. In der Grafschaft Rorburgh im südlichen Schottland, wo Berge, Thäler, fruchtbares Acker = und Grasland angenehm abwechseln, liegt der Marktflecken Melrose am Tweed, mit mehr als 3000 Einwohnern, welche Leinwand und grobe Zeuche weben, 15 Stunden südlich von Edinburg. In der Nähe dieses Orts erblicken wir die Ruinen der Abtei Melrose, einst einer der prächtigsten und größten des Königreichs, welche das vorstehende Bild darstellt.

Noch lassen die Überreste erkennen, daß es ein kostbares Denkmal der vollkommensten gothischen Kunst war, welches der ungestüme Eifer der Bekenner des erneuerten Glaubens hier umzustürzen bemüht war. Die Steine, aus denen die Kirche erbaut war, haben ihre Härte im Sturme der Zeit bewahrt; aber man erkennt jetzt kaum noch an den Mauern die verstümmelten Wappen der schottischen Könige und der Äbte des Klosters. Ganze Mauern sind umgestürzt; hier sehen wir den Thurm seiner obern Hälfte beraubt; dort in einer Nische erblicken wir die Jungfrau, auf ihrem Arme den Jesusknaben, dem man grausam verstümmelnd den Kopf abgeschlagen. — Die Abtei Melrose, der heiligen Jungfrau geweiht, wurde im Jahre 1136 durch den König David I. von Schottland gegründet und den Mönchen vom Orden der Cisterzienser übergeben, die auch bis zur Reformationszeit im Besitz derselben waren und wegen ihrer Geschicklichkeit in allerlei nützlichen Künsten und Gewerben gerühmt werden. Die Kirche von Melrose allein bedeckt noch einen Raum von 258 Fuß Länge, 137 Fuß Breite; der Umfang beträgt 943 Fuß. Der große Thurm mag noch 88 Fuß hoch sein; aber was davon übrig geblieben ist, mag wol kaum die Hälfte der sonstigen Höhe betragen. Acht Fensterwölbungen des Hauptschiffs sind noch erhalten, an der Seite verziert mit Mönchsköpfen; sie sind trotz ihrer ungeheuren Verhältnisse von überraschender Leichtigkeit und Zierlichkeit. An die größte derselben, welche 36 Fuß hoch und 16 breit ist, knüpft sich eine seltsame Anekdote. Man erzählt, daß von den Strebepfeilern derselben derjenige, welcher sich schraubenförmig windet und durch die Zartheit der Bildhauerarbeit wie durch seine kühne Erhebung die Aufmerksamkeit fesselt, das Werk eines Lehrlings gewesen sei. Sein Meister habe ganz Europa durchreist, um für diesen Pfeiler, der allein noch zur Vollendung des Ganzen fehlte und bei welchem er alle seine Kunst aufbieten wollte, ein passendes Modell zu finden. In seiner Abwesenheit führte einer seiner Lehrlinge das Meisterwerk aus, das noch heute besteht. Der Meister aber soll bei seiner Rückkehr aus Eifersucht den Lehrling getödtet haben. — Man muß erstaunen, wie es möglich gewesen ist, einen so harten Stein mit der ausgezeichneten Vollendung zu bearbeiten, die wir in den kleinsten Einzelnheiten dieses Baudenkmals bewundern. Hier sind Pfeiler in Gestalt von Mönchen, die sich beugen unter der Last, welche sie tragen, und ihre Anstrengung durch ihre Mienen ausdrücken; dort sind Rosetten, Kronen, Cherubimsköpfe, scherzhafte Gebilde, Soldatengruppen, verschiedene Gestalten, die sieben Hauptsünden darstellend mit all ihrem Gefolge und ihrem Elend, jedes Gesicht ausdrucksvoll und sprechend.

Auf der Stelle, wo jetzt die Abtei steht, soll einst ein Tempel gestanden haben, an welchen sich abergläubische Sagen knüpfen. Wie bei uns in Deutschland der Blocksberg zur Walpurgisnacht der Sage geheimnißvollen Wesen zum Tummelplatze dient, so sollen sich an jenem Orte oft des Nachts Zauberer aus allen Gegenden Schottlands versammelt haben, auf Besen durch die Lüfte hierher getragen. Etwas ostwärts von Melrose erheben sich die Eildon-Hills aus einer großen Ebene, ein Berg mit drei kegelförmigen Spitzen, welche Gestalt ihm, wie die Sage meldet, der mächtige Zauberer Michael Scott gab, indem er ihn mit seinem Stabe berührte. Aber ein wunderthätiger Prior von Melrose, Weldeve, der einst bei einer allgemeinen Hungersnoth das Getreide im Speicher der Abtei so sehr vermehrte, daß es 4000 Menschen drei Monate lang nährte, war es, der all diesen gespenstischen Spuk auf immer verbannte.

Der berühmte Walter Scott, bekanntlich selbst von Geburt ein Schotte, hat in mehren seiner Gedichte und in einem seiner Romane die Abtei von Melrose gefeiert. Wer das „Kloster" liest, der gebe sich nicht die Mühe, bei Abbotsford die Ruinen zu suchen, die der schottische Schriftsteller unter dem Namen von Kermaquhair schildert; keine andern Ruinen sind gemeint als die der Abtei Melrose.

Die Denkmäler der neuesten Zeit.
(Beschluß aus Nr. 463.)

Im letztvergangenen Jahre 1841 wurden aufgestellt und enthüllt:

1) Am 18. Juni am Ausgange des Parks zu Sommerschenburg bei Magdeburg die Statue des preußischen Feldmarschalls v. Gneisenau, auf Kosten des preußischen Heers von Rauch in Berlin gefertigt und über seiner Familiengruft aufgestellt.

2) Am 27. Juni zu Carhaix in der Bretagne die Statue des bekannten französischen Kriegers Latour d'Auvergne, des ersten Grenadiers von Frankreich, geboren zu Carhaix 1743, gefallen 1800 bei Neuburg.

3) Am 25. Juni bei Kalisch ein eisernes Denkmal des Königs Friedrich Wilhelm III. von Preußen.

4) Am 3. August bei Teplitz ein demselben Monarchen gewidmetes, auf Kosten der gedachten Stadt errichtetes Denkmal, bestehend in einem Obelisken von Eisen, den eine Erdkugel überragt, auf welcher ein Genius mit dem Siegeskranze schwebt.

5) Am 15. August zu Boulogne ein Denkmal Napoleon's zur Erinnerung an die von demselben zur Zeit des Lagers bei Boulogne im Jahre 1804 (16. August) vorgenommene Vertheilung von Ehrenlegionskreuzen an das dritte Armeecorps unter Soult und die Flotte unter Admiral Brueir. Dieses Denkmal, dessen Errichtung bereits 1804 beschlossen und auf Kosten des Heers am 9. November desselben Jahres begonnen worden war, wurde 1809 fortgesetzt und 1821 vollendet, aber mit den Symbolen der Bourbons geschmückt. Seit 1830 wurde es, mit Beseitigung derselben, im ursprünglichen Style vollendet. Es besteht in einer 60 Mètres hohen Säule von boulogner Marmor; auf derselben steht die Statue des Kaisers im kaiserlichen Mantel, in der Rechten das Schwert, in der Linken die Insignien der Ehrenlegion haltend, auf dem Haupte einen Lorberkranz tragend. Man gelangt zu dem Denkmal durch ein auf beiden Seiten mit Löwen geziertes Gitter in einer Einfriedigung von Marmor und auf den Gipfel der Säule mittels einer Treppe von 230 Stufen.

6) Am 19. August zu Grätz (auf dem Franzensplatze) das eherne Standbild des Kaisers Franz I., welcher in dem Gewande des Ordens vom goldenen Vließ dargestellt ist, mit der Inschrift: „Francisco I. Austriae imperatori grata Stiria."

7) Am 22. August zu Arras in Frankreich das Denkmal des berühmten Feldherrn Turenne, welcher diese Stadt 1654 von einer schweren Belagerung befreit hatte.

8) Am 25. August zu Vließingen in Holland (in Gegenwart des Königs) das Denkmal des bekannten Seehelden de Ruyter, welcher in dieser Stadt 1607 geboren ist.

9) Am 30. October zu Brives la Gaillarde in Frankreich die Statue des unglücklichen Marschalls Brune

(geboren zu Brives 1763, fiel zu Avignon 1815 als Opfer der Volkswuth).

10) Am 14. November zu Baireuth das Bronzestandbild des gefeierten Schriftstellers Jean Paul Friedrich Richter, welcher über 20 Jahre in dieser Stadt lebte und in ihr an demselben Tage vor 16 Jahren sein Dasein beschloß. Die von Schwanthaler modellirte, von Stiglmaier gegossene Statue ist ein Geschenk des Königs.

11) Am 28. November wurde zu Nauplia das Monument enthüllt, welches König Ludwig I. von Baiern den von der baierschen Hülfsbrigade Verstorbenen errichten ließ. Es besteht in einem ruhenden, in den Felsen gehauenen Löwen, 38 F. über der Straße nach Aria erhaben, 22 F. lang, 11 F. hoch, ruhend in einer Höhle von 28 F. Länge, 13 F. Tiefe und ungleicher Höhe. Von der Felsenwand wurden 38,164 Cubikfuß Gestein weggearbeitet. Neben dem Löwen ist in die Felsenwand die Inschrift eingehauen: „Die Offiziere und Soldaten der königlich-baierschen Brigade ihren Kameraden, † 1833 und 1834. Zur Vollendung gebracht durch Ludwig I., König von Baiern." Verfertiger dieses Monuments ist der Bildhauer Sigl aus Hamburg, welcher sich mit demselben volle drei Jahre beschäftigte.

12) Am 29. November zu Warschau auf dem sächsischen Platze ein Denkmal zu Ehren der an demselben Tage vor 11 Jahren im Kampfe für die russische Herrschaft und gegen ihre empörten Landsleute gebliebenen Polen. Dasselbe ist ganz von Eisen nach dem Plane des Generalbaumeisters Corazzi verfertigt, in der Maschinenfabrik der polnischen Bank zu Selez gegossen und besteht aus einem achteckigen Untersatze von inländischen grauen Marmor und 30 Ellen größter Breite, auf welchen man über acht Seiten auf drei Stufen gelangt. Über dem Untersatze erhebt sich ein viereckiges eisernes Piedestal von 8¼ Ellen Höhe und 10½ Ellen Breite, gestützt von 8 Escarpen, an deren Unterlage 8 große liegende Löwen von Bronze auf Erhöhungen angebracht sind, und am obern Theile mit Schnitzwerk verziert; über dem Piedestal ruht ein eiserner, 25 Ellen hoher und unten 6, oben 4 Ellen breiter Obelisk, an dessen Fuße die eisernen Unterlagen von vier großen zweiköpfigen, vergoldeten Adlern gehalten werden, auf deren Brüsten ein Schild mit dem Wappen des Königreichs Polen ruht; in zwei Dritteln der Höhe des Obelisken hängen vier vergoldete Lorberkränze und eine im Innern befindliche Treppe führt bis zur Spitze. Auf allen vier Seiten des Piedestals sind Inschriften in russischer und polnischer Sprache angebracht. Auf zwei Seiten steht: „Den Polen, die am 17. (29.) November 1830 aus Treue für ihren Monarchen geblieben sind." Auf den andern beiden Seiten sind die Namen dieser Polen (6 an Zahl, worunter 5 Generale und ein Oberst) zu lesen. Das zum Denkmal verwandte Eisen wiegt 3460 Centner, das Gewicht des Glockenerzes aber beträgt gegen 45,000 Pfund.

13) Am 17. December wurde in Leipzig das Denkmal des Land- und Markgrafen Diezmann von Meißen (ermordet in der dasigen Thomaskirche im Jahre 1307), welches vom König von Sachsen und dessen Bruder, dem Prinzen Johann, in der Paulinen- oder Universitätskirche (wo der Markgraf begraben war) errichtet worden war, im Namen des Königs den Universitätsbehörden übergeben. Es besteht in einer vom Professor Rietschel in Dresden in Sandstein ausgeführten Tumba mit dem in Stein ausgehauenen lebensgroßen Bildnisse des Markgrafen, der in voller Rüstung auf dem Parabebette liegt, und hat eine lateinische Inschrift. Die Figur wiegt 25, der Sarkophag 66 Centner; der letztere ist 2⅓ F. hoch, 3¾ F. breit, 7 F. 5 Zoll lang. Die Sorgfalt, mit welcher die einzelnen Stücke von dem Anzuge des Landgrafen, namentlich die Maschen seines Panzerhemdes, ausgearbeitet sind, ist in hohem Grade bewundernswerth.

Außerdem wurde am 8. September unter großen Feierlichkeiten das Grundsteingewölbe zu dem Denkmale Hermann's des Cheruskerfürsten, das auf einem Berge bei Detmold errichtet wird, geschlossen. Dieses Denkmal, welches E. von Bandel ausführt, wurde im Juli 1838 auf der 1200 F. hohen Spitze des Berges Teut im teutoburger Walde begonnen. Es wird aus einem Standbilde Armin's von getriebenem Kupfer bestehen und eine Höhe von 165 F. erhalten, wovon 90 F. auf den massiven Unterbau von Quadersandstein, 42 F. auf die Körpergröße der Figur und 33 F. auf die Länge des fast vertical emporgehobenen Schwertes kommen. Der Unterbau besteht aus einem 15 F. hohen Sockel von 66 F. Durchmesser, auf dem sich ein 20eckiger, 30 F. im Durchmesser haltender Kernbau erhebt, in dessen Mitte eine Wendeltreppe von 8 F. Durchmesser zur Figurenplatte führt; um ihn stehen 10 Pfeiler, die ebenso viel 40 F. hohe Nischen bilden, bedeckt von einer 11 F. hohen Gewölbverbindung von 53½ F. Durchmesser und einer Galerie von 150 F. Umkreis; darüber wölbt sich eine 19 F. hohe Kuppel von 38 F. Durchmesser, auf deren oberster Platte von 5 F. Höhe und 23 F. Durchmesser die Figur selbst steht; diese wird an 164 Ctr. Kupfer und das Befestigungsgerüste in ihr an 550 Ctr. Eisen enthalten. Der Grundbau hat 10 F. Tiefe und 70 F. im Durchmesser. Die Kosten des Ganzen sind auf 50,000 Thlr. veranschlagt und durch die bis Ende 1840 eingegangenen Beiträge nur zur Hälfte gedeckt. Verausgabt waren bis dahin 22,504 Thlr.

Kaschmir.*)

Das Thal Kaschmir im südlichen Asien zwischen 33° 40′ und 34° 34′ nördlicher Breite — der Name ist nach den Brahminen eine Zusammensetzung von Kas, d. i. Licht, und Mira, d. i. See, und vielleicht einerlei mit dem der Stadt Kaspatyrus, welche Herodot erwähnt — hat die Form eines Ovals, dessen eine lange Seite (die südliche) eingedrückt ist; die eigentliche Ebene ist von Ostsüdost bis Westnordwest 75 Meilen lang, während die Breite zwischen 6 und 40 Meilen wechselt. Das ganze Land enthält etwa 5000 Quadratmeilen, wovon jedoch ein bedeutender Theil von unbebaubaren Höhen und Landseen eingenommen wird, ein noch größerer aber wüste liegt. Die Höhe des Thals über der Meeresfläche ist 5818 Fuß. Die Grenzen sind fast auf allen Seiten von der Natur bestimmt, indem sie auf der Höhe der Schneegebirge hinlaufen; nur im Südosten sind sie in den unbewohnten, ziemlich niedern Gebirgsgegenden völlig unbestimmt. Jenseit der höchsten Gebirge Kaschmirs liegen gegen Nordwesten und Norden das Reich Iskardu (auf den Karten Kleintibet oder Balti), gegen Nordosten Ladhak oder Lah. In das Thal führen zwölf Pässe, welche mit Ausnahme eines einzigen, sämmtlich über die höchsten Gebirge gehen; der beste führt über Schupian und den Berg Pir-Panjahl und erreicht die Höhe von 12,952 Fuß, während der Berggipfel 14,092 Fuß

―――――

*) Nach „Kaschmir und das Reich der Sick", von Karl Freiherrn von Hügel (Stuttgart 1840).

hoch ist. Zahlreiche Bäche und Flüsse führen die reichen Quellen der Berge von allen Seiten der Ebene zu, während manche in ihr selbst entspringen. Die meisten Quellen enthalten herrliches klares kaltes Wasser, während einige lau und schwefelhaltig sind. Zahllose offene, zum Theil viele Meilen lange Wasserleitungen führen diese Flüsse und Quellen nach der Ebene, um den Boden für den Reisbau zu bewässern. Doch sind die größten Werke dieser Art wegen der Abnahme der Bevölkerung überflüssig und unbrauchbar geworden. Der einzige schiffbare Fluß ist die Jilum, welcher ehemals Vitasta hieß und von den Griechen Hydaspes genannt wird; sie ist schiffbar von einem Ende des Landes bis zum andern, von Kaniball bis Baramulla, also auf einer Strecke von 60—70 Meilen. Unter den sechs Landseen ist der Wullersee, welcher 21 Meilen lang und 9 Meilen breit ist, der größte, der Dall aber, 6 Meilen lang und 4 Meilen breit, der berühmteste.

Das Thal von Kaschmir hat im Süden sanft ansteigende Anhöhen; zwischen den allmälig auslaufenden Hügelreihen liegen viele größere und kleinere Thäler, in denen die reinsten Gebirgswässer fließen, welche zahllose Wasserfälle bilden. In der Ebene ist die Vegetation südlich, in den höhern Gegenden der europäischen verwandt, indem hier Apfel-, Pflaumen- und Aprikosenbäume, Ulmen, Weiden, Ahorn-, Linden- und wilde Kastanienbäume wachsen, in deren Schatten Lilien, Narcissen, Rittersporn, Hollunder und Rosen blühen. Weiterhin gegen die Quellen der Flüsse findet man Nadelholz, Cedern, Tannen, Fichten und Föhren; in den höchsten Gegenden Alpenpflanzen, vom Schnee niedergedrückte Erlen und Birken und endlich Gewächse, die sich nur wenig vom Boden erheben. Ganz verschieden von der Südseite des Thals ist die Nordseite desselben; hier steigen die Berge sehr plötzlich zu bedeutender Höhe, Bäume sind nur wenig hier zu finden, und die Flüsse bilden ununterbrochene Wasserfälle, ihre Ufer aber sind fast ohne alle Vegetation. Auf dieser Seite ist das Gebirge sehr schwierig zu ersteigen, da die Felsen aus ungeheuern Massen bestehen. Eine seltsame Erscheinung sind die im Thale vorkommenden vereinzelten Hügel von 2—300 Fuß Höhe, deren Kuppen theils eine wagerechte Ebene, theils eine gegen die Mitte geneigte Fläche bilden. Ihre Entstehung ist nicht leicht zu erklären.

Da das Thal von den höchsten Gebirgen ringsum eingeschlossen ist, so hat es ein höchst eigenthümliches Klima. Im Frühjahre nach dem Schmelzen des Schnees fällt meist vieler Regen und auch ohne denselben ist die Feuchtigkeit des Bodens groß; der Sommer ist im Thale glühend heiß, während es in den nahen Bergen immer kühl ist, und Regen fehlt in dieser Jahreszeit ganz. Die periodischen Regen Indiens erstrecken sich nicht auf Kaschmir. Der Herbst, in welchem selten oder nie Regen fällt, ist herrlich. Im November beginnen die Nachtfröste und die Bewohner der Ebene zünden die Stengel der großen einjährigen Pflanzen an, um sich zu erwärmen. Gewitter sind selten und unschädlich; Wind herrscht nie, weshalb das Klima viel wärmer scheint als es ist. Die Atmosphäre ist ungeachtet der vielen Flüsse und Landseen limmer trocken, was in der sandigen Beschaffenheit des Bodens und in der Höhe des Thals seinen Grund zu haben scheint; dieser Trockenheit verdankt Kaschmir sein schönes Klima, das in der That zu den besten und gesundesten der Welt gehört.

Die Producte von Kaschmir sind folgende: 1) Aus dem Mineralreich: Eisen in großen Lagern zwischen Kalkstein, die auf Kosten der Regierung bearbeitet werden, Blei, in Gruben, die seit 1833 bearbeitet werden, Kalkstein, von der Regierung auf eigene Rechnung gebrannt, Kupfer und Graphit (letzteres in großer Menge vorhanden) werden nicht benutzt.

2) Aus dem Pflanzenreiche. Die Früchte von Kaschmir sind die herrlichsten von der Welt; viele wachsen wild und die veredelten und eingeführten gedeihen besser als irgendwo. Man findet hier Äpfel, Birnen, Quitten, Wein (elf Arten, eine mit sehr großen Beeren), Granatäpfel, Pfirsichen, Aprikosen, Pflaumen, Wall- und Haselnüsse, Mandeln, Pistazien, Melonen, Wassermelonen, Kürbisse u. s. w., zusammen 19 Gattungen in 70 Arten. Die häufigen Rosen (Rosa biflora in drei Varietäten) sind von schönerm Ansehen und wohlriechender als irgendwo; sie nehmen in jedem Garten die erste Stelle ein und große Plätze sind in jedem damit bedeckt. Unter den Gartengewächsen findet sich auch der Taback, der zu Ende des 17. Jahrhunderts eingeführt wurde; das Rauchen ist unter dem Volke allgemein, doch zieht man zu diesem Zwecke dem Taback eine andere Pflanze, Bang (s. hernach), vor. Die wichtigsten Feldfrüchte sind Reis, der auf eine eigenthümliche, sehr zweckmäßige Art gebaut wird und wovon es 30 verschiedene Arten gibt, Weizen, Korn, Gerste, die letztere als Pferdefutter. Von Knollengewächsen wird Safran gebaut und ganz Indien damit versehen. Baumwolle wird in einem einzigen Districte, aber in hinlänglicher Menge erzeugt, nicht nur zum einheimischen Verbrauch, sondern auch zur Verfertigung von Stoffen, die nach Tibet ausgeführt werden. Von großer Wichtigkeit für die Bewohner ist die wildwachsende Roßkastanie, die in seichtem stehenden Wasser wächst und eine kleine weiße Blume trägt. Nur in dem Wullersee kommt die Pflanze in Menge vor; von den Wurzeln derselben, die mit etwas Gemüse, meistens weißen Rüben, gemischt werden, nähren sich die Bewohner der umliegenden Dörfer, eine Meile rings um den See, etwa 20,000 an Zahl, das ganze Jahr hindurch ausschließlich, und können durchaus keine andere Nahrung vertragen. Mit dem Herausfischen der Wurzeln, was im Herbste stattfindet, sind 500 Boote, jedes mit drei bis vier Leuten besetzt, beschäftigt und die jährliche Ernte beträgt 5—600,000 Centner. Frisch schmeckt die Wurzel wie der Boden einer gesottenen Artischocke; geröstet verliert sie fast jeden Geschmack. Sie wird auch zu dem feinsten Mehle gerieben und eine Art Mehlspeise daraus bereitet. Noch sind zwei andere Pflanzen sehr nützlich: Bang und Nilum. Bang ist eine Art Hanf, der an trockenen unbebauten Stellen in ungeheurer Menge wild wächst und dessen Blüten getrocknet und dann wie Taback geraucht werden, wobei sie in ihren angenehmen Wirkungen dem Opium ähnlich sind, ohne die einschläfernde Eigenschaft und nachtheiligen Folgen desselben zu haben. Die Samen der Pflanze geben Öl, die Blätter ein kühlendes Getränk, die Fibern Werg zur Verfertigung von Netzen und Schiffstauen, alle übrigen Pflanzentheile dienen als Brennstoff. Der Name Nilum (Nelumbium speciosum) bezeichnet eine herrliche Blume von dem zartesten Roth, die auf dem klaren Wasser des Sees schwimmt; der untere Theil der Blattstiele dient dem Bewohner vom Reichsten bis zum Ärmsten gekocht zur Nahrung. Nach der Legende der Brahminen hat der Gott Wischnu diese Pflanze aus Indien nach Kaschmir gebracht. Unter den Bäumen steht die herrliche Ceder des Himalaya obenan; die Platane Kasch-

mirs ist in großer Menge und Pracht vorhanden, aber nicht im Thale einheimisch. Außerdem findet man Pappeln, majestätische Linden, wilde Kastanienbäume, Birken, Erlen u. s. w.

3) Das Thierreich anlangend, findet man folgende Hausthiere: 1) svortreffliche Pferde, die zwar klein, aber stark, lebhaft und sehr gelehrig sind; 2) Kühe in geringer Zahl und von einer häßlichen, unansehnlichen Gattung; 3) Schafe in großer Menge, aber häßlich und klein, womit die schlechte Qualität der Wolle und des Fleisches (des einzigen, das man außer dem Ziegenfleisch in Kaschmir bekommt) übereinstimmt; 4) Ziegen, kleine lebhafte Thiere, welche treffliche Milch liefern; 5) Esel und Maulthiere; 6) der Hund ist, wie in allen mohammedanischen Ländern, verachtet und entartet. An wilden Thieren findet man Bären, Füchse, Schakals, Panther, Ichneumons, Fischottern, fliegende Eidechsen, Murmelthiere, Hirsche, Gazellen, Steinböcke; Eidechsen sind selten und die Schlangen unschädlich, wiewol sie von den Einwohnern sehr gefürchtet werden. Von den Hausvögeln ist nur das Huhn und die Taube vorhanden; von wilden Vögeln Geier, Adler, Habichte, Falken, Sperber, Reiher, Pfauen, Rebhühner, wilde Tauben u. s. w. Von andern Vögeln, deren Zahl und Mannichfaltigkeit groß ist, ist eine Bulbulart zu bemerken, die dem Thale eigenthümlich ist; dieser Vogel, der auf dem Kopfe eine von hohen aufrechtstehenden Federn gebildete Haube trägt, der ihm ein munteres Ansehen gibt, lebt im Thale in großer Anzahl und ist ein wahrer Gesellschafter des Menschen. Die Bienenzucht wird stark und auf eigenthümliche Art betrieben; der Honig von fast weißer Farbe ist in den Nachbarländern berühmt und wird dahin ausgeführt, Wachs aber wird nur in geringer Quantität erzeugt, das gerade zur Bereitung des Wachstuchs hinreicht. Von Fischen gibt es 14 Arten, die alle höchst unansehnlich sind.

Die Bevölkerung ist auf 200,000 Seelen zusammengeschmolzen, während sie noch vor wenigen Jahren das Vierfache betragen haben soll. Die Hauptstadt Kaschmir hat jetzt nur 40,000 Einwohner, früher angeblich 200,000. Nach Kaschmir sind Schupeyan (3000 Einwohner), Islamabad, früher Anetnagh (2000 Einwohner, sonst 16,000), Pampur (2000 Einwohner) und Sopur die bedeutendsten Städte; im Ganzen sind 2212 Städte und Dörfer in 36 Pergunnahs oder Kreisen vorhanden. Die größte Masse der Bevölkerung sind Mohammedaner und zwar herrscht die Sekte der Sunniten vor, zu welcher auch alle Afghanen gehören; bekanntlich nimmt dieselbe die drei ersten Khalifen als die rechtmäßigen Nachfolger Mohammed's an. Die Hindu Kaschmirs sind Brahminen und fast ohne Ausnahme etwas dunkler als die andern Classen der Bewohner, während sonst in Indien gerade im Gegentheil die Brahminen von einer viel hellern Farbe sind. Die verschiedenen Kasten der Brahminen heirathen in Kaschmir untereinander; alle zusammen bestehen aus nicht mehr als 2000 Familien und 25,000 Seelen, während vor wenigen Jahren allein in der Hauptstadt 3000 Familien lebten. Einige Brahminen sind Astrologen, andere Kaufleute, andere sogar Schneider, wenige bearbeiten die Felder. In ihrer Tracht unterscheiden sich die Brahminen gar nicht von den Mohammedanern, ebenso wenig durch Haltung und Züge; als Erkennungsmerkmal dient hauptsächlich das kreisförmige Sivazeichen in Safran oder das verschobene Quadrat in blauem oder weißem Gangesschlamm, das sie sich auf die Stirn malen. Alle tragen einen vollen Bart, nur etwas kürzer gestutzt als die Mohammedaner. Die dritte Religion, die sich in Kaschmir findet, ist die der Sikh, doch hat sie im Thale keine feste Wurzel gefaßt und es gibt dort fast keine andern Sikh als die im Quartier liegenden Truppen. Die Sikh zeichnen sich durch den ungestutzten Bart und Haupthaar und einen eigenthümlichen Turban aus; ihre Gottesverehrung besteht im Baden in einer heiligen Quelle und Almosengeben an einen Priester, worauf dieser stehend ein Gebet für den Geber verrichtet. Das Thal enthält viele Wallfahrtsorte sowol für Mohammedaner als Hindu; die der letzten sind die ältesten und befinden sich fast sämmtlich neben und an den Quellen der Flüsse oder an Orten, die durch Naturerscheinungen ausgezeichnet sind. Die Bekenner der beiden Religionen nehmen es so wenig genau, daß die der einen auch wol zu einem Wallfahrtsorte der andern pilgern.

Kommt man aus Indien nach Kaschmir, so erstaunt man nicht wenig, hier eine lebendige bewegliche Bevölkerung zu finden, welche zum Scherz wie zur Arbeit stets aufgelegt ist und daher mit den Hindu einen grellen Contrast bildet. Die physische Kraft der Kaschmirer ist sehr groß; die gewöhnliche Ladung eines Trägers über die Hochgebirge beträgt 50 Sier oder etwa 80 Pfund, außerdem trägt er noch sein Bette für die Nacht, Mundbedarf an Mehl und Reis für acht bis zehn Tage, ein Trinkgefäß, Stroh zu Sandalen u. s. w., Alles mittels einer sehr zweckmäßigen Vorrichtung auf dem Rücken. Die Kaschmirer sind gastfrei, gefällig gegen Reisende, zu Allem geschickt und im höchsten Grade betrieb- und arbeitsam. Auffallend ist ihr Beobachtungs- und Auffassungstalent. Die Erziehung ist freilich höchst mangelhaft; Schulen gibt es nur in den Städten, aber sie sind schlecht und wenig besucht; nur Wenige können lesen und schreiben und zwar persisch, was in den Städten die herrschende Sprache ist. Kaschmir hat übrigens seine eigenthümliche Sprache, die aber kein Alphabet besitzt.

(Der Beschluß folgt in Nr. 465.)

Invalidenhaus zu Paris.

Im November 1841 befanden sich im Hôtel des Invalides zu Paris 3051 Invaliden, worunter 12, die beide Beine, 313, die ein Bein, 9, die beide Arme, 226, die einen Arm verloren haben; 28 haben noch von Rußland (1812) her erfrorene Füße.

Literarische Anzeige.

Soeben erschien in meinem Verlage folgende **interessante Schrift**, die durch alle Buchhandlungen des In- und Auslandes bezogen werden kann:

Cancan
eines
deutschen Edelmanns.

Gr. 12. Geh. 1 Thlr. 24 Ngr.

Leipzig, im Februar 1842.

F. A. Brockhaus.

Das Pfennig-Magazin
für
Verbreitung gemeinnütziger Kenntnisse.

465.] Erscheint jeden Sonnabend. [Februar 26, **1842.**

Nikolaus Maes.

Die holländische Hausfrau, nach Maes.

Nikolaus Maes, einer der besten holländischen Genremaler, wurde im Jahre 1632 zu Dort geboren. Nachdem er einige Zeit unter Rembrandt studirt hatte, malte er kleine Genrebilder, wie das vorliegende; da er aber diese Beschäftigung wenig vortheilhaft fand, wurde er Portraitmaler und fand als solcher viel Beifall, weil seine Bilder mit der Kraft, die er von Rembrandt gelernt hatte, die angenehme Eigenschaft der Zartheit und Weiche, die Jenem abging, verbanden. Nachdem er einige Zeit in Amsterdam gelebt hatte, machte er einen Ausflug nach Antwerpen, um die Werke von Rubens und van Dyk zu studiren. Dort wurde er mit Jordaens bekannt, dessen Werke er sehr bewunderte und dessen Manier er nachzuahmen versuchte. Selbst in seinen kleinen Cabinetsstücken ist die Wirkung dieser Nachahmung zu bemerken, in seinen größern Gemälden ist sie noch weit augenscheinlicher. Man erzählt, daß er bei seinem ersten Besuche, den er Jordaens abstattete, um dessen Bilder in Augenschein zu nehmen, von ihm gefragt worden sei, welcher Gattung er sich vorzugsweise gewidmet habe. Als er nun nicht ohne einige Verlegenheit sich als Portraitmaler zu erkennen gegeben, habe Jordaens geäußert, er müsse ihn sehr bedauern, daß er an einer Gattung der Malerei zum Märtyrer werde wo er, wie groß auch immer sein Verdienst sein möge, den Launen, der Thorheit, der Unverschämtheit und Unwissenheit so vieler Menschen preisgegeben sei. Sei es nun, daß diese Äußerung auf ihn einwirkte oder daß seine eigenen Neigungen ihn zu einer andern Gattung hinzogen, gewiß ist, daß er später große Gemälde häuslicher Scenen malte, mit welchen er, da er sich schon einen Namen erworben hatte, mehr Beifall als früher einerntete. Nach Amsterdam zurückgekehrt, hatte er beständig Arbeit und seine Bilder wurden sehr gesucht, sodaß man sich glücklich schätzte, eins zu erlangen. Er blieb übrigens sein ganzes übriges Leben in Amsterdam und starb daselbst 1693, 61 Jahre alt.

Das hier vorliegende Bild wurde schon 1654 auf Holz gemalt, ist $13\frac{1}{2}$ Zoll hoch, $11\frac{1}{2}$ Zoll breit und befindet sich in der Nationalgalerie zu London.

Kaschmir.
(Beschluß aus Nr. 464.)

Verbrechen sind in Kaschmir unbekannt, wenn auch kleine Diebereien häufig vorkommen; der Kaschmirer ist so sanft, daß es ihm nicht möglich ist, Jemandem ein Leid anzuthun. Beide Geschlechter sind trefflich gewachsen und haben schöne regelmäßige Züge. Ihre Augen sind groß, die Haare immer schwarz, die Wangen schön karminroth, während in Indien keine Spur einer rothen Farbe auf den Wangen zu finden ist; doch sind Männer und Weiber im Allgemeinen zu muskulös, um für schön gelten zu können, nur unter den Brahmanenfamilien kommen schöne Personen vor. Die Familien sind im Allgemeinen zahlreich, 10—12, selbst 15 Kinder sind nichts Ungewöhnliches. Die häufigsten Krankheiten sind: ein schwaches intermittirendes Fieber, das im Herbste entsteht und leicht vorübergeht, und die Blattern, die jährlich viele Kinder hinraffen.

Die Sitten und Gebräuche der höhern Classen sind aus Afghanistan entlehnt, woher die letzten Herrscher kamen. Tracht und Lebensart der Männer ist dieselbe wie dort. Ganz verschieden sind die Sitten und Gebräuche des gemeinen Volkes. Die Weiber tragen keine Schleier. Ihre Kleidung besteht in einem bis zu den Knöcheln reichenden baumwollenen Hemde oder Kleide, an dessen unterm Saume ein rother Streifen oder eine Stickerei angebracht ist; die langen Ärmel sind mit einem Knopfe geschlossen. Am Halse ist eine Stickerei von rother und blauer Farbe angebracht. Ein Gürtel, um das Kleid zusammenzuhalten, ist nicht üblich. Der Kopfputz besteht aus einer eng anschließenden rothen Kappe oder Mütze, die um den Kopf mit einem blauen oder schwarzen Bande eingefaßt ist und an welcher ein wollener schwarzer Zopf mit einer Quaste am Ende bis zur Mitte des Rückens herabhängt. Ganz ähnlich ist die Tracht der Männer, mit der Ausnahme, daß sie statt der Kappe ein turbanähnlich umgeschlungenes Tuch tragen. Die Bemittelten tragen eine Art Unterrock und ein bis zu den Knieen reichendes Beinkleid. Von den Knöcheln bis zum Knie ist das Bein mit drei Bändern umwickelt. Die Brahmanen haben manche eigenthümliche Gebräuche. Wenn ein Brahmane stirbt, versammeln sich seine Frauen mit den verwandten Witwen und gehen unter Wehklagen und Weinen, indem sie sich die Brust mit Fäusten schlagen, von Haus zu Haus. Bei Sonnenuntergang desselben Tags wird der Leichnam verbrannt und die Asche in einen Teich geworfen. Die hinterlassene Gattin wird von den Witwen an den Teich geführt und ihr hier das Haar abgeschnitten. Hat eine Frau ihrem Manne versprochen, sich mit seinem Leichname zu verbrennen, so kommt es auf sie an, ob sie ihr Versprechen halten will oder nicht; indessen dringen die andern Weiber des Harems auf die Erfüllung des Gelübdes, welches jener eine höhere Stelle im Harem verschafft hatte, und es wird pünktlich gehalten; das Gegentheil würde der wortbrüchigen Witwe zur größten Schmach gereichen. Nach dem Tode des Gatten löst die Frau, die das Gelübde gethan (die sogenannte Sati) ihre Haare und gießt sich einen Topf mit Wasser über den Kopf; dies gilt als Weihe. Dann kommen die Brahmanen und verrichten viele Gebete und Ceremonien; Verwandte und Freunde der Sati, die selten mit ihnen spricht, auch Fremde drängen sich zu und betrachten die Sati mit stummer Neugierde. Am Nachmittage wird sie in das Bad begleitet, mit den heiligen Flüssigkeiten gesalbt und ihr Gesicht streifenförmig bemalt. Ein Tuch von Musselin wird nun um sie geschlungen und man betrachtet sie fortan als eine Heilige, die von Niemand als den Brahmanen berührt werden darf; vor dem Leichname des Gatten sitzt sie so unbeweglich auf der Erde, während der Holzstoß (oft nur von Stroh) errichtet wird. Wenn sich die Sonne dem Horizonte nähert, beginnt ein feierlicher Zug, von lärmender Musik eröffnet; die Sati, welche, von zwei Brahmanen geführt, eine Fackel in jeder Hand trägt, schreitet vor der Bahre her, auf welcher der mit Blumen und gelben Tüchern bedeckte Leichnam liegt. Am Verbrennungsplatze setzt sich die Sati auf das untere Ende der niedergesetzten Bahre und hält eine Fackel an den Holzstoß, worauf sogleich viele andere Fackeln unter lautem Lärm von Stimmen und Instrumenten genähert werden, sodaß nur eine einzige Feuermasse zu sehen ist. Erlöscht die Flamme, so ist nichts als glimmende Asche von Knochen übrig. Am nächsten Morgen werden die Überreste zusammengelegt und eine 3—5 Fuß hohe Denksäule darüber erbaut, der Platz aber, wo das Feuer brannte, mit Steinen gepflastert.

Musik und Gesang lieben die Kaschmirer, deren hervorstechendster Charakterzug überhaupt unzerstörbare gute Laune ist, ganz leidenschaftlich. Ihre Gesänge, vollkommen erotischen Inhalts, sind von denen Indiens und Kabuls durchaus verschieden, haben meist einen ersten und zweiten Theil und sind leicht auffaßlich; besonders die Schiffer sind sehr angenehm. Die Instrumente Kaschmirs, zum Theil dem Thale eigenthümlich, sind folgende: 1) Eine liegende, der östreichischen ähnliche Cither, die mit zwei Stäbchen gespielt wird und 20—30 Drahtsaiten enthält. 2) Eine Art Violine, mit drei Darmsaiten bespannt; der Bogen ist von Roßhaaren, eine mit einem Stück Pergament überspannte Cocosnuß bildet den Resonanzboden. 3) Die vielsaitige indische Bina mit Drahtsaiten in doppelter Reihe; sie wird mit dem Rücken der Finger gespielt. 4) Die Flöte. 5) Die Oboe. 6) Eine Art Tamburin. 7) Die kleinen Pauken. Bei einer sogenannten Natsch (Vereinigung von Gesang und Tanz), die von einem Orchester und zwei Tänzerinnen nebst einem Kinde, welches das Tanzen erlernt, ausgeführt wird, werden häufiger indische Instrumente gebraucht. Zu einer Abendunterhaltung gehören mehre Gesellschaften der angegebenen Art, die in Kaschmir einzeln in Booten ankommen. Beim Tanzen tragen die Tänzerinnen in ganz Indien einen Musselinrock von rother oder einer andern grellen Farbe, der 22 Ellen im Umfang hat und mit Goldborden und Stickerei eingefaßt ist; das daran befestigte

Leibchen mit kurzen Ärmeln, welches Brust und Schultern bedeckt, ist herzförmig ausgeschnitten, mit Gold eingefaßt und eng anliegend. Kopf und Oberleib sind mit einem reichen goldgestickten Schleier von fünf oder mehr Ellen Länge umhüllt; das Gesicht bleibt frei. Die Stirne ist mit zahlreichen Verzierungen bedeckt; die glatten Haare sind in der Mitte des Kopfes abgetheilt; die Ohren sind durch eine Menge Ohrringe, meist acht an jedem Ohre, zusammengedrückt, Arme und Knöchel mit Spangen, die Finger und zuweilen die Zehen mit Ringen geschmückt; um die Knöchel sind außerdem kleine Schellen an einer langen Schnur befestigt. Einfacher ist in der Regel die Tracht der Tänzerinnen in Kaschmir; sie besteht in Pantalons, die über den Hüften zusammengebunden sind und über welche eine kurze Tunica von Musselin fällt; ein Kaschmirschahl hüllt die ganze Gestalt vom Scheitel bis zum Fuße ein. Der Anfang jeder Natsch bildet ein angenehmes Vorspiel der Instrumente; dann folgt ein greller Gesang, der sitzend gesungen wird; dann stehen Alle auf und der Gesang wird mit Tanz verbunden. Der letztere besteht aus Bewegungen der Arme und des Oberleibes, während sich die Füße kaum merklich im Takte bewegen und nie vom Boden erheben. Die Verdrehungen des Körpers sind niemals unschicklich. Jede Truppe singt und spielt, bis ihr eine Zeit gesetzt und eine andere gerufen wird. Eine solche Unterhaltung währt oft 10—12 Stunden und ist nach unsern Begriffen im höchsten Grade langweilig, zumal da die Tänzerinnen überaus — häßlich sind.

Sehr angesehen ist die Classe der Schiffer; ein Boot dient für Jedermann vom Statthalter bis zum Bettler als Equipage, weshalb jeder Kaschmirer sein Ruder zu handhaben versteht. Die Boote sind solid aus der Ceder des Himalaya gebaut und haben ein sehr langes Hintertheil; alle sind offen, nur eine Bedeckung von Schiffsmatten schützt den Inhalt gegen Nässe und Sonne; die größten enthalten eine Art von Haus, die kleinern ein Mattendach an Stangen. Sie werden nur mit kurzen Rudern und einem breiten Steuerruder bewegt, stromaufwärts aber von Menschen gezogen und sind immer bis an den Rand im Wasser. Segel sind unbekannt und wegen der ununterbrochenen Windstille nicht anwendbar.

Unter den Kunsterzeugnissen der Einwohner sind vor Allem die Schahls aus Ziegenwolle zu nennen (besser als Shawl, was nur englische Schreibart ist; in Kaschmir heißt das Product Daschala). Erst seit etwa 40 Jahren werden sie zu ihren jetzigen ungeheuern Preisen verfertigt; sie sind aber jetzt eher zu Teppichen als zu Kleidungsstücken geeignet, da sie zu schwer sind und sich dem Körper nicht anschmiegen. Die Schahlziegen sind kleine unansehnliche Thiere von einem hellern oder dunklern Grau; die Wolle wächst unter den Haaren (wie das Flaum des Schwans unter den Federn) und dient zum Schutz der Thiere gegen die Kälte. Die feinsten Stoffe werden von der Wolle des Steinbocks verfertigt, welche von Iskandu (der Hauptstadt in Kleintibet) kommt; ihre Farbe ist von Natur hellbraun, doch können sie die Kaschmirer wie die Ziegenwolle bleichen (was mit Reiswasser geschieht) und färben. Die Kaschmirer können der Wolle 42 verschiedene Farben ertheilen und behaupten, 30 verschiedene Stoffe verfertigen zu können. Alle Schahls werden auf Bestellung von Schahlhändlern aus Indien oder Persien gefertigt, die mit den verschiedenen Oberschahlarbeitern (Daschalawalla) Contracte abschließen. Ein Mann ist immer der Verfertiger und Erfinder aller Muster, von dem jeder der gedachten Arbeiter sie kauft. Schahls gehen immer paarweise, Tücher einzeln. Die Preise sind sehr verschieden; das Höchste ist angeblich 3000 Rupien für das Paar Schahls und 1000 für ein Tuch, wonach sich der Preis eines Schahls an Ort und Stelle auf etwa 600, der eines Tuchs auf 400 Thlr. beläuft. Die Abgabe an die Regierung, welche auf jeden Schahl einen Stempel drückt, beträgt $1/7$ bis $1/5$ von dem Werthe des Stoffs; auf das Tragen eines ungestempelten Schahls ist eine schwere Geldstrafe gesetzt. An einem Paar Schahls arbeiten 24 Weber sechs Monate, ja bis in die Jahre, an einem Tuche 16 Männer die Hälfte dieser Zeit. Solche Schahls, die 12 Monate erfodern, werden ungemein selten gearbeitet. Die sogenannten gestreiften Kaschmir-Schahls (Jamewar) sind 4 Ellen lang, $1\frac{1}{2}$ breit und sind Zeuche, die zu Überröcken für die Winterzeit bestimmt sind. Die Zahl der Schahl-Manufacturen in Kaschmir hat sich sehr vermindert; unter dem mongolischen Kaiser sollen 40,000 Webstühle und etwa 120,000 Weber hier gewesen sein; unter den Afghanen waren noch 23,000 Webstühle vorhanden; jetzt sind sie bis auf 2000 geschmolzen, welche zusammen jährlich 3000 Schahls und Tücher und 1200 Jameware jährlich liefern mögen. Der Verfall des Handels ist mehren Umständen zuzuschreiben: zunächst der seit vielen Jahren stattfindenden Auswanderung; besonders die große Hungersnoth vor drei Jahren, welche im Verein mit der Cholera 13,000 Weber hinweggerafft haben soll, trieb viele Einwohner aus dem Thale in das Pendschab, wo sie die größere Sicherheit des Eigenthums fesselte; — ferner der Veränderung der Sitten und Gebräuche Indiens; — endlich dem in Europa immer mehr untergehenden Geschmacke an Kaschmir-Schahls, während gleichzeitig in den so verarmten türkischen und persischen Reichen der Bedarf sehr abgenommen hat und die Eingeborenen Indiens die englischen Schahls denen von Kaschmir vorzuziehen beginnen. Warum grade in Kaschmir und nur hier die schönsten Schahls verfertigt werden, ist bis jetzt noch nicht zu ermitteln gewesen, Thatsache ist aber, daß dieselben Arbeiter außerhalb des Thales aus derselben Wolle mit denselben Farben und Mustern nicht im Stande sind, gleich gute Waare zu liefern. Gewöhnlich wird das Wasser als Ursache dieser Vorzüglichkeit angegeben; in Indien aber mögen Hitze und Staub ebenfalls dazu beitragen, den Farben der dort erzeugten Schahls ihre Frische zu benehmen.

Auch Teppiche und Zelte werden in Kaschmir von Ziegenwolle verfertigt; jene bestehen aus sehr dünnem Schahlzeuge, sind einfarbig, haben eine Kante und gestickte Rosetten; auch werden hübsche kleine Teppiche mit darauf in Seide, wol auch mit Gold gestickten Zierathen verfertigt. Die Zelte von Kaschmirzeuch, mit Gold oder Silber gestickt, sind sehr kostspielig, aber selten geschmackvoll. Andere Kunstproducte sind: Schafwollene Stoffe von geringer Sorte, bestehend aus weißen oder schwarzen Bettdecken und einem groben und weißen Tuche, das die Winterkleidung der untern Volksclasse bildet, und Baumwollenzeug für die Sommertracht; ausgeführt wird wenig davon. — Eine in ganz Indien berühmte Sorte Papier aus Baumwolle, sehr weiß und satinirt; die feinsten Arten sind mit Goldblumen und andern Zierathen versehen. — Lackirte Waaren, die in ganz Indien gesucht sind; der Lack wird aus den Eierhüllen eines Insektes bereitet und kommt aus Indien; besonders lackirte Schreibzeuge werden in Menge ausgeführt. — Bergkrystall und Chalcedon zu Vasen, Tassen und Tellern verarbeitet. — Rosenwasser,

*

das beste in der Welt, und Rosenöl, sowie andere wohlriechende Öle. Drei Kurwan, d. i. 480 Pfund Rosenblätter, geben eine Unze Rosenöl; dieses ist von dunkelgrüner Farbe und von dem in Europa bekannten persischen Rosenöl ganz verschieden, kommt aber nicht im Handel vor. Glaswaaren, besonders kleine gegossene Spiegel, 8 Zoll lang und 5 Zoll breit, und Flaschen von opalähnlichem Glase. — Branntwein von schlechter Qualität, der aus den Trauben gebrannt wird.

Der Handel Kaschmirs ist vollkommen zum Vortheile des Landes. Der Betrag der Ausfuhr kann auf 4 Millionen Rupien angenommen werden, wovon 2½ Millionen auf Ziegenwollenwaaren, 1 Million auf Reis, ½ Million auf alle anderen Producte kommt. Die Einfuhr mag ½ Million Rupien betragen, wovon zwei Drittel für Ziegenwolle zu rechnen ist; demnach bringt der Activhandel Kaschmirs jährlich 3½ Millionen Rupien (über 1⅓ Million Thaler) ins Thal. Regelmäßige Karavanen gehen jetzt weder von noch nach Kaschmir; die Ein= und Ausfuhr geschieht in kleinen Transporten zu 20—25 Pferden oder Maulthieren, die nur zwei bis drei Mann begleiten; nur die Schahltransporte begleitet meistens der Eigenthümer selbst.

Aus der Geschichte von Kaschmir theilen wir noch Folgendes mit. Nach der Hindugeschichte Kaschmirs war das ganze Thal in der Urzeit mit einem großen Landsee bedeckt, der von Hochgebirge zu Hochgebirge reichte; der fromme Kasyapa (Kaschef), Brahma's Enkel, soll Gott durch Gebete vermocht haben, das Wasser abfließen zu lassen, worauf sich im J. 3714 v. Chr. die ersten Bewohner hier niederließen. Die Herrschaft der Hindu endigte im J. 1312 (1340?) mit dem Könige Rani Kota Devi, worauf die Mohammedaner, die schon 1012 auf kurze Zeit Kaschmir besetzt zu haben scheinen, sich des Landes bemächtigten. Ihre Regierung dauerte ein halbes Jahrtausend; bis 1586 stand Kaschmir unter selbständigen mohammedanischen Königen, 24 an der Zahl, bis der Kaiser oder Großmogul Akbar Kaschmir unterjochte und zu einer Provinz des großen mongolischen Reichs machte. Während der glänzenden Zeit des Reichs war das Thal der Erholungsaufenthalt der Kaiser von Delhi. Im J. 1752 ließ der Gründer des afghanischen Reichs Achmed=Schah=Abdallah das in der letzten Zeit der mongolischen Herrschaft fast unabhängig gewordene Thal besetzen; die Statthalter desselben empörten sich aber wiederholt und machten das Land einmal über das andere zum Kriegsschauplatze. Vor etwa 30 Jahren warf der schon damals mächtig gewordene Maharadscha der Siek, Rundschit=Singh, Herrscher von Lahore, sein Augenmerk auf Kaschmir und begann seine Operationen gegen dasselbe im April 1814, wurde aber geschlagen und zum Rückzuge genöthigt. Ein erneuter Versuch im J. 1819 gelang besser; am 5. Juli wurde das Schicksal des Landes entschieden und die mohammedanische Herrschaft über dasselbe mußte der der Siek weichen, die seitdem in ungestörtem Besitze gewesen sind.

Das Schloß Ham.

Das feste Schloß Ham, welches als französisches Staatsgefängniß dient und in neuester Zeit als Gefängniß der gewesenen Minister Karl X. und des Prinzen Ludwig Napoleon eine gewisse Berühmtheit erlangt hat, liegt an der

Somme in dem Departement, welches den Namen dieses Flusses führt und ehemals die Provinz Picardie bildete. Die kleine Stadt Ham, zu der es gehört, hat nur 1900 Einwohner und ist umgeben von Gräben und tief liegenden Niederungen. Sie ist der Geburtsort des als tapferer General Napoleon's und freisinniger Redner der Deputirtenkammer bekannten Generals Foy (gestorben 1825). Im J. 1816 wurde sie dem Marschall Moncey, der sich weigerte, an dem Gerichtsverfahren gegen den Marschall Ney Theil zu nehmen, zum Aufenthaltsorte angewiesen. In der Citadelle büßte auch der Capitain der Fregatte Medusa, Herr v. Chaumareys, für das Unglück, durch das bekannten Schiffbruch sein Schiff und einen Theil seiner Mannschaft verloren zu haben. *) Die Erminister Karl X., Fürst von Polignac, Peyronnet, Chantelauze und Guernon-Ranville, befanden sich hier seit dem December 1830 und haben bekanntlich seit einigen Jahren ihre Freiheit wiedererlangt.

Lord Byron.
(Beschluß aus Nr. 464.)

Im März 1810 verließ Byron Athen und begab sich nach Smyrna; Konstantinopel war jetzt das Ziel seiner Reise, die jedoch durch mehre Zwischentouren unterbrochen wurde. Er besichtigte die Ruinen von Ephesus und verweilte unter Anderm 14 Tage in den classischen Ebenen von Troja. Am 3. Mai gab er eine Probe seiner Schwimmfertigkeit, indem er zugleich mit dem Lieutenant Ekenhead von Sestos nach Abydos über den Hellespont schwamm, um zu beweisen, daß die Sage von Hero und Leander nichts Unmögliches behaupte. Die Probe war keine geringe; denn obgleich die Entfernung der beiden Orte voneinander kaum eine halbe Stunde beträgt, so ist doch die Strömung so reißend, daß dadurch die Entfernung verdreifacht wird. Byron durchschwamm den Raum in einer Stunde und zehn Minuten. Durch dieses Kunststück, dessen er sich in der Folge häufig und nicht ohne Selbstgefälligkeit rühmte, zog er sich jedoch ein heftiges Fieber zu, und erst fünf Tage nachher, während welcher Zeit ihn eine arme Fischerfamilie freundlich in ihrer Hütte gepflegt hatte, war er im Stande, seine Reise fortzusetzen.

Am 14. Mai kam er in der Hauptstadt des türkischen Reichs an; allein obschon er hier sehr wohl aufgenommen wurde — der Sultan ertheilte ihm sogar die Erlaubniß zum Besuche der Moscheen —, so behagte es ihm doch nicht besonders, weshalb er schon im Juli nach einigen Ausflügen in die Provinz Rumelien nach Athen zurückkehrte und zwar ohne seinen Freund Hobhouse, welcher sich wieder nach England begab. Von Athen aus bereiste der Lord im August Morea, vom October an hielt er sich jedoch meist in Griechenlands jetziger Hauptstadt auf und wohnte im dortigen Franziskanerkloster. Seine Zuneigung zu den Griechen ward durch den Aufenthalt in ihrem Lande und durch den Umgang mit ihnen bedeutend vergrößert, wenn er sich auch nicht verbarg, daß sie für freie Selbständigkeit noch nicht reif seien. Endlich im Mai 1811 verließ Byron Athen und kam im Juli wieder in England an.

Nicht lange nach seiner Ankunft, am 1. August, starb seine Mutter, welcher er stets mit Liebe zugethan war. Vergebens suchte er seinen Kummer durch seine gewohnten Vergnügungen zu verscheuchen, es gelang ihm nicht; zuletzt zog er sich auf längere Zeit in die Einsamkeit zurück. Im Februar 1812 trat er zum ersten Male im Oberhause als Redner auf und fügte so den Ruhm der Beredtsamkeit zu seinem Dichterruhme. Der letztere stieg in kurzer Zeit bis zu einer ungeheuern Höhe. Noch im Februar erschienen die beiden ersten Gesänge von „Ritter Harold's Pilgerfahrt", ein Gedicht, welches die von ihm auf seiner Reise besuchten Länder mit den glänzendsten, lebendigsten Farben beschreibt, da es meist an Ort und Stelle abgefaßt wurde. Im folgenden Jahre kamen „Der Giaur", „Die Braut von Abydos" und „Der Corsar" heraus, lauter Erzählungen, welche durch das Interesse des Stoffes sowol als auch durch die zarte, phantasie- und geistreiche Ausführung den Leser unwiderstehlich anziehen und fesseln. In demselben Geiste ist sein „Lara" geschrieben, eine Art Fortsetzung des „Corsaren", welche wenige Monate nach den bereits genannten Gedichten veröffentlicht wurde. Bewundernswerth ist die Schnelligkeit, mit welcher der Lord seine Dichtungen, unbeschadet ihrer Eleganz und Gediegenheit, vollendete. So kostete ihm „Die Braut von Abydos" nur vier, der „Corsar" nur zehn Tage. Die Nachfrage nach den Erzeugnissen seiner Feder war außerordentlich groß, sodaß eine starke Auflage der beiden ersten Gesänge des „Harold" in Zeit von einer Woche sich vergriff. An einem Tage wurden 4000 Exemplare eines seiner Gedichte verkauft.

Byron wurde mit den höchsten Lobsprüchen überhäuft, aber trotzdem war er gewöhnlich übel gelaunt. Den meisten Verdruß verursachte ihm seine Verbindung mit Anna Isabella Milbank, der durch die Gaben der Natur wie des Glücks ausgezeichneten einzigen Tochter des Baronets Sir Ralph Milbank Noël, mit welcher er am 2. Januar 1815 zu Seham getraut wurde. Schon im vorhergehenden Jahre hatte er derselben seine Hand angeboten, die Miß aber wies damals, wahrscheinlich auf Veranlassung ihrer Mutter, welche eine Abneigung gegen Byron hegte, seine Anträge zurück; später jedoch nahm sie den Briefwechsel mit ihm wieder auf und so kam es endlich zur Ehe zwischen Beiden, die schon nach Verlauf eines Jahres gerichtlich gelöst wurde. An wem die Schuld davon gelegen habe, ist schwer zu bestimmen. Byron selbst schreibt sie seiner Schwiegermutter zu, und jedenfalls ist diese Anklage nicht ganz ohne Grund. Indessen auch der Lord kann nicht vollkommen freigesprochen werden; denn wenn es auch erlogen ist, daß er während seines Zusammenlebens mit Lady Byron in verbotenem Umgange mit andern Frauen gestanden habe, so ist es doch gewiß, daß er sie durch seine Reizbarkeit, durch seinen Eigensinn und durch seine üble Laune nicht selten beleidigte, und ebenso gewiß ist, daß seine Vermögensumstände kurz nach seiner Verheirathung die mislichsten waren. Zwar brachte ihm seine literarische Thätigkeit bedeutende Summen ein — für „Ritter Harold's Pilgerfahrt" erhielt er, die oft wiederholten Auflagen ungerechnet, über 25,000 Thlr. und für das kleine Gedicht „Lara" beinahe 5000 Thlr. —; aber ein langwieriger Proceß und das verschwenderische Leben, welches er mit seiner Gemahlin führte, verschlangen alle seine Einnahmen sammt ihrer Mitgift. Es kam so weit, daß er ausgepfändet und ihm sogar die Betten genommen wurden, auf denen er schlief; nur durch seinen hohen Rang entging er dem Gefängniß. Unter solchen Umständen sah er sich genöthigt, seine Gattin nebst einer Tochter, mit der sie ihn beschenkt hatte, zu ihrem Vater auf so lange Zeit zurückzusenden, bis sich der Sturm gelegt haben würde. Sie kehrte aber nicht wieder zu ihm zurück, obgleich sie sich im besten Vernehmen von ihm getrennt hatte, ein Zeichen, daß

---

*) Vergl. Nr. 365 des Pfennig-Magazins.

nicht eigentlich sie es war, welche die Verbindung aufgelöst zu sehen wünschte. Nach mehren fruchtlosen Versuchen, eine Wiedervereinigung herbeizuführen, unterschrieb Byron die Scheidungsacte; er führte jedoch auch noch nachher den Namen seines Schwiegervaters, indem er sich gewöhnlich „Noël Byron" zeichnete. In seinem berühmten Gedicht „Lebewohl" bekennt er, daß er die Schuld der Trennung trage, fügt aber hinzu, daß er sich durch seine Reue und seinen Schmerz Anspruch auf Verzeihung erworben zu haben glaube.

Dem Lord war jetzt der Aufenthalt in England, wo er wegen seines häuslichen Unglücks, dessen Eintritt man fast allgemein ihm allein beimaß, fortwährend schwere Kränkungen erfuhr, unerträglich. Nachdem er noch die „Hebräischen Melodien", die „Belagerung von Korinth" und „Parisina" herausgegeben hatte, verließ er am 25. April 1816 sein Vaterland zum zweiten Male, um es niemals wieder zu sehen. Er fuhr den Rhein hinauf, bereiste die Schweiz und schlug zuletzt in dem Landhause Diodati am Genfersee seinen Wohnsitz auf. Hier lebte er sehr eingezogen mit seinem eben erst erworbenen Freunde Shelley, einem jungen englischen Dichter von sonderbarem Charakter, mit dem er oft Spazierfahrten auf dem See machte. Sonst besuchte er weder Jemand noch nahm er Besuche an, am allerwenigsten von Engländern. So unzugänglich war er, daß man, um nur etwas von ihm zu erfahren, ihn vom jenseitigen Ufer mit Fernröhren beobachtete.

Während seines Aufenthalts bei Genf vollendete er den dritten Gesang des „Ritters Harold", dichtete den „Gefangenen von Chillon", schrieb eine Trauerrede auf den Tod des gefeierten Sheridan und begann den „Manfred", eine Tragödie, welche ihm oft den Vorwurf des Plagiats zugezogen hat, indem man behauptete, er habe Goethe's „Faust" benutzt. Allein eine Vergleichung beider Dichtungen zeigt, daß Byron selbständig arbeitete, und es bedurfte durchaus nicht der Versicherung, daß er den „Faust" nie gelesen habe, sondern ihn nur stellenweise aus den Mittheilungen Anderer kenne.

Im October 1816 verließ der Dichter die Schweiz, um sich nach Italien überzusiedeln. Nachdem er einige Zeit in Mailand und Verona sich aufgehalten hatte, beschloß er, den Winter in Venedig zuzubringen. Er führte hier nicht nur ein höchst sonderbares Leben — gewöhnlich stand er erst am späten Nachmittag auf und wachte die Nacht hindurch —, sondern auch ein höchst ausschweifendes. Namentlich ist sein Umgang mit einer gewissen Marianna, die er Fornarina nannte, bekannt. Indessen blieben ihm auch ernstlich, nützliche Beschäftigungen nicht fremd; mit Eifer studirte er im Kloster der Armenier die armenische Sprache und arbeitete mit den Mönchen an einer englisch-armenischen Grammatik; zugleich vollendete er seinen „Manfred". Nach beendetem Carneval trat er eine Reise nach dem südlichen Italien an. Im April kam er nach Ferrara, wo er „Tasso's Klage" schrieb; dann reiste er durch Florenz nach Rom. Hier saß er Thorwaldsen zu einer Büste, vor der jedoch die spätere von Bartolini den Vorzug verdienen soll. Im Mai war er wieder in Venedig, wo er sich wiederholt der größten Zügellosigkeit hingab, sodaß er selbst später mit Widerwillen und Abscheu sich dieser Lebensperiode erinnerte. Von Venedig ließ er sich alle Morgen nach dem festen Lande übersetzen, um wilde Pferde zu bändigen, da er das Reiten ebenso trefflich ausübte als leidenschaftlich liebte. Um diese Zeit verkaufte er auch sein Erbgut Newstead-Abbey für 600,000 Thlr.

In literarischer Hinsicht war er nicht müßig. Er begann den vierten Gesang des „Ritter Harold" und schrieb den „Beppo" und einige Gesänge des „Don Juan". Das letztere Gedicht, das bedeutendste von allen welche ihn zum Verfasser haben, ist nicht mit Unrecht seiner Unsittlichkeit wegen angegriffen worden. Zwar vertheidigte sich Byron gegen diesen Vorwurf dadurch, daß er behauptete, er habe das Laster in seiner ganzen Größe darstellen wollen; allein die Art und Weise, wie dies geschieht, ist weit mehr geeignet, zur Nachahmung zu verlocken als davon abzuschrecken. Merkwürdig ist Goethe's Urtheil über den „Don Juan", wie er dasselbe gegen Eckermann aussprach. „Don Juan", sagte er, „ist ein grenzenlos geniales Werk, menschenfeindlich bis zur herbsten Grausamkeit, menschenfreundlich, in die Tiefen süßester Neigung sich versenkend; und da wir den Verfasser nun einmal kennen und schätzen, ihn auch nicht anders wollen als er ist, so genießen wir dankbar, was er uns mit übermäßiger Freiheit, ja Frechheit vorzuführen wagt." Es schien, als ob der Dichter in der Person des Don Juan sich selbst geschildert habe; wenigstens lassen sich Ähnlichkeiten genug zwischen Beiden nachweisen, sodaß ein Vergleich vollkommen gerechtfertigt ist, obgleich Byron stets heftig gegen einen solchen protestirte.

Im December 1819 verließ der Lord Venedig und begab sich mit Hobhouse, den er dort getroffen hatte, erst nach Rom und von da nach Ravenna. Schon im April nämlich hatte er Bekanntschaft mit dem Grafen Gamba und dessen Familie gemacht. Die Tochter des Grafen, Therese, eine junge, schöne, geistreiche Frau, die an den Grafen Guiccioli, einen Mann in den sechziger Jahren, verheirathet war, hatte seine Aufmerksamkeit auf sich gezogen und entzündete bald eine Liebe in ihm, die ihrerseits nicht ohne Erwiderung blieb. Um ihr nun näher zu sein, vertauschte er seinen bisherigen Wohnsitz mit dem neuen. Die Gräfin ließ sich mit Einwilligung ihrer Familie von ihrem Gemahle scheiden und wohnte von nun an bei den Ihrigen auf einem Landgute bei Ravenna, wo Byron, um keinen Anstoß zu geben, sie nur selten besuchen durfte; desto lebhafter war ihr gegenseitiger Briefwechsel. In Ravenna schrieb der Dichter die „Prophezeiung des Dante" und den „Marino Faliero", ein Stück, welches, da es nicht für die Bühne berechnet war, auf derselben auch kein Glück machen konnte.

Um diese Zeit regte sich in Italien der sogenannte Carbonarismus, der es zum Ziele seines Strebens gemacht hatte, das zerstückelte Vaterland wiederum unter einer Regierung zu vereinigen. Byron nahm zwar keinen Theil an den Versammlungen der Verschworenen, unterhielt aber doch ein nicht unbedeutendes Magazin von Gewehren, unterstützte auch sonst die Carbonari und bot sogar der neuen Regierung zu Neapel in einem Schreiben, das aber aufgefangen wurde, tausend Louisd'or und seine persönlichen Dienste an. Noch mehr war der junge Graf Pietro Gamba, sein Freund, in jene politische Verbindung verwickelt und wurde deshalb nebst seinem Vater aus Ravenna verbannt. Der Lord entschloß sich daher nach Vereitelung der Verschwörung, mit der Gräfin und ihrem Vater sich in das nördlichere Italien zurückzuziehen. Er begab sich gegen Ende des Herbstes 1821 über Bologna und Florenz nach Pisa, wo er den Palast Lanfranchi zu seiner Wohnung wählte. Hier verweilte er ungefähr ein Jahr, welches für ihn in mancher Beziehung traurig war. Zwar der Tod seiner Gattin konnte der Natur der Sache nach auf ihn keinen gar zu tiefen Eindruck machen, desto schwerer jedoch traf ihn die Nachricht von dem Tode seiner natürlichen Tochter, Allegra, die er im Kloster Bagna-Cavallo im katholischen Glauben erziehen ließ; sie starb am 22. April 1822 in einem Alter von fünf Jahren. Er ließ ihre Leiche nach England hinüberbringen und auf dem Kirchhofe zu Harrow begraben. Nicht lange darauf ertrank sein Freund Shelley, indem das Boot, auf welchem er sich befand, umschlug. Byron faßte jetzt den Plan, nach Südamerika zu Bolivar zu gehen und sich dort als Pflanzer anzusiedeln; allein es wurde ihm abgerathen und er blieb, obwol weniger durch den Rath als durch seine Liebe zur Gräfin Gamba zurückgehalten. Mit ihr und dem Grafen reiste er, da seine Schützlinge auch in Pisa nicht mehr geduldet wurden, im September 1822 nach Genua, wo Alle vereinigt lebten. Von hier schrieb er an Goethe, dem er schon vorher seinen „Sardanapal" zugeeignet hatte. Diesen dichtete er noch zu Ravenna, ebenso die beiden „Foscari". In Pisa entstanden die zwei sogenannten Mysterien „Kain" und „Himmel und Erde", endlich das Trauerspiel „Werner". Außerdem arbeitete er fortwährend an dem „Don Juan".

So kam das Jahr 1823 allmälig heran, welches ihn auf einen neuen Schauplatz führte, von dem er leider nur zu schnell abtreten sollte. Lange schon war der Lord mit Aufmerksamkeit und Interesse den Bewegungen der Griechen gefolgt, welche sich endlich in Masse erhoben hatten, um das verhaßte Türkenjoch abzuschütteln. Wie anderwärts, so bildete sich auch in London ein Griechenverein, dessen Zweck es war, die unterdrückte Nation auf alle mögliche Weise in ihrem Streben nach Unabhängigkeit zu unterstützen. An diesen Verein wendete sich Byron und bot ihm seine Dienste an; denn sein Entschluß stand fest, für Griechenlands Freiheit Gut und Blut zu opfern. Er schiffte sich daher unverzüglich ein, ward aber durch Stürme genöthigt, in Livorno zu landen. Endlich im Juli 1823 trat er von hier aus in Begleitung einiger Freunde, unter denen auch der junge Graf Gamba sich befand, seine Fahrt nach Griechenland an; im August desselben Jahres landete er auf der Insel Kefalonia. Sogleich setzte er sich in Verbindung mit den Häuptern der Nation, die leider in mehre Parteien zerfallen war. An der Spitze der einen stand Kolokotronis, damals Vicepräsident der vollziehenden Regierung, an der der andern Maurokordatos, welcher die auswärtigen Angelegenheiten leitete. Beide jedoch mußten sich bald von ihren Stellen zurückziehen. Was die äußern Zustände des Landes betrifft, so hatten zwar Niketas und Odysseus die türkischen Armeen unter Mustapha und Jussuf Pascha geschlagen und Morea war bis auf wenige Punkte von den Feinden gereinigt; auch hatte Markos Bozzaris, der tapfere Anführer der Suliotten (der Byron bei seiner Ankunft besonders freundschaftlich begrüßte), bei Karpenissi die Türken besiegt und zerstreut, war aber selbst im Kampfe gefallen. Zugleich aber wuchs die feindliche Macht durch immer neu ankommende Truppen bald wieder; sie näherte sich der Festung Missolunghi, welche ohne Verzug von einem bedeutenden Landheere und von einer türkischen Flotte eingeschlossen und schon im October angegriffen wurde. Griechenlands Schicksal schien von der Behauptung oder dem Falle dieser Feste abhängig zu sein. Byron hatte deshalb keine Zeit zu verlieren, so schwierig es auch für ihn war, etwas zu thun; denn jede Partei suchte sich seiner Hülfe zu versichern, jede lud ihn zu sich ein. Um ihnen allen auszuweichen, zog sich der Lord in das Dorf Metarata zurück, von wo aus er mit der bestehenden Regierung und dem Congreß von Salamis durch die Herren Trelawney und Browne unterhandelte. Maurokordatos bat ihn um einen Geldvorschuß zur Ausrüstung einer Flotte, welche Missolunghi entsetzen sollte, zugleich foderte er ihn wiederholt und dringend auf, selbst nach Missolunghi zu kommen. Byron versprach 400,000 Piaster für die Flotte und schickte sich an, seinen bisherigen Aufenthalt zu verlassen. Die Geldgeschäfte hielten ihn indeß noch eine Zeit lang auf, als sie aber abgemacht, 12,000 Pf. St. der griechischen Regierung überschickt und alle Vorbereitungen zur Reise getroffen waren, schiffte er sich am 29. December zu Argostoli ein und erschien am 5. Januar 1824 zu Missolunghi. Man empfing ihn mit der größten Liebe und Begeisterung; das Geschütz der Festung salutirte sein Schiff. Der Fürst Maurokordatos ging ihm, begleitet von den vornehmsten Griechen, den Truppen und einer zahllosen Volksmenge, an dem Strande entgegen und führte ihn unter dem lauten Beifallrufen der Menge und unter Kanonendonner in die für ihn bereitgehaltene Wohnung.

Byron sammelte nun eine Schar von 500 Sulioten um sich, die er aus eigenen Mitteln besoldete; außerdem unterstützte er die Griechen mit bedeutenden Geldsummen, die er theils von den Seinigen, theils von Dem, worüber er als Agent des londoner Vereins verfügte, hergab. Aber dies genügte ihm nicht. Er dürstete nach Thaten und harrte ungeduldig auf eine Gelegenheit, sein Leben für die Freiheit des alten Hellas in die Schanze zu schlagen. Endlich schien eine solche gekommen zu sein; da man nämlich damit umging, das Schloß Lepanto aus der Gewalt der Türken zu befreien, so ernannte man den Lord zum Befehlshaber eines Corps von 3000 Mann, mit welchem er die Feinde vertreiben sollte; allein der Angriff, auf welchen Byron große Hoffnungen gesetzt hatte, unterblieb. Der Verdruß über diese Unthätigkeit und noch mehr über die Gründe derselben zog Byron am 15. Februar gefährliche Anfälle von Epilepsie zu, die mehrmals wiederkehrten. Aderlässe und Bäder stellten jedoch seine Gesundheit ziemlich wieder her. Seine Freunde drangen in ihn, Missolunghi, dessen feuchte, sumpfige Lage ihm nachtheilig sein mußte, zu verlassen, aber er lehnte ihre Einladungen sämmtlich ab, um die Griechen nicht zu entmuthigen und sich nicht den Anschein zu geben, als ob er ihnen seine Hülfe entziehen wolle. Überdies glaubte er hier seine Absicht, die einzelnen Parteien des vielfach gespaltenen und zerfallenen Volkes zu vereinigen, besser erreichen zu können. Darauf ging jetzt sein ganzes Streben, das war sein sehnlichster Wunsch; leider sollte er ihn nicht erfüllt sehen.

Ein Spazierritt am 9. April, auf welchem er gänzlich durchnäßt worden war und sich erkältet hatte, streckte ihn auf das Sterbelager. Am folgenden Tage fühlte er sich sehr unwohl; trotzdem versicherten die Ärzte noch am 13. April, daß keine Gefahr vorhanden sei. Vielleicht wäre die Krankheit auch glücklich gehoben worden, wenn er sich dem Willen der Ärzte gefügt und zur Ader gelassen hätte. Erst am 17. gab er nach, aber schon war es zu spät; eine Gehirnentzündung stellte sich ein, in deren Folge er zu phantasiren begann. In seinen lichten Momenten gedachte er seiner Freunde und vor allem seiner ehelichen Tochter Ada; nächst diesen beschäftigte Griechenlands Freiheit seinen Geist. Am 18. April sprach er zum letzten Male; seine letzten Worte waren: „Ich muß nun schlafen." Noch einmal am 19. April gegen 6 Uhr Abends öffnete er seine Augen, gleich darauf verschied er ohne Schmerz. Sein treuer Diener William Fletcher lauschte seinen letzten Athemzügen.

Der Tod Byron's versetzte ganz Griechenland in die tiefste Trauer. Maurokordatos erließ sogleich eine Pro clamation, nach welcher Tags darauf bei Sonnenaufgang 37 Trauerschüsse dem Volke den Hintritt des 37jährigen Dichters und Griechenfreundes verkünden sollten. Alle öffentlichen Geschäfte sollten ruhen, die Gerichtshöfe und alle Kaufläden drei Tage lang geschlossen bleiben. Jede gemeinsame Vergnügung ward verboten und eine allgemeine Trauer von drei Wochen angeordnet. In allen Tempeln wurden Todtengebete gehalten.

Den Leichnam des Lords brachte man, da er selbst nichts über den Begräbnißort bestimmt hatte, vorläufig nach Zante. Die Griechen wünschten ihn in Athen beigesetzt zu sehen, aber England wollte Den im Tode nicht lassen, den es im Leben oft bitter gekränkt hatte. Die Griechen mußten nachgeben und so wurde die einbalsamirte Leiche auf der Brigg Florida, begleitet von dem Grafen Gamba und mehren Freunden und Dienern des Entschlafenen, nach England geschafft, um in der Westminsterabtei begraben zu werden. Dagegen aber sträubte sich die Unduldsamkeit des Dechanten von Westminster, Dr. Ireland, der nicht einmal die Büste des Dichters in der Abtei aufstellen ließ. Der Lord wurde demnach in der Kirche des Dorfes Hucknell bei Newstead-Abbey in der Grabstätte seiner Ahnen beigesetzt, wo ihm seine Halbschwester, Maria Leigh, einen Denkstein mit einfacher Inschrift errichten ließ. Das Herz des Dichters blieb in Griechenland und wurde in einem Mausoleum zu Missolunghi beigesetzt.

Dies war das Leben und Ende eines der größten und genialsten Dichter, von welchem der Heros der deutschen Poesie, Goethe, stets mit Bewunderung sprach. „Die Engländer", äußerte er einst, „mögen von Byron halten, was sie wollen, so ist doch so viel gewiß, daß sie keinen Poeten aufzuweisen haben, der ihm zu vergleichen wäre. Er ist anders als alle übrigen und meist größer."

Die Werke Byron's sind häufig bald theilweise, bald im Ganzen ins Deutsche übersetzt worden, wiewol sie dem Übersetzer vielleicht größere Schwierigkeiten als die meisten andern poetischen Werke des Auslandes entgegenstellen; namentlich zeichnen sich die Übertragungen von Adrian, Adolf Wagner, Arthur vom Nordstern und Zedlitz aus, denen noch die neueste vollständige von Adolf Böttger anzureihen ist. Die neueste Ausgabe seiner sämmtlichen poetischen und prosaischen Werke in 17 Bänden erschien in London 1832—33. Der Verleger derselben, Buchhändler Murray, hat an Byron nach und nach für seine Gedichte 15,455 Pf. St. (etwa 100,000 Thlr.) Honorar gezahlt.

Fanatischer Heroismus.

Wol gebietet die Schrift, daß wir das Glied, welches uns ärgert, ausreißen sollen. Niemand wird aber dieses Gebot anders denn von einer geistigen Bekämpfung unserer Lüste und Begierden verstehen wollen, da es uns nicht zusteht, den Bau eigenmächtig zu zertrümmern, welchen wir nicht aufgeführt haben. Doch nicht selten hat es Schwärmer gegeben, welche auf eine oder die andere Weise das Gebot buchstäblich vollzogen. Schwerlich hat solches auf eine schauderhaftere Weise geschehen können, als von einem Dienstmädchen eines Zimmermeisters zu Haydon-Bridge in der Nähe von Carlisle in England. Sie war eine große Freundin des Tanzes und von den die Gesundheit zerrüttenden Folgen, welche eine übertriebene leidenschaftliche Übung dieser Lustbarkeit begleiten, waren ihr so lebhafte und ihr Gemüth so erschütternde Vorstellungen gemacht worden, daß sie im Anfluge exaltirter Schwärmerei das Werkzeug ergriff, nach welchem sie in der Werkstatt ihres Dienstherrn nicht lange zu suchen brauchte — eine scharfgeschliffene Zimmerart. Mit mörderischen Hieben trennte sie sich damit beide Beine unter den Knien. Da es ihr nun bei dem zweiten Beine nicht ganz gelingen wollte, wie man nach der Natur dieser gräßlichen Operation und der Lage der betreffenden Gliedmaßen leicht ermessen kann, rief sie dem zwar in der Nähe befindlichen, aber um dieses Beginnen natürlich nicht wissenden Meister zu: er möchte ihr doch eine scharfe Säge geben, sie könne bei dem einen Beine nicht ganz durchkommen. So bedauernswerth eine solche Verirrung ist, so wird man doch nicht umhin können, die dadurch bewiesene Seelenstärke zu bewundern.

Curiosum.

Johann Jakob Häuberle, Schulmeister einer kleinen schwäbischen Stadt, hat während der 51 Jahre 7 Monate seiner treuen Amtsführung nach seiner eigenen Berechnung ausgetheilt: 911,547 Stockschläge, 124,010 Ruthenhiebe, 20,989 Pfötchen und Klappse mit dem Lineal, 136,715 Handschläge, 10,235 Maulschellen, 7908 Ohrfeigen, 1,115,800 Kopfnüsse und 12,763 Notabenes mit Bibel, Katechismus, Gesangbuch und Grammatik. 777 Mal hat er Knaben auf Erbsen knien lassen, 613 Mal auf ein dreieckiges Stück Holz, 5001 mußten den Esel tragen und 1707 die Ruthe hoch halten, vieler ungewöhnlicher Strafen zu geschweigen.

Literarische Anzeige.

In meinem Verlage ist soeben erschienen und in allen Buchhandlungen vorräthig:

Taschenbuch dramatischer Originalien.

Herausgegeben von

Dr. Franck.

Neue Folge. Erster Jahrgang.
Mit dem Bildnisse Franz von Holbein's.
8. Elegant cartonnirt. 2 Thlr. 15 Ngr.

Inhalt: Die Schlittenfahrt oder der Herr vom Hause. Original-Lustspiel in vier Aufzügen von **Fr. v. Holbein**. — Ernst und Humor. Lustspiel in vier Aufzügen von **E. v. Bauernfeld**. — Der Oberst und der Matrose. Trauerspiel in fünf Aufzügen von **A. Hagen**. — Die Sylvesternacht. Drama in einem Aufzuge von **Dr. Franck**.

Die erste, aus fünf Jahrgängen (1837—41) bestehende Folge dieses Taschenbuchs enthält Beiträge von Albini, Bauernfeld, Castelli, Franck, Gutzkow, F. Halm, Immermann, Lagusius, Liebenau, Maltitz, Pannasch, Reinhold, Vogel, Weichselbaumer und Zahlhas, mit den Bildnissen von Albini, Bauernfeld, Castelli, Grabbe, Immermann und Pannasch, scenischen Darstellungen u. s. w., und kostet

im herabgesetzten Preise 6 Thlr., einzelne Jahrgänge 1 Thlr. 10 Ngr.

Leipzig, im Februar 1842.

F. A. Brockhaus.

Das Pfennig-Magazin

für Verbreitung gemeinnütziger Kenntnisse.

466.]   Erscheint jeden Sonnabend.   **[März 5, 1842.**

August Wilhelm Iffland.

Dieser ausgezeichnete Schauspieler, mit dem sich nach dem Urtheile aller Sachverständigen nur wenig deutsche Künstler vor und nach ihm messen können, ward am 19. April 1759 zu Hanover geboren. Wie Kinder überhaupt, so fand auch er an allem Bunten und Glänzenden besonderes Vergnügen. Noch als Mann wußte er viel von dem Eindrucke zu erzählen, den eine 1763 zu Ehren des Herzogs von Braunschweig veranstaltete Illumination seiner Vaterstadt auf ihn gemacht hatte. Lange schwebte ihm der erleuchtete Triumphbogen vor, den er bei dieser Gelegenheit sah; lange konnte er das Treiben und Drängen der fröhlichen Zuschauermasse nicht vergessen, bis endlich ein neues Bild das alte verdrängte. Es war im Jahre 1765, als er zum ersten Male das Schauspiel besuchte. Schon der große, helle, mit Menschen angefüllte Raum ergötzte ihn; mit Erstaunen sah er den Vorhang sich erheben und wieder fallen; der Wechsel der Decorationen, die reiche Kleidung der Auftretenden steigerte seine Freude. Auch an der Handlung selbst nahm er den lebhaftesten Antheil, sodaß es ihn sehr verdroß, als auf der Bühne ein Vater seine kleine Tochter vor so vielen Menschen schlagen wollte. Noch mehr ärgerte er sich, als nach Beendigung des Lustspiels „Der Kranke in der Einbildung" ein Ballet aufgeführt wurde; denn es erschien ihm unschicklich, daß die Leute in dem großen, eleganten Saale aller guten Sitte zuwider nur immer umherliefen und sprangen. Des Ballets gedachte er bald nicht mehr, desto lieber aber und desto öfter erinnerte er sich an die Komödie. Zu Hause versuchte er an jedem Fenstervorhange das Hinaufrauschen und das Herabfallen des Vorhangs; der Gedanke an das Theater beschäftigte ihn täglich, so sehr ihn auch seine Ältern schalten und ihm bemerklich machten, daß es Zeit sei, sich diese Possen aus dem Sinne zu schlagen. Neue Nahrung erhielt seine Phantasie, als 1767 die Seiler'sche Schauspieler=

gesellschaft mehre Vorstellungen in Hanover gab. Er hatte sich bereits bessere Begriffe von der dramatischen Kunst dadurch verschafft, daß er stets mit gespannter Aufmerksamkeit zuhörte, wenn, wie dies zuweilen geschah, sein Bruder Abends aus Lessing's „Dramaturgie" vorlas; mit ganz andern Gefühlen betrat er daher jetzt das Theater, wo man gerade „Miß Sara Sampson" von Lessing aufführte; er weinte die bittersten Thränen und als der Vorhang fiel, konnte er sich kaum entschließen, seinen Platz zu verlassen. Fast noch mehr bezauberte ihn „Rodogine", eine sogenannte hohe Tragödie. Er wiederholte die Reden des Antiochus, der Kleopatra und anderer Helden, welche in diesem Stücke eine Rolle spielten, stellenweise erst vor seinem Vater, und da dieser ihn ernstlich mahnte, nützlichere Dinge vorzunehmen, vor seinen Geschwistern. Auch diese wurden seiner Declamationen bald überdrüssig; das Gesinde, an das er sich nun wendete, lachte ihn aus; seine Spielkameraden mochten ihn nicht mehr hören; so zog er sich endlich auf den Boden unter dem Dache zurück, um hier ungestört als Antiochus zu weinen und als Kleopatra zu rasen. Konnte er irgendwie eines Schauspiels habhaft werden, so verschlang er es mit der größten Begierde und ward nicht müde, es wieder und wieder zu lesen. Allein ganz genügte ihm dies nicht; er hätte es vielmehr gern gesehen, wenn Andere seine Vorträge angehört hätten. Um nun diesen Wunsch, sich hören zu lassen, wenigstens in etwas zu befriedigen, las er Abends Predigten vor und zwar, wie er selbst erzählt, den ersten Theil derselben süß und sanft, den zweiten mit erhobener Stimme, im Donnertone endlich den Schluß, die Ermahnungen an die Unbußfertigen.

Ein Glück war es für ihn, daß die Schauspieler nicht das ganze Jahr über in Hanover blieben, denn während ihres Daseins dachte er nur immer an das Theater, ohne sich viel mit ernstern Beschäftigungen abzugeben. Seine Ältern und sein Lehrer (er empfing damals seinen Unterricht zu Hause) beklagten sich deswegen fortwährend über ihn; erst als die Bühne geschlossen war, hatten sie Ursache, zufriedener mit ihm zu sein; namentlich machte er in der Geschichte nicht unbedeutende Fortschritte, da diese ihm wie ein Schauspiel im Großen vorkommen mochte. Leider starb um diese Zeit sein Lehrer, der ihn durch Sanftmuth und Herzensgüte an sich zu fesseln gewußt hatte. Die Nachfolger desselben waren nicht im Stande, ihn zu ersetzen, sodaß an ein Vorwärtskommen des Knaben, der sich immer träger und träger zeigte, nicht zu denken war. Seine Ältern zogen es deshalb vor, ihn in eine öffentliche Schule zu schicken. Aber bald wurde er hier von den Lehrern vernachlässigt und zurückgesetzt und von seinen Mitschülern seiner Unwissenheit wegen verhöhnt und verspottet. So wurden ihm die Wissenschaften noch verhaßter, als sie es ihm bereits gewesen waren, und anstatt durch angestrengten Fleiß das Versäumte nachzuholen und auf diese Weise das Gelächter seiner Kameraden zum Schweigen zu bringen, suchte er sich vielmehr durch allerhand Neckereien an ihnen zu rächen. Kaum erlernte er so viel, daß er in die erste Classe versetzt werden konnte, darum hielten es seine Ältern für besser, ihn von der Schule wegzunehmen. Sie übergaben ihn dem Pastor Richter zu Springe, unweit Hanover, zu weiterer Ausbildung. Bei diesem Manne, dem er nach seinem eigenen Geständnisse viel, sehr viel verdankte, blieb er bis zum Jahre 1775. Hierauf besuchte er nochmals die hanoversche Schule, freilich sehr nachlässig, denn er konnte nun einmal seine Neigung für das Theater nicht überwinden, und wenn auch die Vorwürfe seiner Ältern ihn dann und wann zu größerm Eifer für die Wissenschaften anspornten, so gab er sich doch bald wieder seinen Lieblingsbeschäftigungen hin; müßig war er niemals, vielmehr studirte er Alles, was in die dramatische Kunst einschlägt, mit der größten Aufmerksamkeit. Er las Schauspiele, nicht um sich zu zerstreuen, sondern zu seiner Belehrung, schrieb selbst einige Scenen und übte sich vorzüglich im mündlichen Vortrage und in der Gesticulation.

Unterdessen war die Zeit herbeigekommen, wo er die Universität beziehen sollte, um Theologie zu studiren. Da brachte sein Widerwille gegen die Wissenschaften und noch mehr der Gedanke, daß es unedel sei, seinen Vater die Ausgaben für die akademischen Jahre vergeblich machen zu lassen, in ihm den Plan zur Reife, das älterliche Haus zu verlassen und sich von nun an ganz der Kunst zu widmen. Auf die Zustimmung der Seinigen war dabei natürlich nicht zu rechnen, deshalb mußte er sich zu heimlicher Flucht entschließen, von der ihn jedoch eine plötzliche Krankheit seines Vaters beinahe gänzlich abgeschreckt hätte. Ein geringfügiger Umstand bewirkte zuletzt dennoch die Ausführung seines Planes. Am 21. Febr. 1777 war er, wie schon öfter, ohne Vorwissen seiner Ältern in das Theater gegangen. Im dritten Acte des Stücks wurde er nach Hause gerufen, wo man ihn mit Klagen, Vorwürfen, Bitten und Drohungen überhäufte, denen er nichts entgegenzusetzen wußte. Von dieser Stunde an war er zu dem Äußersten bereit. Am andern Morgen bat er um die Erlaubniß zu einer Reise über Land, erhielt sie, sagte den Seinigen ein herzliches Lebewohl und wanderte, ein Bildniß seines Vaters auf der Brust bewahrend, in die weite Welt hinaus.

Zuerst begab er sich nach Frankfurt a. M.; da er aber hier erfuhr, daß die Schauspielergesellschaft sich eben in Hanau befinde, so folgte er ihr dorthin nach. Allein der Director derselben zeigte keine Lust, ihn aufzunehmen, sondern verwies ihn nach Wetzlar. Iffland befand sich jetzt in nicht geringer Verlegenheit; sein Geldvorrath neigte sich zu Ende, ohne daß er Aussicht auf baldige Versorgung gehabt hatte, und nach Wetzlar mochte er nicht. Der Ruf Eckhof's, den er selbst schon bewundert hatte, zog ihn nach Gotha; nach einer mühseligen und beschwerlichen Reise kam er dort an. Eckhof nahm ihn nicht nur freundlich und liebevoll auf, sondern verschaffte ihm auch bald eine Anstellung am herzoglichen Hoftheater. Schon am 15. März betrat er zum ersten Male als Jude in Engel's Nachspiel „Der Diamant" die Bühne. So große Talente er nun auch von Natur besaß und so großen Fleiß er auf seine künstlerische Ausbildung verwendete, so würde er doch ohne Eckhof's Vorbild, ohne die besondere Anleitung des für die Bühne höchst thätigen Gotter und ohne die Winke und Bemerkungen seiner Freunde, der Schauspieler Beck und Beil, nicht Das geleistet haben, was er sehr bald wirklich leistete.

Das gothaische Theater verlor indeß durch ungünstige Umstände ein Mitglied nach dem andern, und als nun 1778 auch noch Eckhof starb, so ging ihm neben dem innern Werthe auch noch der äußere Ruf verloren. Zwar hätte es von der Direction bei einiger Bemühung und bei etwas größerm Kostenaufwande leicht wieder können gehoben werden; allein man that nichts für dasselbe, und es konnte mithin den Zweck nicht ferner erfüllen, zu dem es gegründet worden war. Noch eine kurze Zeit fristete es sich kümmerlich hin, bis es endlich um Michaelis 1779 aufgelöst wurde.

Das Personal hatte jedoch nicht nöthig, sich lange nach neuen Anstellungen umzusehen, denn schon zwei

Wochen nach Aufhebung des gothaischen Theaters kam ein Brief vom Freiherrn von Dalberg an, der im Namen des Kurfürsten von der Pfalz fast sämmtliche Schauspieler nach Manheim engagirte. Auch Iffland wurde natürlich dorthin eingeladen; allein eigentlich stand sein Sinn nach Hamburg, wo er sich unter Schröder besser ausbilden zu können hoffte; nur seine freundschaftliche Verbindung mit Beck und Beil bewog ihn endlich, das manheimer Engagement anzunehmen. Ehe er sich an den Ort seiner Bestimmung begab, stattete er noch seinem ehrwürdigen Vater einen Besuch ab, den ersten seit seiner heimlichen Entweichung. Begleitet von den Segenswünschen des guten Alten, der sich in das Geschehene zu fügen gewußt hatte, reiste er sodann mit seinen Freunden nach Manheim.

Trotzdem daß das dortige Publicum an das feine, routinirte Spiel der Franzosen und an den Genuß der italienischen Oper gewöhnt war, wußte sich doch die neue deutsche Gesellschaft bald Eingang zu verschaffen, wozu namentlich Iffland, Beil und Beck nicht wenig beitrugen. Diese Drei spornten sich unaufhörlich untereinander durch Lob und Tadel zu neuen Anstrengungen in ihrer Kunst an, und ihre Bestrebungen wurden mit dem besten Erfolge gekrönt. Sie vorzüglich hielten das Theater, als 1781 durch den Wegzug vieler vornehmen Familien, welche dem kurfürstlichen Hoflager nach München folgten, in Gefahr gerieth, einzugehen. Sie thaten noch mehr, sie brachten es auf die hohe Stufe der Vollkommenheit, auf der es sich fast bis 1796, aller Widerwärtigkeiten ungeachtet, behauptete.

Im J. 1781 schrieb Iffland sein erstes Schauspiel: „Albert von Thurneisen", welches freundlich, ja mit Wärme aufgenommen wurde. In den Jahren 1784—85 folgten sodann mehre andere, wie „Verbrechen aus Ehrsucht" (diesen Titel hatte Schiller, dem Iffland das Stück zur Durchsicht sandte, vorgeschlagen), „Die Mündel" und „Die Jäger", welche alle sich des entschiedensten Beifalls erfreuten. Die meiste Wirkung jedoch that ein kleines Vorspiel, „Liebe um Liebe", das er bei Gelegenheit der Vermählung des Pfalzgrafen Maximilian mit der Prinzessin Auguste von Hessen-Darmstadt dichtete. Es war den Gefühlen Aller so vollkommen angemessen, daß Fürst und Volk bis zu Thränen gerührt wurden. Sogleich den Tag darauf berief die Kurfürstin Iffland auf ihr Schloß. Nachdem sie sich eine Zeit lang freundschaftlich mit ihm unterhalten hatte, bat sie ihn, doch ja das Land nicht zu verlassen, wenigstens so lange nicht, als sie noch leben würde. Erkenntlich für so viel Liebe und Güte sagte dies Iffland gern zu. Die Kurfürstin entließ ihn hierauf, nicht ohne ihn vorher reichlich beschenkt zu haben. Von dieser Zeit an that er wo möglich noch mehr für die Kunst als bisher; nicht nur, daß er als Schauspieler nach höchster Vollendung rang — und die ungemein schmeichelhafte Anerkennung, die ihm wie in Manheim, so überall, wo er Gastrollen gab, zu Theil ward, beweist, daß er sein Ziel nicht verfehlte — er fuhr auch fort, das Theaterrepertoire mit neuen Stücken zu bereichern.

Unterdessen riethen ihm seine Freunde dringend, seinen bisherigen Wirkungskreis um der Kunst willen zu verlassen; allein er hatte das der Kurfürstin gegebene Versprechen nicht vergessen. Zudem waren die Bedingungen, unter denen man ihn anderwärts anstellen wollte, nicht eben lockend. So suchte ihn der Schauspieler Brockmann im Namen des Kaisers Joseph für Wien zu gewinnen, konnte ihm jedoch nur 1500 Gulden Gehalt anbieten; zwar wurde diese Summe in spätern brieflichen Anträgen noch bedeutend erhöht, aber man garantirte ihm nicht einmal eine feste, dauernde Stellung; Grund genug für ihn, die Anerbietungen auszuschlagen, auch wenn er nicht durch ein Versprechen an Manheim gebunden gewesen wäre. Noch mehr wurde er in seinem Vorsatze, dort zu bleiben, dadurch bestärkt, daß er 1790 für sich und seine Freunde Beck und Beil die Zusicherungen von Pensionen erhielt, falls sie einst zu theatralischen Leistungen untüchtig werden sollten. Er glaubte nun mit Ruhe der Zukunft entgegensehen zu können, und weiter wünschte er nichts. Indeß seine Ruhe sollte nur zu bald gestört werden.

Die französische Revolution begann allmälig die Grenzen des Landes zu überschreiten, welches ihr das Leben gegeben hatte, und es entspann sich jener langwierige Krieg, der namentlich die herrlichen Rheingegenden verheerte und verwüstete. Schon 1791 und noch mehr 1792 kamen viele Emigranten nach Manheim, die, obgleich ohne feindliche Gesinnung, die Ruhe der Stadt störten, indem sich in Folge ihres Erscheinens Parteien bildeten. Solche Parteiungen, wie überhaupt jede politische Aufregung, konnten dem Theaterwesen durchaus nicht günstig sein. Ein Stück, welches von den Einen mit Beifall aufgenommen wurde, erschien den Andern anstößig, und umgekehrt. Es war rein unmöglich, es auch nur dem größten Theile recht zu machen. Iffland selbst zog sich durch ein paar Worte, die er von der Bühne aus an das Publicum richtete, vielfachen Haß zu. Es war nämlich die Oper „Richard Löwenherz", deren Hauptinhalt die Befreiung des Königs durch seinen getreuen Blondel bildet, gegeben worden. Nach der Vorstellung wurde das ganze Personal hervorgerufen. Es erschien; aber Niemand sprach, obgleich das Publicum bei solcher Gelegenheit eine kleine Anrede zu erwarten pflegte. Die Zeit drängte; ohne sich daher lange zu bedenken, sagte Iffland auf Französisch: „Möge der König einen Blondel finden, der ihm das Leben rettet." Dieser Wunsch, in den man damals fast von allen Seiten einstimmte, verursachte Iffland später manchen Verdruß, indem man nicht ermangelte, ihn auf Grund desselben als einen unverbesserlichen Aristokraten, d. h. im Sinne jener Periode als einen Feind des Volkes, auszuschreien. Seine Gegner glaubten ihm dadurch um so weniger Unrecht zu thun, je mehr das Schauspiel „Die Cocarden", welches er auf Geheiß des Kaisers Leopold geschrieben hatte, ihre Anklagen zu rechtfertigen schien.

Doch der Kummer Iffland's über ein solches Verkennen seiner Gesinnung wich bald andern, größern Sorgen und Beschwerden. Im Jahre 1792 wurde ihm die Regie des kurfürstlichen Theaters übertragen, ein Geschäft, welches, schon in ruhigen Tagen nichts weniger als belohnend, in jenen Zeiten der Gährung und Unordnung doppelt beschwerlich sein mußte. Zwar die Schauspieler waren mit seiner Leitung vollkommen zufrieden, und auf dieser Seite hatte er daher geringere Mühe; allein welche Anstrengungen kostete es ihm nicht, das ihm anvertraute Institut bei so vielen Gefahren auch nur auf kurze Zeit zu erhalten! Er selbst sagt, er habe seiner Stellung als Regisseur Vieles von seiner Ruhe, seine Muße zum Arbeiten, einige Vortheile und vielen Frohsinn aufgeopfert.

Schon mehrmals war Manheim von dem französischen Heere unter Custine bedroht worden; oft schreckte ferner oder näherer Kanonendonner die ruhigen Bewohner der Stadt; Mainz fiel und obgleich die Franzosen im Frühjahre 1793 retirirten, so kehrten sie doch nach dem Rückzuge der Verbündeten sogleich wieder zurück und schlossen Manheim, welches eine kaiserliche Besatzung erhielt, von einer Seite ein. Unter solchen Umständen fand es die Regierung für gut, das Theater, wie sie sich ausdrückte, zu sistiren und die Mitglieder desselben bedeuten zu lassen, daß sie sich nach andern Engagements umsehen möchten. Dies hieß nicht sistiren, sondern auflösen. Iffland konnte einen solchen Befehl um so weniger erwarten, da er und noch mehre auf Lebenszeit angestellt waren. Zudem lag ihm die Erhaltung des Theaters mehr als Alles am Herzen; deswegen wendete er sich unverzüglich an den Intendanten, Freiherrn von Dalberg, und that auch sonst alle mögliche Schritte, um die Rücknahme jenes Befehls zu erwirken. Ohne indeß nähere Erklärung darüber erhalten zu haben, ließ er sechs Wochen nachher die Vorstellungen wieder beginnen.

(Der Beschluß folgt in Nr. 467.)

Die Brücke von St.-Maurice.

In dem merkwürdigen, von der Rhone gebildeten Thale der Schweiz, das in einer Strecke von 36 Stunden, an manchen Stellen kaum eine Stunde breit, von dem Genfersee bis zu den Rhonegletschern unweit des Ursprungs dieses Stromes emporsteigt und den bevölkertsten Theil des Cantons Wallis bildet*), liegt dicht an der Rhone das Städtchen St.-Maurice mit 1000 Einwohnern, bei welchem der auf der Landstraße vom Genfersee kommende Reisende eigentlich erst in das Land eintritt. Die einander gegenüberstehenden Felswände des Dent de Morcle und Dent de Midi drängen sich hier so eng zusammen, daß die Rhone kaum Platz hat, sich durchzudrängen. Die aus Bruchsteinen erbaute Rhonebrücke, welche wol noch aus den Zeiten der Römer herrührt, die hier einen Militairposten hatten, verknüpft beide Berge und dient als Schlüssel des größten Theils von Wallis. Der Strom nebst seiner Brücke, dem längs dem Ufer hinlaufenden Engpasse, dem daneben stehenden alterthümlichen Schlosse, das nur zum Theil noch bewohnbar, zum Theil schon Ruine ist, und einer Einsiedelei an der hohen Felswand bietet ein romantisches Bild dar, von dem unsere Abbildung freilich nur einen schwachen Begriff geben kann. Im Mittelalter galt St.-Maurice für einen hochheiligen Ort, weil nach der Legende die thebaische Legion unweit der Stadt den Märtyrertod erlitten haben soll; deshalb wurde die hiesige Abtei, welche noch jetzt reich ist und eine wichtige Bibliothek besitzt, von frommen Kaisern und Königen mit Kleinodien und Reliquien beschenkt, und auf dem Platze Verollat, wo jene Märtyrerschar für ihren Glauben in den Tod gegangen sein soll, steht noch jetzt eine Kapelle, die als Wallfahrtsort dient. Etwa zwei Stunden entfernt liegt der berühmte, 120 Fuß hohe Wasserfall Pissevache.

*) Vgl. Nr. 364 des Pfennig-Magazins.

Erdbeben und andere Naturerscheinungen im Jahre 1841.

I. Erdbeben.

Januar 4. Verheerendes Erdbeben in Reggio (im südlichen Italien). Der Palast der Intendanz, die Wohnung des Gouverneurs, der Tribunalpalast, das Gefängniß u. s. w. sind theils eingestürzt, theils nicht mehr bewohnbar; ebenso wurden fast alle Privathäuser beschädigt; von den Bewohnern wurden drei getödtet und viele verwundet, weshalb die meisten aus Furcht sich im Freien Hütten bauten. Auch in Messina kamen sehr starke Stöße vor, ohne jedoch erheblichen Schaden zu thun; außerordentlich stark war namentlich einer, welcher 10 Minuten angehalten haben soll und dem in der Nacht sieben andere folgten. Das Erdbeben von 1783 war nicht stärker, unterschied sich aber durch seine horizontalen Schwingungen, während die jetzigen wellenförmig und daher unschädlicher waren. Auch auf den Schiffen im nahen Meere waren die Stöße zu bemerken. Gleichzeitig fand ein vulkanischer Ausbruch auf den liparischen Inseln statt. — Am 15. zwei leichte Erdstöße in Algier. — Am 31. leichte Stöße in Carmarthen und andern Orten in Wales.

Februar 3. Zu Eglisau in der Schweiz. — In der Nacht vom 20. zum 21. in Neapel ein wellenförmiges Erdbeben, das auch in Chieti, Lanciano, Sulmona, Larino, Potenza, Foggia, Salerno und bis zur Insel Ischia gespürt wurde und an allen diesen Orten (mit Ausnahme leichter Beschädigungen im Capitanat) keinen erheblichen, dafür aber in den Abruzzen und in Calabrien desto beträchtlichern Schaden an Gebäuden (namentlich an Kirchen) anrichtete; auch viele Menschen sollen dabei umgekommen sein. — Am 26. auf der Insel Zante heftiger Erdstoß, der 30—35 Secunden anhielt und in dessen Folge einige Häuser einstürzten. Der Schrecken der Einwohner war groß, obschon sie sich nachgerade an Erdstöße gewöhnt haben müssen, deren Zahl seit dem 30. October (in 40 Tagen) nicht weniger als 259 betragen haben soll. Im Jahre 1840 wurde dadurch ein Schade von 300,000 Pf. St. angerichtet.

März 4. Mariastadt in Schweden; Nachts darauf in Dahla und der Umgegend. — Am 17. Konstantinopel. — Am 19. Eglisau in der Schweiz. Der Stoß war weit heftiger als der im vorigen Monat; ihm folgte nach 10 Minuten ein zweiter. — Am 20. Lipari. Stoß von ungewöhnlicher Heftigkeit, der aber keinen Schaden anrichtete; minder heftig wurde er an der Westküste Siciliens gespürt. — Am 22. Koblenz (auch im nahen Nassau, z. B. in Kamp, überhaupt an der Mosel und Lahn). Drei Stöße, die sich durch Klirren der Fenster, Zittern der Möbel u. s. w. fühlbar machten. — Am 30. Calabrien und Apulien (Lecce, Gallipoli, Taranto u. s. w.); diesmal ohne Schaden.

April 3. Jütland (Aalborg u. s. w.) und Norwegen (Arendal, Christiansund, Fersund). In Jütland bekamen mehre Häuser Risse, auch ein Kirchthurm, während man einen mehre f. sah. Die See brauste ungewöhnlich stark und stieg zu furchtbarer Höhe. — Nacht vom 16. zum 17. Aachen (zweifelhaft). — Nacht vom 22. zum 23. Aachen und Umgegend (Inden, Langerwehe, Eschweiler, Stolberg u. s. w.). Leichte Gegenstände bewegten sich, gleichzeitig wurde ein unterirdisches Getöse gehört.

Mai 17. (und an mehren andern Tagen) im Kreise Nachitschewan in Armenien; besonders stark am genannten Tage im Dorfe Kewraz, wo mehre Häuser einstürzten. — Am 23. District Mazzara in Sicilien.

Juni, Anfang. Durch ein Erdbeben wurde der obere Indus gestaut, was eine Überschwemmung zur Folge hatte. — Am 2. im Königreiche Neapel (in fünf Gemeinden der Provinz Abruzzo ulteriore I.); am 9. in Sulmona (bei Neapel); am 10. in Lanciano und Chieti (ebendaselbst); zu Ende des Monats wieder in den Abruzzen, wo viel Schade angerichtet wurde.

In der Gemeinde Taranto stürzten zwei Häuser ein. — Am 12. — 24. anhaltende Erdstöße (die am 15. am furchtbarsten waren) zerstörten fast die ganze Stadt Villa da Praya (mit über 500 Häusern) auf der azorischen Insel Terceira, sowie mehre umliegende Dörfer. Die Einwohner retteten sich in die Gebirge und die Stadt Ayra.

Juli. In der Nacht vom 4. zum 5. in einem großen Theile von Frankreich, namentlich in Paris (drei Erdstöße während eines Gewitters), Orleans, Limoges, Bourges, Nevers, Moulins u. s. w. — Am 10. Cosenza und Catanzaro im Königreiche Neapel. — Am 13. Potenza (ebendaselbst); ferner Östreich (Wien und Wienerisch-Neustadt nebst Umgegend). — Am 15. Dänemark (im Amte Roeskilde um Mittag, im Amte Holbeck Abends 4—5 Uhr). Sachen fielen herab u. s. w.; ein dröhnender Schall war in der Luft zu vernehmen. — Am 16. Neapel. Zwei wellenförmige Stöße. — Am 30. Comrie in Schottland. Die Stöße (deren heftigster im genannten Tage vorkam) wiederholten sich eine Woche lang fast täglich.

August. Juli 30 bis August 4. vier Erdstöße in Leiria in Portugal, weshalb die Einwohner bei Nacht ins Freie flüchteten. — Am 2. und 3. Lissabon. — Am 6. mehre Gegenden in Schottland. — Am 4. und 7. heftige Erdstöße in Südspanien, namentlich in Xeres de la Frontera, Sevilla und Malaga. — Am 16. heftige Stöße auf Antigua, Martinique und andern westindischen Inseln. — Am 28. und 29. leichte Stöße in Norwegen (Valders, Ringerige und andern Orten).

September 2. Ein Erdbeben zerstört die Stadt Cartago, Hauptstadt des Staates Costa Rica in Mittelamerika mit meist einstöckigen und hölzernen Häusern; von ihren 10,000 Einwohnern werden 40—50 getödtet oder verwundet. Gleichzeitiger Ausbruch eines 3 Meilen entfernten Vulkans. In einem Schreiben aus Heredia vom 3. September heißt es: „In einer einzigen Stunde war die Provinz Cartago mit Ruinen bedeckt; selbst steinerne Häuser wurden gleichsam in die Luft geschleudert, worauf sie als Ruinen niederfielen. Nicht blos in den Wohnhäusern sind Leute umgekommen, auch in den Kirchen, auf den Straßen und öffentlichen Plätzen. Zu Turobaba, Tres Rios, Cartago, Pararso, Ujames und selbst in der Nähe von Matina ist nicht eine Hütte stehen geblieben; von San José bis hierher und bis Alajuela findet man nichts als Trümmer; zu San José ragen nur noch einzelne Häuser über die Ruinen hervor, aber auch sie sind nicht mehr bewohnbar." — Am 12. Nischnei-Tagilsk in Rußland (im Ural). Die Fläche, auf der sich die Wirkungen des unterirdischen Vulkans äußerten, hat einen Durchmesser von 40 Wersten und liegt an der Grenze zwischen Europa und Asien. — Nacht vom 19. — 20. Nauplia; unbedeutend.

October 6. Konstantinopel und Umgegend. Mehre heftige Stöße thaten an vielen Orten großen Schaden; mehre alte Gebäude stürzten ein oder wurden stark beschädigt. — Am 24. Comorn in Ungarn. Viele Schornsteine stürzten ein, fast kein Haus blieb unbeschädigt. — Nacht vom 27. — 28. Konstantinopel. Drei leichte Erdstöße; vier Tage darauf, in der Nacht vom 31. October zum 1. November, wieder einer bei einem orkanähnlichen Sturme.

December 2. Leichter Erdstoß in der westlichen Schweiz (Genf) und dem südöstlichen Frankreich (Lyon, Vienne, Bourg u. s. w.), desgleichen in Chambery in Savoyen. Am heftigsten wurde er in den Alpengegenden des Montblanc verspürt. Schornsteine stürzten von den Dächern, die warmen Quellen von St.-Gervais und Cormayeur in Savoyen unweit des Montblanc wurden ganz trübe und blieben so am 3. December. — Nacht vom 10.—11. Deutz bei Köln (während eines heftigen orkanähnlichen Sturms). — Am 27. in Nordamerika (an verschiedenen Orten). — Am 31. Eglisau im Canton Zürich. Eine so starke Erderschütterung (in der ganzen Kirchgemeinde) wie seit vielen Jahren nicht, kein Schwanken, aber ein unheimliches, starkes Zittern, verbunden mit Getöse, weshalb Jedermann auf die Gasse lief, in der Meinung, es sei in der Nähe etwas begegnet. — Am 31. Pyrgos im Peloponnes. Auf eine heftige Erderschütterung, welche $4\frac{1}{2}$ Secunden anhielt, folgten 50 geringere bis zum andern Morgen, wodurch die Einwohner bewogen wurden, die Nacht im Freien zuzubringen. Sämmtliche Stöße hatten die Richtung von der Insel Zante her.

II. Sonstige Naturerscheinungen.

Die periodischen Sternschnuppenfälle im August und November konnten nur an wenigen Orten in Deutschland beobachtet werden, da an den meisten Tagen der Himmel um diese Zeit dauernd mit Wolken bedeckt war, doch ergaben die angestellten Beobachtungen eine Bestätigung der frühern Erfahrungen im Allgemeinen. In Berlin wurden am 10. August in zwei Abendstunden ($9\frac{1}{2}$— $11\frac{1}{2}$ Uhr) 123 Sternschnuppen an verschiedenen Stellen gesehen, von denen die meisten sich in der Richtung von der Cassiopeja zum Schwan bewegten.

Feuerkugeln wurden beobachtet: am 25. Februar zu Cherbourg, am 27. Februar zu Parma und Guastalla, in der Nacht vom 21. auf den 22. März zu Commercy und St.-Menehould in Frankreich, am 24. und 30. März in Genf. Zwei davon, die zu Guastalla und Menehould, hatten eine starke Detonation im Gebirge, doch wird nichts von gefallenen Meteorsteinen berichtet. Zu Heinrichsau bei Grünberg in Schlesien fiel am 22. März ein Stein aus der Luft, von dem zwei Stücke gefunden wurden, das eine $60\frac{1}{2}$, das andere $12\frac{1}{2}$ Loth wiegend. Am 12. Juni fiel bei Chateau-Renard in Frankreich unter heftiger Explosion ein Meteorstein, der in viele Stücke zersprang, von denen das größte 30 Pfund wog. Das Gewicht des ganzen Steins wird auf 60 Pf. geschätzt. Bei Bourbon-Vendée in Frankreich fiel am 5. November nach dem Zerplatzen einer Feuerkugel ein Meteorstein zur Erde, welcher 11 Pf. wog. Kurz darauf, am 15. November, wurde auch in Langensalza in Thüringen eine Feuerkugel gesehen, welche in mäßiger Höhe mit ungeheurem, einem Kanonenschusse ähnlichem Krachen zerplatzte, doch wurde nirgend eine vom Himmel gefallene Masse gefunden. An einigen benachbarten Thurmspitzen zeigten sich St.-Elmsfeuer.

Am 5. December sah man zu Inowrazlaw in Posen eine Feuersäule in Gestalt eines blitzähnlichen, langen Feuerstrahls und hörte nachher ein donnerähnliches Rollen. Gleichzeitig fiel bei Bromberg eine Feuerkugel zur Erde. Eine ähnliche meteorische Feuererscheinung, die als ungemein prachtvoll geschildert wird, beobachtete man am 7. December zu Klagenfurt. Am westlichen Himmel zeigte sich Abends um $6\frac{1}{2}$ Uhr eine verticale Lichtsäule, die nach oben und unten conisch auslief und aus vielen tausend kleinen funkelnden Sternen und leuchtenden Planeten zu bestehen schien, welche ihr glänzendes Licht auf die unten liegenden Bergspitzen warfen. In dem Grade, als diese anfangs hellbrennende Lichtsäule abnahm, nahm die Beleuchtung der Berge zu, sodaß diese mit jener außer Verbindung zu stehen schien, weshalb man vermuthete, der Schein rühre von einer bedeutenden Feuersbrunst her; allein nach einer Viertelstunde verschwand die Lichtsäule allmälig ganz und mit ihr auch jener Schein.

Im westlichen Schottland wurde am 21. December ein ungeheures Meteor, angeblich von doppelter Vollmondgröße und länglich viereckiger Gestalt, beobachtet, das sich langsam von Süden nach Norden bewegte, röthlich erschien, um Mitternacht Tageshelle verbreitete und namentlich beim Zerspringen ein überaus glänzendes Licht ergoß, welches den Horizont in weiter Entfernung erhellte.

Hinsichtlich des angeblichen Meteorsteinregens, der am 10. August bei Iwan in Ungarn vorgekommen sein soll (vergl. Nr. 460), hat sich nun ergeben, daß die gefundenen Körper nicht aus der Luft gekommen waren. Um nämlich der Wahrheit auf den Grund zu kommen, wurde eine etwa einen Cubikfuß haltende Erdscholle ausgestochen und nach Wien an das Hofmineraliencabinet zur Untersuchung geschickt. Bei derselben fand man in der Scholle eine große Menge schwarzer und brauner, meist sehr kleiner Körner des bohnerförmigen Raseneisensteins (auch Sumpf- oder Wiesenerz genannt), die offenbar schon sehr lange, gewiß schon Jahre lang im Erdboden gelegen hatten, da sie zum Theil 12 Zoll unter der Oberfläche gefunden wurden. Der das Ungewitter am 10. August begleitende Regen mag sie in ungewöhnlicher Menge aus der Oberfläche des Bodens ausgeschwemmt und an den Tag gebracht, vielleicht auch Sturm und Wirbelwind eine gewisse Menge davon fortgetrieben und in die Höhe gehoben haben.

Ein Nordlicht wurde zu Hamburg in der Nacht vom 17. auf den 18. December gesehen.

Ein Sturm, welcher am 18. Juli in Mitteleuropa stattfand, ist wegen seiner großen Verbreitung merkwürdig, indem er nicht nur in Deutschland (in Leipzig, Berlin, Hamburg, am Rhein u. s. w.), sondern auch in Paris und in der Schweiz (auf dem Genfer- und Bodensee) bemerkt wurde, nur mit dem Unterschiede, daß er in Norddeutschland Nachmittags, in der Schweiz früh von $7—9\frac{1}{2}$ Uhr wüthete. Er that an vielen Orten großen Schaden. Ein Theil der italienischen Straße am Genfersee wurde sammt den soliden Wasserbauten, Quais u. s. w. weggerissen. In Berlin wurde ein Zinkdach, etwa 200 Ctr. schwer, abgehoben und durch die Luft geführt, im Thiergarten über hundert Bäume entwurzelt, großer Schade an Feldfrüchten und Obst angerichtet, Kähne auf der Spree umgestürzt u. s. w.; auch eine Wasserhose wurde beobachtet. Bei Freiburg in der Schweiz wurde die nach der Schlacht bei Murten gepflanzte riesenmäßige Linde, bei Steinbach unweit Bad Liebenstein (im Herzogthume Sachsen-Meiningen) die Lutherbuche, bei Dagobertshausen unweit Marburg in Kurhessen die tausendjährige Eiche, die noch immer frische Blätter und Zweige trieb, vernichtet. An demselben und am vorhergehenden Tage herrschte in Deutschland und Italien eine ungewöhnliche Hitze. Das Thermometer stieg in Berlin auf 28, in Breslau auf 30, in Wien auf 31, in Rom auf 33.6 (auf der Sternwarte, in den Straßen auf 35), in Florenz ebenfalls auf 34—35, in Neapel auf 38, ja, wenn man es glauben darf, in Pesaro auf 40, in Palermo auf 43 Grad Réaumur (im Schatten). In Rom wehte der Sirocco am 15. und 16, in Florenz, Bologna, Neapel am 17. Seit langer Zeit ist die Hitze in Italien nicht so hoch gestiegen, der höchste Hitzegrad, der in den letzten Jahren in Rom auf der Sternwarte des Collegio Romano beobachtet wurde, betrug 1830: 30,

1832 und 1839: 29½, 1831, 1834 und 1838: 29, 1837 und 1840 über 28, 1835: 28, 1833: 28,7, 1836: 27 Grad).

Endlich ist noch ein überaus heftiges Hagelwetter zu erwähnen, das am 9. August in Leipzig und den benachbarten Orten, aus Südwest kommend und mit heftigem Sturme verbunden, den Gebäuden, Gärten und Feldern einen sehr bedeutenden Schaden zufügte. Seit einer langen Reihe von Jahren war in dieser Gegend ein gleiches Unwetter nicht vorgekommen.

Von den Winden.

Diejenigen Störungen des ruhigen Zustandes der Atmosphäre, welche wir Winde nennen, haben ihre Ursache hauptsächlich in bedeutenden Unterschieden der an verschiedenen Orten herrschenden Temperatur. So lange die Wärme über der Oberfläche der Erde, die wir als eine Ebene ansehen wollen, überall in gleicher Höhe genau gleich ist (falls dies möglich wäre), bleibt der Luftkreis in vollkommener Ruhe und die Oberfläche desselben gleichfalls horizontal, parallel mit der Oberfläche der Erde. Wird aber über einer Stelle die Luft weit stärker erwärmt, so erhält die über derselben stehende Luftsäule, indem sie sich stärker ausdehnt, eine größere Höhe, wodurch die Gesammtoberfläche aufhören muß, horizontal zu sein; ein Theil der ausgedehnten Luftmasse fließt daher nach den niedrigern Luftsäulen, bis die horizontale Oberfläche hergestellt ist, oder mit andern Worten: in den obern Regionen geht ein Luftstrom von der wärmern Gegend nach der kältern. Ganz das Gegentheil erfolgt unten; hier geht ein Luftstrom nach der wärmern Gegend hin, weil die Lufttheilchen über den kältern Gegenden nach dem Überfließen der ausgedehnten Luftsäule einen größern Druck von oben erleiden, als die über den wärmern, und daher auch einen größern Seitendruck ausüben. Dasselbe muß offenbar erfolgen, wenn die Luftmasse, die wir bisher als erwärmt ansahen, ihre Temperatur unverändert beibehält, dagegen die über einer andern Gegend befindliche stark erkaltet wird. Aus dieser Erklärung darf man aber nicht schließen, daß in allen Fällen ein Austausch der Luftmassen zwischen denselben Gegenden erfolgt und der Wind dem obern in allen Fällen diametral entgegengesetzt ist; es ist z. B. möglich, daß von Deutschland in den obern Regionen ein Luftstrom nach dem Innern Rußlands geht, in den untern dagegen ein Luftstrom vom atlantischen Meere, also in derselben Richtung, nach Deutschland geht.

Um die Richtung eines Luftstroms in der Nähe der Erdoberfläche zu bestimmen, dienen die sogenannten Wind- oder Wetterfahnen (auch Anemoskope genannt). Eine solche besteht in einem flachen Eisenblech von beliebiger Gestalt, das an dem einen Ende so befestigt ist, daß es sich leicht um eine verticale Achse oder Spindel drehen kann. Wird es vom Winde getroffen, so dreht es sich so, daß es nach derjenigen Richtung zeigt, nach welcher der Wind weht. Die Stellung der Fahne wird meist mit dem Auge geschätzt; größere Genauigkeit erreicht man, wenn unter der Fahne einige horizontale Metallstangen angebracht werden, die nach bestimmten, an ihren Enden bezeichneten Gegenden des Horizonts gerichtet sind. Öfter sind die Windfahnen auch so eingerichtet, daß man ihre Richtung im Zimmer beobachten kann. Dies wird am leichtesten dadurch bewerkstelligt, daß man die Fahne an der in Zapfen ruhenden Achse befestigt, sodaß sich diese mit jener zugleich dreht. Die Achse geht dann durch die Decke des Zimmers und trägt am untern Ende einen Zeiger, der mit der Fahne dieselbe Richtung hat und daher diese leicht wahrzunehmen gestattet. Um den Reibungswiderstand zu vermindern, muß die Fahne an der Spindel mit einem Gegengewichte ins Gleichgewicht gesetzt sein; auch wird eine größere Genauigkeit dadurch erlangt, daß man der Fahne die Gestalt eines Keils gibt, dessen Schärfe dem Winde zugekehrt ist. Die Schwankungen der Windfahne können dadurch vermindert werden, daß man mit der Spindel durch Rad und Getriebe eine parallele Welle verbindet, die in einem Wasser- oder Quecksilbergefäße steht. Windfahnen, die ihren Zweck erfüllen sollen, müssen frei stehen; am passendsten ist es daher, sie auf der Spitze von Kirchthürmen anzubringen. Solche, die auf gewöhnlichen Wohnhäusern stehen, sind darum nicht geeignet, die wahre Richtung des Windes anzugeben, weil diese in den Straßen fast immer abgeändert wird, weshalb Fahnen, die auf demselben Gebäude oder mehren Gebäuden desselben Orts stehen, in ihrer Stellung oft bedeutend voneinander abweichen. Dasselbe findet statt, wenn ein heftiger Wind über eine hohe Gebirgskette gegangen ist; dann geben die Windfahnen benachbarter Punkte in der Ebene oft zu gleicher Zeit sehr verschiedene Richtungen an.

Benannt wird der Wind nach derjenigen Himmelsgegend, aus der er kommt (nur die Italiener nennen häufig den Nordwind Tramontana, den Ostwind Levante, den Südostwind Sirocco). Hierbei theilt man den Horizont gewöhnlich in 8 oder (wol noch zweckmäßiger) 16 Theile; die Zahlen 4 und 32 sind jene zu klein, diese zu groß. Die 16 Theilpunkte sind, wenn man von Ost anfängt und durch Süd nach West geht, folgende: Ost, Ostsüdost, Südost, Südsüdost, Süd, Südsüdwest, Südwest, Westsüdwest, West, Westnordwest, Nordwest, Nordnordwest, Nord, Nordnordost, Nordost, Ostnordost, Ost, wonach die Bezeichnungen O., OSO., SO. u. s. w. leicht verständlich sind. Zu bemerken ist jedoch, daß die Franzosen und Engländer Osten mit E (Est, East), außerdem jene Westen mit O oder Ou (Ouest) bezeichnen.

Außer der Richtung ist die Geschwindigkeit des Windes zu berücksichtigen; die einfachste Methode, sie zu messen, stimmt mit der beim Messen der Geschwindigkeit des Wassers von Flüssen angewandten überein und besteht darin, daß man einen leichten Körper, z. B. ein Stückchen Papier, eine Flaumfeder u. s. w., der Luft überläßt und beobachtet, wie weit derselbe in einer gegebenen Zeit getrieben wird, wodurch man die gesuchte Geschwindigkeit unmittelbar erhält und keiner weitern Rechnung bedarf, wie bei andern Verfahrungsarten. Freilich ist einleuchtend, daß sich dieses Verfahren nicht immer bequem anwenden läßt und eigentlich immer zwei Beobachter nöthig macht. Ausführlichere Messungen der Windgeschwindigkeit, die eine größere Zahl von Jahren umfassen, sind bisher noch nicht angestellt worden. Die Geschwindigkeit eines mäßig starken Windes beträgt etwa 10, die eines Sturms, d. h. eines starken, meist über weite Länderstrecken erstreckenden Windes 50, die eines Orkans, d. h. eines Sturms der heftigsten Art, höchstens etwa 100—120 Fuß in der Secunde. Die eigentlichen Orkane kommen nur in der heißen Zone vor und zeichnen sich nicht nur durch ihre ungeheure Heftigkeit, sondern auch dadurch aus, daß sie ihre Richtung oft plötzlich ändern und meist auf einen kleinen Raum beschränkt sind.

(Fortsetzung folgt in Nr. 467.)

Todesurtheile in Preußen.

In den letzten 23 Jahren (1818—40) wurden im preußischen Staate mit Ausschluß der Rheinprovinz 312 Personen (234 männlichen und 78 weiblichen Geschlechts) zum Tode verurtheilt, von diesen aber über die Hälfte, nämlich 162 (99 Männer und 63 Weiber) begnadigt, fünf Fälle aber waren Ende 1840 noch unentschieden, sodaß die Strafe nur bei 145 (130 Männern und 15 Weibern) zur Vollziehung kam. Während also unter den Verurtheilten die Zahl der Männer sich zu der der Weiber wie 3 zu 1 verhält, verhält sie sich unter den Begnadigten wie 11 zu 7, unter den Hingerichteten fast wie 9 zu 1, indem noch nicht die Hälfte der Männer, aber vier Fünftel der Weiber begnadigt wurden. Auf jedes Jahr kamen durchschnittlich 13 Todesurtheile; am meisten auf 1828 (25) und 1823 (21), am wenigsten auf 1833 (6), 1834 (7) und 1835 (8); bestätigt und vollzogen wurden jährlich $6^{1}/_{3}$ (1820 und 1821 13, 1832—34 je 2, 1840 gar keins). Interessant ist die Vergleichung mit England und Frankreich. England hatte bei einer fast gleichen Zahl von Bewohnern, wie die alten Provinzen Preußens im Jahre 1840, im Jahre 1839 56, 1840 aber 77 Todesurtheile, also durchschnittlich 5 Mal mehr als Preußen; die frühern Jahre hatten weit über 100, die Jahre vor 1832, wo zuerst Gesetze zur Verminderung der Todesstrafe erschienen, sogar oft weit über 1000 (1820: 1236) Todesstrafen. In Frankreich, wo die Gesetzgebung vom J. 1832 (die Einführung der mildernden Umstände) die Zahl der Todesurtheile wesentlich vermindert hat, kamen in 7 Jahren, 1825—31, zusammen 771 oder jährlich 110, in den 7 Jahren 1833—39 aber 267 oder jährlich $38^{1}/_{2}$ Todesurtheile vor, eine Zahl, die der in Preußen vorkommenden mit Rücksicht auf die Verschiedenheit der Bevölkerung entspricht.

Die gefällten und bestätigten Todesurtheile vertheilen sich auf folgende Verbrechen: Brandstiftung 24 (2), Todtschlag 60 (27), Mord 131 (69), Raubmord 56 (47), Kindermord 36, Duell 1, Raub und Diebstahl 4 Fälle. Bei keinem der bei zuletzt genannten Verbrechen ist die zuerkannte Strafe bestätigt und vollzogen worden; bei dem letzten wurde die Todesstrafe nach dem gemeinen Rechte der Provinz Neu-Vorpommern erkannt.

Auf die einzelnen Provinzen des Staats kommen folgende Zahlen gefällter und bestätigter Todesurtheile: Preußen 68 (32), Brandenburg 71 (30), Pommern 24 (10), Schlesien 71 (34), Posen 24 (14), Sachsen 33 (19), Westfalen 21 (6), wonach in Brandenburg auf 535,000, in Preußen auf 680,000, in Pommern und Schlesien auf 900,000, in Posen und Sachsen auf eine Million, in Westfalen auf 1,300,000 Einw. ein Todesurtheil jährlich kommt.

Die Zahl der verurtheilten Weiber war in der Provinz Preußen fast $^{1}/_{2}$, in Westfalen über $^{1}/_{3}$, in Posen $^{1}/_{4}$, in Brandenburg $^{1}/_{5}$, in Pommern und Schlesien $^{1}/_{6}$, in Sachsen $^{1}/_{8}$ der überhaupt Verurtheilten. In den Provinzen Schlesien, Sachsen und Westfalen wurden gar keine Weiber hingerichtet, in Preußen 8 (auf 24 Männer).

Im Allgemeinen ist eine Abnahme der Todesurtheile wahrzunehmen, da auf die erste Hälfte des hier betrachteten Zeitraums 171, auf die zweite 140 Todesurtheile kommen. Nur in Schlesien und Sachsen haben sich die Todesurtheile nicht vermindert, sondern vermehrt und zwar in Schlesien um den vierten Theil, während in Posen vor 1829 19, nach 1829 aber nur 4 Todesurtheile vorgekommen sind.

Eine besondere Betrachtung erfodert die Rheinprovinz. Hier ergeben sich für 17 Jahre, 1818—32 und 1839—40 (aus den Jahren 1833—39 fehlen die amtlichen Mittheilungen), 129 Todesurtheile, also, wenn die Einwohnerzahl zu 2 Millionen gerechnet wird, jährlich auf 1 Million etwas über drei Todesurtheile, ungefähr ebenso viel als in Frankreich (wo dasselbe Strafrecht wie in der Rheinprovinz gilt) bis zum Jahre 1831, und fast dreimal so viel als in den alten Provinzen. Von den 129 Verurtheilungen wurden nur 11 bestätigt (5 Fälle waren Ende 1840 noch unentschieden), sodaß noch nicht einmal jährlich auf zwei Millionen eine Hinrichtung kommt, wie in den alten Provinzen. Eine Abnahme der Todesurtheile findet nicht statt, vielmehr eine Zunahme, da die erste Hälfte der betrachteten Periode 55, die zweite 74 Todesurtheile ergibt. Hinsichtlich der Verbrechen wurden wegen Mord 41, wegen Raubmord 7, wegen Brandstiftung 23, wegen Falschmünzerei 21, wegen Kindermord 19, wegen Raub und Diebstahl 12, wegen Todtschlag 6 Todesurtheile gefällt; die bestätigten gehören nur den beiden ersten Kategorien an. Die Zahl der verurtheilten Weiber betrug 27, aber nur eins dieser Urtheile wurde bestätigt und 25 Weiber begnadigt.

Literarische Anzeige.

Durch alle Buchhandlungen und Postämter ist zu beziehen:

Landwirthschaftliche Dorfzeitung.

Herausgegeben unter Mitwirkung einer Gesellschaft praktischer Land- und Hauswirthe von **C. v. Pfaffenrath** und **William Löbe.** Mit einem Beiblatt: Gemeinnütziges Unterhaltungsblatt für Stadt und Land.

Dritter Jahrgang. 4. 20 Ngr.

Hiervon erscheint wöchentlich 1 Bogen. **Ankündigungen** darin werden mit 2 Ngr. für den Raum einer gespaltenen Zeile berechnet, **besondere Anzeigen ꝛc.** gegen eine Vergütung von $^{3}/_{4}$ Thlr. für das Tausend beigelegt.

Inhalt des Monats Januar:

Dorfzeitung. Vorwort. Die Nachtheile des allzu vermehrten Kartoffelbaues. — Der Obstbaum ist ein Baum des Nutzens, der Freude und der religiösen Erhebung des Herzens zu Gott; aber dennoch wird die Obstbaumzucht vernachlässigt. — Über zweckmäßige Anlage der Düngerstätten. — Ueber Kartoffelmehl und dessen Anfertigung. — Warum sind bei mehren unserer Landleute in diesem Frühjahre ganze Äcker mit Kartoffeln nicht aufgegangen? — Wie man sich an heißen Sommertagen auf eine einfache Weise kaltes Wasser verschaffen kann. — Die beste Benutzung der Roßkastanien. — Gruppen englischen Rindviehes. Mit einer Abbildung. — Mittheilungen aus den Verhandlungen des Vereins zur Beförderung der Landwirthschaft in Sondershausen. — **Miscellen, Ankündigungen.**

Unterhaltungsblatt. Die Frevler. — Pferdebezauberung. — Das unbändige ostindische Roß. — Ausgaberegeln. — An einen jungen Geschäftsmann. — Enthüllung eines sehr wichtigen Geheimnisses, die Hundswuth betreffend. — Der hundertjährige Kalender. — Dschibbel Rakus, oder der Glockenberg auf der Halbinsel Sinai. — Der Todtentanz. — **Vermischtes, Anekdoten, Ankündigungen.**

Leipzig, im Februar 1842.

F. A. Brockhaus.

Das Pfennig-Magazin
für
Verbreitung gemeinnütziger Kenntnisse.

467.] Erscheint jeden Sonnabend. [**März 12, 1842.**

Spanische Bettelknaben, nach einem Gemälde von Murillo.

August Wilhelm Iffland.
(Beschluß aus Nr. 466.)

Das Jahr 1794 war dem Theater noch ungünstiger. Iffland's langjähriger Freund, Beil, starb und nicht lange nachher auch die Kurfürstin. Dazu kamen nun noch die vermehrten Kriegsunruhen. Der Hof befahl, alle Zahlungen an das Theater einzustellen; die Mitglieder desselben wurden für ihre Stellung von Tage zu Tage besorgter und bestürmten den armen Iffland mit dringenden Fragen, die er nicht beantworten konnte, weil er selbst über das Fortbestehen oder Nichtfortbestehen der Bühne in Ungewißheit gelassen wurde. Endlich im October erschienen die Franzosen wiederum vor Mannheim und schickten sich an, es zu beschießen. Viele Einwohner flüchteten, aber erst als das Bombardement begann, hörten die Vorstellungen auf. Alles schien verloren, nur Iffland verzweifelte nicht daran, die Kunstanstalt zu erhalten. Wirklich ward ihm nach unsäglichen Bemühungen die Freude, daß der Kurfürst erklärte, selbst im schlimmsten Falle die Contracte halten zu wollen, wogegen er sich des Gleichen von den Mitgliedern versähe; hierdurch war Jedermann beruhigt. Noch in demselben Jahre bewarb sich Iffland um die Hand seiner spätern Frau, da er für die Zukunft nun gänzlich gesichert zu sein glaubte; die Verehelichung fand jedoch erst am 19. Mai 1796 statt, denn die Zeit der Ruhe war nur von kurzer Dauer. Schon 1795 stellte sich plötzlich neue Kriegsnoth ein; die Gefahr wuchs in so hohem Grade, daß das ganze Theaterpersonal die Stadt verließ und sich zerstreute, um bei günstigern Umständen sogleich wieder einzufinden; Iffland selbst begab sich nach Heidelberg. Die Franzosen zogen in Manheim ein, mußten es jedoch gegen Ende des Jahres, den Kaiserlichen weichend, wiederum räumen, worauf die Vorstellungen auf dem Theater von neuem begannen. Wiederum rückten im J. 1796 die feindlichen Heere gegen Manheim vor, wiederum sah sich Iffland genöthigt, zu flüchten. Er ging zuerst nach Hanover und von dort nach Hamburg; von da und später von Berlin aus schrieb er oft an den Freiherrn von Dalberg, indem er ihn nicht um Verbesserung, sondern nur um Gewährleistung seiner Stellung bat; die Antworten waren aber nicht entscheidend. Während dessen wurde ihm von Seiten der preußischen Regierung der Antrag gemacht, die Leitung des berliner Nationaltheaters zu übernehmen; auch dies meldete er Dalberg, indem er zugleich in denselben drang, bis zum 10. November ihm festen Bescheid zukommen zu lassen. Als dieser ausblieb, durfte Iffland nicht länger zögern, zumal da die Anerbietungen, die man ihm machte, ungemein glänzend waren; denn es wurde ihm nicht nur ein Gehalt von 3000 und eine Pension von 1200 Thlrn. zugesichert, sondern es sollten auch seine Schulden aus der königlichen Kasse bezahlt werden. Er erklärte daher am 14. November seine Bereitwilligkeit, das ihm zugedachte Amt anzutreten. Nun erst, am 16. November, erhielt er ein Schreiben von Dalberg, worin dieser ihm die gewünschten Aufklärungen gab und zugleich vortheilhaftere Bedingungen anbot. Natürlich konnte er jetzt nicht mehr zurücktreten, wenn er auch gewollt hätte, und er verdiente die Vorwürfe nicht, die sein früherer Vorgesetzter ihm wegen Annahme des neuen Engagements machte.

Seiner neuen Stelle stand er mit nicht weniger Umsicht vor als der frühern. Er besonders war es, der nicht nur als Director, sondern auch als Schauspieler die berliner Bühne zu hohem Ansehen brachte und ihr einen Glanz verlieh, dessen sie sich vor ihm nicht rühmen durfte. Trotzdem hatte er auch in Berlin viel von Neidern und Feinden zu leiden. Unter den Beschuldigungen, mit welchen man ihn von ihrer Seite überhäufte, mag wol die noch die gerechteste sein, daß er zum Nachtheile des Publicums zuweilen jüngere, unbedeutendere Talente mehr als billig begünstigte. Die übrigen Anklagen gegen ihn waren theils gänzlich unbegründet, theils übertrieben.

Im J. 1806 wiederholten sich in Berlin die Erlebnisse von Manheim. Der König hörte nach der unglücklichen Schlacht bei Jena auf, das Theater zu unterstützen; die Franzosen rückten in die Hauptstadt Preußens ein, Alles war in der größten Verwirrung. Die Deutschen verlangten Stücke zu sehen, welche ihrer patriotischen Stimmung entsprachen, und doch durfte man aus Furcht, die übermächtigen Feinde zu erbittern, es nicht wagen, jene Foderungen zu gewähren. Es gehörte in der That nicht wenig Besonnenheit und Vorsicht dazu, auf keiner Seite Anstoß zu geben und dabei doch das Interesse des Theaters nicht zu vernachlässigen.

Iffland verfuhr mit der größten Klugheit und verhinderte so jede Störung.

Nach geschlossenem Frieden gewann Alles so ziemlich wieder seine vorige, ruhige Gestalt. Zur Belohnung seiner guten Dienste und in Anerkennung seiner gediegenen Kunstleistungen wurde Iffland im Jahre 1811 vom König zum Generaldirector aller königlichen Schauspiele und zum Ritter des rothen Adlerordens dritter Classe ernannt. Die mannichfaltigen und oft sehr drückenden Geschäfte hatten jedoch seine Gesundheit bedeutend geschwächt. Nachdem er noch 1811, 1812 und 1813 mehre Kunstreisen gemacht hatte und unter andern in Hamburg, Manheim, Breslau und Karlsruhe — ein ihm hier angebotenes Engagement lehnte er ab — aufgetreten war, zeigte er sich am 23. Januar 1814 in Berlin zum letzten Male auf der Bühne, wo man einen von ihm zu Ehren der eben zurückgekehrten königlichen Familie gedichteten Prolog: „Liebe und Wille", zur Darstellung brachte. Am 21. September machte er noch eine Spazierfahrt nach Charlottenburg, aber schon am 22. September 1814 verschied er, wie seine Feinde sagten, an einer Krankheit, welche die Folge früherer Ausschweifungen sei; allein der Arzt Dr. Formey widerlegte diese hämische Verleumdung in einer besondern Schrift, indem er zugleich Wassersucht als die Ursache seines Todes angab.

Als Schauspieler wußte Iffland alle Rollen, komische und tragische, mit Geschick zu behandeln. Er gab den Franz Moor und den Shylock, den Wallenstein und den Lear, den Bittermann und den Juden (von Cumberland) mit fast gleicher Auszeichnung. Am meisten glänzte er im Fache der komischen Alten. Sein Spiel war eine treue Copie der Natur; nirgend etwas Gesuchtes, nirgend etwas Erkünsteltes. In der Mimik hat ihn noch Niemand übertroffen; er gesticulirte zwar wenig, aber alle seine Gesten zeugten von tiefem Studium, namentlich war sein Blick und sein Mienenspiel seiner jedesmaligen Rolle durchaus angemessen. In Lustspielen improvisirte er nicht selten sehr glücklich, nur brachte er zuweilen die Mitspielenden in Verwirrung, indem er das Stichwort auszusprechen unterließ. Er selbst jedoch ließ sich durch nichts aus seiner Rolle bringen. Einst nahm sich ein Schauspieler vor, dies zu bewirken, er sagte daher, als er mit Iffland allein auf der Bühne war, bei einer sich darbietenden Gelegenheit: „Hier stehen die Ochsen am Berge." Iffland blickte ihn, ohne eine Miene zu verziehen, an, ließ sich auf einen Stuhl nieder und sprach: „Ich sitze", worauf das Publicum in ein schallendes Gelächter ausbrach. Eine seiner schönsten Darstellungen war die des Königs Lear; weniger gefiel er als Franz Moor, weil er mit Recht Bedenken trug, die Farben so grell aufzutragen, wie das Publicum es bei dieser Rolle zu wünschen pflegt.

Als dramatischer Schriftsteller bleibt Iffland immer höchst achtungswerth, ja mehre seiner Stücke, vor allen „Die Jäger", müssen als höchst gelungen bezeichnet werden, und man sieht sie deshalb noch jetzt mit allgemeinem Wohlgefallen. Am meisten gelangen ihm Familiengemälde, Schilderungen von Situationen des gewöhnlichen Lebens, Zeichnungen von Charakteren einfacher Naturmenschen. Geniale Erfindung und eigentlich poetische Ausführung darf man in seinen Schauspielen nicht suchen.

Die Schlacht bei Worcester.

Die Schlacht bei Worcester, welche Cromwell am 3. September 1651 gewann, ist ein Ereigniß, welches in der englischen Geschichte Epoche macht und daher geeignet scheint, an dasselbe eine Betrachtung der Periode, in welche es fällt, zu knüpfen. Im J. 1625 hatte Karl I. nach dem Tode seines Vaters, Jakob I., den englischen Thron bestiegen. Dieser Monarch wagte den gefährlichen Versuch, ohne Parlament zu regieren und erließ 1634 aus eigener Machtvollkommenheit ein Patent, worin er die Sheriffs der verschiedenen Grafschaften anwies, von den Einwohnern eine ihrem Vermögen angemessene Steuer, zur Ausrüstung der Schiffe für den königlichen Dienst bestimmt, zu erheben. Diese Taxe, bekannt unter dem Namen der Schiffssteuer, wurde, wiewol sie offenbar ungesetzlich war, anfänglich allgemein ohne Widerspruch bezahlt. Aber John Hamden, ein angesehener und wohlhabender Mann in Buckingham, zugleich ein warmer Patriot und eifriger Freund der Freiheit, brachte die Sache vor die Gerichtshöfe. Die Richter waren schwach genug, zu entscheiden, daß der König das Recht habe, aus eigener Machtvollkommenheit über irgend eine andere Steuer zu erheben. Die Unterthanen konnten demnach nur im offenen Aufstande, im Felde das Recht finden, das die Gerichte ihnen verweigerten. Die Anhänger des Königs unterlagen dreimal in offener Feldschlacht: 1642 bei Edge Hill, 1644 bei Marston Moor und 1645 bei Naseby. Seit der letzten Niederlage konnten sie das Feld nicht mehr behaupten und noch weniger als fünf Jahren, am 30. Januar 1649, verlor Karl Krone und Leben, indem er zu Whitehall enthauptet wurde.

Karl's Sohn, der nachmalige König Karl II., hielt sich damals im Haag auf. Seine Anhänger in England waren Bedrückungen aller Art preisgegeben und die royalistische Partei, die sich der Sache des hingerichteten Königs mit hohem Muthe angenommen hatte, war gebeugt und unterworfen. Manche alte Familie, die seit dem Kriege zwischen den beiden Rosen friedlich im Genusse ihrer ausgedehnten Besitzungen gelebt hatte, war jetzt froh, die eine Hälfte derselben aufzugeben, um nur die andere zu retten. In Schottland und Irland wurde jedoch Karl II. zum König ausgerufen. In dem letztern Lande war ein bedenklicher Aufstand gegen die Gewalt des Parlaments erregt worden, den Cromwell im Frühjahre 1650 unterdrückte. Der Stand der Parteien in Schottland führte zu wichtigen Bewegungen zu Gunsten des königlichen Verbannten, welcher im Juni 1650 in Schottland landete. Eine dort zusammengebrachte Armee schickte sich an, die Grenze zu überschreiten, aber am 3. September schlug Cromwell die Schotten bei Dunbar und zwang den König, sich in die Hochlande zu flüchten. Karl und seine Anhänger brachten bald wieder eine Armee zusammen und nahmen eine feste Stellung bei Stirling ein, indem sie aus den Hochlanden Unterstützung erhielten; aber Cromwell belagerte Perth, um die Hochländer zu hindern, Zufuhr nach Stirling zu senden. Nach dem Rathe seiner Umgebungen beschloß nun Karl, in England einzurücken, und führte diesen kühnen Entschluß so geheim und schnell aus, daß er schon einen ganzen Tag marschirt hatte, bevor Cromwell von seinen Bewegungen Kenntniß erhielt. Seine Lage war kritisch, denn verfolgte er den König mit seiner ganzen Armee, so ging er aller in Schottland errungenen Vortheile verlustig, that er es nur mit einem Theile, so konnte er leicht zu schwach sein, um sich mit dem Könige zu messen; aber sein Entschluß war gleichwol schnell gefaßt. Er sandte sofort einen Expressen an das Parlament, damit dasselbe durch die Nachricht von Karl's Vorrücken nicht überrascht werden möchte. General Lambert wurde mit einer Abtheilung Reiterei abgeschickt, um den Nachtrab der königlichen Armee zu beunruhigen, Monk blieb in Schottland, um dort die Ruhe zu erhalten, und drei Tage nach dem Abmarsche des Königs trat Cromwell den seinigen an.

Beide Armeen rückten mit größter Schnelligkeit vorwärts. Der König foderte Shrewsbury, als er sich dieser Stadt näherte, zur Übergabe auf, und als diese Aufforderung mit Bestimmtheit zurückgewiesen wurde, rückte er gegen die Stadt Worcester, welche Anhänglichkeit gegen den vorigen König gezeigt hatte und eine der letzten gewesen war, die sich dem Parlamente ergaben. Die Vornehmsten der Grafschaft saßen in der Stadt gefangen, aber bei Annäherung des Königs flohen die Beamten des Parlaments und die Thore der Stadt wurden Karl von seinen der Freiheit wiedergegebenen Freunden geöffnet. Hier fand die Armee Befriedigung ihrer Bedürfnisse und nach der Anstrengung eines so langen und beschwerlichen Marsches gutes Quartier. Cromwell war unterdessen auf dem kürzesten Wege gegen London gerückt und beide Armeen befanden sich in ungefähr gleicher Entfernung von der Hauptstadt. Als militairische Stellung gewährte Worcester dem Könige entschiedene Vortheile, gelegen fast in der Mitte des Königreichs, in einer fruchtbaren Gegend, durch den Fluß Severn von allen anliegenden Grafschaften getrennt, Wales im Rücken habend, wo tapfere, streitbare Männer in großer Zahl ausgehoben werden konnten. Es war ein Platz, wo des Königs Freunde sich sammeln konnten, wenn ihre Freundschaft wirklich aufrichtig war, und wo er sich mit großem Vortheil vertheidigen konnte, wenn der Feind ihn angriff, und nicht eher genöthigt werden konnte, sich in eine Schlacht einzulassen, bis Cromwell Mannschaft genug beisammen hatte, ihn von allen Seiten einzuschließen. Dann aber hatte der König die Wahl, auf welcher Seite er kämpfen wollte, da der Feind, auf beiden Seiten des Flusses stehend, nicht so leicht von einer Seite auf die andere kommen konnte. Die Zeit, welche erfoderlich war, um den König so in die Enge zu treiben, konnte leicht Anlaß zu Aufständen im Königreiche geben, wenn die Unterthanen wirklich der jetzigen Tyrannei so überdrüssig und nach der Wiederherstellung der königlichen Gewalt so begierig waren, als vorgegeben wurde; denn eine günstigere Zeit zur Darlegung seiner Loyalität konnte Niemand erwarten als die jetzige, in welcher der König im Herzen des Königreichs stand mit einer Armee von 15,000 Mann (so hoch mochte sie sich in Allem belaufen), mit welcher er Denjenigen zu Hülfe kommen konnte, welche in Gefahr waren, von einer mächtigern Partei unterdrückt zu werden. Diese Betrachtungen führten zu dem Beschlusse, sich mit allem Nöthigen zu versehen, um Cromwell dort zu erwarten; man hoffte Zeit genug zu haben, um auf dem Hügel vor der Stadt Werke aufzuwerfen, welche den Feind in einiger Entfernung halten konnten, womit General Lesley beauftragt wurde.

Vom englischen Adel fanden sich nur wenige Parteigänger unter den Fahnen des Königs ein. Unter den Offizieren der königlichen Armee herrschte wenig Einigkeit; weder die niederschlagende Nachricht von der Niederlage des Grafen von Derby, welcher zurückgeblieben war, um des Königs Streitkräfte in den Grafschaften Chester und Lancaster zu recrutiren, noch andere Unfälle

Die Schlacht bei Worcester.

waren im Stande, die royalistischen Generale einiger zu machen und eifriger in Errichtung der zur Vertheidigung der Stadt nöthigen Werke; sie scheinen vielmehr einen lähmenden Einfluß geübt zu haben, sodaß nur wenig geschah, um die natürlichen Vortheile der Lage zu erhöhen.

Als der König einige Tage in Worcester gewesen war, kam die Nachricht, daß Cromwell noch einen halben Tagemarsch entfernt sei. Er gab sich nicht die Mühe, den Platz zu belagern, sondern ging gerade auf denselben los, als sei er seiner Beute gewiß, und bemeisterte sich schnell aller die Stadt beherrschenden festen Punkte, wobei er auf sehr wenig Widerstand stieß. Am 3. September befahl er einen allgemeinen Angriff; bald flohen die Royalisten in Verwirrung und der Widerstand, den einige von ihnen versuchten, war tapfer, aber völlig wirkungslos. Ihre Niederlage war vollständig; nur mit der größten Mühe entkam der König.

Die Schlacht bei Worcester wurde am Jahrestage der Schlacht bei Dunbar gekämpft. Von derselben an näherte sich Cromwell immer mehr der höchsten Gewalt, indem er die Factionen vereinigte, in welche die antiroyalistische Partei gespalten war. Am 20. April 1653 löste er das lange Parlament auf und führte die Regierung von nun an auf eigene Hand.

Über die Stadt Worcester selbst ist wenig zu bemerken. Sie ist die Hauptstadt der Grafschaft gleiches Namens, zugleich ein Bischofssitz und zählt etwa 20,000 Einwohner, die sich durch Hopfenhandel, Porzellan-, Fayence- und Handschuhfabriken u. s. w. nähren; das Merkwürdigste in der Stadt ist der auch in der Abbildung sich auszeichnende schöne Dom mit einer unterirdischen Kirche

Francia.

Don José Gaspar Rodriguez Francia, Dictator von Paraguay, wurde im Jahre 1758 in Assumcion, der Hauptstadt von Paraguay, geboren. Sein Vater, angeblich ein Franzose, hatte, nach längerm Aufenthalt in Portugal, jenen Ort zu seinem wesentlichen Wohnsitze gewählt; seine Mutter war eine Creolin. Ursprünglich für die Kirche bestimmt, erhielt er auf einer dortigen Klosterschule seine erste Bildung, bezog aber dann die in der Provinz La Plata gelegene Universität Cordova de Tucuman. War nun gleich hier die Gottesgelahrtheit das ursprüngliche Ziel seines Studiums, so vertauschte er sie, ungeachtet der darin gemachten Fortschritte, doch sehr bald mit der Rechtswissenschaft. Die Kenntnisse, zu welchen bei ihm eine vortheilhafte Erziehung den Grund gelegt, vermehrte sein beharrlicher Eifer, und so gelangte er theils in der französischen Sprache, in welcher ihn namentlich Rousseau und Voltaire beschäftigten, theils in den mathematischen Wissenschaften, neben seinen Brotstudien, zu einem wenigstens für das schöne, aber wissensarme Paraguay hohen und seltenen Grade der Ausbildung. Mit besonderm Glanze nahm er die Doctorwürde an, und ließ sich hierauf als Sachwalter in Assumcion nieder. Seine unerschütterliche Rechtschaffenheit, verbunden mit Muth und Uneigennützigkeit, gewann ihm anfangs die Achtung aller Parteien, und man rühmt an ihm, daß er, ungeachtet seines geringen Erbes, doch nicht dieses zu vermehren, sondern nur sich ein anständiges Auskommen zu verschaffen bedacht gewesen wäre. Seine Unparteilichkeit läuterte sich damals zu einer so merkwürdigen Höhe, daß er selbst seinem Feinde, Estanislao Machain, wider seinen Freund, Domingo Rodriguez, in einem Falle zu dienen sich nicht bedachte, wo dieser ihm schweres Geld bot, wenn er davon abstünde. Indessen waren es hauptsächlich die Armen und Schwachen, deren er sich annahm, und, indem er sich herablassend gegen die Niedern zeigte, wuchs gewissermaßen von selbst seine Abneigung gegen die Höhern. Einem freien, doch nicht exaltirten Regierungssysteme huldigend, nährte er allmälig einen immer höhern Stolz, welcher gefährlich wurde, insofern sich damit ein Gefühl des Übergewichts über Alle bildete, die in näherm oder entferntem Verhältnisse zu ihm standen.

Als im Jahr 1811 auch Paraguay sich von der spanischen Herrschaft losgemacht hatte, ward Francia Secretär der von dem Landes-Congreß ernannten Junta. Obgleich er sich anfänglich wegen Meinungsverschiedenheit von den Geschäften zurückzog, wußte er doch bald seinen entscheidenden Einfluß auf die Leitung der öffentlichen Angelegenheiten geltend zu machen. Argwohn und Mistrauen säete er unter seine Landsleute aus, machte sie durch fleißige Anstellung heimlicher Kundschafter selbst an sich irre, und behauptete, daß der Präsident der Junta, Fulgencio Yegros, ein Ignorant, und das zweite Mitglied derselben, Don Caballeros, um nichts besser sei. Bald wußte er es dahin zu bringen, daß ein neuer Congreß zu Paraguay zusammenberufen und in Folge seiner Machinationen die Junta aufgehoben, Caballeros entlassen, ein zwiefaches Consulat errichtet und die erste Stelle ihm, die zweite dem Don Yegros (eine offenbare Null) übertragen wurde. Bald indeß konnte er es nicht länger über sich gewinnen, die höchste Gewalt mit diesem zu theilen. Als daher im Jahre 1814 der Congreß auf seine Veranlassung sich wieder versammelte, erlangte er nur zu bald, daß man ihn erst auf drei Jahre, dann 1817 auf Lebenszeit zum Dictator ernannte.

Von diesem Momente datirte sich Francia's absoluter Despotismus, und war er bis jetzt einem Tiberius und Nero nur an milden, gewinnenden Eigenschaften zu vergleichen gewesen, die im Anfange so viel von ihnen hoffen ließen, so glich er ihnen nun an unmenschlicher Grausamkeit. Nur ein Francia konnte Jahre lang mit seinem Vater alle Verhältnisse abbrechen, alle seine Sendungen, welche eine endliche Aussöhnung bezweckten, zurückweisen, konnte, als er ihm sagen ließ, daß er fürchte, seine Seele möchte nicht den Himmel erreichen, wenn er im Zorne mit seinem Kinde von hinnen gehe, die Antwort ertheilen: „Sagt meinem Vater, es kümmert mich nicht, ob seine Seele zur Hölle fährt!" eine Antwort, welche sich freilich mit der tiefen Verachtung gegen die Religion zusammenreimen läßt, die allmälig in ihm Wurzel zu fassen begann. Nichts kann in dieser Hinsicht besser seine ganze Sinnesart ins Licht stellen, als die Äußerung, welche ihm entschlüpfte, als ein Offizier ein Heiligenbild von ihm verlangte, um es in einer Festung aufzustellen. „Volk von Paraguay!" rief er aus, „wann wirst du aufhören, blind zu sein. Da ich noch Katholik war, dachte ich wie du! Jetzt aber weiß ich, daß die besten Heiligen eine Reihe von Geschützen längs der Grenzen sind."

Dieser Terrorismus war es, welcher sich durch seine ganze Handlungsweise aussprach. Indem er sich immer mehr zurückzog, an Einfachheit seiner Lebensweise in Wohnung, Hausrath und Kost den Spartanern nichts nachgab, und es vermied, irgend Jemand bei sich zu sehen, wo es nicht galt, seine Habsucht zu befriedigen und die Grenzen seiner Tyrannei zu erweitern, war sein Gemüth allem edlen Menschengefühl fremd, und Hypochondrie bemeisterte sich immer mehr seiner finstern Seele. Selbst nie verheirathet, empörte er nicht allein die angefeindeten Altspanier durch ein öffentlich mit Trommeln und Pfeifen verkündigtes Decret, daß innerhalb des Territoriums von Paraguay keine Heirath außer mit einer Negerin oder Mulattin vorgehen sollte. Obgleich er in frühern Jahren er mehr als ein Mal sich der Verführung des schwächern Geschlechts schuldig gemacht, so entschlug er sich doch der Sorge für seine uneheliche Nachkommenschaft gänzlich. Seine achtjährige, treue Gefährtin mußte hülflos an schleichendem Siechthum hinsterben, und seine schöne Tochter, eine Frucht verbotener Lust, erblickte man halb nackt auf den Straßen, ein Bündel verkäuflicher Cigarren auf dem Kopfe. Nach Erreichung des Ziels seines greuelvollen Strebens, unumschränkter Herrschergewalt, ritt er nie aus ohne Begleitung von Reitern, die den Befehl hatten, jeden Verdächtigen niederzuhauen. Wehe Dem, welcher, sobald Francia sich blicken ließ, nicht sofort das Haupt entblößte. Die Bedeckung ward ihm durch die Leibwache, die Quarteleros, vom Haupte gestoßen und ein Hieb mit dem Säbel, nicht immer mit der flachen Klinge geführt, mußte ihn eines Bessern belehren. Ein so blinder Übermuth tobte aber in seinem Innern, daß, als an dem von Don Pascual Echague, einem verheiratheten, angesehenen Bürger zu Assumcion, bewohnten Hause ein Pasquill auf Francia von unbekannter Hand angeschlagen worden war, er, ohne nach dem Urheber dieser Spottschrift und Beleidigung zu forschen, Jenen sofort in Ketten legen und in ein Gefängniß bringen ließ, ja, unbewegt durch den Fußfall der weinenden Gattin, diese Fesseln zu verdoppeln, und dafern das „tolle Weib" sich ihm wieder in dieser Absicht nahen werde, die Strenge der Haft nochmals zu vermehren befahl, über welchen ganz unverdienten Leiden der Unglückliche seinen Geist aufgab.

Zur fernern Schilderung seines despotischen Ingrimms mögen folgende zwei Fälle dienen. Als er in der Function seines Dictatoramts, weshalb er sich den Ehrennamen il Supremo beilegen ließ, auf dem Wege nach der Caserne bei der Thüre des Altspaniers Don José Carisimo vorbeiritt und sein Pferd sich vor einer baufälligen Wasserrinne scheute, befahl er die sofortige Reparatur derselben. Am nächsten Nachmittag war diese zufällig noch nicht vollendet, und der Dictator gebot des achtungswerthen, unbemittelten Mannes lebenswierige Einkerkerung unter den strafbarsten Verbrechern, dafern er nicht durch 10,000 Dollars sich zu lösen vermöchte. Lange Zeit währte es, bis diese große Summe von Freunden aufgetrieben werden konnte. Da nun die Eisenketten bei dem ziemlich beleibten Mann schmerzhaft einschnitten und dies Francia gemeldet wurde, erhielt Jener den Bescheid, er sollte sie sich auf eigene Kosten weiter machen lassen, wozu er denn auch sich bequemen mußte.

Ebenso war seit mehren Jahren ein Schiffsbauer aus Buenos Ayres nach Assumcion gezogen und lebte dort in größter Stille mit Weib und Kind, welche er durch die zunehmende Bedeutung seines Geschäfts nährte. Soloago, so hieß er, war eben mit dem Bau eines kleinen Fahrzeugs für einen Kaufmann beschäftigt, und es bedurfte nur weniger Stunden, diese Arbeit zu vollenden, welche er doch nicht gern ohne Noth verlassen wollte. Da begehrte der Dictator Francia die Besorgung von einem halben Dutzend Planken. Als nun Jener nicht über augenblicklicher Besorgung dieses anscheinend so unbedeutenden als zwecklosen Auftrags alles Andere bei Seite legte, also kurze Zeit damit ausblieb, erhielt derselbe folgenden kategorischen Bescheid: „Sie sind ein unnützes Mitglied des Staats, und verlassen in 24 Stunden das Land!" ein Befehl, der sein ganzes zeitliches Glück daniederschmetterte, dessen Vernachlässigung er jedoch mit Gefahr von Freiheit und Leben erkauft haben würde.

Wenngleich nun das ganze Volk das eiserne Joch des so eigennützigen als ehrgeizigen Tyrannen schmerzhaft empfand, so wüthete doch sein Schwert insbesondere gegen die Spanier, die er ohne Schonung hinrichten ließ, und auf diesem Wege gleich sicher seine Gewalt befestigte als die Abgaben verminderte. Öffentliche Gefängnisse, Staatskerker und Marterkammern, Verweisungen nach den öden und ungesunden Tevego, endlich die Hinrichtung durch Kugel und Bayonnetstich waren die schauderhaften Abschreckungsmittel. In den Gefängnissen wohnte Moder und Schmuz, Feuchtigkeit und Finsterniß, bei gleicher Behandlung, ohne Unterschied des Standes und des Geschlechts, mit Aufhebung aller willkürlichen Bewegung, in Tevegos kaum zum Nothbehelf dienenden Holzbaracken erstickende Hitze, und zur Tortur wurden nach Francia's Angabe bis 500 Hiebe den Edelsten, Redlichsten, nur zu oft unter Aufopferung ihres Lebens, aufgezählt, während der zum Tode Verurtheilte, auf dem „Banquito" sitzend, das tödtliche Blei empfing, dessen verfehlte Wirkung der blutige Todesstreich des Bayonnets vervollständigen mußte.

Zwar hatte Francia's Schreckenssystem den ursprünglichen Charakter des Volks gänzlich umgewandelt, und Argwohn, finsteres Mistrauen und stiller Ernst nahm da überhand, wo einst Zutrauen, heitere Fröhlichkeit, Zuvorkommenheit, Gastfreiheit wohnten; indeß wußte er doch beim strengen Verbote der Auswanderung zum Anbau des Landes, welches streckenweise wüste lag, anzuregen, und es würde vielleicht die Industrie dem Lande förderlich gewesen sein, wenn er nicht den geschlossenen Handelsstaat zur Maxime gemacht, den Hafen zu Assumcion unter beliebigem Vorwande für geschlossen erklärt, jeden Handelsverkehr (wozu unter Anderm der an 40,000 Ballen jährlich liefernde Paraguaythee, Taback, Zuckerrohr, der herrliche Lapachobaum, wie andere Bäume der Urwälder den reichlichsten Stoff gewährten) gehemmt und geraume Zeit nachher ebenso willkürlich den Hafen wieder geöffnet hätte. Da ereignete es sich nur zu oft, daß die Bürger von Assumcion, nachdem die Schiffe zu beladen, ihre Waaren nach den verschiedenen Marktplätzen zu bringen bemüht waren, unversehens aber Ordre kam, die Häfen zu schließen, worauf die Schiffe ohne Zögern ausgeladen und abgetakelt werden mußten.

Befremden konnte es demnach nicht, daß Francia überall mit geheimen Feinden umgeben war und daher allenthalben (einem Cromwell gleich) Meuchelmord fürchtend, jederzeit scharf geladene Pistolen und Säbel bei sich trug und seine Schlafstätte wechselte. Als nun 1820 von ihm die Verschwörung entdeckt wurde, welche die von allem Antheil an der Verwaltung verdrängten Urheber der ersten Revolution verband, mußten 50 der besten Einwohner von Assumcion, nachdem sie im scheußlichen Kerker, entfernt von aller Hülfe der Ärzte und den Tröstungen der Religion, geschmachtet, unter dem Leben büßen. Damit aber nicht zufrieden, ließ der argwöhnische Tyrann, besorgt, daß die engen und krummen Straßen der Stadt die angebliche Absicht der Verschworenen, ihn bei einem Spazierritte zu überfallen, begünstigen möchten, willkürlich, ohne auf das Interesse der Einwohner zu achten, ganze Straßen niederreißen, angeblich um neue Straßen zu eröffnen, und die ihres Obdachs Beraubten wurden in die Wälder gesendet, sich da Hütten zu bauen. Mit anmaßlicher architektonischer Weisheit gab er neue Pläne an, ohne die Möglichkeit ihrer Ausführung zu bedenken, nur um einen Vorwand zu finden, das unglückliche Assumcion zu verwüsten.

Behandelte er Fremde schonend, so geschah es nur so lange, als sie nicht durch Cultur des Paraguaythees, mit dem er ein Staatsmonopol trieb, seinen Argwohn mit Recht oder ohne Grund reizten. Daher erklärt sich sein tyrannisches Verfahren, namentlich gegen Bonpland, den treuen Reisegefährten des berühmten Alexander von Humboldt. Jener war aus Buenos Ayres gekommen und hatte ein Etablissement für seine botanischen und naturgeschichtlichen Forschungen angelegt; im Verlauf zweier Jahre erhob sich seine Colonie durch stille Thätigkeit zum Muster von Gewerbfleiß, Ordnung und Glückseligkeit, indem die gelehrigen Indianer gern für ihn arbeiteten, und sein Verstand und seine Leutseligkeit ihm ihre Liebe, ihr Vertrauen und ihre Hochachtung erwarb. Aber des Barbaren neidisches Gemüth und blutgierige Schadenfreude fand nur zu bald einen Vorwand auf, das ganze Etablissement zu zerstören, mittels eines Corps von 400 Mann einzuäschern und die Indianer zu ermorden, während Bonpland selbst in Ketten gelegt und über den Parana nach Santa=Maria geführt wurde. Versuche einer Befreiung wurden von allen Orten, selbst durch das Institut de France in Paris, lange vergeblich gemacht. Endlich der Fesseln ledig, mußte er sich begnügen, bei Santa=Maria eine neue Colonie zu errichten, wo er die Betreibung der Botanik mit derjenigen der Heil= und Wundarzneikunst verband. Aber obschon seine seltene Menschenfreundlichkeit in jeder Rücksicht reichliche Zinsen trug, so mußte er doch die ganze Anlage von neuem aufgehoben sehen und Hab und Gut im Stiche lassen, und so glückte es ihm erst im Jahre 1831 nach neun Jahren der engern oder weitern Haft, seine volle und unbeschränkte Freiheit wieder zu erhalten, um nach Buenos Ayres zurückzukehren, von wo dann sein eigenes Studium ihn 1832 noch einmal nach Corrientes trieb.

Die Vorsehung wollte, daß Francia, dieser seltene Despot, mit welchem Napoleon, dem er je zuweilen nachzuahmen trachtete, nicht entfernt verglichen werden kann, bis in sein hohes Alter mit gleicher Thätigkeit über das unglückliche Paraguay die blutige Geißel schwang und erst am 20. September des Jahres 1840 in seinem 82. Jahre die Welt und sein hartbedrängtes Land zum Wohle der Menschheit verließ.

Von den Winden.

(Fortsetzung aus Nr. 466.)

Eine Vorrichtung, welche dazu bestimmt ist, die Stärke und durch dieselbe mittelbar die Geschwindigkeit des Windes zu messen, heißt ein Anemometer oder Windmesser. Man kann von diesen Instrumenten nach den ihnen zum Grunde liegenden Principien mehre Arten unterscheiden. 1) Windmesser, wo der Wind auf eine einzige, ihm entgegenstehende Fläche wirkt. Hierher gehört der bekannte von Bouguer, bei welchem der Wind auf eine Tafel wirkt, die mittels eines daran befestigten Stabes eine Spiralfeder mehr oder weniger zusammendrückt; ferner die Windmaschine von Leupold, von der vorigen dadurch verschieden, daß die bewegliche Fläche über einer Windfahne angebracht ist und daher eine immer selbst gegen den Wind stellt, sowie dadurch, daß durch ihr Fortschieben ein an einer Schnur hängendes Gewicht gehoben wird. Bei dem Diplanemometer von Walz wird die Kraft gemessen, durch welche die Windfahne in einer gegen die Windrichtung senkrechten Stellung erhalten werden kann. Das Lind'sche Anemometer (auch Anemobarometer genannt) besteht aus zwei, ein communicirendes Gefäß bildenden Glasröhren, welche Wasser oder eine andere Flüssigkeit enthalten; die umgebogene Öffnung der einen Röhre wird dem Winde entgegengekehrt, der durch Verdichtung der Luft die Flüssigkeit in dem einen Schenkel herabdrückt, in dem andern zum Steigen bringt, bis der Druck der gehobenen Wassersäule dem Drucke des Windes gleich ist. Sehr einfach ist das Pendel mit einer Kugel, welche bei vollkommener Windstille vertical hängt, aber durch den Druck des Windes von dieser Richtung abgelenkt wird. Aus der Größe der Ablenkung läßt sich Stärke und Geschwindigkeit des Windes berechnen. Statt der Kugel kann auch eine ebene Stoßfläche genommen werden, z. B. eine dünne Scheibe von Messingblech, wie bei dem Schmidt'schen, Dalberg'schen und andern Anemometern. 2) Radförmige Windmesser, d. h. solche, bei denen der Wind auf eine radähnliche Verbindung mehrer Flächen wirkt, die sich um eine Achse drehen können, und zwar entweder durch einen Wind von verschiedener Geschwindigkeit und bis zu einem bestimmten Punkte oder so lange der Wind fortdauert, in welchem letztern Falle die Geschwindigkeit des Windes aus derjenigen, mit welcher das Rad sich umdreht, berechnet wird. Hierher gehören die Windmesser von Lomonossow, Hirschmann, Dinglinger, v. Wolf, Schober, namentlich aber der hydrometrische Flügel von Woltmann, verbessert von Hülße und Combes. Hier dreht der Wind leichte Flügel herum, die aus Messinggestellen und dazwischen eingenieteten dünnen Platten von Marienglas gebildet sind; die Zahl der in einer gewissen Zeit gemachten Umdrehungen wird durch einen sehr reichen Zählapparat angegeben, der Zehntausende von Umdrehungen zu zählen erlaubt. 3) Sehr sinnreich ist gleichfalls eine dritte Art von Windmessern, die der Engländer James Forbes angegeben hat. Ein solcher besteht aus einer Büchse, welche mit kleinen Kugeln gefüllt ist und einen Boden mit einer runden Öffnung hat. Die letztere wird durch ein sich umdrehendes Windrad und die damit verbundenen Theile abwechselnd bedeckt und bloßgelegt; in dem letztern Falle fällt eine Kugel durch die Öffnung. Die herabfallenden Kugeln werden durch den von der Seite wehenden Wind von der verticalen Richtung abgelenkt und die Größe dieser Ablenkung dient als Maß für die Stärke des Windes, der gleichzeitig durch die Häufigkeit des Kugelfalls, da bei stärkerm Winde mehr, bei schwächerm weniger Kugeln aus der Büchse fallen, gemessen werden kann. Zugleich wird die Windrichtung durch die Richtung, nach welcher die Kugeln fallen, bestimmt. Forbes hat gefunden, daß eine Kugel von $2/5$ Zoll Durchmesser, von dem specifischen Gewicht $= 2$, bei einer Windgeschwindigkeit von 20, 40, 60 Graden um $3/5$, $2^{1}/_{4}$, $4^{4}/_{5}$ Fuß abgelenkt wird. 4) Das Leslie'sche Thermo-Anemometer beruht darauf, daß ein Alkohol-Thermometer mit der Hand erwärmt und die Zeit beobachtet wird, in welcher es sowol bei ruhender Luft als dem Windstrome ausgesetzt bis zu seiner frühern Temperatur erkaltet; es kann auf Genauigkeit gar keinen Anspruch machen.

In verschiedenen Höhen finden wir entweder entgegengesetzte oder doch gegeneinander geneigte Luftströme, wie man oft schon aus dem Zuge der Wolken erkennen kann, die sich oft in einer ganz andern Richtung bewegen, als die von der Windfahne angezeigte ist, auch unter sich nicht selten verschiedene Richtungen haben. Am besten eignen sich Luftballons zu dieser Untersuchung, wie denn fast alle Luftschiffer in verschiedenen Höhen verschiedene Luftströme getroffen haben. Forster ließ zu dem angegebenen Zwecke kleine Ballons aufsteigen und fand bei mehr als 30 auf diese Art angestellten Versuchen, daß nur wenige Ballons dieselbe Richtung behielten; bei den meisten waren 4—5, bei einigen 7—8 verschiedene Luftströme zu bemerken. Auch die Geschwindigkeit des Windes (die sich bei den obern Luftströmen dadurch finden läßt, daß man die Fortbewegung des Schattens einer Wolke beobachtet) ist in verschiedenen Höhen sehr ungleich und scheint in den obern Regionen beiweitem größer als in der Nähe der Erde zu sein. Bergreisende wissen, daß Winde desto stärker gefunden werden, je höher man auf die Berge steigt.

(Die Fortsetzung folgt in Nr. 468.)

Mosaikarbeit und ähnliche Künste der Italiener.

Die Mosaikarbeit ist in Rom seit den Zeiten der Republik, wo man sich indeß dazu nur einheimischer schwarzer und weißer Steine bediente, bekannt. Unter den Kaisern wurde die Kunst sehr vervollkommnet, theils durch Einführung verschiedenfarbiger Marmorarten, theils durch die Erfindung künstlicher Steine, der sogenannten

Pasten oder Smalti. Im J. 1775 erfand Raffaelli ein Mittel, dieselben in feinen Stangen und Fäden darzustellen. In Venedig werden die Pasten in Form von Stangen fabricirt und nachher von dem Arbeiter am Löthrohre zur Fadendicke ausgezogen. Die Schönheit und Kostbarkeit der Arbeit hängen theils von der Kleinheit der Stücke, theils von der Geschicklichkeit des Künstlers ab. Eine Ruine, eine Gruppe von Figuren oder Blumen von zwei Zoll im Quadrat beschäftigen einen guten Künstler etwa zwei Monate und kostet 30—140 Thlr.

Von der römischen völlig verschieden ist die florentinische Mosaik und Arbeit in pietra dura, welche weit größere Steine, die mehr oder weniger selten und kostbar sind, zusammensetzt, aber in künstlerischer Hinsicht nicht so große Ansprüche machen als die römische und befriedigen kann. Die schönste Arbeit dieser Art mit arabeskenartigen Zeichnungen ist ein achteckiger Tisch in der florentiner Galerie, an welchem 22 Künstler von 1623 — 49 ununterbrochen arbeiteten; er wird auf 140,000 Thlr. geschätzt. In neuerer Zeit hat man Gemälde in dieser Art ausgeführt, welche Gruppen von Blumen und Obst u. s. w. darstellen; natürlich sind dieselben ausnehmend kostbar. Zwei Tische im Palaste Pitti in Florenz mit moderner Zeichnung auf Porphyrgrund, an deren einem zehn Personen vier Jahre lang gearbeitet haben, werden auf eine halbe Million Thlr. geschätzt. Auch die Wände der großherzoglichen Begräbnißkapelle in Florenz sind mit pietra dura bekleidet.

Die Kunst des Cameenschneidens ist ebenfalls sehr alt und wird in Rom mit vielem Erfolg betrieben. Man unterscheidet zweierlei Cameen: in Stein oder pietra dura geschnittene, bei denen der Werth nicht nur von der Güte der Arbeit, sondern auch vom Steine abhängt, und in Muscheln geschnittene. Der zu erstern am meisten geschätzte Stein ist der orientalische Onyx, schwarz und weiß in parallelen Schichten, und der Sardonyx, carneolroth, braun und weiß; je mehr Schichten von verschiedenen Nuancen der Stein hat, desto mehr Werth hat er. Mit diesen farbigen Schichten müssen die Theile der ausgeschnittenen Gegenstände harmoniren, sodaß z. B. bei einem gutgearbeiteten Minervenkopfe der Grund dunkelgrau, das Gesicht hell, Büste und Helm schwarz, der Helmbusch bräunlich oder grau ist. Bis zu dem Anfange des Jahrhunderts wurde auf das Material weniger Werth gelegt, während gute Künstler sich jetzt nur mit solchen orientalischen Steinen beschäftigen. Eine einzelne Camee von zwei Farben kostet etwa 150 Thlr. Alle diese Cameen werden auf einer Drehbank mit spitzigen stählernen Instrumenten und Diamantenstaub verfertigt. Die Muschel=Cameen werden aus großen Muscheln, die an der afrikanischen und brasilischen Küste gefunden werden, geschnitten und zeigen gewöhnlich nur zwei Schichten; der Grund ist kaffeebraun oder röthlich-orange. Der Gegenstand wird mit kleinen Stahlmeiseln ausgeschnitten. Gute Muschel=Cameen kosten 7 — 35 Thlr. für Köpfe; ein Kamm kostet 70 Thlr., eine vollständige Garnitur, bestehend aus Halsband, Ohrgehänge und Broche, gegen 140 Thlr.

Mit dem venetianischen Pflaster oder Estrich werden die Fußböden der Zimmer belegt; es besteht aus einer Schicht unregelmäßig gebrochener kleiner Marmorstücke von verschiedenen Farben, die auf einer sogenannten Paste aus Kalk, Puzzolane und gelbem Sand liegt; der letztern dient wieder eine aus Kalk, der mit Puzzolane und Steinfragmenten gemischt ist, bestehende wohlgestampfte und gebrannte Masse als Unterlage. Ein solcher Fußboden ist dauerhaft und sehr schön.

Durch einen aufgelegten Marmor werden sehr schöne flache und cannelirte Säulen hergestellt, deren Kern aus gemeinem Steine besteht, an welchem der Marmor mittels eines sehr festen Kitts aus Harz und Marmorstaub befestigt wird. Auf diese Weise werden die innern Wände von Kirchen und andern Gebäuden mit verschiedenartigem Marmor überzogen.

Aus dem Alabaster verfertigt man in Rom falsche Perlen, indem man die gedrehten und angereihten Alabasterstückchen mit einem glänzenden Teige überzieht, der aus den Schuppen eines im Mittelmeere vorkommenden kleinen Fisches bereitet wird.

Gehörnte Schweine.

Auf den Sunda=Inseln, namentlich Java und Sumatra, sind bei mehren Jagden Eber erlegt worden, die zwei Hörner am Kopfe hatten. Dieselben waren 3—5 Zoll lang, 1 Zoll dick, ein wenig gekrümmt und dem untern Theile eines Hirschgeweihs ähnlich, aber nicht immer in derselben Richtung vom Kopfe aus gewachsen. Die gehörnten Schweine waren stets Eber von ziemlichem Alter, wie sich aus ihren ziemlich großen Hauern schließen ließ. Der Reisende, welcher uns diese Thatsache berichtet, will sogar einen Eber mit vier Hörnern am Kopfe, die mehr denen der europäischen Ziegen glichen, gesehen haben.

Literarische Anzeige.

Im Verlage von **Im. Tr. Wöller** in **Leipzig** ist erschienen und kann durch alle Buchhandlungen bezogen werden:

Der unterweisende Monatsgärtner, oder deutliche Erklärung sämmtlicher monatlicher Arbeiten im Gemüse=, Obst=, Blumen=, Wein= und Hopfengarten, sowie auch im Gewächshause. Ein sicherer Leitfaden für angehende Gärtner und Gartenliebhaber. Nebst einem Nachtrage über Behandlung der Gemüsesämereien und über die vortheilhafteste Benutzung und beste Aufbewahrung verschiedener Gemüse=, Garten= und Baumfrüchte. Alles auf eine zwanzigjährige Erfahrung gegründet und herausgegeben von Heinrich Gruner. Dritte verbesserte Auflage. Gr. 8. (204 S.) Geh. 18 gGr. oder 22½ Ngr. oder Sgr.

Grundsätze der Gartenkunst, welche sowol bei Anlegung großer Parks oder bei Landschafts= und Naturgärten von großer Ausdehnung, als auch bei Einrichtung und Anlage kleinerer Gärten befolgt werden müssen. Ein praktisches Handbuch für Gärtner und Besitzer von Grundstücken, die Gartenanlagen entweder zu ihrem Vergnügen selbst entwerfen oder dieselben unter ihrer speciellen Leitung anordnen lassen wollen. Mit Abbildungen, welche neue Ideen zu Gartenverzierungen enthalten, von Fr. Huth, praktischem Kunstgärtner. Zweite verbesserte Auflage. (192 S.) Preis 21 gGr. oder 26½ Ngr. oder Sgr.

Herausgegeben unter Verantwortlichkeit der Verlagshandlung F. A. Brockhaus in Leipzig.

Das Pfennig-Magazin
für
Verbreitung gemeinnütziger Kenntnisse.

468. Erscheint jeden Sonnabend. [März 19, 1842.

Johann Gottlieb Fichte.

Wie hoch oder wie niedrig man auch immer Kant's unmittelbare Verdienste um die Wissenschaften anschlagen möge, den Ruhm, durch seine Werke mächtig zu philosophischen Forschungen angeregt zu haben, wird ihm Niemand absprechen können. Viele schlossen sich an ihn an und strebten, seinem Systeme im Ganzen getreu, nur dahin, die überlieferten Grundsätze zu erläutern oder durch fernerweite Anwendung zu bewähren; Andere verdankten ihm wenigstens den Anstoß zu schärferm Nachdenken, indem sie im Übrigen ihren eigenthümlichen Weg gingen; noch Andere endlich bekannten sich anfangs offen zu seiner Lehre, wurden aber durch selbständige Untersuchungen immer mehr von derselben ab und über sie hinaus geführt. Zu den Letztern gehört auch Johann Gottlieb Fichte, geboren zu Rammenau in der Oberlausitz am 19. Mai 1762.

Schon an seiner Wiege verhieß ein ehrwürdiger, frommer Greis den Ältern mit prophetischem Geiste, daß dieser Knabe einst ihr Trost und ihre Freude sein werde, und der Vater, ein nicht gerade unbemittelter Landmann, glaubte dies um so lieber, je mehr es mit seinen eigenen Wünschen übereinstimmte. Bald bemerkte er auch mit Vergnügen den muntern, lebendigen Geist, das kluge, verständige Wesen und die leichte, schnelle Fassungskraft, worin dieser sein ältester Sohn die jüngern Geschwister alle übertraf. Namentlich war dem Kleinen eine Willenskraft, eine Selbstbeherrschung eigen, wie man sie oft selbst bei Männern vergeblich sucht. Einst hatte er von seinem Vater zur Belohnung seines Fleißes die „Geschichte vom gehörnten Siegfried" erhalten, die ihn so sehr anzog und fesselte, daß er die Lust zu andern Beschäftigungen gänzlich verlor. Eine Zeit lang übersah man dies wol, als jedoch seine Zerstreutheit und Unachtsamkeit, anstatt sich zu verlieren, immer mehr überhandnahm, so wendete man das Mittel der Strenge gegen ihn an. Dies half sogleich und vollkommen. So sehr er das Buch auch liebte, so sah er doch ein, daß er sich von demselben trennen müsse, wenn er nicht zu wiederholter Unzufriedenheit Anlaß geben wollte. Er beschloß daher, es ohne weiteres zu vernichten und so allen fernern Versuchungen ein für alle Mal vorzubeugen. Mit diesem Gedanken trat er an den Bach, der an dem Wohnhause vorbeifloß. Lange zögerte er, seinen Entschluß auszuführen, denn das Buch war doch gar zu schön; endlich aber überwand er sich und schleuderte es weit weg in das Wasser. Zwar weinte er bitterlich, als er es nun dahinschwimmen sah, allein sein Zweck war erreicht; binnen kurzem war er wieder der frühere fleißige Knabe. Ja so groß war seine Furcht, in Trägheit zurückzufallen, daß er seinen Vater, der ihn später mit einem ähnlichen Geschenke erfreuen wollte, dringend bat, er möge dasselbe den jüngern Geschwistern zukommen lassen.

Vermöge seiner Arbeitsamkeit und seiner glücklichen Anlagen machte er bald ungeachtet eines ziemlich spärlichen Unterrichts in den gewöhnlichen Schulkenntnissen nicht geringe Fortschritte. Vor Allem zeigte er eine ungemeine Geschicklichkeit im Wiederholen Dessen, was er gehört hatte, und eben diese Geschicklichkeit war es, welche ihm die Gelegenheit verschaffte, seinen Geist allseitig auszubilden und sich selbst für immer den Wissenschaften zu widmen; denn mit Verwunderung hörte der Geistliche des Orts den etwa neunjährigen Knaben zu, als dieser ihm auf seine Aufforderung seine Tags zuvor gehaltene Predigt nach ihren Hauptgedanken und mit den eingeflochtenen Bibelstellen ziemlich treu wiedergab. Unverzüglich nahm er sich vor, den jungen Fichte auf jede Weise zu fördern, und empfahl ihn in dieser Absicht der Gutsherrschaft. Vielleicht wären jedoch alle Bemühungen und Empfehlungen des braven Mannes fruchtlos gewesen, wenn nicht ein an sich scheinbar bedeutungsloser Umstand der Sache eine wider alles Erwarten glückliche Wendung gegeben hätte. Das Schicksal fügte es nämlich, daß um diese Zeit der Freiherr v. Miltitz einen Besuch bei der Gutsherrschaft abstattete. Eigentlich hatte er schon vor dem Frühgottesdienste eintreffen wollen, um den frommen Ortsgeistlichen predigen zu hören; allein er verspätigte sich und äußerte deshalb sein Bedauern, seinen Wunsch nicht befriedigt zu sehen. Wie im Scherze benachrichtigte man ihn, daß im Dorfe ein Knabe sei, der das Talent besitze, eine gehörte Predigt aus dem Gedächtnisse wieder herzustellen. Miltitz ward neugierig und man säumte nicht, den kleinen Fichte sofort herbeikommen zu lassen, welcher denn auch die Aufgabe so unbefangen und mit so großer Gewandtheit löste, daß der Freiherr von Stunde an den Plan entwarf, den vielversprechenden Kleinen auf alle Weise zu unterstützen. Er schlug daher Fichte's Ältern vor, ihm ihren ältesten Sohn zur weitern Ausbildung zu überlassen; allein diese, obgleich der Erziehung ihrer zahlreichen Kinder kaum gewachsen, gingen doch erst dann auf das Anerbieten ein, als sie sich völlig davon überzeugt hatten, daß die sittliche Reinheit ihres Sohnes durch die neuen Verhältnisse durchaus nicht gefährdet werden könne.

Fichte ging nun zunächst mit dem Freiherrn von Miltitz auf dessen Schloß Siebeneichen bei Meißen und wurde sodann nach einiger Zeit dem Pfarrer des benachbarten Dorfes Niederau anvertraut, der ihn in den alten Sprachen unterweisen und überhaupt auf den Besuch einer hohen Schule vorbereiten sollte. Er verlebte hier die schönsten Jahre seiner Jugend und noch im spätern Alter gedachte er mit Rührung der wahrhaft väterlichen Liebe, mit welcher er in dem Hause dieses würdigen Geistlichen behandelt worden war. Freilich in wissenschaftlicher Beziehung trug sein Aufenthalt daselbst nicht die Früchte, die man vielleicht davon erwartete; denn der Unterricht, welchen er genoß, war zu unregelmäßig und er zu sehr sich selbst überlassen, als daß er selbst bei dem besten Willen bedeutend hätte vorwärts kommen können. Es kostete ihm daher, als er nach kurzem Besuche der Stadtschule zu Meißen 1774 in die Fürstenschule Pforta aufgenommen worden war, nicht wenig Mühe, das Versäumte nachzuholen.

Indeß sein Fleiß und seine Talente räumten bald alle Hindernisse eines schnellern und sicherern Fortschreitens aus dem Wege, und er würde sich in seiner neuen Lage glücklich gefühlt haben, wenn nicht die klösterliche Sitte, welche auf dieser Schule herrschte, ihn in seiner gewohnten freien Bewegung allzu sehr eingeschränkt und beengt hätte. Einer alten Einrichtung zufolge hatten je zwei Schüler, ein oberer und ein unterer, eine Zelle inne und so konnte es nicht fehlen, daß der Ältere sein Ansehen gegen den Jüngern gewöhnlich auf eine eben sanfte Art geltend zu machen suchte, zumal da er selbst in früherer Zeit sich Vieles hatte müssen gefallen lassen. Unglücklicherweise gerieth Fichte unter die Obhut eines Obern, der ihn zuweilen sogar ohne Ursache schonungslos mit Schlägen tractirte. Anfangs tröstete sich der Geplagte mit der Aussicht, einstmals mit ähnlicher Gewalt ausgerüstet zu werden, und übte sich deshalb schon jetzt im Ohrfeigenaustheilen, indem er ein auf dem Tische aufgestelltes Buch abwechselnd mit der rechten und linken Hand auf einen Schlag zur Erde zu werfen suchte; allein die Behandlung, die er erdulden mußte, war zu hart. Seine Geduld nahm ein Ende; er kündigte seinem Obern an, daß er nicht gesonnen sei, seine Plackereien länger zu ertragen, sondern sich denselben, wenn es nicht anders ginge, durch die Flucht entziehen werde. Diese Drohung wurde natürlich verlacht und verspottet, obwol sie so ernstlich gemeint war als irgend eine. Fichte wartete nur auf eine Gelegenheit zur Flucht; als diese sich darbot, schlich er sich heimlich davon und schlug eilig den Weg nach Naumburg ein. Im Laufen gedachte er der Lehre des alten Predigers in Niederau, daß man jedes Werk mit einem Gebete um den Beistand Gottes beginnen müsse. Sogleich warf er sich auf einem schönen Hügel auf die Knie, aber während er betete, erinnerte er sich seiner Ältern und stellte sich die Sorge und den Gram derselben lebhaft vor, wenn sie sein plötzliches Verschwinden erfahren sollten. Unmöglich konnte er unter solchen Gedanken bei seinem Plane beharren; schneller als er davongelaufen war, kehrte er nun zur Schule zurück, wo man ihn bereits vermißt hatte. Man führte ihn vor den Rector und diesem erzählte er Alles so offen und treuherzig, daß ihm nicht allein die Strafe erlassen, sondern er auch einem andern Obern übergeben wurde. Von nun an ward ihm der Aufenthalt auf der Schule täglich lieber. Von außen her nicht mehr beunruhigt, widmete er sich mit unverdrossenem Eifer den Wissenschaften; ja er arbeitete, was eigentlich verboten war, sogar des Nachts, um seinen Mitschülern in keiner Beziehung nachzustehen und doch zugleich seine Lieblingsbeschäftigungen nicht aufgeben zu dürfen. So erwarb er sich neben der Liebe und Zuneigung seiner Lehrer einen Schatz guter Kenntnisse, der ihm später die reichsten Zinsen trug.

Mit den besten Zeugnissen versehen verließ er im October 1780 Schulpforta und begab sich nach Jena, um dort nach dem Willen seiner Ältern und seines Pflegevaters Theologie zu studiren. Die Art und Weise aber, wie diese Wissenschaft, namentlich die Glaubenslehre, damals vorgetragen wurde, indem man Haltbares und Unhaltbares, Altes und Neues bunt durcheinander mischte, konnte für ihn wenig Befriedigendes haben. Viel lieber beschäftigte er sich mit der Philosophie, welche allein ihm die Dunkelheiten und Widersprüche, die in der Theologie vorkamen, aufzuhellen und zu entfernen vermochte. Am meisten beschäftigte ihn Spinoza, dessen streng folgerichtiges System, mit dem er, wenigstens was die Freiheit des Willens betrifft, noch ehe er es kannte, übereinstimmte, ihn weit mehr ansprach als die Wolf'sche Philosophie. Bei alle dem vernachläßigte er jedoch die Theologie keineswegs, denn noch immer war es seine Absicht, einst als Prediger seinem Vaterlande nützlich zu werden.

Unterdessen verschlimmerte sich seine äußere Lage vorzüglich nach dem Tode seines Pflegevaters, des Freiherrn von Miltitz, und nur dadurch, daß er seit 1784 in mehren Häusern Sachsens Hauslehrerstellen bekleidete, schützte er sich vor Mangel. Zuletzt wendete er sich ohne eine besondere Anstellung nach Leipzig, in der Hoffnung, von der Regierung baldigst berücksichtigt zu werden, da er in jeder Hinsicht die besten Zeugnisse aufzuweisen hatte. Dessenungeachtet hoffte er vergebens; ein Schreiben, welches er 1787 an den Consistorialpräsidenten von Burgsdorf richtete, blieb unbeantwortet; wahrscheinlich war gerade die zu seiner Empfehlung beigelegte Predigt, in welcher er freiere Ansichten über einzelne Glaubensartikel vorgetragen haben mochte, Schuld daran, daß man von ihm weiter keine Notiz nahm.

Je trauriger sich nun die Gegenwart für ihn gestaltete und je trüber die Aussichten in die Zukunft wurden, um desto weniger trug er Bedenken, sein Vaterland zu verlassen und eine Hauslehrerstelle in Zürich anzunehmen, welche ihm sein Gönner, der Kreissteuereinnehmer Weiße in Leipzig, antrug. Im August 1788 trat er die Reise an den Ort seiner Bestimmung und am 1. September sein neues Amt selbst an. Wenn auch die Mutter der ihm anvertrauten Kinder ihm manche Hindernisse in den Weg legte, so wußte er diese doch bald durch seine Energie und Festigkeit zu beseitigen und konnte alsdann mit um so größerm Erfolge wirken. Die wenige Zeit, die ihm zu eigener Verfügung übrig blieb, benutzte er redlich zu seiner Fortbildung. Zuweilen predigte er in benachbarten Orten und zwar stets mit dem entschiedensten Beifall; überall nahm man den jungen Mann mit Achtung und Liebe auf. Lavater, Hottinger und andere angesehene Personen wurden seine Freunde. Der Erstere führte ihn zugleich in die auserlesene Gesellschaft ein, welche sich wöchentlich einmal bei dem Waagmeister Rahn, einem Schwager Klopstock's, versammelte, und hier war es, wo er mit seiner spätern Gattin, der Tochter Rahn's, zuerst bekannt wurde. Beide konnten sich einander ihre Achtung nicht versagen, und diese Achtung führte binnen kurzem zu einem innigern Verhältnisse.

Inzwischen waren in Fichte's Stellung als Hauslehrer neue Störungen eingetreten, welche ihn veranlaßten, jene selbst aufzugeben. Er hoffte durch Rahn's oder Lavater's Vermittelung Erzieher eines Prinzen oder Lector an einem Hofe zu werden, und so reiste er in den ersten Monaten des Jahres 1790, mit Empfehlungsschreiben an den würtembergischen Hof und nach Weimar versehen, von Zürich ab und zunächst nach Stuttgart. Da jedoch weder hier noch in Weimar ein Unterkommen zu finden war, so wendete er sich zuletzt wieder nach Leipzig, wo er sich durch schriftstellerische Arbeiten das Nöthige erwerben zu können meinte. Allein alle derartigen Pläne scheiterten an dem Mangel eines Verlegers; er mußte also durch Privatunterricht sich fortzuhelfen suchen. Aber eben dieser Umstand hatte auf sein Leben einen bedeutenden Einfluß; denn da er unter Anderm einem Studenten Unterricht in der Kant'schen Philosophie ertheilte, so mußte er selbst mit dieser sich angelegentlich beschäftigen, und je tiefer er nun in dieselbe eindrang, desto mehr fühlte er sich von ihr angezogen, sodaß sie von da an sein erstes und liebstes Studium wurde.

So kam der Frühling des Jahres 1791 heran. Fichte, schon lange von seiner Verlobten nach Zürich eingeladen und selbst voller Sehnsucht, sich mit ihr auf ewig verbunden zu sehen, entschloß sich jetzt, das Ziel seiner Wünsche nicht weiter hinauszurücken, sondern ohne Verzug in die Schweiz zurückzukehren. Allein das Schicksal trat hemmend dazwischen. Der Vater seiner Geliebten erlitt nämlich um diese Zeit durch den Bankrott eines Dritten einen so empfindlichen Verlust an seinem Vermögen, daß der Gedanke an die Zukunft ihn mit den bängsten Sorgen erfüllte und zugleich von einer Verheirathung seiner Tochter für jetzt nicht mehr die Rede sein konnte.

Tief betrübte Fichte die Nachricht von diesem Unfalle, jedoch faßte er bald wieder Muth, zumal da sich ihm gerade damals neue und bessere Aussichten eröffneten. Man hatte ihm den Antrag gemacht, in ein gräfliches Haus zu Warschau als Erzieher einzutreten; natürlich trug er in seiner Lage kein Bedenken, diesen Antrag anzunehmen, und bereits am 7. Juni wanderte er in Warschau ein. Leider hatte er die beschwerliche Reise vergeblich gemacht. Er gefiel der Gräfin nicht, angeblich wegen des deutschen Accents, mit dem er das Französische sprach, wahrscheinlich aber, weil er nicht die feinen, einschmeichelnden Manieren der Franzosen zeigte. Fichte verließ daher nach kurzem Verweilen die Hauptstadt Polens wieder und begab sich nach Königsberg, wo er sogleich nach seiner Ankunft Kant einen Besuch abstattete. Um sich demselben besser zu empfehlen und genauer mit ihm bekannt zu werden, schrieb er in Zeit eines Monats seine „Kritik aller Offenbarung", worin er nachzuweisen suchte, daß eine Lehre nicht durch Wunder sich als eine geoffenbarte bewähren könne, sondern einzig und allein durch ihren innern Gehalt. Kant nahm diese Schrift sehr wohl auf und lud Fichte mehrmals zu sich ein. So gern dieser nun auch in Königsberg länger geblieben wäre, so erlaubten es ihm seine Umstände doch nicht; ja er sah sich sogar nach einem langen Kampfe mit sich selbst genöthigt, Kant um eine Unterstützung zu bitten, damit er wenigstens in den Stand gesetzt würde, in sein Vaterland zurückzukehren. Kant schlug ihm zwar diese Bitte ab, erbot sich aber, ihm einen Verleger für die „Kritik aller Offenbarung" zu verschaffen; da jedoch der Buchhändler, an den er ihn wies, gerade abwesend war, so konnte er sein Manuscript nicht verkaufen und sah sich so von den größten Verlegenheiten bedroht. Glücklicherweise erhielt er in dieser Noth eine Hauslehrerstelle bei dem Grafen von Krokow in der Nähe von Danzig, die er bis zum Jahre 1793 bekleidete.

Währenddem erwarb ihm seine endlich veröffentlichte „Kritik aller Offenbarung" einen weitverbreiteten Ruhm; denn nicht genug, daß man sie als ein äußerst gelungenes Werk pries, man schrieb sie sogar, da sie ohne seinen Namen erschienen war, in einem sehr geachteten Journale Kant selbst zu. Auch andere mehr gelegentliche Schriften seiner Feder, die er kurz nacheinander herausgab, fanden verdienten Beifall, und so kehrte er 1793 mit Ruhm gekrönt nach Zürich zurück, das er

*

drei Jahre früher ungekannt und ungenannt verlassen hatte. Da es unterdessen Rahn gelungen war, einen beträchtlichen Theil seines Vermögens zu retten, so stand einer Verbindung seiner Tochter mit Fichte weiter nichts im Wege und schon am 22. October wurde dieselbe vollzogen. Seinen Aufenthalt in Zürich benutzte Fichte meist zu literarischen Arbeiten, von denen seine „Beiträge zur Berichtigung der Urtheile des Publicums über die französische Revolution" und seine „Zurückfoderung der Denkfreiheit" ihn unschuldigerweise in den Verdacht brachten, als sei er ein Anhänger und Vertheidiger der Pöbelherrschaft, was doch durchaus fern von ihm war. Im Uebrigen beschäftigte ihn die Kant'sche Philosophie, über die er auch einmal vor einem auserlesenen Cirkel Vorlesungen hielt, fortwährend; indeß erschien sie ihm je länger, je mehr ungenügend, und so kam er nach und nach dahin, sich ein eigenes System zu bilden, dessen allgemeine Grundzüge schon fertig in ihm lagen, als er in seinen neuen Wirkungskreis eintrat.

Gegen Ende des Jahres 1793 nämlich war der Professor der Philosophie zu Jena, Reinhold, einem Rufe nach Kiel gefolgt, und man glaubte die erledigte Stelle nicht besser besetzen zu können als durch Fichte, welchem sie demnach auch angetragen wurde. Fichte nahm das Anerbieten an, wünschte jedoch seine öffentliche Thätigkeit erst 1795 zu beginnen, um in der Zwischenzeit sein neues System in Muße abschließen zu können. Diesem Wunsche zu entsprechen, war nun freilich nicht möglich, ohne der Universität selbst zu schaden; Fichte mußte deshalb sein neues Amt sofort antreten.

Er begann zu Ostern 1794 seine Vorlesungen, indem er zugleich zwei Schriften herausgab, die er denselben zum Grunde legte. Es waren dies die Schriften „Ueber den Begriff der Wissenschaftslehre oder die sogenannte Philosophie" und „Die Grundlage der gesammten Wissenschaftslehre"; die erstere sollte sein neues System ankündigen, die letztere es ausführen. Ausgegangen wurde darin von Kant. Dieser hatte den Satz aufgestellt, daß der Mensch die Dinge nicht zu erkennen vermöge, wie sie an sich sind, sondern einzig und allein wie sie ihm erscheinen; somit war ein Gegensatz zwischen Sein und Erscheinen gesetzt, welcher ausgeglichen und entfernt werden mußte. Dies erreichte Fichte dadurch, daß er alle Außendinge als Erzeugnisse der reinen Vernunft darstellte.

Die Neuheit des Systems sowol als auch die klare, leichtfaßliche und außerdem durch einen lebendigen Vortrag gehobene Darstellung desselben verschaffte Fichte sogleich beim Beginn seiner Vorlesungen eine große Menge von Zuhörern, deren Anzahl bis zu seinem Weggange von der Universität sich ziemlich gleich blieb. Jener erfolgte aber leider sehr bald.

(Der Beschluß folgt in Nr. 469.)

Xeres.

Die Stadt Xeres, mit dem Beisatze de la Frontera (an der Grenze), in der spanischen Provinz Sevilla, einem Theile von Andalusien, verdankt dem Weine, der in ihren Umgebungen gebaut wird (Sect und Pedro Ximenes oder Paxarete) ihren europäischen Ruf. Sie liegt wenige Meilen nordöstlich von Cadiz und etwa vier Stunden von der Küste des atlantischen Meers in einer sehr fruchtbaren, wohlangebauten Gegend, in welcher Palmen, Öl-, Orangenbäume und andere Bäume der heißen Länder häufig sind. In und bei Xeres selbst findet man herrliche Gärten, voll von Orangen-, Citronen- und Fruchtbäumen aller Arten; vor allen sind aber die Gärten des berühmten, reizend gelegenen Karthäuserklosters zu nennen. Die Gebäude desselben sind im großartigen und edlen Style erbaut; die Façade der Kirche ist mit Statuen, das Innere mit werthvollen Gemälden geziert. Außer diesen fällt den Besuchern ein Grabmonument ins Auge, das des Gründers dieses Klosters, des edeln Genuesers Alvaro Oberto de Valeta, überragt von seiner Bronzestatue in Lebensgröße. Das Innere der Stadt entspricht der Schönheit der Umgegend. Sie ist groß, freundlich, gut gebaut und hat breite, reinliche und gut gepflasterte Straßen. Die Einwohner, deren Zahl etwa 20,000 betragen mag, nähren sich vom Wein-, Öl- und Landbau und Pferdehandel, der aber in neuern Zeiten sehr abgenommen hat. Im 18. Jahrhundert verkaufte Xeres jährlich fast 2000 Füllen und enthielt an 5000 Stuten. Die Industrie der Stadt ist wenig bedeutend.

In der Geschichte ist Xeres durch die Schlacht merkwürdig, welche um das Jahr 711 in ihrer unmittelbaren Nähe geliefert wurde. Durch dieselbe wurde der Herrschaft der gothischen Könige ein Ende gemacht und die Herrschaft der Mauren im Lande begründet. Nachdem nämlich Roderich im J. 710 mit Beseitigung der Söhne des Königs Witiza nach diesem den westgothisch-spanischen Thron bestiegen hatte, rief, neidisch auf dessen Macht, Graf Julian, Befehlshaber in Mauritanien und Andalusien, im Bunde mit den zurückgesetzten Prinzen, die Sarazenen ins Land, welche in Nordafrika bereits alle römischen Länder und viele maurischen Provinzen erobert hatten. Im Juli 710 landete Tarik, gesandt von dem Oberbefehlshaber Musa, mit einer kleinen arabischen Schar an der Meerenge von Gibraltar an der spanischen Küste, um die Gelegenheit zu erkunden, welche in jeder Hinsicht günstig schien. Im nächsten Frühjahre kam er mit größerer Macht wieder, befestigte den nach ihm benannten Felsen (Gibraltar, eigentlich Gebel al Tarik) und rückte in die Ebene von Xeres, wo König Roderich ein mächtiges Heer, das wol 100,000 Mann zählen mochte, versammelt hatte, dem Tarik außer einer Schar halbnackter Mauren und einer Rotte christlicher Überläufer nur 12,000 Sarazenen entgegensetzen konnte. Gleichwol wagte und gewann der kühne Araber die Schlacht, deren Dauer auf sieben Tage angegeben wird, von denen aber die ersten drei mit Vortrabgefechten, die letzten drei mit Verfolgung der Flüchtigen hingebracht wurden. Der entscheidende Tag war der vierte, an welchem nach langem, blutigem Kampfe die verrätherischen Prinzen, die mit ihrem Oheim, dem Erzbischof Oppas von Sevilla, in die Reihen der Ungläubigen übertraten, den Fall des westgothischen Throns entschieden. König Roderich, der am Kampfe um seine Krone keinen activen Antheil genommen hatte, ertrank als Flüchtling im Guadalquivir.

Von den Winden.

(Fortsetzung aus Nr. 467.)

Bekanntlich ändert sich in unsern Gegenden die Richtung des Windes unaufhörlich, in andern kommt der Wind lange Zeit oder immer aus derselben Richtung. Hiernach unterscheidet man unregelmäßige oder veränderliche und regelmäßige oder beständige Winde. Die letztern zerfallen wieder in mehre Classen: 1) Passatwinde, welche das ganze Jahr hindurch aus derselben Richtung kommen; 2) Moussons, welche in gewissen Gegenden der Erde nur einen Theil des Jahres herrschen, während im übrigen Theile desselben der Wind entweder gleich beständig aus einem andern Himmelsstriche weht oder veränderlich wird; 3) Land- und Seewinde, welche wegen ihrer meist geringen Stärke von den französischen und englischen Schiffern auch schwache Winde oder Brisen genannt werden. Wir beginnen mit einer nähern Betrachtung der letztern Classe beständiger Winde. Man findet sie auf allen Inseln und in allen Küstengegenden der heißen Zone, insofern sie nicht durch herrschende stärkere Winde aufgehoben werden, ferner auch an vielen Küsten in mittlern Breiten, z. B. in Marseille und ganz Italien, ja sogar mitten im Lande an größern Seen, z. B. den Schweizerseen, dem Gardasee, Friesee u. s. w. In allen Fällen weht am Tage ein Seewind, d. h. der Wind kommt von der See her, in der Nacht aber weht ein Landwind. Die Erklärung dieser Erscheinung ist nach dem oben über den Ursprung der Winde im Allgemeinen Gesagten sehr leicht. Denken wir uns eine Insel, etwa von der Form eines Kreises, so wird diese am Tage von der Sonne weit stärker erwärmt als das Meer, und daher muß in den untern Regionen ein nach der Insel gehender, gegen die Küste senkrechter Luftstrom oder ein Seewind entstehen, der sich aber erst dann zeigen kann, wenn der Unterschied zwischen den Temperaturen der Atmosphäre über dem Lande und über dem Meere bedeutender wird, d. i. gegen 10 Uhr Morgens. Der Wind ist anfänglich schwach, zeigt sich zuerst am Ufer und erstreckt sich nach und nach weiter ins Meere. Zur Zeit der größten Tageswärme, um 2 oder 3 Uhr Nachmittags, ist dieser Wind am stärksten und nimmt dann wieder ab. Zur Zeit des Sonnenunterganges, wo Land und Meer fast gleiche Temperatur haben, entsteht eine Windstille. Später erkaltet das Land stärker als das Meer, dessen Temperatur weit mehr Gleichmäßigkeit hat, daher beginnt um 8 Uhr Abends ein auf der Küste senkrecht stehender Landwind, der nach und nach stärker wird und gegen 8 Uhr Morgens verschwindet. Richtung und Stärke dieser Winde werden durch stärkere Luftströmungen und Unregelmäßigkeiten in der Gestalt der Küsten mannichfach abgeändert. In der Nähe des Äquators ist der Seewind an der Ostküste, der Landwind an der Westküste der Inseln stärker. An Vorgebirgen, besonders solchen, die weit vorspringen, ist der Landwind unbedeutend, fehlt auch wol ganz, der Seewind dagegen ist weit stärker. Das Gegentheil findet in Meerbusen statt, wo die Landwinde lebhafter sind. In beiden Fällen ist die Erklärung leicht; bei Vorgebirgen z. B. kann der Landwind nur schwach sein, da nach allen Seiten Luft abfließt und eine an sich schon schwache Kraft nach allen Seiten wirken muß, der Seewind aber muß stark sein, da er von allen Seiten kommt; ebenso bei Meerbusen. Land- und Seewinde erstrecken sich übrigens meist nur wenige Meilen von der Küste.

Auf dieselbe Art wie die Land- und Seewinde läßt sich der allgemeine Passat- oder Ostwind zwischen den Wendekreisen erklären, nur sind hier noch mehre Umstände eigenthümlicher Art zu berücksichtigen. Die heißeste Gegend der Erde ist bekanntlich der Streifen oder Gürtel zwischen den Wendekreisen; jeder Punkt desselben hat die Sonne zweimal jährlich in seinem Scheitelpunkte oder Zenith, zu welcher Zeit ihre Strahlen senkrecht auf die Erde fallen und daher die größte Hitze hervorbringen; dies findet unter dem Äquator selbst am 21. März und 21. September, nördlich oder südlich von demselben an zwei um weniger als ein halbes Jahr auseinanderliegenden Tagen statt, die dort in unserm Sommer-, hier in unserm Winterhalbjahre liegen; die an den Grenzen dieses Streifens, unter den Wendekreisen selbst, 23½ Grad nördlich und südlich vom Äquator, liegenden Punkte können die Sonne nur einmal im Jahre (dort am 21. Juni, hier am 21. December) in ihrem Scheitelpunkte haben, die noch weiter vom Äquator entfernten Punkte niemals. Mit der zunehmenden Entfernung vom Äquator nimmt im Allgemeinen die Wärme ab und die kältesten Gegenden der Erde sind die in der Nähe der Pole (bis in 23½ Grad Abstand von denselben) liegenden, welche während einer längern oder kürzern Zeit des Jahres die Sonne gar nicht zu sehen bekommen. Hiernach muß beständig in den obern Regionen heiße Luft vom Äquator nach den Polen strömen, in der Nähe der Erdoberfläche aber müssen entgegengesetzte kalte Luftströmungen von den Polen nach dem Äquator stattfinden, welche eben die Passatwinde bilden. Daß die Luftströme weder in den obern noch in den untern Regionen eine genau südliche oder nördliche, mit den Meridianen zusammenfallende Richtung haben, ist lediglich eine Folge der Umdrehung der Erde um ihre Achse. Diese geht bekanntlich in 24 Stunden in der Richtung von Westen nach Osten (entgegengesetzt der Richtung, in welcher sich die Sonne nebst allen Gestirnen scheinbar am Himmel bewegt) vor sich. Hierbei beschreiben alle Punkte der Erde (mit alleiniger Ausnahme der beiden Pole oder Endpunkte der Achse) Kreise, deren Ebenen einander parallel und die desto größer sind, je weiter die Punkte selbst von den Polen entfernt sind. Den größten Kreis beschreiben alle diejenigen Punkte der Erdoberfläche, die von beiden Polen gleich weit entfernt sind oder im Äquator liegen; diese legen im Laufe eines Tages, nur in Folge der Umdrehung der Erde und ohne Rücksicht auf ihre Bewegung um die Sonne, einen Weg von 5400 Meilen zurück. An dieser Bewegung der Erde nimmt aber auch die über ihr befindliche, sie rings umgebende Luft Theil. Diejenige Luft nun, welche von den Polen nach dem Äquator strömt, bringt eine Umdrehungsgeschwindigkeit mit, welche kleiner ist als die derjenigen Gegenden, in welche sie kommt, und da sie nicht sogleich die größere Geschwindigkeit annehmen kann, wiewol sie an der Umdrehung von Westen nach Osten Theil nimmt, so bleibt sie hinter den Gegenden, in welche sie gelangt ist, zurück, und bringt so einen scheinbaren Wind in entgegengesetzter Richtung, also von Osten nach Westen (Ostwind) hervor. Es ist derselbe Vorgang wie bei einem Menschen, welcher schnell läuft oder fährt; dieser glaubt dann ebenfalls einen entgegenkommenden Wind zu bemerken, auch wenn die Luft an sich ganz ruhig ist, und diese Täuschung ist dann am auffallendsten, wenn man auf einer Eisenbahn mit Dampfkraft fortbewegt wird, in welchem Falle bekanntlich immer ein entgegenkommender, ziemlich lebhafter Wind zu bemerken ist, welcher lediglich darin seinen Grund hat, daß die Luft, welche durchschnitten wird, an der schnellen Bewegung des Wagens nicht Theil nehmen kann. Jener Ostwind nun wird, da sich die ostwestliche Richtung mit der nordsüdlichen verbindet, nördlich vom Äquator zum Nordost-, südlich von demselben zum Südostwinde und bildet den sogenannten Passatwind, der in der heißen Zone stattfindet. Je näher wir dem Äquator kommen, desto mehr fällt die Richtung dieses Windes mit Osten zusammen. Ganz bis zum Äquator erstrecken sich beide Passate nicht, sie treffen daher auch nicht zusammen, sondern sind durch einen Zwischenraum getrennt, in welchem Windstillen und veränderliche Winde herrschen. Der in den obern Regionen herrschende Luftstrom, welcher vom Äquator nach den Polen geht, also in der nördlichen Halbkugel von Süden nach Norden, in der südlichen von Norden nach Süden gerichtet ist, bildet auf dieselbe Weise, indem er allmälig kälter, mithin auch schwerer wird und daher herabsinkt, einen Westwind. Die vom Äquator kommende Luft hat nämlich eine größere Umdrehungsgeschwindigkeit als die Gegenden, in welche sie kommt, eilt dieser daher in der Bewegung von Westen nach Osten voraus und bildet in der nördlichen Halbkugel einen Südwest-, in der südlichen einen Nordwestwind.

Auf dem Lande wird die Richtung und Stärke der Winde durch mancherlei Umstände, namentlich aber durch die Gebirge und sonstigen Unebenheiten vielfach abgeändert; daher wollen wir uns darauf beschränken, die Winde auf dem Meere zu betrachten. Zu diesem Zwecke unterscheiden wir drei große Meerbecken, deren jedes ein eigenthümliches Verhalten zeigt: 1) den großen oder stillen Ocean zwischen Westamerika, Ostasien und Neuholland; 2) das atlantische Meer zwischen Europa, Westafrika und Ostamerika; 3) das indische Meer zwischen Ostafrika, Südasien und Neuholland.

Der stille Ocean zeigt die größte Regelmäßigkeit. Hier herrscht nördlich vom Äquator, etwa von 2—23° nördl. Breite, der Nordostpassat, südlich vom Äquator aber, etwa von 2—21° südl. Breite, der Südostpassat. Die Grenzen derselben sind nicht in allen Jahreszeiten dieselben; im Sommer rücken sie weiter nach Norden, im Winter nach Süden. Diese Winde zeigen sich erst in einiger Entfernung von der amerikanischen Küste, 50—60 Meilen westlich von Mexico und 100—150 Meilen westlich von Peru, und erstrecken sich bis zu den Philippinen und Neuholland. Die von Acapulco nach Manilla gehenden spanischen Gallionen nehmen ihren Weg stets mit dem Nordostpassat. Im Zwischenraume zwischen beiden Passaten, der sogenannten Region der Calmen, herrschen keine regelmäßigen Winde; man findet hier Winde, die aus den verschiedensten Richtungen kommen, und Windstillen (Calmen) wechseln mit heftigen Windstößen und Orkanen, welche die Spanier und Portugiesen Tornados und Travados nennen.

Weit bekannter sind die Passate auf dem atlantischen Ocean, wo sie schon zur Zeit des Colombo, der ihn zuerst durchschnitten hat, bemerkt wurden, weshalb seine Begleiter so sehr auf die Rückkehr drangen, weil sie später keinen für dieselbe günstigen Wind anzutreffen fürchteten. Die Grenzen der Passate sind hier weit veränderlicher als im stillen Ocean und nach den Jahreszeiten sehr verschieden. Die nördliche Grenze des Nordostpassats liegt in 28—30° nördl. Breite, die südliche, welche zwischen 5¼ und 13 Grad schwankt, im Mittel in 8° N.; die nördliche Grenze des Südostpassats liegt auffallenderweise noch einige Grad nördlich vom Äquator, im Mittel in etwa 3° N. (zwischen 1¼ und 3¾ Grad schwankend), die südliche unter 28—29° südl. Breite; im März liegen die Grenzen am weitesten südlich, im August am weitesten nördlich. Die Breite der Region der Calmen schwankt zwischen 2¼ Grad (im December) und 9¾ Grad (im August). Erst in einiger Entfernung von Afrika zeigt sich der Passat. Die Schiffer benutzen ihn zur Fahrt von Europa nach Amerika, indem sie von Madeira schnell nach Süden etwa bis in die Nähe des Wendekreises, dann aber nach Westen segeln. Die Matrosen haben auf dieser Fahrt, welche für völlig gefahrlos gelten kann, leichte Arbeit, weshalb die spanischen Seeleute diesen Theil des atlantischen Meers den Golf der Frauen nennen. In der Mitte seiner Region weht jeder Passat am regelmäßigsten; hier ist der Himmel fast stets heiter und Regen eine Seltenheit.

Verwickelter ist das Verhalten der Winde im indischen Meere, in welchem wir, was einen Theil desselben betrifft, statt der Passatwinde die zweite der oben aufgezählten drei Classen beständiger Winde, nämlich die sogenannten Moussons antreffen, ein Wort, das von dem malaiischen Worte Mussin, d. i. Jahreszeit, herkommt. Die etesischen Winde der Alten, welche sie auf dem Mittelmeere beobachteten, wo die Winde zu verschiedenen Jahreszeiten vorherrschend aus einer bestimmten Gegend kommen, waren nichts Anderes als Moussons, wenn ihnen auch die im indischen Meere unbekannt waren. Hier üben die Formen und Verhältnisse der Nachbarländer, namentlich die Gebirge und die zahlreichen Inseln, auf die Verhältnisse der Winde großen Einfluß aus. Im südlichen Theile des Meeres, südlich vom Äquator (zwischen 12 und 28° S.), herrscht das ganze Jahr hindurch der gewöhnliche Passat, der hier aus Südosten kommt; nördlich vom Äquator herrscht vom October bis zum April der Nordostpassat, hier Nordostmousson genannt, vom April bis zum October der diametral entgegengesetzte Wind, genannt der Südwestmousson. Diese allgemeinen Verhältnisse werden in manchen Gegenden vielfach abgeändert. Der Südostpassat ändert seine Richtung in der Nähe des Landes und wird in der Nähe von Afrika durch westliche Strömungen aufgehoben oder doch geschwächt. Auch der Mousson verbreitet sich, wie die Land- und Seewinde, nach und nach von der Küste aus ins Meer. Der Südwestmousson zeigt sich an der afrikanischen Küste im März. Je weiter wir nach Osten gehen, desto später tritt er ein und an der Küste von Malabar zeigt er sich erst in der ersten Hälfte des Mai. Aber auch außerhalb des indischen Meers finden wir Moussons, so im rothen und persischen Meere, wo sie aber ziemlich veränderlich sind. An der Ostküste von Afrika, südlich von Madagaskar, wehen vom Mai bis October westliche, im Winter aber bis zum April östliche Winde; am Cap der guten Hoffnung wechseln Nordwest und Südost.

(Der Beschluß folgt in Nr. 469.)

Der Tod des ältern Plinius.

Der verheerendste Ausbruch des Vesuv im Jahre 79 n. Chr., welcher die drei Städte Pompeji, Herculanum und Stabiä begrub, war es auch, der dem berühmten Verfasser des umfangreichen Werks über Naturgeschichte, Plinius dem Ältern, den Tod brachte. Wir glauben, daß unsern Lesern der lebensvolle Bericht, welchen der Neffe desselben, Plinius der Jüngere, in einem Briefe an den großen lateinischen Geschichtschreiber Tacitus davon gibt und den wir ihnen hier, um einem frühern Versprechen nachzukommen, in treuer Übersetzung mittheilen, gewiß von Interesse sein wird.

Plinius der Jüngere schreibt an Tacitus so: „Du bittest mich, ich soll dir das Ende meines Oheims beschreiben, damit du es um so treuer der Nachwelt berichten kannst. Ich danke dir; denn ich erkenne wohl, daß seinem Tode, wenn du ihn feierst, unsterblicher Ruhm aufbehalten ist. Obschon er bei dem Ereignisse, welches die schönsten Landschaften verheerte, umkam, um, wie Völker und Städte, durch diesen merkwürdigen Unglücksfall gleichsam ewig zu leben; obschon er selbst eine bedeutende Anzahl bleibender Werke vollendet hat, so wird doch der Dauer seines Andenkens die Unvergänglichkeit Deiner Schriften ein bedeutendes Theil hinzufügen. Ich halte Die für glücklich, denen es die Götter verliehen haben, entweder auszuführen, was des Aufschreibens werth ist, oder zu schreiben, was gelesen zu werden verdient, am glücklichsten aber scheinen mir Die zu sein, denen Beides vergönnt ward. Zu der Zahl der Letztern wird mein Oheim sowol durch seine Schriften als durch die deinigen gehören. Um so lieber übernehme ich, was du mir aufträgst."

„Mein Oheim war zu Misenum und befehligte in Person die Flotte. Am 23. August, ungefähr Nachmittags um 1 Uhr, meldet ihm meine Mutter, es lasse sich eine Wolke von ungewöhnlicher Größe und Gestalt sehen. Er hatte sich gesonnt, dann kalt gebadet und nun, nachdem er liegend seine Mahlzeit eingenommen, studirte er; sogleich fodert er seine Schuhe und besteigt eine Anhöhe, von der man jene wunderbare Erscheinung am besten beobachten konnte. Es erhob sich eine Wolke — man konnte von fern nicht erkennen, aus welchem Berge; daß es der Vesuv gewesen, erfuhr man erst nachher — in Gestalt eines Baums und zwar einer Fichte; denn in einem sehr langen Stamme schien sie in die Höhe zu steigen und sich dann in einige Zweige auszubreiten, ich meine deshalb, weil sie, anfänglich durch den frischen Druck emporgetrieben, durch dessen Abnahme oder auch durch ihre eigene Schwere sich in die Breite verlor. Sie war bald weiß, bald schmuzig und gefleckt, je nachdem sie Erde oder Asche mit sich führte. Diese Erscheinung schien ihm, dem gelehrten Manne, wichtig und näherer Beobachtung werth. Er ließ ein leichtes Schiff ausrüsten und stellte mir frei, ob ich ihn begleiten wolle. Ich gab zur Antwort, daß ich es vorziehe, zu studiren, und zufällig hatte er mir selbst etwas zu schreiben gegeben. Als er eben aus dem Hause trat, empfing er ein Schreiben. Die Schiffsleute zu Retina, durch die ihnen drohende Gefahr aufgeschreckt (denn der Ort lag am Fuße des Berges und es war nur zu Schiffe Flucht möglich) baten darin, er möchte sie aus einer so großen Gefahr retten. Er ändert seinen Plan nicht, sondern was er mit Eifer begonnen, vollzieht er mit Muth. Er läßt die Kriegsschiffe unter Segel gehen und schiffte sich selbst ein, nicht um blos Retina, sondern Vielen, denn die anmuthige Küste war sehr bewohnt, Hülfe zu bringen. Dorthin eilt er, von wo Andere fliehen, und steuert in gerader Richtung auf die Gefahr zu, so frei von aller Furcht, daß er alle Begebenheiten und Gestaltungen jenes schrecklichen Ereignisses, wie sie sich seinen Augen darboten, dictirte und aufzeichnen ließ."

„Schon fiel Asche auf die Schiffe, desto heißer und dichter, je näher man hinzukam; nun auch Bimssteine und schwarze, verbrannte und im Feuer zersprungene Steine. Jetzt machte eine plötzliche Untiefe und der Auswurf des Berges die Küste unzugänglich und nach kurzem Besinnen, ob umzukehren sei, sagte er zum Steuermann, der zur Rückkehr rieth: Dem Tapfern will das Glück wohl, fahre zu Pomponianus. Dieser war zu Stabiä an der entgegengesetzten Seite der Bucht, welche das Meer hier in dem allmälig herumziehenden und krümmenden Ufer bildet. Dort hatte er, da die Gefahr, wenn auch nicht nahe herangekommen, doch vor Augen, und wenn sie wuchs, nahe genug war, sein Gepäck zu Schiff bringen lassen, entschlossen zu fliehen, sobald der widrige Wind sich gelegt hätte. Da derselbe Wind meinem Oheim sehr günstig war, so landete er und umfaßte den Zitternden, bemüht, zu trösten und zu ermahnen. Um durch seine Ruhe die Furcht dieses Mannes zu beschwichtigen, läßt er sich ins Bad bringen; nach dem Bade legt er sich nieder und ißt, heiter oder, was gleich groß, mit heiterer Miene. Inzwischen leuchteten aus dem Vesuv an sehr vielen Stellen sehr breite und hohe Flammenmassen auf, deren Glanz und Helligkeit durch die Finsterniß der Nacht erhöht wurde. Mein Oheim behauptete, um der Furcht zu wehren, daß die aus Schrecken von den Landleuten verlassenen und dem Feuer preisgegebenen Landhäuser in Brand ständen; dann begab er sich zur Ruhe und schlief auch wirklich ruhig, denn das Athemholen, welches bei ihm wegen seiner Wohlbeleibtheit etwas schwer und laut war, wurde von den Leuten, die sich vor der Thür befanden, gehört. Allein bald wurde der Vorhof, aus dem man ins Zimmer trat, von Asche, mit Bimssteinen vermischt, dermaßen angefüllt, daß bei längerm Verweilen im Gemach der Ausgang unmöglich geworden wäre. Daher verläßt er es, nachdem man ihn geweckt, und begibt sich wieder zu Pomponian und den Übrigen, die gewacht haben. Nun wird gemeinschaftlich berathschlagt, ob man innerhalb des Hauses bleiben oder im Freien sich aufhalten wolle; denn die Häuser wankten von häufigen und heftigen Erdstößen und schienen, gleichsam aus ihrem Grunde gehoben, bald hierhin, bald dorthin sich zu bewegen oder gerissen zu werden. Unter freiem Himmel fürchtete man wiederum das Fallen der wenn auch leichten und ausgebrannten Bimsteine; doch zog man dies Letztere bei Vergleichung der Gefahren vor und es siegte bei meinem Oheim ein Grund über den andern, bei den Übrigen eine Befürchtung über die andere. Zum Schutz wider die herabfallenden Steine legen sie Kissen auf den Kopf und binden sie mit Tüchern fest. Schon war es anderwärts Tag, hier war es Nacht, schwärzer und dunkler als alle Nächte; doch erhellten sie viele Fackeln und allerlei Lichter. Man beschloß, an die Küste zu gehen und in der Nähe zu sehen, ob man sich aufs Meer wagen könne; doch blieb es ungestüm und wild. Hier legte er sich nieder auf ein ausgebreitetes Tuch, foderte ein paar Mal kaltes Wasser und trank. Dann treiben Flammen und Schwefelgeruch, der Vorbote derselben, die Andern zur Flucht, Jenen aber bewegen sie, sich zu erheben. Auf zwei Sklaven gestützt, stand er auf, stürzte aber sogleich zusammen, wie ich vermuthe, erstickt durch den dichtern Dampf und weil sich die Luftröhre verstopfte, welche bei ihm von Natur schwach und eng und häufigen Entzündungen ausgesetzt war. Als es Tag wurde, der dritte von dem an gerechnet, den er zuletzt gesehen, fand man den Leichnam unverletzt und in der Kleidung, die er getragen hatte, einem Schlafenden ähnlicher als einem Todten. Unterdessen war ich mit meiner Mutter zu Misenum. Doch das gehört nicht für die Geschichte und du hast nichts als Jenes Tod wissen wollen; darum will ich schließen und nur Dies hinzufügen, daß ich Alles, was ich selbst erlebt und was ich sogleich im Augenblicke, wo die Sachen am treuesten erzählt werden, gehört hatte, treu berichtet habe. Du wirst das Wichtigste ausziehen; denn ein Anderes ist es, einen Brief, ein Anderes, eine Geschichte, und ein Anderes, für einen Freund, ein Anderes, für Alle schreiben. Lebe wohl!"

Die hydraulische Eisenbahn.

Ein neues, von dem Engländer Shuttleworth in Sheffield erfundenes Eisenbahnsystem, dessen Princip auch auf Kanäle und andere Arten des Wassertransports Anwendung leidet, beruht auf demselben Grunde als die atmosphärische Eisenbahn, nämlich einem Systeme eiserner Röhren, die parallel mit den Schienen und zwischen denselben laufen. Durch dieselben soll eine nicht elastische Flüssigkeit, z. B. Wasser, getrieben werden, welche Flüssigkeit bekanntlich einen ungeheuern Druck erheischt, um sich wenig zusammendrücken zu werden. Die horizontale Röhre für das Wasser ist zwischen den Schienen an die Schwellen dauerhaft befestigt und hat auf ihrer Oberfläche eine Öffnung, die oben am kleinsten ist und sich nach dem Innern der Röhre zu erweitert. In der letztern bewegt sich ein genau anschließender Kolben, der sich in einen eigenthümlich gestalteten Theil endigt, welcher bestimmt ist, eine fortlaufende biegsame Klappe aus Kautschuk oder einem andern Material emporzuheben und wieder auf die Öffnung der Röhre fallen zu lassen. An diesem Theile sind ein verticales und ein horizontales Rad an einer lanzenähnlichen Hervorragung befestigt, um den Kolben, während er sich in der Röhre bewegt, mit der mindesten Reibung zu führen; eine dünne Metallplatte geht von dem Kolben aus durch die Öffnung und ist an einem Eisenbahnwagen von gewöhnlicher Construction befestigt. Am Anfange der Linie führt eine verticale Röhre eine Wassersäule durch einen nach Belieben geöffneten oder geschlossenen Hahn zu der horizontalen Röhre. Die Luft, welche den Kolben in Thätigkeit setzt, kann durch Druck von einem hochliegenden Behälter aus oder durch Dampf erzeugt werden. Öffnet man den Hahn oder das Ventil, so dringt das Wasser in die horizontale Röhre und treibt den Kolben mit dem daran befestigten Wagen vorwärts. Die auf der Röhre liegende biegsame Klappe wird aufgehoben, während der Kolben sich fortbewegt, und dann wieder in die nach der Länge gerichtete Öffnung gelegt, wo sie durch den Druck des hinter dem Kolben befindlichen Wassers festgehalten wird.

Das Wesentliche und Unterscheidende dieser Erfindung ist die Anwendung einer nicht elastischen Flüssigkeit statt der von Clegg und Samuda angewandten elastischen. Bei einer nicht elastischen, wie das Wasser ist, wird jede an einem Ende einer Säule von beliebiger Länge ausgeübte Kraft in unveränderter Stärke am andern Ende gefühlt, und in dieser Hinsicht scheint die hydraulische Eisenbahn große Vorzüge vor der atmosphärischen zu besitzen. Bei dieser kann nur der Druck von einer halben Atmosphäre erhalten werden, bei jener aber, wie versichert wird, von mehren Atmosphären.

Literarische Anzeige.

Glaube, Liebe, Hoffnung.
Ein Handbuch
für junge
Freunde und Freundinnen Jesu
von
Dr. J. H. B. Dräseke.

Auf Velinpapier schön gedruckt 10 Ngr.

Dieses Büchlein ist der Leitfaden, an welchem der Verfasser seine Confirmanden in das Heiligthum des Evangeliums zu führen gestrebt hat. Es ist ein Versuch, und zwar ein von allen schon vorhandenen unabhängiger, in keinerlei Nachahmung befangener Versuch: den Geist des Evangeliums Jesu vor Jünglingen und Jungfrauen, die man dem Tage ihrer Confirmation entgegenbilden will, würdig auszusprechen. Es eignet sich als Hülfsbuch Denen dar, welche das heilige Bedürfniß fühlen, die Eindrücke ihres Weihetages zu erneuern und dadurch zu befestigen.

Dies Büchlein ist durch alle Buchhandlungen Deutschlands und der Schweiz zu erhalten und verlegt bei

Herold und **Wahlstab** in **Lüneburg**.

Das Pfennig-Magazin
für
Verbreitung gemeinnütziger Kenntnisse.

469.] Erscheint jeden Sonnabend. [**März 26, 1842.**

Das Haus des Malers Rubens in Antwerpen. *)

*) Vergl. über Rubens Nr. 23 und 97 des Pfennig-Magazins.

Johann Gottlieb Fichte.
(Beschluß aus Nr. 468.)

Schon im zweiten Halbjahre seiner akademischen Thätigkeit sah sich Fichte in eine sehr unangenehme Lage versetzt. Er hatte, aus Mangel einer passenden Stunde an Wochentagen, des Sonntags moralische Vorlesungen über die Bestimmung des Gelehrten gehalten, und obgleich er die Zeit des öffentlichen Gottesdienstes dabei geflissentlich vermied, so legte ihm doch das Consistorium zu Jena die Absicht zur Last, die herkömmliche gottesdienstliche Verfassung zu untergraben. Die Sache kam vor die oberste Behörde, die ihn zwar von jenem Verdachte freisprach, ihm aber doch zugleich empfahl, die Vorlesungen auf eine andere Zeit zu verlegen. Bald nachher erfuhr er noch größere Kränkungen. Aus eigenem Antriebe hatte er alle ihm zu Gebote stehenden Mittel aufgeboten, um die geheimen Verbindungen, deren unter den Studirenden Jenas drei bestanden, aufzulösen. Wirklich brachte er es auch dahin, daß die Mitglieder derselben erklärten, aus dem Bunde heraustreten zu wollen, wenn ihnen gänzliche Straflosigkeit zugesichert würde. Fichte nahm es auf sich, dieselbe zu erwirken; nach mehrfachen Verhandlungen mit der Regierung gelang ihm dies auch. In Folge davon lösten sich zwei Orden ihrem Versprechen gemäß auf; der dritte trat, von schlechten Subjecten dazu angereizt, zurück und suchte seitdem Fichte den größtmöglichen Verdruß zu machen. Mitglieder desselben waren es, die ihm in der Trunkenheit zu Ende des Jahres 1794 und zu Anfange des folgenden Jahres zu wiederholten Malen die Fenster einwarfen und sogar ihn selbst und seine Frau öffentlich auf der Straße insultirten. Der Gemißhandelte suchte Schutz bei dem akademischen Senate; allein dieser, der sich von Fichte in den Verbindungsangelegenheiten vernachlässigt glaubte, blieb fast gänzlich unthätig. Unter solchen Umständen hielt es Fichte für das Beste, Jena einstweilen zu verlassen. Er begab sich nach Osmannstädt bei Weimar, wo er die Sommermonate 1795 mit literarischen Arbeiten zubrachte. Im Winterhalbjahre begann er seine Vorlesungen wieder, die nun ohne Störungen ihren Fortgang hatten und mit dem gewohnten Beifalle aufgenommen wurden. Ziemlich vier Jahre vergingen so ohne bedeutende Zwischenfälle, 1799 aber führten seine Feinde, von einer Anzahl Unverständiger unterstützt, den entscheidenden Schlag gegen ihn, der ihn von Jena vertrieb.

Sie klagten ihn nämlich auf Grund eines Aufsatzes in dem „Philosophischen Journal", das er herausgab, des Atheismus an. Wie ungerecht diese Anklage in dem Sinne, in welchem sie aufgestellt wurde, gewesen sei, erhellt aus den Schriften des Philosophen zur Genüge. Dennoch wurde jener Anklage von Seiten der Regierung Folge gegeben. Der kurfürstlich sächsische Hof that die ersten Schritte, indem er das „Philosophische Journal" verbot und sodann in die sächsischen Herzoge drang, Fichte nachdrücklich zu bestrafen. Der ungerecht Angegriffene schrieb jetzt seine „Appellation an das Publicum", durch die er jedoch den weimarschen Hof zwang, die Sache ernstlicher zu nehmen, als er es aus Schonung für Fichte gern gethan hätte. Auch jetzt noch beschloß man, ihm mit Verweise seiner Unvorsichtigkeit durchzulassen. Allein dagegen sträubte sich Fichte's Gefühl; er schrieb an die Regierung, daß, falls man ihm den Verweis wirklich geben werde, er gesonnen sei, seine Entlassung zu nehmen. Diesem Privatschreiben legte man actenmäßige Geltung bei und so erhielt Fichte im März 1799 zugleich mit dem Verweise seine Entlassung.

Er begab sich nun, weil er anderwärts kaum auf einen ruhigen Aufenthalt rechnen durfte, nach Berlin, vorerst mit Zurücklassung seiner Familie. Hier ließ man ihn anfangs durch die Policei genau beobachten, als man jedoch inne ward, daß er ein durchaus friedlicher und nichts weniger als gefährlicher Mann sei, gestattete man es ihm gern, in Berlin seinen bleibenden Wohnsitz aufzuschlagen. Nun ließ er auch seine Gattin und seinen Sohn dorthin kommen und begann zugleich, jedoch ohne Anstellung, philosophische Vorlesungen zu halten. Einen Ruf, den er 1804 von der russischen Universität Charkow erhielt, lehnte er ab, weil sich ihm jetzt günstigere Aussichten darboten. Aus demselben Grunde zerschlugen sich die Unterhandlungen mit der bairischen Regierung, die ihn nach Landshut ziehen wollte. Er erhielt nämlich um diese Zeit eine Professur an der damals preußischen Universität Erlangen und zwar unter den vortheilhaftesten Bedingungen, sodaß es ihm erlaubt war, den Winter jedesmal in Berlin zuzubringen.

Er trat sein neues Amt im Mai 1805 an. Indeß konnte er nur dieses eine Halbjahr in Erlangen thätig sein, da der 1806 zwischen Preußen und Frankreich ausgebrochene Krieg alle Verhältnisse umgestaltete. Die Geschichte des kurzen, aber verhängnißvollen Kampfes ist bekannt. Fichte hatte gewünscht, die Armee begleiten zu dürfen, um durch Rede und Schrift die Soldaten zu begeistern, allein man ging nicht darauf ein. Nach der unglücklichen Schlacht bei Jena verließen die angesehensten Einwohner von Berlin die Stadt und auch Fichte war unter ihnen; jedoch ließ er seine Gattin zurück. Er ging über Stargard nach Königsberg, wo er vom November 1806 bis zum Juni 1807 verweilte und während dieser Zeit an der Universität Vorträge hielt. Im Juni begab er sich nach Kopenhagen und erst im August 1807 traf er wieder in Berlin ein.

Preußen, seiner politischen Macht beraubt, suchte sich jetzt ein geistiges Übergewicht zu verschaffen. Trotz aller Drangsale ging die Regierung gerade damals damit um, in Berlin eine Universität zu gründen, und Fichte erhielt den Auftrag, den Plan dazu zu entwerfen. Die Vorschläge, welche er in dieser Beziehung that, fanden Anerkennung und Billigung; vielleicht würden sie auch ausgeführt worden sein, wenn nicht die Gründung der Universität selbst so lange (bis 1810) hätte verschoben werden müssen.

Unterdessen trug Fichte im Winter von 1807 auf 1808 seine berühmten „Reden an die Deutschen" vor, während seine Stimme oft von den französischen Trommeln, die durch die Straßen wirbelten, übertönt wurde. So entschieden er aber auch in denselben gegen die Gewalt der Unterdrücker auftrat und so mächtig er auch den deutschen Nationalsinn aufregte, so ließen ihn die Franzosen doch ungestört, obschon sie nicht ermangelten, andere Männer von gleicher Denkweise zu bedrohen und zu schrecken. Im Frühlinge 1808 verfiel Fichte in eine heftige Krankheit, von der er in so weit nicht gänzlich hergestellt werden konnte, als ihm trotz dreimaligen Gebrauchs des teplitzer Bades eine Lähmung der linken Hand zurückblieb.

Als 1812 wiederum Vorbereitungen zum Kriege getroffen wurden, erneuerte er sein Anerbieten, die Armee zu begleiten, doch mit dem nämlichen Erfolge wie vormals. Er begnügte sich daher, in gewohnter Weise, so viel ihm möglich, zur Anfeuerung beizutragen, ja sein Zurückbleiben in Berlin sollte dem Staate noch in anderer Beziehung nützlich werden. Nachdem man nämlich die Nachricht von dem Brande Moskaus und dem traurigen Rückzuge der Franzosen erhalten hatte, entstand in Berlin eine Verschwörung, deren Zweck es war, die französische Besatzung zu überfallen und ihre Magazine anzuzünden. Fichte, von einem Mitverschworenen über die Rechtmäßigkeit eines solchen Unternehmens befragt, verwarf es mit Abscheu, meldete den ganzen Plan, dessen Ausführung für die Stadt bei der Nähe eines starken feindlichen Corps höchst gefährlich sein mußte, sogleich der Obrigkeit und rettete auf diese Art Berlin vielleicht vor Zerstörung.

Bald darauf begannen die Feindseligkeiten. Die Nordarmee siegte bei Großbeeren und Dennewitz entscheidend über einzelne Heerhaufen der Franzosen; aber eben diese Siege, in der unmittelbaren Nähe Berlins erfochten, gaben die Veranlassung zu Fichte's Tod. Seine Gattin war unter den Ersten, die nicht nur durch milde Beiträge, sondern auch durch persönlichen Besuch der Kranken in den Hospitälern die Noth der Unglücklichen zu vermindern suchten. Lange war sie der Gefahr der Ansteckung entgangen, endlich aber ergriff auch sie das fast allgemein herrschende Nervenfieber. Das Uebel stieg zu einer furchtbaren Höhe, wich jedoch zuletzt den vereinten Anstrengungen der Natur und der Kunst. Die Krise war glücklich überstanden und freudig neigte sich Fichte über die gerettete Gattin hin — um selbst das Gift einzuathmen. Bereits am andern Tage befand er sich unwohl und schon am elften Tage nachher, 27. Januar 1814, erlag er der Krankheit, von der weder seine kräftige Constitution noch die ärztliche Hülfe seines Freundes Hufeland ihn zu retten vermochte. Viele Mitglieder der Universität, an der er seit ihrer Gründung angestellt war, und zahlreiche andere Verehrer des Verstorbenen begleiteten ihn am 31. Januar zur letzten Ruhestätte, wo Marheineke die Leichenrede hielt.

Die hervorstechendsten Eigenschaften Fichte's waren ein fester, unbeugsamer Wille, ein glühender Eifer für Wahrheit und Recht und ein für Freundschaft und Liebe immer empfängliches Herz. Keine Drohung, keine Gefahr konnte ihn von Dem abhalten, was er als gut erkannt hatte; vielmehr wurde er durch Widerstand nur noch hartnäckiger. Aber eben daher kam es auch, daß er zuweilen seine literarischen Gegner ganz ohne alle Schonung behandelte und nicht eher ruhte, als bis er sie gleichsam vernichtet hatte, ein Verfahren, das ihm von Seiten Vieler den Vorwurf des Eigensinns und der wissenschaftlichen Unduldsamkeit zuzog. Für untrüglich hielt er sich jedoch keineswegs, sondern er war gern bereit, ihm nachgewiesene Fehler einzugestehen und zu berichtigen. Die Veränderungen, die er an seinem System vornahm — meist Folgen seiner späterhin gläubigen Richtung — beweisen dies vollkommen.

Die Energie, welche ihm eigenthümlich war, spiegelte sich auch in seinem ganzen Aeußern ab. Er war klein, aber stark und muskulös, sein Gang fest, seine Gesichtszüge scharf ausgeprägt, seine Sprache endlich voll und kräftig.

Der Zusammenhang des Dampfes mit der Elektricität.

Unter den physikalischen Entdeckungen der neuesten Zeit nimmt diejenige, welche sich auf den Zusammenhang des Dampfes mit der Elektricität bezieht, nicht den letzten Platz ein. Daß bei der Verdampfung des reinen Wassers eine gewisse Elektricitätserregung stattfindet, wußte man schon längst, aber daß dieselbe stark genug sein könne, um Funken zu geben, ist erst vor kurzem in England bemerkt worden. Der gedachte Vorgang findet statt, wenn Dampf aus einem Dampfkessel strömt, wie dies bei einer Dampfmaschine in Seghill unweit Newcastle beobachtet wurde, wo der Dampf aus einer Fuge am Sicherheitsventil durch einen entstandenen Riß im Kitt ausströmte. Als der Maschinenwärter, die eine Hand in den Dampfstrahl haltend, mit der andern den Hebel des Ventils anfaßte, schlug zu seiner großen Ueberraschung zwischen dem Hebel und seiner Hand ein heller Funke über, der mit einem heftigen Stoße in den Armen verknüpft war, und Dasselbe trat ein, wenn er irgend einen Theil des Dampfkessels oder ein damit verbundenes Stück Eisen berührte. Ferner fand er, daß er, wenn er die eine Hand in den Dampf hielt und eine den Dampfkessel berührende oder auch nur auf dessen Mauerwerk stehende Person anfaßte, auch dieser einen Schlag ertheilte, der aber im erstern Falle weit stärker war. Nachdem der Kessel gereinigt und von einer dünnen Kalkkruste befreit worden war, waren die Spuren der Elektricität bedeutend schwächer geworden, doch entstanden noch immer Funken.

Der Physiker Armstrong stellte nun an demselben Dampfkessel folgende Versuche an. Er stellte sich auf einen Isolirschemel und fand, daß die zwischen der Hand und dem Kessel überschlagenden Funken weit stärker waren. Er hielt ferner eine Messingplatte, an der ein Kupferstab befestigt war, an einer isolirenden Handhabe in den Dampf und näherte den Messingknopf, in dem jener Stab sich endigte, bis auf $\frac{1}{4}$ Zoll dem Kessel; sogleich schlugen in der Minute 60—70 Funken über, und wenn er den Knopf bis auf $\frac{1}{16}$ Zoll näherte, fand ein fast ununterbrochener Funkenstrom statt; auch bei $\frac{1}{2}$ Zoll Entfernung sprangen noch Funken über. Mittels der Funken aus dem Knopfe wurden leydener Flaschen geladen. Die Elektricität des Dampfes war positiv. Dieser Kessel sowol als ein anderer, der dieselben Erscheinungen zeigte, wurde mit Wasser aus einer Steinkohlengrube gespeist; an einer andern Hochdruckmaschine derselben Anstalt, die mit Regenwasser gespeist wurde, konnte Armstrong durch einen aus dem obern Probehahne strömenden starken Dampfstrahl nicht die mindeste Anzeige von Elektricität erhalten. Später stellte er an mehren Dampfkesseln in der Umgegend von Newcastle Versuche an und erhielt allemal von dem aus dem Sicherheitsventil strömenden Dampfe elektrische Funken von $\frac{1}{4}$ — $\frac{1}{2}$ Zoll Länge. Bei Versuchen an einer unter einem Schuppen stehenden Locomotive bekam er Funken von 1—2 Zoll Länge und konnte aus den unter dem Schuppen sich anhäufenden Dampfwolken wie aus einer Gewitterwolke mittels eines Blitzableiters Elektricität herabziehen. Als der Stab mit einem Büschel spitzer, herabhängender Drähte versehen wurde, schossen aus dem Knopfe Funken von 4 Zoll Länge. Immer war die Stärke der Elektricitätserregung der Menge des gebildeten Dampfes proportional und die Elektricität positiv.

Um die negative Elektricität nachzuweisen, welche der positiven des ausströmenden Dampfes entspricht, ließ Armstrong die Locomotive von den Schienen abheben und auf isolirenden Unterlagen stellen, bestehend aus zwei Stücken gedörrten, mit Pech überzogenen Holzes. Man brachte hierauf das Wasser im Kessel zum Sieden und bemerkte keine Spur von Elektricität, so lange der Dampf eingeschlossen blieb; ließ man ihn entweichen, so zeigte sich der Kessel sehr stark negativ elektrisch und gab sehr breite und glänzende Funken von einem Zoll Länge. Nahm die Dichtigkeit des Dampfes zu, so wuchs die negative Elektricität des Kessels nur wenig, dagegen die des Dampfes in hohem Grade. War das Feuer ausgelöscht und die Elasticität des Dampfes sehr gering, so gab nur der Kessel noch Funken, der Dampf hingegen nicht mehr. Die positive Elektricität scheint nicht eher entwickelt zu werden, als wenn der Dampf die Form von sichtbarem Dunst annimmt.

Unabhängig von dem englischen Physiker wies der belgische Ingenieur Taffin die Gegenwart der Elektricität des Dampfes nach. Am 15. September 1841 wurden in Brüssel in Gegenwart des Barons Seguier und anderer namhaften Gelehrten Versuche angestellt, die gleichfalls die Anwesenheit eines elektrischen Fluidums in dem ausströmenden Dampfe darthaten. Hiernach gewinnt nun die

*

mehrfach geäußerte Vermuthung, daß bei dem Springen eines Dampfkessels Elektricität im Spiele sei, wenn auch nicht gerade jenes durch diese bewirkt wird, große Wahrscheinlichkeit, da die eine Explosion dieser Art begleitenden Erscheinungen (nach Arago) durch den Dampfdruck allein nicht erklärt werden können.

Werdenberg.

Der östlichste Canton der Schweiz (nächst Graubündten) ist der Canton St.=Gallen, welcher im Osten durch den Rhein von Tirol und dem kleinen Fürstenthume Liechtenstein getrennt wird, im Süden an den Canton Graubündten, im Westen an die Cantons Glarus, Schwyz und Zürich, im Norden an Thurgau und den Bodensee grenzt und den Canton Appenzell ganz einschließt. Er enthält auf 35 Quadratmeilen etwa 159,000 Einwohner, worunter etwa zwei Drittel Katholiken, die übrigen Reformirte sind, ist demnach an Volkszahl der fünfte, an Größe der sechste Canton der Schweiz. Die Hauptstadt ist St.=Gallen mit mehr als 10,000 Einwohnern; andere bedeutende Orte sind die kleinen Städte Lichtensteig, Rheineck und Werdenberg, sowie die Marktflecken Rorschach und Wattwyl, von denen Werdenberg, unweit des Rheins und der Grenze von Liechtenstein, an der durch das Rheinthal führenden Landstraße im südlichen Theile des Cantons gelegen, hier abgebildet ist.

Das über dem Städtchen auf einem Berge stehende Schloß war der Stammsitz der Grafen von Werdenberg, deren einer in der Geschichte der Schweiz mit Ruhm genannt wird. Die Hirten Appenzells mußten sich ihre Freiheit von dem Abte von St.=Gallen erkämpfen, der die Östreicher zu Hülfe rief, die im Jahre 1403 aus Altstetten im Rheinthal den Berg am Stoß hinaufrückten. Die Bewohner von Appenzell versammelten sich in Eile, um über die Vertheidigungsmittel zu berathen. Plötzlich erschien in ihrer Mitte Graf Rudolf von Werdenberg, den der Feind aus seinem Schlosse vertrieben, und sprach: „Der Feind hat unsere heiligen Grenzen verletzt und Schrecken und Verwüstung in unsere Fluren gebracht. Die Güter meines Hauses sind eine Beute der Östreicher geworden, die sich in den Sälen meiner Ahnen berauschen. Meines Erbes beraubt, habe ich nur den Degen und den Muth der Werdenbergs behalten, ich biete sie euch an. Wollt ihr mich aufnehmen unter die Zahl eurer Mitbürger?" Einstimmiger Beifall folgte seinen Worten. Der Graf vertauschte hierauf sein reiches Gewand mit dem schmucklosen Anzuge eines Hirten und legte einen Eid ab, im Verein mit freien Männern sein Leben der Freiheit zu weihen. Die elektrisirten Patrioten wählten den Grafen zu ihrem Anführer und schlugen den Feind siegreich zurück. Zwar war die Schlacht am Stoß anfangs unentschieden, aber den Appenzellern rückte eine unerwartete Kriegerschar zu Hülfe, bestehend aus ihren Weibern und Töchtern in Männerkleidung, und dies bewog die Östreicher zum Rückzuge.

Von den Winden.

(Beschluß aus Nr. 468.)

Wir betrachten jetzt die vom Äquator nach den Polen gehenden obern Luftströme, die herabsinkend einen Westwind bilden. In welcher Höhe die Grenze zwischen dem obern und untern Luftstrome liegt, ist unbekannt; wahrscheinlich berührt sie in der Nähe des Äquators und der nach den Polen zu liegenden Grenzen der Passate die Erdoberfläche und hat in der Mitte jedes Passats ihre größte Höhe über der Erde. An der Grenze beider Luft=

ströme ist wahrscheinlich ein beständiger Streit zwischen denselben vorhanden. Da, wo der erkaltende Westwind (in der nördlichen Halbkugel Südwest=, in der südlichen Nordwestwind) der höhern Regionen herabsinkt und den Boden erreicht, treffen wir Stürme; erst weiter nach den Polen zu weht er regelmäßiger, namentlich auf den großen Meeren zwischen 30 und 40 Grad nördlicher und südlicher Breite, wiewol immer weit weniger regelmäßig als die eigentlichen Passate und weit regelmäßiger in der weniger Land enthaltenden südlichen als in der nördlichen Halbkugel. Die Schiffer rechnen in den bezeichneten Gegenden mit Bestimmtheit auf diese Winde, die sie nicht selten als Südwest= oder Nordwestpassate bezeichnen, und benutzen sie auf der Fahrt nach und von dem Vorgebirge der guten Hoffnung. Nach demselben fahrend, gehen sie erst nach Süden und dann mit dem Nordwestwinde nach dem Cap; kommen sie aber von demselben, so nähern sie sich erst mit dem Passat der amerikanischen Küste, fahren dann nördlich und hierauf mit dem Südwestwinde nach Europa, wie schon Colombo auf seiner ersten Reise von den Antillen nach Europa that. In höhern Breiten scheinen wieder östliche Winde häufiger zu werden, wie Cook sowol in der Nähe des Süd= als des Nordpols beobachtet haben will.

Untersuchen wir die Winde auf dem Festlande in höhern Breiten, so finden wir sie zwar mehr oder weniger veränderlich, erkennen aber doch vorherrschende Luftströmungen. In Europa müssen wir zwei Winde als vorherrschend annehmen, nämlich Südwest= und Nordostwind, und Dasselbe gilt von dem nördlichen Theile der Vereinigten Staaten von Nordamerika. Von diesen Winden ist der Südwest, welcher im Allgemeinen ein bedeutendes Übergewicht hat, nichts als der herabsinkende Passat. Da er vom Meere kommt, so ist er feucht, während der Nordost trocken ist, und je nachdem der eine oder der andere Wind vorherrscht, ist der Charakter der Witterung verschieden. Der Regel nach dreht sich der Wind in Europa von Süden durch Westen nach Norden; ist dies der Fall, so kann man nach nassen Westwinden in der Regel auf trockenes Wetter rechnen. Die einzelnen Länder anlangend, so herrschen in der nördlichen Halbkugel, namentlich in England, Frankreich, Holland, Deutschland, Dänemark, Schweden, überall südwestliche (genauer südsüdwestliche) Winde vor, die in Schweden und Finnland am meisten südlich sind. In Italien, aus welchem Lande wir übrigens nur noch wenige Beobachtungen besitzen, haben die nördlichen Winde die Oberhand, wahrscheinlich im Zusammenhange mit den Moussons des Mittelmeers und den von den Alpen herabstürzenden Winden. Über den Einfluß der Jahreszeiten auf die Winde hat man folgende Gesetze aufgefunden: 1) im Winter (besonders im Januar und Februar) ist die Windrichtung südlicher als im Durchschnitt des Jahres; 2) im Frühlinge (März oder April) erheben sich häufig Ostwinde; 3) im Sommer (besonders im Juli) wehen die Winde vorwiegend aus Westen, zugleich werden die nördlichen Winde häufiger; 4) im Herbst nimmt das Übergewicht der westlichen Winde ab und die südlichen nehmen (im October) schnell zu. Der letztere auffallende Umstand scheint von einem Austausche der Luft zwischen der nördlichen und südlichen Halbkugel (zu der Zeit, wo letztere stark erwärmt ist) herzurühren und die nördliche Luftströmung im Sommer ist wol ebenso zu erklären.

Winde, die auf sandigen, fast alles Pflanzenwuchses entbehrenden Ebenen wehen, müssen sehr heiß sein und auf den Menschen entweder den Eindruck einer angenehmen Kühlung oder den einer großen Hitze machen, je nachdem der Körper schwitzt oder trocken ist; in der Regel wird das Letztere statt finden. Bekanntlich ist ein solcher heißer Wind in den asiatischen und afrikanischen Wüsten sehr häufig; in Arabien, Persien und dem größten Theile des Orients führt er den Namen Samum (auch Simum, Semum, zuweilen Samiel, d. i. giftiger Wind, während die gewöhnliche Benennung sowol heißen als giftigen Wind bedeuten kann), in Ägypten aber heißt er Chamsin, d. i. funfzig, weil er vorzugsweise während der 50tägigen Periode vom 29. April bis zum 18. Juni vorzukommen pflegt, in welcher die Wärme zunimmt und der Nil zu sinken fortfährt. Diese Winde sind am stärksten in den Wüsten und werden als sehr verderblich für Diejenigen, welche sie überfallen, geschildert, wiewol in diesen Beschreibungen viel Übertreibung zu herrschen scheint. Nach allen Nachrichten von Augenzeugen schwebt zur Zeit des Samums viel Sand und Staub in der Atmosphäre, welche dadurch verdunkelt wird, was in einer Sandwüste nicht im mindesten auffallen kann, da schon bei windstillem Wetter, wenn der Boden durch die unweit des Scheitelpunktes stehende Sonne stark erhitzt wird, feine Sand= und Staubtheile von den aufsteigenden Luftströmen in die Höhe geführt werden müssen. Eine beginnende Verdunkelung des Horizonts ist der sicherste Vorbote des nahenden Samums; kommt dieser endlich an, so ist der heitere Himmel ganz verschwunden, die Sonne erscheint blaß und glanzlos und wirft keinen Schatten mehr, das Grün des Laubes erscheint schmutzig=blau, die Thiere auf dem Felde wie in der Luft verrathen eine große Unruhe, das Ansehen der ganzen Landschaft ist dem ähnlich, welches sie, durch ein hellgelbes Glas gesehen, zeigt. Hitze und Trockenheit, welche letztere eine sehr schnelle Verdunstung des Wassers bewirkt, sind die charakteristischen Merkmale dieses Windes. In der letztern liegt die Ursache, warum er schädlich wirkt. Der Schweiß verschwindet schnell, der Gaumen wird trocken, der Durst nöthigt zu öfterm Trinken, wiewol gleichzeitig das in den porösen ledernen Schläuchen enthaltene Wasser durch Verdunstung weit schneller als sonst abnimmt. Sind Reisende durch den Samum umgekommen, so wurde ihr Tod nicht durch besondere schädliche, dem Winde beigemischte Substanzen, sondern lediglich durch Wassermangel verursacht, welcher auch die Ursache ist, daß nicht selten Karavanen in der Wüste umkommen, wie dies schon dem persischen Könige Kambyses mit seinem ganzen Heere widerfuhr. Die Nachricht, daß sich Kameele und Menschen bei Annäherung des Windes auf die Erde werfen und liegend mit zum Boden gekehrtem Gesichte das Vorübergehen des Windes abwarten, scheint in das Gebiet der Fabeln zu gehören; daß aber die Araber während dieser Winde ihr Gesicht mit Tüchern bedecken, um es gegen den Sand zu schützen, muß sehr natürlich erscheinen. Entschieden fabelhaft sind die Angaben, daß der Samum einer Kanonenkugel gleich einen Menschen zwischen zwei andern tödte, wobei der Körper schwarz werden und der Tod binnen sechs Stunden oder früher erfolgen soll, und daß die Körper der Opfer des Windes schnell in Fäulniß übergehen, im Widerspruche mit der bekannten Erscheinung, daß die Leichname von in der Wüste gestorbenen Menschen austrocknen, ohne eine Spur von Verwesung zu zeigen. Die Richtung dieser Winde anlangend, so kommen sie am Rande der Wüste aus dieser, daher so in Mekka aus Osten, in Bagdad aus Westen, in Unterägypten aus Südwesten, in Surate aus Norden u. s. w.

Einerlei mit dem Samum ist nach Einigen der

Harmattan im westlichen Theile der Sahara, ein Wind, dem die Neger diesen Namen beilegen, weil sie sich um die Zeit, wo er weht, die Haut mit Fett einreiben, um das Springen derselben zu verhüten. Nach Andern unterscheiden sich beide Winde 1) dadurch, daß der Samum ungesund, der Harmattan aber stärkend ist (doch rührt das Letztere daher, daß er in Westafrika auf die nasse Jahreszeit folgt, und daß der Samum an sich nicht ungesund ist, erhellt schon daraus, daß in Nubien keine schädlichen Wirkungen bekannt sind); ferner 2) durch ihren ungleichen Einfluß auf die Vegetation, indem der Samum ihr günstig, der Harmattan schädlich sein soll, was aber seinen Grund darin haben mag, daß der Einfluß heißer Winde auf die voneinander abweichenden Gewächse verschiedener Gegenden sehr ungleich sein muß.

Außer den Sandwüsten von Asien und Afrika, welche das wahre Vaterland dieser Winde sind, finden wir sie auch in dem an Vegetation so reichen Hindostan, namentlich in Pondichery (Juni bis August), in Neusüdwales (bei Port Jackson und Paramatta), wo sie aus Nordwesten über eine Kette kahler Sandsteinfelsen kommen und der Vegetation sehr nachtheilig sind, in den Ebenen von Amerika, wo z. B. in Luisiana die Nord- und Nordwestwinde im Sommer ebenso heiß als im Winter kalt sind u. s. w. Auch in Europa sind einige Gegenden durch heiße Winde ausgezeichnet. Im südlichen Spanien, namentlich in und bei Sevilla und Cadix, weht der aus Südosten oder Süden kommende Solano, welcher Schwindel erzeugt und das Blut so erhitzt, daß um die Zeit, wo er herrscht, weit mehr Ausschweifungen als sonst begangen werden. Noch bekannter ist der gleichfalls durch große Hitze ausgezeichnete Sirocco in Italien, der besonders in Sicilien so beschwerlich und fast unerträglich ist, daß z. B. in Palermo zu der Zeit, wo er weht, Niemand sein Haus zu verlassen wagt. Nachtheiligen Einfluß auf die Gesundheit hat er übrigens nie geübt und die große Mattigkeit, welche er hervorbringt, verschwindet sogleich beim Eintritte des Nordwindes. Die Behauptung, daß jener Wind in Malta, wo er im Sommer und Herbst häufig ist, Faulfieber und Ruhr erzeuge, scheint wenig glaubwürdig. Die Hitze dieser Winde leitet man in der Regel von ihrem afrikanischen Ursprunge ab, wahrscheinlich ist sie aber vielmehr den Ebenen von Andalusien und den trockenen Felsen Siciliens zuzuschreiben, da die in Afrika erlangte Hitze durch den Einfluß des mittelländischen Meers wol größtentheils verloren gehen würde. Darauf deutet auch der auffallende Umstand, daß der Sirocco nicht etwa an der Südküste Siciliens, welche Afrika am nächsten ist, sondern in Palermo den größten Grad von Heftigkeit und Hitze hat. Dazu kommt, daß wir ähnliche Winde auch in den Steppen des südlichen Rußlands finden, wo sie meist von 2 Uhr Nachmittags bis nach Mitternacht wehen und zu Zeiten so heftig sind, daß die Schafe vor Ermattung zu Boden fallen; hier aber ebenfalls die Hitze des Windes von Afrika herzuleiten, wäre offenbar ganz unmöglich.

Das Diorama.

Nur wenigen unserer Leser dürfte es unbekannt sein, daß man unter Diorama ein Gemälde versteht, in welchem die Änderungen der Beleuchtung, welche der anbrechende Morgen und die zunehmende Tageshelle, sowie der anbrechende Abend und die zunehmende Dämmerung in den dargestellten Gegenständen, Gegenden u. s. w. hervorbringen, künstlich nachgeahmt werden, womit zugleich in einigen Fällen das Sichtbarwerden und Verschwinden von Figuren verbunden ist. Hierdurch wird den Gemälden der ihnen sonst eigene stabile Charakter genommen und ihrer Beschauung ein eigenthümlicher Reiz verliehen, indem die Täuschung erhöht und der Beschauer gleichsam mitten in die dargestellte Gegend oder Scene versetzt wird. Der französische Maler Daguerre, der in der neuesten Zeit als Erfinder der Lichtbilder eine so große und allgemeine Berühmtheit erlangt hat, ist auch der Erfinder des Diorama. Gropius in Berlin hat später diesen Kunstzweig zu einer hohen Stufe der Vollkommenheit erhoben und seine ausgezeichneten Leistungen in dieser Art von Darstellungen sind einem großen Theile unserer Leser gewiß durch eigene Anschauung bekannt geworden. Neuerdings hat ein Herr Tröster zuerst in Dresden, dann in Leipzig Bilder dieser Art ausgestellt, welche Gropius gemalt hat und welche zu den ausgezeichnetsten in ihrer Art gehören, weshalb wir diejenigen Leser, welche sie zu sehen Gelegenheit haben sollten, darauf aufmerksam machen; schwer dürfte es sein, eine halbe Stunde auf andere Art angenehmer zu verbringen als mit Beschauung dieser Bilder, welche eins nach dem andern, wie Darstellungen auf dem Theater, dem Beschauer vorgeführt werden. Die dargestellten Gegenstände sind folgende: Erste Aufstellung. 1) Das Wetterhorn und Wellhorn in der Schweiz, von dem Thale von Oberhasli gesehen. Anfangs ist es früher Morgen, nachher geht die Sonne auf und beleuchtet die Schneegipfel. Um die Täuschung zu erhöhen, verkündet das Alpenhorn den Aufgang der Sonne und von den nahen Alpen ertönt das Geläute der Viehheerden. Wolkenschatten verfinstern dann und wann den Mittel- und Vordergrund, der von der höher steigenden Sonne gleichfalls beschienen wird. 2) Das Innere der Kirche von Aix in Frankreich. Hier sieht man anfangs nur eine Seitenkapelle im Hintergrunde erleuchtet, in welcher Frühmesse gehalten wird. Kerzen brennen auf dem Altare, vor welchem ein Priester mit Chorknaben steht und zahlreiche Andächtige auf den Knien liegen. Mit dem Anbrechen des Tages wird es in der Kirche selbst hell, das Sonnenlicht wirft lange Schatten der Pfeiler, Gitter u. s. w. auf den Fußboden, und wenn man sich nach der Kapelle umsieht, so sind Priester und Andächtige verschwunden, selbst die Kerzen auf dem Altare erloschen. 3) Das Eismeer auf dem Grindelwaldgletscher in der Schweiz. Hier tritt besonders die nach den Tageszeiten und dem verschiedenen Stande der Sonne verschiedene Farbe der Eismassen, die zum Theil ein schönes Smaragdgrün ist, lebhaft hervor. Um die Täuschung zu erhöhen, hört man den Sturmwind heulen. 4) Der große Remter (Ordenssaal) im Schlosse Marienburg, der Burg der deutschen Ritter. Es ist früher Morgen; auf einer Kiste und auf einer Bank erblickt man, dort in sitzender, hier in liegender Stellung, zwei schlafende Arbeiter, die bei der Glasmalerei und Einsetzung der Fenster, die noch nicht völlig vollendet sind, beschäftigt sind. Nach Aufgang der Sonne sieht man die bunten Schatten der farbigen Fenster am Fußboden, ja in den Streifen der einfallenden Sonnenstrahlen erkennt man deutlich die Sonnenstäubchen. 5) Der innere Hof des Klosters S.-Francesco von Assisi. Es ist Abend; der Glockenthurm und der hohe Chor der Klosterkirche werden von den letzten Strahlen der Sonne beleuchtet. Sobald die Dunkelheit einbricht, wird es in einer Seitenkapelle hell; später erhellt sich die ganze Kirche durch die Laternen einer Procession, welche die bisher leeren Hallen des Kreuzgangs füllt. —

Zweite Aufstellung. 6) Die Peter-Pauls-Kapelle am Königssee bei Berchtesgaden (auf dem Wege nach der Eisgrotte). Hier sieht man nach dem Untergange der Sonne den Vollmond emporkommen und am Himmel fortrücken. Die Kapelle wird erleuchtet und man erblickt in derselben Betende, während sich eine kleine Orgel vernehmen läßt. 7) Der Kreuzgang des Klosters der Kapuziner bei Bozen. Gegen das Ende der Vorstellung öffnet sich die Thür der erleuchteten Kirche, die man nun bis zum Altare übersehen kann. 8) Grotte an der Küste von Sorrento. Der Zuschauer übersieht von der Grotte aus das Meer und die Insel Capri. Nach dem Einbruche der Nacht erblickt man links eine Barke, auf welcher Schiffer ein Feuer angezündet haben, welches das Innere der Grotte erhellt. 9) Ein Wald bei anbrechendem Morgen. In der Ferne hört man das Schlagen der Thurmuhren einer in weiter Ferne sichtbaren Stadt. 10) Das Innere der Kirche Sta.-Maria in Köln. Auch hier kommen, wie in Nr. 2, an einem Altare Priester und andächtige Zuhörer zum Vorschein und verschwinden so plötzlich, wie sie gekommen.

Es ist nun die Frage, welche wol jeder stellen wird: wie werden diese Wechsel hervorgebracht? Wie ist es möglich, daß an demselben Gemälde unter den Augen des Zuschauers zum Vorschein kommt, was vorher nicht sichtbar war, und umgekehrt Etwas, das vorher erst deutlich sichtbar war, verschwindet? Der Erfinder des Diorama hat zu dem Ende zwei Verfahrungsarten der Malerei und der Beleuchtung erfunden und auf eine neue Art angewendet.

I. Malerei. Die wesentliche Eigenheit besteht darin, daß man auf derselben Leinwand zwei Bilder bemalt, von denen das eine im Durchschein, das andere im Nichtdurchschein erscheint; der Uebergang geschieht durch allmäliges Schwinden der vorderen Beleuchtung und Hervortreten der hinteren. Der erste Effect wird auf die Vorderseite der Leinwand gemalt, gleichsam wie ein gewöhnliches Oelgemälde.

Der zweite Effect (für die Darstellung der Dämmerung und Dunkelheit) wird auf die Hinterseite der Leinwand gemalt. Während der Ausführung desselben darf man kein anderes Licht haben als das von der Vorderseite kommende und die Leinwand durchdringende. Durch dieses Mittel nimmt man die auf der Vorderseite gemalten Formen (des ersten Effects) wahr, welche entweder beibehalten oder vernichtet werden sollen. Zuerst wird auf der ganzen Oberfläche der Leinwand eine Schicht von einem durchsichtigen Weiß befestigt, das in Öl abgerieben und mit Essenz verdünnt ist. Mit dieser Schicht kann man die Nähte ein wenig verbergen, man muß aber Sorge tragen, sie auf den Rändern, deren Durchsichtigkeit immer geringer ist als die der übrigen Leinwand, dünner aufzutragen. Ist diese Schicht trocken, so zeichnet man darauf die an dem ersten Effecte vorzunehmenden Veränderungen. Bei der Ausführung dieses zweiten Effects beschäftigt man sich nur mit den (schwarzen und weißen) Umrissen, ohne sich um die Farben des ersten Bildes zu bekümmern, welche durchscheinen; die Umrisse erhält man durch einen Farbestoff, dessen Hauptbestandtheil weiß ist, womit man eine geringe Quantität Pfirsichkernschwarz verbindet, um ein Grau zu erlangen, dessen Intensitätsgrad man bestimmt, indem man es auf der hintern Schicht aufträgt und von vorn nachsieht, um sich zu versichern, daß es dort nicht gesehen wird. Durch die größere oder geringere Undurchsichtigkeit dieser Farbe erhält man die Abstufung der Farbentöne. Übrigens muß dieser zweite Effect bis zum größtmöglichen Nachdruck getrieben werden, weil es sich treffen kann, daß man an solchen Stellen, wo sich im ersten Effecte Dunkel findet, Lichter braucht. Hat man die Umrisse gezeichnet und den gewünschten Effect erhalten, so kann man das Bild coloriren, indem man sich der durchsichtigsten Farben, in Öl eingerieben, bedient. Hier muß man weniger Essenz und mehr fettes Öl zur Verdünnung der Farben anwenden, doch genügt jene für eine sehr oberflächliche Colorirung.

II. Beleuchtung. Das auf der Vorderseite gemalte Bild wird durch Reflexion beleuchtet, d. h. nur durch das von vorn kommende Licht; der zweite auf der Hinterseite gemalte Effect empfängt das Licht durch Refraction, d. h. nur von hinten. Für beide Effecte kann man das Licht zugleich anwenden, um gewisse Theile des Bildes zu modificiren. Das Licht, welches das Bild von vorn beleuchtet, muß so viel als möglich von oben kommen; das von hinten kommende aber durch ein Fenster, welches ganz geschlossen sein müssen, damit der Zuschauer es nicht sieht. Sollte sich das Licht zur Darstellung des ersten Effects durch die Fenster nicht genügen, so müßte dieses Licht so angebracht werden, daß es nur auf das Gemälde fallen könnte. Die Fenster müssen vom Bilde wenigstens 6 Fuß entfernt sein, damit man das Licht modificiren, indem man die Durchsichtigkeit und Färbung durch farbige Gläser verändern kann, für das Bild.

III. Farbe der Gegenstände, welche die Gegenstände so wählen muß, daß durch die Anordnung der Beleuchtung die Gegenstände hervortreten. Die Körper, welche zum Malen angewendet werden, sind an sich farblos; sie haben nur die Eigenschaft, einen Strahl des Sonnenlichts, welcher sich vereinigt, zu reflectiren. Je heller sie sind, desto mehr reflectiren sie die einfachen Farben, jedoch niemals auf eine absolute

Weise, was übrigens auch nicht nothwendig ist, um die Wirkungen der Natur wiederzugeben.

Um die Grundsätze zu erläutern, nach welchen die Bilder des Diorama gefertigt und erleuchtet werden, mag ein Beispiel in Betreff der Zerlegung des Lichts (welche stattfindet, wenn ein Theil der Strahlen aufgefangen wird) dienen. Man trage auf eine Leinwand zwei Farben von der größten Lebhaftigkeit auf, die eine roth, die andere grün, fast von gleicher Intensität, und lasse nun das Licht, welches sie erleuchten soll, durch ein rothes Mittel gehen, z. B. rothes Glas, so wird die rothe Farbe die ihr eigenen Strahlen reflectiren und die grüne schwarz oder farblos erscheinen. Nimmt man statt des rothen Mittels ein grünes, so wird im Gegentheil das Roth schwarz erscheinen, das Grün aber die grüne Farbe reflectiren und daher dieselbe zeigen. Dies findet aber in aller Vollständigkeit nur dann statt, wenn das angewandte Mittel, welches das Licht durchdringen muß, dem Lichte den Durchgang aller seiner Farbenstrahlen mit Ausnahme eines einzigen, den es durchläßt, versagt. Diese Wirkung ist freilich schwer zu erlangen, weil die färbenden Materien im Allgemeinen nicht die Eigenschaft haben, gerade nur einen einzigen Farbestrahl zu reflectiren; im Ergebnisse dieses Versuchs ist gleichwol die Wirkung von der angegebenen nicht sehr verschieden.

Um nun auf die Anwendung dieses Princips auf die Bilder des Diorama zurückzukommen, in denen nur zwei Effecte gemalt sind, ein Tageseffect auf der Vorderseite und ein Nachteffect auf der Hinterseite, so geben diese Effecte, da sie nur durch eine zusammengesetzte Verbindung von Stoffen, welche das Licht zu durchdringen hat, ineinander übergehen, eine fast zahllose Menge von Effecten, ähnlich denen, welche die Natur in ihren Übergängen vom Morgen zum Abend und umgekehrt darbietet. Übrigens darf man nicht glauben, daß es nöthig sei, Stoffe von sehr intensiver Färbung anzuwenden, um große Modificationen der Farben zu erhalten, da oft eine schwache Farbennuance hinreicht, um eine merkliche Änderung zu bewirken."

Daguerre fügt am Schlusse noch folgende allgemeine Bemerkung hinzu: „Nach den im Diorama durch die bloße Zerlegung des Lichts erlangten Resultaten wird man begreifen, wie wichtig es ist, den Zustand des Himmels zu berücksichtigen, um die Farbengebung eines Gemäldes zu würdigen, weil die Farbstoffe so großen Modificationen durch Zerlegung unterworfen sind. Am günstigsten ist das Licht eines weißlichen Himmels, denn wenn der Himmel entschieden blau ist, so treten die blauen, im Allgemeinen also die kältern Farbentöne am meisten hervor, während die warmen Töne trübe bleiben. Ist im Gegentheil der Himmel weißlich oder roth gefärbt, so verlieren die kalten Töne an Intensität und die warmen Töne, wie Gelb und Roth, erlangen eine große Lebhaftigkeit. Hieraus kann man leicht schließen, daß die Intensitätsverhältnisse der Farben vom Morgen bis zum Abend nicht unverändert bleiben können, ja es ist physisch bewiesen, daß ein Gemälde nicht zu allen Stunden des Tages dasselbe sein und gleiche Wirkung machen kann."

Der Mosaikboden in Salzburg. *)

Der zweite, 6—7 Zoll tiefer liegende Fußboden, der ein Viereck von 20 Fuß Länge und 22 Fuß Breite bildet und von einer groben, grauen Mosaik eingefaßt ist, ist durch seine bildlichen Darstellungen noch weit merkwürdiger und künstlicher als der erste. Er enthält Dreiecke, Vierecke, Sechsecke und Kreise, die aus kleinen blaß- und dunkelrothen, weißen, schwarzen, blauen und gelben Steinen zusammengesetzt sind. Die Mitte nehmen drei Quadrate, darin mit zwei ganzen Figuren, und zwei zwischen den Quadraten liegende Sechsecke, jedes mit einem Kopfe, ein. Die Figuren der Quadrate stellen ein Kampfspiel dar; auf dem Mittelfelde stehen zwei kräftige nackte, 21 Zoll hohe Männer einander kampffertig gegenüber und voll Kampfgier in den Zügen; auf dem Felde zur Rechten hat sich der eine dem andern auf die Schultern geschwungen und ist im Begriff, ihn mit der Faust ins Genick zu schlagen; links ist der Kampf beendet und der Besiegte liegt bittend, die Füße hoch emporstreckend, vor dem Sieger am Boden. Die Sechsecke enthalten links einen weiblichen, rechts einen männlichen, aber bartlosen Kopf, von vorn gesehen, mit gegeneinander gerichteten Augen, bedeckt mit der phrygischen Mütze; bei jedem sind zwei Wurfspieße zu sehen. Über dem Mittelfelde enthält ein Sechseck einen großen bärtigen Kopf mit herabhängenden Haaren, großen, ausdrucksvollen Augen und zwei gewundenen Hörnern, aus deren einem Blut auf den Kopf einer zischenden Schlange tröpfelt; ein ähnlicher kleinerer Kopf ist in einem Sechseck unter dem Mittelfelde zu sehen. Die Ausführung sämmtlicher Köpfe und Figuren, der Ausdruck der Gesichter u. s. w. ist vortrefflich.

1½ Fuß unter dem zweiten fand sich noch ein dritter fester Mörtelboden, wahrscheinlich der ursprüngliche kunstlose Fußboden, den der erste Besitzer legen ließ und der später, da er theilweise schon beschädigt und geflickt war, überschüttet und durch einen neuen ersetzt wurde, als Geschmack und Sitten sich geändert hatten.

Literarische Anzeige.

Durch alle Buchhandlungen und Postämter ist zu beziehen:

Landwirthschaftliche Dorfzeitung.

Herausgegeben unter Mitwirkung einer Gesellschaft praktischer Land- und Hauswirthe von

C. v. Pfaffenrath und **William Löbe.**

Mit einem Beiblatt: Gemeinnütziges Unterhaltungsblatt für Stadt und Land.

Dritter Jahrgang. 4. 20 Ngr.

Hiervon erscheint wöchentlich 1 Bogen. **Ankündigungen** darin werden mit 2 Ngr. für den Raum einer gespaltenen Zeile berechnet, **besondere Anzeigen ꝛc.** gegen eine Vergütung von ¾ Thlr. für das Tausend beigelegt.

Inhalt des Monats Februar:

Dorfzeitung. Über das Waschen der Wäsche. — Das Rösten des Flachses und des Hanfes ist überflüssig. — Über die Unterscheidungsmerkmale des Spiesglanzes vom Braunstein. — Mist oder Dünger? — Über die neuerlich beobachtete Kartoffelepidemie. — Der Einfluß der Eisenbahnen auf den Ackerbau. — Über das Dörren des Säeleins. — Die Torfasche als Dünger. — **Miscellen, Ankündigungen.**

Unterhaltungsblatt. Landmanns Freuden. — Die Dorfgemeinde ohne Bettler, Säufer, Diebe und Processe. — Büchermarkt. — Kleine Ursachen — große Wirkungen. — Zur Warnung. — Zigeunersitten. — Der Gotteslästerer. — Schlesische Volkssage. — William Löbe's Naturgeschichte für Land- und Forstwirthe, Gärtner und Techniker. — **Vermischtes, Anekdoten, Ankündigungen.**

Leipzig, im März 1842.

F. A. Brockhaus.

---

*) Vgl. Nr. 453 des Pfennig-Magazins.

Das Pfennig-Magazin
für
Verbreitung gemeinnütziger Kenntnisse.

470.] Erscheint jeden Sonnabend. **[April 2, 1842.**

Franz Liszt.

Wer hat ihn nicht gehört, den Namen des Künstlers, der jetzt Europa mit seinem Ruhme füllt und, wohin er nur kommt, ein Weltüberwinder im Reiche der Töne, sich mit Lorbern gekrönt, mit Huldigungen überschüttet, auf Händen getragen sieht? Wie mancher unserer Leser hat sich vielleicht selbst in die brausenden Strudel seiner Harmonien hinabziehen lassen oder auf den Wogen der Töne, die er den Saiten entlockt, sich gewiegt. Beiden, Denen, die nur von ihm gehört, wie Denen, die ihn selbst gehört, möchte eine kurze Skizze seines bisherigen Lebensganges nicht ganz unwillkommen sein.

Franz Liszt wurde zu Reiding, einem Dorfe bei Ödenburg in Ungarn, am 22. October 1811 geboren. Daß gerade dieses Jahr, bekanntlich durch einen glänzenden Kometen ausgezeichnet, sein Geburtsjahr war, mag uns unwichtig erscheinen; der Vater aber, Adam Liszt, sah darin schwärmend ein Vorzeichen, daß sein Sohn zu etwas Außerordentlichem berufen sei. Adam Liszt stand im Dienste des Fürsten Esterhazy und war ein so trefflicher Pianist, daß es ihm leicht geworden wäre, sich als Virtuos einen Namen zu erwerben, wenn er es nicht vorgezogen hätte, in Stille und Verborgenheit seine Tage zu verleben. Der kleine Franz war es, auf welchen er seinen Stolz und seine Hoffnungen baute, und oftmals sagte er zu ihm: „Mein Sohn, du bist dazu bestimmt, das Künstlerideal, das ich in meiner Jugend nur dunkel ahnete, zu verwirklichen; was mir nicht vergönnt war, wird dir gelingen, in dir will ich wieder jung werden und fortleben." Solcher Hoffnungen voll, suchte der Vater schon in der ersten Jugend das Talent des Kleinen zu wecken und zu beleben. Noch war dieser kaum sechs Jahre alt, als er die kleinen Finger auf die Tasten setzen und, vom Vater geleitet, erst einzelne Töne, dann Melodien anschlagen mußte. Alles wurde schnell gefaßt und nachgeahmt; je älter er wurde, desto größer wurde sein Eifer. Aber das angestrengte

Ringen des Geistes mußte den Körper schwächen; Krankheiten unterbrachen sein Streben und machten seine Jugend beschwerlich und schmerzvoll. Dunkeln, religiösen Gefühlen gab sich der reizbare und empfängliche Knabe schon früh hin; abwechselnd schwärmte er in der Religion und in der Kunst.

Den ersten Schritt aus den stillen Räumen des Hauses in die Öffentlichkeit that er schon im neunten Jahre. Er spielte zum ersten Male öffentlich in Ödenburg; als er da, in freier Phantasie sich dem Fluge seines Genius überlassend, die überraschendsten Rhythmen und Modulationen improvisirte, waren die Zuhörer vor Bewunderung ganz außer sich; man herzte den kleinen Meister und der Fürst Esterhazy füllte die kunstfertige Hand desselben mit 50 Dukaten, dem entzückten Vater aber liefen die Freudenthränen über die Wangen. In Presburg, wohin er sich nun zunächst begab, war der Erfolg wo möglich noch glücklicher; denn die Grafen Amaden und Zapary erkannten dort das Talent als ein so außerordentliches, daß sie zu dessen weiterer Ausbildung und Entwickelung dem jungen Franz Liszt auf sechs Jahre einen Gehalt von 600 Gulden aussetzten. Der Vater begleitete nun den Sohn nach Wien und übergab ihn für die Ausbildung im Pianofortespiel der Leitung von Karl Czerny, aus dessen Schule schon so mancher tüchtige Künstler hervorging, während Salieri den Unterricht in der Theorie der Musik, die Leitung des eigentlichen höhern Studiums übernahm. Achtzehn Monate vergingen hier unter den angestrengtesten, rastlosesten Bemühungen; der hartnäckige Fleiß des jungen Liszt machte keinen Unterschied zwischen Tag und Nacht. Nach Verlauf dieser Zeit veranstaltete der Vater, um den Unermüdlichen auch einmal die Früchte seiner Anstrengungen ernten zu lassen, ein Concert in der Kaiserstadt vor dem gewähltesten Kreise; auch Beethoven war zugegen und versagte dem mit dem rauschendsten Beifall Bestürmten, auf einige Augenblicke seine düstere Stimmung vergessend, seine Anerkennung nicht.

Doch nun trieb den Knaben sein Eifer nach weiterer Entwickelung seines Genius nach Paris; aber ihn ward der Eintritt in das unter Cherubini's Leitung stehende Conservatorium, den er begehrte, ihm als einem Fremden versagt. Mit um so größerer Begeisterung nahmen ihn die pariser Salons auf; kaum hatte er im Palais royal vor dem Herzoge von Orleans gespielt, so kam er in die Mode; keine Abendgesellschaft konnte ihn missen, man riß sich um den blondlockigen Knaben mit der hohen Stirn, man liebkoste ihn, schmeichelte ihm von allen Seiten, aber er ließ sich nicht blenden durch die Gunstbezeigungen und Beifallsstürme, mit denen man ihn überall überhäufte, sondern folgte dem Vater, der zu ernstem Fortstreben nach dem vorgesetzten hohen Ziele ermahnte. Nach einem einjährigen Aufenthalte in Paris ward ein Ausflug nach London unternommen, der dieselben Kränze brachte. Beide Liszt waren im Jahre 1824 nach Paris zurückgekehrt und der junge Franz richtete nun seinen ganzen Eifer auf Ausarbeitung einer Oper, die auch im darauf folgenden Jahre unter dem Titel „Don Sancho oder das Schloß der Liebe" in der Académie royale de musique aufgeführt wurde und sich des Beifalls der Kenner erfreute. Der 14jährige Componist ward hervorgerufen, von Adolf Nourrit auf die Bühne geführt und vom begeisterten Director des Orchesters, Rudolf Kreutzer, in die Arme geschlossen. Überhandnehmende Kränklichkeit und eine Düsterheit des Gemüths des Knaben, der sich wiederum in religiöse Schwärmereien vertiefte, nöthigten den Vater, für seinen Sohn in den Seebädern zu Boulogne Heilung und Zerstreuung zu suchen. Aber der Vater ward hier selbst plötzlich durch den Tod dahingerafft und Franz stand nun ganz allein, kummervoll und ohne Entschluß, nur seinen melancholischen Träumereien hingegeben.

Es folgt nun ein Abschnitt seines Lebens, der unstreitig für seine eigene Entwickelung und die Zeitigung seiner außerordentlichen Talente von der größten Bedeutung gewesen ist, aber für seine äußere Lebensgeschichte des Stoffes wenig bietet. Beruhigung für sein aufwogendes Gemüth suchte er nicht in der Kunst allein, sondern auch in der Beschäftigung mit Philosophie und Literatur; aber eine unglückliche Liebe zu einer hochgestellten Dame, welche aus stürmischer Leidenschaft sein Herz entflammte, bereitete ihm die bittersten Schmerzen und machte ihn eine Zeit lang zum Menschenfeinde, der sich mistrauisch und düster von Andern abschloß. Anfeindung und Verkennung, denen auch er nicht entging, mochten ihn wol in solcher Stimmung bestärken. Neue Aufregung verursachten die Julitage des Jahres 1830, deren Stürme er unmittelbar an sich vorüberbrausen sah; der allgemeinen Begeisterung wollte er Ausdruck verleihen und er faßte daher den Entschluß, eine Symphonie révolutionnaire zu schreiben; die Ausführung desselben verhinderte die ungestüme, ruhelose Zeit. Bald nachher hörte er Paganini und wurde durch dessen Spiel so hingerissen, daß er wiederholt äußerte, er finde in seiner Behandlung der Geige etwas Unendliches und Unaussprechliches, das er durchaus auf dem Pianoforte zu erreichen suchen müsse. Liszt war gerade von Paris abwesend, als Thalberg dahin kam und durch die glänzenden Triumphe, die er durch sein Pianofortespiel errang, ihm einen Theil seines wohlerworbenen Ruhms zu entreißen drohte, ja bei Vielen wirklich entriß, denn das Publicum spaltete sich in zwei Parteien, von denen die eine Liszt, die andere Thalberg zu ihrem Koryphäen erkor. Kaum hatte Liszt davon gehört, so eilte er nach Paris, das jedoch sein Nebenbuhler schon verlassen hatte. Drei Jahre hindurch lebte er nun in ziemlicher Eingezogenheit und Verborgenheit, doch geben mehre geistvolle Compositionen Zeugniß, daß er während dieser Zeit nicht unthätig war.

Im Jahre 1837 erwachte in ihm von neuem der Trieb, zu reisen, und zwar war jetzt Italien das Ziel, welches er sich setzte. Obgleich nun Italien eigentlich das Land des Gesanges ist und der Instrumentalmusik weniger Aufmerksamkeit zu schenken geneigt scheint, so waren doch Mailand, Venedig, Rom, Florenz und Neapel seines Ruhms voll. Ihm selbst aber thaten die milden, reinen Lüfte und der tiefblaue Himmel, die ganze romantische Natur geistig und körperlich wohl; solche heitere, beruhigte Stimmung athmen auch die Compositionen, die er dort schuf; er freute sich, die Zeit der stürmischen Unruhe und genialen Verwirrung nun hinter sich zu haben. Das südliche Deutschland, insbesondere Karlsruhe, München, Stuttgart, ward nun durchzogen und überall sah man ihn mit Freuden kommen, hörte ihn mit Bewunderung und ließ ihn trauernd von sich. Aber trotz aller der Huldigungen, mit denen man Liszt überschüttete, erwachte doch einstmals plötzlich das Heimweh in ihm. Er sprang eines Morgens vom Lager auf, foderte sogleich Pferde und eilte nun dem heimatlichen Ungarlande zu, um sich Denen wieder zu zeigen, welche die ersten Zeugen und Bewunderer seiner Leistungen gewesen waren. Nachdem er in Wien sich hatte hören lassen, ging er nach Pesth und spielte an beiden Orten, des eigenen Vortheils ganz vergessend, für milde Zwecke: für die Armen, für die durch die Fluten der Donau ihrer Habe Beraubten, für junge, der Unterstützung bedürftige Künstler und zum Besten einiger Anstalten. Daher galt die dankbare Begeisterung der Ungarn nicht allein dem Künstler, sondern auch dem Menschen, dem edlen Wohlthäter. Jenem konnte man Serenaden bringen, Kränze zuwerfen, laute Begrüßungen entgegenrufen, wo er sich sehen ließ; aber Diesem mußte es gelten, wenn die Städte Pesth und Ödenburg das Ehrenbürgerrecht ihm ertheilten, wenn das Comitat Ödenburg das Adelsdiplom für ihn vom Kaiser und König erbat, ja wenn in jenes Namen magyarische Edle ihn feierlich auf der Bühne mit einem kostbaren Ehrensäbel — eine echt nationale Huldigung — umgürteten.

Nachdem der Künstler wieder einige Zeit in Paris verweilt hatte, ging er 1840 nach Norddeutschland (in Leipzig war er im März) und wußte auch hier nicht nur Kühle und Laue, sondern sogar entschiedene Gegner zu seinen begeistertsten Freunden umzustimmen. In London, wohin er von dort geht, nöthigt ihn die nicht zu sättigende Begierde der entzückten Hörer zu außerordentlichen Anstrengungen; fast täglich ist er am Hofe und in vierzehn Tagen gibt er neun Concerte. Hier traf ihn durch fremde Nachlässigkeit der Unfall, den Ertrag von unzähligen Concerten einzubüßen; doch das Bewußtsein, in seiner Kunst einen unverlierbaren Schatz zu besitzen, mochte ihn den für Andere gewiß äußerst empfindlichen Verlust leicht verschmerzen lassen.

Heiter geht er nach Paris zurück. In Hamburg, wo er im Sommer 1841 als erster Stern beim dritten norddeutschen Musikfeste glänzt; in Kiel, wo er im Fluge bei seiner Durchreise gleich nach der Ankunft spielt; in Kopenhagen, wo er allein sieben Mal vor dem Hofe sich hören läßt — überall die gleiche, enthusiastische Aufnahme. Am Rheine wußte man ihn auf die gemüthlichste Weise zu ehren. Er hatte zugesagt, in Köln ein Concert zu geben, dessen Ertrag zur Förderung des Dombaus bestimmt sein sollte; da machte sich die rheinische Liedertafel auf (es war am 22. August des vorigen Jahres), den gerade auf Nonnenwerth, einer Rheininsel bei Bonn, weilenden Künstler von dort feierlich abzuholen. Ein Dampfschiff ward eigens dazu gemiethet, festlich geschmückt und gerüstet; als man in der Nähe der Insel angekommen, ward der am Ufer Stehende durch ein heiter entgegengesungenes „Guten Morgen", durch Hurrahruf und Böllerschüsse begrüßt; ihn in der Mitte, machte man einen Ausflug nach dem romantischen Rolandseck, wo ein fröhliches, durch Trinksprüche und Gesang gewürztes Festmahl harrte. Dann gings nach Nonnenwerth zurück, wo eine zahlreiche Menge der Umwohnenden sich versammelt hatte; da wurde bei der Menge der Wunsch laut, den Meister der Töne zu hören, und, wie immer, bereit, den Wünschen Anderer entgegenzukommen, ließ er sogleich einen Flügel in die leerstehende Kapelle des Klosters Nonnenwerth bringen und bezauberte durch sein Spiel die lauschende, dichtgedrängte Schar. Gegen Abend bestieg die Liedertafel, Liszt an der Spitze, unter Kanonendonner das mit bunten Flaggen und Wimpeln zierlich geschmückte Schiff. Raketen und Schwärmer durchleuchteten die Nacht, und kaum war man im Angesichte Kölns, so flammte das Fahrzeug in magischem, rothem Lichte. Am Ufer aber hatten sich zahllose Einwohner der Stadt versammelt, durch freudigen Zuruf, in den sich die Klänge der Musik mischten, Liszt gleich einem Fürsten zu begrüßen.

Als einen Fürsten ehrte man ihn auch in Berlin (wo er Ende December ankam) in den zwei ersten Monaten dieses Jahres und sein Aufenthalt daselbst setzte die ganze Bevölkerung von oben bis unten, in allen Kreisen in solche beispiellose Aufregung und Bewegung, ließ auch des Künstlers Herz in so vortheilhaftem Lichte erscheinen, daß wir über denselben hier noch zum Schlusse Einiges folgen lassen. Sein erstes Concert gab Liszt in Berlin im Saale der Singakademie vor einer dichtgedrängten und aufs äußerste gespannten Versammlung; gleich durch dieses war das Urtheil für ihn entschieden; dann folgten noch neun in demselben Locale, zwei im großen Saale des Universitätsgebäudes, vier im großen Opernhause, drei im Saale des Hotel de Russie, zwei im großen Concertsaale, im Ganzen 21 Concerte im Laufe zweier Monate, zu denen Jeder für sein Geld Einlaß erhalten konnte; aber keineswegs gab Liszt alle für sich, vielmehr galt eins dem kölner Dombau, drei der Universität zu wohlthätigen Zwecken, drei gab er für andere Künstler, zwei für Wohlthätigkeitsanstalten, also bei neun überhaupt vergaß er des eigenen Vortheils. Dazu kommt, daß er auch sonst mit der größten Bereitwilligkeit und Freude Unterstützungen gewährte. Der Gesuche um Unterstützung, die an ihn ergingen, waren freilich so unendlich viele, daß kein Kaiser allen hätte entsprechen können; wurden doch allein aus der letzten Woche seines berliner Aufenthalts über tausend Briefe verbrannt, welche Bitten um Geld enthielten. Außer in jenen 21 öffentlichen Concerten spielte er noch am Hofe vor den glänzendsten Versammlungen, in Freimaurerlogen, in größern oder kleinern Gesellschaften, die Andere oder er selbst veranstaltet hatten. So war es nicht allein seine Kunst, sondern auch sein von allem Eigennutz, von dem sonst Künstler nicht immer freizusprechen sind, entferntes Wohlwollen, seine edle Freigebigkeit, die ihm Aller Herzen öffnete, die nicht nur die höhern und gebildetern Kreise, sondern auch die untern Classen des Volkes ihm gewann. Einen solchen Mann außerordentlich zu ehren, darauf gingen Aller Bestrebungen. Am 12. Februar erfolgte die Ernennung Liszt's zum ordentlichen Mitgliede der musikalischen Section in der Akademie der Künste, fürwahr eine seltene Auszeichnung. Am 18. veranstalteten die Koryphäen der Stadt, Wissenschaft und Kunst dem Künstler zu Ehren ein großes Festmahl, zu dem sich gegen 300 Theilnehmer vereinigten. Der gefeierte Künstler hatte in der Mitte zwischen dem bisherigen Generalintendanten der Hofbühne, Grafen Redern, und dem Rector der Universität seinen Platz. Bei Tafel überreichten die berühmten Componisten Meyerbeer und Mendelsohn-Bartholdy, sowie ein anderer angesehener Mann dem Gefeierten im Namen der Gesellschaft als Ehrengeschenk ein großes, aus feinstem Gold getriebenes Medaillon, 100 Dukaten schwer, mit dem erhabenen Bildnisse des Künstlers auf der einen Seite und der Inschrift auf der andern: „Dem Genius, dem Künstler von Geist und Gemüth, dem Ehrenmanne von Gesinnung und Charakter, Franz Liszt, in dankbarster Erinnerung an schöne Stunden der Begeisterung die Kunstgenossen und Kunstfreunde in Berlin, den 18. Februar 1842." Der bis zu Thränen gerührte Liszt sprach seinen Dank in den bescheidensten Worten aus. Gesang und geistvolle Rede, die auch seinem Munde reichlich entquoll, belebten in angenehmem Wechsel das Fest. Aber auch selbst die unmündige Jugend sollte nicht zurückbleiben. Liszt hatte ein Concert für wohlthätige Zwecke gegeben; von dessen Ertrage von 1794 Thlrn. wurde die Summe von 500 Thalern einigen Kleinkinderbewahranstalten zugewendet. Hundert dieser Kleinen, alle unter sechs Jahren, erschienen eines Morgens, von ihren Lehrern geführt, in dem Gasthause, welches Liszt bewohnte, und versammelten sich dort im großen Saale. Als er nun, davon benachrichtigt, herabkam, empfing

*

ihn die Kleinen mit dem Lobgesange: „Lobt froh den Herrn, ihr jugendlichen Chöre", und vier derselben streuten Blumen. Innig bewegt, vor Rührung sprachlos, nahm er die Kleinen empor und küßte sie. Endlich am 3. März verließ Liszt Berlin und zwar in wahrhaft königlicher Weise. Am Tage seiner Abreise, um die Mittagszeit, gab er noch ein Concert, das 21., zum Besten bedürftiger Studirender; die Straßen in der Nähe waren mit Tausenden von Menschen gefüllt. Die Studirenden, zu denen Liszt in ein besonderes freundliches Verhältniß getreten war, da er für sie mehrmals zu einem sehr herabgesetzten Eintrittspreise gespielt hatte, hatten ihm nun ein glänzendes Geleite bereitet. Er selbst mußte einen mit sechs Schimmeln bespannten Wagen besteigen; 30 vierspännige Wagen und 50 Reiter, Studenten in festlicher Tracht, bildeten weiter den Zug, der sich nur mit großer Mühe durch die unabsehbare Menschenmasse in den Straßen, vor dem Thore und selbst auf der Landstraße noch Bahn brach. Als man Friedrichsfelde, eine Stunde von Berlin, erreicht hatte, versammelte man sich in dem Saale des Schlosses, den der gastfreie Besitzer geöffnet hatte. Der ungarische Nationalmarsch, den der Künstler so gern hört, erklang nun noch einmal, ein dreifaches Lebehoch ward ausgebracht und von ihm mit tiefgefühltem Danke beantwortet; dann, nach fast einstündigem Aufenthalte, nahm er Abschied von den Jünglingen, die, in Reihen geordnet, mit ihm anstießen und ihm zum Lebewohl die Hand reichten. Unter dem Jubel der Zurückbleibenden bestieg er den Wagen. Nach Petersburg geht sein Weg; auch die stolze Newastadt soll seiner Kunst und seines Ruhms Zeugin sein. (In Königsberg überreichten ihm am 14. März drei Professoren der philosophischen Facultät das Diplom eines Doctors der Musik.)

Liszt, bei dem — nach Alexander v. Humboldt's Worten — der edelste Charakter, äußere Liebenswürdigkeit, anmuthige Freiheit der Rede, die höchsten und glücklichsten Gaben des schaffenden Genies sich gesellen, ist nach ziemlich übereinstimmenden Urtheilen der größte jetzt lebende Virtuos, wie verschiedener Meinung man auch über seine Compositionen sein mag. Er bewegt sich auf den höchsten, sonst nicht einmal geahneten Gipfeln der Mechanik mit unglaublicher, unnachahmlicher Sicherheit. Er spielt alle Meister des Claviers aus allen Zeiten, von Händel, Bach, Clementi bis zu den neuesten, und zwar gestattet ihm eine ganz außerordentliche Schnelligkeit des Lesens der Noten, Alles vom Blatte zu spielen; freilich unterwirft er das fremde Meisterstück seinem eigenen Geiste. Dazu kommt noch eine Gedächtnißkraft, wie sie sich kaum wiederfinden dürfte; von 80 verschiedenen Stücken, die er in Berlin spielte, hat er mindestens 50 aus dem Gedächtnisse gespielt.

Im Umgange ist Liszt frei von Eigensinn und Sonderbarkeit; er ist freundlich gegen Jeden, aufmerksam und theilnehmend; von seinen Leistungen spricht er ohne Stolz, aber mit Ernst und in dem einmal betretenen Wege seiner künstlerischen Entwickelung läßt er sich, seiner Originalität sich bewußt, durch Niemand irre machen. Gewöhnlich spricht er schnell, kurz und herausgestoßen; wegen der Fülle ihm zuströmender Gedanken findet er nicht gleich den passenden Ausdruck, nimmt es aber gern und mit freundlichem Lächeln an, wenn Jemand ihm mit dem passenden Worte aushilft; auch verwickelt er sich leicht in der Rede wegen seiner natürlichen Lebhaftigkeit. Das vorstehende Bild gibt seine Züge treu wieder; sie sind stark markirt und tragen das ungarische Gepräge. Die Augen, von starken Brauen überschattet, verrathen durch ihr Glühen, ihren durchbohrenden, fast unheimlichen Blick die Glut und Energie seines Geistes. Eine Fülle dunkelblonden Haars, rund verschnitten, fällt auf den Nacken herab. Der Gestalt nach ist Liszt durchaus hager und schlank; die Schultern sind stark hinaufgezogen durch die unablässige Anstrengung des Spielens, die Hände dagegen zart und keineswegs außer Verhältniß, wenn auch die Finger länger als gewöhnlich erscheinen.

Bunsen's galvanische Batterie.

Professor Bunsen in Marburg hat kürzlich eine neue galvanische Combination oder Batterie erfunden, welche angeblich noch wirksamer ist als die wirksamste aller bisher bekannten, die von Grove angegebene Zink-Platina-Batterie. Jene besteht aus Zink und Kohle, von denen die letztere bekanntlich in der elektrischen Reihenfolge (Spannungsreihe) der Körper derjenige ist, welcher am weitesten nach der negativen Seite steht oder am meisten negativ ist; die hierzu tauglichste Kohle wird durch heftiges Glühen eines Gemenges von Steinkohlen und Coke gewonnen, ist sehr porös, demnach außerordentlich fest und fast metallglänzend und läßt sich sehr leicht schneiden und mit den Werkzeugen der Holzarbeiter bearbeiten. In einem hohlen amalgamirten Zinkcylinder steht ein massiver von solcher Kohle; beide Cylinder sind getrennt durch verdünnte Schwefelsäure. In dem Kohlencylinder befindet sich ein Loch oder eine Höhlung, angefüllt mit Sand, der mit concentrirter Salpetersäure befeuchtet oder vielmehr zu einer breiartigen Masse gemischt ist. Beide Flüssigkeiten verbinden sich durch die Kohle hindurch und ihre gegenseitige Einwirkung scheint bei der Wirksamkeit der ganzen Batterie von großem Einflusse zu sein. Die eben beschriebene Batterie leistet bei kleinen Dimensionen ebenso viel als andere weit größere Apparate und wirkt constant. Eine einzige Zinkplatte, 3 Zoll hoch und 4 Zoll breit, gibt mit einer entsprechenden Kohlenzelle bei dem Schließen der Kette lebhafte Funken, bringt Kohlenspitzen zum Glühen, verbrennt Eisendraht und erhält einen Platindraht, einen Zoll lang und von der Dicke eines Pferdehaars, in beständigem Glühen. Ein Übelstand liegt in der sehr starken Zinkconsumtion, während die Kohle sehr lange Zeit, man kann sagen, fortwährend, ganz unverändert bleibt und an Dauerhaftigkeit selbst den Platin übertrifft; sie nimmt durch die Berührung mit Salpetersäure an Festigkeit bedeutend zu und läßt sich leicht reinigen. Für die Construction elektromagnetischer Maschinen (mit welchen auch Bunsen beschäftigt ist) dürfte diese Batterie von Wichtigkeit werden, weshalb auch Stöhrer in Leipzig auf diese neue Batterie sogleich sein Augenmerk gerichtet hat. Exemplare der Bunsen'schen Kohlenbatterie, nach Angabe des Erfinders gefertigt, verkauft der Mechanikus Landauer in Kassel nach Verhältniß der Größe für 5—10 Thlr.

In Bezug auf die ebenso kräftige als bequeme Grove'sche Batterie, deren Gebrauch bisher durch die Kostbarkeit der Platinplatten beschränkt wurde, hat Poggendorff in Berlin die wichtige Entdeckung gemacht, daß die Platinplatten mit fast gleichem Erfolge durch Eisenplatten (von Eisen, Stahl oder Gußeisen) ersetzt werden können, wenn man statt der gewöhnlichen Salpetersäure concentrirte rauchende Säure nimmt, die man auch mit $1-1\frac{1}{2}$ Theilen gewöhnlicher Salpetersäure verdünnen kann. Nimmt man die Säure zu dünn, so wird das Eisen heftig angegriffen, während es in starker so blank wie Platin bleibt. Bei gleicher Plattengröße kann $3/10$ der Wirkung der Grove'schen Säule durch Eisen erzielt werden. Auch die Grove'sche Batterie hat übrigens bekanntlich zwei Flüssigkeiten: Salpetersäure und verdünnte Schwefelsäure; die erstere befindet sich in einer von der letztern umgebenen kleinen Zelle von gebranntem Pfeifenthon; in die erstere werden die Platin= oder Eisenplatten, in die letztere amalgamirte Zinkplatten gestellt.

Mafra.

Der Flecken Mafra in der portugiesischen Provinz Estremadura, etwa 5 Meilen nordwestlich von Lissabon, in geringer Entfernung vom Meere, aber in sandiger und dürrer Gegend gelegen und etwa 1000 Einwohner zählend, ist berühmt wegen des dasigen Klosters, welches das prächtigste des ganzen Königreichs ist und auf der ganzen Erde kaum seines Gleichen finden dürfte. Erbaut wurde es an der Stelle des schlechtesten Klosters im Lande von König Johann V. (demselben, welcher für seine fromme Gesinnung und Abhängigkeit von der Geistlichkeit vom Papste mit dem Titel des allergläubigsten Königs belohnt wurde) in Folge eines Gelübdes, das er in einer Krankheit oder nach einer andern Angabe für den Fall, daß ihm ein Sohn geboren würde, that, ein Kloster zu gründen, das dem ärmsten Mönchskloster in seinem Reiche gewidmet sein sollte; nach geschehener Untersuchung ergab sich, daß das Kloster zu Mafra das elendeste war, indem hier 12 arme Franziskaner gemeinschaftlich in einer Hütte wohnten. Der Bau kostete über 14 Millionen Thaler und wurde in den Jahren 1717—31 nach einem Risse, den der König sich aus Rom hatte schicken lassen, durch einen deutschen Künstler, den Goldschmied Friedrich Ludwig, und 1200 Arbeiter ausgeführt. Obschon unvollendet, gehört dieses Gebäude zu den wichtigsten und großartigsten Denkmälern der gothischen Baukunst. Mit dem Escorial stimmt es überein hinsichtlich seiner viereckigen Form, aber an Pracht und Ausdehnung (es ist 760 Fuß lang und 670 Fuß breit und hat 866 Zimmer, sowie mehr als 2500 Thüren und Fenster) übertrifft es ihn noch bedeutend. Die Zahl der Zellen ist auf 300 Mönche berechnet, von denen im J. 1823 200 (Augustinermönche) vorhanden waren. In den Thürmen hängen angeblich 160 Glocken. Ein ionischer Porticus von je 6 Säulen (in der Breite) führt auf der Westseite zu der ganz von inländischem Marmor erbauten Kirche, deren Schiff jedoch nicht ganz Das leistet, was das Äußere verspricht; in der Vorhalle, Galilea genannt, und in mehren Kapellen stehen 58 Statuen von carrarischem Marmor, zum Theil von vortrefflicher Arbeit. Auf der rechten Seite der Kirche steht ein königlicher Palast, auf der linken ein Palast für den Patriarchen und die hohe Geistlichkeit (24 Domherren, welche das Recht haben, Bischofsmützen zu tragen). Noch gehören zum Kloster eine Bibliothek von 50,000 Bänden, eine kleinere, ein Naturaliencabinet und eine 1772 durch Joseph I. gegründete Klosterschule; in der an sich sehr reizlosen Umgebung aber findet sich ein zur Jagd bestimmter Thiergarten und ein ausgedehnter Park mit herrlichen Anpflanzungen.

Der Bau des Klosterpalastes zu Mafra rief in Portugal die Kunst hervor, den Stein mit seltener Vollkommenheit zu bearbeiten, und veranlaßte die Entdeckung schöner Marmorarten in den Bergen von Cintra und den Steinbrüchen von Pero Pinheiro. Prachtvolle Marmorblöcke von allen Farben sind mit derselben Leichtigkeit, als wäre es eingelegtes Holz, angebracht; besonders ausgezeichnet sind drei Hochaltäre von rothem und schwarzem Marmor.

König Johann VI., Großvater der jetzt regierenden Königin, bewohnte den Palast vor seiner Abreise nach Brasilien; er liebte diese Residenz, die einzige eines Königs würdige, die es in Portugal gibt, und hat sie mehrfach verschönert, wiewol seine Absicht, sie mit einer der Größe der Gemächer entsprechenden Pracht zu meubliren, nicht zur Ausführung gekommen ist. Der einzige mit dem hiesigen Aufenthalte verbundene Übelstand ist ein hoher Grad von Feuchtigkeit, der von der Nähe des Meeres herrührt.

Chronik der Eisenbahnen im Jahre 1841.

In Deutschland — denn mit unserm Vaterlande machen wir auch diesmal wie billig den Anfang — machte die Sache der Eisenbahnen im verflossenen Jahre so kolossale Fortschritte, daß schon jetzt mit Zuversicht die Behauptung sich aussprechen läßt: binnen zehn Jahren, wenn unser Jahrhundert seine Mitte erreicht haben wird, wird ganz Deutschland mit einem Netze von Eisenbahnen überzogen sein, welches Schlesien mit dem Rheine, die Nord- und Ostsee mit dem adriatischen Meere, den Osten mit dem Westen, den Süden mit dem Norden verbinden, die deutschen Stämme auf eine bisher ungeahnete Weise zu einem Ganzen amalgamiren und Wirkungen hervorbringen wird, wie sie die Welt noch in keinem Lande gesehen hat und in keinem sehen konnte, da die eigenthümlichen Verhältnisse Deutschlands nirgend weiter vorkommen. Im Jahre 1841 wurden hier nicht weniger als 16 Strecken (von 6 Eisenbahnen), zusammen 56—57 M. lang, eröffnet, und zwar der Zeitfolge nach folgende: 1) im Mai: am 4. von Lundenburg bis Ungarisch-Hradisch 7½ M., am 15. von Baden bis Wiener-Neustadt 2¾ M., am 28. von Erkrath bis Vohwinkel (Strecke der düsseldorf-elberfelder Bahn) 1¾ M., am 29. von Mödling (zwischen Wien und Baden) bis Baden 1¼ M.; 2) im Juni: am 20. von Wien bis Mödling 2¼ M.; 3) im Juli: am 1. von Berlin bis Jüterbogk 8½ M., am 26. von Florisdorf bei Wien bis Stockerau 2¾ M.; 4) im August: am 17. von Dessau bis Roswig 2¾ M., am 28. von Roswig bis Wittenberg 1¾ M.; 5) im September: am 1. gleichzeitig drei Bahnstrecken, von Lövenich bei Köln bis Aachen 8¼ M., von Vohwinkel bis Elberfeld ¾ M., und von Hradisch bis Prerau in Mähren 5½ M., am 10. von Wittenberg bis Jüterbogk 4¼ M.; 6) im October: am 17. von Prerau bis Olmütz über 3 M., am 24. von Wiener-Neustadt bis Neunkirchen 2 M., am 31. von Schladen bis Vienenburg (Stück der braunschweig-harzburger Bahn) 1 M. Fast die Hälfte der eröffneten Strecken gehört demnach der östreichischen Monarchie an. Hierdurch wurden 3 schon früher theilweise eröffnete Bahnen (die düsseldorf-elberfelder, die berlin-anhaltische und die braunschweig-harzburger) vollendet; eine (die wien-raaber) wurde zum ersten Male eröffnet. Im Ganzen sind nun 10 Eisenbahnen (105 M. lang) vollständig, 5 andere (mit Einrechnung der unvollendeten und fast gar nicht benutzten prag-pilsener Bahn) nur theilweise (auf 65 M. Länge) eröffnet, was im Ganzen 170 M. fertige Eisenbahn gibt (wovon also fast genau ein Drittel erst im verflossenen Jahre eröffnet wurde). Von diesen werden 33 Meilen nur mit Pferden, 137 mit Dampfwagen befahren; mit Ausnahme der prag-pilsener Bahn, von der nur die kleinere Hälfte von Prag bis Lana, etwa 7 M., fertig ist, dienen alle zum Personentransport; 55 Meilen in Nord- und 46¼ M. in Süddeutschland bilden zwei zusammenhängende Systeme, jenes aus 4, dieses aus 2 Bahnen bestehend, während die übrigen Bahnstrecken bis jetzt isolirt sind. Hinsichtlich der einzelnen deutschen Staaten vertheilen sich die eröffneten Bahnstrecken folgendermaßen: 1) Östreich 79¼; 2) Preußen 41¼; 3) Sachsen 17; 4) Baiern 9; 5) Anhalt-Köthen 5¼; 6) Nassau 4; 7) Braunschweig 3¼; 8) Hannover 2½; 9) Baden 2½; 10) Anhalt-Dessau 2½; 11) Anhalt-Bernburg 1¾; 12) Hessen-Darmstadt 1; 13) Frankfurt a. M. ½ M.; die übrigen 25 Staaten haben bis jetzt noch keine Eisenbahnen. Im Bau begriffen sind 4 theilweise und 6 noch gar nicht eröffnete Eisenbahnen. Das aufgewandte Capital beträgt für die ganz vollendeten etwa 23½ Millionen, für die theilweise eröffneten etwa 17½ Mill., also zusammen etwa 41 Mill. Thlr. Die Frequenz betrug im J. 1841 nach den (keineswegs vollständigen) Übersichten der Augsburger Allgemeinen Zeitung etwas über 5 Mill. Personen, wovon auf den September 726,779, auf den Januar nur 118,201 Personen kamen. Berechnet man, wie viel auf jede geographische Meile täglich eingenommen worden ist, so erhält man: 1) Berlin-Potsdam 136 Thlr. 26 Sgr.; 2) Taunusbahn 115 Thlr. 6 Sgr.; 3) Leipzig-Dresden 88 Thlr. 4½ Sgr.; 4) Nürnberg-Fürth 82 Thlr. 25 Sgr.; 5) Manheim-Heidelberg 55 Thlr. 18 Sgr.; 6) München-Augsburg 49 Thlr. 26 Sgr.

Hinsichtlich der einzelnen, ganz oder theilweise eröffneten oder in Angriff genommenen Eisenbahnen bemerken wir noch Folgendes, wobei wir die ganz eröffneten durch Vorsetzung des Zeichens *, die theilweise eröffneten mit §, die im Bau begriffenen und noch gar nicht befahrenen mit † bezeichnen.

1) § Badische Bahn von Manheim bis zur Schweizergrenze bei Basel 37½ M.; eröffnet sind nur 2½ M. von Manheim bis Heidelberg. Frequenz auf dieser Strecke im J. 1841: 270,457 Personen; Einnahme 88,773 Fl. Nachdem bisher der schon vor drei Jahren begonnene Bau dieser großen Bahn sehr langsam betrieben worden war, ist er im vergangenen Sommer dem dringenden Wunsche der Stände und des ganzen Landes zufolge auf mehren Strecken (von Heidelberg bis Bruchsal und von Kehl bis Appenweier) mit größerer Energie angegriffen worden und schon im Jahre 1842 hofft man ansehnliche Strecken (von Dos bei Baden über Appenweier und von Bruchsal bis Heidelberg eröffnen zu können. Die Kosten der ganzen Bahn sind für ein Geleise auf 9,698,000, für zwei Geleise auf 13,138,000 Thlr. veranschlagt.

2) † Baiersche Staatsbahnen. Am 14. Januar 1841 ist zu München zwischen den Regierungen von Baiern, Sachsen und Sachsen-Altenburg ein Staatsvertrag abgeschlossen worden, nach welchem eine Eisenbahn von Nürnberg nach Leipzig (über Bamberg, Kulmbach, Hof, Plauen, Altenburg) und zwar der baiersche Theil derselben (etwa 19 Meilen) auf Staatskosten gebaut wird. Am 1. Juli hat die Ausführung des Baus, welcher in sechs Jahren (spätestens) vollendet sein soll, in Sachsen und Baiern gleichzeitig begonnen und zwar in letzterm Lande vorerst mit den hier nothwendigen unerläßlichen Vorarbeiten und der Feststellung der Bahnlinie, worauf im nächsten Frühjahre die Erdarbeiten kräftig in Angriff genommen werden sollen. Gleichzeitig mit der nürnberg-hofer Bahn und ebenfalls auf Staatskosten wird eine binnen acht Jahren zu vollendende Bahn von Nürnberg über Donauwörth nach Augsburg (17 M.) gebaut; die Gesammtlänge der baierschen Staatsbahnen beträgt demnach 36 M.

3) * Berlin-Anhaltische Bahn (von Berlin bis Köthen), über 20¼ M., seit dem 10. September 1841 vollständig eröffnet; am 16. October hat auch der Gütertransport seinen Anfang genommen. Der Bau hat am 15. April 1839 begonnen und ist also in der kurzen Zeit von noch nicht 2½ Jahren vollendet wor-

den. Hauptstationen sind außer den Endpunkten: Dessau, Roßlau, Koswig, Wittenberg, Zahna, Jüterbogk, Trebbin. Die ganze Bahn kostet wenig über 4 Mill. Thlr. Das bisherige Capital betrug (mit Einrechnung der Anleihe von einer Million) gerade so viel, ist aber am 10. December wieder um eine halbe Million, die durch Prioritätsactien aufgebracht werden soll, also auf 4½ Mill. Thlr. vermehrt worden. Die Gesellschaft besitzt jetzt 16 Locomotiven, 79 Personenwagen, 65 eigene und 77 (ihr und der magdeburg-leipziger Eisenbahn-Compagnie) gemeinschaftliche Lastwagen. Von dem Bau einer Zweigbahn von Jüterbogk nach Riesa an der Elbe (11 Meilen), durch welche die Verbindung zwischen Berlin und Dresden ungemein verbessert und die Entfernung beider Städte, auf der Eisenbahn gerechnet, um 18½ M., nämlich von 44½ auf 26 M. vermindert werden würde, ist noch immer die Rede. Befördert wurden im J. 1841 zwischen Dessau und Köthen bis 30. Juni 33,136 Personen, seit Eröffnung der ganzen Bahn 94,213 Personen und 48,637 Ctr. Güter. (Die Frequenz vom 1. Juli bis zur Totaleröffnung am 10. September ist unbekannt.)

4) † Berlin-Frankfurt a. d. Oder (10½ M.). Actiencapital: 2,200,000 Thlr., Oberingenieur: Zimpel. Am 24. Mai 1841 haben die Erdarbeiten begonnen und am Ende desselben Jahres waren sie dem Vernehmen nach (mit Ausnahme eines kleinen Stücks bei Frankfurt) bereits vollendet. Vielleicht noch ist der Bau einer Eisenbahn mit gleicher Energie und Schnelligkeit gefördert worden. Im Mai d. J. hofft man die Bahn bis Fürstenwalde, im November ganz zu befahren, wenn man nicht vielleicht vorzieht, die Bahn gleich in ihrer ganzen Länge zu eröffnen.

5) * Berlin-Potsdam (3½ Meilen). Capital: 1,400,000 Thlr. (wovon 400,000 Thlr. Anleihe). Frequenz 1841: gegen 580,000 Personen. Einnahme 174,856 Thlr.; Betriebskosten 74,275 Thlr.; reine Einnahme 76,580 Thlr. oder 7⅔ Procent des Actiencapitals.

6) † Berlin-Stettin (17⅔ Meilen). Capital: 2,731,000 Thlr.; Oberingenieur: Neuhaus. Das gesammte für die Bahn erfoderliche Terrain beträgt 1304½ Morgen. Im August 1840 haben die Erdarbeiten begonnen; am 1. November 1841 waren schon über 10 M. des Planums vollendet, am Ende des Jahres über 12 M. oder zwei Drittel der ganzen Bahn. Die Gesammtkosten betragen nach neuem Anschlag 3,028,460 Thlr. Im Sommer dieses Jahres denkt man die Bahn bis Neustadt-Eberswalde, im Herbst bis Angermünde, im Sommer 1843 ganz zu eröffnen.

7) * Braunschweig-Harzburg (5¾ M.). Am 31. October vorigen Jahres wurde das kurze, bisher noch fehlende Stück dieser Bahn von Schladen bis Vienenburg (etwa 1 M.), auf welcher Strecke der Betrieb bisher durch Pferdekraft und auf schlechten Feldwegen geschah, eröffnet. Über die Frequenz fehlen neuere Nachrichten. Von der Zweigbahn auf hanoverschem Gebiete (von Vienenburg bis Goslar), die nach der Bestimmung eines frühern Staatsvertrags gleichzeitig mit der Hauptbahn fertig werden sollte, ist gar nicht mehr die Rede.

8) † Braunschweig-Magdeburg. Über eine Eisenbahn zwischen diesen Städten, sowie deren Verlängerung über Hanover nach Minden, wurde am 10. April 1841 zwischen der preußischen, der braunschweigischen und der hanoverschen Regierung ein Vertrag abgeschlossen, worin jene Regierungen die Errichtung der Eisenbahn zu gestatten erklären. Die Bahn geht nicht direct (über Helmstedt), sondern von Wolfenbüttel aus (bis wohin die unter 7 genannte Bahn benutzt wird) und über Groß-Oschersleben, von wo eine 2 M. lange Zweigbahn nach Halberstadt geht. Die 7 M. lange Bahnstrecke von Wolfenbüttel nach Oschersleben wird, wie die vorhin aufgeführte Bahn, aus der braunschweigischen Staatskasse gebaut und die Stände haben zu derselben am 5. Mai v. J. 1,600,000 Thlr. bewilligt; die Bauzeit ist auf höchstens drei Jahre bestimmt. Die Arbeiten haben bereits begonnen und dürften schon 1843 vollendet werden. Für die Bahn von Magdeburg nach Oschersleben und von da nach Halberstadt (6 M.) hat sich, nachdem die magdeburg-leipziger Eisenbahngesellschaft die Übernahme des Baus abgelehnt hatte, eine besondere Gesellschaft (unter dem Namen magdeburg-halberstädter Eisenbahn-Compagnie) mit einem Actiencapital von 1,700,000 Thlr. gebildet, von welchem die Stadt Braunschweig 500,000 Thlr. übernimmt. Der Bau hat auch auf dieser Strecke bereits begonnen und dürfte bei der günstigen Beschaffenheit des Terrains schon im Frühjahre 1843 vollendet werden.

9) † Breslau-Oberschlesien (oberschlesische Bahn, von Breslau bis Berun, wo sich die Bahn an die von Wien kommende Ferdinands-Nordbahn und zugleich an die warschau-wiener Bahn anschließen soll, 28 M. lang). Der Bau hat auf der Strecke von Breslau über Ohlau und Brieg nach Oppeln (10⅜ M.) am 15. April des vorigen Jahres begonnen und ist sehr thätig betrieben worden; noch in diesem Jahre wird eine ansehnliche Strecke eröffnet werden.

10) * Düsseldorf-Elberfeld (3¾ M.) Capital 1,627,800 Thlr., worunter eine Anleihe von 600,000 Thlr. (Über eine beantragte anderweite Vermehrung des Actiencapitals um 400,000 Thlr. hat die Generalversammlung erst kürzlich, am 5. März dieses Jahres, dahin entschieden, daß die Direction mit Realisirung einer neuen Anleihe beauftragt werden soll.) Seit dem 1. September vorigen Jahres ist die Bahn vollständig eröffnet; auch der Gütertransport hat im November begonnen. Die Ersteigung des Gebirges von der Rheinebene aus geschieht bei Erkrath auf einer geneigten Ebene von 700 Ruthen Länge bei einer Steigung von 1 auf 30; auf dieser Strecke werden die Züge mittels eines 9000 Fuß langen Seils, das auf eisernen Scheiben läuft, durch zwei stehende Dampfmaschinen von 20 Pferdekraft hinaufgewunden. Mehre Kunstarbeiten der Bahn sind sehr bemerkenswerth, namentlich ein Viaduct über das Wupperthal und die Kölner Chaussee. Frequenz zwischen Düsseldorf und Erkrath vom 21. December 1838 bis 23. Mai 1841: 162,122; zwischen Düsseldorf und Vohwinkel vom 28. Mai bis 31. August vorigen Jahres 106,708; auf der ganzen Bahn vom 1. September bis 31. December 127,685 Personen.

11) † Hamburg-Bergedorf (2 M.). Seit dem Frühjahre 1841 ist der vorher durch die Hindernisse der Expropriation verzögerte Bau eifrig betrieben worden und wird noch dieses Frühjahr beendet werden; die Eröffnung wird im April erwartet. Die eigentlichen Baukosten werden den Voranschlag von 1,215,000 Mark Banco oder etwa 600,000 Thlr. nicht übersteigen. Capital: 1½ Mill. Mark Banco oder 750,000 Thlr.; Ingenieur: Lindley.

12) * Leipzig-Dresden (15½ M.) Am 1. Juni 1841 ist eine neue Anleihe von 500,000 Thlrn. durch Prioritätsactien (zu 3½ Procent) contrahirt und dadurch das Capital auf 6½ Mill. Thlr. erhöht worden. Dieses kolossale Capital steht dennoch mit den Einnahmen in einem Verhältnisse, welches nicht anders als günstig

genannt werden kann; schon bisher gaben die Actien 4 Procent und eine fortwährende Zunahme der Rentabilität ist nicht zweifelhaft. Frequenz im Jahre 1841: 386,478 Personen (seit 24. April 1837 bis 31. December 1841 1,714,701 Personen). Außerdem wurden 297,273 Ctr. regelmäßige Frachtgüter, 98,880 Ctr. Salz, 438,904 Ctr. andere rohe Producte, Holz, Steine u. s. w., 972 Equipagen und 332 Stück Vieh transportirt. Einnahme 1841: 519,227 Thlr. (61,000 Thlr. mehr als 1840), wovon 314,899 Thlr. für Personentransport, 149,336 Thlr. für Fracht, 4673 Thlr. von der königlichen Post, 29,504 Thlr. für Salztransport, 20,815 Thlr. Pachtgeld von der magdeburg-leipziger Eisenbahn-Compagnie. (Auf der magdeburger Bahnstrecke, von Leipzig bis zur sächsisch-preußischen Grenze, waren 187,397 Personen gefahren.) Ausgabe: 253,630½ Thlr., worunter Locomotivenheizung 94,978, Betriebskosten 57,047, Unterhaltung der Bahn 52,552, Locomotivenreparatur 18,270, Verwaltungskosten 15,158 Thlr. u. s. w. Die vorhandenen 22 Locomotiven haben im vorigen Jahre 52,268 Meilen, die Personenwagen 204,871, die Güterwagen 244,278 Meilen zurückgelegt. Vorhanden sind 248 Wagen, nämlich 105 Personenwagen mit 3180 Plätzen und 143 Packwagen zu 13,000 Ctr. Belastung. Die Benutzung sächsischer Kohlen, vermischt mit englischen, hat sich vollständig bewährt, wenn auch dadurch eine durchschnittliche Verlängerung der Fahrzeit von 15 Minuten entstanden ist. (Mittlere Dauer einer Postzugfahrt zwischen Leipzig und Dresden vom 1. März bis 31. December 1841, wo sächsische Kohlen gefeuert wurden: 3 Stunden 50 Minuten.) Die Zugkraft kommt per Meile auf 2 Thlr. 14 Ngr. zu stehen. Der einzige erhebliche Unfall im J. 1841 war der Tod eines Locomotivführers. Auf jeden Reisenden kamen durchschnittlich 6⅚ Meilen und 24½ Ngr.

(Die Fortsetzung folgt in Nr. 471.)

Galvanoplastische Nachbildung von Kupferplatten.

Eine der wichtigsten von den zahlreichen Anwendungen der Galvanoplastik ist die zur Vervielfältigung gestochener Kupferplatten, und gerade sie scheint bis jetzt nur selten gemacht worden zu sein, was lediglich in einem unbegründeten Vorurtheile der Künstler seinen Grund zu haben scheint. Neuerdings hat Dr. Rudolf Böttger in Frankfurt am Main eine von dem Kupferstecher Professor Felsing in Darmstadt gestochene Kupferplatte von 12½ Zoll Länge und 9½ Zoll Breite mit dem vollständigsten Erfolge nachgebildet. Er erhielt nämlich durch das früher beschriebene Verfahren (vergl. Nr. 406 des Pfennig-Magazins), wobei er sich einer auf 10 Theile Wasser 1 Theil englischer Schwefelsäure enthaltenden verdünnten Schwefelsäure bediente, nach Verlauf von 10 Tagen zuerst einen Kupferniederschlag auf der zuvor mit Olivenöl eingeriebenen und abgeputzten Kupferplatte selbst, der sich nach Abfeilen der Ränder durch einen dünnen Hornspatel mit leichter Mühe von der Originalplatte trennen ließ, ohne daß eine von beiden Platten auch nur im mindesten beschädigt wurde, und dann ein galvanoplastisches Basrelief, eine erhabene Copie aller in die Platte eingestochenen Linien, bildete. Diese Copie, etwa eine halbe Linie dick, diente nach gehöriger Reinigung und Einreibung mit Olivenöl als Patrize für einen zweiten Niederschlag, eine Matrize, die nach 14 Tagen von der Dicke einer Linie durch ebendasselbe Verfahren erhalten wurde, alle in der ersten Platte enthaltenen Linien, Striche und Ritzchen mit mikroskopischer Genauigkeit enthielt und somit der Originalplatte in jeder Hinsicht vollkommen glich. Die galvanische Copie kann allem Anscheine nach eine gleiche Anzahl Abdrücke wie die gewöhnlichen Kupferplatten aushalten und die Abdrücke sind denen der ersten völlig gleich. Bekanntlich war es bisher ein von der Anwendung des Kupfers zum Stich unzertrennlicher Übelstand, daß dasselbe nur eine beschränkte Zahl (wenige Hunderte) von Abdrücken zuläßt, die an Schönheit sehr bald abnehmen; der härtere Stahl läßt zwar eine zehnmal größere Zahl von Abdrücken zu, ist aber dafür weit schwieriger als Kupfer zu bearbeiten und kann schon darum dasselbe nicht ersetzen. Die Galvanoplastik hilft nun diesem Übelstande, wie es scheint, vollständig ab, da man, ohne die Originalplatte abzunutzen, eine beliebig große Zahl von Patrizen und dadurch auch von Matrizen machen kann, von denen die Abdrücke unmittelbar auf Papier gemacht werden. Man wird sich mithin künftig gute Abdrücke von Kupferstichen um einen viel geringern Preis als bisher verschaffen können. Zu bemerken ist noch, daß von der Originalplatte vor ihrer Anwendung zur Gewinnung galvanoplastischer Copien eine kleine Anzahl von Abdrücken gemacht werden, um ihre Rauhigkeiten und Härten etwas zu mildern.

Hamburger Schiffahrt.

Im Jahre 1841 sind in Hamburg 3562 große und kleine Schiffe (worunter 322 Dampfschiffe) angekommen, worunter 1626 von Großbritannien, 332 von Holland, 311 von Dänemark, 278 von Bremen und der Weser, 171 von Frankreich, 100 von Belgien, 78 aus dem Mittelmeere, 66 aus der Ostsee, 44 von Spanien, 29 von Schweden und Norwegen, 19 von Rußland, 16 von Portugal, 1 aus der europäischen Türkei, 1 aus Griechenland. Ferner kamen 347 aus Amerika, nämlich 125 von Brasilien, 112 aus Westindien, 60 aus Nordamerika, 50 aus Südamerika; 13 aus Ostindien, 15 aus Kleinasien, 6 von den canarischen und azorischen Inseln, 3 von der afrikanischen Küste. Von den 322 Dampfschiffahrten kamen 210 auf englische, 65 auf französische, 45 auf amsterdamer, 28 auf dänische Dampfschiffe. 97 Tage war die Schiffahrt der Elbe wegen Treib- und festen Eises unterbrochen. Abgefahren sind 3437 Schiffe; am Schlusse des Jahres waren 192 Schiffe im hamburger Hafen anwesend. Die hamburger Flagge bestand am 1. Januar 1842 aus 221 Fahrzeugen, nämlich: 17 Schiffen, 49 Barken, 54 Briggs, 28 Schoonern, 16 Galliassen, 13 Gallioten, 18 Evern u. s. w. Neu erbaut wurden 1841 11, angekauft 8 Fahrzeuge.

Literarische Anzeige.
Westphälische Zustände.
Eine freimüthige Denkschrift
beim Regierungsantritte Sr. Majestät
Friedrich Wilhelm IV.
Brosch. 17½ Ngr.
Zweite vermehrte Auflage.

Herausgegeben unter Verantwortlichkeit der Verlagshandlung F. A. Brockhaus in Leipzig.

Das Pfennig-Magazin
für
Verbreitung gemeinnütziger Kenntnisse.

| 471.] | Erscheint jeden Sonnabend. | [April 9, 1842. |

Landreise von England nach Indien.
Zweiter Weg.

Landungsplatz in Bulak bei Kairo.

Ein Blick auf die Landkarte zeigt sogleich, daß ein sehr schmaler Landstrich, die Landenge von Suez, das einzige Hinderniß ist, welches einer ununterbrochenen Wasserverbindung zwischen England und Indien im Wege steht. Es konnte daher nicht fehlen, daß man in der neuesten Zeit darauf zurückkam, die Reise dadurch abzukürzen, daß man den Weg über den gedachten Isthmus und durch das rothe Meer nahm, weil in dieser Richtung der Weg sich von der geraden Linie verhältnißmäßig nur wenig entfernt*). Sehen wir, welche merkwürdige Punkte auf diesem Wege vorkommen, nachdem wir bereits früher (vgl. Nr. 459 fg. des Pfennig-Magazins) den andern Landweg — den durch Persien und den persischen Meerbusen — ins Auge gefaßt haben.

Wir überheben uns einer nähern Beschreibung der Reise nach Alexandrien, welche auf sehr verschiedene Weise und sehr vielen Wegen gemacht werden kann. Zu Wasser und zwar auf einem Dampfschiffe kann der Weg von Falmouth nach Alexandrien (etwa 2900 Seemeilen) in 13—14 Tagen zurückgelegt werden; zu Lande (über Frankreich) sind nur 10—11 Tage nöthig; in beiden Fällen wird der Weg über Malta genommen, von wo man in vier Tagen nach Alexandrien fährt. Von Alexandrien aus fährt man den Nil hinauf bis Kairo, was wahrscheinlich bald mit Dampfschiffen wird geschehen können. Bei aller historischen Berühmtheit des Nil sind die Ufer desselben größtentheils sehr uninteressant oder vielmehr sehr reizlos; dünn gesäete Dattelbäume und Dörfer sind fast die einzigen Gegenstände, welche die Eintönigkeit der flachen Ufer unterbrechen, und man ist froh, wenn man Bulak, den Hafen von Kairo, erreicht hat.

---

*) Vor kurzem hat die britische Regierung mit einer Dampfschifffahrtsgesellschaft einen Contract auf sechs Jahre abgeschlossen. Nach demselben werden die dieser Gesellschaft gehörigen beiden großen Dampfschiffe, Oriental von 1673 Tonnen und 450 Pferdekraft und Great Liverpool von 1540 Tonnen und 464 Pferdekraft den Dienst zwischen England und Alexandrien versehen, dagegen die beiden ihrer Vollendung nahen Dampfschiffe Bentink und Hindostan von 1600 Tonnen und 820 Pferdekraft zwischen Suez und Bombay fahren.

X.

In alten Zeiten war zwischen Kairo und Suez ein schiffbarer Kanal vorhanden, mittels dessen Schiffe ohne Unterbrechung aus dem mittelländischen Meere in das rothe fahren konnten. Viele Stellen alter Schriftsteller deuten darauf hin und die Untersuchungen neuerer Reisender haben ein Thal nachgewiesen, das einst mit Wasser gefüllt gewesen zu sein scheint. Nach Aristoteles, Plinius und Strabo begann schon Sesostris die Anlegung eines Kanals, nach Herodot that dies erst Nechos, der Sohn des Psammetich (um 618 oder 610 v. Chr.), unterbrach aber das Werk, um nicht den Barbaren in die Hände zu arbeiten. Darius Hystaspis nahm es wieder auf, grub den Kanal, der breit genug für drei nebeneinander fahrende dreirudrige Schiffe war, und machte ihn schiffbar, wie Herodot (der um 460 v. Chr. in Ägypten reiste) als Augenzeuge versichert, wiewol Aristoteles, Diodor von Sicilien, Strabo und Plinius, die sämmtlich weit später lebten, berichten, daß Darius das Werk nicht zu Ende gebracht habe. Unter den letzten persischen Königen verfiel der Kanal; die Ptolemäer erneuerten ihn, unter Ptolemäus Philadelphus wurde er vollendet und während der ganzen Dauer der Herrschaft der Lagiben benutzt. Er diente hauptsächlich zum Transport der ägyptischen Waaren nach Arabien, konnte aber wegen des geringen Gefälles zwischen dem rothen Meere und Bubastus (hier, 8 Meilen unterhalb Kahira, mündete nämlich der Kanal in den Nil) nur in wenigen Monaten des Jahres befahren werden. Auch unter den ersten Kaisern wurde der Kanal ohne Zweifel unterhalten; noch unter Nero kommt er als Ptolemäischer Kanal vor, später wurde er von Trajan benannt, ohne Zweifel weil er unter diesem Kaiser beträchtliche Verbesserungen erfuhr, ja Trajan scheint einen ganz andern Kanal angelegt zu haben, der bei Babylon in der Nähe des heutigen Kahira begann und zum Zweck hatte, das Gefälle und somit die Dauer der Schiffbarkeit zu vermehren. Daß die Befahrung des Kanals noch in den ersten Jahren des Kaisers Antonin in vollem Gange war, ergibt sich aus einer Stelle Lucian's, welcher um das Jahr 160 n. Chr. schrieb und in Ägypten wichtige Ämter bekleidete. Ob der Kanal noch lange nachher benutzt wurde, ist unbekannt; wahrscheinlich war er wenigstens bis zum Ende der Regierung Marc Aurel's, wenn nicht bis zu der des Septimius Severus, schiffbar, gewiß ist aber, daß er bis zur Eroberung Ägyptens durch die Araber im J. 640 versandet und außer Gebrauch war. Auf Befehl des Khalifen Omar wurde der Kanal Trajan's aufs neue gegraben und nach Jahresfrist schon wieder befahren; die Beschiffung dauerte aber nur 22—27 Jahre bis zur Regierung des Khalifen Al Mansor, der ihn verschütten ließ, damit dem Empörer Mohammed Ben Abdallah keine Lebensmittel zugeführt würden. Seit diesem Augenblicke ist der Kanal nicht wiederhergestellt worden.

Als die Franzosen im Besitze von Ägypten waren, untersuchten die die Armee begleitenden Ingenieurs die Spuren des alten Kanals mit großer Genauigkeit und entwarfen einen Plan behufs der Wiedereröffnung desselben. Wären die Franzosen im Besitze des Landes geblieben, so hätten sie wahrscheinlich einen Plan ausgeführt, der ihnen einen vortheilhaften Wasserweg nach Indien, worauf Napoleon ein sehnsüchtiges Auge gerichtet hatte, verhieß. Aber noch immer ist der Plan nicht aufgegeben; nach den neuesten Nachrichten hat Mohammed Ali eine Commission nach Suez geschickt, um den alten Kanal in seiner ganzen Länge aufzunehmen und über die Möglichkeit einer Wiederherstellung desselben ein Gutachten abzugeben. Wahrscheinlich wird bald die Zeit kommen, wo von folgenden drei Projecten eins ins Leben treten wird: die Wiedereröffnung des alten Kanals von Kairo nach Suez, der Bau einer Eisenbahn in dem oben erwähnten ebenen Thale und die Anlegung eines ganz neuen Kanals, welcher das Mittelmeer direct, auf dem kürzesten Wege, mit dem rothen verbinden und von den Überschwemmungen des Nils unabhängig sein würde. Wäre der Isthmus von einem für Dampfschiffe fahrbaren Kanale durchschnitten, so würde ein solches Schiff von Marseille nur 36, von London nur 45 Tage gebrauchen, um Bombay zu erreichen. Erbaute man eine Eisenbahn von Suez nach Faramah (dem alten Pelusium), so würde die Reise nicht länger sein. Die Entfernung der zuletzt genannten Städte oder die Breite des Isthmus beträgt etwa 16 Meilen. Die Alten haben aber nie an eine directe Verbindung, welche eine ununterbrochene Beschiffung dargeboten hätte, gedacht, erstens weil das Nildelta an den Vortheilen der Kanalverbindung Theil nehmen müßte, zweitens weil an der Küste von Pelusium wegen des Vorhandenseins einer westöstlichen Strömung, die in kurzer Zeit jeden Hafen östlich vom Nil mit Nilschlamm füllen würde, die Anlegung eines dauernden Hafens nicht möglich ist; drittens weil das Niveau des rothen Meers, wie schon Aristoteles behauptet, höher als das des mittelländischen Meers liegt und zwar nach den Nivellirungen der Franzosen um $30^{3}/_{4}$ Fuß. Die beiden letztern Umstände würden auch jetzt noch der Anlegung eines directen Kanals sehr hinderlich sein.

Der jetzige Weg von Kairo nach Suez (etwa 16 deutsche Meilen) führt durch die Wüste, welche nur durch das rothe Meer unterbrochen wird. Man schlägt den Weg nach Suez über Kairo ein, nicht seiner Kürze wegen, denn er ist länger, als wenn die Reisenden nördlich von Suez an der dieser Stadt zunächst liegenden Stelle der Küste des Mittelmeers landeten, sondern weil an dieser Stelle kein angemessener Hafen und zwischen dem Meere und Suez keine Ortschaft, die als Ruhepunkt dienen könnte, anzutreffen ist. Zwischen Kairo und Suez ist noch immer keine regelmäßige Communication hergestellt, wiewol schon im Jahre 1838 eine der dabei interessirten Dampfschifffahrtsgesellschaften die erforderlichen Einleitungen treffen ließ. Nach dem damals entworfenen Plane sollten vier bequeme Wagen, jeder für wenigstens 30 Personen, in Gang gesetzt werden, in denen die Reisenden binnen 24 Stunden für den freilich ziemlich hohen Preis von 6 Pf. St. befördert werden sollten. Unterwegs sollten fünf Stationen (worunter eine Mittel= oder Hauptstation) angelegt werden. Die Feindseligkeiten zwischen dem Pascha von Ägypten und den europäischen Mächten haben die Ausführung dieser Pläne längere Zeit unterbrochen; jetzt nach Herstellung des Friedens wird sie wol nicht lange mehr auf sich warten lassen. Sollte sich die Wiederherstellung einer Wasserverbindung zwischen dem Nil und dem rothen Meere als unausführbar erweisen, so will Mohammed Ali selbst eine Straße von Kairo nach Suez anlegen lassen, die so eingerichtet werden kann, daß sie von Dampfwagen, die keiner Eisenbahn bedürfen, befahren werden kann. Indessen soll sich die ostindische Compagnie erboten haben, auf ihre Kosten eine Eisenbahn anlegen zu lassen und dem Pascha 5 Procent des Gewinns zu entrichten.

Die Stadt Suez bietet ungemein wenig Reize dar und nimmt sich in der Nähe und Ferne gleich schlecht aus. Man hat Mühe, sich zu überreden, daß die wenigen elenden Häuser, die am Meeresufer stehen, wirklich eine Stadt bilden; den Reisenden, die nach den Drangsalen und Beschwerden der Wüstenreise sich auf ben Aufenthalt in einer Stadt gefreut hatten, sinkt aller

Muth beim Anblicke eines so wenig versprechenden Ortes. Indessen findet man hier zwei kleine Gasthöfe, welche die Agenten der bei der Herstellung einer Dampfcommunication mit Indien concurrirenden englischen Dampfschiffahrtscompagnien angelegt haben. Immer wird Suez nur ein Durchgangsort bleiben, den Reisende und Eingeborene sobald als möglich zu verlassen suchen werden. In der Umgegend findet man keinen Garten, keinen Baum, keine Spur von Grün, keinen Tropfen frisches Wasser.

In Suez schifft man sich zur Fahrt auf dem rothen Meere ein, das sich lang und schmal in beinahe südöstlicher Richtung von Suez bis zur Straße von Bab-el-Mandeb erstreckt. An seinem obern oder nördlichen Ende spaltet es sich in zwei Arme oder Meerbusen, von denen der eine, genannt Meerbusen von Suez, eine nordwestliche, der andere, genannt Meerbusen von Akaba (von einer am Ende des Meerbusens liegenden Stadt dieses Namens), eine nordöstliche Richtung hat. Zwischen beiden springt ein Vorgebirge vor, auf welchem der Berg Sinai emporsteigt. Ist man an diesem vorüber, so hat man Ägypten zur Rechten (westlich), Arabien zur Linken (östlich). Auf dieser Seite liegen in größern oder kleinern Entfernungen von der Küste Medina, Mekka, Mokka und andere Städte, auf jener aber außer Kosseir und Berenice nur wenig Plätze von einiger Erheblichkeit.

Zuerst erreichen wir Kosseir, das an der ägyptischen Küste in paralleler Richtung mit der einst berühmten, einige 20 Meilen entfernten Stadt Theben am Nil liegt; als diese die Hauptstadt der Pharaonen war, war Kosseir ihr Hafen, und man kann sich denken, wie lebhaft der Verkehr zwischen beiden Städten war. Noch jetzt ist der Weg von Kosseir nach Kenneh am Nil (unweit der Stelle des alten Theben) so gut und augenscheinlich künstlich geebnet, als hätte es die Anlegung einer Eisenbahn gegolten, weshalb auch in Vorschlag gebracht wurde, zum Behuf der Reise nach Indien diesen Weg dem Wege von Kairo nach Suez zu substituiren und die Nilfahrt demnach bis Kenneh auszudehnen, ein Project, welches man später wieder aufgegeben hat. Der Hafen von Kosseir ist sehr klein und kann kaum 2—3 Schiffe fassen, die auf einem Korallenriff Anker werfen. Die Stadt enthält etwa 300 schlecht gebaute Häuser; die Einwohner beschäftigen sich mit Schiffahrt und Handel, nur ein kleiner Theil mit Gewerben. In geringer Entfernung südlich von Kosseir liegen die Überreste der alten Hafenstadt Berenice, die in den Zeiten der griechischen und römischen Herrschaft als Hafen von Theben diente; nach Belzoni ist er einer der besten am rothen Meere, die Stadt aber liegt ganz in Trümmern. Einige Grade südlicher, fast genau unter dem Wendekreise des Krebses, beginnt auf der afrikanischen Seite Nubien, auf der asiatischen Seite die arabische Landschaft Hedschas.

Weiter südlich finden wir auf der arabischen Küste an der Mekka am nächsten liegenden Stelle die Hafenstadt Jedda oder Tschidda, von Mekka noch etwa 15 Meilen entfernt. Von der See gesehen, bietet sie einen großartigen Anblick dar, der in größerer Nähe verschwindet. Den Hafen bilden halbmondförmige Korallenbänke, hinter denen Schiffe selbst im schlechtesten Wetter mit ziemlicher Sicherheit vor Anker liegen können, wiewol sie freilich den Winden doch noch ausgesetzt bleiben, da die Bänke sich nicht viel über die Oberfläche des Wassers erheben. Die Häuser der Stadt sind aus Madreporen (Sternkorallen) gebaut und bestehen aus verschiedenen Stockwerken, aber wegen ihrer unregelmäßigen Bauart und des Mangels an Reinlichkeit im Äußern ist ihr Ansehen eben nicht angenehm. Die Fenster sind mit Gittern verschlossen, übrigens gleich den Thüren auf sehr verschiedene Art im arabischen Style angelegt. Die Straßen sind ungemein enge, wie in allen morgenländischen Städten, sodaß einige nur in einer Zeit des Jahres und nur eine Stunde des Tags Sonne haben. Die Bazars sind wohlsehen und zur Zeit der Pilgerfahrten nach Mekka mit Fremden aus allen mohammedanischen Ländern angefüllt. Die Läden sind kleine Zellen, welche etwa 8 Fuß im Quadrat halten; wo der Bazar nicht bedeckt ist, schützt ein kleines Zeltdach den Käufer gegen die Sonne. Wenige Grade südlicher beginnt auf der afrikanischen Seite Abyssinien, auf der arabischen Jemen.

Bald nachdem man an der Hafenstadt Mokka vorbeigekommen ist, erreicht man die Straße Bab-el-Mandeb, den engen Kanal, durch welchen das rothe Meer mit dem indischen Ocean zusammenhängt. Sie wird gebildet durch die beiden sich nähernden Vorgebirge des arabischen und des abyssinischen Ufers und ist 3—4 deutsche Meilen breit. In geringer Entfernung von dem arabischen Ufer liegt ein kleines Eiland, Namens Perim, welches die Meerenge in zwei Theile theilt, von denen der östliche die kleine, der westliche die große Straße heißt. Jene wird von den Schiffern am meisten befahren, besonders weil die Tiefe des Wassers zu ankern erlaubt, während die große über 2 M. breit und über 110 Faden tief ist. Der Name, welcher im Arabischen Thor der Thränen bedeutet, scheint der Meerenge von den Gefahren beigelegt worden zu sein, welchen kleine und leichte Schiffe in einem engen Fahrwasser ausgesetzt sind; dieses ist in der kleinen Straße noch keine englische Meile breit.

In geringer Entfernung außerhalb der Meerenge liegt Aden, bekanntlich seit kurzem eine englische Besitzung und eine sehr bequeme Dampfschifffstation für die Fahrt nach Bombay. Wir lassen die Insel Socotra, die vor der Besetzung von Aden als Kohlenniederlage diente, zur Rechten, die Südküste Arabiens aber, sowie den Eingang in den persischen Meerbusen zur Linken und erreichen nicht eher wieder Land, bis wir in Bombay ankommen.

Chronik der Eisenbahnen im Jahre 1841.
(Fortsetzung aus Nr. 470.)

13) *Linz-Budweis ($17\frac{1}{4}$ M.) und Linz-Gmunden ($8\frac{3}{4}$ M.). Auf der erstern Bahn wurden 1840 10,784 Personen, 1841 12,613 Personen, auf der letztern 1840 113,672 Personen, 1841 109,660 Personen transportirt. Ungleich bedeutender war auf beiden Bahnen der Gütertransport. Reine Einnahme 1840: 174,805 Fl., 1841: 163,881$\frac{3}{4}$ Fl. Vertheilt wurden für 1841 6 Procent Dividende. Gesammtkosten: 2,374,000 Fl.

Magdeburg-Halberstadt s. Nr. 8.

14) *Magdeburg-Leipzig (16 M., wovon aber über $1\frac{1}{2}$ M. der Gesellschaft der 12. Bahn gehören). In der Generalversammlung am 15. December 1841 wurde der Bau des sich als unentbehrlich zeigenden zweiten Geleises beschlossen, dessen Kosten auf 887,000 Thlr. berechnet werden. Um diese zu decken und zugleich das Betriebscapital und die Transportmittel vermehren zu können, wurde beschlossen, das Capital der Gesellschaft (bisher 3 Mill. Thlr., worunter 700,000 Thlr. Anleihe) um 1,100,000 Thlr. zu vermehren, welche durch vierprocentige Prioritätsactien aufgebracht

*

werden sollen, wenn der Staat die Herabsetzung des Tilgungsfonds von 1½ auf ½ Procent genehmigt; dies ist geschehen und hierauf eine Anleihe von 1 Mill. Thlr. abgeschlossen worden. Frequenz 1841: 511,754 Personen. Die Einnahme wird auf 430,000 Thlr., die Ausgabe auf 290—295,000 Thlr. angegeben. Jahresdividende: 5 Procent.

15) *München=Augsburg (über 8 M.). Die gesammten Ausgaben für den Bahnbau haben 4,162,805 Fl. Rhein. oder beinahe 2,380,000 Thlr. betragen. Die letzte Generalversammlung im December 1841 hat eine neue Anleihe von 100,000 Fl. zu 4 Procent beschlossen, wodurch das Capital der Gesellschaft auf 4,200,000 Fl. (2,400,000 Thlr.) gebracht wird. Die Frequenz betrug im ersten Betriebsjahre 253,680 Personen, die Einnahme 269,688 Fl.; reiner Überschuß 77,126½ Fl., wovon für das erste Jahr 2½ Proc. Dividende vertheilt wurden, wonach also die Bahn bis jetzt sehr schlecht rentirt. Frequenz 1841: 249,701 Personen, Einnahme 263,567 Fl.

16) *Nürnberg=Fürth (1 M.). Frequenz im sechsten Verwaltungsjahre 1841: 448,854 Personen; Einnahme an Fahrgeld 52,926 Gulden oder 30,243½ Thlr., überhaupt 54,156 Fl. Die Ausgabe betrug 22,884 Fl. Vertheilt wurden 16 Proc. Dividende. (1836: 20, 1837: 17½, 1838: 16, 1839: 16½, 1840: 17 Proc.)

17) § Rheinische Eisenbahn (von Köln über Aachen bis zur belgischen Grenze, 11¼ M.). Die Section von Köln bis Aachen (9¼ M.) wurde am 1. September unter großen Feierlichkeiten eingeweiht und seit 6. Sept. regelmäßig befahren; sie kostet ungefähr 5 Mill. Thlr. und enthält drei Tunnels, von denen der bei Königsdorf, 430 Ruthen oder 5160 preuß. Fuß lang, der längste auf dem Continente ist und 800,000 Thlr. gekostet hat. Die beiden andern, der ichenberger und nirmer, sind nur 816 und 2280 Fuß lang. Unter den übrigen Kunstarbeiten ist namentlich ein 892 Fuß langer Viaduct, aus 15 kleinen und 20 großen Bogen bestehend, zu bemerken. Wegen einer sehr wünschenswerthen Verlängerung der Bahn, welche jetzt am Sicherheitshafen bei Köln mündet, bis in diese Stadt selbst wird unterhandelt. Die noch fehlende sehr schwierige Strecke bis zur belgischen Grenze dürfte erst im nächsten Jahre fertig werden und wird 1½ Mill. Thlr. kosten. Frequenz: im September 46,381, im October 27,869 Personen, im November und December unbekannt.

18) † Sächsisch=bairische Eisenbahn. Diese Bahn führt von Leipzig über Altenburg, Krimmitschau, Werdau (von wo eine Zweigbahn nach Zwickau abgeht), Plauen bis zur bairischen Grenze bei Hof und ist 20 M. lang. Das Baucapital ist zu 6 Mill. Thlr. angenommen; davon übernehmen die sächsische und sachsen=altenburgische Regierung den vierten Theil, die übrigen drei Viertheile sind in Folge einer am 24. April v. J. erlassenen Einladung des Comité durch 45,000 Actien à 100 Thlr., deren Zeichnung am 3. Mai stattfand, aufgebracht worden. Die gedachten Regierungen verzinsen die Actien während der Bauzeit mit 4 Procent und verzichten nach Vollendung der Bahn so lange auf Zinsen ihrer Einschüsse, bis die übrigen Actionairs 4 Procent erhalten haben; die von ihnen vorgeschossenen Zinsen werden zum Capital geschlagen. Unter Leitung des Oberingenieurs Major Kunz wurde der Bau am 1. Juli 1841 bei Leipzig und Altenburg begonnen; er soll in sechs Jahren vollendet und die beiden ersten Abtheilungen von Leipzig bis Krimmitschau (9 Meilen) sollen schon in zwei Jahren hergestellt sein; im Spätsommer 1842 hofft man die 5½ M. lange Strecke von Leipzig bis Altenburg eröffnen zu können, von welcher am Schlusse des Monats December bereits 3⅔ Meilen Planie hergestellt und 2,394,585 Cubikellen Erde bewegt waren. Die Zahl der Arbeiter betrug am meisten im November, nämlich 2701.

19) * Taunusbahn (Frankfurt a. M. bis Wiesbaden, 5⅘ M.). Der Antrag auf Ausführung eines zweiten Geleises erhielt in der Generalversammlung am 29. März 1841 nicht die nöthige Majorität, fiel demnach durch und ist, wie man hört, ganz aufgegeben. Das Deficit von 300,000 Fl. soll durch eine Anleihe gedeckt werden. (Das Actiencapital beträgt nur 3 Mill. Fl. Rhein. oder 1,714,286 Thlr.) Der Gütertransport ist noch nicht eingerichtet. Die Frequenz war im vorigen Jahre außerordentlich; sie betrug nämlich 769,551 Personen (über 108,000 mehr als 1840), was auf jeden Tag 2108 Reisende gibt. Die Einnahme betrug 425,693 Fl. Rhein. = 243,253 Thlr. Die Dividende für 1841 ist auf 15 Fl. (6 Proc.) festgesetzt worden.

20) § Wien=Bochnia (Kaiser=Ferdinands=Nordbahn). Von dieser kolossalen Bahn, welche schon jetzt die längste aller einer einzigen Gesellschaft gehörigen Bahnen in Europa ist, wurden 1841 vier Strecken, zusammen etwa 19 Meilen lang, eröffnet, worunter zwei Sectionen der Hauptbahn von Lundenburg nach Hradisch und von da bis Prerau, zusammen 13 Meilen, und zwei Zweigbahnen von Wien (Florisdorf) bis Stockerau, 2¾ M., und von Prerau bis Olmütz, über 3 M., sodaß nunmehr über 38 M. (etwa die Hälfte der Bahn) im Betriebe sind. Wegen Verausgabung der disponiblen Fonds sind die Arbeiten bei Leipnick (1⅞ M. von Prerau und 20 M. von Oswieczim oder Auschwitz, wo der Anschluß an die warschau=wiener Bahn stattfinden sollte) einstweilen sistirt worden. Die Generalversammlung hatte indeß am 29. März 1841 beschlossen, daß die Bahn bis Mährisch=Ostrau und bei Befinden auch von da bis Oswieczim für den Betrieb mit Dampfkraft gebaut und wo möglich schon nach zwei Jahren vollendet werden sollte. Ob die Vollendung der Bahn bis Bochnia zu erreichen sein wird, dürfte sehr zweifelhaft sein, da es kaum möglich scheint, die erforderlichen bedeutenden Capitalien zusammenzubringen. Die Gesammtausgaben haben bis zum 31. October 1840 über 11 Mill. Thlr. betragen. Zur Aufbringung der Baukosten für die stockerauer Zweigbahn (etwa 800,000 Fl. Conv. oder fast 540,000 Thlr.), sowie für das zweite Geleis bis Genserndorf (4 M.) ist eine Anleihe von 1,400,000 Fl. zu 5 Procent beschlossen worden. Frequenz 1841: zwischen Wien, Brünn und Olmütz 227,200, zwischen Wien und Stockerau 143,815 Personen, zusammen 371,015. Einnahme 1841: 887,218 Fl. Conv.=M. (ca. 620,000 Thlr. Preuß.)

21) § Wien=Raab. Eröffnet wurden im J. 1841 vier Strecken, von Wien über Baden und Wienerisch=Neustadt bis Neunkirchen, zusammen 8¼ M. lang; von Neunkirchen wird die Bahn zunächst (im April d. J.) bis Glocknitz (1½ M.), und von da bis Schottwien (1 M.), wo sie sich künftig mit der projectirten wien=triester Bahn vereinigen soll, verlängert werden, dagegen sind die Zweigbahnen nach Ödenburg, Presburg und Raab für jetzt ausgesetzt. Unter allen in Deutschland vorhandenen Bahnen ist diese die theuerste, indem die Strecke bis Neustadt (6¼ M.) allein 4¼ Mill. Thlr. gekostet hat, aber auch zugleich die frequenteste; im Juli fuhren

168,480, im August 197,061, im September 164,108, im October 93,540 Personen; überhaupt vom 16. Mai bis 31. December 831,990 Personen. An Gütern wurden 57,685 Ctr. befördert. Gesammteinnahme in derselben Zeit: 402,233 Fl. Conv.=M. (ca. 281,500 Thlr.). An Transportmitteln sind 250 Wagen vorhanden.

Außer diesen Bahnen sind noch folgende vorbereitet und waren am Ende des vorigen Jahres ihrer Ausführung mehr oder weniger nahe:

1) **Altona bis Kiel** ($13\frac{1}{4}$ M.). Das Resultat der Actienzeichnung (seit Januar v. J.) war bisher sehr ungenügend, wiewol die Stadt Kiel einen großen Theil der Actien (2000) übernommen hat. Die Betheiligung der Stadt Altona wurde von den städtischen Behörden nicht genehmigt. Zu Johannis d. J. läuft die für den Nachweis des erfoderlichen Baucapitals gestellte Frist ab; bis jetzt ist von sämmtlichen 18,500 Actien à 100 Species noch nicht die Hälfte untergebracht.

2) **Berlin bis Bergedorf bei Hamburg** (auf dem rechten Ufer der Elbe über Wittenberge, Perleberg, Ludwigslust, Lauenburg u. s. w., 36 M.). Die Subscription behufs der Vorarbeiten wurde am 15. September v. J. geschlossen, die Vorarbeiten selbst haben aber weit früher begonnen und sind jetzt auch beendigt. Als Baucapital sind vorläufig 10 Mill. angenommen, doch möchten wol 8 Mill. hinreichend sein. Am 8. November v. J. wurde in Berlin zwischen den betheiligten Regierungen (Preußen, Dänemark, Mecklenburg, Hamburg, Lübeck) ein auf die Bahn bezüglicher Vertrag abgeschlossen, dessen nähere Bestimmungen noch nicht zur öffentlichen Kenntniß gekommen sind.

3) **Bernburg bis Köthen** ($2\frac{1}{2}$ M.); wird wahrscheinlich auf Kosten der bernburgischen Regierung gebaut, doch fehlt noch die Zustimmung der anhalt-köthenschen.

4) **Breslau bis Dresden** (über Bunzlau, Liegnitz, Görlitz und Löbau, 32 M.; verbunden mit einer Zweigbahn nach Zittau). In Schlesien sowol als in Sachsen wird diese Bahn sehr gewünscht. Die preußische Regierung hat ihre vorläufige Genehmigung ertheilt, die sächsische aber dem Vernehmen nach ähnliche Begünstigungen wie zur sächsisch-bairischen Bahn bewilligten in Aussicht gestellt.

5) **Breslau bis Frankfurt a. d. O.** (32 M.). Nach dem ersten Projecte sollte die Bahn über Guben, Sorau, Sagan, Sprottau, Bunzlau, Liegnitz geführt werden, nach einem neuern aber über Fürstenberg, Freystadt, Beuthen, Liegnitz und in geringer Entfernung von den noch zu Bestimmen durch Zweigbahnen mit der Hauptbahn zu verbindenden Städten Guben, Krossen, Grünberg, Neusalz und Glogau. Nach des Ingenieurs Zimpel Anschlag würde die Bahn auf dem ersten Tracte $5\frac{1}{2}$, auf dem zweiten 5 Mill. Thlr. kosten. Nachdem sich das für die erste Bahnlinie längst bestehende Comité aufgelöst hatte, hat sich für die zweite am 17. August eine neue Gesellschaft gebildet, deren Comité am 15. December eine Aufforderung zur Actienzeichnung erließ. Bald nachher aber, am 7. Januar d. J., wurde von der Regierung eine andere (die sogenannte niederschlesische) Eisenbahngesellschaft concessionirt, deren Protector der Prinz von Preußen ist. Dieselbe beabsichtigt die Herstellung einer Eisenbahn in der zuerst genannten Richtung (nach Befinden mit Zweigbahnen von Sprottau über Glogau nach Posen und von Bunzlau über Görlitz nach Dresden) und scheint bereits über bedeutende Mittel disponiren zu können.

6) **Breslau bis Schweidnitz** ($8\frac{1}{2}$ M., mit Zweigbahn nach Freiburg). Die Gesellschaft hat sich am 2. Juni 1841 constituirt, am 9. October hat die Regierung ihre Concession ertheilt und im Frühjahre d. J. beginnen die Arbeiten. Capital 2 Mill. Thlr., Anschlag $1\frac{1}{2}$ Mill. Thlr.

7) **Dresden bis Prag** (über Pirna, Königstein u. s. w. in den Thälern der Elbe und Moldau, 25 M.). Anschlag 12 Mill. Thlr. Diese Bahnlinie scheint die Genehmigung der östreichischen Regierung erhalten zu haben, während der Umweg über Zittau und Reichenberg, als durch die so industriösen und dichtbevölkerten Gegenden der sächsischen Oberlausitz und des nordöstlichen Böhmens führend, in vieler Hinsicht den Vorzug verdienen möchte. (S. hernach Wien bis Prag.)

8) **Eisenach bis Koburg**, s. Halle bis Kassel.

9) **Erzgebirgische Eisenbahn** (Chemnitz bis Riesa und Chemnitz bis Zwickau, 16 M.). Die Genehmigung der Regierung zum Beginn des Baus ist noch immer nicht ertheilt. Erfolgt sie, so beginnt sofort der Bau der erstgedachten Strecke.

10) **Frankfurt a. M. bis Darmstadt und Manheim** (10 M.). Kostenanschlag 2,828,000 Thlr., wonach das Capitalmarimum auf 6 Mill. Fl. oder $3^{3}/_{7}$ Mill. Thlr. angenommen wurde. Die seit 1836 bestehende Gesellschaft hat zwar (wegen der vom Staate auferlegten lästigen Bedingungen und mangelhafter Subscription) am 28. December zu Darmstadt ihre Auflösung beschlossen, aber wahrscheinlich baut nun die darmstädter Regierung selbst die Bahn.

11) **Halle bis Kassel.** Nach langem Widerstande von hessischer Seite ist am 20. December zu Berlin zwischen den Regierungen von Preußen, Kurhessen, Sachsen-Weimar und Sachsen-Koburg-Gotha ein (bereits ratificirter) Vertrag zu Stande gekommen, nach welchem jene ihre Bereitwilligkeit erklären, die Anlegung einer Eisenbahn von Halle über Merseburg, Weißenfels, Naumburg, Weimar, Erfurt, Gotha, Eisenach, Rothenburg nach Kassel und von da zum Anschlusse an die in der Vorbereitung begriffene Bahn von Minden nach Köln innerhalb ihrer Staaten zuzulassen und zu befördern. Auf welche Weise jedoch die Bahn mit der von Köln nach Minden führenden Rheinweserbahn oder einer andern nach dem Niederrhein zu führenden Eisenbahn in Verbindung gebracht werden soll, bleibt späterer Verständigung vorbehalten. Jeder Regierung bleibt es überlassen, innerhalb ihres Gebiets die Ausführung der Bahn entweder selbst zu übernehmen oder Privatunternehmer dafür zu concessioniren; das Erstere wird sicherm Vernehmen nach nicht beabsichtigt. Die Regierungen wollen dahin wirken, daß von der oben gedachten Eisenbahn eine Eisenbahnverbindung durch das Eisenachsche (von Gerstungen aus) über Berka, Meiningen, Hildburghausen und Koburg in der Richtung nach Bamberg hin hergestellt werde. Hessen macht sich ferner anheischig, zu gleicher Zeit mit der Bahn von Eisenach nach Koburg eine Bahn von Kassel (über Hofgeismar) nach Karlshafen an der schiffbaren Weser (wo die Gebiete von Preußen, Kurhessen, Hanover und Braunschweig beinahe zusammenlaufen) zu vollenden und die Bahn nach Frankfurt a. M. zu befördern. Wahrscheinlich wird sich die oben bezeichnete Ostwestbahn einige Stunden von Kassel, am Ausflusse der Edder in die Fulda, bei Grifta in zwei Arme theilen, von denen der südliche die Edder entlang über Marburg und Gießen nach Frankfurt, der nördliche nach Kassel führt. Die Einladung zur Bildung einer thüringisch-sächsischen Eisenbahn-Actiengesellschaft für die 26 Meilen lange Bahn von Halle bis zur kurhessischen Grenze bei Untersuhl unweit

Berka ist im Februar d. J. erschienen; als Baucapital sind vorläufig 8 Mill. Thlr. bestimmt; Subscriptionen werden in den 9 Städten Halle, Merseburg, Weißenfels, Naumburg, Apolda, Weimar, Erfurt, Gotha und Eisenach angenommen und am 19. März hat in denselben bereits die Wahl des Ausschusses stattgefunden, wiewol das nöthige Capital noch keineswegs beisammen ist. — Auch das Unternehmen der eisenach-koburger (Werra-) Eisenbahn wird dem Vernehmen nach noch in diesem Jahre ins Leben treten. Das Project einer Eisenbahn von Kassel über Karlshafen nach Lippstadt (13 M.) und von da nach Köln (17 M.) ist neuerdings ernstlich aufgenommen worden, seitdem die Unterhandlungen über eine Bahn von Hanover nach Minden sich zerschlagen haben. (S. unten.)

12) **Hanover nach Braunschweig** (über Peine, 8 M., wovon 5¾ M. auf hanoverschem Gebiete);

13) **Hanover nach Bremen** (über Verden, 15 M.);

14) **Hildesheim bis Harburg** (über Celle und Lüneburg, 22½ M.). Diese drei Bahnen, von denen die erste und dritte sich in Lehrte durchkreuzen sollen, will die hanoversche Regierung selbst bauen; die Capitalien, 9½ Mill. Thlr., sollen durch öffentliche Anleihen aufgebracht werden. Bereits haben die Stände (vorläufig) den sofortigen Beginn des Baus der Bahn von Hanover nach Braunschweig als den nothwendigsten genehmigt; der veranschlagte Kostenbetrag, 1,230,639 Thlr., soll einstweilen für Rechnung der Landescasse aufgelieben werden; spätestens bis 1844 soll die Bahn vollendet sein. Eine vierte Bahn von Hanover nach Minden (8 M.), als Glied einer Verbindung zwischen West- und Ostdeutschland, ist in Aussicht gestellt, scheint aber an einer zwischen Hanover und Preußen hinsichtlich der Richtung der Bahn stattfindenden Differenz zu scheitern; jenes will nämlich dieselbe, getrennt von der nach Bremen zu bauenden, direct bis Hanover geführt wissen, während letzteres verlangt, daß beide Bahnen sich in Neustadt vereinigen, um dadurch den Weg von Minden nach Bremen abzukürzen.

15) **Kassel bis Frankfurt a. M.** (22 M.). Die betreffenden Regierungen von beiden Hessen und Frankfurt haben am 17. Juli 1841 eine vorläufige Übereinkunft über den Bau dieser Bahn getroffen; über die Modalität der Ausführung und die zu wählende Linie ist jedoch noch nichts bestimmt. (S. jedoch 11.)

16) **Köln bis Bonn** (3¾ M.). Capital 750,000 Thlr. Der Bau dürfte unverweilt beginnen.

17) **Köln bis Minden** (in gerader Linie 27 M.). Zum Bau dieser den Rhein mit der Weser verbindenden Bahn ist die rheinische Eisenbahndirection von der preußischen Regierung, welche wirksame Unterstützung zugesagt hat, ermächtigt worden. Die Vorarbeiten sind in vollem Gange. In Vorschlag sind zwei Linien, die sich etwa 2 Stunden von Köln trennen, dann in Lippstadt wieder vereinigen und von da über Bielefeld und Herford nach Minden gehen. Die erste geht über Solingen, Elberfeld, Hagen, Unna, Soest, würde 3 schiefe Ebenen, 4 Tunnels, 5—6 Viaducte enthalten und ist auf 15 Mill. Thlr. veranschlagt. Die andere geht über Düsseldorf, Duisburg, Essen, Bochum, Dortmund, Hamm (von wo eine Zweigbahn nach Münster führen könnte), durch viel weniger dicht bevölkerte Gegenden und ist 4 Meilen länger, aber wegen des ungleich günstigern Terrains nur auf 7 Mill. Thlr. veranschlagt. Wenn mit der hanoverschen Regierung keine Vereinigung über die Fortsetzung der Bahn nach Hanover zu Stande kommt, wie es jetzt den Anschein hat, so dürfte sie nur bis Lippstadt geführt und von da nach Kassel fortgesetzt werden.

18) **Rheinschanze bis Berbach.** Die Gesellschaft besteht noch immer, aber der Bau hat nicht nur nicht begonnen, sondern scheint ganz in den Hintergrund getreten zu sein.

19) **Wien bis Prag.** Bekanntlich hat die Gesellschaft der Nordbahn schon längst den Bau einer nach Prag führenden Seitenbahn beschlossen; für die Ausführung derselben ist bisher noch nichts geschehen, auch ist noch völlig unentschieden, wo sie sich an die Nordbahn anschließen soll, ob in Stockerau, oder in Brünn, wie früher beabsichtigt wurde, oder in Olmütz, wie es jetzt wahrscheinlich ist. Im letztern Falle würde freilich ein großer Umweg gemacht werden, da die Entfernung zwischen Prag und Olmütz (29 Meilen) nur um wenige Meilen kürzer ist, als die directe zwischen Prag und Wien. Die Entfernung beider Hauptstädte beträgt über Stockerau, Brünn und Olmütz resp. 34, 44 und 56 M., wovon neu zu bauen resp. 31, 25 und 29 Meilen.

20) **Wien bis München,** wahrscheinlich über Linz und Salzburg (etwa 50 M.).

21) **Wien bis Triest** (von Glocknitz oder Schottwien, wo die Bahn sich an die wien-raaber anschließt, bis Triest 75 M.). Die Kosten der Bahn, welche des äußerst gebirgigen Terrains wegen zum Theil nur für Pferdebetrieb eingerichtet werden könnte, werden auf 32 Mill. Fl. Conv. angenommen. Die drei zuletzt genannten Bahnen sind von der östreichischen Regierung durch kaiserliches Handbillet vom 19. December 1841 für Staatsbahnen (die auf Staatskosten ausgeführt werden sollen) erklärt worden. Dem Vernehmen nach beabsichtigt die östreichische Regierung den gefaßten Plan mit der größten Energie binnen zehn Jahren auszuführen. Bestätigt sich dies, so gehen wir einer neuen Aera in der Geschichte des deutschen Eisenbahnwesens entgegen. Im Ganzen sollen 100 Mill. Fl. Conv. zum Eisenbahnbau bestimmt sein; zu den Arbeiten soll ein Theil der Armee verwandt werden. Die Bahn von Wien nach Prag und von da bis zur sächsischen Grenze soll zuerst in Angriff genommen und ausgeführt werden.

22) **Würtemberg.** Projectirt werden hier Bahnen von Heilbronn über Stuttgart nach Ulm und von da nach Friedrichshafen am Bodensee, und zwar dürften sie aus Staatsmitteln gebaut werden. Auch über eine Eisenbahn von Stuttgart über Pforzheim nach Karlsruhe haben zwischen Würtemberg und Baden Unterhandlungen stattgefunden. Die im October v. J. bei Eröffnung der würtembergischen Stände gehaltene Thronrede stellte Vorlagen in Bezug auf einen Eisenbahnbau aus Staatsmitteln in Aussicht. Vor kurzem hat nun die Regierung den Ständen mitgetheilt, daß sie den Bau einer großen Bahn von der badischen Grenze über Ludwigsburg, Stuttgart, Ulm nach Friedrichshafen mit einer Zweigbahn von Ludwigsburg nach Heilbronn (zusammen 44½ M., Kostenschlag gegen 16 Mill. Thlr.) beschlossen habe. Zur Ausführung in der nächsten Finanzperiode (1842—45) sind die Bahnstrecken von Stuttgart über Kannstadt nach Ludwigsburg (2 M.) und von Kannstadt nach Plochingen (3 M.) bestimmt; zur Bestreitung der Kosten ist eine Anleihe von 3,200,000 Fl. beantragt.

Auch diesmal theilen wir zum Schlusse den Börsencurs der bedeutendsten deutschen Eisenbahnactien am 31. December des Jahres 1841 mit und fügen der Vergleichung halber in Parenthesen den vorjährigen bei. Taunusbahn 150⁹⁄₁₀ (132½); Berlin-Potsdam 123½

(127¾); Magdeburg-Leipzig 112¾ (111½); Berlin-Anhalt 105 (100); Leipzig-Dresden 102½ (99¾); sächsisch-bairische Bahn 97; rheinische Eisenbahn 95¼ (91½); Hamburg-Bergedorf 93; Wien-Raab 83 (88½); Düsseldorf-Elberfeld 82¾; München-Augsburg 80—78 (82); Nordbahn 74⅝ (87½). Die Reihenfolge hat sich, wie man sieht, fast gar nicht geändert.

(Fortsetzung folgt in Nr. 472.)

Von den Tromben oder Wasserhosen.

Bei Annäherung eines Gewitters pflegen sich bekanntlich häufig Wirbelwinde zu erheben, welche daran zu erkennen sind, daß leichte Körper, Spreu, Baumblätter, Staub u. s. w. in die Höhe (oft mehre Fuß hoch) gehoben werden. Mit dieser Erscheinung hat eine auf dem Meere vorkommende, ungleich großartigere Ähnlichkeit, welche mit dem Namen Wasserhose oder Trombe bezeichnet wird und in einer Verbindung zwischen einer Wolke und der Oberfläche des Meers besteht. Erscheinungen dieser Art sind nie die Wirkung eines allgemeinen Windes, vielmehr herrscht in ihrer Umgebung gewöhnlich vollkommene Windstille; sie kommen am häufigsten in der Nähe des festen Landes vor (namentlich an hohen und steilen Küsten, z. B. unweit Guinea, in der Straße von Malakka, im mittelländischen und rothen Meere u. s. w.), wo unbeständige Winde und Temperaturen herrschen. Auf dem hohen Meere kommen sie in niedern Breiten oder in der heißen Zone nur in der Region der Calmen vor, wo Windstillen mit veränderlichen Winden abwechseln, niemals aber da, wo die Passatwinde regelmäßig wehen.

Der Vorgang bei dem Erscheinen einer Wasserhose ist im Allgemeinen folgender. Durch einen Wirbelwind, der von oben kommend die Oberfläche des Meers erreicht, geräth dieselbe in unruhige Bewegung und erhebt sich endlich schäumend und gekräuselt; es bildet sich eine Säule, welche in der Mitte am dünnsten, an beiden Enden am dicksten ist und das Ansehen eines rauchenden Ofens hat; zugleich senkt sich das Gewölk, unter welcher die Säule hängt, und wird immer dichter und dunkler. Die Wassersäule bleibt aber nicht an derselben Stelle, sondern schreitet langsam fort, indem sie sich kreiselförmig um ihre Achse dreht, geht auch sehr oft über das Land hinweg und führt alle auf ihrem Wege vorhandene Gegenstände, wie groß und schwer sie auch sein mögen, mit sich fort, wobei oft eine ganz ungeheure Kraft entwickelt wird. Schiffe werden von Wasserhosen auf die Seite geworfen und nicht selten bedeutend beschädigt, indem Mastbäume u. s. w. zerbrochen werden, weshalb diese Erscheinungen von Schiffern so sehr gefürchtet werden, zumal da sie meist mit Windstillen verbunden sind. Auf dem Lande werden Dächer abgedeckt und meilenweit fortgeführt, Baumstämme zerbrochen und weit fortgeschleudert u. s. w.

Man hat häufig gefragt, ob die Wasserhosen aus einer zusammenhängenden Wassermasse oder nur aus Wasserdunst bestehen. Das Erstere ist schon darum nicht möglich, weil in diesem Falle die Wasserhosen glänzend und durchsichtig erscheinen und beim Platzen einen Wasserstrom geben müßten; aber auch aus bloßen Nebelbläschen können sie nicht bestehen, vielmehr sind mit diesen ohne Zweifel noch Tropfen, die in die Höhe gerissen sind, verbunden.

In den meisten Fällen mag der Wirbelwind, welcher der ganzen Erscheinung zum Grunde liegt, schon in den obern Regionen der Atmosphäre, also in der Region der Wolken entstehen, sodaß die Dampfbläschen von oben nach unten, nicht, wie sonst leichte Körper bei einem Wirbelwinde, von unten nach oben geführt werden; in einzelnen Fällen aber kann der Wind auch in der Tiefe beginnen, sodaß die Wasserhose sich nicht aus der Wolke herabsenkt, sondern aus dem Meere in die Höhe steigt. Hiernach kann man zwei Arten von Wasserhosen unterscheiden: herabsteigende und hinaufsteigende. Daß in allen Fällen ein großer Theil der Wassermasse aus der Wolke herabsteigt, geht mit unwiderleglicher Gewißheit daraus hervor, daß sie wesentlich aus süßem Wasser besteht, wie sich dann zeigt, wenn eine Wasserhose neben oder über einem Schiffe hinzieht, in welchem Falle es mit frischem, süßem Wasser überschüttet zu werden pflegt. Eine Classe verwandter Erscheinungen wird immer zuerst an dem Boden wahrgenommen; dies sind die Sandhosen oder Erdtromben, die in den Sandwüsten von Asien und Afrika beobachtet werden. Sie erscheinen in jenen Gegenden, wo der Samum weht, und zwar ebenfalls an windstillen Tagen, wo die Sonne den Boden mit großer Kraft erhitzt und durch aufsteigende heiße und herabstürzende kalte Luftströme Wirbelwinde erzeugt werden.

Gleichzeitig mit den Wasserhosen zeigt sich ein starker Grad von Elektricität, ja sie werden nicht selten von Blitzen durchzogen oder sind mit Gewittern verbunden. Mehre Physiker haben daher versucht, diese Erscheinungen aus der Elektricität herzuleiten und z. B. durch Anziehung zwischen der Wolke und dem Meere zu erklären. In neuern Zeiten hat man sich deshalb namentlich auf die kreisende Bewegung berufen, weil der elektrische Strom den Schließungsdraht gleichfalls, wie man annimmt, in spiralförmigen Windungen umkreist. Indeß ist nicht abzusehen, warum Bewegungen, wie sie die elektrische Materie oder Kraft hervorbringt, nicht auch durch andere Kräfte hervorgebracht werden könnten, und aller Wahrscheinlichkeit nach ist die Elektricität, welche die Wasserhose begleitet, nur Wirkung, aber nicht Ursache derselben. Noch sind zur Erklärung der Wasserhosen viele andere, zum Theil sehr seltsame Hypothesen aufgestellt worden; so soll nach Einigen an der Stelle der Wasserhose plötzlich ein leerer Raum entstehen, in welchem das Wasser wie in einen Pumpenstiefel gehoben wird, nach Andern aber sollen unterirdische Dünste plötzlich an der Stelle der Wasserhose in die Höhe steigen u. s. w. Aller Wahrscheinlichkeit nach entstehen aber die Wasserhosen, wie bereits oben angegeben wurde, entweder durch das Zusammentreffen entgegengesetzter Luftströme oder durch das Herabsinken kalter Luftmassen.

Das Kutschenboot.

Der Kutschenmacher Longueville zu Paris hat eine Kutsche erfunden, die sowol zum Spazierenfahren auf Straßen und in der Stadt, als auch als Fahrzeug auf Flüssen und Teichen dienen kann. Es ist ein leichter Char-à-banc, der außer dem Kutscher bequem noch acht Personen aufnimmt, der unten flache Kasten kann leicht und schnell (in 5 Minuten) von dem Gestell abgehoben werden, wozu zwei Personen hinreichen, und wird dann als Kahn ins Wasser gebracht.

Die Kettenbrücke in Prag.

Am 4. November 1841 (am Karlstage, gerade 483 Jahre, nachdem Karl IV. den Grundstein zur steinernen Brücke in Prag gelegt hatte) wurde die neuererbaute Kettenbrücke über die Moldau in Prag, Kaiser-Franzensbrücke genannt und von jener Brücke einige hundert Klaftern weiter stromaufwärts liegend, feierlich eröffnet. Der Bau war am 19. April 1839 begonnen worden, demnach hatten 2½ Jahre zu seiner Vollendung hingereicht. Schon zu Anfange des gegenwärtigen Jahrhunderts machte sich das Bedürfniß einer zweiten Brücke in Prag fühlbar und nur die Bedrängnisse des Kriegs hinderten die Ausführung des schon damals von dem Oberstburggrafen, Graf Rudolf Chotek, projectirten Baus. Der Sohn desselben, Graf Karl Chotek, jetziger Oberstburggraf in Böhmen, rief die Idee seines Vaters ins Leben. Auf seine Anregung trat ein Actienverein zusammen, welcher die nöthigen Fonds hergab; man entschied sich für eine Kettenbrücke, wählte die Schützeninsel als Übergangspunkt und übertrug die Leitung des Baus nach dem von Friedrich Schnirch gemachten Entwurfe einem Comité, an dessen Spitze Graf Joseph Mathias Thun stand. Die Brücke hat eine Länge von 1455 wiener Fuß und ruht auf vier schlanken Pfeilern von böhmischem Granit; das zu derselben verwendete Eisen ist von einem böhmischen Eisenwerke, dem gräflich Stadion'schen in Chlumetz, geliefert. Am 2. und 3. November wurde die Tragkraft der Brücke geprüft; am ersten der gedachten Tage wurden nämlich 250 Stück schweres Schlachtvieh (durchschnittlich zu 6 Ctr. anzunehmen) in gedrängtem Haufen und scharfem Trabe über die Brücke getrieben, wobei kein wesentlicher Theil der Brücke den mindesten Schaden erlitt, am folgenden Tage aber fuhr ein Wagenzug, bestehend aus einem Achtspänner (330 Ctr. schwer), einem Sechsspänner (200 Ctr. schwer), drei Vierspännern (jeder von 150 Ctrn.) und 20 Zweispännern (jeder mit 50 Ctrn. belastet) von der Kleinseite nach der Altstadt über die Brücke. Am 4. November begann die Eröffnung mit einem Hochamte, welches der Erzbischof von Prag in der nahen Ursulinerkirche abhielt. Die Einnahme an Brückenzoll betrug ungeachtet des äußerst geringen Tariffsatzes in den ersten acht Wochen (5. November bis 31. December) 3689 Fl. Conv., wonach die Rentabilität der Brücke bewiesen scheint. Den oft so gefährlichen ersten Frösten hat sie glücklich widerstanden.

Literarische Anzeige.

Soeben erscheint in meinem Verlage und ist durch alle Buchhandlungen zu beziehen:

Mein Wahnsinn im Kerker.
Memoiren
von
Angelo Frignani.
Gr. 12. Geh. 1 Thlr. 15 Ngr.
Leipzig, im April 1842.
F. A. Brockhaus.

Suez.

Herausgegeben unter Verantwortlichkeit der Verlagshandlung F. A. Brockhaus in Leipzig.

Das Pfennig-Magazin

für

Verbreitung gemeinnütziger Kenntnisse.

472.] Erscheint jeden Sonnabend. [April 16, 1842.

Maria Theresia, deutsche Kaiserin.

Diese ausgezeichnete Monarchin war die Tochter Kaiser Karl's VI. und seiner zweiten Gemahlin, Elisabeth Christine, einer braunschweigischen Prinzessin. Sie wurde am 13. Mai 1717 in der kaiserlichen Burg zu Wien geboren und am Abende desselben Tages getauft. Auf ihre Erziehung wurde große Sorgfalt verwandt; die geschicktesten Lehrer unterrichteten sie in der Geschichte und Geographie, in der lateinischen, italienischen und französischen Sprache. Sie hatte ein leichtes Fassungsvermögen und ein sehr starkes Gedächtniß und war deshalb in vielen Wissenschaften, besonders in der Geschichte, die sie mit großer Vorliebe trieb, zu Hause.

Durch den Tod ihres vor ihr geborenen einzigen Bruders Leopold ward sie die präsumtive Erbin einer der größten Monarchien Europas, ein Umstand, welcher die mächtigsten Fürsten antrieb, sich um ihre Hand zu bewerben. Der Wunsch, sie zu besitzen, wurde durch ihre persönlichen Eigenschaften nicht wenig erhöht. Sie vereinigte mit den glänzendsten Geistesgaben ein edelmüthiges Herz, eine unerschrockene Seele und eine entzückende Schönheit. Unter den vielen Bewerbern um die schöne Kaiserstochter wurde Franz Stephan, Herzog von Lothringen, von Karl VI. seiner Tochter zum Gemahl ausersehen. Er war seit 1723 fast immer am kaiserlichen Hofe und wurde vom Kaiser wie sein eigener Sohn erzogen; denn Jener nahm ihn auf allen seinen Reisen mit, machte ihn 1732 zum Statthalter von Ungarn und nährte die Liebe, welche die einzige Tochter frühzeitig zu dem jungen Fürsten faßte. Die Vermählung kam jedoch erst 1736 zu Stande, weil der Kaiser durch das Ableben des Königs August II. von Polen in einen Krieg mit Frankreich, Spanien und Sardinien verwickelt wurde. Der am 3. October 1735 zu Wien geschlossene Friede fiel ganz nach dem Wunsche des Kaisers aus; denn der kaiserliche Eidam, Franz Stephan, bekam für sein an den König Stanislaus abgetretenes

X.   16

Herzogthum Lothringen das Großherzogthum Toscana mit dem Titel königliche Hoheit, und die pragmatische Sanction, welche Maria Theresia zur Herrscherin bestimmte, bekam durch Frankreich eine neue Gewährleistung.

Nun wurde ernstlich an die Vermählung gedacht. Am 31. Januar 1736 hielt der Herzog bei dem Kaiser und der Kaiserin feierlich um die ihm längst zugedachte Braut an und überreichte ihr sein kostbares Bildniß. Es war nicht nur mit großen Brillanten besetzt, sondern auch statt des Glases mit Diamanten bedeckt. Er selbst erschien in einem Kleide von kastanienbraunem Sammet, dessen Knöpfe lauter schöne, große Brillanten und dessen Nähte mit Silber und Gold gestickt waren, und beschwor den nächsten Tag mit seiner hohen Braut die pragmatische Sanction. Am 17. Februar fand die Vermählung mit kaiserlicher Pracht statt; die Festlichkeiten, welche damit verbunden waren, dauerten drei Tage lang und fanden in allen Theilen des Reichs ein fröhliches Echo. Am 5. Februar 1737 wurde die junge Herzogin zum ersten Male entbunden und zwar von einer Prinzessin, welcher am 6. October 1738 eine zweite und am 12. Januar 1740 eine dritte Prinzessin folgte.

Durch das Ableben des letzten Großherzogs von Toscana am 9. Juli 1737 wurde Maria Theresia wirkliche Großherzogin von Toscana, unternahm jedoch erst am 17. December 1738 eine Reise zu ihren neuen Unterthanen, denn ihr Gemahl mußte in den Jahren 1737 und 1738 gegen die Türken zu Felde ziehen. Am 20. Januar 1739 hielt das junge Herrscherpaar unter dem Jauchzen des Volkes den prächtigsten Einzug in Florenz, nachdem sie 20 Tage lang, von 200 venetianischen Grenadieren bewacht, im Palaste bei Dolce hatten Quarantaine halten müssen. Durch Herablassung, Gesprächigkeit und Milde erwarb sich die junge Großherzogin schnell die Herzen der Toscaner, und es war große Trauer im ganzen Lande, als sie am 27. April wieder nach Deutschland zurückkehrte.

Das Jahr 1740 war für Maria Theresia ein Jahr großer Gemüthsbewegungen. Sie wurde in diesem Jahre von einer dritten Prinzessin entbunden, verlor aber dafür ihr erstes Kind und bald darauf ihren geliebten Vater, welcher am 20. October starb. Die Großherzogin nahm sogleich unter dem Namen einer Königin von Ungarn und Böhmen von den Erblanden ihres Vaters Besitz, traf, da sie sich auf mancherlei Angriffe gefaßt machen mußte, die zur Sicherheit ihrer Staaten nöthigen Anstalten und wählte den Wahlspruch: „Justitia et clementia" (Gerechtigkeit und Milde), dem sie bis zu ihrem Tode auf das eifrigste nachzukommen suchte.

Das Wichtigste, was die Königin bald nach ihrem Regierungsantritte vornahm, war die Ausstellung einer feierlichen Urkunde, durch welche sie am 21. November 1740 ihrem Gemahle die Mitregentschaft ihrer Länder übertrug und dadurch den Weg zum Kaiserthrone bahnte. Am 22. November huldigten ihr die Stände von Östreich in der Ritterstube der kaiserlichen Burg trotz aller Protestationen dagegen von Seiten Kurbaierns. Böhmen und die übrigen Länder leisteten den Eid der Treue durch Abgeordnete; die Ungarn erkannten sie ebenfalls mit Freuden als ihre Königin an, denn sie hatte sich freiwillig erboten, ihre Freiheiten feierlich zu bestätigen, und sahen der Zeit ihrer Krönung, die wegen ihrer bevorstehenden vierten Entbindung aufgeschoben werden mußte, mit Sehnsucht entgegen.

Der König von Preußen trat zuerst mit den Waffen in der Hand gegen Maria Theresia auf und fiel schon im December 1740 in Schlesien ein, wo er sich ohne Widerstand ausbreitete und am 10. April 1741 die blutige Schlacht bei Molwitz gewann. Ihm folgte Sachsen in Verbindung mit Frankreich und Baiern und fiel in Böhmen ein, dessen Hauptstadt Prag bald erobert wurde. Zu gleicher Zeit setzte Spanien 30,000 Mann nach Italien über, zu denen alsbald 15,000 Neapolitaner stießen.

In solcher Noth wurde Maria Theresia am 13. März 1741 von ihrem ersten Sohne entbunden und darauf am 15. Juni mit außerordentlicher Pracht in Preßburg gekrönt. Aber dadurch wurde ihre mißliche Lage nicht besser; die Baiern und Franzosen rückten Wien immer näher. Da wandte sie sich am 11. September auf eine rührende Weise an die in Preßburg versammelten ungarischen Reichsstände; den kaum halbjährigen Kronprinzen auf dem Arme, schilderte sie der ehrwürdigen Versammlung ihre Lage. „Verlassen von meinen Freunden — sagte sie — angegriffen von meinen nächsten Verwandten, habe ich nur eine einzige Zuflucht, Euern Muth und Eure Treue." Dieser Schritt fruchtete mehr als zehn gewonnene Schlachten. „Moriamur pro rege nostro, Maria Theresia!" (Wir wollen für unsern König, Maria Theresia, sterben!), riefen einmüthig alle Anwesende mit gezogenem Säbel und ihr Ruf enthusiasmirte ganz Ungarn, Slavonien, Kroatien, Siebenbürgen, wo in kurzer Zeit ganze Regimenter zusammentraten und zum Theil auf eigene Kosten für die geliebte Königin ins Feld zogen.

Diese Truppen reinigten vor allen Dingen Östreich von den eingedrungenen Feinden, drangen dann siegreich in Baiern ein, dessen Hauptstadt am 14. Februar 1742 den Siegern die Thore öffnen mußte, und unterstützten hierauf so kräftig die böhmische Armee, daß noch in demselben Jahre Prag von den Franzosen und Baiern zurückerobert wurde.

Mit Preußen war nach der blutigen Schlacht von Czaslau, welche am 17. Mai 1742 geliefert wurde, am 11. Juni ein Friede zu Stande gekommen, welchem noch in demselben Monate Sachsen beitrat und in welchem außer einigen Fürstenthümern ganz Ober- und Niederschlesien an Preußen abgetreten wurde. In Italien trat der König von Sardinien für die Königin in die Schranken und nahm dem Herzoge von Modena, der sich mit Neapel und Spanien verbunden hatte, seine Festungen Modena und Mirandola weg. Neapel wurde im August 1742 durch eine englische Flotte zur Neutralität gezwungen. Die Königin schloß daher das Jahr 1742, welches ihrer Krone eine schöne Perle geraubt hatte, mit der Aussicht, bald den ersehnten Frieden herbeigeführt zu sehen. In Baiern ward der Krieg mit solchem Glücke geführt, daß noch Ende 1743 das ganze Land der Königin unterworfen war. Sie ließ sich am 12. Mai in Prag krönen, nachdem sie am 11. Mai die Huldigung empfangen hatte, und am 25. Juni huldigte man ihr in Linz. Wenn ihre Feldherren im Felde glücklich waren, waren es ihre Minister nicht minder in ihren Unterhandlungen mit England, den Generalstaaten, Savoyen und Sachsen. Nur mit Rußland entstanden in Folge einer Beschuldigung, daß der östreichische Gesandte mit mehren russischen Großen den Anschlag gefaßt habe, die russische Kaiserin vom Throne zu stoßen, unangenehme Irrungen, die jedoch bald wieder beigelegt wurden.

Im Jahre 1744 bekam die Königin durch den Unionstractat, der eine kräftige Unterstützung des Kaisers Karl VII. zum Zwecke hatte, neue Feinde. Auch Frankreich und Spanien machten neue Anstrengungen und Neapel brach seine Neutralität. Der schlimmste

Feind aber war der König von Preußen, der in Folge des Unionsvertrags, angeblich um dem Reiche die Freiheit, dem Kaiser die Würde und Europa die Ruhe wieder zu geben, an drei Orten in Böhmen einbrach, am 2. September sein Heer vor Prag vereinigte und am 16. bereits diese Stadt in seiner Gewalt hatte. Er fand zwar an Karl von Lothringen einen tüchtigen Gegner, machte aber dennoch solche Fortschritte, daß der Kaiser von seiner Residenz München Besitz nehmen konnte.

Das Jahr 1745 schien Marien Theresien von allem weitern Ungemach befreien zu wollen, denn der Kaiser Karl VII., von dem alle Feindseligkeiten ausgingen, starb zu Anfange dieses Jahres. Maria Theresia ließ dem neuen Kurfürsten sogleich den Frieden antragen, fand aber kein Gehör bei ihm. Es kam also zu einem neuen Feldzuge gegen Baiern, welcher für Maria Theresia so glücklich ausfiel, daß sich der Kurfürst zu einem Frieden genöthigt sah, welcher am 22. April in Füssen zu Stande kam. Baiern trat in ihm der pragmatischen Sanction bei und bekam dafür alles verlorene Land wieder.

Im Herbste 1745 wurde Theresia's Gemahl, der Großherzog Franz, zum deutschen Kaiser gewählt. Die Kaiserin langte in dem Augenblicke in Frankfurt an, wo der Kaiser im Schmucke seiner Würde auf den Römerplatz zog. Sie rief von einem Balcon herab das erste Vivat aus, welches vom Volke tausendstimmig wiederholt wurde. Dieser Tag war einer der schönsten ihres Lebens. Die Kaiserkrone ruhte nun, trotz aller Gegenbemühungen Frankreichs, auf dem Haupte ihres geliebten Gemahls; sie war unter Widerwärtigkeiten aller Art zu dem Ziele ihrer heißesten Wünsche gekommen, darum mußte Alles ihre Freude theilen, was sie erfreuen konnte; der gemeine Soldat war nicht ausgenommen. Die Armee, welche in dieser Zeit bei Heidelberg zusammengezogen worden war, bestand aus 60,000 Mann und jeder bekam einen Gulden, um auf das Wohl des Kaisers zu trinken. Am 25. December kam in Dresden mit Friedrich der zweite Friede zu Stande, in welchem ihm der Besitz von Schlesien und der Grafschaft Glatz bestätigt wurde, wofür er Franz I. als Kaiser anerkannte. Da auch die Pfalz und Hessen-Kassel diesem Frieden beitraten, so war der Krieg in Deutschland beendigt, aber in Italien und den Niederlanden dauerte er noch drei Jahre fort. Endlich kam am 18. October 1748 ein Vertrag zu Stande, der Europa den Frieden wiedergab.

Sobald Maria Theresia nicht mehr Kriegerin sein mußte, ward sie ganz Mutter und suchte, vom Kaiser nach Kräften unterstützt, auf alle Weise den Wohlstand ihrer Unterthanen zu befördern. Nie hat es in Europa eine glücklichere Zeit gegeben als die Zeit des siebenjährigen Friedens, welcher dem siebenjährigen Kriege vorausging. Das schreckliche Erdbeben von 1755 war gleichsam das Vorspiel. Frankreich und England geriethen in dieser Zeit durch kleinliche Grenzstreitigkeiten in Amerika in blutigen Zwist, welcher den Stand der Parteien völlig veränderte. Frankreich hatte es auf Hanover abgesehen; dies veranlaßte England, sich Preußen zu nähern. Preußen, welches das Bündniß zwischen Rußland und Östreich fürchtete, glaubte England nicht von sich weisen zu dürfen, und schloß im Januar 1756 ein Bündniß mit diesem Staate. Dadurch wurde Frankreich bewogen, seine bisherige Politik gegen Östreich aufzugeben und im Mai 1756 ein Bündniß mit Östreich einzugehen. Das behagte aber Friedrich dem Großen sehr schlecht; er benutzte das Bündniß zwischen Östreich, Rußland und Polen, um am 29. August 1756 in Sachsen einzufallen. Der kaiserliche Hofrath erklärte nun den König von Preußen für einen Störer der allgemeinen Ruhe. Schon am 1. October kam es bei Lowositz zu einer Schlacht, in welcher Friedrich II. in Person sein Heer anführte. Sieben Tage darauf mußte sich die aus 14,000 Mann bestehende Armee des Königs von Polen, welche bei Pirna im Lager stand, als kriegsgefangen ergeben. Dadurch gerieth ganz Europa in Bewegung und bald waren neun Armeen in Deutschland.

In vier furchtbaren Colonnen zog Friedrich im Frühjahre 1757 gegen Prag und gewann am 6. Mai eine der blutigsten Schlachten, die er geliefert hat. Da rettete das kluge Benehmen des Feldmarschalls Daun Maria Theresia, welcher der Sieger auf den Wällen von Wien nächstens den Frieden vorzuschreiben gedachte. Er sammelte nach der Schlacht bei Prag die flüchtigen Haufen der östreichischen Armee und bezog eine sehr starke Stellung unweit Kolin. Der König von Preußen beschloß, ihn, es möge kosten, was es wolle, aus dieser Stellung zu vertreiben, und brach aus seinem Lager bei Prag auf, um nach Verjagung Daun's Prag zu nehmen und damit Meister von ganz Deutschland zu werden. Am 18. Juni Nachmittags 2 Uhr fing die Schlacht an. Friedrich griff sieben Mal vergeblich an, verlor 25,000 Mann und zog sich endlich in größter Unordnung zurück. Der Feldmarschall Keith, welcher Prag belagerte, folgte ihm, als Karl von Lothringen einen Ausfall machte. Maria Theresia stiftete zum Andenken an diesen Sieg den Theresienorden, welcher jedem in demselben Aufgenommenen die Freiherrnwürde verschafft. Dem Marschall Daun ward die schöne Belohnung, die Beförderungen in der Armee selbst vornehmen zu dürfen.

Auf den König von Preußen brach jetzt das Unglück von allen Seiten los: die Franzosen näherten sich, nach Besiegung der Engländer, den preußischen Ländern, die Russen fielen in Preußen ein, die Östreicher drangen in Schlesien und der Lausitz immer weiter vor, die Schweden machten in Pommern Eroberungen und die Reichsarmee war im Begriff, in Sachsen einzurücken. Der König schien verloren zu sein und dachte nur auf einen rühmlichen Tod. Da gewann er am 5. November die Schlacht bei Roßbach und am 5. December die noch viel folgenreichere bei Leuthen und Lissa, in welcher die Östreicher über 200 Kanonen und 21,000 Mann an Todten und Gefangenen verloren. Diese Siege wandten ihm das Glück wieder in vollem Maße zu und der König gedachte im folgenden Jahre durch Mähren den Weg nach Wien zu finden.

Am 3. Mai 1758 brach er mit zwei Colonnen in Mähren ein. Sogleich eilte Daun der bedrängten Provinz zu Hülfe und war abermals so glücklich, den berühmtesten Feldherrn seiner Zeit zum Rückzuge zu zwingen, und zwar ohne Treffen, durch eine Reihe der feinsten und wirksamsten Manoeuvres, die je in Ausübung gebracht worden sind. Ebenso glücklich war Daun am Ende des Jahres, als sich Friedrich, nach dem berühmten Siege bei Zorndorf über die Russen, bei Bautzen gelagert hatte. Daun überfiel hier am 14. October den König bei Hochkirch mit so kluger Berechnung, daß er über 100 Kanonen, 28 Fahnen und 2 Standarten eroberte und den König in die mißlichste Lage von der Welt versetzte. Sein Plan war, Sachsen von den Feinden zu reinigen, aber seine Versuche dienten nur dazu, die Leiden dieses unglücklichen Landes zu erhöhen, und er mußte sich, ohne seinen Plan erreicht zu haben, nach Böhmen in die Winterquartiere zurückziehen.

(Der Beschluß folgt in Nr. 473.)

*

Genf.

Der große Gasthof. — Die Brücke des Bergues. — Rousseau's Insel. — Der große Quai.

Die Stadt Genf am Südwestende der Schweiz, die volkreichste der Eidgenossenschaft, ist weder durch Denkmäler der Vergangenheit noch durch Kunstschätze merkwürdig, denn in diesen Hinsichten wird sie von weit kleinern Städten übertroffen, sondern durch ihr inneres Leben, ihre industrielle und bürgerliche Organisation und den eigenthümlichen Charakter, den sie ihrer Lage verdankt. Unzählige Reisende sind in Genf, das sie nur im Fluge berühren wollten, fast wider ihren Willen zurückgehalten worden. Vergebens suchen wir unter den Städten der Schweiz und des Auslandes ihres Gleichen; sie hat weder den Reichthum, den Glanz und das Gewühl der großen Hauptstädte, noch den kleinlichen Anstrich kleiner Provinzialhauptstädte und Residenzen. Unter ihren 26,000 Einwohnern findet man in schönem Vereine feine Weltbildung, moralische Würde, industrielle Thätigkeit, Eifer für die Wissenschaft und gefällige Sitten, Eigenschaften, welche ganz geeignet sind, die meisten Reisenden anzuziehen. Man findet daher immer in Genf Personen, welche eine wichtige Rolle auf der Weltbühne gespielt haben: abgetretene Minister, literarische Berühmtheiten u. s. w., und die englischen und französischen Großen vermissen in den bescheidenen Zimmern der Gasthöfe Genfs mit leichter Mühe ihre Stammschlösser und das bewegte Leben der großen Hauptstädte.

Die Außenseite Genfs ist, wenn wir nur die Stadt selbst ins Auge fassen, nicht sehr bestechend; weder aus der Ferne noch in der Nähe gesehen, macht es einen angenehmen und großartigen Eindruck. Zwar hat es sich in der neuesten Zeit sehr verschönert und es fehlt nicht an schönen, selbst palastartigen Gebäuden und stattlichen Quais, wie auch aus unserer Abbildung zu ersehen ist, aber dennoch sind die meist abhängigen Straßen der Stadt im Allgemeinen enge, finster und unregelmäßig. Auf engem Raume, von 10—11,000 Fuß Umfang, den Festungswerke umschließen, stehen etwa 1400 Häuser zusammengedrängt, alle von Stein und meist in französischem Geschmacke gebaut, größtentheils sehr hoch, mit 4—7 Stockwerken, und von zahllosen Schornsteinen wie von Stacheln starrend. Die Rhone theilt die Stadt in drei ungleiche, durch Brücken verbundene Theile, von denen der obere oder die Altstadt mit der breiten Hauptstraße, welche elegante Kaufläden zieren, der bestgebaute, der alterthümliche untere Stadttheil aber der lebhafteste ist. Der größere Theil liegt nach Savoyen, der kleinere, St.-Gervais genannt, nach der französischen Landschaft Ger zu. Unter den öffentlichen Plätzen sind nur drei nennenswerth: der Petersplatz, der Molard und der Bourg de four. Wenn wir die hoch auf einem Hügel liegende Peterskirche mit ihrer der Peterskirche in Rom nachgeformten Säulenhalle, das Schauspielhaus, das Museum, das Kornhaus als die wichtigsten Gebäude bezeichnen, so hat doch keins derselben eine allgemeinere Bedeutsamkeit; aber interessant sind die beiden Eisendrahtbrücken (für Fußgänger), die ersten, welche in der Schweiz angelegt wurden.

Was der Stadt an Schönheit der Bauart abgeht, wird durch die Schönheit der Lage an dem von ihr benannten herrlichen und großen See, sowie an der Arve und der Rhone (die in zwei Armen den See verläßt und gleich darauf jene aufnimmt) reichlich ersetzt, denn nächst Konstantinopel, Neapel und Genua hat Genf wol die schönste Lage unter allen europäischen Städten. Im Süden öffnet sich, von dem Gebirgsstrome der Arve durchflossen, ein üppiges, mit Wiesengründen, Baumgruppen, Hügeln, kleinen Ortschaften, Landhäusern u. s. w. in lieblicher Vertheilung geschmücktes Land; im Westen erheben sich die waldigen Halden und starren Felskämme des Juragebirges, im Osten die hohe, farbige Streifen zeigende lange Bergwand des Saleve. Nordwärts dehnt sich der Spiegel des lemanischen Sees aus, belebt von Dampfschiffen und Barken und eingeschlossen von Landhäusern, Weinbergen, Dörfern, Alleen, Wiesen, Gebüschen und Gärten. Stufenweise erhebt sich das nördliche oder schweizerische Ufer; am andern, südlichen erheben sich die Felsen und Eisberge Savoyens, an deren Füßen arme, unansehnliche Dörfer liegen. Aus dem Innern der Stadt hat man vom Moritz- oder Antonsplatze aus eine reizende Aussicht. Kein Wunder, daß bei dieser reizenden Lage Genf sowol als die Ufer des Sees im Sommer von Familien und einzelnen reichen Touristen aus Frankreich, Deutschland, England, Rußland, Polen und andern Gegenden wimmeln. Der See selbst ist um mehre Quadratmeilen größer als das Landgebiet des kleinen Cantons, der alle andern an Kleinheit übertrifft. Die an seinen Gestaden stehenden Landhäuser gleichen der Mehrzahl nach in ihrer antiken Bauart vollständig den Villen Oberitaliens, aber neben diesen stolzen säulenprangenden Wohnungen erblickt man auch andere von einfach-ländlicher schweizerischer Bauart, die einen mehr gemüthlichen Eindruck auf den Beschauer machen.

Einer der reizendsten Punkte in Genf ist Rousseau's Insel, die erst seit wenigen Jahren von den für Verschönerung der Stadt unablässig besorgten Vorstehern derselben dem Andenken ihres unsterblichen, bei seinem Leben verkannten Mitbürgers gewidmet worden ist. Zu den beiden Brücken, die schon in frühern Zeiten von einer fast im Mittelpunkte der Stadt liegenden Insel nach beiden Seiten jener führten, ist seit einigen Jahren eine dritte (in unserer Abbildung dargestellte) gekommen, geschmackvoller und geschmackvoller als die beiden frühern; sie steht an der Stelle, wo der See in eine Spitze endet und die Rhone aus ihm hervorströmt, und lehnt sich an den geräumigen Quai des Bergues an. Unweit dieser neuen Brücke entsteigt den Fluten eine kleine, einem Blumengarten gleichende Insel, die den Manen von Jean Jacques Rousseau geweiht ist, dessen bronzene Bildsäule, dem Künstler Crozatier in Paris mit wahrer Meisterschaft ausgeführt, sich in der Mitte der Insel auf hohem Piedestal erhebt. Bekanntlich wurde der Weltweise von Genf durch das Decret vom 18. Juli 1762 aus seiner Vaterstadt verbannt, die er nie wieder betreten hat, so sehr dies auch von einer großen Zahl seiner Mitbürger gewünscht wurde (er starb 1778); gleichzeitig wurden zwei seiner bedeutendsten Schriften („Der Staatsvertrag" und „Emil, oder über die Erziehung") durch Henkershand öffentlich vor dem Rathhause verbrannt.

Unter den Unterrichtsanstalten zeichnen sich eine 1368 gestiftete, 1538 erneuerte Akademie mit 12 Professoren und etwa 200 Studirenden und eine Taubstummenanstalt aus, die letztere merkwürdig als die erste in der Schweiz errichtete; unter den wissenschaftlichen Sammlungen steht die öffentliche Bibliothek, die etwa 50,000 Bände zählen mag, oben an. Dieselbe wird weit mehr und allgemeiner benutzt und ist daher weit gemeinnütziger im eigentlichen Sinne des Worts, als die meisten öffentlichen Bibliotheken, weil jeder genfer Bürger das Recht hat, Bücher daraus zu entlehnen; fortwährend sind einige tausend Bände ausgeliehen und gleichwol kommen Verluste und Entwendungen nur selten vor. Überhaupt zeichnen sich die Bewohner Genfs ebensowol durch wissenschaftlichen Geist als durch Gemeinsinn aus und haben bei beschränkten öffentlichen Mitteln für Wissenschaft und allgemeine Bildung durch Privatvereine viel geleistet. Noch findet man hier als Zubehör der Universität eine 1829 errichtete Sternwarte, ein Museum der Naturgeschichte, einen botanischen Garten u. s. w. Unter den öffentlichen Anstalten darf ferner ein nach dem neuesten Systeme eingerichtetes, seit 1820 bestehendes Strafarbeits- und Besserungshaus nicht mit Stillschweigen übergangen werden.

Industrie und Handel der Stadt sind sehr beträchtlich. Obenan steht noch immer die Uhrenfabrikation. In der blühendsten Handelsperiode zählte Genf 700 Uhrmachermeister mit beinahe 6000 Arbeitern, während es jetzt nur noch 2800—3000 Arbeiter gibt, die jährlich an 70,000 Uhren liefern sollen, welche größtentheils ins Ausland verkauft werden. Vortrefflich sind ferner die hier gefertigten Gold-, Silber- und Bijouteriearbeiten; nächstdem werden noch Zitze, Wollentücher, Musseline, Goldborten, seidene Zeuche, Porzellan, Hüte und Leder fabricirt. Der Handelsverkehr ist sehr lebhaft, wozu die den Transithandel begünstigende Lage am Genfersee viel beiträgt. Die Nähe der französischen Grenze gibt zum Schleichhandel Veranlassung. Im 18. Jahrhundert war

die Stadt so reich, daß sie über 30 Millionen Thlr. an auswärtige Staaten verleihen konnte.
(Der Beschluß folgt in Nr. 473.)

Chronik der Eisenbahnen im Jahre 1841.
(Fortsetzung aus Nr. 471.)

In Belgien wurden im Jahre 1841 zwei neue Bahnstrecken im Süden von Brüssel in der Richtung nach der französischen Grenze hin eröffnet: 1) von Tubize bis Soignies, 2³⁄₁₀ M., am 31. October; 2) von Soignies bis Mons, 3⁴⁄₁₀ M., am 19. December; außerdem 3) am 27. September eine Verbindungsbahn zwischen der nördlichen und der südlichen Station der Stadt Brüssel. Am Ende des Jahres 1841 waren in Belgien über 50 M. Eisenbahnen im Betriebe; auf denselben waren am 1. December im Gange: 126 Locomotiven, 119 Tenders, 515 Personen-, 854 Güter- und 202 Dienstwagen. Zur Vollendung des ganzen decretirten Netzes fehlen noch etwa 24 Meilen, sodaß von jenem über zwei Drittheile fertig sind. Im J. 1842 denkt man die Section von Mons bis zur französischen Grenze (bei Quievrain), und einen ansehnlichen Theil der wichtigen, aber zugleich außerordentlich schwierigen Strecke von Ans über Lüttich und Verviers bis zur preußischen Grenze, 1843 die letztere ganz zu vollenden, sodaß spätestens im Frühjahre 1843 eine ununterbrochene Eisenbahnlinie von Köln bis Ostende (46½ M.) hergestellt sein wird. Frequenz auf den belgischen Eisenbahnen im J. 1841: 2,628,208 Reisende; Einnahme 4,110,694 Francs. — Projectirt wird eine durch eine Actiengesellschaft herzustellende directe Eisenbahn von Antwerpen nach Gent (da die bestehende Eisenbahnverbindung über Mecheln einen zu großen Umweg macht; über St.-Nicholas beträgt die Entfernung 9½, über Mecheln 16 Lieues.) Bei derselben dürfte die von Deridder erfundene neue Locomotive (vergl. Nr. 421 des Pfennig-Magazins), sowie das dazu gehörige Eisenbahnsystem in Anwendung kommen. Dem früher über diese Erfindung Mitgetheilten fügen wir noch hinzu, daß mehre Versuche mit der neuen Locomotive auf der Eisenbahn von Brüssel nach Tubize angestellt worden sind. Am 13. Juli 1841 zog sie 6 Wagen, belastet mit 170 Ctr. Waaren und 15 Personen, und legte den Weg von 5⅓ M. hin und zurück in 80 Minuten zurück, wobei nur 2⅖ Ctr. Coke consumirt wurden. Der englische Ingenieur Robert Stephenson, welcher den Versuche beiwohnte, sprach sich über die neue Locomotive sehr günstig aus; nach ihm wird durch dieselbe eine Ersparniß an Brennmaterial von etwa 40 Procent erzielt.

In Frankreich fängt man endlich auch an, die Nothwendigkeit von Eisenbahnen allgemeiner einzusehen. Das verflossene Jahr ist für die Geschichte der französischen Eisenbahnen darum von Wichtigkeit, weil in demselben die erste größere Bahn in Frankreich, die von Strasburg nach Basel, ihre Vollendung erreichte, indem am 1. Mai die Section von Strasburg bis Benfeld, am 17. August die von Kolmar bis Mühlhausen eröffnet wurde, sodaß, da die etwa die Hälfte der Länge der Bahn ausmachenden Sectionen von Benfeld nach Kolmar und Mühlhausen bis St.-Louis schon seit 1840 befahren werden, seit dem zuletzt gedachten Tage die ganze, 18 M. lange Bahn im Betriebe ist. Eine eigentliche Eröffnungsfeier fand erst am 19. und 20. September statt, wobei der Bischof von Strasburg die Bahn und 11 Locomotiven weihete. Den Bau haben die Ingenieurs Bazaine und Chaperon geleitet; er ist in Zeit von etwa zwei Jahren, also sehr schnell, vollendet worden. Die Hauptstationen sind: Königshofen (provisorischer Anfangspunkt bei Strasburg), Schelestadt, Kolmar, Mühlhausen, St.-Louis. An jedem Ende wird die Bahn bis dicht an und wo möglich in die Städte Strasburg und Basel verlängert werden. Außerdem wurde am 6. Juli 1841 die Bahn von Bordeaux nach Teste (7 M.) eröffnet, zusammen also eine Länge von etwa 16 Meilen, sodaß nun Frankreich im Ganzen etwa 80 M. Eisenbahnen besitzt. Im Bau begriffen sind die Bahnen von Lille und Valenciennes bis zur belgischen Grenze (auf Staatskosten), zusammen 3⅔ M.; von Paris bis Orleans, 19½ M. lang (von welcher bereits eine Strecke bis Juvify, mit Zweigbahn bis Corbeil, zusammen 4 M. lang, befahren wird), und von Paris bis Rouen, 17¼ M. lang. Die letztere Bahn soll 1842 bis Mantes, 1843 ganz eröffnet werden. Ihr Bau wird von englischen Ingenieurs, auch größtentheils mit englischem Gelde ausgeführt. Einen umfassenden Plan zu einem französischen Eisenbahnnetze hat die Regierung in der gegenwärtigen Session den Kammern vorgelegt, welche diesmal sicher darauf eingehen werden. Besonders lebhaft wird der Bau einer directen Bahn von Strasburg nach Paris gewünscht, für welche bereits viele Departements und Stadtgemeinden ansehnliche Summen bewilligt haben (bis Ende December etwa 11 Mill. Francs). — Über Frequenz und Einnahme einiger früher vollendeten Bahnen theilen wir noch Folgendes mit. Von Paris nach St.-Germain fuhren seit der Eröffnung bis 31. December 1841 in 4 Jahren 4 Monaten 5,258,478 Personen; von Paris nach Versailles (am rechten Ufer) seit der Eröffnung bis 31. December 1841 in 2 Jahren 5 Monaten 3,155,455 Personen. Auf der versailler Bahn des linken Ufers fuhren im ersten Betriebsjahre bis 10. September 1841: 1,020,927 Personen (Einnahme 1,199,185 Francs); von Paris nach Corbeil vom 20. September 1840 bis 31. December 1841: 1,064,372 Personen (Einnahme 1,516,698 Francs); zwischen Beaucaire, Nimes und Alais 1841: 426,143 Personen (Einnahme 535,585 Francs); von Lyon bis St.-Etienne 1841: 424,932 Personen. Bemerkenswerth ist noch, daß eine Verschmelzung der beiden paris-versailler Eisenbahn-Compagnien in der Weise, daß dem durchschnittlichen Börsencurse der letzten Jahre gemäß drei Actien der Bahn am rechten Ufer mit fünf Actien der Bahn am linken Ufer gleichen Werth haben sollen, am 27. December zu Stande gekommen ist.

In Großbritannien sind im J. 1841 folgende Bahnen ganz oder theilweise eröffnet worden: 1) die von Bristol nach Exeter führende Bahn am 1. Juni von Bristol bis Bridgewater, 32½ engl. M. (außerdem eine Zweigbahn nach Weston); 2) die bolton-prestoner Bahn am 4. Februar von Bolton bis Rawlinson-Bridge, 12 engl. M.; 3) die cheltenham-swindoner Bahn am 31. Mai von Cirencester bis Swindon (wo sie in die Great-Western-Bahn mündet), 18 engl. M.; 4) von der Clarence-Bahn am 30. October eine Zweigbahn, womit sie vollendet ist; 5) die Bahn zwischen Glasgow, Paisley und Greenock (in Schottland) am 31. März von Paisley bis Greenock, 15½ engl. M.; 6) von London nach Bristol führende Great-Western-Bahn am 31. Mai von Wootton-Bassett bis Chippenham, 13¼ engl. M., und am 30. Juni von da bis Bath, 13 engl. M., sodaß nun diese ganze kolossale Bahn (sie ist 118 engl. oder gegen 26 deutsche M. lang und die längste Bahn in England) vollständig im Betriebe ist; 7) die Great-North-of-England-Bahn am 4. Januar und 31. März (am ersten Tage nur für Gütertransport) von York bis Darlington, 45 engl. M.; 8) die London- und Blackwall-Bahn am 2. August von dem bisherigen Endpunkte bis Fenchurch-Street, ¼ engl. M.; 9) die london-brightoner Bahn am 21. September in ihrer ganzen Länge, 50½ engl. M. (wovon 9½ M. zu der greenwicher und croydoner Bahn gehören), nachdem schon am 12. Juli die größere Hälfte (38 M.) eröffnet worden war; 10) die london-southamptoner Bahn am 27. November von Southampton bis Gosport unweit Portsmouth, 16½ engl. M. (Zweigbahn; die Hauptbahn wurde schon früher eröffnet); 11) die Bahn von Manchester nach Leeds (bei Normanton in die North-Midland-Bahn mündend), 50 engl. M. lang, am 31. März (mit Ausnahme eines 1⅔ engl. M. langen Tunnels schon seit 31. December 1840 befahren); 12) zwei engl. M. der Bahn von Maryport bis Carlisle am 12. April; 13) die Northern- und Eastern-Bahn (von London bis Bishop-Stortford) am 9. August von Broxbourne bis Harlow, 7¼ engl. M., und am 22. Nov. von da bis Spelbrook, 4¼ engl. M.; 14) die von Sheffield nach Manchester führende Bahn am 17. November von Manchester bis zur Godley-Brücke, 8 engl. M.; 15) die Bahn von Stockton nach Hartlepool, 8¼ engl. M., am 9. Februar (für Kohlentransport schon früher eröffnet); 16) die Taff-Vale-Bahn in Wales von Cardiff bis Merthyr, 25 engl. M., am 21. April, später eine 2½ engl. M. lange Zweigbahn; 17) die Ulster-Bahn in Irland am 8. November von Lisburn bis Lurgan, 13 engl. M.; 18) die West-Durham-Bahn (für Kohlentransport schon früher theilweise eröffnet) am 30. November. Dies gibt etwa 270 engl. oder 56—59 deutsche Meilen, fast genau dieselbe Länge, welche im vergangenen Jahre in Deutschland eröffnet worden ist. Im J. 1840 waren in Großbritannien und Irland 520 englische oder 113 deutsche Meilen Eisenbahn eröffnet worden. Am Ende des Jahres 1841 waren ungefähr 1700 engl. (370 deutsche) Meilen Eisenbahn durch Dampfkraft im Betriebe. Das auf Eisenbahnen verwandte Capital beträgt etwa 60 Mill. Pf. St. oder 400 Mill. Thlr. (während auf Banken nur 50, auf Schiffahrt 40, auf Kanäle 20 Mill. Pf. St. verwandt sind); das Gewicht des verwandten Eisens etwa 5 Mill. Ctr.; die Zahl der bei den fertigen Eisenbahnstrecken angestellten Personen 9500; die Zahl der Locomotiven etwa 400.

Wie kolossal der englische Eisenbahnverkehr geworden ist, läßt sich aus folgenden Angaben ersehen. Nach officiellen Mittheilungen waren im ersten Halbjahre 1841 auf 32 Eisenbahnen zusammen über 6 Mill. Personen gefahren; außerdem wurden mehr als 20 Mill. Centner Güter, gegen 10,000 Pferde, ebenso viel Stück Rindvieh, 130,000 Schafe und Schweine, 15,000 Wagen transportirt und die Einnahme betrug 1,200,000 Pf. St. (8 Mill. Thlr.). Nach den wöchentlichen Übersichten, die in englischen Blättern über Einnahme und Frequenz der (30) bedeutendsten britischen Eisenbahnen veröffentlicht werden, betrug die Gesammteinnahme im vorigen Sommer und Herbst sieben Mal mehr als 90,000 Pf. St. in einer Woche und erreichte einmal 97,373 Pf. St. oder über 650,000 Thlr. Obenan stehen hinsichtlich der Einnahme die Bahnen von London nach Birmingham, bei welcher die größte Wocheneinnahme 130,000 Thlr., die Great-Western-Bahn und die Grand-Junction-Bahn, bei denen sie 100,000 Thlr. überstieg. Im Jahre 1841 betrug die Einnahme der zuerst genannten Bahn 811,476 Pf. St. (5½ Mill. Thlr.), die Frequenz 767,594 Personen. Hinsichtlich der Personenfrequenz stehen die kurzen Bahnen von London nach Greenwich und nach Blackwall oben an. Auf der erstern fuhren im Jahre 1841: 1,578,462 Personen (in der Pfingstwoche allein 71,037 Personen), auf der letztern 2,058,092 Personen (größte Wochenfrequenz im vorigen Sommer 66,446). Die letztere, auf welcher der Betrieb mit stehenden Maschinen stattfindet, ist einzig in ihrer Art und in gewisser Hinsicht die merkwürdigste auf der Welt, indem sie über den Dächern eines ganzen Stadttheils von London hinläuft und in der zweiten Etage des Stationsgebäudes mündet. Auch die große Westbahn (von London nach Bristol) brachte es bis zu 50,725 Reisenden in einer Woche; im zweiten Halbjahre 1841 wurde sie von 882,119 Personen befahren. Die am besten rentirenden Bahnen sind die von Liverpool nach Manchester (bekanntlich die älteste Dampfeisenbahn in England), welche halbjährlich 5 Procent Dividende gibt; die Grand-Junction-Bahn, welche in den vier Jahren des Betriebes 10, 12, 14, 21 Procent abwarf; die london-birminghamer Bahn, deren Actien im J. 1841 9 Procent trugen. — Der gemeine Mann ist von dem Eisenbahnreisen in England der hohen Fahrpreise wegen fast ganz ausgeschlossen; eine dritte Wagenclasse gibt es nur auf wenigen Bahnen, die beiden vorhandenen aber sind sehr theuer, wiewol die zweite fast aller Bequemlichkeit entbehrt und meist schlechter als in Deutschland die dritte ist. Das Rauchen ist weder in den Wagen noch in den Stationen erlaubt.

Beklagenswerth sind die vielen in der neuesten Zeit auf den englischen Eisenbahnen vorgekommenen Unglücksfälle, zum Theil von sehr ernster Art. Dies gilt namentlich von denjenigen, die sich am 2. Oct. und 24. Dec. 1841 ereigneten, der eine auf der Bahn von London nach Brighton, der andere auf der nach Bristol führenden großen Westbahn, und die wol alle frühern Unfälle auf Eisenbahnen hinter sich zurücklassen möchten. Bei dem erstern (veranlaßt durch einen Zusammenstoß zweier Züge in einem Einschnitte) blieben vier Personen todt, zwei wurden lebensgefährlich verwundet; bei dem letztern (wo die Locomotive in einem Einschnitte von den Schienen kam) wurden gar 8 Personen getödtet und 17 schwer verwundet. Im Ganzen kamen auf den englischen Eisenbahnen nach einem dem Parlamente vorgelegten Nachweise im J. 1841 29 Unglücksfälle durch mangelhafte Einrichtungen und Sorglosigkeit der Directoren, 36 durch Schuld der Passagiere und 60 solche, wo Eisenbahnbeamte litten, vor; bei denen der ersten Art wurden 24 Personen getödtet, 72 verletzt; bei denen der zweiten Art 17 getödtet, 20 verletzt; bei denen der letzten Art 28 getödtet, 36 verletzt, sodaß im Ganzen 69 Personen auf den Eisenbahnen ihr Leben verloren.

Holland hat im vergangenen Jahre keinen in die Augen fallenden Fortschritt im Eisenbahnwesen gemacht; im Bau sind die Bahnen von Harlem über Leyden nach dem Haag, für deren Fortsetzung nach Rotterdam durch königlichen Beschluß vom 10. December 1841 die Richtung (über Delft und Schiedam) festgesetzt ist, sowie die von Amsterdam nach Arnheim. Die erstere soll zum Theil noch in diesem Jahre, im folgenden bis Haag eröffnet werden. Im Frühjahre 1842 wird, wie es heißt, die Bahn von Mastricht nach Aachen (5 M., mit einer Zweigbahn nach den Kohlengruben von Kerkraede), welche im holländischen Limburg allgemein gewünscht wird, in Angriff genommen werden. Auf der eröffneten Bahn von Amsterdam bis Harlem (2 M.) ist die Frequenz ziemlich gering; sie betrug im J. 1841

292,556 Personen, was eine Einnahme von 136,698½ Fl. (über 76,000 Thlr.) gewährte.

In Italien wurde zwar den wenigen dort im Betriebe befindlichen Bahnstrecken (von Chambéry nach Bourget, von Mailand nach Monza und von Neapel nach Resina, zusammen 4½ M. lang) keine neue hinzugefügt, aber mehre Eisenbahnen wurden ernstlich in Angriff genommen. Diese sind: 1) die 12⅗ M. lange Leopolds-Bahn von Florenz nach Livorno. Die Compagnie dieser Bahn hat am 5. April 1841 Concession der Regierung auf hundert Jahre erhalten; im Juli begannen die Erdarbeiten auf der zuerst (vorschriftmäßig bis zum 1. Mai 1843) herzustellenden Section von Livorno nach Pisa, welche 2½ M. (31,300 Ellen) lang ist. Bis Ende October waren 17,700 Ellen Damm hergestellt; im Juni d. J. hofft man die Section zu eröffnen. Die Bahn erhält zwei Tunnels und soll etwas über 3 Mill. Thlr. kosten. 2) Die 5¼ M. lange Bahn von Mailand nach Como, für welche sich im J. 1840 eine Actiengesellschaft gebildet hatte. Am 14. April haben die Erdarbeiten begonnen; auch diese Bahn erhält einen Tunnel und die Kosten sind auf 2,180,000 Thlr. veranschlagt. 3) Die größte aller bis jetzt projectirten italienischen Bahnen, die von Venedig nach Mailand führende lombardisch-venetianische Ferdinandsbahn, hat endlich aufgehört bloßes Project zu sein, indem auf der 4 M. langen Section von Padua nach Mestre (der zweiten von Venedig aus) die Erdarbeiten bereits in vollem Gange sind; auch ist am 28. April bereits der Grundstein zur kolossalen Lagunenbrücke, welche Venedig mit dem festen Lande verbinden soll, gelegt worden. Noch ist aber eine wichtige Frage nicht erledigt, ob nämlich die Bahn von Brescia aus direct nach Mailand gehen und nur durch eine Zweigbahn von Treviglio aus mit Bergamo verbunden werden soll, wie es dem ursprünglichen Plane gemäß und ohne Zweifel das Natürlichste und Zweckmäßigste ist, oder ob sie einen Umweg durch das Gebirge über Bergamo machen soll, um sich in Monza (5 M. von Bergamo) der Mailand-Monza-Bahn anzuschließen. Die letzte tumultuarische Generalversammlung (am 12. August v. J.) konnte sich über diese Frage nicht vereinigen und endete in großer Verwirrung. Der Umstand, daß die Bahn zur Staatsbahn erklärt worden ist, dürfte in ihren Verhältnissen manche wesentliche Änderung herbeiführen. — Noch werden in Oberitalien Bahnen von Mailand nach Cremona und nach Genua (über Pavia), von Como nach Monza, von Lucca nach Pisa und von Seyssel nach Genf (auf dem linken Rhoneufer), in Unteritalien aber eine Bahn von Neapel nach Caserta (3½ M., mit Zweigbahn nach Capua) projectirt. Die letztere wird von einem englischen Handlungshause auf Rechnung der neapolitanischen Regierung ausgeführt. Der Bau der kurzen, erst theilweise eröffneten Bahn von Neapel nach Castellamare und Nocera schreitet langsam vorwärts; wiewol sie contractlich im Frühjahre 1842 bis Castellamare eröffnet werden sollte, wird man doch im nächsten Herbste nur Torre dell' Annunciata erreichen. Eine Verlängerung derselben nach Manfredonia am adriatischen Meere (20 M.), von der die Rede ist, dürfte wol lange Zeit Project oder Wunsch bleiben. Mit Bestimmtheit aber wird versichert, die neapolitanische Regierung habe beschlossen, nach Vollendung der Eisenbahn nach Castellamare eine Bahn von Neapel nach Terracina an der Grenze des Kirchenstaats (15 M.) erbauen zu lassen. Gleichzeitig soll die toscanische Regierung die Absicht haben, eine Eisenbahn von Livorno aus durch die Maremma di Siena bis an die Grenze des Kirchenstaats (etwa 20 M.) zu erbauen, wodurch sich am Ende auch die den Eisenbahnen bisher, wie es scheint, sehr abgeneigte päpstliche Regierung veranlaßt sehen dürfte, die beiden Nachbarstaaten mittels einer den Kirchenstaat durchschneidenden Eisenbahn, die etwa 24 Meilen lang werden würde, zu verbinden.

(Der Beschluß folgt in Nr. 473.)

Die Abzugskanäle in London.

Großartig, wie Alles in London, ist dort auch das System der Abzugskanäle, denen die Stadt viel Dank für Ableitung der schlechten und der Gesundheit nachtheiligen Gerüche und Gase schuldig ist und ohne welche die Straßen so übelriechend sein würden, wie sie in Berlin im Sommer oft sind. Die Hauptabzüge sind in den Thälern zu beiden Seiten der Themse angebracht und zum Theil 5—6 englische Meilen lang; es sind Gräben, welche von einem natürlichen Wasserlaufe gebildet werden, und münden in unterirdische, nach dem Ausflusse in die Themse hin immer weiter und höher werdende Galerien, verwandeln sich aber zuletzt in offene, an beiden Seiten mit hohen Dämmen versehene Kanäle. Um das Eindringen der Flut in diese Hauptkanäle zu hindern, sind an ihrer Ausmündung in die Themse doppelte Flutthüren angebracht, die mit beiden Flügeln zugleich durch einen einzigen Mann geschlossen werden können. In die Hauptkanäle führen die Kanäle zweiter Classe, 3 Fuß breit und 5—6 Fuß hoch, in diese wieder Kanäle dritter Classe, 5 Fuß hoch, 2½—3 Fuß breit, in diese endlich Straßenläufe aus den Häusern, Höfen u. s. w. Die Wasserläufe sind beim Auslaufe in die Haupt- und Nebenkanäle mit gußeisernen, frei hängenden Klappen versehen. Die jährlichen Unterhaltungs- und Neubaukosten betragen 30,000 Pf. St. (etwa 200,000 Thlr.) und werden durch die Erlaubnißscheine für Anlegung von Nebenkanälen und jährliche Beiträge der Hauseigenthümer gedeckt.

Literarische Anzeige.

Im Verlage von **Im. Tr. Wöller** in **Leipzig** erschien soeben und kann durch alle gute Buchhandlungen Deutschlands bezogen werden:

Dr. Karl Caspari's Taschenbuch der Frühlings- und Sommercuren, oder gründliche Anleitung für Jedermann zur richtigen Auswahl und zum zweckmäßigsten Gebrauche der Kräutersaft-, Milch-, Molken- und Kaltwassercuren, der natürlichen und künstlichen Gesundbrunnen und Mineralbäder Deutschlands und angrenzender Länder, sowie zum passendsten diätetischen Verhalten vor, während und nach denselben, und durch ihre ausgezeichneten Heilwirkungen das verlorene körperliche und geistige Wohlsein vollkommen wieder zu befestigen. Besonders als Rathgeber für **Badereisende und Kaltwasserheilanstalten Besuchende** bearbeitet von **Dr. Jul. Ad. Meißner**, praktischem Arzte. Vierte verbesserte Auflage. Brosch. in Umschlag. (16 Bogen.) Ladenpreis 20 gGr. — 25 Ngr. oder Sgr. — 1 Fl. 30 Kr. Rhein.

Das Pfennig-Magazin

für

Verbreitung gemeinnütziger Kenntnisse.

473.] Erscheint jeden Sonnabend. [April 23, 1842.

Die Bewässerung im Morgenlande.

Ägyptische Vorrichtung zum Wasserschöpfen.

Die künstliche Bewässerung des Bodens, als Mittel, die Fruchtbarkeit desselben zu befördern, spielt in unserm landwirthschaftlichen System nur eine ziemlich geringe Rolle, was sich aus der Feuchtigkeit des Klimas und der Häufigkeit des Regens hinreichend erklärt. In trockenen und heißen Ländern hingegen ist sie von der größten Wichtigkeit und unentbehrlich, um dem Boden etwas abzugewinnen. Wo die periodischen Regen herrschen, blüht selbst die Wüste und bedeckt sich mit einem grünen Teppich; aber bald nachdem sie vorüber sind, entfernt die beständige Verdunstung schnell jede Feuchtigkeit und der Boden nimmt wieder seinen kahlen, leblosen Charakter an. Je wärmer das Klima und je schneller die Verdunstung, desto üppiger ist die Vegetation, vorausgesetzt nämlich, daß es nicht an beständiger Bewässerung fehlt. Fast scheint es, als wenn bei großer Hitze der Luft Wasser allein die zum Wachsthum der Pflanzen nöthigen Nahrungsstoffe enthielte. Wahrscheinlich werden bei hoher Temperatur die Bestandtheile der Atmosphäre leichter getrennt und in neue Verbindungen mit denen des Wassers gebracht, als bei niedriger; Luft und Wasser aber enthalten alle Hauptelemente der Pflanzen: Sauerstoff, Wasserstoff, Kohlenstoff und Stickstoff, die übrigen werden in der Erde gefunden.

Ägypten, Syrien und Westasien, wo der Regen im Sommer ausbleibt und daher bei der außerordentlichen Hitze alle kleinern Flüsse austrocknen, zeigen uns die ältesten Methoden der Bewässerung, die in jenen Ländern noch immer in Übung sind. Wo der Fluß tief liegt oder die Ufer hoch sind, werden häufig zwei Männer gebraucht, um das Wasser durch ihre vereinte Kraftanstrengung in einem und demselben Gefäße emporzuheben. Sie stehen einander an beiden Ufern gegenüber und halten an Stricken ein Gefäß, welches sie in das Wasser herablassen; nachdem es sich gefüllt hat, ziehen sie es in die Höhe und gießen den Inhalt in eine Rinne, die es zu dem Punkte, wo es gebraucht wird, leitet.

Noch gewöhnlicher ist es in solchen Fällen, den Wassereimer mittels einer Art Ziehbrunnen (Schaduf genannt) emporzuziehen, welche von allen im Morgenlande zum Heben von Wasser dienenden Vorrichtungen die einfachste und verbreitetste ist. Sie besteht aus zwei höl-

X. 17

zernen oder aus Erde oder Zweigen aufgerichteten, verticalen Pfeilern, etwa 5 Fuß hoch und 3 Fuß voneinander abstehend, die durch einen horizontalen Balken verbunden sind; an diesem ist ein dünner, aus einem Baumzweige gebildeter Hebel befestigt, welcher an seinem kurzen Ende ein Gewicht hat; am längern hängt ein eimerförmiges Gefäß, entweder aus Ruthen geflochten oder aus einem Reifen und Leder gebildet. In diesem wird das Wasser bis zu einer Höhe von etwa 8 Fuß emporgezogen und gelangt dann in einen zu seiner Aufnahme vorgerichteten Trog. Diese Art Wasser zu heben ist schon auf den Denkmälern der alten Ägypter bildlich dargestellt zu finden.

Ist der Wasserspiegel zu tief oder die Ufer des Flusses zu hoch für eine einzige Vorrichtung dieser Art, um das Wasser bis zum Niveau des Bodens zu heben, so werden mehre Reihen (4—5) von Schadufs übereinander angewandt. Das Wasser wird dann aus dem Flusse durch eine erste horizontale Reihe von Schadufs gehoben und in einen Behälter geleert, aus diesem durch eine zweite Reihe von Schadufs in einen zweiten Behälter u. s. w., bis es auf das Niveau der Felder gehoben ist. (Siehe die vorstehende Abbildung.)

Eine andere zu gleichem Zwecke dienende Maschinerie, die nicht allein an den Ufern des Nils, sondern auch an denen des Euphrat, Tigris und aller Hauptflüsse des westlichen Asiens in Gebrauch ist, ist das Sackiyeh oder persische Rad, so genannt, weil es hauptsächlich in Persien zur Bewässerung der Gärten und anderer bebauten Grundstücke dient. In unserer Abbildung (auf Seite 136) ist ein Exemplar abgebildet, welches zur Bewässerung der Gärten eines alten Beis an dem Kanal, welcher Kairo durchschneidet, diente. Der Hauptsache nach besteht die Maschine aus einem verticalen Rade, welches das Wasser in irdenen Töpfen, die durch Stricke festgebunden sind, emporhebt, einem zweiten verticalen Kammrade, das an derselben Achse festsitzt, und einem in dasselbe eingreifenden großen horizontalen Rade, welches durch ein paar Ochsen in Bewegung gesetzt wird und dadurch wieder die beiden ersten Räder umtreibt. Die Construction der Maschine ist meist sehr roh. Bei Umdrehung der Räder werden die Gefäße auf der einen Seite voll herauf, auf der andern leer hinabgezogen; wenn sie den höchsten Punkt erreicht haben, so werden sie umgekehrt und schütten ihren Inhalt in einen Trog, welcher es in einen Behälter führt, von wo es in Rinnen über den Garten u. s. w. vertheilt wird.

Maria Theresia, deutsche Kaiserin.
(Beschluß aus Nr. 472.)

Im J. 1759 waren die kaiserlichen Heere besonders glücklich und der König von Preußen verlor die blutige Schlacht bei Kunersdorf, die er schon halb gewonnen hatte, als die östreichische Cavalerie unter Loudon einhieb, und bei Kesselsdorf fiel am 26. November dem Grafen Daun eine ganze Armee Preußen in die Hände, ein Ersatz für die sächsische Armee, die nahe bei diesem Orte den Preußen gegenüber ein gleiches Schicksal gehabt hatte. Einen ähnlichen Schimpf erlitten die preußischen Waffen bald darauf bei Meißen, wo der östreichische General v. Beck gegen 2000 Preußen sammt ihrem General gefangen nahm. Aber alles Dies konnte Friedrich nicht beugen oder dem Frieden geneigt machen.

Auch die Ereignisse des Jahres 1760, in welchem Berlin von den Feinden besetzt wurde, führten noch nicht zu dem ersehnten Frieden. Für Maria Theresia war aber die Vermählung ihres Sohnes, des Erzherzogs Joseph, mit der Prinzessin Isabelle von Parma ein Ereigniß, welches ihre Kriegssorgen unterbrach und ihr also dadurch doppelte Freude verursachte; sie ward daher mit aller ersinnlichen Pracht vollzogen.

Im J. 1761 ward der Feldzug zuerst in Schlesien eröffnet; Loudon bekam hier Schweidnitz in seine Gewalt. In Sachsen nöthigte Daun die Preußen, sich über die Mulde zurückzuziehen, und das Reichsheer machte unter Serbelloni den Preußen in Thüringen zu schaffen. Friedrich schien Daun's Behutsamkeit und Zaudern angenommen zu haben, aber nur zu seinem Verderben. Kein Feldzug ist so verderblich für ihn ausgefallen als der im Jahre 1761. Es schien unmöglich, ihn vom Untergange zu retten, da Alles auf einen entscheidenden Feldzug für das nächste Jahr hinwies. Aber wie so oft, kam ihm auch jetzt das Glück in seiner äußersten Noth zu Hülfe.

Maria Theresia's treueste Bundesgenossin, die russische Kaiserin Elisabeth, starb am 5. Januar 1762, und ein leidenschaftlicher Freund Friedrich's, Peter III., kam zur Regierung; die russischen Truppen mußten sich auf seinen Befehl mit den preußischen vereinigen. Zwar änderten sich durch die kurze Zeit nachher eintretende erzwungene Verzichtleistung Peter's auf die Krone abermals die Umstände, aber Friedrich blieb seinen Feinden doch überlegen und bekam Schweidnitz wieder in seine Gewalt. Die Erfahrung hatte ihm übrigens gezeigt, daß auf das Waffenglück nicht sehr zu bauen sei, und er benutzte daher seine wiedererlangte kräftige Stellung, um einen ehrenvollen Frieden zu erlangen. Maria Theresia war längst dazu geneigt und von ihrer Seite wäre es schon 1759 dazu gekommen, wenn Friedrich nicht übertriebene Foderungen gemacht hätte. Am 15. Februar 1763 kam endlich in Hubertsburg in Sachsen ein Frieden zu Stande, kraft dessen dem Könige von Preußen die Stadt und Grafschaft Glatz zurückgegeben und die Verträge von Breslau und Dresden erneuert und bestätigt wurden. Friedrich mußte dagegen versprechen, dem erstgeborenen Prinzen des Erzhauses bei der nächsten Wahl eines römischen Königs seine Stimme zu geben, was auch am 27. März 1764, wo jene Wahl stattfand, wirklich geschah.

Theresia's Entzücken war unaussprechlich, als sie nach so vielen Jahren voll Widerwärtigkeiten die nämliche Krone auf das Haupt ihres Sohnes setzen sah, die man ihrem Hause hatte entreißen wollen. Auf dieses Entzücken folgte aber bald eine ebenso große Betrübniß. Am 18. August 1765 verlor sie ihren Gemahl, mit welchem sie fast 30 Jahre in der zärtlichsten Verbindung gelebt hatte. Die entsetzlichsten Kriege und unglücklichsten Ereignisse ihres bewegten Lebens hatten sie nicht so niedergeschlagen; nur den Trostgründen der Religion gelang es, sie wieder aufzurichten. So oft der 18. eines Monats erschien, begab sie sich in die einsame Halle seiner Gruft und betete inbrünstig und anhaltend für die Ruhe seiner Seele.

Am 23. September 1765 ernannte Theresia ihren Sohn, den jungen Kaiser Joseph II., zu ihrem Mitregenten und übergab ihm bald darauf die Leitung des Kriegswesens. Sie überließ sich nun wieder ganz der Sorge für die Wohlfahrt ihrer Unterthanen. Wie sehr sie dafür geliebt wurde, beweist ihre Erkrankung an den Blattern, die sie 1767 fast ihren Unterthanen entrissen hätten. Man sah durch ihr ganzes Reich alle Altäre von Flehenden umringt, die für ihre Genesung beteten.

Alle Ergötzlichkeiten hatten aufgehört; bange Erwartung füllte alle Herzen.

Der Beitritt Östreichs zu dem Theilungsvertrage Polens, welcher am 17. Februar 1772 zwischen Rußland und Preußen zu Stande kam, fand bei Theresien großen Widerstand. Sie schrieb an Kaunitz, der sie umstimmen wollte: „In dieser Sache, wo alle Billigkeit und gesunde Vernunft wider uns ist, muß ich bekennen, daß ich mich zeitlebens nicht so beängstigt gefunden habe und mich sehen zu lassen schäme. Bedenke der Fürst, was wir aller Welt für ein Beispiel geben, wenn wir um ein elendes Stück von Polen unsere Ehre und Reputation in die Schanze schlagen." Sie unterschrieb endlich das Theilungsproject mit den Worten: „Placet, weil so viele große und gelehrte Männer es wollen; wenn ich aber schon längst todt bin, wird man erfahren, was aus dieser Verletzung von Allem, was bisher heilig und gerecht war, hervorgehen wird."

Das letzte wohlthätige Eingreifen der großen Kaiserin in den Gang der öffentlichen Angelegenheiten Europas war der teschener Friede, der an ihrem 62. Geburtstage, am 13. Mai 1779, abgeschlossen wurde und Europa vor einem abermaligen allgemeinen Kriege bewahrte, zu welchem aller Stoff vorhanden war. Schon am 29. November 1780 starb sie zur allgemeinen Betrübniß ihrer Unterthanen. Sie hatte sich schon seit mehren Jahren zum Tode vorbereitet und empfing zwei Tage vor ihrem Absterben die Stärkung der Gläubigen kniend im Beisein des ganzen Hofes. Kurz vor ihrem Tode lag sie in scheinbarer Bewußtlosigkeit, mit geschlossenen Augen auf ihrem Leidensbette; da hörte sie eine ihrer Frauen auf die Anfrage, wie sich die Kaiserin befinde, antworten, daß sie zu schlafen scheine. „Nein", antwortete sie, „ich könnte wol schlafen, wenn ich wollte, aber ich fühle, meine Stunde kommt, sie soll mich nicht im Schlafe überfallen. Wachend will ich meiner Auflösung entgegengehen."

Maria Theresia lebte in einer Zeit der Neuerungen und verschloß denselben ihren Staat nicht, aber was sie unternahm, geschah ohne Aufsehen und Hast. In ihren Gesetzen, welche acht Octavbände von 5—600 Seiten füllen, ist nirgend der Zeitphilosophie eine Huldigung gebracht. Alles darin verkündigt Theresia's landesmütterliche Weisheit und Liebe, aber dabei auch einen streng monarchischen Geist, welcher den alten Ständeunterschied in seiner ganzen Strenge festhält. Bei der Errichtung der galizischen Stände, welche aus Herren, Rittern und Abgeordneten gewisser Städte bestehen sollen, wird unterm 13. Juni 1775 ohne Umschweife gesagt, daß sie sich bei der Frage: ob? niemals zu verweilen, sondern blos über die Frage: auf welche Art? zu berathschlagen hätten. Gegen ungesetzliche Bedrückung nahm Maria Theresia ihre Unterthanen kräftig in Schutz. So verordnete sie am 29. Februar 1772: „Wer gegen die Grundherrschaft Klage hat, wendet sich an die nächste Obrigkeit; erfolgt zur bestimmten Zeit keine Abhülfe, so wendet er sich ans Kreisamt, welches in solchen Fällen weder Stempel noch Taxen anrechnet; von dem Kreisamte kann man an die nächste östreichische Regierung appelliren; obrigkeitliche Beamten, welche den Unterthan bevortheilen oder bedrücken, werden mit 50—100 Thlrn. bestraft; falls die Obrigkeit selbst an dem begangenen Unrechte Schuld ist, steigt die Strafe auf 100—200 Dukaten, ja die Schuldigen können zu Arrest in Eisen und Banden oder zu öffentlicher Arbeit verurtheilt werden." Viele kluge Maßregeln steuerten dem Unwesen der Bettler und Vagabunden, milderten die Armuth, halfen dem Ackerbau und Gewerbwesen auf, bekämpften den Aberglauben und schränkten die Macht der Hierarchie ein. Das Schönste aber im ganzen Gesetzbuche sind die Verordnungen rücksichtlich des Schulwesens.

Von allen wichtigen Geschäften unterrichtete sich Maria Theresia selbst und war überhaupt ausnehmend thätig. Sie stand bis in ihre letzten Jahre im Sommer jeden Morgen um 5 Uhr, im Winter um 6 Uhr auf und ging, sobald sie ihre Andacht verrichtet hatte, an ihre Geschäfte, mit denen sie sich fast den ganzen Tag beschäftigte. Sie verstand es, edle Hoheit mit Milde und Gutmüthigkeit zu verbinden; es war ihr eine Sache des Herzens, frohe und glückliche Menschen um sich zu haben. Vielleicht nie hat es eine regierende Fürstin gegeben, welche in umfassenderm Sinne Landesmutter gewesen ist.

Genf.
(Beschluß aus Nr. 472.)

Der Ursprung Genfs verliert sich im Dunkel der Vorzeit. Wir lernen die Stadt zuerst als zum Gebiete der Allobroger gehörig kennen, der mächtigsten Nation in diesem Theile von Gallien; schon damals hieß sie Geneva. Nach unzweifelhaften Beweisen gehörte sie schon im J. 122 v. Chr. den Römern, noch bevor diese die Allobroger überwunden hatten. Damals beschränkte sie sich auf den Stadttheil, welcher am südlichen Ufer des Genfersees und am linken Ufer der Rhone liegt. Julius Cäsar soll mit demselben die kleine Insel, welche die beiden Arme der Rhone bilden, vereinigt haben, es ließ auf derselben einen noch jetzt fast vollständig vorhandenen Thurm erbauen, dessen Bestimmung war, Genf auf der Schweizerseite zu beschützen und die längs der Rhone errichteten Festungswerke zu vertheidigen. Später machten die Römer Genf zu einer der wichtigsten Städte der ganzen Provinz Gallia Narbonensis. Unter den Kaisern wurde Genf zweimal zerstört und stieg immer neu aus dem Schutte empor; noch jetzt findet man dort zwei Straßenpflaster untereinander. In der Folge litt sie sehr durch die rohe Gewalt der Barbarenhorden, welche den Occident überschwemmten (im 5. Jahrhundert bemächtigten sich ihrer die Burgunder), fand aber einen eifrigen Beschützer an Karl dem Großen, der sie mit dem Königreiche von Arles vereinigte. So kam sie an das vorübergehende Königreich Burgund und später zum deutschen Reiche.

Unter schwachen Kaisern, deren Macht nur durch einen der Kirche unterthänigen Adel gestützt wurde, fiel es der Geistlichkeit nicht schwer, ein hinreichendes Übergewicht zu erlangen, um die Rechte des Herrschers zu theilen. Ein Bischof, der seit undenklichen Zeiten in Genf (schon im 5. Jahrhundert bestand das Bisthum) und weit umher geistliche Gewalt ausübte, besaß fürstlichen Titel, große Güter und Vorrechte, ja sogar das Hoheitsrecht über die Stadt, das ihm die fränkischen Könige abgetreten hatten. Die übrigen Rechte des Königs verwalteten die Grafen zu Genf als dessen Beamte, brachten aber mit der Zeit (unter den burgundischen Königen) ihr Amt und die königlichen Rechte erblich an sich, betrachteten den ganzen Genfergau, soweit er nicht den Bischöfen gehörte, als ihr Eigenthum und waren, da sie als Schirmvögte der Kirche und Bisthume oder Statthalter des Bischofs dessen weltliche Rechte verwalteten, beständige Nebenbuhler desselben. Eine dritte Partei bildete die kluge und entschlossene Bürgerschaft, welche schon im 11. Jahrhundert ihre Stadt zu einer Reichsstadt erhoben hatte und für den Beistand, den sie bald dem Bischofe, bald dem Grafen leistete, von beiden mit Rechten und Freiheiten belohnt wurde, die sie nachher in passender Zeit geltend machte. Bald kam eine vierte Partei dazu, der Graf (später Herzog) von Savoyen, welcher, von der Bürgerschaft gegen den Grafen von Genf zu Hülfe gerufen, diesen zu verdrängen suchte. Einem Vergleiche zufolge, den Graf Amadeus V. von Savoyen mit dem Bischof Wilhelm I. 1290 abschloß, wurde Jenem das Amt eines bischöflichen Statthalters in Genf für sich und seine Erben zu Lehen gegeben und Graf Amadeus VI., dem Kaiser Karl IV. das Reichsvicariat in Savoyen und den benachbarten Ländern 1365 verlieh, maßte sich die Oberherrlichkeit über Genf an. Nach dem Aussterben des Geschlechts der Grafen von Genf (1401) erwarb der Herzog von Savoyen durch Erbschaft die Güter desselben und brachte bald auch die Gewalt des Bisthums an sich, indem er den bischöflichen Stuhl mit einem Sprossen des savoyischen Hauses zu besetzen wußte. Erfolgreich war daher ein Schutzbündniß, welches Genf im J. 1493 mit den Städten Bern und Freiburg errichtete; ein noch engerer Bund mit Freiburg kam 1518 zu Stande. Um diese Zeit kam die neue Kirchenlehre auf und fand in Genf zahlreiche Anhänger, die der Herzog wie abtrünnige Unterthanen grausam verfolgte und zum großen Theile zur Flucht nach Bern und Freiburg bewog. Als endlich die Härte des Herzogs und des Bischofs alle Grenzen überschritt, eilten die Bundesgenossen den Genfern zu Hülfe und zogen mit 12,000 Mann verwüstend durch das Waadtland bis Morsee, aber durch Vermittelung von Wallis und zehn andern Cantonen wurde 1530 zu St.=Julian Friede geschlossen. Aber noch immer hörten die Verfolgungen nicht auf und als die Hugenotten in der Stadt die Oberhand behielten, entwarfen Bischof und Herzog den Plan, die Stadt mit bewaffneter Hand zu überfallen. Durch die Tapferkeit und Wachsamkeit der Bürger schlug dieser hinterlistige Plan fehl; der Herzog wurde siegreich von den Mauern zurückgeschlagen und der Bischof fand es gerathen, mit seinen Scharen von Mönchen und Priestern aus der Stadt zu flüchten und den bischöflichen Sitz nach dem französischen Städtchen Ger zu verlegen. Von der Epoche der Flucht des Bischofs (1533) datirt sich das Bestehen der Republik Genf, deren erste Einrichtung rein demokratisch war. Zwei aus dem Volke gewählte Räthe ergriffen die Zügel der Regierung, erklärten des Bischofs Oberherrlichkeit für aufgehoben und am 25. April 1535 führte der Rath der Zweihundert die evangelische Lehre als Staatsreligion ein. Diesem Religions- und Regierungswechsel verdankten die Genfer ihre Blüte und ihren Wohlstand, aber noch hatten sie für ihre Freiheit harte Kämpfe zu bestehen, wobei sie von den Eidgenossen, namentlich von Bern, kräftig unterstützt wurden. Die Stadt Freiburg kündigte ihnen zwar das Bündniß auf, allein Bern erneuerte es 1558 auf ewig und auch Zürich trat im J. 1581 mit den Genfern in ewiges Burgrecht. Wegen dieses Bundes mit Zürich und Bern wurde Genf als ein zugewandter Ort der Eidgenossenschaft angesehen, wie St.=Gallen, Graubündten und Oberwallis. Den letzten Versuch, sich Genfs wieder zu bemächtigen, machte Savoyen im J. 1602. Unter Anführung des Feldhauptmanns Brunaulivi schickte der Herzog ein Corps von Savoyern, Neapolitanern und Spaniern ab, um die Stadt zu überrumpeln. In der finstern Nacht vom 11. auf den 12. December 1602 rückten sie gegen die Mauern und legten Sturmleitern an, aber noch zu rechter Zeit hörte eine Schildwache das Getöse und machte Lärm. Schnell eilten die Bürger bewaffnet auf die Wälle, tödteten die bereits Eingedrungenen und zerschossen die Sturmleitern, sodaß die Savoyarden mit großem Verluste abziehen mußten. Durch Vermittelung von Bern und Zürich, sowie von König Heinrich IV. von Frankreich kam der Vertrag vom 11. Juli 1603 zu Stande, worin der Herzog versprach, in einem Umkreise von vier Meilen um Genf weder Truppen zu halten noch eine Festung zu bauen, auch die Stadt nie wieder anzugreifen. Seitdem wird alljährlich am 12. December zum Andenken an jenen glücklich abgeschlagenen Angriff das Escaladefest gefeiert. Im J. 1609 wollten zwei Franzosen Genf überrumpeln und dem Herzoge von Savoyen verrätherischerweise wieder in die Hände spielen, sie wurden aber ergriffen und hingerichtet.

Die von den genannten drei Vermittlern im Jahre 1603 gewährleistete freie Verfassung Genfs war ein Gemisch von Demokratie und Aristokratie. Die Bürgerschaft bildete den allgemeinen oder souverainen Rath, welcher die gesetzgebende Macht haben sollte und etwa 1800 Mitglieder zählte; aus ihr wurde ein großer Rath von 200 (später 250) Personen, aus diesem wieder ein kleiner von 28 Personen gewählt, welche die vollziehende Macht hatten. Hinsichtlich der Vorrechte und Ehren konnte man unter den Bewohnern der Stadt Genf und ihres Gebiets nicht weniger als sechs verschiedene Classen unterscheiden: 1) Staatsbürger, Citoyens, welche allein zur Bekleidung von Staatsämtern und Ausübung des Stimmrechts in öffentlichen Angelegenheiten befähigt, auch hinsichtlich der Abgaben und Lasten bevorzugt waren; 2) Stadtbürger, Bourgeois, welche alle Arten des Verkehrs treiben konnten; 3) Eingeborene, Natifs, Nachkommen der folgenden Classe; 4) Einwohner, Habitants, welche sich in der Stadt niedergelassen hatten, ohne das Bürgerrecht zu erwerben, und das, wenn auch beschränkte, Recht hatten, Handel und Gewerbe zu treiben; 5) Hintersassen, Domiciliés, diejenigen Bewohner der Landschaft, welche das Recht hatten, in der Stadt zu wohnen und in der Miliz zu dienen; 6) Unterthanen, alle übrigen Bewohner der Landschaft. Nachdem die Regierung lange zur allgemeinen Zufriedenheit bestanden hatte, artete sie in Oligarchie aus, indem sich einzelne Familien ausschließlich der wichtigsten Ämter bemächtigten; dies erzeugte eine Unzufriedenheit, welche sich im 18. Jahrhundert in wiederholten Ausbrüchen kundgab. Der erste fand 1707 statt; der Rath rief eidgenössische Vermittelung an und ließ unter dem Schutze der fremden Waffen die Wortführer der bürgerlichen Rechte erhängen, erschießen und verbannen. Immer unerträglicher wurden die Anmaßungen des kleinen Raths, und Ducret, der sie laut misbilligte, wurde 1731 zu lebenslänglicher Gefangenschaft verurtheilt. Straßenkämpfe zwischen beiden Parteien fanden mehrmals, namentlich 1737, statt, und erst als Abgeordnete von Frankreich, Zürich und Bern die Anmaßungen des kleinen Raths 1738 durch ein Edict beschränkt und dringende Übelstände abgestellt hatten, schien die Ruhe zurückgekehrt. Neuen Hader verursachte die über Rousseau verhängte Verbannung (1762); der Vergleich von 1768 stellte den Frieden nur auf kurze Zeit her und 1781 kam es durch die Einmischung des französischen Ministers Vergennes abermals zu heftigem Ausbruche, bei welchem die Stadtthore gestürmt und beide Räthe abgesetzt wurden. Da ließen Frankreich, Sardinien und Bern gleichzeitig Truppen vor die Stadt rücken (Mai 1782), deren Thore sich bald öffneten; die alte Regierung ward mit voller Macht hergestellt, aber die Folge davon war, daß viele Familien nach Konstanz, Neufchatel, England, Amerika auswanderten. Sieben Jahre später wurde die Regierung abermals durch bewaffneten Aufstand genöthigt, dem Volke eine Menge Concessionen zu machen, und hielt seitdem mit den Bürgern zusammen, was nur in ihrem eigenen Interesse lag, da von Frankreich seit Ausbruch der Revolution in diesem Lande kein Beistand zu erwarten war.

Aber auch Genf sollte mit den Greueln der Revolution des Nachbarstaates nicht verschont bleiben. Der französische Resident in Genf, Soulavie, hatte, um eine Vereinigung Genfs mit Frankreich herbeizuführen, die minder berechtigten Neubürger, Hintersassen und Landleute aufgewiegelt; diese bewaffneten sich im December 1792 plötzlich, nahmen das Zeughaus ein, setzten den großen und kleinen Rath ab und wählten statt ihrer einen Sicherheits=, einen Verwaltungsausschuß und einen gesetzgebenden Nationalconvent. Von nun an herrschte in Genf der Pöbel und trieb seine Ausschweifungen aufs höchste. Im Juli 1794 bemächtigten sich die Revolutionnairs (Reboluzer genannt) des groben Geschützes in der ganzen Stadt, schleppten an 600 der achtbarsten Bürger ins Gefängniß, mordeten mehre derselben und setzten über die andern ein Gericht nach Art des pariser Revolutionstribunals nieder. Dieses ließ an 40 hinrichten, etwa 600 verbannen, während ihre Güter eingezogen wurden, die andern wurden mit ewigem Gefängniß, Zuchthaus, Mishandlungen u. s. w. bestraft. Diese Pöbelherrschaft dauerte zwei Jahre lang, in denen die unrechtmäßigen Inhaber der obrigkeitlichen Stellen das Vermögen des Staats verpraßten und verschleuderten. Allmälig aber gewannen Gesetz und Recht wieder die Oberhand, die Bessern und Wohlhabendern aller Stände traten zusammen zur Herstellung einer gesetzmäßigen Ordnung der Dinge und gegen Ende des Jahres 1796 hatte das Schreckenssystem ein Ende. Die Verfassung von 1782, nach welcher Alt= und Neubürger, Hintersassen und Landleute, die auf dem genfer Gebiete geboren waren, einerlei Rechte empfingen, wurde abermals hergestellt, aber nur auf kurze Zeit kam Genf zur Ruhe. Schon 1798 fielen die Franzosen in die Schweiz ein; Genf wurde am 17. Mai mit Frankreich vereinigt und die Hauptstadt des Departements Leman. Man hatte den Freistaat eingeladen, die Vereinigung mit der einen und untheilbaren Republik zu begehren; da aber trotz der einheimischen Parteiungen die große Mehrheit entschieden widerstrebte und es dem Directorium nicht gelang, durch Sperrung der Zufuhr den Trotz der Genfer zu beugen, so verkündete man ihnen den Willen der „großen Nation", und als die Bürgerschaft noch immer widersprach, erzwangen französische Truppen, welche am 16. April die Stadt besetzten, mit Gewalt diese Vereinigung. Dieselbe dauerte bis 1813, wo Genf (am 30. December) mit Capitulation an die Verbündeten überging. Seitdem bildet es den 21. Canton der helvetischen Eidgenossenschaft, durch einige savoyische und französische Gebiete vergrößert. Schnell blühte der Freistaat auf und gelangte bald wieder zum blühendsten Wohlstande.

Aber wiewol die Bewohner (deren Zahl etwa doppelt so viel als die Stadtbevölkerung beträgt, gegen 59,000, worunter etwa 25,000 Katholiken) sich einer ziemlich vollständigen Gleichheit staatsbürgerlicher Rechte erfreuten und das Ländchen sich in dem gedeihlichsten Zustande zu befinden schien, bildete sich doch eine Partei, welcher die aristo=demokratische Verfassung des Jahres 1814 nicht mehr genügte. Der Ruf nach einer Verfassungsreform wurde so allgemein, daß der große Rath sich endlich in Folge einer zum Glück völlig unblutigen Revolution genöthigt sah, am 22. November 1841 die Wahl eines Verfassungsraths zu beschließen, welcher schon längst zusammengetreten und gegenwärtig unter dem Vorsitze des Syndikus Rigaud mit der Berathung über eine neue Verfassung beschäftigt ist.

Die englische Criminaljustiz.

Bis vor kurzem — noch vor 15 Jahren — waren die englischen Criminalgesetze mit Blut geschrieben. Zwar wurden 1827 unter Georg IV. mehre auf Verbesserung des Strafrechts hinzielende Gesetze erlassen und schon einige Jahre früher war die Todesstrafe für 21 selten vorkommende Verbrechen abgeschafft worden, aber im J. 1828 blieben doch noch 31 Verbrechen übrig, welche mit dem Tode bestraft wurden. Seit dem Jahre 1832 wurde die Zahl der todeswürdigen Verbrechen fortwährend vermindert und seit den Gesetzen von 1837 steht nur noch auf folgenden 12 Verbrechen Todesstrafe: 1) Mord oder Mordversuch mit lebensgefährlichen Gewaltthätigkeiten; 2) Entführung und Schändung von Mädchen unter zehn Jahren; 3) unnatürliche Unzucht; 4) nächtlicher Diebstahl mittels Einbruch, verbunden mit Mishandlung von Personen; 5) Straßenraub mit Verstümmelung oder Verwundung; 6) Brandstiftung in bewohnten Häusern und Schiffen; 7) Seeraub mit Mordversuch; 8) falsche Signale, um das Scheitern von Schiffen zu bewirken; 9) Anzünden von Kriegsschiffen; 10) aufrührerische Zusammenrottungen, welche die Zerstörung von Gebäuden bezwecken; 11) Unterschleif durch Beamte der Bank; 12) Hochverrath. Um zu sehen, wie sich die Anwendung der Todesstrafe nach und nach reducirt hat, wollen wir die Jahre 1818, 1828, 1838 und 1839 vergleichen, von denen nur das erste derjenigen Epoche, wo das Strafgesetz in seiner vollen Strenge bestand, angehört. Im J. 1818 wurden 1254 Todesurtheile gesprochen, 1828: 1165, 1838: 116, worunter 62 wegen Verbrechen, die eigentlich nicht mehr der Todesstrafe unterworfen waren, wol aber noch zur Zeit ihrer Begehung; zieht man diese ab, so bleiben nur 54 Todesurtheile; 1839 wurden deren 56 gefällt; 1834, 1835, 1836, 1837 erfolgten 480, 523, 494, 438 Todesurtheile, und im Durchschnitt kam 1 Todesurtheil auf 32 Verurtheilungen; 1838 erst 1 Todesurtheil auf 311 Verurtheilungen. Hinrichtungen fanden statt: 1818 97, 1828 59, 1838 6 (wenn von den vorhin gedachten 62 Verurtheilungen ganz abstrahirt wird), 1839 11.

Chronik der Eisenbahnen im Jahre 1841.
(Beschluß aus Nr. 472.)

In Polen ist nur eine, dafür aber desto längere Bahn im Bau begriffen, nämlich die 43 M. lange sogenannte warschau=wiener Bahn von Warschau in südlicher Richtung nach dem Grenzorte Oswieczim oder Auschwitz, wo sie sich sowol an die oberschlesische als an die Wien=Bochnia=Bahn (Nordbahn) anschließen soll. Der Unterbau ist nebst allen Brücken und Kunstarbeiten noch im vorigen Jahre ganz vollendet worden; die Eröffnung soll oder sollte wenigstens im J. 1842, noch nicht vier Jahre nach Beginn des Baus, stattfinden; der beabsichtigte Anschluß dürfte sich freilich noch etwas länger verzögern. Im vorigen September waren 16—20,000 Arbeiter angestellt (worunter 15,000 russische Bauern), woraus erhellt, mit welcher Energie der Bau betrieben worden ist, wobei freilich die ebene Natur des Bodens sehr zu statten kommt. Der Betrieb soll mit Locomotiven geschehen, die zum Theil bereits eingetroffen sind, sowie 150,000 Ctr. Schienen aus England. Der Hauptzweck der Bahn ist Gütertransport. Das Unternehmen wird von einer Actiengesellschaft ausgeführt, die sich der größten Begünstigungen des Staats zu erfreuen hat; dahin gehören: Zinsenzahlung während des Baus und Garantie eines Zinsminimums (4 Procent), zollfreie Einfuhr von Schienen, Maschinen und Wagen, unentgeltliche Überlassung von Terrain, Holz und Steinen zum Unterbau. Der Kaiser hat außerdem Befehl ertheilt, alle zur Ergänzung nöthigen, von den Actionairs nicht zu erlangenden Fonds der Gesellschaft zur Disposition zu stellen.

In Rußland ist noch immer bis jetzt nur eine Eisenbahn im Betriebe, die kurze von Petersburg nach Zarskoje=Selo und Pawlowsk, deren Frequenz sich zwar von dem durch den Unglücksfall am 23. August 1840 erlittenen schweren Stoße allmälig wieder erholt hat, deren Ertrag aber noch immer nicht ganz befriedigend ist. Im J. 1841 betrug die Frequenz 599,161 Personen, die Einnahme 235,971 Silberrubel, die Ausgabe 121,891 Rubel, also Reinertrag 114,079 Rubel (36,664 Rubel mehr als 1840). Während zweier Halbjahre konnte gar keine Dividende vertheilt werden; für 1841 wurden 4 Procent gezahlt. Eine ansehnliche Ersparniß hat die Einführung der Holzfeuerung bereitet (sie beträgt nicht weniger als 60 Procent, da 1840 25,000, 1841 nur 10,000 Rubel für Brennmaterial verwandt wurden). — Überaus großartig ist der Plan einer Eisenbahn von Petersburg nach Moskau, welcher seiner Verwirklichung nahe ist. Schon seit 1838 suchten zwei Unternehmer der leipzig=dresdner Bahn um Concession nach, aber die russische Regierung beschloß den Bau auf Staatskosten auszuführen, weshalb ein Anlehen von 50 Mill. Silberrubeln contrahirt werden soll. Die oberste Leitung ist dem Großfürsten=Thronfolger übertragen. Die kolossale Bahn wird etwa 90—100 M. lang werden und wahrscheinlich über Rybinsk an der Wolga gehen, um die Getreidezufuhr auf der Wolga an sich zu ziehen. Man hofft den Bau (bei welchem 40,000 Mann reducirte Krieger angestellt werden sollen) bereits in vier Jahren oder längstens 1849 ganz beendigt zu sehen.

In der Schweiz kommt die einzige bis jetzt ernstlich projectirte Bahn von Basel nach Zürich vor der Hand nicht zu Stande, da die dafür bestehende Gesellschaft am 5. December ihre Auflösung beschlossen hat, was nach dem schlechten Erfolge der ersten Einzahlung längst befürchtet wurde. Man hofft, daß eine neue Gesellschaft bald mit besserm Erfolge entstehen wird, und denkt schon an Weiterführung der Bahn bis Chur.

In Spanien läßt der reiche Bankier Aguado die erste Eisenbahn bauen, welche in einer Länge von 4—5 Meilen von Suma bis Gijon (in Asturien) führen soll und lediglich den Transport von Steinkohlen zum Zwecke hat. Auf den Bau von Eisenbahnen zum Personentransport wird dieses Land, gleich seinem Schwesterlande Portugal, wol länger als die meisten andern in Europa zu warten haben.

In Ungarn besteht bis jetzt nur noch die etwas über 2 M. lange Eisenbahn von Presburg nach St.=Georgen, die mit Pferden befahren wird und eben nicht die besten Geschäfte macht, wie schon daraus schließen läßt, daß die Frequenz vom 28. Sept 1840 bis 31. Dec. 1841, also in 15 Monaten, nur 63,608 Personen betrug, wofür 18,320 Fl. Conv.=Münze eingenommen wurden. Die Vollendung dieser (im Ganzen 6½ M. langen) Eisenbahn, welche von St.=Georgen über Bösing, Modern nach Tyrnau führen und dergestalt fünf königliche Freistädte verbinden soll, wird durch Mangel an Mitteln verzögert. Die übrigen projectirten Eisenbahnen in diesem Lande sind der Ausführung nur in soweit näher gerückt, als diese nun wol von der Regierung zu erwarten sein möchte, welche indeß selbst noch keine ungarische Staatseisenbahn in Aussicht gestellt hat. In Galizien werden die Vorarbeiten zu einer von Lemberg nach Bochnia führenden, sich an die Ferdinands=Nordbahn anschließenden Bahn fortwährend eifrig betrieben. In Kroatien wird eine Bahn von Karlstadt nach Sissek (7½ M.) mit einer Zweigbahn nach Agram (1¼ M.) projectirt.

Nach dieser Aufzählung waren in Europa bis Ende 1841 etwa 682 M. Eisenbahn eröffnet, wovon auf Großbritannien 370, auf Deutschland 170, auf Frankreich 80, auf Belgien 50, auf Rußland, Holland, Italien und Ungarn zusammen nur 12 Meilen kommen.

Von Eisenbahnen in außereuropäischen Ländern ist wenig und, mit Ausnahme von Amerika, gar nichts Neues zu berichten. Von den Vereinigten Staaten von Nordamerika hatten bis zum Anfange des Jahres 1840 alle, mit Ausnahme von Missuri und Arkansas, also 24, Eisenbahnen; die Zahl der vollendeten oder im Bau begriffenen Eisenbahnlinien ist 179 (worunter nur 16 Staatsunternehmungen). Die Gesammtlänge aller eröffneten Eisenbahnstrecken ist 3430 englische oder gegen 750 deutsche Meilen, die Gesammtlänge aller im Betriebe oder im Bau begriffenen aber 9378 englische oder 2040 deutsche Meilen, Zahlen, die gewiß geeignet sind, für den Eifer, mit welchem der Bau von Eisenbahnen in einem verhältnißmäßig so schwach bevölkerten Lande und in so kurzer Zeit gefördert worden ist, die größte Bewunderung einzuflößen. Die Locomotivenzahl ist 475, worunter nur etwa 100 aus England eingeführt, alle andern aber im Lande selbst verfertigt worden sind. Nur auf 206 engl. oder 45 deutschen Meilen geschieht der Betrieb durch Pferdekraft. Die erste Eisenbahn wurde 1827 eröffnet: die Quincy=Bahn in Massachusetts; sie ist nur 4 engl. M. lang und wird mit Pferden befahren. Unter allen von einer einzigen Compagnie unternommenen Bahnen ist die längste die New=York= und Erie=Bahn von Tappan am Hudsonflusse bis Dunkirk am Eriesee, fast 100 deutsche Meilen lang; die größte bis jetzt von einer Compagnie vollendete ist die Bahn von Wilmington in Nord=Carolina nach Weldon am Roanokeflusse, 35 deutsche Meilen lang. Die Gesammtkosten aller vollendeten oder im Bau begriffenen Eisenbahnen betragen über 35 Mill. Pf. St.; bis Ende 1839 waren bereits 20 Mill. aufgewandt. Im Durchschnitt kostet die englische Meile noch nicht 4000 Pf. St., also die deutsche Meile etwa 120,000 Thlr.; bei der theuersten Bahn, der 7¾ engl. M. langen von New=York nach Haarlem, betrugen die Kosten einer Meile noch nicht ganz das Achtfache dieser Summe. Am 28. December wurde die Eisenbahn zwischen Boston und Albany (über 30 deutsche Meilen) feierlich eröffnet. — In Brasilien ist die Anlegung einer Eisenbahn von Rio Janeiro nach den reichen Districten von St.=Paul, Iguaßer, Barra u. s. w. 26 deutsche Meilen lang, im Werke. Die Kosten sind auf 8000 Contos de Reis oder 12 Mill. Thlr. veranschlagt. Die Regierung, welche ein

Privilegium für 80 Jahre ertheilt hat, hat selbst einen ansehnlichen Theil der Actien (2000 oder ein Achtel der ganzen Zahl) übernommen.

Interessant ist eine Classification der vollendeten oder im Bau begriffenen europäischen Eisenbahnen nach den Erbauungskosten, soweit sie bekannt geworden sind. Unter 121 Bahnen (62 britischen, 20 deutschen, 19 französischen, 11 belgischen, 4 italienischen, 2 holländischen, 1 russischen, 1 polnischen, 1 ungarischen) sind 21 (18 in England und 3 in Frankreich), bei denen die deutsche Meile mehr als 1 Mill. Thlr. kostet, 2, bei denen sie zwischen 900,000 und 1 Mill. Thlr. kostet; ferner 12 mit 8—900,000, 4 mit 7—800,000, 7 mit 6—700,000, 9 mit 5—600,000, 15 mit 4—500,000, 17 mit 3—400,000, 19 mit 2—300,000, 6 mit 150—200,000, 3 mit 100—150,000, 4 mit 50—100,000, 2 mit noch nicht 50,000 Thlr. Kosten auf die Meile. Die 6 theuersten Eisenbahnen (sämmtlich in England) sind: London-Blackwall 8,785,745, London-Greenwich 5,862,500, Eastern-Counties-Bahn 2,068,625, Manchester-Birmingham 1,956,541, London-Croydon 1,873,440, Manchester-Bolton 1,869,767 Thlr.; die 3 theuersten in Frankreich: Paris-Versailles (auf dem linken Seineufer) 1,822,000, Paris-St.-Germain 1,486,000, Paris-Versailles (auf dem rechten Seineufer) 1,206,000 Thlr.; die 3 theuersten in Deutschland: rheinische Eisenbahn 581,150, Düsseldorf-Elberfeld 460,000, Wien-Raab (Anschlag) 455,000 Thlr, sämmtlich wohlfeiler als die neapolitanische Eisenbahn mit 854,250 und die russische mit 730,000 Thlrn.; die theuersten belgischen Bahnen sind: Tournay bis zur französischen Grenze 467,000 Thlr. (Anschlag) und Brüssel-Antwerpen 462,820 Thlr. auf die Meile. Endlich die 4 wohlfeilsten Eisenbahnen sind folgende, sämmtlich nur für Betrieb mit Pferden: Presburg-Tyrnau 67,333 (Anschlag), Budweis-Linz-Gmunden 60,000, Montrond-Montbrison 34,000, Prag-Pilsen 30,000 Thlr. (wo die beigesetzten Summen immer die Kosten einer deutschen Meile angeben).

Schließlich theilen wir eine Tabelle über die Fahrpreise auf den einzelnen Eisenbahnen Deutschlands mit:

		Preis für die geogr. M. in Sgr.			
Wagenclasse		I.	II.	III.	IV.
Berlin-Köthen	4, 2²⁄₃, 1²⁄₃ Thlr.	6	4	2, 5	—
Berlin-Leipzig	5½, 3²⁄₃, 2⅓ Thlr.	5, 7	3, 8	2, 4	—
Berlin-Magdeburg	4²⁄₃, 3⅙, 2 Thlr.	5, 2	3, 6	2, 2	—
Berlin-Potsdam	17½, 12½, 7½ Sgr.	5	3, 6	2, 1	—
Braunschweig-Harzburg	16, 13, 8 Ggr.	3, 5	2, 8	1, 7	—
Budweis-Linz	3 und 2 Fl. Conv.-Münze	3, 6	2, 4	—	—
Düsseldorf-Elberfeld	20, 15, 10 Sgr.	5	3	4	2, 7
Heidelberg-Manheim	48, 36, 18 Kr.	5, 5	4, 1	2, 1	—
Leipzig-Dresden	90, 68, 45 (38) Sgr.	5, 8	4, 4	2, 9	(2, 5)
Leipzig-Magdeburg	96, 64, 40 Sgr.	6, 1	4, 1	2, 5	—
Linz-Gmünden	1¼, ⅘ Fl. Conv.-Münze.	3, 0	1, 9	—	—
München-Augsburg	3, 2⅕, 1⅖ Fl.	6, 3	4, 6	2, 9	—
Nordbahn	per Meile 24, 15, 10 (6) Kr. Conv.-M.	8, 3	5, 2	3, 5	(2, 1)
Nürnberg-Fürth	12, 9, 6 Kr.	3, 4	2, 6	1, 7	—
Rheinische Eisenbahn (Köln-Aachen)	2, 1½, 1 Thlr.	6, 5	4, 9	3, 2	—
Taunusbahn (Frankfurt-Wiesbaden)	2⁷⁄₁₀, 1⅘, 1¼ Fl., 51 Kr.	8, 4	5, 6	3, 9	(2, 6)
Wien-Raab (Wien-Neunkirchen)	2⅓, 1⅚, 1⅕ Fl. Conv.-Münze	6	4, 7	3, 0	—
Durchschnittspreis		5, 5	3, 9	2, 6	—

Eine neue Spinnmaschine.

Heinrich Graf aus Mühlhausen, Besitzer einer Seidenspinnerei in Petersburg, der einzigen in Rußland, welche Maschinen anwendet, hat eine neue Erfindung gemacht, welche die kaiserliche Akademie als nützlich und wichtig anerkannt hat. Er hat nämlich eine Spinnmaschine erfunden, bei welcher die gezähnten Räder und Spindeln mit allen ihren Unannehmlichkeiten vermieden sind. Eine Maschine zu zwei Fäden nimmt nur 11 Quadratfuß ein und kann mit allem Zubehör für 15 Silberrubel (16 Thlr.) hergestellt werden. Der Erfinder wendet sein neues Princip bis jetzt nur auf Seidenspinnerei an, um Seide durch eine einzige Operation zu gewinnen, aber nach dem Berichte des Akademikers Jacobi (vom 7. Mai 1841) ist alle Hoffnung vorhanden, daß es sich auch auf das Spinnen der Baumwolle, des Flachses, der Wolle und der Flockseide wird anwenden lassen. Zu einer großen Menge von Fäden ist nur eine einzige Achse nöthig, die in jeder Minute nur 2—300 Umgänge und mithin bei jedem Umgange wenigstens 50 Drehungen macht. Demnach erheischt ein Seidenfaden von 1 Fuß Länge, welcher 500 Umdrehungen braucht, nur 10 Umgänge der Achse statt der bisher nöthigen 500 Spindeldrehungen, und dazu ist der 20. Theil der bisher erforderlichen Bewegungskraft hinreichend. Die neue Maschine ist so höchst einfach, daß die gewöhnlichsten Arbeiter, denen alle Kenntnisse von der Mechanik abgehen, selbst Bauern mit den einfachsten Mitteln solche Maschinen zu bauen im Stande sein werden, und beim Anblick der Maschine kann man sich nicht genug wundern, daß sie nicht schon längst erfunden ist.

Bisher erforderte die Fabrikation der gezwirnten oder sogenannten Organsinseide, welche zur Kette der Seidenstoffe genommen wird, verschiedene Maschinen und fünf verschiedene Operationen des Ausziehens und Moulinirens der Seide; diese sind nun durch die neue Erfindung in eine einzige Operation vereinigt, was man schon früher in Frankreich und Italien oft, aber vergeblich, versucht hat. Es scheint gewiß, daß seit der ersten Erfindung der Seidenindustrie keine für dieselbe gleich nützliche und vielversprechende Erfindung gemacht worden ist. Mit ziemlicher Gewißheit läßt sich voraussagen, daß das bisherige Verhältniß zwischen dem Preise der gewöhnlichen und dem der feinen Seide sich ändern wird; der Preis des rohen Stoffes, den man jetzt leicht in der schönsten Form bearbeiten kann, wird in dem Maße steigen, wie der Preis der Arbeit sinkt, dadurch aber wird der Seidenbau viel einträglicher werden und eine größere Zahl von Grundbesitzern dürfte veranlaßt werden, Maulbeerpflanzungen anzulegen und Seidenzüchtereien einzurichten.

Das bisher angewandte System der Spindeln, durch welche Fäden schraubenartig zusammengedreht werden, ist seit den ältesten Zeiten unverändert geblieben, wenn auch das Princip auf mancherlei Art variirt worden ist. Namentlich sind die Fortschritte der Mechanik benutzt worden, um die Geschwindigkeit in der Umdrehung der Spindeln zu vermehren. Die Spindeln einer Mühle für Organsinseide machen in einer Minute 12—1500 Umdrehungen, die einer Baumwollspinnerei 4000 und noch mehr, die Zahl der Spindeln aber ist gleichfalls ins Ungeheure vermehrt worden und beträgt in einigen großen Spinnereien 80—100,000. Allen Etablissements dieser Art steht durch Einführung der gedachten Spinnmaschine eine wahre Revolution bevor.

Schweizer Uhrenfabrikation.

Schon seit längerer Zeit nimmt die Uhrenfabrikation in Genf fortwährend ab, dagegen im Canton Neufchatel, namentlich den Hauptfabrikorten Chaur-de-Fonds und Locle, immer mehr zu. Am erstgedachten Orte wurden 1840 42,273, 1841 50,039, an letzterm 1840 29,812, 1841 33,154 Uhren verfertigt.

Literarische Anzeige.

Durch alle Buchhandlungen und Postämter ist zu beziehen:

Landwirthschaftliche Dorfzeitung.

Herausgegeben unter Mitwirkung einer Gesellschaft praktischer Land- und Hauswirthe von **C. v. Pfaffenrath** und **William Löbe**.

Mit einem Beiblatt: Gemeinnütziges Unterhaltungsblatt für Stadt und Land.

Dritter Jahrgang. 4. 20 Ngr.

Hiervon erscheint wöchentlich 1 Bogen. **Ankündigungen** darin werden mit 2 Ngr. für den Raum einer gespaltenen Zeile berechnet, **besondere Anzeigen** ꝛc. gegen eine Vergütung von ¾ Thlr. für das Tausend beigelegt.

Inhalt des Monats März:

Dorfzeitung. Über Verbesserung und Veredelung des Rindviehs, namentlich durch Inzucht und Kreuzung. — Meßbänder zur Ermittelung des Gewichts des Schlachtviehs. — Die Rindviehzucht im Altenburgischen. — Aus dem Nassauischen. — Wanderbibliotheken für Dorfgemeinden. — Bauwesen. — Über einige Hindernisse, welche dem Aufblühen und Emporkommen der Landwirthschaft hemmend entgegentreten. — Die landwirthschaftliche Lehranstalt zu Regenwalde in Hinterpommern. — **Landwirthschaftliche Neuigkeiten, Miscellen, Ankündigungen.**

Unterhaltungsblatt. Schicksale und Ergebnisse der Niger-Expedition. — Der Winter in der Schweiz. — Der Gotteslästerer. Schlesische Volkssage. — Büchermarkt. — Merkwürdiger Kampf mit einem Tiger. Aus den Memoiren eines englischen Reisenden. — Der Untergang des Dampfboots Erie. — **Vermischtes, Anekdoten, Ankündigungen.**

Leipzig, im April 1842.

F. A. Brockhaus.

Das Sackiyeh oder persische Rad.

Das Pfennig-Magazin

für Verbreitung gemeinnütziger Kenntnisse.

474.] Erscheint jeden Sonnabend. [April 30, 1842.

Paul Gerhard.

Obschon an Kraft des Ausdrucks und an begeistertem Schwunge der Rede von Luther, von Flemming zuweilen an hinreißender Glut der Gefühle übertroffen, verdient Paul Gerhard doch den ersten und vorzüglichsten deutschen Liederdichtern beigezählt zu werden, und es ist daher um so mehr zu bedauern, daß die vorhandenen dürftigen Nachrichten über sein Leben uns nicht erlauben, eine tiefere Einsicht in den Gang seiner Bildung und in die Entwickelung seines Charakters zu gewinnen. Seine ganze Jugendgeschichte ist in ein Dunkel gehüllt, welches man wol schwerlich jemals wird aufzuhellen vermögen; wenigstens hat dies trotz aller Bemühungen und Nachforschungen bis jetzt noch nicht glücken wollen.

Gewiß ist, daß sein Vater, Christian Gerhard, das Bürgermeisteramt zu Gräfenhainichen in Kursachsen (jetzt zur preußischen Provinz Sachsen gehörig) verwaltete, und es darf daher dieses Städtchen unbedenklich als der Geburtsort des Dichters betrachtet werden. Unbestimmter dagegen ist das Jahr seiner Geburt, da die Kirchenbücher seiner Vaterstadt, welche im dreißigjährigen Kriege (1637) von den Schweden in Brand gesteckt wurde, in den Flammen zu Grunde gegangen sind. Will man jedoch die Bemerkung in einem Schreiben von 1668, in welchem Gerhard's als eines alten Mannes von 62 Jahren Erwähnung geschieht, als zuverlässig und begründet gelten lassen, so muß man seine Geburt in das Jahr 1606 setzen, wie dies auch bisher, auf noch andere Notizen gestützt, fast alle Biographen gethan haben. Über die Art und Weise seiner Erziehung, über seinen Aufenthalt und über seine Beschäftigungen im Jünglingsalter ist man nicht einmal im Stande, Vermuthungen aufzustellen, die nur einigermaßen auf Wahrscheinlichkeit Anspruch machen könnten. Sicher ist nur, daß er sich (vielleicht zu Wittenberg als der ihm am nächsten liegenden Universität) der Gottesgelahrtheit widmete, zu der ihn ein innerer Drang hingezogen zu haben scheint. Er mußte nach Vollendung seiner Studien lange auf eine Anstellung harren; denn obgleich schon 1649 mehre seiner herrlichen Lieder in das Märkische Gesangbuch aufgenommen worden waren und er sich also vortheilhaft genug bekannt gemacht hatte, so finden wir ihn doch um diese Zeit noch ohne Amt unter dem bescheidenen Titel eines Candidaten der Theologie in Berlin, wo er in dem Hause des Kammergerichtsadvocaten Andreas Bertholdt lebte, jedenfalls in näherer Verbindung mit dessen Familie.

Als jedoch der Propst zu Mittenwalde im März 1651 gestorben war, so empfahl die berliner geistliche Behörde dem dortigen Stadtrathe auf seine Anfrage unsern Paul Gerhard für die erledigte Propststelle, und der Rath zögerte nicht, sie ihm anzutragen. Nachdem daher Gerhard seine Bereitwilligkeit, das Amt anzunehmen, erklärt und am 18. November 1651 in der Nikolaikirche zu Berlin die Weihe empfangen hatte, trat er unverzüglich in seinen neuen Wirkungskreis ein, erfreut, seine längst gehegten Wünsche endlich erfüllt zu sehen. Mit welchem Eifer und mit welcher Sorgfalt er den ihm obliegenden Pflichten nachkam, davon zeugen die noch vorhandenen Kirchenbücher, die er bis zu seinem Weggange von Mittenwalde eigenhändig führte. Auch erwarb er sich durch sein einnehmendes, freundliches Wesen ebenso wie durch seinen frommen Wandel die Hochachtung und Liebe seiner Gemeinde, und so würde er alle Ursache gehabt haben, mit seiner Lage zufrieden zu sein, wenn nicht die Unzulänglichkeit seines in der That sehr geringen Gehalts, vor Allem aber die Gespanntheit, welche zwischen ihm und dem bei der Propstwahl übergangenen Diakonus Allborn stattfand, ihm manche Sorge und manchen Kummer verursacht hätte. Hierzu kam, daß seine Gattin, die Tochter des schon erwähnten Andreas Bertholdt, mit welcher er seit dem 11. Februar 1655 verbunden war, sich nach ihrer Vaterstadt zurücksehnte. Nichts konnte ihm daher angenehmer sein als ein Schreiben, welches der berliner Magistrat im Mai 1657 an ihn ergehen ließ und worin ihm derselbe das Diakonat an der Nikolaikirche zu Berlin antrug. Mit Dank und Freude nahm er diesen ehrenvollen Ruf an und schon im Juli begann er sein neues Amt zu verwalten. Allein auch hier sollte seine Ruhe nur zu bald gestört werden.

Die unseligen Streitigkeiten zwischen den Reformirten und Lutheranern arteten in Brandenburg in die größte Erbitterung aus, seitdem der Kurfürst Johann Sigismund 1613 zur reformirten Kirche übergetreten war. Beide Parteien schmähten und verketzerten einander in Schriften und von der Kanzel herab nicht selten auf die gehässigste Weise, namentlich waren die Lutheraner aufgebracht; sie argwöhnten, man wolle ihnen ihren Glauben nehmen, und suchten deshalb die Lehren ihrer Gegner bei jeder Gelegenheit dem Volke verdächtig zu machen. Ein Vergleich, welcher 1661 zwischen den lutherischen Theologen zu Rinteln und den reformirten zu Marburg zu Stande gekommen war, genügte keinem Theile und erhöhte die Aufregung der Gemüther nur noch mehr, anstatt sie zu beschwichtigen. Gleichwol glaubte der große Kurfürst, Friedrich Wilhelm, Alles aufbieten zu müssen, was auch in seinen Landen eine solche friedliche Übereinkunft herbeiführen könnte, „damit doch das unchristliche Verketzern, Verlästern und Verdammen, auch falsche Deuteleien und erzwungene Beschuldigungen gotteslästerlicher Lehren allerseits eingestellt würden". Er befahl daher, eine Unterredung zwischen den Reformirten und Lutherischen über die abweichenden Glaubenssätze beider Kirchen zu veranstalten. Das geistliche Ministerium zu Köln an der Spree erklärte seine Zustimmung zu einer freundlichen Besprechung, das berliner dagegen verweigerte sie anfangs nach mehrfachen Berathungen, an denen Gerhard stets thätigen Antheil nahm; endlich aber sah es sich genöthigt, in den Vorschlag einzuwilligen. Nachdem daher alle Hindernisse beseitigt worden waren, begannen am 8. September 1662 die Unterhandlungen. Der Ausgang derselben war vorauszusehen; beide Parteien blieben bei ihren Meinungen, und wenn sie sich auch in manchen Stücken zu nähern schienen, so war diese Annäherung doch eben nur Schein. Die berliner Geistlichen und unter ihnen vorzüglich der Propst zu St.-Nikolai, Lilius, der Licentiat Reinhardt und Paul Gerhard wollten keinen Schritt von ihrem einmal beschworenen Glauben abweichen. In Folge davon wurde die berliner Geistlichkeit im Juli 1663 auf kurfürstlichen Befehl von den fernern Conferenzen ausgeschlossen. Nun erreichte die Gährung den höchsten Gipfel, sodaß Friedrich Wilhelm die Geistlichen und Lehrer unter Androhung von Amtsentsetzung zum Frieden zu ermahnen sich veranlaßt sah. Die Berliner fanden in dieser Verordnung eine Verletzung ihrer Gewissensfreiheit und kamen dagegen ein, erlangten aber weiter nichts, als daß der Kurfürst das erlassene Edict noch mehr schärfte, indem er 1664 den Predigern gebot, sich durch Unterschreibung eines Reverses zum Gehorsam gegen dasselbe zu verpflichten. Viele lehnten es ab, zu unterschreiben, und wiederum waren es die berliner Geistlichen, welche sich besonders sträubten. Diese Hartnäckigkeit erregte zuletzt den Zorn des übrigens höchst friedlich gesinnten und wohlwollenden Monarchen, und um ein abschreckendes Beispiel zu geben, entsetzte er den Propst Lilius und den Licentiaten Reinhardt ihrer Ämter, indem er zugleich den übrigen Geistlichen andeuten ließ, daß ihnen bei fortdauernder Unterschriftsverweigerung ein gleiches Schicksal bevorstehe. Trotz aller Bitten der Prediger an der Nikolaikirche und des Magistrats zu Berlin, ja trotz der Verwendung der Landstände hatte es bei der Absetzung jener beiden Männer sein Bewenden. Reinhardt verließ seine Stellung, Lilius aber reichte zuletzt einen von ihm selbst entworfenen Revers ein, welcher den Kurfürsten befriedigte, sodaß dieser in einem Schreiben vom 10. Februar 1666 den Propst wieder einzusetzen befahl.

In demselben Schreiben foderte er den Magistrat auf, Paul Gerhard entweder zur Unterschrift zu bewegen oder ihn vom Amte zu entfernen. Gerhard blieb, wie zu erwarten stand, fest bei seiner Weigerung; denn obgleich er von Natur friedliebend war und wenigstens auf der Kanzel sich des Verketzerns und Verdammens Andersgläubiger enthalten zu haben scheint, so war er doch zu sehr Lutheraner und für seine Person zu sehr davon überzeugt, daß das kurfürstliche Edict der Gewissensfreiheit entgegen sei, als daß er sich die Revers-Unterschrift hätte sollen abdringen lassen. Lieber duldete er seine Amtsentsetzung, welche denn auch am 12. Februar erfolgte.

Mit Bestürzung und Trauer vernahm die Gemeinde die Kunde von dem Schicksale ihres innigst geliebten Seelsorgers. Zahlreiche Bittschriften gelangten sogleich an den Kurfürsten. Die Gewerke und der Stadtrath zu Berlin wendeten sich Beide zwei Mal an ihn; auch die Landstände baten dringend um Schonung, und da man in allen diesen Schreiben Gerhard die besten Zeugnisse gab, vorzüglich aber hervorhob, daß derselbe sich in seinen Predigten gegen die Reformirten niemals feindselig geäußert habe, so fand sich der Kurfürst bewogen, dem Stadtmagistrat am 9. Januar 1667 mündlich zu eröffnen, er wolle mit Rücksicht auf die persönliche Untadelhaftigkeit Gerhard's und unter der Voraussetzung, daß derselbe nur aus Misverständniß den Revers nicht unterschrieben habe, seine Wiedereinsetzung gestatten. Allein da man von Gerhard nichtsdestoweniger strengen Gehorsam gegen das kurfürstliche Edict erwartete, das ihm ja eben anstößig und mit seinem Glauben unvereinbar zu sein schien, so gab er dem Magistrat und dem Fürsten sein Bedenken in dieser Hinsicht zu erkennen. Der Letztere schrieb hierauf an den Rath, daß, wenn Gerhard „das ihm gnädigst wiedererlaubte Amt nicht wieder betreten wolle", man ohne Verzug zur Wahl neuer Prediger schreiten müsse. Jetzt hatte Gerhard sein Schicksal in seiner Hand und er entschied es dadurch, daß er im Februar 1667 seiner Stelle entsagte.

Hiermit erweist sich eine Sage als unbegründet, welche bis auf die neuesten Zeiten herab sich erhalten hat. Gerhard, so erzählt man, wegen seiner Unterschriftsverweigerung vom großen Kurfürsten seines Amtes entsetzt und des Landes verwiesen, von allen Mitteln entblößt und ohne Aussicht auf Versorgung, wanderte mit seinem tiefbetrübten Weibe nach Sachsen. In einem Gasthofe, wo er übernachten wollte, überließ sich seine Gattin gänzlich ihrem Kummer; er sah ihre Schwermuth, erinnerte sich des Spruchs: Befiehl dem Herrn deine Wege und hoffe auf ihn, er wird's wohl machen, ging hinaus in den Garten und dichtete da das schöne Lied: „Befiehl du deine Wege und was dein Herze kränkt u. s. w.", durch dessen Vorlesung er die Bekümmerte einigermaßen tröstete. Abends erschienen noch zwei fremde Herren im Gasthofe, welche im Laufe des Gesprächs äußerten, daß sie auf Befehl des Herzogs Christian von Merseburg nach Berlin reisten, um den abgesetzten Prediger Gerhard aufzusuchen. Gerhard's Gattin ahnete neues Unglück, er selbst aber gab sich den Herren furchtlos zu erkennen und empfing nun von ihnen ein herzogliches Schreiben, worin ihm bis zu seiner weitern Anstellung ein ansehnlicher Jahrgehalt zugesichert war. Später las auch der große Kurfürst das in der Zeit der Trübsal gedichtete Lied, und als ihm Gerhard als Verfasser desselben angegeben wurde, bereute er es, so hart gegen einen solchen Mann gewesen zu sein.

Diese allerdings sehr gemüthliche Sage stellt sich schon deshalb als Dichtung heraus, da das Lied „Befiehl du deine Wege" schon 1659 im Gesangbuche vorkommt. Etwas Wahres ist aber doch an dieser Erzählung. Sobald nämlich der Herzog Christian die Absetzung Gerhard's erfahren hatte, lud er ihn ein, nach Merseburg zu kommen, und da Gerhard diese Einladung ablehnte, so drang er in ihn, wenigstens einen Jahrgehalt anzunehmen. Außer diesem Jahrgehalte erfreute sich Gerhard noch der fortdauernden Unterstützung seiner Gemeinde; selbst der Magistrat sorgte für ihn, indem er ihm die Accidenzien seines bisher verwalteten Amts zufließen ließ. In dieser Hinsicht war also der Dichter aller Sorgen überhoben, desto mehr aber betrübte ihn der Verlust seiner geliebten Gattin, welche im März 1668 durch den Tod von seiner Seite gerissen wurde, nachdem ihr schon vorher 1657 und 1659 zwei Töchter vorausgegangen waren. Es blieb Gerhard jetzt nur noch ein Sohn übrig, der ihn auch überlebte.

Unterdessen war das Archidiakonat zu Lübben erledigt worden. Man wendete sich von dort aus an Gerhard und ersuchte ihn, eine Gastpredigt zu halten, was er denn auch am 14. October 1668 mit Freuden that. Obgleich man nun entschlossen war, ihn anzustellen, und obgleich er seine Geneigtheit zur Annahme des Amtes erklärt hatte, so erfolgte doch sein Antritt erst im Juni des folgenden Jahres, weil man die von ihm ausbedungene Renovirung und Erweiterung des Pfarrhauses nur höchst nachlässig betrieb, sodaß zuletzt ein höherer Befehl dem Zögern ein Ende machen mußte.

Sieben Jahre lang verwaltete Gerhard dieses neue Amt als ein echter Diener Gottes. Außer seiner Gemeinde lag ihm noch besonders das Wohl seines Sohnes am Herzen. Mit väterlicher Liebe ermahnte er ihn, niemals vom Pfade der Tugend und Frömmigkeit abzuweichen und seinen Glauben stets rein und fest zu bewahren; mit allem Eifer wirkte er darauf hin, ihn zu einem würdigen Gottesgelehrten heranzubilden, und als er die Nähe seines Todes fühlte, setzte er ihm noch schriftlich einige Lebensregeln auf, welche von der Unerschütterlichkeit seines Glaubens und von der Reinheit seines Herzens das schönste Zeugniß ablegen. Müde von der irdischen Pilgerschaft, auf der seine Geduld und Gottergebenheit mancher schweren Prüfung ausgesetzt gewesen war, entschlummerte er 1676 zu einem bessern Dasein. Der Tag seines Todes ist unbestimmt. Einige nennen den 27. Mai, Andere den 17. Juni; vielleicht ist die Angabe, daß er am 7. Juni gestorben sei, noch die sicherste. Die Freunde des Entschlafenen ließen sein Bildniß in Lebensgröße in Öl malen und in der Kirche zu Lübben aufstellen. In Mittenwalde befindet sich seit dem 9. August 1829 eine Copie dieses Gemäldes.

Wir besitzen von Gerhard nur vier Leichenreden, die jedoch kaum die Aufmerksamkeit vieler Leser auf sich ziehen dürften. Unvergänglich dagegen werden seine Lieder bleiben, deren im Ganzen 120 auf uns gekommen sind. Sie erschienen oftmals; zuerst in Berlin 1667, in Folio herausgegeben von Ebeling. Außer dieser Ausgabe verdient besonders die von Feußking 1707 besorgte angeführt zu werden, welche 1717 und 1723 zu Wittenberg neu abgedruckt wurde. Ebendaselbst erschien in neuerer Zeit eine Ausgabe der sämmtlichen Lieder Gerhard's in Duodez (1821, dritte Auflage 1838). Vor kurzem sind noch zwei Ausgaben ans Licht getreten, deren eine von Langbecker veranstaltet worden ist; sie kam zu Berlin 1841 heraus. Beigegeben ist ihr ein Leben und ein Bildniß Gerhard's nebst einem Facsimile seiner Handschrift und neun Musikbeilagen; die geschmackvolle Ausstattung erhöht noch ihren Werth.

Kaum dürfte es nöthig sein, hier etwas zum Lobe dieser erhebenden Gesänge beizufügen. Schon zur Zeit ihres Erscheinens in ihrem Werthe allgemein anerkannt, haben sie bisher unermeßlichen Segen gestiftet, unzählige Herzen in Gefahren ermuthigt, in Leiden getröstet, im Glauben gestärkt, im Guten erhalten und gefördert. Diese segensreichen Wirkungen werden sie auch noch in der Zukunft hervorbringen, obgleich sich Manches in ihnen findet, was dem veränderten Geschmacke der Zeit nicht mehr zusagen kann.

Zur Geschichte des großen Kriegs.

In dem Feldzuge von 1813—14 wurden von der preußischen Artillerie 52,636 Kanonenkugeln (von 3—12 Pf.), 12,627 Granaten, 8618 Kartätschen verschossen, zusammen 73,881 Schüsse und Würfe, wozu etwa 1693 Ctr. Pulver nöthig waren. In der Schlacht bei Leipzig wurden 14,193 Schüsse und Würfe aus 240 Geschützen, bei Lützen oder Groß-Görschen 8654 (aus 128), bei Bautzen 7688 (aus 135), bei Paris 4499

140   Das Pfennig-Magazin.

(aus 96), bei Dennewitz 4411 (aus 86), an der Katzbach 3605 (aus 76), bei Großbeeren 2095 (aus 55), bei Kulm 1918 (aus 96), bei Dresden 1792 (aus 108), bei Wartenburg 1205 Schüsse und Würfe (aus 32 Geschützen) gemacht. Am heftigsten war durchschnittlich das Artilleriefeuer bei Groß-Görschen, wo auf jedes Geschütz 68 Schüsse kamen (bei Bautzen 56, bei Dennewitz 51, bei Leipzig 50). Demontirt wurden 178 Geschütze; verloren gingen 15.

Chalons an der Saone.

Das französische Departement Saone und Loire, welches von dem reichsten und schönsten Theile des ehemaligen Herzogthums Burgund gebildet wird, hat gewissermaßen drei Hauptstädte: Macon ist der Sitz der Verwaltung, Autun der Sitz des Bischofs, Chalons der Sitz der Gerichte.

Die letztere Stadt, welche nach der letzten Zählung 12,400 Einwohner enthielt (Macon und Autun haben zwischen 10—12,000), liegt angenehm zwischen Tournus, jener kleinen Stadt, wo in Frankreich die italienische Baukunst beginnt, und Beaune, wo der Weinbau zu Hause ist, fast im Mittelpunkte des eigentlichen Burgund, das sich von Dijon bis Macon erstreckt, und zeigt die burgundische Eigenthümlichkeit und Nationalität stärker und deutlicher ausgeprägt als irgend eine andere Stadt. In historischer Hinsicht ist die Stadt nicht ohne Bedeutung; in der gallischen Periode gehörte sie zur Republik der Aduer, unter den Römern war sie ein wichtiger Militairposten, unter den burgundischen Königen von der fränkischen Linie hatte sie einen glänzenden Hof. In der Nähe dieser Stadt war es, wo Konstantin der Große, im Begriff, dem Tyrannen Marentius eine Schlacht zu liefern, am Himmel ein leuchtendes Kreuz gesehen haben soll, an dessen Fuße die Worte standen: „In hoc signo vinces" (d. i. in diesem Zeichen wirst du siegen). Die politische Wichtigkeit von Chalons war von kurzer Dauer. In späterer Zeit verdankte sie ihre Lebhaftigkeit nur dem doppelten Einflusse eines Bischofssitzes und eines ausgedehnten Transitohandels. Die christliche Religion wurde daselbst im 2. Jahrhundert durch den h. Marcellus gepredigt, einen Schüler des h. Pothin, welcher Bischof in Lyon war. Nachmals wurden hier mehre Concilien gehalten; Konstantin liebte die Stadt und mehre Heilige gingen von ihr aus. Die Bischöfe von Chalons, welche das prachtvolle Schloß de la Sale bewohnten und später mit einer sehr unansehnlichen Residenz vertauschten, nahmen unter dem burgundischen Klerus einen hohen Rang ein; bei den Provinzialständen folgten sie im Range unmittelbar auf die Bischöfe von Autun.

Gegenwärtig ist Chalons nur noch als Handelsstadt von einiger Wichtigkeit. Seine alten Denkmäler sind nicht mehr vorhanden oder nur noch Ruinen, und die neuen bestehen in — Gasthöfen und Waarenniederlagen. Die Straßen sind finster und schmuzig. Von den öffentlichen Plätzen können nur zwei für einigermaßen ansehnlich gelten; außerdem verdienen Erwähnung: ein ziemlich hübscher Quai, der sehr belebt ist und das Verdienst großer Reinlichkeit hat, ein öffentlicher Brunnen, ein Obelisk und eine alte Brücke. Der Justizpalast, welcher dem Einsturze droht, wird bald durch einen neuen ersetzt werden.

Die ehemalige Domkirche, welche jetzt nur noch Pfarrkirche zu St. Vincenz ist, hat von außen nicht geringe Ähnlichkeit mit einem Schuppen, da sie weder Thüren noch eine Façade hat, kein christliches Symbol zeigt und den verworrensten, wunderlichsten Anblick von der Welt darbietet. Im Innern mangelt es diesem Bau der byzantinischen Schule, an welchem nacheinander das 13. und 14. Jahrhundert gearbeitet haben, nicht an einer gewissen Würde. In diesem Augenblicke geht man damit um, der Kirche das zu geben, was ihr vor Allem fehlt: eine Façade; doch wird es schwer sein, dem baufälligen Gebäude seine ursprüngliche Festigkeit wiederzugeben. Die ehemalige Klosterkirche zu St. Peter bildet den zweiten Sprengel der Stadt; sie ist ganz modern und würdig verziert.

Chalons an der Saone ist eine derjenigen Städte in Frankreich, welche die meisten historischen Ruinen zu beklagen haben, aber der Handelsgeist ihrer so artigen, zuvorkommenden Bewohner läßt die Größe dieses Verlusts nicht bemerken. Von so viel bedeutungsvollen malerischen und symbolischen Gegenständen, welche die alte Residenz der burgundischen Könige schmückten, von den alten Kirchen, Klöstern, Stadtthoren, Thürmen, Schlössern, Mauern, sowie von der Citadelle ist nichts zurückgeblieben, mit Ausnahme einiger unansehnlicher hölzerner Häuser, zweier baufälliger alter Kirchen, die in Magazine verwandelt sind, und des verstümmelten, 1552 vollendeten Thors von Beaune mit den Wappen des Königs Heinrich II. und der Diana von Poitiers.

Die Heuschrecken. *)

Die Wanderheuschrecke, dieses für Südrußland und die Tatarei so gefährliche Insekt, gehört bekanntlich mit unserm friedlichen Heimchen oder der Hausgrille und dem Heupferde zu demselben Geschlecht, welches Linné Gryllus nannte. Zwei Arten sind es hauptsächlich, die in den südrussischen Steppen vorkommen: eine kleine Art, die 1½ Zoll lang, und eine größere, die 2—2½ Zoll lang ist. Beide sind gleich gefräßig und furchtbar und entstehen aus Eiern, die das Weibchen in die lockere Erde legt, in welche es zu diesem Zwecke mit dem Leibe ein Loch gräbt. Ist dies weit genug, so legt es binnen 2—3 Tagen 50—70 Eier hinein und endet mit dieser Arbeit zugleich sein Leben. Die Eier sind weiß, denen der Ameise ähnlich, und mit einer weißen, klebrigen Masse zu einem Haufen verbunden. Sie liegen den ganzen Herbst und Winter über bis spät in den Frühling, in der Regel ohne vom Froste getödtet zu werden, wenn sie nur wenig mit Schnee bedeckt sind, und erst Ende April oder Anfang Mai, in den ersten recht warmen Tagen, kriechen die Jungen hervor. Sie haben anfangs keine Flügel, aber wol Füße, mit denen sie schnell laufen können. In den ersten Tagen nähren sie sich still in ihrer Nachbarschaft, bald aber wachsen sie an Stärke und Zahl. Wenn sie ihre Umgebung kahl gefressen haben oder aus den Gärten verscheucht werden, so begeben sie sich auf die Wanderung. Hierbei gehen sie in einem geraden Striche, ohne sich durch etwas aufhalten zu lassen, über Dächer und Zäune, mitten durch Dörfer, weder Menschen, noch Vieh, noch Wagen ausweichend, wobei sie in großen Massen in den Regenschluchten und an den steilen Ufern des Meers herabstürzen. Der Marsch dieser kriechenden jungen Heuschreckenheere wird noch weit mehr gefürchtet als der Flug der Alten, weil es kein Mittel gibt, sie aufzuscheuchen oder zu vertreiben, weil sie noch weit gieriger als die alten fressen und weil ihre Wanderungen in die schönste Zeit der Blüte fallen. Sie bleiben jedoch in einem kleinen Bezirke und bewegen sich nur langsam, indem große Heere in einem Tage kaum mehr als zwei Werste zurücklegen.

In 3—4 Wochen sind die jungen Heuschrecken völlig ausgewachsen, nach 4—5 Wochen haben sie ausgebildete Flügel, erheben sich nun und schwärmen vom Juli an bis um die Mitte des September durch das ganze Land. Der Flug einer alten Heuschrecke gleicht dem eines unbehülflich fliegenden, flatternden Vogels und ist von einem beständigen Geräusch mit den Flügeln begleitet. Sie fliegen sowol mit dem Winde als

---

*) Nach Kohl's „Reisen in Südrußland".

auch in schräger Richtung gegen denselben, nicht nur bei Tage, sondern auch bei Nacht, besonders wenn dieselbe warm und stern- oder mondhell ist, jedoch nicht länger als bis Mitternacht; des Morgens erheben sie sich erst um 8 oder 9 Uhr, wenn der Thau vom Grase und von den Flügeln völlig abgetrocknet ist. Die Höhe des Flugs ist nach den Umständen verschieden. Bei schönem, heiterm Wetter fliegen sie sehr hoch, 120—180 Fuß hoch, bei trübem Wetter aber viel niedriger, kaum 6 Fuß; den Regen merken sie, wenn er im Anzuge ist, lassen sich dann herab und sitzen in der Regel schon am Boden, wenn er herabfällt. Werden sie aus der Höhe einen Weideplatz gewahr, so senken sie sich ganz allmälig herab bis zur Höhe einer Klafter oder mehr; dann schießen sie plötzlich herunter. Im Fluge bilden sie eine länglichrunde Figur, die ¼ Werst breit und oft 2—3 Werste lang ist; fast unaufhörlich sieht man Evolutionen, indem die Scharen sich trennen und wieder vereinigen. Die Dunkelheit, die von einer Heuschreckenwolke veranlaßt wird, durch welche keine Spur der Sonne zu sehen ist, ist größer als die von einer Regenwolke bewirkte; der Schatten gewährt an heißen Sommertagen eine angenehme Kühlung. Die Geschwindigkeit ist sehr verschieden; ein mittleres Heer kann bei ruhigem Wetter in einer Stunde gegen eine halbe Meile zurücklegen. Immer bleibt die Hauptmasse beisammen; die Nachzügler, welche flügellahm oder verwundet, auch wol von andern Heuschrecken angebissen und dadurch zurückzubleiben genöthigt sind, schließen sich so bald als möglich an einen andern großen Haufen an.

Die Zahl der Heuschrecken geht ins Unglaubliche. Ein Heer von einigen Millionen gehört zu den kleinern. Zuweilen sind Streifen Landes von 2—4 M. Länge und 1 M. Breite mit Heuschrecken bedeckt, die stellenweise doppelt und dreifach übereinander liegen. Nehmen wir an, daß sie einfach auf dem Boden liegen, und geben wir jeder einen Raum von zwei Quadratzoll, so gibt dies auf eine Quadratwerst nicht weniger als 600 Millionen, was, so groß auch die Zahl erscheint, immer noch ein mäßiges wäre.

Die Speise der Heuschrecken, welche eine unglaubliche Freßgier und Schnelligkeit der Verdauung haben, bilden alle grünen Blätter und Zweige, Gras, Getreide, Schilf, Zwiebeln und selbst die Enden der weichen Wurzeln. Das Meiste fressen sie mit Stumpf und Stiel, Weniges beißen sie nur an. Grasfelder fressen sie so vollkommen ab, daß der Boden ganz schwarz wird; dabei rücken sie so vorwärts, daß ihre Colonne in eine Linie, die weit mehr lang als tief ist, verwandelt. Oft machen sie das weidende Vieh wild, besonders Pferde; diese, denen die Insekten ins Gesicht fliegen, laufen davon und schlagen aus, erregen aber durch diese Bewegungen ganze Wolken von Insekten um sich herum, die von allen Seiten an sie stoßen und die armen Pferde ganz zur Verzweiflung bringen, sodaß es den Hirten Mühe kostet, sie herauszubringen. Kornfeldern thun die Heuschrecken nur dann großen Schaden, wenn die Ähren noch nicht gelb und hart sind, während sie der fast reifen Frucht wenig Schaden thun; gewöhnlich finden sie aber auf ihren Flügen nur noch Mais, Hirse, Buchweizen u. a., da die meisten Fruchtarten um die Zeit, wo die Heuschrecken schwärmen, schon reif oder eingeerntet sind. Den Mais fressen sie mit der größten Gier; in wenigen Minuten stürzt eine der großen, schönen Maispflanzen nach der andern um, sammt den darauf sitzenden Tausenden von Heuschrecken, und höchstens bleiben, wenn die Stauden sehr reif waren, kurze traurige Stumpfe übrig. Unter den Gärten sind die Baschtans (Melonengärten) am meisten gefährdet, in denen die Heuschrecken nichts als die Wurzeln und die unreifen, angenagten Früchte übrig lassen. In den Obstgärten entblößen sie die jungen Zweige an ihrer Rinde und beschweren sie durch ihre Massen so sehr, daß sie sich neigen. In den Weingärten fressen sie die Reben kahl (wiewol sie zwei Jahre lang die Blätter nicht anrührten) und nagen die Stiele der Trauben ab, daß die Beeren herabfallen. Zwiebeln, weiche Wurzeln, Rüben u. s. w. fressen sie so weit, als sie aus dem Boden hervorragen. Auch das Schilf lieben sie sehr und fressen sowol die scharfen Schilfblätter als die Stengel, nur den zu harten untersten Theil ausgenommen, selbst das alte, faule Schilf der Dächer verzehren sie völlig. Den angerichteten Schaden ersetzen sie durch gar nichts, da ihre den Boden oft hoch bedeckenden Excremente als Dünger ganz unbrauchbar sind und durch ihre giftige Schärfe noch den letzten Rest der Vegetation vernichten. Was auf solchen Stellen gewachsen ist, will das Vieh noch lange Zeit nachher nicht fressen. Sind die Heuschrecken satt, so kann man sie leicht zum Auffliegen bewegen; vorher aber fliegen sie auf, wo man den Fuß hinsetzt oder wo ein Wagen durch sie hinfährt u. s. w., fallen aber sogleich wieder nieder. Merkwürdig ist endlich bei diesen gefräßigen Thieren die Fähigkeit, lange ohne Speise zu existiren. In einer Flasche halten sie sich zehn und mehre Tage ohne Nahrung und bleiben frisch und munter.

Die deutschen Colonisten in Südrußland haben ein regelmäßiges System der Kriegführung gegen die Heuschrecken eingeführt. *) Wer ein nahendes Heer dieser geflügelten Feinde entdeckt, ist verbunden, es dem Schulzen der Colonie anzuzeigen, der sogleich die ganze Gemeinde aufbietet. Diese bewaffnet sich mit Glocken, Kesseln, Flinten, Pistolen, Peitschen, Trommeln und andern lärmmachenden Instrumenten, durch deren Töne die Heuschrecken aufgescheucht oder vom Niederlassen abgehalten werden, außerdem mit Stroh, trockenem Mist, Weinrebenzweigen und andern Dingen, die brennend einen großen Rauch machen, den die Heuschrecken noch weniger als den Lärm leiden können. So gerüstet ziehen die Leute aus. Finden sie nun, daß sich der Feind schon auf dem Gebiete der Nachbarn niedergelassen hat, so umgeben sie das eigene Gebiet mit kleinen Feuern, die namentlich dann, wenn der Wind den Heuschrecken den Rauch entgegenführt, von Erfolg sind, indem es dann oft gelingt, den Schwarm zum Halten oder zur Umkehr zu bestimmen. Außerdem geschieht es nicht selten, daß die vordersten zwar halten, die hintern aber vorwärts fliegen, zu Tausenden ins Feuer fallen und es mit ihren Leichnamen auslöschen. Findet man den Schwarm schon auf dem eigenen Gebiete sitzend, so umzingelt man ihn durch kleine Feuer und sucht ihn dann durch Anzünden von Strohbündeln und Feuerbränden, die man in den Haufen wirft, Schießen, Scheuchen u. s. w. zum Auffliegen zu zwingen. Gelingt dies oder traf man den Schwarm gleich anfangs in der Luft, so sucht man ihn durch Lärm aller Art und heftige Lufterschütterung, Wedeln, Flaggen, Schießen, Jauchzen, Trommeln, Klingeln u. s. w. zum Höhersteigen und Weiterfliegen zu nöthigen. So gelingt es nicht selten, den Schwarm glücklich zu entfernen. Ist das Meer oder ein Liman (d. i. eine Flußerweiterung unweit der Mündung) in der Nähe, so sucht man ihn ins Wasser zu treiben. Fallen die Heuschrecken ins Meer, so geschieht dies nicht in einer breiten Schicht,

---
*) Vgl. Nr. 418 des Pfennig-Magazins.

sondern sie häufen sich pyramidalisch auf und bilden schwimmende Berge, die 1½—2 Fuß hoch sind und mehre Zoll tief im Wasser gehen. Treibt ein vom Lande wehender heftiger Wind die Heuschrecken wieder ins Meer, so kommen sie darin um, wiewol sie ein zähes Leben haben; ist aber der Wind nicht stark genug, so kehren sie, theils schwimmend, theils fliegend wieder um; die durchnäßten trocknen sich, indem sie mit den Flügeln schlagen, zu Millionen auf dem Sande des Ufers, die ertrunkenen aber werden allmälig dem Ufer des Meeres zugetrieben, färben den Schaum der Brandung schwarz und bedecken das Ufer in langen Dämmen wie ausgeworfener Seetang. Zuweilen kehren auch die Heuschrecken, an der Erreichung eines jenseitigen Ufers verzweifelnd, über dem Meere um, ohne sich hinzusetzen, und kommen ans Ufer zurück.

Gelingt es nicht, den bereits liegenden Schwarm aufzujagen, was bei Regen und feuchter Luft ganz unmöglich ist, so begnügt man sich damit, so viele als möglich zu tödten, indem man die bereits bedeckten Äcker preisgibt. Die Verbindung der Verfolger löst sich auf und Jeder eilt mit seinen Knechten und Kindern (welche letztere den kleinen Krieg am besten führen) in seine Gärten und auf seine Felder, um wenigstens zu thun, was möglich ist, wiewol fast nichts geschützt werden kann. Der Kraft der Glieder kommt man auf den Feldern durch eigene Mordinstrumente zu Hülfe, nämlich Walzen (die aber steinern und schwer sein müssen) und Dornschleifen. Diese bestehen aus einer Menge Dornbüschen, die an einen 10 Fuß langen Baumstamm gebunden und mit Steinen und Balken beschwert sind, und werden von zwei Pferden gezogen. Hierdurch sorgt man wenigstens für den bedrohten Nachbar und schützt sich selbst für das nächste Jahr, indem man die Heuschrecken am Eierlegen hindert. Ist es spät im Sommer, so pflügt man nach dem Schleifen den Acker um, um die Eiernester zu zerstören oder an die Oberfläche zu bringen, wo die Kälte des Winters sie tödtet.

Bei den Dörfern lassen die Heuschrecken sich vorzugsweise gern nieder und bedecken dann den Boden, die Dächer, die Wände zollhoch, fallen in Massen in die Schornsteine herab, selbst in die Töpfe auf dem Herde, und schlagen mit der Heftigkeit des Hagels an die Thüren und Fenster; man muß daher alle Oeffnungen möglichst verschließen und verstopfen. Auch in Odessa ist mehrmals ein solches fliegendes Heer herabgefallen und hat Dächer, Straßen und Plätze bedeckt.

Das Südpolar-Land.

Die auffallende Ungleichheit in der Vertheilung des Meers und des festen Landes zwischen der nördlichen und der südlichen Halbkugel der Erde führte schon längst zu der Vermuthung, daß nahe am Südpol ein großes unbekanntes Land vorhanden sein müsse. Die Entdeckungen vieler Seefahrer, die außer einzelnen Inseln und Inselgruppen auch Anzeichen eines größern Continents auffanden (zuerst der Holländer Dirk Gerritz 7. September 1599, der Engländer William Smith 1819, Palmer, Powell und der Russe Bellingshausen 1821, Biscoe 1831—32, Kemp 1833, Balleny 1839, Wilkes und der Franzose Dumont d'Urville 1840), machten jene Vermuthung im höchsten Grade wahrscheinlich und die neuesten Entdeckungen haben sie zur unumstößlichen Gewißheit erhoben oder vielmehr, da diese im Grunde schon vorhanden war, zur genauern Kenntniß des Südpolarlandes einen wichtigen Beitrag geliefert. Vor etwa 18 Monaten sind (wie wir früher unsern Lesern bereits berichtet haben) die Schiffe Erebus und Terror unter den Befehlen der englischen Seeoffiziere James Clark Roß (des Neffen und Begleiters des bekannten Capitains John Roß) und Crozier von England abgesegelt. Der Zweck dieser durch Alexander v. Humboldt im J. 1836 erlassene Auffoderung zu Anstellung correspondirender magnetischer Beobachtungen veranlaßten Expedition war, die wahre Lage des magnetischen Südpols zu bestimmen, an verschiedenen Punkten magnetische Beobachtungen anzustellen und magnetische Observatorien zu errichten, zugleich aber auch die Südpolargegenden genauer zu erforschen. Die Führer der Expedition stellten auf Madeira und andern Punkten Beobachtungen an, errichteten auf St.-Helena und dem Cap der guten Hoffnung magnetische Observatorien und erreichten im August 1840 Hobart-Town auf Vandiemensland, wo ebenfalls ein solches Observatorium angelegt, gegen Ende Octobers aber die Reise fortgesetzt wurde.

Am 12. December 1840 verließen die Reisenden die Lord-Aucklands-Inseln im Südosten von Neuseeland unter 51 Grad südl. Breite, und überschritten schon am 1. Januar 1841 den südlichen Polarkreis (66½° S.), ohne das Packeis (so nennt man Treibeis von solcher Ausdehnung, daß kein Ende abzusehen ist) so furchtbar zu finden, als sie nach den Schilderungen früherer Seefahrer erwartet hatten. Durch heftigen Nordwestwind einige Tage aufgehalten, stießen sie am 5. Januar in 66¾° südl. Breite abermals auf Packeis, drangen in dasselbe ein und setzten ihren Weg nach Süden fort, hatten aber mit manchen Übeln, hochgehender See und beständigen Schneeschauern zu kämpfen, bis ein Eisblink *) gegen Südosten sie zum weitern Vordringen ermuthigte. Am Morgen des 9. erreichten sie, nachdem sie mehr als 200 englische Meilen im Packeis zurückgelegt hatten, völlig freies Wasser und steuerten nun auf den Magnetpol zu. Am 11. Januar entdeckten sie in 70° 11′ südl. Br. und 172½° östl. Länge von Greenwich in der Richtung, in welcher sie steuerten, Land, das sich in mächtigen Piks von 9—12,000 engl. Fuß Höhe, die ganz mit Schnee bedeckt waren, erhob. Die von den Berggipfeln sich herabsenkenden Gletscher erstreckten sich mehre Meilen weit in See. Als die Reisenden sich einer kleinen Bucht näherten, fanden sie die Küste mehre Meilen weit dicht mit Eisbergen und Packeis besetzt, zugleich die Brandung so heftig, daß sie zum Landen eine bequemere Stelle aufsuchen mußten. Am 12. Januar landeten die Befehlshaber mit mehren Offizieren beider Schiffe auf einer aus vulkanischem Gestein bestehenden Insel in 71° 56′ südl. Br., 171° 7′ östl. Länge und nahmen das Land im Namen der Königin Victoria in Besitz.

Nach den Beobachtungen sollte der magnetische Südpol etwa in 76° südl. Br. liegen. Die Reisenden setz-

---

*) Eisblink nennt man einen Streif von glänzend weißer Farbe am Horizonte, der bei Annäherung an ein Eisfeld bei heiterm Himmel bemerkt wird und unter günstigen Umständen eine vollständige Karte des Eises sowol als des darin vorhandenen offenen Wassers auf 20—30 Seemeilen darstellt. Der geübte Beobachter kann daraus nach der Farbe die Gestalt und Größe aller Eisfelder innerhalb dieser Grenze erkennen, auch dichtes oder lockeres Treibeis unterscheiden. Ein Eisfeld bringt den hellsten Eisblink mit einem kleinen gelblichen Anstrich hervor; Eis erscheint graulich, mit Schnee bedecktes Land gelber als Eisfelder; offenes Wasser wird durch tiefes Blau und schwarzblaue Flecke mitten im Eisblink bezeichnet. Das Ganze ist ohne Zweifel eine Wirkung einer durch verschiedene Temperatur der Luftschichten hervorgebrachten ungewöhnlichen Strahlenbrechung.

ten daher ihre Fahrt längs der südöstlich sich erstreckenden Küste dieses Landes fort und erreichten am 23. Januar 74½° südl. Br. den südlichsten Punkt, den bisher ein Seefahrer erreichte (der britische Capitain Weddell 1822). Ungeachtet heftiger Südwinde, dichter Nebel und beständiger Schneeschauer segelten sie noch weiter südlich und landeten am 27. Januar auf einer gleichfalls aus vulkanischem Gestein bestehenden Insel in 76° südl. Br., 168° 12′ östl. Länge. Am nächsten Morgen erblickten sie einen Flammen und Rauch ausstoßenden Vulkan in 77½° südl. Br. und 167° östl. Länge, den sie 12,400 engl. Fuß hoch schätzten und Erebus nannten. Hiernach wäre dieser Feuerberg, welcher unter allen bekannten dem Südpole am nächsten kommt, höher als der Ätna, der Pic de Teyda auf Teneriffa, der Vulkan de Colima in Mexico u. s. w. und stellte sich den Riesenvulkanen der Anden in Südamerika an die Seite. Einem weiter östlich liegenden, weniger hohen und erloschenen Vulkane legten sie den Namen Terror bei.

Noch immer erstreckte sich das Hauptland weiter südlich, aber eine in ostsüdöstlicher Richtung fortlaufende Eisbarrière, welche mindestens 150 Fuß hoch war, die Mastspitzen beider Schiffe weit überragte und jenseits nichts als eine Reihe sehr hoher Berge in südsüdöstlicher Richtung, ungefähr in 79° südl. Br., zu sehen gestattete, machte weiteres Vordringen längs der Küste unmöglich. Dieser Eisbarrière folgend, erreichten die Reisenden am 2. Februar den südlichsten Punkt ihrer Reise, unter 78° 4′ südl. Br. Am 9. Februar, unter 78° südl. Br. und 191° 23′ östl. Länge, wurden sie durch das vor der Barrière liegende Packeis zur Umkehr gezwungen; dazu kam, daß die schnell fortschreitende Eisbildung an der Oberfläche (bei 23 Grad Réaumur) jede fernere Untersuchung der Barrière unmöglich machte. Sie segelten nun nach Westen, um sich vielleicht auf dieser Seite dem magnetischen Südpol zu nähern, erreichten auch wieder den Parallelkreis von 76 Grad, mußten aber des Eises wegen unverrichteter Sache in 76° 12′ südl. Br. und 164° östl. Länge Halt machen, als sie nur noch 160 engl. (35 deutsche) Meilen vom Magnetpol entfernt waren, dem sie mithin je mehre hundert engl. Meilen näher gekommen sind als irgend einer ihrer Vorgänger und dessen Lage sich aus den zahlreichen von ihnen angestellten Beobachtungen mit fast absoluter Genauigkeit bestimmen läßt, sodaß es fast ebenso gut ist, als wäre er wirklich erreicht worden. Die Neigung der Magnetnadel war da, wo sie dem Magnetpol am nächsten waren, 88° 40′, die Abweichung 109° 24′ östlich.

Von einem starken Südwinde begünstigt, richteten sie nun ihre Fahrt nordwärts, untersuchten die nordwestlich streichende Küste und erreichten am 25. Februar in 70° 40′ südl. Br. und 165° östl. Länge einen Punkt, wo die Küste sich plötzlich gegen Südwesten wendete und Alles, was das Auge reichte, mit ungeheuren, durch frischgefallenen Schnee verbundenen und undurchdringlich gemachten Eismassen bedeckt war. Ohne daher am 28. Februar an den auf allen magnetischen Stationen stattfindenden correspondirenden Beobachtungen Theil nehmen zu können, weil es unmöglich war, einen sichern Landungsplatz für die Schiffe aufzufinden, kehrten sie nach Vandiemensland zurück. Dorther, aus Hobart-Town vom 7. April 1841, ist das Schreiben des Capitains Roß datirt, dem die gegenwärtigen Nachrichten entnommen sind.

Das neuentdeckte Südpolarland, dessen Zusammenhang durch 9 Breitengrade (70—79° S.) oder auf eine Länge von mehr als 135 geographische Meilen constatirt ist, nennt der Capitain Roß zu Ehren seiner Königin Victorialand.

Handel Frankreichs mit Preußen.

Die Ausfuhr französischer Waaren nach Preußen betrug 1839 7,033,457 Francs, 1840 8,519,465 Francs und bestand im letztern Jahre in folgenden nach ihrem officiellen Werthe geordneten Waaren: Wein (1,802,902 Fr.), Holz, Seiden-, Baumwollenzeuche (von jedem dieser Artikel zwischen 500,000 und 1 Mill. Fr.), Wollenzeuche, Töpfer-, Glas- und Krystallwaaren, Seide, Modewaaren (von jedem Artikel zwischen 2—500,000 Fr.), Bücher, Kupferstiche, Lithographien, Kratzdisteln, Wolle in großen Partieen, leinene und hanfene Gewebe, lederne Handschuhe, Tafelfrüchte, verarbeiteter Kork, Krämerwaaren, Artikel der pariser Industrie, Seesalz, Farbeholz, Papier (von jedem dieser Artikel für 1—200,000 Fr.) u. s. w. Dagegen betrug die Einfuhr in Frankreich aus Preußen 19,325,128 Fr., wovon auf die für den Gebrauch in Frankreich bestimmten Waaren nur 14,890,483 Fr. (1839 11,499,276 Fr.) kamen. Unter den eingeführten Waaren waren dem Werthe nach die bedeutendsten: Getreide über 3 Mill. Fr.; ölhaltige Körner 2,200,000 Fr.; Steinkohlen über 2 Mill. Fr.; Seidenzeuche, Wollenzeuche, Holz, Zink, Krämerwaaren (von jedem Artikel über 1 Mill. Fr.); Pferde 1516 Stück und Schlachtvieh 10,976 Stück, zusammen für mehr als 1 Mill. Fr.; Ackergeräthe, Feilen, Raspeln, Sägen 412,587 Fr.; geflochtene Strohdecken 412,204 Fr.; leinene oder hanfene Zeuche, Stahl, Hanf- oder Leinengarn und rohe Häute (von jedem Artikel über 200,000 Fr.); baumwollene Zeuche, Blei, Messerschmiedewaaren, Braunstein, Wolle in großen Partien, Baumaterialien, Pelzwerk (von jedem über 100,000 Fr.); Eichenrinde, Coke, Saatfrüchte, rohes Zinn, rohe Schreibfedern, Kienruß, Mehl, Hopfen, feine Fayence, berliner Blau (von jedem Artikel zwischen 30—100,000 Fr.); andere Artikel zusammen 456,195 Fr. Die in Frankreich erhobenen Zölle betragen für die Ausfuhr 26,972 Fr. (am meisten für Kratzdisteln, 3488 Fr.), für die Einfuhr 1,066,688 Fr. (am meisten für Steinkohlen 151,908 Fr., Ackergeräthe 147,264 Fr., Stahl 137,839 und Schlachtvieh 111,737 Fr.).

Literarische Anzeige.

Durch alle Buchhandlungen ist zu beziehen:

Naturgeschichte
für
Landwirthe, Gärtner und Techniker.
Herausgegeben
von
William Löbe.
Mit 20 Tafeln.
Erstes Heft.
Gr. 8. 12 Ngr.

Dieses wahrhaft populaire Werk wird in fünf Heften vollständig sein und nur 2 Thlr. kosten. Die folgenden Hefte erscheinen in kurzen Zwischenräumen.

Leipzig, im April 1842.
F. A. Brockhaus.

Das Pfennig-Magazin

für Verbreitung gemeinnütziger Kenntnisse.

475.] Erscheint jeden Sonnabend. **[Mai 7, 1842**

Das britische Guiana.

Die Roaina-Berge im britischen Guiana.

1. Guiana im Allgemeinen.

Der obere Theil von Südamerika wird durch den Orinoco- und den Amazonenstrom, welche beide nach Osten fließen und in den atlantischen Ocean münden, in große Becken oder Stromgebiete getheilt, und der Name Guiana (Guyana oder Guayana) wurde ursprünglich dem ganzen Landstriche zwischen diesen beiden großen Strömen, der etwa dreimal so groß als Deutschland oder Frankreich ist, beigelegt. In neuern Zeiten gibt man jenen Namen nur einem Districte, der etwa den sechsten Theil der gedachten Ausdehnung hat, weil sich Brasilien auf der einen und die Republik Venezuela auf der andern Seite mehr als ⅚ des frühern Guiana angeeignet haben. Letztere besitzt nämlich denjenigen Theil, dessen Flüsse in den Orinoco fließen (colombisches Guiana), ersteres denjenigen, welcher zum Flußgebiete des Amazonenstroms gehört; nur derjenige Theil, dessen Flüsse unmittelbar in das atlantische Meer fließen, führt noch jetzt den Namen Guiana. Dieser Landstrich, dessen Seeküste eine Länge von etwa 140 Meilen hat und dessen Flächeninhalt zu 4500 Quadratmeilen angenommen werden kann, zerfällt in drei Theile, welche den Briten, Holländern und Franzosen gehören. Das britische Guiana liegt am meisten westlich und grenzt an Venezuela; das französische liegt am meisten östlich und grenzt an Brasilien; in der Mitte zwischen beiden liegt das holländische Guiana. Wie weit sich das Gebiet von Guiana im Innern erstreckt, ist nicht genau anzugeben; erst seit der Reise unsers Landsmanns Schomburgk, der von der Geographischen Gesellschaft in London ausgesandt wurde, die Binnengegenden des britischen Guiana zu erforschen, jetzt aber von der englischen Regierung behufs der Grenzregulirung mit einem officiellen Charakter bekleidet ist, ist das Innere dieses Theils etwas genauer bekannt geworden. Die größte Ausdehnung mag das französische Guiana oder Cayenne, wie es von seiner Hauptstadt gewöhnlich genannt wird, die größte Bevölkerung dagegen das britische Guiana haben.

Die Besitzungen der drei gedachten Mächte sind durch Flüsse getrennt. Das französische Guiana wird von Brasilien durch den Fluß Oyapock, vom holländischen Guiana durch den Fluß Maroni geschieden; dies ist ein ansehnlicher Fluß, welcher in der Sierra Acacay entspringt und schon in beträchtlicher Entfernung von der Mündung eine Breite von 1½ engl. Meilen hat. Die

Grenze zwischen dem holländischen und britischen Guiana bildet der Fluß Corantin, der an der Mündung selbst über 2 geographische Meilen breit und 30 Meilen vom Meere schon schiffbar ist. Weiter westlich finden wir im britischen Gebiete den Fluß Demerara, dessen Länge wenigstens 40 Meilen, vielleicht aber weit mehr beträgt; zuletzt nennen wir den Fluß Essequebo im britischen Guiana, der die Flüsse Rupernooni, Siparooni, Mazarooni und Cuyuni aufnimmt; er enthält in verschiedenen Theilen seines Laufs zahlreiche Schnellen und Wasserfälle und auch mehre kleine Felseninseln und Sandbänke, welche die Schiffahrt gefährlich machen. Alle diese Flüsse haben einen mehr oder weniger nordöstlichen Lauf und ihre Mündungen machen durch ihre Sand- und Schlammanhäufungen das Einlaufen großer Schiffe fast ganz unmöglich. Eine fernere Eintheilung des Landes in zwei Theile begründet eine hügelige Gegend, die der Küste in einer Entfernung von 8—14 Meilen fast parallel läuft. Nördlich von derselben ist ein flaches Land, welches früher allein einigermaßen bekannt war; dasselbe hat mit der See bei hohem Wasserstande fast gleiches Niveau und muß daher durch Dämme gegen die Einfälle des Meers geschützt werden. Der größte Theil dieser niedrigen Ebene ist mit einem Boden von blauem Thon, der mit Seesalz geschwängert ist, bedeckt und sehr fruchtbar; andere Theile sind Savannen oder Grasplätze, die sich zur Weide eignen; nur wenige baumlose, mit Farrnkraut bedeckte Districte sind zum Anbau ganz ungeeignet. Die Südgrenze jenes flachen Küstendistricts bildet eine Hügelreihe von 50—200 Fuß Höhe; dann folgt eine Reihe höher liegender Plateaus und Berge von 700—1500 Fuß Höhe, die im Innern miteinander abwechseln.

Das Klima von Guiana im Allgemeinen wird durch den Wechsel von zwei Regen- und zwei trockenen Jahreszeiten bedingt. Die eine Regenzeit, die längere von beiden, beginnt um die Mitte April. Anfangs fallen die Regenschauer nur mit Zwischenräumen, allmälig werden sie zusammenhängender, bis im Juni der Regen in Strömen herabfällt; gegen Ende August hört er ganz auf. Dann beginnt die lange trockene Jahreszeit, welche die Monate September, October und November einnimmt; December und Januar bilden die kürzere Regenzeit, Februar und März die kürzere trockene Jahreszeit. Während der langen Regenzeit kommen doch zuweilen heitere Tage vor, an denen gar kein Regen fällt. Die Hitze ist nicht so groß, als man nach der Lage unweit des Äquators (von 2—8° nördl. Breite) vermuthen sollte; sie wird gemildert durch die Passatwinde und den Wechsel zwischen Land- und Seewinden und ist im Allgemeinen nicht größer als in den heißesten deutschen Sommermonate; die Temperatur steigt nur selten über 27 oder fällt unter 20 Grad Réaumur, entspricht also das ganze Jahr hindurch unserer Sommerhitze. Übrigens macht die große Feuchtigkeit das Klima ungesund. Gewitter, die oft heftig, aber selten sehr verwüstend sind, kommen in der Regenzeit vor; die schrecklichen Orkane Westindiens aber sind hier gänzlich unbekannt.

Wenige Länder der Erde können mit Guiana verglichen werden an Kraft und Üppigkeit der Vegetation, was sich namentlich in der großen Menge einheimischer Pflanzen und den großen Bäumen der Wälder zeigt, die nicht weniger als die Hälfte der Bodenfläche bedecken. Viele Bäume liefern treffliches Bauholz, andere werden zu Tischlerarbeiten gebraucht oder sind als Fruchtbäume geschätzt. Mais und Reis werden in großer Ausdehnung gebaut und auf fruchtbaren Ländereien gibt es erstere drei, der letztere zwei Ernten. Weizen und andere europäische Getreidearten gedeihen in Guiana nicht, weil die Hitze zu groß ist.

Guiana wird von Europäern, afrikanischen Sklaven und eingeborenen Amerikanern bewohnt. Die Europäer kamen zu verschiedenen Zeiten als Colonisten ins Land; die jetzt lebenden sind der Mehrzahl nach Abkömmlinge der holländischen Ansiedler, welche seit 1590 ins Land kamen, da die Zahl der Franzosen und Engländer weit geringer ist. Die eingeborenen Amerikaner (Karaiben im N., Galibis, Arrowaks u. s. w.) leben zum Theil in völliger Roheit und Unabhängigkeit; zum Theil sind sie civilisirter als die übrigen amerikanischen Ureinwohner, bauen Mais, Kaffee und einige Wurzeln, haben aber noch immer große Vorliebe für das Nomadenleben und kehren nicht selten zu demselben zurück. Einige von ihnen stehen als Tagelöhner bei den europäischen Ansiedlern in Diensten. Die Zahl aller Einwohner in den Colonien beträgt etwa 250,000, worunter wenigstens 160,000 Negersklaven und vielleicht kaum 20,000 Europäer.

Die folgenden Mittheilungen werden sich ausschließlich auf das britische Guiana beziehen.

2. Historisches und Statistisches.

Guiana wurde 1504 von dem spanischen Seefahrer Vasco Nuñez entdeckt und Terra firma genannt; doch legten die Spanier auf den Besitz dieses Landes, wie es scheint, keinen Werth und unterließen die Besitznahme desselben. Im J. 1580 gründeten die Holländer die ersten Niederlassungen auf dieser Küste an den Ufern der größern Flüsse; die erste, genannt Neu-Seeland, wurde an der Mündung des Pomeroon angelegt und von den Generalstaaten mit Handelsprivilegien ausgestattet. Die Spanier, welche in der Nähe Besitzungen hatten, sahen die Niederlassung der Holländer mit eifersüchtigen Augen und vertrieben sie endlich mit Hülfe der Eingeborenen; aber der Anführer der Holländer, Joost Van Den Hoog, ein unternehmender Mann, besetzte eine kleine Insel am Zusammenflusse der Flüsse Mazarooni und Cuyuni und behauptete sich auf derselben. Wenige Jahre nachher machte der Holländer Jan van Peere einen andern gleichfalls glücklichen Versuch, eine Colonie zu gründen, und siedelte sich an zwischen den Flüssen Berbice und Corantin, wo die Ansiedler durch die holländische Regierung mit Sklaven aus Afrika unterstützt wurden. Allmälig breitete sich die holländische Colonie immer mehr aus.

Um die Mitte des 17. Jahrhunderts theilte König Karl II. das ganze Gebiet, wiewol es in der That im Besitze der Holländer war, dem Gouverneur von Barbadoes, Lord Willoughby, zu, der einen Theil der Colonie zu Ehren des Grafen v. Surrey Surreyham nannte, woraus nachher Surinam wurde. Hier hatte Capitain Marshall 1634 eine Ansiedelung von Franzosen und Engländern gegründet, welche Taback bauten; auch diese wurde, wiewol anfangs unter britischen Schutz gestellt, später den Holländern überlassen; zwar wurde die Colonie in den folgenden Kriegen bald von den Engländern, bald von den Franzosen besetzt, aber immer nur auf kurze Zeit. Um 1740 erhielten die Ansiedler am Essequebo, welche die niedrigen Landstriche an der Seeküste für vortheilhafter hielten, Erlaubniß, eine Colonie am Demerara anzulegen. Die Insel Borsden wurde bald nachher zum Regierungssitz erhoben, aber später ging diese Eigenschaft auf Stabroek (jetzt George-Town) an der Ostseite der Mündung des Flusses über.

Zwischen 1781 und 1814 fand im Besitze der Colonie häufiger Wechsel statt, welcher von den Feindseligkeiten zwischen England, Frankreich und Holland herrührte. Im Frieden von Amiens (1801) gab England die schon 1796 eroberten Colonien (Essequebo, Demerara und Berbice) zurück, bemächtigte sich ihrer aber später wieder und behielt sie im Frieden von 1814, wo der ganze westlich vom Flusse Corantin liegende Theil des Landes von den Holländern abgetreten wurde, die nur die Colonie Surinam behielten. Im J. 1831 wurden jene drei Colonien unter dem Namen „Britisch-Guiana" zu einer einzigen vereinigt.

Das britische Guiana steht unter einem Generalgouverneur, zu dessen Gouvernement zugleich die Inseln St.-Lucia und Trinidad gehören. Die wirkliche Verwaltung übt ein in George-Town residirender Vicegouverneur aus, dem ein gesetzgebender Rath zur Seite steht. Die Bevölkerung der Colonie wurde kurz vor der Sklavenemancipation folgendermaßen berechnet. Essequebo und Demerara zählten 3000 Weiße, 6—7000 freie Farbige, 70,000 Sklaven; Berbice 600 Weiße, 1700 freie Farbige, 20,000 Sklaven, was zusammen 3600 Weiße, 8—9000 freie Farbige und 90,000 Sklaven gibt. In Folge der Emancipationsacte wurde eine Entschädigungssumme von 4,268,809 Francs für die Freilassung von 69,579 Sklaven gezahlt.

Städte enthält das britische Guiana nur wenige. Neu-Amsterdam, die Hauptstadt von Berbice, wurde 1796 zu bauen begonnen und trat an die Stelle der Stadt Alt-Amsterdam, deren Lage weiter aufwärts am Flusse Berbice sich als ungeeignet erwies. Sie liegt am östlichen Ufer des Flusses, oberhalb seiner Vereinigung mit dem Caujiflusse, erstreckt sich 1½ engl. Meilen längs des Flusses und genießt alle Vortheile der Ebbe und Flut. Die übrigen Orte in Berbice sind zerstreute Besitzungen in geringer Entfernung vom Flusse. Die Hauptstadt der ganzen Colonie ist George-Town (das ehemalige Stabroek) am östlichen Ufer des Flusses Demerara, umgeben von dichtem Gebüsch, etwa 1½ engl. Meile von einer kleinen unansehnlichen Befestigung, die den stolzen Namen Fort William Frederick führt. Das Ansehen von George-Town ist ganz das einer holländischen Stadt. Ausgenommen nahe am Flusse, sind die Häuser auf Pfählen, um der Feuchtigkeit zu wehren, in holländischem Style und von Holz gebaut, mit verschiedenen Farben angestrichen, von einem Garten und hohen Bäumen umgeben und voneinander durch Kanäle und Dämme getrennt. Der älteste Theil der Stadt, Stabroek, läuft vom Flusse nach dem Walde zu, besteht aus zwei Häuserreihen, bildet demnach nur eine einzige breite, mit Bäumen bepflanzte Straße und ist eine englische Meile lang; hinter jeder Häuserreihe zieht sich ein Kanal hin, der mit dem Flusse in Verbindung steht. Die übrigen Stadttheile sind: Kingston, Kumingsburgh, Vlissingen und Charlestown. Wegen des Mangels an frischem Wasser ist jedes Haus mit einer großen Cisterne und in dieselbe führenden Röhren zum Auffangen von Regenwasser versehen. Die Kasernen, Hospitäler und andere öffentliche Gebäude, der Palast des Gouverneurs, die schottische Kirche u. s. w. legen für den Geschmack und den Gemeinsinn der Colonisten ein günstiges Zeugniß ab.

Der auswärtige Handel von Guiana erstreckt sich hauptsächlich auf Zucker, Rum, Kaffee und Baumwolle, wovon 1836 folgende Quantitäten ausgeführt wurden: 1 Million Ctr. Zucker, 3 Mill. Gallons Rum, 4 Mill. Gallons Molasse, 6 Mill. Pf. Kaffee, 500,000 Pf. Baumwolle. Der Werth des ganzen Exports wird auf 2 Mill. Pf. St. geschätzt. Schon hieraus läßt sich abnehmen, von wie großer Wichtigkeit für England der Besitz dieser Colonie ist.

(Fortsetzung folgt in Nr. 476.)

Die Ministerien der größern europäischen Staaten am 1. Mai 1842.

1. **Frankreich.** 1) Conseilpräsident und Kriegsminister: Soult, Herzog von Dalmatien; 2) Auswärtiges: Guizot; 3) Inneres: Duchâtel; 4) Justiz und Cultus: Martin; 5) Finanzen: Lacave-Laplagne; 6) Unterricht: Villemain; 7) Marine und Colonien: Baron Duperré; 8) Bauten: Teste; 9) Handel: Cunin-Gridaine.

2. **Grossbritannien.** 1) Premierminister und erster Lord des Schatzes: Sir Robert Peel; 2) Auswärtiges: Graf Aberdeen; 3) Inneres: Staatssecretair Sir J. Rob. Graham; 4) Finanzen: Kanzler der Schatzkammer, Henry Goulburn; 5) Justiz: Lordkanzler Lord Lyndhurst; 6) Krieg: Sir H. Harbinge; 7) Colonien: Staatssecretair Lord Stanley; 8) Marine: Graf von Haddington, erster Lord der Admiralität; 9) Handel: Graf v. Ripon; 10) ohne Portefeuille: Herzog v. Wellington.

3. **Ostreich.** 1) Auswärtiges: Haus-, Hof- und Staatskanzler Fürst v. Metternich; 2) Finanzen: Präsident der allgemeinen Hofkammer, Freiherr v. Kübeck; 3) oberster Hofkanzler: Graf Mitrowsky; 4) Hofkriegsraths-Präsident: Graf v. Hardegg; 5) Staats- und Conferenzminister: Graf Bellegarde, Graf Kolowrat-Liebsteinsky, Graf Nadasd, Freih. Miske v. Magyar, Graf v. Ficquelmont.

4. **Preussen.** 1) Auswärtiges: Baron v. Bülow; 2) Inneres und Policei: v. Rochow; 3) Finanzen: v. Bodelschwingh; 4) Justiz: v. Savigny und Mühler; 5) Unterricht und Cultus: Eichhorn; 6) Krieg: v. Boyen; 7) königl. Haus: Fürst v. Sayn-Wittgenstein und Ladenberg; 8) andere Staatsminister: v. Thiele I, v. Nagler, Rother.

5. **Russland.** 1) Äußeres: Vicekanzler Graf v. Nesselrode; 2) Inneres: Dirigent Graf Perowsky; 3) Finanzen: Graf Cancrin; 4) Justiz: Graf Panin; 5) Unterricht: Uwaroff; 6) Krieg: Fürst Tschernitscheff; 7) Marine: Dirigent Fürst Menschikoff.

6. **Belgien.** 1) Auswärtiges: Graf v. Briey; 2) Inneres: Nothomb; 3) Finanzen: Smits; 4) Justiz: van Volrem; 5) Krieg: de Liem; 6) öffentliche Bauten: Desmaizières.

7. **Dänemark.** 1) Auswärtiges: Graf Reventlow-Criminil; 2) Finanzen: Graf A. v. Moltke; 3) Justiz: v. Stemann; 4) Präsident der schleswig-holsteinschen Kanzlei: Graf O. G. v. Moltke; 5) ohne Portefeuille: Örsted.

8. **Griechenland.** 1) Conseilpräsident: Chriezis; 2) Auswärtiges: Rizos; 3) Inneres: Christides; 4) Finanzen: Tissamenos; 5) Justiz: Rallis; 6) Krieg: Metaxas; 7) Marine: Chriezis.

9. **Niederlande.** 1) Auswärtiges: v. Kattendyck; 2) Inneres: Baron Schimmelpenninck van der Oye; 3) Finanzen: van Rochussen; 4) Justiz: van Hall; 5) Cultus: Baron van Zuylen van Nyevelt; 6) Krieg: Generaldirector List.

10) **Portugal.** 1) Conseilpräsident, Auswärtiges (ad interim) und Krieg: Herzog von Terceira; 2) Inneres: Costa-Cabral; 3) Finanzen: Baron Tojal; 4) Justiz und Cultus: Mello-Carvalho.

*

11. **Sardinien.** 1) Auswärtiges: Graf Solaro della Margarita; 2) Inneres: Graf Beraudo de Pralormo; 3) Finanzen: Graf Gallina; 4) Justiz: Graf Barbarour; 5) Cultus: Graf Avet; 6) Krieg und Marine: Pes de Villamarina.

12. **Schweden.** 1) Auswärtiges: Staatsminister Stjerneld; 2) Inneres: Fåhräus; 3) Finanzen: af Wingård; 4) Justiz: Staatsminister Törnebladh; 5) Cultus: ad interim Grubbe; 6) Krieg: Graf Mörner; 7) Marine: Freiherr Lagerbjelke.

13. **Sicilien.** 1) Premierminister ad interim: Marchese di Pietracatella; 2) Auswärtiges: Buffo di Calabria, Principe di Scilla; 3) Inneres: Santangelo; 4) Policei: Marchese del Carretto; 5) Finanzen: Ferri; 6) Justiz: Parisio; 7) Cultus: Fürst v. Trabia; 8) Krieg und Marine: Dir. di Brocchetti.

14. **Spanien.** 1) Präsident und Minister des Auswärtigen: Gonzalez; 2) Inneres: Infante; 3) Finanzen: Surra y Rull; 4) Justiz: Alonso; 5) Krieg: San Miguel; 6) Marine, Handel und Colonien: Gamba.

15. **Baiern.** 1) Auswärtiges: Freiherr v. Gise; 2) Inneres: v. Abel; 3) Finanzen: Graf v. Seinsheim; 4) Justiz: Freiherr v. Schrenk; 5) Krieg: Freiherr v. Gumppenberg.

16. **Hanover.** 1) Auswärtiges: Freih. v. Schele, Staats- und Cabinetsminister; 2) Inneres: von der Wisch; 3) Finanzen: v. Schulte; 4) Justiz, Cultus und Unterricht: Freiherr v. Stralenheim; 5) Krieg: Graf v. Kielmannsegge.

17. **Sachsen.** 1) Premierminister: v. Lindenau; 2) Auswärtiges und Finanzen: v. Zeschau; 3) Inneres: Nostitz und Jänkendorf; 4) Justiz: v. Könneritz; 5) Krieg: Nostitz-Wallwitz; 6) Unterricht und Cultus: v. Wietersheim.

18. **Würtemberg.** 1) Auswärtiges: Graf v. Beroldingen; 2) Inneres, Kirchen- und Schulwesen: v. Schlayer; 3) Finanzen: v. Herdegen; 4) Justiz: v. Prieser, Vorstand des Departements; 5) Krieg: Freiherr v. Hügel.

19. **Kirchenstaat.** 1) Auswärtiges: Cardinal Lambruschini, Staatssecretair; 2) Cardinal Mattei, Staatssecretair; 3) Finanzen: Cardinal Tosti, Generalschatzmeister; 4) Krieg: Piccolomini, Präsident.

20. **Baden.** 1) Präsident: Freiherr v. Reitzenstein; 2) Auswärtiges: Freiherr v. Blittersdorf; 3) Inneres: Präsident Freiherr Rüdt und Collenberg; 4) Finanzen: v. Böckh; 5) Justiz: Präsident Tolly; 6) Krieg: Präsident v. Freydorf.

21. **Hessen-Darmstadt.** 1) Präsident und Minister des Auswärtigen: du Bos Freiherr du Thil, dirigirender Staatsminister; 2) Inneres und Justiz: Freiherr du Thil; 3) Finanzen: v. Kopp; 4) Krieg: Präsident v. Steinling.

22. **Hessen-Kassel.** 1) Auswärtiges: v. Steuber; 2) Inneres: Vorstand ad interim Koch; 3) Finanzen: v. Motz; 4) Justiz: Vorstand Mackeldey; 5) Krieg: Loßberg.

23. **Mecklenburg-Schwerin.** 1) v. Lützow; 2) v. Levezow.

24. **Mecklenburg-Strelitz.** v. Dewitz.

25. **Oldenburg.** Baron v. Brandenstein.

26. **Sachsen-Weimar.** 1) Regierungs- und Justiz-Departement: Freiherr v. Fritsch; 2) Finanz-Departement: Freiherr v. Gersdorff.

27. **Toscana.** Auswärtiges: Graf Vittorio Fossombroni.

Bunte Bilder aus Petersburg. *)

1. Straßenleben.

Wer aus einer der großen deutschen Hauptstädte oder gar aus London oder Paris nach Petersburg kommt und an das Menschengewühl und Gewimmel derselben gewöhnt ist, dem muß vor Allem die Öde und Menschenleere, die größtentheils in der nordischen Kaiserstadt herrscht, auffallen. Sein Auge wird über ungeheure Plätze hinstreichen, ohne oft etwas Anderes zu erblicken als eine einzelne dahineilende Droschke, sein Fuß Straßen durchwandern, an deren Seiten sich stolze Paläste aneinander reihen, zwischen denen nur einige wenige Fußgänger sich bewegen. Diese Erscheinung ist aus der großartigen Anlage und dem riesenhaften Plane, nach welchem die Stadt gebaut ist, zu erklären; selbst jetzt, da die mit reißender Schnelle wachsende Bevölkerung schon fast 500,000 Seelen beträgt, reicht sie doch noch nicht hin, die Straßen und Plätze der Stadt, welche zusammen den ungeheuern Raum von ungefähr 200 Millionen Quadratfuß einnehmen, mit dem regen Leben einer großen Residenz zu füllen. An großen Festtagen freilich, sowie jederzeit im Mittelpunkte der Stadt, in den großen Hauptstraßen (in Petersburg Perspectiven genannt), auf dem Admiralitätsplatze, auf den schönen Quais an der Newa, im Sommergarten ist großstädtisches Leben und die regste Bewegung, die des Merkwürdigen und Auffallenden genug darbietet.

Die Bevölkerung von Petersburg ist die bunteste, mannichfaltigste, die man sich denken kann; kaum ist irgend eine andere Stadt Europas möchte darin dieser gleichkommen. Die Verbindungen Petersburgs erstrecken sich jetzt zu Lande so weit und berühren so viele Völker des ganzen Erdenrunds, daß wenige sein möchten, die hier nicht ihre Vertreter hätten; die Ausdehnung des russischen Reichs selbst ist eine so ungeheure, daß schon bei den Stämmen, die sich hier auf heimischem Boden fühlen, in der Residenz ihres Fürsten höchst mannichfaltig und verschieden sind. Wie viel Völkerschaften finden sich nicht im Militair allein beisammen! Kaukasier, Tataren, Finnen, Kosacken haben ihre eigenen Heeresabtheilungen. Sieh, da jagt ein Kosack auf kleinem Rosse dahin, die Lanze eingelegt, als gälte es, Franzosen zu verfolgen; dort auf jenem freien Platze den Kopf zu Fuß bepanzerte und gewaffnete, reichbekleidete Gestalt ist ein Tscherkesse, der sein kriegerisches Spiel treibt; dort schreitet mit Würde ein Taurier, das Kind der Steppen, durch das dichte Getümmel. Und die russischen Soldaten, was bieten sie nicht für eine Mannichfaltigkeit dar mit ihren verschiedenen Uniformen, Monturen und Bewaffnungen; in Petersburg kannst du sie alle sehen, von jeder Gattung wenigstens eine Probe: die mancherlei Garderegimenter, Husaren, Jäger, Dragoner, Ulanen, Kürassiere, Grenadiere, Ingenieurs, Sappeurs, Linientruppen und Artilleristen; immer bevölkern sie die Straßen zu Pferd und zu Fuß, bald um die Wachen zu wechseln, bald um zur Kaserne zu ziehen oder zu den Paraden zu eilen. Betrachtet man die Kaufleute, so fehlt auch in dieser Classe kein Volk Europas und fast keins Asiens: Spanier und Italiener, Albions wie

---

*) Bearbeitet nach Kohl's trefflichem Buche: „Petersburg in Bildern und Skizzen."

Teuts Söhne, Holländer und Normänner, Bucharen und Perser in seidenem Gewande, Araber, ja Indier und Chinesen, alle in ihrer eigenen Art. Selbst die niedrigste Classe der Bevölkerung bietet gleiche Verschiedenheit dar: langbärtige Russen neben schlanken Polen, Finnen und Esthen, Letten, Mordwinen, amerikanische Matrosen und Kamtschadalen, Menschen von allen Religionen und Bekenntnissen, von Farbe weiß, schwarz und gelb.

Wer das Straßenleben Petersburgs in seinen verschiedenen Abstufungen, in seiner vollständigsten Entwickelung sehen will, der gehe auf die herrliche New'sche Perspective, welche, verschiedene Stadttheile, die armen wie die reichsten Quartiere durchschneidend, in einer Länge von vier Wersten von dem Alexander-Newsky-Kloster bis zur Admiralität führt. Eine Wanderung durch diese Straße in ihrer ganzen Länge ist wegen der mannichfach wechselnden Erscheinungen, die sie darbietet, von dem größten Interesse. Beginnen wir sie an ihrem äußersten Ende, so erinnert uns zuerst ein Kloster und ein Kirchhof an Einsamkeit und Tod; dann kommen wir zu hölzernen Häusern, zwischen denen sich singende Bauern herumtreiben, die bald das zu Markte gebrachte Vieh mustern, bald in den häufigen Branntweinschenken sich gütlich thun. Weiterhin haben steinerne zweistöckige Häuser, stattlichere Wirthschaften, Waarenlager und Kaufläden schon ein etwas städtischeres Ansehen; alte Möbeln, Kleidungsstücke und sonstige Gegenstände werden hier den ärmern Bewohnern der Vorstädte feilgeboten; hier sind die Häuser alle noch auf gut russisch gelb und roth angestrichen, die Männer ziert noch der lange Bart und der lange Kaftan. Bald erscheinen nun prächtige Häuser, einzelne Fiaker (Iswoschtschiks genannt), elegante Herren in moderner Tracht. Hat man aber um die Ecke des Winkels, den die Straße macht, gebogen, dann sieht man in der Ferne an deren Ende den hohen, schlanken Admiralitätsthurm emporsteigen, auf den alle Hauptstraßen hinführen. Hat man einige Brücken überschritten, so findet man sich im Mittelpunkte der Residenz; drei bis vier Gestock hohe Paläste reihen sich aneinander, die Waarenlager mehren und ihre Inschriften vergrößern sich. Der glänzendste Theil der Perspective beginnt aber endlich bei der Antischkow'schen Brücke; von hier bis zu ihrem Ende steht das Leben auf dem Gipfelpunkte. Vierspänner ohne Zahl, Generale und Fürsten mitten im Getümmel, die ausländischen Waarenlager, die kaiserlichen Paläste, die Hauptkirchen der verschiedenen Religionen und Bekenntnisse nehmen die Aufmerksamkeit in Anspruch. Dieser belebteste und prächtigste Theil der Perspective wird von nicht mehr als 50, freilich riesenhaften, Gebäuden gebildet, welche größtentheils den verschiedenen an der Straße liegenden Kirchen gehören (der holländischen, katholischen, armenischen, Petrikirche u. s. w.), die von Peter dem Großen weitere Räume, als sie bedurften, angewiesen erhielten. Bei schönem Wetter ist hier der anmuthigste Spaziergang; denn für die Fußgänger sind hier breite, bequeme Trottoirs vorhanden, sowie für die Wagen die Mitte der Straße mit Holz belegt ist, sodaß der betäubende Lärm der vorübersausenden Karossen wegfällt; die Häuser sind glänzend und mit zahlreichen Säulen verziert; störende Arbeiten, wie Holzhauen und Ähnliches, finden sich hier nirgend, da alles dergleichen in die Hofräume verwiesen ist. Das Publicum endlich ist durchaus artig und höflich, kein unangenehmes Zusammenstoßen kommt vor, theils weil dem Niedere aus angeborener Unterwürfigkeit sogleich dem Höhern Platz zu machen sich beeilt, theils wegen der dem Slawen eigenen Geschmeidigkeit und Gewandtheit in der Bewegung.

Da von den 500,000 Einwohnern Petersburgs 60,000 dem Militairstande angehören, so kann man keinen Schritt thun, ohne auf Soldaten zu stoßen, die noch dazu alle, sowol Gemeine als Offiziere, allezeit wohlgerüstet, in Uniform und Waffen erscheinen müssen. Am anziehendsten in ihrer äußern Erscheinung sind die tscherkessischen Krieger in ihrem silbernen Panzer und stählernem Netze, welche beständig geschliffene Dolche bei sich tragen und selbst auf Bällen die Polonaise zum großen Schrecken unserer Damen mit scharf geladenen Pistolen tanzen. Besonderes Aufsehen machte vor einigen Jahren einer von ihnen, Fürst Ali, ein Mann von ausnehmender Schönheit und Grazie, der mitten in der Straße, wenn es ihm einfiel, sein Gewehr bald nach der Sonne, bald nach einer Laterne oder sonst einem Gegenstande muthwillig abfeuerte, sobald aber die Policei ihn festnehmen wollte, schnell auf sein Pferd sich warf, das erst gleich einem Hunde hinter ihm herlief, und dann davonjagte. Einmal jedoch setzte der kaukasische Held statt der Sonne oder einer Laterne sich den Kopf eines Offiziers, welcher unehrerbietig von seiner Mutter am Kaukasus gesprochen, zum Ziele; daß er fehlte, daran war nicht seine Ungeschicklichkeit Schuld, sondern ein kräftiger Schlag, durch den ein anderer russischer Offizier dem Gewehre eine andere Richtung gab.

Obgleich außer den 60,000 Militairs ungefähr noch einmal so viel Personen Civil- und Privatuniformen tragen, Staats- und städtische Beamte, Bediente, Lakaien u. dgl., so ist doch der einfache Rock oder Frack darum nicht etwa verachtet oder übel angesehen. Erscheinen doch darin die deutschen Edelleute aus den Ostseeprovinzen, viele reiche russische Gutsbesitzer, Fürsten und Grafen, die gesammte englische Factorei, der ganze Handelsstand, zahlreiche Elegants, die Privatlehrer, die Mehrzahl der Ausländer, sowie die Bejahrten. Freilich müssen selbst die Lehrer an öffentlichen Schulen, die Universitätsprofessoren, sogar die Gymnasiasten, Kreisschüler und die Zöglinge aller öffentlichen Anstalten wohluniformirt mit buntfarbigem Aufschlag, Borten und Garnirungen sich zeigen, daher es denn auch nirgend so geschickte Uniformschneider geben mag, als hier in Petersburg.

Weil Witterung und Temperatur hier so außerordentlich veränderlich sind, verändert sich auch der Anblick des petersburger Straßenpublicums ungemein häufig; im Sonnenschein ergeht sich die feine Welt, welche gleich darauf ein Regenschauer verscheucht, der nur „schwarzes Volk" (d. i. schmuzige Leute, wie man in Petersburg die niedrigsten Classen der Bevölkerung nennt) auf der Straße zurückläßt; im Sommer ist am Tage Alles luftig und leicht gekleidet, am Abend Alles in Mäntel gehüllt. Da der Winter ebenso kalt ist, als der Sommer heiß (in jenem steigt die Kälte, in diesem die Hitze bis auf 30 Grad R.), so tritt dann an die Stelle der durchsichtigen Flore und leichten Seidenstoffe der dicke, wärmende Pelz, dessen selbst der Geringste nicht entbehrt. Auch die Verschiedenheit der Religionen thut das Ihrige, die Physiognomie des Publicums zu verändern. Am Freitage, dem heiligen Tage der Muselmänner, ergehen sich die Türken mit ihren Turbans, die Perser mit ihren wohlgepflegten Bärten, die an Schwärze mit dem Ebenholze streiten, und die kahlgeschorenen Tataren auf den Straßen; Tags darauf, am Sabbath, die Kinder Israels in ihren schwarzseidenen Kaftans; der Sonntag lockt die Christen heraus. Heute lauten die Lutheraner zum Buß- und Bettag, die deutschen Bürger mit ihren Familien, das schwarze Gesangbuch mit goldenem, glänzendem Schnitte unter dem Arm, eilen zur Kirche; morgen machen die Polen, Lithauer, Franzosen und Ostreicher sich auf in ihre geschmückten Tempel, ein Fest der katholischen Christenheit mit zu begehen; übermorgen rufen die tausend Glocken von den griechischen Kolokolniks (Glockenthürmen) die Glieder der „orthodoxen" Kirche, und dann, welch Gewimmel der russischen Bevölkerung auf den Straßen! An großen Staatsfesten aber, wo Alle mitfeiern, möchte man die Newastadt für eine große Musterkarte aller Trachten, Farben und Moden, die von Paris bis Peking gäng und gäbe sind, halten. Die Einen, nie von einem Scheermesser berührt, daß Haupthaar und Bart einem Urwalde gleichen; Andere im Gegentheil so kahl geschoren auf Schädel, Wangen und Kinn, daß nur die Augenbrauen höchstens und ein dünnes Stutzbärtchen auf der Oberlippe Schonung gefunden haben; noch Andere, denen das Gesetz selbst dies versagte, mit desto reicherer Lockenfülle; Männer in Kaftans und Talaren, in Fracks und Röcken, hell oder dunkel, mit Pelzmützen der verschiedensten Art, dreieckigen Federhüten und einfachen runden Hüten, Tschakos und Turbans, mit Stiefeln, Pantoffeln und von Lindenbast geflochtenen Schuhen; Frauen in modischen pariser Gewändern und altrussischen Sarafans, mit Hüten und Hauben oder einfachen, ums Haupthaar gewundenen Tüchern, oder mit lang herabhängenden, zierlich mit Bändern geschmückten Flechten — welche zahlreiche, seltsame Contraste!

Selten wird man in einer Stadt so viele schöne Männer sehen als in Petersburg; theils mag dies in der Kunst der Schneider seine Erklärung finden, welche aus jeder Figur etwas zu machen wissen, und in der Menge der Uniformen, die durch Farbe, Schnitt und Schmuck die Gestalt heben, theils darin, daß das Beste und Schönste aus den Provinzen hier zusammenströmt. Krüppel und Verwachsene sieht man fast gar nicht; kein Volksstamm erzeugt deren weniger als der russische. Bei der großen Anzahl wohlgebildeter Männer, denen man auf jedem Schritte begegnet, ist nur zu bedauern, daß die Zahl der weiblichen Bevölkerung zu der männlichen in so großem Misverhältnisse steht; denn der Frauen sind hier 100,000 weniger als der Männer, weshalb die Auswahl nicht gar groß ist. Ganz allgemein gilt es von den Russen, daß das weibliche Geschlecht minder schön ist als das männliche. Die Luftbeschaffenheit Petersburgs scheint dem weiblichen Theile der Bevölkerung nicht eben zuzusagen; selten nur sieht man hier ein hübsches, frisches Mädchengesicht. Die deutschen Damen machen hiervon eine Ausnahme; besonders liefern Finnland, Kurland, Liefland und Estland viel Schönes in die Hauptstadt. Die Schönheiten, welche in Gesellschaften glänzen, sind fast immer von dort; daher kommt es, daß die Russen eine so hohe Meinung von der deutschen Schönheit haben, daß sie einer Njemka (Deutschen) das Beiwort „schön" kaum jemals versagen.

Ein nicht minder belebter und glänzender Spazierplatz als die Perspective, deren Blütezeit in die Stunden nach dem Frühstück von 12—2 Uhr fällt, ist gegen 2 und 3 Uhr der englische Quai, dem linken Ufer des Hauptarms der Newa (der großen Newa) entlang, die Lieblingspromenade des Kaisers und somit auch der ganzen vornehmen Welt. Dieser Quai, mit zierlichem Eisengeländer eingefaßt, ist, gleich allen andern der Hauptstadt, aus Granitblöcken aufgeführt, wie jene ein Riesenwerk aus der Zeit Katharina's, und ruht auf einem mächtigen Roste, der, wie die übrigen großartigen Unterbauten, tief im Sumpfe steckt. Zum Wasser führen überall für die Fußgänger elegante Treppen und für die Wagen breite Anfahrten hinab, deren Seiten im Winter gewöhnlich noch mit allerlei aus Eisen gearbeiteten Säulen und Geländern verziert werden. Auf der einen Seite des englischen Quais zieht sich eine lange Kette glänzender Paläste hin, die zwar größtentheils von Engländern gebaut wurden, aber jetzt meist reichen Russen gehören; auf der andern überblickt man den breiten Newaspiegel, den zahlreiche Schiffe und Gondeln beleben, und jenseits die prachtvollsten Gebäude der Basiliusinsel (Wassili-Ostrow), die Akademie der Künste, der Wissenschaften, das große Cadettencorps u. s. w. Alle Lustwandelnde haben hier nur einen Zweck, den Kaiser und dessen Familie, die, wie überall in Rußland, so hier insbesondere den Mittelpunkt bildet, zu sehen, zu begrüßen und von ihnen begrüßt zu werden. Die größten Männer, die man hier sieht, sind die zwei riesenmäßigen, in ihren purpurrothen Röcken schon von fern strahlenden Mantelträger und Diener der Kaiserin, welche diese fortwährend begleiten. Auch an andern auffallenden Gestalten ist kein Mangel.

Außer der Perspective und dem englischen Quai darf nur noch ein Platz den besuchtesten Promenaden Petersburgs beigezählt werden, das ist der Sommergarten, ein an der Newa mitten unter den Häusermassen gelegener, 1000 Ellen langer Garten, dessen zahlreiche schöne und hohe Bäume, größtentheils Linden, im Sommer einen sehr willkommenen Schutz gewähren. Die Bäume sind zu langen Alleen formirt, hier und da Blumenbeete und allerlei marmorne Statuen, welche mit der rauhern Jahreszeit mit kleinen Häuschen überbaut werden zum Schutz gegen Regen und Schnee. An der nördlichen Seite der Newa entlang läuft ein eisernes Gitter, mit Granitsäulen und Granitsockeln und großen eisernen Thoren versehen, hin, das wegen seiner Schönheit und Festigkeit alle Bewunderung verdient. Auf die Unterhaltung und Pflege des Gartens wird die größte, unausgesetzteste Sorgfalt verwandt. Einige Restaurationen laden die Müden zur Ruhe und Erquickung ein. Bemerkenswerth ist noch in einer Ecke des Gartens das kleine Palais Peter's des Großen, welches dieser hier bewohnte, ein unansehnliches Häuschen mit gelb angestrichenen Basreliefs und Fensterrahmen verunziert; auf dem Dache reitet auf blechernem Pferde St. Georg, den Lindwurm erlegend. Der Sommergarten ist der große Tummelplatz der petersburger Jugend, die hier, auf dem Arme der Ammen, oder von Lehrern und Gouvernanten geleitet, zusammenfließt. Der Anblick gewinnt an Interesse durch die Tracht der Kleinen; nach allgemeiner russischer Sitte, die selbst im kaiserlichen Palaste gilt, erscheinen diese bis ins neunte oder zehnte Jahr in zierlichen Kaftans, die ein Gürtel zusammenhält, und mit hohen tatarischen Mützen, die Haare rund herum verschnitten. Doch gilt dies nur von den Knaben; die Mädchen werden gleich vom Anfange an nach französischer Mode gekleidet. Nicht minder merkwürdig als die Kleidung ist die Sprache der Kleinen, die, weil sie (was die Kinder der Reichern betrifft) Russen zu Bedienten, Französinnen zu Bonnen und Deutsche zu Lehrern haben, ein aus allen diesen drei Sprachen gemischtes Kauderwelsch ist, wie oft auch bei den Erwachsenen, nur daß die Schmeichel- und Liebkosungsworte dabei immer russisch bleiben. Der Glanztag für den Sommergarten ist der zweite Pfingstfeiertag, denn da findet die berühmte Brautwahl der russischen Kaufleute statt, ein seltsames Schauspiel, welches an die Mädchenmärkte in Ungarn erinnert. Nach altrussischer Sitte versammeln sich nämlich alsdann die russischen Kaufmannssöhne und Kaufmannstöchter, jene um zu schauen und zu wählen, diese um geschaut und gewählt zu werden. Die jungen Mädchen stellen sich, von allem nur erdenklichen Schmucke strahlend, in einer Reihe längs den Blumenbeeten auf, während die Mütter sich hinter sie postiren. Die jungen heirathslustigen Herren gehen nun mit ihren Vätern mit zierlich gekräuselten Bärten und feintuchenen Kaftans der gefallsüchtigen, erwartungsbangen Reihe entlang, nicht nur die Personen, sondern auch Kleidung und Schmuck nach Werth und Echtheit mit kritischem Auge prüfend und hier und da den Faden eines Gesprächs anspinnend. Acht Tage nachher findet eine zweite Brautschau statt, wo dann bei etwas mehr Lebendigkeit unter Beihülfe der Verwandten und Freunde gar manches Eheband geknüpft wird; dann sieht man Paar um Paar den Garten verlassen. Merkwürdig ist, daß dieser seltsame Gebrauch sich bis auf unsere Zeit in dem glänzenden Petersburg erhalten hat; jetzt freilich beginnt er auch zu schwinden, und obgleich an jenem Tage sich noch viele junge Herren und Damen im Sommergarten finden, so ist doch Alles nicht mehr so steif und altmodisch wie selbst noch vor zehn Jahren.

Die gewöhnliche tägliche große Wachparade, an der immer ein paar tausend Mann und eine große Anzahl Generale und Offiziere Theil nehmen, wird auf dem Admiralitätsplatze nahe bei dem Schlosse gehalten. Unter den Bäumen, welche die Admiralität umgeben, pflegt man dann zu lustwandeln. Der Kaiser pflegt hier selbst zu commandiren, und schon das ist ein merkwürdiger Anblick, ihn mit dem jugendlichen Thronfolger und mit der Wolke seines zahlreichen Stabes, lauter Fürstensöhne und von dem Range eines Generalmajors, heransprengen zu sehen. Die Zuschauer entblößen das Haupt, die Soldaten in Reih und Glied präsentiren das Gewehr. „Guten Tag, ihr Kinder", so ruft der Kaiser diesen zu, und „Wir danken Eurer Majestät" ist die tausendstimmige Antwort. Wer den Kaiser sehen will, braucht übrigens nicht einmal ihn bei der Wachparade zu suchen; überall ist er zu sehen auf den Straßen Petersburgs zu Fuß, zu Pferde, in unscheinbarer Droschke, im einspännigen Schlitten, alles Glanzes und aller Hoheit baar.

Für die Ordnung in den Straßen sorgt eine Unzahl von Butschniks, so genannt von den kleinen Buden an jeder Ecke, die ihnen, eine immer für drei, zum Obdach dienen und vor denen allemal einer im grauen Mantel mit rothem Kragen, bewaffnet mit einer Hellebarde, Tag und Nacht Wache steht. Durch kleine Pfeifen können sie sich untereinander Zeichen geben, sie selbst aber werden von Policeimeistern beaufsichtigt. Des Nachts patrouilliren außerdem immer noch Gendarmen-Abtheilungen durch die Straßen, wie auch in allen übrigen Städten des Reichs.

(Der Beschluß folgt in Nr. 476.)

Die Engländer in Afghanistan.

Bereits früher (in Nr. 325 des Pfennig-Magazins) ist von den Verhältnissen Afghanistans zum anglo-indischen Reiche die Rede gewesen; die furchtbare Katastrophe, welche neuerdings die Engländer in jenem Lande erlitten haben, hat aufs neue die allgemeine Aufmerksamkeit auf dasselbe gelenkt und unmöglich können die dort eingetretenen ebenso tragischen als wichtigen Ereignisse in diesem Blatte mit Stillschweigen übergangen werden.

Werfen wir zuvörderst einen Blick auf die Geschichte des Landes. Seit dem Jahre 1747, wo Afghanistan von Persien losgerissen wurde, herrschte in jenem die Suddosi-Dynastie und es folgten in diesem Reiche aufeinander als Herrscher: Achmed-Khan 1747—73, Timur-Schah 1773—93, Schah Simon 1793—1800, Schah Mahmud 1800—4, Sudscha 1804—9, Mahmud 1809—18, Dschikul 1818—23, Dost-Mohammed-Khan (Barukfi) 1823—39, Schah Sudscha (Suddosi) 1839 bis jetzt. Im J. 1823 wurde die Herrschaft der Suddosis gestürzt durch das Geschlecht der Barukfis, welches jenen zuerst hülfreich zur Seite gestanden hatte; schon mit Schah Mahmud's Vertreibung hatte eigentlich ihre Herrschaft begonnen, da Sudscha und sein Bruder Dschikul nur Schattenkönige gewesen waren. Dost-Mohammed-Khan, der mächtigste der Afghanenhäuptlinge aus diesem Geschlecht, schwang sich zum Beherrscher von Kabul auf, aber unter ihm zerfiel die Einheit des Afghanenreichs gänzlich; seine Brüder und Verwandten herrschten in Kandahar, Ghisni und Peschauer (welche letztere Provinz indessen dem König von Lahore tributpflichtig war), und besonders seit seinem entscheidenden Siege über das Heer der Sikhs ließ sich seine Herrschaft als begründet ansehen. Nur Herat, die Hauptstadt der an Persien grenzenden westlichen Provinz von Afghanistan, wurde noch von einem Häuptlinge aus der Dynastie der Suddosis beherrscht, nämlich von Schah Kamrar, einem Sohne Schah Mahmud's, welcher Letztere aus Kabul 1818 vertrieben wurde, nachdem Jener den Bruder Dost-Mohammed-Khans, Fotti-Khan, in Herat grausam ermordet hatte, und 1829 in Herat starb. Auf Herat und Kabul richteten sich nun die Blicke der beiden in Asien rivalisirenden europäischen Großmächte, England und Rußland. In Kabul war Dost-Mohammed allmälig so mächtig geworden, daß der um die Kunde des mittlern Asiens so höchst verdiente Capitain Burnes den Engländern zu einem Bündnisse mit ihm gerathen rieth, da es mit der Herrschaft der Suddosis völlig vorbei sei und dieselbe nur durch fremde Hülfe wiederhergestellt und erhalten werden könne. Zu einem Bündnisse mit ihm konnte sich jedoch die ostindische Compagnie darum nicht entschließen, da sie auch die Sikhs zu Freunden haben wollte, deren Beherrscher Rundschit Sing, Maharadscha von Lahore (welcher das Pendschab im J. 1800 von dem Afghanenherrscher, Schah Simon, zu Lehn erhalten und allmälig zu einem mächtigen Reiche erhoben hatte), ihr Bundesgenosse und der Todfeind Dost-Mohammed's war. Gegen den Rath der einsichtsvollsten Staatsmänner beschloß daher die damalige britische Regierung im Vereine mit der ostindischen Compagnie, Dost-Mohammed-Khan zu stürzen und den alten unfähigen und unbeliebten Schah Sudscha wieder auf den Thron von Kabul zu setzen, was zwar ohne großen Widerstand, aber nichtsdestoweniger nur mit großen Anstrengungen ins Werk gerichtet werden konnte, da die abenteuerliche Expedition einen Aufwand von nicht weniger als 12 Mill. Pf. St. verursacht haben soll. Gegen Ende des Jahres 1838 und Anfang 1839 setzten sich die drei Colonnen der britischen Expedition unter Sir W. Cotton, Sir John Keane (jetzt Lord Keane) und Oberst Simpson in Marsch, gingen nacheinander über den Indus und überschritten am 23. März unter furchtbaren Strapazen den Bolan-Paß. Kandahar ergab sich nach kurzem Widerstande im Anfange des Mai und am 8. desselben Monats wurde Schah Sudscha daselbst gekrönt. Die bisher für uneinnehmbar gehaltene Bergfestung Ghisni ergab sich am 23. Juli, wobei die britischen

Truppen Wunder der Tapferkeit thaten und ein Sohn Dost-Mohammed's in englische Gefangenschaft gerieth. Der Letztere floh beim Anrücken der Engländer nach dem Norden (über Bamian nach Kulum und Buchara) und am 7. August 1839 zogen die Sieger ohne Schwertstreich in Kabul ein. Als im Herbst die neue Ordnung der Dinge befestigt schien, kehrte Sir John Keane nach Ostindien zurück und mit ihm ein großer Theil der Truppen; nur in Kabul, Ghisni, Kandahar und einigen andern bedeutenden Plätzen blieben britisch-ostindische Garnisonen zurück. Schon unterwegs bemerkte er einige Symptome eines Widerstandes der Afghanenstämme gegen die aufgedrungene Herrschaft; im folgenden Jahre wurden die Anzeichen einer Empörung immer bedenklicher. Dost-Mohammed erschien unerwartet mit einem Heere wieder auf dem Kampfplatze, aber von dem englischen Brigadier Dennie am 12. September 1840 bei Bamian geschlagen und von seinen Anhängern verlassen, ergab er sich freiwillig dem Capitain Macnaghten, der bei Schah Sudscha als britischer Gesandter fungirte. Er wurde ehrenvoll behandelt und ihm Kurnal in Ostindien als Aufenthalt angewiesen, wo er von einer Pension der ostindischen Compagnie lebt.

(Der Beschluß folgt in Nr. 476.)

Riesengasthof.

Nach Zeitungsnachrichten soll im J. 1843 in London der größte Gasthof in der Welt eröffnet werden, wozu der Grund bereits angekauft ist. Er tritt an die Stelle von 26 alten Gebäuden, welche niedergerissen werden, und soll aus 12 besondern Gebäuden bestehen, deren jedes für eine andere Nation eingerichtet werden soll, das erste für Amerikaner, das zweite für Franzosen, das dritte für Deutsche, das vierte für Holländer, das fünfte für Russen u. s. w. Jede Nation erhält ihre eigenen Küchen, Köche, Ärzte, Lesezimmer u. s. w. und wird durch Landsleute bedient. Die Kosten sollen von einer Actiengesellschaft geliefert werden und sind auf 500,000 Pf. St. (3½ Mill. Thlr.) angeschlagen. Als Unternehmer werden ein Amerikaner, Dopsin, ein Deutscher, Abr. Schmidt, und ein Holländer, Aron Dofkles, genannt. Die ganze Sache klingt etwas mehr als abenteuerlich.

Literarische Anzeige.

Neu erscheint bei mir:

Lehrbuch der Waarenkunde.

Herausgegeben von

Karl Noback.

Erstes Heft.

Gr. 8. 15 Ngr.

Dieses Werk, das einem fühlbaren Bedürfnisse abzuhelfen bestimmt ist, erscheint in 8—10 Heften zu 8 Bogen, die sich rasch folgen werden; es wird im Ganzen daher nur ungefähr 4 Thlr kosten. **Das erste Heft ist durch alle Buchhandlungen zur Ansicht zu erhalten.**

Leipzig, im Mai 1842.

F. A. Brockhaus.

Der Berg Ataraipu im britischen Guiana.

Das Pfennig-Magazin

für

Verbreitung gemeinnütziger Kenntnisse.

476.] Erscheint jeden Sonnabend. [Mai 14, 1842.

George Louis Buffon.

Ein und dasselbe Jahr war dazu bestimmt, die zwei größten Naturforscher der neuern Zeit hervorzubringen; denn ebenso wie Linné ward auch George Louis Leclerc, Graf von Buffon, 1707 geboren und zwar am 7. September auf dem Schlosse Montbard in der Provinz Bourgogne. Da sein Vater, Benjamin Leclerc, Parlamentsrath und ein vermögender Mann war, so fehlte es ihm nicht an Gelegenheit, seinen Geist auszubilden und sich mit leichter Mühe Kenntnisse zu sammeln, zu denen weniger Bemittelte gar nicht oder wenigstens nur selten gelangen können. Vorzüglich waren die Reisen, die er mit einem jungen Engländer, dem Lord Kingston, durch Frankreich, England und Italien unternahm, für ihn nicht nur eine Quelle des Vergnügens, sondern auch vielfacher Belehrungen, besonders da der Führer des Lords keine Veranlassung versäumte, die Aufmerksamkeit seiner Begleiter auf wissenschaftliche Gegenstände hinzulenken. Schon damals ging dem jungen Buffon die Betrachtung der Natur im Ganzen und Einzelnen über Alles. Die Werke der Kunst machten dagegen wenig Eindruck auf ihn; ohne großes Interesse schritt er durch die herrlichsten Gemäldegalerien und durch die kostbarsten Antikencabinete; die schönsten Baudenkmäler vermochten seine Blicke nur auf kurze Zeit zu fesseln. Aber lange und gern verweilte er bei den Bildern der Natur, wie sie bald ernst und erhaben, bald anmuthig und heiter an seinen Augen vorüberzogen. Die bewundernswürdige Ordnung, die immer neue Pracht, das überall rege Leben der Schöpfung zu beobachten, gewährte ihm allein wahren Genuß und wahres Vergnügen, und so entschloß er sich, seine ganze zukünftige Thätigkeit den Naturwissenschaften zu widmen, ohne sich jedoch vor der Hand aus diesem ungeheuern Gebiete ein engeres Feld zur Bearbeitung abzustecken.

Zuerst beschäftigte er sich mit der Übersetzung eini=

ger englischen Schriften über Mathematik und Physik in der Absicht, sich die größtmögliche Gewandtheit im Gebrauche seiner Muttersprache anzueignen. Bald indeß trat er mit eigenen Werken hervor, durch die er sich auch sogleich einen solchen Ruf verschaffte, daß er von der pariser Akademie der Wissenschaften 1733 unter die Zahl ihrer Mitglieder aufgenommen wurde. Bei allen seinen Untersuchungen richtete er sein Bestreben vornehmlich darauf, die theoretischen Lehren für das tägliche Leben nützlich und brauchbar zu machen. In dieser Beziehung verdienen seine Versuche zur Herstellung von Brennspiegeln nach Art derer, welche bereits Archimedes benutzt haben soll, eine besondere Erwähnung. Es gelang ihm 1747 wirklich, ein aus einer beträchtlichen Anzahl Planspiegel zusammengesetztes Spiegelsystem zu construiren, vermittelst dessen er Holz in einer Entfernung von 200 Fuß augenblicklich anzuzünden und sogar Silber in einer Entfernung von 60 Fuß zu schmelzen im Stande war. Ferner entdeckte er auch ein Verfahren, wodurch man dem Splinte der Bäume dieselbe Härte und Festigkeit geben kann, welche sonst nur das Kernholz besitzt; es bestand dasselbe darin, daß er die zum Fällen bestimmten Bäume noch auf dem Stamme schälen und austrocknen ließ. So verdienstlich nun auch diese und ähnliche Forschungen Buffon's an und für sich waren, so lief er selbst doch dabei durch Eingehen auf so verschiedenartige und unterinander so wenig zusammenhängende Gegenstände Gefahr, seine Kräfte zu zersplittern und am Ende nicht Das zu leisten, was er in der That zu leisten vermochte. Ein Glück war es daher für ihn sowol als für die Wissenschaft, daß er jetzt in eine Stellung kam, welche ihn vor dieser Gefahr bewahrte. Im J. 1739 nämlich wurde er auf Empfehlung seines Freundes Dufay zum Intendanten des königlichen Gartens ernannt, und die Pflichten dieses Amts nöthigten ihn, sich mehr als früher der Naturgeschichte zuzuwenden. Zwar die Botanik, auf welche er doch zunächst hingewiesen war, blieb ihm fern, ohne daß er deshalb seinen Obliegenheiten weniger genügt hätte; aber mit desto größerm Eifer gab er sich dem Studium der Zoologie hin, die vor ihm meist nur talentlose Bearbeiter gefunden hatte und darum unter den Laien kaum einige Freunde besaß. Diesem Übelstande abzuhelfen und jene so anziehende Wissenschaft auch in weitern Kreisen zu verbreiten, war das Ziel, welches Buffon sich vorsteckte, als er bald nach dem Antritte seines Amts eine Geschichte der vierfüßigen Thiere zu schreiben begann. Das Unternehmen war kein leichtes: denn ein Werk, welches einem solchen Zwecke entsprechen sollte, mußte nothwendigerweise gründliche Gelehrsamkeit mit Anmuth und Schönheit der Darstellung verbinden; ohne die erstere würde es innerlich werthlos gewesen sein, ohne die letztere hätte es nimmermehr allgemeine Theilnahme erwarten dürfen. Aber Buffon ließ sich durch keine Schwierigkeit zurückschrecken. Wohl wissend, daß er allein der Ausführung seines Plans nicht gewachsen sei, verband er sich mit dem bekannten d'Aubenton, der später Director des naturhistorischen Cabinets zu Paris wurde. Dieser lieferte für das Werk die so höchst schätzbaren anatomischen Untersuchungen, welche man in der ersten Ausgabe desselben findet, während Buffon mit glänzender Beredtsamkeit und in einer lebendigen, die Aufmerksamkeit spannenden, häufig echt poetischen Sprache das Leben, die Triebe und die Eigenheiten der einzelnen Thiere schilderte.

Zehn Jahre mühsamen Fleißes kostete es, ehe nur die drei ersten Bände ans Licht treten konnten, und andere 18 Jahre (bis 1767) vergingen, ehe die „Geschichte der vierfüßigen Thiere" mit dem 15. Bande ihren Abschluß erreichte. Dafür war aber auch der Beifall, mit welchem das Werk aufgenommen wurde, so groß und so allgemein, daß in kurzer Zeit eine neue Auflage veranstaltet werden mußte. Hier beging nun Buffon den Fehler, daß er den anatomischen Theil wegließ, wodurch er nicht allein den Werth der Ausgabe bedeutend verringerte, sondern auch mit seinem Freunde d'Aubenton zerfiel, der von nun an seine Mitwirkung verweigerte. Die „Geschichte der Vögel" erschien daher nach Vorarbeiten Guénaud's von Montbillard und später des Abbé Beron von 1770—83 in 9 Bänden; die Beschreibungen sind in diesem Werke weit dürftiger als in der „Geschichte der Quadrupeden" und anatomische Untersuchungen kommen fast gar nicht vor. Noch mehr lassen die fünf Bände über die Mineralien, die Buffon, unterstützt von Lacépède, 1785—88 herausgab, zu wünschen übrig; denn Buffon besaß zu wenig chemische Kenntnisse, als daß er auf diesem Felde etwas Ausgezeichnetes hätte hervorbringen können. Dazu kam noch seine große Neigung zu Hypothesen, die ihn theils gar zu oft verleitete, gewagte und nicht zu rechtfertigende Schlüsse von dem Besondern auf das Allgemeine zu machen, theils ihn nicht selten an einer vorurtheilsfreien, genauen Auffassung des Einzelnen verhinderte. Am meisten tritt diese Neigung in seiner Abhandlung über die Epochen der Natur hervor, worin er über die Veränderungen und Umwälzungen der Erde Behauptungen als unumstößliche Thatsachen aufstellte, die beinahe aller historischen Grundlage ermangeln und höchstens durch die Genialität, von der sie zeugen, und durch die schöne bilderreiche Sprache, mit der sie vorgetragen werden, die Aufmerksamkeit auf einige Zeit zu fesseln vermögen. Wahr ist es allerdings, daß auch diese so unbegründeten Annahmen und Voraussetzungen Buffon's viel zur Förderung der Wissenschaft beitrugen, indem sie vermöge des Ruhms ihres Urhebers eine Menge Gelehrte zur Widerlegung anreizten und so mannichfache Veranlassung zu neuen Forschungen und Entdeckungen gaben; allein sie selbst erschienen deshalb um nichts besser, ja für Buffon wären sie beinahe nachtheilig geworden, da die pariser theologische Facultät darin einen Angriff auf die Glaubwürdigkeit der Mosaischen Schöpfungsgeschichte erblickte. Nur durch Widerruf entging er ihrem Verdammungsurtheile. Eigenthümliche Ansichten hegte er auch über die sogenannten Infusionsthierchen, denen er die animalische Natur geradezu absprach; er hielt sie für organische Moleculen, die zur Wiedererzeugung, zum Wachsthume und zur Erhaltung lebender Wesen dienen, indem sie sich mit einzelnen Theilen derselben vereinigen.

Indeß so verfehlt auch solche und andere Hypothesen großentheils waren, so schmälert doch das Zugeständniß ihrer Verfehltheit Buffon's Ruhm nicht im geringsten; denn dieser beruht nicht auf ihnen, sondern vorzüglich auf der Geschichte der vierfüßigen Thiere, und hier ist es vor Allem die Klarheit und Eleganz der Darstellung, welche den Leser zur Bewunderung hinreißt. Mag Buffon nun die Natur in ihrer Erhabenheit und in ihren Schrecken oder in ihrer Anmuth und Milde schildern; mag er die Wildheit des Tigers, die majestätische Haltung des Rosses, den stolzen und schnellen Flug des Adlers, die schillernden Farben des Kolibri malen: überall nimmt sein Styl den Charakter des Gegenstandes an, von dem geredet wird, ohne jemals die ruhige Würde zu verleugnen, die es fühlen läßt, daß die Natur selbst im Kleinsten groß ist. Kein Wunder, daß eine solche Behandlung eine an sich schon anziehende Wissenschaft noch anziehender machte und derselben plötzlich allenthalben Freunde und Liebhaber erweckte; kein Wunder, daß der Mann, der so Außerordentliches geleistet hatte, von allen Seiten Beweise der Anerkennung und Verehrung empfing. Fürsten übersandten ihm die seltenern Producte ihrer Länder (die er jedoch nicht als sein Eigenthum behielt, sondern, um sie gemeinnütziger zu machen, dem königlichen Cabinete schenkte), ja sie suchten ihn sogar auf seinem einsamen Studirzimmer auf. Seine Naturgeschichte wurde fast in alle Sprachen übersetzt und es erschienen unzählige Nachahmungen davon. Ludwig XV. erhob ihn in den Grafenstand und wollte ihm einen hohen Ehrenposten übertragen, den er aber ausschlug, um nicht in seinen Arbeiten gestört zu werden. Ja noch bei seinen Lebzeiten stellte man seine Büste an dem Eingange des Cabinet Ludwig's XVI. auf und gab ihr die schmeichelhafte Inschrift: „Majestati naturae par ingenium" (ein Geist, der Erhabenheit der Natur gewachsen). Buffon war sich übrigens seiner Vorzüge sehr wohl bewußt. Er liebte es nicht nur, aus seinen Werken vorzulesen, um den Eindruck zu beobachten, den seine Schreibart auf die Gemüther hervorbrächte, sondern er ging selbst so weit, seine Prosa über die Verse der gefeiertsten Dichter seiner Nation zu stellen, wodurch er freilich einen etwas zu hohen Grad von Selbstgefälligkeit und außerdem seine Unfähigkeit bewies, über poetische Erzeugnisse ein Urtheil zu fällen.

Die spätern Jahre seines Lebens brachte Buffon trotz seines Amts als Schatzmeister der Akademie, das er durch einen Stellvertreter verwalten ließ, auf seinem Erbschlosse Montbard zu. Hier wohnte er auf einem Berge, der an dem äußersten Ende eines großen Gartens lag, und war alle Morgen mit seinen Arbeiten beschäftigt. Niemand durfte ihn darin stören, weshalb während seiner Studirzeit der Eintritt in den Garten Jedermann untersagt war. Bis in sein höchstes Alter setzte er seine Beschäftigungen ununterbrochen fort, obwol er die letzte Zeit an einer sehr schmerzlichen Steinkrankheit litt. An dieser starb er auch am 16. April 1788, da er sich einer Operation durchaus nicht unterwerfen wollte. Er hinterließ aus seiner 1752 geschlossenen Ehe einen Sohn, welcher die militairische Laufbahn mit Ehren betrat, aber in der Revolution sein Leben unter der Guillotine endete.

Die Engländer in Afghanistan.
(Beschluß aus Nr. 475.)

Bald aber brachen neue Unruhen aus. Namentlich waren es die Gildschis-Stämme, denen in dem Namen des Schahs eine beträchtliche Summe für die Sicherheit der Engpässe, die von den Engländern bei der Communication mit ihrem indischen Reiche zu passiren waren, versprochen worden war, welche unruhig wurden, als sie das Geld nicht regelmäßig erhielten, und von ihnen wurden die übrigen Stämme aufgeregt. Von jeher standen in Afghanistan die Stämme der Gildschis und Duranis sich feindlich gegenüber, die wiederhergestellte Dynastie der Suddofis aber gehörte dem letztern an. Haupttheilnehmer des Aufstandes sind ferner die Kissilbasch, eine persische, von Nadir Schah hierher verpflanzte Colonie von etwa 12,000 Menschen, die gewöhnlich die Leibwache der Könige bildeten und mit Dost-Mohammed auf gutem Fuße standen; nach Burnes sind sie den Afghanen an Geist und Verstand weit überlegen. Die Hauptkämpfer der Afghanen waren die den türkischen Delhis entsprechenden Ghazis oder religiösen Fanatiker, die um Allah und des Propheten willen kämpfen, sich als Soldaten Gottes ausgeben und wenn sie im Gefecht fallen, Schuhis oder Blutzeugen genannt werden. Am 2. November des vorigen Jahres brach, wie bekannt, in Kabul und in dem ganzen Lande der Aufstand aus, welcher der englischen Macht einen so empfindlichen Schlag versetzte. Er scheint die Frucht einer weitverzweigten Verschwörung gewesen zu sein, die mit größter Klugheit geleitet wurde. Durch einen Scheinaufstand der Gildschis, welche den Kurkutkapaß gesperrt hatten und Karavanen und Kuriere anhielten, weshalb Brigadier Sale im October von Kabul abmarschirte, um den Paß zu befreien, scheinen die Verschworenen die größere Truppenmasse von Kabul weggelockt zu haben, um den Ausbruch leichter ins Werk setzen zu können; am 1. November kam General Sale unter fortdauernden Kämpfen am Ausgange des Passes an und am folgenden Tage brach der Aufstand in Kabul aus. Sir Alexander Burnes, der ein Haus in der Stadt hatte, sein Bruder und mehre andere Offiziere, die gerade in der Stadt waren, wurden getödtet. Alle zerstreuten Posten und Corps der Engländer wurden zu gleicher Zeit angegriffen; nur in Ghisni, Dschellalabad und Kabul konnten sich die Besatzungen (ein europäisches und drei Regimenter Sipoys) halten. In Kabul standen vier Regimenter Infanterie (ein europäisches und drei Regimenter Sipoys) und vier Escadrons Cavalerie, nebst ansehnlicher Artillerie, zusammen 6000 Mann, aber getrennt, theils in der Citadelle oder dem Balahissar, wo Schah Sudscha residirte, theils in einem befestigten Lager bei Kabul, das von jener durch einen tiefen Gebirgsstrom getrennt war; später wurden sie im Lager vereinigt.

An Sudscha's Stelle soll ein Sohn seines Bruders, Zeman Schah, der zu Ludianah von einer englischen Pension lebte, zum König ausgerufen worden sein, aber ohne Zweifel gibt er nur den Namen her; in der Umgegend von Kandahar sollen die Häuptlinge dem dortigen Gouverneur Timur Mirza, einem Sohne Sudscha's, den Thron angeboten haben. Demnach scheint der Stamm der Duranis theilweise bei dem Aufstande betheiligt zu sein, ja man wird versucht, die Treue des Schah Sudscha selbst in Zweifel zu ziehen, da er die Häuptlinge in Kabul sehr bald zu gewinnen wußte und sogar einen Hauptleiter des Aufstandes zu seinem Vezier ernannte. Andererseits spielt Dost-Mohammed's Lieblingssohn, Mohammed-Akbar-Khan, in Kabul eine Hauptrolle, war jedoch beim Ausbruche der Insurrection noch nicht da, sondern kam erst einige Wochen später, am 25. November, mit Geld reichlich versehen, aus Buchara an, nachdem vom 1. bis zum 17. November in und um Kabul eine ununterbrochene Reihe von Kämpfen stattgefunden hatte und so viel Blut geflossen war, daß die englischen Truppen schon unter den Ausdünstungen der Gefallenen zu leiden anfingen, indem bei der Stadt und dem Lager 10,000 Leichen umherlagen. Mit seiner Ankunft nahm der Ungestüm des Angriffs zu und die Engländer, welche den tapfersten Widerstand leisteten, aber mit einem zu sehr überlegenen Feinde (15—20,000 Mann), namentlich mit einer wohlberittenen und gut bewaffneten Cavalerie zu kämpfen hatten, zugleich auch an Munition und Lebensmitteln empfindlichen Mangel litten, sahen sich genöthigt, auf Unterhandlungen einzugehen. Entsatz hatten sie nicht zu hoffen. Ein Theil der englischen Garnison in Kandahar war zwar ausgerückt, um ihnen zu Hülfe zu kommen, aber durch den Schnee zur Umkehr genöthigt worden. Die Afghanen verlangten nichts weniger als Auslieferung aller Waffen, gänzliche Räumung des Landes, Freigebung Dost-Mohammed's und Zurücklassung aller verheiratheten Offiziere mit ihren Frauen als Geiseln. Diese Foderungen wiesen die Engländer anfangs mit Entrüstung zurück, als aber ihre Lage immer kritischer wurde, kam es endlich zu einer von Macnaghten in persischer Sprache entworfenen Übereinkunft in 20 Artikeln, die beiderseits genehmigt wurde. In Bezug darauf fand auf Ansuchen von Akbar-Khan am 23. December eine Zusammenkunft zwischen diesem und dem englischen Gesandten, Sir William Macnaghten, statt, in welcher dieser ermordet wurde, ob von Akbar-Khan selbst oder von jenen religiösen Fanatikern, ist nicht ermittelt.

Major Pottinger übernahm nun die Gesandtschaft und die Unterhandlungen über den Rückzug wurden fortgesetzt; die Convention, welche sein Vorgänger abgeschlossen hatte, wurde erneuert (29. December) und am 6. Januar 1842 trat das Heer seinen Marsch an, befehligt vom General Elphinstone und begleitet von Akbar-Khan, der vielleicht nur damit beauftragt wurde, um seiner los zu werden, den britischen Truppen jedoch gar keinen Schutz gewähren konnte und wollte. Die Zahl der Soldaten und Begleiter des Lagers soll beim Abzuge 13,500 betragen haben. Unterwegs hatten sie von der Kälte, dem Hunger und den feindlichen Angriffen nicht minder zu leiden, als die Franzosen bei ihrem Rückzuge aus Rußland, und wurden ganz in gleichem Verhältnisse decimirt. An dem furchtbar ermüdenden Marsche nahmen auch 14 Damen Theil, die sich auf Akbar-Khan's Aufforderung, der die angreifenden Ghazis nicht im Zaume halten konnte, mit Vertrauen von ihren Männern in seinen Schutz begaben (9. Januar). Als am 12. Januar das durch aufgehäufte Steine versperrte Defilé von Jugdulluk überschritten war, waren noch 300 Mann beisammen als der ganze Rest einer am 1. November gegen 16,000 Mann starken Armee; auch diese geriethen bald zum größten Theil in Gefangenschaft (unter andern General Elphinstone selbst und Brigadier Shelton) oder kamen um. Als Brigadier Anquetil, der nach Elphinstone den Befehl übernahm, gefallen war, hatte jede Ordnung ein Ende. Einige gut berittene Offiziere suchten Dschellalabad zu erreichen, aber nur zwei Engländern gelang es, dem Militairarzt Brydon, der am 13. Januar, mehrmals verwundet und völlig erschöpft, daselbst anlangte und die erste Kunde von dem greuelvollen Rückzuge brachte, dem er auf wunderbare Weise entronnen war, und später einem einzelnen Offiziere. In den folgenden drei Nächten wurden die Mauern der Stadt illuminirt, um als Leuchtthurm zu dienen; gleichzeitig wurden Reiterpatrouillen mit Trompetern mehre englische Meilen weit abgesandt, um Flüchtlinge aufzulesen; aber Alles war umsonst. In der gedachten Stadt, die etwa 15 Meilen in gerader Linie östlich von Kabul und zwischen dieser Stadt und Peschauer fast genau in der Mitte liegt, sowie letzteres zwischen der Provinz Kabul und dem Pendschab, standen 2000 Mann, die sich am 26. Januar noch auf drei Monate halten konnten, aber von den umliegenden Stämmen bedroht wurden, und da die Festung selbst halb zertrümmert ist, so ist ihre Sicherheit sehr problematisch. Die Stadt Ghisni soll sich in den Händen der Insurgenten befinden, die Garnison in der Citadelle eingeschlossen und mit Lebensmitteln auf sechs Monate versehen sein. Akbar-Khan ist in Kabul ohne Macht, hat aber die Gefangenen und Geiseln, unter denen sich auch Major Pottinger befindet, in seiner Gewalt; sein Vater wird in Ostindien scharf bewacht.

So weit reichen die letzten Nachrichten. Unfehlbar werden die Engländer für die erlittene Niederlage Rache nehmen und sich von dem Schimpfe, der ihre Waffen getroffen hat, zu reinigen suchen; schon werden Anstalten zu einem neuen Feldzuge nach Afghanistan getroffen, aber das Geschehene ist nicht ungeschehen zu machen und noch ist nicht vorauszusehen, welche nachtheilige Folgen für die britische Macht in Indien aus dem erlittenen Schlage hervorgehen werden.

Das britische Guiana.
(Fortsetzung aus Nr. 475.)

3. Skizzen aus dem Innern.

Der Fluß Essequebo ergießt sich in das atlantische Meer in vier verschiedenen Armen, welche durch drei flache Inseln, von denen eine 1½ Meile lang ist, gebildet werden, sodaß seine Mündung eine Längenerstreckung von 3 deutschen Meilen hat. Die gedachten Inseln, sowie mehre andere unweit der Mündung, sind mit Zuckerpflanzungen bedeckt. Mehr als 6 Meilen stromaufwärts ist der Fluß gegen 2 Meilen breit und gleicht einem See, der mit zahlreichen bewaldeten Inseln bedeckt und an beiden Ufern durch dichte, fast undurchdringliche Waldungen begrenzt ist. Begleiten wir unsern Landsmann Schomburg, als den neuesten Reisenden in diesem Lande, auf einer Fahrt stromaufwärts, so finden wir, wenn wir über den Zusammenfluß mit dem Massaruni hinausgekommen sind, nur wenige Spuren von Werken der Menschen, aber desto öfter Gelegenheit, die Größe Gottes in der Natur zu bewundern. Namentlich ist es die Üppigkeit der Vegetation, die unsere Bewunderung in Anspruch nimmt. Unter den zahllosen Bäumen und größeren Pflanzen bemerken wir den majestätischen Morabaum mit seinen dunklen Blättern, die Mimosenart, deren Holz zum Schiffbau fast ebenso geeignet ist als Eichenholz, den stattlichen Sauari, der eine nahrhafte Nuß trägt, den Siravabally, dessen Holz zu Schiffsplanken sehr geeignet und dem Wurmstich nicht ausgesetzt ist, und viele andere. Unendlich oft sehen wir kleine Schmarotzergewächse um große Stämme gewunden. Den wilden Wein findet man einer Schraube gleich um die höchsten Bäume gerankt, oft vielfach verschlungen, dann wieder zur Erde herabhängend, abermals Wurzel fassend und so scheinbar den Baum gegen die Wuth des heftigsten Sturmwindes sichernd. Bisweilen sieht man auch den wilden Feigenbaum, ein minder gewöhnliches Schmarotzergewächs, in den höchsten Zweigen des Morabaumes wurzelnd und seinerseits wieder umschlungen von Spielarten des wilden Weins.

Der untere Theil des Massaruniflusses ist durch eine Menge Inseln, deren Längenausdehnung den Ufern parallel läuft, in 10—12 Arme getheilt. Hier findet man eine Menge Stromschnellen, welche die Eingeborenen stromaufwärts auf folgende Weise passiren. Der Fluß drängt sich durch eine Menge kleiner Spalten, indem die Wassermasse durch große im Flusse liegende Granitblöcke getheilt wird. Am Fuße dieser Blöcke ist ein schwacher Wirbel, in welchen das Canot getrieben und wo es festgehalten wird. Die Mannschaft springt nun auf die Felsen und watet von da aus, soweit als Grund zu finden ist; hierauf ziehen sie mit Hülfe eines langen und starken Seils das Canot in einen der Arme oder Strahlen des Wasserfalls, wo Wasser genug vorhanden ist, um es flott zu erhalten, dann ziehen sie es mit aller Kraft empor. Nun nehmen sie es aus der Strömung, legen das Hintertheil gegen den obersten

Theil des Felsens, welchen sie so eben bestiegen haben, springen auf ein gegebenes Signal hinein und suchen nun mit aller Kraft in schräger Richtung durch die verschiedenen Strömungen zu rudern, bis sie zu einem andern Wirbel kommen. Dies ist der gefährlichste Zeitpunkt der Bergfahrt, denn wenn die Fahrenden die Ruder nicht rüstig und behende zu handhaben wissen, so wird das Vordertheil des Kahns von der Strömung ergriffen und dieser in einer gegen die letztere senkrechten Richtung den Wasserfall hinabgetrieben, wobei er unfehlbar umschlagen muß.

Die Indianer in dieser Gegend haben auch eine seltsame Art, Fische zu fangen, indem sie dieselben nöthigen, an die Oberfläche zu kommen, um den Wirkungen einer in das Wasser geworfenen Pflanze zu entgehen. Diese Pflanze hat eine etwa 2 Zoll dicke Wurzel, die mit einem betäubenden Milchharz angefüllt ist. Die Indianer schlagen die Wurzel mit schweren Stöcken, bis sie gleich grobem Hanf zerkleinert ist, und tauchen sie dann ins Wasser, welches schnell von dem Safte weiß gefärbt wird. Diesen Aufguß gießen sie dann in den Fluß und nach etwa 20 Minuten kommen alle an dieser Stelle befindlichen Fische an die Oberfläche, wo sie mit der Hand oder Netzen gefangen oder mit Pfeilen, Messern u. s. w. erlegt werden, wobei Männer, Weiber und Kinder beschäftigt sind. Ein Cubikfuß der gedachten Wurzel bringt diese Wirkung auf einer einen ganzen Morgen einnehmenden Wasserfläche hervor, und man findet nicht, daß die Qualität der Fische bei diesem Verfahren leidet. Ein Engländer fing durch dieses Mittel mit Hülfe eines Mannes und eines Netzes in kurzer Zeit 154 Fische, jeder durchschnittlich 4—5 Pfd. schwer. Bei dem Fange eines Fisches, der Paku genannt wird und etwa 7 Pfd. wiegt, wird auch noch folgendes Verfahren angewendet. Wenn die Eingeborenen finden, daß ein Theil des Flusses diesen Fisch in vorzugsweise großer Menge enthält, so schließen sie ihn durch eine Mauer von lose aufgehäuften Steinen ein, die etwa 1 Fuß über die Wasserfläche vorragt, und lassen für die Fische zwei bis drei Zwischenräume von etwa 10 Fuß Breite, die zwei Stunden vor Tagesanbruch mit hölzernen Geflechten verschlossen werden. So werden die Fische in einem zeitweiligen Teich eingeschlossen, und nach Tagesanbruch wird ein Aufguß der gedachten Wurzel in das Wasser geschüttet.

(Der Beschluß folgt in Nr. 477.)

Gegend am Massaruni. Fischende Indianer.

Bunte Bilder aus Petersburg.

(Beschluß aus Nr. 475.)

2. Die Märkte.

Bei den Russen ist es Sitte, die hauptsächlichsten Waaren, die in einer Stadt feilgeboten werden, zur Bequemlichkeit der Käufer in einem und demselben Gebäude, gewöhnlich im Mittelpunkte der Stadt, zu vereinigen. Fast in jeder irgend bedeutenden Stadt Rußlands, auch in den deutschen Städten der Ostseeprovinzen, wie Mitau, Dorpat, nur nicht in den Seeplätzen Odessa, Riga, Libau u. s. w., findet sich eine solche größere oder kleinere Kaufhalle, Gostinnoi-Dwor (Gasthof) genannt. Gewöhnlich sind es hübsche zweistöckige Gebäude mit Säulenhallen; die von ihnen eingeschlossenen Hofräume, sowie das obere Gestock dienen meist zu Magazinen und zum Verkaufe en gros, während das untere Gestock aus Budenreihen zum Einzelverkaufe besteht. In diesen Kaufhallen gesellen sich wieder alle Die zueinander, welche mit der gleichen Waare handeln; hier finden sich alle Papierhändler in einer Reihe, dort alle Seiden- oder Lederhändler beisammen. Die vom Gostinnoi-Dwor ausgeschlossenen Waaren, als Eisen, Kohlen, Holz, Schlitten und Wagen, Möbeln, befinden sich wiederum gewöhnlich in einem gewissen Stadttheile voneinander gesondert in besondern Budenreihen zusammen, die bei den Russen Rädi heißen. Für die Victualien, die gleichfalls von den Kaufhallen ausgeschlossen sind, gibt es auch streng geschiedene Abtheilungen in den großen Städten: Eier-, Vögel-, Heu-, Fleisch-, Wildpretmärkte, Alles weit mehr gehäuft und geschieden als bei uns. Nicht die kleinste Rolle spielen die Trödelmärkte. Die westeuropäischen Producte aber sind ganz von den russischen Märkten und Kaufhallen ausgeschlossen; sie werden in der Regel in den belebtesten und elegantesten Straßen aufgestapelt und verhandelt zu dreifach höhern Preisen als die Gebilde der russischen Hand, die sie aber auch an Güte bedeutend übertreffen. Die petersburger Kaufhalle stößt mit der einen Seite an die Perspective, mit der andern an die Gartenstraße, breitet sich aber in allerlei Flügeln und Anhängen noch durch die letztere und mehre benachbarte Straßen hin, die, zu beiden Seiten mit Buden besetzt, das Ansehen eines beständigen Jahrmarkts haben. Während der Gostinnoi-Dwor in Petersburg in seinen Hallen die bessern russischen Waaren enthält, sind für die geringern, deren die Niedern und Armen bedürfen, nicht weit davon zur Seite der Gartenstraße zwei große Plätze, der Apraxin'sche Markt und der Tschukin'sche Hof, bestimmt; noch weiterhin ist endlich der Heuplatz, der Victualienmarkt der Petersburger. Auf der andern Seite des Hallengebäudes reihen sich daran fast die ganze Perspective hinab die Silberbuden, die Eisengewölbe, die Wagen- und Möbelniederlagen, die Holz- und Kohlenbuden u. s. w., endlich die zahllosen Schlitten und Bauerwagen auf dem Winterplatze in der Nähe des Newski-Klosters und der Viehmärkte.

Das Durchstreifen dieses dem täglichen Verkehre in Ein- und Verkauf gewidmeten Viertels, wo sich von allen Seiten Diener und Köche, Haushofmeister und Kammerjungfern, so gut wie die Herrschaften selbst herbeidrängen, um Einkäufe aller Art zu machen und die verschiedensten, mannichfachsten Bedürfnisse zu befriedigen, ist für den Fremden in hohem Grade unterhaltend und genußreich. Man sehe die lange Reihe von Papierhändlern, die alles mögliche Schreibmaterial in den größten Massen aufgespeichert haben, um alle die unzähligen Bureaus, Comtoirs und Kanzleien der Hauptstadt zu versorgen; die ungeheuern Vorräthe von Spielsachen; man sehe die gierige, hungrige Menge sich zu den Scherbet- und Confectverkäufern drängen, in denen jeden Augenblick Hunderte von Händen beschäftigt sind. Eigenthümlich ist, daß die russischen Verkäufer ihre Sachen immer schon so viel als möglich fertig und zum augenblicklichen Gebrauche geschickt zu Markte bringen, weil Jeder erst zu kaufen pflegt, wenn Noth an den Mann geht. Daher die großen Magazine von fertigen Kleidern aller Art, fertigen Stiefeln, doch auch von Sohlen, Schäften, jenachdem sie gebraucht und gesucht werden, die Massen von Schreibebüchern bei den Papierhändlern, von Zügeln, Sätteln u. s. w. — Die Gostinnoi-Dwor-Kaufleute sind immer gewandte Leute mit hellbraunen oder blonden Haaren und Bärten; sie tragen einen blauen Kaftan und eine blautuchene Mütze von gleichem Schnitt und wissen ihre Waaren den Vorübergehenden auf das beredteste und angelegentlichste in oft sehr übertriebenen Ausdrücken anzupreisen, ohne dabei einen Unterschied des Alters oder Standes zu machen. „Kasan'sche Stiefeln von der ersten Sorte! Belieben Sie gefälligst, meine Dame, belieben Sie!" „Was könnte Ihnen zu Diensten stehen, mein Herr, ein Bärenpelz, ein Fuchspelz oder ein Wolfspelz? Sie finden Alles bei mir, belieben Sie nur einzutreten." Oft halten sie auch, um sich selbst die Mühe zu ersparen, einen kleinen Knaben, der, in einen großen Pelz gehüllt, die Mütze in der Hand, den Marktschreier macht und seinen einförmigen Gesang tausendmal wiederholt. Im Winter sind diese Herren von der Halle zu bedauern; denn da, mit Ausnahme der vor den Heiligenbildern aufgestellten Lämpchen, in dem Gebäude kein Feuer und Licht brennen darf, so sind sie dann der unbarmherzigsten Kälte ausgesetzt, die jedoch ihre Heiterkeit und ihren Frohsinn keineswegs zu stören vermag; freilich gewährt ihnen auch der durch ganz Rußland verbreitete weißgraue Wolfspelz, den sie alsdann noch über ihren Kaftan ziehen, einigen Schutz. Alle Gostinnoi-Dwors im ganzen Reiche sind aus Stein gebaut und mit Eisen gedeckt, um der Feuersgefahr zu wehren; der petersburger ist sogar noch gewölbt, und an seinem Dache selbst ist auch nicht ein Stückchen Holz verwendet. Bei einbrechender Nacht hört aller Verkehr auf; die Kaufleute verrammeln und verschließen fest ihre Buden und überlassen die Bewachung eigens dazu angestellten Wächtern und großen angeketteten Hunden. Nur die kleinen Heiligenlämpchen glimmen dann noch im Innern; von ihren geweihten Flämmchen befürchtet man keinen Schaden.

Die Zahl der — großen und kleinen — Kaufleute dieses petersburger Bazars und seiner Anhänge kann leicht bis auf 10,000 ansteigen. Da sie im Laufe des Tages allerlei Bedürfnisse des Magens zu befriedigen haben, so stellt sich ihretwegen eine sehr ansehnliche Zahl Verkäufer ein, die allerhand Eßwaaren und Getränke jederzeit feilbieten. Klagen, wie sie bei uns in dem Munde der Kaufleute so häufig sind, hört man an diesem Orte nicht; der Bedarf ist groß, um so größer wegen der geringen Beschaffenheit der Waaren, und der Russe seiner Natur nach sorglos und zufrieden. Mit Rechnen, Ordnen und dergleichen beschäftigt sieht man ihn fast niemals; sind keine Käufer da, so vergnügen sich die Nachbarn durch Spiel und Scherz; am häufigsten sieht man sie Dame spielen, wobei sie sehr eifrig und aufmerksam sind, und im Winter treiben sie sehr geschickt den Ball durch die geräumigen Hallen hoch über den Häuptern der Kaufenden, Verkaufenden und Spaziergänger hin. Von Zeit zu Zeit treten sie dann vor ihren Heiligen und bitten um guten Fortgang ihrer Geschäfte; dann füttern sie ihre Singvögel, die sie stets in großer Menge zu ihrer Belustigung unterhalten, oder sie sammeln sich gruppenweise, den heißen Thee hinunterzuschlürfen.

Will man ein echt russisches Bild des Treibens der niedern Volksclassen sehen, so gehe man von der Gartenstraße auf den Apraxin'schen und den Tschukin'schen Markt, die von Kleider- und Speisevorräthen und Hausgeräthschaften strotzen. Auf dem Platze, den beide zusammen bilden, stehen gegen 5000 Buden und Zelte, die von schmalen, mit Bretern belegten Straßen durchschnitten werden. Außer den bunt angeputzten Heiligenbildern, die unter den hinzuführenden Thorwegen hängen, finden sich noch auf den hier und dort sich öffnenden freien Räumen kleine Kapellen im buntesten Schmuck, sowie mitten in den Straßen häufig noch Brücken und Bogen, die die Dächer der Buden verbinden, hellglänzende Heiligen mit ihren Lämpchen tragen. Branntweinschenken, den Russen so wichtig, zum Theil nicht unfreundlich eingerichtet, befinden sich fast neben jeder Kapelle. Selbst hier haben sich die gleichartigen Waaren zueinander gesellt. In jener Ecke dort finden sich alle Heiligenbilder gehäuft. Der Kinderglaube der Russen bedarf überall einmal solche Zeichen, um an die Allgegenwart Gottes recht augenfällig gemahnt zu werden. Da liegen in großen Haufen und Schichten messingene Kreuzchen, Marien-, Johannes- und Georgsbilder in großen Kisten vor den Buden ausgestellt und an den Wänden aufgehängt in allen Größen und Arten, für Privathäuser und Kirchen bestimmt, in frischer Farbenpracht glänzend oder, was dem gemeinen Russen am liebsten, vom Staub der Jahrhunderte gebräunt, und werden dutzend- oder schockweise gekauft. An einem andern Punkte des Marktes finden wir die Fruchtläden, mit Früchten überladen, aufs seltsamste aufgeschmückt; in jenen trockenen Reihen wird zierlicher Brautschmuck in unübersehbarer Fülle feilgeboten: künstliche Blumenkränze, metallene Hochzeitskronen, Alles zu den billigsten Preisen. Hier finden sich Kaufleute, die nur mit Räucherwerk handeln; dort Honigverkäufer, die ihren Honig, meist aus Kasan oder Tula, in weißschimmernden Lindengefäßen haben. Mitten im Gedränge an allen Ecken sind Wechseltische aufgestellt, auf denen die verschiedenen Geldsorten in Häufchen oder Säulchen offen zu Tage liegen, an denen sich nie Jemand vergreifen wird, so wenig man sonst auf diesen Märkten mit Sicherheit darauf rechnen kann, von den Kunstgriffen der Taschendiebe und Beutelschneider verschont zu bleiben.

Als besonders interessant müssen wir auch noch der Abtheilung gedenken, wo der Vogelmarkt gehalten wird. In zwei langen Budenreihen wimmelt es von großem und kleinem, lebendigem und todtem, singendem, krähendem, gackerndem, schnatterndem, girrendem Gevögel: Lerchen, Buchfinken, Dompfaffen, Nachtigallen, Hänflinge, Zeisigen, Tauben, Hühnern, Gänsen, Enten, Schwänen. Auf den Dächern der Buden, die auf der einen Seite ganz offen sind, sodaß der ganze reiche, bunte Inhalt zu überschauen ist, flattern Tauben ohne Zahl umher, die bei den Russen sehr beliebt sind, nicht als Speise (denn die Russen essen aus religiöser Rücksicht kein Taubenfleisch), sondern als Spielwerk, indem sie dieselben abrichten und sich besonders an ihrem Fluge erfreuen. Friedlich mit den Tauben gepaart sieht man auf den Dächern Katzen, von denen jede Bude eine zum Schutz wider die Mäuse hält. Die besten Hühner liefert Moskau, Nowgorod die besten Tauben und Finnland die meisten Singvögel; selbst aus China wird eine kleine Anzahl Gänse auf Schiffen und Schlitten 1000 Meilen weit hergebracht. Auf Bretern aufgeschichtet liegen die Leiber der schönen Schwäne aus Finnland, Rebhühner, Auer- und Birkhühner aus Liv- und Esthland, Trappgänse aus den Steppen, deren Transport nur durch die lange andauernde Kälte möglich wird, die überhaupt viel dazu beiträgt, den Luxus der Tafel zu erhöhen.

3. Der große Maskenball in der Butterwoche.

Dem Osterfeste, bei den Russen auch schlechthin das Fest genannt, geht eine ganze Reihe von Feiertagen voraus; zunächst ein siebenwöchentliches Fasten und diesem wieder als Vorbereitung für das Fasten ein achttägiges Leben in Saus und Braus. In dieser achttägigen Jubelzeit, die gewöhnlich um die Mitte oder das Ende des Februar fällt und Butterwoche (Maßlänize) heißt, weil in derselben noch der Gebrauch der Butter, an deren Stelle in der Fastenzeit das Öl tritt, gestattet ist, drängen sich, namentlich fürs Volk, alle möglichen Vergnügungen und Spiele zusammen, unter denen die Schaukeln und Eisrutschbahnen allemal obenan stehen; eine kleine Stadt von Buden baut sich auf und Alles gibt sich dem Vergnügen hin. Die Vornehmen und Wohlhabendern stellen dann, wie auch sonst oft, zu Wagen große Promenaden (Gulanien) an, um Zeugen des allgemeinen Volksjubels zu sein. In den mancherlei Theatern wird um diese Zeit oft zweimal des Tags gespielt, früh und Abends, französisch, deutsch, russisch, italienisch. In dem großen Theater findet in der Butterwoche der große Maskenball statt. Auch in ihr ist das eine Art Volksvergnügen, indem es jedem anständig Gekleideten vergönnt ist, daran Theil zu nehmen, und selbst der Kaiser sich allemal gewissenhaft dabei einfindet. Merkwürdig ist die Geschwindigkeit, mit der das Theater wie durch einen Zauberschlag in einen Ballsaal verwandelt wird. Bis gegen halb 10 Uhr währt das Schauspiel. Kaum haben sich die letzten Zuschauer entfernt, so verschwindet der Kronleuchter und einige hundert Arbeiter mit Kerzen erscheinen; während eine Anzahl derselben Orchester und Parterre auszuräumen beschäftigt ist, kommen Andere mit Bretern und Balken von der Bühne her; Äxte und Sägen sind in angestrengter Thätigkeit, nur einzelne Commandowörter und Antworten übertönen den Lärm. Von der Bühne her rückt die Brücke immer weiter vor bis unter die kaiserlichen Logen, zu denen Treppen hinaufsteigen, damit jene als Durchgänge dienen können. Scharen von plaudernden Frauen fegen die Räume, seidene und wollene Stoffe werden von kundigen Händen auf der Bühne zu einem zierlichen Zelte gestaltet, während im Hintergrunde eine Galerie für die Musiker, an den Seiten Bänke für die Zuschauer entstehen. Noch vor 11 Uhr ist die Verwandlung vollendet. Der Kronleuchter schwebt von neuem herab und seine Lichter, sowie die Tausende von Wachskerzen an den Seiten senden ihre magischen Strahlen aus auf die junge Schöpfung; zuletzt schwenkt noch ein Lakai seine Rauchpfanne, und um 11 Uhr strömt die Menge von allen Seiten herbei in buntem Gemisch, Thier- und Menschengestalten untereinander. Sobald der Kaiser eingetreten ist, beginnt der Gesang der russischen Nationalhymne: „Für den Kaiser und das heilige Rußland" und das Orchester fällt brausend ein. Wo der Kaiser hinkommt, da sammeln sich gleich Gruppen staunender Gaffer; doch er mischt sich unter das Gewühl und steigt Treppe hinauf, Treppe nieder. Da drängen sich Damen in der Verhüllung der Dominos keck an ihn heran. Er nimmt die eine oder die andere bei seinen Arm und wandelt scherzend mit ihr umher, keine Antwort schuldig bleibend. „Ach, wie Du schön bist", flüstert sie ihm auf Französisch zu. „O ja, ach und hättest Du erst gesehen, wie ich's andere Male war." Eine andere Maske bemerkt gegen ihn: „Es gibt heute wenig Damen." „Ja, aber ich bin zufrieden; ich nehme Dich für hundert." Und da eine Maske ihm durch ihre Zudringlichkeit lästig zu werden scheint, geht er auf einer seiner Großen zu und mit den Worten: „Sieh da, T., eine schöne Kleine für Dich", hängt er sie an seinen Arm. Seltsame Gegensätze auf diesem Ball; da sieht man den Selbstherrscher aller Reußen neben einer französischen Gouvernante, einen deutschen Thronerben neben dem zukünftigen Erben eines Ladens an der Perspective, den Finanzminister neben einem Handlungscommis als Frosch gekleidet. Die Vornehmen wenden nicht viel Mühe aufs Maskiren oder verstehen sich nicht darauf. Die Meisten erscheinen im einfachen schwarzen Frack, Wenige im Domino. Charaktermasken zu tragen, gilt nicht für fein, und Unmaskirte blicken zuweilen mitleidig auf sie herab. Übrigens erscheint der Kaiser auf diesem Balle nur des Publicums wegen, Minister, Generale u. s. w. nur des Kaisers wegen. Die ersten Familien sehen sich nur von den Logen aus ein wenig das Treiben an und entfernen sich bald, um dann auf Privatbällen zu glänzen.

4. Die Eisberge.

Ein Hauptvergnügen gewährt den Russen zur Winterszeit das Rutschen auf künstlich errichteten Eisbergen. In der Butterwoche erstehen daher neben den vielen Schaukeln und Carroussels eine Menge solcher winterlichen Rutschbahnen auf dem Admiralitätsplatze, welche die ganze Zeit über nicht leer werden. Ihre Einrichtung ist folgende. Ein hohes, schmales Gerüst erhebt sich 15—20 Ellen hoch; zu der kleinen Galerie, die es oben trägt, steigt man auf hölzernen Treppen von der einen Seite hinauf, während sich von der andern Seite die Bahn anfangs jäh, dann je näher dem Boden desto weniger steil hinabsenkt, bis sie sich endlich unvermerkt mit diesem vereinigt. Die Bahn besteht aus hölzernen, aneinander gefügten Bohlen, wird von Balken getragen und mit großen wohlbehauenen viereckigen Eisstücken belegt; über das Ganze schüttet man dann noch Wasser, das die Fugen verkittet und jede Unebenheit vollends ausgleicht. Wo die Bahn aber dem Boden gleich ist, erspart man sich jene Mühe und wirft zu beiden Seiten nur Schneedämme auf, zwischen die man Wasser schüttet, das sogleich gefrierend die herrlichste Spiegelfläche bildet. Auf der Höhe der Bahn wird nun noch eine Fahne aufgesteckt, die lustig im Winde flattert. Man baut stets zwei solche Eisberge einander gegenüber, sodaß die Bahnen, durch Schneedämme getrennt, nebeneinander hinlaufen und die Wirkung der einen da aufhört, wo die der anderen anfängt, damit man mit der Hinfahrt gleich die Rückfahrt verbinden kann. Diese Eisberge sind so allgemein beliebt, daß in dem Hofe der meisten vornehmern Häuser den Kindern dergleichen Rutschbahnen errichtet werden; und damit man mit größerer Bequemlichkeit und vom Wechsel der Jahreszeit unabhängig dies Vergnügen genießen kann, lassen die Reichen in ihren Sälen Rutschberge aufstellen, deren Bahn aber freilich nicht aus Eis, obgleich man auf Schlitten hinabgleitet, sondern aus glattpolirtem Mahagoni- oder anderm Holz besteht; selbst im Kaiserpalais fehlt ein solcher Mahagonirutschberg nicht. Die russische Jugend huldigt dem Vergnügen des Rutschens um so eifriger, da sie Eis und Schnee sonst wenig benutzt, nicht Schlittschuh läuft, weil die Oberfläche des Eises in der Regel zu rauh ist, nicht selbst kleine Schlitten schiebt, nicht Schneemänner baut. Daher sieht man an jedem Abhange Mädchen und Knaben in Dörfern und Städten auf kleinen Schlitten von Eis, die sie in Gestalt eines Schiffes sich selbst zimmern und mit Stroh auslegen, pfeilschnell hinabgleiten. Ja, man häuft sogar bis zum Dache des Hauses einen Schneeberg auf und fährt dann auf demselben hinab. Die Eisberge des Admiralitätsplatzes in der Butterwoche sind von Barrièren umgeben, an denen stets dicht gedrängt Zuschauermassen stehen, des bewegten Schauspiels froh. Tritt man an den Fuß des Gerüstes, so braucht man nur einem der dort lauernden und dringlich einladenden Schlittenführer einen Wink zu geben, und sogleich springt er die Treppe hinauf; man sucht sich auf dem kleinen Schlitten ohne Lehne möglichst einzurichten, der Führer schwingt sich hinten auf und pfeilschnell schießt der Schlitten die Bahn hinab. Mittags, wo der Zudrang am größten ist, ist es eine wahre Lust, Schlitten auf Schlitten in ununterbrochener Reihe herabsausen zu sehen; freilich kommt dann auch mancher kleine Unfall vor, besonders am Ende der Bahn stürzt mancher Knäuel von Menschen und Schlitten in den Schnee zur größten Freude der Schauenden. Kunststücke auf der Bahn zu machen, ist zwar eigentlich verboten, und die Policie wacht ängstlich, daß dergleichen nicht vorkomme; aber an jungen Waghälsen fehlt es nicht, die bald mit verschlossenen Augen auf den Schlitten sich legen, oder auch liegend den Kopf voran und Grimassen schneidend in die Tiefe fahren, oder gar stehend auf Schlittschuhen pfeilgeschwind hinabgleiten und dann unten im Gewühle den Verfolgungen der Policiediener entkommen. Daß dies Vergnügen eine Lust fürs Volk ist, ist leicht zu begreifen, doch unversucht wollen es auch Herren von Stande nicht lassen, am wenigsten die Engländer. Damen freilich, die sich mehr dünken als die dicken russischen Kaufmannsfrauen, wollen gar nichts davon wissen.

Literarische Anzeige.

Durch alle Buchhandlungen und Postämter ist zu beziehen:

Landwirthschaftliche Dorfzeitung.

Herausgegeben unter Mitwirkung einer Gesellschaft praktischer Land- und Hauswirthe von **C. v. Pfaffenrath** und **William Löbe**. Mit einem Beiblatt: Gemeinnütziges Unterhaltungsblatt für Stadt und Land.

Dritter Jahrgang. 4. 20 Ngr.

Hiervon erscheint wöchentlich 1 Bogen. **Ankündigungen** darin werden mit 2 Ngr. für den Raum einer gespaltenen Zeile berechnet, **besondere Anzeigen zc.** gegen eine Vergütung von $^3/_4$ Thlr. für das Tausend beigelegt.

Inhalt des Monats April:

Dorfzeitung. Über die Behandlung und Anwendung des Mistes. — Das zahme Schwein. — Ursachen des Verfalls vieler Wirthschaften in unserer Gegend. — Aus dem Nassauischen. — Über den Brand im Weizen. — Landwirthschaftliche Buchführung. — Über die aus Samenäpfeln gezogenen Kartoffeln. — Mittel gegen den schwarzen Kornwurm. — Die Räucherungsart ohne Rauch. — Landwirthschaftlicher Bericht aus Westpreußen. — Gruppen englischen Federviehs. Mit einer Abbildung. — Von Holzanpflanzungen. — Ein Kümmelfeind. — **Landwirthschaftliche Neuigkeiten, Miscellen, Ankündigungen.**

Unterhaltungsblatt. Schreckenvoller Tod, als Folge des nicht beachteten Bisses eines tollen Hundes. — Das Contreband-Museum in Paris. — Über Sonnenfinsternisse, besonders über die große Sonnenfinsterniß am 8. Juli 1842. — Der Hellerbecher, oder das merkwürdige Privilegium. — Eine Nacht aus dem Leben eines Pferdehändlers. — 1. Mai. — Die Maien. — Die Geschichte vom siebenjährigen Kriege. — **Büchermarkt, Vermischtes, Anekdoten, Ankündigungen.**

Leipzig, im Mai 1842.

F. A. Brockhaus.

Das Pfennig-Magazin

für Verbreitung gemeinnütziger Kenntnisse.

477.] Erscheint jeden Sonnabend. [Mai 21, 1842.

Das britische Guiana.
(Beschluß aus Nr. 476.)

Hütten und Kähne der Indianer.

Die in diesem Theile von Guiana wohnenden Indianer sind im Allgemeinen sehr gutartig, stehen aber auf einer sehr niedrigen Stufe der Civilisation. Ihre Wohnungen sind schuppenähnliche Hütten, rund herum offen und bedeckt mit den Blättern einer Palmenart, die zum Theil 24 Fuß lang sind. An den Bambusbalken des Dachs hängen netzartig geflochtene Hängematten, in denen sich die Männer auch am Tage gern schaukeln. Männer und Kinder gehen ganz nackt, mit Ausnahme eines Schurzes um die Lenden; die Weiber tragen Röcke und geflochtenes Haar. Ein Reisender, der eine indianische Niederlassung besuchte, fand die Weiber beschäftigt, die Wurzel des Cassavebaums in einen Trog von Baumrinde zu schneiden (die Stücke werden unter eine Presse gethan, welche den giftigen Saft auspreßt, worauf das trockene Mehl auf einer Eisenplatte geröstet wird). Die alten Weiber webten Schürzen und verfertigten mancherlei Zierathen, andere machten irdene Gefäße und alle waren in eifriger Arbeit begriffen, während die Männer sich dem Müßiggange überließen. Sie boten ihrem Gaste ein rothes Getränk an, welches aus der süßen Kartoffel bereitet, und ein anderes berauschendes Getränk, Namens Piwarry, welches durch Gährung der gekauten Cassavewurzel gewonnen wird. Bei manchen Festen füllen die Indianer ein ganzes kleines Boot mit diesem Getränke, neben welchem die Festgeber und ihre Gäste sich zwei oder drei Tage lang in einem Zustande gänzlicher Betäubung auf dem Boden wälzen. Gleichwol ist das Getränk nicht so verderblich als unser Branntwein und nach der Ruhe einer Nacht ist der ärgste Rausch spurlos verschwunden.

Der Fluß Demerara, zwischen dem Essequebo und Berbice, ist auf einer Strecke von etwa 20 geographischen Meilen für Lastschiffe schiffbar. Etwa bis sechs Meilen von der Mündung besteht das Land am Flusse aus ebenen Wiesen; dann folgen zahlreiche Sandhügel und zuletzt eine bergige Gegend, in welcher sich Stromschnellen und Wasserfälle finden. Je weiter stromaufwärts wir fahren, desto seltener werden die weißen Bewohner; die eingeborenen aber haben viele eigenthümliche Gebräuche, unter denen wir hier nur den Vogelfang mit dem Blaserohre erwähnen wollen. Zur Verfertigung eines solchen dient eine Art Schilf, das bis zur Höhe von 12—14 Fuß wächst, völlig gerade und gleichförmig in seiner ganzen Länge, hohl, frei von Knoten oder Gliedern, inwendig und auswendig völlig glatt ist; außerdem eine andere Rohrart von brauner Farbe, mit Knoten versehen und einer feinen Politur fähig. Die Eingeborenen nehmen von jeder Art einen Stengel, befreien der lettern Art von Marke und schieben den andern Stengel hinein. Dies bildet das Blaserohr des Indianers, mittels dessen er kurze Pfeile abschießt, welche, etwa 10 Zoll lang, aus dem Blatte einer Palmenart gemacht und spitzig wie eine Nadel sind. Die Mitte des Pfeils wird umwickelt, damit er genau in das Rohr paßt; das eine Ende wird durch Brennen gehärtet, das andere vergiftet. Mit einem auf dem Rücken hängenden Köcher, der 5—600 solche vergiftete Pfeile enthält, und dem Blaserohre in seiner Hand schreitet der Vogeljäger langsam und vorsichtig waldeinwärts und verfehlt, wenn er auf einen Vogel zielt, sein Ziel nur selten, der getroffene Vogel aber wird fast augenblicklich getödtet. Selbst auf große Vögel, sowie auf kleine vierfüßige Thiere macht der Indianer auf diese Weise Jagd.

Der Fluß Berbice, östlich von Demerara, war nur wenig bekannt, bis er 1836—37 von Schomburgk erforscht wurde. Als dieser Theil der Colonie in den Händen der holländisch-ostindischen Compagnie war, gab es Niederlassungen an den Ufern des Flusses bis 12 Meilen vom Meere; jetzt findet man oberhalb der Stadt Neu-Amsterdam nur noch wenige weiße Einwohner. Die Eingeborenen bedienen sich an den seichten Stellen des Flusses einer eigenen Art flacher, leichter Kähne, die aus einem einzigen Stücke der dicken Rinde des Murianarabaums gemacht werden. Ein solches Boot, welches ein einziger Mann mit Leichtigkeit auf dem Kopfe tragen kann, trägt seinerseits häufig drei Personen. Der obere Theil des Flusses enthält zahlreiche Kaimans, an den Ufern aber werden Schlangen von zum Theil ungeheurer Größe gefunden; Schomburgk sah eine, die 16 Fuß lang war, 28 Zoll im Umfange hatte und von seinen Begleitern durch einen glücklichen Schuß getödtet wurde.

Sir Alexander Burnes.

Mit allgemeinem Bedauern ist wol überall die Nachricht von der furchtbaren Katastrophe aufgenommen worden, welche die Engländer in Afghanistan erlitten haben (s. Nr. 475 fg. des Pfennig-Magazins), namentlich aber von der Ermordung des bekannten Reisenden Sir Alexander Burnes, der wol verdient, auch in diesen Blättern etwas ausführlicher besprochen zu werden.

Burnes wurde am 16. Mai 1805 zu Montrose in Schottland geboren; sein Urgroßvater war der Bruder von William Burns, dem Vater des berühmten schottischen Dichters Robert Burns; sein Vater lebt noch als geachteter Beamter in der Grafschaft Forfar. In der Schule zu Montrose gebildet, trat Burnes als Cadet in die ostindische Armee und kam am 31. Oct. 1821, 16 Jahre alt, in der Präsidentschaft Bombay an. Nach seiner Ankunft widmete er sich mit außerordentlichem Fleiße wissenschaftlichen Studien, zu denen Neigung und Ehrgeiz ihn führten. Die Ostindische Compagnie hat immer mit einer mehr als königlichen Freigebigkeit alle diejenigen ihrer Beamten belohnt, die sich durch wissenschaftliche Arbeiten auszeichneten, und in der damaligen Friedensperiode wurden alle Gunstbezeigungen der Regierung fast ausschließlich Denjenigen zu Theil, die sich durch nützliche Arbeiten über die Geschichte, Geographie, Literatur, Naturgeschichte u. s. w. der dem Scepter der Compagnie unterworfenen Gebiete auszeichneten. Um den Eifer ernstlich anzuspornen, schuf sie in ihren Regimentern eine Menge Functionen, die Ansprüche auf Soldzulage und Beförderung begründen und nur der Preis wissenschaftlicher Arbeiten sein können. Oft verwendet die Compagnie die Kenntnisse ihrer Offiziere in bürgerlichen Anstellungen, wie bei Burnes selbst der Fall war. Dieser wurde 1822 zum persischen Dolmetscher beim Gerichtshofe der Provinz Surate ernannt. In Surate blieb Burnes bis 1825, wurde aber dann mit seinem Regimente nach Kutch geschickt, um hier Rebellionsversuche zu unterdrücken, die im April dieses Jahres ausbrachen. Wiewol noch nicht 20 Jahre alt, galt Burnes schon damals für einen sehr ausgezeichneten Offizier und wurde zum Lieutenant und Quartiermeister, d. h. Stabschef seiner Brigade ernannt. In dieser Stellung, die ihn in fortgesetzte Verbindung mit den politischen Behörden brachte, legte er Talente an den Tag, denen er im November seine Ernennung zum obersten Dolmetscher der unter dem Befehl des Obersten Napier zur Eroberung von Sind zusammengezogenen Armee verdankte.

Die Expedition fand zwar nicht statt, aber Burnes war bei dieser Gelegenheit an die Ufer des Indus geführt worden, und der Zufall gab ihm zuerst Anlaß zu jenen Arbeiten, die ihn bald bekannt machen sollten. Im Januar 1827 richtete er an die Regierung eine Denkschrift, die ihm schmeichelhafte Danksagungen, eine ansehnliche Geldsumme und das Lob des berühmten Montstuart Elphinstone, der damals Gouverneur der Präsidentschaft Bombay war, verschaffte. Ein Jahr später erwarb er sich durch eine zweite Denkschrift über die östliche Mündung des Indus neue Beweise der Zufriedenheit der Regierung und seiner Vorgesetzten. Noch war er erst 23 Jahre alt.

Im Anfange des Jahres 1828 richtete er an die Regierung ein Gesuch in Betreff der Erlaubniß und der Geldmittel, deren er bedurfte, um den Lauf des Indus genauer zu erforschen und die Länder an der westlichen Grenze Indostans vom Indus bis nach Chiwa und Persien zu besuchen. Die Regierung dankte dem Lieutenant Burnes für seinen Eifer, und alle über diesen Gegenstand befragten Personen stimmten in ihrer Meinung über den Nutzen eines solchen Unternehmens und in ihrem Lobe der Talente des jungen Offiziers, der sich dazu erbot, überein. Unter Andern äußerte Oberstlieutenant Sir Henry Pottinger, jetziger englischer Bevollmächtigter in China, in einem schriftlichen Gutachten: „An der Möglichkeit, dieses Unternehmen glücklich auszuführen, zweifle ich nicht, aber zugleich bin ich überzeugt, daß der damit zu beauftragende Offizier große, ich möchte sagen, außerordentliche Talente besitzen muß. Den Lieutenant Burnes kenne ich hinlänglich genau, um versichern zu können, daß es in der Armee keinen Offizier von irgend einem Rang gibt, der in einem so hervorstechenden Grade als er den Muth und die Fähigkeiten besitzt, die nöthig sind, um das Unternehmen, das er selbst angeregt hat, ehrenvoll auszuführen. Das Talent, mit welchem er seine statistischen und topographischen Forschungen in Kutch geleitet hat, mitten unter einer von Natur argwöhnischen Bevölkerung, sein glücklicher Takt in seinen Verhältnissen zu den Eingeborenen, und die Art, wie er sie zu gewinnen weiß, geben ihm die größten Ansprüche auf das Vertrauen der Regierung."

Man fürchtete jedoch, daß die Reise eines englischen Offiziers, mit dem Auftrage, politische, statistische u. s. w. Nachrichten einzusammeln, das Mistrauen der kleinen eingeborenen Fürsten wecken und daß dieses die Ausführung unmöglich machen möchte. Man antwortete daher dem Lieutenant Burnes, daß man eine günstige Gelegenheit abwarten wolle, und zum Beweis der hohen Achtung der Regierung ernannte man ihn 1828 zum Unterchef des Generalstabs der Armee in Bombay. In den Jahren 1828—29 beschäftigte er sich mit topographischen Arbeiten. Endlich im J. 1830 glaubte man den lange gesuchten Vorwand gefunden zu haben, um die Absendung eines Offiziers mit dem Auftrage, den Indus hinaufzufahren und eine Karte desselben aufzunehmen, rechtfertigen zu können. Dieser Vorwand war von der Art, daß er die asiatische Politik und Diplomatie charakterisirt.

Der König von Lahore, Maharadscha Rundschit-Singh, und die damals in Sind herrschenden Fürsten hatten nach orientalischer Sitte wiederholt der englischen Regierung Geschenke verehrt; man kam nun auf den Gedanken, ihnen Gegengeschenke von solcher Art zu machen, die sich nicht anders als zu Wasser transportiren ließen. Man sandte ihnen also außer einer Menge kostbarer Gegenstände große und prachtvolle Wagen, die man nicht zu Lande an ihren Bestimmungsort schaffen konnte, da es im Norden Indiens keine Landstraßen gibt. Diesen Beweisen der Freigebigkeit und Freundschaft der englischen Regierung mußte der Indus unfehlbar geöffnet werden. Burnes, damals 28 Jahre alt, erhielt den Auftrag, sie zu überliefern.

Er selbst hat diese Gesandtschaftsreise beschrieben; sie füllt den ersten Band seiner Reisen. Man erfährt darin, wie er mit der ganzen Flottille an der Mündung des Indus beinahe untergegangen wäre, wie die Fürsten zwar mit Versicherungen ihrer Freundschaft verschwenderisch waren, aber dennoch Alles thaten, um seine Reise unmöglich zu machen, und wie ehrenvoll ihn Rundschit-Singh empfing. Der glückliche Erfolg dieser Sendung, die sich im Herbste 1831 endigte, bestimmte den Generalgouverneur William Bentinck, ihm die begehrte Ermächtigung zu ertheilen, eine Reise nach Centralasien zu unternehmen und einen neuen Versuch in den barbarischen Ländern Balkh, Kunduz, Buchara u. s. w. zu machen, wo alle seine Vorgänger gescheitert waren und die meisten von ihnen den Tod gefunden hatten.

In den ersten Tagen des Jahres 1832 reiste er ab, begleitet von Dr. Gerard, der mit Anstellung aller auf die Naturwissenschaften bezüglichen Beobachtungen beauftragt war. Auch diese Reise hat Burnes selbst erzählt. Er drang bis Kulum, Balkh und Buchara vor und kehrte über Persien nach Indien zurück. Am 18. Januar 1833 landete er wieder in Bombay; kaum ans Land gestiegen, erhielt er die Einladung, sich nach Kalkutta zu begeben, um der dasigen Regierung die gesammelten Nachrichten und die Denkschriften selbst mitzutheilen. Aber sobald die Directoren in London von dem glücklichen Erfolge seiner Reise unterrichtet waren, sandten sie ihm sofort den Befehl zu, nach England zu kommen und ihnen von seiner Mission Bericht abzustatten. Er schiffte sich daher am 10. Juni in Kalkutta ein und landete im October in Gravesend.

In England, wohin der Ruf seiner Abenteuer und seiner Verdienste ihm schon vorausgegangen war, wurde er auf die glänzendste Weise empfangen und war der „Löwe" des Tages. Die englische Aristokratie, gewohnt, ihre Reihen allen ausgezeichneten Männern zu öffnen, empfing ihn mit der liberalsten Zuvorkommenheit. König Wilhelm IV. ließ ihn sich vorstellen und gab ihm zu wiederholten Malen Beweise seiner königlichen Zufriedenheit. Die gelehrten Gesellschaften veranstalteten ihm zu Ehren außerordentliche Versammlungen. Die angesehensten Clubs oder geselligen Vereine Londons wetteiferten, ihn zum Mitglied aufzunehmen, und wichen zu seinen Gunsten von ihren Statuten ab. Dies Alles steigerte sich noch, als sein Reisewerk erschien, das die Directoren leider wesentlich beschnitten hatten, weil sie nicht alle Nachrichten allgemein bekannt werden lassen wollten. Der Buchhändler Murray hatte ihm für die erste Ausgabe 5000 Thlr. Honorar gezahlt und setzte an einem einzigen Tage gegen 900 Exemplare ab; nie hatte eine Reisebeschreibung einen ähnlichen Erfolg gehabt. Gleichwol erschien das Buch mitten unter der Aufregung der Parlamentswahlen des Jahres 1834 zu einer Zeit, wo ganz England in einem politischen Fieber befangen und beinahe jedem andern Interesse abgestorben war.

Ganz Europa nahm die Reisebeschreibung mit lebhaftem Interesse auf; sie wurde fast in alle Sprachen übersetzt, die Journale aller Länder drückten die allgemeine Bewunderung für den unerschrockenen Reisenden aus. Eine Menge Gelehrte, an ihrer Spitze Alexander v. Humboldt, sandten ihm ihre Glückwünsche. Bei einem kurzen Aufenthalt in Paris erkannte ihm die Geographische Gesellschaft in außerordentlicher Sitzung die goldene Medaille zu, die sie Denjenigen verleiht, die alljährlich die Erdkunde am meisten gefördert haben; auch in der Akademie der Wissenschaften erhielt er die schmeichelhaftesten Achtungsbeweise. Der König Ludwig Philipp selbst, der an den Fortschritten der Geographie den lebhaftesten Antheil nimmt, bat Lord Brougham, ihm den jungen Reisenden vorzustellen, um ihm selbst die Insignien des Ordens der Ehrenlegion einzuhändigen; aber leider war Burnes schon wieder abgereist.

Nach England zurückgekehrt, lebte er im vertrauten Umgang mit dem liebenswürdigen und wahrhaft edlen Lord Holland sowie mit dem Marquis v. Lansdown; während aber die Whigs ihn auszeichneten, blieben die Tories nicht zurück, und da sie damals am Ruder waren, so konnten sie ihm noch sprechendere, überzeugendere Beweise ihrer Hochachtung geben. Lord Ellenborough, damals Präsident des Controlbureau, d. i. Minister der asiatischen Angelegenheiten, bot ihm den Grad eines Obersten, die Ritterwürde und eine diplomatische Anstellung am persischen Hofe (oder vielmehr die Anwartschaft auf die Stelle eines Gesandten am Hofe zu Teheran für den Fall, daß der dortige Gesandte Ellis dieselbe aufgäbe) an. Allein diese glänzenden und lockenden Anerbietungen schlug Burnes aus. Der Instinct seines Genies ließ ihn ahnen, daß die Ufer des Indus bald genug der Schauplatz großer Ereignisse sein würden, bei denen er weit eher sein Glück machen könnte als in den Intriguen des Hofes zu Teheran. Seine Weigerung setzte seine Freunde unter der Tory-Partei in großes Erstaunen; der kürzlich eines schrecklichen Todes gestorbene Graf v. Munster, Sohn des vorigen Königs, Sir Robert Inglis und Andere bemühten sich umsonst, ihn auf andere Gedanken zu bringen. Burnes zog vor, nach Indien zurückzukehren, ohne scheinbar durch die Freundschaft so vieler hochgestellten Männer etwas gewonnen zu haben, aber mit festem Vertrauen in die Zukunft. Er verließ England im April 1835, reiste über Frankreich, Ägypten und das rothe Meer und kam am 1. Juni in Bombay an. Ein seltsamer Zufall be-

*

zeichnete das Ende dieser Reise. Einige 100 Seemeilen vom Hafen wurde im Süden ein Segelschiff sichtbar, das, von einem starken Westwind getrieben, in kurzer Zeit an der Seite des Dampfschiffes war, mit dem es gleichen Curs verfolgte. Auf diesem Schiffe befand sich ein jüngerer Bruder von Burnes, geb. 1812, der zum Cadetten der indischen Armee ernannt worden war und über das Vorgebirge der guten Hoffnung nach Indien kam; er kam an Bord des Dampfschiffs, landete zugleich mit seinem ältern Bruder und theilte im verflossenen Jahre seinen Tod.

Nach Indien zurückgekehrt, erhielt Burnes den Befehl, seinen frühern Posten unter der Leitung Sir Henry Pottinger's wieder einzunehmen, wurde jedoch zur Belohnung für seine geleisteten Dienste zum Capitain befördert. In dieser untergeordneten Stellung blieb er, wie er vorausgesehen hatte, nicht lange; schon im October wurde er nach Hyderabad zu den Amirs in Sind gesandt, um mit ihnen einen Handelsvertrag zu unterhandeln und den englischen Erzeugnissen die Schifffahrt auf dem Indus zu öffnen. Noch war diese Unterhandlung nicht beendigt, als er im August 1836 nach Bombay zurückgerufen wurde.

Mohammed-Schah von Persien versammelte damals eine Armee von 60,000 Mann und 100 Kanonen, um Herat zu belagern. Bekannt ist es, welche Unruhe diese Expedition in England verursachte, und wie diese Macht in der Belagerung von Herat die erste Frucht eines Bündnisses zu sehen glaubte, welches, durch die russischen Intriguen zu Stande gebracht, nichts weniger bezweckte, als alle Barbaren von Hochasien gegen die indische Halbinsel ins Feld zu führen. Zu kräftigem Handeln entschlossen, wollte die englische Regierung gleichwol, bevor sie zu den Waffen griff, den diplomatischen Weg betreten und einen Versuch machen, die Fürsten an sich zu ziehen, deren Ehrgeiz und Gier Rußland aufreizte. Während der Beherrscher von Herat durch Offiziere und Geld unterstützt wurde, wurde der Capitain Burnes beauftragt, mit den Emirn in Sind und den Beherrschern von Kabul, Kandahar und Kelat ein Schutz- und Trutzbündniß einzuleiten.

Er reiste im Nov. 1836 ab, begleitet von dem Lieutenant Wood, dem Verfasser mehrer wichtigen Denkschriften über die Schiffahrt auf dem Indus und einer Reise zu den Quellen des Orus. Die Mission, der auch Doctor Lord und der Genielieutenant Linch beigegeben waren, glückte nicht; derjenige Fürst, der zu gewinnen am wichtigsten war, Dost-Mohammed-Khan von Kabul, verlangte als unerläßliche Bedingung seines Beitritts, daß England sich anheischig machen sollte, ihm wieder zum Besitz der Stadt und Provinz Peschauer zu verhelfen, die ihm Rundschit-Singh entrissen hatte. Diesen Punkt zuzugestehen, weigerte sich England definitiv, da es sich mit dem König von Lahore nicht in Krieg einlassen wollte, und dachte von jetzt an darauf, den Schah Sudscha aus der Verbannung zurückzuführen und wieder auf den Thron von Kabul zu setzen.

Genöthigt, die Verhandlungen im Frühjahre 1838 abzubrechen, wurde Burnes nach Indien zurückgerufen und traf in Simla den Generalgouverneur mit Anstalten zu der Expedition, welche den Indus überschreiten sollte, beschäftigt. Er wurde nun zum Oberstlieutenant, Ritter des vereinigten Königreichs und politischen Agenten der englischen Regierung in Kabul ernannt und begleitete in dieser Eigenschaft die Armee nach Kabul, wo er bis zu seinem Tode geblieben ist. Gewiß scheint, daß er sich im Principe der Restauration von Schah Sudscha widersetzte, dem er weder die nöthigen Talente, noch den erforderlichen Einfluß, um sich auf dem schwankenden Throne von Kabul zu behaupten, zutraute; ebenso gewiß scheint, daß er, als jene einmal vollzogen worden war, die Gefahren der Politik, in welche man sich den afghanischen Stämmen gegenüber eingelassen hatte, sehr bald erkannte. Hätte man seine Rathschläge befolgt, so hätte man ohne Zweifel die Unglücksfälle vermieden, zu denen sein Tod nur das Vorspiel gewesen ist.

Burnes wurde am 2. Nov. 1841 (gleichzeitig mit seinem Bruder und mehren englischen Offizieren) ermordet, in einem Alter von 36 Jahren, als der bevorstehende Abgang des seitdem gleichfalls ermordeten Macnaghten, welcher zum Generalgouverneur von Bombay ernannt war, ihm die glänzendsten Aussichten eröffnete, und er dem Ziele nahe war, das er mit so vieler Beharrlichkeit und glühendem Ehrgeize verfolgt hatte. Europa beklagt in ihm einen Mann von großem Talent und ungemeinem Muthe, der in jungen Jahren den Wissenschaften große Dienste geleistet hatte, und von dem die Civilisation in ihrem entscheidenden Kampfe mit den barbarischen Völkern, die sich zum Islam bekennen, noch so viel hoffen konnte.

Die Finsternisse.

Unter allen astronomischen Ereignissen ist nächst den Erscheinungen der Kometen keins in so hohem Grade geeignet, die Aufmerksamkeit auch des gemeinen Mannes, der großen Masse des Volks auf sich zu ziehen und sie mit Hochachtung gegen die Astronomie zu erfüllen, als die Sonnen- und Mondfinsternisse, die jeder in seinem Kalender auf die Minute im voraus angegeben findet, und die sich immer aufs Haar zu ereignen, wie dort beschrieben ist. Dennoch ist die Zahl derjenigen Menschen, die sich von den Ursachen dieser Erscheinungen keine Rechenschaft zu geben wissen, unsers verbesserten Schulunterrichts ungeachtet noch immer leider nur zu groß. Wir wollen im Folgenden versuchen, eine Erklärung derselben zu geben, die auch dem mit der Astronomie völlig Unbekannten verständlich sein dürfte.

Bekanntlich haben wir Vollmond, wenn die Erde gerade und ziemlich oder genau in gerader Linie zwischen Sonne und Mond steht, sodaß dieselbe Hälfte des Mondes, welche der Sonne zugekehrt und daher erleuchtet ist, dann auch der Erde zugekehrt ist; denn so viel kann wol als bekannt vorausgesetzt werden, daß der Mond, gleich der Erde, ein dunkler Körper ist, der sein Licht nur von der Sonne empfängt, weshalb immer nur die eine Hälfte der Mondkugel (wie auch der Erdkugel) erleuchtet sein kann, und zwar diejenige, die der Sonne zugewandt ist. Aber nur beinahe in gerader Linie stehen die drei Körper zur Zeit des Vollmondes, wenigstens in der Regel. Wenn sich der Mond in derselben Ebene um die Erde bewegte, in welcher sich die Erde um die Sonne bewegt (der sogenannten Ebene der Ekliptik), also Sonne, Erde und Mond sich immer in einer Ebene befänden, so müßten bei jedem Vollmonde die gedachten drei Körper genau in gerader Linie stehen; allein die Ebene der Mondbahn macht mit der Ebene der Ekliptik einen kleinen Winkel von etwa 5 Graden und nur zweimal während jedes Umlaufs um die Erde oder siderischen Monats steht der Mond in der Ekliptik oder durchschneidet dieselbe (in zwei entgegengesetzten Punkten derselben, den sogenannten Knoten). Wenn es sich nun trifft, daß zur Zeit des Vollmondes der Mond gerade in einem dieser beiden Knoten oder sehr nahe bei demselben steht, so steht er mit Erde und Sonne in gerader Linie, und dann findet eine Mondfinsterniß statt. Diese entsteht dadurch, daß der Schatten der Erde auf den Mond fällt und jene diesem das Licht der Sonne entzieht. Sowie nämlich jeder feste und undurchsichtige Körper, der von irgend einem Lichte beleuchtet wird, auf der dem Lichte entgegengesetzten Seite einen Schatten bildet, d. h. einen dunkeln Raum, in welchen keine Lichtstrahlen dringen können, so findet Dasselbe auch bei der Erde statt. Der von ihr gebildete Schatten (in welchen gar keine Sonnenstrahlen dringen können) hat die Gestalt eines Kegels, dem der Umfang der Erde als Umfang der Grundfläche dient, und erstreckt sich auf der der Sonne entgegengesetzten Seite bis in eine Entfernung von etwa 187,000 Meilen von der Erde, wo er in eine Spitze endigt, und da der Mond nur etwa 50,000 Meilen von der Erde entfernt ist, so reicht der Erdschatten immer weit über den Mond hinaus und trifft diesen, wenn anders der Vollmond der Ekliptik nahe genug steht. Ferner läßt sich leicht berechnen, daß in der Entfernung des Mondes von der Erde der Durchmesser jenes Schattens etwa drei Mal (genauer 2⅔ Mal) so groß als der des Mondes ist, also kann der Mond, wenn es sein Lauf so mit sich bringt, ganz in den Erdschatten eingetaucht sein und längere Zeit darin bleiben. Alle Bewohner der Erde, die sich auf der Nachtseite, mithin auf der dem Monde zugekehrten Seite befinden, müssen dann die Finsterniß gleichzeitig sehen und sowol Anfang als Ende derselben in demselben Augenblicke wahrnehmen. Aus dem Vorhergehenden wird übrigens hervorgehen, daß eine Mondfinsterniß nie anders als zur Zeit des Vollmondes stattfinden kann. In der folgenden Figur ist eine Mondfinsterniß vorgestellt; S stellt die Sonne, E die Erde, L und M den Mond vor; C ist die Spitze des Schattenkegels.

Ganz anders bei einer Sonnenfinsterniß, die immer nur zur Zeit des Neumondes eintreten kann. Neumond findet bekanntlich dann statt, wenn wir den Mond gar nicht sehen, weil er (genau oder beinahe) in gerader Linie zwischen der Sonne und Erde steht und mithin der letztern seine dunkle Hälfte zuwendet. Fiele nun die Ebene der Mondbahn mit der Ebene der Erdbahn (Ekliptik) zusammen, so müßte bei jedem Neumonde der Mond gerade vor der Sonne erscheinen und diese ganz oder doch zum Theil verdecken, was wir eben eine Sonnenfinsterniß nennen (weit richtiger würden wir die Erscheinung eine Erdfinsterniß nennen, da nicht die Sonne, sondern die Erde verfinstert und ihr das Licht der Sonne entzogen, letztere also verdeckt wird). Wegen der Verschiedenheit jener beiden Ebenen findet aber eine Sonnenfinsterniß (ebenso wie eine Mondfinsterniß) nur dann statt, wenn der Mond zur Zeit des Neumondes in einem seiner beiden Knoten oder doch in der Nähe desselben, also in der Ekliptik oder nahe bei derselben steht. Immer erscheint die Sonne nur einem kleinen Theile der Erde ganz verfinstert, demjenigen nämlich, der sich innerhalb des Schattens des Mondes befindet, in welchen niemals die ganze Erde eingetaucht sein kann. Die Spitze des Schattenkegels des Mondes ist

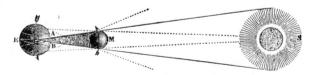

nämlich von dem Monde niemals viel über 50,000 Meilen (wenigstens 49,530, höchstens 51,250 Meilen) entfernt, die Entfernung des Mondes von der Erde aber ist bald größer, bald kleiner, indem sie zwischen 48,700 und 54,400 Meilen schwankt, sodaß es auf die eben stattfindende Entfernung beider Körper ankommt, ob der Mondschatten die Erde erreicht. Ist dies nicht der Fall, so sieht kein Ort der Erde die Sonne ganz oder total verfinstert, aber die der Spitze des Schattenkegels zunächst (oder in der Axe des Kegels) liegenden Gegenden sehen eine ringförmige Finsterniß, d. h. sie sehen die ganze Sonnenscheibe verfinstert mit Ausnahme des als ein heller Ring erscheinenden Randes. Im günstigsten Falle hat der Mondschatten da, wo er die Erdoberfläche trifft, oder der von dem Schatten getroffene Theil der Erdoberfläche einen Durchmesser von etwa 30 Meilen. Reicht der Mondschatten gerade nur bis zur Erde, oder trifft die Spitze des Schattenkegels die Erdoberfläche, so hat nur ein einziger Punkt derselben (auf einmal) totale Sonnenfinsterniß, die aber nur einen Augenblick dauert. In jedem dieser drei Fälle sieht noch ein größerer Theil der Erde die Sonne theilweise (partial) verfinstert, und zwar alle diejenigen Gegenden, die im Halbschatten des Mondes liegen. In jedem Falle nämlich, wo einem undurchsichtigen Körper von einem andern leuchtenden Körper (nicht nur von einem einzigen Punkte aus) Licht zugesandt wird, hat man von dem Kernschatten oder demjenigen Raume, in welchen gar kein Licht kommen kann, noch den Halbschatten zu unterscheiden, worunter man an den Kernschatten angrenzenden Raum versteht, in welchen von einigen, aber noch nicht von allen Punkten des leuchtenden Körpers Lichtstrahlen gelangen können. In der Nähe des Kernschattens ist der Halbschatten am dunkelsten und geht ganz allmälig in das volle Licht über. Die Ausbreitung des Halbschattens, der ebenfalls einen kegelförmigen Raum bildet, ist ungleich größer als die des Kernschattens, weshalb partiale Sonnenfinsternisse weit häufiger sind als totale. Je näher ein Ort den Gegenden liegt, denen eine Sonnenfinsterniß total erscheint, desto größer ist der dort verfinstert erscheinende Theil der Sonnenscheibe. (In der letzten Figur S. 165 ist eine Sonnenfinsterniß vorgestellt; S stellt die Sonne, M den Mond, E die Erde vor.)

Der Unterschied zwischen einer totalen und partialen Mondfinsterniß beruht auf ganz andern Ursachen. Die Sonne erscheint gleichzeitig einem kleinen Theil der Erde total, einem größern partial, dem größten gar nicht verfinstert. Der Mond dagegen, der niemals verfinstert erscheint, ohne es wirklich zu sein, ist entweder für alle Orte der Erde, die ihn sehen können, total, oder für alle partial verfinstert, je nachdem er ganz oder nur theilweise in den Erdschatten eingetaucht ist. Jede totale Finsterniß des Mondes, wie der Sonne, muß mit einer partialen beginnen und aufhören.

Noch theilen wir über die bei den Finsternissen vorkommenden Umstände einige nähere Angaben mit. Eine Mondfinsterniß kann nur dann stattfinden, wenn der Mond zur Zeit des Vollmondes weniger als 12 Grad von einem seiner Knoten absteht; sie muß stattfinden, wenn der Abstand weniger als $9\frac{1}{2}$ Grad beträgt, und sie ist nur dann total, wenn dieser Abstand weniger als $5\frac{1}{2}$ Grad beträgt. Der Erdschatten rückt von Osten nach Westen über den Mond, da er mit dem Monde sich zwar in derselben Richtung von Westen nach Osten, aber langsamer als der Mond bewegt, sodaß dieser von Westen her oder mit seiner Ostseite in den Schatten eintritt und mit seiner Westseite ihn verläßt, was den Schein, als bewegte sich der Schatten von Osten nach Westen über den Mond, hervorbringen muß. So lange die Finsterniß nicht total ist, erscheint der Umriß des Schattens kreisförmig, aber wegen des Halbschattens niemals scharf und bestimmt; den dunkelsten Schatten umgibt ein verwaschener Rand. Die Farbe des Kernschattens ist bei partialen Finsternissen ein dunkles Grau, in welchem alle Flecken des Mondes verschwinden. Die Größe der Finsterniß pflegt nach sogenannten Zollen angegeben zu werden, indem man den Durchmesser des Mondes in 12 gleiche Theile theilt und diese Zolle nennt (wobei man aber ja nicht an die gewöhnliche Bedeutung dieses Wortes denken darf; wenn nämlich die Breite des verfinsterten Theils z. B. 7 Zwölftel des scheinbaren Monddurchmessers beträgt, so sagt man, es sei eine Finsterniß von 7 Zollen. Bei einer totalen Finsterniß erscheint der Mond meist in röthlichem oder kupferfarbigem Lichte, in welchem bei wolkenfreier Atmosphäre alle Flecken des Vollmondes wieder sichtbar sind; dieses Licht ist ohne Zweifel eine Wirkung der Strahlenbrechung in der die Erde umgebenden Atmosphäre, in Folge deren einige Sonnenstrahlen, deren Weg durch die Atmosphäre gekrümmt wird, den Mond erreichen. Auch die zuweilen vorkommende Erscheinung, daß der Mond verfinstert aufgeht, während die Sonne noch nicht untergegangen ist, was schon Plinius als ein überraschendes Naturereigniß erwähnt, ist lediglich eine Folge der Strahlenbrechung oder Refraction, welche bewirkt, daß alle Himmelskörper scheinbar früher aufgehen und später untergehen, als in der Wirklichkeit der Fall ist. Nur selten verschwindet der Mond ganz, wie z. B. am 10. Juni 1816 der Fall war. Am 25. April 1642 konnte der verfinsterte Mond bei ganz heiterm Himmel selbst durch Fernröhre nicht aufgefunden werden. Die längste Dauer einer totalen Finsterniß, welche vorkommen kann, ist 2 Stunden 18 Minuten; die längste Dauer der ganzen Finsterniß 4 Stunden 38 Minuten.

Wenn eine Sonnenfinsterniß eintreten soll, so muß der Mond zur Zeit des Neumondes weniger als $18\frac{1}{3}$ Grad von einem seiner Knoten entfernt sein, und wenn der Abstand kleiner als $15\frac{1}{3}$ Grad ist, so findet sie gewiß statt. Der Mond rückt von Westen nach Osten über die Sonnenscheibe, weil er sich zwar in gleicher Richtung mit der Sonne, aber weit schneller als dieselbe bewegt; die westlichen Gegenden der Erde sehen daher auch die Sonnenfinsterniß früher als die östlichen. Die größte Dauer einer totalen Finsterniß ist für einen und denselben Ort 5 Minuten, für die Erde überhaupt 4 Stunden 38 Minuten; die größte Dauer einer Sonnenfinsterniß überhaupt 7 Stunden. Eine Abnahme der Helligkeit ist erst dann zu bemerken, wenn die Finsterniß 9—10 Zoll übersteigt. (Auch die Größe einer Sonnenfinsterniß wird in Zollen oder Zwölfteln des Sonnendurchmessers angegeben.) Alle Sonnenbilder (auch die durch Lücken der Blätter eines Baumes gebildeten) erscheinen sichelförmig. So lange aber nur noch ein kleiner Rand der Sonne unbedeckt bleibt, ist die Helligkeit noch immer sehr groß. Die bei totalen Sonnenfinsternissen eintretende Dunkelheit ist sehr ungleich; meistens ist sie nur so groß wie die einer starken Dämmerung, weil die Atmosphäre und die Wolken Licht zurückwerfen; sie ist jedoch ganz eigenthümlich und weder mit der Nacht noch mit einer Morgen= und Abenddämmerung zu vergleichen. Die hellern Planeten und Fixsterne werden sichtbar; die Thiere gerathen in Angst und Unruhe. In einzelnen Fällen ist eine ziemlich tiefe Dunkelheit beobachtet worden; so zu Arles am 12. Mai 1706, wo halb zehn Uhr Vormittags die Nachtvögel hervorkamen und die andern Vögel sich zur Ruhe gaben. Eine auffallende Erscheinung, die bei totalen Finsternissen vorkommt, ist ein den Mond umgebender, mehr oder weniger heller Ring, der oft verschiedene Farben zeigt. Seine Erklärung ist schwierig. Man hat ihn aus der Ablenkung oder Brechung der Sonnenstrahlen in der Mondatmosphäre erklären wollen, aber die Existenz der letztern ist aus vielen Gründen in hohem Grade unwahrscheinlich, und auch wenn man sie annehmen wollte, läßt sich dieser Ring so, wie er erscheint, nicht erklären. Es bleibt wol nichts übrig, als anzunehmen, daß der Sonnenkörper auf eine sehr große Entfernung hin von einem Umkreise einer leuchtenden Materie umgeben sei, womit auch die Angabe von einer wallenden Bewegung jenes Rings gut übereinstimmt. Auch die Erwärmung durch die Sonne nimmt während großer Sonnenfinsternisse ab, wie sich an genauen Thermometern beobachten läßt.

Im voraus machen wir unsere Leser auf die nahe bevorstehende große Sonnenfinsterniß am 8. Juli Morgens aufmerksam, welche in den südlichsten Theile von Deutschland, z. B. in Wien, Grätz, Laibach, Triest, außerdem im nordwestlichen Ungarn (Presburg, Ofen), in Galizien (Lemberg und Volhynien), in Oberitalien, Südfrankreich, einem großen Theile von Spanien und Portugal total sein, in Leipzig nur 11, in Berlin nur $10\frac{1}{3}$ Zoll betragen wird. Ihre ganze Dauer auf der Erde überhaupt ist 5 Stunden 7 Minuten; total bleibt sie 3 Stunden 5 Minuten für eine Zone, die 20—25 Meilen breit ist. Die einzige noch bevorstehende, in Mitteleuropa sichtbare ringförmige Sonnenfinsterniß in diesem Jahrhundert wird am 9. October 1847 eintreten.

Beide Arten von Finsternissen kehren nach einer Periode von 18 Jahren 10—11 Tagen oder 223 Mondmonaten (so nennt man die Zeit von einem Neumonde bis zum nächsten) mit geringen Verschiedenheiten wieder, weil ein Knoten der Mondbahn, der einmal mit dem Neumonde zusammentrifft, in Folge der Bewegung der Knoten, welche auf der Ekliptik von Osten nach Westen fortrücken, nach Verlauf der gedachten Zeit wieder mit dem Neumonde zusammentrifft. Man nennt diese

Periode die Halley'sche, aber sie ist keineswegs von dem englischen Astronomen Halley zuerst aufgefunden worden, sondern sie war wahrscheinlich schon den alten chaldäischen Astronomen (die sie Saros nannten) bekannt und heißt daher richtiger die chaldäische. Ähnliche Perioden, nach deren Verlauf die Finsternisse mit noch geringern Abweichungen wiederkehren, sind die von 716, 3087, 6890, 9977 Mondmonaten, ferner die von Hipparch aufgefundenen von 4267 und 5458 Monaten u. s. w. In einer chaldäischen Periode ereignen sich gewöhnlich 70 Finsternisse, nämlich 29 Mond- und 41 Sonnenfinsternisse, sodaß auf jedes Jahr im Durchschnitt 4 Finsternisse kommen. In jedem Jahre müssen sich wenigstens 2 Sonnenfinsternisse ereignen, eine Mondfinsterniß kommt nicht jährlich vor; die höchste Zahl ist 7 Finsternisse in einem Jahre, und zwar 4 Sonnen- und 3 Mondfinsternisse. Sind hiernach die Sonnenfinsternisse überhaupt häufiger als die Mondfinsternisse, was darauf beruht, daß der Mond bei einer Sonnenfinsterniß nicht in seinen Knoten zu nahe zu stehen braucht, als bei einer Mondfinsterniß, so sind sie für einen bestimmten Ort fast dreimal seltener. An einem bestimmten Orte kommt durchschnittlich nur alle 2 Jahre eine sichtbare Sonnenfinsterniß, alle 200 Jahre eine totale vor, z. B. Berlin wird am 19. August 1887 die einzige totale Sonnenfinsterniß im 18. und 19. Jahrhundert erleben. Die Mondfinsternisse sind desto kleiner, je größer die vor- oder nachfolgenden Sonnenfinsternisse sind; ebenso umgekehrt. Unmittelbar etwa 14 Tage vor und nach einer totalen Mondfinsterniß findet gewöhnlich eine kleine Sonnenfinsterniß statt.

Die genaue Beobachtung einer Sonnenfinsterniß an einem bestimmten Orte nach der Zeit ihres Anfangs und Endes kann zur Bestimmung der Lage eines Ortes, oder wenigstens der geographischen Länge, wenn die Breite bekannt ist, dienen. Die Berechnung aller Sonnenfinsternisse aber ist in gewissen Fällen für die Zeitrechnung von Wichtigkeit, da man Begebenheiten, die mit großen, besonders totalen Sonnenfinsternissen zusammentreffen, wegen der Seltenheit derselben in einer bestimmten Gegend bis auf den Tag genau bestimmen kann. Die Astronomie leistet also hierdurch der Geschichte die wichtigsten Dienste. Berühmt ist diejenige Sonnenfinsterniß, welche während der für Krösus unglücklichen Schlacht am Halys eintrat und die erste (von Thales) vorausgesagte sein soll; sie ereignete sich am 30. Sept. 610 v. Chr. und war in der Gegend des Kampfplatzes fast total.

Skizzen aus Odessa. *)

Odessa, am schwarzen Meere zwischen den Mündungen der Flüsse Dniepr und Dniestr auf einem hohen Steppenplateau gelegen, genügt hinsichtlich seiner Lage allen Hauptforderungen einer Seehandelsstadt, wiewol es jener nicht an Unbequemlichkeiten fehlt, zu denen der Mangel eines guten natürlichen Hafens, Mangel an Trinkwasser u. s. w. gehören. Eine Art von Bai bietet hier den Schiffen wenigstens einigen Schutz, den die ganze übrige völlig hafen-, bai- und rhedelose Küste ihnen versagt. Durch die Anlegung zweier in die See hinausreichender Molos (Hafendämme) sind zwei künstliche Häfen gebildet worden; der eine davon heißt der Quarantainehafen und ist für die aus Pestgegenden kommenden, d. h. für sämmtliche ausländische Schiffe bestimmt, der andere heißt der Kriegshafen und ist zunächst für die russischen Schiffe, nächstdem aber auch für alle nicht verdächtige Schiffe bestimmt. Zu jedem dieser Häfen führt eine breite Schlucht, in welcher unaufhörlich leere und volle Frachtwagen und fliegende Droschken hin und her fahren. Der Quarantainehafen ist der größere und wichtigere. Die ganze Stadt mit ihren Häfen und Vorstädten bildet das durch eine Mauthlinie vom ganzen russischen Reiche getrennte Gebiet eines Freihafens, in welchem alle Waaren zwar nicht ganz zollfrei, aber doch gegen ein Fünftel des gewöhnlichen Zolls eingeführt werden können, das aber des Zolls wegen Niemand zu Lande unvisitirt verlassen kann.

Wie alle neuern russischen Städte ist Odessa — das noch im Anfange dieses Jahrhunderts kaum 8000 Einwohner und einen unbekannten Namen hatte — nach einem sehr regelmäßigen Plane erbaut und nimmt einen sehr großen Flächenraum ein. Der Boden ist gleichmäßig flach, weder von einem Flusse durchschnitten, noch von einer Bodenerhebung unterbrochen, nur von ein paar überbrückten Regenschluchten durchfurcht. Die Straßen sind breit, die freien Plätze groß, und dieser Umstand gibt die in ihnen Wandelnden im Sommer den glühenden Sonnenstrahlen preis und läßt den Winden und dem von ihnen herbeigeführten Staube, der im Sommer im höchsten Grade lästig ist, freien Spielraum. Derselbe ist äußerst fein, schwarz und eindringlich, erhebt sich bei Winden in großen Wolken, schwebt bei Windstille wie Rauch in der Luft und dringt selbst in die Häuser. Das Pflaster von Odessa ist höchst kostspielig, da man zu demselben Steine aus Italien, besonders aus Malta nimmt, die theils als Ballast, theils auf Bestellung als Waare eingeführt werden. Erst die Hauptstraßen sind gepflastert, die meisten übrigen bei Regenwetter überaus kothig. Die Namen der Straßen, unter denen die Straße Richelieu die vornehmste ist, sind zugleich in russischer und italienischer Sprache angeschlagen, da diese beiden Sprachen in Odessa am meisten gesprochen und verstanden werden, die letztere nicht nur von den zahlreichen Italienern, sondern auch von den die Hauptkaufmannschaft bildenden Griechen, weshalb Italienisch die Sprache des Handels und der Börse ist; zu beiden Sprachen kommen noch die französische, als Conversationssprache der höhern Welt, und über ein Dutzend andere: Deutsch, Jüdisch, Polnisch, Türkisch, Griechisch, Armenisch, Ungarisch u. s. w. Die Gebäude der eigentlichen Stadt sind in italienischem Style gebaut, d. h. zweistöckig mit flachen Eisendächern, mit vielen Säulen und Balcons; unter den Privathäusern sind die des Grafen Woronzow und der Familie Narischkin, das letztere nur mit Stuccaturarbeit überladen, am meisten ausgezeichnet und im Innern mit fürstlicher Pracht eingerichtet. Besonders angenehm fallen die schönen und zahlreichen überall vertheilten Kornmagazine auf, die zum Theil wahre Prachtgebäude sind und großen Palästen gleichen. Mit der Zeit werden sie in Wohnhäuser verwandelt und die Magazine in die Hinterhäuser und die äußern Kreise der Stadt verdrängt. Die Stadt kann jetzt 70—80,000 Last Weizen lagern.

Unter der Menge prächtiger Privathäuser hält es schwer, öffentliche Gebäude ausfindig zu machen. Selbst Kirchen scheinen der Stadt zu fehlen, sie fallen wenigstens nicht, wie in allen andern russischen Städten, ins Auge. Gute Krankenhäuser, Waisenhäuser, Arbeitshäuser u. s. w. fehlen wirklich; dafür sind die Zollgebäude, in denen die Stadt Odessa ihre Einkünfte er-

---

*) Nach Kohl's „Reisen in Südrußland".

hebt (denn das oben erwähnte Zollfünftel hat die Regierung der Stadt geschenkt, die dadurch jährlich 3—4 Mill. Bankrubel bezieht), prächtig eingerichtet. Außerdem sind auf öffentliche Kosten angelegt: Trottoirs, ein Boulevard, eine von demselben zum Meeresstrand führende, ebenso kolossale als prachtvolle Treppe, ein botanischer Garten und eine höchst unbedeutende und kleine, jedoch in einem freundlichen Local befindliche Stadtbibliothek. Der Boulevard ist die schönste Promenade von Odessa und besteht in einem breiten, mit mehrfachen Reihen von Acazien besetzten Spaziergange längs dem Rande des Steppenplateaus. Nach dem Meere zu ist er ganz frei und gewährt eine Aussicht auf die Häfen; auf der andern Seite stehen prachtvolle Privatgebäude. In der Mitte des Boulevards steht das dem Herzoge von Richelieu, den man als den Gründer von Odessa betrachten kann, errichtete Denkmal, seine mit der Bürgerkrone geschmückte Statue aus Bronze, welche das Gesicht nach der Rhede wendet und mit der Hand auf den Hafen zeigt. An schönen Tagen sammelt sich hier die schöne Welt, welche den Matrosen der im Hafen liegenden türkischen, griechischen, englischen u. s. w. Schiffe ein ebenso unterhaltendes Schauspiel gewährt, als diese jener. Die interessanteste öffentliche Gartenanlage ist der botanische Garten vor der Stadt, eine sehr ausgedehnte Baumschule, in welcher alle möglichen Arten von Bäumen gepflegt werden und welche nicht weniger als 4 Millionen alter und junger Bäume enthalten soll. Die erwähnte Treppe, die noch im Bau begriffen ist, wird aus dem weichen Muschelkalkstein von Odessa gebaut und hat daher eben keine Aussicht auf lange Dauer; aber wegen ihrer bedeutenden Breite von mehr als 100 Fuß, in welcher sie zu dem über 130 Fuß hohen Plateau aufsteigt, wird sie vollendet einen imposanten Anblick gewähren. Das Theater und die Börse sind hübsche Gebäude. Unter den Schulen steht das Lyceum oben an, welches die Söhne der höhern Stände vereinigt; für die niedern existiren besondere italienische, armenische, deutsche, karaitische u. s. w. Schulen, auch eine große hellenische Handelsschule mit 200 Schülern und eine jüdische Schule, in welcher 300 Kinder im Deutschen, Französischen, Russischen u. s. w. unterrichtet werden.

(Der Beschluß folgt in Nr. 478.)

Die elektrochemische Metallplattirung.

Die Kunst, Gegenstände aus Kupfer, Messing, Eisen u. s. w. auf galvanischem Wege zu vergolden, zu versilbern und überhaupt mit den verschiedensten Metallen zu überziehen, ist durch die neueste Erfindung der Herren Ruolz und Elkington (welche unabhängig voneinander arbeiteten) sehr wesentlich vervollkommnet worden. Zur Vergoldung brauchte Elkington eine Auflösung von Goldoxyd in einer Solution von blausaurem Kali, Ruolz aber eine sich besser eignende und dabei wohlfeilere, nämlich die von Schwefelgold, mittels welcher sich Kupfer, Messing, Bronze, Platin und Silber sehr schnell, regelmäßig, schön und leicht vergolden lassen. Die Dicke der Schicht hat man ganz in seiner Gewalt, auch kann man abwechselnd dünnere und dichtere Schichten erzeugen; will man die Gegenstände nur gegen Rost schützen, so überzieht man sie mit einem ganz dünnen Goldhäutchen, sollen sie aber auch der Reibung und Abnutzung widerstehen, mit einer dickern Schicht. Eisen, Stahl und Zinn müssen vorher mit einem dünnen Kupferhäutchen überzogen werden. Zur Versilberung, welche langsamer von statten geht, nimmt Ruolz eine Silberlösung in blausaurem Kali. Das Überziehen mit Platin geschieht mittels einer blausauren Kalilösung 1—200 Mal langsamer als die Vergoldung oder Versilberung. Endlich ist es dem Herrn Ruolz auch gelungen, mit Kupfer, Blei, Zinn, Kobalt, Nickel und Zink auf ähnliche Weise zu plattiren.

Schiffbarer Kanal zwischen dem atlantischen und stillen Ocean.

Nach dem von dem englischen Offizier Bailey entworfenen Plane beginnt der Kanal, an dem Punkte, wo der in das stille Meer mündende Fluß San-Tuar schiffbar wird, und läuft von da nach dem See Nicaragua, $15\frac{2}{3}$ englische Meilen. Der höchste Punkt dieser Strecke liegt 615 Fuß über dem Spiegel des stillen Meeres. Im Ganzen steigt der Kanal 1047 Fuß und fällt 919 Fuß, weil der See 128 Fuß höher als das stille Meer liegt. In den ersten 8 Meilen vom See an ist nur eine Schleuse nothwendig; dann folgen in der nächsten Meile 64 Fuß Schleusen; in den folgenden 3 Meilen sind 2 Meilen tiefe Einschnitte und 1 Meile Tunnel; dann folgt im Fall von 200 Fuß auf 3 englische Meilen (1 in 79) mittels Schleusen bis zum stillen Meere. Der See selbst ist 95 Meilen lang und hat im Mittel 90 Fuß Wasser. Von der Mündung des Sees am östlichen Ende bis zum atlantischen Ocean sind auf dem hier fließenden Flusse, der gleichfalls San Tuar heißt, 79 Meilen. Dieser Fluß hat keine Wasserfälle; nur die Schnellen desselben bieten Schwierigkeiten dar. Sein mittleres Gefälle vom See bis zum atlantischen Meere ist nur 1 : 2840. Er ist zu allen Zeiten schiffbar für Kähne, welche 3—4 Fuß tief im Wasser gehen, und an den meisten Stellen auch für Schiffe tief genug. Die Kosten für einen Kanal auf diesem Wege werden auf 20—25 Millionen Dollars angeschlagen, während eine ähnliche Communication von Chagres am atlantischen Meere bis Panama am atlantischen Meere, wo sie die französisch-granadische Compagnie projectirt, nach dem Anschlage derselben nur 16 Millionen Francs oder 3 Millionen Dollars kosten würde.

Literarische Anzeige.

Neu erscheint in meinem Verlage und ist durch alle Buchhandlungen zu beziehen:

Aus einer kleinen Stadt.
Erzählt von
Frau von W.

Gr. 12. Geh. 1 Thlr. 24 Ngr.

Leipzig, im Mai 1842.

F. A. Brockhaus.

Das Pfennig-Magazin
für
Verbreitung gemeinnütziger Kenntnisse.

478.] Erscheint jeden Sonnabend. **[Mai 28, 1842.**

Joachim Heinrich Campe.

Nachdem man sich lange Zeit um Schul- und Unterrichtswesen wenig bekümmert hatte und ruhig auf dem von den Vorfahren eingeschlagenen Wege fortgegangen war, ohne darnach zu fragen, ob es nicht vielleicht einen andern, bessern gäbe, regte sich plötzlich nach der Mitte des 18. Jahrhunderts auf dem Gebiete der Pädagogik ein neues, ungewohntes Leben. Der Same, den Locke und Rousseau durch ihre Werke ausgestreut hatten, begann Wurzel zu schlagen und es trat namentlich in Deutschland eine Reihe von Männern auf, welche durch sorgsame Pflege die junge Pflanze einem gedeihlichen Wachsthume entgegenführten. Basedow, Resewitz, Rochow, Salzmann, Pestalozzi erwarben sich alle theils unmittelbar durch Stiftung von Schulen und durch zweckmäßige Reform schon bestehender Unterrichtsanstalten, theils mittelbar durch zahlreiche Schriften um die Erziehung der Jugend wesentliche Verdienste, wenn auch die Grundsätze und Maximen, denen sie folgen zu müssen glaubten, nicht immer die richtigsten waren.

Einer der begabtesten, thätigsten und ausgezeichnetsten Pädagogen der damaligen Zeit aber war Joachim Heinrich Campe, geboren 1746 zu Deensen im Braunschweigischen. Um sich auf die akademischen Studien vorzubereiten, ging er auf die Schule zu Holzminden und bezog hierauf die Universität Halle, wo er sich den theologischen und philosophischen Wissenschaften widmete. Schon im Jahre 1773 bekam er eine Anstellung als Feldprediger bei dem Regimente des Prinzen Friedrich Wilhelm von Preußen in Potsdam. Allein die Erfahrung, wie schwierig es selbst bei dem entschiedensten Talente und bei dem unermüdlichsten Eifer sei, als Geistlicher segensreich zu wirken, die er in seiner Lage gewiß bald machen mußte, da er es mit rohen, meist durch langjährigen Krieg verwilderten Soldaten zu thun hatte, und die ihn um so mehr betrübte, je innigern

Antheil sein Herz an dem Wohl und Wehe der Menschen nahm — diese Erfahrung brachte allmälig den Entschluß in ihm zur Reife, von dem Dienste der Kirche zu dem der Schule überzugehen, und der Erfolg, mit welchem gerade damals Basedow an der Umgestaltung und Verbesserung des Unterrichtswesens arbeitete, munterte ihn nicht wenig zu diesem Schritte auf. In kurzem zeigte sich ihm auch eine der Ausführung seines Planes höchst günstige Gelegenheit, indem ihn der Fürst Franz von Dessau 1776 als Erziehungsrath und Lehrer an das dessauer Philanthropin berief. Bald darauf wurde er Director dieser Anstalt, und es gelang ihm, derselben eine größere Anerkennung zu verschaffen, als sie bisher gefunden hatte, während er sich selbst durch Schriften für die Jugend, wie durch sein „Sittenbüchlein", welches viele Auflagen erlebte, einen ausgebreiteten Ruf erwarb. Als jedoch Basedow 1777 die Leitung des Instituts theilweise wieder übernahm, so verließ er, der fortdauernden Zänkereien und Streitigkeiten, die dieser eingebildete, rechthaberische Mann veranlaßte, überdrüssig, noch in demselben Jahre Dessau und begab sich nach Hamburg, wo er eine Privatschule anlegte.

Sein Hauptaugenmerk war hier, wie immer, darauf gerichtet, die ihm anvertrauten Zöglinge zu möglichst tüchtigen und geschickten Geschäftsleuten heranzubilden, weswegen er ihnen auch nur solche Kenntnisse mitzutheilen bemüht war, die für das tägliche Leben von besonderm Werthe und Nutzen sind; denn als Anhänger der materialistischen Tendenz seiner Zeit, die von Wissenschaft als bloßem Bildungsmittel des Geistes nichts wissen wollte, verbannte er alles Das aus dem Bereiche seines Unterrichts, was im gewöhnlichen socialen Verkehre keine unmittelbare Anwendung zuläßt. Ungeachtet dieser fehlerhaften Einseitigkeit aber stiftete er auch durch seine praktische Wirksamkeit ungemein viel Gutes vorzüglich dadurch, daß er bei allen seinen Schülern auf die strengste Sittlichkeit drang, und nur in seltenen Fällen vergebens, weil fast Alle, die seinen Unterricht genossen, mit großer Liebe an ihm hingen. Er nahm aber auch schon durch seine äußere Haltung und durch sein Benehmen die Gemüther für sich ein. Immer spiegelte sich in seinen Mienen eine wahrhaft väterliche Gesinnung gegen die Kinder ab, immer zeigte er sich ihnen freundlich und human, und immer wußte er sich dabei diejenige Würde zu geben, welche den Zögling in ehrerbietiger Ferne hält und die oft so schädliche Familiarität zwischen Lehrer und Schüler verhindert. So war Campe recht eigentlich zum Erzieher geschaffen. Allein er fühlte zugleich den Beruf in sich, über die Grenzen Einer Schule und Einer Stadt hinaus zu wirken, und diesem seinem Streben nach weiterer Verbreitung nützlicher Kenntnisse verdanken wir eine Menge von Schriften, die mit wenigen Ausnahmen noch jetzt zu den brauchbarsten in diesem Fache gehören. Einen großen Theil derselben verfaßte er während seines Aufenthaltes zu Hamburg und nachher auf dem nahe liegenden Dorfe Trittow, wohin er sich 1783, um mehr Muße für seine literarische Thätigkeit zu gewinnen, zurückzog, nachdem er seine Erziehungsanstalt dem Professor Trapp übergeben hatte. Bekannt ist seine „Kleine Kinderbibliothek", welche zu Hamburg 1779—84 in 12 Bändchen erschien und vieles Wissenswürdige in angemessener Auswahl und passender Form enthält. Am berühmtesten unter allen Werken aber ist sein „Robinson der Jüngere" geworden. Er kam zuerst 1779 heraus, ward dann häufig neu aufgelegt und durch Übersetzungen in ganz Europa verbreitet. Das Buch ist eine Nachahmung des „Robinson Crusoe", den der Engländer Defoe im Anfange des 18. Jahrhunderts veröffentlichte. Der Roman stützt sich auf eine Thatsache, indem der Schotte Alexander Selkirk, der auf einer Seefahrt mit seinem Capitain in Streit gerieth, von diesem 1705 auf einer unbewohnten Insel ausgesetzt wurde und daselbst 4 Jahre lang kümmerlich sein Leben fristen mußte. Erst 1709 nahm ihn ein vorübersegelndes Schiff an Bord und brachte ihn zwei Jahre darauf nach England zurück. Selkirk beschrieb hier seine Abenteuer und übergab die Papiere dem Schriftsteller Defoe zur Durchsicht, um sie alsdann drucken zu lassen; dieser jedoch entnahm daraus das Material zu seinem Romane und händigte hierauf dem betrogenen Selkirk seine Papiere, als nicht geeignet zur Publication, wieder ein. Campe behandelte den Stoff so geschickt und flocht im Laufe der Erzählung so viele belehrende Notizen über Naturgeschichte, Naturlehre, Geographie u. s. w. ein, daß sein „Robinson" der Jugend noch jetzt als eine nicht nur unterhaltende, sondern auch unterrichtende Lecture empfohlen werden kann. Nächst diesem verdient sein „Theophron oder der erfahrene Rathgeber für die unerfahrene Jugend" (Hamburg 1783) und seine „Entdeckung von Amerika" (Hamburg 1781 und 1782) das größte Lob.

Durch diese und viele andere ähnliche Schriften legte Campe seinen Beruf zum Pädagogen so unverkennbar an den Tag und machte sich einen solchen Namen in ganz Deutschland, daß der Herzog Karl von Braunschweig, der eine Reorganisation und durchgreifende Verbesserung des gesammten Schulwesens in seinem Lande vorhatte, diesen Zweck nicht besser erreichen zu können glaubte, als dadurch, daß er ihn nebst einigen andern sachkundigen Männern 1787 nach Braunschweig berief. Campe erhielt den Titel Schulrath und ward zugleich Kanonikus am St.-Cyriacusstift; später, 1805, rückte er zum Dechanten dieses Stifts auf und 1809 ertheilte man ihm von Helmstedt aus die theologische Doctorwürde. Indeß zog er sich bald von allen öffentlichen Geschäften zurück, zumal da die beabsichtigte Reform des Unterrichts vielfachen Widerspruch fand und, durch Hindernisse aller Art aufgehalten, den Erwartungen nicht entsprach, die man von ihr mochte gehegt haben. Er übernahm die Waisenhausbuchhandlung, die namentlich durch den Verlag seiner eigenen Werke zu bedeutendem Ansehen gelangte und später durch die Thätigkeit seines Schwiegersohns Vieweg noch größern Umfang gewann. Uebrigens fuhr er fort, durch einzelne Aufsätze in mehren damaligen Journalen, sowie durch neuherausgegebene Schriften bald den Lehrern und Erziehern nützliche Winke zu geben, bald den Lernenden passende Nahrung für Geist und Herz darzubieten.

Im Jahre 1789 machte er eine Reise nach Frankreich und schrieb von Paris aus eine Anzahl von Briefen, die zuerst im „Braunschweigischen Journale" zerstreut erschienen, dann aber auch besonders abgedruckt wurden. Die Begeisterung, mit welcher er darin von der französischen Revolution sprach, und die Wärme, mit welcher er der Proclamation der allgemeinen Menschenrechte das Wort redete, zog ihm in der Folge, als die laut gepriesene Freiheit in Frechheit und die gemäßigte Volksherrschaft in Pöbelherrschaft ausartete, manchen bittern, obwol ungerechten Tadel zu; denn nicht die Revolution an sich vertheidigte er, sondern er rühmte nur das Gute, das sie zu gewähren verhieß. Hätte er schon damals den unseligen Gang voraussehen können, den sie bald darauf wirklich nahm, so würde er sie ebenso sehr gemißbilligt haben, als er sie jetzt pries und rühmte.

Führte er doch einige Jahre nachher, als er auf einer Reise durch Dänemark, England und Frankreich Paris wiederum besuchte, über jenes Ereigniß eine ganz andere Sprache. Auffallend aber bleibt es immer, daß er noch 1807 nach der Bildung des Königreichs Westfalen von Hieronymus Napoleon etwas für das Wohl seines Vaterlandes hoffen konnte, wenn er auch diese Hoffnung alsbald wieder aufgab, nachdem er 1808 als Deputirter in Kassel sich mit eigenen Augen und Ohren davon überzeugt hatte, wie ungegründet sie sei. Von nun an lebte er still und eingezogen, nur mit wenigen Freunden in Berührung, der Cultur seines vor Braunschweig gelegenen ansehnlichen Gartengrundstücks und der Ausarbeitung seines letzten, umfangreichsten Werkes. Es war dies sein „Wörterbuch der deutschen Sprache", welches er unter Beihülfe Theodor Berndt's von 1807—11 in 5 starken Quartbänden herausgab. Sein Fleiß und seine Ausdauer bei dieser langen, ermüdenden Arbeit verdient um so mehr Anerkennung, je weniger Lohn ihm zu Theil ward. Bereits nach dem Erscheinen des ersten Bandes stellte es sich heraus, daß die Kosten des Drucks nicht würden gedeckt werden; allein er gab seinen einmal gefaßten Plan nicht auf und so brachte er bei diesem Unternehmen ein sehr bedeutendes Opfer. Gleichwol hat sein Wörterbuch vor den meisten übrigen beachtenswerthe Vorzüge, indem es z. B. das große Adelung'sche nicht allein an Wörterreichthum um mehr als die Hälfte übertrifft, sondern auch in Bezug auf richtige Schätzung und Würdigung der verschiedenen deutschen Mundarten weit hinter sich läßt. Bei so vielen guten Eigenschaften kann man die kleinen Mängel leicht übersehen, welche der übertriebene Purismus der Verfasser, ihr zwar wohlgemeinter, aber mißlungener Versuch, die Sprache von allen fremdartigen Bestandtheilen zu reinigen, hier und da hervorgerufen hat.

Mit der Vollendung dieses Werkes waren leider auch Campe's Geisteskräfte gänzlich erschöpft, und er versank nach und nach in eine solche Apathie, daß er, der sonst so kräftige, thätige, energische Mann, wie ein Kind behandelt werden mußte und alle Selbständigkeit des Wollens und Handelns verloren zu haben schien. Ja er war nicht einmal mehr im Stande, deutlich zu sprechen. Ein Glück war es deshalb für ihn, daß er in seinem hülflosen, traurigen Zustande an seiner Gattin, seiner Tochter und seinem Schwiegersohne treue und liebevolle Pfleger fand, und eine Wohlthat, daß ein sanfter Tod ihn endlich dem Leben entnahm, für dessen Freuden und Leiden er keine Empfindung mehr hatte. Er starb am 22. October 1818, 72 Jahre alt.

Neueste Fortschritte der Daguerreotypie.

Als ein Fortschritt der ältern Methode ist ein von Talbot erfundenes, sehr empfindliches Papier zu nennen, von ihm papier calotype genannt. Er bedient sich dazu mehrer Auflösungen von krystallisirtem salpetersauren Silber, Jodkalium, Gallussäure u. s. w. Bei der Anwendung bringt man das Papier auf gewöhnliche Art in die Camera obscura, wäscht es nachher noch einmal mit gallo-salpetersaurem Silber (so wollen wir eine Mischung aus einer Auflösung von salpetersaurem Silber in Wasser, mit Zusatz von Essigsäure, und einer Auflösung von krystallisirter Gallussäure in Wasser nennen) und trocknet es am Feuer; dann fixirt man das Bild, indem man es wäscht und mit einer Auflösung von Bromkalium in Wasser benetzt. Die fixirten Bilder bleiben durchscheinend, weshalb man von ihnen schöne Copien nehmen kann, indem man ein Blatt Kalotypenpapier stark gegen das Bild drückt und dann dem Lichte aussetzt. Durch Wiederholung dieses Verfahrens verliert das Original; auch sind die spätern Copien immer unvollkommener. Durch abermaliges Waschen mit gallo-salpetersaurem Silber kann man kalotypische Bilder wieder auffrischen; aber auch die Fixirung muß dann erneuert werden.

Im Fache der eigentlich sogenannten Daguerreotypie ist namentlich in Wien viel geleistet worden, besonders für Erhöhung der Empfindlichkeit der Platten, da der optische Theil der Camera obscura fast nichts mehr zu wünschen übrig läßt. Die Gebrüder Natterer setzen die jodirten Platten einige Stunden lang den Dämpfen des gesättigten Chlorwassers aus, wodurch sie so empfindlich werden, daß man selbst bewegte Gegenstände im Sonnenlicht in einer Secunde scharf nachbilden und selbst im Lampenlicht arbeiten kann. Wie weit man es in Wien in der praktischen Ausbildung der Daguerreotypie gebracht hat, erhellt daraus, daß man dort bereits ganze Gesellschaften, laufende Pferde u. s. w. in Zeit von einer Secunde treu nachgebildet hat. Fizeau nimmt Bromwasser ebenfalls mit gutem Erfolge. Kratochwila setzt die rein geputzte Platte unmittelbar den Dämpfen von Jodchlorure aus, bis sie dunkelgelb wird. Gaudin in Paris läßt die hellgelb jodirten Platten am Sonnenlichte schwarz werden, jodirt sie dann von Neuem, bis sie roth werden, und bringt sie dann in die Camera obscura und die Quecksilberdämpfe. Das rothe und gelbe Licht wirkt nach ihm weit schneller als das weiße; mittels eines rothen Glases gaben Platten, die mit Jodchlorure präparirt waren, schon dann Bilder, nachdem das Licht nur $1/5$ Secunde eingewirkt hatte.

Nach Daguerre erreicht die Empfindlichkeit den höchsten Grad, wenn man die präparirten Platten isolirt und elektrisirt, ja sie wird auf diesem Wege leicht zu groß. Die Gebrüder Natterer und Gaudin haben Lichtbilder ohne Quecksilberbehandlung gewonnen: Jene durch bloße Erwärmung in der Camera obscura, Dieser durch Jodirung und Aussetzung in der Camera obscura.

Eine galvanoplastische Vervielfältigung der Lichtbilder ist mit Erfolg von Weidele, Steinheil und Fizeau versucht worden. Auch die Ätzung der Lichtbilder ist von Berres weiter verfolgt worden, welcher Salpetersäure von 25 Grad noch immer für die beste hält. Er senkt die das Bild enthaltende Silberplatte mittels einer Kupferpincette in die Säure und schon nach wenig Secunden hat sich das Lichtbild in ein vertieftes Metallbild verwandelt; um aber die zur Aufnahme der Druckerschwärze erforderliche Tiefe zu erzielen, muß das Bild rasch nacheinander 3—4 Mal in die Säure getaucht und wieder der Lufteinwirkung ausgesetzt werden, wobei die schwächern oder auf schlechten Platten verfertigten Bilder zu Grunde gehen. Berres ließ eine geätzte Silberplatte 310 Mal abdrucken, worauf sie noch immer hinreichende Schärfe besaß, um eine gleiche Zahl von Abdrücken, die jedoch schwächer waren, liefern zu können.

Sehr folgenreich verspricht die Erfindung des um die Daguerreotypie schon anderweit verdienten Malers Isenring in München (aus der Schweiz) zu werden, dem es gelungen ist, ein Verfahren zu erfinden, um mit Hülfe mechanischer Kräfte Lichtbilder buntfarbig zu bemalen. Dabei erleidet das ursprüngliche, schwarzgezeichnete Bild nicht die mindeste Verletzung, gewinnt vielmehr durch die

Farbendecke an Haltbarkeit und Dauer. Die farbigen Lichtbilder lassen sich mit warmem Wasser abwaschen, ohne an Glanz und Klarheit zu verlieren. Das Verfahren liegt noch in seiner Kindheit und bietet insofern Schwierigkeiten dar, als keineswegs alle Farben zum Übermalen des Lichtbildes geeignet sind.

Worms.

Der Dom in Worms.

Wir erblicken hier vor uns die Abbildung des herrlichen Doms dieser durch ihr Alter, ihre Schicksale, physischen und nationellen Verhältnisse ausgezeichneten Stadt. Als sie im Jahre 1689, trotz der heiligsten Zusage der Schonung, von den Franzosen in Brand gesteckt und aufs schauderhafteste verwüstet wurde, da strebten die barbarischen Feinde vergebens, auch dieses feste Mauerwerk zu zertrümmern, fast das einzige Überbleibsel einer Reihe prachtvoller Gebäude und des höchsten Wohlstandes einer vor vier Jahrhunderten 60,000, noch damals aber an 32,000 Einwohner zählenden Volksmenge, welche gegenwärtig bis auf den vierten Theil dieser Zahl geschmolzen ist (die letzte Zählung ergab 8358 Einwohner), so denn das heutige Worms im Vergleich zu seinem Umfange vor 1689 nur noch ein Flecken zu nennen ist. Der hohe, schmale Bau, geschmückt mit einem östlichen und westlichen Chor, mit vier schlanken Thürmen und zwei thurmähnlichen Kuppeln an den Chören, erinnert an den Dom zu Mainz, nur daß dort die Verhältnisse größer sind und die Kuppel über den Thurm hervorragt. Die Fläche, welche der Dom einnimmt, beträgt 31,320 pariser Quadratfuß; die Thürme haben eine Höhe von 117 Fuß. Im Jahre 1111 von Kaiser Heinrich V. erbaut und mit Blei gedeckt, bietet der wormser Dom eines der ältesten und schönsten Denkmäler des Rundbogenstyls, jener am Rhein so viel gepflegten Bauart, von der man in Zweifel steht, ob man sie byzantinisch oder lombardisch nennen soll, dar. Von dem östlichen Chor und der nördlichen Langseite starren wunderliche Larven grimmiger Thiergestalten auf uns herab. Der westliche Chor zeigt etwas spätere Formen und Übergänge in den Spitzbogen. Das gothische Hauptportal auf der Südseite kann erst drei Jahrhunderte später angefügt worden sein.

Was die Lage von Worms anlangt, so könnte sie nicht schöner sein, und die Aussicht aus jedem Thore entzückt das Gemüth durch eigene Reize. Daran hat der Rhein großen Antheil, welcher östlich von der Stadt vorbeifließt und hier die Prim, die Els und den Giesenbach in sich aufnimmt. Die Umgegend von Worms — das sogenannte Wormsfeld, zu dem früher auch Mainz und der Nahegau gerechnet wurden — ist an guten Weinen nicht so ergiebig als der nahe Speiergau in der bairischen Pfalz (Rheinbaiern), bringt aber einige treffliche und hier geschätzte Weine hervor, die den Rheinweinen beigezählt werden. Recht eigentlich berühmt ist Worms durch seine Liebfrauenmilch, die in dem Garten des ehemaligen Liebfrauenstifts wächst, das in der 1689 zerstörten mainzer Vorstadt lag, von welchem aber nur die Kirche erhalten ist; der Boden besteht größtentheils aus dem Schutt der ehemaligen Klostergebäude. Die beste Weinlage nach der bezeichneten ist das Katerloch, auf der entgegengesetzten Seite der Stadt; für die dritte gilt das Luginsland, so genannt von einem hohen, weite Aussicht gewährenden Thurme, der einst an der Südseite der Stadt stand.

Worms, einst freie Reichsstadt, gehört mit Köln und Trier zu den ältesten Städten des Rheinlandes; gegenwärtig steht es unter hessen-darmstädtischer Oberhoheit und wird zu der Provinz Rheinhessen gerechnet. Ist auch sein Alter nicht in jene graue Zeit zu setzen, wo, nach der Sage, Thuiskon's Enkel es erbaut haben soll, so ist doch ausgemacht, daß es in einer sehr frühen Epoche, als eine Colonie der Bangionen, unter dem Namen Augusta Vangionum existirt, später aber den Namen Borbetomagus, aus welchem nachmals Guarnacia geworden, erhalten hat. Außer den Bangionen hatten die Mediomatriker, Römer, Burgundionen, Alemannen, Franken nacheinander hier Wohnsitze, und bekannt ist die wichtige Rolle, welche Worms im Nibelungenliede als Hauptstadt der Burgunder und Vaterstadt der schönen Chriemhilde spielt. Worms hat schon vom Anfange des 5. Jahrhunderts christlicher Zeitrechnung bis ins Jahr 938 von den Vandalen, Hunnen und Normannen große Anfechtungen und Gewalt erlitten. Im dreißigjährigen Kriege litt es wieder sehr und die Verwüstung im J. 1689 versetzte dem Wohlstande der Stadt einen Stoß, von dem sie sich nie erholen wird.

Einen berühmten Namen erwarb sich die Stadt in der Geschichte der Juden. Ihnen hat es in früherer Zeit als „das kleine Jerusalem" gegolten, und sie behaupten, bereits 588 Jahre vor Christi Geburt, seit der Zeit der Zerstörung des ersten Tempels zu Jerusalem durch die Babylonier, daselbst ihren Wohnsitz gehabt, ja von da aus, nicht einwilligend in des Heilandes Kreuzigung, mittels Schreibens an den König der Juden von der blutigen Unthat ausdrücklich abgerathen zu haben. Daß dies eine völlig unbegründete Sage und im eigentlichen Sinne kein wahres Wort daran ist, braucht wol kaum erst erinnert zu werden. Aber uralt ist die hiesige jüdische Gemeinde allerdings und im Mittelalter war die Judenschaft in Worms ebenso zahlreich, als ihre Synagoge angesehen. Von den drei Rabbinern der gesammten deutschen Judenschaft im Mittelalter, deren zwei andere zu Prag und Frankfurt am Main residirten, galt der in Worms nach dem Privilegium des Kaisers Ferdinand für den ersten und vornehmsten. Nach einer Überlieferung soll die Erde auf dem dasigen jüdischen Begräbnißplatze von Jerusalem dahin gebracht worden sein, was viele deutsche Juden veranlaßte, sich in Worms aufnehmen zu lassen, um einst dort begraben zu werden. Die jüdische Gemeinde zu Worms, deren Vorsteher insgemein der Judenbischof hieß, hatte eine wohlgeordnete Verfassung und erfreute sich wichtiger kaiserlicher Privilegien. Das Sprüchwort „Wormser Juden fromme Juden" ist vielleicht aus der obenerwähnten Sage zu erklären.

Dem Geschlechte der Dalberg, dem vornehmsten, wo nicht ältesten der gesammten deutschen Ritterschaft, das namentlich in Worms einheimisch war, war der Schutz über die dasige jüdische Gemeinde mittels besonderer Belehnung übertragen, und der Name „Kämmerer von Worms", den die Dalberg ursprünglich führten, wovon auch eine Gasse in Worms die Kämmerergasse heißt, scheint mit der Benennung „kaiserliche Kämmerknechte", welche die Juden führten, in Zusammenhang zu stehen. Nach der Familiensage des Geschlechts, das seinen Ursprung in seinen Stammbäumen von der Jungfrau Maria herleitete, kam einer seiner Verfahren nach der Zerstörung Jerusalems durch Titus mit der 22. Legion nach Worms. Die Kämmerer erbten den Namen Dalberg erst in dem 14. Jahrhunderte, wo das im Nahegau ansässige Geschlecht der Dynasten von Dahlburg erlosch und ihre Güter auf die mit ihnen verwandten Kämmerer von Worms übergingen, welche Namen und Wappen von jenem annahmen.

Groß und unschätzbar sind die Wohlthaten, welche für Staaten- und Bürgerwohl, Religion und Kirche von Worms ausgegangen sind. Denn auf dem Reichstage des Jahres 1495 wurde zu Worms das Faustrecht nebst den Befehdungen aufgehoben, welche sonst im ganzen deutschen Reiche die Lebenstage trübten und der Sicherheit alles Eigenthums und Grundbesitzes spotteten, und mit Reichsacht wurden alle Übertreter jenes Verbotes belegt. Es hat ferner Luther's kühne Erklärung auf dem Reichstage 1521 (dem ersten Karl's V.) im dortigen sogenannten Bürgerhause, daß er seine Lehre nicht widerrufen könne, mit welcher er vor der großen Versammlung des Reichs aufzutreten sich nicht scheute, ohne daß die versuchte Vergiftung, dann die verspätete Achtserklärung ihm zu schaden vermochte, von dort her das Licht der Reformation recht eigentlich entzündet. Worms hallte damals wieder von Luther's Lobe und eine große Anzahl Edelleute, angefeuert durch den begeisterten, edlen Ulrich von Hutten, verschworen sich zu seinem Schutze. Luther schloß seine Rede vor den Ständen und Prälaten des Reichs mit den Worten: „Ist dieses Werk ein Menschenwerk, so wird es aus sich selbst zergehen; ist es von Gott, so werdet ihr es nimmer zerstören." Das wormser Edict, welches gegen Luther und Alle, die ihn schützen würden, die Reichsacht verhängte, kam nicht zur Vollziehung. Die Religionsgespräche, welche vom Cardinal Granvella nachmals (1540) zu Worms geleitet wurden, blieben ohne allen Erfolg.

Skizzen aus Odessa.
(Beschluß aus Nr. 477.)

Durch die ganze Stadt bis zu den äußersten Vorstädten schlingt sich ein Kranz von Buden, Kaufgewölben, Märkten u. s. w., die sich auf folgende Weise classificiren und abstufen lassen: 1) Die fremden Magazine in dem schönsten Theile der Stadt, in der Nähe der Boulevards und der Paläste, lassen an Eleganz nichts zu wünschen übrig, bieten aber am wenigsten Eigenthümliches dar. Man findet hier deutsche und französische Galanteriewaarenhändler, schweizer Uhrenhändler, englische Tuchverkäufer, pariser Putzmacherinnen u. s. w. 2) Der griechische Bazar für konstantinopolitanische Gemüse, Früchte, Gewürze, Taback u. s. w., welcher eine breite Straße bildet; die Verkäufer sind zwar hauptsächlich Griechen (spottweise Pentos genannt von dem griechischen Worte pente, d. i. fünf, weil sie die Gewohnheit haben, im Gespräche häufig alle fünf Finger auszustrecken), aber auch Juden und Russen. Hier findet man stets frische delicate Gemüse und frühzeitiges Obst aus Gegenden, deren Klima dem von Odessa um 3—4 Wochen voraus ist. Die Gewürzläden enthalten Feigen, Rosinen, Korinthen, Farbewaaren, eingemachte Früchte aller Art und Confecte und sind ungemein reich ausgeschmückt. Besonders bemerkenswerth sind die Tabacksgewölbe, deren ganze Einrichtung türkisch ist, die aber hier eine eigenthümliche Gemächlichkeit und Eleganz angenommen haben. Hier findet man außer Taback und Cigarren auch alle auf das Rauchen Bezug habenden Gegenstände: Pfeifenröhre, Pfeifenköpfe und Pfeifenspitzen, Feuersteine und Stahl, Tabacksbeutel u. s. w. Die beste Sorte Taback heißt Sultanski und erscheint in länglichen, feinen, meist grünen Säckchen, deren jedes etwa 3 Pfund (eine Okka) enthält und die mit goldenen arabischen Inschriften geziert sind. Die stärkste Sorte heißt Samson. Aller türkische Taback ist sehr sorgfältig, äußerst fein und gleichmäßig geschnitten. Die bessern Sorten sind an der der Thür gegenüber befindlichen Wand der Bude in hübschen Guirlanden aufgestellt, während die größern Packete an den Seitenwänden liegen, an denen auch die großen türkischen Pfeifenröhre (lauter Weichselröhre) ihrer Größe nach geordnet stehen. Die größten derselben sind 10 Fuß lang und kosten 10 Rubel (etwa 3 Thaler). Die türkischen Pfeifenköpfe, mit Vergoldung, zuweilen auch mit andern Farben, sind höchst geschmackvoll geformt und liegen theils auf Bretern vor den Tabackssäcken, theils in großen Gläsern, welche auch zum Theil mit Feuerstählen und Feuersteinen angefüllt sind, die so das Ansehen von Bonbons haben. In gläsernen Kästen liegen die kostbarsten Bernsteinspitzen und eine besondere Art kleiner Pfeifenköpfe, welche auseinandergeschraubt werden können, um in einer kleinen Kapsel des Gefäßes ein kleines, mit Wasser angefeuchtetes Schwämmchen zur Kühlung des Rauches anzubringen. Diese Läden sind mit Spiegeln und Divans versehen, weil die Orientalen den Taback hier nicht blos zu kaufen, sondern auch zu rauchen pflegen. 3) Buden für russische, tatarische, orientalische, auch deutsche Manufacturwaaren, Baumwollenwaaren, Tücher, Kattune u. s. w. Die Deutschen bringen schlesische Leinwand und die auf der leipziger Messe gekauften Tücher zu Markte. Auf diesem Platze und auf dem vorigen sitzen auch die meisten Geldwechsler, sämmtlich Juden. 4) Der sogenannte alte Bazar, welcher die Eisenbuden, Holzbuden, Kohlenmagazine, den jüdischen Trödelmarkt und den Victualienmarkt umfaßt. Als Kaufleute findet man hier hauptsächlich Russen, Juden und einige Griechen. In den Eisenbuden findet man ungeheure Massen von Roheisen aus dem Ural, das zu Lande von der großen Wintermesse von Charkow hieher gebracht wird. Mit dem Holz- und Kohlenhandel befassen sich fast nur Juden. Die Holzmagazine bieten insofern einen eigenthümlichen Anblick, als sie kein einziges ordentliches Stück Holz, sondern lauter bohnenstangenähnliche Stämme enthalten.

Dies erklärt sich daraus, daß Odessa 30 Meilen in die Runde kaum ein Wäldchen hat. Im Mittelpunkte des alten Bazars finden sich die Garküchen und die Brotbuden für die niedern Classen, sowie die Theetische, an denen die Großrussen den ganzen Tag hindurch ausschenken. So unappetitlich die Speisen, welche in den Garküchen bereitet werden, scheinbar sind, so nährt sich doch die niedere Classe hier weit besser als anderwärts, was aus der ungemeinen Billigkeit der Lebensmittel zu erklären ist (von gutem Rindfleisch kostet das Pfund höchstens einen Silbergroschen und für einen Thaler kann man ein ganzes Schaf kaufen). Das Brot backen hauptsächlich die Deutschen und die Griechen und zwar liefern jene das gute weiße Brot, diese eine Art saures Schwarzbrot. Außerdem verkaufen die Griechen allerlei Waaren aus Konstantinopel für das geringere Volk, eigenthümlich plattgedrückte Würste von der Dicke der Pappe, lange Kränze getrockneten Fleisches, Öl, Wachs, Honig u. s. w. Auf den weiterhin folgenden eigentlichen Victualienmärkten findet man, daß jede Classe von Victualien ihre eigene Nation hat. In den Fleischbuden, die in einem Hause vereinigt sind, nehmen sich die Schafe mit Fettschwänzen sonderbar aus. Die Fische, mit denen meist Griechen und Großrussen handeln, sind außerordentlich billig; am häufigsten ist eine Makrelenart, Skumbria genannt, die in großen Zügen wie der Hering jährlich in den Meerbusen von Odessa kommt und gesalzen durch ganz Rußland bis nach Polen verschickt wird, nächstdem Steinbutten, die bei uns nur die Reichen essen, Sander, Meerkarpfen, Wels, Hausen, alle spottbillig. Zuweilen werden auch Haifische verkauft, welche die Griechen und Italiener essen. Auf dem Obst- und Gemüsemarkt verkaufen vorzüglich deutsche Colonisten und im Herbste Bulgaren, die ungeheure Massen von Arbusen, Gurken, Melonen und andern Früchten zu Markte bringen, besonders aber Zwiebeln, welche die Russen so sehr lieben. 5) An den Grenzen der Stadt, vor derselben, breitet sich auf weiten Räumen der sogenannte Priwosdni-Bazar oder Anfahr-Bazar für Eisen, Holz, Heu, Vieh, Pferde aus. Die Hauptwaaren sind Brennstoffe aller Art, Holz aus Polen und Bessarabien, Steinkohlen (aus England) und Holzkohlen (aus der Moldau), Schilf aus dem Dniepr und Dniestr, Stroh aus den Dörfern, eine Art strunkiges Unkraut aus den Steppen, getrockneter Mist (dessen Bereitung in den Steppen zu den regelmäßigen Arbeiten des Landbewohners gehört). Als Verkäufer erscheinen hier außer den Kleinrussen die Moldauer, welche auf kleinen Wagen, mit ihrem hohen Aufsatze von Flechtwerk wie auf Räder gesetzte Thürme aussehen, Holzkohlen zu Markte bringen, und Zigeuner, welche ohne Ausnahme Schmiede sind. Die letztern sind lauter tatarische Zigeuner, die in den erbärmlichsten Zelten von der Welt wohnen. Die Weiber und Mädchen tragen auf dem Kopfe einen rothen, mit Geldmünzen bedeckten Feß, haben das Haar in eine Menge (wol 20) Zöpfe geflochten und rauchen den ganzen Tag wie die Männer. Diese sollen manche Kunststücke ihres Handwerks verstehen; sie graben sich beim Ambos eine Grube, in welche sie die Füße stecken, und schmieden halbsitzend aus der Grube heraus. Unter diesem halbnackten schwarzen Gesindel findet man indeß oft sehr schöne Gestalten mit feurigen Augen, rabenschwarzem Haar und schlankem Wuchse.

In Bezug auf den auswärtigen Handel nimmt Odessa unter den russischen Seestädten jetzt den dritten Rang ein und kommt der zweiten, Riga, fast gleich, während Petersburg den ersten, Taganrog und Archangel den vierten und fünften Rang behaupten. Der Handel von Odessa beschäftigt jährlich 6—800 Schiffe, worunter meist italienische unter östreichischer und sardinischer Flagge; nach den Italienern kommen die Engländer, dann die Griechen, während der Verkehr mit den Franzosen, Türken und andern Nationen nur unbedeutend ist. Eigene Schiffe besitzt Odessa nur 40— 45, die ausschließlich griechischen Häusern gehören, deren einige 5—6 haben. Die großen Kaufleute in Odessa, deren Zahl sich auf 40—50 beläuft, sind hauptsächlich Griechen, Italiener und Deutsche; englische Häuser gibt es gar nicht, wol aber einige französische, namentlich Weinhändler; russische Kaufleute, die mit dem Auslande handeln, findet man in keinem russischen Seeplatze. Alle Mäkler-, Commissionair- und Banquiergeschäfte werden von Juden besorgt, deren sich mit Weibern und Kindern über 12,000 in Odessa befinden. Die jährliche Ausfuhr der Stadt beträgt 25—30 Millionen Rubel. Der wichtigste Ausfuhrartikel, um den sich fast der ganze Verkehr von Odessa dreht, ist podolischer, bessarabischer und neurussischer Weizen, der fast ausschließlich nach England und Italien geht; der zweite Artikel ist Talg aus den großen Talgsiedereien der Steppe, der nach England und der Türkei geht; dann folgt Wolle; unbedeutend ist die Ausfuhr russischer Fabrikproducte nach der Türkei. Die Haupteinfuhr (die ganze jährliche Einfuhr beträgt 20—25 Millionen Rubel) besteht in ausländischen Manufacturwaaren und zwar meistens für den Verbrauch der Stadt, indeß sind trotz des Freihafens alle Luxusartikel hier theurer und schlechter als in Petersburg, von wo man sich daher bis tief in den Süden von Rußland hinab mit solchen Gegenständen zu versorgen pflegt. Am weitesten verschickt Odessa die aus der Levante und der Krim empfangenen Waaren, Farbstoffe, Rosinen, Früchte, Weine, besonders Baumwolle, welche bis Moskau und selbst bis Petersburg gehen. Gleichwol bezieht man im Innern von Rußland eine große Menge von Producten der Länder am Mittelmeer häufiger aus Petersburg als aus Odessa. Im Allgemeinen befindet sich der Handel von Odessa noch in einfachem und wenig ausgebildetem, ja rohem Zustande. Die Industrie von Odessa ist höchst unbedeutend. Die einzigen Fabriken sind Macaronifabriken und Seilerwerkstätten, in denen viel Stricke für die türkische Armee gemacht werden; man macht hier Stricke, deren Dicke fast eine Elle und deren Gewicht 96 Pfund per Klafter beträgt; bei dem Drehen derselben sind 90 Menschen beschäftigt. Die drei Macaronifabriken machen sehr bedeutende Geschäfte; eine derselben versendet an Macaronis jährlich 20,000 Pud (etwa 8000 Centner) ins Innere des Reichs.

In Bezug auf das Leben in Odessa ist der Einfluß des Freihafens unverkennbar, welcher nicht nur eine freiere Einfuhr der Waaren, sondern auch eine größere Freiheit in Gesprächen und Sitten zur Folge hat. Selbst die hier befindlichen obern russischen Behörden nehmen an dieser freien Bewegung gern Theil und nehmen es mit Ceremoniell u. s. w. nicht so genau. Daher ziehen nicht wenige große russische Familien, welche ein wenig Freiheit lieben, nach Odessa und Diejenigen, welche den dortigen Aufenthalt einmal gewohnt worden sind, wollen nicht wieder in das Innere zurück.

Den Hunger zu stillen, ist in Odessa sehr leicht, denn die Wohlfeilheit aller Eßwaaren ist außerordentlich, und in wenig Städten sieht man in den Straßen mehr Eßbares als in Odessa ausgestellt. Ganz anders verhält es sich mit dem Durste; diesen mit gutem frischen Wasser zu löschen, hält oft schwer denn das Wasser welches einige in den Vorstädten von Odessa befindliche kleine Brunnen liefern, ist salzig, und die nächste gute Quelle, aus welcher sich fast die ganze Stadt tränkt, ist etwa 2½ Werst (über ½ Stunde) von der Stadt entfernt und noch nicht durch einen Aquaduct, der noch immer bloßes Project ist, mit der Stadt verbunden. Mit dem Schöpfen und zur Stadt Fahren des Wassers aus dieser Quelle sind an 2000 Menschen beschäftigt; das letztere geschieht in kleinen Wagen mit Tonnen, wie in ganz Rußland, die eine unaufhörliche Wasserkarawane von der Quelle nach der Stadt bilden. Familien abonniren bei diesen Wasserfuhrleuten mit 20—40 Rubel monatlich und vielen derselben, deren Haushalt noch gar nicht zu den größten gehört, kostet das Trink- und Kochwasser jährlich über 100 Thaler. Außer der erwähnten Quelle gibt es bei Odessa noch eine gute, die aber 1½ Meile von der Stadt liegt. Andere Getränke werden in zahllosen Kellern (über 500) unter der Erde gezecht. Als Schenkwirthe und Restaurateurs stehen die Italiener obenan, dann folgen Franzosen, Deutsche, Griechen, Russen und Bulgaren.

Das Fuhrwesen ist in Odessa gut eingerichtet. Die Fiakers zerfallen in drei Classen; die erste besteht aus zweispännigen eleganten Droschken, welche von Russen gefahren werden; bei der zweiten sind die Kutscher meist Griechen, bei der dritten, aus erbärmlichen kleinen Einspännern bestehend, nur Juden. Selten sieht man Vierspänner, die in Petersburg so häufig sind; sechsspännig wird gar nicht gefahren.

Originell ist die Art, wie in Odessa Häuser gebaut werden, was mit unerhörter Geschwindigkeit geschieht. Als Material dient der bereits erwähnte schwammige Muschelkalkstein, der sich wegen seiner Weichheit und Leichtigkeit zwar sehr leicht behandeln und bearbeiten läßt (man kann einen Nagel hineinschlagen und mit dem Stocke ein Loch hineinbohren), aber eben deshalb auch nur wenig Dauer hat, wiewol die daraus gebauten Häuser stattlich genug aussehen und scheinbar so fest wie aus Quadern gebaut sind. In Zeit von wenig Wochen sind die größten Häuser fertig. Weil der aus kleinen Muscheln bestehende Stein dem eindringenden Regen und andern Einwirkungen der Witterung am besten in einer Richtung, welche auf die flache Seite der untereinander parallel liegenden Muscheln perpendicular ist, widersteht, so müssen die Steine demgemäß zugehauen und gelegt werden, sodaß alle Muscheln mit dem Boden parallel liegen. Die besten Steine dieser Art, wiewol die Verschiedenheiten nicht bedeutend sind, kommen aus Bessarabien. Der Kalk, welcher hier an und für sich sehr schlecht ist, haftet zwischen diesen Steinen gar nicht. Die auf die angegebene Weise gebauten Häuser sollen eine Dauer von nur 30—40 Jahren haben.

Von der Umgegend von Odessa ist nicht viel zu sagen, da sie aus nichts als baumlosen öden Steppen besteht, die im höchsten Grade einförmig sind. Garten- und Ackerbau können hier nur schlecht gedeihen, Viehwirthschaft ist das Hauptgewerbe; das Auge sieht weit und breit nur unermeßliche Grasfelder, bevölkert von großen Rindviehheerden, wilden Pferden und fettschwänzigen Schafen. Dennoch fehlt es in der nächsten Umgegend von Odessa nicht ganz an Gartenanlagen und Landhäusern (sogenannten Chutors), wo die reichen Odessaer ein Garten- und Landleben zu führen versuchen. Die meisten dieser Chutors liegen auf völlig flachem, quellenlosem Boden ohne alle Aussicht, und die sie umgebenden Gartenanlagen sind bei den außerordentlichen Schwierigkeiten, mit denen die Gartenkunst hier zu kämpfen hat, theils wegen der Beschaffenheit des Bodens, theils wegen des grellen und plötzlichen Wechsels von Hitze und Kälte, auf einen sehr engen Raum beschränkt. Unter den Bäumen gedeihen hier die Akazien am besten, unter den Blumen die Georginen; beide findet man in allen Chutors. Eine Ausnahme von der Flachheit der Gartenanlagen in der Umgegend von Odessa machen einige wenige Chutors, die auf Abstürzen der Küste des schwarzen Meeres, den sogenannten Obruiven, angelegt sind. Dies erheischt eine etwas genauere Erklärung. Die Ab- oder Einstürze, denen alle Küsten des schwarzen Meeres ausgesetzt sind, haben ihren Grund theils in der Einwirkung des Meeres, welches an der Küste gleichsam nagt, theils in dem des Regenwassers, theils und hauptsächlich in den unterirdischen Quellen, welche die obern Steppenschichten unterwühlen und breite Höhlen bilden. Die losgerissenen Stücke, oft sehr breit und lang, sinken 10—12 Klafter ganz senkrecht hinab, während die Höhe der Küste das Doppelte und Dreifache beträgt, und da sich diese Abstürze an manchen Orten mehrmals wiederholt haben, kann man vom Rande der Steppe bis zum Strande des Meers mehre Terrassen oder Stufen von verschiedener Höhe unterscheiden. Auf der Oberfläche solcher Obruiven, die sich mit der Zeit berast haben und fest geworden sind, stehen jene zuletzt erwähnten Chutors, die auf diese Weise eine in der That sehr romantische Lage haben; auch kommen Bäume, Reben und Sträucher hier weit besser fort und selbst das gefiederte Heer der Vögel soll sich hier zahlreicher einfinden und den Reiz dieser Orte erhöhen. Nur Eins ist zu bedauern, nämlich daß die Existenz dieser reizenden Anlagen so wenig Sicherheit gewährt, da sie fortwährend der Gefahr neuer Abstürze und Verschiebungen ausgesetzt sind.

In geringer Entfernung von Odessa finden sich deutsche Ansiedelungen, die sich im Allgemeinen in großem Flore befinden. Die nächste ist Lustdorf, etwa 2 Meilen südlich von Odessa, vor etwa 30 Jahren durch Schwaben angelegt. Die deutsche Nationalität hat sich hier fast ganz unverändert erhalten; die Deutschen sind in großen Massen beisammen, heirathen fast nur untereinander, haben ihre deutsche Kleidung beibehalten, der sie nur den Winterpelz beigefügt haben, und sprechen unter sich noch ihren schwäbischen Dialekt, russisch nur mit den Russen. Die Überlegenheit des Deutschen über den Russen, in moralischer wie in physischer Hinsicht, ist keinen Augenblick zu verkennen. Während der Deutsche denkt und fortschreitet, macht der gedankenlose Russe leicht Rückschritte. Als die Deutschen ins Land kamen, unkundig der Natur des Bodens und der Art, ihn zu bauen, nahmen die Wohlhabendern russische Knechte an; die Ärmern machten es diesen nach, säeten mit ihnen zu gleicher Zeit u. s. w. Bald wußten die Deutschen mehr als die Russen, und da sie im Landbaue mancherlei Verbesserungen einführten, so dienten sie von nun an ihren russischen Nachbarn als Vorbild. Auch die physische Natur des Deutschen hat große Vorzüge; ist einerseits der Russe gewandter und zäher, so ist der Deutsche thatkräftiger und stärker. Dies hat zur Folge, daß der deutsche Colonist von den Russen der Umgegend mehr gefürchtet und hochgeachtet als gehaßt wird.

Die Felsenharmonika.

Dieses seltsame musikalische Instrument ist von einem englischen Steinmetz, Namens Richardson, erfunden worden und besteht aus einer Reihe von Basaltstücken von verschiedenen Größen aus den Steinbrüchen von Cumberland; das kleinste Stück ist 4 Zoll, das größte 4 Fuß lang. Diese Steine werden von Knaben mit hölzernen Klöppeln geschlagen, und die Töne sollen noch voller sein als die des Fortepiano; sie haben einen Umfang von $5\frac{1}{2}$ Octaven.

Elektromagnete von außerordentlicher Tragkraft.

Durch Änderungen in der Form der Elektromagnete hat man insbesondere in England die Tragkraft derselben ins Ungeheure gesteigert. Joule aus Salford bei Manchester erhielt durch eine Zinkeisenkette einen Elektromagneten, der nur 15 Pfund wog, aber 2030 Pfund tragen konnte. Er besteht aus zwei halben Eisencylindern von 8 Zoll Länge, die mit der Seite, wo sie eben geschliffen sind, aneinander gelegt, jeder mit drei Haken versehen und mit vier mit Seide besponnenen Kupferdrähten von $1/11$ Zoll Durchmesser und 23 Fuß Länge umwunden sind. Bei einer andern Umwindung mit 21 Kupferdrähten und 23 Fuß Länge wog der Magnet 26 Pfund und konnte 2775 Pfund tragen. Ein dritter Magnet mit einer einzigen Drahtwindung von $3/8$ Zoll Dicke erhielt eine Tragkraft von 1350 Pfund. Richard Roberts in Manchester erhielt durch eine Batterie von 8 Zinkeisenelementen einen Elektromagneten, der mit der Umwindung nicht weniger als $29\frac{1}{2}$ englische Centner (avoir du poids) tragen konnte. Hierbei war der Draht nur mit Baumwollenbändern umwunden. Radford's Elektromagnet, von 9 Zoll Durchmesser und 1 Zoll Dicke, bei welchem der Draht in spiralförmige Vertiefungen eingelassen ist, wiegt mit demselben $18\frac{1}{4}$ Pfund und trägt bei einer Batterie von 12 Zinkeisenelementen 2500 Pfund.

Literarische Anzeige.

Soeben erscheint in meinem Verlage und ist durch alle Buchhandlungen zu beziehen:

England.
Von
Friedrich von Raumer.
Zweite, verbesserte und mit einem Bande vermehrte Auflage.
Drei Bände.
Gr. 12. Geh. 6 Thlr.

Der dritte Band ist für die Besitzer der ersten Auflage dieses Werks auch einzeln zu erhalten unter dem Titel:

England im Jahre 1841. Gr. 12. Geh. 2 Thlr.

Leipzig, im Mai 1842.

F. A. Brockhaus.

Das Pfennig-Magazin
für
Verbreitung gemeinnütziger Kenntnisse.

479.] Erscheint jeden Sonnabend. [Juni 4, **1842.**

Die alten Phönizier.

Ruinen von Tyrus.

So fern auch die Phönizier als lebendiges Volk in der Zeit und so fern Phönizien als Land im Raume von uns liegt, ebenso nahe ist uns doch die Betrachtung von Volk und Land gelegt, theils wegen ihrer wichtigen

X. 23

Verdienste um die Menschheit, theils ihres großen Interesses für uns und des Reizes der Eigenthümlichkeit willen. Der Name Phönizien stammt von den Griechen und bedeutet Palmenland; das Land erhielt ihn, weil es mit so vielen Palmenbäumen bewachsen war. Man bezeichnete mit diesem Namen einen schmalen, 4—5 Meilen breiten und 25 Meilen langen asiatischen Küstenstrich am mittelländischen Meere gelegen, fast ringsum eingeschlossen von den Gebirgen Libanon und Antilibanon und deren auslaufenden Bergreihen, gegen Morgen und Mittag begrenzt von Palästina und Hohl- oder Thalsyrien und dem eigentlichen Syrien und gegen Abend durch das mittelländische Meer, umgeben also von den Juden und Syrern als Grenznachbarn. Die Hebräer befaßten Phönizien mit unter dem der ganzen Meeresküste von Ägypten bis Kleinasien gemeinsamen und von der vorzüglichsten Beschäftigung der Bewohner entlehnten Namen Kanaan, d. h. Land der Kaufleute, Phönizier hießen also bei ihnen Kanaaniter.

Der Landstreifen erhebt sich vom Meere aus nach dem Gebirge zu höher und höher, der Boden ist mehr steinig und hart, als eigentlich gutes und lockeres Ackerland, nichtsdestoweniger aber sehr fruchtbar, weil die vielfach und in gleicher Entfernung voneinander vom Gebirge abwärts fließenden wasserreichen Flüsse ihn reichlich bewässern, nämlich von Süden nach Norden: der Leontes, der Adonis, der Aradus, Orontes und Eleutherus.

Jetzt ist das Land eine Provinz von Syrien und hat, seitdem es diesem einverleibt wurde, alle Schicksale seines Hauptlandes getheilt, d. h. es stand zwar immer unter der eigentlichen Oberherrschaft des türkischen Sultans, aber gehorchte in neuester Zeit bis zum vorigen Jahre unmittelbar dem Pascha von Ägypten, Mohammed Ali, und, weil dieser Herrscher, was er mit List und Gewalt und durch Verhältnisse begünstigt errungen hatte und als sein nunmehr rechtmäßiges Eigenthum ansah, nicht wieder aufgeben wollte, der unglückliche Schauplatz verheerender und blutiger Kriege gewesen, welche Mohammed Ali durch Ibrahim Pascha, seinen vorgeblichen Sohn und tüchtigen Feldherrn, mit den Türken führen ließ. Abgesehen aber davon, daß die Lasten des Kriegs den noch übrigen Wohlstand des Landes und Volkes gänzlich niedergedrückt, haben eigentlich beide seit fast 2000 Jahren nicht einmal einen mittlern Grad der Blüte erreichen können, da die Einwohner durch die schmachvollste von ihren Gebietern geübte Knechtschaft darniedergehalten wurden, von ihren Gebietern, die sich fast durch nichts auszeichnen, als durch übermäßige Verschwendung und Verweichlichung, durch die Härte und Gewaltthätigkeit ihrer Erpressungen, durch die Roheit und Willkür ihrer Gesetze oder vielmehr ihres ungesetzlichen Verfahrens, durch ihre unersättliche Habsucht und Grausamkeit. So hat auch das Land unbebaut und verwildert liegen müssen; es ist völlig zur Einöde geworden, welche nur hier und da ein Mais- oder Weizenfeld unterbricht, welches aber Unkraut und wilde Gewächse in üppiger Fülle wuchern läßt. Armselige Dörfer und noch ärmlichere Hütten darin sind die Wohnorte und Wohnungen der im Ganzen sehr armen Menschen, die sich theils von Fischfang, theils von Ackerbau, von beiden jedoch sehr kümmerlich nähren. Von den vormals so großen und mächtigen Handelsstädten, von welchen wenigstens Tyrus und Sidon schon aus der heiligen Schrift bekannt sind, von jenen einstigen Mittelpunkten des Welthandels sind nur mächtige Trümmer noch übrig und kleine Dorfschaften, die die berühmten Namen jener ehrwürdigen Städte führen und nur noch einige Säcke Getreide und ungesponnene Baumwolle verhandeln. Ihre Häfen, wo einst tausend und aber tausend Wimpel großer Kauffahrteischiffe weheten, sind versandet; kein Schiff mag da mehr einfahren, wo das Wasser so flach ist, daß Kinder es aller Orten durchwaten können, und der tyrische Hafen wird nur gleichsam zum Spott und zur Erinnerung an Das, was er einst war, immer noch mit einer von zwei großen Thürmen herabhängenden Eisenkette gesperrt. Niedere Lehmhütten sind an die Stelle der vor Jahrtausenden 4—5 Stock hohen Paläste getreten. Die größte Schuld an der schrecklichen Faulheit der Einwohner, welche beständig, gleichsam als hätte ihr Volk seine Bestimmung erfüllt, nur die Ruhe genießen wollen, trägt freilich die Regierung, welche bei Dem, der etwas unternimmt, gleich Reichthümer vermuthet, ihn vor sich kommen läßt und nicht selten, um Geld zu erpressen, die Folter anwendet. Jeglicher Gewinn des Fleißes ist nach ihren Grundsätzen nicht ein Lohn des Fleißigen, sondern von vorn herein schon Eigenthum der Regierung.

Welch einen erfreulichen und großartigen Anblick gewährt uns hiegegen im Vergleich zu Mittelalter und neuer Zeit das Alterthum! Ein herrliches Panorama breitet sich da vor uns aus. Wer von einem Abhange des bis fast zum Gipfel hinauf von reicher Vegetation bewachsenen Libanon das Land seiner Länge nach überschaute, konnte nicht anders denken, als es bestehe aus lauter theils weit ausgedehnten, theils kleinern Gärten, worin die großartigsten Städte, die freundlichsten Ortschaften, die geschmackvollsten Landhäuser, die reichsten Fluren, die buntesten Wiesen und herrlichsten Palmenwälder von größter Mannichfaltigkeit und höchster Pracht in beständigem Wechsel sich ablösten, durchzogen von einer Menge sich bald rechts bald links windender Flüsse und Bäche, welche der Libanon gütig herabsendete. Was den Reiz des unbeschreiblichen Anblicks gewiß unendlich vermehrte, das war die Gleichmäßigkeit der Entfernung der Flüsse und der einzelnen Hauptstädte voneinander, welche, die eine von der andern immer nur vier Stunden entfernt, von Süden nach Norden in folgender Reihe lagen: Sidon, Tyrus, Aradus, Byblus, Berytus, Sarephtha und Tripolis. Die alten Phönizier wichen in ihren Bestrebungen und in ihrem Charakter sehr von den übrigen Völkern des Alterthums ab. Denn während die meisten andern Nationen, wie die mittelasiatischen und die Römer, fast einzig ihre Thatkraft auf Eroberungen richteten und unaufhörliche Kriege führten, sind die Phönizier nie darauf ausgegangen; es war nicht ein kriegerisches, sondern ein handeltreibendes Volk; während die andern Glück und Ruhm in der Barbarei grausamer Kriege suchten, war dieses einzig groß in den Künsten des Friedens. Viel mag hierzu beigetragen haben, daß sie früher am rothen Meere oder in den sumpfigen Gegenden des Euphrat und persischen Meerbusens wohnten, wo sie schon als sich vom Fischfang nährende Horden mit dem Wasser und der Schifffahrt vertraut wurden, und daß sie, als sie von da vertrieben oder freiwillig sich nach Nordwest zu ans Meer zogen, hier in Phönizien Dasselbe nun auf offenem Meere zu thun vom Hunger getrieben wurden. Auch mag ihre Schifffahrts- und Handelslust gefördert worden sein durch einige glückliche Erfindungen, durch den nach glücklich vermiedenen oder überwundenen Gefahren wachsenden Muth und wachsende Erfahrung, durch die ihre Fahrten begünstigenden und die Fahrzeuge von selbst nach der Insel Cyprus hinüberführenden, besonders zur Sommerzeit starken Strömungen, durch die Habsucht mächtig anreizende, gelungene Seeräubereien u. s. w. Aber weder können diese Umstände den Handelsgeist der Phönizier allein ganz erklären, noch würden sie für dieselben von großem Nutzen gewesen sein, hätten sie nicht in sich eine Neigung zum Seehandel und zur Gewerbthätigkeit getragen, die größer war als alle Gefahren des Elements, — hätte nicht ein Geist in ihnen gewohnt, der sie immer zu neuen Unternehmungen trieb, eine Kraft, die sie immer neue Erfahrungen machen ließ, ein Muth und eine Thatkraft und eine Charakterfestigkeit, die die Bürgschaft für den glücklichen Ausschlag ihrer Bestrebungen in sich selbst haben. Bei aller Anerkennung aber dieser ihrer geistigen Eigenschaften gab man doch auf ihre Ehrlichkeit, Offenheit und Rechtlichkeit sehr wenig; überall fürchtete man ihre Verschmitztheit und Wortbrüchigkeit; punische Treue war, weil sie in ihrer schlechten Art einzig war, überall im Alterthum sprüchwörtlich. Abgesehen hiervon sind die Phönizier in jeder andern Hinsicht eine sehr wohlthuende Erscheinung. Ihre Verhältnisse lassen sich am besten überschauen und ordnen, wenn man sie als handeltreibendes Volk betrachtet und an diese ihre allgemeinste und besonderste Thätigkeit alles Übrige als nothwendige Voraussetzung und Folge anschließt.

Als sehr begünstigender Umstand ist schon zu betrachten, daß ihnen das vorzüglichste Schiffsbaumaterial in größter Menge, Schönheit und Nähe selbst zuwuchs. Denn eigentlich wuchsen ihre eisenfesten Schiffskiele und ihre himmelhohen Mastbäume, die, mit kostbarem Ruder- und Segelwerk versehen, wie schnelle Wasservögel weit über das Meer hinzogen, d. h. die aus den unverwüstlichen Cedern erbauten Schiffe wuchsen auf dem Libanon. Jetzt weiß man in diesen Gegenden von den Cedern mit ihrem schönen schlanken Wuchse und mit ihrem gewundenen, knotigen, harten und wohlriechenden Holze nur so viel, daß von ihnen nur noch ungefähr 10—16 Stämme vorhanden sind, diese aber auch von einem Umfange von 24—36 Fuß und von einem Alter von mehr als 1000 Jahren. Sie wurden vormals als heilige Bäume, unter denen man auch Messe las, von christlichen Mönchen, die als Einsiedler auf dem Libanon lebten, bewacht und geschützt, damit nicht auch diese wenigen ehrwürdigen Überreste von den rohen Hirtenstämmen niedergebrannt würden. Nach diesen wenigen Stämmen und dem jungen Anwuchse in ihrer Nähe kann man sich freilich jetzt keinen rechten Begriff mehr machen von jenen ungeheuern Cedernwäldern, deren Bäume nicht selten gegen 2000 Jahre alt wurden, und aus denen man das Holz zu Schiffs- und andern Bauen holte. Als Baukünstler waren aber die Phönizier so berühmt, daß z. B. David und Salomo Bauleute aus Phönizien kommen ließen, um die königliche Burg und den prächtigen Salomonischen Tempel zu bauen. Ausgezeichnet waren die Phönizier auch als Erbauer von Kriegs- und Belagerungsmaschinen, allermeist aber von Schiffen zum Kriege sowol als zum Handel. So ließ sich z. B. die Semiramis eine bedeutende Kriegsflotte von ihnen erbauen, und wie vortrefflich ihre eigene Handelsflotte war, dafür zeugt die Bedeutsamkeit ihres Handels, dafür zeugt die ausdrückliche Anführung phönizischer Schiffe von einem griechischen Schriftsteller als Muster für die vollkommenste Benutzung auch des kleinsten Raumes. Auf jenen Schiffen nun unternahmen sie große Seereisen, ja sie galten im Alterthum allgemein für Erfinder der Schifffahrt, die sie unleugbar sehr verbesserten durch die länglichrunde Form, zu der sie die früher floßartigen Schiffe aushöhlten; durch die Erfindung des Segelwerks zur Ergänzung der Ruderkraft; vorzüglich auch durch Beobachtung des Laufes und Standes der Gestirne, also durch Astronomie, wodurch man sich beim Mangel der Seekarten und der erst 1100 n. Chr. von den Arabern erfundenen und seit 1300 n. Chr. durch die Genuesen allgemein verbreiteten Magnetnadel oder des Compasses auch des Nachts fern von dem festen Lande auf offener See zurechtfinden konnte; durch Auffindung und Beschiffung der großen Handelswege des Meeres nach den verschiedensten und entferntesten Gegenden der damals bekannten Welt.

Will man wissen, wie umfangreich ihr Handel war, so wird man nur dann der Wahrheit nahe kommen, wenn man annimmt, daß er wie fast alle Gegenden der alten Welt, so auch alle Erzeugnisse derselben umfaßte. Er erstreckte sich nämlich von Indien und seinen Inseln, also vom fernsten Osten, bis zu den britannischen Zinninseln und noch weiter, also bis zum äußersten Westen und Norden, indem er sich über die meisten zwischen diesen beiden Endpunkten liegenden Gegenden verbreitete. Durch den persischen Meerbusen standen sie mit Indien in Verbindung, besonders mit Ceylon, und erhielten von da Gewürze u. s. w.; durch das rothe Meer oder den arabischen Meerbusen kamen sie in die nächste Berührung mit den reichen Südländern, mit Arabien und Äthiopien, und bezogen von daher die Erzeugnisse des glücklichen Arabiens: Weihrauch und Specereien und Gold. Einmal sollen sie sogar von dem Könige Necho in Ägypten den Befehl erhalten haben, vom rothen Meere aus Afrika zu umschiffen und durch endliche Einfahrt in das mittelländische Meer nach Ägypten zurückzukehren. Sie fuhren deshalb das rothe Meer entlang und kamen, indem sie von Osten nach Westen das indische Meer durchsegelten, um die Südspitze von Afrika (jetzt Cap der guten Hoffnung) herum in das äthiopische Meer; unterwegs stiegen sie wiederholt ans Land und gelangten endlich auf dem atlantischen Ocean bis zu den Säulen des Hercules, welche die westliche Einfahrt in das Mittelmeer bilden. Nach Zurücklegung der ihnen noch übrigen, aber sehr bekannten Meeresbahn kamen sie endlich nach Verlauf von drei Jahren in Ägypten an und erzählten dort als ihre größte Merkwürdigkeit, daß sie längere Zeit die Sonne, die sie sonst nur zur Linken (südlich) zu sehen gewohnt waren, zur Rechten (nördlich) gehabt hätten. Ihre Aussage wurde wie ein albernes Märchen verlacht; wir freilich würden Denen, die jetzt die Reise machten, voraussagen können, daß ihnen nach Überschreitung der Mittagslinie die Sonne nördlich stehen müsse! So weit ihre Schiffe nach Süden und Osten gingen, so weit segelten sie auch auf der andern Seite nach Westen und Norden. Denn ausdrücklich erzählt und gewiß ist es, daß sie von der Südwestküste von England und den dortigen Inseln große und öftere Fuhren von Zinn holten; weniger gewiß ist, daß sie den Bernstein, womit sie einen sehr starken und ausgebreiteten Handel trieben, selbst von da, wo er zu finden ist, von der Ostküste von Preußen, geholt haben; denn sie konnten ihn auch durch Zwischenhandel mit den Sarmaten und Eintauschung anderer Gegenstände erhalten. Diese nördlichen Handelswege hielten sie aber theils sehr verborgen, theils suchten sie den andern Nationen ein Grauen davor einzujagen. Von dieser Verheimlichung war theils Gewinnsucht, theils Ehrfurcht der Grund, weil nur sie allein solche Reisen zu unternehmen und solche Kostbarkeiten herbeizuschaffen im Stande zu sein scheinen wollten. Um Andern aber alle Lust zu benehmen, es ihnen nachzuthun, erzählten sie von jenen für sie allerdings wol sehr eigenthümlichen Erd- und Meergegenden, es fluteten da Feuerströme, es hausten da die wildesten Thiere und schreckliche Ungeheuer, deren Anblick versteinere; das Meer werde da roth wie Blut und sei so dicht mit hohem, starkem und stechendem Rohre durchwachsen, daß es nur mit größter Mühe und Gefahr sich hindurch zu arbeiten gelingen wolle; ferner bestehe es nicht wie anderwärts aus flutendem Wasser, sondern aus dicker Meergallert und darüber sei beständig dichte, dicke Finsterniß gelagert. Einmal geschah es dennoch, daß einem phönizischen Schiffe, das auf der Fahrt nach Norden begriffen war, ein römisches nachsegelte. Was thaten da die Phönizier, da sich das begleitende Schiff nicht wollte abhalten lassen, noch irre führen? Der Steuermann wußte sich, um die Absicht der Römer zu vereiteln, nur dadurch zu helfen, daß er alle Kostbarkeiten vorher in Sicherheit bringen ließ; alsdann ließ er im Angesichte der Westküste von Spanien mit Fleiß sein Schiff auf eine Sandbank laufen und scheitern. Das feindliche Schiff nach und nach erlitt dasselbe Unglück. Während die Phönizier sich durch Schwimmen ans spanische Ufer zu ihren da wohnenden Landsleuten retteten, fand Fahrzeug und Mannschaft der Römer im Meere ihren Untergang. Zum Lohne für eine so heldenmüthige und patriotische That ward der phönizische Steuermann aus dem öffentlichen Staatsschatze zu Gades durch eine bedeutende Summe Geldes beschenkt und entschädigt.

Wenn aber diese weiten Seefahrten nur seltener waren, so war hingegen das mittelländische Meer mit seinen vielen, großen und fruchtbaren Inseln und mit seinen reichen Küstenländern die eigentliche Sphäre der Phönizier, ihr eigentlicher Tummelplatz, so zu sagen, ihr Lebenselement. Hier standen sie in fortwährender Verbindung mit Cypern, Kreta, Griechenland und den griechischen Inseln, ferner mit Sicilien, Sardinien und Italien, vorzüglich auch mit Süd- und Westspanien und mit dem ganzen nördlichen Afrika.

(Der Beschluß folgt in Nr. 480.)

Die Ananaspflanze.

Die Wurzel dieser Pflanze (Bromelia Ananas L.) ist dick, hat nur wenig Saugwürzelchen an sich hängen und treibt unmittelbar aus sich heraus 15 und mehr Blätter, die daher Wurzelblätter heißen. Ihrem Baue nach haben sie viel Ähnlichkeit mit den Aloeblättern; ihre Länge wechselt von 6 Zoll bis 3 Fuß, und breit werden sie 3 Zoll; sie sind dick, steif, blaugrün, haben auf der Oberseite eine Rinne, am Rande kleine weiche Stacheln, am Ende eine stechende Spitze und stehen in ihrem Grunde dicht gedrängt aneinander. Mitten zwischen ihnen kommt ein fleischiger, 1—2 Zoll dicker, 1—2 Fuß hoher, blaßgrüner Stengel hervor, an dem in einer gewissen Höhe einige Blätter stehen, die den Wurzelblättern in Allem ähnlich, nur bedeutend kleiner sind. Gleich über ihnen ist der Stengel angeschwollen und diese angeschwollene Stelle sieht aus, als wenn sie aus lauter Knöllchen oder Warzen zusammengewachsen wäre. Diese Warzen stehen rundum in schraubenförmigen Linien, 12 in einem Umlaufe. Auf jeder wächst ein Blümchen, dessen blutrother Kelch dreieckig, einblättrig, oben in drei Lappen getheilt und steif ist. Das Blumenkrönchen innerhalb dieses Kelchs ist blau, länger als der Kelch und besteht aus drei fleischigen, geraden Kronenblättchen, von denen jedes am Grunde seiner innern Seite ein Honiggefäß hat. Staubgefäße sieht man innerhalb des Krönchens sechs, weshalb die Pflanze in die sechste Classe des Linné'schen Systems gehört; die Staubfäden sind pfriemenförmig und kürzer als die Blumenkrone; die Staubbeutel stehen aufrecht und sind pfeilförmig. Jene Warze ist der Fruchtknoten, auf dem mitten im Blümchen der fadenförmige Griffel steht, der eine dreigespaltene, stumpfe Narbe trägt. Wenn die Zeit der Blüte vorüber ist, fällt das Blumenkrönchen ab, der Kelch aber bleibt auf dem Fruchtknoten stehen, wie bei den Äpfeln und Birnen. Währenddem bildet sich jeder Fruchtknoten zu einer rundlichen, genabelten, dreiförmigen Beere aus, in jedem Fache eigentlich mit einem braunen, kleinen, birnförmigen Samenkorne; in Europa kommt es jedoch fast nie zum Samen; die Beeren wachsen zusammen, sodaß sie eine einzige zusammengesetzte Frucht bilden. Oben auf der ganzen Frucht steht noch ein Büschel kurzer, gelber und rother, oben glänzendgrüner Blätter mit weißen Tüpfelchen; dieser Schopf gibt der ganzen Frucht ein prächtiges Ansehen, indem er wie eine Krone darauf steht, ungefähr wie man es auch bei der schönen Blume sieht, die man die Kaiserkrone nennt.

Die Hauptsache nun, weshalb man die Ananaspflanze baut, ist die Frucht. Da diese aus einzelnen Beeren zusammengewachsen ist, so hat sie auswendig kleine Erhöhungen, sodaß sie in dieser Hinsicht aussieht, wie ein Tannenzapfen oder Fichtenapfel. Daher nennen sogar die Engländer die ganze Pflanze pine-apple, d. h. Fichtenapfel. Die Beeren sind so miteinander verwachsen, daß sie alle zusammen inwendig nur eine einzige Masse Fleisch bilden, und in diesem liegt der herrliche Geschmack, wegen dessen die Ananas so sehr geschätzt, ja von manchen Leuten allen andern Früchten der Welt vorgezogen wird. Es ist auch wahr, daß, wenn man sie ißt, es einem scheint, als wenn man Pfirsiche, Quitten, Äpfel, Muscatellertrauben und Erdbeeren untereinander äße, wobei sie auf der Zunge zergeht, obgleich sie mit zarten Fasern durchzogen ist. Ihr Wohlgeruch, der ebenfalls dem Geruche der genannten Früchte sehr ähnlich ist, verbreitet sich in einem ganzen Zimmer. Bei allen diesen herrlichen Gaben, die der Schöpfer in sie gelegt hat, muß sie mit Vorsicht und mäßig genossen werden; denn ihr Saft ist so scharf, daß er die Zähne stumpf macht, das Zahnfleisch sogar zum Bluten und im Halse brennt. Daher schneidet man sie, nachdem sie geschält worden ist (die Schale läßt sich so leicht abschälen, wie die der Melone), in Scheibchen und legt diese eine Zeit lang in Wein. Dann nimmt man sie heraus, bestreut sie mit gestoßenem Zucker und genießt sie nun ohne Gefahr für das Zahnfleisch; denn der Wein hat die

Schärfe herausgezogen und davon einen Ananasgeschmack bekommen; er kann getrunken werden, ohne daß er etwas schadet. Man hat jedoch weder Wein noch Zucker nöthig; um die Schärfe herauszuziehen, genügt es, die Frucht mit Salz zu bestreuen und ein paar Augenblicke ins Wasser zu legen. Das Wasser wird davon bläulich und bekommt einen Schwefelgeruch.

Durch die Cultur ist die Ananaspflanze in viele Spielarten verwandelt worden, wovon die vorzüglichsten folgende sind:

1) Die große weiße ist in Europa die gewöhnliche. Sie ist lang, oben und unten abgerundet und erreicht die Größe eines kleinen Apfels, ehe sich die Blümchen auf ihr zeigen. Nach der Blüte wächst die Frucht bedeutend, sodaß sie bis 16 Zoll lang und 8—12 Zoll im Durchmesser dick werden kann. Unreif ist sie grün, reif aber schön goldgelb, nämlich von außen; ihr Fleisch ist weiß. Sie riecht viel angenehmer als Quitten, schmeckt aber nicht so schön, wie die folgenden Spielarten. Ihr Saft macht die Zähne auch eher stumpf und beizt Gaumen und Zahnfleisch eher blutig.

2) Der Zuckerhut oder die rothe Ananas. Die Frucht wird nie so groß wie bei der großen weißen; sie hat eine kegelförmige Gestalt, daher der Name Zuckerhut. Auswendig ist sie erst röthlich (daher der andere Name), wird aber später pomeranzengelb, jedoch nicht so schön, wie die große weiße. Die Warzen sind breiter als bei dieser, platt und in der Mitte fast eingedrückt. Das Fleisch ist gelb, zwar nicht so saftig, aber süßer als bei der großen weißen. Der Saft ist auch nicht so scharf als bei dieser, beizt aber, wenn man viel genießt, immer noch den Gaumen wund. Die Blätter sind bei dieser Spielart braunröthlich und haben röthliche Stacheln.

3) Die olivenfarbige hat ihren Namen von der äußern Farbe der Frucht; das Fleisch selbst ist gelb und schmeckt angenehm. Die Gestalt der Frucht ist ebenfalls kegelförmig.

4) Die Jajagna oder Reinettenananas heißt so, weil die Frucht ungefähr so groß ist, wie die Reinette (die bekannte Sorte Äpfel) und auch mit dieser einige Ähnlichkeit im Geschmacke hat. Sie ist die kleinste (daher auch die kleine genannt), wohlriechendste und wohlschmeckendste unter allen Ananassorten und hat auch unter allen die wenigste Schärfe im Safte. Ihrer eiförmigen Gestalt wegen heißt sie auch die runde. Das Fleisch ist gelb. Die hellgrünen Blätter sind breiter und biegsamer als bei den andern Sorten, an den Rändern umgekrümmt, daselbst röthlich und haben kaum sichtbare Stacheln. Eine Abart davon, die Pitta oder Pittananas, hat eine kleinere und nicht so schmackhafte Frucht. Die Blätter haben, außer an der Spitze, fast gar keine Stacheln. Von der Pitta gibt es wieder eine Abart, die grüne Ananas, so genannt, weil die Frucht grün bleibt, auch wenn sie reif ist; in England wird sie sehr geschätzt.

Aus dieser Darstellung sieht man, daß die Reinettenananas die vorzüglichste ist, dann folgt der Zuckerhut, darauf die olivenfarbige, grüne, große weiße und endlich die Pittananas.

Man unterscheidet in den europäischen Gärten, besonders in England, außerdem noch an 40 Sorten, von denen aber die meisten keine besondern Sorten sind; daher werden sie hier ganz übergangen. Nur sind noch zwei Sorten zu erwähnen, welche in der brasilianischen Provinz Maranham Abacati heißen und zu Anfang unsers Jahrhunderts von dem Botaniker Arruda nach Pernambuko verpflanzt worden sind. Sie übertreffen die andern Sorten alle an Schmackhaftigkeit. Bei der einen ist die Frucht weiß, und die Blätter haben keine Stacheln, bei der andern ist die Frucht purpurfarben und die Blätter haben Stacheln.

Das Vaterland der Ananas ist Brasilien, von wo sie durch die Europäer in alle Länder der heißen Zone rund um die Erde herum gebracht worden ist, so z. B. in der ersten Hälfte des 17. Jahrhunderts nach Ostindien, wo man in der ersten Zeit das Stück mit zehn Dukaten bezahlte. Ums Jahr 1700 kam sie durch den berühmten Botaniker Commelin zuerst nach Europa und zwar nach Amsterdam, von da bald nach England und Deutschland, hier zuerst nach Leipzig in den Bose'schen, jetzt Reimer'schen Gärten. Bald kam sie auch nach Frankreich, wo man sie jedoch anfangs nicht zu behandeln wußte, bis endlich 1733 die erste in Frankreich gewachsene zu Versailles auf der Tafel Ludwig's XV. erschien. Der Schriftsteller, welcher die Europäer zuerst mit dieser Pflanze bekannt gemacht hat, war Jean de Léry, der um 1578 nach Brasilien gereist war, die Ananas beschrieb und auch zuerst abbildete. Übrigens liegt es in der Natur der verschiedenen Himmelsstriches, daß sie in der heißen Zone um Vieles köstlicher werden muß, als in den europäischen Treibhäusern.

Bei den Ureinwohnern Brasiliens hieß sie Panacous und Hoyriri; wahrscheinlich sind es die dorthin gewanderten Portugiesen gewesen, die ihr den Namen Nanas oder Ananas gegeben haben; wenigstens nennen ihre dortigen Nachkommen sie jetzt Ananas manso, d. h. zahme Ananas. Zahm nennen sie dieselbe, weil es noch ganz andere Ananasarten gibt, deren Frucht gar nicht genossen werden kann.

In Europa hat man zartschmeckende Sorten von einheimischen Früchten nach ihr benannt, so hat man Ananasäpfel, Ananasbirnen und Ananaserdbeeren.

Ihre Fortpflanzung geschieht: 1) Durch Samen; in Europa kommt sie höchst selten zu Samen; die Abänderung, die der Zuckerhut heißt, erzeugt ihn hier noch am häufigsten. 2) Durch Stengelschößlinge; beinahe unter der Frucht nämlich treibt der Hauptstengel seitwärts mehre Stengel, die man abbricht und in die Erde steckt; allein die Früchte werden nicht gut; auch ist es besser, wenn diese Stengel weggebrochen werden, sobald sie hervorsprossen, weil sie sonst der Hauptfrucht einen Theil des Nahrungssaftes wegnehmen. 3) Durch Wurzelschößlinge; jede Wurzel treibt nämlich nur einen Stengel, und wenn dieser seine Frucht gebildet hat, stirbt die Wurzel ab, allein rund um sie herum kommen aus ihr Schößlinge hervor, woraus neue Pflanzen werden, deren die im folgenden Jahre die Frucht bringt. 4) Durch die Krone; diese wird langsam von der Frucht abgedreht, in die Luft gehangen, bis die Wunde verharrscht, und dann in die Erde gesteckt, wo sie eine neue Wurzel bildet, nach Verlauf eines Jahres blüht und ein halbes Jahr nach der Blüte die reife Frucht liefert. In Europa geräth diese aus der Krone am besten.

Die Cultur der Ananas kostet in Europa viel Mühe, Zeit und Aufwand; sie wird am meisten in England betrieben. Man kann sie hier nur in besonders dazu eingerichteten Ananastreibbeeten oder Ananashäusern betreiben. Diese sind zwar verschieden; allein so ziemlich alle haben über hitzigem Dünger eine starke Lage Lohe liegen, in welche die jungen Pflanzen zu stehen kommen. Da in ihnen die Temperatur nie unter 20° Réaumur sinken darf, müssen sie das ganze Jahr geheizt werden. Neuere Gärtner, namentlich englische, verwerfen die Lohbeete und haben andere Vorrichtungen. Begossen werden sie wöchentlich im Sommer zwei bis drei Mal, im Winter nur ein Mal; dabei muß das Wasser ebenso warm sein, wie die Beete. Aus alle Dem sieht man, daß es gar nicht zu verwundern ist, warum in Deutschland eine einzige Ananasfrucht oft nicht unter drei Thalern verkauft wird. Freilich wird sie in Europa auch manchmal sehr groß, aber das kommt doch sehr selten vor; so kam bei der Krönungsmahlzeit König Georg's IV. in England eine auf die Tafel, welche in Stockpool-Court in der walliser Grafschaft Pembroke gezogen war und 10 Pfund 16 Loth wog. Eine Frucht von vier Körnern, d. h. von vier Spiralreihen Warzen, gilt für gering, eine mit sechs für mittelmäßig, eine mit acht und mehr für schön. Abschneiden muß man sie an dem Tage, an welchem sie genossen werden soll, früh, ehe sie die Sonne durchwärmt hat. Sie kommt mit der Krone auf den Tisch; denn wollte man ihr diese nehmen, so würde dabei ein Theil des Saftes herauslaufen. Für Versendungen muß sie etwas vor der Reife abgeschnitten werden, damit sie unterwegs nachreifen kann; sie wird dann in Heu, Stroh oder Papier gewickelt. Weit läßt sie sich nicht verschicken. Übrigens ist es eine Hauptsache, genau zu wissen, wenn sie reif ist; denn sie behält nur wenige Tage ihren völligen Saft und schönsten Geschmack. Bei der großen weißen zeigt die äußere schöne gelbe Farbe den richtigen Zeitpunkt zum Abschneiden an, bei den übrigen Sorten ein geringes Nachgeben unter dem Drucke des Fingers, ausgenommen beim Zuckerhute; denn dieser bleibt bei seiner völligen Reife hart, und bei ihm ist die richtige Zeit zum Abschneiden am schwersten zu erkennen. Neigt sich die Krone und welkt sie, so ist dies bei allen Sorten ein Zeichen, daß die Frucht überreif ist.

In unsern Treibhäusern hat die Ananas viel von der Bromelienschildlaus (Coccus Bromeliae) zu leiden, deren graues Schild braun marmorirt, länglichrund, ziemlich erhaben und die im Übrigen der den Gärtnern nur zu bekannten Orangerieschildlaus sehr ähnlich ist. Nimmt sie überhand, so zerstört sie die ganze Ananaspflanze. Zum Glücke greift sie nur schwächliche, kränkliche Ananaspflanzen an. Sie ist aus Amerika nach Europa mit herübergebracht worden, muß aber in der Provinz Pernambuco nicht zu finden sein; denn dort wird die Ananaspflanze von keinem Insekte angegriffen. Vertrieben wird sie durch verschiedene Mittel, am bequemsten durch Schwefeldampf.

Desto besser kommt die Ananas in der heißen Zone fort, namentlich in ihrem Vaterlande Brasilien. Dort gedeiht sie in sandigem und noch vielmehr in thonigem Boden; weder Sonne noch Regen schaden ihr. Die jungen Wurzelschößlinge vermehren sich dort so, daß bald das ganze Feld voll ist, und so können Beete bis 16 Jahre benutzt werden, ohne daß man sie in diesem Zeitraume umpflanzt. Eine einzelne Pflanze ist eigentlich für sich, wie wir oben gesehen haben, zweijährig; in Hinsicht auf ihre Wurzelschößlinge aber ist sie ausdauernd. Wird sie durch Samen fortgepflanzt, so keimt dieser mit einem einzigen Blatte aus der Erde hervor; daher gehört die Ananas zu der großen Abtheilung von Pflanzen, die man die Einsamenlappigen (Monokotyledonen) nennt. In den hochliegenden heißen Wäldern Perus, wo es fast immer regnet, blüht sie fast das ganze Jahr und bringt 4—6 Pfund schwere sehr schmackhafte Früchte.

Man bringt die Früchte auch in Zucker und starke Gewürze eingemacht aus der heißen Zone nach Europa; aber sie sind in diesem Zustande mehr fürs Auge schön, denn sie schmecken viel zu scharf. Sie werden sehr jung dazu genommen. In Peru füllt man auch die Frucht, indem man sie in siedendes Wasser taucht, das Fleisch herauszieht, es mit Mandeln, Citronen, Zimmt und Zucker mischt und so wieder in die ausgehöhlte Ananas thut. Man überzieht sie nun mit einer drei- oder vierfachen Zuckerrinde, wodurch sie sich lange erhält.

Preßt man den Saft aus der Ananas und läßt ihn eine Zeit lang gähren, so erhält man den echten Ananaswein, der schön gefärbt ist und fast wie Muscateller schmeckt. Er erquickt, löscht den Durst, berauscht aber leicht. In Peru heißt er Chicha. Er hält sich nur drei Wochen, schlägt dann um, soll aber nach weitern drei Wochen wieder trinkbar werden und stärker sein als das erste Mal. Oft nennt man aber Ananaswein oder Ananasliqueur solchen gewöhnlichen Wein oder Branntwein, in den man blos eine Ananas hineingelegt hat. Auch kommen Ananas in Rum nach Europa, aber dann sind sie nicht mehr zu genießen, sondern haben blos dazu gedient, dem Rum ihren Geschmack und Geruch mitzutheilen. Ananasextract liefern Ananasscheiben mit mehrmals gekochtem Zucker übergossen. Man nimmt davon eine, höchstens zwei und thut sie in eine Terrine Punsch oder Cardinal. Der höchste Genuß für europäische Leckermäuler ist jedoch der sogenannte Ananaseispunsch. Man versteht darunter ein Gemisch von Citronen- und Apfelsinensaft, Zucker mit abgeriebenen Pomeranzenschalen, mehre Flaschen der köstlichsten Weine, in denen einer man Ananasfrüchte 12 Stunden lang hat liegen lassen, und Champagner, der im Eise gestanden hat.

Die Blätter enthalten zwar Fasern, welche benutzt werden könnten; man nimmt jedoch zu dem sogenannten Ananasleinen die Fasern ganz anderer Arten von Bromelien.

Das Planetensystem.

Nachdem wir mehre Aufsätze verschiedenen Theilen und Erscheinungen des Himmels gewidmet haben — dem Monde, den Doppelsternen, den Kometen, den Finsternissen u. s. w. — wird es gewiß der Mehrzahl unserer Leser willkommen sein, wenn wir auf gleiche Weise diejenigen Himmelskörper besprechen, die der Erde, dem Wohnsitze unsers Geschlechts, am nächsten verwandt und am ähnlichsten sind, die Planeten, welche gleich der Erde die Sonne umkreisen.

Die Zahl der uns jetzt bekannten Planeten, die Erde eingerechnet, ist 11. Die Alten kannten, da sie die letztere nicht dazu rechneten, nur 5 Planeten; 5 andere sind erst in der neuesten Zeit entdeckt worden. Ob es mehre gibt, wissen wir nicht; für wahrscheinlich können wir es nicht halten. Die Namen der Planeten und ihre Zeichen sind folgende, wobei wir von dem bei Sonne nächsten ausgehen: 1) Mercur ☿; 2) Venus ♀; 3) Erde ♁; 4) Mars ♂; 5) Vesta ⚶; 6) Juno ⚵; 7) Ceres ⚳; 8) Pallas ⚴; 9) Jupiter ♃; 10) Saturn ♄; 11) Uranus ♅. Ihre Entfernungen von der Sonne lassen sich nach folgender einfachen Regel leicht einprägen. Theilt man die Entfernung der Sonne von der Erde in 10 gleiche Theile, so beträgt der Abstand des Mercur 4, der Venus $4 + 3 = 7$, der Erde $4 + 6 = 10$, des Mars $4 + 12 = 16$, der folgenden 4 Planeten Vesta, Juno, Ceres, Pallas, welche fast gleichweit von der Sonne entfernt sind, $4 + 24 = 28$, des Jupiter $4 + 48 = 52$, des Saturn $4 + 96 = 100$, des Uranus $4 + 192 = 196$

solcher Theile, wo man das Gesetz, nach welchem diese Zahlen fortschreiten, sogleich erkennen wird. Auf jeden solcher Theile aber kommen etwa 2 Millionen Meilen; mithin braucht man die vorigen Zahlen nur doppelt zu nehmen, um den Abstand der Planeten von der Sonne (freilich nicht ganz genau, aber mit hinreichender Genauigkeit) in Millionen deutscher oder geographischer Meilen zu erhalten. Diese Gesetzmäßigkeit, nach welcher die Abstände der Planeten von der Sonne fortschreiten, berechtigt uns zu der Behauptung, daß, wenn es Planeten gibt, die uns unbekannt sind, dieselben noch weiter als Uranus und wenigstens um $4 + 384 = 388$ Theile oder 776 Millionen Meilen von der Sonne entfernt sein müßten.

Man würde indeß sehr irren, wenn man glaubte, ein Planet behalte immerfort dieselbe Entfernung von der Sonne. Wäre dies der Fall, so müßten sich die Planeten um die Sonne in kreisförmigen Bahnen bewegen; nun bewegen sie sich aber nicht in Kreisen, sondern vielmehr in länglichen oder ovalförmigen krummen Linien, sogenannten Ellipsen, die freilich von einem Kreise zum Theil nur sehr wenig verschieden sind. Eine Ellipse kann nicht, wie der Kreis, mit dem Cirkel beschrieben werden, man kann sie aber erhalten, wenn man in einiger Entfernung voneinander zwei Nadeln oder Stifte einsticht und an dieselben einen Faden befestigt. Spannt man diesen durch einen Bleistift und führt denselben so weit als möglich und zwar so, daß der Faden immer ganz gespannt bleibt, so beschreibt die Bleistiftspitze auf einem darunter befindlichen Papier eine halbe Ellipse, und die andere Hälfte erhält man auf gleiche Weise, indem man den Faden auf die andere Seite der Nadeln bringt. Jeder Punkt der so erhaltenen krummen Linie hat nun, wie man leicht sieht, die Eigenschaft, daß seine Entfernungen von den Ortern beider Nadeln zusammengenommen eine gleiche Länge geben, welche genau der des Fadens gleich ist; je nachdem die Nadeln einander näher oder weiter voneinander entfernt waren, weicht die Gestalt der krummen Linie weniger oder mehr von der der Kreislinie ab. Die Punkte, wo die Nadeln sich befanden, heißen die Brennpunkte der Ellipse; eine durch dieselben gehende gerade Linie, welche zwei entgegengesetzte Punkte der Ellipse verbindet, heißt die große Achse und eine auf derselben und zwar in ihrem Mittelpunkte senkrecht stehende, ebenfalls zwei Ellipsenpunkte verbindende Linie die kleine Achse der Ellipse. Von allen durch den in der Mitte zwischen beiden Brennpunkten liegenden Punkt (welcher der Mittelpunkt der Ellipse heißt) gezogenen geraden Linien (Durchmessern), welche alle in jenem Punkte halbirt werden, ist offenbar die erstere Linie die längste, die letztere die kürzeste. Die Entfernung eines Brennpunkts von dem Mittelpunkte heißt die Excentricität; je kleiner sie im Verhältniß zur großen Achse ist, je weniger ist die Ellipse von einem Kreise verschieden.

Dies vorauszuschicken war nothwendig, um die Gesetze der Planetenbewegung erklären zu können, wie sie von dem unsterblichen Kepler aufgefunden worden sind. Nach dem ersten dieser Gesetze, deren drei sind, bewegt sich jeder Planet in einer Ellipse um die nicht im Mittelpunkte, wie man vermuthen könnte, sondern in dem einem Brennpunkte derselben stehende Sonne. Hieraus erhellt sofort, daß jeder Planet dann seinen kleinsten und größten Abstand von der Sonne hat, wenn er an beiden Endpunkten der großen Achse steht, welche daher auch Sonnennähe (Perihelium) und Sonnenferne (Aphelium) genannt werden. Das Mittel aus beiden Abständen nennt man den mittlern Abstand von der Sonne; jeder Planet hat ihn, wenn er an einem der beiden Endpunkte der kleinen Achse steht. (Da die Bahn der Juno, nächstdem die der Pallas und des Mercur, von einem Kreise am meisten abweichen, so ist bei ihnen auch die Verschiedenheit zwischen der größten und kleinsten Entfernung von der Sonne verhältnißmäßig am bedeutendsten; bei der Juno beträgt jene $69\frac{1}{3}$, diese nur 41 Millionen Meilen. Die Bahn der Venus, nächstdem die der Erde, kommen einem Kreise verhältnißmäßig beiweitem am nächsten; bei der Venus weicht die mittlere Entfernung von der größten sowol als von der kleinsten nur um etwa 100,000 Meilen ab.) Noch veränderlicher als der Abstand der Planeten von der Sonne ist ihr Abstand von der Erde. Offenbar ist im Allgemeinen jeder Planet dann am weitesten von der Erde entfernt, wenn die Sonne zwischen beiden in gerader Linie steht, dagegen der Erde am nächsten, wenn entweder der Planet in gerader Linie zwischen Erde und Sonne oder die Erde zwischen dem Planeten und der Sonne steht, je nachdem der Planet näher bei der Sonne als die Erde, oder weiter von jener entfernt steht. Demnach findet man die größtmögliche Entfernung eines Planeten von der Erde, wenn man die größten Abstände beider von der Sonne addirt, dagegen die kleinstmögliche Entfernung, wenn man den größten Abstand des näher bei der Sonne stehenden Körpers (es sei der Planet oder die Erde) von dem kleinsten des andern abzieht. Von allen Planeten kommt Venus der Erde am nächsten, bis auf $5\frac{1}{4}$ Mill. Meilen; Uranus entfernt sich von ihr am weitesten, bis auf 436 Mill. Meilen. Die Verschiedenheit zwischen der größten und kleinsten Entfernung ist verhältnißmäßig am größten beim Mars, wo jene $55\frac{1}{2}$, diese $7\frac{1}{2}$ Mill. Meilen beträgt, nächstdem bei der Venus, die in ihrer größten Entfernung 36 Mill. Meilen von uns absteht.

Mit dieser Entfernung von der Erde ändert sich auch die Erscheinung, welche die Planeten darbieten. Im Allgemeinen unterscheiden sie sich von den Firsternen sehr auffallend dadurch, daß sie (die Planeten) im Fernrohr gesehen als größere oder kleinere Scheiben erscheinen, während die Firsterne auch in den besten Fernröhren nur als leuchtende Punkte erscheinen, und gerade desto kleiner, je besser die Fernröhre sind. Die Größe der Scheibe, die ein Planet zeigt, ist nun mit der Entfernung von der Erde veränderlich; je näher er bei der Erde steht, desto größer ist der scheinbare Durchmesser derselben; Mars und Venus zeigen aus dem oben angegebenen Grunde die größte Veränderlichkeit des scheinbaren Durchmessers. Die runde Gestalt, welche alle Planeten zeigen, läßt uns schließen, daß alle Kugeln sind oder wenigstens von der Kugelgestalt nur wenig abweichen. Ein zweiter Umstand, der die Planeten sehr auffallend von den Firsternen unterscheidet, ist die Veränderlichkeit ihres Orts am Himmel, wiewol sie auf eine gewisse Gegend (in der Nähe der sogenannten Ekliptik oder Sonnenbahn) eingeschränkt sind, welche der Thierkreis genannt wird. Eben daher haben bekanntlich die Planeten ihren Namen, welcher aus dem Griechischen kommt und „Wandelsterne", auch „Irrsterne" übersetzt wird. Nichts ist unregelmäßiger als die scheinbaren Bewegungen der Planeten am Firsternhimmel; zwar stimmen alle darin überein, daß sie sich durch alle Sternbilder des Thierkreises bewegen, und zwar im Allgemeinen kreisförmig und in der Richtung von Westen nach Osten (rechtläufig oder direct), aber ihre Bahnen, wie sie uns erscheinen, sind sehr unregelmäßige und verwickelte krumme Linien mit vielen Knoten und Schleifen; sie bewegen sich bald schneller, bald langsamer, scheinen auch zu gewissen Zeiten ganz still zu stehen und bewegen sich zuweilen in einer ihrer gewöhnlichen entgegengesetzten Richtung, von Osten nach Westen, oder sind rückläufig (retrograd), sodaß immer vor dem Übergange aus einer Richtung in die entgegengesetzte ein solcher scheinbarer Stillstand stattfindet. Wir wissen jetzt, daß alle diese Unregelmäßigkeiten, deren Erklärung den Alten so viel zu schaffen machte und die wunderlichsten Meinungen hervorrief, nur scheinbar sind und daher rühren, daß wir uns nicht im Brenn- oder Mittelpunkte der Planetenbahnen, auf der Sonne befinden, sondern auf einem Weltkörper, der gleich den übrigen Planeten von Westen nach Osten um die Sonne läuft. Geht man von dieser Annahme aus, die bekanntlich von Kopernicus aufgestellt und seitdem zur zweifellosen Gewißheit erhoben worden ist, so lassen sich alle jene so höchst verwickelten und sonderbaren Erscheinungen leicht erklären. Noch unterscheiden sich die beiden der Sonne nähern Planeten, welche man die untern nennt, dadurch von den weiter als die Erde von der Sonne entfernten oder obern Planeten, daß jene immer nur nahe bei der Sonne erscheinen, bald östlich, bald westlich von ihr, und daher nur früh und Abends, niemals mitten in der Nacht gesehen werden können, während die übrigen Planeten in allen möglichen Entfernungen von der Sonne, daher auch zu allen Stunden der Nacht erscheinen und selbst der Sonne gegenüberstehen können. Bemerkenswerth sind namentlich diejenigen Stellungen der Planeten, welche man Conjunctionen und Oppositionen nennt und welche im Allgemeinen dann stattfinden, wenn ein Planet mit der Sonne und der Erde in gerader Linie steht. Bei den untern Planeten hat man eine obere und eine untere Conjunction oder Zusammenkunft zu unterscheiden; bei jener steht die Sonne zwischen der Erde und dem Planeten oder der letztere geht hinter der Sonne weg, bei dieser steht der Planet zwischen der Erde und Sonne oder geht vor der Sonne vorbei. In der erstern Stellung ist der Planet wegen der Nähe und des blendenden Glanzes der Sonne stets unsichtbar, wiewol er nur ausnahmsweise von der Sonne wirklich verdeckt wird; in der letztern Stellung ist der Planet in der Regel ebenfalls unsichtbar, doch kann es sich zu Zeiten ereignen, daß der Planet als ein kleiner dunkler Fleck auf der Sonnenscheibe erscheint (was freilich nur mit Fernröhren beobachtet werden kann) und über dieselbe von Osten nach Westen hinweggeht, was man einen Durchgang des Planeten nennt. Aus einer solchen Erscheinung folgt mit Nothwendigkeit, daß die Planeten, wenigstens die untern (aber es ist auch von den obern bewiesen), dunkle Körper und daß die beiden untern der Sonne näher als die Erde sind. Bei den obern Planeten findet die Conjunction unter denselben Umständen wie bei den untern die obere Conjunction statt, und auch sie sind dann unsichtbar; die Opposition (der Gegenschein) findet dann statt, wenn die Erde zwischen der Sonne und dem Planeten oder dieser der Sonne gerade gegenüber steht; zur Zeit der Opposition hat der Planet um Mitternacht seinen höchsten Stand am Himmel (culminirt) und ist die ganze Nacht hindurch sichtbar. Die rückgängige Bewegung der Planeten findet immer um die Zeit der untern Conjunction und Opposition, sowie unmittelbar vor- und nachher statt.

(Fortsetzung folgt in Nr. 480.)

Farbenverschönerung durch Umkehren des Kopfs.

Künstler und Reisende haben häufig die Bemerkung gemacht, daß die Farben äußerer Gegenstände, besonders von Landschaften, lebhafter und schöner erscheinen, wenn man sie mit umgekehrtem Kopfe zwischen den Beinen oder mindestens unter dem einen Arme hindurch betrachtet; namentlich das Blau und Purpur entfernter Gebirge werden dadurch sehr verschönert, und Berge, die mit aufrechtem Kopfe betrachtet blaugrau erscheinen, zeigen bei dem angegebenen Verfahren eine glänzendblaue oder purpurne Farbe. Von der Umkehrung der Gegenstände kann jene Erscheinung nicht herrühren; ebenso wenig daher, daß die Eindrücke auf Theile der Netzhaut fallen, die nicht daran gewöhnt sind, oder daher, daß das Auge bei umgekehrter Stellung des Kopfs gegen Seitenlicht geschützt ist; woher kommt sie also? Nach der wahrscheinlichen Erklärung des englischen Physikers Sir David Brewster entspringt sie daraus, daß bei der Umdrehung des Kopfs eine größere Menge Blut in die Gefäße des Augapfels tritt und einen Druck auf die Netzhaut verursacht, der dieser eine größere Empfindlichkeit mittheilt, sodaß demnach jene Farbenverschönerung keine optische, sondern vielmehr eine physiologische Erscheinung wäre.

Viehstand in Frankreich.

Nach einer neuerdings erschienenen statistischen Tabelle besitzt Frankreich 6,681,000 Kühe und Ochsen (Werth über 877 Mill. Francs), 1,656,000 Pferde und Maulesel (Werth über 66 Mill. Fr.), 3,900,000 Schweine (Werth 3 Mill. Fr.), 30,845,852 gemeine Schafe (Werth gegen 617 Mill. Fr.), 766,310 Merinoschafe (Werth 306½ Mill. Fr.), zusammen 43,849,162 Stück Vieh, mit einem Gesammtwerthe von etwa 1870 Mill. Fr. oder 500 Mill. Thlrn.

Literarische Anzeige.

Soeben erscheint bei mir folgende **anziehende Schrift**, die durch alle Buchhandlungen zu beziehen ist:

Der neue Pitaval.
Eine Sammlung der interessantesten Criminalgeschichten aller Länder aus älterer und neuerer Zeit.

Herausgegeben von
Dr. J. E. Hitzig und Dr. W. Häring (W. Alexis).
Erster Theil.
Gr. 12. Geh. 1 Thlr. 24 Ngr.

Inhalt: Karl Ludwig Sand. — Die Ermordung des Fualdes. — Das Haus der Frau Web. — Die Ermordung des Pater Thomas in Damaskus. — James Hind der royalistische Straßenräuber. — Die Mörder als Reisegesellschaft. — Donna Maria Vicenta de Mendieta. — Die Frau des Parlamentsraths Tiquet. — Der falsche Martin Guerre. — Die vergifteten Mohrrüben.

Dieses Werk ist von gleichem Interesse für den Juristen wie für jeden gebildeten Leser. Der zweite Theil, der nicht minder reich sein wird wie der erste an anziehenden Criminalfällen, erscheint noch in diesem Jahre.

Leipzig, im Juni 1842. F. A. Brockhaus.

Das Pfennig-Magazin

für

Verbreitung gemeinnütziger Kenntnisse.

480.] Erscheint jeden Sonnabend. **[Juni 11, 1842.**

Lukas Kranach.

Während die Niederlande sich eines van Eyck rühmen konnten und während in Italien die Malerei vorzüglich durch Leonardo da Vinci bereits zu einer hohen Stufe der Vollendung gelangt war, zeigten sich in Deutschland kaum die ersten Anfänge dieser herrlichen Kunst. Desto schneller aber und desto bewundernswerther war der Aufschwung, den sie bald darauf hier nehmen sollte; denn es traten jetzt auf ein Mal drei Männer auf, welche, obwol ihren berühmten Zeitgenossen Michel Angelo, Tizian, Rafael und Correggio in gar mancher Beziehung nachstehend, doch unter den ersten Künstlern genannt zu werden verdienen: Albrecht Dürer, Lukas Kranach und Hans Holbein. Unter diesen ist Lukas Kranach besonders deswegen merkwürdig, weil er fast ohne einen andern Lehrer als die Natur zu haben und ohne andere Muster zu kennen als die, welche jene große Meisterin allenthalben aufstellt, allein vermöge seiner Talente und seines Fleißes so viele und so treffliche Werke schuf.

Er wurde nach einer alten Urkunde im Jahre 1472 (die übrigen Angaben, welche zwischen 1470 und 1474 schwanken, sind minder zuverlässig) zu Kronach oder Kranach, einer kleinen Stadt im Bisthume Bamberg, geboren, daher auch sein Name; denn eigentlich hieß er Sunder, nicht aber Müller, wie man, irregeleitet durch seine gewöhnliche Unterschrift Lukas Maler, fälschlicherweise behauptet hat. Über seine Jugendgeschichte besitzen wir nur dürftige Nachrichten. Vermuthlich erhielt er seine wissenschaftliche Bildung in der Schule seines Geburtsorts und ziemlich gewiß ist es, daß sein Vater selbst ihm Unterricht im Zeichnen ertheilte. Sehr bald muß er es nicht allein hierin, sondern auch im Malen zu einer großen Geschicklichkeit gebracht haben; denn schon als 20jähriger Jüngling war er Hofmaler bei

X.

dem Kurfürsten Friedrich dem Weisen von Sachsen, dessen Liebe und Wohlwollen er in hohem Grade besaß. Dieser Fürst nahm ihn 1493 bei seiner Reise nach Palästina zum heiligen Grabe mit sich, um ihn alles Interessante an Ort und Stelle aufnehmen und abzeichnen zu lassen, und kurz nach der Rückkehr übertrug er ihm sogar mehre Arbeiten zur Verschönerung der Allerheiligen-Kirche in Wittenberg, ein Auftrag, der für Kranach um so ehrenvoller war, da zu gleicher Zeit auch Albrecht Dürer vier Gemälde zu dem nämlichen Zwecke lieferte. Leider sind diese Kunstwerke im siebenjährigen Kriege 1760 ein Raub der Flammen geworden. Dagegen beweisen eine große Menge noch vorhandener Brustbilder Kranach's ungemeine Gewandtheit im Porträtiren, welche der Kurfürst auch so sehr zu schätzen wußte, daß er ihm befahl, seine sämmtlichen Vorfahren zu malen. Bei dieser Gelegenheit sagte er scherzend, als der Meister an das Bild Katharina's gekommen war, jener Gräfin von Henneberg, welche ihrem Gemahl, Friedrich dem Strengen, die Graffchaft Henneberg als Brautschatz zugebracht hatte, er solle ihm ja die hennebergische Henne gut malen, denn sie habe dem Hause Sachsen ein schönes Ei gelegt. Das Verhältniß zwischen Kranach und seinem Herrn wurde immer vertraulicher und freundschaftlicher. Häufig besuchte Friedrich der Weise den Maler in seiner Wohnung, um ihn arbeiten zu sehen; ebenso häufig zog er ihn an seine Tafel, und ging er auf die Jagd, so war Lukas stets sein Begleiter, um sogleich jedes merkwürdige Wild, jede eigenthümliche Jagdscene in sein Zeichenbuch einzutragen und dann später in größerm Maßstabe auszuführen. Den stärksten Beweis von der Liebe und Achtung seines Fürsten erhielt jedoch Kranach im Jahre 1508, wo er von ihm durch Ertheilung eines Wappenbriefs in den Ritterstand erhoben wurde. Das Hauptbild seines Wappens, eine geflügelte Schlange mit einer rothen Krone auf dem Kopfe und einem gelben Ringe im Munde, brachte er später neben den Anfangsbuchstaben seines Namens gewöhnlich auf seinen Gemälden an, um sie dadurch kenntlich zu machen; da indeß ein Sohn von ihm, Lukas Kranach der Jüngere, sich desselben Zeichen zu bedienen pflegte, so bleibt dieses Merkmal seiner Autorschaft immer ein sehr unsicheres und zweifelhaftes, außer in den Fällen, wo eine beigefügte Jahreszahl alle Ungewißheit entfernt.

Im J. 1509 begab er sich auf Verlangen seines Herrn in die Niederlande und malte in Mecheln das Porträt des Erzherzogs Karl, des nachmaligen Kaisers Karl V.; zugleich machte er mit mehren niederländischen Malern, namentlich mit Lukas von Leyden, Bekanntschaft und benutzte überhaupt den kurzen Aufenthalt auf das beste zu seiner Vervollkommnung. Dies scheint Veranlassung zu der gänzlich unbegründeten Behauptung gegeben zu haben, daß Kranach in seinen jüngern Jahren in die Niederlande gekommen und dort in der Malerkunst unterrichtet worden sei. Nachdem er sodann noch eine Reise durch Deutschland unternommen hatte und auf derselben auch mit Albrecht Dürer zusammengetroffen war, kehrte er nach Wittenberg zurück und behielt in dieser Stadt bis 1550 seinen bleibenden Wohnsitz. Er brachte hier drei Häuser käuflich an sich, unter andern auch die erst kurz vorher errichtete Apotheke, auf welche er sogar 1520 ein Privilegium erhielt, des Inhalts, daß ohne seinen und seiner Erben Willen Niemand eine andere eröffnen und ihr allein der Handel mit Gewürzen, Zucker u. s. w. vorbehalten sein sollte. Selbst eine Druckerei soll er in Verein mit Mehren gegründet haben; allein an der Wahrheit dieser Angabe darf man billig zweifeln, da sie durch nichts bestätigt wird. Daß sich aber Kranach auch mit andern Dingen als mit der Malerei beschäftigt und vor Allem um das Wohl seiner Mitbürger bei gar mancher Gelegenheit verdient gemacht habe, geht schon daraus hervor, daß er von der Stadt 1519 zum Senator und endlich 1537 zum Bürgermeister erwählt ward.

So lebte er, nicht minder wegen seiner Treuherzigkeit und seines Biedersinns als wegen seiner Kunst von Jedermann hochgeschätzt, ruhig und glücklich mit seiner Gattin, einer Tochter des Bürgermeisters Brengbier zu Gotha, seinen Kindern und seinen Freunden, unter denen Luther und Melanchthon obenan standen. Als Luther in Worms die Sache des Evangeliums vor Kaiser und Reich öffentlich vertheidigt hatte, da meldete er dem Meister Lukas seine Erlebnisse zuerst; als er sich 1525 um die Hand der Katharina von Bora bewarb, da bediente er sich seiner Vermittelung, und als ihm das Jahr darauf das erste Kind geboren wurde, da war es wiederum Kranach, den er bat, Taufzeuge zu sein. Dieser vergalt ihm dagegen seine Liebe wie und wo er konnte. Kein Porträt malte er so oft als das Luther's. Er vertheidigte ihn überall, vorzüglich gegen den Herzog Georg von Sachsen, als er für denselben eine Zeit lang in Dresden arbeitete. Schrieb Luther irgend eine Spottschrift, so lieferte er Holzschnitte dazu; ja auch bei der Bibelübersetzung war er ihm behülflich, wie aus einem Schreiben des Reformators an Spalatin erhellt, worin er sagt: „Bei meiner Bibelübersetzung ist mir Meister Lukas mit Rath und That an die Hand gegangen und hat mir vom sächsischen Hofe allerlei Edelsteine zur Ansicht verschafft, damit ich bei mehren biblischen Stellen, besonders bei der Übersetzung des 21. Hauptstücks der Offenbarung Johannis, die wahren Benennungen nach allen Schattirungen der Farben habe finden können." Auf solche Weise gaben Beide einander Proben ihrer gegenseitigen Freundschaft, welche durch die mannichfachen Unfälle, von denen sie betroffen wurden, nur noch mehr an Festigkeit und Innigkeit gewann.

Kranach insbesondere sah sein bescheidenes Glück durch viele herbe Schickungen getrübt. Schon der 1525 erfolgte Tod seines langjährigen Gönners und Wohlthäters, Friedrich des Weisen, berührte ihn schmerzlich, obgleich dessen Nachfolger in der Kurwürde, Johann der Beständige, ebenso günstig und wohlwollend gegen ihn gesinnt war. Bald (1532) verlor er auch diesen Beschützer und nur in der Freundschaft seines neuen Herrn, Johann Friedrich des Großmüthigen, vermochte er Trost und Ersatz zu finden. Unersetzlich aber war der Verlust, der ihm durch den Tod seines ältesten hoffnungsvollen Sohnes, Johann, bereitet ward. Kaum wußte er sich zu fassen, als er 1536 von Bologna aus, wohin sich der Jüngling behufs größerer Ausbildung in der Malerei begeben hatte, diese Trauerpost erhielt. In ihrem Kummer maßen die Ältern sich selbst die Schuld dieses Unglücks bei, weil sie ihren Sohn zu der Reise nach Italien veranlaßt hatten. Allein Luther richtete sie mit Worten voll Kraft wieder auf und verscheuchte die finstern Gedanken aus ihrer Seele. „Wie? sprach er, wenn Das gälte, so wäre ich so wohl hieran eine Ursache als ihr; denn ihr und habe es euch und eurem Sohne treulich gerathen, wir haben es aber nicht in der Meinung gethan, daß er sterben sollte. Unser Gewissen gibt uns Zeugniß, daß ihr ihn viel lieber lebendig wüßtet, ja alle eure Güter lieber verlieren würdet u. s. w."

(Der Beschluß folgt in Nr. 481.)

Die alten Phönizier.

(Beschluß aus Nr. 479.)

Welchen Antheil aber an der allgemeinen Verbreitung von Bildung die Phönizier haben, kann man daraus abnehmen, daß sie fast einzig damals in jenen Gegenden Bildung besaßen, und daß kein Volk jemals dafür so eifrig thätig gewesen ist, daß auch so viel als möglich andere Nationen sie mit besitzen sollten. Gewiß war es von ebenso großer, ja von größerer Wichtigkeit, daß sie die Nationen mit ihren und auswärtigen Erfindungen, Einrichtungen, Sitten, Gesetzen und Beschäftigungen bekannt machten, daß sie vor allen Dingen ihr eigenes Nachdenken anregten und sie zu eigener Thätigkeit anleiteten, als daß sie den Völkern, welche daran Mangel hatten, die ihnen durch Karavanenzüge aus Indien und Arabien zugeführten Gegenstände, als Elfenbein, Gold, Edelsteine, Perlen, feine Gewänder, Zimmt, Gewürze und Räucherwerk mittheilten, daß sie ferner den aus Ägypten und Syrien bezogenen Wein und das aus Palästina kommende Getreide, und daß sie die ihnen aus Nordasien zukommenden Metalle, Pferde, Sklaven an sie verhandelten. Jenes außerordentliche Verdienst erwarben sie sich besonders durch Anlegung von Colonien; sie gründeten nämlich auf den verschiedenen Inseln des Mittelmeers, wie in den verschiedenen Küstenländern kleinere Niederlassungen, indem sie da ganz wie in ihrer Heimat Häuser erbauten und Bürger dorthin auswandern ließen. Mit der sich mehrenden Bevölkerung erwuchsen aus den erst kleinern Ortschaften bedeutende Dörfer, und diese erblüheten bald unter Benutzung günstiger Verhältnisse und im Genusse eigener Unabhängigkeit zu Städten. Kein Volk des Alterthums hat mehre und bedeutendere Colonien gegründet (man zählt deren gegen 300), und kein Volk der neuern und ältern Zeit hat dabei mehr Weisheit, Humanität und Uneigennützigkeit bewährt, als die Phönizier. Anlaß zu solchen auswärtigen Niederlassungen und Ansiedelungen gaben die gesuchte Anknüpfung von Handelsverbindungen, und die dann nöthig werdende Sicherung und Erweiterung derselben; dort hatten sie Niederlagen ihrer eigenen Waaren, dort war der Markt und Sammelplatz der einheimischen Producte und Gelegenheit, neue Unterhaltsvorräthe einzunehmen, Schiffe auszubessern und ihre Schiffsmannschaft zu ergänzen. Eine ungeheure Menge der blühendsten Colonialstädte, welche theils auf der afrikanischen, theils auf der europäischen Küste und inmitten des Meeres auf den großen Inseln bald aneinander, bald fern bis nach Gades in Spanien, dem äußersten Ende der damals bekannten Welt, standen, verdankten ihre Entstehung und ihr Gedeihen fast einzig den Phöniziern. Und dies Alles geschah in keinem längern Zeitraume als vom 13. bis 8. Jahrhundert v. Chr. In einem wie weiten Raume, durch wie viele und kräftige Hände ward also der Austausch von Kunst- und Naturerzeugnissen, die Mittheilung von Erfahrungen, Kenntnissen, Wissenschaften vermittelt! Von ihnen lernten die andern Völker die Rechenkunst, von ihnen lernten sie Geld prägen und leinene und wollene Gewänder fertigen; so lernten die Griechen von den Phöniziern und diese von den Indiern die Buchstabenschrift, eine Kunst, die alles Andere an Werth weit überwog und die ein Geschenk war, durch dessen Mittheilung allein sie sich ein unsterbliches Verdienst um uns und sich einen unsterblichen Namen erworben haben.

Aber nicht blos als Kaufleute, als Städtegründer, als Verbreiter und Vermittler zwischen fremden geistigen und leiblichen Erzeugnissen waren die Phönizier ausgezeichnet, groß sind sie auch als selbständige Erfinder. Denn eigens gehört ihnen zu die Erfindung des Glases und der Purpurfärberei. Jene machten sie der Sage nach auf folgende Weise: Einige Schiffer wollten einmal am Ufer, wo reiner, feiner, weißer Kiessand lag, den das Meer aus dem Grunde aufwühlte, sich eine Mahlzeit kochen. Da es ihnen an Steinen zu einem Herde fehlte, nahmen sie einige zufällig mitgebrachte Stücke Salpeter aus ihrer Schiffsladung, setzten ihre Töpfe darauf ans Feuer und aßen wohlgemuth. Als sie aber den Herd wieder aufräumten, erblickten sie zu ihrem größten Staunen ganze Stücke einer klaren durchsichtigen Masse. Man ließ den glühenden flüssigen Strom sich kühlen und härten und hatte dann nichts Anderes, als Glas, entstanden aus der Mischung des Salzes, d. h. des geschmolzenen Salpeters, des Sandes und der Asche. Man versuchte und wiederholte den Versuch, bis er abermals gelang und immer vollkommener gelang. Bald blühten in mehren Städten des Landes Glasfabriken und die Waare wanderte von da in alle Welt, aber weder als Glasgeschirr (denn zu Geschirren nahm man nur Silber, das in Spanien so zu sagen offen dalag, oder Gold, welches in Afrika in großen Stücken sich fand), noch als Fensterscheiben und Spiegelplatten (denn zu jenen nahm man theils feine Leinwand, theils, sowie auch zu den letzten, dünne glänzende Metalltafeln), sondern man setzte nur Mosaike zusammen, verfertigte daraus Glaswürfel, Glaskorallen, welche die Damen abwechselnd mit Gold und Bernstein an Schnüre reihten und als kostbarsten Halsschmuck trugen. Noch jetzt hat man solche Glasstücke vorzüglich den Mumien umgehängt und in alten Grabgewölben gefunden. Wie die Phönizier die Glasfärberei und Glasmalerei verstanden, so sollen sie auch wiederum gewußt haben, das bunte Glas durch Braunstein wieder zu entfärben. Außerdem werden mächtige Glassäulen und Glaswände erwähnt, die man an Felswände in der Nähe der Seehäfen befestigte und welche die Stelle der Leuchtthürme vertreten mußten, indem die sich darin spiegelnde Sonne oder angezündete Leuchtfeuer schon in weiter Ferne den nähernden Schiffern ein noch sichereres Merkzeichen sein sollten, als die weit in die See hinein sichtbaren schneebedeckten sonnestrahlenden Häupter der Berge des Libanon und Antilibanon. Auch die Decken und Wände der Zimmer schmückten sie mit Glas. Aus dem zum kostbarsten Schmuck und zu niedlichen Spielsachen verarbeiteten Glas gewannen sie von den sinnlichen fremden Völkern viele Schätze. Nachher verschwand nach und nach der lange herrschende Glaube, daß sich, der feine Meersand nirgend anders schmelzen ließe, als in der Nähe von Sidon, und die Kunst des Glasmachens ging zu den Ägyptern über, die das Glas blasen, formen und schneiden lernten.

Die Erfindung der Purpurfärberei lernten die Phönizier, wenn die Sage Glauben verdient, eigentlich von einem Hunde; denn ein Hund soll den Purpur entdeckt haben. Es weidete nämlich einst ein Hirt am Meeresgestade seine Heerde, da kam eines Tages sein Hund zu ihm gelaufen mit hochroth gefärbter Schnauze. Er dachte nicht anders, als das gute Thier habe sich verwundet, und eilte, ihm das vermeintliche Blut mit einem wollenen Tuche abzuwischen; anstatt aber daß aus der offenen Wunde das Blut herausdrang, sah er vielmehr das höchste und schönste Roth in die Wolle eindringen und diese zu seinem Erstaunen wunderschön färben. Als der Hund unten am Ufer unter den in ungeheurer Menge daliegenden Muscheln wühlte, hatte

*

er zufällig eine solche Meerschnecke zerbissen. Die Purpurschnecke hatte eine Blase, angefüllt mit jenem herrlichen Färbesafte; diese preßte man aus und warf das Übrige weg. Zwei Arten, eine hochrothe und eine dunkelrothe, wurden besonders geschätzt. Purpurfabriken blühten in Sidon, vorzüglich in Tyrus. Der tyrische Purpur ward aber in kurzem so berühmt, daß solche schöne Gewänder weit und breit versendet wurden, aber für so kostbar galten, daß nur Könige und die Reichsten sie tragen konnten. Seit dem 6. und 7. Jahrhunderte n. Chr. kam der Purpur herunter in seinem Ansehen und in seiner Güte und 1453 ging mit der Eroberung von Konstantinopel, dem einzigen noch übrigen Fabrikorte, die ganze Kunst verloren.

So vermehrten die Phönizier die ausländischen Handelsgegenstände durch ihre eigenen Erfindungen und nächst ihrem Erwerb, den sie vom Verkaufe der arabischen wohlriechenden Kräuter, Früchte, Harze, Specereien, Mineralien hatten, welche die alten Völker als Weihrauch bei ihrem Gottesdienste in größter Menge verräucherten, lösten sie aus Glas und Purpur das Meiste. Was für die jetzige sogenannte vornehme und feine Welt, namentlich für die Damen in Hinsicht auf Putzwaaren, Luxusartikel und künstliche Arbeiten Paris, London und Wien sind, das war damals Tyrus und Sidon; sie waren nicht blos Marktplätze des Welthandels, sondern auch Werkstätten der Moden, und wie jetzt von englischen und französischen Stoffen, sprach man früher mit gleicher Begeisterung von sidonischen und tyrischen Zeugen und Moden.

Der Anfang der eigentlichen Geschichte der Phönizier, welche mit ihrer Einwanderung und mit nachfolgender Städteerbauung beginnt, liegt über die Zeit der ersten schriftlichen Nachrichten von ihnen hinaus. Letztere haben wir im 1. Buch Mosis, wo im 10. Capitel Sidon, die frühere Hauptstadt der Phönizier, als erste Stadt zwischen Ägypten und Kleinasien auf der Meeresküste „der erstgeborene Sohn Kanaans" genannt wird. Wenn Sidon aber dort schon als Stadt und nach 1. Buch Mosis 49, V. 13, als schiffreiche Stadt genannt ist, so muß sie etwa 2000 Jahre v. Chr. gegründet sein. Die Colonie, d. h. die Tochter Sidons war Tyrus, die zweite Hauptstadt von Phönizien, wenige Meilen östlich von Sidon gelegen; diese überflügelte nachher ihre Mutter an Größe, Macht, Reichthum und Bedeutung; die Zeit ihrer beginnenden Blüte fällt aber um die Zeit des David, d. h. ins 11. Jahrhundert v. Chr. Sidon sank von seiner Höhe herab, weil Tyrus es übertragte, weil es durch innere Unruhen sich selbst schwächte und als gar nicht befestigt leicht eine Beute der Eroberer ward. Von Sidon und Tyrus und den bedeutendern übrigen phönizischen Städten ward gemeinschaftlich Tripolis gegründet, die Stadt, wo der phönizische Städtebund seine Versammlungen hielt. Die Phönizier wurden zwar von Königen regiert, diese waren aber nicht viel mehr als reiche, in unthätiger Üppigkeit lebende Privatleute, welche das Volk selten tyrannisirten, meist gar nicht beschränkten. Die gesetzgebende Gewalt besaß der Städtebund selbst, die ausübende theilte er aber mit den Königen. Die Stadt Byblus war berühmt, weil dort die höchstsinnlichen Adonisfeste als Theil der phönizischen Gottesverehrung gefeiert wurden; denn die Phönizier waren Götzendiener. Ihre Götter, außer dem Adonis in Byblus, waren die Astarte (die Liebesgöttin) und besonders der Hercules in Tyrus. Diesen brachte man in früherer Zeit sogar Menschenopfer, und späterhin wurden durch übermäßige sinnliche Ausschweifungen im Dienste des Adonis und der Astarte noch viele ihre Opfer. Eben dieser sinnliche Reiz verlockte sogar den Salomon und viele jerusalemische Jungfrauen, diesen Abgöttern zu dienen. In der Nähe von Byblus fand sich zweierlei Fabelhaftes, erstens der Sabbathsfluß, der nur sechs Tage floß und jeden Sabbath auf einmal zu fließen aufhörte; zweitens soll in einer nahen Ebene ein furchtbar großer Drache gehaust haben, in dessen Rachen ein Reiter sammt seinem ganzen Rosse Platz hatte und von dem eine einzige Schuppe seines Körpers hinreichte zu einem ganzen Schilde. Bei der auch durch ihre schönen Gärten, Kunstarbeiten, Prachtwerke und Reichthümer ausgezeichneten Stadt Aradus war eine merkwürdige Quelle, die in der tiefsten Tiefe des Meers lag und deren süßes Wasser man durch künstliche Maschinen in die Höhe hob und beständig benutzte.

Der Reichthum der phönizischen Städte mußte die Habsucht der Eroberer anreizen; zuerst den Nebukadnezar von Babylonien. So leicht dieser Sidon eroberte, so lange lag er vergeblich vor Tyrus. Dieses gewann er erst nach der tapfersten 13jährigen Gegenwehr und nachdem sich die Einwohner mit allem ihren Gute auf die vor der Küste liegende kleine Meeresinsel geflüchtet und dort bereits angebaut hatten. Die zurückgeblieben waren, ließ er Alle niedermetzeln. Die angelegte Inselstadt ward aber an der Stelle der alten zerstörten Landstadt bald der Hauptsitz des Welthandels, und ihre Blütezeit fällt von 600 bis auf Alexander den Großen, König von Macedonien, der auf seinem zur Unterjochung der ganzen Welt unternommenen Zuge, obgleich ihm die Tyrier Geld und Lebensmittel entgegenschickten, die Stadt doch darum mit einer Blockade belegte, weil man ihm durchaus zumuthete, den tyrischen Hercules anzubeten und den freien Einzug in die Stadt freiwillig nicht gestatten wollte. Diese zweite Belagerung ist ein Kampf der Gewalt gegen Gewalt, der List gegen List. Weil die Stadt eine halbe Stunde vom Lande entfernt war ohne eine feste Verbindung mit demselben, so baute Alexander aus den Trümmern des alten Tyrus durch Aufführung eines 200 Fuß breiten Dammes durch das Meer hindurch eine Verbindung mit der Insel und sich einen festen Angriffspunkt. Man denke, in das tiefe, flutende Meer einen eine halbe Stunde langen und so breiten Damm zu werfen! Dieser Damm war gleichsam der Stiel, den er in die Stadt als den Hammerkopf hineintreiben mußte, um ihn zu fassen, und noch jetzt hat die Insel, wie die Reisenden erzählen, mit ihren Trümmern und dem noch stehenden felsigen Meereswalle das Ansehen eines Hammers. Je näher der Damm gegen ihre Stadt anrückte, desto besorgter wurden die Insulaner; fast war er fertig, da entriß das Meer dem Eroberer wieder, was er ihm abzwingen wollte. Ein heftiger Sturm begrub einen großen Theil des zerstörten Werkes in den Meeresfluten. Alexander aber stand nicht ab, er fing wieder von vorn an, und unter dem Schutze einer Flotte, welche besonders die ausgezeichneten phönizischen Taucher abzuwehren hatte, vollendete er das Werk. Die nun eigentlich erst beginnende Belagerung war eine so wüthende, daß die Schutzmauer unter den Angriffen bald einstürzte. Allein die Tyrier hatten ja hinter und innerhalb dieser ersten schon im voraus eine zweite und noch stärkere aufgeführt. Auch diese wurde vom Damm aus eingestoßen, und durch die Öffnung drangen die Feinde schon in die Stadt; mit List und Gewalt trieb man sie zurück durch das Loch, welches bald wieder zugemauert war; bei neuen Angriffen aber umschlangen die unerschrockenen Vertheidiger die Feinde mit Netzen und schleuderten sie ins Meer oder verbrannten sie von der Mauer herab mit glühendem Sande. Alexander dachte auf Rückzug; doch machte er noch einen letzten Versuch damit, daß er mit seiner Flotte die ganze Stadt umschloß und von allen Seiten bestürmte. Diese letzte verzweifelte Anstrengung gelang, aber sie gelang auch nur dadurch, daß die Einwohner aus thörichtem Aberglauben irre und muthlos wurden durch den Traum eines Einwohners, daß einer ihrer Götter Tyrus verlassen wolle. So drang Alexander nach sieben Monaten in die Stadt ein, verbrannte sie, verkaufte 30,000 Einwohner als Sklaven und ließ 2000 längs der Küste hin ans Kreuz schlagen; Tyrus aber sank, um nie wieder aufzustehen. Mit Tyrus sank der phönizische Handel und mit diesem des Landes ganze Bedeutsamkeit. Es wurde darauf abhängig von den Syrern, wie es vor Alexander sich frei den Persern gefügt hatte. Später kam es mit Syrien in die Gewalt der Römer und nach diesen in die der Moslemen. Aber diese drei Nationen halfen dem Volke nicht auf, sondern die einander folgenden Herrscher brachten es nur immer mehr herunter, der Welthandel zog sich aber nach Ägypten, wo von nun an Alexandria die Stelle der phönizischen Handelsstädte vertrat.

Utrecht.

Utrecht vom Kanal gesehen.

Die Stadt Utrecht (von den Römern Utrajectum, urbs Antonia, auch Trajectum vetus oder inferius oder ad Rhenum genannt) liegt in der gleichnamigen Provinz des Königreichs der Niederlande in einer kornreichen lustigen Gegend, hell und freundlich am alten Rhein, welcher sich hier in zwei Arme oder in den alten und neuen Graben (de vaert und de nieuwe Gracht) theilt, welche beide die Stadt ihrer Länge nach durchfließen und sich hierauf wieder vereinigen. Sie verdankt den Römern ihren Ursprung, ist altmodisch gebaut und mit Wällen, Mauern und Thürmen umgeben und nimmt sich besonders von Amsterdam her ungemein schön aus; sie ist beinahe viereckig angelegt und hat wenig Prachtgebäude, aber breite Straßen, welche jedoch bei der bedeutend verminderten Volkszahl (die jetzt noch etwa 40,000 beträgt) ziemlich still sind und durch zwei Kanäle durchschnitten werden, worüber 36 Brücken gehen. Unter den 15 Kirchen ist die alte Kathedralkirche zum heiligen Martin die vornehmste, mitten in der Stadt, im Anfang des 9. Jahrhunderts vom Bischof Balduin zu Kleve erbaut. Obgleich der Dom in Folge eines gewaltigen Sturmes im Jahre 1674 zum Theil in Trümmern liegt, bewundert man doch noch den herrlichen, angeblich vom König Dagobert I. im Jahre 630 begonnenen Thurm, welcher an 400 Fuß vom Boden mißt, auf 380 Stufen bestiegen wird und über Stadt und Gegend eine schöne Aussicht eröffnet. An der Ostseite der Stadt unmittelbar vor dem Thore liegt die Maillebahn, ein aus sieben geraden, etwa 2000 Schritt langen Lindenbaumreihen (von denen die mittelste eigentlich die Matie-baan genannt wird) gebildeter Spaziergang, welcher schon Ludwig XIV. so schön dünkte, daß er, als er auf eine kurze Zeit siegreich in die Provinz Utrecht einzog, er die Schonung desselben seinem Heere zur strengen Pflicht machte.

Die dortige Universität entstand im J. 1636; sie nennt einen Weßeling, Grävius, Burman und Leusden unter ihre Zierden und hat dermalen an 500 Studenten und 18 Lehrer. Sie ist mit einem anatomischen Theater, botanischen Garten, physikalischen Cabinet und Observatorium versehen. Die Bibliothek gibt an Anzahl und Güte der Werke der leydener nichts nach. Das Irrenhaus des Professors Schröder van der Kolk wird als vorzüglich geschildert. Der Erzbischof der Jansenisten hat in Utrecht seinen Sitz. An industriellen Etablissements findet man hier Tuch-, Seiden-, Fingerhut- und Gewehrfabriken, Zuckerraffinerien, Salzsiedereien u. s. w.

Sehr belohnend ist die Reise von Utrecht nach Amsterdam, wenn man sie zu Wasser unternimmt. Den Kanal entlang, welcher bis zu der großen Handelsstadt führt, stehen reizende Landhäuser, Buiten-Plaatsen genannt. Alle Fremde drängen sich darnach, des Anblicks zu genießen, während sie auf der Vecht, dem schmalen, einem Kanal ähnlichen Flusse, auf den ihn belebenden Barken geschaukelt werden. Die fast überzierlichen Gärten, unter denen der des reichen Hope in italienischem Geschmack prunkt, sind trefflich angelegt. Jeder hat sein chinesisches Häuschen, und nach altem holländischen Brauch liest man Inschriften auf den Mauern angebracht, welche nach ihrem Inhalte Wohlstand und Wohlwollen aussprechen.

Was die Geschichte dieser Stadt anlangt, so soll nach Einigen dieselbe unter dem Namen Antonina von dem Senator Antonius, welcher sich vor Nero's Grausamkeit flüchtete, erbaut, nach Andern schon vom Triumvir M. Antonius, als er unter Julius Cäsar in den Niederlanden kriegte, der Grund dazu gelegt worden sein. Etliche setzen sie in eine noch frühere Epoche und nennen den Antoninus Pius als ihren Erneuerer.

Ursprünglich gehörte Utrecht zu dem Lande der Batavier, welche in dem mittäglichen Theile dieser Provinz in Geldern und Holland wohnten. Dann zählte man es zu Friesland; Willebrord wurde 695 zu Rom vom Papste Sergius I. unter dem Namen Clemens zum Erzbischof über die Friesen eingeweiht, worauf, wahrscheinlich 719, zu Utrecht ein Kloster und eine Kirche erbaut und dieser Ort zum Sitze des Bisthums gemacht wurde. Karl Martell, Karl der Große und Otto III. bereicherten allmälig die Bischöfe, als sie die weltliche Oberherrschaft gewannen. Die Marienkirche hat Kaiser Friedrich I. auf des Papstes Befehl erbaut zur Buße dafür, daß er bei Mailands Eroberung alle dortigen Kirchen verwüstete. Im Jahre 1546 hat Kaiser Karl V. (Zögling des Cardinals Adrian, Bischofs von Utrecht) ein Ordenscapitel des goldenen Vließes in Utrecht gehalten; derselbe baute auch das feste und schöne Schloß Vredenburg, das 1577, als Utrecht von Spanien abfiel, wieder niedergerissen wurde. Den 30. Januar 1579 kam daselbst die utrechter Union, das Fundament der niederländischen Republik, zu Stande, durch welche die 7 nördlichen oder protestantischen Provinzen der Niederlande, Geldern mit Zütphen, Holland, Seeland, Utrecht, Friesland, Oberyssel und Gröningen, sich von den 10 südlichen trennten und zum bleibenden Staatenbund vereinigten. Von großer politischer Bedeutung war ferner der eben daselbst zwischen England und Frankreich am 11. April 1713 abgeschlossene Friede, welchem später Savoyen, Portugal, Preußen und zuletzt noch um Mitternacht die Republik der vereinigten Niederlande beitrat. Jener Friede (der eigentlich nur aus einer ganzen Reihe von Friedensschlüssen besteht) war die Frucht des Congresses, welcher zu Utrecht am 29. Januar 1712 eröffnet worden war; er beendigte den spanischen Erbfolgekrieg und sicherte der französischen Dynastie den Besitz der spanischen Krone. Vergebens sucht man den Palast, welchen König Ludwig XIV. inne hatte, als er hier mit großer Pracht seinen Hof hielt.

Das Planetensystem.

(Fortsetzung aus Nr. 479.)

Der Umstand, daß die Planeten dunkle Körper sind, die ihr Licht nur von der Sonne erhalten, und von denen immer nur die der Sonne zugewandte Hälfte erleuchtet ist, hat noch eine Erscheinung zur Folge, die nur bei den untern Planeten und von den obern noch bei Mars, wiewol da viel weniger auffallend, immer aber nur mit Fernröhren beobachtet werden kann. Die genannten Planeten zeigen nämlich, wie der Mond, Lichtwechsel oder Phasen. Die Venus z. B. kehrt uns zur Zeit der untern Conjunction ihre dunkle Hälfte zu, wie der Mond zur Zeit des Neumondes; nachher, wenn sie sich westlich von der Sonne und vor ihrem Aufgange als Morgenstern zeigt, erscheint sie sichelförmig und der beleuchtete, der Sonne zugekehrte und also links liegende Theil ihrer Scheibe nimmt immer mehr zu, bis sie der Sonne, von der sie sich anfangs entfernt, nach dem Übergange der rückläufigen in die rechtläufige Bewegung zu nahe gekommen ist und zur Zeit der obern Conjunction, wo sie uns eigentlich ihre ganze erleuchtete Hälfte zuwendet, in den Sonnenstrahlen verschwindet. Einige Zeit nachher erscheint sie östlich von der Sonne oder um die Zeit ihres Untergangs und bald nachher, als Abendstern; sie ist nun nicht mehr ganz erleuchtet, indem an der von der Sonne abgewandten Seite ein Stück der Scheibe fehlt, das im Verlauf der Zeit immer größer wird, bis der Planet nur noch als erleuchtete Sichel erscheint, die an Breite immer mehr abnimmt, während er der Sonne, von der er sich anfangs nach Osten entfernt hatte, immer näher rückt, und sich dabei von Osten nach Westen bewegt; endlich verschwindet der Planet ganz, weil er der Sonne zu nahe gekommen ist und zugleich der Erde nur seine dunkle Hälfte zukehrt. Dieselben Erscheinungen kommen beim Mercur vor. Beim Mars ist stets der größte Theil und niemals weniger als $7/8$ der Scheibe erleuchtet, höchstens der achte Theil derselben (der Breite nach) kann verfinstert und daher unsichtbar sein. Bei den übrigen Planeten sind Phasen gar nicht zu bemerken, weil sie mit ihnen verglichen von der Sonne verhältnißmäßig nur wenig entfernt sind, sodaß jeder dieser Planeten der Erde fast genau dieselbe Seite zukehrt, welche der Sonne zugekehrt und demnach erleuchtet ist.

Unsere Kenntniß der Planetenbewegung würde sehr unvollständig sein, wenn wir nicht auch wüßten, wie lange Zeit ein Planet braucht, um seine Bahn um die Sonne zu durchlaufen, bis er von der Sonne aus gesehen wieder genau an derselben Stelle des Himmels als im Anfange erscheint. Man nennt die hierzu nöthige Zeit die siderische Umlaufszeit; sie ist bei der Erde gerade einem Jahre gleich (nur etwa 20 Minuten länger) und bei jedem Planeten desto größer, je weiter er von der Sonne entfernt und je größer also die Bahn ist, welche er zu durchlaufen hat. Bei dem Mercur beträgt sie nur 88 Tage oder noch kein Vierteljahr, bei Uranus hingegen 84 Jahre, sodaß Mercur in derselben Zeit, in welcher der Uranus um einen Grad oder den 360. Theil seiner Bahn fortrückt, einen ganzen Umlauf vollendet. Die Zunahme der Umlaufszeit erfolgt übrigens nicht in demselben Verhältnisse, wie die Zunahme der Entfernung und der Größe der Bahn, sondern bedeutend schneller; wäre das Erste der Fall, so müßte z. B. Saturn, welcher ungefähr 10 Mal so weit als die Erde von der Sonne entfernt ist, eine 10 Mal so lange Umlaufszeit haben, also seinen Umlauf in etwa 10 Jahren vollenden, während er zu demselben

29½ Jahre braucht. Der bereits oben genannte Kepler war es, dem es nach langen vergeblichen Bemühungen gelungen ist, das Gesetz aufzufinden, nach welchem die Umlaufszeiten zunehmen; wenn man nämlich die mittlern Abstände der Planeten von der Sonne zwei Mal mit sich selbst multiplicirt, jede der siderischen Umlaufszeiten aber ein Mal, und so zwei Reihen von Zahlen bildet, die sich paarweise entsprechen, so werden sich die Zahlen der ersten Reihe gerade so wie die der zweiten verhalten. Wie kann man aber, so dürfte mancher unserer Leser fragen, durch Beobachtungen die Zeit des Umlaufes eines Planeten um die Sonne bestimmen, da wir doch die Planeten nur von der Erde, nicht von der Sonne aus sehen und uns daher ihre Bahnen so höchst verwickelt erscheinen? Woraus sollen wir schließen, daß ein Planet einen ganzen Umlauf um die Sonne zurückgelegt hat, da wir uns ebenfalls um die Sonne bewegen? Dies geschieht, indem man auf die Zeitpunkte Achtung gibt, in denen ein Planet die Ekliptik durchschneidet. Bekanntlich bezeichnen wir mit diesem Namen die scheinbare Sonnenbahn am Himmel, welche einen größten Kreis der Himmelskugel bildet, von welchem immer die Hälfte auf einmal über dem Horizonte steht. Von dieser Linie können sich die Planeten nach beiden Seiten niemals weit entfernen, Uranus am wenigsten, nur ¾ Grad, Jupiter und Venus höchstens 1—2 Grad, Saturn und Mercur höchstens 2¾, Mars 3½ Grad; noch weiter können sich sämmtliche vier zwischen Mars und Jupiter stehende Planeten von der Ekliptik entfernen, am weitesten Pallas, bis 50¾ Grad. (Die Größe eines Grades ergibt sich leicht aus der Angabe, daß der scheinbare Durchmesser des Mondes sowol als der Sonne ungefähr einen halben Grad beträgt.) Wenn man nun zwei aufeinanderfolgende Zeitpunkte beobachtet, in denen ein Planet von Norden nach Süden (oder umgekehrt) durch die Ekliptik geht, so gibt der zwischen beiden Zeitpunkten verflossene Zeitraum die Umlaufszeit des Planeten an; wollte man aber zwei zunächst aufeinanderfolgende Durchgänge des Planeten durch die Ekliptik nehmen (welche hinsichtlich der Richtung der Bewegung verschieden sein müssen, insofern der Planet das eine Mal von der untern oder südlichen auf die obere oder nördliche, das andere Mal von der obern auf die untere Seite der Ekliptik übergeht), so würde die Zwischenzeit nur die halbe Umlaufszeit angeben.

Verschieden von der siderischen ist die synodische Umlaufszeit eines Planeten, die sich leichter beobachten läßt; aus der einen kann aber die andere leicht berechnet werden. Unter der synodischen Umlaufszeit versteht man bei einem untern Planeten die Zeit, welche von einer untern Conjunction bis zur nächsten, oder von einer obern Conjunction bis zur nächsten verfließt, ebenso bei einem obern Planeten die Zeit zwischen zwei aufeinanderfolgenden Conjunctionen und Oppositionen; überhaupt also die Zeit, welche ein Planet braucht, um in irgend einer von der Erde aus beobachteten Stellung gegen die Sonne wieder zu derselben Stellung zurückzukehren. Die synodische Umlaufszeit ist nur bei Mercur, Venus und Mars länger als die siderische, sonst immer kürzer; bei jenen nimmt sie vom Mercur an, bei dem sie 116 Tage beträgt, zu, erreicht demnach ihren größten Werth beim Mars, 2 Jahre 49½ Tage (bei allen andern Planeten beträgt sie zwischen einem und zwei Jahren). Bei den obern Planeten aber nimmt sie ab, während die Entfernung von der Sonne zunimmt, und ist beim Uranus nur vier Tage länger als ein Jahr. Man findet die synodische Umlaufszeit eines Planeten in Tagen, wenn man die siderische Umlaufszeit desselben mit der Jahreslänge, beide in Tagen ausgedrückt, erst multiplicirt, dann die eine von der andern subtrahirt und jenes Product durch den gefundenen Rest oder Unterschied dividirt; z. B. bei Mercur findet man $\frac{365 \times 88}{277} = 116$ Tage. Ganz ebenso wird bei den obern Planeten die siderische Umlaufszeit aus der synodischen berechnet, wenn man in der angegebenen Regel diese statt jener setzt; bei den untern muß man das Product aus der synodischen Umlaufszeit und Jahreslänge durch die Summe beider dividiren, z. B. bei Mercur ergibt sich $\frac{365 \times 116}{481} = 88$ Tage.

Die Geschwindigkeit, mit welcher sich die Planeten in ihren Bahnen bewegen, nimmt, wie aus dem Vorigen mit Nothwendigkeit folgt, ab, während der Abstand von der Sonne zunimmt; Mercur beschreibt in jeder Secunde über 6⅔, die Erde über 4⅔ Meilen, Uranus nur 1 Meile.

Außer der Bewegung um die Sonne haben alle Planeten, wie die Erde und die Sonne selbst, noch eine Drehung um ihre Achse (Rotation), die in derselben Richtung, wie die Achsendrehung der Erde, nämlich von Westen nach Osten stattfindet. Die Erde braucht zu einer vollständigen Umdrehung (welche die wahre Ursache der scheinbaren täglichen Umdrehung der Himmelskugel ist) bekanntlich einen Tag, oder vielmehr genau genommen einen Zeitraum, der vier Minuten kürzer als unser gewöhnlicher Tag (Sonnentag) und demjenigen gleich ist, welcher zwischen zwei aufeinanderfolgenden Auf= oder Untergängen eines und desselben Sternes (an einem und demselben Orte der Erde) verfließt. Bei den übrigen Planeten hat man die Rotation an den Flecken ihrer Oberfläche wahrgenommen und ihre Dauer mittels derselben bestimmt. Sie beträgt bei dem Mercur, der Venus und dem Mars fast genau so viel als bei der Erde, bei dem Jupiter und Saturn hingegen viel weniger, nur ungefähr 10 Stunden; bei den übrigen hat man noch nichts von einer Rotation bemerken können, ohne daß deshalb ihr Vorhandensein in Zweifel gezogen werden kann. Die Achse, um welche jeder der Planeten sich dreht, ist gegen die Ebene, in welcher der Planet um die Sonne läuft, mehr oder weniger geneigt; bei der Erde beträgt dieser Winkel 66½ Grad. Auf dieser Neigung beruht bei der Erde der Wechsel der Jahreszeiten und einen ähnlichen Wechsel müssen wir wol bei allen andern Planeten unter den durch ihre abweichenden Verhältnisse bedingten Modificationen annehmen. Die Verschiedenheit, der Contrast der Jahreszeiten ist desto bedeutender, je kleiner der Winkel der Achse mit der Ebene der Planetenbahn ist. Stände die Achse eines Planeten auf der Ebene einer Bahn senkrecht, so fände gar kein Wechsel der Jahreszeiten statt; wenn dagegen die Achse in der Ebene der Bahn selbst läge, so wäre der Contrast der grellste, und jeder Ort auf der Planetenoberfläche würde dann zu gleicher Zeit der heißen und der kalten Zone angehören, d. h. zu gewissen Zeiten die Sonne senkrecht über sich, zu andern Zeiten während ganzer Tage nicht auf= oder nicht untergehen sehen. Bildete die Achse mit der Planetenbahn einen Winkel von 45 Grad oder einen halben rechten Winkel, so grenzten die heiße und die kalte Zone zusammen, ohne, wie auf der Erde, auf beiden Halbkugeln durch eine gemäßigte Zone getrennt zu sein.

Die Größe der Planeten ist sehr verschieden; unsere Erde steht hinsichtlich ihrer Größe ziemlich in der Mitte und kann fast zu den großen gerechnet werden, da nur drei Planeten größer, alle übrigen kleiner sind. Der größte ist Jupiter, welcher die Erde seinem Durchmesser nach 11¼ Mal, der Oberfläche nach 126 Mal, an körper=

lichem Inhalt 1414 Mal übertrifft und in den beiden letztern Hinsichten größer ist als alle andern Planeten zusammengenommen; dann folgen Saturn und Uranus, welche die Erde dem Durchmesser nach 9 und 4⅓ Mal übertreffen. Venus ist der Erde ziemlich gleich, nur wenig kleiner. Mars hat einen nur etwa halb so großen Durchmesser als die Erde; noch kleiner sind Mercur und die vier neuesten Planeten, Pallas, Ceres, Juno, Vesta, von denen die letztere einen 33 Mal kleinern Durchmesser, eine 1000 Mal kleinere Oberfläche und einen 35,000 Mal kleinern Inhalt als die Erde zu haben scheint (ganz genau ist ihre Größe nicht anzugeben).

Außer der Größe hat man auch die Masse der Planeten bestimmt und sie also gleichsam gegeneinander abgewogen; durch welche Mittel, kann hier nicht füglich erklärt werden. Hinsichtlich der Masse befolgen die Planeten eine ganz andere Reihenfolge, als hinsichtlich ihrer Größe, woraus also folgt, daß die Stoffe, aus denen sie bestehen, von sehr verschiedener Dichtigkeit sein müssen. Setzt man die Masse der Erde gleich 1, so ist die des Jupiter ungefähr 350, des Saturn 100, des Uranus 19. Venus steht der Erde nur wenig nach, Mercur aber hat 6 Mal und Mars 7—8 Mal weniger Masse. An Dichtigkeit steht Mercur oben an, welcher 3—4 Mal dichter als die Erde ist (demnach unserm Gold oder Platin an Dichtigkeit nahe kommt), während diese wieder an Dichtigkeit den Jupiter und Uranus 4 Mal, den Saturn 7 Mal übertrifft. Die Schwerkraft auf der Oberfläche der Planeten, gemessen durch den Raum, den ein fallender Körper in gleichem Zeitraume, z. B. einer Secunde, zurücklegt, kann aus der Masse und dem Inhalt berechnet werden und beträgt bekanntlich auf der Erde 15 Fuß, auf dem Mercur, der Venus, dem Saturn und dem Uranus ungefähr eben so viel, auf dem Mars aber nur 6 und auf dem Jupiter 39 Fuß.

Mit Licht und Wärme, sofern beide von der Sonne ausströmen, sind die Planeten desto schlechter ausgestattet, je weiter sie von der Sonne entfernt sind. Die Helligkeit einer von der Sonne beschienenen Fläche, überhaupt die Helligkeit des Tageslichtes ist unter sonst gleichen Umständen auf dem Mercur 6⅔, auf der Venus fast 2 Mal größer als auf der Erde, auf dieser aber wieder 2¼, 27, 91 und 370 Mal so groß als auf dem Mars, Jupiter, Saturn und Uranus. In demselben Verhältnisse steht die Erwärmung der einzelnen Planeten durch die Sonnenstrahlen. Inwiefern der hieraus entstehende Mangel an Licht und Wärme auf den entferntern Planeten durch andere Licht- und Wärmequellen ersetzt wird, ist uns unbekannt und wird es wol immer bleiben.

Nach Vorausschickung dieser allgemeinen Bemerkungen wenden wir uns nun zu der besondern Betrachtung der einzelnen Planeten.

I. Mercur.

Von Mercur, dem Sonne nächsten Planeten, der zugleich unter den sieben ältern der kleinste ist, kann man mit Fernröhren nicht viel mehr sehen, als daß er rund ist und Phasen zeigt, welche letztere aber schon sehr gute Fernröhre erheischen; seine Farbe ist hellweiß und sein Licht so glänzend, daß es in guten Fernröhren die Augen blendet, weshalb man wie bei der Sonne schwach gefärbte oder sogenannte Dämpfgläser vor das Ocular stellt. Er ist zu klein, dabei zu weit entfernt und steht zu nahe bei der Sonne (von der er sich höchstens 29 Grad entfernen kann, in der Regel aber nur bis 23 Grad entfernt), um ihn genau beobachten zu können; eben deshalb ist er mit bloßen Augen schwer zu finden und immer nur kurz vor Sonnenaufgang und kurz nach Sonnenuntergang zu sehen. Kopernicus soll noch auf seinem Sterbebette sein Bedauern ausgesprochen haben, daß er aller Bemühung ungeachtet ihn niemals gesehen habe. Die alten Griechen scheinen bessere Augen als wir gehabt zu haben, da sie diesen Planeten oft sahen, regelmäßig beobachteten und Tafeln desselben berechneten. Seit Erfindung der jetzt so vervollkommneten Fernröhre kann man den Mercur selbst um Mittag und in sehr geringer Entfernung von der Sonne sehen. Sein Durchmesser beträgt gegen 700 Meilen, sein scheinbarer wechselt von 4—11 Secunden. Mittlerer Abstand von der Sonne 8 Mill. Meilen, größter 9⅔, kleinster 6⅓ Mill. Meilen. Die Entfernung von der Erde wechselt zwischen 10⅔ und 30⅔ Mill. Meilen. Siderische Umlaufszeit 88, synodische 1163 Tage.

Die Grenzen des hellen und dunkeln Theils der Mercurscheibe erscheinen immer sehr unbestimmt und verwaschen, woraus man auf das Dasein einer den Planeten umgebenden und mit Wolken erfüllten Atmosphäre geschlossen hat. Derjenige Astronom, der bisher den Mercur am eifrigsten beobachtet hat, Schröter in Lilienthal, hat auf dem Mercur sehr hohe Berge entdeckt, die sich in Zügen von 40—60 Meilen Länge hinziehen; die meisten und höchsten derselben finden sich auf der südlichen Halbkugel, wie bei allen andern Planeten, und sollen eine Höhe von 58,000 Fuß oder 2½ Meilen, also mehr als das Doppelte der Höhe der höchsten Erdberge, erreichen. Aus dem Schatten hoher Berge, die sich in der Nähe der Pole des Mercur befinden, erklärt Schröter die abgestumpfte Gestalt der Hornspitzen des Mercur, welche man zu der Zeit, wo Mercur mondförmig erscheint, oft wahrnimmt.

Die Durchgänge des Mercur durch die Sonnenscheibe finden in Perioden von 2½, 3½, 6, 7, 9½, 13 Jahren statt und können bei der gegenwärtigen Lage der Mercursbahn nur in den Monaten Mai und November eintreten, sind aber im November häufiger. In dem gegenwärtigen Jahrhundert kommen 315 untere Conjunctionen, aber nur 13 Durchgänge vor (sodaß erst auf ungefähr 24 untere Conjunctionen ein Durchgang kommt, während in den übrigen 23 der Mercur über dem obern und unter dem untern Sonnenrande hinweggeht); die noch bevorstehenden werden 1845, 1878, 1891 am 8., 6. und 10. Mai, ferner 1848, 1861, 1868, 1881, 1894 am 9., 12., 5., 8. und 10. Nov. gesehen werden, die frühern aber fielen in die Jahre 1802, 1815, 1822, 1832, 1835. Kepler hat zuerst einen Mercursdurchgang vorhergesagt und zwar für das Jahr 1631, wo er auch wirklich (von Gassendi am 7. Nov.) beobachtet wurde. Vorher war diese Erscheinung niemals, nachher aber ist sie oft beobachtet worden.

(Die Fortsetzung folgt in Nr. 481.)

Literarische Anzeige.

Durch alle Buchhandlungen ist von mir zu beziehen:

Die Jungfrau vom See.
Ein Gedicht in sechs Gesängen.
Aus dem Englischen des **Walter Scott**.
8. Geh. 1 Thlr. 10 Ngr.

Leipzig, im Juni 1842.

F. A. Brockhaus.

Das Pfennig-Magazin

für

Verbreitung gemeinnütziger Kenntnisse.

481.] Erscheint jeden Sonnabend. [Juni 18, 1842.

Kasan.

Der Sumbeka-Thurm in Kasan.

Die Stadt Kasan am linken Wolgaufer ist die Hauptstadt der gleichnamigen russischen Statthalterschaft, welche ehemals nebst den Statthalterschaften Simbirsk, Pensa, Wjätka und Perm ein dem Khan der goldenen Horde unterworfenes mongolisch-tatarisches Reich (Kaptschack genannt) bildete, das 1552 von den Russen unter Iwan II. dem Schrecklichen, jenem glücklichen Eroberer, der in seiner 50jährigen Regierung den Riesenbau des russischen Reichs begründete, erobert und dem letztern einverleibt wurde. Die Stadt zählt 40—50,000 Einwohner, worunter etwa 14,000 mohammedanische Tataren, und ist wichtig theils wegen ihres sehr lebhaften Handels (der bucharische und chinesische Karavanenzug geht über Kasan), theils wegen der 1803 gestifteten Universität mit wichtigen Sammlungen und einer trefflich ausgestatteten Sternwarte. Kirchen findet man hier 46, worunter 4 katholische und 1 protestantische, außerdem 8 tatarische Moscheen. Unter den Fabriken sind namentlich die Tuch-, Leder-, Eisen-, Seifen- und Baumwollenfabriken zu nennen. Seit dem großen Brande von 1815 ist die Stadt schöner und dauerhafter wieder aufgebaut worden. In der Nähe derselben befindet sich ein Denkmal, das an den Sieg Iwan's II. im J. 1552 erinnert, und ein Kloster, Semiosernoi, dessen wunderthätiges Marienbild jährlich in feierlicher Procession nach Kasan gebracht und dort ausgestellt wird.

Unsere Abbildung stellt den Sumbeka-Thurm vor, das älteste Baudenkmal der Stadt und fast das einzige aus der Zeit der Tataren übriggebliebene. Die Erzählungen von seiner Entstehung lauten sehr abweichend. Nach Einigen ließ ihn Iwan II. nach der Einnahme von Kasan im J. 1552 bauen, entweder zum Zeichen seiner Dankbarkeit für diesen Sieg oder zur Verhöhnung der besiegten Feinde. Nach Andern ist der Thurm ein Überrest vom Palaste der tatarischen Herrscher; endlich nach Andern eine Moschee, welche die berühmte schöne

Sumbeka bauen ließ, um ihrem Gatten als Grabstätte zu dienen, und wo sie vom Volke ergriffen wurde, um den Russen ausgeliefert zu werden. Der Thurm ist von Ziegelsteinen gebaut, vierseitig und besteht aus mehren Stockwerken; seine schlanke Spitze erhebt sich majestätisch in die Lüfte. Tritt man hinein, so erblickt man ein großartiges Gewölbe, an den Enden aber vier Thüren, 5—6 Fuß über dem Boden, von welchen aus vier Treppen zu allen Stockwerken des Thurms führen. Der Thurm sowol als die nahestehende Moschee sind längst verlassen und außer Gebrauch, aber gleichwol haben sie von der Zeit nur wenig gelitten; der alte tatarische Mörtel widersteht der Nachlässigkeit der Sieger und beide Bauwerke werden wol noch lange zu den Merkwürdigkeiten von Kasan gehören.

Das Planetensystem.

(Fortsetzung aus Nr. 480.)

II. Venus.

Wirklicher Durchmesser ungefähr 1700 Meilen; scheinbarer Durchmesser veränderlich von 9—62 Secunden, also zu manchen Zeiten fast 7 Mal so groß als zu andern. Mittlerer, kleinster und größter Abstand von der Sonne gegen 15 Millionen Meilen; der Abstand von der Erde wechselt von $5\frac{1}{4}$—36 Millionen Meilen. Siderische Umlaufszeit 225 Tage, synodische 1 Jahr 219 Tage.

Auch Venus ist, wie Merkur, mit bloßen Augen nur früh und Abends zu sehen, also bald Morgen-, bald Abendstern, und steht immer in der Nähe der Sonne, von der sie sich aber weit weiter als Merkur, bis 47 Grad entfernen kann. Ehemals mochte man glauben, daß der Morgenstern (Lucifer oder Phosphorus, d. h. Lichtbringer) vom Abendstern (Hesperus oder Vesperugo) — beide Namen gab man der Venus, nicht dem gleichberechtigten, aber weit seltener sichtbaren Merkur — verschieden sei; da man aber den einen niemals sieht, wenn der andere zu sehen ist, konnte man leicht vermuthen, daß beide Sterne eigentlich nur einer und derselbe seien, was zuerst Pythagoras erkannt haben soll.

Venus ist kenntlich an ihrem blendenden Lichte, durch welches sie oft sogar am hellen Tage sichtbar wird und in der Nacht gleich dem Monde einen Schatten wirft. Mit dem Fernrohr beobachtet, zeigt sie Lichtwechsel oder Phasen, welche Galilei im J. 1610 zuerst erblickte, und theils diese, theils die ungleiche Entfernung sind Ursache, daß dieser Planet zu verschiedenen Zeiten mit sehr verschiedenem Glanze erscheint. Jene beiden Ursachen wirken übrigens einander entgegen; wenn die Venus am weitesten von der Erde entfernt ist, also den kleinsten scheinbaren Durchmesser hat, sehen wir sie ganz erleuchtet oder voll; je näher sie der Erde kommt und je größer daher ihr scheinbarer Durchmesser ist, desto kleiner ist der uns erleuchtet erscheinende Theil ihrer Scheibe, und wenn sie uns am nächsten steht, also eigentlich am größten erscheinen müßte, sehen wir sie gar nicht, weil sie uns dann nur die dunkle Hälfte zukehrt. Es entsteht daher die Frage, in welcher Stellung die Venus uns wol am glänzendsten, wenn auch nicht am größten erscheinen und dem Auge (welches unbewaffnet die Verschiedenheit des Durchmessers und die Abweichung der nur theilweise erleuchteten Scheibe von der Kreisgestalt der ganz erleuchteten gar nicht wahrnehmen kann) das meiste Licht zuwerfen wird? Die Rechnung zeigt, daß dies in einem Abstande von $39\frac{3}{4}$ Grad von der Sonne der Fall ist, wo der scheinbare Durchmesser der Venus nur 40 Secunden beträgt.

Auf der Oberfläche der Venus zeigen uns die Fernröhre viele Berge und Thäler, von denen jene sich durch außerordentliche Höhe im Vergleich zu den Bergen der Erde auszeichnen. Schröter, der sich auch um die genauere Kenntniß der Venus verdient gemacht hat, hat fünf Berghöhen gefunden, die die Höhe des höchsten Erdberges, des Dhawalagiri, übertreffen, ja einer dieser Berge ist über 5 Mal so hoch als jener. Auch hier finden sich die höchsten Berge auf der südlichen Halbkugel, wo sie oft Ketten von 200 Meilen Länge bilden. Das Dasein einer Atmosphäre, die den Planeten umgibt, schließt Schröter aus der von ihm beobachteten starken Dämmerung; ihre Höhe schätzt er auf 39,000 Fuß (gegen 2 Meilen).

Mehrmals hat man einen die Venus begleitenden Mond zu bemerken geglaubt; dies geschah 1672 und 1686 durch Dominic Cassini, 1740 durch Short in England, 1761 durch Montaigne. Da man ihn seitdem nicht wieder gesehen hat, so muß wol angenommen werden, daß jene Erscheinungen auf optischen Täuschungen beruhen, worüber jetzt alle Astronomen einstimmig sind. Ein früher sehr angesehener Astronom, Lambert, war jedoch von der Genauigkeit jener Beobachtungen und der Existenz des Venusmondes so überzeugt, daß er sogar die Bahn desselben zu berechnen suchte. Sein Zeitgenosse, König Friedrich der Große, wollte diesem Monde den Namen seines Freundes, des berühmten Philosophen d'Alembert, beigelegt wissen, wogegen aber dieser ernstlich und mit sehr witzigen Worten protestirte.

Die Durchgänge der Venus durch die Sonnenscheibe sind weit seltener als die des Merkur, was aus dem Umstande, daß sie in einer von der Ebene der Erdbahn merklich abweichenden Ebene um die Sonne läuft, und aus ihrer großen Annäherung zur Erde zu der Zeit einer untern Conjunction zu erklären ist. Sie ereignen sich in Perioden von 8, 105, 122 Jahren und zwar in den Monaten Juni und December. Die letzten vier Durchgänge fanden statt 1631, 1639, 1761, 1769, die nächsten sind in den Jahren 1874, 1882, 2004, 2012 zu erwarten. Kepler sagte die beiden zuerst genannten Durchgänge voraus; der erste wurde ungeachtet der Bemühungen Gassendi's nicht gesehen, der zweite aber von Horror in England beobachtet als der erste, welcher überhaupt beobachtet worden ist. Der englische Astronom Halley, welcher 1677 den Merkursdurchgang auf der Insel St.-Helena beobachtete, erkannte zuerst die hohe Wichtigkeit, welche die Beobachtungen der Venusdurchgänge haben, weil sie das beste, ja man kann sagen das einzige Mittel an die Hand geben, um die Entfernung der Sonne von der Erde mit Genauigkeit zu bestimmen. Auf welche Weise dies möglich ist, kann leider hier nicht weiter erklärt werden, weil zu viel mathematische Betrachtungen dazu erfodert werden. Halley machte in einer Abhandlung die Akademie der Wissenschaften zu London hierauf aufmerksam, sagte den Durchgang von 1761 voraus und foderte seine Nachkommen zur sorgfältigen Beobachtung desselben, sowie des bald darauf folgenden von 1769 auf. Diese Aufforderung verfehlte auch ihren Zweck nicht, indem die aufgeklärtesten Regenten Europas wetteiferten, um astronomische Expeditionen behufs der Beobachtung jener Erscheinungen in die entferntesten Länder zu schicken, weil es darauf ankommt, jene weit auseinander liegenden Gegenden der Erde aus zu beobachten und namentlich den Unterschied in der Zeit ihres Eintretens zu bestimmen. Der Durchgang von 1761 wurde beobachtet am Cap der guten Hoffnung, zu Tobolsk, im nördlichen Schweden, in Upsala und Cajaneburg und außerdem auf den meisten Sternwarten in Europa; da aber die Resultate der verschiedenen Beobachtungen sehr voneinander abwichen, so erwartete man mit Ungeduld den folgenden Durchgang von 1769. Um diesen zu beobachten, sandte die französische Regierung Astronomen nach Californien, S. Domingo und Ostindien, die englische nach Nordamerika, Madras, in die Südsee u. s. w., die russische, welche viele kostbare Instrumente in London und Paris verfertigen ließ, nach Orenburg und Sibirien, die dänische einen nur durch Kaiserin Maria Theresia erbetenen wiener Astronomen nach Wardhus in Lappland u. s. w. Auf den Resultaten dieser Beobachtungen, welche neuerdings Encke in Berlin einer umfassenden und sorgfältigen Berechnung unterworfen hat, beruht unsere jetzige Kenntniß von der Entfernung der Erde von der Sonne, die eine etwaige Berichtigung erst bei den nächsten Durchgängen, also in mehr als 30 Jahren erhalten kann.

III. Mars.

Wirklicher Durchmesser nach Schröter 990, nach Harding 900 Meilen; scheinbarer Durchmesser veränderlich von $3\frac{1}{2}$—26 Secunden. Mittlerer Abstand von der Sonne $31\frac{1}{2}$ Millionen Meilen, kleinster $28\frac{1}{2}$, größter gegen $34\frac{1}{2}$ Millionen Meilen. Der Abstand von der Erde wechselt zwischen $7\frac{1}{2}$ und $55\frac{1}{2}$ Millionen Meilen. Siderische Umlaufszeit 687 Tage oder 1 Jahr 322 Tage, synodische 2 Jahre $49\frac{1}{2}$ Tage.

In seiner äußern Erscheinung zeichnet sich Mars durch ein auffallend rothes Licht aus, das man mit der Farbe des mattglühenden Eisens verglichen hat. Wenn er uns am nächsten ist, kommt er dem Jupiter an Glanz fast gleich, während er in seiner größten Entfernung einen Stern der ersten Größe an Helligkeit beiweitem nicht erreicht. Seine Gestalt ist ungewöhnlich abgeplattet, wiewol die Beobachter über den Grad der Abplattung nicht ganz einig sind. Die natürliche Beschaffenheit des Mars scheint mit der der Erde große Ähnlichkeit zu haben. Unter den Flecken, die man auf seiner Oberfläche wahrnimmt, zeichnen sich diejenigen hellglänzenden, lange Zeit keine Veränderung zeigenden aus, die bald am einen, bald am andern Pol zum Vorschein kommen. (Pole nennt man beim Mars wie bei allen andern Planeten die Endpunkte derjenigen Axe, um welche sich jeder derselben dreht.) Alle Beobachtungen scheinen darin übereinzustimmen, daß jede Polarzone dann am glänzendsten ist, wenn der Winter desselben Pols zu Ende geht, dann an Ausdehnung abnimmt, wenn der Pol von der Sonne beschienen wird, und erst gegen das Ende des Sommers ganz verschwindet. Man hat daher diese Polargegenden mit den auf der Erde mit Schnee und Eis bedeckten Gegenden verglichen, ohne gerade diese irdischen Erscheinungen auf den Mars übertragen zu wollen, was schon darum unthunlich wäre, weil die Verlängerungen der Polarzone schneller als das Schmelzen des Schnees auf der Erde fortschreiten.

In den gemäßigten Zonen des Mars hat man sehr oft mit guten Fernröhren veränderliche Flecken gesehen, die mehre Astronomen aus der Atmosphäre des Mars erklären, deren Dasein aus mehrfachen Erscheinungen mit Bestimmtheit geschlossen werden kann. Zum Theil mögen sie wol vielmehr aus der verschiedenen Beschaffenheit einzelner Theile der Marsoberfläche zu erklären sein. Nach dem jüngern Herschel unterscheiden wir mit vollkommener Deutlichkeit die Umrisse muthmaßlicher Festländer und Meere, von denen jene sich durch die röthliche Farbe unterscheiden, die auf eine ockerartige Färbung des Bodens zu deuten scheint; die Meere erscheinen nach bekannten optischen Gesetzen in der Ergänzungsfarbe zum Roth, also grünlich.

Monde bewegen sich nicht um den Mars, wenigstens sind bisher keine beobachtet worden; gibt es Marstrabanten, so müssen sie das Sonnenlicht in sehr schwachem Grade zurückwerfen.

IV. Die vier kleinsten Planeten.

Als Bode die hinsichtlich der Planetenabstände von der Sonne stattfindende Gesetz- oder vielmehr Regelmäßigkeit aufgefunden hatte, mußte es sogleich auffallen, daß zwischen Mars und Jupiter ein so großer Zwischenraum war (was schon Lambert bemerkt hatte). Daher wurde schon von Bode die Vermuthung ausgesprochen, daß in einer Entfernung von ungefähr 56 Millionen Meilen von der Sonne ein bis dahin noch nicht wahrgenommener Planet stehen müsse. Diese Vermuthung, welche später dadurch an Wahrscheinlichkeit gewann, daß auch die Entfernung des Uranus jenem Gesetze gemäß befunden wurde, bestätigte sich vollkommen; allein wie groß war das Erstaunen der Astronomen, als statt eines neuen Planeten deren vier in dem weiten Zwischenraume zwischen Mars und Jupiter aufgefunden wurden. Am 1. Januar 1801, dem ersten Tage des laufenden Jahrhunderts, entdeckte Piazzi in Palermo die Ceres *), am 28. März 1802 Olbers in Bremen die Pallas, am 1. September 1804 Harding zu Lilienthal unweit Bremen die Juno, am 29. März 1807 Olbers in Bremen die Vesta. Ceres wurde von Piazzi anfangs für einen Kometen ohne Nebel, Juno von Harding für einen Firstern gehalten. Da diese Planeten im Allgemeinen nicht mit bloßem Auge sichtbar sind, so nennt man sie häufig die teleskopischen Planeten, auch wol nach Herschel's Vorgange die Asteroiden. Der Umstand, daß sie in verhältnißmäßiger Nähe beisammenstehen, — der mittlere Abstand von der Sonne beträgt bei Vesta gegen 49 Millionen Meilen, bei Juno 55,150,000 Meilen, bei Ceres gegen 57,200,000, bei Pallas wenig über 57,300,000 Meilen — in Verbindung mit ihrer Kleinheit hat Olbers zu der Annahme Anlaß gegeben, daß sie Bruchstücke eines einzigen, durch eine unbekannte Ursache (es sei nun durch die Wirkung innerer Kräfte oder einen Anstoß von außen) zerstörten Planeten seien. Die Nähe aber, in welcher namentlich die drei letzten Planeten stehen, führte Olbers auf die Vermuthung, daß vielleicht in derselben Gegend noch andere Planeten stehen möchten, und dadurch (nachdem er die Astronomen zur fleißigen Durchmusterung einer bestimmten Gegend des Himmels aufgefodert hatte) zur Entdeckung der Vesta, die also nicht dem bloßen Zufalle zugeschrieben werden kann.

Die Bahnen dieser Planeten zeichnen sich theils durch ihre große Abweichung von der Kreisgestalt — die bei Juno und Pallas größer als bei allen andern Planeten ist —, theils durch ihre großen Neigungen gegen die Ebene der Erdbahn aus. Vesta entfernt sich (von der Sonne gesehen) nur wenig über 7, aber Ceres über $10\frac{1}{2}$, Juno über 13 und Pallas gar über $34\frac{1}{2}$ Grad von der Ekliptik oder Ebene der Erdbahn. Dadurch hat der alte Thierkreis seine Bedeutung verloren. Die Alten verstanden darunter eine der Ekliptik parallele, zu beiden Seiten derselben 10 Grad, überhaupt also 20 Grad

---

*) Piazzi nannte sie seinem König Ferdinand von Neapel und Sicilien zu Ehren Ceres Ferdinandea; aber dieser Zusatz der Schmeichelei konnte von den übrigen Astronomen nicht beibehalten werden und nur der Name Ceres hat sich erhalten

breite Zone, innerhalb welcher sich der Mond, die Sonne und alle den Alten bekannten Planeten bewegten; allein die neuen Planeten sind in ihren Bewegungen nicht auf diese Gegend beschränkt, und wenn ein neuer Thierkreis auch sie einschließen sollte, so müßte er eine Breite von mehr als 100 Graden haben, da sich Pallas, von der Erde gesehen, mehr als 50 Grad von der Ekliptik entfernen kann.

Die Bestimmung des Durchmessers dieser Planeten ist mit ganz besondern Schwierigkeiten verbunden, was zum großen Theil von der ausgedehnten Atmosphäre herrührt, welche sie — die Vesta ausgenommen — zu umgeben scheint. Nach Schröter folgen sie, ihrer Größe nach, wenn man mit dem kleinsten beginnt, so aufeinander: Vesta, Juno, Ceres, Pallas (also gerade so wie hinsichtlich ihrer Entfernung von der Sonne) und ihre Durchmesser betragen 50, 300, 350, 450 Meilen. Herschel der Ältere, dem die meisten Astronomen beistimmen, gibt diese Planeten weit kleiner an; nach ihm beträgt der Durchmesser keines derselben viel über 30 Meilen (bei Ceres 35, bei Juno noch nicht 30 Meilen). Nach Olbers ist der Durchmesser der Juno noch nicht halb so groß als der der Ceres.

Die Atmosphäre hat auch nach Herschel bei Ceres und Pallas einen 4—5 Mal größern Durchmesser als diese Planeten selbst; sie ist großen Veränderungen ausgesetzt, denn während sie zu manchen Zeiten die Planeten in dichten Nebel einhüllt, der den eigentlichen Kern derselben ganz unsichtbar macht und sich über 100 Meilen von der Oberfläche zu entfernen scheint, erscheinen sie zu andern Zeiten scharf begrenzt und Firsternen ähnlich, sodaß dann die Atmosphäre ganz verschwunden scheint. Weit geringer sind diese Änderungen, sowie die Ausdehnung der Atmosphäre bei der Juno. Es ist daher möglich, daß diese Himmelskörper noch nicht ganz ausgebildet und fortwährend bedeutenden Revolutionen auf ihrer Oberfläche ausgesetzt sind.

Ihrer Kleinheit ungeachtet erscheinen diese Planeten oft in hellem Lichte. Ceres erscheint zuweilen röthlich und hell, selbst dem freien Auge (wenn es recht scharf ist) sichtbar, zu andern Zeiten in schwachem weißlichen Lichte, im Allgemeinen aber viel dunkler als Uranus. Juno hat ein weißliches, ruhiges, aber nicht immer gleiches Licht. Besonders merkwürdig ist Vesta, die, obgleich der kleinste aller bekannten Planeten, ein sehr lebhaftes firsternartiges Licht hat und unter günstigen Verhältnissen selbst mit bloßen Augen als ein Stern sechster Größe sichtbar ist. Man muß vermuthen, daß diese Eigenheit in der Constitution dieses Planeten ihren Grund hat. Vielleicht besteht er aus einer harten Masse, die in ihren äußersten Schichten eine Menge spiegelnder Flächen (wie Diamantfelsen) darbietet.

Die vier neuen Planeten bilden den Übergang zwischen zwei wesentlich voneinander verschiedenen Gruppen von Planeten, denn die nun folgenden drei Planeten, Jupiter, Saturn und Uranus, unterscheiden sich von Merkur, Venus, Erde und Mars durch ihre viel bedeutendere Größe, durch ihre geringere Dichtigkeit, durch ihre zahlreichen Monde (während von den zuletzt genannten vier Planeten nur die Erde einen hat) und durch die weit geringere Dauer ihrer Axendrehung.

V. Jupiter.

Dieser größte Planet des ganzen Sonnensystems hat einen mittlern Durchmesser von 19,000 Meilen und übertrifft die Erde an Oberfläche 126, an Inhalt 13— 1400 Mal. Sein scheinbarer Durchmesser wechselt zwischen $\frac{1}{2}$ und $\frac{3}{3}$ Minute. Seine mittlere, kleinste und größte Entfernung von der Sonne beträgt $107\frac{1}{2}$, $102\frac{1}{3}$, $112\frac{2}{3}$ Mill. Meilen; seine Entfernung von der Erde schwankt zwischen $87\frac{1}{3}$ und $133\frac{3}{4}$ Mill. Meilen. Die siderische Umlaufszeit beträgt 11 Jahre 315 Tage, die synodische 1 Jahr 34 Tage.

Jupiter, der an Glanz nur der Venus zuweilen nachsteht, zeichnet sich in seiner äußern Erscheinung sowol durch sein schönes weißes Licht, als durch seine bedeutende Abweichung von der Kugelgestalt aus, indem sich sein kleinster und größter Durchmesser ungefähr wie 100 und 107 verhalten, also weit mehr als bei irgend einem andern Planeten verschieden sind. Die Scheibe des Planeten erscheint immer in einer bestimmten Richtung (senkrecht gegen die Umdrehungsachse) mit mehren Streifen überzogen, welche abwechselnde hellere und dunklere Gürtel zeigen. Schon Fontana bemerkte angeblich 1633 drei dunkle Gürtel; Campana sah 1664 vier dunkle und zwei helle Streifen. Dieselben sind nicht zu allen Zeiten gleich, sondern verändern zuweilen ihre Größe und Lage. Die beiden mittelsten sind die breitesten, dunkelsten und beständigsten; die kleinern entstehen und verschwinden oft sehr schnell, in einigen Stunden; zuweilen sieht man 8—10 lange Streifen, ja Herschel der Ältere soll einmal über 40 gezählt haben. Außer ihnen sieht man zuweilen, aber seltener, Flecken, die bald auffallend dunkel, bald verschieden sind die übrige Fläche des Planeten, und bald Jahre lang fast unverändert bleiben, bald schon am nächsten Tage verschwunden sind. Aus diesen Flecken hat schon Cassini geschlossen, daß sich der Planet in der kurzen Zeit von nicht ganz 10 Stunden um eine Achse dreht, die gegen die Richtung der Streifen senkrecht ist, und die abgeplattete Gestalt des Planeten stimmt mit dieser Umdrehungszeit überein. In Folge dieser schnellen Umdrehung legen die von beiden Polen gleich weit entfernten (oder im Äquator liegenden) Punkte der Oberfläche des Jupiter in einer Secunde 39,000 Fuß oder gegen 2 Meilen zurück, 27— 28 Mal so viel als die Äquatorgegenden der Erde, eine Geschwindigkeit, die bei einem so ungeheuern Körper gewiß in Erstaunen setzen muß. Aus der Veränderlichkeit der Flecken und Streifen ergibt sich übrigens deutlich, daß sie keine festen Gegenstände sein können; höchst wahrscheinlich sind sie in der Atmosphäre des Planeten (deren Dasein sich auch aus mehren andern Umständen schließen läßt) vorhanden und entstehen durch Strömungen, die unsern Passatwinden ähnlich sind. In den dunkeln Streifen sehen wir wol den dunklern Körper des Planeten und zwar diejenigen Gegenden, welche heitern Himmel haben.

Merkwürdiger als alle genannten Erscheinungen ist das den Jupiter begleitende Gefolge von vier Monden, die sich in derselben Richtung um ihn bewegen, wie unser Mond um die Erde und alle Planeten um die Sonne, d. i. von Westen nach Osten, und ein schönes Miniatursystem bilden, in welchem wir alle im Sonnensystem geltende Bewegungsgesetze wiederfinden. Entdeckt wurden sie sehr bald nach Erfindung der Fernröhre im Nov. 1609 von Simon Marius (Mayer) in Anspach, der sie zu Ehren seines Landesherrn, des Markgrafen von Brandenburg, sidera Brandeburgica nannte. In der Bekanntmachung dieser Entdeckung kam ihm Galilei zuvor, der sie am 7. Januar 1610 ebenfalls bemerkt und dem berühmten, in Toscana herrschenden italienischen Fürstenhause der Mediceer zu Ehren sidera Medicea genannt hatte. Die Monde sind sämmtlich mit sehr schwachen Fernröhren zu erkennen und manche Personen haben sogar behauptet, sie mit bloßen Augen wahrzunehmen, was auch gewiß leicht möglich sein würde wenn sie nicht in der Nähe eines so ungemein hellen Himmelskörpers ständen. Sie sind leicht daran zu erkennen, daß sie mit ihrem Hauptplaneten immer fast genau in gerader Linie stehen, und dies rührt wieder daher, weil wir uns fast genau in derselben Ebene befinden, in welcher Jupiter um die Sonne und die Monde um ihn laufen. Während der mittlere Abstand unsers Mondes von der Erde 60 Erdhalbmesser beträgt, betragen die mittlern Abstände der Jupitersmonde von Jupiter nur 6, $9\frac{2}{3}$, $15\frac{1}{3}$, 27 Jupiterhalbmesser (55,000—245,000 Meilen), und während der Durchmesser des Erdmondes $\frac{3}{11}$ des Erddurchmessers (469 Meilen) beträgt, betragen die Durchmesser der Jupitersmonde nach Schröter 564, 465, 818, 570 Meilen, d. h. bei dem größten nicht viel über $\frac{1}{24}$ des Jupiterdurchmessers.

(Der Beschluß folgt in Nr. 482.)

Das Schwärmen der Bienen.

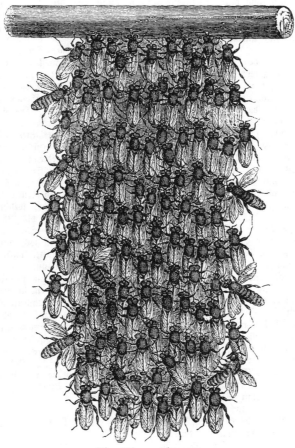

Ein Bienenschwarm.

Die Bienen sind schon seit mehren tausend Jahren in der Gewalt der Menschen und von diesen mit aller Aufmerksamkeit in ihrem Thun und Wesen beobachtet worden. Daher sollte man denken, daß jeder Umstand ihres kleinen Lebens hinreichend erklärt wäre, aber davon ist man noch weit entfernt; denn es gibt viele Handlungen und Wirkungen dieser kleinen Insekten, welche man bis jetzt entweder gar nicht oder doch nur zum Theil erklären kann. Dies ist unter Anderm mit ihrem Schwärmen der Fall. Zwar wissen wir in unserm Jahrhundert schon weit mehr davon als unsere Vorfahren; aber Vieles ist doch noch dunkel und es wird vielleicht noch lange Jahre dauern, ehe uns Alles davon deutlich sein wird.

Was die Erklärung der Vorgänge, welche wir beim Schwärmen der Bienen wahrnehmen, sehr schwer macht, ist der Umstand, daß das Schwärmen nicht immer ohne Abweichungen erfolgt. Diese Abweichungen liegen zum Theil in der Zeit, zum Theil in den Ursachen, zum Theil in dem Erfolge des Schwärmens. Wenn man daher einen deutlichen Begriff davon erlangen will, so ist es nöthig, erst zu erfahren, wie ein Schwarm auf regelmäßige Art vor sich geht.

In diesem Falle ist Überfüllung des Bienenstocks die Ursache davon, und diese ist, so viel wir wissen, die Hauptursache, warum der Schöpfer ihnen diese Auswanderung vorgeschrieben hat. Die regelmäßige Wirkung aber vom Schwärmen der Bienen ist die Vermehrung ihrer Gesellschaften; denn wenngleich es wahr ist, daß ein und derselbe Stock oder ein und dasselbe Baumloch manchmal viele Jahre lang hintereinander mit oder ohne Zuthun der Menschen von Bienen bewohnt wird, so hört dies doch irgend einmal auf und deshalb würde es schon längst keine Bienen mehr geben, wenn sie nicht schwärmten und dadurch neue Gesellschaften bildeten. Die regelmäßige Zeit, wo dies geschieht, fällt in den Ländern Europas, die unter einem gemäßigten Himmelsstriche liegen, zwischen die Mitte des Mai und der Mitte des Juni. In diesen vier Wochen erfolgen aus demselben Stocke mehre Schwärme hintereinander; der erste davon heißt der Vorschwarm, die andern der erste, zweite u. s. w. Nachschwarm. Nachdem der Vorschwarm vor sich gegangen ist, dauert es höchstens 7—9 Tage, so fliegt der erste Nachschwarm aus; zwischen diesem und dem zweiten Nachschwarme vergehen nicht so viel Tage, zwischen diesem und dem dritten Nachschwarme oft nur ein Tag, sodaß also aus einem Stocke binnen 14—18 Tagen vier Schwärme kommen können oder, wie die Bienenväter sich ausdrücken, abgestoßen werden.

Der Vorschwarm ist für den Bienenvater allemal der beste; denn er ist zahlreicher und kräftiger als die Nachschwärme; auch hat er, weil er eher ausfliegt, mehr Zeit zum Einsammeln von Honig und Wachs und liefert daher mehr davon, als die Nachschwärme. Er geht aber so vor sich. Die Königin legt viele Monate hintereinander fort Eier, allemal eins in eine Zelle. Wenn nun die Bienenmaden (in der Naturgeschichte Bienenlarven genannt) schon aus den zuerst gelegten Eiern gekrochen sind, mehre Tage gelebt haben und schon anfangen, sich zu verpuppen, legt die Königin immer noch Eier; allein um diese Zeit fängt sie an, dies nicht mehr in gewöhnlicher Ordnung zu thun, entweder weil sie merkt, daß schon die meisten Zellen voll sind, oder weil sie jetzt, wie es wirklich geschieht, von den Arbeitsbienen nicht mehr geachtet wird, indem diese merken, daß nun hinreichend für die Nachkommenschaft gesorgt ist. Dies macht sie unruhig, sie läuft auf den Waben hin und her und dadurch werden die Arbeitsbienen selbst unruhig, eine nach der andern, sodaß endlich, wenn die Königin den ganzen Stock durchlaufen hat, alle in der heftigsten Bewegung sind, selbst die, welche eben mit vollen Höschen nach Hause kommen und nun, bei der allgemeinen Aufregung, nicht daran denken, sich ihrer Höschen zu entledigen. Dadurch entsteht eine große Hitze im Stocke; denn diese ist im Sommer gewöhnlich 26½—27½ Grad Réaumur, bei jener Bewegung steigt sie auf 32 Grad. Die Hitze mag als eine Ursache sein, warum die Bienen nun, um sich abzukühlen, nach dem Flugloche hinstürzen, da dies aber viele auf einmal thun, so bilden sie im Innern des Stocks am Flugloche einen Haufen, von dem die, welche zu unterst sind, vor Schweiß triefen. Nun fliegen erst einige heraus; plötzlich aber kommen die übrigen, welche mit schwärmen wollen, wie ein Pistolenschuß herausgefahren, wogen einige Augenblicke in der Luft hin und her und einzelne fangen an, sich an den Ast eines Baums, am liebsten eines niedrigen, unten anzuhängen. Die Königin setzt sich etwas später daran, aber noch nicht gleich zu den andern, sondern etwa einen Fuß davon. Haben jedoch diese sich so vermehrt, daß sie am Aste einen hängenden Bart bilden, so fliegt die Königin auf diesen Bart und nun sammeln sich endlich alle, die mit aus dem Stocke geflogen sind, ebenfalls darauf an, sodaß binnen einer Viertelstunde Alles in Ruhe ist. Sie haken sich dabei mit den Füßen an die Füße der andern und bilden so verschiedene Gestalten, bald hängt der Haufen wie eine ganze oder halbe Kugel, bald wie ein länglicher Beutel oder gar wie Guirlanden am Aste. Alles dies geschieht bei Sonnenschein und ruhiger Luft zwischen 10 und 3 Uhr, wo es also am heißesten ist. Dadurch, daß der Vorschwarm nicht eher geschieht, als bis die Königin schon eine Menge Eier gelegt hat, ist diese auch erst fähig geworden, zu schwärmen; denn vorher kann sie wegen der großen Menge Eier, die sie enthält, den Leib auf den Waben kaum hinter sich herschleppen; nun aber ist sie leicht genug, um wieder fliegen zu können. Es ist gewiß sehr bewundernswürdig, daß dies Alles in der Natur so genau zusammenpaßt.

Bei den Nachschwärmen kann natürlich die alte Königin nicht mit schwärmen, weil sie schon mit dem Vorschwarme davongeflogen ist; es muß also allemal eine kaum aus der Zelle ausgekrochen sein, die einen Nachschwarm anführt. Dies geht so zu. Wenn eine junge Königin in der Zelle bereits aus der Puppe gekrochen ist, wird sie von den Arbeitsbienen gezwungen, noch so lange darin stecken zu bleiben, bis sie kräftig genug ist, selbst ausfliegen zu können; sie verschließen deshalb die Zelle der gefangenen Königin mit einem Deckel von Wachs. Diese Gefangenschaft dauert zwei bis drei Tage, und während derselben wird sie von den Arbeitsbienen ernährt. Die Königin bohrt nämlich ein Loch durch den Deckel und steckt ihren Rüssel durch, den dann die Arbeitsbienen mit Honig füllen. Dann zieht sie den Rüssel zurück und verhält sich ruhig, bis sie der Hunger wieder treibt oder die Arbeitsbienen sie herauslassen. Wenn sie endlich ihrer Haft entlassen ist, so wird sie bald gewahr, daß es an den Waben noch mehr Zellen gibt, in denen junge Königinnen stecken, denn die alte Königin, welche mit dem Vorschwarme davongegangen ist, hat bis 20 Eier gelegt, aus welchen Königinnen kommen. Mit Wuth fährt die junge Königin auf diese Zellen los, um die Brut darin zu erstechen; die Arbeitsbienen lassen sie aber nicht hin, sondern stoßen, zerren und beißen sie fort. Ihr Naturtrieb nöthigt die Königin immer wieder, zu jenen Zellen hinzustürzen, bis sie endlich über das Zurückstoßen zornig wird, unruhig umherläuft, ihre Unruhe andern Bienen mittheilt, worauf sie mit einem Schwarme ebenso den Stock verläßt und sich an einem Baume anhängt, wie es oben vom Vorschwarme erzählt worden ist.

Was die Arbeitsbienen anlangt, welche bei einem Schwarme fortziehen, so sind dies alte und junge; alte und junge bleiben aber auch im Stock als Stamm zurück.

(Der Beschluß folgt in Nr. 482.)

Lukas Kranach.

(Beschluß aus Nr. 480.)

Nur wenige Jahre vergingen, da traf den alten Kranach ein neuer harter Schlag, indem ihm 1541 seine treue Lebensgefährtin entrissen wurde, und bald darauf (1546) hatte er den Schmerz, auch seinen besten, in Freude und Leid bewährten Freund Luther zur letzten Ruhestätte begleiten zu müssen. So vieler Gram zehrte einen guten Theil seiner Kräfte auf, und da noch überdies sein hohes Alter ihm nicht mehr gestattete, seinen öffentlichen Ämtern mit der nöthigen Thätigkeit vorzustehen, so entsagte er ihnen und legte bereits 1544 seine Stelle als Bürgermeister nieder, nachdem er sie sieben Jahre lang mit unermüdlichem Eifer und zur Zufriedenheit Aller verwaltet hatte. Die Ruhe, die er suchte, fand er aber dessenungeachtet nicht; wenigstens war sie von keiner Dauer. Sie wurde gestört durch den unglücklichen Ausgang der Schlacht bei Mühlberg (1547), in welcher sein Herr, der Kurfürst Friedrich der Großmüthige, dem er mit gleicher Liebe wie dessen Vorfahren zugethan war, vom Kaiser Karl V. geschlagen und gefangen genommen ward. Bald darauf rückte der Kaiser mit seinem Heere vor Wittenberg und begann die Belagerung. Während derselben ließ er Kranach, der sich nicht hatte entschließen können, dem Beispiele der angesehensten Einwohner zu folgen und die Stadt zu verlassen, zu sich in das Lager rufen. Er redete den alten Meister mit Freundlichkeit an und sagte unter Anderm: „Zu Mecheln in meinem Gemach habe ich ein kleines Bild, auf welchem du mich, als ich noch ein Knabe war, gemalt hast; sage mir doch, wie ich mich benahm, während du mich maltest." „Ew. Majestät", antwortete Lukas, „war damals acht Jahre alt und der Kaiser Maximilian führte euch gerade in den Niederlanden umher, um euch in den Städten huldigen zu lassen. Als ich nun Ew. Majestät malen wollte, so saßet ihr als ein unruhiger Knabe nicht still; indeß hattet ihr einen Hofmeister, der eure Natur kannte und äußerte, daß ihr sehr gern Eisen und Stahl sähet; er befestigte daher einen Pfeil so an der Wand, daß er mit seiner Spitze euch zugekehrt war. Auf diesen richtetet dann Ew. Majestät die Augen so lange, bis ich das Gemälde vollendet hatte." Der Kaiser, heißt es in dem alten Berichte über diese Unterredung weiter, bezeigte sein Wohlgefallen an dieser Erzählung und versicherte den Meister, er werde ihm stets gewogen bleiben. Lukas aber, durch die Gnade des Kaisers ermuthigt und nur seines Herrn Unglück bedenkend, warf sich Karl V. zu Füßen und bat für seinen gefangenen Fürsten. Der Kaiser entgegnete ihm hierauf sanft: „Du sollst erfahren, daß ich deinem gefangenen Herrn Gnade erzeigen will", und entließ ihn. Nachher schickte er ihm einen silbernen Teller voll ungarischer Dukaten, von denen Kranach jedoch nur so viel nahm, als er mit zwei Fingerspitzen erfassen konnte. Den Antrag, den Kaiser in die Niederlande zu begleiten, wies er ab, indem er zugleich um die Gunst nachsuchte, seinem Fürsten in die Gefangenschaft folgen zu dürfen. Die Erlaubniß dazu ward ihm nicht verweigert. Er machte daher sein Testament, riß sich von allen seinen Verwandten und Freunden los und reiste 1550 über Augsburg nach Innsbruck, um dort mit Friedrich dem Großmüthigen die Haft zu theilen. Bis 1552 harrte er treulich bei ihm aus und erheiterte ihm durch seine Kunst manche trübe Stunde. Endlich wurde der Kurfürst in Freiheit gesetzt und kehrte, begleitet von seinem ältesten Sohne und dem Meister Lukas, in die Heimat zurück. Am 24. September kamen sie in Jena und zwei Tage darauf in Weimar an, überall mit lautem Jubel begrüßt. Anstatt sich wiederum nach Wittenberg zu begeben, blieb Kranach, theils durch seine Schwächlichkeit, theils durch die Bitten seiner in Weimar verheiratheten Tochter bewogen, in der zuletzt genannten Stadt. Das Schicksal ersparte ihm den Kummer, auch noch den Tod seines geliebten Kurfürsten zu erleben. Er starb wenige Monate vor demselben am 16. October 1553 als ein 81jähriger Greis und wurde auf dem Kirchhofe zu St. Jakob am Haupteingange linker Hand zur Erde bestattet.

Kranach hinterließ vier Kinder, drei Töchter und einen Sohn, Lukas Kranach den Jüngern, der ihm sowol hinsichtlich der Kunst als auch in Bezug auf seine Schicksale ziemlich ähnlich war, denn auch er ward erst zum Senator und dann zum Bürgermeister in Wittenberg erwählt, auch er starb zu Weimar (1586). Von Kranach's Töchtern ist besonders die zweite, Barbara, durch das traurige Loos ihres Gatten, des gothaischen Kanzlers Christian Brück, welcher wegen Hochverrath am 18. April 1567 lebendig geviertheilt ward, bekannt geworden.

Unnütz würde es sein, über den trefflichen Charakter Kranach's noch viele Worte zu machen. Ein Mann, der über ein halbes Jahrhundert lang die Liebe seiner anerkannt edlen Fürsten zu erhalten vermochte; ein Mann, den ein Luther, ein Melanchthon, ein Bugenhagen, ein Justus Jonas ihrer innigsten Freundschaft für werth achteten, bedarf weiter keines Lobes. Hier daher nur noch Einiges über seine Kunstleistungen.

Schon seine Zeitgenossen wußten dieselben nach Verdienst zu schätzen, indem sie Kranach mit Albrecht Dürer und Lukas von Leyden in eine Reihe stellten und ihn auch wol den deutschen Apelles nannten. Überall suchte man sich Gemälde von ihm zu verschaffen, und er war es, dem die Bildergalerien zu Wien, Prag, München und namentlich die zu Dresden ihre Entstehung verdanken. Interessant ist ein Brief, welchen Dr. Scheurl, Professor der Rechte in Wittenberg, 1509 an Kranach schrieb. „Du hast", sagt er darin zum Lobe seines Freundes, „in dem herzoglichen Speisesaale zu Koburg Hirschgeweihe gemalt, auf welche Vögel häufig hinfliegen und dann auf die Erde fallen, wenn sie glauben auf den Zweigen zu sitzen. Du hast zu Koburg einen Hirsch gemalt, welchen fremde Hunde, so oft sie ihn sehen, anbellen. Was soll ich erst von jenem wilden Schweine sagen, welches du jüngst gejagt hast, das auf Wittenbergs Auen in ungewöhnlicher Größe herumjagte, nach deiner Gewohnheit so künstlich gezeichnet hast, daß ein Jagdhund bei dessen Anblick wegen der über den ganzen Körper verbreiteten Stachelborsten anfangs mit einem ungeheuren Gebelle tobte, bald aber die Flucht ergriff?" Dann wieder: „Da dich die Fürsten im letzten Sommer nach Niederland gesendet hatten, hast du gleich beim ersten Eintritt in das Gasthaus eine abgelöschte Kohle von der Pfanne ergriffen und das Bildniß Kaisers Maximilian so natürlich auf die Wand gezeichnet, daß es von Allen erkannt und bewundert wurde." Und weiter unten: „Zu Torgau hast du Hasen, Fasanen, Pfaue, Rebhühner, Enten, Wachteln, Krammetsvögel, wilde Tauben und verschiedene andere Flügelwerk aufgehängt, welche einst der Graf Schwarzburg, als er sah, hinauszubringen befahl, damit sie nicht übel röchen, und da er sich vom Fürsten ausgelacht sah, trat er sogleich näher und betheuerte eidlich, es sei wenigstens ein Flügel einer lebendigen Ente gewesen."

Mögen auch einige dieser Anekdoten, deren Wahrheit übrigens noch durch anderweitige Nachrichten verbürgt wird, Übertreibungen enthalten, so zeigen sie doch, was man an Kranach's Gemälden besonders hochzuschätzen hat, nämlich die Correctheit der Zeichnung und die erstaunenswürdige Treue, mit welcher auf ihnen Gegenstände der Natur wiedergegeben sind. Namentlich sind Haare und Bärte auf seinen Portraits so sorgfältig ausgeführt und so täuschend nachgeahmt, daß man jedes einzelne Härchen verfolgen kann und in Versuchung geräth, sie für natürlich zu halten. Ebenso gelungen und trefflich ist meist seine Darstellung von Pelzwerk. Auch seine Carnation (Darstellung des Fleisches) läßt selten etwas zu wünschen übrig. Sein Colorit ist lebensvoll, frisch und so dauerhaft, daß es noch jetzt eben erst aufgetragen zu sein scheint; nur das tadeln Kenner, daß er oftmals heterogene Farben ohne Übergang grell nebeneinander hingestellt hat. Überhaupt darf man bei ihm eine genaue Beobachtung der feinern Kunstregeln nicht erwarten. Von einer richtigen Perspective findet sich bei ihm keine Spur, sondern die Figuren treten alle gleich klar und hell hervor, mögen sie nun im Hinter- oder im Vordergrunde stehen. Selbst der Schatten ist zuweilen unwahr. Seine Gruppirung ist nicht auf künstlerische Wirkung berechnet, wie denn überhaupt seine Compositionen selten von einer poetischen Auffassung der Gegenstände zeugen. Deshalb darf man seine Gemälde nicht sowol im Ganzen, sondern man muß sie vielmehr in ihren einzelnen Theilen betrachten, wenn man ihren Werth sich besser zur Anschauung bringen will. Seinen historischen Bildern mangelt oft die historische Wahrheit, indem er vorzüglich im Costume fehlte, und z. B. die römische Lucretia mit einem schönen Pelze und in altdeutscher Tracht darstellte. Leidenschaftliche Gemüthsbewegungen wiederzugeben gelang ihm nie recht; aber im Ausdrucke ruhiger Würde ist er Meister, wie seine Portraits von Luther unwidersprechlich darthun.

Nimmt man endlich alle Mängel und alle Vorzüge Kranach's zusammen und wägt sie gegeneinander ab, so wird man auf Seite der letztern ein bedeutendes Übergewicht wahrnehmen und nicht umhin können, den alten Meister zu bewundern, der bei seinen geringen Hülfsmitteln so Ausgezeichnetes leistete, zumal wenn man bedenkt, mit welcher Geschwindigkeit er zu malen pflegte. Diese Geschwindigkeit war so groß, daß ihrer selbst auf seinem Grabsteine gedacht wird, wo er, wenn anders die Inschrift fehlerfrei ist, pictor celerrimus (der schnellste Maler) heißt; denn allerdings hat man vermuthet, es sei durch Versehen celerrimus statt celeberrimus (der berühmteste) gesetzt worden, und dies mag wol auch seine Richtigkeit haben; allein fast könnte man sich verleiten lassen, das Dasein eines Fehlers ganz zu leugnen, wenigstens sagt die Inschrift, wie sie ist, die reinste Wahrheit. Denn auch Scheurl in seinem bereits angeführten Briefe bemerkt ausdrücklich: „Alle loben dich, daß du mit noch zu bewundernswürdigerer Geschwindigkeit als selbst Nikomachus und Marcia malest." Und Mylius äußert in seiner Leichenrede auf den jüngern Kranach: „Sie (er spricht von Vater und Sohn zugleich) haben, was ihnen ihr Geist und Erfindung gegeben, auf die Tafel und Papier ins Werk selbst richten und bringen können mit solcher hurtiger Behendigkeit, daß, ehe noch ein Anderer seine Pinsel und Farben zusammengesucht und sich bedacht hat, was er machen wolle, sie das Werk schon vollendet haben, und dasselbe ganz vor Augen gestellt ist." Den besten Beweis aber für die Schnelligkeit, mit welcher Kranach arbeitete, liefert die ungeheure Menge von Gemälden — man zählt deren 400 — die wir von seiner Hand besitzen. Sie sind überall zerstreut, die verhältnißmäßig meisten jedoch finden sich in Berlin, Wien, Dresden (25), Nürnberg, Frankfurt a. Main und Wittenberg; die aus den Jahren 1520—40 werden für die gelungensten gehalten.

Auf der Universitätsbibliothek zu Jena hat man noch einige Miniaturgemälde von ihm, und in der münchner Bibliothek werden acht Handzeichnungen Kranach's aufbewahrt. Seine Holzschnitte kommen denen Albrecht Dürer's und Anderer beiweitem nicht gleich, ja manche sind seiner so wenig würdig, daß man schon deswegen, abgesehen von andern Gründen, annehmen muß, Kranach habe blos die Zeichnungen auf die Holzplatten aufgetragen und sie dann von Andern schneiden lassen. Was er in der Kupferstecherkunst leistete, läßt sich mit Genauigkeit nicht bestimmen, da nur ungefähr sechs Blätter von ihm sich erhalten haben, welche noch überdies höchst selten sind.

Die zoologische Gesellschaft in London.

Der vorjährige Bericht dieser Gesellschaft führt 2849 Mitglieder auf, von denen 1132 jährlich je 3, 1119 je 2 Pf. St. bezahlen; 140 Correspondenten sind über die ganze Erde zerstreut. Die Einnahme betrug im J. 1840 12,732, die Ausgabe 11,838 Pf. St. Ein beträchtlicher Theil der Einnahme wurde durch die Eintrittsgelder für die Menagerie und die Sammlungen geliefert. Im Jahre 1840 wurde der zoologische Garten von 141,009 Menschen besucht, von denen 91,689 als nicht privilegirt (was unter andern die Mitglieder sind) ein Eintrittsgeld von einem Schilling zu zahlen hatten. Die Menagerie zählt 894 lebendige Thiere, darunter 352 Säugethiere, 524 Vögel, 18 Reptilien. Hier finden sich fast alle großen Quadrupeden der Erde und Bewohner aller Weltgegenden. Die Affen (über 60 an Zahl) bewohnen ein eigenes Gebäude, das im vorigen Jahre neu erbaut wurde, um die große Sterblichkeit dieser an ein wärmeres Klima gewöhnten Thiere zu mindern. Die meisten Thiere sind Geschenke. Die Königin, die in der Liste der Geber obenan steht, sandte diesmal eine Löwin und einen weißen Storch; ihr folgen Gouverneurs, Minister und Gesandte, Capitains und Lieutenants der Flotte, Kaufleute u. s. w. aus allen fünf Welttheilen.

Literarische Anzeige.

Durch alle Buchhandlungen und Postämter ist zu beziehen:

Landwirthschaftliche Dorfzeitung.

Herausgegeben unter Mitwirkung einer Gesellschaft praktischer Land- und Hauswirthe von **E. v. Pfaffenrath** und **William Löbe**. Mit einem Beiblatt: Gemeinnütziges Unterhaltungsblatt für Stadt und Land.

Dritter Jahrgang. 4. 20 Ngr.

Hiervon erscheint wöchentlich 1 Bogen. **Ankündigungen** darin werden mit 2 Ngr. für den Raum einer gespaltenen Zeile berechnet, **besondere Anzeigen** ꝛc. gegen eine Vergütung von ¾ Thlr. für das Tausend beigelegt.

Inhalt des Monats Mai:

Dorfzeitung. Einige Worte über die Verwandlung des Hafers in Roggen. — Wo ist Samen von Johanniskorn herzunehmen? — Auszug aus den Verhandlungen des Vereins für Landwirthschaft und gemeinnützige Zwecke in Thüringen. — Bepflanzung der Landstraßen. — Ein Vorschlag in Güte. — Gegen die Trockenfäule der Samenkartoffeln. — Mittheilungen über den Kartoffelbau in Nordengland und Schottland. — Über die nachtheilige Wirkung, welche schwarze Anstriche auf Holz äußern. — Wie schwer hält es in manchen Gegenden, den Landmann zum Fortschreiten mit der Zeit zu bewegen, und wie nöthig ist der ländlichen Jugend im Schulunterricht die Landwirthschaft. — Der Streumangel ist öfters ein eingebildeter. — Werth des flüssigen Düngers. — **Landwirthschaftliche Neuigkeiten, Miscellen, Ankündigungen.**

Unterhaltungsblatt. Der afrikanische Sklavenhandel. — Die Orang-Utangs als Mädchenräuber. — Die Dorftafel. — **Büchermarkt, Vermischtes, Anekdoten, Ankündigungen.**

Leipzig, im Juni 1842.

F. A. Brockhaus.

Das Pfennig-Magazin

für Verbreitung gemeinnütziger Kenntnisse.

482.] Erscheint jeden Sonnabend. **[Juni 25, 1842.**

Christian VIII., König von Dänemark.

König Christian VIII. (Friedrich) wurde am 18. Sept. 1786 geboren und ist der älteste Sohn des 1805 gestorbenen Prinzen Friedrich von Dänemark und der 1794 gestorbenen Prinzessin Sophie Friederike von Mecklenburg-Schwerin. Sein Vater, Sohn des Königs Friedrich V., führte kurze Zeit (1766—68) als präsumtiver Thronfolger den Titel Erbprinz, bevor seinem ältern Bruder Christian VII. ein männlicher Erbe (nachmals König Friedrich VI.) geboren wurde. Seit der Letztern Thronbesteigung im J. 1808 war Prinz Christian Friedrich muthmaßlicher Thronfolger. Er war im J. 1813 als dänischer Statthalter in Norwegen, als Rußland und Schweden das damals auf französischer Seite gegen England im Felde stehende Dänemark zur Abtretung Norwegens, das schon 1812 von mehren der verbündeten Mächte der Krone Schweden als Preis des Beitritts zur Verbindung gegen Frankreich zugesichert worden war, auffoderten. Die Antwort war des Königs Friedrich VI. Erklärung: „daß er nie einwilligen werde, Norwegen gegen die an Holstein grenzenden Provinzen abzutreten." Am 10. Juni schloß Dänemark ein noch innigeres Bündniß mit Frankreich und erklärte demzufolge an Schweden, Rußland und Preußen, die Bundesgenossen Englands, den Krieg, aber nach einigen siegreichen Gefechten des Kronprinzen von Schweden in Holstein mußte es im Frieden zu Kiel am 14. Jan. 1814 sein Königreich Norwegen als gänzliches und souveraines Eigenthum an Schweden abtreten. Dieser Vertrag wurde von dem Prinzen Christian als Statthalter am 28. Januar 1814 den versammelten Ständen Norwegens mitgetheilt; allein diese verwarfen ihn einstimmig und erklärten sich, geleitet von dem tief eingewurzelten Nationalhasse der Norweger gegen die Schweden, entschieden gegen die Abtretung an Schweden, obgleich der König von Schweden ihnen größere politische Rechte zusicherte, als sie unter der dänischen Herrschaft jemals besessen hatten. Prinz Christian, im Februar zum Regenten des Reichs ernannt, konnte und wollte dem entschieden ausgesprochenen Willen des für die Idee seiner Unabhängigkeit begeisterten Volks nicht entgegentreten und machte in einer aus Drontheim datirten Erklärung bekannt, daß Norwegen frei sein wolle. Zwar kamen mittlerweile schwedische Abgesandte in Christiania an, um ihn zur Ausführung des kieler Friedens aufzufodern; allein ohne dieser Aufforderung die mindeste Folge zu geben, leistete der Prinz den Eid als Regent des Königreichs, verkündete am 13. März nochmals den festen Willen des norwegischen Volks, seine Unabhängigkeit mit bewaffneter Hand aufs äußerste zu vertheidigen, versammelte an der schwedischen Grenze ein Heer von 12,000 Mann und berief zum 10. April einen Reichstag nach Eidswold. Hier unterzeichnete am 17. Mai die Mehrzahl der (154) Volksvertreter ein in den vorhergehenden Wochen berathenes Grundgesetz und erklärte den Prinzen zum constitutionellen Erbkönige von Norwegen, als welcher er am 19. Mai unter dem Namen Christian I. feierlich ausgerufen wurde.

Nur drei Monate trug Prinz Christian die norwegische Königskrone. Es gelang ihm aller Bemühungen ungeachtet nicht, die Anerkennung Englands oder einer andern Macht zu erwirken. England verfügte vielmehr die Blockade der norwegischen Küsten, Dänemark erklärte alles in Norwegen Geschehene für ungültig und drohte mit Entziehung des Erbfolgerechts auf Dänemark, und ein schwedisches Heer zog sich an der Grenze zusammen. Der Kronprinz von Schweden rückte am 27. Juli mit 10,000 Mann, denen noch 13,000 Mann folgten, über die Grenze, umging das norwegische Heer, erzwang den Übergang über den Glommen, nahm die Hauptfestung Friedrichsstadt ein und besetzte in 14 Tagen nach einigen nicht sehr bedeutenden Gefechten den größten Theil des Landes. Gleichzeitig drang die schwedische Flotte, aus 4 Linienschiffen, 3 Fregatten und 75 Kanonenböten bestehend, in den Meerbusen von Christiania ein und nöthigte durch ihre große Überlegenheit die aus 6 Briggs, 4 Schoonern und 36 Kanonenböten bestehende norwegische Flottille zum Rückzuge. So sah sich denn Prinz Christian genöthigt, am 14. August den Waffenstillstand von Moß und gleichzeitig einen Vertrag abzuschließen, durch welchen Frederikshall und die Festung Frederiksteen den Schweden übergeben wurden, und zwei Tage später, am 16. August, die Krone von Norwegen niederzulegen, was mittels einer die Gründe dieses Schritts darlegenden Proclamation geschah. Das norwegische Heer, das an Allem Mangel litt, löste sich in Folge dessen auf, Schweden aber versprach, die zu Eidswold entworfene Verfassung vorbehaltlich weniger unerheblicher Abänderungen anzunehmen, sodaß Norwegen als ein selbständiges Königreich mit einer besondern Verfassung mit Schweden nur unter demselben Herrscher vereinigt werden sollte. Nachdem Christian die Regierung dem Staatsrathe übertragen und am 10. Oct. 1814 dem zusammenberufenen Reichstage (Storthing) eine förmliche Entsagungsurkunde ausgestellt hatte, schiffte er sich nach Dänemark ein, um Norwegen nie wieder zu betreten.

Schon im Jahre 1812 hatte sich Prinz Christian von seiner ersten Gemahlin Charlotte, der Tochter des Großherzogs Friedrich Franz von Mecklenburg-Schwerin und mithin seiner leiblichen Cousine (der gewesenen Braut des Königs Gustav IV. von Schweden), mit der er seit 1806 vermählt war, scheiden lassen. Am 22. Mai 1815 vermählte er sich zum zweiten Male mit Karoline Amalie, Tochter des Herzogs Friedrich Christian von Holstein-Sonderburg-Augustenburg und seiner Cousine, Prinzessin Luise von Dänemark. Mit dieser zweiten Gemahlin machte er 1819—22 eine Reise durch Deutschland, Italien, Frankreich und England. Nachher lebte er zurückgezogen in Kopenhagen, bekleidete das Amt eines Gouverneurs von Fühnen, wurde 1832 Chef des Staatsraths und Präses der Kunstakademie, zu welcher letztern Stellung ihn seine ausgezeichnete Kenntniß in den meisten Gebieten der Kunst befähigte, und bestieg am 3. Dec. 1839 nach dem Tode seines Cousins Friedrich VI. in einem Alter von 53 Jahren den dänischen Thron. Selten sind der Thronbesteigung eines Monarchen größerer Hoffnungen vorausgegangen, selten ist ihr Eintreten als ein heilbringendes Ereigniß freudiger und allgemeiner begrüßt worden. Am 28. Juni 1840 wurde er gekrönt, nachdem ein Monate zuvor die 25jährige Jubelfeier seiner Vermählung gefeiert hatte.

Kinder wurden ihm nur aus der ersten Ehe geboren. Am Leben ist nur ein Sohn, Friedrich Karl Christian, jetziger Kronprinz, geb. 6. Oct. 1808, der 1828—37 mit der Tochter des verstorbenen Königs Friedrich VI. vermählt war, von dieser geschieden wurde und seit 10. Juni 1841 mit Prinzessin Karoline von Mecklenburg-Strelitz vermählt ist. Bleibt diese Ehe kinderlos, so hat des Königs vermählter, aber kinderloser Bruder Ferdinand, geb. 1792, das nächste Recht auf den Thron; sonstige nahe männliche Verwandte des Königs sind nicht vorhanden, sodaß das Aussterben der königlich dänischen Linie in Aussicht gestellt ist.

Das Schwärmen der Bienen.
(Beschluß aus Nr. 481.)

Alles, was bis jetzt von den Schwärmen erzählt worden ist, bezieht sich, wie oben gesagt, blos auf ganz regelmäßige. Abweichungen fallen nur z. B. in der Zeit vor; man sieht schon zu Anfange des April und noch zu Ende des August Bienen schwärmen sehen. Kommen sie vor der Mitte des Mai, so ist gewöhnlich ein milder Winter und ein schönes Frühjahr die Ursache; kommen sie aber später als in der Mitte des Juni, so rührt das von einem sehr harten Winter oder einem regnerischen Frühjahre her. Ja es kommt vor, daß ein Stock in einem Jahre gar nicht schwärmt; wenn nämlich der Vorschwarm durch üble Witterung verhindert wird, auszuziehen, so sticht die alte Königin die jungen Königinnen in den Zellen todt. Sollte nun ein Schwarm erfolgen, so müßte er entweder ohne Königin ausziehen oder die zurückgelassene Gesellschaft bliebe ohne dieselbe. Daher bleiben in diesem Falle alle Bienen beisammen und wenn ihre Zahl auch noch so groß wäre. Alles kommt hier auf die Zahl der Königinnen an; denn hätte auch die alte Königin, wie manchmal geschieht, nur ein Ei für eine zukünftige Königin gelegt, so entsteht doch der Vorschwarm, wenn der Stock auch wenig Bienen enthält; zu einem Nachschwarme kann es aber dann nicht kommen, weil nach dem Ausziehen des Vorschwarms nur eine Königin im Stocke ist. Ja man hat es erlebt, daß die Königin in einem Jahre gar kein Königinei gelegt hat; dann kann es nicht einmal zum Vorschwarme kommen, und der Stock schwärmt also in einem solchen Jahre gar nicht. Gewöhnlich ersticht die alte Königin die jungen Nebenbuhlerinnen erst dann, wenn diese sich verpuppen wollen. Hat der Stock drei oder vier Schwärme abgestoßen, so werden seine Bewohner gewöhnlich so schwach, daß sie unmöglich mehr schwärmen können; dann bewachen sie die noch in ihren Zellen befindlichen Königinnen nicht mehr und geben es zu, daß entweder die zuerst auskriechende die andern todtsticht, oder daß, wenn mehre Königinnen zu gleicher Zeit auskriechen, diese sich anfallen und tödten, bis nur noch eine im Stocke übrig ist.

Bisweilen kehrt eine schwärmende Königin vom Aste in den Stock zurück; dann thut der ganze Schwarm Dasselbe und zieht erst den folgenden Tag wirklich aus. Ist einmal die Königin zu schwach, um den Ast zu erreichen, so setzt sie sich ins Gras, worauf ihre Unterthanen alle herbeikommen, sie bedecken und so auf der Erde einen Klumpen bilden.

Da beim Vorschwarme die alte Königin noch eine Menge Eier hat, so legt sie in dem neuen Stocke, in den sie der Bienenvater gethan hat, schnell Eier, sodaß ein solcher neuer Stock nach drei Wochen wieder einen Schwarm aussenden kann; das nennt man einen Jungfernschwarm. Ein solcher wird jedoch nicht gern gesehen, weil er den neuen Stock zu sehr schwächt. Beim Nachschwarme ist die Königin, weil es eine junge ist, noch gar nicht befruchtet; daher fliegt sie, nachdem sie sich einen Tag lang im neuen Stocke aufgehalten hat, heraus, läßt sich in der Luft von den Drohnen befruchten und fängt schon 46 Stunden darnach an, Eier zu legen.

Wenn wider die Regel zwei junge Königinnen zu gleicher Zeit aus den Zellen gekrochen sind, so kommt es vor, daß sie beide zugleich schwärmen; der eine Schwarm wird dann gewöhnlich größer, etwa kopfgroß, und der andere kleiner, etwa faustgroß. Der kleinere aber vereinigt sich dann mit dem größern und die Königin des letztern tödtet die Königin des schwächern. Ja in sehr seltenen Fällen schwärmen drei Königinnen zugleich. Wenn sich ihre Schwärme vereinigt haben, so verhält sich jede Biene den ersten Tag im neuen Stocke ruhig; aber den andern Tag trifft man die eine Königin, den dritten die zweite Königin todt an, nämlich durch den Stich der dritten; diese wird nun als Herrscherin anerkannt, und jetzt erst fängt der Stock an, einzutragen. Man hat auch gesehen, daß ein sehr starker Stock zwei bis drei Königinnen geduldet hat, aber im November hat man wieder nur eine gefunden, welche also die andern später getödtet hat.

Die Zeit des Schwärmens ist auch für den Bienenvater die unruhigste; denn er muß zu dieser Zeit stets bereit sein, den Schwarm vom Baume in einen neuen Stock zu stecken, und zwar noch denselben Tag. Wollte er das nicht thun, so würden zwar die Bienen anfangen, am Aste selbst Zellen zu bauen, allein die kühlere Luft des Abends würde sie daran erinnern, daß der Ast nicht der rechte Ort für eine Bienengesellschaft ist, und sie zwingen, irgendwo in der Ferne ein Baumloch aufzusuchen. Sie würden, um dies zu thun, in geschlossenem Zuge und unter starkem Pfeifen hoch und weit wegfliegen, im Walde verwildern und für den Bienenvater verloren sein. Der Bienenvater muß daher auf den Baum steigen und auf eine sanfte und geschickte Art den Schwarm abkehren, sodaß die Bienen in den untergehaltenen leeren Korb fallen; ist die Königin mit hineingefallen, so bleiben sie darin. Dabei muß aber mit Vorsicht verfahren werden, um nicht etwa die Gesundheit oder das Leben eines Menschen in Gefahr zu bringen. Zwei Beispiele, die glücklich abliefen, werden zeigen, daß dies wirklich geschehen könnte. Als ein berühmter englischer Bienenvater, Thorley mit Namen, einen Schwarm fangen wollte, ließ er sich von einer Magd helfen, die noch nie dabei gewesen war und sich daher vor den Bienenstichen fürchtete; deshalb deckte sie sich ein leinenes Tuch über den Kopf. Beim Schütteln des Baums fiel wahrscheinlich die Königin auf das Tuch; denn der ganze Schwarm setzte sich darauf, kroch sogar darunter und bedeckte ihren Hals und ihr Gesicht so, daß sie schrecklich aussah, als man das Tuch abhob. Sie wollte durchaus davonlaufen, was ihr wahrscheinlich viele hundert Stiche zugezogen hätte. Mit großer Mühe beruhigte sie ihr Herr, der nun die Königin heraussuchte und sie in den Korb setzte, in der Hoffnung, die Bienen würden ihr nachfolgen; aber es war, als wenn sie sich noch dichter aneinander setzten. Er suchte wieder und fand noch eine Königin; es kann auch sein, daß es die erste gewesen ist, welche vielleicht aus dem Korbe zu den Bienen zurückgekehrt war. Genug, als er sie in den Stock setzte, flogen die Bienen ihr nach, sodaß nach zwei bis drei Minuten keine einzige mehr auf dem Mädchen saß. Dieses scheute sich von nun an nicht mehr vor den Bienen. Der andere Vorfall war folgender: In einem der ersten Jahre unsers Jahrhunderts wollte ein Mann in dem Städtchen Liebertwolkwitz bei Leipzig, der auch viel auf die Bienen hielt, einen Schwarm fassen. Da dieser sich hoch an den Baum angesetzt hatte, stieg er auf einer Leiter in die Höhe und ließ diese von seinem kleinen Sohne halten. Als er anfing den Schwarm herunterzukehren, versah er es, sodaß die Bienen nicht in den Korb fielen, sondern der größte Theil seinem Sohne auf den Rücken. Der Vater war sehr besonnen und sagte, er solle sich nur ganz ruhig verhalten; denn er sehe, daß einzelne Bienen wieder in die Höhe flögen, ein Zeichen, daß die Königin noch oben wäre. So war es auch; es dauerte gar nicht lange, so hatten die Bienen den Knaben alle verlassen.

Hat der Bienenvater den Schwarm in den Korb gebracht, so setzt er ihn auf die Erde, damit sich die etwa noch einzeln herumfliegenden Bienen hinzufinden. Irrt keine mehr herum, so gibt er dem Korbe am Bienenstande sogleich seinen Platz. Da die schwärmenden Bienen auf drei Tage Proviant an Honig bei sich haben, so fangen sie sogleich an zu bauen und haben in zwei Tagen, wenn sie des Wetters wegen nicht ausfliegen können, schon eine Wabe über einen Fuß lang und vier Zoll breit fertig. Erlaubt ihnen das Wetter, auszufliegen, so thun sie dies gleich den andern Tag und bringen dann in 24 Stunden eine Wabe von 20 Zoll Länge und 8 Zoll Breite fertig, sodaß die Königin schon ihre Eier legen kann; in 5 Tagen ist der Korb bereits halb voll. Überhaupt arbeitet ein neuer Stock in den ersten 14 Tagen seines Bestehens mehr als im ganzen übrigen Jahre.

Gut ist es, wenn der Bienenvater den noch leeren Korb wiegt und dann noch einmal, wenn er den Schwarm hineingebracht hat. Dadurch erfährt er, wie stark der Schwarm ist. Ungefähr 168 Bienen wiegen nämlich ein Loth, 5376 also ein Pfund. Findet er nun z. B., daß der gefüllte Korb 5 Pfund mehr wiegt als der leere, so besteht der Schwarm aus 26,880 Bienen.

Es gibt einige bestimmte Anzeigen, daß die Bienen schwärmen wollen. Den Abend vorher nämlich entsteht im Stocke ein starkes Gesumme, hervorgebracht durch die starke Bewegung der Flügel der von der Königin auf die oben beschriebene Art in Unruhe versetzten Bienen; in der folgenden Nacht wird das Gesumme stärker. Am andern Morgen, ungeachtet das Wetter schön sein kann, fliegt keine Arbeitsbiene aus, wol aber schon in aller Frühe die Drohnen, die dies sonst nur in der größten Sonnenhitze thun. Bleibt das Wetter schön, so erfolgt denselben Tag das Schwärmen; zeigt sich aber nur eine Wolke, so unterbleibt es, wird aber, wenn sie nach einer kurzen Zeit wieder verschwindet, doch noch vorgenommen. Legt man bei den Nachschwärmen das Ohr an den Korb, so hört man außer jenem allgemeinen Gesumme noch ein eigenes, welches man das Tuten oder Flöten nennt. Man hört deutlich, daß es nur von einer Biene herrührt, und dies ist die junge Königin. Diese drückt, aus Zorn darüber, daß die Arbeitsbienen sie nicht wollen die andern Königinnen in den Zellen tödten lassen, ihre Brust mit aller Gewalt hart an die Wabe und erhält dadurch die Kraft, ihre Flügel stärker zu bewegen.

Die verständigen Bienenväter sehen es nie gern, wenn ihre Stöcke mehr als ein oder zwei Mal in demselben Jahre schwärmen; denn sie werden dadurch so schwach, daß sie gewöhnlich keinen Gewinn bringen. Daher zwingen sie die Bienen durch künstliche Mittel, das Schwärmen zu unterlassen. Sie schneiden z. B. die Königinzellen weg, oder zerstören die Drohnenbrut, oder sie vergrößern die Bienenstöcke. Auch halten sie einen schwachen Stock dadurch vom Schwärmen ab, daß sie ihn herumdrehen und ihm ein neues Flugloch geben. Ein schwacher Stock nämlich baut seine Waben blos im vordern Theile; wird er nun herumgedreht, so kommt die leere Stelle vor und die Bienen behalten Lust, da zu bleiben.

Fliegt ein Schwarm auf ein fremdes Grundstück, so fragt es sich, wem er nun von rechtswegen gehört. Darüber lauten die Gesetze der verschiedenen Länder nicht gleich. So sprach das magdeburger Weichbildrecht den Schwarm dem Eigenthümer des Grundes und Bodens zu, auf den sich der Schwarm niedergelassen hatte, indem es die Biene als einen wilden Wurm ansah, und dieser Regel folgt auch noch heutiges Tags das Recht im Königreiche Sachsen; jedoch erlaubt daselbst in der Regel der Eigenthümer des Bodens, wo sich der Schwarm niedergelassen hatte, dem ursprünglichen Besitzer des Schwarms gern, ihn einzufangen, macht also von seinem Rechte zum Schaden seines Nachbars keinen Gebrauch. In Süddeutschland hingegen geben die Landesgesetze dem ursprünglichen Eigenthümer des Schwarms das Recht, ihn einzufangen, wo es auch sei.

Metz.

Eine der ältesten Städte Frankreichs ist Metz in Lothringen, schon im Alterthum und unter der Herrschaft der Merovinger berühmt, zuerst Sitz der Mediomatriker, zur Zeit der Völkerwanderung als blühende Stadt von den Europa überschwemmenden Hunnen zerstört, im 6 Jahrhundert Hauptstadt des austrasischen Reichs, dessen erster Herrscher Clodwig's Sohn Theodorich war, später freie deutsche Reichsstadt, 1552 von den französischen Truppen besetzt, im folgenden Jahre vergeblich von Karl V. belagert und 1648 im westfälischen Frieden völlig an Frankreich abgetreten. Sie liegt am Einfluß der Seille in die Mosel, ist die Hauptstadt des französischen Moseldepartements, eine starke Festung mit drei Citadellen und zählt etwa 45,000 Einwohner. Ihr Alter spricht sich in ihrer altmodischen Bauart aus, doch sind jetzt viele Straßen regelmäßig und gut gebaut; von Gebäuden sind der Dom (im gothischen Styl, die schönste Kirche in Lothringen, vollendet 1180, mit einem 1381 erbauten Thurme von 363 Fuß Höhe), das Stadthaus, das Arsenal und das Schauspielhaus sehenswerth. In der Kirche des heiligen Arnulf liegt Ludwig der Fromme, der hier 840 starb, begraben. Unter den wissenschaftlichen Instituten stehen treffliche Militairbildungsanstalten obenan. Die Industrie der Stadt (Kattun, Zitz, Barchent-, Wollenzeuch-, Runkelrübenzuckerfabrikation, Gerberei, Färberei u. s. w.) ist ebenso lebhaft als der Handel. Die Umgegend treibt viel Obstbau. Unweit der Stadt findet man die Trümmer einer großen römischen Wasserleitung, vom Volke die Teufelsbrücke genannt.

Metz war die Geburtsstadt des Generals Custine, der sich in den Revolutionskriegen einen Namen machte und 1793 nach der Capitulation von Mainz unter der Guillotine fiel, sowie des unglücklichen Pilatre de Rozier, eines der ersten Opfer der Aëronautik.

Das Planetensystem.
(Beschluß aus Nr. 481.)

Sowie unser Mond zu Zeiten entweder von der Erde verfinstert wird, oder die Erde verfinstert, so finden auch gegenseitige Verfinsterungen der Jupitersmonde und des Jupiter statt, nur weit öfter. Gehen jene an dem Planeten vorbei, so werfen sie auf ihn ihren Schatten, der in guten Fernröhren als kleiner dunkler Fleck (oder auf einem dunkeln Streifen als heller Fleck) sichtbar ist, dann entsteht also für einen Theil des Jupiter eine Sonnenfinsterniß; bei dieser Gelegenheit hat man auf den Monden selbst hellere Flecke und bei dem vierten einen periodischen Lichtwechsel bemerkt und gefunden, daß jeder Mond dem Jupiter immer dieselbe Seite zukehrt, gerade wie der Erdmond der Erde. Gehen sie dagegen hinter dem Jupiter vorbei, so treten sie in den Schatten desselben ein und werden dadurch verfinstert. Weil aber die Jupitersmonde verhältnißmäßig weit kleiner und dem Hauptplaneten näher sind als der Erdmond, wie aus den vorigen Angaben erhellt, so finden solche Verfinsterungen in der Regel bei jedem Umlaufe statt; nur der vierte oder entfernteste Mond entgeht bisweilen, wiewol selten, der Verfinsterung, oder hat eine nur partiale, während sie sonst immer total ist; die andern Monde werden bei jedem Umlaufe verfinstert. (Die Dauer der Umläufe der einzelnen ist $1\frac{3}{4}$, $3\frac{1}{2}$, $7\frac{1}{6}$, $16\frac{2}{3}$ Tage.) Im Allgemeinen sehen wir die Monde früher verfinstert, als sie uns hinter der Scheibe des Planeten verschwinden und von dieser bedeckt werden, nämlich sobald sie in den Schattenkegel des Planeten eintreten; und oft bemerken wir nicht nur den Eintritt der Monde in den Schatten, sondern auch ihren Austritt aus demselben, indem sie uns so lange unsichtbar bleiben, als sie im Schatten des Planeten verweilen, auch ohne von dem Planeten selbst verdeckt zu werden. In andern Fällen ist nur der Eintritt oder nur der Austritt zu bemerken, indem die andere dieser Erscheinungen hinter der Planetenscheibe stattfindet; zuweilen läßt sich keine von beiden beobachten.

Die Beobachtung dieser Finsternisse, nämlich der Zeitpunkte, wo sie anfangen oder aufhören, diente seit Entdeckung dieser Monde als ein bequemes Mittel, die geographische Länge der Beobachtungsorte zu bestimmen. Da nämlich diese Finsternisse in einer wirklichen Lichtberaubung ihren Grund haben, so müssen Anfang und Ende derselben auf der ganzen Erde zu gleicher Zeit gesehen werden; wenn daher zwei Beobachter in verschiedenen Gegenden der Erde Anfang (oder Ende) derselben Verfinsterung beobachten und den Zeitpunkt dieser Erscheinung mit einer genau gehenden Uhr bestimmen, so gibt die Vergleichung beider Zeitangaben sogleich zu erkennen, wie groß der Zeitunterschied beider Orte, und daraus, wie groß der Unterschied ihrer geographischen Länge ist (indem auf eine Stunde Zeitdifferenz ein Längenunterschied von 15 Grad kommt). Sind aber die Zeitpunkte des Anfangs und Endes der Finsternisse der Jupitersmonde in einem gewissen Zeitraume für einen gewissen Ort von bekannter geographischer Länge, z. B. Paris, im voraus berechnet und in Tafeln zusammengestellt, so kann ein Schiffer mittels einer solchen Tafel, wenn er die von ihm an irgend einem Orte beobachtete mit der in der Tafel angegebenen Zeit vergleicht, sogleich finden, wie viele Grade östlich oder westlich er sich von Paris oder dem durch diese Stadt gelegten Meridiane befindet. Es konnte daher nicht fehlen, daß man sich der Berechnung von Tafeln der angegebenen Art unterzog; durch diese aber kam man auf eine der interessantesten physikalischen Entdeckungen: auf die Bestimmung der Geschwindigkeit des Lichts. Olaus Römer, ein dänischer Astronom, ist es, dem wir diese interessante Entdeckung verdanken. Er verglich nämlich um das Jahr 1675 die Beobachtungen von Verfinsterungen der Jupitersmonde mit den berechneten Zeiten und fand, daß beide zu der Zeit, wo Jupiter ungefähr seine mittlere Entfernung von der Erde hat (die gleich seiner Entfernung von der Sonne ist), sehr gut übereinstimmten, nicht aber zu der Zeit der Conjunction und Opposition, wo Jupiter seine größte und kleinste Entfernung von der Erde hat, deren Unterschied offenbar einem Durchmesser der Erdbahn gleich ist. Zu jener Zeit traten die Verfinsterungen um etwa $8\frac{1}{4}$ Minuten später, zu dieser ebenso viel früher ein, als nach der Berechnung hätte geschehen sollen. Römer kam bald auf die Vermuthung, daß dies seinen Grund in dem sehr ungleichen Wege haben müsse, den das Licht des verfinsterten Mondes, welches unmittelbar vor der Verfinsterung von demselben ausgegangen ist, in dem einen und in dem andern Falle zurückzulegen habe, um zu uns zu gelangen, daß demnach das Licht sich nicht augenblicklich fortpflanze, sondern zu seiner Bewegung Zeit brauche, daß es aber dennoch eine erstaunliche Geschwindigkeit besitze, indem es den Durchmesser der Erdbahn in $16\frac{1}{2}$ Minuten, mithin in einer Minute 42,000 geographische Meilen zurücklege. Dieses Resultat ist durch spätere Bestimmungen, namentlich durch Bradley, welcher die sogenannte Aberration des Lichts fand, vollkommen bestätigt worden.

VI. Saturn.

Der vorletzte bekannte und in mehrfacher Hinsicht merkwürdigste Planet unsers Sonnensystems hat einen Durchmesser von mehr als 17,000 Meilen und übertrifft die Erde an Oberfläche fast 100, an Inhalt fast 1000 Mal. Sein scheinbarer Durchmesser beträgt zwischen 16—20 Secunden. Seine mittlere, kleinste und größte Entfernung von der Sonne beträgt 197, 186 und 208 Mill. Meilen; die Entfernung von der Erde wechselt zwischen 165 und 229 Mill. Meilen. Die siderische Umlaufszeit beträgt 29 Jahre 167 Tage, die synodische 1 Jahr 13 Tage.

Saturn hat ein blasses, ins Bleigraue fallendes

Licht und erscheint nicht heller als die gewöhnlichen Sterne erster Größe; er zeigt eine unregelmäßige Abplattung und weicht von der runden Gestalt stärker als die andern Planeten ab. Rund um die Kugel des Planeten ziehen sich drei dunkle und zwei helle Streifen, die an Helligkeit und Schärfe wechseln und weniger deutlich als beim Jupiter hervortreten; die Polargegenden zeigen Veränderungen, die, wie beim Mars, auf etwas dem Schmelzen von Schnee Ähnliches hindeuten, außerdem veränderliche dunkle Flecke. Die merkwürdigste Erscheinung am Saturn, welche ihm ganz eigenthümlich ist und bei keinem uns bekannten Himmelskörper weiter vorkommt, ist der ihn umgebende flache und dünne Ring, der dem Saturn, wenn man ihn mit schwachen Fernröhren betrachtet, das Ansehen gibt, als wenn er zwei Henkel hätte. So erschien er schon 1612 dem Galilei, der anfangs die zwei an den entgegengesetzten Seiten der Kugel stehenden Körper für Monde hielt, die mit der Kugel zusammenhingen, später (um 1633) dem Gassendi, aber erst Hunghens löste 1659 das Räthsel und zeigte, was der wahre Grund jener seltsamen Erscheinung sei. Daß der Ring doppelt ist und aus zwei concentrischen Ringen besteht, entdeckte Domenico Cassini 1684 und bestimmter 1715; spätere Beobachter glaubten sogar eine Theilung in mehr als zwei Ringe wahrzunehmen, was sich nicht bestätigt. Der Doppelring ist ein fester, dunkler, undurchsichtiger Körper, wie man daraus erkennt, weil er einen bestimmten Schatten auf den Saturn wirft und auf der andern Seite von demselben beschattet wird. Die neuerdings aufgestellte Vermuthung Horner's, daß der Ring nichts Anderes sei als ein Wolkenzug, eine durch Centrifugalkraft von dem Planeten losgeschleuderte Wassermasse in dunstförmiger Gestalt, steht mit den Erscheinungen im grellsten Widerspruche. Der leere Zwischenraum zwischen dem Planeten und dem innern Ringe (in welchem einmal ein Stern gesehen worden ist) beträgt über 4000 Meilen, die Breite des innern 3700, die des äußern 2300, der Zwischenraum zwischen den Ringen etwa 400, die Dicke der Ringe nach Herschel dem Jüngern nicht viel über 20 Meilen, nach Bessel 30, nach Schröter 120 Meilen, sodaß die jedenfalls höchst geringe Dicke, die jedoch nicht überall gleich zu sein scheint, sehr auffallen muß. Das Licht, welches der Ring zeigt, ist heller und weißer, als das des Saturnkörpers.

Die Erscheinung, welche der Ring uns darbietet, ist nach der Stellung des Planeten sehr verschieden. Zweimal während seines Umlaufs um die Sonne, mithin alle $14\frac{3}{4}$ Jahre, geht die immer sich selbst parallel bleibende Ringebene, welche gegen die Ekliptik eine Neigung von 28 Grad hat, durch die Sonne; dann wird nur die Dicke oder Kante des Rings von der Sonne beleuchtet, die Breite bleibt dunkel, und wir sehen daher den Ring entweder gar nicht, oder (durch sehr gute Fernröhre) als einen sehr feinen Lichtfaden. Einige Zeit vor und nachher geht die Ringebene durch die Erde und auch dann können wir den Ring nicht sehen, weil er uns nur seine ungemein schmale Kante oder Dicke zukehrt, die nicht einmal beleuchtet ist (außer wenn die Ringebene gleichzeitig durch die Sonne und Erde geht, was nur in der Opposition oder Conjunction möglich ist). Beide Ursachen können nur eine augenblickliche oder wenigstens sehr kurze Zeit dauernde Unsichtbarkeit veranlassen. Endlich ist uns der Ring in einer der angegebenen Perioden meist längere Zeit hindurch darum unsichtbar, weil die verlängerte Ringebene zwischen Sonne und Erde hindurchgeht, und daher der Ring der Erde nur seine dunkle Seite zukehrt. Die hierdurch bewirkte Unsichtbarkeit des Rings dauert nach Befinden mehre Monate. (Das letzte Verschwinden fand statt Ende 1832; das nächste wird im Herbst 1847 eintreten. Die längste Dauer der Unsichtbarkeit findet statt, wenn die Ringebene zur Zeit der Opposition durch die Sonne und zugleich durch die Erde geht; etwa $4\frac{1}{2}$ Monate vor und nach diesem Zeitpunkte geht die Ringebene gleichfalls durch die Erde und in der ganzen Zwischenzeit ist der Ring aus der dritten angegebenen Ursache unsichtbar, sodaß dann seine Unsichtbarkeit 9 Monate dauert. Geht die Ringebene in der Conjunction durch die Sonne, und zugleich durch die Erde, so ist die Unsichtbarkeit des Rings von sehr kurzer Dauer, und die dritte vorhin angegebene Ursache der Unsichtbarkeit kommt dann gar nicht vor.) Zu allen andern Zeiten erscheint uns der Ring als Ellipse, die anfangs sehr schmal ist, dann immer breiter wird und etwa $7\frac{1}{2}$ Jahre nach dem Verschwinden des Rings ihre größte Breite erreicht; dann ist der Ring am besten sichtbar. Zuletzt trat dieser Fall ein im Frühjahre 1840 (April) und kehrt wieder Anfang 1855. Der Ring hat dann eine scheinbare Länge und Breite von 40 und 19 Secunden.

Zu der Zeit, wo der Ring uns nur als feine Lichtlinie erscheint, sieht man auf derselben mit scharfen Fernröhren mehre helle Punkte, die man für Gebirge des Rings hält. Die Höhe wird bei einigen derselben von Schröter auf 200 Meilen geschätzt, was freilich der geringen Dicke, welche Herschel angibt, widerspricht.

Die Ebene des Rings fällt zusammen mit dem Äquator des Saturn, steht also senkrecht auf derjenigen Achse, um welche sich Saturn in einer Zeit von $10\frac{1}{2}$ Stunden dreht. Aus der Ortsveränderung der vorhin erwähnten Berge des Rings fand Herschel schon im J. 1789, daß sich der Ring in derselben Zeit, wie Saturn, um seine Achse drehe, was von Schröter vergeblich in Abrede gestellt wurde. Diese Achsendrehung des Rings ist auch zu seiner Erhaltung wesentlich nothwendig, damit die durch jene hervorgebrachte Schwungkraft der Anziehung des Saturn das Gleichgewicht hält; befände sich der Ring in Ruhe, so könnte er sich nur so lange schwebend erhalten, als sein Schwerpunkt mit dem des Saturn zusammenfiele, bei der geringsten Veränderung der Lage aber müßten entweder die dem Saturn nähern Theile von den übrigen getrennt werden, oder ein Niederstürzen des ganzen Rings auf den Saturn eintreten.

Die Ansicht, welche der Ring den etwaigen Saturnsbewohnern darbietet, ist nach der Lage ihres Wohnorts ganz verschieden. Diejenigen, welche den Äquator und dessen Nähe oder die heiße Zone bewohnen, sehen ihn nur mit seiner innern Kante, welche nie von der Sonne beleuchtet wird, als einen dunkeln Streifen, der sich über den ganzen Himmel zieht, durch das Zenith geht und einen Theil des Himmels (der Sterne), namentlich aber die Monde Saturns mit Ausnahme eines einzigen ganz verdeckt. Die Bewohner der kalten Zone, bis in 24 Grad Abstand von den Polen, sehen den Ring gar nicht, weil er dem Planeten zu nahe steht. Erst diejenigen, welche von einem der beiden Pole 35 und mehr Grade oder vom Äquator weniger als 55 Grade entfernt sind, sehen den Ring in seiner ganzen Breite, und zwar erscheint er auf der der Sonne zugekehrten Halbkugel als lichter Bogen, der jedoch am Tage wahrscheinlich gar nicht oder doch nur schwach sichtbar ist. Er erscheint 55 Grad vom Äquator in seiner größten Breite von 12 Graden, aber nahe am Horizonte, und je näher eine Gegend dem Äquator liegt, desto höher und zugleich schmaler sieht sie den Ring. Während der Nacht bleibt ein Theil des Ringes von der Sonne bestrahlt, um Mitternacht aber wird der Ring ganz oder doch größtentheils von dem Hauptplaneten beschattet. Die von der Sonne abgewendete Hälfte des Saturn sieht den Ring gar nicht, weil er ihr nie die dunkle Seite zukehrt, aber er verdeckt ihr die Sterne und selbst die Sonne und bringt Jahre lange Sonnenfinsternisse hervor.

Saturn wird begleitet von sieben Monden, von denen der sechste (vom Saturn aus gerechnet) zuerst entdeckt wurde, nämlich 1655 von Huyghens, dann 1671 der siebente oder entfernteste von Cassini, 1672 der fünfte, 1684 der dritte und vierte, sämmtlich gleichfalls von Cassini, der allen diesen Sternchen aus Schmeichelei gegen seinen König den Namen sidera Ludovicea (Ludwigssterne) beigelegt wissen wollte. Einen sechsten Mond entdeckte erst Herschel der Ältere am 28. Aug. 1789 mit dem 40füßigen Teleskop, einen siebenten am 17. Sept. 1789; dieser ist der erste oder innerste, jener der zweite. Von allen kann er der sechste am leichtesten gesehen werden; der erste ist bis jetzt von Niemand außer seinem Entdecker gesehen worden. Die Bahnen dieser Monde kennen wir nur unvollkommen; der Abstand des ersten von Saturn beträgt 27,400 (wonach er vom Ringe nur 8000 Meilen absteht), der des sechsten 172,000, der des siebenten 500,000 Meilen, die periodische Umlaufszeit bei dem ersten 22½ Stunden, bei dem siebenten 79⅓ Tage. Die Bahnen der sechs innern Monde sind fast kreisrund und liegen fast genau in der verlängerten Ebene des Ringes, während die Bahn des siebenten sich mehr der Ebene der Ekliptik nähert. Die Größe der Monde ist noch sehr wenig bekannt; nach Schröter kann man den Durchmesser des fünften zu 260, den des sechsten zu 680 Meilen annehmen.

Der entfernteste Mond zeigt auffallende Lichtwechsel, indem er zu gewissen Zeiten fast ganz unsichtbar wird; aus der Beobachtung derselben schloß schon Cassini, daß dieser Mond, wie unser Mond, dem Hauptplaneten immer dieselbe Seite zukehrt.

VII. Uranus.

Uranus, der entfernteste Planet unsers Sonnensystems, hat einen Durchmesser von 7500 Meilen, übertrifft daher die Erde an Oberfläche 19, an Inhalt 81 Mal; sein scheinbarer Durchmesser beträgt zwischen 3 und 4 Secunden.

Die kleinste, mittlere und größte Entfernung von der Sonne beträgt 378, 396½ und 415 Mill. Meilen; die Entfernung von der Erde wechselt zwischen 357 und 436 Mill. Meilen. Die siderische Umlaufszeit beträgt 84 Jahre 6 Tage, die synodische 1 Jahr 4½ Tage.

Bekanntlich ist Uranus von dem ältern Herschel entdeckt worden und zwar zu Bath in England am 13. März 1781 mit einem Spiegelteleskope von 7 Fuß Länge; mit einer 460 und 930fachen Vergrößerung erkannte er ihn bestimmt als Scheibe, nahm auch am Tage darauf sein Fortrücken unter den Planeten wahr und erklärte ihn daher für einen Planeten; die erste genaue Beobachtung machte Maskeline zu Greenwich. Man überzeugte sich bald, daß der Planet bereits früher (17 Mal, zuerst von Flamstead 1690, nach Bode aber schon 1587 von Tycho Brahe) beobachtet und für einen Firstern gehalten, auch als solcher in den Sternverzeichnissen aufgenommen worden war. Herschel wollte den neuen Planeten seinem Könige zu Ehren Georgium sidus (Georgsgestirn) genannt wissen, aber der Vorschlag Bode's, ihn Uranus zu nennen (und zwar deshalb, weil in der Mythologie Uranus als Vater des Saturn, wie Saturn als Vater des Jupiter und dieser wieder als Vater des Mars aufgeführt wird), fand allgemeinen Beifall, mit Ausnahme einiger englischen und französischen Astronomen, die ihn noch jetzt seinem Entdecker zu Ehren Herschel nennen. Lichtenberg's Vorschlag, ihn Asträa zu nennen, hat gar keine Beachtung gefunden.

Von der Oberfläche des Planeten wissen wir seiner außerordentlichen Entfernung wegen nur wenig; er erscheint uns als eine kleine, runde, durchaus gleichförmig beleuchtete Scheibe, auf der keine Streifen und Flecken zu erkennen sind, weshalb auch die Rotationszeit nicht genau bestimmt werden kann. Aus der bedeutenden Abplattung an den Polen schätzt jedoch Herschel die Dauer der Umdrehung auf nur 7 Stunden.

Sechs Jahre nach der Entdeckung des Uranus entdeckte Herschel auch zwei Monde desselben, die außer ihm nur noch von seinem Sohne und Schröter gesehen worden sind und nebst den beiden innern Monden Saturns zu denjenigen Gegenständen am Himmel gehören, die nur mit den besten Fernröhren gesehen werden können; sie zeigen eine Eigenthümlichkeit, die in dem ganzen Sonnensysteme ohne Beispiel dasteht, indem ihre fast kreisförmigen Bahnen auf der Ebene der Ekliptik nahe senkrecht stehen und sie sich in denselben von Ost nach West bewegen, während die Bewegung aller andern Haupt- und Nebenplaneten von West nach Ost vor sich geht. Übrigens müssen diese Monde, welche merkliche Lichtwechsel zeigen, verhältnißmäßig beträchtliche Körper sein, da sie trotz ihrer ungeheuern Entfernung gesehen worden sind. Herschel will noch vier andere Monde gesehen haben, zwei davon im J. 1790 und zwei im J. 1794, sodaß wir im Ganzen sechs Uranusmonde anzunehmen hätten (unter denen die zuerst entdeckten der zweite und der vierte wären); Niemand außer ihm hat jene vier gesehen, aber Herschel hält seine Beobachtung derselben völlig sicher und bei seiner bekannten großen Vorsicht ist ihre Existenz wol nicht in Zweifel zu ziehen. Die Entfernung des ersten vom Uranus gibt Herschel auf 49,000, die des sechsten auf 325,000 Meilen an.

Die Sternwarte Pulkowa.

Unter allen Sternwarten in der Welt ist keine großartiger und keine reicher ausgestattet, als die erst vor kurzem angelegte kaiserlich russische Sternwarte Pulkowa bei Petersburg; selbst die trefflichen Sternwarten in Greenwich, Paris, Wien können sich nicht entfernt mit ihr messen. Wenn man von Petersburg aus auf der breiten weißrussischen Landstraße gerade nach Süden fährt, so erblickt man bald den 180 Fuß hohen Berg von Pulkowa, auf dessen Gipfel die Sternwarte erbaut ist. Die Straße führt in gerader Linie 2½ Meilen weit bis an den Fuß des Berges und biegt dann links ab, indem sie durch das Dorf Pulkowa führt, von welchem aus man auf einer Seitenallee den Berg besteigt; künftig wird die Straße, in deren verlängerter Richtung das Hauptportal der Sternwarte liegt, gerade hinaufführen. Der Berg ist kaiserliche Domaine und enthielt sonst kleine Landhäuser und Lustgärten, welche Bauern, denen er in Pacht gegeben war, angelegt hatten und als Sommerwohnungen vermietheten; dieselben sind jetzt verschwunden, und neben der Sternwarte steht nur noch ein kleiner, von Peter dem Großen gepflanzter Eichenhain.

Breite Holzbahnen aus sechseckigen Stücken, wie man sie in den Hauptstraßen Petersburgs findet, umgeben das Gebäude. In diesem tritt man zuerst in eine prachtvolle Rotunde, die in ihrem Mittelpfeiler die

Hauptuhr der Sternwarte, außerdem ein Normalbarometer, einige kleinere tragbare Instrumente und an den Wänden die Bildnisse mehrer Astronomen und Mechaniker enthält, unter denen namentlich das des Kopernicus werthvoll ist. Rechts und links stoßen hieran zwei aus Holz construirte Säle, welche die Meridianinstrumente enthalten: der eine den Meridiankreis, der andere einen Verticalkreis und ein Passageninstrument. Ein anderes, für welches ein besonderer Ausbau nach Süden bestimmt ist, bewegt sich an einer Axe, die auf starken Pfeilern von Backsteinen ruht, und ist mit einem Gegengewichte balancirt.

Für die zur Erforschung aller Himmelsgegenden bestimmten Instrumente erheben sich drei Kuppelthürme von Holz auf massivem Unterbau. Der mittlere, von 32 Fuß Durchmesser, trägt den größten aller bis jetzt verfertigten Refractoren, dessen Objectivglas (von 20 Fuß Brennweite) 14 pariser Zoll im Durchmesser hält und selbst bei dem Monde und andern stark erleuchteten Gegenständen die Anwendung einer 1000maligen Vergrößerung gestattet. Es ruht auf einem 300 Pud oder 120 Centner wiegenden Steinblock, den das Gewölbe der Rotunde trägt, und ist, wie alle großen Refractoren, mit einem Uhrwerke verbunden; dieses bewirkt, daß, wenn das Fernrohr auf einen bestimmten Stern oder Punkt des Himmels gerichtet worden ist, dieser vermöge der dem Fernrohr durch das Uhrwerk ertheilten drehenden Bewegung immer im Gesichtsfelde bleibt, obgleich er sich in Folge der täglichen Bewegung des Himmels von Osten nach Westen bewegt und daher ohne ein Fortrücken des Fernrohrs sehr bald aus dem Gesichtsfelde entschwinden würde. Die beiden kleinern Thürme im SO. und SW. sind für ein Heliometer und ein dialytisches Fernrohr von Plößl in Wien bestimmt, welches letztere seit 1834 bestellt, aber wegen Kränklichkeit des gedachten Optikers noch immer nicht abgeliefert ist.

Der mittlere Theil des ganzen Gebäudes oder die eigentliche Sternwarte enthält außer diesen Räumen noch einige Arbeitszimmer, ein Local für die Bibliothek u. s. w. Sämmtliche Wohnungen sind in die beiden Flügel vertheilt, aber mit dem Mittelgebäude so verbunden, daß jeder Beobachter aus seiner Wohnung zu seinem Instrumente kommen kann, ohne aus dem Hause zu treten. Die Wirthschafts= und Stallungsgebäude nehmen die äußersten Theile zu beiden Seiten ein. Symmetrisch um das Hauptgebäude befinden sich vier abgesonderte kleine Thürme, deren jeder einen Theodoliten und ein anderes kleines Instrument zur Übung für angehende praktische Astronomen enthält. In 600 Fuß Entfernung nach Norden und Süden vom Meridiankreise aus sind zwei kleine Häuser im Bau begriffen, die jedes einem Meridianzeichen zum Schutze dienen sollen. Diese Marken (Metallplatten mit kreisförmigen Öffnungen von einer Linie Durchmesser) ruhen auf großen Granitblöcken. Um die kleinen Öffnungen in der Entfernung von 600 Fuß hinreichend scharf zu sehen, sind zwei große Objectivgläser aus der optischen Werkstätte in München eingetroffen. Sämmtliche Instrumente kosten über ¼ Mill. Rubel Banco oder gegen 100,000 Thlr.: der große Refractor aus dem Utzschneider'schen Institut von München (von Merz und Mahler) 70,000 Rubel, der Heliometer von Utzschneider 30,000, das Passageninstrument und der Verticalkreis von Ertel 22,000, ein Mittagsfernrohr von Repsold 21,000, das Passageninstrument von Repsold (im Mittelsaal) 10,000, das dialytische Fernrohr 8000 Rubel u. s. w.

Die ganze Bevölkerung der astronomischen Colonie auf diesem Berge beträgt 70 Personen, worunter ein Militaircommando von 8 Mann und das dienende Personal. Alle angestellten Astronomen sind Deutsche: Struve, Vater und Sohn, Fuß, Sabler, Peters; ebenso der Inspector Rosenkranz und der Mechanicus.

Gewiß kann von dieser Sternwarte das Ausgezeichnetste erwartet werden; Fragen der wichtigsten Art werden von hier aus ihre seit Jahrhunderten vergebens erwartete Lösung erhalten. Daß die Gründung einer so großartigen wissenschaftlichen Anstalt, die auf der bewohnten Erde ihres Gleichen nicht hat, dem Kaiser, der sie ins Leben rief, große Ehre macht, wer möchte es leugnen? Verschwiegen darf jedoch nicht werden, daß das Klima und die nördliche Lage den Nutzen, welchen die Sternwarte gewähren kann, leider sehr vermindern müssen — schon deshalb, weil die hellen Sommernächte den Beobachtungen höchst nachtheilig sind — und daß eine weiter südlich, etwa am schwarzen Meere angelegte Sternwarte der Wissenschaft ungleich größere Dienste leisten würde.

Reise um die Welt.

Reiselustigen, welche Geld haben, bietet sich jetzt eine Gelegenheit dar, die selten vorkommt. Ein dänisches Packetschiff, welches im Juni von Stapel läuft, wird in dem Falle, daß sich eine hinlängliche Anzahl von Passagieren (wenigstens 20) meldet, eine Reise um die Welt unternehmen. Am 1. Oct. wird es bereit sein, aus dem dänischen Hafen Korsoer auszulaufen, und nach einer Abwesenheit von zwei Jahren die Passagiere wieder in einem dänischen Hafen absetzen. Es nimmt seinen Weg über Portsmouth, Madeira, Rio, Buenos Ayres, Valparaiso, Lima, Guayaquil, die Sandwichinseln, die Ladronen, Manilla, Java, vielleicht auch Ceylon, Ostindien, Isle de France oder Madagaskar, das Cap, St.=Helena und die Azoren. Das Schiff wird von einem Offizier der dänischen Marine befehligt werden und den Reisenden alle wünschenswerthen Bequemlichkeiten darbieten. Freilich ist der Preis, den sie zu zahlen haben, ziemlich hoch, 5000 Mark Banco oder 2500 Thaler, wofür sie aber am Bord mit Ausnahme des Weins und anderer geistigen Getränke Alles frei haben.

Literarische Anzeige.

Bei mir ist erschienen und in allen Buchhandlungen zu haben:

Gesammelte Novellen
von
Franz Berthold.
Herausgegeben von
Ludwig Tieck.
Erster und zweiter Theil.
Gr. 12. Geh. 3 Thlr.

Außer einigen der besten schon gedruckten Arbeiten der verstorbenen geistreichen Schriftstellerin, wie z. B. die meisterhafte Idyll=Novelle „Irrwisch=Fritze", enthält diese Sammlung mehre ausgezeichnete Novellen, die sich in dem Nachlasse derselben vorgefunden haben. Tieck spricht sich in einer Vorrede ausführlich über die Leistungen der Verfasserin aus.

Leipzig, im Juni 1842.

F. A. Brockhaus.

Herausgegeben unter Verantwortlichkeit der Verlagshandlung F. A. Brockhaus in Leipzig.

Das Pfennig-Magazin

für Verbreitung gemeinnütziger Kenntnisse.

483.] Erscheint jeden Sonnabend. [Juli 2, **1842.**

Karthago.

Ruinen von Karthago

Im Norden von Afrika, ungefähr in der Mitte des heutigen Golfs von Tunis, liegt eine ziemlich große Halb= | insel östlich von der Küste, welche durch eine schmale Landenge mit dem Continente zusammenhängt. Auf dieser Landenge bauten um das Jahr 878 v. Chr. Auswanderer aus Tyrus in Phönizien eine Stadt, welche den Namen Karthadath (neue Stadt) oder Karthago erhielt und mehre Jahrhunderte hindurch einer der größten und blühendsten Handelsplätze der alten Welt war. Näheres läßt sich über die Gründung Karthagos mit Zuverlässigkeit nicht bestimmen; denn obgleich es nicht an Berichten fehlt, so können diese doch nur zum geringen Theil auf geschichtliche Glaubwürdigkeit Anspruch machen. Gewöhnlich nennt man Dido oder Elissa als Erbauerin Karthagos. Diese nämlich, die Tochter des Königs Belus von Tyrus, wurde durch die Grausamkeit ihres Bruders Pygmalion, der sogar ihren Gemahl und Oheim Atherbas oder Acerbas (von Virgil Sichäus genannt) aus Goldgier ermordet hatte, bewogen, ihr Vaterland zu verlassen, um sich an fernen Gestaden eine neue Heimat zu suchen. Eine Menge Volks, aber auch eine große Anzahl Reicher und Vornehmer folgten ihr und nach einer glücklichen Fahrt landeten die Tyrier in der Nähe von Utika auf afrikanischem Boden. Da sowol Utika selbst als auch noch andere Städte der afrikanischen Küste von Phöniziern, die sich schon sehr früh dorthin gewendet zu haben scheinen, bewohnt wurden, so konnten sich die neuen Ankömmlinge ohne Schwierigkeit ansiedeln, und es bedurfte der List nicht, deren sich Dido der Sage nach bediente, um einen hinreichenden Platz eingeräumt zu erhalten, indem sie nur um so viel Land bat, als man mit einer Ochsenhaut bedecken könne, nachher aber die Haut in schmale Streifen zerschnitt, mit diesen einen bedeutenden Raum umspannte und als ihr rechtmäßiges Eigenthum ansprach.

Anfangs mußte die neue Stadt einen jährlichen Tribut an die Eingeborenen entrichten, allein vermöge ihrer für den Handel überaus günstigen Lage und vermöge der Klugheit und des Unternehmungsgeistes ihrer Bewohner gelangte sie bald zu solchem Ansehen und zu solcher Macht, daß sie es nicht allein wagen durfte, den lästigen Tribut zu verweigern, sondern sich auch stark genug fühlte, ihr Gebiet durch Eroberung weiter auszudehnen. Am Ende des ersten Zeitraums, welcher bis auf die Kriege mit Syrakus oder bis auf das Jahr 480 herabgeht, besaßen die Karthager bereits das ganze Küstenland östlich von der Stadt Hippo Regius bis zu der größern Syrte. Im Norden bildete das Meer, im Süden die Wüste die Grenzen ihres Gebiets. Die Bewohner dieses Länderstrichs von ungefähr 1600 Quadratmeilen standen jedoch nicht alle in gleichem Unterthanenverhältniß zu Karthago; denn die altphönizischen Städte waren nur Bundesgenossen und hatten, obgleich in manchen Beziehungen abhängig, doch ihre eigene freie Verfassung; die Nomaden in der Nähe der Syrten zahlten zwar einen Grundzins, wußten sich aber im Übrigen ihre Selbständigkeit zu erhalten; die eigentlichen Unterthanen Karthagos waren daher außer den Einwohnern der Stadt nur die ackerbautreibenden Libyer nördlich vom Tritonsee.

Wichtiger als diese einheimischen Besitzungen waren für den Handel und des Staats die auswärtigen Colonien und Provinzen. Noch ehe die Karthager ihr afrikanisches Gebiet in seinem vollen Umfange gewonnen hatten, richteten sie ihr Augenmerk schon auf die Inseln des mittelländischen Meers. Sicilien zwar vermochten sie aller Anstrengungen ungeachtet niemals ganz unter ihre Botmäßigkeit zu bringen, Sardinien hingegen war bereits im 6. Jahrhundert ihrer Macht unterworfen. Ebenso finden wir sie um jene Zeit als Herren von Corsica, obgleich sie 536 in einer Seeschlacht — der ersten, welche die Geschichte kennt — gegen die Phokäer, die sich auf der Insel niedergelassen hatten, besiegt worden waren. Noch früher fielen die balearischen Inseln (Majorca und Minorca), Melite (Malta) und die übrigen kleinern Eilande des Mittelmeers in ihre Hände. Sonst hatten sie auch noch zahlreiche Colonien im südlichen und westlichen Spanien und an der Westküste von Afrika, welche wol zum größten Theile von Hanno und Himilko angelegt worden waren. Merkwürdig ist die Schifffreise des Erstern, von der sich ein Bericht in griechischer Übersetzung erhalten hat. Nach dieser Urkunde segelte Hanno um das Jahr 500 mit 60 Schiffen und 30,000 (eine jedenfalls übertriebene Zahl) Männern, Weibern und Kindern von Karthago ab, um nach dem Beschlusse des Volks theils Pflanzstädte zu gründen, theils Entdeckungen zu machen. Nachdem er zwischen den Säulen des Hercules (durch die Meerenge von Gibraltar) hindurchgefahren war, steuerte er in südwestlicher Richtung an der afrikanischen Küste hin, überall, vorzüglich in den jetzigen Reichen Fez und Marokko, Colonien stiftend, die südlichste auf der Insel Cerne (im Meerbusen von Santa Cruz). Von hier aus trieb ihn die Wißbegierde und der Auftrag seiner Landsleute noch südlicher und so kam er endlich bis an den Senegal, ja bis an die Mündung des Gambia, wo ihn jedoch Mangel an Mundvorrath nöthigte, umzukehren. Der Reisebericht Himilko's, der an den Westküsten Spaniens und Galliens hinsegelte, ist leider verloren gegangen. Wenn man bedenkt, wie unvollkommen damals noch die nautischen Kenntnisse waren, so wird man diese weiten Seefahrten gewiß bewunderungswürdig finden; aber man behauptet zu viel, wenn man die Karthager als die ersten Entdecker von Amerika bezeichnet. Wol möglich, daß einmal eines ihrer Schiffe an jenes Land verschlagen wurde; absichtlich richteten sie ihren Lauf gewiß nicht dorthin, da die Vorsicht ihnen rieth, sich stets in der Nähe der Küste zu halten. So war es auch ein Sturm, der die Phönizier einst nach Madeira trieb; nun erst, nachdem sich das Gerücht von der Schönheit dieser Insel verbreitet hatte, wagten es die Karthager, dorthin zu steuern, und einer Sage zufolge duldeten sie es weder, daß fremde Colonisten sich dort niederließen, noch gestatteten sie ihren eigenen Bürgern die Ansiedelung daselbst, indem sie beschlossen, im Falle des Untergangs ihres Staats Madeira zu ihrem Zufluchtsorte zu machen.

Dies ist beinahe Alles, was von der äußern Geschichte Karthagos in dieser ersten Periode uns überliefert worden ist. Nur die Namen einiger Feldherren sind uns noch bekannt. Einer von ihnen, Malchus, der in Afrika und Sicilien mit vielem Glücke gekämpft hatte, in Sardinien aber der Macht der Eingeborenen unterlegen war, wurde der Sitte gemäß sammt dem Überreste seines Heers mit dem Exile bestraft. Als die Verbannten lange vergebens um Wiederaufnahme gebeten hatten, suchten sie dieselbe zu erzwingen und belagerten ihre Vaterstadt. Der Sohn des Malchus, Karthalo, verweigerte seinem Vater stolz eine friedliche Zusammenkunft, weshalb ihn dieser, als er ihn in seine Hände bekam, im Priestergewande Angesichts der belagerten und hart bedrängten Stadt an das Kreuz schlug. Endlich nahm Malchus Karthago ein, begnügte sich aber damit, zehn der ihm am feindlichsten gesinnten Senatoren umbringen zu lassen, ohne im Übrigen Ruhe und Ordnung zu stören. Dies geschah in der ersten Hälfte des 6. Jahrhunderts. Zwischen 550 und 500 trat sodann in Karthago der berühmte Mago auf, der nicht nur selbst zur Hebung und Kräftigung des Staats das Meiste beitrug, sondern seinem Vaterlande auch ein Heldengeschlecht gab, welches bis zum Jahre 395 in Krieg und Frieden mit Ehren den ersten Rang im Staate einnahm. Hanno und Himilko stammten wahrscheinlich von ihm ab; Hasdrubal und Hamilkar, welche namentlich Sardinien zum Schauplatz ihrer Thaten machten, waren seine Söhne. Von andern Abkömmlingen Mago's erzählt die folgende Periode. Bevor wir jedoch zur Geschichte derselben übergehen, müssen wir eine Schilderung des innern Zustandes von Karthago vorausschicken, ohne welche die spätern Ereignisse nicht verständlich genug sein würden.

Ursprünglich scheint die Verfassung Karthagos eine (wenn auch nicht unumschränkt) monarchische gewesen zu sein, wenigstens mag wol Dido die Alleinherrschaft besessen haben; nach und nach aber — durch welche Umstände, wissen wir nicht — ging die Regierung in eine aristokratisch-republikanische über. An der Spitze des Ganzen standen nun zwei Suffeten, welche von dem Volke aus den reichsten und angesehensten Familien gewählt wurden und ihr Amt vielleicht lebenslänglich, vielleicht aber auch blos auf ein Jahr bekleideten; nur in seltenen Fällen übertrug man ihnen zugleich die Feldherrnwürde; diese bestand vielmehr abgesondert als ein vorzüglicher Ehrenposten, welcher ebenfalls vom Volke, in unruhigen Zeiten jedoch auch zuweilen vom Heere eigenmächtig besetzt wurde. Den Suffeten war ein Senat von ungefähr 300 Mitgliedern beigegeben, der in einen engern Ausschuß — die Gerusia oder der Rath der Alten — und in die größere Versammlung zerfiel in welchen man auf Lebensdauer eintrat. Alles, was die Suffeten in Übereinstimmung mit diesem Senate beschlossen, hatte gesetzliche Kraft; Sachen aber, über welche jene sich nicht vereinbaren konnten, kamen zur Entscheidung vor das Volk. Das Letztere geschah indeß eben nicht häufig, und so hatte der Senat die oberste Leitung aller innern und äußern Angelegenheiten in seiner Hand mit alleiniger Ausnahme der Gerichtspflege; denn diese wurde von einem eigenen Collegium, den Hundert- oder Hundertviermännern, verwaltet, einer Art Staatsinquisition, deren bedeutende, bald gesetzwidrig erweiterte Machtvollkommenheit der Republik in der Folge höchst gefährlich ward.

Eine besondere Beachtung verdient die Kriegsmacht Karthagos, sowol die zur See als die zu Lande. Die Kriegsflotten der Karthager bestanden in der Regel aus 150—200 Schiffen; einmal aber wird eine solche von 350 Schiffen erwähnt. Im Hafen der Hauptstadt allein befanden sich Docken und Magazine für 220 Fahrzeuge. Die karthagischen Schiffe, die übrigens leichter und zweckmäßiger als selbst die griechischen gebaut waren, führten ursprünglich drei Reihen Ruderbänke mit 180 Ruderern, später aber meist 5 Reihen Ruderbänke und außer 300 Ruderern etwa 120 Streiter. Als Ruderer gebrauchte man gekaufte Sklaven, welche, da ihr Geschäft Übung erfoderte, ein stehendes Corps bildeten. Einer so bedeutenden Seemacht bedurfte die Republik theils um sich die Herrschaft auf dem Meere zu sichern und ihre Handelsflotten vor Überfällen zu schützen, theils um ihre auswärtigen Besitzungen zu decken und zu vertheidigen. Was die Landheere der Karthager anbetrifft, so boten diese einen seltsamen Anblick dar. Denn da focht der schnelle numidische Reiter neben dem furchtbaren balearischen Schleuderer, der selten sein Ziel verfehlte, der halbnackte Gallier neben dem weißgekleideten Spanier, der wilde Wüstenbewohner neben dem gebildeten Griechen. Denkt man sich dazu noch einen paar riesiger Elefanten, welche seit den Kriege mit Pyrrhus statt der Streitwagen benutzt wurden, so hat man das Bild eines karthagischen Heers. Gewöhnlich diente nur eine geringe Zahl geborener Karthager in demselben (unter 70,000 Mann einmal 2500), die sogenannte heilige Schar, die sich durch ihre Tapferkeit und durch die Kostbarkeit ihrer Waffen vortheilhaft auszeichnete, in Zeiten der Noth stellte jedoch die Stadt Karthago allein 40,000 Streiter. Eine solche Beschaffenheit der Heere hatte ebensowol ihre Nachtheile als ihre Vortheile. Von Söldnern, welche blos die Aussicht auf Beute und Lohn unter den Fahnen versammelte, ließ sich unmöglich erwarten, daß sie mit der Treue, mit dem Muthe, mit der Ausdauer kämpfen würden, welche Bürger zeigen, die von der Liebe zum Vaterlande begeistert sind. Selbst die Ungleichheit der Bewaffnung, die Verschiedenheit der Sprachen mußte oft hinderlich werden, und Meutereien konnten kaum ausbleiben. Dagegen war es für die Karthager eben kein so großes Unglück, wenn einmal ihre Heere geschlagen und aufgerieben wurden; hatten sie nur die Mittel, neue Miethstruppen zu werben, so standen sie nach der Niederlage bald ebenso mächtig wieder im Felde wie vor derselben. An solchen Mitteln aber fehlte es dem überaus reichen Karthago selten. Zwar in den öffentlichen Schatz flossen unmittelbar nur die Abgaben der unterworfenen Städte und Völker, die Zölle, die an den verschiedenen Handelsstationen erhoben wurden, und später die Ausbeute besonders der spanischen Bergwerke, die der Staat bearbeiten ließ; allein theils waren diese Einkünfte an sich nicht unbedeutend, theils muß man auch bedenken, daß ein großer Theil des Soldes in Naturalien ausgezahlt wurde, woran bei der Fruchtbarkeit Afrikas und der Ergiebigkeit Sardiniens nur selten Mangel eintrat. Und welche Schätze brachte nicht der Handel nach Karthago! Zahlreiche Karavanen zogen von dort aus durch die unwirthbare Wüste, um aus derselben Steinsalz und aus ihren Oasen Datteln einzuführen. Bis in das heutige Bornu, bis an den Nigerstrom drangen die kühnen Kaufleute vor und tauschten dort Goldstaub, Edelsteine und Negersklaven gegen ihre Waaren ein. Sardinien und Sicilien lieferten Öl, Wein und Getreide im Überfluß. Aus Spanien holte man Silber, von der Insel Elba Eisen, von dem fernen Britannien Zinn, ja höchst wahrscheinlich kam man bis in die Ostsee an Preußens Küsten, um sich dort mit dem geschätzten Bernstein zu versehen. Auf diesem so weitausgedehnten und eifrig betriebenen Handel beruhte Karthagos Größe und Macht und natürlich war es, daß man ihn so viel als möglich allein an sich zu reißen suchte. Wie sehr die Karthager bemüht waren, keinen Handelsrival neben sich aufkommen zu lassen, davon zeugt der Vertrag, den sie bereits im Jahre 509 mit den Römern schlossen, und worin diesen unter Anderm ausdrücklich verboten war, über das sogenannte schöne Vorgebirge hinauszusegeln.

Über die Religion der Karthager ist wenig bekannt; indeß blieb sie jedenfalls im Ganzen die der alten Phönizier, wenn auch nach und nach fremde Elemente sich beimischten. Ihre Hauptgottheit war Baal oder Moloch, dem man Kinder zu opfern pflegte. Lebendig legte man diese in die Arme des Götzenbildes, von denen sie in einen unterhalb angebrachten Ofen hinabrollten. Daneben standen schweigend die Mütter, denen ein strenges Gesetz selbst die lindernden Thränen verbot. Freilich wurden gewöhnlich fremde Kinder untergeschoben; aber als die Bedrängniß, in welche die Stadt (um 309) durch Agathokles gerieth, diesem Betruge zugeschrieben wurde, brachte man dem Moloch auf ein Mal 200 Kinder der vornehmsten Bürger dar; ja 300 Männer, die sich vorzüglich jenes Betrugs schuldig gemacht hatten, stürzten sich freiwillig in die Flammen.

*

Sonst opferte man auch Kriegsgefangene und Greise. Die zweite Hauptgottheit war die Astarte, deren Dienst dem Venusdienst in Paphos an Abscheulichkeit nichts nachgab. Übrigens opferte man bei allen feierlichen Gelegenheiten und befragte auch wol einheimische und auswärtige Orakel.

(Die Fortsetzung folgt in Nr. 484.)

Der gefleckte Aron.

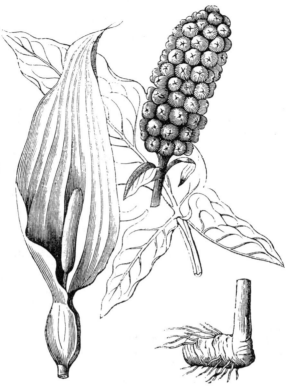

Diese Pflanze hat schon im Ganzen, besonders aber in ihrer Blüte und Frucht ein solches Äußere, daß der Europäer, der sie zum ersten Male sieht, sie leicht für eine ganz fremde ansieht. Ihr Vaterland ist das ganze warme und gemäßigte Europa; ihr Standort ist der Wald an feuchten, schattigen Stellen, besonders an Abhängen unter Haselsträuchern. Ihre Wurzel dauert mehre Jahre lang und treibt jährlich Blätter und einen Schaft, die aber jeden Herbst absterben.

Die Wurzel selbst ist ein länglich eirunder Knollen, überall mit kleinen Knoten bedeckt, von der Größe einer großen Haselnuß, auswendig gelblich- oder bräunlich-weiß, inwendig rein weiß, fleischig und nur mit wenigen Fasern durchzogen. Sie treibt, besonders nach unten, Saugwurzeln, jedoch nicht viel; seitwärts wachsen aus ihr walzenförmige Fortsätze, auf denen sich junge Knollenknöspchen bilden, die später sich davon loslösen und eigene Pflanzen bilden. Aus dem Knollen wächst im Frühjahre ein runder grüner Schaft heraus, der 6—7 Zoll hoch wird und unten mit häutigen Scheiden umgeben ist. Auf dem Schafte steht oben ein Säulchen, das man den Kolben nennt, d. h. eine Ähre mit dicker saftiger Achse. Dieser Kolben ist an seinem untern Drittel ringsum mit etwa 30 weiblichen Blütchen besetzt, die aber weder Krone noch Kelch haben, sondern blos aus dem oben stumpfen, am Rande feingekerbten Pistill bestehen, das keinen Griffel trägt, sondern blos eine Narbe, die aus einigen Härchen besteht. Ein klein wenig höher am Kolben stehen in zwei ringförmigen Reihen die Honiggefäße, welche unten dick sind und sich oben in kleine fadenförmige Ranken endigen; es sind eigentlich verkümmerte Stauborgane. Am mittlern Drittel des Kolbens stehen die männlichen Blüten in mehren ringförmigen Reihen; sie haben auch weder Krone noch Kelch, sondern bestehen blos aus sehr vielen vierkantigen Staubbeuteln ohne Staubfäden. Das obere Drittel des Kolbens ist dicker als seine untern zwei Drittel, denn es hat die Gestalt einer kleinen Keule. Dieses Drittel ist schön rothviolett und mit nichts besetzt. Am untern Ende des Kolbens ist rundum ein blattartiges Gebilde angewachsen, welches man die Kolbenhülle nennt. Das untere Viertel derselben ist um den Kolben herum gewickelt, wie eine hohle Kugel, in deren innerm hohlen Raume der Theil des Kolbens steckt, der die Blüten trägt und den man daher erst sehen kann, wenn man jenes untere Viertel der Hülle aufrollt. Das zweite Viertel der Kolbenhülle öffnet sich auf der einen Seite allmälig, sodaß die zwei obersten Viertel sich wie ein Blatt ausbreiten. Der obere keulenförmige Theil ist also zu sehen; er geht jedoch nicht höher mit seiner Spitze als bis an das obere Ende des erwähnten zweiten Viertels. Zwischen dem obern Ende des untern und dem obern Ende des zweiten Viertels ist die Kolbenhülle eingeschnürt, als wenn sie da einen Hals hätte. An ihrer äuß'rn Seite ist sie blaßgrün, an der innern schmuziggelblich mit purpurfarbenem Rande, und oben eiförmig zugespitzt. Dies äußere Ansehen des Kolbens und seiner Hülle macht die Pflanze auf den ersten Blick kenntlich, auch wenn man sie nie zuvor gesehen hat. Merkwürdig ist aber der Verlauf der Blüte und des Reifens. Während nämlich der Aron blüht, was im Mai und Juni geschieht, entwickelt er im hohlen Raume der Hülle eine bedeutende Wärme; ist die Blüte vorbei, so schrumpfen die zwei obern Drittel des Kolbens ein und fallen gänzlich ab, sodaß nur noch das untere Drittel mit den Pistillen stehen bleibt. Auch fast die ganze Hülle schrumpft nunmehr ein und fällt ab, sodaß nur ein geringer Fetzen davon am Schafte bleibt. Die grünen Pistille werden dabei erst gelb, dann mennigroth und zuletzt glänzend scharlachroth und bilden erbsengroße, rundliche, netzförmig gezeichnete, ein= oder zweisamige Beeren, die bis zur Überreife enggedrängt um das Kolbenstück herum stehen und so ebenfalls ein fremdartiges Ansehen gewähren. Reif sind sie im Juli und August, sodaß also der Aron für die Zeit der Blüte und des Reifens nur zwei Monate braucht, Mai und Juli oder Juni und August. Da, wo der Schaft aus dem Knollen herauswächst, kommen aus letzterm auch lange Blattstiele heraus, gewöhnlich zwei, seltener drei und höchst selten vier. Unten sehen sie selber aus wie eine Scheide, sind aber außerdem unten noch mit Scheiden umgeben. Auf ihnen sitzen die pfeilförmigen ganzrandigen Blätter. Sie sind glatt, stark geadert, oben glänzend dunkelgrün und in südlichen Ländern häufiger, in nördlichen seltener, braun gefleckt. Letzterer Flecken wegen hat Linné der Pflanze den Namen Arum maculatum gegeben, d. h. gefleckter Aron. Mit den Stielen gerechnet sind die Blätter 9—10 Zoll hoch.

Alle Theile des Aron haben eine beizende Schärfe in sich. Kaut man eine Beere, so schmeckt sie erst schleimigsüß, dann aber brennend. Kommt der Beerensaft auf die Haut, so beizt er dieselbe und sie wird natürlich dadurch roth, daher waschen sich unverständige Menschen, denen ihre Backen nicht roth genug sind, diese damit, wissen aber nicht, daß dieser Saft der Haut sehr schadet. Auch den Saft der Blätter röthet die Haut. Man erzählt, wenn man Käse in Aronblätter wickle, so kämen keine Maden hinein. Das kann sein, allein es ist nicht rathsam, solchen Käse, der in Aronblättern gelegen hat, zu essen; denn man kann nicht wissen, ob der Käse nicht jene Schärfe aus den Blättern an sich gezogen hat, und diese Schärfe würde dann gewiß die Eingeweide verletzen. Der Wurzelknollen war ehemals ein sehr gesuchtes Heilmittel, jetzt wird, wenigstens in Deutschland, nicht viel mehr danach gefragt. Wenn sie als solches dienen soll, so muß sie vor der Blüte im April ausgegraben werden; denn zu dieser Zeit hat sie noch ganz ihre Schärfe, die sie zur Blütezeit verliert. Wenn dann die Saugwurzeln, Fortsätze, Blätter und der Schaft abgeschnitten sind, so ist es am besten, sie in die Apotheker im Keller in feuchten Sand eingraben, weil sie da ein ganzes Jahr ihre Schärfe behalten. Wenn die Apotheker sie den Droguisten abkaufen, sind sie natürlich getrocknet. Es wird ihnen nämlich die Schale abgezogen, dann werden sie getrocknet, indem sie an Fäden gereiht aufgehangen werden. So auf Fäden gezogen sind sie auch im Handel. Da die bräunliche Schale abgeschält ist, sehen sie weiß aus. Wenn die frisch ausgegrabene Wurzel gequetscht wird, so fliegt

ihr scharfer Stoff unsichtbar in die Luft, kommt dabei in die Nase und in die Augen und reizt jene heftig zum Niesen und diese zu Thränen. Sie schmeckt erst fade, aber bald darauf äußerst scharf brennend, wie spanischer Pfeffer; gerieben riecht sie wie Meerrettig. Auf die Haut gelegt, macht sie dieselbe roth und zieht Blasen. Durch das Trocknen verliert sie schon einen Theil ihres scharfen Geruchs und Geschmacks, sodaß sie, auch wenn sie nicht sehr alt ist, beim Kauen nur wenig Schärfe verräth, durch langes Liegen aber geht diese ganz verloren; sie ist dann schneeweiß, ganz mehlig und färbt ab, fast wie Kreide. Dann hat sie für den Apotheker keinen Werth mehr, denn eben jene Schärfe reizt den Magen und befördert die Verdauung. Zu diesem Zwecke wurde sie sonst häufig eingenommen und zwar in Pulverform. Allein da sie einestheils durch das Trocknen den größten Theil ihrer Schärfe verliert, anderntheils aber, wenn sie frisch eingenommen wird, so heftig zum Purgiren reizt, daß sie dadurch sogar den Tod herbeiführen kann, wird sie jetzt selten mehr von den deutschen Ärzten verordnet. Man weiß zwar, daß in 100 Theilen Aronwurzel 71 Theile Stärkemehl, 18 Theile eines tragantähnlichen Stoffs, 5½ Theile Gummi, 4 Theile schleimzuckerartiger Pflanzenseifenstoff und $^3/_5$ Theile eines besondern fetten Öls enthalten sind, allein jenen scharfen Stoff hat man noch gar nicht fangen und also auch nicht untersuchen können. Er ist nämlich so flüchtig, daß der Saft, sobald man ihn aus der frischen Wurzel gepreßt hat, wobei er ganz weiß und sehr dick, also milchartig ist, fast gar nicht scharf schmeckt. Schon beim Pressen ist jener scharfe Stoff verflogen.

Da das Stärkemehl in der Wurzel mit seifenhaftem Extractivstoff verbunden ist und dieser sich vielleicht auch in den andern Theilen der Pflanze findet, so haben die Bauerweiber in der französischen Provinz Poitou die Wurzel mit Blättern und Schaft in kleine Stücke geschnitten, drei Wochen lang in Wasser gelegt, wobei das Wasser täglich gewechselt wurde, dann das Ganze gestoßen und getrocknet als Seife bei der Wäsche gebraucht. Auch ist in einigen Gegenden Englands die Wurzel, mit Seife vermischt, beim Waschen der Leinwand angewendet worden. Ob es noch geschieht, ist in Deutschland unbekannt. Bemerkenswerther ist, daß die Wurzel sehr viel Nahrungsstoff enthält. Auch erzählt der Franzose Lemery, daß man in einer Hungersnoth Brot daraus gebacken habe. Man wird zwar denken, daß der scharfe Stoff der Wurzel das Brot höchst ungesund machen müsse, allein dieser Stoff wird durch Röstung und Gährung zerstört, wie in der heißen Zone bei dem Maniok, dessen Mehl dort Hunderttausende nährt, obgleich der Saft des frischen Maniok höchst giftig ist. Schon die alten Griechen scheinen die Aronwurzel unter dem Namen Thymos gegessen zu haben und noch jetzt soll sie in Ungarn und Kroatien, gut ausgewaschen und getrocknet, zur Nahrung dienen.

Im gemeinen Leben hat der gefleckte Aron mancherlei Namen: Kuhwurz, Kalbsfuß (auch in Frankreich pied de veau) und Eselsohren (wegen der Gestalt seiner Blätter), Natterwurz, Zehrwurz, Freßwurz, deutscher oder wilder Ingwer (wegen seiner Schärfe), Fieberwurz und Magenwurz (wegen seines Gebrauchs).

Die Freistaaten Amerikas in politischer Beziehung.

1) **Vereinigte Staaten von Nordamerika.** Präsident: John Tyler seit 4. April 1841. Sein Vorgänger, General Harrison, starb am genannten Tage, nachdem er gerade einen Monat (seit 4. März) die Präsidentenwürde bekleidet hatte, worauf nach den Bestimmungen der Constitution der gewählte Vicepräsident Tyler in die erledigte Stelle einrückte, sodaß nun die Würde eines Vicepräsidenten vacant ist.

2) **Mexico.** Präsident: General Antonio Lopez de Santana seit October 1841 (schon früher vom April 1833 an bis 1835 Präsident, später eine Zeit lang Dictator, bis er am 21. April 1836 in Texas gefangen wurde).

Am 31. August brach in der Stadt Mexico ein Aufstand gegen den rechtmäßigen Präsidenten General Anastasio Bustamente aus (derselbe regierte seit 25. Febr. 1837), wobei General Gabriel Valencia als „erster General des Befreiungsheers" an der Spitze der Insurgenten stand. Der eigentliche Urheber des Aufstandes war aber der vormalige Präsident General Santana, der am 2. October die in der Nähe der Hauptstadt gelegenen starken Forts S.-Francisco und S.-Geronimo stürmte, am 3. Oct. den General Bustamente zurückschlug (der schon am 30. Sept. sein Amt als Präsident der Centralrepublik Mejico niedergelegt und sich für Wiedereinführung der Föderation erklärt hatte) und am 7. Oct., nachdem sämmtliche Truppen Bustamente's zu ihm übergegangen waren, seinen Einzug in Mexico hielt. Er wurde darauf zum einstweiligen Präsidenten ernannt und ist jetzt factischer Dictator. Durch ein Manifest vom 10. Dec. ordnete er die Wahlen zu einem constituirenden Congresse an, der am 1. Juni in Mexico zusammentreten soll. (Auf 70,000 Einwohner soll ein Repräsentant gewählt werden; die Bevölkerung der ganzen Republik wird zu 7,041,140 angegeben.)

3) **Texas.** Präsident: General Samuel Houston (im Sept. zum zweiten Male gewählt an die Stelle des Generals Lamar, der am Ende des Jahres 1841 sein Amt niedergelegt hat).

Der neue merikanische Präsident bereitete sofort nach seinem Regierungsantritte einen Feldzug gegen Texas mit überlegenen Streitkräften vor; er gedachte eine Armee von 35,000 Mann zusammenzubringen. In Texas war man mit Rüstungen beschäftigt, um den Angriff zurückzuschlagen. Im Anfange des Monats März fielen die Mexicaner mit großer Heeresmacht (die Angaben schwanken zwischen 8000 und 15,000 Mann) in Texas ein und ihre Vorhut unter General Vasquez nahm am 5. März den Grenzort San-Antonio de Bejar und bald darauf Goliad. Der Präsident von Texas erließ am 10. eine energische Proclamation und zugleich eine Einladung an Freiwillige aus den Vereinigten Staaten. Von einem Anschlusse der Republik an die Vereinigten Staaten war neuerdings die Rede.

4) **Yucatan.** Dieser Landstrich, früher eine Provinz von Mexico, hat sich (mit Hülfe der texanischen Marine) von demselben getrennt. Die zusammenberufenen Repräsentanten haben am 20. und 21. Oct. 1841 eine freie, von der mexicanischen Nation unabhängige Republik zu errichten beschlossen und die am 31. März vorigen Jahres publicirte provisorische Constitution genehmigt.

Tabasco, das sich gleichfalls für unabhängig erklärt hatte, ist in Folge einer Volksabstimmung im December vorigen Jahres wieder mit Mexico vereinigt worden.

5) **Haiti.** Präsident: General Jean Pierre Boyer (seit 1818).

6) **Vereinigte Staaten von Centralamerika** (Provinzen Guatemala, Honduras, S.-Salvador, Leon und Costa Ricca). Carrera, der indianisch-mulattische Despot dieser Republik, hat die Kammern in Guatemala aufgelöst, angeblich um einen Convent zu berufen, der eine Constitution entwerfen sollte. An dem für die Versammlung des Convents angesetzten Tage fanden sich jedoch von den erwählten Mitgliedern nur zwei ein. Der frühere Präsident General Morazan, welcher seit 20. Oct. 1830 regierte, wurde von Carrera geschlagen und verließ am 5. Mai 1840 das Land.

7) **Panama.** Präsident: Dr. Thomas Herrera.

Am 18. Dec. 1840 erklärten sich die Provinzen Panama und Veragua unter dem Namen des Staats der Landenge von Panama vom Staate Neugranada unabhängig, und am 18. Juni 1841 wurde die Constitution des neuen Staats von Abgeordneten beider Provinzen zu Panama beschworen. Nach Berichten vom Januar dieses Jahres sollen sich dieselben wieder an Neugranada angeschlossen haben.

8) **Neugranada.** Präsident: Pedro Alcantara Heran.

Seit October 1840 befand sich dieser Staat in großer Verwirrung. Santa-Maria, Sevanilla und andere Städte erklärten sich zu einer unabhängigen Föderativrepublik unter dem Namen Manzanares und auch Cartagena erklärte sich für unabhängig. Von 20 Provinzen entschieden sich 15 für eine Föderativverfassung, aber die Centralregierung zu Bogota war entschlossen zum Widerstand. Auf Seite jener standen die Generale Heran und Thomas Mosquera, auf Seite dieser die Generale Carmona, Pineres u. s. w. Am 9. Jan. 1841 schlug General Heran zu Aratoca die Generale Gonzales und Patria; ebenso am 2. April General Mosquera den General Carmona. Am 11. März eröffnete der Präsident, Joseph Ignaz Marquez, dessen vierjährige Amtsdauer (seit 1. April 1841) abgelaufen war, die Sitzung des Congresses; am 15. bestätigte derselbe die Wahl des neuen Präsidenten Pedro Alcantara Heran, der bald nachher in Bogota eintraf. Am 16. Mai nahmen die Kammern ein Gesetz über die Wahl einer neuen constituirenden Versammlung an. Die Stadt Cartagena fiel durch Verrath in die Hände der Agenten der Centralregierung, wurde daher von dem Gouverneur des Staats Manzanares, Obregon, am 8. Juli in Blokadezustand erklärt, und Carmona belagerte sie zu Wasser und zu Lande. Noch im Anfange 1842 dauerte die Belagerung fort, von den Engländern, welche die Seemacht der Insurgenten am 15. Dec. fast vernichteten (1 Brigg und 4 Schooner fielen in ihre Hände), nicht anerkannt. Nachrichten vom 20. Febr. zufolge ist durch Vermittelung von drei Deputirten der Städte Carthagena, Sta.-Marta und Cinegas ein Friede zwischen Heran und Carmona zu Stande gekommen, worauf die Insurgenten sich zurückzogen und Carthagena von 800 Mann Regierungstruppen unter Obersten Gomez besetzt wurde.

9) **Venezuela.** Oberster Chef: José Antonio Paez (seit Juni 1835). Präsident: Navarete.

10) **Ecuador** (Quito). Präsident: General Flores.

11) **Peru** (Niederperu). Präsident: General Gamarra (seit Auflösung der peru-bolivischen Republik in Folge des Treffens am 20. Jan. 1839 und vorher bis 20. Dec. 1833).

Am 4. Jan. 1841 erklärte sich Oberst Vivanco zu Arequipa, wo er Präfect war, zum Präsidenten von

Peru, nachdem er schon im December 1840 zu Ayacucho die Fahne des Aufruhrs erhoben hatte; er wurde aber von Gamarra, dem rechtmäßigen Präsidenten, geschlagen und nach Bolivia getrieben. Auch Santa-Cruz, vormaliger Protector der peruanisch-bolivischen Conföderation und seit zwei Jahren nach Guayaquil verbannt, erklärte sich gegen Gamarra, landete am 8. Mai in Nordperu und ließ die Stadt Piura besetzen, die aber seine Truppen sehr bald wieder räumen mußten.

12) **Bolivia.** Provisorischer Präsident: Ballivian.

Im Juni 1841 brach eine Umwälzung zu Gunsten des Generals Santa-Cruz aus; er wurde vom Volk und Heer zum Präsidenten ausgerufen und eine Deputation an ihn nach Guayaquil abgesandt, um ihn zur Rückkehr in die Heimat aufzufodern. Indessen wurde diese Bewegung bald unterdrückt; Velasco und Ballivian bewarben sich um die Präsidentschaft, der Letztere verwaltete sie noch am 30. Nov. provisorisch, wie vor ihm Velasco. Gamarra, der Bolivia wieder mit Peru vereinigen zu wollen scheint, fiel in Bolivia ein, besetzte am 10. Oct. La Paz und erklärte die Einverleibung dieses Districts mit Peru. General Ballivian erließ darauf einen Aufruf zur Vertheidigung des Landes. Im Nov. 1841 schlug er bei La Paz die eingedrungene Armee in einer Schlacht, in welcher General Gamarra selbst geblieben sein soll.

13) **Buenos Ayres** (argentinische Republik). Gouverneur oder Dictator: General Don Juan de Rosas (neu gewählt am 5. März 1840).

Die Blockade von Buenos Ayres durch die Franzosen ist nach 2½jähriger Dauer (seit 28. März 1838) durch einen zwischen dem franz. Contre-Admiral de Mackau und dem Minister des Auswärtigen der Republik, Felipe Arana, am 31. Oct. 1840 geschlossenen Vertrag beendigt worden. Die Franzosen hatten während der Anwesenheit ihrer Kriegsschiffe den Bürgerkrieg im Lande genährt, und den in Montevideo im Exil lebenden General Lavalle (den bedeutendsten und hartnäckigsten Gegner von Rosas, von der Partei der Unitarier, die eine Centralregierung wollen) bewogen, sich von neuem an die Spitze der Gegner des General Rosas zu stellen, wobei dieselben durch Truppen von Uruguay verstärkt wurden. Gegen Ende 1840 wurde Jener von General Oribe bei Quebracheto völlig geschlagen, erholte sich aber später wieder und behauptete sich in den Nordprovinzen, während die Föderativarmee sich nach Cordova zurückzog. Im Oct. 1841 erlitt Lavalle nebst seinem Unterfeldherrn La Madrid abermals in der Provinz Tucuman durch Oribe eine völlige Niederlage, wobei seine ganze Infanterie gefangen wurde; bald nachher wurde er selbst auf der Flucht nach Bolivia, auf welcher ihn 300 Mann begleiteten, durch Zufall getödtet. Dies war das Ende eines Generals, der den Bürgerkrieg 12 Jahre lang unterhalten hatte. Bald nachher, am 28. Nov., wurde jedoch auch der föderalistische General Echague, ein Bundesgenosse von Rosas, mit 4000 Mann vom General Paz bei Capuazu in der Provinz Corrientes völlig geschlagen; er selbst wurde gefangen. Nach den neuesten Nachrichten hat Rosas im Congresse bei Vorlegung der Jahresbotschaft seine Gewalt definitiv niedergelegt und zur Wahl eines neuen Präsidenten aufgefodert. (Das diesjährige Deficit gibt Rosas in jenem Actenstücke auf 13,530,782 Dollars an.)

14) **Montevideo** (Banda Oriental oder Uruguay). Präsident: Fructuoso Ribeira (seit 21. Oct. 1838).

Bald nach Abschluß des Friedens mit Frankreich, im Febr. 1841, begann General Rosas Feindseligkeiten gegen Montevideo und erklärte die Mündungen der Flüsse Uruguay und Parana in Blockadezustand. Die Republik sandte Kriegsschiffe nach Buenos Ayres ab, von denen aber das erste zu Rosas überging. Am 3. Aug. fand ein Seetreffen zwischen den Flotten von Buenos Ayres und Montevideo (jene 8, diese 6 Schiffe zählend, jene von Admiral Brown, diese vom Commodore Coe befehligt) statt, in welchem die erstere geschlagen wurde. Am 12. Dec. fand abermals ein Seetreffen statt, in welchem der Erfolg unentschieden gewesen zu sein scheint; ebenso in einem spätern im Jan. 1842.

15) **Paraguay.**

Dieser Staat hat sich nach dem Tode des Dictators Dr. Francia, der am 20. Sept. 1840 erfolgte, zu einem Freistaate erklärt und zunächst mit der benachbarten, von Buenos Ayres abgefallenen Provinz Corrientes Verbindungen angeknüpft, die zum Abschluß eines Handelsvertrags geführt haben. Doch scheinen die beiden jetzt dort regierenden Consuln ziemlich das System ihres Vorgängers zu befolgen.

16) **Chile.** Präsident: General Bulneo seit 18. Sept. vorigen Jahres.

Die Wahl des Präsidenten, der früher die chilenische Armee in der Provinz la Concepcion commandirte, fand am 2. Sept. statt. Seinem Vorgänger, General Joaquin Prieto, der nach zehnjähriger glücklicher und ruhiger Verwaltung ins Privatleben zurücktrat, verdankt die Republik einen Wohlstand, wie ihn kein anderer südamerikanischer Freistaat genießt.

Die südrussischen Steppen. *)

In den südrussischen Steppen im Norden des schwarzen Meers, welche zwischen den Karpaten, dem gedachten Meere, dem Kaukasus, dem Ural und dem hügeligen mittlern Rußland liegen, hat die Oberfläche des Bodens durch die Einwirkungen des Wassers, hauptsächlich des Regenwassers, weniger des Meers und der Flüsse, mancherlei Veränderungen erlitten, die mit verschiedenen Namen bezeichnet werden: Limans, Balki, Dollinas, Obruiwi, Wuipolotsch u. s. w. Durch die vereinten Wirkungen des Meers und der Flüsse wurden die sogenannten Limans (die Haffs) hervorgebracht. Dies sind busenartige Erweiterungen oder mit Wasser gefüllte Becken, welche sich nicht nur bei den großen Strömen Dniestr, Dniepr und Bug, sondern auch bei den kleinen und kleinsten Flüssen und Bächen finden und daher an Größe sehr verschieden sind. Der Boden der Limans ist meist flach und eben, nach der Mitte zu unmerklich tiefer werdend, in der Regel mit einem dichten und schwarzen Moraste belegt. Die Grenzen und Abhänge des Limanbettes erheben sich sehr allmälig und sind mit Gras bewachsen. Vor allen Limans finden sich Dämme, sogenannte Peressips, d. h. Übergänge (entsprechend den Nehrungen der baltischen Haffs), niedrige, schmale, in der Regel nur 50—100 Ellen breite, zum Theil mit Gras bewachsene Landstreifen, die bei einigen abgeschlossen, bei andern aber durchbrochen sind, um nach Befinden dem Meerwasser oder dem Süßwasser den Durchweg zu gestatten. Bei den kleinen Flüssen werden diese Öffnungen (Girls genannt) oft verstopft. Bei einigen befinden sich Brücken, bei andern Fähren. Die Steppenflüsse fließen ohne Ausnahme in sehr großen und weiten Thälern mit 100—150 Fuß hohen Abhängen, deren Ränder 1—8 Werste voneinander abstehen. Ein

---

*) Im Auszug aus dem trefflichen Werke von Kohl: „Reisen in Südrußland" (Dresden 1841).

solches Thal heißt Dollina oder Balka, je nachdem es größer oder kleiner ist. Der Boden desselben ist theils seiner tiefen Lage wegen immer morastig und mit Schilf und Gestrüppe bedeckt (solche Schilfstellen sind oft eine Meile breit und mehre Meilen lang), theils trocken und nur im Frühjahre Überschwemmungen ausgesetzt. Die Stellen der letztern Art sind mit Äckern und Dörfern bedeckt und bilden wenigstens schöne Wiesen. Die Thalabhänge sind nirgend schroff, überall mit einer Fruchterdeschicht bedeckt, meist mit Holz bewachsen oder wenigstens berast. Die häufigsten Veränderungen des Bodens bringt das Regenwasser hervor. Unter ihnen fallen am meisten die Regenschluchten (Wuipolotsch) ins Auge, die von den Flußthälern ganz und gar verschieden sind, oft mehre Werste, ja bis ½ Meile breit, bei einer Tiefe von 100—150 Fuß, mit Nebenschluchten, die in die Hauptschluchten münden. Sie entstehen überall da, wo am Rande eines steilen Abhangs das Regenwasser immer auf dieselbe Stelle hingeführt wird, z. B. am Meerufer und den Abhängen der Flußthäler, und hemmen in der gegen sie senkrechten Richtung allen Verkehr, da ihre steilen Abhänge selbst für geschickte Fußgänger unersteigbar sind. Obruiwen (Abrisse) nennt man Abstürze oder Terrassen der Küste, die durch das Nagen und Wühlen des Meers hervorgebracht werden; von ihnen ist schon früher (in den Skizzen aus Odessa) die Rede gewesen. Sie haben vom hohen Steppenrande bis zum Meeresstrande eine Breite von 600—1200 und mehr Fuß und sind meist angebaut und von Fußwegen in allen Richtungen durchschnitten.

Noch kommen auf den übrigens völlig flachen Steppen kleine Vertiefungen vor, Stamoks genannt, kesselartig, rund, etwa eine Klafter tief, mit einem Durchmesser von 40—60 Klaftern; zum Theil mögen es künstliche Ausgrabungen sein, vielleicht von den frühern nomadischen Bewohnern angelegte Viehtränken, die sich im Laufe der Zeit von selbst vergrößert haben; die meisten aber sind wol ebenso natürlich als die Bodenschwankungen oder wellenartigen Erhebungen, die sich Meilen weit erstrecken, meist äußerst schwach sind und nur bei fortschreitender Bewegung, besonders zu Pferd, nicht aber im Stillstehen wahrgenommen werden können.

Das Klima der Steppen ist rauher als die geographische Breite (46—50 Grad nördl. Breite) erwarten läßt. Dies rührt großentheils von dem Einflusse der nördlichen und östlichen Grenzländer her. Das Klima der großrussischen Hügellandschaften ist fast unverändert auch das der Steppen, welche durch keinen Bergdamm gegen den Nordwind geschützt, wol aber durch die Karpaten von dem milden Westen abgeschlossen sind. Der mildernde Einfluß des Meers wird geschwächt sowol durch die geringe Küstenentwickelung, als durch die große Erhebung des Steppenplateau, die fast überall 20 Klaftern beträgt. Am meisten Einfluß übt das Meer da, wo Flüsse einmünden. Im langen Winter der Steppen sind Schneegestöber häufig, von denen die Russen drei Arten unterscheiden. Mjatjol ist die gewöhnliche, am wenigsten lästige Art, Samet ist das Schneejagen, wobei der liegende Schnee von heftigen Winden aufgewühlt und fortgeführt wird. Wjuga endlich ist ein Schneesturm, der in der Regel drei Mal 24 Stunden dauert, allem Verkehre ein Ende macht (selbst die Posten und kaiserlichen Couriere müssen dann stillliegen) und für das Leben der Menschen und Thiere verderblich ist.

Im Ganzen ist die Masse des fallenden Schnees gering, auch häuft sich derselbe immer in den Vertiefungen, wo er oft 7—8 Klaftern hoch liegt, während auf der Steppe fast nichts bleibt; einige Winter sind ganz ohne Schnee. Manchen Winter (z. B. 1837 auf 38) fällt das Thermometer bis — 30 Grad Réaumur. Mit dieser großen Strenge hängt die Kleidung der Steppenbewohner zusammen, welche sich sechs Monate lang in Pelze hüllen. Der Frühling, welcher um die Mitte des April beginnt, ist zwar die schönste Zeit der Steppe, aber mit einem deutschen Frühling auch nicht entfernt zu vergleichen, da dort der Hauptschmuck des Frühlings in Gras und wenigen einfachen, reizlosen Blumen (Tulpen, Hyacinthen, Krokus und Schneeglöckchen) besteht. Gewitter beginnen oft schon im April und so lange sie sich zeigen, gibt es in den Nächten noch Thau, der aber mit den übrigen Niederschlägen um die Mitte des Juni aufhört. Im Juli ist die Hitze unerträglich, weniger durch ihre Intensität als durch ihre ununterbrochene Dauer; an Gewittern fehlt es dann nicht, aber ganz an Regen, die Steppe nimmt eine braune und fast schwarze Farbe an, die Brunnen versiegen und die Quellen stocken. Zu Ende des Juli und August erreicht die Dürre ihren höchsten Grad; dann stellt sich wieder Nachtthau ein. Der September gleicht dem Mai an Anmuth; die Lüfte werden sanft und mild, die Steppe ergrünt von neuem und ihre Bewohner, Pflanzen, Thiere und Menschen, erholen sich. Der October ist reich an Nebeln und Regen, ohne Früchte zu kennen, und der November ist schon fast völlig als Wintermonat zu betrachten. Einen grellen Contrast mit der Ebene bilden die Flußthäler und Regenschluchten. Im Winter sind sie ruhig und warm, wie Keller, auch wenn oben das schrecklichste Unwetter wüthet; im Sommer herrscht in ihnen eine glühende, unerträgliche Hitze, welche bewirkt, daß die trockene Erde ellenweit aufspringt und klafft. Des Abends kühlt sich die Luft in den Thälern sehr schnell ab, und es fällt kalter Thau, während es auf der hohen Steppe bis tief in die Nacht hinein warm bleibt.

(Fortsetzung folgt in Nr. 484.)

Literarische Anzeige.

Neuer Roman von A. v. Sternberg.

Durch alle Buchhandlungen ist von mir zu beziehen:

Der Missionär.

Ein Roman

von

A. von Sternberg.

Zwei Theile.

Gr. 12. Geh. 3 Thlr.

Früher erschien von dem beliebten Verfasser bei mir:

Fortunat. Ein Feenmärchen. Zwei Theile. 8. 1838. 3 Thlr. 22 Ngr.

Leipzig, im Juli 1842.

F. A. Brockhaus.

Das Pfennig-Magazin

für

Verbreitung gemeinnütziger Kenntnisse.

484.]   Erscheint jeden Sonnabend.   [Juli 9, 1842.

Edmund Burke.

Edmund Burke, einer der berühmtesten und ausgezeichnetsten Staatsmänner, welche England je besessen hat, wurde am 1. Jan. 1730 als zweiter Sohn eines geschickten Sachwalters zu Dublin in einer angesehenen Familie geboren. Seine erste Erziehung verdankte er dem Quäker Abraham Shackleton, dem Vorsteher einer Schulanstalt in Ballytore bei Carlow, wo er mit den alten Sprachen vertraut wurde und sich selbst in poetischen Arbeiten versuchte. Nachdem er sich 1744—49 im Trinity College der Universität Dublin die genauere Kenntniß der classischen Literatur angeeignet, sich aber mit der Rechtswissenschaft, für die ihn sein Vater bestimmt, nur nebenbei beschäftigt hatte, begann er um 1752 oder kurz darauf zu London das praktische Studium derselben, von dem er aber durch seine Neigung zur Literatur allmälig immer mehr abgezogen wurde. Um diese Zeit warfen ihn seine übermäßigen Anstrengungen auf das Krankenlager; sein Arzt und Landsmann Dr. Nugent nahm ihn, um ihn besser zu pflegen, in sein eigenes Haus und die Tochter desselben unterzog sich mit schwesterlicher Sorgfalt der Wartung des Kranken, der sie genesen zur Gattin wählte und mit ihr sehr glücklich lebte. Nicht geringes Aufsehen machte sein erstes Werk, das er 1756 unter dem Vorgeben, es sei eine nachgelassene Schrift Bolingbroke's und mit sehr gelungener Nachahmung der Manier und Schreibart dieses bewunderten Staatsmanns, herausgab; er schildert darin die Übel, welche die Civilisation herbeigeführt hat, und nimmt den Naturzustand in Schutz; aber eigentlich begründet wurde sein schriftstellerischer Ruf erst durch sein folgendes Werk über den Ursprung unserer Ideen vom Erhabenen und Schönen, das ihm die Freundschaft des berühmten Johnson erwarb. Während er aber als Schriftsteller thätig war, bildete er sich gleichzeitig zum Redner und Staatsmann aus und nahm sogar bei dem berühmten Schauspieler Garrick Unterricht in der Declamation. Im J. 1765 wurde er zum Privatsecretair des Premierministers Marquis von Rockingham ernannt und kam bald darauf als Abgeordneter des Fleckens Wendover ins Parlament, wo er anfangs auf der Seite des Ministeriums stand und am 14. Juni 1766 mit glänzendem Erfolge seine erste Rede über die Nachtheile der Stempeltare hielt. Nach Auflösung des Ministeriums, für das er gestimmt hatte, trat er in die Reihen der Opposition und kämpfte auf ihrer Seite in der kräftigsten Periode seines Lebens als Verfechter der öffentlichen Freiheit und ihrer Consequenzen. Die glänzendste Rolle aber spielte er unter dem Ministerium North als Vertheidiger der Amerikaner. Vor dem amerikanischen Kriege suchte er einen Bruch zwischen Amerika und dem Mutterlande zu verhindern, nach demselben eine Annäherung zu bewirken. Groß und allgemein war der Beifall, der seinem bei diesen Bestrebungen entfalteten glänzenden Rednertalente gezollt wurde, weshalb er 1774 zum Repräsentanten der reichen Stadt Bristol und zugleich zu dem eines andern Orts ernannt wurde, wobei er der erstern Wahl den Vorzug gab. Am 22. März 1775 legte er dem Parlamente seine berühmten 13 Vorschläge behufs einer Aussöhnung mit Amerika vor, verlor aber von da an als Gegner des amerikanischen Kriegs sichtlich in der Gunst des Volks, die er erst 1780 durch seine Bill gegen die damaligen strengen Maßregeln der Regierung wieder erlangte. Als nach dem Ende von Lord North's Verwaltung, der seinem Sturze durch freiwilligen Rücktritt zuvorkam, im März 1782 Rockingham, Burke's früherer Gönner, auf kurze Zeit wieder ans Ruder kam, wurde Burke Generalzahlmeister der Armee und Mitglied des geheimen Raths und war recht eigentlich die Seele des Ministeriums, zog sich aber von demselben zurück, als nach Rockingham's plötzlichem Tode am 1. Juli desselben Jahres Lord Shelburne erster Minister wurde. Im Jahre 1784 wurde Burke zum Lord Rector der Universität Glasgow ernannt, aber sein Einfluß als Parlamentsredner welkte jetzt sichtlich dahin. Nur der berühmte Proceß des Generalgouverneurs von Ostindien, Warren Hastings, als dessen Ankläger Burke im Unterhause am 17. Februar 1786 auftrat, ohne Zweifel fest überzeugt von der Schuld des Angeklagten, der beschuldigt wurde, mit tyrannischer Willkür gehandelt und Erpressungen und Bedrückungen aller Art geübt zu haben, wandte ihm neuerdings die Aufmerksamkeit des englischen Publicums zu, und gewiß mit Recht, da seine Reden über diese Angelegenheit den Verrinischen des Cicero an die Seite gesetzt zu werden verdienen. Durch sein Benehmen im J. 1788, wo die Krankheit des Königs Georg III. die Einsetzung einer Regentschaft zu erfodern schien, zog er sich das Misfallen des Volks, sowie durch seine unehrerbietigen Äußerungen über den König, die er später selbst bedauerte, das des Hofs zu. Nichtsdestoweniger erhielt er wenig Jahre später eine sehr ansehnliche jährliche Pension (von 3700 Pf. St.), woran seine Haltung nach dem Ausbruche der französischen Revolution, die er nicht nur entschieden misbilligte, sondern auch in seiner 1790 herausgegebenen scharfsinnigen Schrift: „Betrachtungen über die Revolution in Frankreich", von der gehässigsten Seite darzustellen mit Erfolg bemüht war, großen Antheil haben mochte. Das gedachte Werk erlebte in wenigen Monaten den unerhörten Absatz von 20,000 Exemplaren und wurde nicht nur in England, sondern auch in Deutschland (von Gentz ins Deutsche übersetzt), ja selbst in Frankreich mit größter Begierde gelesen. Nicht zu leugnen ist, daß er seiner Ansicht durch jene vielgelesene Schrift in England eine große Zahl von Proselyten gewann, ja selbst auf das Ministerium entschiedenen Einfluß übte, was ihn aber über die reißenden Fortschritte der Staatsumwälzung, die ihn tief betrübten und seine letzten Jahre verbitterten, nicht zu trösten vermochte. Mit der Opposition aber zerfiel er von jetzt an gänzlich, brach sogar mit seinem ältesten parlamentarischen Freunde, dem berühmten Fox, der in Beziehung auf die von ihm bewunderte französische Revolution ganz entgegengesetzter Meinung war, und stimmte fast durchgehends mit dem Ministerium Pitt's. Dieses trug ihm, in Anerkennung seiner Verdienste, den Namen des Königs die Ernennung zum Pair des Reichs an; Burke lehnte diese Ehre ab, nicht aber die vorhin gedachte Pension, die ihm bei seinen zerrütteten Vermögensumständen sehr willkommen war. Seine letzte bedeutende parlamentarische Handlung war ein vergeblicher Versuch im J. 1792, die Emancipation der irländischen Katholiken zu bewirken; er selbst war natürlich Protestant, denn Katholiken wurden damals noch nicht im Parlamente zugelassen. Später richtete er seine Thätigkeit auf die Versorgung der französischen Emigranten, für deren Kinder er eine Erziehungsanstalt gründen half. Im J. 1794, als Hastings' Freisprechung vom Oberhause zur Gewißheit geworden war, gab er seinen Sitz im Parlamente auf und begab sich auf sein Landgut Beaconsfield in Buckinghamshire; aber die Freude, seinen hoffnungsvollen Sohn an seine Stelle gewählt zu sehen, folgte nur zu bald der Schmerz über dessen frühen Tod. Seine letzten Schriften sind ein „Sendschreiben an Lord Fitzwilliam" (1796), worin er eine Rechtfertigung seines politischen Lebens lieferte, und von welchem binnen kurzer Zeit 16 Auflagen vergriffen wurden, und seine „Gedanken über die Aussicht zum Frieden mit Königsmördern" (1797), eine Schrift, die er unvollendet zurücklassen mußte. Gramerfüllt und erschöpft starb der große Staatsmann am 8. Juli 1797 in seinem 68. Lebensjahre.

Burke war von ansehnlicher Gestalt und angenehmen, freundlichen Gesichtszügen und in seinem Benehmen offen und leutselig, ebenso hinreißend auf der Rednerbühne, als er im Privatleben achtungswerth und liebenswürdig war. Gediegener noch als in seinen Reden, in denen er der Phantasie zu große Herrschaft einräumte, war er in seinen Schriften, die ihn als einen der vielseitigsten Gelehrten erkennen lassen.

Karthago.

(Fortsetzung aus Nr. 483.)

Was die Karthager in Kunst und Wissenschaft geleistet haben, läßt sich nicht bestimmen, da keine Denkmäler weder der einen noch der andern auf uns gekommen sind. Daß es ihnen doch nicht an einer Literatur fehlte, das beweist schon das Werk des Suffeten Mago (um 500) über Landwirthschaft, welches die Römer so hochschätzten, daß sie es in ihre Sprache übersetzen ließen.

Dies war der innere Zustand Karthagos, dessen äußere Geschichte jetzt in der zweiten Periode vom Anfange der Kriege mit Syrakus (480) bis auf den Anfang der Kriege mit Rom (264) lichtvoller und zusammenhängender wird. Zu den Kriegen mit Syrakus, der mächtigsten Stadt Siciliens, wurden die Karthager durch ihr Handelsinteresse gleichsam genöthigt; denn niemals durften sie hoffen, das Meer allein zu beherrschen, wenn die Griechen sich der Insel bemächtigten. Eine Gelegenheit, den Krieg zu beginnen, konnte leicht gefunden werden, und es ist ziemlich gleichgültig, was für eine dies gewesen sei, ob eine sicilische Partei sie gegen die andere zu Hülfe rief, oder ob der Perserkönig Xerxes sie um ein Bündniß gegen die Griechen anging. Genug im Jahre 480 sehen wir Hamilkar, den Sohn des Mago, mit einem großen Heere Karthago verlassen und bei Panormus landen. Gelo, der tapfere und weise Fürst von Syrakus, zog ihm entgegen und lagerte mit geringern Streitkräften bei Himera. Hier kam es bald darauf zur entscheidenden Schlacht, in der die Karthager bis zur Vernichtung geschlagen wurden und Hamilkar selbst sein Leben verlor. Gleichwol gewährte der edle Sieger den Besiegten einen ehrenvollen, höchst annehmbaren Frieden. Während der nun folgenden Waffenruhe in Sicilien kämpften die Karthager glücklich gegen mehre afrikanische Völker und schlossen auf dem Wege gütlichen Übereinkommens einen Grenzvertrag mit Cyrene. Es sollten — dahin vereinigte man sich — zu gleicher Zeit Gesandte von Karthago und von Cyrene abgeschickt werden, und den Ort, wo diese zusammentreffen würden, wollte man als die Grenze beider Staaten betrachten. Von Seiten Karthagos sendete man zwei Brüder, die Philänen, welche in derselben Frist einen längern Weg zurücklegten als die cyrenischen Männer. Diese glaubten sich daher übervortheilt und wollten endlich nur dann den Platz als gemeinschaftliche Grenze anerkennen, wenn die Philänen sich daselbst würden lebendig begraben lassen. Wider ihr Vermuthen gingen die patriotischen Brüder diese Bedingung ein und zum Danke setzte ihnen ihr Vaterland an jener Stelle, wo sie gestorben waren, ein Denkmal, welches auch nun an den Scheidepunkt des beiderseitigen Gebiets bildete.

Kurz darauf begann der Krieg auf Sicilien von neuem, indem die Stadt Segesta die Karthager gegen Selinus zu Hülfe rief. Hannibal, ein Enkel Hamilkar's, landete mit einer bedeutenden Truppenmacht im Frühlinge 409 bei Lilybäum, nahm Selinus ein und rächte durch die Eroberung und grausame Zerstörung Himera's die Niederlage seines Großvaters. Nun rüstete sich auch Syrakus, das bis dahin sich neutral gehalten hatte; allein Hannibal, dem man einen andern Enkel des Hamilkar, Himilko, zur Seite stellte, warb neue Truppen, und obwol zur See von den Syrakusanern geschlagen, war er doch mächtig genug, Agrigent anzugreifen und einzunehmen (406). Inzwischen hatte sich Dionysius der Ältere zum Beherrscher von Syrakus aufgeworfen, und dieser war es, der die Karthager an der völligen Eroberung Siciliens hinderte. Zwar sein erster Feldzug gegen dieselben mislang; denn er erreichte nicht nur seinen Zweck nicht, Gela, das Himilko belagerte, zu entsetzen, sondern mußte sogar die Flucht ergreifen, und nur einer im feindlichen Heere wüthenden Seuche hatte er es zu verdanken, daß der Sieger ihm einen nicht unvortheilhaften Frieden gewährte (405). Die Rache ließ ihn jedoch nicht lange ruhen. Schon 398 gab er, nachdem er Syrakus befestigt und eine Menge Söldner angeworben hatte, durch Plünderung des karthagischen Eigenthums in Syrakus das Zeichen zur Wiederaufnahme der Feindseligkeiten. Noch ehe Karthago sich hinlänglich rüsten konnte, fiel er in dessen Gebiet ein, wo mehre Städte sich ihm anschlossen, und belagerte Motye. Vergebens suchte Himilko ihn von hier zu vertreiben; er wurde geschlagen und kehrte unverrichteter Sache zurück.

Motye fiel nach verzweifelter Gegenwehr; ebenso noch viele andere Plätze. Jetzt jedoch wendete sich auf eine Zeit lang das Glück; denn abermals erschien Himilko und entriß dem Feinde nicht allein die bereits eroberten Städte, sondern brachte auch noch andere in seine Gewalt und belagerte endlich sogar Syrakus. In solcher Gefahr bat Dionysius die Spartaner um Beistand, die ihm auch sogleich 30 Kriegsschiffe unter dem Befehle des Pharacidas zusendeten. Nun wurde die karthagische Flotte zum größten Theile vernichtet und Himilko mit der Landmacht in seinem Lager so bedrängt, daß er am Siege verzweifelnd sein ganzes Heer im Stiche ließ, indem er sich und den wenigen Karthagern, die bei ihm waren, freien Abzug erkaufte. Für solche Treulosigkeit traf ihn in der Heimat die verdiente Verachtung, der er sich durch einen freiwilligen Hungertod entzog (395). Für Karthago konnte sein Verrath von den unglücklichsten Folgen sein, denn die Libyer in Afrika, entrüstet über die gewissenlose Behandlung ihrer Landsleute, empörten sich, eroberten, 200,000 Mann stark, Tunis und schlossen Karthago ein; allein da es ihnen an geschickten Anführern fehlte und überdies Zwistigkeiten unter ihnen entstanden, so wurden sie, obwol mit vieler Mühe, überwältigt. Auch in Sicilien hörte der Kampf auf, nachdem er schon vorher auf beiden Seiten lässiger geführt worden war (392). Freilich konnte der Friede nicht von Dauer sein, da weder Dionysius noch die Karthager ihr Ziel, ganz Sicilien sich zu unterwerfen, aufzugeben geneigt waren. Noch zweimal begann der Erstere den Krieg, einmal im Jahre 383 und das andere Mal 369; den ersten Krieg aber beendete Mago bereits 382 zum Vortheile Karthagos, und der letzte kam nicht völlig zum Ausbruch, da Dionysius starb. Sein Sohn, Dionysius der Jüngere, besaß weder seine Thatkraft noch seinen Unternehmungsgeist, vielmehr brachte er durch seinen Despotismus Syrakus selbst in Aufruhr und Verwirrung. Ein Theil der Bürger wendete sich an den Fürsten Hicetas von Leontium um Hülfe gegen den Tyrannen; die Leontiner ihrerseits verbanden sich mit den Karthagern und nahmen Syrakus mit Ausnahme der Burg in Besitz, während eine karthagische Flotte den Hafen der Stadt besetzte. Syrakus schien verloren. Da erschien noch zur rechten Zeit der Korinther Timoleon zu seinem Beistande (345). Dieser entfernte sogleich den Dionysius, schlug den Hicetas, bemächtigte sich der Stadt, vertrieb die Flotte der Karthager aus dem Hafen, drang in das Gebiet der Feinde ein und trug über die Feldherren derselben, den Hasdrubal und Hamilkar, trotz ihrer großen Überlegenheit in der furchtbaren Schlacht am Krimissus (340) einen glänzenden Sieg davon. 10,000 von dem Heere der Karthager fielen, 15,000 wurden gefangen genommen. Gesko, welcher mit neuen Truppen aus Afrika herbeieilte, sah sich, nachdem seine Bundesgenossen vom Timoleon überwunden und zerstreut worden waren, genöthigt, um Frieden zu bitten. In Demselben wurde der Halykus als Grenze der griechischen und karthagischen Besitzungen angenommen.

Karthago bedurfte der Ruhe, deren es sich von nun an eine Zeit lang erfreute, um Kräfte zu sammeln und die großen Gefahren glücklich abzuwenden, die seiner harreten. Kaum nämlich hatte Agathokles, ein Mann von geringer Herkunft, aber von großer Verwegenheit, sich zum Herrscher über Syrakus aufgeworfen, so sann er auch darauf, die Karthager aus Sicilien zu vertreiben. Er begann sogleich die Feindseligkeiten und es gelang ihm wirklich, einen großen Theil der Insel in seine Gewalt zu bringen. Aber die Karthager schickten

*

schleunig ein zahlreiches Heer unter Hamilkar ab, von dem Agathokles bei dem Berge Eknomus aufs Haupt geschlagen wurde (311). Hierauf zog er sich nach Syrakus zurück und faßte, nicht entmuthigt durch den schlechten Erfolg seines Unternehmens, den kühnen Entschluß, die Feinde in ihrem eigenen von Schutz entblößten Lande anzugreifen. Er befestigte daher die Stadt, übergab seinem Bruder Antander die Regierung, verließ mit 60 Schiffen Sicilien und landete, allen Nachstellungen glücklich entronnen, nach sechstägiger Fahrt sieben Meilen östlich von Karthago. Die ihm entgegengeschickten Feldherren Hanno und Bomilkar warf er siegreich zurück und bezog bei Tunis ein festes Lager. Nach und nach öffneten ihm gegen 200 Städte theils freiwillig, theils gezwungen ihre Thore; allein troß dieses Glücks und troßdem daß sich immer mehr Unzufriedene ihm anschlossen, wagte er es noch nicht, Karthago selbst anzugreifen. Hätte er indeß gewußt, welche Unruhe und Verwirrung dort durch eine nur mit Mühe unterdrückte Verschwörung des Bomilkar hervorgerufen worden war, der sich, wie früher (um 340) ein gewisser Hanno, zum Alleinherrscher aufwerfen wollte, so würde er kein Bedenken getragen haben, diesen Schritt zu thun. Statt dessen begab er sich, nachdem er hinreichend festen Fuß in Afrika gefaßt zu haben glaubte und seinem Sohne Archagathus den Oberbefehl daselbst anvertraut hatte, nach Sicilien zurück (307), wo unterdeß von den Karthagern unter Hamilkar mancher Vortheil erstritten, Syrakus aber vergebens belagert worden war. So wenig daher Agathokles hier von den Karthagern beunruhigt wurde, so mächtig fand er doch seine einheimischen Feinde, die sich zahlreich gegen seine Tyrannei verbunden hatten. Von ihnen geschlagen, setzte er um so schneller wieder nach Afrika über, je ungünstiger für seine Sache sich auch dort das Glück zu zeigen anfing. Er war jedoch nicht im Stande, sich dasselbe von neuem zuzuwenden. Viele Libyer, die sich anfangs den Griechen angeschlossen hatten, ergriffen, theils durch Bestechung, theils durch die Siege Hanno's und Himilko's bewogen, die Partei Karthagos, und in Folge davon fühlte sich Agathokles zu schwach, um noch ferner etwas Erhebliches unternehmen zu können. Nur noch darauf bedacht, sich wenigstens die Herrschaft über Syrakus zu sichern, segelte er heimlich und allein — denn er besaß keine Schiffe, das Heer mit sich zu nehmen — von Afrika ab. Kaum bemerkten die Soldaten seine Flucht, so verglichen sie sich mit den Karthagern, gaben ihnen die eroberten Städte heraus und traten zum großen Theil in ihren Sold. In Sicilien hatte Agathokles Mühe, sich gegen seine einheimischen Feinde zu halten, und mußte deshalb auf den fernern Krieg mit Karthago verzichten. Er schloß daher 306 einen Frieden mit der Republik, den er auch bis zu seinem Tode (er starb 289 an Vergiftung) nicht wieder störte.

Während dieser langen Waffenruhe suchten sich die Karthager immer mehr auf der Insel auszubreiten, und durch Benutzung selbst der kleinsten Vortheile gelang ihnen dies so wohl, daß die Griechen anfingen eifersüchtiger als je auf sie zu werden. Um die Verhaßten auf immer aus dem Lande zu verjagen, riefen sie 278 den epirotischen König Pyrrhus, den eben die Römer siegreich bekämpfte, zu Hülfe. Dieser entsprach auch sofort ihren Wünschen. Er kam nach Sicilien, drang in das Gebiet der Karthager — die sich mit den Römern verbunden hatten — ein und eroberte es bis auf die Stadt Lilybäum, allein durch seinen Stolz und seine Anmaßung beleidigte er die Griechen, die sich nun, unbeständig wie sie waren, wieder an Karthago anschlossen. Bald darauf (269) verließ Pyrrhus das Land und Karthago erlangte nun daselbst einen Einfluß und eine Macht, wie es dieselbe noch nie besessen hatte. Wahrscheinlich würde es sich die Insel bald ganz unterworfen haben, wenn nicht der eben jetzt ausbrechende Krieg mit Rom es daran gehindert hätte. Hier beginnt die dritte und letzte Periode der karthagischen Geschichte, welche einen Zeitraum von 118 Jahren umfaßt, indem sie, ausgehend von dem ersten römischen Kriege (264) bis auf die Zerstörung Karthagos (146) herabläuft.

Die Römer, so nahe dem herrlichen Sicilien, konnten natürlich nicht ohne Verlangen nach demselben hinblicken; am allerwenigsten aber durfte es ihnen gleichgültig sein, wer die Insel besaß. Sobald ein an und für sich schon mächtiger Staat sie an sich riß, so mußte Rom fürchten, auf eigenem Grund und Boden angegriffen zu werden. Um nun dieser Gefahr, die ihm von Seiten Karthagos zu drohen schien, sich nicht auszusetzen, begann es selbst den Krieg, indem es den Mamertinern Hülfe gegen Hiero von Syrakus und gegen die Karthager sendete. 23 Jahre lang (von 264—241) wurde mit der größten Erbitterung und mit abwechselndem Glücke gestritten. Anfangs waren die Karthager unglücklich. Nicht nur, daß sie vom Consul Appius Claudius bei Messene (264) geschlagen und ihnen in der Folge viele Städte entrissen wurden; nicht nur, daß ihr seitheriger Bundesgenosse, Hiero, zu den Römern überging (263), sondern es zeigte sich auch, daß die Römer selbst zur See zu siegen verstanden, indem sie einmal unter Duillius (260), das andere Mal unter Manlius und Regulus (256) die karthagischen Flotten unter Hannibal und dann unter Hanno gänzlich vernichteten. Allein die furchtbare Niederlage, welche Regulus nach kurzem Siegen in Afrika durch die Karthager unter Anführung des Spartaners Xanthippus erlitt (256), und der Untergang der römischen Flotte, die bei Pachynum dem Sturme erlag (255), stellte das Gleichgewicht zwischen beiden Republiken wieder her. Durch dies Ungemach entmuthigt, enthielt sich die Römer lange Zeit größerer Unternehmungen; doch schlug (250) Metellus den Hasdrubal bei Panormus. Auch die Karthager waren erschöpft und schickten deshalb den Regulus, den sie gefangen genommen hatten, nach Rom, um wegen des Friedens zu unterhandeln; allein dieser kam nicht zu Stande. Die Römer fuhren fort, ihre Kräfte vergebens in der Belagerung von ein paar Städten aufzureiben, während die Karthager in offener Schlacht meist unterlagen. Nur einer ihrer Feldherren konnte sich eines dauernden Glücks rühmen; dies war Hamilkar mit dem Beinamen Barkas (der Blitz), der seit 248 den Oberbefehl über die Flotte erhalten hatte und namentlich durch seine Streifzüge nach Unteritalien den Römern vielen Schaden zufügte. Er war es auch, der von seiner Vaterstadt 241 den Auftrag erhielt, Frieden zu schließen. Rom, ebenso erschöpft wie Karthago, ließ sich dazu geneigt finden, foderte aber die Räumung Siciliens, um nicht fruchtlos gekämpft zu haben. So hart diese Bedingung war, so wurde sie doch angenommen und somit der langwierige Krieg geendet.

Dessenungeachtet genoß Karthago die Ruhe nicht, für die es so viel aufgeopfert hatte. Die Söldner, die man entweder nicht befriedigen wollte oder nicht befriedigen konnte, empörten sich in Afrika (241) und ängstigten vier Jahre lang die Republik, bis sie endlich durch Hamilkar Barkas überwältigt wurden. Auch auf

Sardinien brach ein Aufruhr aus, den die Römer benutzten, um sich der Insel zu bemächtigen. Jetzt that Hamilkar Barkas, der durch seine Großthaten seinen Nebenbuhler und Gegner in Karthago, Hanno, verdunkelt hatte, einen Schritt, der von den wichtigsten Folgen war. Ohne Auftrag des Senats setzte er (237) an der Spitze seines siegreichen Heers und in Begleitung seines Schwiegersohns Hasdrubal und seines neunjährigen Sohnes Hannibal über die Meerenge von Gades und fiel in Spanien ein, um hier Ersatz für Sicilien und Sardinien und zugleich die Mittel zu suchen, mit denen er einst die verhaßten Römer nachdrücklicher als früher bekämpfen könnte. Neun Jahre stritt er auf der Halbinsel mit ausgezeichnetem Erfolge; da ertrank er auf einem eiligen Rückzuge (228). Ihm folgte sein Schwiegersohn Hasdrubal, und als auch dieser nach siebenjährigem glücklich geführten Kriege durch Meuchelmord umgekommen war (221), rief das Heer einstimmig den jungen Hannibal, der schon als Knabe den Römern ewige Feindschaft geschworen hatte, zum Feldherrn aus. Dieser unterwarf in dem kurzen Zeitraume von drei Jahren das ganze südlich vom Ebro gelegene Spanien mit Ausnahme des saguntinischen Gebiets. Doch auch Sagunt sollte fallen. Die Saguntiner wendeten sich nach Rom um Hülfe; allein Hannibal wies die römischen Gesandten zurück und eroberte endlich die Stadt, die sich lange auf das hartnäckigste vertheidigte. Nun schickten die Römer (218) nach Karthago und verlangten die Auslieferung Hannibal's, aber man verweigerte sie und nahm ruhig die darauf erfolgende Kriegserklärung hin; denn die Karthager, ermuthigt durch die Fortschritte ihrer Waffen in Spanien und auf die ungeheuren Reichthümer vertrauend, die von dorther ihnen zuflossen, glaubten die Römer nicht fürchten zu dürfen. So begann der neue 17jährige Krieg, der anfangs den römischen Staat an den Rand des Verderbens brachte, zuletzt aber mit der Besiegung Karthagos endete.

(Der Beschluß folgt in Nr. 485.)

Troßburg.

Ansicht des Schlosses Troßburg in Oberbaiern.

Die südrussischen Steppen.

(Fortsetzung aus Nr. 483.)

Hinsichtlich der Vegetation der Steppen können wir (ohne Rücksicht auf diejenigen Pflanzen, welche angebaut werden) vier Classen unterscheiden: Bäume und Gebüsche, Schilfrohr, Gestrüpp und Gräser. In Betreff der Bäume contrastirt Südrußland auffallend mit dem waldreichen Volhynien, dem laubigen Kleinrußland und der buschigen Ukraine. In den südlichen Gegenden reduciren sich die Büsche und Bäume auf einige Arten von Dorn- und Hollunderbüschen, von wilden Birn- und Apfelbäumen und einige noch weniger bedeutende Baumarten; Wäldchen und Gebüsche liegen, wenn man aus jenen Ländern kommend südlich reist, nur noch wie Oasen in der Wüste oder wie schmale Linien am Ufer der Flüsse, bis auch sie fast unmerklich werden. Während die Flüsse Arabiens und der Sahara an ihren Ufern ein kleines Paradies schaffen, geht den Steppenflüssen dieser wohlthätige Einfluß ganz ab, woran besonders die Lagerung der Schichten Schuld ist, indem gleich unter der obern fruchtbaren Erdschicht gewöhnlich eine unfruchtbare Kalkschicht folgt. Daher erzeugen die Flüsse, Quellen und Bäche der Steppen an ihren Ufern nicht einmal Weidengebüsch, das nur da, wo es mühsam gepflanzt ist, vorkommt. Selbst die wilden verkrüppelten Birnbäume, die sich hier und da finden und weder zieren noch Schatten geben, kommen nur einzeln oder zu zwei und drei vor, und zwar hauptsächlich in den Vertiefungen und Schluchten, geben im Frühling einige spärliche Blüten und im Herbst einige kümmerliche Früchte. Häufig sind die Schlehen- und Weißdorn-, Hagebutten-, Brombeersträuche u. s. w., welche oft undurchdringliche Gebüsche von 100—200 Fuß Durchmesser und 6—12 Fuß Höhe bilden, meist an geschützten Stellen. Die Früchte des Schlehendorns, welcher am zahlreichsten ist, werden eingesammelt und getrocknet, auch frisch gekocht. Die deutschen Ansiedler hauen die Dornen weg und machen den Boden zum Garten- oder Ackerland. In Ermangelung anderer Waldungen sind alle einigermaßen bedeutende Steppenflüsse da, wo sie ruhiger fließen, mit großen Schilfwaldungen geschmückt, besonders am Ausflusse oder da, wo sie stehende Seen und Teiche bilden. Diese Schilfwälder, Plawnas genannt, welche große Strecken von vielen Meilen Länge und mehr als einer Meile Breite bilden, sind im Sommer voll von Vögeln, namentlich Wald- und Wasservögeln, im Winter aber die Sammelplätze aller Steppenthiere, die durch die Kälte von der kahlen Steppe vertrieben werden. Aber auch für den Menschen sind sie von Wichtigkeit. Alle Häuser werden mit Schilf gedeckt, die Gartenzäune aus Schilf geflochten, ja in manchen Gegenden baut man selbst die Häuser aus Schilf, wobei die Schilfwände mit Lehm und Kalk überworfen werden; endlich bietet das Schilf auch noch ein weitverbreitetes Brennmaterial. Vom Dniestr und Dniepr aus wird die Umgegend weit und breit mit Schilf versehen. Die Schilfwaldungen der Flüsse sind übrigens Gemeingut der anliegenden Ortschaften. Eine große Rolle spielt in der Steppe das Gestrüppe oder Unkraut, dort Burian genannt, das weit mehr als bei uns ins Holz treibt, und zur Verzweiflung der Gärtner mit großer Üppigkeit emporwächst. Am weitesten verbreitet ist die Distel, von welcher einige Arten zu einer bewundernswürdigen Größe, Entwickelung und Verzweigung kommen. An manchen Stellen sieht man förmliche Distelgehölze. Ein sehr berüchtigtes Unkraut ist die sogenannte Windse; auch der Wermuth ist häufig, wird mannshoch und nimmt große Flächen ein, wird aber seiner außerordentlichen Bitterkeit wegen vom Vieh in der Regel nicht gefressen. Unter ihn mischt sich gern die Königskerze, deren Blätter ebenfalls jedes Vieh unberührt läßt; dagegen frißt es den wilden Klee. Ein sehr geschätzter Burian ist die Schafgarbe, die nicht selten 2—3 Ellen hoch wird und als Brennmaterial unter allen Unkräutern obenan steht; auch ihre Asche ist den Seifensiedern erwünscht und wird mit Taback vermischt geschnupft. Noch viele andere Burianarten, wilder Hanf, Wolfsmilch, wilde Pastinaken u. s. w. wachsen so üppig, daß sie wahre Wälder bilden. Unter den Gräsern der Steppe gibt es wenig nützliche, z. B. wilder Knoblauch, Sellerie, Kümmel, eine Art Salbei, einige Ölpflanzen, Kräuter, deren Blüten als Thee benutzt werden; dafür aber auch nur wenige giftige. An bunten Blumen, mit denen das schöne Geschlecht des Landes sich gern schmückt, ist die Steppe nicht arm; die schönsten darunter sind die Krokus- und Irisarten, Tulpen und Hyacinthen, von denen aber nur der Name vornehm ist, nächstdem Mohnblumen, Tuberosen und Ringelblumen. Streckenweise sind die Steppen auch mit einer Menge von Salzkräutern bedeckt, die zu den häßlichsten Steppengewächsen gehören. Im Ganzen ist die Mannichfaltigkeit der Geschlechter und Arten von Steppengewächsen, deren die Botaniker nur 500 zählen, sehr gering, und scheint deshalb noch geringer, weil gewöhnlich eine große Strecke nur mit einer oder wenigen Arten bedeckt ist.

Zur Verbesserung des Graswuchses pflegen die Steppenbewohner im ersten Frühjahre die Steppe abzubrennen; manche Steppenherren thun dies regelmäßig alle 4—5 Jahre. Aber oft geräth die Steppe auch durch Zufall in Brand, besonders im Sommer, oder wird böswillig angezündet. Solche Brände gehen oft sehr weit, 50—100 Werste weit, und richten oft viel Unglück an, indem sie nicht nur einzelne Häuser, sondern ganze Dörfer vernichten. Nach der Stärke und Richtung des Windes, sowie nach der Beschaffenheit des Grases, das sie auf ihrem Wege finden, schreiten sie bald schneller bald langsamer vorwärts, ziehen sich zuweilen zwischen zwei Wegen oder Thälern eng zusammen, um sich bald nachher wieder auszubreiten, und machen oft mitten im geschwindesten Marsche an einem breiten graslosen Wege oder langen Thale Halt. An solchen Stellen postiren sich die Menschen, die dem Feuer Einhalt thun wollen, was jedoch nur selten gelingt, weil das jenseitige Ufer meist durch fliegende Funken entzündet wird. Oft dauert ein solcher Brand 6—10 Tage und wird erst durch einen Regen beendigt. Die zahlreichen Heerden werden dadurch nicht wenig in Aufruhr und Schrecken gesetzt und von den Flammen oft völlig eingeengt. Interessant ist das Verfahren bei denjenigen Steppenbränden, die absichtlich veranlaßt werden, um die Weide zu verbessern. Dann wird das ganze abzubrennende Stück mit 3-, 4- bis 8fachen Furchen umgeben, um die benachbarten Felder zu schützen; auf dieselbe Weise umzieht man Enclaven, die man schützen will, z. B. Häuser, Heumagazine, Ackerfelder u. s. w. Nun begeben sich ein paar Dutzend Menschen mit Heuwischen, die sie an langen Stäben halten, auf die trockene Steppe, stellen sich in gleichen Entfernungen in einer der Windrichtung senkrecht durchschneidenden Linie auf und zünden das Heu an, wodurch allmälig eine große Rauch- und Feuerlinie entsteht. Alle harten Kräuter brennen dadurch bis auf die Wurzel aus und die ganze Steppe wird mit einem Aschenschleier bedeckt. Kommt ein Regen, so schlägt dieser die Salze und den Dünger in die Erde und nach wenigen Tagen wächst ein frisches, grünes Gras hervor. Auch die Schilfwaldungen werden häufig angezündet, wiewol die Strafe der Verbannung nach Sibirien darauf steht, weil die Schilfbrände nicht so gut als die Steppenbrände beaufsichtigt werden können. Dennoch wiederholen sie sich in jedem Frühling und namentlich die großen Flüsse Dniestr und Dniepr sieht man dann meilenweit von rothem Scheine erleuchtet, was einen magischen Anblick gewährt. Die Vortheile des Schilfbrennens bestehen erstens in Vertreibung der Wölfe, zweitens darin, daß dem jungen aufsprossenden Schilfe Luft gemacht wird. Da das sechs Ellen hohe Schilf eine Flamme gibt, die mehre Klaftern hoch ist, und das Feuer schnell um sich greift, so sieht man es in einer Entfernung von vielen Meilen. Bei jedem solcher Brände kommen viele im Schilf sich aufhaltende Thiere ums Leben, schädliche und unschädliche; die Wölfe stürzen sich truppweise ins Wasser und suchen sich an das entgegengesetzte Ufer zu flüchten, was ihnen aber, wenn auch dieses in Brand gesteckt ist, nichts hilft.

Die Thierwelt der Steppen ist verhältnißmäßig ebenso arm an Arten als die Flora, aber desto größer ist die Zahl der Thiere derselben Art, die sich wegen der dünn gesäeten Bevölkerung der Steppen leicht außerordentlich vermehren kann. Namentlich im Frühlinge kommt eine große Zahl von Thieren zum Vorschein. Unter den Vierfüßern ist das Erdhäschen (Cytillus vulgaris), von den Russen Sußlik genannt, ein allerliebstes, zierliches und bewegliches Nagethier, das der Steppe eigenthümlich ist und gewissermaßen zwischen Murmelthier und Eichhörnchen in der Mitte steht, ganz besonders zahlreich; es muß vielen andern Steppenthieren zur Nahrung dienen, namentlich den Wölfen, Füchsen, Adlern und Habichten. Sehr häufig ist auch die Maus, deren Vermehrung in den Steppenkornmagazinen ungeheuer ist. Der Wolf gräbt sich in der Steppe, wie der Fuchs, selbst große Löcher; er ist wol nirgend auf der Welt so häufig als in den nördlichen Grenzländern der Steppen, Ukraine und Kleinrußland; der großen Anzahl der Wölfe entspricht die Menge ihrer Verfolger, der Hunde. Die Steppenhunde sind groß, zottig, langbeinig, mit einem langen Schweife versehen und von schmuziggraubrauner Farbe, übrigens so wild wie die türkischen Hunde. Im Sommer machen sie Jagd auf die Mäuse, Ratten und Erdhäschen, saufen die Eier der Vogelnester und erhaschen selbst flügge Vögel im Fluge; im Winter kommen sie in die Dörfer und aus diesen in die Städte, wo man überall scheue, hungrige und herrenlose Hunde mit gesenktem Schweife umherlaufen sieht, und wo sie durch Verzehren der todten und faulenden Fleischsubstanzen, die auf die Straßen geworfen werden, sich nützlich machen. In den Steppen, wo sie sich wie die Wölfe Höhlen graben, sind sie eine wahre Landplage und fallen selbst den Gärtnern beschwerlich, weil sie das Obst in hohem Grade lieben. Die halbe Wildheit, in der sie leben, ist Ursache ihrer Vermischung mit den Wölfen, die hier wie in der Ukraine der allgemeinen Meinung nach zuweilen stattfindet; die daraus entspringenden Bastarde, Wolfshunde, sind die ärgsten Feinde der Wölfe. Katzen sind in den Steppen als Hausthiere häufig; wilde gibt es nicht, aber die zahmen werden oft wild. Von den Vögeln der Steppe sind zu bemerken: die Trappe, sehr zahlreich, im Winter in Scharen von 80—100 vorkommend, und von Schützen am meisten gejagt; das Birkhuhn, das sich hier ohne Birken behelfen muß; der Adler, mindestens ebenso häufig als in den Alpen; der Geier; der Staar, zum Theil von schönem Gefieder (z. B. der Goldstaar, Rosenstaar, buntfarbige Staar); die Jungfrau von Numidien, die Zierde der Steppen, mit feinem, angenehm gefärbtem und zartschattirtem Gefieder, mit schlankem Schwanenhalse und langen Füßen; Falken und Habichte in großer Zahl, zum Theil sehr zierlich und schön gefiedert (z. B. eine milchblaue und eine rothe Art); Kibitze, Dohlen, Eulen, die äußerst zahlreich sind, Höckerschwäne, Pelikane (zwei Arten) und Löffelgänse u. s. w. Der einzige hier vorkommende ordentliche Singvogel ist die überall schwirrende und zwitschernde Lerche. Von Amphibien sind Schlangen, Eidechsen, Schildkröten und Frösche äußerst häufig. Die Unke seufzt vom Frühling bis zum Herbst in allen Gewässern, mit Ausnahme der wenigen lebendigen Flüsse; ihr melancholischer Ton harmonirt mit dem ganzen Charakter der Steppe. Kröten findet man in den Gärten fast auf jedem Schritte, selbst auf den Äckern und mitten in der hohen Steppe, oft auf dem trockensten Boden; der Glaube an Krötenregen im Juni und Juli ist allgemein verbreitet. Gegen die Schlangen, von deren Häufigkeit in diesen Gegenden schon Herodot spricht, müssen die deutschen Ansiedler einen wahren Vertilgungskrieg führen; sie haben ihren Hauptsitz in den sumpfigen Schilfwäldern der Flüsse. Die längste ist Coluber trabalis, welche zuweilen 12 Fuß und darüber lang werden soll. Die gewöhnliche Speise der größern Schlangen sind die kleinen Erdhäschen; in den bessarabischen Steppen aber gibt es eine, die den Kühen die Milch aussaugt. Anfangs leisten jene Widerstand, allmälig aber werden sie es gewohnt und zuletzt macht es ihnen, da die Schlange sanfter als das Kalb saugt, so viel Vergnügen, daß sie wol gar in den Dorngebüschen die Schlangen aufsuchen, um von der ihnen lästigen Milch befreit zu werden. Von den Insekten ist keins so nachtheilig und kommt in so ungeheuren Massen vor als die Heuschrecken, die zum Glück nicht alle Jahre erscheinen. Erst seit der Mitte der zwanziger Jahre sollen sie zum Schrecken der deutschen Colonisten häufiger geworden sein, während man früher nichts von ihnen wußte; verheerend waren sie 1828 und 1829, weniger 1830—32; seit 1834 sind sie gar nicht wieder in großen Massen erschienen. Die Biene kommt nur zahm vor, aber die Bienenzucht, die in den Steppenvorländern, Ukraine, Kleinrußland und Podolien, sehr bedeutend ist, gedeiht in der Steppe nur in einigen großen, stark bewohnten Flußthälern, namentlich dem des Dniestr. Hier treiben mehre Armenier die Bienenzucht als Hauptgeschäft; sie besitzen oft 500—1000 Bienenstöcke, von denen jeder 20—40,000 Bienen enthält und jährlich 30—40 Pfund Honig gibt. Eine Colonie von 3—400 Stöcken wird von einem einzigen Mann mit Hülfe von zwei Burschen beaufsichtigt und bedient. Die Stöcke sind ausgesuchte, 2—3 Fuß hohe Stücke von jungen Lindenbäumen, in denen inwendig mehre kleine Querstäbe angebracht sind; oben sind sie mit Lindenbast bedeckt und als Unterlage dient ein Holzblock. Im Frühlinge begeben sich die Bienenwirthe auf die Wanderung, lassen sich unter Zelten nieder und stellen ihre Bienenstöcke in langen parallelen Reihen nebeneinander. Das Einfangen der schwärmenden Bienen macht weit weniger Umstände als bei uns. Nach der Heuernte begeben sich die Bienenwirthe wieder in die Nähe der Gärten, Städte und Flüsse; im Herbst vergraben sie sich mit den Stöcken in die Erde, indem sie dieselben in tiefen cylinderförmigen Löchern aufschichten, doch ziehen Viele vor, die Stöcke auf der Oberfläche des Bodens nach Art unserer Kohlenmeiler in konischen Haufen aufzubauen und rund herum mit Stroh und Schilf zu bedecken. Von den Käfern sind die Mistkäfer am häufigsten, von den fliegenden Insekten die Stubenfliegen und Mücken.

(Die Fortsetzung folgt in Nr. 485.)

Einfuhr in den Staaten des Zollvereins im Jahre 1841.

Baumwollengarn 440,853 Ctr., Baumwollenwaaren 16,112 Ctr., Eisen und Stahl 589,830 Ctr., Branntwein, Rum u. s. w. 28,846 Ctr., Wein und Most 222,025 Ctr., Südfrüchte a) frische, Apfelsinen, Citronen u. s. w. 34,471 Ctr. und 33,700 Stück, b) trockne 117479 Ctr., Gewürze 50,763 Ctr., Heringe 220,993 Tonnen, Kaffee, Kaffeesurrogate und Cacao 703,830 Ctr., Käse 32,464 Ctr., Reis 147,901 Ctr., Syrup 47,701 Ctr., Taback 273,582 Ctr., Zucker 997,205 Ctr. (worunter Rohzucker für inländische Siedereien 609,164), seidene Waaren 2599 Ctr., halbseidene Waaren 1889 Ctr., wollene Waaren 30,844 Ctr., Steinkohlen 4,028,782 Ctr., Talg und Stearin 31,057 Ctr., Vieh, Pferde, Maulesel u. s. w. 38,055, Ochsen und Stiere 11,590, Kühe 19,226, Rinder 3849, Schweine 264,764, Hammel 74,617, anderes Schafvieh, Ziegen, Kälber u. s. w. 152,329 Stück.

Nachtrag über die prager Kettenbrücke.

Der in Nr. 471 gegebenen Notiz fügen wir nach einer Beschreibung des Erbauers der Brücke, Amtsingenieur Schnirch, noch einige ihre Construction betreffende Angaben bei.

Die prager Kettenbrücke, die längste aller bekannten Kettenbrücken, indem sie zwischen beiden Ufern 1317, mit Zurechnung der Uferlastmauerwerke aber 1447 Fuß lang ist (die Breite beträgt 29½ Fuß, wovon 19 auf die Fahrbahn und 10½ auf die beiden Gehwege kommen), ist eigentlich aus zwei zusammenhängenden, aber voneinander unabhängigen Kettenbrücken zusammengesetzt, von denen jede zwei Stützpfeiler mit einer schwebenden größern Haupt- oder Mittelbahn und mit zwei kleinen Spannkettenbahnen enthält; beide haben in der Mitte der Schützeninsel, auf welcher zwei Stützpfeiler stehen, einen gemeinschaftlichen Befestigungspunkt, wo die Ketten verankert sind. Auf diesem Lastmauerwerke auf der Schützeninsel sind zur Vermehrung des Gewichts zwei Wohngebäude zu beiden Seiten der Fahrbahn aufgeführt; durch das eine gelangt man zu einer 7½ Fuß breiten zweiarmigen Treppe, welche die Verbindung mit der Insel herstellt. Die zusammengehörigen Stützpfeiler jedes Brückensystems sind 420 Fuß voneinander und drei davon 105 Fuß, einer 129 Fuß von den Lastmauern entfernt. Die Wurzel- oder Anfangspunkte der Ketten liegen 21¾ Fuß unter der Fahrbahn, 80 Fuß von der Uferbrustmauer entfernt, und von ihnen aus laufen die Ketten an beiden Stadtufern in schräger Richtung (unter einem Winkel von 18⅙ Grad) zu dem obern ersten Unterstützungspunkte, von diesem aber zu den 35½ Fuß höher liegenden Stützpunkten in den Brückenpfeilern. Die Stützpfeiler sind in ihrer Basis ohne den runden Vor- und Eispfeiler 47, mit diesen 59 Fuß lang, 18½ Fuß dick, 27⅓ Fuß hoch; auf ihnen ruhen die Thorpfeiler, 44 Fuß lang, 15 Fuß dick, 47 Fuß hoch. Alles Mauerwerk ist mit 2 Fuß breiten, 3 Fuß langen, 1½ Fuß dicken Quadern verkleidet, an den einer größern Pressung ausgesetzten Stellen aber auch im Innern aus massiven Quadern hergestellt.

Die Tragketten, welche von einem Wurzelpunkte zum andern fortlaufen und das ganze Brückensystem tragen, bestehen zu beiden Seiten aus vier, also zusammen aus acht Ketten, von je sechs Gliedern. Jedes Glied ist 10 Fuß lang, 4 Zoll breit, $^{58}/_{100}$ Zoll dick; alle 48 Glieder geben daher einen Querschnitt von 112 Quadratzoll. Von den Ketten hängen Tragstangen herab, abwechselnd von den obern und von den untern vier Ketten, an denen die Brückenbahn befestigt ist.

Die verwandten Materialien bestehen in 2174¾ Ctr. Gußeisen, 7553½ Ctr. Schmiedeeisen, 144,566 Cubikfuß Granitquadern, 342,144 Cubikfuß Steinmauerwerk im Innern, 20,000 Cubikfuß Kalk, 120,000 Cubikfuß Sand, 7676 Klaftern Holz zu den Pfählen, Schwellen u. s. w. und außerdem 3700 Stück hölzernen Pfosten. Die Baukosten betrugen 330,000 Fl. (worunter 122,000 Fl. für Eisen); dazu kommen die Kosten für Grunderwerb, Direction und Regie des Baus, wodurch das Actiencapital von 409,600 Fl. (2048 Stück à 200 Fl.) beinahe erschöpft worden ist.

Preußens Sparkassen.

Am Schlusse des Jahres 1840 befanden sich in der preußischen Monarchie 24 Sparkassen mit einem Bestande von 6,803,034 Thalern. Am Schlusse des Jahres 1839 betrug der Bestand nur 6,077,329 Thlr., demnach hatte sich das Vermögen der ärmern Volksclasse in einem Jahre um 725,704 Thaler vermehrt. Die zurückgenommenen Einlagen betrugen 1,872,808, die neuen 2,443,407 Thaler.

Literarische Anzeige.

Bei **Jules Renouard und Comp.** in **Paris** ist erschienen und durch alle Buchhandlungen zu beziehen:

Die Bibel als ein Menschenwerk betrachtet.

Umrisse zu einer Geschichte derselben in Briefen an seine Freunde.
Von **Claudius.**
12. Paris und Leipzig, 1841. In elegantem Umschlag geheftet 1 Fl. 3 Kr.

Es gibt wol kein Buch, das solche Räume durchzogen hätte als die Bibel. Ausgegangen zuerst, wie wir wissen, von Asien, dann später von Afrika, durchlief sie Europa im vollsten Sinne des Worts; sie setzte über alle Meere, sie durchflog den alten und neuen Continent, sie setzte ihren Fuß auf die fernsten Inseln. — Wol können wir daher dieses Buch einem Reisenden vergleichen und ihn befragen, auf welche Weise es seinen Weg zurückgelegt, welche Aufnahme ihm auf seiner Wanderung geworden, und welche seine verschiedenen Schicksale waren. — Doch ist dies nicht Alles; ein Buch, das eine solche Weltfahrt gemacht, ein Buch, welches sein Bestehen nicht nach Jahren, sondern nach Jahrhunderten zählt, ein solches Buch erscheint wol nicht ohne tiefe Spuren zurückzulassen; überall wo es sich zeigt empfinden die Art und Weise zu sehen, die Art und Weise zu fühlen, die Art und Weise zu handeln, diesen seinen Weltgang.

Der Gegenstand, welchen diese Briefe behandeln, ist von so großem, von so allgemeinem Interesse, daß sie wol von keinem wirklich Gebildeten ungelesen bleiben dürften, und wir sind überzeugt, daß der Leser diese höchst logisch durchgeführte und geistvolle Schrift gewiß nicht unbefriedigt aus der Hand legen wird.

Das Pfennig-Magazin

für

Verbreitung gemeinnütziger Kenntnisse.

485.] Erscheint jeden Sonnabend. [Juli 16, 1842.

Peking.

Ansicht des kaiserlichen Palastes und Gartens zu Peking.

Peking, auch Tschung-tieng-fu genannt, die Hauptstadt des chinesischen oder sogenannten himmlischen Reichs, wurde von Kubilai, Enkel des Dschingis-Khan, im 13. Jahrhundert unserer Zeitrechnung erbaut und unter der Dynastie Sing zur Residenz erhoben. Es liegt in Pe-tsche-li, der ersten von den 15 Provinzen Chinas. Der erste Eindruck dieser Riesenstadt von zwei Millionen Einwohnern (deren Zahl jedoch von Manchen nur auf 700,000 angegeben wird) ist wahrhaft kaiserlich, indem sich am östlichen Thor ein Triumphbogen erhebt. Dieses Denkmal ist mit seinen drei Durchgängen als eine Art Vorspiel der großartigen Hauptstadt zu betrachten und führt auf einen anderthalb Stunden langen regelmäßig gepflasterten Weg. Eine halbe Stunde weiter steigen zwei große, viereckige Thurmgebäude von doppelter Dachung, mit glasirten Ziegeln gedeckt, empor. Bildhauerarbeit und Inschriften zu Ehren der Erbauer schmücken das Äußere; innerhalb befinden sich ungeheure Säle zur Einquartierung von Policeisoldaten, deren überhaupt an 20,000 mit Peitschen für die öffentliche Ruhe der Stadt sorgen.

Schon mit dem ersten Eintritt in China überzeugt sich der Reisende, daß der Hauptgedanke der Chinesen auf Vertheidigung gerichtet, wenn schon von Poltronnerie nicht frei ist. Das merkwürdigste Zeugniß dafür gibt nun schon seit zwei Jahrtausenden die sogenannte große Mauer, welche China von der Mongolei scheidet. Ihre Höhe und Breite beträgt drei Klafter; das gigantische Werk erstreckt sich auf 3000 Werst oder mehr als 400 Meilen und geht durch die tiefsten Thäler, ferner mittels Bogengewölbes durch die Flüsse, ja es überschreitet die höchsten Berge von 5225 Fuß Höhe. Aber ebenso hat natürlich wieder Peking seine besondern, in ihrer Art nicht minder riesigen Mauern. In zwei Quartiere, die chinesische oder rothe und die Tataren- oder schwarze Stadt, getheilt, bildet es ein längliches Viereck, an welchem eben diese Mauern nächst den Thoren den höchsten Gegenstand der Verwunderung darbieten. Man denke sich diese Mauern von 20 Fuß Höhe, von allen Seiten mit Thürmen versehen und so terrassirt, daß 12—16 Reiter bequem nebeneinander darauf reiten können, so hat man einen Begriff von dem ungeheuern Umfange des Walles, welcher Peking gegen äußere feindliche Angriffe schützt. Sollte es auch den Chinesen an gutem Geschmack fehlen, so wird man die von ihnen errichteten Denkmäler wenigstens nicht kleinlich und ärmlich nennen können, wie so manchen gepriesenen europäischen Bau.

Man kommt durch 16 Thore in die Stadt, deren jedes zwischen zwei Thürmen angebracht ist, die, von mehren Fenstern erhellt, ansehnliche Wachhäuser bilden. Kaum ist man in Peking selbst eingetreten und befindet sich auf einer nach der Schnur angelegten Straßen von 120 Fuß Breite, welche schon Marco Polo im 12. Jahrhundert bewunderte, wo doch Peking nur noch ein Khan der Mongolen war, so eröffnet sich eine andere Scene. An die Stelle jener großen Denkmäler tritt nun der Reichthum, ja die Eleganz der Tempel und öffentlichen Gebäude. Doch den Tadel verdienen diese Bauwerke unbestreitbar, daß man nicht sowol auf die Ausführung der Baulichkeiten selbst als vielmehr auf äußere Zierathen, Bronzen, Vergoldungen, Malereien seinen

X.   29

Fleiß gewendet hat, welche letztere, wenn auch den Mangel an Geschicklichkeit der Chinesen in dieser Art von Arbeit verbergend, doch zugleich diese Werke selbst überladen, denen Simplicität zum bessern Schmuck gedient haben würde. Das ist der einzige Fehler am Kaiserpalast, welcher sonst durch seine Unermeßlichkeit (daher Viele ihn selbst eine Stadt nennen mögen) und seine Pracht zu den wahren Wunderwerken von Peking gehört.

Dieser Palast, nur in geringer Entfernung von dem südlichen Thore der Tatarenstadt, hat die Form eines Vierecks und ist etwas länger als breiter. Ihn umgeben starke, mit Schießscharten versehene, aus Backsteinen erbaute Mauern, mit gelben Ziegeln gedeckt und bei jeder Pforte mit einem Thurme geziert. Die Anordnung der Dächer gibt dem Palaste beim ersten Anblick ein wunderliches Ansehen. Die Dächer sind vier Mal gebrochen und längs der scharfen Kante hin mit streifigen Blumenverzierungen ausgestattet; sie erheben sich nach dem äußersten Ende, wo dann wieder eine neue Bedachung, wie die erstere aus glasirten Ziegeln, beginnt. Das Ganze stützt eine große Anzahl Säulen mit einem grünen Überzuge und vergoldeten Figuren.

Der Palast enthält inwendig eine Reihe Säle, von denen immer einer den andern an Reichthum und Pracht übertrifft und um welche ringsherum eine zum Theil verdeckte Galerie läuft. Der erste Hof, in welchen man eintritt, ist sehr umfänglich. Man gelangt zu ihm auf einer weißen, mit Bronzefiguren geschmückten Marmortreppe, welche die Form eines Hufeisens hat. Dieser Hof wird durch einen Bach bewässert, über welchen mehre Brücken von Marmor gebaut sind. Im Hintergrunde erhebt sich eine Façade, in welcher drei Pforten sich öffnen. Die mittlere ist dem Kaiser allein vorbehalten, die andern dienen den Mandarinen und ersten Würdenträgern des Staats. Diese Pforten führen in einen zweiten Hof, welcher an Umfang alle andern des Palastes übertrifft und um den sich in unabsehbarer Länge eine Galerie zieht. Hier sind die Schätze der Krone, die Juwelen, das Pelzwerk, die Waffen und das Hausgeräth, welche dem Sohn des Himmels, d. i. dem Kaiser, Thien-tseu zum Geschenk dargebracht wurden. In diesem Hofe befindet sich der kaiserliche Saal, Tai-Ho-Tsien genannt. Er ist über fünf Terrassen, zu welchen Stufen führen, erbaut; jede ist mit weißem Marmor ausgelegt und mit Brustlehnen verziert. In diesem Saale versammeln sich die Mandarine, wenn sie dem Kaiser huldigen. Der Thron, inmitten dieses Saals oder ungeheuern Zimmers, besteht in einer höhern Estrade, mit dem einzigen Worte: Chin, d. h. heilig, als Inschrift. Auf der Plateform, welche diesen Saal trägt, sind große bronzene Gefäße aufgestellt, auf welchen an Galatagen Räucherwerk angezündet wird. Auch sind da große Kandelaber in Form von buntgefiederten Vögeln. Diese Plateform verlängert sich nordwärts und trägt zwei andere Säle. Der eine ist eine Rotunde mit einer großen Anzahl Fenster, herrlich lackirt und die Garderobe des Kaisers enthaltend, dagegen der andere zum Empfang dient.

Dies wäre eine abgekürzte Beschreibung des Palasts, welcher sich der Länge nach an 1400 Fuß von Ost nach West und 1800 Fuß von Norden nach Süden erstreckt. Hierzu nehme man nun die andern Paläste der Prinzen und der kaiserlichen Familie, und man wird beim Anblick solcher erstaunenswürdigen Bauwerke wol unterlassen, die chinesische Baukunst verächtlich anzusehen.

Der Park von Youen-Min-Youen ist der herrlichste Schmuck des kaiserlichen Aufenthalts. Wir können keck behaupten, daß er keinem der schönsten Gärten Europas nachsteht. Man findet hier weder die eintönige Regelmäßigkeit und künstliche Ausführung eines Le Nôtre, noch die Verwirrung, in welche sich mehre englische Parks verlieren, wo man über dem Bemühen, die Natur zu wahr darzustellen, über dieselbe hinausgegangen ist. Ohne seinen großartigen Charakter irgendwo zu verleugnen, welcher dessen größte Zierde ausmacht, entfaltet der Garten die mannichfaltigsten und reizendsten Ansichten. Gehölz und Felsen, Ebene und Thäler sind hier so kunstvoll benutzt, daß man von jedem der hier und da im Garten erbauten Lusthäuser immer wieder eine andere Fernsicht genießt. Das Wasser, welches so vielen Landschaften ihren Reiz verleiht, die ohne solches ziemlich todt sein würden, ist hier bald in Teiche, bald in Kanäle, bald in Bassins geleitet, deren ungleiche Ufer das Werk des Zufalls zu sein scheinen, obgleich die Menschenhände Alles, mit Verbergung ihrer Wirksamkeit, angelegt haben. Keck hingeworfene Felsen bilden einen Lustgang, von welchem man über den wellenschlagenden See auf reichbewimpelten Gondeln gelangt. Alles, selbst die verschiedene Farbe der Blätter nicht ausgenommen, hat man hier in eine gewisse Harmonie zu setzen gesucht, damit das Auge durch solchen Anblick allenthalben bezaubert werde. Und so beschließt denn das Ganze, in staunenswerthem Contrast zwischen Kunst und Naturschönheit, jener wundervolle Palast, mit dessen Beschreibung wir uns soeben beschäftigten.

Um noch mit einigen Strichen das Bild von Peking zu vollenden, bemerken wir, daß neben dem kaiserlichen Palast besondere Häuser von Backsteinen für die Kaiserin, die kaiserlichen Concubinen, die Eunuchen, die Mandarinen, die Staatsräthe erbaut und alle auch mit eigenthümlichen Mauern umgeben sind. Fast allgemein werden die Fenster nicht mit Gläsern, sondern mit buntem Papier verschlossen, und daher herrscht im Innern eine gewisse Düsterheit. Auch macht die Gewohnheit, die Hintergebäude nach den Straßen zu richten, eine widrige Wirkung, wobei nur die ausgehangenen, Namen und Betrieb der Bewohner anzeigenden, großen schwarzen Tafeln die Monotonie unterbrechen.

Die Hauptstraßen, oft von der Länge einer Stunde, sind zwar schnurgerade, fast ohne Ausnahme aber ungepflastert, dagegen ist in der Mitte ein drei Fuß hoher Erdaufwurf vorhanden, welcher für leichtes Fuhrwerk und die Fußgänger bestimmt ist, und ein schmaler Weg an der Seite für schweren, oft mit sieben oder acht Maulthieren bespannten Lastwagen. Ersterer Weg würde ganz bequem sein, wenn nicht längshin auch Zelte und Buden von den meist öffentlich betriebenen Handwerken und Gewerben befindlich wären, welche ungemein beschränkend sind. Die Folge des Mangels an Pflaster ist bei der fast stets herrschenden Trockenheit ein in großen Wolken sich erhebender Staub. Wenn nun aber Regenwetter einfällt, entsteht oft, zumal bei der so mangelhaften Policei, ein so beispielloser Koth, daß der schmalere Seitenweg fast ganz ungängbar wird. Auch ist zu bemerken, daß außer den breiten Straßen es eine Anzahl Nebenstraßen gibt, die so eng sind, daß kaum Ein Wagen passiren kann, und man zuvor in diese Art Hohlweg hineinrufen muß, um sich nicht der größten Gefahr auszusetzen. Diese engen Gassen waren vordem insgesammt mit Thoren versehen, welche für die Nacht völlig geschlossen wurden, eine Einrichtung, welche neuerdings abgeschafft ist, dagegen die in der Nacht Kommenden sich bei dem Wächter namentlich anzugeben haben.

Was die Tempel anlangt, welche sich durch einen zinnoberrothen Anstrich auszeichnen, so stehen sie meistens leer und werden nur bei besondern Calamitäten, z. B. großer Dürre, vom Volke, sonst nur etwa von Beamten bei Antritt ihres Amts, besucht. Die Feier besteht in tiefen Verbeugungen und Anzündung von Bündeln Kerzen aus harzigen Holzspänen und wohlriechendem Holze. Wenn an bestimmten Festtagen die Menge zum Tempel strömt, so geschieht es, um an dem Markt Theil zu nehmen, welcher daselbst mit vielerlei Gegenständen in den Vorhöfen getrieben wird. Unter den öffentlichen Gebäuden sind eine Vaccinationsanstalt und ein Findelhaus zu bemerken.

Der Gebrauch einer Art leichten Fuhrwerks ist mit Ausnahme der fürstlichen Personen, die in Sänften getragen werden, allgemein, namentlich beim weiblichen Geschlecht, da die Chinesinnen, welche der gebieterischen Mode eines möglichst kleinen Fußes allgemein huldigen, wegen der vom fünften Jahre an gewaltsam zusammengepreßten Füße nur mit Anstrengung zu gehen vermögen.

Karthago.
(Beschluß aus Nr. 484.)

Schon längst hatte Hannibal die Zeit herbeigewünscht, wo er sich mit den Römern messen könnte, und als nun die Feindseligkeiten ausbrachen, war bereits sein Plan gefaßt, die Römer in ihrem eigenen Lande anzugreifen und zwar von einer Seite, von der sie es am wenigsten erwarteten. Er übergab seinem Bruder Hasdrubal den Oberbefehl in Spanien und brach mit 90,000 Mann zu Fuß, 12,000 Reitern und 78 Elefanten von Gades auf, setzte über den Ebro, an dem er einen Theil seines Heers zurückließ, überschritt die Pyrenäen, zog durch das südliche Gallien, bald durch Gold bald mit den Waffen den Weg sich bahnend, und sah sich endlich am Fuße der Alpen. Trotz der schon vorgerückten Jahreszeit, trotz der Unwegsamkeit des Gebirges, begann er sie sogleich zu übersteigen. Wahrscheinlich ging der Zug über den kleinen Bernhard. Neun Tage brauchte er, um den Gipfel der Alpen zu erreichen, wo er zwei Tage rastete. Das Heer war gänzlich entmuthigt; allein er wußte es wieder aufzurichten und zu dem noch beschwerlichern Hinabsteigen zu bewegen. Tausende stürzten hier, durch die trügerische Schneedecke getäuscht, in bodenlose Abgründe; Tausende sanken erschöpft nieder und fielen feindlichen Galliercharen in die Hände. Das Vieh, namentlich die Elefanten, kamen aus Mangel an Nahrung um. Aber nichts hielt den kühnen Hannibal auf, und so gelangte er mit 26,000 Mann an das Ufer des Po. Mit Schrecken erfuhren die Römer, die sich schon rüsteten, Karthago in Afrika anzugreifen, die Nähe des Feindes. Sogleich sendeten sie dem Hannibal den P. Scipio entgegen; aber der karthagische Held schlug ihn am Ticinus in die Flucht und bald darauf wieder an der Trebia (218). Unaufhaltsam zog er nun vorwärts, traf am See Trasimenus mit dem Consul Flaminius zusammen, rieb dessen Heer in mörderischer Schlacht gänzlich auf (217) und drang im folgenden Jahre in Umbrien ein. Nachdem er mehre Städte vergebens belagert hatte und nur mit Mühe der Schlinge entgangen war, in die ihn der schlaue Dictator Fabius lockte, wendete er sich nach Apulien, wo die beiden Consuln mit ihrem Heere standen. Hier kam es bei dem Flecken Cannä (216) zur Vertilgungsschlacht. Über 45,000 Römer bedeckten als Leichen den Wahlplatz; der Fluß Aufidus war von Blute roth gefärbt. Rom zitterte. Allein Hannibal war nach so vielen, obwohl siegreichen Kämpfen zu schwach, es anzugreifen, und überwinterte in Capua. Von nun an erfreute er sich keines so glänzenden Geschicks mehr; ja bald mußte er sich blos auf seine Vertheidigung beschränken, weil seine Truppen immer mehr zusammenschmolzen und er von Karthago, wo Hanno gegen ihn intriguirte, keine Unterstützung erhielt. Seine einzige Hoffnung ruhte jetzt auf seinem Bruder Hasdrubal, dem er befohlen hatte, gleich ihm über die Alpen zu gehen. Dieser jedoch wurde durch die Siege der Römer in Spanien (unter P. und Cn. Scipio und, als diese gefallen waren, unter P. Cornelius Scipio) zurückgehalten, und als er endlich doch aufgebrochen war und die Alpen überschritten hatte, bei Sena am Metaurus geschlagen und getödtet (207). Die Karthager hatten unterdeß außerhalb Italiens, in Spanien, Sicilien und Sardinien, meist unglücklich gefochten. Mehrmals waren ihre Flotten vernichtet worden und nur Hasdrubal hatte die Römer an der gänzlichen Eroberung Spaniens gehindert. Als dieser daher abgezogen war, fiel die ganze Halbinsel in ihre Hände. Jetzt setzte P. Cornelius Scipio mit einem Heere von 35,000 Mann nach Afrika über und landete in der Nähe von Utika. Im Bunde mit dem numidischen Fürsten Masinissa schlug er den Hasdrubal, den Sohn Gesko's, verwüstete das Land und nahm mehre feste Plätze ein. Da rief das bedrängte Karthago den Hannibal aus Italien herbei, wo sich derselbe immer noch mit Glück zu behaupten wußte. Weinend vor Schmerz und Bekümmerniß verließ Roms gefährlichster Feind das Land seiner Triumphe und begab sich nach Afrika (203). Dort kam es 201 zwischen ihm und Scipio zu der entscheidenden Schlacht bei Zama. Hannibal verlor sie trotz seines auch hier bewiesenen Feldherrntalents und somit blieb Karthago keine Hoffnung mehr, den Krieg zu einem glücklichen Ende zu bringen. Es bat um Frieden und erhielt ihn unter den drückendsten Bedingungen. Die härteste und die, welche seinen Untergang herbeiführte, war, daß es ohne Roms Erlaubniß keinen Krieg zu unternehmen versprechen mußte. Außerdem mußte es auf Spanien gänzlich verzichten.

Sechs Jahre lang wirkte Hannibal noch zum Besten seiner Vaterstadt und erwarb sich namentlich dadurch ein großes Verdienst um sie, daß er ihre nach und nach verderbte Verfassung wiederherstellte; zugleich aber machte er sich viele Übelgesinnte zu Feinden und wurde zuletzt sogar genöthigt, sich zu flüchten. Er begab sich zu dem syrischen Könige Antiochus und reizte diesen zum Kriege gegen Rom. Die Römer aber blieben auch diesmal Sieger und foderten die Auslieferung des Hannibal. Nur mit Mühe entwich dieser zu dem Könige Prusias von Bithynien. Auch dorthin jedoch verfolgten ihn später hin die Römer; sie umzingelten sein Haus, fanden aber, als sie eingedrungen waren, nur seine Leiche, denn er hatte sich durch Gift ihren Händen entzogen (183).

Inzwischen nahm der Numidier Masinissa den Karthagern einen Strich Landes nach dem andern weg, ohne daß diese es gewagt hätten, ihm zu widerstehen. Vergebens baten sie Rom, den Masinissa an weitern Unternehmungen zu hindern, oder ihnen zu erlauben, Gewalt mit Gewalt zu vertreiben. Die Römer hatten, durch Kato angereizt, die Vernichtung Karthagos beschlossen. Kaum hatte daher dieses durch die Noth gedrungen den Krieg gegen den Numidier begonnen, so landete auch ein römisches Heer von 84,000 Mann an Afrikas Küsten. Erschrocken versprachen die unglücklichen Karthager, sich allen Bedingungen zu fügen, um nur den Frieden zu erhalten, und die Römer waren niedrig genug, ihnen darauf Hoffnung zu machen, wenn sie ihre Schiffe und alle Waffen ausliefern würden. Nicht einen Augenblick zögerte Karthago, diese harte Foderung zu erfüllen, aber als nun seine Gesandten dem Consul Censorinus die Waffen übergaben, sprach dieser finstern Blicks: „Zu loben ist euer Gehorsam; aber vernehmet nun auch mit ruhiger Fassung das letzte Gebot des Senats. Verlaßt eure Vaterstadt und baut euch an, wo ihr wollt, in eurem Gebiete, doch 80 Stadien entfernt vom Meeresufer. Karthago soll vernichtet werden." Ein Schrei des Entsetzens durchtönte die Stadt, als diese Schreckensnachricht sich dort verbreitete. In seiner Wuth tödtete das Volk die Gesandten und verwünschte sein unkluges Vertrauen gegen die Römer. Der Senat beschloß noch an demselben Tage den Verzweiflungskrieg (im Jahre 149), und nun begann eine Thätigkeit innerhalb der Mauern Karthagos, die wahrhaft erstaunenswerth ist. Alles Metall, was sich vorfand, selbst die Götterbilder nicht ausgenommen, wurde zu Waffen verwendet, an denen Männer und Weiber Tag und Nacht so rastlos arbeiteten, daß täglich nahe an 2000 in allen Gattungen verfertigt wurden. Ja die Frauen schnitten sich ihre Haare ab, um Bogensehnen daraus drehen zu lassen. Unterdessen säumten die Consuln, ihres Sieges gewiß. Allein dieser Verzug kam ihnen theuer zu stehen. Von der Seeseite war Karthago gänzlich unzugänglich und von der Landseite wurde es durch eine dreifache Mauer und durch die Burg Byrsa, deren höchsten Gipfel der Tempel des Äsculap bildete, geschützt. Zwei Jahre lang brachen die Römer an diesen Mauern vergebens ihre Kräfte, bald von den Belagerten, bald von einem karthagischen Heere unter Hasdrubal beunruhigt. Mehre Consuln mußten unverrichteter Sache nach Italien zurückkehren. Da trug endlich der römische Senat dem Scipio Ämilianus das Werk der Zerstörung auf. Nach manchen fruchtlosen Anstrengungen gelang es diesem, in die Stadt einzudringen, in welcher er jedoch jeden Schritt theuer erkaufen mußte. Zuletzt sah er sich, um zu der Burg zu gelangen, genöthigt, die Stadt anzuzünden. Länger als sechs Tage wüthete das Feuer. Auch Byrsa mit dem Tempel ging in Flammen auf, und so blieb von dem blühenden Karthago, das in der Zeit seines Flors mehr als 700,000 Einwohner zählte, nur ein ungeheurer Aschenhaufen und wenige Trümmer übrig (146).

Während 24 Jahren blieb der Ort, wo es gestanden hatte, wüste und unbewohnt; 122 aber sendeten die Römer eine Colonie dorthin, die man jedoch bald wieder vernachlässigte und beinahe eingehen ließ. Erst Julius Cäsar und Augustus nahmen sich ihrer von neuem an. Der Letztere schickte zweimal (44 und 29) Colonisten in die neue Stadt, die anfangs Junonia, später aber wieder Karthago genannt wurde. Bei ihrer günstigen Lage erhob sie sich bald zu einem so bedeutenden Wohlstande, daß sie für die zweite Stadt des römischen Reichs galt und in der Zeit, als das Christenthum in Afrika sich ausbreitete, der Wohnsitz eines angesehenen Bischofs ward. Im Jahre 706 nach Christus aber zerstörte Hassan ben Miman, der Feldherr des Khalifen Abdulmelek ben Merwan, Karthago zum zweiten Male gänzlich und seitdem ist seine Stätte öde geblieben. Die wenigen Trümmer, welche noch jetzt in der Nähe des Dorfes El Marsa gefunden werden, sind wahrscheinlich Überreste des römischen, nicht aber des alten Karthago; nur einige noch bemerkbare Cisternen mögen von dem letztern herrühren.

Die Artischocke.

Die Stockwurzel dieser Pflanze ist dick und fleischig; an derselben sitzen die Saugwürzelchen, die ihr aus der umgebenden Erde die Nahrung zuführen. Aus der Stockwurzel wächst der Stengel in die Höhe, der mehre Zweige trägt. Die Blätter, welche zu unterst sitzen, sind ungetheilt, die höher sitzenden sind gefiedert, alle aber sind breit und stachlig, wodurch, wie durch das ganze Ansehen, die Pflanze als eine Distelart erscheint. Durch die Cultur ist jedoch auch eine Spielart ohne Stacheln entstanden. Blätter und Stengel sind mit einem weißlichen Flaum bedeckt. Am obern Ende des Stengels sitzt ein dickes fleischiges Stück, welches man in der Gärtnerei den Stuhl oder den Käseboden nennt, in der Botanik aber den gemeinschaftlichen Blumenboden, denn auf ihm sitzen eine große Anzahl kleiner Blümchen dicht nebeneinander, weshalb die Pflanze zu den zusammengesetzten Blumen gehört, oder, was Dasselbe ist, in die 19. Classe des Linné'schen Systems. Wenn der Blumenboden jung ist, ist er bereits so groß wie eine Birne; er wird aber noch größer. Unten ist er mit einer Menge eirunder, fleischiger, am Rande ausgezackter und an der Spitze einen Dorn tragender Schuppen bedeckt, die an ihrem untern Ende weißlich, am obern meergrün sind. Man nennt alle diese Schuppen zusammen den allgemeinen Kelch oder die allgemeine Blütenhülle; daher heißen sie auch bald Kelchblätter, bald Hüllschuppen.

Die Artischocke ist in der Botanik deswegen eine merkwürdige Pflanze, weil keine andere mit einem allgemeinen Kelche diesen so umfangreich hat wie sie. Die Unzahl von Blümchen, die auf dem gemeinschaftlichen Blumenboden stehen, haben jedes ein kleines, schmuzig violettes Krönchen, das unten ein Röhrchen bildet, welches oben in ein schmales Bändchen ausgeht. Da alle diese einzelnen Blümchen sowol Staubwerkzeuge als auch Pistille haben, so hat Linné die Artischocke in die Polygamia aequalis, d. h. in die erste Ordnung seiner 19. Classe gesetzt und zwar unter dem Namen Cynara scolymus. Diese Ordnung hat das Eigene, daß aus jedem Blümchen ein Samenkörnchen entsteht; bei der Artischocke ist ein solches Körnchen glatt, vierkantig und trägt auf seinem Gipfel ein Federkrönchen ohne Stiel. Die Botaniker nennen ein solches Samenkörnchen, wenn sein eigentlicher Kern blos mit einem Häutchen bedeckt ist, eine Achene. Zwischen den Blütchen stehen bei der Artischocke auf dem Blumenboden Borsten. Die Blüte fällt eigentlich in den Juli und August; allein durch die Kunst der Gärtner wird die Pflanze oft gezwungen, in einem andern Monate zu blühen. Den Blumenboden mit seiner Hülle und allen seinen Blütchen zusammen nennen die Gärtner einen Kopf. Eigentlich ist die Artischocke ausdauernd oder perennirend, d. h. sie dauert mehre Jahre fort; allein in unsern Gärten wird sie so sehr getrieben, daß sie im ersten und zweiten Jahre die meisten und größten Köpfe trägt, dadurch aber so erschöpft wird, daß sie selten über drei oder vier Jahre brauchbar bleibt; gewöhnlich geht sie dann ein, oder der Blumenboden bekommt einen schlechten Geschmack.

Die Artischocke ist in der Levante einheimisch und von daher haben sie, wie man vermuthet, die Venetianer im 15. Jahrhundert nach Italien gebracht; jetzt wird sie in Italien, Sicilien, Portugal, Spanien und in der Berberei häufig auf ganzen Äckern gebaut. Das Klima der heißen Zone ist dieser Pflanze nicht zuträglich; so gedeiht sie z. B. auf Jamaica nirgend. Da sie in der Levante einheimisch ist, so muß man sich darüber wundern, daß man sie in der Bucharei gar nicht kennt.

Sie kommt in fruchtbarem Boden gut fort, vorzüglich in solchem, wie er für Kopfkohl, Sellerie, Salat und Spinat zugerichtet wird, also in frischem, fettem, lockerm, reichlich mit Kuhmist gedüngtem, tief umgegrabenem Erdreiche; liegt es aber niedrig und ist naß, so fault sie leicht.

In Deutschland, Frankreich (wenigstens im nördlichen) und England gedeiht sie nur durch die Kunst des Gärtners. Man zieht sie hier wenig aus Samen, meist aus Schößlingen; da der Same in unsern Ländern nicht kräftig zur Reife kommt, so muß man ihn aus Italien verschreiben. Im Februar wird er in Mistbeete gesteckt und geht in zwei Wochen auf. Sind die Pflänzchen groß genug, so versetzt man sie kreuzweise ins Land, sodaß die einzelnen Pflanzen 3—5 Fuß weit und die Reihen 2 Fuß weit voneinander abstehen. Wiewol die Kerne 6—8 Jahre keimfähig bleiben, so gibt es bei uns unter einer Mandel aus Samen gezogener Pflanzen doch oft kaum vier oder fünf gute. Dies ist der Grund, warum man sie bei uns fast stets aus den Schößlingen zieht, welche die alten Pflanzen treiben. Vom März an bis zum Anfange des Mai bricht man sie deshalb von der Mutterpflanze ab, läßt aber an dieser 2—3 der besten und am tiefsten sitzenden stehen, damit sie selbst noch Köpfe liefern kann. Von den abgebrochenen Schößlingen schneidet man die großen Blätter ab, läßt aber die Herzblätter stehen. Das untere holzige Ende, womit sie an der Mutterpflanze angesessen haben, schneidet man etwas gerade und setzt sie etwa vier Zoll tief in die Erde, sodaß blos das Herz etwas herausragt. Ein Theil der neuen Pflanzen bringt schon im ersten Herbste Köpfe, deren rechte Reife in den August und September fällt und daran erkannt wird, daß die fleischigen Schuppen ihre Farbe verändern. Beim Einsammeln schneidet man den Stengel entweder dicht über der Erde oder höchstens zwei Zoll darüber ab, nimmt die Wurzelblätter von der Pflanze weg und bedeckt letztere gegen die Mitte des Novembers mit Erde; denn sie ist zart und gegen Kälte empfindlich. Mit den Pflanzen, die im Herbst keine Köpfe getragen haben, verfährt man entweder ebenso, oder man bindet sie auf und umhäufet sie mit Erde. In letzterm Falle treiben sie oft im Winter oder Frühlinge Köpfe. Vom Anfange des März an nimmt man die Erde allmälig wieder weg und bricht die Schößlinge bis auf zwei oder drei zur neuen Zucht ab, wie oben erwähnt worden ist. An den Maulwürfen und Maulwurfsgrillen haben die Artischocken ihre größten Feinde, sowie an den Feldmäusen; da diese Thiere jedoch die Möhren vorziehen, pflanzt man solche zwischen die Artischocken.

Durch die Cultur sind mehre Sorten entstanden, worunter die vorzüglichsten folgende sind: 1) die rothe, große englische oder Kugelartischocke ist die beste und gibt die größten Köpfe; 2) die grüne oder französische ist sehr zart und liefert Köpfe von mittler Größe; 3) die stachlige (es gibt nämlich auch solche, die durch die Cultur ihre Stacheln verloren haben) trägt zwar reichliche, aber kleine Köpfe, die nicht so gut schmecken, wie die von der rothen Sorte, und daher besonders zum Einmachen genommen werden.

Zum Essen wird blos der Blumenboden mit den Schuppen genommen, den man in der Regel in Viertel schneidet und dem man den Stiel, die Schuppenspitzen und die faserige Achse nimmt. In den südlichen Ländern Europas schmeckt der Blumenboden bitterer als in den nördlichen. Wiewol er wenig nährt, nimmt er doch in Südeuropa unter der Nahrung des Volks drei Monate lang im Jahre eine der ersten Stellen ein. In Deutschland, Frankreich und England gehört er zu den feinen Gemüsearten. Mit Butter genossen wird er unverdaulich, gekocht aber und ohne Butter ist er wegen einer nicht unbedeutenden Menge von Eiweißstoff und Zucker, die er enthält, leicht verdaulich und es gibt wenig Krankheiten, in denen er nicht genossen werden darf. Er enthält auch einen flüchtigen Stoff, der dem Gaumen angenehm ist, gelind reizt, wahrscheinlich die Verdaulichkeit befördert und vermuthlich auch die Ursache davon ist, daß beim Genusse des Blumenbodens der Wein besser schmeckt. Wird er mit etwas Salz gekocht, so behält er seine grüne Farbe. Fast jedes Volk hat eine eigene Art, die Artischocke zu genießen. So ißt man sie in Frankreich theils gesotten, theils roh mit Pfeffer und Salz, indem man Wein dazu trinkt. In Italien ißt man sie, namentlich in den höhern Ständen, wenn sie noch sehr jung ist, d. h. ehe sie die Staubgefäße ansetzt; die geringern Stände essen sie daselbst auch, wenn die Blütchen völlig aufgeblüht sind. In der Medicin wirken die Stengelblätter und die Wurzel harntreibend. Die Ärzte verschreiben auch Artischocken=Extract und Tinctur gegen langwierige Rheumatismen, aber zu große Gaben davon erregen Leibschmerzen und Durchfall.

Will man sie aufbewahren, so geschieht es entweder durch Trocknen oder durch Salzwasser. Man trocknet sie entweder an der Luft und dann bei mäßiger Ofenwärme, oder man legt sie in Wasser, wühlt sie dann in Mehl herum und trocknet sie so auf Hürden in einem Darrofen, oder man dörrt sie, zerstößt sie zu Pulver und bewahrt dies in Schachteln auf, die man mit Papier ausgelegt hat. Dies Pulver wird als Gewürzpulver an Gemüse und in Brühen gethan. Das Einsalzen geschieht so: man legt auf den Boden eines Fäßchens eine Schicht Salz, steckt in dieses eine Menge Artischockenköpfe hinein und zwischen diese, aber verkehrt, eine zweite Schicht Köpfe. So fährt man fort bis das Fäßchen voll ist. Dies wird verspündet und vermittelst eines Lochs mit stark eingekochtem Salzwasser gefüllt, worauf man das Loch zupfropft, das Fäßchen in einen Keller stellt und von Zeit zu Zeit umkehrt. Aus Nordholland werden viele frisch nach Noordwyk gesendet, wo man sie trocknet. Berühmt sind in Holland auch die Artischocken von Enkhuizen.

Es gibt außer der eben beschriebenen gewöhnlichen Artischocke noch zwei Arten der Cynara-Gattung, die benutzt werden: 1) Die Cardone (Cynara cardunculus L.), deren ebenfalls stachlige Blätter alle gefiedert sind. Der Stengel wird drei Fuß hoch und die Blüten, welche im Juli aufblühen, sind blau. Sie ist auch eine ausdauernde Pflanze und wird ums ganze Mittelmeer herum und auf dessen Inseln in Gärten und auf Feldern gebaut, indem man sie im Frühjahre aussäet, in Südfrankreich z. B. in der zweiten Hälfte des April oder im Mai. Haben die Blätter ihre höchste Größe erreicht, so bindet man sie mit Stroh auf und umschüttet sie mit Erde so, daß nur die äußerste Gipfel der Pflanze zu sehen ist. Da nun die Luft nicht dazu kann, so werden Stengel und Blätterrippen dadurch bleich und weich. Diese werden dann genossen, etwa wie der Spargel. Der Blumenboden von dieser Pflanze kann nicht genossen werden. In Südfrankreich und in Spanien trocknet man die Blüten und braucht sie als Lab, um die Milch bald zum Gerinnen zu bringen. 2) Die stengellose Artischocke (Cynara acaulis L.) wächst auf Cypern und in der Berberei, z. B. in Menge bei Tunis auf den Ruinen der Wasserleitungen von Karthago. Die Blätter sind ebenfalls fiederspaltig und gezähnt; die Hüllblätter sind zerschlissen. Die Blüten riechen sehr angenehm; die Wurzel ist schmackhaft und wird daher gegessen; die Blätter werden bei Krankheiten der Pferde gebraucht.

Die südrussischen Steppen.
(Fortsetzung aus Nr. 484.)

Von den mineralischen Producten der Steppen ist nur eins erwähnenswerth: das Salz, womit einige Limans den russischen Süden versehen, hauptsächlich die drei von Odessa nach Südwesten liegenden bessarabischen Limans, unter denen sich wieder der Dusle-Liman besonders auszeichnet. Dieser zieht sich vom Juni an von seinen Ufern ganz zurück und beginnt das Salz in kleinen Krystallen auf den Boden niederzuschlagen. Gegen Ende des Juli wird dieser Niederschlag so bedeutend, daß man die Arbeiten des Herausschaffens beginnt, welche die Krone als Inhaberin des Salzregals theils durch ihre eigenen Arbeiter, theils durch Privaten, an welche sie gewisse Plätze in Pacht gegeben hat, vornehmen läßt. Das Salz liegt nahe am Ufer nur in sehr feinen Krystallen, ½—1 Zoll, weiterhin 3—4 Zoll und noch weiter oft 1 Fuß dick, doch ist die Dicke der Schicht nicht in allen Jahren gleich, sondern in trockenen größer als in nassen. Die Salzkrystalle werden mit Schaufeln vom sumpfigen Boden abgehoben und dann in hölzernen Mulden ans Ufer getragen. Diese Arbeit ist da, wo das Salz feucht oder noch mit Wasser bedeckt und der Boden sumpfig ist, schwierig, anstrengend und gefährlich. Eine Hauptschwierigkeit besteht darin, das Einsinken im fetten schlammigen Sumpfe zu vermeiden, was mittels kleiner Breter geschieht, die unter die Füße gebunden werden. Bricht die Salzschicht, so ist das Herauskommen schwierig, Rettung mit Booten aber unmöglich, weshalb viele Leute bei dieser Arbeit umkommen. Ferner überzieht die scharfe Salzsoole die Kleider und Geräthschaften der Arbeiter mit einer dicken, die Arbeiten erschwerenden Kruste und bewirkt ein Aufspringen der Haut, weshalb in Handschuhen gearbeitet wird. Am schwierigsten ist es, die Pferde, die oft ins Wasser oder doch ins feuchte Salz fahren müssen, vor den schlimmen Einflüssen der Soole zu beschützen, da das Umwinden der Füße und Hufe mit Lumpen nicht hinreicht. Aller dieser Umstände wegen muß die Arbeit theuer bezahlt werden (ein Arbeiter bekommt monatlich 50—60 Rubel Banco). Die Arbeit dauert übrigens den ganzen August und September hindurch und endigt im October, sobald die Herbstregen eintreten. Die Privatleute schaffen ihre Vorräthe zu Wagen nach Hause; die Krone aber läßt nur so viel fortschaffen, als hinreicht, um die Lücken in ihren Magazinen am Dniepr (in Kriukoff, von wo jährlich 5—600,000 Pud ausgeführt werden) auszufüllen, das Übrige aber in großen Haufen oder Skirten, deren jede 320—400,000 Pfund Salz enthält, aufhäufen und überwintern. Zum Schutz gegen die Einflüsse der Witterung werden über diesen Skirten wiederholt große Stroh- und Reiserhaufen abgebrannt, deren Hitze das Salz an der Oberfläche schmilzt und mit einer festen Kruste überzieht. In dem vorzugsweise ergiebigen Jahre 1826 soll man aus den drei bessarabischen Limans über 6 Mill. Pud, d. i. 2,400,000 Centner Salz gewonnen haben; gewöhnliche Jahre liefern nur einige Millionen Pud. Die großen Limans des Dniepr, Dniestr u. s. w. sind nur sehr schwach gesalzen, die übrigen sind im Sommer weit stärker als im Frühling gesalzen, aber zum Theil ihrer großen Tiefe wegen zur Salzgewinnung nicht geeignet, weil sie nur bei großer Wärme ganz oder theilweise austrocknen.

Ein Hauptnahrungszweig der Steppenbewohner ist bekanntlich die Viehzucht; unter allen Zuchtthieren der Steppe aber behauptet das Pferd den ersten Rang. Unter den in den Steppen lebenden Pferden kann man drei Hauptclassen unterscheiden: Haus- und Arbeitspferde, Pferde der Gestüte und halbwilde Pferde. Die beiden ersten haben nur wenige Eigenthümlichkeit, weshalb ihrer nicht ausführlicher gedacht werden soll; anders die dem Naturzustande nahe stehenden, halbwilden Tabunenpferde (die völlig wilden und vollkommen freien Pferde sind aus den südrussischen Steppen schon längst verschwunden und kommen nur noch in der Kirgisensteppe und am Aralsee vor). Die großen Gutsbesitzer der Steppen halten seit alten Zeiten neben ihren Schaf- und Kuhheerden auch große Heerden von Pferden, sogenannte Tabuns, jede von 100—1000 Pferden; mehr werden auf einem Gute nicht leicht gehalten, doch besitzt mancher Gutsherr zusammen wol 10,000 und mehr Tabunenpferde. Die Heerden werden unter Aufsicht von Hirten in die Steppen, auf die entferntesten Wiesen und schlechtesten Weiden geschickt, um sich zu nähren und zu mehren. Hat der Tabun die Größe erreicht, welche die Ökonomie des Guts zuläßt, so beginnt seine Benutzung, welche theils im Verkauf, theils darin besteht, daß man die dem Gute selbst nöthigen Arbeitspferde aus dem Nachwuchse nimmt. Die Pferdehirten oder Tabuntschiks bilden eine ganz eigenthümliche Menschenclasse, der größten Anstrengungen und Strapatzen fähig ist und eine fast unverwüstliche Ausdauer, zugleich aber einen hohen Grad von Wildheit und Beweglichkeit besitzt; sie bringen fast Tag und Nacht auf dem Pferde zu und machen hier alle Geschäfte ab, zu denen wir die verschiedensten Vorrichtungen brauchen. Ihre Waffen sind der Harabnik, eine drei Klaftern lange, aus feinen Lederstreifen geflochtene Peitsche mit kurzem dicken Stiele, die zum Regieren der Pferde dient, die Schlinge, ein 15—20 Ellen langer, an einem Ende mit einem eisernen Ringe versehener Strick, der in der Regel in vielen Windungen am Sattel hängt und zum

Einfangen der Pferde dient, endlich die Wolfskeule zum Vertheidigen gegen die Wölfe, 3—4 Fuß lang und vorn mit einem dicken eisernen Knopfe versehen. Die Tabuntschiks sind freie Leute und werden gut bezahlt; für ein Pferd erhalten sie 5—6 Rubel Banco jährlich, also für 800—1000 Pferde 4—6000 Rubel, wovon sie aber die verloren gehenden Pferde ersetzen, ihre Gehülfen (jeder hat 2—3) besolden und sich ihre eigenen Reitpferde halten müssen. Sie werden selten alt und halten es nur 10—15 Jahre aus; wer das Geschäft nur 3—4 Jahre getrieben hat, ist schon für jeden andern Dienst zu wild geworden. Den Branntwein lieben sie, wie man denken kann, sehr, über Alles aber die Pferde und oft siegt diese Liebhaberei über die Ehrlichkeit; die Pferde des Reisenden sind nie vor ihnen sicher. Eine große Rolle spielen sie natürlich auf den Pferdemärkten (die größten finden in Balta und Berditschew statt), wo die Pferde eines Tabuns, welche frei und ungebunden herbeigetrieben werden, in einem mit Holz oder Stricken umzäunten Raume sich befinden. Die Auswahl ist für den Käufer, der aus der Ferne keine genaue Prüfung anstellen kann, schwierig, denn jedes Pferd wird erst nach abgeschlossenem Handel eingefangen und nur dann kann es der Käufer zurückgeben, wenn es nicht das angegebene Alter hat. Im Winter, der Zeit des Hungers, wo die Pferde in einem mit Graben und Erdwall umzogenen Raume, der höchstens mit einer Art Wetterdach gegen Norden versehen wird, campiren müssen, leiden sie sehr und die wildesten werden zahm; dann beißen sie sich wol gar vor Hunger Schwanz und Mähnen ab. Der Sommer ist die Zeit des Durstes; große Hitze ist den Pferden unerträglich, und um sich selbst nothdürftigen Schatten zu gewähren, stellen sie sich immer mit den Köpfen zusammen, einen Kreis bildend, in dessen Mitte gewöhnlich die Hirten liegen. Im Spätjahre braucht man die Pferde zu der einzigen ihnen obliegenden Arbeit: dem Ausdreschen des Getreides, das ihnen keine Mühe macht und auf eine wirklich großartige Weise von statten geht. Ein Dreschplatz (Docke), mehre hundert Ellen lang und breit, wird geebnet, vom Rasen befreit, mit einem Holzboden bedeckt und mit einem Geländer umgeben, in welchem ein weites Thor für die Pferde gelassen wird. Die Garben werden von 50—60 Arbeitern in zwei Schichten übereinander gelegt, zuweilen nahe an 500 Schock oder 100—150 Fuder, die auf einmal gedroschen werden. Der Tabuntschik treibt nun die eine Hälfte des Tabuns durch das Thor hinein, welches hierauf geschlossen wird; eine Stunde lang werden die Pferde von den Hirten herumgetrieben, was natürlich einen gewaltigen Lärm verursacht; die Pferde erschrecken dabei über das Strohgeknister und machen die possirlichsten Sätze, die 60 Arbeiter aber stehen mit ihren Holzgabeln herum, um die herausgeschleuderten Garben wieder hineinzuwerfen; dann werden die Pferde wieder herausgelassen und das Getreide gewendet und so bis Mittag derselbe Tabun drei Mal ein- und ausgelassen. Die andere Hälfte des Tages drischt die andere Hälfte des Tabuns wieder eine gleiche Portion. Freilich hat diese Dreschmethode den Nachtheil, daß viel Getreide dabei zu Grunde geht. Im October sollten eigentlich alle Heerden heimgetrieben werden; läßt man sie länger, so werden oft Schneestürme und dichte Nebel ihnen nachtheilig. In einem Tabun von 1000 Pferden sind gewöhnlich 15—20 Hengste, 4—500 Zuchtstuten und 5—600 junge Thiere und Wallachen. Begegnen sich fremde Tabunen, so geht es nicht leicht ohne heftige Kämpfe zwischen den Thieren und noch mehr zwischen den Hirten ab. Noch schlimmer sind die Frühlingskämpfe der Pferde mit den Wölfen, anderseits aber sowol durch List und Gier der letztern, als den Muth der erstern interessant. Große Schlachten entspinnen sich nur selten; der Gemeinsinn der Pferde trägt darin meist den Sieg davon. In der Regel begnügen sich die Wölfe, vereinzelte Posten zu überrumpeln, indem sie leise und vorsichtig gegen den Wind heranschleichen (weil ihr Geruch die Pferde, denen er höchst unangenehm ist, warnen würde, auch wagen sie sich nur an junge Füllen), deren Mütter sie durch List sicher zu machen wissen, was ihnen freilich nicht immer gelingt.

Noch wichtiger als die Pferdezucht ist für die Steppen die Schafzucht, und wenn vom Reichthum eines Mannes die Rede ist, so werden immer seine Schafe und Rinder, selten seine Pferde in Anschlag gebracht. Auf jedes Steppengut, wo man einen Tabun von 800—1000 Pferden findet, kann man 4—5 Schafheerden von 2—3000 Schafen rechnen. Man erzählt von einer Heerde, die sich in den letzten 30 Jahren von 1500 auf 97,000 Stück vermehrt habe; in ähnlichem, wenn auch minder schnellem Verhältnisse mag die Schafzucht überhaupt zugenommen haben. Am meisten verbreitet ist die Rasse des walachischen Schafs; dies ist ein großes langhaariges Thier mit einem dicken Fettschwanze, in dem es gewöhnlich 6—10, ja zuweilen wol bis 20 Pfund Fett trägt. Derselbe hat eine birn- oder herzförmige Gestalt und verliert sich am Ende in eine Spitze; das Fett, welches er enthält, ist weit vorzüglicher als das aus andern Theilen des Körpers. (Verschieden davon sind die bei den Kalmücken und Kirgisen häufigern Schafe, die das Fett hinten in zwei dicken und oft 30—40 Pfund schweren Polstern tragen, aber im Westen selten sind.) Jene Race ist seit 25—30 Jahren im Abnehmen und wird allmälig durch die eingeführten Merinos und deren Mischlinge (Zigai) verdrängt. Die mit den Tabuntschiks einen grellen Contrast bildenden gutmüthigen Schafhirten heißen hier, wie überall in Kleinrußland, in der Moldau und in der Tatarei, Tschabans. Sie führen einen großen, fast 12 Fuß langen, mit Kunst gearbeiteten, am obern Ende mit einem eisernen Haken versehenen hölzernen Stab, der zugleich zum Entern und Einfangen der Schafe, zum Vorwärtstreiben derselben und als wirksame Waffe gegen die Wölfe dient, und einen Mantel mit Kapuze, wie ihn auch der Tabuntschik trägt; außerdem führen sie einen oder zwei Wagen von eigenthümlicher Form bei sich, die mit Ochsen bespannt sind und die Lebensmittel, Heilmittel, Kochgeräthschaften u. s. w. hinter der Heerde herführen. Die letztere, Otara genannt, zählt 2—3000 Stück und wird außer 5—6 Hirten, deren ein Ataman oder Oberhirte vorsteht, von 10—15 großen zottigen Hunden bewacht. Allen Schafheerden sind einige lebhafte und kluge Ziegen beigemischt, um den Schafen als Führer zu dienen; auf 100 Schafe rechnet man etwa 2—3 Ziegen. Um Ostern rückt der Tschaban aus und kommt erst im Herbste wieder heim. Die meisten Hirten sind am Dniestr Moldauer, am Dniepr Kleinrussen und in der Krim Tataren. Ihre Beschäftigung ist so wenig aufreibend, daß Manche ein halbes, ja ein ganzes Jahrhundert mit ihren Schafen auf der Steppe verwandern. Aus der Milch der Schafe werden Käse bereitet, die im ganzen Lande unter dem Namen Brinse bekannt und beliebt sind und in zusammengenähten Fellen einer jungen Ziege, bei denen das Rauhe nach außen gekehrt ist, aufbewahrt werden. Durch das beim Anfüllen in Menge aufgestreute Salz erlangen sie eine große Schärfe. Die Hauptplage des Hirtenlebens sind im Herbste die unbarmherzigen Schneestürme, die oft ganze Heerden fortführen und im Schnee begraben, im Herbst aber die Wölfe, die besonders in den Steppen der Ukraine so zahlreich wie das Ungeziefer und nicht im mindesten scheu sind. An den Hunden haben sie sehr gefährliche Feinde, die es mit ihnen unbedenklich aufnehmen; dieselben Hunde sind aber auch gegen Menschen mit Ausnahme der Hirten sehr wild und nicht selten sind Reisende von ihnen zerrissen worden. Kann man daher nicht vorher einen Hirten anrufen, so ist es unmöglich, sich einer Schafheerde zu nähern. Die Winterstallung der Schafe ist in der Regel sehr einfach und besteht aus zusammengeflochtenen Gebüschen und Schilfrohren.

(Der Beschluß folgt in Nr. 486.)

Generalgouverneurs von Ostindien seit 1758.

1) Oberst Clive 1758—60; 2) Holwell 1760; 3) Vansittart bis 1764; 4) Spencer bis 1765; 5) Lord Clive bis 1767; 6) H. Vereist bis 1769; 7) Cartier bis 1772; 8) Warren Hastings bis 1785; 9) Sir J. Macpherson bis 1786; 10) Marquis Cornwallis bis 1793; 11) Sir J. Shore bis 1798; 12) Marquis Wellesley bis 1805; 13) Marquis Cornwallis bis 1805; 14) Sir G. Barlow bis 1807; 15) Lord Minto bis 1813; 16) Marquis Hastings bis 1823; 17) Lord Amherst bis 1828; 18) Lord W. Bentinck bis 1836; 19) Lord Auckland bis 1841; 20) Lord Ellenborough seit October 1841.

Die Größe der berühmtesten Kirchen in Deutschland.

Unter allen Kirchen auf der Erde ist die Peterskirche in Rom ohne Zweifel die größte, indem sie einen Flächenraum von 199,926 pariser Quadratfuß bedeckt; unter den in Deutschland oder von deutschen Baumeistern erbauten Kirchen aber, auf welche wir uns hier beschränken, steht obenan der Dom zu Mailand, dessen Plan von dem deutschen Baumeister Heinrich v. Gemünden entworfen wurde, mit einem Flächenraum von 111,508 Quadratfuß. Dann folgt oder sollte folgen der kölner Dom, der dem Plane nach 69,400 Quadratfuß einnehmen sollte; der Dom zu Speier bedeckt 69,350, der Münster zu Strasburg 58,052, der Münster zu Ulm 57,639, die Stephanskirche zu Wien 46,866, der Dom zu Magdeburg 43,800, die Marienkirche in Lübeck 42,120, der Dom zu Augsburg 39,432, die Frauenkirche zu München 39,369, der Dom zu Regensburg 39,330, der Münster zu Freiburg 34,500, der Dom zu Mainz 34,200, der Dom zu Worms 31,320, der Dom zu Halberstadt 29,350, die Kirche Maria in Capitolio zu Köln 27,000, die Lorenzkirche in Nürnberg 26,600, die Sebalduskirche daselbst 23,716, der Dom zu Konstanz 23,000, die Kirche zu Heistersberg 22,059, der Dom zu Meißen und die Apostelkirche zu Köln 18,900, die Marienkirche zu Aachen 12,819, St.-Gereon zu Köln 11,400 Quadratfuß.

Die Höhe des mittlern Kirchenschiffs beträgt im mailänder Dom 148 Fuß, im Dom zu Köln 135 Fuß, in der Marienkirche zu Lübeck 132 Fuß, im Münster zu Ulm 129, im Dom zu Regensburg 120, in der Veitskirche zu Prag 102, im Dom zu Speier 99, im Münster zu Strasburg 95½, in der Frauenkirche zu München 94, in der Martinskirche zu Landshut 90, in der Stephanskirche zu Wien 85, im Dom zu Halberstadt 84, im Dom zu Meißen 60, im Dom zu Erfurt 53 Fuß.

Schließlich geben wir die Höhe der Thürme einiger der merkwürdigsten deutschen Kirchen an: der Thurm des strasburger Münsters oder vielmehr die Pyramide auf demselben ist 440 Fuß hoch, der Stephansthurm zu Wien 421 Fuß (also beide höher als die Kuppel der Peterskirche, die sich nur 405 Fuß über dem Boden erhebt), der Thurm der Martinskirche zu Landshut in Baiern 398 Fuß, die Pyramide des freiburger Münsters 367, die beiden Frauenthürme zu München 327, die beiden Thürme des magdeburger Doms 315, der Thurm der Kreuzkirche in Breslau 303, die Thürme der Lorenzkirche zu Nürnberg 297, der Thurm vom Münster zu Ulm 291 (projectirt 452), der rothe Thurm zu Halle an der Saale 261, die beiden Thürme der Sebalduskirche zu Nürnberg 246, der Thurm der Hauptkirche zu Nördlingen 242, der Thurm der Kirche zu Ingolstadt 240, die beiden Thürme des Doms zu Speier 236, die beiden Doms zu Halberstadt 220, der südliche Thurm des kölner Doms 190 (der nördliche hat nur 15 Fuß; projectirt war für beide eine Höhe von 471 Fuß), die Thürme des Doms zu Worms 177, die des Doms zu Regensburg 160½ (projectirt 280½) Fuß u. s. w.

Gepreßtes Brot.

Die Versuche der Franzosen Laignel und Malepeyre in Bezug auf die Erhaltung von Brot, das durch hydraulischen Druck zusammengedrückt ist (auf etwa $\frac{1}{7}$ seiner Dicke), haben Folgendes ergeben. Die Kruste bleibt unversehrt, die Krume aber erhält ein glasiges Ansehen; beim Herausnehmen aus der Presse zeigt das Brot ein wenig Feuchtigkeit, die aber schnell verdampft und nach einigen Stunden fast ganz verschwindet; nach wenigen Tagen ist das Brot völlig trocken, hart und dicht wie Stein und widersteht in diesem Zustande der Feuchtigkeit, der Gährung und dem Schimmel, ohne den Geschmack und Geruch des frischen Brotes zu verlieren. Legt man es in warmes Wasser, so hat es in kurzer Zeit die vorige Ausdehnung und Farbe wieder erlangt.

Literarische Anzeige.

Durch alle Buchhandlungen ist von mir zu beziehen:

Schmalz (Friedrich),
Erfahrungen im Gebiete der Landwirthschaft gesammelt. 7. Theil. Gr. 8. 1 Thlr. 21 Ngr.

Der 1. bis 6. Theil der „Erfahrungen" (1814—24) kosten in **herabgesetzten Preise** anstatt 6 Thlr. 18 Ngr. nur 3 Thlr., das ganze Werk daher 4 Thlr. 21 Ngr.

Als ein besonderer Abdruck aus dem 7. Theile ist erschienen:
Anleitung zur Kenntniß und Anwendung eines neuen Ackerbausystems. Auf Theorie und Erfahrung begründet. Gr. 8. Geh. 15 Ngr.

Außerdem erschien noch bei mir von dem Verfasser:
Versuch einer Anleitung zum Bonitiren und Classificiren des Bodens. 8. 1824. 15 Ngr.

Leipzig, im Juli 1842.

F. A. Brockhaus.

Das Pfennig-Magazin
für
Verbreitung gemeinnütziger Kenntnisse.

486.] Erscheint jeden Sonnabend. [Juli 23, 1842.

August, Kurfürst von Sachsen.

Während Herzog Georg der Bärtige die damals der Albertinischen Linie des Hauses Sachsen zugehörigen Ländertheile regierte, bestehend aus dem größten Theile des Markgrafthums Meißen und einigen Ämtern und Städten in Thüringen, oft auch schlechthin die meißner Lande oder Meißen genannt, hatte sein Bruder, Herzog Heinrich mit dem Beinamen der Fromme, von 1505—39 mitten im Herzogthume Sachsen nur eine kleine Herrschaft inne, die Ämter Freiberg und Wolkenstein. Zu Freiberg hielt er Hof und dort führte er ein ruhiges, heiteres, gemächliches Leben, war auch den Freuden der Tafel, dem Gesange und Saitenspiele hold; dabei wird er aber geschildert als „ein milder Fürst, auch Kriegsleuten, Bergmannen und gemeinen Handwerkern fast geneigt und deshalb von Allen wiederum geliebt und werth gehalten, daß ihm Jedermann günstig war. Und über dies Alles war er ein getreuer Fürst, ohne Betrug oder Falsch, und was er zusagte, das mußte gehalten werden, auch oft mit seinem Schaden."

Im Jahre 1521 hatte ihm seine Gemahlin, die geistvolle Katharina, Prinzessin von Mecklenburg, den ersten Sohn, Moritz, geboren, denselben, den nachher an Johann Friedrich des Großmüthigen Statt der Kurhut schmücken und den nach einer kurzen, aber glänzenden Laufbahn bei Sievershausen die tödtliche Kugel treffen sollte. Zu friedlicherm, stillerm, aber gewiß höchst segensreichem Wirken war der zweite Sohn jenes Fürstenpaars, August, ausersehen, der am 31. Juli 1526 geboren ward. Nur seine erste Jugend verlebte er am Hofe seines Vaters in Freiberg, seinem Geburtsorte, und besuchte, wie der geringste Bürgerssohn, die dortige Schule unter dem kenntnißreichen Rector Johann Rivius. Dann verließ er den kleinen väterlichen Hof, um in Prag an dem glänzenden des Königs Ferdinand weitere Ausbildung und in größern, bedeutendern Verhältnissen eine umfassendere Lebensanschauung zu erhalten. Die innige Freundschaft, die er dort mit dessen Sohne, dem nachmaligen Kaiser Maximilian II., schloß, erhöhte seinen Eifer und blieb auch später für Sachsen nicht ohne gute Folgen. Von dort zurückgekehrt, besuchte er unter Leitung des Rectors Rivius die Universität Leipzig.

Nach dem Tode seines Vaters, der seinen Bruder Georg 1539 beerbte, aber nur um zwei Jahre überlebte, kam Moritz im Jahre 1541 zur Regierung in den Albertinischen Landen und überließ seinem Bruder August eine bedeutende Anzahl Ämter und Städte, deren jährliches Einkommen auf 40,000 Gulden anzuschlagen war. Auch erhielt August 1544 die Administration des Stifts Merseburg, die er jedoch 1548 an den Weihbischof zu Mainz, Michael Sidonius, wieder abtrat. In demselben Jahre vermählte er sich zu Torgau mit Anna, der Tochter König Christian III. von Dänemark, eine Ehe, die gegenseitige treue Zuneigung, Übereinstimmung der Gesinnung, die sich auch insbesondere durch strenges, unwandelbares Festhalten an der lutherischen Kirche kundgab, einfacher, häuslicher Sinn zu einer glücklichen machen und die Unterthanen zur Achtung und Nachahmung reizen mußte. Seit seiner Vermählung bis zum Tode seines Bruders nahm August seinen gewöhnlichen Aufenthalt in Weißenfels. Aber als Moritz, dem im Jahre 1547 durch die wittenberger Capitulation die Johann Friedrich genommene Kurwürde übertragen worden war, 1553 an einer bei Sievershausen im Kampfe gegen Markgraf Albrecht von Brandenburg erhaltenen Schußwunde gestorben, fiel ihm die Regierung und Kurwürde zu, mit der er schon 1548 auf dem Reichstage zu Augsburg zugleich mit beliehen worden war. August war gerade in Kopenhagen bei seinem Schwiegervater, als er die Todesnachricht erhielt; sogleich mußte er in sein Land zurückeilen, denn schon suchte Johann Friedrich, der frühere Kurfürst, seine Ansprüche auf die ihm geraubte Würde und Macht geltend zu machen, zumal da Markgraf Albrecht von Brandenburg nicht abgeneigt schien, ihn dabei zu unterstützen. Doch schon am 24. Februar 1554 gelang es, durch Vermittelung des Königs Christian von Dänemark zu Naumburg einen Vertrag mit Johann Friedrich zu Stande zu bringen, nach welchem dieser seine Ansprüche aufgab und sich mit einigen Ämtern und einer Geldsumme zufrieden erklärte, welchen Vertrag der römische König Ferdinand, sowie mehre Fürsten und Städte mit unterzeichneten.

Was Kurfürst Moritz mit ebenso großer Klugheit als Kühnheit und mit nicht minderm Glück erworben, freilich nicht durchaus so, daß sein Verhalten unbedingte Billigung in Anspruch nehmen könnte, das zu erhalten und zu befestigen lag dem Kurfürsten August, seinem Regierungsnachfolger, ob, und er hat seine Aufgabe erkannt und sie zu lösen nach Kräften sich bestrebt, doch verstand er mit dieser bewahrenden und sichernden Thätigkeit auch eine erwerbende und erweiternde zu vereinigen, nur daß er seine Eroberungen fast nur friedlicherweise durch Verträge und Käufe, nicht aber durch das Schwert machte. Nachdem er mit dem Könige Ferdinand, dem er durch seinen frühern Aufenthalt am prager Hofe befreundet war, am 13. April 1557 die schon im Jahre 1439 zwischen Sachsen und Böhmen gestiftete Erbvereinigung zu gegenseitigem Schutze und Beförderung des beiderseitigen Handels erneuert und bald darauf die drei geistlichen Stifter Merseburg, Naumburg und Meißen in ein entschiedeneres Abhängigkeitsverhältniß zum Kurhause gesetzt hatte, brachte er von den Besitzungen, welche die Burggrafen von Meißen plauischer Linie als Vögte von Plauen besessen hatten, das Amt und Schloß Voigtsberg, die Städte Plauen, Ölsnitz und Adorf, ferner das Amt Pausa und einige Flecken an sich, die ihm später erblich zufielen. Auch gelang es ihm, seine Lehnsoberherrlichkeit über die Güter der in eine große Schuldenlast gerathenen altberühmten und einst so mächtigen Grafen von Mansfeld auszudehnen, die er nun von Eisleben aus verwalten ließ.

Die bedeutendste Erwerbung aber und die einzige, bei der er das Schwert gebrauchen mußte, gewann August durch die Achtsvollziehung gegen den von dem meuterischen Wilhelm von Grumbach irregeleiteten Herzog Johann Friedrich von Gotha, einen Sohn des vormaligen Kurfürsten Johann Friedrich des Großmüthigen. Daß noch immer von dem Faustrechte in Deutschland nicht alle Spur verschwunden war, bezeugen auch diese von Wilhelm von Grumbach entzündeten unglücklichen Händel. Dieser, ein Freund und Helfershelfer des unruhigen Markgrafen Albrecht von Brandenburg-Kulmbach, war mit diesem zugleich in die Reichsacht erklärt worden, weil er mit ihm die Bischöfe von Bamberg und Würzburg befehdet hatte. Erzürnt, daß der Letztere seine Güter einzog und seiner Frau ein Legat vorenthielt, ließ Grumbach den Bischof, als er eben aus der Stadt über die Brücke nach seiner Wohnung ritt, durch gedungene Meuchelmörder erschießen. Sogleich erhob sich gegen ihn Verdacht und Anklage. Aber statt sich zu unterwerfen, verbündete er sich nicht nur mit einer Anzahl misvergnügter Edler, indem er die unzufriedene Stimmung eines großen Theils des Adels benutzte, sondern er mußte sogar sich in das Vertrauen des Herzogs Johann Friedrich einzuschleichen und ihn durch Hoffnungen auf Wiedererlangung der seinem Vater genommenen Kurwürde zu blenden, wobei des Herzogs Kanzler Johann Brück hülfreiche Hand leistete. Im Jahre 1563 machte sich Grumbach eines neuen Bruchs des Landfriedens schuldig, indem er mit einem Reiterschwarme die Stadt Würzburg überfiel, plünderte und zu einem ihm günstigen Vergleiche nöthigte. Trotz der Erbitterung des Kaisers, der über ihn und seine Gesellen abermals die Reichsacht aussprach, gewährte der Herzog dem geächteten Haupte Zuflucht und Schutz; selbst Streifzüge in das kursächsische Gebiet wurden unternommen, ja Grumbach wagte es, doch ohne des Herzogs Vorwissen, gegen Kurfürst August Meuchelmörder auszusenden, die ihr frevelhaftes Unternehmen auf dem Rade büßten. Da erneuerte der Kaiser Maximilian II. im Jahre 1566 auf seinem ersten Reichstage zu Augsburg — demselben, auf dem August feierlich unter freiem Himmel nach altem Gebrauch die Belehnung über alle seine Länder und Würden erhalten hatte — die Reichsacht gegen Grumbach und drohte sie auch auf den Herzog zu erstrecken, dafern er nicht den Geächteten festnehmen und ausliefern ließe. Doch Johann Friedrich II. blieb den Drohungen des Kaisers wie den Bitten und Ermahnungen der Kurfürsten von Sachsen und der Pfalz und des Landgrafen von Hessen taub. So ward denn August als Kreisvorsteher (wozu er schon 1555 zu Zerbst erwählt worden war), mit Vollstreckung der Acht an dem verblendeten Herzog beauftragt. Nachdem er sich mit einem 40,000 Mann starken Heere vor Gotha gelegt, ließ er am 23. Dec. die Stadt durch Edelknaben zur Übergabe auffodern. Der Herzog nahm sie mit spottender Freundlichkeit auf und entließ sie, beschenkt mit Münzen, von denen er sich selbst als Kurfürst genannt hat. Nachdem der Kurfürst August in Saalfeld die thüringischen Stände und Unterthanen ihrer Pflichten gegen Johann Friedrich II. entlassen und an Johann Wilhelm, dessen jüngern Bruder, als ihren nunmehrigen Herrn gewiesen hatte, schritt man zur Belagerung der schon vorher bekannten Stadt Gotha und des Schlosses Grimmenstein, und der neue Herzog zog selbst hin, um daran

Theil zu nehmen. Da die Bürger Gothas das Letztere hörten und ihnen überhaupt die Augen darüber aufgingen, daß es sich nicht um die heilige Sache der Religion handelte, wie man ihnen erst vorgespiegelt hatte, sondern nur um die Person Grumbach's und seiner Gesellen, nahmen sie diese fest und nöthigten den Magistrat und die Ritterschaft zur Capitulation, nach welcher sich Johann Friedrich auf Gnade und Ungnade ergeben und seinem Bruder als Landesherrn gehuldigt werden sollte, Grumbach aber und seine Anhänger dem Kurfürsten August ausgeliefert werden und nach Entlassung der Besatzung Bürgerschaft und Magistrat knieend Abbitte thun sollten. Der unglückliche Herzog mußte seinen Starrsinn und seine Widersetzlichkeit mit lebenslänglicher Gefangenschaft büßen; er starb nach 28jähriger Haft zu Steier in Östreich im J. 1595 und sein Leichnam erst sah die sächsische Erde wieder. Daß Kurfürst August der Freilassung dieses seines Verwandten, für die sich mehre Fürsten angelegentlich verwendeten, eifrig und ernstlich entgegenarbeitete, läßt auf seinen Charakter einen schwerlich zu entfernenden Schatten fallen; auch fand solche Härte schon damals starke Misbilligung, die sich selbst durch ein ihn sehr empfindlich treffendes Spottgedicht, unter der Aufschrift „Die Nachtigall", Luft machte. Zur Entschädigung für die auf 286,216 Gulden berechneten Kriegskosten und für den bei den vorgenommenen Demolitionen gemachten Aufwand erhielt nun der Kurfürst vom Ernestinischen Hause unterpfändlich die Ämter Sachsenburg, Arnshaug, Weida und Ziegenrück, die später ganz an das Kurhaus abgetreten wurden; außerdem erhielt er auch noch, weil er sich dadurch nicht hinlänglich gedeckt sah, 1573 vom Kaiser Maximilian II. die Anwartschaft auf fünf Zwölftel der hennebergischen Erbschaft.

Wenden wir nun unsere Augen von dieser auf äußere Erweiterung und Sicherstellung des Länderbesitzes gerichteten Thätigkeit des Fürsten, der seinen Zeitgenossen des römischen Reiches Herz, Auge und Hand hieß, auf die höhere, edlere, nach innen gerichtete, durch die er am meisten geglänzt hat. Wahrlich, August that, so viel an ihm war, Gerechtigkeit, Bildung, Wohlstand in seinem Lande zu fördern und zu mehren. Seine erste Sorge war, mit dem ihm eigenen Scharfblick kluge, tüchtige Räthe zu wählen und sich an die Seite zu stellen, seinem Grundsatze folgend, man müsse Dienste und Ämter mit Leuten, nicht aber Leute mit Diensten und Ämtern versehen; auch den Beirath seiner Landstände verschmähte er nicht. Daß die Rechtspflege einer durchgreifenden Verbesserung bedürftig war, konnte ihm nicht entgehen; darum legte er mit Muth und Umsicht Hand an dieses schwierige Werk. Er setzte im Jahre 1572 eine Gesetzcommission aus kurfürstlichen Räthen und aus Juristen der leipziger und wittenberger Universität zu Meißen nieder. Allein der von dieser ausgearbeitete Entwurf mußte einer gänzlichen Umarbeitung unterworfen werden, die von dem gelehrten Kanzler Dr. Cracau übernommen und ausgeführt ward. Das neue Gesetzbuch wurde unter dem Namen „Constitutionen" aufgestellt und veröffentlicht. Zu Förderung der geistigen Bildung des Volks wurden die innern Einrichtungen der Schulen geordnet, auf beiden Landesuniversitäten neue Lehrstühle gegründet, die Studienplane im Geiste der damaligen Zeit im Einzelnen vorgezeichnet, botanische Gärten angelegt. Wie die meisten wissenschaftlichen und Kunstsammlungen zu Dresden ihm ihren ersten Ursprung verdanken, so nennt ihn auch die dortige Bibliothek ihren Stifter. Am unermüdlichsten und umsichtigsten war aber August in seinem Eifer für Belebung und Hebung des Ackerbaus, Gewerbfleißes und Handels. Er bereiste selbst das Land in allen Richtungen, um sich von dem Zustande und der Verwendung des Bodens genau zu unterrichten, ließ auch 1566 durch Hiob in Magdeburg eine Karte von Sachsen entwerfen, ermunterte zum Anbau wüster Landes und zur Theilung großer Gemeindegüter; die musterhafte Bewirthschaftung fürstlicher Domänen mußte zur Nachahmung reizen, ja das Beispiel von Mutter Anna, der Kurfürstin, die bei Leitung der Wirthschaft in einigen Landgütern selbst Hand anzulegen sich nicht scheute, konnte nicht wirkungslos bleiben. Den vaterländischen Obstbau zu heben, führte August selbst auf seinen Reisen stets Kerne zur Vertheilung bei sich und verordnete, daß jedes junge Paar im ersten Jahre der Ehe zwei Obstbäume pflanzen sollte; ja ein „Künstlich Obst= und Gartenbüchlein" floß aus seiner eigenen Feder. Das Forstwesen gewann unter ihm an Bedeutung, und künftigem Holzmangel mußte durch Anlegung guter Baumschulen begegnet werden. Auch den Bergbau ward mit einer Bergwerksordnung bedacht, das Schmelz= und Hüttenwesen verbessert und selbst Perlenfischerei, Goldwäscherei, Vögel= und Bienenzucht, Teich= und Fischordnung waren Gegenstände der Sorge des Kurfürsten. Das Manufactur= und Fabrikfach anlangend, zog August, den Gewerbsgeist zu beleben und die Kräfte zu vermehren, 20,000 Colonisten aus den Niederlanden, die sie wegen kirchlicher Bedrückung verließen, nach Sachsen. Ihre Kenntniß im Bunde mit dem Fleiße und der Betriebsamkeit der Eingeborenen führte die Fabriken schon damals einer fröhlichen Blüte zu, und der Handel mit sächsischen wollenen, baumwollenen, leinenen und seidenen Zeuchen gewann Bedeutung. Begünstigung der leipziger Messen, Verbesserung der Hauptstraßen, Beaufsichtigung des Münzwesens waren solchem Handel förderlich. Bedürftigem, mittellosem Fleiße kam man entgegen durch Darlehen aus dem reichlichen Baarertrage der Kammergüter gegen mäßige Zinsen. Das war die Sorge August's für sein Land; unter keinem Fürsten hat Sachsen in seinen innern Verhältnissen so schnelle Fortschritte gemacht als unter ihm, dem ersten Regenten seiner Zeit.

Eines der bedeutendsten Ereignisse unter der Regierung August's war die Wendung, welche die Angelegenheiten der protestantischen Kirche durch sein Eingreifen nahmen. Nach dem Tode Melanchthon's, der in seiner letzten Zeit ein vermittelndes, nachlassendes, einigendes Streben, besonders hinsichtlich der Abendmahlslehre gezeigt hatte, traten seine Schüler und Freunde den Ansichten Zwingli's in dem genannten Punkte immer näher und regten so die strengen Lutheraner um so mehr gegen sich auf. Die nächsten Räthe und Hoftheologen des Kurfürsten, wie der Geheimrath Cracau, der Leibarzt Peucer, Melanchthon's Schwiegersohn, der Hofprediger Schütz, waren auch jener Ansicht zugethan, wußten aber jenen über ihre Glaubensansicht und Glaubenslehre so geschickt zu täuschen, daß er den sogenannten dresdner Consens, das Bekenntniß einer in Dresden gehaltenen Synode der wittenberger und leipziger Theologen und Superintendenten, im Lande annehmen ließ, welcher doch eine vermittelnde Abendmahlslehre aufstellte, ja so weit wußten sie ihn zu täuschen, daß er nach dem Tode des Herzogs Johann Wilhelm von Weimar als Vormund der beiden Prinzen im weimarischen Gebiete die streng lutherischen Pfarrer ihrer Ämter entsetzte. Endlich da ihm die Augen geöffnet wurden theils durch die immer häufigern Beschwerden der Lutherischen, die seine Räthe des geheimen Calvinismus (Kryptocalvinismus) anklagten, theils durch die steigende Kühnheit

*

der Letztern selbst, gerieth der Kurfürst, der treu an Luther hing, in heftigen Zorn über das Spiel, das man mit seiner religiösen Überzeugung getrieben, und darüber, daß er so gut als seine Gemahlin Anna sich hatte täuschen lassen. Mit Härte verfuhr er nun gegen seine bisherigen Freunde, noch mehr von der erbitterten Kurfürstin gereizt, und verhängte über sie Folter und Gefängniß; den Martern der erstern unterlag am 16. März 1575 der um die sächsische Gesetzgebung so verdiente Cracau. Mehre Theologen zu Wittenberg verloren ihre Stellen und Ämter und alle Prediger und Schulmänner mußten die „Eintrachtsformel" (formula concordiae) unterschreiben, die zur Darstellung der reinen lutherischen Lehre 1578 von sechs lutherischen Theologen im Kloster Bergen bei Magdeburg verfaßt und 1580 nebst den übrigen Bekenntnißschriften der evangelisch-lutherischen Kirche veröffentlicht wurde. Eine Kirchenordnung setzte gleichzeitig die von einer Oberbehörde zu beaufsichtigenden kirchlichen Verhältnisse des Landes fest.

Am 15. October 1585 verlor Kurfürst August seine Gemahlin, welche ihn bei seiner gesammten Thätigkeit, sogar bei seinen alchymistischen Versuchen, denen er manche Mußestunde im Sinne der damaligen Zeit widmete, treulich unterstützt hatte, nachdem er schon 11 Kinder von 15 nacheinander ins frühe Grab gelegt. Die von ihm bald darauf, am 3. Januar 1586, mit Agnes Hedwig, der 13jährigen Tochter des Fürsten zu Anhalt, geschlossene Ehe sollte nur von sehr kurzer Dauer sein; denn schon am 11. Februar desselben Jahres machte ein Schlagfluß zu Dresden dem Leben des 60 Jahre zählenden Kurfürsten ein Ende. Im Dome zu Freiberg, wo die protestantischen Fürsten des Albertinischen Hauses von Heinrich dem Frommen bis auf Johann Georg IV. ruhen, ward auch er bestattet. Der einzige überlebende Sohn, Christian I., dem schon 1584 ein Theil der Regierungsgeschäfte übertragen war, — daß er seinem Vater ähnlicher gewesen wäre! — ward mit dem Kurhute die schwere Aufgabe, ihn zu ersetzen.

Die Donau.

Gegend an der Donau.

Die Donau, der größte Strom Deutschlands, der aber nur zum kleinern Theile unserm Vaterlande angehört, ja nach der Wolga der größte in Europa, wird unterhalb Donaueschingen im Seekreise des Großherzogthums Baden durch die Vereinigung der beiden Flüßchen Brigach und Brege gebildet, welche beide im Schwarzwalde entspringen, die erstere unweit St.-Georgen am Hirzwalde, die andere bei der Martinskapelle in einer Höhe von mehr als 3000 Fuß über dem Meere. Beide vereinigen sich in einer Meereshöhe von 2100 Fuß und bilden nun einen größern Fluß, der gleich anfangs gegen 100 Fuß breit ist und von jetzt an Donau heißt. Denn daß die im Schloßhofe zu Donaueschingen entspringende Quelle nicht als eigentliche Quelle der Donau gelten kann, ist längst entschieden. Im Alterthum und Mittelalter wurden über den Ursprung der Donau die mannichfachsten und zum Theil wunderlichsten Sagen erzählt. Die Alten nennen die Donau bald Danubius, bald Ister; bei den Skythen heißt sie Matoa, d. i. Sumpffluß, bei den Slawen Donava, bei den Türken Tanara, bei den Ungarn Duna. Die Länge des Laufes der Donau von dem Ursprunge bis zur Mündung wird bis auf 381—400 Meilen angegeben; davon kommen auf Baden, Hohenzollern und Würtemberg (bis Ulm) etwa 25, auf Baiern 45, auf Östreich (Erzherzogthum) 50, zusammen auf Deutschland 120 Meilen oder noch nicht der dritte Theil des ganzen Laufes. Von Preßburg bis Semlin (100—110 Meilen) fließt die Donau in Ungarn (die Militairgrenze eingerechnet), bildet dann von Semlin bis Orsowa (30 Meilen) die Grenze zwischen der Türkei (Serbien) und Östreich (Militairgrenze), von Orsowa bis Galacz (100 Meilen) die Grenze zwischen der Walachei und dem unmittelbaren türkischen Gebiete, von Galacz bis zum Meere (20 Meilen) nach flüchtiger Berührung der Moldau die Grenze zwischen Rußland und der Türkei. Die Richtung anlangend, fließt die Donau bis Regensburg nordöstlich, dann ostsüdöstlich, von Ofen an südlich auf eine Länge von 35—40 Meilen, dann wieder südöstlich, von Widdin an rein östlich bis Rasowa, dann nördlich bis Galacz, von da an wieder östlich, bis sie 12 Meilen vor ihrer Mündung ein Delta bildet und durch dieses sich in 7 Armen, unter denen die Kilia= und Sulinamündung die bedeutendsten sind und der Arm Kedrille oder Georgiewskoi die Grenze zwischen Rußland und der Türkei bildet, ins schwarze Meer ergießt.

Ihr Gefälle beträgt von Donaueschingen bis Passau 1254, von Passau bis Wien 409, von Wien bis zur Grenze von Ungarn 58, von da bis zum Meere 402 Fuß. Ihre mittlere Tiefe ist 10 Fuß, ihre mittlere Breite 1000 Schritte, ihre mittlere Geschwindigkeit 6 Fuß. Ihr Stromgebiet berechnet man auf 14,423 Quadratmeilen.

Die wichtigsten in die Donau mündenden Nebenflüsse sind auf dem rechten Ufer, von Süden nach Norden fließend, die Iller, der Lech, die Isar, der Inn, die Traun, die Enns, die Drau und die Sau; alle stammen aus den Alpen und sind reißende Gebirgsströme. Viel weniger bedeutend sind die Zuflüsse der Donau auf dem linken Ufer: Altmühl, Naab, Regen, Ilz, Kamp und March. Schiffbar ist sie von Ulm an; von Galacz nach dem schwarzen Meere zu wird ihre Beschiffung der Wasserfälle wegen gefährlich und schwierig. Von den drei Hauptmündungen befährt man nur die mittlere, Sulina, weil diese allein noch tief genug ist, wiewol auch sie immer mehr versandet und den Schiffern ihrer vielen Krümmungen wegen unnützen und kostspieligen Aufenthalt verursacht; die südliche Mündung soll von den Russen absichtlich verstopft worden sein. Behufs einer bessern Verbindung der Donau mit dem Meere hat man schon vorgeschlagen, von Tschernawoda bis Kostendsche (10 Meilen) einen Kanal zu graben; in neuern Zeiten ist man davon abgegangen und hat die Einwilligung der Pforte nachgesucht, entweder den verstopften südlichen Arm der Donau für größere Schiffe wieder schiffbar zu machen, oder von Rasowa (unweit Tschernawoda) eine Eisenbahn nach der Küste, etwa bis Kostendsche, anzulegen. Mit Dampfschiffen wird die Donau von Regensburg an befahren, und zwar von Regensburg bis Linz (30 Meilen) von den Schiffen der 1836 constituirten bairisch=würtembergischen; von Linz an bis zur Mündung von denen der seit 1830 bestehenden östreichischen Dampfschiffahrtsgesellschaft, von denen die erstere im J. 1841 3 Schiffe, die letztere 15 Schiffe (ungerechnet 7 Seeschiffe) in ihrem Dienste hatte und jene 11,302, diese 170,078 Reisende beförderte. Die versuchte Befahrung der Donau von Ulm bis Regensburg mit Dampfschiffen, für welche sich im J. 1840 ein Filialverein in Ulm bildete, hat sich bisher wegen der ungenügenden Tiefe des Flusses als unthunlich gezeigt.

Es liegt nahe, die Donau hinsichtlich ihres landschaftlichen Charakters mit dem Rheine zu vergleichen, was aber darum schwierig ist, weil jene nicht wie dieser einen sich gleichbleibenden Charakter hat. Seiner eigenen und seiner Ufer Schönheit wegen ist der Rhein schon seit langer Zeit berühmt und von zahllosen Dichtern gepriesen worden; welcher deutsche Jüngling sehnte sich nicht, wenigstens einmal in seinem Leben ihn zu besuchen und zu befahren! Das Lob der Donau wird viel spärlicher verkündigt, und doch hat auch sie große, ganz eigenthümliche Reize, wenngleich ihre Ufer im Ganzen an malerischen Ansichten arm sind und in dieser Beziehung den Ufern des Rheins unendlich nachstehen. Vom Ursprunge der Donau bis nach Ulm tragen ihre Ufer einen idyllischen Charakter, sanfte Höhen wechseln mit lieblichen stillen Thälern; von Ulm an breitet sich ein herrliches fruchtbares Land aus bis Neuburg; von da bis Ingolstadt zieht sich das melancholische Donaumoos hin und von da bis Vohburg sind die Ufer flach und öde. Desto romantischer sind sie von der Mündung der Altmühl in die Donau bei Kehlheim bis Regensburg und von da bis Donaustauf; dunkle Waldhöhen wechseln mit fruchtbaren Feldern und hier und da erscheinen alte Ruinen. Von Straubing an weichen die Berge immer mehr zurück, um sich von Deggendorf an, wo die Isar mündet, bis Passau dem Flusse wieder mehr zu nähern. Am herrlichsten und großartigsten ist unstreitig die Scenerie der Ufer zwischen Passau und Linz, wo sich der Strom lange durch Granitfelsen drängt, welche pittoreske Steinformen, viele Burgruinen und prächtige Wälder zieren. Von Linz an nehmen die Donaulandschaften einen unbestimmtern Charakter an; der Strom bildet mehre Arme und Inseln und die Ufer flachen sich immer mehr ab. Zwar bei Grein wird der Fluß nochmals von Felsen eingeengt, aber von Krems an verflacht sich die Landschaft ganz und gar. Unterhalb Wien tritt der Strom in die große ungarische Ebene ein und behält hier auf Hunderte von Meilen denselben Charakter. Überall sind die ganz flachen Ufer bedeckt von zahllosen Wäldern, die aber nur ausnahmsweise stattliche und hohe Bäume zeigen, da der den Überschwemmungen ausgesetzte Boden der Erhaltung alter Wälder nicht günstig ist. In ihrem letzten Theile schleicht die Donau still und langsam zwischen unübersehbaren Schilfwäldern und durch eine traurige Einöde, deren dumpfe Stille nur von dem Geräusche des bewegten Schilfes unterbrochen wird, dem Meere zu.

(Der Beschluß folgt in Nr. 487.)

Die südrussischen Steppen.

(Beschluß aus Nr. 485.)

Bei dem Rindvieh sind Haus= und Steppenrinder zu unterscheiden, von denen jene den täglichen Arbeiten dienen, nur in der Nähe der Wohnungen weiden und jeden Abend heimgetrieben werden. Die den südrussischen Steppen eigenthümliche Race ist groß, hochbeinig, langhörnig, silbergrau oder weiß gefärbt und gibt sehr wenig, aber vortreffliche Milch. Eine Steppenkuh gibt vor 1—2 Quart auf einmal, wird nur zwei Mal täglich gemolken und setzt 3—4 Monate jährlich aus, in denen sie gar keine Milch gibt, während eine deutsche Kuh nur 2—4 Wochen aussetzt. Auch gibt jene nicht anders Milch, als wenn das Kalb zuvor angesetzt und etwas gesogen hat, und während der ganzen Dauer des Melkens muß das Kalb anwesend sein, was die Arbeit sehr erschwert, weil es oft nicht leicht ist, das gierige Kalb abzuhalten, zu welchem Ende die Melkenden immer einen Stock zur Hand haben. Wenn die Kälber nicht saugen sollen, wird ihnen das Fell eines Igels über die Schnauze gebunden, was einen sonderbaren Anblick gewährt. Zur Versorgung der baltischen, polnischen und mährischen Viehmärkte und zur Rekrutirung des zum Ackerbau und zu den Handelstransporten nöthigen Zugviehs halten die Steppenherren große Zuchtheerden von sogenannten wilden Rindern auf der Steppe, Tschereda genannt, jede 100—800 Stück zählend, deren junger Anwuchs immer verkauft wird. Aus dem Steppenleben derselben sind die Viehsteige zu bemerken, die sie auf ihren Wegen nach den Brunnen oder Teichen bilden, wobei sie immer mehre lange Reihen bilden, in denen ganz regelmäßig ein Rind hinter dem andern her und in dessen Spuren tritt. Da sie meist einen weiten Weg zum Wasser zurückzulegen haben, werden sie nur selten getränkt und sind daran, wenn die Zeit dazu gekommen ist, desto ungeduldiger. Der Wolf stellt den Rindern weniger begierig als den Pferden und Schafen nach, vielleicht weil er vor ihren spitzigen Hörnern noch mehr Furcht hat. Der Eigensinn und die Halsstarrigkeit wilder Ochsen, die ans Ziehen gewöhnt werden sollen, ist außerordentlich; viele werden nie an das Joch gewöhnt und durch keine Kunst und Gewalt zur Arbeit gebracht; diejenigen aber, welche ihren Nacken einmal unter das Joch gebeugt haben, leisten desto mehr, da ihre Stärke erstaunlich ist.

Bei Gelegenheit der Viehzucht in den Steppen muß nothwendig auch der in allen Steppenlandschaften so verbreiteten Talgsiedereien gedacht werden, die von der größten Wichtigkeit sind. Von der Waarenausfuhr Petersburgs, die jährlich im Durchschnitt 120 Mill. Banco-Rubel beträgt, kommt der dritte Theil auf Talg als den Hauptartikel des ganzen petersburger Exports, während die sämmtlichen übrigen russischen Häfen zusammen etwa für 30 Mill. Rubel Talg liefern; den größten Theil dieses Artikels liefern die Rinder und Schafe der pontischen Steppen und sie üben daher auf die Erleuchtung und Reinlichkeit von ganz Europa einen großen Einfluß. Die Großrussen sind seit alten Zeiten die Besitzer der Talgsiedereien oder Ssalgans in den Steppen. Aus den großen Heerden halbwilder Ochsen kaufen sie die Thiere zu Hunderten und Tausenden und schicken sie auf die Steppenwiesen, um sie nach der Mästung eines Sommers einzuschlachten. Ein Ssalgan besteht aus einem großen Gehöfte, das von weitläufigen Gebäuden umgeben ist und Stallungen, Brunnen und hohe Talgpressen einschließt. In den Gebäuden befinden sich große Räume zum Schlachten der Ochsen, zum Sieden des Fleisches in gewaltigen Kesseln, zum Einsalzen und Trocknen der Felle, Comptoirs, Wohnungen u. s. w.; im Sommer steht Alles leer. Um die gemästeten Ochsen gegen Ende des Sommers durch das Thor des Ssalgan zu bringen, dessen Modergeruch ihnen schon widerwärtig ist und sie zurückschreckt, braucht man die Arbeitsochsen der Wirthschaft, die täglich aus- und einfahren, den gesottenen Talg verführen, Brennholz herbeifahren, den überflüssigen Talg auf den Markt bringen u. s. w. Diese mischt man unter die beunruhigte Heerde, die allmälig der Schlachtbank näher getrieben worden ist; die Ochsen des Hauses gehen durch die geöffneten Hofthore, die wilden, von ihren Schlächtern umzingelten folgen ihnen, um nicht wieder lebendig herauszukommen. Auf diese Weise werden gewöhnlich 100 Ochsen auf einmal in das Gehöft getrieben, von denen wieder 20—30 zugleich in die Schlachtkammer eintreten, einen weiten Saal mit nackten Wänden. Das Schlachten geschieht auf grausame Art. Acht Schlächter mit langem Barte und feuerrothen Gesichtern gehen, bewaffnet mit langstieligen Beilen, zwischen den ledigen und ungebundenen Thieren herum und versetzen ihnen in der Reihe nach mit sicherm Arme einen Hieb auf das Kreuz, daß die Ochsen ächzend zusammensinken; der Todeskampf dauert oft noch lange. Nachdem die Haut abgezogen und eingesalzen worden, werden jedem Ochsen 120—160 Pfund Fleisch aus dem Rücken und den Lenden geschnitten, um zur Speise verkauft zu werden. Das Übrige wird zerhackt und kommt mit Ausnahme der Eingeweide in die Siedekessel, deren jeder Ssalgan 4—6 hat, die 10—15 Ochsen jeder fassen können. Das Fett schwimmt klar und rein obenauf und wird in große Kübel geschöpft, aus denen es in die Gefäße kommt, in welchen es verschifft wird. Dieses erste Fett ist das schönste und ganz weiß, die zweite, später gewonnene Sorte ist gelblicher. Der Talg wird zum Theil in Tonnen gegossen, zum größten Theile aber aus Mangel an Tonnen in die Häute, aus denen er kam, nachdem dieselben mit Ausnahme der zum Eintrichtern dienenden Löcher an den Beinen zugenäht worden sind, zurückgefüllt; diese Talgochsen kommen dann so in den Handel. Dasjenige Fett, welches durch das Kochen nicht herausgebracht wird, muß durch Pressen aus dem Fleisch- und Knochenbrei der Kessel gewonnen werden; es ist die schlechteste Sorte, braun oder fast schwarz, welche gar nicht verschickt, sondern in Zuckerhutformen gegossen und theils an die Seifensieder, theils zum Wagenschmieren verkauft wird. Von allen drei Sorten zusammen gibt ein Ochs ungefähr 7—8 Pud (à 40 Pfund), von denen jedes 11—15 Rubel (3⅔—5 Thlr.) kostet. Während der Herbstmonate, September, October und November, herrscht in den Ssalgans das regste Leben, während sie im Sommer ganz leer stehen. In der Nähe von Odessa befinden sich sieben große Talgsiedereien, die jährlich zusammen 25,000 Ochsen versieden mögen, zu denen noch zahllose Schafe kommen.

Die einheimischen Bewohner der südlichen Steppen, Kleinrussen oder Scythen, sind noch jetzt, wie zu Herodot's Zeit, Troglodyten, d. h. sie leben in Erdhöhlen, sogenannten Semlanken, oder verbergen sich mit ihren Wohnungen halb in die Erde, und Dasselbe thun die mit ihnen verwandten Völkerschaften der Bulgaren, Moldauer u. s. w. Der Bau einer solchen Wohnung geschieht folgendermaßen. In die Erde wird ein 2—3 Ellen tiefes Loch von der Länge und Breite des zu erbauenden Hauses gegraben; auf beiden Enden der größten Länge desselben, sowie in der Mitte werden drei Balken von gleicher Höhe aufgerichtet und über dieselben ein horizontaler Balken gelegt, womit der Dachstuhl fertig ist. Über den letztern Balken legen sie von der Erde an gegen Norden Dornsträucher und Schilf und bewerfen das Ganze mit Erde und Rasen, wodurch sich allmälig eine dicke, mit hohem Unkraut und Rasen bewachsene Rasendecke bildet. Gegen Süden ragt das Haus etwa zwei Ellen aus dem Boden hervor. Die Wand besteht aus Lehm und enthält ein paar Glasstücke als Fensterscheiben. Vorn führt ein mit einem kleinen Dache bedeckter Treppengang mit einer doppelten Thür (einer obern und einer untern) in die Tiefe. Im Innern einer solchen Wohnung herrscht übrigens viel Sauberkeit und Reinlichkeit, wodurch sich überhaupt die Kleinrussen vor den Polen und Großrussen rühmlich auszeichnen. Die Thiere haben ähnliche Wohnungen und zwar jede Thiergattung ihre eigene; das Hornvieh meist nur ein mit einem Erdwalle umgebenes viereckiges Loch ohne Dach, die Schafe und Schweine eine kleine mit Mist gedeckte, die Hühner eine aus kleinen Stäben und Flechtwerk gebaute Höhle u. s. w. Manches dieser Thiere findet auch wol in der menschlichen Wohnung seinen Platz, nur die Hunde niemals. Für die Enten wird als Ententeich ein kleines Loch von 2 Fuß Länge und 1 Fuß Breite gegraben, in welches dann und wann ein Eimer Wasser geschüttet wird. Die Getreidegarben und das Heu liegen in großen Haufen um die Wohnung her, das ausgedroschene Getreide aber liegt, soweit es nicht zum täglichen Brotbacken gebraucht wird, in einem konisch geformten, vorher durch mehrmaliges Ausbrennen mit Stroh trocken gemachten Loche mit einer kleinen Öffnung zum Hineinsteigen, wo aber das Getreide sowol den Mäusen als dem Regen ausgesetzt ist, welcher durch die von jenen gegrabenen Löcher hereinfließt. Das zum täglichen Gebrauch dienende Getreide befindet sich in einem sehr großen Korbe, der aus dicken verflochtenen Strohbündeln zusammengesetzt ist und beständig in der Semlanke steht. Der Sommerherd zum Kochen der Speisen ist ebenfalls nur ein einfaches und unbedecktes Loch in der Mitte des Hofs; zu dem in der Tiefe brennenden Feuer führen ein Paar Stufen, die der Köchin zugleich als Sitz dienen; Herd, Stufen und Feuerzug sind lediglich aus Erde gearbeitet. Im Winter wird im Ofen der Semlanke gekocht, der aus mit Lehm überzogenen Stäben gebaut und von wunderlicher Construction ist.

Für die Communicationswege in den Steppen hat die Kunst fast weiter nichts gethan, als daß die großen Heerstraßen, deren Breite hauptsächlich des vielen auf ihnen verkehrenden Viehs wegen nicht weniger als 30—36 Klaftern beträgt, durch kleine Gräben zu beiden Seiten bezeichnet sind; auf einigen großen Poststraßen sind in gewissen Entfernungen kleine steinerne Pyramiden errichtet, weil im Winter jene Bezeichnung durch Gräben nichts helfen würde. Im April und Mai ist der Boden fest und eben, und dann haben die Wege der Steppen ihre beste Zeit; wenn aber im Frühjahre der Schnee schmilzt, verwandelt sich die ganze fette Erde der Oberfläche in einen zähen schlammigen Brei und die Steppe wird fast völlig unwegsam. Im Sommer wird das Reisen beschwerlich durch den überall aufsteigenden feinen und schwarzen Staub, der in der Luft schwebt, die Menschen schwärzt und überall eindringt. Interessant sind die Wagenkaravanen, Walken genannt, die zwischen Dniestr und Wolga, Kiew und dem schwarzen Meere die Steppenstraßen bedecken. Sie bestehen gewöhnlich aus 30—40 Wagen, bespannt mit Ochsen, die in ganz Südrußland fast ausschließlich als Zugthiere gebraucht werden. An der Spitze der Karavane steht ein Obertschumak (Oberfuhrmann) mit seinen Knechten. Zuweilen vereinigen sich unterwegs mehre solcher Walken und bilden eine Reihe von 3—400 Wagen, die nicht selten eine Werst lang ist. Jede Walke wird von einem stattlichen schönen Hahn begleitet, der seinen Platz zugleich mit dem Obertschumak auf dem vordersten Wagen hat und gleichsam die Weckuhr des ganzen Zugs ist, denn mit dem Krähen des Hahns, um 2 oder 3 Uhr Morgens, rüsten sich die Tschumaks, im Sommer wenigstens, zur Abreise. Er ist der Liebling aller Fuhrleute, die ihn in die Wette streicheln und füttern, und verläßt seinen Platz nicht leicht, ausgenommen wenn er an einer Station hübsche Hühner wittert. Jeder Wagen hat 5—6 Tschetwert Getreide in Säcken zu 2—2½ Centner geladen; immer bei 3—4 Wagen ist ein Knecht angestellt. Täglich fahren sie 30—35 Werste (4—5 Meilen) weit und fahren auf diese Weise 6—9 Monate hindurch zwischen Podolien, Odessa, Kiew, Charkoff, Krementschug 5—7000 Werste hin und her.

Die wohlhabenden und ordentlichen Tschumaks fahren blos von Ostern bis zu Anfang des October, denn die oft schon im October einfallenden Schneestürme machen später lange Transporte zu gefährlich. Bei Regenwetter dürfen sie nicht wagen weiter zu fahren, weil dann die Haut der Ochsen beim Ziehen wund wird; daher wird der ganze Verkehr durch Regen oft auf mehre Tage unterbrochen. Im Sommer, der Periode des Hauptverkehrs in den Steppen, geht die Bewegung einer solchen Karavane auf folgende Weise von statten. Um 2 oder 3 Uhr früh werden die Ochsen von der Nachtweide eingefangen, ins Joch gespannt und in Gang gesetzt; dann wird bis 8 oder 9 Uhr gefahren und auf einer Stelle gehalten, wo Weide und Wasser zu finden ist. Hier tränken die Tschumaks die ausgespannten Ochsen und machen von Mist, Heu, Stroh u. s. w. ein Feuer an, um ihre Nationalsuppe, Borscht genannt, oder ihren Hirsebrei zu wärmen, welche beide Gerichte ihnen als Morgen-, Mittags- und Abendbrot dienen. Zu der erstern kommen alle möglichen gewürzigen Kräuter, welche aufzutreiben sind, geschnittene rothe Rüben, Kümmel, Petersilie, Portulak, Thymian, Pastinaken, Lauch u. s. w.; die Hauptsache sind Hirse und ein Stück Lammfleisch, und die Flüssigkeit, in der Alles schwimmt, ist das Nationalgetränk der Russen, säuerlicher Kwas. Zur Abkühlung wird wol noch eine Portion fetter und kalter Schmant obenauf geschüttet. Um 10 oder 11 Uhr wird die Reise fortgesetzt und zwar bis Nachmittag, wo abermals Rast gemacht wird. Zum letzten Male geschieht dies gegen Sonnenuntergang, wo die Wagen auf der Straße in regelmäßige Quarrés aufgestellt werden, soweit auseinander, daß man bequem zwischen ihnen herumgehen kann. Das Feuer wird wie am Morgen angezündet und zum Schlusse des Tagewerks wol noch ein melancholischer Nachtgesang angestimmt.

Alles bisher Gesagte bezieht sich zunächst nur auf die an das schwarze Meer grenzenden Steppen, aber mit geringen Modificationen gilt es auch von den benachbarten Steppen, die einen großen Theil des nordwestlichen Asiens einnehmen. Überall ist der Himmel im Herbst ebenso grau und einförmig, überall der Winter ebenso streng und unbarmherzig; im Frühling grünt und blüht die Steppe überall mit derselben Fülle, während im Sommer Trockenheit und Durst Alles erschlaffen und verschmachten läßt. Disteln, Wermuth, Dornen herrschen überall, Salz und Salpeter durchdringen den Boden, und die Mündungsgebiete aller Flüsse sind mit unermeßlichen Schilfwaldungen bedeckt, in denen freilich weiter nach Süden andere Thiere als im Norden vorkommen, als Fasanen, Leoparden, wilde Schweine u. s. w. Die Bewohner sind größtentheils Nomaden, und Viehzucht ist ihre Hauptbeschäftigung; doch ist keine der hier wohnenden Völkerschaften ganz ohne Ackerbau. Überall in Kleinrußland findet man in der Nähe der menschlichen Niederlassungen große Waserteiche gebildet, um das Wasser zum Tränken des Viehs, der Menschen und der Äcker zu sammeln. Zu diesem Ende werden quer durch die Flüsse und die Flußthäler lange Dämme aus Mist, Erde und eingerammten Balken aufgeworfen, in deren Mitte eine Schleuse angebracht wird. Diese Dämme sind zugleich die einzigen Brücken. Aus den Teichen werden Kanäle herausgeleitet und Schöpfräder angebracht, um Gärten und Felder zu bewässern.

Die Gleichförmigkeit in Charakter, Sitten, Kleidung u. s. w. der Steppenbewohner muß die größte Verwunderung erregen; auch in ihren Kunsterzeugnissen finden wir sie wieder. Die Teppiche werden bei den Kirgisen und Kalmücken auf ähnliche Weise gemacht, ebenso der dicke Kuhfilz, aber das künstlichste und zierlichste Product aller dieser Länder ist die Peitsche, nach den nogaischen Tataren die Nogaika genannt. Sie ist dick, kurz und aus einer Menge feiner, zäher Lederstreifen künstlich geflochten; der Stiel ist kurz und bei Reichen mit Silberdraht und andern Zierathen umwunden, in der Regel aber schmucklos. Am Ende des sehr harten elastischen Theils sitzt ein kleines zierlich zugeschnittenes, bunt ausgeschnittenes Lederstück, das zum Knallen dient. Dieselbe Peitsche findet man bei den Kosacken, Tataren, Kirgisen und Kalmücken; sie vertritt bei den Steppenvölkern die Stelle des römischen Schwerts und spanischen Dolchs und dient ihnen in allen Nothfällen als Waffe und sicherste Zuflucht.

Der Brand von Hamburg.

Die furchtbare Feuersbrunst, welche vom 5. bis 8. Mai dieses Jahres, in einem Zeitraume von mehr als 80 Stunden, das Herz Hamburgs, der größten deutschen Handelsstadt, verzehrte und in der Weltgeschichte nur weniges ihres Gleichen hat, ist zwar allen unsern Lesern längst bekannt geworden, und es mag daher unangemessen erscheinen, hier eine ausführliche Beschreibung dieses tragischen Ereignisses zu liefern. Aber ganz mit Stillschweigen kann ein Ereigniß wie dieses, von europäischer Bedeutung, in diesen Blättern unmöglich übergangen werden; daher mögen hier wenigstens die bedeutendsten Momente desselben hervorgehoben werden, deren Mittheilung gewiß manchem unserer Leser willkommen sein wird.

Vorausschicken wollen wir einige historisch=topographische Nachrichten, die zur Erläuterung der nachstehenden Erzählung dienen. Hamburg liegt am rechten Ufer der Elbe, an der in dieselbe fallenden Alster, von der Mündung der Elbe in die Nordsee noch etwa 18 Meilen entfernt, unter 53 Grad 34½ Minuten nördl. Breite und 27 Grad 56 Minuten östl. Länge, und schreibt seinen Ursprung von Karl dem Großen her, der 803 in dieser Gegend gegen die Wenden und Slawen eine Burg erbaute, von ihrer waldigen Umgebung Hamma-Burg genannt, die zwar 810 durch die Dänen zerstört, aber in demselben Jahre durch Eridag v. Mayndorff wieder erbaut wurde. Bereits 811 erhob sich hier eine Kirche, die ein Erzbischof von Trier in Anwesenheit des Kaisers Karl weihte. Schon im 12. Jahrhundert war Hamburg ein wichtiger Handelsplatz; im 13. Jahrhundert (um 1241) stiftete es, nachdem es 1215 Reichsunmittelbarkeit erlangt hatte, zugleich mit Lübeck jenen unter dem Namen der Hansa später so mächtig gewordenen Städtebund, nach dessen Auflösung im J. 1630 die Stadt mit Lübeck und Bremen eng verbunden blieb. Im J. 1618 wurde sie als freie Reichsstadt anerkannt; von 1810—14 war sie als Hauptstadt des Departements der Elbmündungen dem französischen Kaiserreiche einverleibt und litt viel durch die Bedrückungen der unmenschlichen französischen Heerführer Davoust und Vandamme; aber am 26. Mai 1814 wurde die alte Verfassung der Stadt wiederhergestellt und 1815 trat sie als freie Stadt dem deutschen Bunde bei. Die eigentliche oder innere Stadt, welche in einem Halbkreise an der Elbe liegt, zerfällt in die Alt= und Neustadt, diese im Westen von jener liegend und erst seit 1685 entstanden, beide durch einen die Elbe mit der Binnen-Alster verbindenden Kanal getrennt, außerdem in fünf Kirchspiele (von den fünf Hauptkirchen), von denen das Petri= und Jacobikirchspiel im Norden, das Nicolai= und Katharinenkirchspiel im Südwesten und Südosten die Altstadt bilden, das Michaeliskirchspiel aber die ganze Neustadt einnimmt. Das Petri= und das Nicolaikirchspiel sind die ältesten Theile der Stadt. Eine dritte Eintheilung ist nach dem Bürgermilitair in 6 Bataillons= und 48 Compagniebezirke, mit denen die Steuerdistricte verbunden sind, indem den Offizieren der 48 Compagnien die Umschreibung, d. i. Controlirung der Einwohner, übertragen ist. Zahlreiche Kanäle (Fleete) durchschneiden die Stadt. An der Südseite wird dieselbe von der Elbe und einigen Kanälen begrenzt, an den übrigen Seiten von einem Stadtgraben und abgetragenen, in reizende Spaziergänge verwandelten Wällen, durch welche sieben Thore führen: im Süden das Sand= und das Brookthor, im Osten das Deich=, das Stein= und das Ferdinandsthor, im Norden das Damm=, im Westen das altonaer oder Millernthor. Noch sind mit der Stadt zwei Vorstädte verbunden: St.=Georg im Osten und St.=Pauli im Westen (sonst der hamburger Berg genannt), durch welche letztere Hamburg mit Altona zusammenhängt. Die größte Ausdehnung der innern Stadt von Osten nach Westen beträgt etwa 8000, von Norden nach Süden über 6000 hamburger Fuß. Die Häuserzahl beträgt oder betrug etwa 8000, die Einwohnerzahl 120,000, mit Einrechnung des zur Stadt gehörigen Gebiets aber 150—160,000. Zu dem letztern gehören außer den erwähnten beiden Vorstädten: 1) die Geestlande mit 19 Dörfern, 2) die Marschlande, 3) das Amt Ritzebüttel an der Mündung der Elbe, 4) das Amt Bergedorf (die Vierlande), welches Hamburg gemeinschaftlich mit Lübeck besitzt.

Noch erklären wir einige Hamburg eigenthümliche Benennungen. Der Ausdruck Gasse kommt hier nicht vor, dafür aber: Straße, Twiete, Gang, Hof, Reihe, Markt, Ort, Huk, Hörn, Platz, Graben, Brook, Weg, Kamp, Wall, Berg. Twieten sind sehr enge Straßen, Gänge noch engere, nur für Fußgänger; Höfe kleine Sackgassen, die zu einem Hause gehören; Reihen sind eigentlich solche Straßen, die nur auf einer Seite bebaut sind (doch kommt hier die Ausnahme häufiger als die Regel vor); Ort, Huk und Hörn sind Stadttheile, die durch das Zusammenstoßen einzelner Straßen entstehen; Brook ist ein Bruch oder Sumpf, Kamp eine Wiese oder Weide, auf welcher die Straßen erbaut wurden. Erben sind Häuser oder Häusercomplere mit Zubehör, Ställen, Speichern u. s. w., Buden, Wohnhäuser von einem Stockwerk, ebenso Hütten oder Häuselein. Säle sind abgesonderte Wohnungen oder Stockwerke, die für sich abgeschlossen sind und eine besondere Freitreppe von der Straße her haben. Gotteswohnungen sind Wohnungen für Arme und Witwen.

(Der Beschluß folgt in Nr. 487.)

Literarische Anzeige.

☞ **Für Leihbibliotheken etc.**

Ein Verzeichniß der bei mir bis 1841 erschienenen und im Preise bedeutend herabgesetzten **Romane**, wo — bei Abnahme von Partien — noch ganz besondere Vortheile stattfinden, ist durch alle Buchhandlungen gratis zu erhalten.

Karl Focke in **Leipzig**.

Das Pfennig-Magazin
für Verbreitung gemeinnütziger Kenntnisse.

487.] Erscheint jeden Sonnabend. [Juli 30, 1842.

Die Donau.
(Beschluß aus Nr. 486.)

Gegend an der Donau.

Gehen wir nun zu einer genauern Angabe der Orte und Gegenden über, an denen die Donau auf ihrem Laufe durch Deutschland nach und nach vorbeifließt.

1. In Baden.
Dorf Pforen, der erste Ort, den die Donau berührt. Marktflecken Neudingen, wo Karl der Dicke 888 in Armuth starb. Geisingen. Möhringen (mit Schloß).

2. In Würtemberg.
Stadt Tuttlingen, mit Schloß Honberg. Schmelzhütte Ludwigsthal. Nendingen. Mühlheim. Friedingen.

3. In Baden.
Schloß Wildenstein, malerisch gelegen. Ruinen von Falkenstein.

4. In Hohenzollern-Sigmaringen.
Sigmaringen, Schloß und Stadt, ersteres auf schroffem Felsen im 9. Jahrhundert gegründet.

5. In Würtemberg.
Stadt und Schloß Scheer. Riedlingen, wo die Schwarzach und Bieber münden. Bergruinen Rechtenstein und Reichenstein. Gebäude der vormaligen, im 8. Jahrhundert gestifteten Reichsabtei Marienthal. Munderkingen. Ehingen (berühmt wegen eines alten steinernen Muttergottesbildes in der alten Kirche und der Reste einer Römerstraße). Gögglingen; unterhalb dieser Ortschaft hat die Donau den Moor- und Haidegrund des tauben Riedes zu passiren, bis sie Ulm an der würtembergisch-bairischen Grenze, die erste größere Stadt, wo sie schiffbar wird, erreicht. Diese alterthümliche Stadt war bis 1805 freie Reichsstadt, wurde in diesem Jahre dem Königreich Baiern einverleibt und von diesem 1810 an Würtemberg abgetreten. Eine schöne, 1829 erbaute Brücke führt hier über die Donau, in deren Mitte die bairische Grenze ist. Der alte Münster, 1377—1488 erbaut, 416 Fuß lang, 166 Fuß breit, ist die höchste Kirche in Deutschland, aber leider nicht vollendet; der Thurm ist 337 Fuß hoch; schöne Glasmalereien und eine große Orgel zieren die Kirche. Unter den Producten und Fabrikaten Ulms, dessen Industrie und Handel sehr gesunken sind und nur durch den Bau der projectirten Eisenbahnen nach Stuttgart, Augsburg und dem Bodensee wieder emporblühen können, bemerken wir als eigenthümlich die hölzernen Pfeifenköpfe, welche von etwa 40 Meistern verfertigt werden, und die eßbaren Schnecken, die in der Umgegend gemästet werden und für

einen Leckerbissen gelten, aber nicht nur in Ulm selbst, da sie in bedeutender Menge (jährlich wol mehre Millionen) ausgeführt werden.

6. In Baiern.

Dorf Neu-Ulm (als Vorstadt von Ulm zu betrachten). Wiblingen, wo die Iller mündet. Schloß Böffingen. Elchingen mit prachtvollem Gebäude des im 12. Jahrhundert erbauten Klosters, bekannt durch den Sieg der Franzosen, dem Ney den Herzogstitel verdankte. Langenau. Städtchen Leipheim auf sanfter Anhöhe mit reizender Aussicht, wo 1525 die empörten Bauern eine blutige Niederlage erlitten. Schloß Günzburg. Bergschlösser Reisensburg und Landstrost. Kloster Medlingen. Gundelfingen. Lauingen, interessant durch Römerstraße und Römersteine und als Geburtsort des bekannten Tausendkünstlers Albertus Magnus, Bischofs von Regensburg (gest. zu Köln 1280). Dillingen, einst Universität, mit Lauingen noch durch den 6800 Fuß langen, 90 Fuß breiten, 1807 erbauten Karolinenkanal verbunden. Hochstädt, wo am 12. Aug. 1080 Friedrich von Hohenstaufen durch Herzog Welf, am 12. Aug. 1634 die Kroaten, 1703 die Kaiserlichen unter Styrum durch Kurfürst Maximilian Emanuel und Marschall Villars, am 13. Aug. 1704 die Baiern und Franzosen unter Marschall Tallard durch den Prinzen Eugen und Marlborough, am 19. Juni 1800 die Kaiserlichen wieder durch die Franzosen Niederlagen erlitten. Donauwörth am Schellenberge, wo die Donau die Nebenflüsse Wörnitz, Zusam und Schmutter aufnimmt (evangelische freie Reichsstadt bis 1782, aber schon vorher mehrmals in der Gewalt der Baiern). Unterhalb Lechsgemünd strömt der von Süden kommende Lech in die Donau. Kloster Nieder-Schönenfeld. Oberhaus, wo der erste Grenadier Frankreichs, Latour d'Auvergne, am 27. Juni 1800 fiel. Neuburg, einst Residenz einer Linie des Hauses Pfalz, die 1742 mit Kurfürst Karl Friedrich erlosch.

Vom Schlosse Grünau bis Ingolstadt zieht sich das Donaumoos hin, welches vier deutsche Quadratmeilen einnimmt, aber seit den Jahren 1790—94 mit einem Aufwande von 530,000 Gulden trocken gelegt worden ist, jetzt 32 Colonien mit mehr als 2500 Einwohnern in 210 Ortschaften enthält und 800,000 Centner gutes Heu nebst 16,000 Scheffeln Getreide jährlich liefert, sodaß sein Werth von 400,000 auf 6 Mill. Gulden gestiegen ist. Ingolstadt, von Ludwig dem Baier zur Stadt erhoben, war 1472—1800 der Sitz einer Universität, welche von hier nach Landshut verlegt wurde; 1632 wurde die Stadt von Gustav Adolf später von Herzog Bernhard von Weimar, Hoorn und Banér vergeblich belagert. Wohburg, einst der Sitz eines berühmten Grafengeschlechts, das im 13. Jahrhundert erlosch, später Wohnort des Herzogs Albrecht von München und seiner Gemahlin, der schönen Agnes Bernauerin. Pföring, wo Römersteine und Römermünzen gefunden wurden. Neustadt, im dreißigjährigen Kriege von den Schweden mehrmals erobert. Hier fällt das Flüßchen Abens in die Donau. Unterhalb Hienheim beginnt der große Römerwall, den das Volk die Teufelsmauer nennt. Welfenburg, in der Nähe die geräumigen Gebäude des aufgehobenen Benedictinerklosters gleiches Namens, das für das älteste in Baiern gilt und eine Stifung des heiligen Rupert sein soll. Kelheim, wo die Altmühl in die Donau fällt und der im Bau begriffene Kanal, der die Donau durch den Main mit dem Rheine verbinden soll, münden wird. Abach mit seinem Römerthurm und der Heinrichsburg, auch wegen der wirksamen Mineralquelle bemerkenswerth, ist der Mittelpunkt einer herrlichen Landschaft. Oberndorf, wo 1208 der Königsmörder Pfalzgraf Otto von Wittelsbach von dem Pappenheimer Philipp Marschalk erschlagen wurde. Weichselmühle in einem herrlichen Waldthale. Kirche Maria Ort unweit Prüfening, wo die Nab in die Donau mündet.

Regensburg, die alte, vom Kaiser Tiber gegründete Römerstadt, wo der Regen in die Donau fällt, gegenüber Stadt am Hof, im dreißigjährigen Kriege durch Bernhard von Weimar verwüstet. In der Umgebung von Regensburg sind zu bemerken die Ruinen der alten Burg Donaustauf, gleichfalls von Bernhard von Weimar im dreißigjährigen Kriege zerstört, und der großartige Säulenbau der Walhalla, eines Tempels des Ruhms, den großen Männern Deutschlands von Armin dem Befreier an gewidmet ist. Am 18. Oct. 1830 legte König Ludwig von Baiern den Grundstein zu diesem Tempel, dessen Bau Leo von Klenze übernahm. Er erhebt sich 304 Fuß über dem Strome auf einem von cyklopischen Mauern umgebenen Berge, zu dessen Gipfel prachtvolle Doppeltreppen führen; in der Mitte der Treppen befindet sich eine Halle der Erwartung für die Bilder derjenigen noch lebenden Zeitgenossen, die auf einen Platz im Tempel selbst, der nur Todten verliehen wird, Anwartschaft haben; den Tempel selbst tragen gigantische dorische Säulen. Straubing, eine freundliche, wiewol sehr alte Stadt in fruchtbarer Ebene, wo Herzog Albrecht's Gattin, die schöne Baderstochter Agnes Bernauerin, ihren Aufenthalt hatte und auf Befehl seines grausamen Vaters Ernst am 12. Oct. 1435 in der Donau ertränkt wurde. Der berühmte Optiker Joseph Fraunhofer wurde hier geboren. Unweit des Bogenbergs am linken Ufer liegt das einst reiche und berühmte Benedictinerstift Ober-Altaich, eins der ältesten in Baiern, angeblich schon 731 von Odilo II. gestiftet. Auf dem Gipfel des 800 Fuß hohen Natternberges ragen die Trümmer des Schlosses der Grafen von Bogen. Deggendorf in lieblichem Thale, von sanften Hügeln umgeben, bekannt durch ein schändliches Judengemetzel im J. 1337. Unterhalb dieses freundlichen Städtchens ergießt sich die Isar in zahlreichen Armen in die Donau.

Niederaltaich, uralte Benedictinerabtei mit ausgedehnten Gebäuden und stattlicher, zweithürmiger Kirche. Hinter dem Städtchen Osterhofen erheben sich die prachtvollen Gebäude eines aufgehobenen Prämonstratenserstifts; am entgegengesetzten Ufer die Ruinen des Schlosses Winzer, das die Panduren Trenck's 1740 zerstörten, gleich dem Schlosse Hildegardsberg, dessen Ruine gleichfalls am Flusse steht. Vilshofen, hübsche und freundliche Stadt mit interessanten Umgebungen, wo die Vils in die Donau fällt. Passau in reizender Lage, eigentlich aus drei Städten bestehend: dem alten Bojodurum am rechten Ufer des grünen Inns, der hier in die Donau fällt, dem eigentlichen Passau auf der Landzunge zwischen Donau und Inn und der Ilzstadt auf dem Delta, welches die von Norden her kommende perlenführende Ilz mit der Donau bildet. Eine reizende Aussicht auf Stadt und Umgegend gewähren der Maria-Hilfberg und namentlich der Georgenberg, auf dessen Gipfel die 1215—19 erbaute Festung Oberhaus steht. Auf einer Anhöhe des eigentlichen Passau steht die Domkirche, vor derselben auf dem Paradeplatze die Statue des Königs Maximilian, im Krönungsanzuge dargestellt. Von Passau an ist das rechte Ufer östreichisch, während das linke noch einige Meilen weiter, bis Markt Engelhardszell, bairisch bleibt. Vor dem letztern fällt uns der freundliche Marktflecken Obern- oder Hafnerzell auf.

7. Erzherzogthum Östreich.

Schloß Ranariedl. Wesenurfahr, mit einem für das passauer Domcapitel erbauten Keller, worin vierspännige

Wagen umwenden können. Thurm des verfallenen Schlosses Marsbach. Überreste des alten, durch Kaiser Maximilian I. zerstörten Schlosses Haienbach. Felsenschloß Neuhaus auf einem bewaldeten Berge. Markt Aschach, Hauptquartier der Bauern im Jahre 1626. Von hier bis Linz sind wenige Orte, wo nicht im Bauernkriege (ausgebrochen am 16. Mai 1626, gedämpft 1627) Blut geflossen wäre. Unter Landeshag theilt sich der Strom in zahlreiche Arme; bei Ottensheim am linken Ufer beginnen die Berge wieder. Cistercienserkloster Wilhering auf dem Vorgebirge des Kettensteins, in der Kirche zwei schöne Grabmonumente. Kirnberger Wald am rechten Ufer (auf einem Bergrücken), vom Strome durch die Chaussee getrennt. Nachdem wir den Calvarienberg bei St.=Margarethen passirt haben, kündigen die vom Erzherzog Maximilian angelegten Befestigungsthürme die Nähe von Linz an, das bald selbst zum Vorschein kommt. Eine Brücke verbindet die am rechten Ufer liegende Stadt mit dem Marktflecken Urfahr am linken Ufer. Kaiser Friedrich III., der in Linz 1493 starb, erklärte die Stadt zur Hauptstadt des Landes ob der Enns, was sie noch ist. Im J. 1550 bekannte sich fast die ganz Bevölkerung zur evangelischen Lehre, die aber nur kurze Zeit herrschend war. In der Stadt sind die Dreifaltigkeitssäule und das Denkmal Raimund's von Montecuculi in der Capucinerkirche, in den Umgebungen derselben die Heilbäder Mühllacken und Kirchschlag und die reichen Stifter St.=Florian (Augustinerkloster mit trefflicher Bibliothek) und Kremsmünster (Benedictinerabtei) mit prachtvoller Kirche und berühmter Sternwarte bemerkenswerth.

Gleich unterhalb Linz theilt sich die Donau in viele Arme; das rechte Ufer ist flach, während am linken waldige Berge emporsteigen. Bei Zizelau, gegenüber dem Städtchen Steyereck, mündet die Traun, später dem alten Marktflecken Mauthausen gegenüber (dessen Bewohner einst des Zolls wegen die Flotte des Kreuzheeres unter Friedrich Barbarossa aufhielten) die Enns, nachdem sie an der alten Stadt gleiches Namens vorbeigeflossen ist. In der ganzen Umgegend wurden die wichtigsten römischen Alterthümer gefunden, zum Beweise, daß wir uns hier auf classischem Boden befinden. Unterhalb Mauthausen sind die Ufer flach; erst bei dem Erlakloster (gestiftet 1065, aufgehoben von Joseph II.) nähern sich die Berge Unterösterreichs dem rechten Ufer. Unweit der Halbinsel Grünau liegt das herrliche Schloß Nieder-Walsee, auf einem felsigen Vorgebirge. Auch diese Gegend ist ein reicher Fundort römischer Alterthümer. Allmälig erheben sich auch auf dem linken Ufer Berge und in einsamer Berg= und Waldgegend liegt das Städtchen Grein mit der Greinburg (zu der sachsen-koburg=gothaischen Herrschaft gleiches Namens gehörig). Nicht weit von hier passirt man eine Felseninsel, Wörth genannt, auf der sich ein alter viereckiger Thurm erhebt, und einen gefährlichen, von Klippen eingeschlossenen Strudel; noch weit gefährlicher aber ist der Donauwirbel zwischen dem Haussstein und dem langen Stein, wiewol durch die 1777—91 ausgeführten Werke (Felsensprengungen, Reinigung des Strombetts von Blöcken und Bau eines mächtigen Damms) die Gefahren um Vieles vermindert worden sind. Schloß Persenbeug mit zwei Thürmen, auf mächtigen Leptinitfelsen am linken Ufer, ist eins der ältesten in Östreich. Gegenüber liegt das uralte Städtchen Ips an der Mündung des Bergflusses gleiches Namens. Über dem Markt Marbach erblicken wir auf einem schönen bewaldeten, 1308 Fuß hohen Berge die berühmte, malerisch gelegene Wallfahrtskirche Maria Taferl, zu der jährlich an 80,000 Andächtige pilgern. Sobald wir die Mündung der von Süden kommenden großen Erlaf passirt haben, erblicken wir die Mauern und Thürme des Städtchens Pechlarn, das schon im Nibelungenliede eine bedeutende Rolle spielt. Malerische Ruine Weiteneck mit zwei Thürmen. Schon aus der Ferne fesselt unsere Aufmerksamkeit die prachtvolle Abtei Mölk (s. die Abbildung in Nr. 311); auf einem hohen Granitfelsen steht die im neuitalienischen Styl erbaute, mit Fresken geschmückte Stiftskirche mit zwei Thürmen und einer Kuppel, daneben das 1720—32 erbaute Klostergebäude, dessen Bibliothek (welche außer vielen andern Schätzen 1500 Handschriften und Incunabeln enthält) mit dem Speisesaal durch einen Balcon verbunden ist. Das Portal der Kirche zieren die Standbilder des heiligen Coloman, ermordet 1012 von dem Landvolke bei Stockerau, dessen Leiche hier beerdigt wurde, und des heilig gesprochenen Markgrafen Leopold IV. (des Heiligen), der seine Hochzeit mit Heinrich's IV. Tochter Agnes hier feierte. Im J. 1089 versetzte Leopold III. der Schöne statt der Chorherren, die bisher hier gewesen waren, Benedictiner hierher. Am Fuß des Felsens liegt der Markt Mölk mit einer interessanten alten Pfarrkirche.

Das Schloß Schönhübel steht an der Pforte des auf beiden Seiten von hohen Bergen umschlossenen engen Stromthales Wachau, das sich bis Dürrenstein erstreckt und dessen Landschaften mit den schönsten des Rheins wetteifern. Zuerst erscheint links Aggsbach, gegenüber Klein-Aggsbach, wo die Agg oder Ach in die Donau mündet; dann rechts auf hohem Felsen die Ruine der Burg Aggstein. Unterhalb Schwallenbach senkt sich die Teufelsmauer den Abhang der Berge herab. Der Markt Spitz umkreist einen mit Reben bepflanzten Hügel, der der Mittelpunkt der Wachau heißt. Interessanter als alle andern Stellen dieses Thales ist aber das Schloß Dürrenstein (jetzt Ruine), das gleich einem Adlerneste auf hohem Felsen hängt, an dessen Fuß das gleichnamige alte Städtchen liegt. Das Schloß ist eins der ältesten in Östreich; König Richard Löwenherz hielt sich darin mehre Monate auf, bis er dem Kaiser Heinrich VI. übergeben und nach Trifels gebracht wurde. Als die Schweden 1645 das Städtchen einnahmen, zerstörten sie auch das Schloß. Bei Dürrenstein öffnet sich das Stromthal und gestattet eine Einsicht in die östlich liegende Ebene. Unweit der alten Stadt Mautern (dem Mutaren des Nibelungenliedes, wahrscheinlich einer römischen Niederlassung) erfocht Mathias Corvinus 1484 einen Sieg. Landeinwärts auf hohem Berge liegt das Benedictinerstift Göttweih, 1720—32 erbaut. Eine Brücke verbindet Mautern mit der Stadt Stein, die im 11. Jahrhundert ansehnlichen Handel trieb. Nahe dabei an der Mündung des Flüßchens gleiches Namens die Stadt Krems, von Stein durch das ehemalige Capucinerkloster Und (jetzt Militairhospital) getrennt. Sie existirte schon im 10. Jahrhunderte und ist in Unteröstreich berühmt wegen ihrer zahlreichen Pantoffelhelden, die dort nach dem Volkswitz eine eigene Brüderschaft bilden. Der in geschichtlicher Hinsicht interessanteste Ort zwischen Krems und Klosterneuburg ist das Städtchen Tuln (am Eingange des gesegneten tulner Feldes), das schon im Nibelungenliede vorkommt und vor dem Bau von Wien die Hauptstadt von Östreich gewesen sein soll. Rudolf von Habsburg stiftete hier zum ewigen Andenken an seinen Sieg über Ottokar von Böhmen ein Nonnenkloster, das bis 1728 bestand. Im J. 1544 wurde die Reformation hier eingeführt und behauptete sich bis 1575. Markt Stockerau am rechten Ufer, ein wohlhabender, blühender Ort, seit dem vorigen Jahre durch eine Eisenbahn mit Wien verbunden. Ruine Greifenstein, eine der ältesten Burgen im Lande, in neuerer Zeit restaurirt, seit 1805 im Besitz des Fürsten von Liechtenstein. Einander gegenüber liegen die Berge Kalenberg und Bisamberg, letzterer reich an Reben; an seinem Fuß floß in alten Zeiten die Donau vorbei, daher ihr Name. Die Städte Korneuburg und Kloster-Neuburg, welche jetzt die Donau trennt, sollen ehemals, nur durch einen schmalen Flußarm getrennt, zusammengehangen haben. Die erstere war einst wohlbefestigt und wurde 1484 erst nach siebenjähriger Belagerung und hartnäckiger Gegenwehr von dem Ungarnkönig Mathias Corvinus erobert; die letztere ist wegen ihres uralten, herrlichen Stifts merkwürdig, das die Überreste seines Gründers, des heilig gesprochenen Markgrafen Leopold, und seit 1516 den Erzherzoghut aufbewahrt. Die hiesigen Prälaten zeichnen sich durch Kenntnisse und aufgeklärte Gesinnung aus. Das Prachtgebäude des Stifts wurde erst seit 1730 erbaut; es übertrifft noch das von Mölk und birgt eine kostbare Bibliothek, deren Fenster herrliche Glasmalereien aus dem 13. und 15. Jahrhundert zieren. Das Wahrzeichen der Stadt ist ihr berühmtes Faß, das mit dem heidelberger wetteifert. Historisch merkwürdig ist die Vertheidigung der Stadt und des Stiftes gegen die Türken im J. 1683 durch den heldenmüthigen Sacristan Marcelin Ortner, der an der Spitze der Bürger 13,000 stürmende Moslems zurückschlug. Am rechten Ufer ziehen sich der Leopoldsberg, auf welchem Leopold der Heilige die 1683 durch die Tataren zerstörte Hofburg baute, und der Josephsberg hin, beide Ausläufer des Kahlenbergs. In dem nahen Nußdorf landen wir, um uns zu Lande nach Wien zu begeben, denn dort theilt sich der Strom in mehre Arme, von denen nur der schmälste Kanal Wien selbst berührt, wo er die Leopoldstadt und Jägerzeile von der Stadt scheidet und den Prater umschließt; der Hauptarm, die große Donau genannt, fließt bei Florisdorf vorbei und bildet viele Inseln, von denen die Lobau unweit Aspern (im französischen Kriege berühmt geworden) die größte ist.

Von Wien bis zur ungarischen Grenze kommen nur wenige nennenswerthe Orte vor. Rechts weite Ebene bei Simmering, zu großen Manoeuvers dienend. Kaiser-Ebersdorf, wo Napoleon 1809 sein Hauptquartier hatte. Elend, wo 1683 die Prinzen von Aremberg und Savoyen in der Schlacht gegen die Türken fielen. Petronei, wo ein Triumphbogen (vom Volk das Heidenthor genannt) steht, den Kaiser Augustus nach Unterwerfung Pannoniens dem Tiber erbaute. In der Nähe stand das römische Carnuntum, Hauptstadt des obern Pannoniens (im Munde des Volks die große Stadt Troja genannt), wo prachtvolle Bäder und ein Kaiserpalast standen, und wo der Kaiser Mark Aurel seine philosophischen Betrachtungen in griechischer Sprache schrieb. Im Schloßgarten zu Petronel werden noch immer zahlreiche römische Alterthümer gefunden; dasselbe ist bis Deutsch-Altenburg hin der Fall. Alte Schanzen, deren Reste sich von Petronel bis zum Neusiedlersee in Ungarn hinziehen, mögen aus dem Türkenkriege 1683 herrühren. Bei dem Städtchen Haimburg (das im Nibelungenliede unter dem Namen Heunenburg vorkommt) hatte die römische Donauflotte ihren Hafen, von dem man noch Spuren zu unterscheiden glaubt. Von Theben an, wo die March in die Donau mündet, nachdem sie die Grenze zwischen Ostreich und Ungarn gebildet hat, wird das linke Ufer der Donau ungarisch, während das rechte noch auf ein paar Stunden Wegs deutsch bleibt, bis der Strom, nur $\frac{1}{4}$ Meile oberhalb Presburg, ganz in das Königreich Ungarn eintritt.

Gegend an der Donau.

Der Brand von Hamburg.
(Beschluß aus Nr. 486.)

Das Feuer brach am Himmelfahrtstage (5. Mai) zwischen 1 und 2 Uhr Morgens in der Deichstraße und zwar angeblich in einer Cigarrenfabrik aus — wie, ist nicht ermittelt; es verbreitete sich bald in die nahe Steintwiete. Bei der erprobten Zweckmäßigkeit und Wirksamkeit der hamburger Löschanstalten, die bisher allgemein für musterhaft galten und als die besten in Deutschland gepriesen wurden, weshalb auch die Hamburger bisher durch einen Feuerlärm nicht im mindesten beunruhigt wurden, achtete man anfangs wenig darauf, aber mehre Umstände leisteten dem Feuer Vorschub: ein ziemlich heftiger Wind, die große Trockenheit, welche schon mehre Wochen anhielt und das Holzwerk für Feuer weit empfänglicher machte als sonst, und der Mangel an Wasser in den Fleeten oder Kanälen, welche Hamburg durchfurchen, da es beim Ausbruche des Feuers gerade Ebbe war. Unglücklicherweise ergriff das Feuer bald nahe Speicher, in denen sich große Vorräthe von Öl, Spiritus und Rum befanden. Einen Theil davon ließ man der Sicherheit wegen in die Kanäle laufen, aber er wurde aus diesen wieder in die Spritzen gefüllt und so das Übel natürlich nur ärger gemacht, indem man recht eigentlich Öl ins Feuer goß. So griff das Feuer mit rasender Schnelle um sich, aller Löschmittel spottend, wiewol die Spritzen von Hamburg bald durch die der umliegenden Ortschaften Altona, Bergedorf, Ottensen, Eimsbüttel, Wandsbeck u. s. w. unterstützt wurden. Um 10 Uhr Morgens lagen etwa 27, um Mittag, wo bereits die ganze Deichstraße brannte, 50 Häuser in Asche. Ein sturmartiger Südsüdwestwind, der sich gegen Mittag erhob, trieb die Flamme in nordöstlicher Richtung nach dem Hopfenmarkte hin, wo eine der fünf Hauptkirchen Hamburgs stand, die Nikolaikirche, ehrwürdig durch ihr hohes Alter (sie war 500 Jahre alt, nach Andern gar schon im 12. Jahrh., 1164—68 erbaut, 400 Fuß lang, 150 Fuß breit, der 400 Fuß hohe Thurm aber erst 1657 in seiner jetzigen Gestalt beendigt, nachdem er früher wegen Baufälligkeit abgetragen worden war) und ausgezeichnet durch ihr schönes Glockenspiel. Um 4 Uhr Nachmittags ergriffen die Flammen den Thurm, woran ein ganz in der Höhe unter der Kuppel hängendes Habichtsnest Schuld sein soll, in welches Funken gefallen waren; die Kuppel war mit Kupfer gedeckt und das unter demselben befindliche Holz fast das einzige für Feuer empfängliche Material. Schon seit Mittag sah man aus allen Ritzen des Thurmes Rauch hervorbrechen; alle vorhandenen Kräfte wurden verwandt, um Wasser auf den Thurm zu bringen, aber ganz umsonst. Einen schauerlichen Eindruck muß auf die zahlreichen Zuschauer gemacht haben, daß das Glockenspiel, von der Hitze in Bewegung gesetzt, von selbst zu klingen begann, und damit fortfuhr, bis die Glocken selbst schmolzen. Von diesen hingen nicht weniger als sechs große im Thurme, die größte 10,000 Pfund schwer, welche sämmtlich geschmolzen wurden. Als um 3 Uhr Nachmittags der ganze obere Theil des Thurmes in Flammen stand, waren noch drei Arbeiter oben, denen der Rückweg abgeschnitten war; nichts Anderes blieb ihnen übrig, als sich herabzustürzen, aber nur zerschmettert erreichten sie den Boden. Um 5 Uhr sank der Thurm zusammen und in die Kirche hinein (welche mit einer großen Menge von Möbeln und Effecten angefüllt war, die alle ein Raub der Flammen wurden), und diese wurde fortan ein Flammenherd für die ganze Nachbarschaft. Von hier an verbreitete sich das Feuer über die alte Börsenhalle nach der Bohnenstraße, dem Burstah und bis zur alten Börse. Die Hoffnung, mit Spritzen etwas auszurichten, war ganz aufzugeben; es handelte sich nur darum, dem Fortschreiten des Feuers durch Lücken von hinreichender Ausdehnung Schranken zu setzen, und da das sonst gewöhnliche Einreißen von Häusern viel zu langsam gegangen wäre, mußte man sich entschließen, die Häuser theils einzuschießen, theils mit Pulver zu sprengen, wozu namentlich der Ingenieur der hamburg-bergedorfer Eisenbahn dringend rieth. Die letztere hatte sich bereits durch Transport der bergedorfer Spritzen und Löschmannschaften nützlich erwiesen und war dadurch auf sehr würdige Weise eingeweiht worden, zwei Tage früher, als ihre feierliche Eröffnung angesetzt war; später diente sie zum unentgeltlichen Transport ganzer Schaaren Solcher, welche aus der brennenden Stadt flüchteten (besonders alter, schwacher und kränklicher Personen), und ihres Hausraths.

Noch am 5. gegen Abend fing man an, Häuser zu sprengen, theils durch Kanonen und Haubitzen, theils durch Minenladungen, die in den Kellern der Häuser angebracht wurden, wobei die Gebäude nicht in die Luft flogen, sondern nur zusammenstürzten, und die Gefahr für Menschen und Nebenhäuser möglichst beseitigt war. In der Nacht sprengte man nicht nur die alte Börse und eine Menge Privathäuser, in denen eine Stunde zuvor die Räumung angesagt worden war, sondern sogar das ehrwürdige, um 1214 erbaute, 258 Fuß lange Rathhaus (nachdem man die wichtigsten Papiere und die Hypothekenbücher in Sicherheit gebracht hatte). Länger als 500 Jahre hatte es an dieser Stelle gestanden und nur wenige Veränderungen erlitten. Der Senat, der während des ganzen Brandes in permanenter Sitzung beisammen blieb, hatte seine Versammlungen nach dem Stadthause auf dem neuen Walle verlegt und legte in allen seinen Maßregeln Besonnenheit und Energie an den Tag. Auch das erst 1825—26 erbaute Bankgebäude, das man durch Sprengen des Rathhauses zu retten gehofft hatte, wurde in der Nacht ein Opfer der Flammen; glücklicherweise hatte man Zeit gehabt, die Bankbücher zu retten, und die ungeheuern, in Silberbarren bestehenden Baargelder der Bank waren außer Gefahr, da sie in feuerfesten Gewölben lagen, die unter Wasser gesetzt werden konnten. Die ganze Nacht vom 5. auf den 6. hindurch donnerten die Geschütze, da aber die hamburger 24-Pfünder nicht ausreichend erschienen, und das in Hamburg und Altona vorhandene Pulver bald aufgebraucht war, so wurde aus Stade und Harburg schweres Geschütz und Pulver requirirt und mittels englischer Dampfschiffe geliefert. Auch aus Glückstadt, Lübeck, Harburg, Lüneburg u. s. w. trafen allmälig Spritzen ein. Im Laufe des 6., wo ein heftiger Wind aus SSO. wehte, der die im Westen und in der Höhe liegende Neustadt bedrohte, verbreitete sich der Brand über die Altewall- und Neuewallstraße nach dem alten Jungfernstieg, bekanntlich einer der schönsten Straßen Hamburgs mit reizender Promenade am Alsterbassin. Die meisten bis dahin Abgebrannten hatten sich mit ihren Habseligkeiten in diese Gegend geflüchtet, und alle Gassen und Plätze dieses Stadttheils waren mit Obdachlosen angefüllt; als die Flammen auch hierher vordrangen, entstand eine Verwirrung, die ein furchtbares Schauspiel gewährt haben muß. Viele Gegenstände warf man, um sie zu retten, in die Alster und in die Kanäle, aber die Flammen ergriffen auch das Wasser, dessen Oberfläche mit Öl und Spirituosen bedeckt war, und mehre Boote mit Menschen und Mobilien wurden entzündet und gingen unter. Um wenigstens den anstoßenden Gänsemarkt, den neuen Jungfernstieg die Esplanade u. s. w. zu retten, wurden die vier letzten, dem Gänsemarkt zunächst liegenden Häuser des alten Jungfernstiegs, worunter zwei bedeutende Gasthöfe, die alte Stadt London und Streit's Hotel, durch die von Harburg gekommenen hanoverschen Artilleristen mit Minen gesprengt, wobei leider der Oberfeuerwerker und zwei Artilleristen ihr Leben verloren, aber der Zweck der Sprengung vollständig erreicht wurde. Schon vorher waren einige zwanzig Spritzenleute und Soldaten verunglückt. Daß das gesammte hamburger Linienmilitair (800 Mann) nebst der Bürgergarde unausgesetzt im Dienst war, versteht sich von selbst; außerdem leisteten viele Handwerker mit ihren Gesellen, über 600 Handwerker Altonas, nebst einer Abtheilung dänischen Militairs, Matrosen, Schiffbauleute u. s. w. die thätigste Hülfe, ihre Kräfte wurden aber dergestalt in Anspruch genommen, daß der Magistrat am 6. einen Aufruf an alle Bürger, die ihre Familien in Sicherheit gebracht hatten, erlassen mußte, für die bis zum Tode erschöpften Hülfeleistenden einzutreten, dem auch alle Bürger, die die Ihrigen in Sicherheit wußten oder glaubten, Folge leisteten.

Mittlerweile flüchteten Diejenigen, deren Wohnungen das Feuer bereits ergriffen hatte oder bedrohte, mit ihren Waaren und Effecten nach allen Seiten hin, namentlich nach Altona, dessen Bewohner die unglücklichen Nachbarn liebevoll aufnahmen, nach Bergedorf, wo dieselbe Gastfreundschaft geübt wurde, zum Dammthor hinaus u. s. w. In der nächsten Umgegend der Stadt und auf den Wällen lagerten überall Menschen neben ihren Effecten, zum Theil auf den Zeitpunkt wartend, wo sie ihre verlassenen Wohnungen wieder zu beziehen im Stande sein würden. An Transportmitteln trat großer Mangel ein, und die Preise für dieselben stiegen außerordentlich, sodaß nur die Reichen sie erschwingen konnten.

Erst in der Nacht vom 6. bis zum 7. Mai erreichte die von allen Seiten vergeblich bekämpfte Feuersbrunst ihren Culminationspunkt; noch eine zweite der fünf Hauptkirchen Hamburgs wurde ein Opfer der Flammen. Vom alten Jungfernstieg wälzte sich nämlich die Flamme auf der dem Gänsemarkt entgegengesetzten südöstlichen Seite nach der Bergstraße und der schönen, 225 Fuß langen, 135 Fuß breiten Petrikirche, deren schlanker, 1514—16 erbauter Thurm von Backsteinen, einer der höchsten aus diesem Material erbauten, der in eine feine Spitze auslaufend und vollkommen regelmäßig für die kunstvollste Thurmpyramide Deutschlands galt (445 Fuß hoch), zwei Mal Feuer fing, zwei Mal gelöscht wurde, da auf seine Rettung die größte Sorgfalt und Anstrengung gerichtet war, endlich aber 8½ Uhr zum dritten Male in Brand gerieth und um 10 Uhr Morgens einstürzte. Zum Glück blieb das Mauerwerk der Kirche zum größten Theil unversehrt. Die Kirche hat gerade ein halbes Jahrtausend gestanden, denn im J. 1342 wurde der Grundstein zu derselben gelegt; die Spitze des Thurmes wurde erst 1516 vollendet; die schöne Orgel war 1512 erbaut worden. Auch diese Kirche zierte ein 1750 hinaufgebrachtes Glockenspiel, das stündlich eine Choralmelodie spielte; durch die Hitze in Bewegung gesetzt, stimmte es die Melodie „Allein Gott in der Höh' sei Ehr'" an und sang so der Kirche ihren Schwanengesang. Von den drei Thürmen, welche das hamburger Wappen bilden, war nun keiner mehr übrig, indem der älteste, der der Marien- oder Domkirche, bereits 1803 wegen Baufälligkeit abgetragen worden war. In der Nachbarschaft der Petrikirche machte das Feuer in nordöstlicher Richtung die reißendsten Fortschritte und zerstörte die große und kleine Paulstraße, Zuchthausstraße, das 1614 erbaute, 283 Fuß lange, 150 Fuß breite Zucht-, Werk- und Armenhaus, das 1666 erbaute große Spinnhaus, den Holzdamm, die Rosenstraße, Lilienstraße u. s. w. und der Sturm aus Südwest war so furchtbar, daß die Flammen des Detentionshauses, von welchem übrigens nur das Dach zerstört wurde, da das 1830 erbaute Gebäude ganz massiv ist und selbst eiserne Fensterkreuze hat, selbst das jenseit des Walles liegende Ferdinandsthor in Brand gesteckt hatten. Für das meist schlecht gebaute Jakobikirchspiel mit seiner Kirche, die neuen Schul- und Gymnasiumsgebäude und die mit geflüchteten Menschen und Sachen vollgepfropfte Vorstadt St.-Georg, die übrigens durch den Wall und breiten Stadtgraben von der innern Stadt getrennt ist, war daher Alles zu fürchten, denn gegen Flugfeuer war man auf der unter dem Winde liegenden Seite selbst in beträchtlicher Entfernung nicht geschützt.

Endlich am vierten Tage, am 8. Morgens 11½ Uhr, gelang es, der Feuersbrunst Einhalt zu thun, wobei drei am Tage zuvor von London angekommene Dampfspritzen die wirksamsten Dienste thaten und ein in der Nacht eingetretener heftiger Regen nicht ohne Einfluß war. Der Südwestwind hatte einen höchst wichtigen Theil der innern Stadt, den Sitz der eigentlichen Großhändler, nämlich das die reichsten Waarenlager enthaltende Katharinenkirchspiel gerettet, und man konnte sich immerhin Glück wünschen, daß das Feuer nicht noch weiter um sich gegriffen hatte, da nach den ungeheuern Fortschritten des ersten Tags die Einäscherung der ganzen Stadt, mindestens der Altstadt, zu befürchten stand und für möglich gehalten wurde. Mit einfachen, erhebenden Worten zeigte der Stadtrath seinen Mitbürgern das Ende des Brandes an; sie sind so schön, daß wir uns nicht versagen können, sie hier mitzutheilen: „Freunde! Mitbürger! Mit des Allmächtigen Hülfe und der anstrengenden Thätigkeit und der eisernen Ausdauer unserer Bürger und Angehörigen und unserer wohlwollenden Freunde und Nachbarn ist der ungeheuern Feuersbrunst, die einen so großen und schönen Theil unserer Vaterstadt verheerte, Einhalt gethan, und wie die Sachen jetzt stehen, dürfen wir hoffen, daß sie nicht weiter um sich greife. Laßt uns nun in unserm Muthe, in unserm Glauben, in unserm brüderlichen Aneinanderhalten beharren, laßt uns alle unsere gemeinschaftlichen Kräfte ferner wach erhalten. Unser geliebtes schönes Hamburg ist nicht verloren, und unsere regsamen Hände werden, wenn auch allmälig in Monaten und Jahren, Das schon wieder aufzubauen wissen, was das furchtbare Element in Stunden und Tagen so hastig zerstörte. Gott mit uns!"

Aber unermeßlich war der angerichtete Schade. Nach den durch die Quartiermeister des Bürgermilitairs veröffentlichten amtlichen Zählungen wurden durch die Feuersbrunst zerstört (in 61 Straßen und Plätzen, 120 Gängen und Höfen) 1749 Häuser, 1508 Säle, 488 Buden, 474 Keller, also im Ganzen 4219 Feuerstellen; außerdem 102 Speicher und 9 Ställe. In diesen wohnten 19,995 Personen (9419 männlichen, 10,576 weiblichen Geschlechts); darunter: 30 Advocaten, 29 Ärzte, 26 Bäcker, 34 Buchbinder, 31 Buchdrucker, 12 Buchhändler, 341 Commis, 26 Färber, 52 Gewürzkrämer, 44 Goldschmiede, 40 Hut- und Mützenhändler, 20 Instrumentenhändler, 8 Juweliere, 430 Kaufleute, 33 Klempner, 32 Kutscher, 29 Küfer, 106 Makler, 82 Maler, 61 Maurer, 10 Mechaniker, 27 Musiker, 34 Putzhändlerinnen, 22 Sattler, 27 Schlächter, 279 Schneider, 250 Schuster, 32 Tapezirer, 95 Tischler, 27 Tuch-, 34 Uhren-, 24 Weinhändler, 94

Wirthe, 26 Zuckersieder u. s. w. Den Flächenraum der Brandstätte gibt man auf 3,756,000 Quadratfuß an, was ungefähr dem Flächenraume der innern Stadt Leipzigs gleich kommt.

Die Einwohnerzahl nach war etwa ein Sechstel, der Häuserzahl nach noch nicht ein Viertel von ganz Hamburg ein Raub der Flammen geworden. Der Werth der abgebrannten Gebäude beträgt nach dem hamburger Feuerkassenbuche (in welchem der Grundwerth sämmtlicher Gebäude Hamburgs zu 144 Mill. Mark Banco oder 72 Mill. Thlr. angesetzt ist) 38 Mill. Mark Banco oder 19 Mill. Thlr. Den Schaden an Mobilien und Waaren schlägt man auf 30 Mill. Thlr. an. An öffentlichen Gebäuden sind außer den oben genannten zwei Hauptkirchen noch eine dritte kleinere, die Gertrudenkapelle, 1391 erbaut, ferner zwei jüdische Synagogen, das Rathhaus, die alte Börse (erbaut 1558, erweitert 1578—82), die Bank, die Börsenhalle (erbaut 1804), das Rathhaus, das Commerzhaus, das 1391 erbaute, 155 Fuß lange, 93 Fuß breite Eimbeck'sche Haus, welches das Justizgebäude von Hamburg bildete und unter welchem sich der großartige Rathsweinkeller befand, reich an Wein und dem einst beliebten Eimbeck'schen Biere, das dem Gebäude seinen Namen gab, der Fleischbazar, die oben genannten Strafanstalten, das Hospital auf dem Neuenwall, die mecklenburger und die Thurn- und Taxis'sche Post zerstört, das Stadthaus und die Stadtpost aber beschädigt worden. Vernichtet wurden ferner mehre öffentliche Bibliotheken, nämlich die der patriotischen Gesellschaft, des ärztlichen Vereins, des juristischen Vereins, der Börsenhalle, der Harmonie und des Schulvereins, wozu noch eine auserlesene Sammlung von 10,000 Bänden in einer Buchhandlung gezählt werden kann, wie denn nicht weniger als neun Buchhandlungen (d. i. fast alle) abgebrannt sind. Von den öffentlichen Gasthäusern sind gerade die ansehnlichsten und größten, der Zahl nach 17, zerstört, worunter Belvedere, Stadt Paris, alte Stadt London, Streit's Hotel, Kronprinz, Hôtel de St.-Petersbourg, König von England, König von Preußen, König von Schweden, ferner der Schweizer- und der Alsterpavillon.

Erhalten sind dagegen, was die öffentlichen Gebäude betrifft, die übrigen Kirchen (worunter drei Hauptkirchen in der eigentlichen Stadt), das Waisenhaus, das neue Schulgebäude (Johanneum), die neue Börse, das Zollhaus und das Theater. Unter diesen waren die Jakobskirche, das Johanneum und die neue Börse am meisten bedroht. Das Johanneum verdankt seine Rettung wol größtentheils dem Umstande, daß die Fenster desselben von innen vermauert wurden, wodurch ein fester Widerstand geschaffen wurde, sowie einer auf dem Schulhofe postirten Schlauchspritze; es blieb völlig unversehrt, gleich der neuen Börse, deren Erhaltung noch wunderbarer erscheint, da sie zwar isolirt, aber auf einem sehr engen Platze (dem Adolfsplatze) steht und auf allen Seiten von einem Flammenmeere eingeschlossen war. Übrigens war auch dieses Gebäudes Rettung keineswegs die Sache des Zufalls, sondern großentheils das Verdienst einiger muthiger Männer, die sich in dem Gebäude aufhielten und das flache Zinkdach mit wollenen Decken belegten, welche durch Spritzen fortwährend naß erhalten wurden; die Hitze des Dachs war aber so groß, daß dem Bauconducteur, der sich auf demselben aufhielt, die Fußsohlen verbrannt wurden. Der Verlust dieses Prachtgebäudes, das erst am 2. Dec. 1841 eingeweiht worden war, wäre wahrhaft unersetzlich gewesen. Es ist 249 Fuß lang, 178 Fuß breit und enthält im Erdgeschoß einen 127½ Fuß langen, 69¾ Fuß breiten, 76 Fuß hohen Saal, der zu den größten gehören möchte, die es gibt; die Beleuchtung geschieht am Tage von oben durch 28 Bogenfenster; an den Saal schließen sich auf allen Seiten Bogengänge an, sodaß der gesammte für das Börsenpublicum vorhandene freie Raum 28,000 Quadratfuß groß ist. In der zweiten Etage über den Bogengängen befinden sich die Commerzbibliothek, außerdem eine Menge Säle, Zimmer, Comptoirs u. s. w.

Menschenleben sind während des Brandes verhältnißmäßig wenig verloren gegangen. Zwar war es unvermeidlich, daß von den Löschmannschaften und dem zum Sprengen verwandten Militair Einige ihren Tod fanden; in den Wohnungen aber, welche das Feuer zerstörte, wurden fast nur Solche überrascht, welche gar nicht hingehörten und aus schlechten Absichten eingedrungen waren. So fand man in einem Weinkeller die Leichname von 18 Individuen, die in denselben, als er verlassen war, eingedrungen waren, um sich an den preisgegebenen Weinvorräthen eine Güte zu thun. Fast sämmtliche als vermißt angezeigte Personen gehören den untersten Ständen an. Aufgefunden hat man bis jetzt etwa 60 Leichen; fast ebenso viele mögen noch unter dem Schutte begraben sein.

Bis in sehr weiter Entfernung war der ungeheure Brand wahrnehmbar gewesen. Den Schein desselben hat man auf der Ost- und Nordsee gesehen; verbrannte Stückchen Tapete u. s. w. sind bei Lübeck, 8 Meilen entfernt, und in noch größerer Entfernung niedergefallen, den Brandgeruch will man sogar auf der Pfaueninsel bei Potsdam bemerkt haben. In Hamburg selbst soll dieser Geruch noch mehre Tage nach dem Ende des Brandes höchst auffallend gewesen sein.

Wie verhielt sich die Bevölkerung bei dem ungeheuern, über sie verhängten Mißgeschick? Die Hefe des Volks zeigte sich sowie überall und glaubte in der Schreckenszeit bei dem an Anarchie grenzenden Zustande der Stadt ihr Haupt ungescheut erheben zu können, weshalb es nicht an Ausbrüchen der Roheit gefehlt hat, wobei man jedoch nicht vergessen darf, daß gewiß manches fremde Gesindel in schlechter Absicht in die Stadt eindrang. Am 7. kam eine bedenkliche Aufregung zum Ausbruche, namentlich aber der sich schnell verbreitende Wahn, daß die Feuersbrunst durch Mordbrenner genährt werde, welche die verschont bleibenden Quartiere in Brand zu stecken suchten, führte zu manchen Greueln; besonders waren es Engländer, die man deshalb im Verdacht hatte, wiewol gerade Engländer bei Bekämpfung des Feuers die thätigste Hülfe leisteten und die bei der Eisenbahn angestellten sich die entschiedensten Verdienste erworben hatten. Anlaß zu diesem Argwohn gab, wie es scheint, der Umstand, daß kurz vor dem Brande eine Menge englischer Arbeiter, die in einer Fabrik angestellt waren, brotlos geworden waren, weshalb man ihnen rachsüchtige Gesinnung und schlimme Absichten gegen die Stadt beimaß. Es kam so weit, daß auf die Engländer förmlich Jagd gemacht wurde, und der Rath sich genöthigt sah, nicht nur den umlaufenden Gerüchten über versuchte Brandstiftung entschieden zu widersprechen, sondern auch die Engländer wegen ihrer Bereitwilligkeit und ihres Eifers beim Löschen und Retten ausdrücklich zu beloben Leider mag mancher Unschuldige in Folge dieses beklagenswerthen Wahns nicht nur auf das gröblichste mißhandelt worden, sondern wol gar der Volkswuth zum Opfer gefallen sein, wiewol die hierüber von den Zeitungen mitgetheilten Nachrichten ohne Zweifel sehr übertrieben sind. Die große Mehrzahl der Bewohner Hamburgs kann wegen ihres Benehmens während einer so schrecklichen Katastrophe nur gelobt werden, und Dasselbe gilt insbesondere von dem Senate, der, Tag und Nacht in permanenter Sitzung versammelt, nicht müde wurde, durch kräftige und weise Maßregeln dem über die Stadt hereinbrechenden Verderben nach besten Kräften entgegenzuarbeiten. Man muß gestehen, die Hamburger trugen ihr Unglück als Männer; die Erlasse des Senats, wie die ersten Artikel der nach mehrtägiger Pause wieder erscheinenden drei politischen Zeitungen sind nicht mit unnützen Klagen über das Verlorene, sondern mit Äußerungen des Muths und der Hoffnung angefüllt, indem sie die feste Zuversicht aussprechen, daß Hamburg bald und zwar schöner aus seiner Asche erstehen werde.

Wahrhaft erfreulich war es, die thätige Theilnahme zu beobachten, welche die Nachricht des Brandes zunächst in der Nachbarschaft und dann in ganz Deutschland, ja im größten Theile von Europa hervorrief. Von allen Seiten wurde gesandt, was für ersprießlich und erfolgreich gehalten werden konnte: zuerst Spritzen und Löschmannschaft, dann Militair zur Aufrechthaltung der Ruhe und zur Ablösung der ermatteten hamburger Militairs (preußische Infanterie und Pionniers, dänische und bremer Infanterie, hanoversche Artillerie, lübecker Cavalerie), Lebensmittel, Kleider und wollene Decken, namentlich aber Geld. Preußen war es, das hierin mit gutem Beispiele voranging, indem der König noch während des Brandes als vorläufige Unterstützung 25,000 Thaler absandte und eine allgemeine Kirchen- und Hauscollecte anordnete; sämmtliche deutsche Staaten folgten nach und Privatsammlungen wurden in Frankreich, England, Schweden, Rußland, Italien, ja selbst in Algier und Amerika veranstaltet. Mehre Souveraine, insbesondere die Könige von Dänemark und Schweden und die Großherzoge von Mecklenburg und Oldenburg, drückten dem Senat in besondern Schreiben ihre lebhafte Theilnahme aus, die Stände von Hanover stellten ihrer Regierung unaufgefordert eine Summe von 100,000 Thalern für Hamburg zur Disposition. Der Senat (welcher sofort 100,000 Mark Banco vertheilen ließ) setzte eine öffentliche Unterstützungsbehörde nieder, von welcher sich ein Hülfsverein abzweigte; jene hatte bis zum 31. Mai 1,600,000 Mark Banco zugesendet erhalten, dieser 270,000, mit den hamburger Gaben aber waren zusammen 1,943,000 Mark Banco (971,500 Thlr.) eingegangen. Der Kaiser von Rußland steuerte 50,000 Silberrubel, der Kaiser von Östreich 40,000 Gulden, der König von Dänemark 100,000 Mark Banco, der König der Franzosen 20,000 Francs, die freie Stadt Frankfurt 100,000 Gulden u. s. w. Aber auch der Ärmste legte freudig sein Scherflein auf den Altar der Liebe nieder; an vielen Orten veranstalteten selbst die Dienstboten Collecten, deren Ertrag nur ihren durch den Brand verarmten Standesgenossen zu Gute kommen sollte. Die Virtuosen und Musiker veranstalteten zum Besten der Abgebrannten Concerte, die Bühnenvorstände theatralische Aufführungen, die einen reichen Ertrag lieferten, kurz alle Stände wetteiferten, um zur Milderung des unsäglichen Elends das Ihrige nach Kräften beizutragen. Gewiß eine erhebende Erscheinung, die den Glauben an die Menschheit aufs neue zu befestigen geeignet war!

Noch lange nach dem Brande mußte die Brandstätte sorgfältig bewacht werden, um einen Wiederausbruch des Feuers zu verhindern, denn noch Wochen lang glimmte es, ja hier und da sah man aus Steinkohlenniederlagen u. s. w. noch helle Flammen emporschlagen, die namentlich des Nachts einen schauerlichen Anblick darboten. Die neue Börse aber wurde bald wieder in Gebrauch genommen und die Silbervorräthe der Bank dorthin gebracht; als Rathhaus wird das jetzige Waisenhaus eingerichtet.

Von Interesse ist eine Vergleichung des großen Brandes mit frühern Unglücksfällen dieser Art. Der größte Brand, welcher Hamburg früher betroffen hat, ist der vom 23. Juni 1684, wo 300 Häuser mit etwa 900 Wohnungen abbrannten und die Feuerkasse 1,286,650 Mark Banco zu zahlen hatte. Der ungeheure Brand aber, welcher Londons City im J. 1666 verheerte, hat den jetzigen Hamburgs noch bedeutend übertroffen; zwar dauerte er nur wenig länger, vom Sonntag 2. Sept. bis Donnerstag 6. Sept., aber er vernichtete 13,200 Häuser in 400 Straßen, 87 Kirchen, unter denen viele sehr prachtvolle, und 26 Hospitäler; von 25 Stadtquartieren waren 15 gänzlich und 8 beinahe zerstört; 436 Acres waren mit Schutt und Trümmern bedeckt, nur 75 derselben mit 11 Kirchspielen blieben unversehrt. Die Zahl der Obdachlosen wird auf 200,000 angeschlagen, ihr Leben aber sollen, was kaum glaublich, nur 8 Menschen verloren haben; der Werth des zerstörten Eigenthums wurde auf 11 Mill. Pf. St. berechnet, wobei in Anschlag zu bringen ist, daß damals das Geld einen weit höhern Werth als jetzt hatte und die meisten niedergebrannten Häuser schlechte Holzhäuser waren. Erst gegen das Ende des Brandes wandte man damals das Mittel an, Häuser mit Schießpulver zu sprengen, um dem Vordringen des Feuers Schranken zu setzen. In vielen Umständen hatte übrigens jener londoner Brand Ähnlichkeit mit dem hamburger; auch darin, daß die Furcht vor Brandstiftung sich verbreitete und in Folge dieses Verdachts Ausländer (besonders Niederländer und Franzosen) gemishandelt und verfolgt wurden. Vergebens nahmen damals die Abgebrannten das Mitleid ihrer durch Pest und Kriegsnoth erschöpften Landsleute in Anspruch; eine an vielen Orten veranstaltete Sammlung brachte nur 16,277 Pf. St. ein; dennoch waren nach vier Jahren schon 10,000 Häuser wieder aufgebaut. Man beging leider damals den Fehler, die abgebrannte City, ohne den trefflichen Bauplan des berühmten Baumeisters Christoph Wren zu befolgen, der an dem spießbürgerlichen Eigensinn der einzelnen Grundbesitzer scheiterte, ebenso eng und winkelig wieder aufzubauen, als sie gewesen war: ein Fehler, den man ohne Zweifel bei dem Wiederaufbau der zerstörten Theile Hamburgs vermeiden wird; aller Wahrscheinlichkeit nach werden sie schöner und regelmäßiger aufgebaut werden, mit breitern Straßen und Plätzen, und um Platz zu gewinnen, wird wahrscheinlich bei dieser Gelegenheit die Vorstadt St.-Georg völlig mit der Stadt verbunden und der Wall, welcher bisher beide trennte, ganz beseitigt und mit Gebäuden bedeckt werden.*) Daß mit dem Neubau eines so großen Theils der Stadt auch eine Reform so mancher aus dem Alterthume herrührenden innern Einrichtungen und Gesetze ins Leben treten und so eine vollständige Verjüngung Hamburgs die Folge des großen Brandes sein wird, ist vorauszusehen, und so wird sich das prophetische Wort Max von Schenkendorf's erfüllen:

> Laß Flammen dich verzehren,
> O Hamburg reich und schön,
> Du wirst mit neuen Ehren,
> Ein Phönix, auferstehn.

---

*) Am 16. Juni hat die erbgesessene Bürgerschaft Hamburgs den vom Senate vorgelegten Bauplan für den Wiederaufbau und eine zu diesem Zwecke aufzunehmende Anleihe von 32 Mill. Mark Banco genehmigt.

Herausgegeben unter Verantwortlichkeit der Verlagshandlung F. A. Brockhaus in Leipzig.

Das Pfennig-Magazin

für Verbreitung gemeinnütziger Kenntnisse.

488.] Erscheint jeden Sonnabend. **[August 6, 1842.**

Jean Baptiste Massillon.

Das Zeitalter Ludwig's XIV., welches wie mit einem Zauberschlage alle Künste und Wissenschaften in Frankreich zu neuem Erwachen rief und eine wahrhaft staunenswürdige Menge von Männern aufzuweisen vermag, auf die das französische Volk noch jetzt mit gerechtem Stolze zurückblickt, eben dieses Zeitalter war auch die Blütenperiode der Kanzelberedtsamkeit in jenem Lande. Kaum kann man sich einen Begriff machen von der Art und Weise, in der die Geistlichen bis tief in das 17. Jahrhundert hinein an heiliger Stätte zu sprechen pflegten. Da war keine Spur zu finden von jener Würde, welche die Zuhörer in eine höhere Stimmung versetzt und es ihnen fühlen läßt, daß der Ort, den sie betraten, ein geweihter ist, keine Spur von jener Kraft, welche die Gemüther hinreißt und zu edlen Entschlüssen und Thaten anspornt, keine Spur von jener Milde und Sanftmuth, welche die Herzen wohlthuend erwärmt und den Eindrücken der Religion öffnet; fade Witze, zweideutige Wortspiele, schlüpfrige Ausdrücke und Wendungen, alberne Citate aus fremden Schriftstellern, das ungefähr waren die Ingredienzien, aus denen man eine Predigt zusammenmischte. Das Gelächter der Versammlung zu erregen, schien damals der Hauptzweck der meisten Redner zu sein, demgemäß sie auch ihren Vortrag so theatralisch als möglich einrichteten. Je greller jedoch diese Fehler hervortraten, desto eher mußten sie als solche erkannt werden, und schon um die Mitte des 17. Jahrhunderts begannen Einzelne, wie Senault, Lingendes und Andere einen richtigern Weg einzuschlagen. Ihnen reihten sich später viele Geistliche an, welche, die Bedeutsamkeit ihres Berufs fühlend und mit den nöthigen Fähigkeiten ausgerüstet, die Kanzelberedtsamkeit immer mehr vervollkommneten, bis endlich Bourdaloue und Massillon auf diesem Gebiete eine Meisterschaft bekundeten, die so leicht nicht wird übertroffen werden.

Der Letztere, Jean Baptiste Massillon, wurde im Jahre 1663 zu Hyères in der Provence geboren. In seinem 18. Lebensjahre trat er in die von Philipp von Neri 1548 zu gegenseitiger Erbauung gestiftete Congregation des Oratoriums ein, wo er sich bald durch seine Kenntnisse sowol als durch seinen liebenswürdigen Charakter vor den übrigen Mitgliedern vortheilhaft auszeichnete. Eben dadurch zog er aber auch den Neid und den Haß derselben auf sich, sodaß man ihn durch erdichtete Anklagen und Verleumdungen aus der Congregation zu entfernen suchte. Allein seine Talente und Leistungen konnten seinen Obern nicht lange verborgen bleiben, namentlich erregte seine Leichenrede auf den Erzbischof Henri de Villars die Aufmerksamkeit des damaligen Generals des Oratoriums, Franz d'Arerez de la Tour, der ihn sogleich nach Paris berief mit dem ehrenvollen Auftrage, am Seminar St.-Magloire Vorlesungen zu halten. Hier beschäftigte er sich besonders mit dem Studium der Kirchenväter. In ihnen fand er die Nahrung, nach der sein Geist verlangte; in ihnen fand er Muster geistlicher Beredtsamkeit, wie seine Nation sie ihm nicht darzubieten im Stande war. Er selbst urtheilte, als er von de la Tour gefragt wurde, über die bessern unter den französischen Predigern ganz richtig, indem er sagte: „Ich finde, daß sie Alle vielen Witz und viele Gaben haben; aber wenn ich einmal predige, so werde ich anders predigen als sie." Er hielt Wort; denn nicht einmal Bourdaloue, den er übrigens ungemein hochschätzte, ahmte er nach.

Der Beifall, den seine Reden in Paris, wo er nun abwechselnd in den vornehmsten Kirchen auftrat, allgemein erhielten, bestimmte den König, ihn nach Versailles zu rufen. Massillon erschien und predigte vor dem Hofe so kraftvoll und so eindringlich, daß Ludwig XIV. gegen ihn äußerte: „Ich habe in meiner Kapelle mehre Prediger gehört, mit denen ich sehr zufrieden gewesen bin, aber indem ich Sie hörte, bin ich sehr unzufrieden mit mir selbst gewesen." Einen Lobspruch anderer Art ertheilte ihm mit Bezug auf seinen einfachen, ungekünstelten Vortrag der Schauspieler Baron, der einst, nachdem er dem Gottesdienste beigewohnt hatte, zu einem Kunstgenossen sagte: „Das ist ein Redner, wir aber sind bloße Komödianten."

Im Jahre 1704 kam er zum zweiten Male an den Hof und erwarb sich dieselbe oder noch größere Anerkennung als früherhin. Der König bezeugte ihm sein Wohlwollen in den schmeichelhaftesten Ausdrücken und fügte den Wunsch hinzu, ihn alle zwei Jahre bei sich zu sehen. Nicht so glücklich war Massillon in der Ausführung eines Auftrags, den man ihm im Vertrauen auf seine Gelehrsamkeit und in Rücksicht auf seine friedliebende Gesinnung ertheilte. Er sollte nämlich den Erzbischof von Paris, Cardinal Noailles, der mit den Jesuiten zerfallen war, mit diesen wieder aussöhnen; allein dies mislang ihm nicht nur, sondern er hatte auch von dem ganzen Unternehmen vielfachen Verdruß, ohne daß die Schuld auf seiner Seite gewesen wäre.

Inzwischen war Ludwig XIV. gestorben und an der Stelle des unmündigen Ludwig XV. leitete der Herzog von Orleans die Regierung. Auch dieser zeigte sich günstig gegen Massillon. Er bewirkte 1717 seine Ernennung zum Bischof von Clermont und ließ ihn im folgenden Jahre nach Versailles kommen, wo er vor dem jungen König einige Vorträge halten sollte. Massillon arbeitete zu diesem Ende 10 Predigten aus, welche unter dem Titel „Fastenpredigten" erschienen sind. Er wendete sich darin ausschließlich an den König und schilderte ihm mit den lebendigsten Farben die mannichfaltigen Versuchungen, denen vor Allem die Großen dieser Welt ausgesetzt sind; er stellte ihm die Nichtigkeit menschlicher Ehre und menschlichen Ansehens vor und wies ihn endlich mit Nachdruck auf die Pflichten hin, die ein Fürst gegen seine Unterthanen zu erfüllen hat. Edle Freimüthigkeit, hohe Begeisterung für die Wahrheiten der christlichen Religion und sittlicher Ernst offenbarte sich in diesen Reden auf jedem Blatte. Die Klarheit der Gedanken und die treffliche Anordnung des Stoffs machen ihr Verständniß leicht; die allseitige und doch gründliche Auseinandersetzung an sich wohlbekannter Lehren macht sie interessant; die jeden Satz durchdringende Wärme des Gefühls macht sie erquickend; die anmuthige, nicht selten poetische Sprache macht sie klangvoll, und da zu diesem Allen noch ein würdiges Äußere des Redners und ein ausgezeichneter Vortrag kamen, so konnten sie unmöglich ihr Ziel verfehlen.

Im Jahre 1719 ward Massillon in die französische Akademie aufgenommen und ungefähr um dieselbe Zeit empfing er durch Vermittelung des Cardinals Dubois die Prälatur von Savigny. Schon seit seiner Ernennung zum Bischof hatte er sich meist in seiner Diöcese Clermont aufgehalten, indem er nur zuweilen, wenn höhere Befehle an ihn ergingen, in Paris aufgetreten war; 1723 aber geschah dies zum letzten Male. Den Anlaß dazu gab die Beisetzung der Herzogin von Orleans, der zu St.-Denis die berühmt gewordene Leichenrede hielt. Seitdem verließ er sein Bisthum nicht mehr. Still und prunklos war dort sein Wirken, aber nichtsdestoweniger segensreich, theils unmittelbar durch die Lehren und durch das Beispiel, das er dem Volke gab, theils mittelbar durch die schätzbaren Anweisungen und rührenden Ermahnungen, durch welche er in den Synodalversammlungen die ihm untergebenen Geistlichen zu einer weisen Führung ihres Amtes tüchtig und willig zu machen strebte. Seine Einfachheit, seine Leutseligkeit und seine unbegrenzte Wohlthätigkeit gewannen ihm die Liebe und Verehrung aller seiner Gemeinden und groß war daher unter ihnen die Trauer, als ihr langjähriger Vater und Freund ihnen am 28. September 1742 durch den Tod entrissen ward. Der berühmte d'Alembert hielt ihm in der französischen Akademie die übliche Gedächtnißrede.

Was über Gehalt und Form seiner Predigten, sowie über deren Vortrag zu sagen wäre, ist bereits gelegentlich angedeutet worden; nur auf die seltene Menschenkenntniß, die er in ihnen entwickelte, muß hier noch aufmerksam gemacht werden. Er hatte das menschliche Herz bis in seine innersten Falten erforscht; alle Fehler und Tugenden, alle Neigungen und Bestrebungen, alle Fähigkeiten und Leistungen, alle Gaben und Bedürfnisse des Menschen lagen offen vor seinen Blicken, und so hatte er das beste Mittel in den Händen, auf die Gemüther einen nachhaltigen Eindruck zu machen. Übrigens arbeitete er oft 10—12, selten weniger als 4 Tage an einer Predigt, ein Beweis nicht etwa irgend eines Mangels an Gewandtheit, sondern seiner Sorgfalt und der hohen Anforderungen, die er an sich selbst stellte.

Seine Werke wurden zuerst von seinem Neffen 1745 und 1746 zu Paris herausgegeben und erschienen dann ebendaselbst 1762 wiederum in 15 Bänden; sie enthalten über hundert Predigten, eine vollständige Sammlung von Fasten- und Adventpredigten, die Vorlesungen, die er im Seminar St.-Magloire gehalten hat, viele Synodalreden und endlich Umschreibungen einiger Psalmen. Seine sämmtlichen Werke kamen zu Prag von 1756 an in einer deutschen Übersetzung, ebenfalls 15 Bände stark, heraus. Einzelnes ist öfters übertragen worden, so die vor Ludwig XV. gehaltenen Fastenpredigten von Pfister (Würzburg 1830) und die Synodalreden von Reineck (Magdeburg 1835).

Die deutschen Universitäten.

Nach den neuesten Nachrichten betrug die Frequenz der nachstehenden deutschen Universitäten:

Berlin	1652,	worunter ca.	400	Ausländer,	der Mehrzahl nach	Juristen (509)
München	1325,	=	?	=	= = =	Philosophen (552)
Leipzig	874,	=	251	=	= = =	Juristen (334)
Tübingen	765,	=	50	=	= = =	Theologen (284)
Göttingen	728,	=	249	=	= = =	Juristen (268)
Halle	705,	=	174	=	= = =	Theologen (472)
Breslau	639,	=	10	=	= = =	= (281)
Heidelberg	572,	=	364	=	= = =	Juristen (345)
Bonn	558,	=	115	=	= = =	= (195)
Würzburg	485,	=	105	=	= = =	Mediciner (158)
Gießen	472,	=	105	=	= = =	Theologen (116)
Jena	449,	=	216	=	= = =	Juristen (163)
Erlangen	303,	=	16	=	= = =	Theologen (144)
Marburg	294,	=	58	=	= = =	Juristen (112)
Freiburg	273,	=	83	=	= = =	Theologen (107)

Dies gibt in Allem etwa 10,100 Studirende. Schlägt man die Gesammtzahl der in dieser Übersicht fehlenden drei Universitäten auf 520 an (Kiel 250, Greifswald 150, Rostock 120), so gibt dies für sämmtliche deutsche Hochschulen (nur mit der Ausnahme der in ihrer Einrichtung ganz abweichenden östreichischen) in runder Zahl 10,600 Studirende.

Nach dem Jahre ihrer Errichtung folgen die deutschen Universitäten so aufeinander:
1) Prag (Karl-Ferdinands-Universität) 1348.
2) Wien 1365, erneuert 1756.
3) Heidelberg (Rupert-Karls-Universität) 1386.
4) Würzburg (Julius-Universität) 1403, erneuert 1582.
5) Leipzig 1409.
6) Rostock 1419, erneuert 1789.
7) Freiburg (Albert-Ludwigs-Universität) 1454.
8) Greifswald 1456.
9) Tübingen (Eberhard-Karls-Universität) 1477.
10) Marburg (Philipp-Wilhelms-Universität) 1527.
11) Jena 1558.
12) Olmütz 1581 (aufgehoben 1784, erneuert 1827).
13) Grätz (Karl-Franzens-Universität) 1586 (aufgehoben 1782, erneuert 1827).
14) Gießen (Ludwigs-Universität) 1607.
15) Kiel (Christian-Albrechts-Universität) 1665.
16) Innsbruck 1672 (aufgehoben 1782 und 1810, erneuert 1792 und 1826).
17) Halle (Friedrichs-Universität) 1694, erweitert 1817.
18) Breslau (Leopolds-Universität) 1702, erweitert 1811.
19) Göttingen (Georg-Augusts-Universität) 1734, eröffnet 1737.
20) Erlangen (Friedrich-Alexanders-Universität) 1743 (aus Baireuth verlegt).
21) Bonn (rheinische Friedrich-Wilhelms-Universität 1786, erneuert 1818.
22) Berlin (Friedrich-Wilhelms-Universität) 1810.
23) München (Ludwig-Maximilians-Universität) 1826 (aus Landshut verlegt).

Darunter sind katholisch 8 (1, 2, 4, 7, 12, 13, 16, 23), gemischt oder paritätisch 4 (9, 10, 18, 21), die übrigen 11 protestantisch. Sämmtliche Universitäten vertheilen sich unter 12 Staaten.

Meran.

Tirol, die gefürstete Grafschaft, welche den südwestlichsten Theil Deutschlands bildet und im Norden an Baiern, im Osten an Östreich und Illyrien (Kärnten), im Süden an Italien (Lombardei-Venedig), im Westen an die Schweiz (Graubündten und St.-Gallen) grenzt, wird durchzogen von drei Alpenzügen; den mittlern bilden die rhätischen und tridentinischen Alpen, an welche sich im Westen die penninischen, lepontinischen und grajischen, östlich die norischen, julischen und karnischen anschließen; der mittlere theilt das Land in Nord- und Südtirol. Nicht so genau ist die Unterscheidung von Deutsch- und Welsch-Tirol, welche von den herrschenden Sprachen entlehnt ist, und an welche sich eine sehr bestimmt hervortretende Verschiedenheit der Körperbildung, des Charakters und der Sitten knüpft. Den drei Hauptgebirgszügen (deren Rücken 72 Pässe durchfurchen) entsprechen drei Hauptstromgebiete, das des Inn, der Etsch und des Rheins, von denen jener aus Graubündten kommend das Land im Norden in einer Länge von 26 Meilen durchströmt und nach Baiern fließt, die Etsch im Süden aus dem Reschensee in Tirol kommt und nach einem Laufe von 27 Meilen auf das Gebiet von Verona übergeht, und der Rhein nur die Westgrenze von Vorarlberg auf eine Strecke von 5½ Meilen bespült. Der Hauptthäler sind gleichfalls drei: das längste ist das Innthal, das bedeutendste seinem Flächeninhalte nach das Etschthal, das rauheste das Pusterthal im Osten, an welche sich zahlreiche Nebenthäler anschließen. Der politischen Eintheilung nach zählt Tirol sieben Kreise: 1) das Unterinn- und Wippthal, worin die Hauptstadt des ganzen Landes, Innspruck, liegt (Kreisstadt Schwaz); 2) das Oberinnthal mit dem Obervintschgau (Kreisstadt Imst; 3) das Pusterthal, worin Brixen (Kreisstadt Brunecken); 4) der Etschkreis (mit der Kreisstadt Bozen); 5) der trienter Kreis (Kreisstadt Trient); 6) der roveredoer Kreis, mit dem vorigen zusammen

Schloß Tirol bei Meran.

früher unter dem Namen der welschen Confinien begriffen, weil beide nach Sprache und Sitte der Bewohner zu Italien zu gehören scheinen (Kreisstadt Roveredo); 7) Vorarlberg (Hauptstadt Bregenz).

Im vierten dieser Kreise, dem Etschkreise, und zwar in dem durch Andreas Hofer berühmt gewordenen Passeirerthale oder vielmehr am Ausgange dreier Thäler liegt die Stadt Meran mit 2320 Einwohnern, unweit der Mündung des reißenden Passeirer- oder Passerbachs in die Etsch und am Abhange des 1190 Fuß hohen Küchelberges. Die merkwürdigsten Gebäude der kleinen Stadt sind die Domkirche, mit werthvollen Gemälden (von Knoller und Bußjäger) und dem höchsten Thurme im Lande, und das sogenannte Kelleramt, die ehemalige Residenz der alten Gaugrafen oder Grafen von Andechs, mit alten Frescogemälden in der Seitenkapelle und in den Kaiserzimmern. Die gedachten Grafen hatten sehr ausgedehnte Besitzungen an der Etsch und am Inn, welche unter Berthold IV., dem ersten tirolischen Landesfürsten, der seinen Aufenthalt in Meran nahm, durch Kaiser Friedrich I. 1180 zum Herzogthum Meran erhoben und sehr bald noch ansehnlich vergrößert wurden, aber schon 1248 starben sie mit Herzog Otto V. aus.

Meran, obschon an sich unbedeutend, wird durch sein gesundes, herrliches Klima, dem so mancher Kranke seine Genesung verdankt, und durch seine reizende Lage ein anziehender, aus der Nähe und Ferne vielbesuchter Aufenthalt. Einen angenehmen Spaziergang bietet schon die von Pappeln beschattete Wassermauer dar, durch welche die Stadt gegen die reißende Passer geschützt wird. Von der Passerbrücke kann man gegen 20 Schlösser und Burgen sehen. Angenehme Punkte der Umgegend sind: Bad Egart bei Portschins (eine periodische, nur vom April bis November fließende Mineralquelle), das Kloster Josephsberg, die Schlösser Lebenberg (das schönste der Umgegend), Priam, Winkel, Rametz, Lebers, Neuberg, Katzenstein, die dem Opernsänger Cornet gehörige Fragsburg, welche am höchsten liegt und auf die beiden vorhergehenden Burgen herabschaut u. s. w.

Meran steht fast genau auf der Stelle der römischen Station Maja, deren Namen wir in dem des benachbarten Dorfes Obermays wiederfinden, das 800 n. Chr. durch einen Bergsturz zerstört wurde. In den Weinbergen und Feldern findet man häufig Überreste alter Gebäude und römische Münzen. Die Geschichte Merans bewahrt die Erinnerung an viele tragische Ereignisse. Vom austretenden Passerstrome wurde die

Stadt sieben Mal zur Hälfte verwüstet; die engadiner Fehde, die religiösen Streitigkeiten des 16. Jahrhunderts, Pestübel, Bauernaufstände und zuletzt der Franzosenkrieg spielen sämmtlich in der Chronik von Meran, das sie mehr oder weniger heftig berührten, eine Rolle und leben noch fort im Munde des Volks.

Kaum eine halbe Meile nördlich von Meran liegt das Dorf Tirol (das alte Terioli), durch eine Schlucht von dem gleichbenannten Schlosse getrennt, welches das Stammschloß der nach ihm benannten Grafen war, die schon im 12. Jahrhundert mächtig waren und deren Geschlecht mit Graf Heinrich ausstarb, dessen Tochter Margarethe Maultasche ihre Güter in Tirol 1359 den Herzogen von Östreich verschrieb. Der nördliche und östliche Theil des Schlosses haben von der Zeit viel gelitten und liegen in Trümmern; nur der südliche Flügel trotzte den vier Jahrhunderten, die das Schloß erlebt hat, und dient noch jetzt als Wohnung des Schloßhauptmanns, der ein alter Kampfgenosse Hofer's ist. Im J. 1838 war der Kaiser hier, belehnte Hofer's Enkel auf ewige Zeiten mit der Wirthschaft am Sand, die Hofer bekanntlich gehabt hatte, und befahl, alle Nachkommen des Sandwirths in die ständische Adelsmatrikel einzutragen. Da alle vorhandenen Alterthümer weggeschafft worden sind, so ist für den Alterthumsforscher fast nichts mehr interessant, als das weißmarmorne Portal der uralten Kapelle mit seltsamen, rohen Sculpturen, welche mythische, alttestamentarische und christliche Gestalten verschmelzen. Desto herrlicher ist die Aussicht aus den Fenstern auf die umliegenden Berge, besonders den Ortler und die von der Etsch und der Passer durchströmten Thäler.

Die Gletscher der Schweiz. *)

Unter den zahlreichen Naturmerkwürdigkeiten der Schweiz behaupten die Gletscher vielleicht den ersten Platz, auch darum, weil sie ihrem Wesen nach noch so räthselhaft sind und so viele Dunkelheiten darbieten. Nur Wenige, welche in die Schweiz kommen, finden sie ihrer Vorstellung entsprechend; um sie aber genau und vollständig kennen zu lernen, reicht weder eine flüchtige Ansicht auf der Durchreise noch selbst die genaueste Untersuchung eines Einzelnen aus, da sie bedeutende Verschiedenheiten zeigen. Den Schwierigkeiten und Gefahren aber, welche die Untersuchung der Gletscher darbieten, muß wol zum großen Theile das Lückenhafte ihrer Theorie zugeschrieben werden, in welche erst in der neuesten Zeit mehr Licht gekommen ist.

Die Gletscher sind ungeheure Eismassen, die in den Alpenthälern eingeschlossen oder an den Seiten der Berge gleichsam aufgehängt sind. Aus der Ferne gesehen, gleichen sie Strömen von Schnee, die sich von den hohen Kuppen der Berge in das Thal ergießen, und nur mit Mühe überzeugt man sich in größerer Nähe, daß sie nicht aus Schnee, sondern aus wirklichem Eise bestehen. In dem Klima der Schweiz finden sich Gletscher nur auf den Hochgebirgen, wo die mittlere Temperatur unter dem Nullpunkt steht, aber räthselhaft ist, daß sie nicht selten in tiefe Thäler herabsteigen, die eine mittlere Temperatur von 4—5 Grad über dem Eispunkt und Getreidebau haben, sowie andererseits Gletscher nicht etwa überall, wo die mittlere Temperatur unter Null ist, zu finden sind und nur da entstehen können, wo außer der niedri-

gen Temperatur noch andere Bedingungen erfüllt werden. Steile Felsabstürze tragen nie Gletscher, isolirte Kuppen selten; am meisten wird ihre Bildung begünstigt, wenn mehre hohe Gebirgsstöcke nahe beieinander liegen. Dann sind nicht nur die Felsspitzen mit Eis bedeckt, sondern auch die Hochthäler zwischen ihnen, und so entstehen die sogenannten Eismeere, ungeheure Flächen von 20—30 Quadratstunden Inhalt, die eine zusammenhängende Eismasse darbieten, aus welcher die hohen Felsspitzen hervorragen (z. B. auf dem Montblanc, dem Monterosa und im berner Oberlande). Aus dem Umfange dieser Eismeere steigen die Gletscher im engern Sinne, die bisher fast allein von den Gelehrten untersucht worden sind, gleich Bächen in die tiefern Regionen herab. Manche Gletscher entstehen durch Vereinigung mehrer, die noch lange Zeit nach der Vereinigung ihren eigenthümlichen Charakter behalten; am interessantesten ist in dieser Hinsicht der große Zermattgletscher, welcher aus acht Gletschern der Monterosakette gebildet ist, die in einem gemeinschaftlichen Bette zusammenlaufen.

Nicht alle Gletscher erreichen herabsteigend ein gleiches Niveau, und während einige bei 7—8000 Fuß über dem Meere aufhören, steigen andere bis 3000 Fuß Meereshöhe hinab; ebenso ist ihre Länge veränderlich und man darf nicht glauben, daß die am tiefsten herabsteigenden darum auch die längsten sind. Alle Gletscher werden nach unten zu oder gegen das Ende hin schmäler. Ihre Dicke ist sehr verschieden, aber noch nicht hinreichend ermittelt; Hugo schätzt sie für den untern Theil zu 80—100, für den obern zu 120—180 Fuß; tief ins Thal hinabsteigende Gletscher haben am Ende kaum 50—60 Fuß Dicke. Aus jedem Gletscher entspringt ein Bach, der desto wasserreicher ist, je bedeutender der Gletscher ist; er verläßt denselben meistens durch ein in der Mitte befindliches Thor, d. h. eine geräumige Wölbung, neben welcher sich zuweilen mehre minder geräumige und unbeständigere Seitenthore zeigen. So entspringen der Rhein, die Aar, die Rhone und die meisten von den Alpen kommenden Flüsse aus Gletschern.

Das Gletschereis, sehr verschieden von der Eisdecke unserer Gewässer, bildet keine glatte zusammenhängende Spiegelfläche, sondern eine ungleiche, rauhe und körnige Oberfläche, über die man bequem und im Allgemeinen gefahrlos hingehen kann, und besteht aus lauter einzelnen kantigen Stücken oder Krystallen von $1/2$—$1\,1/2$ Zoll Durchmesser. Die Form dieser Körner ist sehr mannichfaltig und nicht regelmäßig krystallinisch; ihre Flächen sind uneben, runzlich, streifig, und ihre Größe nimmt immer gegen das Thalende des Gletschers zu, wo man Stücke von 3 und mehr Zoll Durchmesser findet. Nach oben zu nimmt die Größe allmälig ab und in einer gewissen Höhe geht das Eis in seine erste Entwickelungsstufe, den Firn über, der ein körniger, fester Schnee ist oder vielmehr zwischen Eis und Schnee die Mitte hält; er bildet meist die obersten Schichten der Eismeere und bedeckt die Kuppen der hohen Gebirge. Diese fragmentarische Beschaffenheit zeigen ohne Ausnahme alle Gletscher, wiewol die feinsten Spalten, Haarspalten, der einzelnen Stücke oft nur durch Benetzung des Eises mit Säure oder farbiger Flüssigkeit wahrnehmbar gemacht werden können, was auch nicht selten ganz einfach durch Blasen gegen das Eis bewirkt wird. Die in den Fugen enthaltene Luft macht das Eis wegen der verschiedenen Brechung der Lichtstrahlen undurchsichtig, wiewol jedes einzelne Fragment völlig wasserhell und durchsichtig ist, aber je größer die Krystalle und je geringer daher die Zahl der Fugen ist, desto dichter und daher auch durchsichtiger ist das Eis, doch erhält sich die Dichtigkeit der

---

*) Nach L. Agassiz' „Untersuchungen über die Gletscher" (Solothurn 1841).

Oberfläche nur dann, wenn sie gegen die atmosphärischen Einflüsse geschützt ist.

Die Verwandlung des Firns in Eis geht unter Mitwirkung von Wasser wahrscheinlich auf folgende Weise vor sich. Durch den Einfluß der Sonne (der sich freilich in den höhern Regionen weit weniger durch Schmelzung als durch Verdunstung äußert) wird in den Sommermonaten ein Theil der Firnmasse in Wasser aufgelöst; dieses sickert zwischen die körnige Masse hinab, verdrängt die in den Fugen enthaltene Luft und gefriert am Grunde von neuem. Das gefrierende Wasser setzt sich an die Firnkörner an und vergrößert dieselben; je mehr das anfangs sehr lockere Eis herabgleitet, desto derber und fester wird es. Aus reinem Wasser ohne Firnmasse kann sich das Gletschereis unmöglich bilden; die bei Tage von den Gletschern herabrieselnden Wasserbäche erstarren bei Nacht alle zu Eis, das sich aber von dem Gletschereise sehr auffallend unterscheidet.

Eigenthümlich sind die Schichten des Gletschereises, die meist erst in den höhern Regionen, nicht am Thalende bemerkbar und in jenen zuweilen durch dünne Schneestreifen getrennt sind, sodaß Eisschichten und Schneestreifen abwechseln. Nach unten zu werden die Schichten immer dünner. Saussure und Andere glauben, jede Schicht entspreche der Menge des in einem Jahre gefallenen Schnees, was aber nicht hinreichend begründet sein möchte. Die Schneestreifen scheinen von der in der kalten Jahreszeit fallenden Schneemenge und dem mehr oder minder fühlbaren Temperaturwechsel abzuhängen. Verschieden von den gedachten Schichten sind gewisse Streifen, die man oft am Thalende der Gletscher sieht. Dies sind geschlossene Spalten, die während des Vorrückens der Gletscher eine horizontale Lage erhalten haben.

So starr und unveränderlich die Gletschermassen auf den ersten Anblick erscheinen, so sind sie doch ungemein veränderlich; hier verschwinden Blöcke, dort Spalten u. s. w.; oft gehen schon in wenigen Monaten wesentliche Veränderungen vor und nach einigen Jahren ist oft derselbe Gletscher gar nicht wieder zu erkennen. Einen Hauptgrund dieser Veränderlichkeit bildet der Schnee. Ein mit Wasserdampf gesättigter Wind überzieht oft in einer kalten Nacht das Gletschereis mit einer Schneedecke, die in den untern Regionen bald, in den höhern aber langsam und so ungleich schmilzt, daß längere Zeit große breite Schneestreifen übrig bleiben.

Die Oberfläche der Gletscher ist nie horizontal, sondern mehr oder weniger gewölbt und nach den Seiten hin abschüssig, was die Reflexion der Sonnenstrahlen von den Felswänden erklärt. Je schmäler der Gletscher, desto abschüssiger sind die Seiten, und bei mehren bildet die Wölbung fast einen Spitzbogen. Großen Einfluß auf diese Neigung üben die größere oder geringere Neigung der Thalwände, die Beschaffenheit und Farbe ihres Gesteins und die Richtung des Thales; streicht dasselbe von Süden nach Norden, so ist die Wölbung auf beiden Seiten gleich, streicht es dagegen von Osten nach Westen, so hat die nördliche Seite des Gletschers auf der nördlichen Thalwand, welche den ganzen Tag von der Sonne beschienen wird, einen starken Fall, und zieht sich oft so weit zurück, daß große leere Stellen entstehen, während auf der gegen die Sonnenstrahlen geschützten Südseite die Neigung kaum merklich ist.

Das Ansehen der einzelnen Gletscher ist sehr verschieden; viele haben eine blendend weiße Oberfläche, frei von Sand oder Schmuz, andere sind von großen Erd- und Schuttmassen bedeckt; viele sind zerklüftet und enthalten eine Menge ungeheurer Spalten, andere starren von zackigen Eisnadeln, noch andere bieten zum großen Theil eine fast ebene Oberfläche dar. So ist z. B. der Unteraargletscher so wegsam, daß man auf demselben stundenweit nicht nur gehen, sondern sogar reiten kann.

Die Farbe ist bei keinem Gletscher völlig weiß, sondern bei allen aus der Ferne gesehen bläulich oder grünlich und bei den Nadeln und Spaltenwänden weit dunkler als bei der Oberfläche, wodurch bei zerrissenen Gletschern ein sehr mannichfaltiges Farbenspiel entsteht. Wo die Oberfläche ohne Schutz der Atmosphäre und ihren Einflüssen ausgesetzt ist, erscheint sie matt weiß, wie lange liegender Schnee, wo sie von Blöcken bedeckt ist, durchsichtig und klar und am untern Theile der Gletscher oft so dunkel wie Spiegelglas. Je fester und spröder das Eis, desto mehr nimmt die azurblaue Tiefe der Spalten zu; sie ist also in der Nähe des Thalendes am schönsten; nach oben wird sie matter und verwandelt sich oft in ein schönes zartes Beryll- oder Meergrün, eine Färbung, welche besonders das Bette der Bäche annimmt. Die Ursache dieser Färbungen ist völlig unbekannt, aber auf keinen Fall in dem Reflex der blauen Farbe des Himmels zu suchen (da die Farben auch bei bedecktem Himmel und im Regen zu sehen sind, wenn auch dann weniger glänzend als bei heiterm Himmel), sondern dem Gletschereis eigenthümlich. Aber nur bei ganzen Massen erscheinen die Farben; einzelne Stücke zeigen keine Spur davon. Eine merkwürdige Erscheinung ist der von Saussure zuerst in den Alpen aufgefundene rothe Schnee, den Jener aus einem vegetabilischen Stoffe herleitet. Er findet sich nach ihm nicht höher als 8640 Fuß und nur in der Mitte großer Schneefelder. Am genauesten ist er neuerlich von Shuttleworth untersucht worden, der am 25. Aug. 1839 auf der Grimsel an Stellen, wo der Schnee nie vollständig schmilzt, die Bildung des rothen Schnees beobachtete. Die gefärbten Flecken, rosen- oder blaßblutfarbig von unbestimmter Gestalt und Größe, drangen bis zu einigen Zoll, zuweilen bis zu einem Fuß Tiefe in den Schnee ein. Als eine hinreichende Menge gefärbten Schnees in Porzellangefäßen aufgethaut wurde, setzte sich der färbende Stoff in Gestalt eines dunkelrothen Pulvers auf den Boden und den Wänden des Gefäßes ab und die Untersuchung mit dem Mikroskop (bei 300maliger Vergrößerung) zeigte die verschiedensten Formen, theils dem Pflanzenreich angehörend, theils Thiere in lebhaftester Bewegung, meist schön hellroth oder dunkelbraunroth. Die Infusionsthierchen bildeten beiweitem die Mehrzahl; die auffallendsten waren kleine ovale, fast undurchsichtige Thierchen von dunkelrother Farbe und $1/150 - 1/50$ Millimeter Durchmesser. Gegen die Wärme sind diese Thierchen äußerst empfindlich und schon einige Grade über Null reichen hin, sie zu tödten. Die Pflanzen bestanden in zwei Algenarten, von denen die eine hellblutroth, die andere ungefärbt war, beide aber kleine runde Kügelchen bildeten. Außer dem rothen Schnee beschreibt Hugi noch eine hoch gelbgefärbte Pflanzenform, die aber Niemand nach ihm gesehen hat; sie bildete eine handgroße Masse von $1/2$ Zoll Dicke, die beim Berühren zerfloß.

Alle Gletscher haben Schründe, d. h. ungeheure Abgründe oder Risse im Eis, die oft bis auf den Grund gehen, meist aber nur eine gewisse Tiefe erreichen. Sie sind häufiger in den untern als in den obern Regionen, wo es meist nur wenige und ziemlich regelmäßige Spalten gibt. Schründe, die bis auf den Grund gehen, geben ein Mittel ab, um die Dicke des Eises zu messen. Agassiz maß mehre von 60—80, Hugi sogar einen von 120 Fuß Tiefe. Ihre Breite ist sehr verschieden; Saussure fand auf dem Montblanc einen von 100 Fuß

Breite, Agassiz dagegen fand nie Spalten von mehr als 20—30 Fuß Breite. Haben die Gletscher eine geringe Neigung, so können die Schründe meist überschritten oder übersprungen oder doch mit Leitern passirt werden; oft dienen dazu natürliche Schneebrücken. Ihre Gefahr wird im Allgemeinen durch die Schönheit des Anblicks ihrer im Wiederschein der Sonne glänzenden Wände weit überwogen; doch können sie wahrhaft gefährlich dann werden, wenn frischgefallener Schnee die Ränder bedeckt oder die Sonnenhitze die obern Schichten erweicht hat, und selbst erfahrene Alpenreisende müssen die größte Vorsicht beobachten. Die Bildung der Schründe ist sehr räthselhaft; Hugi erklärt sie aus dem häufigen Wechsel zwischen Wärme und Kälte und der daraus entstehenden Spannung, Agassiz aus Temperaturverschiedenheiten in den verschiedenen Schichten des Gletschers. Die großen Schründe haben meist eine gegen die Längenachse des Gletschers senkrechte Richtung, doch üben die Thalwände einen großen Einfluß und ein vorspringender Felsen wird der Mittelpunkt eines Sterns von Spalten, die von ihm aus gegen den Gletscher hin ausstrahlen. Die Bildung von Schründen ist mehrmals unter den Augen von Reisenden vor sich gegangen; Hugi sah einen unter seinen Füßen entstehen, der 4—5 Fuß tief und 1—1½ Zoll breit, einige Tage nachher aber 6 Zoll breit war; 10—20 Fuß rissen oft in einem Momente. Verschieden von den Schründen ist eine andere Art von Öffnungen, die Wasserbäuche, die eine elliptische Form haben, oft bis 4 Fuß breit, 12 Fuß lang, bis 20 Fuß tief sind und nur auf wenig geneigten Gletscherflächen vorkommen. Sie entstehen durch die kleinen Wasserbäche, welche die Oberfläche der Gletscher durchfurchen und in den Vertiefungen Sand und Erde zusammenschwemmen; dadurch entsteht ein kleiner Tümpel, der durch den Einfluß der Sonne und das Schmelzen des umgebenden Eises immer tiefer wird und das Wasser so lange zurückhält, bis eine entstehende Spalte einen Ausweg nach unten öffnet.

Die Gletschernadeln ziehen durch ihre wunderlichen Formen und ihre blaue Färbung schon aus weiter Ferne die Aufmerksamkeit auf sich und je mehr und mannichfaltigere Nadeln ein Gletscher hat, desto mehr wird er von Reisenden besucht und bewundert. Die Anwesenheit von Nadeln setzt immer einen sehr unebenen und stark geneigten Thalboden voraus; Gletscher mit sanfter Bodenneigung zeigen nie Nadeln. Je näher dem Thalende die Nadeln vorkommen, desto kühner und wunderlicher sind ihre Formen, aus denen die Einbildungskraft der Führer und Reisenden die sonderbarsten Ähnlichkeiten heraussindet; nach oben zu werden die Nadeln seltener und minder schlank. Die Wände der Nadeln sind im auffallenden Gegensatze gegen die Gletscherfläche stets vollkommen glatt und eben und zeigen meist eine schöne blaue oder grüne Färbung. Der erstere Umstand ist daraus zu erklären, daß das durch Schmelzung des Eises entstehende Wasser nicht durch Ritzen nach unten sickert, sondern an den Wänden hinabriefelt, welche also immer von flüssigem Wasser abgewaschen werden, während Schnee nicht an den Wänden haften kann.

Eine der wichtigsten Erscheinungen sind die bisher viel zu wenig beachteten Moränen, d. h. die zusammenhängenden Block- und Schutthaufen, die sich bald wallartig am Rande der Gletscher hinziehen, bald auf der Oberfläche der Gletscher über das Eis erheben. Die den Gletscherrand begrenzenden, welche die Folge der Erdstürze der einschließenden Thalwände sind, nennt man Gandecken (oder Seitenmoränen); die mitten auf der Gletscherfläche vorkommenden, welche sehr lange parallele Wälle bilden und aus der Verschmelzung zweier Gandecken entstehen, heißen Gufferlinien oder Mittelmoränen; Endmoränen kann man die oft ungemein hohen und steilen Wälle nennen, welche meist halbmondförmig das Thalende eines Gletschers einschließen oder aus den Fels- und Schuttmassen entstehen, welche der vorrückende Gletscher vor sich her schiebt; Gletscherschutt endlich sind diejenigen Block- und Schuttdecken, welche oft große Strecken der Eisgletscher bedecken. Daß die Steine und Felsstücke, aus denen die Moränen bestehen, von den Thalwänden herrühren, unterliegt keinem Zweifel. Ihre Trennung wird hauptsächlich durch das Gefrieren des in die Spalten der Felsen eindringenden Wassers bewirkt, welches gefrierend sich ausdehnt und dadurch nach Art eines Keiles auf die umgebenden Steinwände wirkt; durch stets erneuertes Eindringen von Wasser werden die Fugen immer weiter, der Zusammenhang immer lockerer, und ist er einmal gelöst, so kann eine zufällige Störung des Gleichgewichts die getrennten Massen herabschleudern. Da der Gletscher im Vorrücken alle beweglichen Massen längs den Thalwänden fortschiebt und gegeneinander reibt, während die auf seinem Rücken ruhenden Blöcke von ihm ohne Reibung fortgetragen werden, so werden die Kanten der die Gandecken bildenden Felsstücke abgerundet und abgestumpft, die der Guffersteine aber bleiben unverändert.

Die Moränen nehmen nach oben zu an Masse oder Mächtigkeit ab und verschwinden in den höhern Regionen endlich ganz. Dieses Verhalten liefert einen Beweis für die Richtigkeit der allgemein unter den Alpenbewohnern herrschenden Meinung, daß die Gletscher keine Unreinigkeit in ihrem Innern leiden und alle Steine, die in die Spalten herabfallen oder auf andere Weise in das Eis eindringen, nach längerer oder kürzerer Zeit ausstoßen. Die Erklärung ist nicht eben schwierig. In den höchsten Regionen sinken die Felsblöcke in der weichen körnigen Eismasse, welche nicht Zusammenhang genug hat, um sie zu tragen, zu Boden. Während aber die Firnmasse sich thalabwärts bewegt und so der Schmelzung durch die Sonnenwärme mehr ausgesetzt wird, sickert das geschmolzene Eiswasser nach unten, gefriert dann wieder zwischen den Firnkörnern, dehnt sich dabei aus und übt daher von allen Seiten, sowie von unten einen Druck auf die im Eis enthaltenen Steinblöcke, welcher sie allmälig in die Höhe hebt. Auch die kolossalsten Felsblöcke werden auf diese Weise an die Oberfläche gebracht.

(Die Fortsetzung folgt in Nr. 489.)

Was ist gediegenes, feines und reines Metall?

Man hört häufig Leute darüber reden, ohne daß sie am Ende den Unterschied herausfinden können, ja sie streiten sich wol gar darüber. Es ist dies nicht zu verwundern, denn im gemeinen Leben haben die Worte oft eine unbestimmte Bedeutung. In den Wissenschaften ist dem nicht so; dort gibt man den hierher gehörigen Worten eine bestimmte Bedeutung und das ist auch mit obigen drei Ausdrücken geschehen. Der Ausdruck gediegenes Metall gehört in die Mineralogie, der Ausdruck feines Metall in die Metallurgie und der Ausdruck reines Metall in die Scheidekunst. Diese drei Wissenschaften geben uns nun folgenden Aufschluß darüber. Der Mineralog nennt gediegenes Metall nur solches, welches in der Natur, also in oder auf der Erde, gefunden wird, mag es mit einem andern Metalle oder mit mehren gemischt sein oder nicht. Gediegenes Metall ist also allemal ein Naturproduct. Der Metallurg, z. B. der Münzmeister, der Hüttenmann oder der Goldschmidt, nennt feines Metall solches, welches gar kein anderes Metall in sich enthält, und kümmert sich nicht darum, ob das Stück, mit dem er arbeitet, so unvermischt in der Natur gefunden worden ist oder ob es die Menschen erst von andern Beimischungen befreit haben; feines Metall kann also Naturproduct oder Kunstproduct sein. Der Scheidekünstler endlich nennt reines oder auch chemisch-reines Metall solches, welches weder mit einem andern Metall, noch mit irgend einem andern Stoffe verbunden ist, und auch ihm ist es einerlei, ob es Natur- oder Kunstproduct ist.

Gediegenes Metall liefert also blos die Natur, feines und reines aber die Natur und die Kunst. Feines und reines enthält gar keinen andern Stoff in sich, z. B. feines oder reines Gold enthält kein Silber, kein Kupfer, keinen Schwefel oder Sauerstoff in sich. Gediegenes Metall wird in der Natur entweder so gefunden, daß es gar kein anderes Metall in sich enthält, was jedoch sehr selten ist, oder so, daß es mehr oder weniger anderes Metall in sich führt, namentlich Silber.

Schon aus dieser Erklärung ist deutlich, was gediegenes, feines oder reines Metall zu nennen ist; noch deutlicher aber wird es, wenn man auch die Ausdrücke kennen lernt, welche das Gegentheil davon angeben. So heißt in der Mineralogie das Gegentheil vom gediegenen Metalle vererztes Metall, d. h. solches, welches mit einem nicht metallischen Stoffe verbunden ist, z. B. mit Schwefel, Sauerstoff oder Kohlensäure. In der Metallurgie ist das Gegentheil von feinem Metalle das legirte Metall, d. h. solches, welches mit einem andern Metall gemischt ist, z. B. zwölflöthiges Silber, welches aus 12 Theilen Silber und 4 Theilen Kupfer besteht. In der Scheidekunst nennt man das Gegentheil von reinem Metall ein gemischtes oder gemengtes Metall; gemischt ist es, wenn es mit einem andern Stoffe zu einem innigverbundenen Körper geworden ist, z. B. Kupfer, welches mit einer gewissen Menge Zink zu Messing wird, oder Quecksilber, welches mit Schwefel zu Zinnober wird, oder Eisen, welches mit Sauerstoff und Wasser zu Rost wird. Messing, Quecksilber und Rost sind also gemischte Metalle. Gemengt heißt das Metall, wenn es in kleinen Theilchen unter den Theilchen eines andern Stoffs unordentlich herum liegt, also nicht innig, sondern blos mechanisch damit verbunden ist. So findet man Gold in äußerst kleinen Theilchen im Kupferkies liegen.

Beleuchtung durch Stearin- und Wachslichter.

Neuerdings sind von Karmarsch und Heeren in Hanover sehr interessante und sorgfältige Versuche über das Verhältniß zwischen Stearin- und Wachslichtern angestellt worden, aus denen sich folgende Thatsachen ergeben. 1) Die Stearinsäurelichter brannten durchgehends mit einer merklich weißern Flamme als die Wachslichter, deren Flamme stets etwas gelblich erschien. 2) Bei beiden Arten von Lichtern sind die kleinern Kaliber in ökonomischer Hinsicht zweckmäßiger, d. h. es ist wohlfeiler, Lichter zu brauchen, von denen 6—8 auf das Pfund gehen, als solche, wo 4—5 auf das Pfund gehen, wenn auch in beiden Fällen der Preis des Pfundes gleich ist. 3) Stearinlichter brennen zwar schneller weg als Wachslichter, geben aber bei ihrem niedrigen Preise eine wohlfeilere Beleuchtung und zwar ungefähr im Verhältnisse 3:4. 4) Ein Licht von kleinem Kaliber gibt eine geringere Helligkeit als eins von großem Kaliber; je schwerer und dicker das Licht ist, desto heller brennt es. 5) Die Stearinlichter brennen mit etwas geringerer Helligkeit als die Wachslichter. 6) Auch mit Rücksicht auf Helligkeit sind die Stearinlichter wohlfeiler, indem die Kosten der Beleuchtung für 100 Stunden und für gleiche Helligkeit nach den angestellten Versuchen bei Wachslichtern auf $33\frac{2}{3}$—$39\frac{1}{3}$ gGr., bei Stearinlichtern auf $25\frac{2}{3}$—$28\frac{1}{2}$ gGr., oder im Mittel bei jenen auf $36\frac{2}{3}$, bei diesen $27\frac{1}{2}$ gGr. zu stehen kamen.

Um hiernach die Brennzeit für ein Licht auszurechnen, muß man in Anschlag bringen, daß ein gezähltes Pfund in der Regel mehre Loth (bis 5 Loth) leichter als ein gewogenes oder wirkliches Pfund ist. Das in 100 Stunden verbrannte Gewicht beträgt bei Wachslichtern 53—$62\frac{1}{2}$, bei Stearinlichtern 62—72 Pfund, bei Wallrath- oder Spermacetilichtern $52\frac{1}{3}$—67, bei Talglichtern 56—60 Loth. Nach dem gegenwärtig in Hanover beim Kleinverkauf stattfindenden Preise (wonach ein vollwichtiges Pfund Talglicht $4\frac{2}{3}$ gGr., ein Pfund raffinirtes Rüböl aber $4\frac{1}{3}$ gGr. kostet), kann man folgende Verhältnißzahlen für den Preis der verschiedenen Erleuchtungsarten bei gleicher Helligkeit und gleicher Brennzeit annehmen:

1) Öl in Lampen 10
2) Talglichter . 16
3) Stearinlichter . 33
4) Wachslichter . 44

Literarische Anzeige.

Durch alle Buchhandlungen und Postämter ist zu beziehen:

Landwirthschaftliche Dorfzeitung.

Herausgegeben unter Mitwirkung einer Gesellschaft praktischer Land- und Hauswirthe von **E. v. Pfaffenrath** und **William Löbe.** Mit einem Beiblatt: Gemeinnütziges Unterhaltungsblatt für Stadt und Land.

Dritter Jahrgang. 4. 20 Ngr.

Hiervon erscheint wöchentlich 1 Bogen. **Ankündigungen** darin werden mit 2 Ngr. für den Raum einer gespaltenen Zeile berechnet, **besondere Anzeigen** ꝛc. gegen eine Vergütung von ¾ Thlr. für das Tausend beigelegt.

Inhalt des Monats Juni:

Dorfzeitung. Anregung zum Anbau der Pferde- und Saubohnen. — Über die Nachtheile der Nachhut. — Über die Drehkrankheit der Schafe. — Über das Ankeimen, oder die Vorbereitung zum Keimen der Samen. — Landwirthschaftliche Sonntagsschulen. — Gebrauch des Rußes als Dünger. — Notiz für den Leinsamensäer. — Der Werth des Kartoffelbaues. — Belehrung über die Verbesserung und Veredelung des Rindviehs. — **Miscellen, Ankündigungen.**

Unterhaltungsblatt. Das Teufelsbild zu Presburg. — Die Wässerung. — Ein Gleichniß. — Der große Brand in Hamburg. — Freuden in der Natur. — Abergläubische und grausame Sitten der Afrikaner. — Warnung vor allzu großer Zärtlichkeit gegen Thiere, vorzüglich gegen Katzen. **Büchermarkt, Vermischtes, Komisches, Anekdoten, Ankündigungen.**

Leipzig, im Juli 1842.

F. A. Brockhaus.

Das Pfennig-Magazin
für Verbreitung gemeinnütziger Kenntnisse.

489.] Erscheint jeden Sonnabend. [August 13, 1842.

Norwegen und die Norweger.

Brücke im norwegischen Gebirge.

Das Königreich Norwegen (im Norwegischen Norge geschrieben), das seit 1814 mit Schweden unter einem Scepter vereinigt ist, bildet die westliche und kleinere Hälfte der skandinavischen Halbinsel, grenzt demnach im Osten an Schweden, nur in seinem nördlichsten Theile an Rußland, auf allen übrigen Seiten aber ist es vom Meere (der Nordsee, dem atlantischen und dem Eismeere) umgeben und erstreckt sich vom 58. bis zum 71. Breitengrade, ja noch mehre Meilen über den letztern, also gegen 70 Meilen über den nördlichen Polarkreis hinaus, sodaß es mit einem großen Theile in der nördlichen kalten Zone liegt. Der südlichste Punkt ist das Cap Lindesnäs, der nördlichste das Nordcap, von jenem in gerader Linie etwa 215 Meilen entfernt; dort dauert der längste Tag und ebenso die längste Nacht 18 Stunden, hier 3 Monate, d. h. im hohen Sommer geht die Sonne 3 Monate lang nicht unter, im Winter ebenso lange nicht auf. So bedeutend die Länge des Landes von Süden nach Norden ist, so gering ist verhältnißmäßig die Breite desselben; die größte Breite beträgt 41, die geringste 4—5 Meilen. Der Flächenraum beträgt etwa 6000 Quadratmeilen, also etwa ¾ von dem Schwedens und die Hälfte von dem Deutschlands. Das Land ist sehr gebirgig; die ansehnlichste Bergkette ist der Kölen (das Kjölengebirge), der sich von den Küsten des Eismeers herabsenkt, an der schwedischen Grenze die höchsten Ketten bildet und gegen Süden sich immer mehr verflacht. Von den Seitenzweigen, die dieses Gebirge nach Norwegen

X. 33

hineinsendet, ist der beträchtlichste das Gebirge Dovrefjeld, das ganz Norwegen in zwei Hälften theilt, eine nördliche und eine südliche, Nordenfjeld und Söndenfjeld, und sich an den südlichsten Küsten des Stiftes Drontheim unter dem Namen Romsdalshorn verliert. Die höchste Bergspitze in Skandinavien ist der unter 62½° nördlicher Breite, südlich von Drontheim liegende Sneehättan im Dovrefjeld, 7700 Fuß hoch, wiewol nach Einigen der Skagstölstind noch höher sein soll. Die Schneegrenze läuft dort in einer Höhe von 4860 Fuß über dem Meere und der Sneehättan geht also weit über dieselbe hinaus, was aber auch sehr viele andere Bergspitzen des Landes thun. In der Gegend des Nordcaps ist die Schneelinie nur noch 2200 Fuß über der Erdoberfläche erhaben. Durch das Herabstürzen von Lawinen, sowie im Sommer von Massen aufgethauten Schnees und gelöster Erd= und Felsstücke werden nicht selten große Verwüstungen angerichtet. Einige Thäler, besonders die niedriger liegenden im Süden, sind fruchtbar; in den hochliegenden reift das Korn selten; die Berge im Norden und Westen sind kahl und unfruchtbar. In vieler Hinsicht sind die norwegischen Gebirge noch schöner und interessanter als die Alpen der Schweiz, mit denen sie übrigens in Betreff der Schnee= und Eisbildung große Ähnlichkeit haben, wiewol die Alpen eine größere Höhe erreichen; aber nicht auf die absolute Höhe kommt es an, sondern auf die relative, auf die Erhebung über der Schneelinie, die bekanntlich in der Schweiz viel höher als in Norwegen liegt. Der wildeste Theil des Landes ist zwischen 61 und 62°, zwischen Bergen und Drontheim, wo ein 60—70 Quadratmeilen großes Schneefeld und eine völlig öde Hochebene von 150 Quadratmeilen Ausdehnung vorkommen, welche letztere keine menschliche Wohnung enthält und reich an den erhabensten schauerlich=schönen Naturwundern ist.

Die Westküste ist nicht allein von zahllosen, meist kleinen und höchstens von Fischern und Lootsen bewohnten Inseln umgeben, die im Norden Theile des höchsten Gebirgszuges sind und eine Höhe von 4000 Fuß erreichen, sondern meilenweit von tiefen und schmalen Meerbusen (Fjords) zerschnitten, deren Felsenwände nicht selten 2—5000 Fuß hoch sind, sodaß die Fluten niemals von den Sonnenstrahlen getroffen werden können. Die Zahl der Steinklippen oder Scheeren, welche einige Faden aus dem Wasser hervorragen und eine Art Vormauer der Küste bilden, geht in die Hunderttausende. Zwischen ihnen und dem festen Lande ist stilles und sicheres Wasser zu finden, weshalb sie den in kleinen Fahrzeugen Fahrenden vortheilhaft sind. An den meisten Stellen ist die Küste steil. Unter den zahllosen Flüssen, die vom Hochlande herabfließen, sind mehre sehr ansehnlich, aber gleichwol wegen ihres reißenden Laufs, ihrer Wasserfälle, Stromschnellen und Felsenblöcke nicht eher als in der Nähe der Mündung schiffbar. Die größten Flüsse sind der Glommen, Drammen, Lougen, Torridal, Gaulen, Nidelf, Tryssilsdelf (welcher nach Schweden übergeht) und Tanaelf. Die höchsten Wasserfälle sind diejenigen, welche sich über die schroffen Wände einiger Fjorde herabstürzen; von diesen sind die Keel Foß, Sevle Foß und Feigum Foß, sämmtlich am Sögne=Fjord, 2000, 1000 und 700 Fuß hoch, noch mehre andere aber über 900 Fuß. Landseen sind zwar gleichfalls zahlreich, aber beiweitem nicht so ausgedehnt als in Schweden; die meisten sind eigentlich nur erweiterte Flußbetten. Von allen der bedeutendste ist der von dem Flusse Lougen gebildete Miösen, 12 Meilen lang und 1½ Meile breit, nächst ihm der Fämundsee, 9 Meilen lang. Mehre Seen finden sich in beträchtlicher Höhe von 3600—3700 Fuß.

Das Klima Norwegens ist bei der großen Ausdehnung des Landes sehr verschieden, natürlich überall mehr oder weniger kalt, aber dabei sehr gesund. An der Küste ist das Klima in Folge des vom Meere geübten Einflusses weit milder als in Schweden und den östlichen Landestheilen unter gleicher Breite; damit hängt aber zusammen, daß dort Regen und Nebel häufig sind, hier aber ein heiterer Himmel Regel ist. Der Jahreszeiten sind eigentlich nur zwei: Sommer und Winter, die fast ohne Abstufung und Übergang einander folgen. In den hohen Gebirgen im Norden steigt die Winterkälte bis 38° Réaumur, während das Nordcap, wo noch Zwergbirken und Gemüsearten vorkommen, sich eines verhältnißmäßig sehr milden Klimas erfreut. Ackerbau wird daher in den südlichen Landestheilen noch stark getrieben, wiewol die Production des Getreides für den Bedarf nicht hinreicht; der Obstbau ist selbst im Süden nicht bedeutend, und die später reifenden Obstarten, wie Pflaumen, werden nicht alle Jahre reif. Von den Baumarten herrscht im nördlichen Norwegen die Birke vor, ja sie ist die einzige, die den 67. Breitengrad überschreitet und noch in der kalten Zone gedeiht.

Die Zahl der Bewohner beträgt jetzt etwa 1,200,000, welche fast ohne Ausnahme lutherisch sind (die Reformation wurde hier 1528—37 eingeführt) und eine von der dänischen fast gar nicht, von der schwedischen dagegen sehr verschiedene Sprache sprechen, die mit deutschen Schriftzeichen geschrieben wird. Die Finnen, etwa 4000 an Zahl, und die Lappen, etwa 12,000, welche der mongolischen Race angehören und in Norwegen gleichfalls Finnen genannt werden, haben ihre eigenen Sprachen. Die geringe Bevölkerung des Landes, in welchem noch nicht 200 Menschen auf die Quadratmeile kommen, kann bei der natürlichen Beschaffenheit desselben, in Folge deren nur etwa der 80. Theil dem Anbaus fähig ist, nicht auffallen. Am volkreichsten ist die Grafschaft Laurvig im Süden, wo auf einer Quadratmeile über 2400 Menschen leben, nächstdem das Amt Jarlsberg, wogegen im Stifte Drontheim nur 80, ja in dem nördlichsten Theile, Finnmarken, nur 25—26 Einwohner auf einer Quadratmeile leben. Ihrer physischen Bildung nach sind die Norweger im Allgemeinen von mittlerer Statur, starkem Knochenbau und länglichem, ernstem Gesichte; ihrem Charakter nach bieder, aufrichtig, freimüthig, mäßig, arbeitsam, dienstfertig und gastfrei; ihren geistigen Fähigkeiten nach klug und erfinderisch. Bei diesem Verein guter Eigenschaften kann man sie unmöglich genauer kennen lernen, ohne sie zu achten und zu lieben. Leider scheinen aber in der neuern Zeit schlechte Eigenschaften mehr und mehr überhand zu nehmen; seit 1814 ist nach statistischen Tabellen die Zahl der Verbrechen auf das Vier= bis Fünffache gestiegen; im J. 1835 wurde auf 522 männliche und 2529 weibliche Einwohner ein Arrestant gezählt. Im J. 1839 verhielt sich die Zahl der Sträflinge zur Bevölkerung im ganzen Reiche wie 1 zu 449, ein noch weit ungünstigeres Verhältniß als das vorige; in Christiania nebst Weichbild wie 1 zu 52, in Drontheim nur wie 1 zu 108; auf 4 weibliche kamen 19 männliche Verbrecher. Die Bildung ist durch alle Stände verbreitet, da der Schulunterricht im Allgemeinen sehr gut ist. Wie den Südländern, ist auch den Norwegern Liebe zum Gesang eigen und hier und da trifft man im Bauernstande Improvisatoren; auch Instrumentalmusik und Tanz sind beliebt. Die Tracht hat von ihrer Eigenthümlichkeit selbst auf dem Lande viel verloren, indem viele Landbewohner sich städtisch kleiden; doch findet man noch sehr häufig kurze Beinkleider, weißwollene Strümpfe und rothe Mützen. Städte zählt man 23, worunter 2 Bergstädte; eigentliche Dörfer gibt es fast gar nicht, da die Landbewohner familienweise auf einzelnen Höfen wohnen, deren jedoch zuweilen mehre beisammenliegen. Die Häuser sind ungeachtet des Überflusses an Steinen, besonders schönen Marmorarten, auf dem Lande durchgängig, in den Städten größtentheils von Holz, aber dabei nett und reinlich.

Von den Nahrungszweigen haben wir den Ackerbau schon vorhin genannt; er wird mit großer Sorgfalt getrieben und durch Ackerbaugesellschaften befördert. Am häufigsten wird Hafer gebaut, dann Gerste und Roggen, nur an wenigen Orten Weizen. Im Durchschnitt müssen jährlich mehre 100,000 Tonnen Korn eingeführt werden, früher in Nothjahren (wo Mehl mit zerriebenem Moose und Baumrinde vermischt wird) wol gegen eine Million Tonnen. Außer Getreide baut man Erbsen, Flachs, Hanf, Hopfen, Taback; der Kartoffelbau ist im Zunehmen begriffen. Eßbare Beeren sind in Menge vorhanden, namentlich zwei Arten Erdbeeren. An Waldungen ist Überfluß, doch ist die Forstcultur noch in ihrer Kindheit; leider werden die Eichenwaldungen immer mehr zerstört, seitdem die Ausfuhr der Eichenrinde erlaubt ist. In vielen Gegenden haben die Wälder dazu beigetragen, den Ackerbau gegen Sturm und Frost zu sichern, und da die ausgehauenen Waldungen sehr langsam und oft gar nicht wieder aufwachsen, so ist der Ackerbau solcher Gegenden in Gefahr, zugleich mit der Holzproduction vernichtet zu werden. Auch der Bergbau, der seit 1516 betrieben wird, trägt zur Verminderung der Waldungen bei. Derselbe ist oder war vielmehr sehr beträchtlich, hauptsächlich der Kupfer- und Eisenbau, aber auch Silber, Blei und Kobalt werden gewonnen. Im J. 1835 wurden 23 Bergwerke gezählt, und zwar 16 für Eisen, 5 für Kupfer, 1 für Silber (Kongsberg) und 1 für Kobalt. Gegenwärtig sollen die Bergwerke, mit Ausnahme des Silberbergwerks zu Kongsberg, größtentheils unbearbeitet liegen und sogar Eisen aus Schweden eingeführt werden.

Die Viehzucht ist nicht unbedeutend, aber noch großer Erweiterung fähig; die Art, wie sie betrieben wird, hat mit der in der Schweiz üblichen große Ähnlichkeit; auch in Norwegen werden vorzugsweise die Alpenweiden benutzt. Außer Kühen und Schafen sind auch Ziegen zahlreich, wie in Dänemark. Die norwegischen Pferde sind klein, aber kräftig, muthig und ausdauernd und werden in großer Menge nach Schweden ausgeführt; man schätzt namentlich die von lichtgelber Farbe mit schwarzen Beinen.

Die Jagd ist sehr ergiebig und durch nichts beschränkt. An eßbarem Wildpret sind Hirsche, Rehe, Hasen, Rennthiere zahlreich vorhanden, aber keine wilden Schweine, so wenig als in Schweden. Auch an nicht eßbaren wilden Thieren, Bären, Wölfen, Luchsen, Füchsen u. s. w. ist eben kein Mangel, und ihre Erlegung ist zum Theil Prämien gesetzt. Im Norden ist die Eidergans durch ihre wohlschmeckenden Eier und gesuchten Eiderdunen, mit denen Handel getrieben wird, ein sehr nützlicher, gewinnbringender Vogel, weshalb auf ihre Tödtung Strafe gesetzt ist.

Der hauptsächlichste Nahrungszweig ist der Fischfang, der etwa den vierten Theil der Einwohner nährt, vielleicht in keinem Lande Europas in größerem Umfange als hier betrieben wird und in Finnmarken am bedeutendsten ist. Am einträglichsten ist die Dorsch-, Kabliau-, Hering- und Lachsfischerei, nächstdem der Schellfisch-, Hellbutten- und Hummernfang; auch der Robbenfang ist von Bedeutung. Der Heringsfang, seit 1808 in beständigem Zunehmen begriffen, geschieht vom Juni bis October, der Hummernfang vom März bis Juli; die Hummern werden meist nach England ausgeführt, ihr Transport ist aber schwierig, weil die Hummern bei Windstille, Gewitter und Kanonendonner sterben. Die jährliche Ausfuhr an Fischen u. s. w. mag sich auf 1½ Million Thaler belaufen. Der Überfluß des westlichen und nördlichen Norwegens an Fischen ist wol ganz vorzüglich der sogenannten Meerbrücke zuzuschreiben, d. i. der Erhöhung des Meergrundes, welche sich in einer größeren oder geringeren Entfernung, die aber wenigstens einige Meilen beträgt, an den Inseln der Westküste hinzieht und aus einem festen Steine besteht. Im vorigen Jahre haben sich in den Nordlanden (zu Hammerfest, Alten und Tromsöe) drei Genossenschaften zur Betreibung der Fischerei auf der Meerbrücke gebildet.

Die Industrie des Landes ist nicht so entwickelt als die Schwedens, doch werden die einheimischen rohen Producte in Menge verarbeitet. Man findet hier Eisen- und Kupferwerke, Glashütten, eine Alaunsiederei, ein Salzwerk, Pottaschesiedereien, Leinweberei (auf dem Lande, wo Jeder sich seinen Leinwandbedarf selbst fertigt), Papier- und Pulvermühlen, Zuckerraffinerien, Theer- und Ziegelbrennereien, Kanonen- und Ofengießereien, Tabacks-, Leder- und Baumwollfabriken; ungemein bedeutend sind die Sägemühlen und die Schiffswerfte. Der Seehandel (besonders mit England) ist sehr wichtig; die Norweger sind als geborene Seemänner zu betrachten und ziehen die Seefahrt allen andern Erwerbszweigen vor. Die wichtigsten Ausfuhrartikel sind Holzwaaren (sonst betrug die Breterausfuhr, vorzüglich nach England, jährlich 1,200,000 Thaler; sie hat aber abgenommen, seitdem man dort die canadischen Breterhändler hinsichtlich des Zolls begünstigt), Kupfer, Eisen, Felle und Pelzwaaren, Fische (besonders Heringe), Thran, Federn, Pech, Harz, Salz, Butter. Eingeführt werden besonders Korn, Salz, Branntwein und Luxusartikel aller Art, doch steht die Einfuhr der Ausfuhr sehr bedeutend nach. Übrigens ist der Handel in der neuesten Zeit gesunken, besonders der im mittelländischen Meere.

Seit dem 9. Jahrhundert kommen in Norwegen einheimische Könige vor, deren Herrschaft sich über das ganze Land erstreckte; ihre Reihe beginnt Harald mit dem Beinamen Harfager, d. i. Schönhaar (865), der sich die einzelnen kleinen Herrscher unterwarf und sein Reich durch die shetländischen, orkadischen und hebridischen Inseln vergrößerte; aber in das Dunkel der alten norwegischen Geschichte kommt erst seit der Einführung des Christenthums durch König Olaf I. mit dem Beinamen Tryggwäson, den Urenkel Harfager's, gegen Ende des 10. Jahrhunderts (zwischen 996 und 1000) einiges Licht. König Knut I. der Große von Dänemark eroberte 1028 Norwegen, doch kurz vor seinem Tode 1036 erlangte es seine Selbständigkeit wieder durch König Magnus den Guten, und dieser norwegische König beherrschte sogar eine Zeit lang Dänemark (1045—49). Magnus II. mit dem Beinamen Barfuß (gest. 1103) veranlaßte durch Ländertheilung unter seine Söhne den Ausbruch eines gräuelvollen Bürgerkriegs, der seinem Volke und Hause gleich verderblich war; erst Hakon V. stellte 1217 wieder Ruhe im Reiche her und ordnete die Erbfolge auf dem Reichstage zu Bergen 1223, wiewol es auch nachher an heftigen Unruhen nicht fehlte. Mit Hakon VII. starb 1319 der Mannsstamm der norwegischen Könige aus und die Stände wählten den Sohn seiner Tochter, Ingeburg und des Herzogs Erich, den jungen schwedischen König Magnus II., genannt Smek (d. i. der Verminderer) aus der Dynastie der Folkunger oder Birger, zum König von Norwegen. Dieses Reich überließ er jedoch 1344 seinem ältern Sohne Hakon VIII., dessen Sohn Olaf IV. wegen seiner Mutter Margaretha, Prinzessin und Erbin von Dänemark, der Tochter Waldemar's III., mit welchem der Mannsstamm des alten dänischen Königshauses erlosch, im J. 1376 König von Dänemark wurde, seit seines Vaters Tode 1380 beide Länder gemeinschaftlich regierte und sie 1387, da er kinderlos starb, seiner Mutter Margaretha hinterließ, die 1389 auch von den Schweden als Königin anerkannt wurde, da der Stamm der Folkunger 1380 erloschen war. Seitdem war Norwegen ununterbrochen (denn kaum kann es für eine Unterbrechung gelten, daß sich die Norweger gegen den König Johann empörten, der sie aber 1502 wieder unterwarf) mit Dänemark vereinigt bis zum Jahre 1814, wo es in Folge des am 14. Januar abgeschlossenen Friedens zu Kiel und der Übereinkunft zu Moß am 14. Aug. nach der schnell vorübergehenden Regierung eines eigenen Königs, des dänischen Prinzen und Gouverneurs Christian Friedrich, der jetzt als Christian VIII. den dänischen Thron einnimmt, mit Schweden unter einem Herrscher vereinigt wurde. Die zu Eidswold am 17. Mai 1814 für das selbständige Königreich entworfene Verfassungsurkunde wurde von Schweden mit geringen Veränderungen angenommen und ist noch jetzt in Kraft. Nach derselben bildet Norwegen ein freies und unabhängiges Königreich, in welchem die königliche Gewalt durch Reichsstände, Storthing genannt, sehr beschränkt ist. Sämmtliche Mitglieder des Storthings, der sich in den Lagthing und Odelsthing theilt, werden vom Volke gewählt und eine Adelskammer gibt es nicht, da seit 1821, ungeachtet des Widerspruchs des Königs, der Adel im ganzen Königreiche abgeschafft ist.

(Fortsetzung folgt in Nr. 490.)

Baden=Baden.

Die Felsbrücke hinter dem alten Schlosse Baden.

Der vielbesuchte Badeort Baden=Baden im Großherzogthume gleiches Namens (dem das ganze Land den Bädern desselben verdankt), vielleicht das besuchteste Bad in der Welt, liegt in einem reizenden, vom Oos= oder Olbache durchflossenen Thale des Schwarzwaldes, das von Hügeln eingeschlossen ist, die mit Weingärten und Wiesen bedeckt sind, etwa eine Meile östlich vom Rheine, 1½ Meile südlich von Rastatt, 3½ Meilen von Karlsruhe und 4 Meilen von Strasburg. Die Stadt selbst, der Sitz eines Bezirksamts im Mittelrheinkreise, ist unregelmäßig gebaut, war früher mit Gräben umgeben, die jetzt ausgetrocknet und in Obst= und Gemüsegärten verwandelt sind, enthält meist alterthümliche kleine Häuser (etwa 570 an Zahl) mit 4500 fast durchgehends katholischen Einwohnern, und dehnt sich größtentheils am Abhange eines Hügels aus, was die Straßen sehr uneben macht. Unter den Gebäuden zeichnet sich das auf dem Gipfel des Hügels stehende, von dem Hof= und dem Schneckengarten umgebene neue Schloß aus, welches an sich nicht schön zu nennen ist, aber nach allen Seiten die herrlichsten Fernsichten darbietet; es enthält eine Menge unterirdischer Gewölbe und labyrinthischer Gänge, die erst seit dem Ende des 17. Jahrhunderts bekannt geworden sind und zum Versammlungsorte der Femrichter gedient haben sollen, wahrscheinlich aber nur Rettungsorte für Personen und Sachen waren, die in den stürmischen Kriegszeiten des Mittelalters Frauen, Kindern und Greisen

Zuflucht gewährten. Das Hauptgewölbe ist über 22 Fuß lang, 15½ Fuß breit und 5½ Fuß hoch; eine Halle, die den Namen der Folterkammer trägt, ist mit eisernen Ringen im Gemäuer versehen; von den steinernen Thüren ist eine 9 Zoll dick. Das Schloß dient gegenwärtig der verwitweten Großherzogin Stephania, Witwe des Großherzogs Karl, zum Sommeraufenthalte. Man bemerkt in demselben viele Gemälde badischer Markgrafen bis zum Aussterben der alten Linie im J. 1771. Auch das prächtige, 1824 nach Weinbrenner's Plan erbaute, 500 Fuß lange Conversationshaus, das ehemals als Jesuitenkloster eine seiner jetzigen ganz entgegengesetzte Bestimmung hatte, hat eine herrliche Lage, ist von schönen englischen Anlagen umgeben und nahe dem murmelnden Ölbache. Die Vorderseite ruht auf acht korinthischen Säulen, durch welche man in den Conversationssaal tritt, der 150 Fuß lang, 51 Fuß breit und im Innern prächtig verziert ist. Rechts befinden sich Speise-, Spiel- und Gesellschaftszimmer, zur Linken das Theater, das durch eine Halle mit dem Hauptgebäude zusammenhängt. Das Gasthaus zum badischen Hofe ist gleichfalls durch Lage, Größe, Einrichtung und Bauart höchst merkwürdig und vielleicht einzig in seiner Art. Die Pfarr- oder Collegiatkirche, uralt, im gothischen Styl erbaut und durch geschmacklose Veränderungen entstellt, ist deshalb zu erwähnen, weil sie die Gräber der badischen Markgrafen seit 1431 von Bernhard I. an enthält, unter denen das des berühmten Feldherrn Ludwig Wilhelm, des Besiegers der Türken, und das Leopold Wilhelm's (gest. 1671) den Vorzug verdienen; auch die darin befindlichen sieben Altarblätter, nach Guido Reni von Cill gemalt, sind beachtenswerth. Sie brannte 1689 fast ganz nieder und wurde 1754 wiederhergestellt.

Die Quellen Badens sind heiße Kochsalzquellen, welche wenig Eisenoxyd enthalten, entspringen auf dem Schloßberge in einem ziemlich kleinen Raume, der die Hölle genannt wird, aus Granit und haben eine Wärme von 37—54, nach Andern bis 60 Grad R. Ihre Zahl beträgt 17. Die Hauptquelle, der sogenannte Ursprung, hat 54 Grad Wärme und liefert in 24 Stunden über 50,000 Cubikfuß Wasser. Der geblichbraune, hornsteinartige, geborstene Fels, aus welchem sie entspringt, ist zum Theil mit weißem carrarischen Marmor bekleidet. An der 50—53 Grad warmen Höllenquelle, auch Brühbrunnen genannt und dem Ursprunge zunächst gelegen, brühen die Einwohner Federvieh, Schweine u. s. w. ab. Andere Quellen sind die Büttquellen (4), die beiden Fett- oder Murquellen, die beiden Judenquellen, die Klosterquelle, die beiden Quellen zum kühlen Brunnen, die Quelle zum Ungemach u. s. w. Alle 17 Quellen zusammen liefern in 24 Stunden etwa drei Mal so viel Wasser als die Hauptquelle, oder 150,000 Cubikfuß. Das Wasser ist vollkommen hell und geruchlos, selbst wenn es Wochen lang in offenen Gefäßen gestanden hat, und hat einen schwachsalzigen Geschmack. (Ein Pfund zu 16 Unzen enthält etwa 17½ Gran salzsaures Natron, 1½ Gran salzsauren Kalk, 2¼ Gran schwefelsauren Kalk, 22 Gran fixe Bestandtheile u. s. w.) Es hat an und für sich im Vergleich zu andern Mineralquellen gerade keine ausgezeichneten Heilkräfte, soll aber nach Einigen gegen Verschleimung und Säure im Magen, allgemeine Schwäche, Geschwüre, Krätze, Hämorrhoiden, Hypochondrie, Hysterie, Skrophelkrankheiten und insbesondere gegen Rheumatismen und Gicht mit Erfolg gebraucht werden. Übrigens wird hier weit mehr gebadet als getrunken; Bäder finden sich namentlich in den vorzüglichsten Gasthöfen, Dampfbäder in einem neuerrichteten Gebäude neben der Antiquitätenhalle. Zum Gebrauch der Trinkenden dient eine prachtvolle, 150 Fuß lange Trinkhalle, wo besonders künstliches Karlsbader getrunken wird. Die Badesaison endigt am 31. Oct., an welchem Tage das Conversationshaus geschlossen wird. Im J. 1840 betrug die Zahl der Fremden und Badegäste 20,043; darunter waren 150 fürstliche Personen mit Gefolge, 4999 Franzosen, 4365 Deutsche (Nicht-Badenser), Ungarn und Böhmen, 4345 Badenser, 3846 Engländer, Schotten und Irländer, 602 Russen, 556 Holländer, 544 Schweizer, 177 Belgier, 128 Dänen und Schweden, 109 Italiener, 24 Polen, 18 Spanier und Portugiesen, 7 Moldauer, 1 aus der Türkei, 150 Amerikaner, 12 aus Asien, 3 aus Afrika. Im Sommer 1841 wurde Baden von 22,391 Fremden und Badegästen besucht. Eine Anzahl der letztern pflegt auch den Winter ganz oder zum Theil hier zu verleben, da das Wasser in jeder Jahreszeit mit dem besten Erfolge gebraucht werden kann. Einen nicht geringen Einfluß auf die Frequenz des Badeorts hat jedenfalls auch das hier während der Saison gestattete Hazardspiel, den größten wol die reizende Gegend. Während der Curzeit fehlt es auch nicht an einem Judenwirthe, da hier keine Juden ansässig sind.

Unter den Naturerscheinungen Badens ist noch die ungewöhnliche Abweichung der Magnetnadel zu bemerken, die am stärksten in der Nähe der warmen Quellen ist, sich in sehr geringen Entfernungen von 3—5 Fuß verändert und auf den Hügeln und Bergen um Baden nicht bemerkt wird. Das Klima Badens ist mild und sehr gesund, wie sich auch aus der verhältnißmäßig geringen Sterblichkeit ergibt, die geringer als im Rheinthale ist; ansteckende Krankheiten kommen selten hierher. Als 1561 die Pest in der Umgegend wüthete, hielt man sie dadurch ab, daß man über die Straßen die heißen Quellen strömen ließ, deren Dämpfe die Luft verbesserten. Die vorzüglichsten Producte der Umgegend sind: 1) aus dem Thierreiche: Wildpret und Fische, besonders Forellen und Lachse; 2) aus dem Pflanzenreiche: Holz, Korn, Spelz, Kartoffeln, Wein, welcher letztere schmackhaft und gesund ist, aber wenig Geist hat; 3) aus dem Mineralreiche: Kalkerde, Thon, Marmor, Achat, feinkörniger Sandstein. Die Gebirgsarten und Fossilien in der Nähe der Quellen haben, wie diese selbst, mit denen Karlsbads in Böhmen eine auffallende Ähnlichkeit. Die Industrie der Stadt ist wenig bedeutend, doch sind die dauerhaften Töpfer- und die zierlichen Drechslerarbeiten beliebt und Rohr- und Strohsessel werden selbst in entfernte Gegenden versandt.

Schon die Römer kannten die heilsamen Eigenschaften des hier quellenden Wassers, gründeten hier im Anfange des 2. Jahrhunderts unter Kaiser Hadrian eine Stadt, die sie später zu Ehren des Kaisers Aurelius Alexander Severus Civitas Aurelia aquensis (auch Aquae Aureliae) nannten, und legten Bäder an. Der Fels, dem die Hauptquelle entspringt, oder vielmehr das in demselben ausgearbeitete weite Brunnengewölbe war wahrscheinlich ein Römerbad; das alte Armenbad hat ein römisches Bassin mit Stufen, und die räthselhaften unterirdischen Gewölbe oder sogenannten Katakomben des Schlosses sind vielleicht auch ein Römerwerk. Die römische Stadt lag an der aurelischen Heerstraße, die vom Rhein nach dem Neckar führte, wo der Römerwall endigte. Mehre Denkmäler beweisen, daß Neptun und Mercur, die Gottheiten des Wassers und des Handels, hier vorzugsweise verehrt wurden. Außer den angegebenen hat man eine Menge Alterthümer hier gefunden, die seit 1804 in der sogenannten Antiquitätenhalle neben dem Brunnengewölbe, im altdorischen Styl von Weinbrenner erbaut und die Inschrift Museum palaeotechnicum tragend, aufgestellt sind. Auf mehren bemerkt man den Namen Mark Aurel, und leicht könnte man dadurch auf den Irrthum geführt werden, daß der philosophische Kaiser dieses Namens hier geweilt habe. Genauere Prüfung ergibt freilich, daß jene Inschriften nicht auf einen der edelsten, sondern auf einen der verruchtesten Kaiser beziehen, nämlich auf Bassianus Caracalla, den Sohn des Septimius Severus, der die Stadt verschönert haben mag; sie sind aus den Jahren 198—213 n. Chr. Auf spätern Monumenten finden sich die Namen der Kaiser Alexander Severus (um 221) und Heliogabalus (222). In der Gegend der Halle, der Stiftskirche und des Marktplatzes trifft man fast überall in einiger Tiefe römische Fußböden an, und sonst vielfache Spuren der römischen Herrschaft. Die Alemannen zerstörten bei ihrer Invasion, was die Römer geschaffen hatten, aber die Franken erbauten eine Stadt, die von ihren Heilquellen den deutschen Namen Badin, Badun oder Baden erhielt.

Im J. 676 werden die Bäder in einer fränkischen Urkunde als Bäder im Uos- oder Usgau erwähnt; ebenso 873. Mit seinem heutigen Namen erscheint der Ort zuerst in einer Urkunde vom Jahre 1046. Kaiser Karl IV. soll die alten Bäder endlich wiederhergestellt haben. Im J. 1479 wurde das neue Schloß an der Stadt vom Markgrafen Christoph I. erbaut, aber ein Jahrhundert später unter Markgraf Philipp II. wieder abgetragen und durch ein neues, weit größeres, festeres und schöneres ersetzt, das 1579 vollendet wurde.

Im Mittelalter in Vergessenheit gerathen, kamen die Bäder seit dem 16. Jahrhundert neuerdings in Aufnahme und erreichten im 17. Jahrhundert den Gipfel ihrer Berühmtheit und Frequenz. Beide untergrub der dreißigjährige Krieg, in welchem Baden 1632 von den Schweden unter Oxenstierna und Horn, 1634 von den Östreichern, 1643 von den Alliirten eingenommen und das letzte Mal geplündert wurde. Im pfälzischen Successionskriege wurde Baden nebst seinem schönen Schlosse am 24. Aug. 1689 von den Franzosen niedergebrannt; dasselbe Schicksal hatten bald nachher die Vorstädte und am 6. Nov. auf ausdrücklichen Befehl Königs Ludwig XIV. der letzte Rest der Stadt, das von Marschall Duras verschonte Kapuzinerkloster. Nach dem Frieden von 1697 baute die Markgräfin Sibylle Auguste, eine schöne und geistreiche Fürstin, die nach dem Tode ihres als Feldherr berühmten Gemahls Ludwig Wilhelm 19 Jahre lang die Vormundschaft über ihre Söhne führte, an der Stelle des zerstörten Schlosses ein drittes, das noch steht, und allmälig erhob sich auch die Stadt wieder. Erst mit dem französischen Revolutionskriege und insbesondere mit dem rastatter Friedensschluß 1798—99 blühte Baden neuerdings auf und die Bäder fingen an allgemeiner besucht zu werden; seit 1804 sind sie durch vereinte Bemühungen der Stadtgemeinde und der Landesregierung vielfach verschönert worden und werden es noch jährlich.

Gegen 600 Jahre lang war Baden die Residenz des alten markgräflichen Hauses Baden und zwar nach dessen Theilung in die Linien Baden-Baden und Baden-Durlach (1527) der erstern, bis Markgraf Ludwig Wilhelm der Siegreiche 1706 seinen Wohnsitz nach Rastatt verlegte. Mit dem Sohne des Letztern, August Georg, erlosch 1771 diese Linie. Großherzog Karl Friedrich aus der Linie Baden-Durlach, der damals den baden-badenschen Landestheil erbte, hielt sich seit 1805 jährlich eine Zeit lang in Baden auf.

Bis 1479 residirten die Markgrafen in dem eine Stunde von der Stadt Baden entfernten alten Schlosse Baden, dessen Ursprung in das graue Alterthum fällt. Im 10. oder 11. Jahrhunderte war es, wie es scheint, schon vorhanden; die Nachfolger Hermann's I. erweiterten und verschönerten es und bewohnten es bis 1479 wo Markgraf Christoph I. es seiner Mutter als Witwensitz einräumte und das von ihm erbaute, nahe über der Stadt liegende Schloß bezog. Im dreißigjährigen Kriege wurde das Schloß Ruine und wird jetzt zu den schönsten und größten Burgruinen in Deutschland gezählt. Eine breite Fahrstraße führt mitten durch den Wald, an mehren zweckmäßig vertheilten Ruhebänken vorüber, nach dem Schlosse, das theils an und für sich als großartige Ruine, theils der Schönheit seiner Umgebungen wegen einen bedeutend und daher von Badegästen und Einheimischen fleißig besucht wird. Die Ruine nimmt vier Stockwerke ein: das höchste bildet der Thurm, zum Erdgeschoß gehört der gothisch gewölbte, mit dem badischen Wappen verzierte Eingang an der Vorderseite des Schlosses. Nach allen Seiten, in alle Gemächer bis zum höchsten Thurme führen massive, sichere Treppen; der Schutt ist so viel als möglich beseitigt. Die noch sichtbaren Gewölbe sind von römischer, einzelne Theile im Mittelbau sind von maurischer oder arabischer, andere von altdeutscher Bauart, was auf die sehr verschiedenen Zeiten des Entstehens der Theile des Schlosses schließen läßt. Vom höchsten Standpunkte des Schlosses aus hat man die herrlichste Aussicht auf das Murgthal, die Bergstraße, die Vogesen, das Hardtgebirge, den Donnersberg; in der fernen, vom Rhein durchströmten Ebene sieht man mit bewaffnetem Auge den Dom von Speier und die Thürme von Manheim, nicht aber, wie zuweilen behauptet wird, den Münster von Strasburg, welchen ein Berg verbirgt; gerade unter sich übersieht man die Stadt Baden mit ihrem untern Schlosse.

Die ganze mit Tannen und Eichen wildbewachsene Waldkuppe, an welcher auf halber Höhe das alte Schloß Baden hängt, ist durch angemessene und discrete Nachhülfe der Kunst in eine reizende Anlage verwandelt; durch den dichtesten Wald führen gebahnte Wege, bis man an eine Reihe mächtiger Felsblöcke von röthlichem Sandstein gelangt, die zum Theil erst vor wenig Jahren zugänglich gemacht und von tausendjährigem Gebüsch befreit worden sind. Die merkwürdigsten darunter sind ein ungeheures Castell mit riesigen Thürmen und Basteien und die in unserer Abbildung dargestellte Felsbrücke, welche zwei Lagen von Sandsteinblöcken verbindet. Der auswärts gekehrte Theil derselben ist zugänglich gemacht und gewährt einen interessanten Blick ins Thal. Noch umfassender ist die Aussicht von dem Plateau aus, zu welchem die vom Gipfel des Berges herabführenden Stufen leiten, wo eine Hütte zum Ausruhen errichtet ist.

Die Gletscher der Schweiz.
(Fortsetzung aus Nr. 488.)

Gletschertische sind breite Platten oder zusammengedrückte Felsstücke, welche auf einem Eisfuße ruhen und so die Gestalt eines Tisches nachahmen. Man findet sie meist in der Nähe von Gufferlinien oder Gandecken, aber nur auf einigen Gletschern, und gerade auf den besuchtesten fehlen sie; manche haben 20 Fuß Länge auf 10—12 Fuß Breite, andere haben nur 2—3 Quadratfuß Oberfläche. Sie entstehen dadurch, daß die auf dem Gletscher liegenden einzelnen Blöcke als gute Wärmeleiter das Eis in ihrer Umgebung schmelzen, zugleich aber das von ihnen bedeckte Eis gegen äußere Einflüsse schützen. Je mehr nun die umgebende Eisfläche durch

Abschmelzung und Verdunstung verliert, desto höher wird der Gletschertisch; zugleich aber wird die ihm als Fuß dienende Eissäule durch Verdunstung immer dünner, bis sie endlich das Gewicht des Blockes nicht mehr tragen kann und zusammenbricht. Am Thalende eines Gletschers sind Tische selten, häufig aber meistens in der Nähe von Mittelmoränen, besonders wo diese etwas steil sind.

Schuttkegel sind kleine kegelförmige Erhebungen von der Gestalt großer Maulwurfshügel, die man oft auf der Oberfläche der Gletscher findet. Auf dem ersten Blick scheinen sie nur aus Sand zu bestehen, aber eine nähere Untersuchung zeigt, daß es mit Sand überzogene feste Eiskegel sind, die dem stärksten Stoße widerstehen. Sie sind ebenso selten als Gletschertische und finden sich mehr im obern Theile der Gletscher bei geringem Falle des Bodens. Ihre Höhe beträgt bis 5 Fuß, ihr unterer Durchmesser 5—10 Zoll. Ihren Ursprung hat man dem Sande zugeschrieben, welcher durch das Wasser in Löcher des Eises geschwemmt wird; wenn jenes durch irgend einen Ausweg abläuft, bleibt der Sand trocken liegen, schützt aber das unter ihm befindliche Eis vor dem Schmelzen und Verdunsten, wodurch der Grund des Loches sich mit der ungeschützten, daher allmälig abnehmenden Gletscherfläche immer mehr ausgleicht und endlich über dieselbe erhebt, sodaß ein Kegel entsteht. Allmälig werden die Seiten desselben immer steiler, die kleinen Sandkörner lösen sich und rollen herab, die Eiswände bleiben ungeschützt der Luft preisgegeben, und bald ist der ganze Kegel verschwunden.

Die Unterfläche der Gletscher konnte bis jetzt nur an ihrem Thalende durch Eindringen in die Thore oder Höhlen derselben untersucht werden. Dringt man unter das Thor eines Gletschers ein, so findet man ein Gewölbe, das sich nach allen Seiten unter den Eismassen hinzieht, und hohe, breite Gänge, die ein wahres Labyrinth bilden. Nach den obern Regionen werden die Gewölbe enger, aber ohne Zweifel setzen sie sich weit nach oben fort und dienen den Gletscherbächen und Gletscherseen als Abflußkanäle. Übrigens ist es oft gefährlich, in diese Gewölbe einzudringen, da sich häufig durch die kleinste Erschütterung Eisblöcke losreißen; namentlich am Eingange sind solche Einstürze zu fürchten. Hugi durchwanderte unter einem Gletscher eine Strecke von mehr als ¼ Quadratstunde in einer Zeit von 1¾ Stunde, bis er am entgegengesetzten Ende zu einem Bach gelangte. Einst fiel ein Mann in einen Schrund und seine Familie glaubte ihn verloren, da alle Versuche, ihn herauszuziehen, vergeblich waren; aber nach drei Stunden kam er, nur mit gebrochenen Armen, glücklich wieder zum Vorschein, an einer Stelle, wo ein kleiner Bach, dem er nachgegangen war, sich in den Gletscher stürzt. Die Bildung dieser hohlen Eisgewölbe ist den Gletscherbächen, den Quellen, die sich fast in allen Gletscherthälern finden, und den warmen Luftzügen, die aus dem Thale kommen, zuzuschreiben. Durch die verschiedene Temperatur der Luft in den Gletscherkanälen und außerhalb derselben im Thale entstehen die mannichfachsten Strömungen. An den tiefsten Stellen, am Thore und in dessen Nähe strömt die kalte Luft nach außen, in der Höhe aber stürzt die wärmere, leichtere in den Gletscher hinein, und so entsteht an jedem Gletscher eine doppelte Strömung. Die kalten Winde, welche aus den Spalten und Gletscherthoren dringen, nennt man Gletschergebläse; sie sind desto stärker, je wärmer die Luft im Thale ist, ändern sich daher auch nach den Tages- und Jahreszeiten und verschwinden im Winter fast ganz. Je geringer die Neigung der Gletscher ist, desto geräumiger sind ihre Thore;

das des Glacier des bois fand Saussure 100 Fuß hoch, 50—80 Fuß breit. Gletscher, die stark geneigt sind, haben nur selten, solche aber, die in bedeutender Höhe endigen, haben niemals Wölbungen. Im Innern der Thore ist das Eis glatt und eben, wie das der Schrundwände, und spielt in denselben Farben, die meist noch dunkler erscheinen.

Nicht immer ruht der Gletscher unmittelbar auf dem Thalgrunde, sondern oft auf einer Schicht von Sand (feinem, weißem Reibsand) oder schwarzem, lehmigem Schlamm, je nachdem die Moränengesteine aus Granit oder aus Alpenkalk und Schiefer bestehen; in den obern Regionen ist diese Schicht meist mit dem Boden zusammengefroren. Außerdem findet man nicht selten auf der Unterfläche der Gletscher Anhäufungen zugerundeter Geschiebe von der Größe einer Haselnuß bis zu einem Fuß Durchmesser, die durch das Reiben gegeneinander und gegen den Boden sich abgerundet haben; wenn sich der Gletscher zurückzieht, so bleiben sie auf dem Thalgrunde liegen. Die untere Fläche des Eises selbst ist vollkommen eben und glatt, enthält jedoch meistens kleine Sand- und Kiesstücke.

Alle Gletscher bewegen sich langsam, aber unaufhörlich und stetig thalwärts, wovon man sich durch unmittelbare Beobachtung überzeugen kann, indem auffallend gestaltete Blöcke, deren Lage man genau bestimmt hat, einige Jahre später an einer tiefern Stelle gefunden werden. Agassiz führt in dieser Beziehung eine sehr merkwürdige Thatsache an. Im J. 1827 erbaute sich Hugi am Vereinigungspunkte des Finsteraar- und Lauteraargletschers eine Hütte, um darin zu übernachten; als er sie im J. 1830 wieder besuchte, war sie einige 100 Schritte, bei einem dritten Besuche im J. 1836 2200 Fuß von ihrer ersten Stelle am Fuße eines sehr kenntlichen Felsens entfernt. Dieselbe Hütte besuchte Agassiz 1839 und fand sie wohlerhalten, aber 4400 Fuß vom gedachten Felsen entfernt, sodaß der Gletscher in den drei Jahren 1836—39 ebenso viel als in den neun Jahren 1827—36, nämlich 2200 Fuß zurückgelegt hatte. Im J. 1840 fand er die Hütte abermals um 200 Fuß weiter vorgerückt, aber sehr beschädigt. So zweifellos aber auch die Thatsache der Bewegung der Gletscher ist, so unklar ist die Art und Weise, wie sie vor sich geht. Bisher wurde nach Saussure's Vorgang angenommen, die Gletscher glitten durch ihre eigene Schwere herab, was um so natürlicher schien, als jedes Gletscherbette geneigt ist. Als Beweis für das Gleiten der Gletscher führt man unter Anderm die theilweisen Einstürze einiger Gletscher oder sogenannten Eislawinen an, die meist von einzelnen sich losreißenden Eisblöcken oder Nadeln gebildet werden und sich fast an allen Gletschern wiederholen. Zuweilen reißt sich auch das ganze Ende eines Gletschers los und stürzt in das Thal hinab, wodurch stets schreckliche Verwüstungen angerichtet werden; so ist der Randagl im St.-Nikolausthale in Wallis zu wiederholten Malen zusammengestürzt, schon 1636, wo 36 Personen umkamen, und zuletzt am 27. Dec. 1819, wo 9 Häuser des Dorfs Randa ganz zerstört, 13 beschädigt, außerdem 18 Speicher, 72 Scheunen u. s. w. umgestürzt wurden. Der Umstand aber, daß solche Einstürze nur selten und ausnahmsweise vorkommen und doch die Neigung der Gletscher oft so bedeutend ist, beweist, daß die Gletscher mit dem Boden fest zusammenhängen, mit ihm zusammengefroren sind. Scheuchzer und nach ihm Agassiz erklären daher das Vorrücken der Gletscher im Allgemeinen ganz anders, nämlich durch die Ausdehnung seines Eises oder vielmehr des Wassers, welches durch die feinen Spalten eindringt und bei der geringsten Erkältung gefriert. Die Gletschermasse wird jedoch nicht gleichmäßig ausgedehnt, sondern im Verhältniß der eingedrungenen Wassermengen; daher dehnen sich die harten und compacten untern Schichten weit weniger aus als die schwammigen, oberflächlichen Schichten, und diese bewegen sich nicht nur relativ schneller, sondern ihre eigenthümliche Bewegung verbindet sich mit derjenigen der unter ihnen befindlichen Schichten, von denen sie getragen werden. Einen einleuchtenden Beweis für die größere Geschwindigkeit der obern Eisschichten liefern die Wasserfälle, welche durch Löcher in dem Innern der Gletscher stürzen; durch das Vorrücken der obern Öffnung mit den oberflächlichen Gletscherschichten erhalten diese Löcher das Ansehen umgekehrter Treppen. Der Druck der höhern, bergaufwärts liegenden Schnee- und Eismassen ist nur insofern von Einfluß, als er die Ausdehnung unterstützt, sodaß diese eine bergunter, nicht bergauf gehende Bewegung hervorbringen muß. In den untern Gletscherregionen, wo die mittlere Bodenwärme den Gefrierpunkt übersteigt und der Zusammenhang des Gletschers mit dem Boden durch die Erdwärme gelöst wird, muß allerdings ein mehr oder minder beträchtliches Gleiten stattfinden, nur ist diese Region der Masse nach die unbedeutendste.

Daß die Gletscher auf ihren Boden einen bedeutenden Einfluß üben, kann man nach ihrer ungeheuren Masse, der Härte ihres Eises und der Art ihrer Einschließung in den Thälern schon erwarten. Jener Einfluß äußert sich durch Schleifen, Abrunden und Poliren der Felsen, welche das Bett und die Wände eines Gletscherthales bilden, was namentlich bei den vom Gletscher verlassenen Schliffflächen ins Auge fällt, weil sie unter dem Gletscher bedeckende Schlamm- und Gewölbdecke vom Regenwasser abgespült worden ist. Auch das Wasser polirt und rundet die Felsen ab, aber auf ganz andere Weise; die vom Wasser verursachten Schliffe sind weit matter und unvollkommener und finden sich stets im Thale, nie an den Bergwänden oder in bedeutender Höhe, wie die vom Eise verursachten. Das Eis verschont keine Unebenheiten und nutzt Erhöhungen wie Vertiefungen ab; das Wasser höhlt nur aus und bildet Furchen in ebenen Flächen, verschont aber die scharfen Ecken. Außer den Schliffflächen sind die Streifen bemerkenswerth, welche der Gletscher dem Boden einfurcht; sie entstehen durch die Gletscherbewegung, indem die zwischen dem Gletscher und seinem Felsboden befindliche Schicht von Sand, Schlamm und kleinem Gerölle immer eine Menge kleiner eckiger harter Kieselsteine enthält, welche beim Vorrücken der Eismassen den Felsboden ritzen, während die runden Steine ihn glatt reiben. Im Allgemeinen entspricht die Richtung den Streifen der Achse des Gletschers, d. h. der Linie, nach welcher er sich thalwärts bewegt; oft aber kreuzen sich die einzelnen Streifen, eine Folge der nicht vollkommen gleichmäßigen Ausdehnung und Bewegung des Gletschers.

(Der Beschluß folgt in Nr. 490.)

Die Propaganda in Rom.

Die Congregation der Propaganda in Rom ist derjenige Ausschuß von Cardinälen, dem die Leitung des Missionswesens, namentlich im Orient, obliegt; die Erwählung der Bischöfe und apostolischen Vicare für die Missionsorte, die Sendungen der Missionare u. s. w. gehören in ihren Geschäftskreis. Sie wurde am 22. Juni 1622 von Papst Gregor XV. (Ludovisi) gestiftet, nachdem schon Papst Gregor XIII. (Buoncompagni), der 1572—85 regierte, den Grund dazu gelegt hatte, indem er drei Cardinälen die Aufsicht über die religiösen Angelegenheiten der Maroniten, Griechen, Kopten, Äthiopier u. s. w. übertrug. Schon von der Mitte des 16. Jahrhunderts an waren die Jesuiten für Verbreitung der christlichen Lehre im fernen Orient (Indien, China, Japan) mit Erfolg thätig gewesen; am Ende des Jahrhunderts entstand eine blutige Reaction und die römische Kirche richtete nun ihr Hauptaugenmerk auf die Bildung von christlichen Missionaren unter den asiatischen Völkerschaften selbst. Zur Erreichung dieses Zweckes gründete Papst Urban VIII. im J. 1627 das Collegium der Propaganda, nach ihm auch Collegium Urbanum genannt, das zur Unterhaltung und Bildung orientalischer Zöglinge bestimmt ist; ein reicher Spanier überließ der Anstalt seinen Palast. Diese Anstalt zählt jetzt 90 Alumnen, worunter 10 Chaldäer, 9 Griechen, 6 Armenier, 6 Holländer, 6 Amerikaner, 5 Chinesen, 5 Syrer, 5 Maroniten, 5 Albanesen, 5 Schottländer, 5 Irländer, 4 Georgier, 4 Ägypter, 4 Deutsche, 4 Engländer, 3 Bulgaren, 3 Walachen, 1 Illyrier. Die gewöhnliche Dauer der Erziehung ist 10 Jahre; 6 Monate nach dem Eintritt verpflichten sich die Zöglinge eidlich zum Dienst der fremden Missionen. Nach vollendeten Studien kehren die jungen Leute, zu Priestern geweiht und mit Reisegeld versehen, in ihre Heimat zurück, um dort ihrem Berufe zu leben, worüber sie von Zeit zu Zeit (die in Europa verweilenden wenigstens einmal jährlich, die übrigen alle zwei Jahre) ausführlichen Bericht einzusenden haben. Die Einkünfte der Propaganda sollen auf etwa 80,000 Scudi belaufen, von denen 24,000 aus dem päpstlichen Schatze beigesteuert werden. Verbunden mit der Anstalt ist eine Polyglottendruckerei, die sich im Erdgeschosse des geräumigen Gebäudes befindet und eine Menge schöner und wichtiger Werke geliefert hat. Die Bibliothek der Anstalt ist reich an Werken in orientalischen Sprachen und vielen Handschriften; das Museum enthält Münzen, geschnittene Steine u. s. w.

Neben der Propaganda existiren mehre Nationalcollegien gleicher Bestimmung, ein deutsch-ungarisches, von Papst Julius III. gestiftet und von Gregor XIII. erneuert, mit etwa 60 Zöglingen, die drei Collegien für England, Schottland und Irland mit etwa 79, das armenische mit 15 Zöglingen. Das griechische, illyrische und maronitische Collegium sind jetzt mit der Propaganda verbunden.

Literarische Anzeige.

Bei mir ist folgende **interessante Schrift** erschienen und durch alle Buchhandlungen zu beziehen:

Über die

Hebung des kirchlichen Lebens

in der

protestantischen Kirche.

Eine kirchenrechtliche und praktische Erörterung von G. Julius.

Gr. 8. Geh. 1 Thlr. 15 Ngr.

Leipzig, im August 1842.

F. A. Brockhaus.

Das Pfennig-Magazin
für
Verbreitung gemeinnütziger Kenntnisse.

490.]   Erscheint jeden Sonnabend.   [August 20, **1842**.

Edmund Halley.

Noch 1835 und 1836 ist das Andenken an diesen ausgezeichneten Astronomen durch das Erscheinen eines nach ihm benannten Kometen, dessen Lauf er bestimmt hatte, auch in weitern Kreisen lebhaft erneuert worden; unter den Gelehrten von Fach schützen ihn seine großen und mannichfaltigen Verdienste an und für sich vor der Vergessenheit. Er wurde am 8. November 1656 in dem Kirchspiele St.-Leonard bei London geboren und erhielt, da sein Vater, ein nicht unbegüterter Seifensieder, schon frühzeitig ungewöhnliche Fähigkeiten und Talente an dem Knaben wahrnahm, eine vortreffliche Erziehung. In der St.-Paulsschule, die er zunächst besuchte, hatte er die beste Gelegenheit, seine Neigung für die mathematischen und physikalischen Wissenschaften zu befriedigen, und er that es mit dem regsten Eifer, ohne jedoch dabei die classischen Studien zu vernachlässigen, wie dies sonst so häufig geschieht, indem die tiefsten Sprachkenner fast regelmäßig die schlechtesten Mathematiker sind, und umgekehrt. Im Jahre 1673 ging er sodann auf die Universität Orford. Seine Lieblingsbeschäftigung ward von nun an die Astronomie, in der er so schnelle Fortschritte machte, daß er bereits 1675, unterstützt von seinen mathematischen Kenntnissen, eine neue Methode, die Sonnenfernen der Planeten zu berechnen, erfand und wenig später durch den Druck veröffentlichte. Den Plan, die wahren Orter der Firsterne durch eigene Beobachtungen auszumitteln, beschränkte er, als er erfuhr, daß gerade zu derselben Zeit zwei der berühmtesten Astronomen zu Greenwich und Danzig die nämlichen Untersuchungen anstellten, in so weit, als er sich entschloß, nur diejenigen Sterne zu verzeichnen, welche wegen ihrer Nähe beim Südpol auf den Sternwarten der beiden erwähnten Städte nicht gesehen und beobachtet werden können. Ganz eingenommen für dieses Unternehmen verließ er, ohne zuvor einen akademischen Grad erworben zu haben, die Universität und schiffte sich im November 1676 nach St.-Helena ein, wo er fast zwei Jahre hindurch verweilte. Obgleich der nur selten günstige Himmel ihn bei seinen Arbeiten eher hinderte als unterstützte, so gelang es ihm doch, nicht allein die Lage der schon vorher bekannten Gestirne in dieser Himmelsgegend zu erforschen, sondern auch ein neues Sternbild zu entdecken, welchem er zu Ehren seines Königs den Namen „Karlseiche" beilegte. Außerdem gab ihm der Durchgang des Mercur durch die Sonne, der in die Zeit seines Aufenthalts auf St.-Helena fiel, Veranlassung, auf die Wichtigkeit der Planetendurchgänge für die Bestimmung der Sonnenparallare und folglich für die Berechnung der mittlern Entfernung der Erde von der Sonne aufmerksam zu machen, und er empfahl demnach dringend, die nach seinem Tode zu erwartenden (1761 und 1769 erfolgten) Venusdurchgänge zu solchen Berechnungen zu benutzen, was denn auch überall geschehen ist.

Nach seiner Rückkehr im November 1678 machte er diese schönen Resultate seiner Forschungen bekannt, und in Folge davon creirte ihn nicht nur die Universität Orford zum Magister, sondern die londoner königliche Societät nahm ihn auch unter die Zahl ihrer Mitglieder auf; ja die letztere setzte bereits ein solches Vertrauen auf den noch nicht 23jährigen Jüngling, daß sie ihn für tüchtig genug hielt, einen zwischen Hevel und Hooke über astronomische Werkzeuge ausgebrochenen Streit zu entscheiden; sie sendete ihn daher nach Danzig zu Hevel, von welchem Halley auf das freundschaftlichste empfangen wurde. Er blieb vom 26. Mai an bis in die Mitte des Juli 1679 bei Hevel und kehrte hierauf, nachdem er sich für ihn erklärt hatte, nach England zurück.

In den Jahren 1680 und 1681 durchreiste er Frankreich und Italien, theils um eine nähere Verbindung der Observatorien zu Paris und Greenwich herzustellen, theils um unter dem gefeierten Cassini seine Kenntnisse in der Astronomie zu erweitern und zu vervollkommnen. Gerade damals zeigte sich ein merkwürdiger Komet, durch dessen Beobachtung Halley auf eine Untersuchung über die Kometenbahnen nach dem Systeme Newton's geführt wurde, wobei er fand, daß es nicht verschiedene Kometen gewesen seien, welche 1531, 1607 und dann wieder 1682 erschienen waren, sondern ein und dasselbe Gestirn, dessen Umlaufszeit auf 75—76 Jahre angesetzt werden müsse. Die Richtigkeit dieser Bemerkung hat sich durch das Wiedererscheinen des Kometen 1758 und 1835 vollkommen bestätigt.

In sein Vaterland zurückgekehrt, verheirathete sich Halley 1682 mit Miß Tooke, mit der er 55 Jahre lang in der glücklichsten Ehe lebte. Um seine astronomischen Beschäftigungen ungestörter betreiben zu können, zog er sich nach Islington zurück, wo er besonders über die Abweichungen der Magnetnadel und über die Bewegung des Mondes gründliche Forschungen anstellte. Sonst zeugen eine große Menge von anziehenden Aufsätzen über verschiedene Gegenstände aus der Astronomie, Physik, Geographie und Mathematik, die er in einige Journale lieferte, von seinem angestrengten Arbeitsfleiße, der nur durch den Tod seines in Folge der furchtbaren londoner Feuersbrunst (1666) herabgekommenen Vaters auf kurze Zeit unterbrochen wurde.

Im J. 1691 bewarb er sich um die Professur der Astronomie an der Universität Orford, allein da der Bischof Stillingfleet, der ihn empfehlen sollte, seine offen ausgesprochenen religiösen Ansichten mißbilligte, so blieben seine Bemühungen erfolglos. Inzwischen war die englische Regierung auf seine Erörterungen hinsichtlich der Magnetnadelvariationen aufmerksam geworden, und da es ihr in höchstem Grade wünschenswerth erscheinen mußte, über diesen für die gesammte Schifffahrt so wichtigen Punkt möglichst vollständige Aufschlüsse zu erhalten, so rüstete sie ein Fahrzeug aus, über welches Halley das Commando empfing, zugleich mit dem Auftrage, den Gesetzen nachzuspüren, von denen jene Naturerscheinung wol abhängig sein möchte, und nebenbei die geographische Lage der britisch-amerikanischen Colonien genauer zu bestimmen. Am 24. November 1698 trat Halley seine Reise an; allein kaum war er über die Linie hinaus, so wurde die Schiffsmannschaft von Krankheiten dermaßen heimgesucht, daß ein Aufruhr unter derselben ausbrach, der zum Theil von dem Oberlieutenant selbst ausging. Man widersetzte sich jedem weitern Vordringen und nöthigte Halley schon im Juni 1699 heimzukehren. Der Lieutenant wurde nun wegen seiner Widerspenstigkeit vom Dienste entfernt, Halley aber ging im September desselben Jahres auf dem nämlichen Schiffe, außer welchem noch ein kleineres unter seinen Oberbefehl gestellt worden war, von neuem unter Segel und durchkreuzte das Meer nach allen Richtungen bis dahin, wo hohe Eisberge ein ferneres Vordringen unmöglich machten. Die Ergebnisse seiner in den verschiedensten Gegenden, wie in St.-Helena, an der Küste von Brasilien, bei den canarischen Inseln, am grünen Vorgebirge und anderwärts eingesammelten Erfahrungen reducirte er nach seiner Zurückkunft im Jahre 1700 auf feste Regeln und theilte sie auf einer sehr übersichtlichen Karte dem größern Publicum mit.

Bald nachher übertrug ihm die Regierung ein neues Geschäft, indem sie ihm befahl, eine genaue Karte von dem englischen Kanale zu entwerfen. Auch bei dieser Gelegenheit legte er so viel Geschick an den Tag und verfuhr mit solcher Genauigkeit und Sorgfalt, daß die Königin Anna, als sie vom Kaiser Leopold um Empfehlung eines Mannes angegangen wurde, der bei der beabsichtigten Erweiterung der Häfen am adriatischen Meere durch seinen Rath nützen könnte, Niemand dazu für geeigneter hielt als Halley. Dieser ging demnach am 22. November 1702 über Holland nach Wien und von da nach Istrien; allein politische Gründe bewirkten, daß die Ausführung des Unternehmens verschoben wurde, und er begab sich daher, vom Kaiser mit einem kostbaren Diamantring beschenkt, nach London zurück; kaum jedoch war er dort angekommen, erhielt er von neuem Befehl, die eben verlassene Arbeit wieder aufzunehmen. Bei seinem Aufenthalte in Hanover wurde er von dem damaligen Kurprinzen Georg und von der Königin von Preußen zur Tafel gezogen und eine gleiche Auszeichnung ward ihm in Wien von Seiten des Kaisers zu Theil. Er nahm hierauf seinen Wohnsitz in Triest, wo er die Ausbesserung und Erweiterung der Festungswerke leitete.

Im November 1703 traf er wieder in London ein und wenig später berief man ihn als Professor der Geometrie an die Universität Orford. Hier übersetzte er ein in arabischer Sprache abgefaßtes mathematisches Werk und versuchte es, eine verloren gegangene Schrift des Apollonius aus anderweitigen Quellen zu restituiren. Zu gleicher Zeit schrieb er einzelne werthvolle Abhandlungen über die Taucherglocke, über das Barometer, über Passatwinde, über Meteore, Firsterne und ähnliche Gegenstände. In Anerkennung seiner bedeutenden wissenschaftlichen Leistungen ernannte ihn die königliche Societät in London 1713 zu ihrem Secretair, welches Amt er jedoch niederlegte, als er 1719 nach Flamsteed's Tode zum Astronomen in Greenwich erwählt wurde. Längst hatte er sich nach einem solchen Posten gesehnt, um sich den astronomischen Studien ungetheilt hingeben zu können; deshalb kostete es ihm auch wenig Überwindung, die ihm angebotene Ehrenstelle als Lehrer der Mathematik bei dem Herzoge von Cumberland unter Vorschützung seines hohen Alters auszuschlagen.

Achtzehn Jahre hindurch beobachtete er in Greenwich alle Veränderungen am Himmel mit der größten Aufmerksamkeit, sodaß kein merkwürdiges Phänomen seinen Blicken entging; allein 1737 wurde seine rechte Hand gelähmt und seit dieser Zeit sah er sich genöthigt, von mancher Arbeit abzustehen, die er so gern fortgesetzt hätte. Was er indeß thun konnte, das that er redlich. In jeder Woche sah man ihn ein Mal nach London kommen, um einige Stunden unter seinen Freunden im Halley=Club zuzubringen und den Sitzungen der königlichen Societät beizuwohnen. Mit den Jahren jedoch griff die Lähmung, an welcher er litt, immer weiter um sich, bis er endlich gänzlich entkräftet am 14. Januar 1742 in dem Alter von 86 Jahren sanft entschlummerte.

Die Achtung und Verehrung, die man ihm schon bei seinen Lebzeiten nicht nur in England, sondern auch auswärts (noch 1729 erwählte ihn die französische Akademie der Künste und Wissenschaften zu ihrem Mitgliede) erwies, verdiente er in reichem Maße; ebenso sehr war er seinem Herzen nach der Liebe würdig, deren er sich bei Allen, die ihn persönlich kennen lernten, fortdauernd erfreute; denn bei aller seiner Gelehrsamkeit blieb ihm doch Stolz und Dünkel stets fremd, und so große Anforderungen er auch an sich selbst machte, so mild urtheilte er doch über die Leistungen Anderer. Uneigennützigkeit, Biederkeit und Offenheit bildeten die Hauptzüge seines liebenswürdigen Charakters; hierzu kam noch eine nur selten getrübte Heiterkeit und ein feiner, ungezwungener Anstand, der ihn selbst in den höchsten Cirkeln als einen angenehmen Gesellschafter erscheinen ließ.

Die Gletscher der Schweiz.
(Beschluß aus Nr. 489.)

Über die Entstehung der Gletscher stellt Agassiz die Behauptung auf, daß sie sich hauptsächlich in den Hochregionen, in der Nähe der Firnlinie und über derselben bilden, und zwar aus dem dort fallenden ewigen Schnee. Wie derselbe fällt, ist noch nicht hinreichend ermittelt; Hugi nennt das Schneien in jenen Gegenden nach seinen in 10—12,000 Fuß Höhe gemachten Beobachtungen ein trockenes Schneestöbern, und nach der ziemlich einstimmigen Meinung der Alpenbewohner fällt er in derselben körnigen Gestalt, welche der Firn darbietet. Ein Theil des über die hohen Plateaus und Eismeeren fallenden Schnees verdampft, ein anderer fließt durch unterirdische Kanäle ab, der größte verwandelt sich durch Schmelzen der obern Schichten in Eis; derjenige Schnee aber, welcher während des Winters auf das Thalende der Gletscher fällt, trägt zu ihrer Vermehrung nur wenig bei, wiewol zuweilen auch unter der Firnregion kleine Gletscher entstehen, sowie durch Gletscherstürze aus höhern Regionen. Die Höhenlinie, in welcher Schnee und Firn sich in Gletschereis verwandeln, ist nach den Jahreszeiten veränderlich. Nach den Untersuchungen Leopold's von Buch und anderer Reisenden erfolgt die Gletscherbildung in den Polargegenden auf dieselbe Weise, wie sie hier von den Alpen angegeben worden ist.

Die Temperatur, die bei der Bildung, Ausbreitung und Bewegung der Gletscher eine so wichtige Rolle spielt, ist für das Innere der Gletscher nur sehr mangelhaft bekannt. Agassiz stellte in neun Tagen und sieben Nächten in einer Hütte, die er auf dem Unteraargletscher erbaute, Beobachtungen über die Temperatur des Gletschers in verschiedenen Tiefen an, indem er Löcher bis zu 25 Fuß in das Eis bohrte. Das Resultat derselben war im Allgemeinen, daß die Schwankungen der äußern Luftwärme nur in den obern Schichten bis zu 8 Fuß Tiefe merkbar sind, indem sich da die Temperatur bis zum Eispunkte erheben kann; in einer größern Tiefe hat der Gletscher stets eine gleiche Temperatur (natürlich unter dem Eispunkte). Die Temperatur der über dem Gletscher rieselnden kleinen Bäche ist die Eiskälte, nur dann etwas höher, wenn sie zwischen Sand und Schutt laufen. Dasselbe gilt von den mit Wasser angefüllten Löchern, deren Grund reines Eis ist; ist aber der Grund mit Schlamm, Sand oder Schutt bedeckt, so wird das Wasser darin etwas wärmer und wirkt auflösend auf das Eis. Fällt Abends die Lufttemperatur unter den Nullpunkt, so erstarren sämmtliche Wasserbäche der Oberfläche, und es entstehen auf den ganzen Gletschern durch das Gefrieren und die Ausdehnung des Wassers in den Spalten und kleinen Schründen zahlreiche, seltsam gestaltete kleine Eisnadeln und Kämme, welche die Alpenbewohner Gletscherblumen nennen.

Daß die Gletscher innerhalb der geschichtlichen Zeiten mannichfaltigen Schwankungen unterworfen gewesen sind, läßt sich bestimmt nachweisen; es scheinen in denselben Perioden stattzufinden, die aber keineswegs regelmäßig sind, sodaß man nicht annehmen kann, daß die Gletscher während einer bestimmten Zahl von Jahren (etwa 7, wie die Alpenbewohner glauben) zunehmen und dann ebenso viele Jahre abnehmen. Erwiesen ist, daß die Pässe der Hochalpen im Mittelalter (vom 11. bis zum 15. Jahrhundert) alle offen waren; erst im 15. fingen sie an, schwierig zu werden, und um 16. konnten die Saumrosse nicht mehr passiren, sodaß sich also in den letzten Jahrhunderten die Eismassen sehr ausgebreitet haben müssen, was auf eine Temperaturverminderung in den Alpen schließen läßt. Auch in der neuesten Zeit fanden sehr merkliche Schwankungen statt; alle von Agassiz beobachtete Gletscher, namentlich im berner Oberlande, sind im Vorrücken begriffen. Merkwürdig ist es übrigens, daß einige Gletscher abnehmen, während andere in ihrer Nähe wachsen.

Ohne Zweifel sind die gedachten Veränderungen der Gletscher nur localen Temperaturverhältnissen zuzuschreiben; anders scheint es sich mit denjenigen zu verhalten, welche in vorhistorischen Zeiten stattgefunden haben. Es gibt nämlich eine Menge von Erscheinungen, welche in allen Alpenthälern vorkommen und beweisen, daß die Gletscher in vorgeschichtlichen Zeiten eine wahrhaft ungeheure Ausdehnung gehabt haben. Solche Erscheinungen sind: 1) die alten Moränen oder gürtelförmige Erdwälle, welche die ehemaligen Grenzen der Gletscher bezeichnen, wo sie bei ihrem Rückzuge längere Zeit stehen blieben und welche sich in großer Entfernung von den heutigen Gletschern finden, am deutlichsten und häufigsten in Wallis; 2) die aufgepflanzten Blöcke, welche durch ihre kühne Stellung oft das Erstaunen der Reisenden erregen; 3) die Felsschliffe mit ihren Streifen; 4) die sogenannten Karrenfelder, welche den Auswaschungen der Berg-

*

bäche ähnlich sind, aber meist an den hohen Felswänden der Thäler vorkommen; 5) die Wasserlöcher, welche von alten Wasserfällen herrühren. Alle diese Erscheinungen setzen es außer Zweifel, daß in uralten Zeiten die Gletscher die Alpenthäler bis zu ihren Ausmündungen und bis in bedeutende Höhen über dem Thalboden erfüllten, sodaß die Alpen zu jener Zeit ein ungeheures Eismeer bildeten, aus welchem nur die höchsten Spitzen hervorragten. Eine Veränderung der allgemeinen Temperaturverhältnisse des Erdkörpers zwang die Gletscher zum Rückzug aus den Ebenen in die Hochregion der Alpen, sodaß jetzt nur noch die Hochthäler vergletschert, die großen untern Thäler aber frei sind.

Nach Agassiz läßt sich aus andern Thatsachen darthun, daß in noch früherer Zeit die Eismassen eine ungleich größere Ausdehnung hatten. Hierher rechnet er vor allen Dingen die Findlingsblöcke oder erratischen Granitblöcke, die man in den schweizerischen Ebenen und dem Jura antrifft. Sie haben, was ihre Gestalt betrifft, meist scharfe Ecken und Kanten und zeigen fast keine Spur von Reibung oder Abnutzung. Nach der Beschaffenheit des Gesteins und der Lage der Blöcke ist kein Zweifel, daß die Blöcke des waadtländischen und neuenburgischen Jura von den walliser Alpen und der Montblanckette, die des bernischen Jura vom berner Oberlande, die der Cantone Aargau und Zürich aus den kleinen Cantonen kommen. Es entsteht nur die schwierige Frage, welche den Geologen von jeher viel zu schaffen gemacht hat: Wie sind diese Blöcke aus den Alpen auf den Jura gekommen? Saussure stellte zuerst die nachher von Leopold v. Buch modificirte Theorie auf, daß diese Blöcke durch Wasserfluten an ihre jetzige Stelle gebracht worden seien, nahm aber einen einzigen, durch den Durchbruch eines die Schweizerebene ausfüllenden großen Sees an der Stelle bei dem Fort l'Ecluse, wo die Rhone zwischen Felsen hindurchströmt, entstandenen Strom an, welchem wol unmöglich die Fortschaffung jener Blöcke zugeschrieben werden kann. Viel mehr hat die Ansicht Leopold v. Buch's für sich, welcher ebenso viele Ströme annahm als große Thäler, und seine Theorie mit größter Consequenz entwickelt. Aber mehre Thatsachen sprechen gegen die Annahme einer Fortschaffung durch Ströme: das Vorkommen der Blöcke in den innern, sich nicht unmittelbar in die schweizerische Ebene öffnenden Thälern des Jurakette, die Form der Blöcke, welche gar nicht gerieben und abgenutzt sind, ihre Größe und dabei ihr Vorkommen in bedeutenden Höhen, ihre Stellung, indem viele auf ihren schmalen Seiten stehen, dabei auf erhöhten Stellen oder auf stark geneigten Abhängen u. s. w. Deluc der Ältere nahm gewaltige Explosionen von Gas an, welche die Blöcke durch die Luft an den südlichen Juraabhang schleuderten oder durch die Schichten des Jura hindurch die Oberfläche stießen; aber diese Theorie ist ganz unhaltbar, wie alle andere außerdem aufgestellte. Nach Agassiz geschah die Fortschaffung durch Eis; den Beweis davon findet er in den Felschliffen am Jura, die man nicht blos auf dem Südabhange des Jura, sondern auch in den Binnenthälern findet, und die denen der Alpen vollkommen ähnlich sind. Nur große Eismassen, die sich über den Boden hin bewegten, konnten diesen Schliffen ihre eigenthümliche Beschaffenheit ertheilen. Über die Ausdehnung und den Ursprung der Eismassen stellt Agassiz folgende Hypothese auf. Zu Ende der Epoche, die der Erhebung der Alpen vorhergieng, — denn diese ist die neueste Umwälzung, welche das Bodenrelief Europas betraf — bedeckte die Erde mit einer ungeheuern Eisrinde, welche sich von den Polargegenden über Skandinavien und Großbritannien, die Nord= und Ostsee, Norddeutschland, die Schweiz, Nordamerika, das asiatische Rußland, also über den größten Theil der nördlichen Halbkugel erstreckte. Als die Alpen emporgestiegen waren, erwärmte sich die Erdoberfläche abermals, das Eis schmolz zum großen Theile und dadurch entstanden Vertiefungen, wo die Rinde am dünnsten war; nach dem Wegschmelzen des Eises aber blieben die großen eckigen Blöcke auf der Geröll= und Sandschicht liegen.

Norwegen und die Norweger.

(Fortsetzung aus Nr. 489.)

In politischer Hinsicht ist Norwegen in vier Provinzen oder sogenannte Stifter getheilt, von denen Christiania (oder Aggerhuus) den südöstlichen, Christiansand den südwestlichen, Bergen den mittelsten und Drontheim, beiweitem das größte, den nördlichsten Theil des Reichs bildet. Im Stift Christiania, welches auch die Herrschaften Jarlsberg und Laurwig begreift, deren letztere früher Privateigenthum des Königs von Dänemark war, finden wir die Hauptstadt Christiania mit etwa 20,000 Einwohnern, die auf der einen Seite von hohen Bergen umschlossen ist, mit der andern an einem Meerbusen Namens Christiansfjord liegt, der den die Stadt durchfließenden Fluß Agger aufnimmt und einen trefflichen tiefen Hafen bildet. Sie ist sehr regelmäßig gebaut, hat sehr breite, schnurgerade, gut gepflasterte Straßen mit Trottoirs und lauter zweistöckige, aber nur wenige massive Häuser und ist von fünf ansehnlichen Vorstädten umgeben, unter denen das alte, 1060 erbaute Opslo bemerkenswerth ist, das einst die Hauptstadt Norwegens war, aber 1624 abbrannte, worauf Christian IV. das heutige Christiania in einem Quadrat von 1000 Schritten in der Länge und Breite anlegte und die bisherige Hauptstadt zur Vorstadt wurde. Übrigens ist Opslo noch jetzt der Sitz des Bischofs, welcher als Erzbischof von Norwegen angesehen werden kann. Unweit der Mündung der Agger liegt die jetzt geschleifte Bergfestung Aggerhuus, welche lange Residenz des norwegischen Statthalter war und eine schöne und weite Aussicht gewährt; eine noch schönere hat man vom Thurme der einzigen Kirche der innern Stadt. Außerdem sind unter den Gebäuden noch bemerkenswerth: das neuerbaute königliche Schloß, das massive Gebäude der Militärakademie oder des Cadettencorps, das Rathhaus und die Börse, 1819 erbaut. Unter den Bildungsanstalten steht obenan die von König Friedrich VI. unter den härtesten Kriegsdrangsalen nach dem dringenden, durch eine sehr bedeutende Subscription bethätigten Wunsch der Einwohner am 2. Sept. 1811 gestiftete, im Aug. 1813 eröffnete Universität, die einzige in Norwegen, die nach dem Muster der kopenhagener eingerichtet ist und etwa 500 Studirende, von denen sich die meisten (200) der Rechtswissenschaft widmen, unter ihren Lehrern aber manchen auch außerhalb Norwegens berühmten Namen zählt. Am 2. Sept. vorigen Jahres, dem 30. Jahres=

Christiania.

tage der Universität, wurde der Grundstein zu einem neuen Universitätsgebäude an der Nordseite der Stadt gelegt, das in zehn Jahren vollendet werden, außer den Hörsälen sämmtliche wissenschaftliche Sammlungen der Universität enthalten und nicht weniger als 210,000 Speciesthaler kosten soll, wozu der Staat den dritten Theil beiträgt. Zu den Lehrmitteln der Universität gehört eine Sternwarte, eine Bibliothek von 65,000 Bänden, ein großer und trefflich eingerichteter botanischer Garten, der seiner herrlichen Lage (am südlichen Abhang der Gebirge) und schönen Aussicht wegen einen der beliebtesten Spaziergänge der Bewohner von Christiania bildet, ein sehr reichhaltiges physikalisches Cabinet u. s. w. Die frühere Bergakademie zu Kongsberg ist mit der Universität vereinigt. Seit 1809 besteht in Christiania eine Gesellschaft für Norwegens Wohl, die sich aber seit 1819 nur noch mit Landwirthschaft beschäftigt. Das Armenwesen der Stadt ist so vorzüglich eingerichtet, daß Bettelei fast gar nicht vorkommt. An Armensteuer hatten die Bewohner der Stadt für 1841 30,000 Speciesthaler zu zahlen. Leider ist aber die Unsicherheit des Eigenthums und der Personen in der Stadt und Umgegend in der neuesten Zeit so groß geworden, daß die Bildung eines Corps von Freiwilligen aus den höhern Classen der Gesellschaft als Bedürfniß erkannt wurde und daher vor Kurzem ins Leben getreten ist. Der Handel der Stadt ist bedeutend, namentlich mit Holz- und Eisenwaaren, und wird sowol durch den Hafen als den kleinen Fluß Agger, auf welchem Breter aus dem Innern herbeigeführt werden, befördert. Die Umgegend ist sehr freundlich; zu den interessantesten Punkten derselben gehören Ulevold mit geschmackvoll angelegtem Park, und Bogstad mit ansehnlicher Gemäldesammlung. Das Klima von Christiania ist gesund, die Luft größtentheils rein und klar, auch die Kälte verhältnißmäßig gering, indem das Thermometer nie unter 18 Grad Réaumur sinkt.

Außer Christiania sind die bedeutendsten Orte des Stifts: Drammen, eigentlich aus drei Städten bestehend, mit lebhaftem Holzhandel, worin es vielleicht alle andern Städte in Norwegen übertrifft. Kongsberg, eine Bergstadt, in deren Nähe das bekannte Silberbergwerk liegt, das in der neuen Zeit wieder in Gang gesetzt worden ist und reiche Ausbeute gibt, da man im J. 1830 neue Erzgänge gefunden hat, deren Ertrag hinreichend war, alle seit 15 Jahren gemachten Ausgaben zu decken, sodaß es ein Glück für den Staat genannt werden muß, daß der vom Storthing jenes Jahres beschlossene Verkauf des Werks nicht zur Ausführung gekommen ist. Im J. 1768 lieferte es 35,313, 1829 nur noch 2862 Mark, aber 1830 schon wieder 8200, 1831 9221, 1833 33,843, 1840 30,408 Mark. Der dem Staate daraus erwachsene Nettogewinn betrug im letzten Jahre (nach Abzug der Ausgaben von 91,620 Speciesthaler) 197,465 Speciesthaler. Friedrichshall an der schwedischen Grenze, mit der Festung Friedrichsstein, deren Wälle eine überaus schöne Aussicht gewähren. Sie wurde erbaut 1662 von König Friedrich III., von dem auch jene Stadt zur Belohnung für ihre bewiesene Treue ihren Namen erhielt, während sie früher Halden hieß. Zwischen der Festung und dem detachirten Fort Güldenlöwe zeigt man die Stelle, wo der heldenmüthige schwedische König Karl XII. am 11. Dec. 1718, während er Friedrichshall belagerte, erschossen wurde; sie ist durch eine Steinpyramide bezeichnet, die 1814 von den Schweden errichtet wurde. Moß, bekannt durch die 1814 abgeschlossene Convention zwischen den Norwegern unter ihrem gewählten Könige Christian und dem schwedischen Kronprinzen, zugleich das wichtigste norwegische Seebad. In Eidswold, 6 Meilen von Christiania, wo 1814 die Reichsstände versammelt waren und die noch gültige Constitution entwarfen, ist vor kurzem ein Gesundbrunnen entdeckt worden, der in Aufnahme zu kommen scheint und von Chemikern und Ärzten gepriesen wird. Er liefert stündlich 300 Kannen Wasser, das kohlensaures Eisenoxydul in Kohlensäure aufgelöst enthält und einen nicht unangenehmen Tintengeschmack hat. Laurvig mit einem wichtigen Eisenwerk, eine Meile von der Festung Friedrichsvärn an der Küste.

Im Stift Christiansand, das im Süden und Westen von der Nordsee bespült wird, finden wir nur kleine Städte. Selbst die Hauptstadt, von der das Stift den Namen hat, und welche die südlichste Stadt von Norwegen ist, hat nur etwa 7000 Einwohner. Sie wurde 1641 angelegt und hat einen tiefen, sichern, gut befestigten Hafen, in dessen Nähe auf einer Insel eine Quarantaineanstalt errichtet ist. Wie sie eine der neuesten, so ist Stavanger, die frühere Stiftshauptstadt, eine der ältesten Städte, vermuthlich schon im 11. Jahrhunderte gegründet. Die dritte bedeutendere Stadt ist Arendal, größtentheils auf Klippen und Pfählen im Meere erbaut und von Kanälen durchschnitten.

Das dritte Stift Bergen hat nur eine einzige Stadt, gleiches Namens, welche nächst Christiania die wohlhabendste und volkreichste in ganz Norwegen ist, wenn sie nicht jene noch übertrifft. Sie liegt an der norwegischen Westküste in einem Halbkreise an dem Meerbusen Waagfjord, an der Landseite von 7 hohen und steilen Bergen umgeben (von denen die Stadt ihren Namen hat), weshalb die Communication mit dem Innern des Landes sehr schwierig ist, da die zur Stadt führenden Wege oft fast gar nicht zu passiren sind. Daher reisen die Bewohner Bergens leichter und öfter ins Ausland, nach England, Holland u. s. w., als in das Innere ihres eigenen Vaterlandes. Diese Berge scheinen die Ursache des langwierigen Regens zu sein, der Bergen eigenthümlich ist; die jährlich fallende Regenmenge, 83 Zoll, ist mehr als vier Mal größer als in Stockholm, fast fünf Mal größer als in Petersburg und Kopenhagen und kommt den tropischen Regen nahe, ja wenige Orte zwischen den Wendekreisen zeigen eine so ungeheure Regenmenge als jene dem Polarkreise so nahe liegende Stadt. Das alte Schloß Bergenhuus, gleich der Stadt um 1,070 von dem König Olaus Kyrre gegründet, war von da an bis zur kalmarischen Union 1597 die Residenz der norwegischen Könige. Im 15. Jahrhunderte war Bergen eine wichtige Factorei der Hansa; noch jetzt treibt es einen lebhaften Handel. Der treffliche Hafen ist befestigt; ihn beschützen die Schanze Christiansholm, angelegt 1641, und der Friedrichsberg. Bemerkenswerth sind noch zwei Männer, deren Wohnort oder Vaterstadt Bergen war: Erich Pontoppidan der Jüngere, geb. 1698, berühmt als Schriftsteller in den Gebieten der Geschichte, Theologie u. s. w., war bis zu seinem Tode 1764 Bischof in Bergen, und Ludwig, Freiherr von Holberg, der Schöpfer der neuern dänischen Literatur, Verfasser geschätzter Lustspiele, Episteln, Fabeln, historischer Werke und des bekannten satirischen Romans „Niklas Klim's unterirdische Reise", wurde 1684 hier geboren (starb 1754 zu Kopenhagen).

(Der Beschluß folgt in Nr. 491.)

Der Feuerstein.

Beiweitem die meisten Feuersteine sind grau und zwar rauchgrau; viele sind graulichschwarz. Die gelben und braunen sind seltener und die rothen sehr selten. Ebenso haben die meisten nur eine Farbe; die gefleckten und gestreiften sind selten und die ringförmig gestreiften am seltensten. Von Gestalt findet man den Feuerstein in stumpfeckigen Stücken, in kleinen glatten Körnern, knollig, kugelig und durchlöchert. Nicht gar selten trifft man ihn als Versteinerung an, am meisten von Seeigeln, die aber anders ausgesehen haben, als unsere jetzt noch lebenden; indessen haben diese mit den ausgestorbenen Das gemein, daß ihre Schale, wenn das Thier aus der kugligen Schale entfernt und diese zerbrochen worden ist, an ihrer innern Wandung fünf doppelte Streifen von Warzen zeigt, welche sich am Gipfel der Schale in einem Punkte vereinigen. Als die Feuersteinmasse bei ihrer Entstehung noch flüssig war, drang sie in die Schale ein, füllte sie aus und nahm bei ihrer Erstarrung die Eindrücke von jenen fünf Doppelstreifen an; die Schale selbst verfaulte und nur der Feuersteinkern blieb übrig, der an jenen fünf Doppelstreifen augenblicklich zu erkennen ist. Da nun ein Seeigel auf lateinisch echinus heißt, so haben diese Feuersteinkerne den Namen Echiniten erhalten. Minder zahlreich findet man den Feuerstein als Belemnit, d. h. als Versteinerungsmasse ausgestorbener gerader, nicht gewundener, Schnecken; in diesem Falle sind sie ungefähr fingerlang und fingerdick und gehen an dem einen Ende in eine Spitze aus. Da man ehemals keine Vorstellung von den Versteinerungen hatte, so schrieb man, vorzüglich in England, ihre Entstehung dem Donner und wol gar dem Teufel zu und nannte die Belemniten Donnerkeile oder Teufelsfinger. Am seltensten hat der Feuerstein zu der Versteinerung von Korallen gedient; darunter gibt es solche, die wegen ihrer sternförmigen Vertiefungen äußerst niedlich aussehen. Bei Helgoland findet man den Feuerstein auch als Klapperstein; so nennt man nämlich Mineralien, welche klappern, wenn man sie ans Ohr hält und schüttelt. Dadurch verrathen sie, daß sie inwendig hohl sind und in ihrer Höhlung ein nicht angewachsenes Stückchen Stein besitzen, welches eben jenes Klappern veranlaßt. Schlägt man einen solchen Feuerstein auf, so ist die Wand der Höhle mit unregelmäßigen kleinen Vertiefungen versehen und mit einem gelblich- oder röthlichweißen Pulver bestäubt, welches weiter nichts ist als Kreide. Das Steinchen, das man in der Höhlung findet, ist rund, breitgedrückt und sehr durchlöchert; wahrscheinlich rührt dasselbe auch von einem untergegangenen Korallenthiere her, welches vom Feuersteine umgeben worden ist. Schade ist es, daß man diese Klappersteine nicht mehr mit ihrer ursprünglichen äußern Gestalt findet; denn dann könnte man vielleicht eher erforschen, von was für einem Thiere des Steinchen herrührt; so aber ist der Feuerstein durch das immerwährende Herumrollen durch die Meereswogen kugelrund geworden.

Zerbricht man einen Feuerstein, so schimmert er blos auf den Bruchflächen und diese haben auch auf eine ausgezeichnete Art solche Vertiefungen und Erhöhungen, daß eine Muschel in jene oder auf diese passen würde; daher nennt man dies, wie bei andern Mineralien, bei denen es der Fall ist, muschligen Bruch. Der Feuerstein von lichter Farbe scheint durch; der von dunkler Farbe thut blos an den Kanten. Er ist ungefähr 2½ Mal so schwer wie reines Wasser und etwas härter als der gemeine Quarz, von dem er eigentlich blos eine Abänderung ist; denn er besteht, wie dieser, fast ganz aus Kieselerde, enthält auch, wie der Quarz, eine Spur von Thonerde und Eisenoxyd. Was ihn aber in chemischer Hinsicht vom Quarz unterscheidet, ist sein Gehalt an Wasser, von dem zwei Procent in ihm stecken, jedoch nicht flüssig, wie im gewöhnlichen Zustande, sondern das Wasser hat sich in ihm so mit der Kieselerde verbunden, daß es zu einem festen Körper geworden ist, so etwa, wie wenn es zu Eis friert. Man vermuthet, daß es blos dieses Wasser sei, welches ihm seine besondern Eigenschaften ertheilet und ihn so von dem gemeinen Quarze unterscheidet; denn dieser enthält gar kein Wasser.

Man findet den Feuerstein in vielen Ländern, aber an Fundorten von zweierlei Art: erstens an solchen, wo er entstanden ist. Dies sind allemal Kalkfelsen, vorzüglich diejenigen von ihnen, welche aus Kreide bestehen (Kreide ist nämlich erdiger Kalk). Solche Felsen ragen an manchen Orten über das Meer empor, so einer auf der dänischen Insel Möen, welcher Stevensklint heißt. Schon von weitem sieht man an ihm dunkle Streifen; kommt man näher, so sieht man, daß diese aus Lagen von Feuersteinen bestehen. An andern Orten liegen solche Kalk= oder Kreidefelsen unter der Erde, wie um Paris. Zweitens findet man den Feuerstein an Orten, wo er von seinem Entstehungsorte vor Menschengedenken von großen Fluten hingeschwemmt worden ist, z. B. in der norddeutschen Ebene im Sande. Hier findet man sie in manchen Gegenden sehr häufig, z. B. um Leipzig.

Bei sehr vielen Feuersteinen besteht die Oberfläche aus einer weißen Rinde, die von zweierlei Art ist. Hat man nämlich die Feuersteine aus Felsen gebrochen, so besteht die Rinde aus Kalk, weil die Felsen daraus bestehen. Hat man sie jedoch im Sande gefunden, so besteht die Rinde aus fast reiner Kieselerde. Letzteres rührt daher, weil das Regenwasser und die Luft in die Erde bis zu ihnen bringt und ihrer Oberfläche das darin enthaltene Wasser und Eisenoxyd entzieht, worauf die weiße Kieselerde und der geringe Antheil an Thonerde zurückbleiben und nun die weiße Rinde bilden. Setzt man einen Tropfen Scheidewasser auf die weiße Rinde, so kann man den Augenblick erkennen, ob sie aus Kieselerde oder Kalk besteht; denn braust sie damit auf, so ist es Kalk; thut sie das nicht, so ist es Kieselerde. Das Allermerkwürdigste an der Kieselerde, woraus der Feuerstein fast ganz besteht, ist der Umstand, daß sie von ausnehmend kleinen Thierchen herrührt, von denen eine Art ganz bestimmt noch unter den lebenden Thieren angetroffen wird. Diese Thierchen haben Panzer gehabt, die ihnen zum Schutze gedient haben, wie etwa jetzt noch den Schnecken ihre Schalen, nur daß die Schneckenschalen aus Kalk bestehen und jene Panzerchen aus Kieselerde. Daß die Feuersteine wirklich größtentheils aus den Kieselpanzerchen zusammengesetzt sind, ist nicht etwa bloße Vermuthung, sondern viele hundert Menschen haben es bereits mit Augen gesehen, aber freilich nur durch die Vergrößerungsgläser. Letztere sind in unserm Jahrhundert so außerordentlich vervollkommnet worden, daß man durch sie viel kleinere Dinge wahrnehmen kann, als durch die frühern. Zu diesen kleinern Dingen gehören auch jene Panzerchen. Am allerdeutlichsten sieht man sie in den Feuersteinen aus dem Sande von Delitzsch.

Der Nutzen des Feuersteins ist ausgebreitet. Zum Feueranschlagen mit dem Stahle eignet sich kein anderes unter den häufig vorkommenden und also wohlfeilen Mineralien so gut, wie er; denn wenn er zerschlagen wird, bekommt er scharfe Kanten, welche den Feuerstahl natürlich stärker reiben, als wenn er stumpfe Kanten hätte; auch hat er Härte genug, um nicht zu bald abgenutzt zu werden. Viele glauben, die Funken, welche beim Feueranschlagen herunterfallen, seien Stückchen vom Feuersteine; dies ist aber nicht der Fall, sondern es sind geschmolzene Stückchen Stahl, denn durch die starke Reibung gerathen kleine Partien des Stahls ins Schmelzen und werden dadurch zum Entzünden des Zunders geschickt. Wenn man über einem weißen Papiere Feuer schlägt, so kann man die schwarzen Stahlpunkt=

chen deutlich darauf liegen sehen. Zu Flintensteinen taugt blos der Feuerstein, dessen Bruch sehr flach ist und der sich daher in scheibenförmige Stücke schlagen läßt; solchen findet man in großer Menge in Frankreich. Die berühmtesten Feuersteinbrüche gibt es daselbst in folgenden Departements: 1) Seine und Oise; hier gibt es Flintensteinfabriken in La Roche Guyon und in Bougival bei Marly, wo schwarzer Feuerstein gebrochen wird; 2) Yonne; hier ist in Cerilly eine Fabrik; 3) Ardèche; hier liefern die Brüche zu Meysse und Rochemaure viel zu Flinten= und gemeinen Stahlsteinen; eine Fabrik ist in Meysse; 4) Indre, in der Umgegend von Chateauroux und zu Lye; am letztern Orte ist eine Fabrik; 5) Loir und Cher; hier bilden die Feuersteine an den Ufern des Cher Lager, 40—50 Fuß tief unter der Erde; so liegen bei Châtillon=sur=Cher berühmte Brüche von gelben, blonden und grauen Feuersteinen; Fabriken sind in Noyer, St.=Aignan und Couffy.

In unsern Jahren hat der Handel mit Flintensteinen seine frühere Wichtigkeit verloren, indem nicht allein die Jäger immer mehr Percussionsgewehre annehmen, sondern dieselben auch bei ganzen Armeen eingeführt werden, worin die sächsische den Anfang gemacht hat.

Ganz irrig ist die Meinung Derer, die annehmen, daß der Stein unter der Erde so weich sei, daß er nur mit einem Messer zurechtgeschnitten werde. Er wird vielmehr erst in Scheiben gehauen, dann in lange Späne, diese in viereckige Stücke und an diesen werden zuletzt die Kanten zurechtgehauen. Das hat jedoch seine Richtigkeit, daß er sogleich verarbeitet werden muß, sobald er aus der Erde kommt; denn läßt man ihn nur eine Woche an der Luft liegen, so spaltet er sich nicht mehr in Scheiben, was vermuthlich daher rührt, weil er an der Luft Wasser verliert.

Die wilden Schweine in Afrika.

Unser zahmes Schwein ist in Afrika als Hausthier sehr verbreitet; die Neger halten es überall und die auf Guinea haben sogar eine eigene Race, die man auch nach Brasilien übergesiedelt hat. Sie ist etwas kleiner als unser Schwein, ihr Schwanz reicht aber beinahe bis auf die Erde und blos an den Keulen stehen Borsten, am übrigen Körper jedoch rothe, glänzende, kurze Haare. Unser wildes Schwein hingegen ist in diesem Welttheile gar nicht anzutreffen. Dafür hat Afrika zwei von demselben ganz verschiedene Arten von wilden Schweinen. Die eine davon lebt in den Wäldern auf dem Vorgebirge der guten Hoffnung und auf der Insel Madagaskar; sie hat die Größe und Gestalt unsers Ebers, aber auf jedem Backen einen großen fleischigen, unbehaarten Auswuchs, weshalb es das Maskenschwein heißt (Sus larvatus Fr. Cuvier). Die andere Art hat ein ausgebreiteteres Vaterland; denn es bewohnt den ganzen großen Theil von Afrika, der südlich von der Sahara und Nubien liegt. Da dieser Strich von Afrika bei den alten Römern Äthiopien hieß, nennt man das Thier das äthiopische Schwein (Sus aethiopicus L.). Es hat auch kleine Augen, Borsten und einen kurzen Schwanz, ist ein Alles fressendes Thier, wie unser Eber, unterscheidet sich aber außerdem gar sehr von ihm. Der Kopf ist im Verhältniß zum übrigen Körper sehr groß und hat 4 Aus=

wüchse, einen unter jedem Auge, fleischig, platt, 2 Zoll lang und breit, einen an jedem Mundwinkel, kugelrund, 1 Zoll dick, aus einer schlaffen schwarzen Haut mit einem härtern Anhängsel bestehend. Dieser Auswüchse wegen heißt das Thier auch das äthiopische Warzenschwein (Phacochoerus aethiopicus Fr. Cuv.). Backzähne hat es jeden Orts 3, also im Ganzen 12, wogegen unser Eber gewöhnlich jederseits oben 6 und unten 5 hat, also im Ganzen 22. Die Backzähne des äthiopischen Schweins zeigen aber auch eine ganz eigene Merkwürdigkeit: es ist, als wenn sie weich gewesen, miteinander verwachsen und dann wieder hart geworden wären. Schneidezähne hat es nicht, dagegen ausgezeichnete rundliche, gekrümmte Hauer. Die beiden in der Unterkinnlade sind kürzer; die in der obern werden bis 9 Zoll lang, messen am dicken Ende 5 Zoll im Umfange und erheben sich, indem sie sich nach oben krümmen, so über den Kopf, daß man sie von weitem für Hörner ansehen könnte, daher glaubt man, daß es dasselbe Thier sei, welches der alte griechische Schriftsteller Älian das viergehörnte Schwein nennt. Jene Auswüchse, die großen Hauer, der große Kopf, der breite Schädel und der sehr breite Rüssel machen das Thier äußerst häßlich. Dazu kommt seine Größe: es wird nach rheinischem Maße über 4 Fuß lang, den Schwanz von 11 Zoll Länge ungerechnet, 2 Fuß hoch und 3 Fuß dick; man sieht hieraus, daß das Thier sehr breit gebaut ist. Die Schultern und der Hals bis oben zwischen die Ohren ist mit langen, dichtstehenden, dunkelbraunen Haaren besetzt, der Kopf ist schwärzlich und am übrigen Körper stehen sparsam rothgraue Borsten.

So ist das Thier beschaffen, wenn es alt ist. In seinen jüngern Jahren hat es oben 2 und unten 6 Schneidezähne, die wahrscheinlich mit dem Alter ausfallen. Die fleischigen Säcke unter den Augen fehlen ihm und wachsen vermuthlich erst später. Dieser Unterschiede wegen halten manche Naturforscher das junge Thier für eine besondere Art und nennen es das afrikanische Warzenschwein (Phacochoerus africanus Fr. Cuv.), auch das afrikanische Schwein (Sus africanus L. Gm.) Das alte heißt auch der Emgalo. Es ist weit hurtiger als unser Eber und heißt daher bei den holländischen Colonisten im Norden des Vorgebirges der guten Hoffnung der Hart-Looper, d. h. der Hirschläufer; diejenigen der erwähnten Colonisten aber, welche im östlichen Theile jenes Vorgebirges am Sonntagsflusse leben, nennen es Bosch-Varken, d. h. Waldschwein, auch schlechtweg wilde Varken. Dies Thier lebt dort in Höhlen, die es sich mit seinem starken Rüssel wühlt; den Eingang dazu macht es enge. Wenn es fressen will, kniet es nieder, weil es sonst wegen seines kurzen Halses nicht herunterlangen könnte; es kann auch mit vieler Leichtigkeit auf den Knien fortrutschen und kriecht auch auf den Knien durch den engen Eingang seiner Höhle.

Auf jenem Vorgebirge leben sie heerdenweise. Wenn sie verfolgt werden, nimmt jedes alte Emgalo ein Junges in den Rüssel und trägt es davon, ohne es mit den Hauern zu verletzen. Die Jungen können zwar gerade so schreien wie die europäischen Ferkel; wenn sie aber so fortgetragen werden, sind sie ganz still, als wenn sie sich nicht verrathen wollten. Als der schwedische Reisende Sparrmann auf dem Cap der guten Hoffnung zum ersten Male in seinem Leben am 10 December 1775 beim großen Sonntagsflusse eine Heerde Emgalos mit ihren Jungen erblickte, wußte er noch nicht, daß die Alten ihre Jungen so zu retten suchten. Als er ihnen nachjagte, war er daher sehr betroffen, als er auf einmal sah, daß ihre ohnehin dicken Köpfe noch viel größer und unförmlicher geworden waren. Zugleich sah er aber auch, daß alle Jungen plötzlich verschwunden waren. Als er nun genauer hinsah, bemerkte er, daß es daher kam, weil jedes Alte ein Junges im Rüssel hatte. Auch sah das sehr sonderbar aus, daß sie auf der Flucht ihren 11 Zoll langen Schwanz gerade in die Höhe hielten. Ihre Farbe war übrigens hellgelb wie die gewöhnliche der europäischen Schweine; nach den verschiedenen Ländern, die sie in Afrika bewohnen, haben sie also nicht einerlei Farbe. Sie wälzen sich gern im Kothe und fressen sehr gern die Wurzel der Zaserblumen (Mesembryanthemum), die auf dem Cap sehr häufig wachsen. Zu ihrer Raschheit kommt noch, daß sie viel wilder sind als der europäische Eber. Wenn sie in Wuth gerathen, schießen sie wie ein Pfeil auf den Menschen los und werfen ihn um, indem sie ihm mit ihren Hauern die Beine zerschmettern und ihm dann den Leib aufreißen. Ihr Fleisch schmeckt dem gewöhnlichen Schweinefleisch sehr ähnlich. Ein jüngeres (das, wie oben erwähnt, sogenannte afrikanische Warzenschwein) ist noch gar nicht lebendig nach Europa gebracht worden und ein altes, das Emgalo, nur ein einziges Mal. Im Jahre 1765 schickte es Tulbagh, der Gouverneur der Capcolonie, in der es 200 Stunden landeinwärts gefangen worden war, nach Holland. Hier fraß es am liebsten Roggenbrot und dann Gerste und Buchweizen.

Literarische Anzeige.

Skizzen aus dem Alltagsleben
von Frederike Bremer.

Vollständige Ausgabe in 10 Theilen.
Jeder Theil 10 Ngr.

Diese wohlfeile Ausgabe der trefflichen Schriften von Frederike Bremer ist jetzt vollständig in 10 Theilen erschienen. Unter besondern Titeln sind auch einzeln zu erhalten:

Die Nachbarn. Mit einer Vorrede der Verfasserin. Dritte verbesserte Auflage. Zwei Theile.
Die Töchter des Präsidenten. Erzählung einer Gouvernante. Dritte verbesserte Auflage.
Nina. Zweite verbesserte Auflage. Zwei Theile.
Das Haus, oder Familiensorgen und Familienfreuden. Dritte verbesserte Auflage. Zwei Theile.
Die Familie H.
Kleinere Erzählungen.
Streit und Friede, oder einige Scenen in Norwegen. Zweite verbesserte Auflage.

Leipzig, im August 1842.
F. A. Brockhaus.

Das Pfennig-Magazin

für
Verbreitung gemeinnütziger Kenntnisse.

491.] Erscheint jeden Sonnabend. [August 27, 1842

Norwegen und die Norweger.
(Beschluß aus Nr. 490.)

Gegend zwischen Christiania und Drontheim.

Das letzte Stift, Drontheim oder Trondhjem, enthält (ohne die Nordlande und Finnmarken) vier Städte: die gleichnamige Hauptstadt, Christiansfund, Molde und die Bergstadt Röraas. Die Stadt Drontheim mit 12—13,000 Einwohnern liegt freundlich an einem tiefen Meerbusen und dem Flusse Nid-Elf, der in der Nähe der Stadt zwei schöne Wasserfälle bildet. In Folge zahlreicher Feuersbrünste (deren letzte, im Verlauf unsers Jahrhunderts die vierte, erst im vorigen Jahre am 24. April stattfand, den dritten und zwar den schönsten, bewohntesten und reichsten, nordöstlichen Theil der Stadt verheerte, 314 Häuser und 39 Waarenmagazine vernichtete und 4000 Menschen obdachlos machte, deren Spuren aber in kurzem ganz verschwunden sein werden) hat sie gerade, breite Straßen mit geschmackvoll gebauten, jedoch meist hölzernen Häusern. Von allen norwegischen Städten ist Drontheim die einzige, welche Thore hat. Unter den öffentlichen Gebäuden der Stadt (deren keines von der zuletzt erwähnten Feuersbrunst betroffen wurde) steht der schöne und geräumige, mit Marmorsäulen geschmückte Dom obenan, in welchem nach der eidsvolder Constitution die Könige des vereinigten schwedisch-norwegischen Reichs gekrönt werden müssen, was auch mit Karl Johann geschehen ist; ehemals wurden die norwegischen Könige auf dem die Kirche umgebenden Kirchhofe gekrönt. Der ältere Dom, die prachtvollste Kirche des Nordens, von Manchen mit der Peterskirche zu Rom verglichen, wurde 1719 das Opfer eines Blitzschlags. Hier war das Grab des heiligen Olaf oder Olaus, dessen Leichnam ein 200 Pfund schwerer, silberner, mit Gold und Edelsteinen geschmückter Sarg umschloß; zu demselben wurde in katholischen Zeiten am Namenstage des Heiligen (29. Juli) von unzähligen Frommen gewallfahrtet, bis nach Einführung der Reformation durch Vermauerung des Grabes diesen Wallfahrten ein Ziel gesetzt wurde. Drontheim ist der Sitz einer 1760 gestifteten Gesellschaft der Wissenschaften, die eine ansehnliche Bibliothek, Mineralien- und Conchyliensammlung hat, und besitzt wol unter allen norwegischen Städten die bedeutendsten Stiftungen. Die Bewohner zeichnen sich durch Offenheit, treuherzige Biederkeit und Gastfreundschaft aus, was den Aufenthalt in Drontheim sehr angenehm macht. Drontheim wurde 997 durch König Olaf I. Tryggväson gegründet und hieß einst Nideros (Ausfluß der Nid); sie war die Residenz mehrer norwegischen Könige, deren Wohnhaus (das sogenannte Königshaus) jetzt als Arsenal benutzt wird, später der Erzbischöfe, bis das 1152 errichtete

Erzbisthum nach der Reformation aufgehoben wurde. Eine halbe Stunde von Drontheim soll der Tempel Thor's und Odin's gestanden haben, den jener König bei Einführung des Christenthums zerstörte. Auf einem Felsen in dem Hafen der Stadt liegt die auf S. 280 abgebildete Festung Munkholm, Hafen und Stadt von der Seeseite beschützend, ehemals als Staatsgefängniß gebraucht, wo der Reichskanzler Graf Greifenfeld (früher Peter Schumacher genannt, der Held von Victor Hugo's Roman „Han d'Islande") 1676—96 gefangen saß. Von der Landseite schützt die Stadt die 1680 angelegte Bergfestung Christiansstein. Die Bergstadt Röraas liegt unweit der schwedischen Grenze. Der Ertrag ihrer einst sehr ergiebigen Kupfergruben hat seit 1668 fortwährend abgenommen. Das hier gewonnene Kupfer wird roh nach Holland verschickt, das verarbeitete aber meist aus Schweden in Norwegen eingeführt.

Zu dem Stifte Drontheim werden in administrativer Hinsicht auch die Nordlande und Finnmarken gerechnet, wiewol sie einen besondern Bischof haben, der zu Belsvaag auf der Insel Alstenöe residirt. Erst in der neuern Zeit hat das Amt Nordlande eine Stadt erhalten: nämlich Hundholm, schon in der kalten Zone gelegen. Einen Theil des Amts bildet eine Inselgruppe, welche der Westfjord vom festen Lande trennt: die Loffoden, welche etwa 7—8000 Einwohner enthalten, sämmtlich, die Insel Westwaagöe ausgenommen, mit steilen kahlen Bergen bis 3000 Fuß Höhe bedeckt und voneinander nur durch sehr schmale Meerengen getrennt sind. Eine der größten unter ihnen ist Ostwaagöe, etwa 8 Meilen lang und 3 Meilen breit. Das Klima ist rauh und stürmisch, dennoch werden Gerste und Kartoffeln gebaut, und Thäler und Berge sind bis 1000 Fuß Höhe mit üppigem Grase bedeckt. Daher wird etwas Viehzucht getrieben, doch ist, wie man denken kann, Fischfang die Hauptbeschäftigung der Einwohner. Er wird vom Januar bis Ende Mai betrieben; jedes Boot fängt in wenigen Wochen 3—10,000 Fische. Zwischen den Inseln Röstöe, Mosköe und Moskenäsöe findet sich der reißende gefährliche Meeresstrudel Malström, den man für den reißendsten in Europa hält und dessen Verhalten noch viel Räthselhaftes hat, da er sowol bei niedrigster Ebbe als bei voller Flut ohne Gefahr durchschifft werden kann. Er reißt nicht nur Böte, sondern selbst Schiffe, nicht nur Bären, sondern selbst Walfische in die Tiefe und zerschellt sie an den Felsen im Meeresgrunde, welche in Verbindung mit den Meerengen die Hauptursache dieser heftigen Flut zu sein scheinen. Die größte aller norwegischen Inseln ist Hindöe, 9 Meilen lang und 4 Meilen breit.

Den nördlichsten Theil Norwegens bildet Finnmarken oder das norwegische Lappland, von Rußland durch den Fluß Paswig-Elf getrennt. In ältern Zeiten verstand man unter Finnmarken nicht nur den ganzen von Lappen bewohnten oder beweideten Theil des norwegischen Gebiets, sondern auch das altrussische Lappland, nebst einem Theile des schwedischen. Diesen Landstrich bewohnte ein wahrscheinlich finnischer Stamm, die Quänen, unter eigenen Königen, die den norwegischen Königen zinspflichtig waren; ihr Reich nahm ein Ende im 14. Jahrhundert. Um das 12. Jahrhundert kommen die alten Besitzer dieses Reichs unter dem Namen Lappen vor; sie selbst nennen sich Sami und ihr Land Samilanda, ohne jedoch, wie manche Geographen behauptet haben, den Namen Lappen ungern zu hören. Außer Finnmarken findet man noch an der ganzen Nordwest- und Nordküste Norwegens Lappen, aber nur zu gewissen Zeiten des Jahres, und zwar theils Alpen-, theils Fischerlappen. Man theilt nämlich die Lappen hinsichtlich ihrer Lebensart in Alpen- oder Rennthierlappen, Waldlappen, Fischerlappen und Bettellappen; die Alpenlappen leben ausschließlich vom Ertrage ihrer Rennthierheerden und haben ihr eigenes Weideland, auf dem sie herumziehen, im Sommer auf den Alpen, im Winter auf dem niedern Lande; die Waldlappen haben weniger Rennthiere, geben sie bei den Alpenlappen in die Weide oder treiben sie in die Wälder und treiben Fischerei; die Fischerlappen haben wenige oder gar keine Rennthiere und leben fast nur von der Fischerei; die vierte Classe, die Bettellappen, nähren sich durch Betteln, auch durch Verfertigung von Körben, Schachteln u. s. w. Viele norwegische Lappen (deren es einzelne reiche gibt, die bis 1000 Rennthiere besitzen) ziehen im Winter nach Schweden, weil sich Rennthiermoos wegen der Höhe der Berge im norwegischen Lappland nicht in solcher Menge wie im schwedischen findet. Außer den Lappen findet man in Finnmarken noch Finnen, die später einwanderten und einem von jenen verschiedenen Stamme anzugehören scheinen; sie treiben Viehzucht und halten sowol Kühe als Schafe; außerdem nähren sie sich von Fischfang (zumal dem ergiebigen Lachs- und Dorschfang) und Jagd.

Das heutige Finnmarken ist ein unangebautes, von tiefen Meerbusen zerrissenes, von zahllosen Inseln umgebenes Gebirgsland, dessen Klima weniger rauh ist, als die Lage desselben erwarten läßt. In einzelnen Gegenden findet man treffliche Wiesen, aber keine Felder, in andern große Nadelholzwälder, wiewol das Land im Allgemeinen holzarm ist. Küchengewächse gedeihen nirgend, wol aber Kartoffeln und wilde Beeren, von denen namentlich die des Mehlbaums sehr nahrhaft sind, und im südlichen Finnmarken wird sogar einiges Korn gebaut. In Nothjahren begnügt man sich statt des Kornbrots mit Rindenbrot, das aus der getrockneten, zerstoßenen und dann grob zermahlenen innern Rinde junger Fichten mit oder ohne Zusatz (von Moossamen, Heckerling, Ährenspitzen, auch wol Getreidemehl) in Gestalt dünner Kuchen bereitet wird und eine bittere, kraftlose, ungesunde Nahrung gewährt. Eine nahrhafte Speise ist dagegen das Moosbrot, das aus zermahlenem inländischen Moos in Norwegen wie in Schweden und Island bereitet wird.

Die wichtigsten Ortschaften sind: Altengaard an der Mündung des Alten; Hammerfest, in einem Meerbusen der Insel Qualöe, d. i. Walfischinsel, ein lebhafter Handelsplatz mit einem sehr sichern Hafen; Stadt Kielvig auf der nördlichsten bewohnten norwegischen Insel Magerôe, deren Nordspitze das 1500 Fuß hohe Nordcap bildet; Wardöehuus auf der Insel Wardöe, die nördlichste Festung in Europa.

Die norwegischen Lappen sind sanft, friedlich und im Allgemeinen von sittlichem Lebenswandel, wenn auch Trunksucht und Betrug im Handel bei ihnen nicht eben gar zu selten sind. Die Fischerlappen wohnen mit ihren Kühen und Schafen in halbkugelförmigen Hütten; haben sie sich einiges Vermögen erspart, so kaufen sie sich Rennthiere und ziehen nach Schweden. Da die Lappen Norwegens nur zum kleinsten Theile Norwegisch verstehen, so sind die Geistlichen übel daran, denn nie hat es gelingen wollen, Prediger, die des Lappischen und Finnischen kundig sind, in ausreichender Menge zu gewinnen. Als Dolmetscher dient in jeder norwegischen Lappengemeinde ein sogenannter Katechet, der zugleich Schulmeister ist. Heidnische Lappen werden im norwegischen Lappland nicht gefunden.

Weinproduction in den Zollvereinsstaaten.

1) Baden erzeugt auf 62,834 Morgen im Durchschnitt jährlich ebenso viel Fuder à 1500 Litres, also 94,251,000 Litres, wovon 36,967 Fuder im Lande verbraucht werden; Werth (100 Fl. pro Fuder): 6,283,400 Fl.

2) Baiern keltert in einem vollen Herbste oder guten Weinjahre, das etwa alle sieben Jahre eintritt, im vormaligen Untermain= und Rheinkreise 65,000 und 92,000, zusammen 157,000 Fuder zu 12 Eimern oder 821 Litres, also 128,897,000 Litres; Werth (durchschnittlich 85 Fl. pro Fuder): 13,345,000 Fl. Das Erzeugniß der übrigen Kreise ist hier nicht mitbegriffen. Für das durchschnittliche bairische Landeserzeugniß aller Kreise kann die Hälfte der obigen Summe, also 64,448,500 Litres mit 6,672,500 Fl. angenommen werden.

3) Würtemberg erzeugt auf 84,759 Morgen nach 14jährigem Durchschnitt 166,334 $^{11}/_{16}$ Eimer zu 294 Litres = 48,902,196 Litres; der Werth wechselt zwischen 1 und 10 Mill. Gulden, beträgt aber nach dem Mittelpreise (21 Fl. 17 Kr. pro Eimer) 3,540,141 Fl. Jene Weinbergsfläche beschäftigt und ernährt 18,000 Familien in 600 Gemeinden, mehr als den neunten Theil aller Landwirthschaft betreibenden Familien und zehn Mal so viel Menschen als die gleiche Fläche Ackerland.

4) Hessen=Darmstadt gewinnt von 38,173 Morgen Weinbergen durchschnittlich mindestens 200,000 Ohm zu 160 Litres oder 32 Mill. Litres (wovon 107,000 Ohm außer Landes gehen, 78,000 Ohm im Lande Tranksteuer entrichten und 15,000 von den Producenten selbst verzehrt werden); als Most haben dieselben einen Werth (zu 18—20 Fl. pro Ohm oder durchschnittlich 19 Fl.) von 3,800,000 Fl.; der Handelswerth ist doppelt so groß.

5) Nassau enthält 15,543 Morgen Weinberge, auf welche, wenn dasselbe Verhältniß wie in Hessen=Darmstadt stattfindet (wiewol der Gelderlös gewiß höher ist, da Nassau die edelsten Weine Deutschlands besitzt) 13 Mill. Litres im Werthe von 1,647,000 Fl. kommen würden.

6) Preußen erzeugte im Durchschnitt der Jahre 1831—35 nach den Steuertabellen: in der Rheinprovinz auf 48,632—49,575 Morgen 607,033 preußische Eimer; in Schlesien auf 4619—5483 Morgen 32,072 preußische Eimer; in Sachsen auf 3285—3582 Morgen 25,259 preußische Eimer; in Brandenburg auf 4046—4098 Morgen 14,947 preußische Eimer; in Posen auf 546—710 Morgen 2430 preußische Eimer, zusammen also auf 63,448 Morgen 681,741 preußische Eimer à 68 $^{7}/_{10}$ Litres oder 46,835,606 Litres, deren Werth zu 5,561,000 Fl. anschlagen kann. *)

Dies gibt für die gedachten sechs weinproducirenden Staaten eine Weinmostproduction der Zollvereinsstaaten von 299,437,302 Litres oder 27,404,291 Fl., wozu noch das kleine Erzeugniß von Kurhessen, Sachsen und den thüringischen Staaten zu rechnen wäre. Da überall sehr niedrige Sätze genommen sind, so dürften jene Zahlen in den meisten Jahren weit unter der Wahrheit bleiben, wiewol auch Jahre vorkommen werden, wo der angenommene Durchschnittsertrag noch nicht erreicht wird. Berücksichtigt man den Handelswerth, so hat das durchschnittliche Jahreserzeugniß ohne Zweifel einen weit höhern Werth als 27½ Mill. Fl.

---

*) Ferber berechnet den Eimer rheinpreußischen Weins zu 18, schlesischen zu 14, sächsischen zu 12, brandenburger zu 9—10 und posenschen zu 9 Thlr., demnach den Durchschnittsertrag von 405,166 Eimern der Jahre 1824—27 zu 7,017,984 Thlr., was für 681,741 Eimer 11,850,050 Thlr. oder 20,737,587 Fl. oder fast das Vierfache der oben angenommenen Summe geben würde.

Die Zurichtung der Flintensteine in Frankreich.

Wir haben in Nr. 490 den Feuerstein beschrieben und schon dort bemerkt, daß es immer noch viel Leute gebe, welche meinen, er sei unter der Erde weich und werde mit Draht zu Flintensteinen zerschnitten. Diesen Irrthum hat der Prediger Götze verbreitet, der ihn vor 54 Jahren im ersten Theile seines „Nützlichen Allerlei" als wahr annahm. Da dieser Prediger ein sehr geachteter Mann und auch mit vielen naturgeschichtlichen Kenntnissen ausgerüstet war, so glaubte man es ihm. Weil nun immer noch sehr Viele, auch Solche, von denen man es nicht vermuthen sollte, diesen Irrthum hegen, so wollen wir hier beschreiben, wie man den Feuerstein zurichtet. Da in Frankreich Privatleute den Feuerstein aus der Erde holen, so müssen sie dem Eigenthümer des Feldes, wo sie dies thun wollen, dasselbe abpachten. In demselben graben sie einen Lachter (drei Ellen) oder tiefer einen Schacht, d. h. eine Grube, die senkrecht in die Erde hinabgeht, bis sie auf eine Schicht Feuersteine stoßen, die dann aus der Erde heraufgebracht werden. Jeder, der mit Steinen umgeht, weiß, daß sie, so lange sie unter der Erde liegen, eine gewisse Menge Feuchtigkeit in sich enthalten, die sie an der Luft verlieren. So ist es auch mit den Feuersteinen. Sollen sie sich zur Verarbeitung eignen, so dürfen sie weder zu feucht noch zu trocken sein. Sind sie daher zu feucht, so legt man sie eine Zeit lang an die Sonne oder ans Feuer. Läßt man sie jedoch zu lange daran liegen, so trocknen sie zu sehr aus und sind dann unbrauchbar; solche Steine nennen die Franzosen verbrannte Steine. Dies ist auch der Grund, warum diejenigen Steine nicht zu Feuersteinen taugen, welche man auf der Oberfläche der Felder findet. Man sollte denken, die zu trocknen Steine müßten brauchbar werden, wenn man sie in Wasser legte; allein sie lassen sich auch dann nicht geschickt spalten; kurz, die Feuchtigkeit muß ihnen von Natur inwohnen und nicht durch Kunst beigebracht werden.

Jedermann weiß, daß ein Flintenstein, so wie er am Gewehre sitzt, unten seine größte Fläche hat; die Fläche, die nach dieser die größte ist, ist jener entgegengesetzt, also oben; sie nimmt ungefähr das Drittel von der ganzen Fläche des Steins ein und heißt der Rücken, die Rippe oder der Haft. Von diesem Rücken laufen zwei Flächen schief herunter, die eine nach vorn, die andere nach hinten; die nach vorn muß stets breit und schneidend sein und heißt daher auch die Schneide. Diese ist es, welche beim Losdrücken an den Pfannendeckel schlägt und die Funken erregt, welche das Pulver in der Pfanne entzünden. Die hintere, schief gehende Fläche ist entweder ebenso beschaffen und kommt dann vor, wenn die vorige abgenutzt ist, oder sie ist abgerundet und heißt dann der Kopf. Einen Stein mit zwei Schneiden nennt man einen Doppelstein. Endlich hat der Stein rechts und links zwei gerade oder abgerundete Kanten.

Die Feuersteine sind, wenn sie in Arbeit genommen werden, 1 Pfund bis 3 Centner schwer. Ein schwerer wird von mehren Arbeitern in die Höhe gehoben und ein anderer Arbeiter spaltet ihn mit Hammerschlage. So bringt man sie in anderthalbpfündige Stücke. Alle übrige Arbeit wird sitzend verrichtet. Der Arbeiter nimmt dabei den Stein in die linke Hand, stemmt den linken Ellbogen aufs linke Bein und schlägt mit dem Bruchhammer ein Probestück ab, das ein paar Zoll lang ist. Der Bruchhammer ist oben und unten breit viereckig und wiegt etwa zwei Pfund. Am Probestück sieht ein geübter Arbeiter den Augenblick, ob der Stein tauglich ist oder nicht. Im letzern Falle wird er weggeworfen, im erstern Falle wird der Bruchhammer bei Seite gelegt und der Spitzhammer in die Hand genommen. Dieser wiegt auch etwa 2 Pfund und hat, wenigstens an dem einen Ende, eine Schneide. Mit diesem werden nun an dem einen Rande der neuen Bruchfläche des Steins hin Splitter schief abgeschlagen; dann dreht der Arbeiter den Stein in der Hand herum und thut am andern Rande der Bruchfläche Dasselbe. So bleibt von der ersten Bruchfläche ein langer, mehre Linien breiter Rücken stehen. Dieses lange Stück mit dem Rücken und seinen zwei schiefen Flächen wird durch Schläge auf die Seite des Steins losgeschlagen und heißt nun ein Span oder ein Schiefer; es ist da, wo sich der Rücken befindet, 2—5 Linien dick. Bei dem Späneschlagen muß der Stein etwas schief und der Spitzhammer lang gehalten werden; sonst fliegen die abspringenden Splitter dem Arbeiter an die rechte Hand und verletzen sie. Alles Schlagen mit dem Spitzhammer geschieht auf frische, nicht mit der Hand berührte Bruchflächen, denn auf der natürlichen Oberfläche des Steins, ja sogar auf der Bruchfläche, wenn man mit der schweißigen Hand darüber gefahren ist, greift der Spitzhammer nicht. Hat der Arbeiter eine Menge Späne geschlagen, so setzt er sich an einen 1½ Fuß hohen Klotz, an dem drei Arbeiter Platz haben. Vor jedem Arbeiter ist am Rande des Klotzes ein Loch befindlich, in welches er einen halbpfündigen Meißel (das Steineisen) steckt, welcher an jedem Ende eine Schneide hat; dieses Steineisen stellt er fest, indem er daneben einen Keil einschlägt. Er nimmt einen Span in die linke Hand, stemmt den linken Arm auf den linken Fuß, legt den Spahn da, wo er ihn in die Quere sprengen will, auf die emporstehende Schneide des Meißels und schlägt mit dem Scheibenhammer zwei, drei oder mehre Male sanft auf den Span; dadurch entsteht unten am Span, wo er auf dem Meißel aufliegt, ein Ritz. Er hebt nun den Span in die Höhe und schlägt auf das Ende desselben, wodurch an der Stelle des Ritzes ein Stück davon abspringt. Daß das erstere Aufschlagen sanft geschieht, davon ist der Grund dieser: schlüge der Arbeiter stark, so würde der Scheibenhammer den Span durchschlagen, sogleich zersplittern und die Schneide des Meißels abspringen. Der Scheibenhammer wiegt ein Viertelpfund und besteht aus einer stumpfrandigen Scheibe, in deren Mittelpunkte der Stiel steckt. Der Arbeiter schlägt vom Spane so viel Stücke ab, als die Länge des Spans gestattet. Sollen die Flintensteine Doppelsteine werden, so sind sie nun fertig; erhalten sie aber nur eine Schärfe, wie es gewöhnlich der Fall ist, so nimmt der Arbeiter wieder jeden einzeln zwischen die drei ersten Finger der linken Hand, legt ihn mit dem Rande, der der hintere Rand werden soll, auf den Meißel und schlägt ihn da so zurecht, daß der Scheibenhammer nie gerade auf den Meißel fällt, sondern seitwärts daran herunterfährt. Verliert der Meißel seine obere Schneide, so nimmt ihn der Arbeiter aus seinem Loche heraus und dreht ihn um, sodaß also nun die Schneide am andern Ende des Meißels in die Höhe ragt. Die verlorene Schärfe wird später mit einer stählernen Feile dem Meißel wiedergegeben.

Man sieht, daß die ganze Arbeit auf Geschicklichkeit der Hand beruht. Diese Geschicklichkeit ist nicht gar schwierig zu erlangen; binnen ein paar Wochen erwirbt sie sich ein aufmerksamer Arbeiter. Die Hämmer und der Meißel, die dabei gebraucht werden, sind von verstähltem Eisen. Ein geschickter Arbeiter spaltet in einem Tage 1000 Späne und richtet in derselben Zeit 500 Flintensteine zu, sodaß er also im Ganzen binnen drei Tagen 1000 Flintensteine fertig liefert. Da nur die Hälfte eines Feuersteinblocks brauchbare Späne gibt und von den Spänen bei weiterer Arbeit wieder die Hälfte abfällt, so beträgt der Abgang im Ganzen drei Viertel, welche zu gewöhnlichen Feuersteinen dienen.

Man sortirt die zugerichteten Steine nach ihrer Größe und Beschaffenheit in drei Hauptsorten: 1) Jagdflintensteine, wovon es sieben Untersorten gibt; 2) Flintensteine mit drei Untersorten; 3) Pistolensteine, ebenfalls mit drei Untersorten; die letzte Untersorte heißt im Deutschen auch Terzerolsteine.

Die so sortirten Steine werden in Fässer gepackt; da jedoch die ganze Waare wohlfeil ist, so muß man auch wohlfeile Fässer nehmen; dies sind alte Weinfässer, die für Wein nicht mehr brauchbar sind. Auf jedem Fasse steht die Zahl der Steine eingerissen, welche es enthält. Von großen Steinen gehen 15—16,000 Stück in ein drei- bis viereimeriges Faß, Pistolensteine bis 60,000.

Ob die Flintensteinfabriken in Volhynien, Podolien, Galizien, ferner die zwei Stunden von Salzburg liegende und die zu Avio in Tirol noch bestehen, ist uns nicht bekannt.

Die Arbeiter in solchen Fabriken sind oft schweren Krankheitsfällen unterworfen, weil sie den bei der Arbeit entstehenden und in der Luft herumfliegenden Kieselstaub einathmen und dieser also in die Lunge kommt.

Skizzen aus Moskau.*)

1. Quartiere und Straßen.

Der Plan von Moskau läßt ebenso viel Regelmäßigkeit im Ganzen als Unregelmäßigkeit im Einzelnen wahrnehmen und zeigt mehre kreisförmige Ringe, deren Mittelpunkt der Kremlberg bildet, an welchem sich wol die ersten Anbauer Moskaus ansiedelten. Ihn umgibt die Kitai-Gorod (Chinesenstadt), der älteste Theil von Moskau; dann folgt der Ring von Beloi-Gorod, die Weißstadt, welche völlig kreisförmig von dem twerschen und andern Boulevards umgeben wird; dann folgt die Semlanoi-Gorod, die über zwei Meilen im Umfange hat und einen völlig geschlossenen Ring von einer Werst Breite bildet. Die Vorstädte haben sich nach den Seiten

---

*) Nach Kohl's „Reisen im Innern von Rußland und Polen".

hin unregelmäßig angesetzt. Der Erdwall, der ganz Moskau in seinen äußersten Grenzen umgibt, bildet ein Oval, dessen größter und kleinster Durchmesser 13 und 7 Werst, deren Umfang aber 37 Werst beträgt. Der Flächeninhalt umfaßt 90 Quadratwerst oder nicht ganz 2 deutsche Quadratmeilen.

Die Straßen sind krumm und beiweitem weniger breit, lang und prächtig, als man sie in Petersburg findet; dabei gehen sie bergauf und bergab, da der Boden sehr hügelig ist, sodaß sich auch auf den Höhen weitere Aussichten darbieten. Will man Moskau umkreisen, so nimmt man am besten seinen Weg vom Semlanoi-Gorod herum durch die Gartenstraße und ihre Fortsetzungen. Seit dem ungeheuern Brande vom Jahre 1812 (welcher beiläufig gesagt nicht die erste Totaleinäscherung war, indem allein die Tataren Moskau mehr als 12 Mal niederbrannten) ist die Bauart nicht mehr so wunderlich als früher, aber noch immer sehr bunt und eigenthümlich; die Straßen wurden ebenso krumm aufgebaut, als sie zuvor waren, die Häuser aber schöner und geschmackvoller. Von den 12,000 Häusern der Stadt sind etwa zwei Drittel aus Holz und ein Drittel aus Stein, theils aus Ziegelstein, theils aus einem schneeweißen, sehr weichen Kalksteine, der unweit Moskau gebrochen wird. Paläste mit prächtigen Säulen, Kirchen, große und kleine, weiß und gelb angestrichene Häuser wechseln in bunter Folge. Von dem Brande sind noch immer Spuren vorhanden; 1837 gab es noch etwa 100 nicht wiederhergestellte Ruinen.

Wegen der Menge von Gehöften und Gartenanlagen, die sich überall finden, hat Moskau mehr den Charakter einer Vorstadt als einer großen Stadt; stadtmäßig ist nur die Umgebung des Kremls, der Stadttheil Kitai-Gorod. Die schwächste Seite von Moskau sind seine Flüsse, von denen die beiden hauptsächlichsten, die Moskwa und Jausa, schmal und wasserarm sind und daher mit der Newa einen grellen Contrast bilden.

2. Der Kreml.

Der Kreml, Moskaus Capitol oder Burg, auf steilem Hügel, bildet ein ziemlich gleichseitiges Dreieck, dessen jede Seite 2/3 Werst lang ist; drei Haupteingänge führen zu demselben: das Nikolai-, Dreieinigkeits- und Erlöserthor. Das letztere bildet einen Durchgang von 20 Schritten Länge, ist in historischer Hinsicht das merkwürdigste Thor Moskaus und gilt für heilig; über demselben hängt ein Bild des Erlösers unter Glas und steht in solcher Verehrung, daß Jedermann, der es erblickt, sein Haupt entblößen muß, welcher Religion er auch angehört. Alle Thore sind durch gewaltige Mauern miteinander verbunden, aus denen sich zahlreiche Thürme erheben; sie umschließen die interessantesten Gebäude der Stadt, die heiligsten Kirchen, berühmte Klöster, alte und neue Paläste u. s. w., kurz Baudenkmäler aus allen Zeiten der russischen Geschichte. Die ausgezeichnetsten Gebäude sind außer den Kirchen und Klöstern folgende: 1) die Überreste des alten Zarenpalastes, genannt Terema und Granowitaja-Palata, von denen jenes das Gynäceum, dieses den Krönungssaal der Zaren enthält, welcher letztere noch jetzt in Gebrauch ist. Er bildet ein kleines, sonderbares, cubisches Gebäude und ist sehr niedrig gewölbt; die Wände sind seit der Krönung des jetzigen Kaisers mit rothem Sammt ausgeschlagen, auf welchem abwechselnd ein russischer Adler mit Blitzen und ein N. I. in Gold gestickt sind. 2) Der neue kaiserliche Palast, Bolschoi-Dworetz oder das große Schloß, auch Alexanderpalast genannt, weil er seine jetzige Gestalt 1817 von Kaiser Alexander erhielt. Er ist hoch und ansehnlich, aber nur aus Ziegelsteinen erbaut. Die Einrichtung und Ausschmückung des Innern ist durchaus nicht besonders prachtvoll, und der angewandte Marmor besteht aus bloßem Gyps; an Kunstsachen und Gemälden enthält er nur wenig. 3) Das Maloi-Dworetz oder kleine Schloß, von Nikolaus I. gebaut. 4) Die Rüstkammer oder der Waffenpalast; in der Vorhalle desselben befindet sich eine Reihe von Bronzebüsten ausgezeichneter Polen, meist aus dem 17. und 18. Jahrhundert, in den Sälen des obern Stockwerks aber eine Menge ähnlicher Dinge, wie im grünen Gewölbe in Dresden, unter denen besonders die Kronen die Aufmerksamkeit in Anspruch nehmen, deren jede unter einer gläsernen Glocke auf einem rothsammtnen, mit Gold gestickten Kissen und auf einem eleganten $1\frac{1}{2}$ Fuß hohen Dreifuß ruht. Die älteste davon ist die des Großfürsten Wladimir, dem sie 1116 Alexis der Komnene geschenkt haben soll; sie trägt auf der Spitze ein goldenes Kreuz und ist mit Zobel verbrämt, was auch bei den spätern Kronen der Zaren bis auf Peter den Großen hinab der Fall ist. Interessant sind ferner viele Throne, meist aus den kostbarsten Stoffen, Silber, Gold, Elfenbein und Edelstein; besonders zeichnet sich der aus, den Schah Abbas im J. 1606 an Boris Godunow schenkte, zwar hölzern, aber mit Goldblech belegt, in welches viele große, schöne Türkise eingedrückt sind; der von Iwan II. Wassiljewitsch ist ganz von Elfenbein, der von Alexis Michailowitsch ganz von Silber. Das polnische Scepter, ein länglicher, grüner, an beiden Seiten mit Gold besetzter Stein, ist durch einen wunderlichen Zufall, man kann es eine Ironie des Schicksals nennen, in der Mitte entzweigebrochen. Noch bemerken wir den Tragsessel Karl's XII., in welchem er sich auf das Schlachtfeld von Pultawa tragen ließ, und das Modell zu einem ungeheuren Palaste, den Katharina II. auf dem Kreml aufführen wollte, dessen Ausführung aber aus unbekannten Hindernissen unterblieben ist; daß sie große Schwierigkeiten gehabt hätte, ist augenfällig. 5) Das Arsenal, welches Gewehre (meist aus den Fabriken von Tula) und Säbel für ungefähr 100,000 Mann enthält. Vor den beiden zuletzt genannten Gebäuden auf dem Senatsplatze liegen in langen Reihen nebeneinander die Kanonen, welche die Franzosen und ihre Bundesgenossen im J. 1812 zurückgelassen haben, französische, polnische, neapolitanische, preußische, holländische u. s. w., alle elegant, klein und zierlich; nicht weit davon stehen die ungeheuren Producte russischer Gießkunst, worunter die kolossalste Kanone von Fedor Iwanowitsch 1594 gegossen. 6) Der Senatspalast.

3. Die Kirchen.

Rußland hat nur wenig alte Kirchen, aber desto mehr neue, in einem eigenthümlichen neurussisch-byzantinischen Style gebaut; jede besteht aus einer quadratischen Kirche mit einer großen Kuppel in der Mitte und vier kleinen in den Ecken und enthält eine Menge Säulen, meist von korinthischer Ordnung. Die Wände sind weiß, häufig mit falschem Gyps überzogen; die Kuppeln sind mit Kupfer- oder grün angestrichenen Eisenplatten gedeckt, zuweilen himmelblau angemalt und mit goldenen Sternen geschmückt, auch wol vergoldet und versilbert. Auf jeder Kuppel steht ein großes vergoldetes Kreuz, jetzt meist ohne Halbmond und Kettenschmuck. Die Kuppeln und Thürmchen dienen übrigens nur zum Zierath. Die Glocken, deren Bestimmung und Gebrauch rein kirchlich ist und die mit der Angabe der Zeit nichts zu thun haben, befinden sich in einem eigenen Gebäude, genannt Kolokolnik, d. i. Glockenträger, wozu auf dem Lande oft nur eine alte Eiche oder ein dicker Balken, in den Städten entweder ein aus Steinen aufgeführter triumphpfortenartiger Bogen oder ein besonderer Thurm dient. Da die Glocken nicht gestimmt sind und man keinen Ton verhallen läßt, so ist ihr Geläute sehr unharmonisch. Das Innere der Kirchen zerfällt in zwei Theile: einen großen für die Gemeinde bestimmten Raum und das Allerheiligste, worin der Altar steht, beide durch eine Art spanischer Wand, meist von Holz und Ikonostas, d. h. Bildergerüst, genannt, weil sie mit Heiligenbildern bedeckt ist, geschieden. Die gedachte Wand ist von drei Thüren durchbrochen; die mittlere heißt die königliche oder zarische, weil durch sie außer dem Oberpriester nur noch der Kaiser beim Genuß des Abendmahls eintreten darf, während durch die andern jedem Manne der Eintritt ins Allerheiligste gestattet ist. Vor dem Ikonostas her läuft eine niedrige Galerie, die einen etwas erhöhten Raum, eine Art Vorbühne, abschließt. Statuen und Sculpturarbeit überhaupt findet man nicht, daher auch keine Crucifixe; die Bilder sind meist nur zur Hälfte Ölgemälde, zum größten Theile aber mit Silberblech überzogen, sodaß nur die Hände und Gesichter unbedeckt bleiben und Malerei mit halberhabener Arbeit verbunden ist. Stehende Kreuze sieht man auch nirgend, sondern nur liegende. Als Centralpunkt der ganzen Kirche ist das auf dem Altar im Allerheiligsten stehende Schränkchen mit der Hostie zu betrachten, das oft einen Berg von massivem Silber bildet.

Wie viel Kirchen Moskau eigentlich hat, ist schwer zu bestimmen; Einige sprechen von 1500 Kirchen, Andere geben nur 500, wieder Andere nur 260 an, wobei es natürlich auf den der Zählung zum Grund gelegten Begriff ankommt. Jedenfalls ist die Menge der gottesdienstlichen Gebäude ausnehmend groß; alle Theile der Stadt wimmeln von goldenen, silbernen und grünen Kuppeln und Thürmchen der Kirchen und Kapellen, weshalb dem gemeinen Russen Moskau als heilige Stadt gilt. Die bedeutendsten Kirchen befinden sich im Kreml auf dem kleinen, mit hohem eisernen Gitter umgebenen Kathedralenplatze. Den Vorzug unter allen hat als Krönungskirche der Kaiser und zugleich Begräbnißkirche der zehn russischen Patriarchen die Kathedrale der Auferstehung Christi, 1475 unter Iwan III. von Ridolfo Fioraventi erbaut, inwendig von oben bis unten vergoldet. Das Hostienschränkchen ist hier ein 3 Fuß hoher Berg von reinem Dukatengolde. Hinter derselben liegt der Palast der ehemaligen Patriarchen; die dazu gehörige Kirche enthält die Bibliothek und Garderobe der Patriarchen, sowie das heilige Öl, Mir genannt, mit welchem alle Kinder in Rußland nach der Taufe an verschiedenen Theilen des Körpers, den Augen, Ohren, Händen, dem Mund und der Stirn, gesalbt werden und dessen Seele ein paar Tropfen aus der Ölflasche der heiligen Martha sein sollen. Man nimmt zu demselben das feinste Provenceröl und mischt demselben eine Menge Essenzen bei; zur Mischung dienen zwei von Katharina II. geschenkte große silberne Kessel, sowie auch alle andere dabei gebrauchte Instrumente von Silber sind. Außer dieser gibt es nur noch eine einzige Kirche in Rußland (in Kiew), wo dieses Tauföl bereitet wird. Die Bereitung einer Portion Mir von 20 Wedros (Eimern) kostet 5000 Bankrubel (1500 Thlr.). In der Michaeliskirche sind die al Fresco gemalten lebensgroßen Bilder aller hier begrabenen Zaren interessant, sowie für die gläubigen Russen der mumienartig vertrocknete Körper des kleinen 5—6jährigen Demetrius, der sich der größten Verehrung erfreut; sein Sarg wird an Festtagen geöffnet und die Andächtigen küssen dann die Stirn des jungen Märtyrers. Die Kirche der Verkündigung, reich an Reliquien aller Heiligen des Kalenders, ist bemerkenswerth wegen ihrer Frescobilder, unter denen sich auch ein Conterfei des Teufels findet, der mit seinen gewöhnlichen Attributen, Hörnern, Pferdefuß, Höllenspieß u. s. w. dargestellt ist. Die Glocken sämmtlicher Kremlkirchen sind auf dem sogenannten großen Johann vereinigt, dem höchsten Thurme der Stadt, erbaut im J. 1600, der eine kleine goldene Kuppel trägt, auf welcher ein einfaches vergoldetes Kreuz steht. Er enthält in verschiedenen Stockwerken nicht weniger als 31 Glocken, von denen die größte über 1600 Centner schwer und nach dem Rückzuge der Franzosen auf Befehl des Kaisers Alexander aus mehren kleinen Glocken mit einem Kostenaufwand von 150,000 Rubel Banco gegossen worden ist. Man kann den Thurm nur bis zu einer Höhe von 180 Fuß besteigen und behält noch 96 Fuß über sich, hat aber schon da eine weite, belohnende Aussicht. Napoleon ließ die letzte Spitze durch zwei Russen erklimmen; später wurde sie bei der Krönung des Kaisers Nikolaus erstiegen, weil damals der ganze Thurm erleuchtet werden sollte. Räthselhaft ist die am Fuße des Thurmes stehende berühmte Riesenglocke, von der man weder den Ursprung weiß, noch ob sie jemals in der Luft geschwebt und getönt hat. Früher war sie im Boden versunken; jetzt ruht sie auf einem drei Fuß hohen Mauerkranze, der eine Thüre enthält, durch welche man unter die Glocke treten kann. Dieselbe ist ohne jenen 19 Fuß hoch, hat 20 Fuß im Durchmesser und Wände von 25 Zoll Dicke; an der Südseite befindet sich ein großes Loch darin, das Stück aber, das herausgebrochen wurde, ist noch vorhanden. Außerhalb des Kremls erwähnen wir noch die Kirche des Schutzes der Maria, die mit ihren 20 Thürmchen, Kuppeln und Dächern einen wunderlichen Anblick darbietet; ihr Hauptthurm ist 150 Fuß hoch und inwendig ganz hohl. Die 200 in Moskau lebenden Griechen haben eine Kirche, wo der Gottesdienst in griechischer Sprache stattfindet. Eine Synagoge ist in Moskau nicht zu finden, da die Juden im Innern Rußlands ganz fehlen, wol aber eine Moschee, ohne Zweifel die nördlichste, die es gibt, ein kleines, höchst schmuckloses, im Innern nicht einmal mit Kalk beworfenes Gebäude, an welchem nichts zu loben ist als die Teppiche, die den Boden bedecken. Nur die Tataren, welche Sunniten sind und deren etwa 120 in Moskau leben (hauptsächlich Fuhrleute), benutzen sie, während die Perser (Schiiten), deren Zahl 25—30 beträgt, einen kleinen Betsaal bei einem Kaufmanne haben.

4. Klöster.

Die russische Geistlichkeit theilt sich in die weiße und die schwarze, ein Unterschied, der von der Kleidung hergenommen ist. Jene ist die Weltgeistlichkeit, die beim Gottesdienste meist weiß gekleidet erscheint, diese die Klostergeistlichkeit, die durchgängig zu der Regel des Basilius gehört und schwarz gekleidet ist. Das Hauptkleidungsstück ist ein langfaltiger Talar, meist von Sammt; den Kopf bedeckt eine cylinderartige hohe Mütze, von welcher ein langer Flor herabhängt.

Der Klöster gibt es in Moskau etwa 21; sie liegen theils in dem innersten und ältesten Theile der Stadt, und diese sind klein und beengt, theils an den äußersten Grenzen der Stadt, und dann sind sie geräumig und weitläufig; jedes hat seine eigenthümlichen Vorzüge. Am schönsten gelegen ist das Simonow'sche an der Moskwa, das wegen seines ausgezeichneten Sängerchors bekannt und besucht ist; es besteht durch die milden Gaben der Kaufleute, die sich daher vorzugsweise auf dem Kirchhofe dieses Klosters begraben lassen. Eins der ältesten ist das neue Kloster des Heilands, das seinen Ursprung einer aus der nowgorodschen Republik Wiätka hierher gebrachten alten Leinwand verdankt, auf welcher ein Christuskopf ohne Hände und Brust gemalt ist; natürlich ist dieses Christusbild (Spassitel) wunderthätig. Sehr umfänglich und ansehnlich ist das Kloster der donischen Mutter, das Boris Godunow 1591 zum Dank für den Sieg über die Moskau bedrohenden Tataren, den man der heiligen Mutter vom Don zuschrieb, erbauen ließ. Eine hohe rothe Mauer, mit festen Thürmen und Brustwehren versehen, umschließt 5—6 Kirchen und Kapellen, ein Birkenwäldchen, mehre Gehöfte und die Wohnungen für den Archimandriten (Abt) und die Mönche. Der Kirchhof ist deshalb interessant, weil er vorzugsweise dem ältesten Adel als Ruhestätte dient. Das „Heilandkloster hinter den Bildern" hat eine der besten öffentlichen Bibliotheken in Moskau, die zu einer mit dem Kloster verbundenen Schule für junge Leute, welche sich dem geistlichen Stande widmen wollen, gehört; in derselben werden 600 Schüler vom 6.—20. Jahre unterrichtet, von denen 100 im Kloster wohnen. Das griechische Kloster beherbergt nur fünf Mönche und einen Archimandriten und ist ein Filialkloster des Klosters auf dem Berge Athos. Unter den Nonnenklöstern bemerken wir zwei: das Mädchenkloster, gelegen an einem großen mit Gras bewachsenen Felde, worauf die russischen Kaiser nach ihrer Krönung das Volk bewirthen, wie noch Nikolaus I. im J. 1826 mit 50,000 Menschen that, und das Himmelfahrtskloster oder Wosnesenski'sche Frauenkloster, welches zwei Kirchen hat, in deren einer 36 russische Kaiserinnen und Großfürstinnen (von Eudoxia bis Natalia Alexiewna, der Schwester Peter's II., begraben 1728) beigesetzt sind. Die Zucht der russischen Klöster ist viel weniger streng als die der katholischen und unter gewissen Bedingungen werden Frauen in Mönchsklöstern, sowie Männer in Nonnenklöstern zugelassen. Da die Nonnen von ihrer Hände Arbeit leben müssen, so verrichten sie wol auf Feldarbeit auf den Klosteräckern und repariren ihre Gebäude, ja eine Kirche in Nischnei-Nowgorod ist ganz von Nonnen erbaut worden.

5. *Kaffeehäuser und Wirthsgärten.*

Die Wirthshäuser Moskaus sind sehr groß, aber weder von außen freundlich, noch im Innern reinlich und nett eingerichtet, sowie auch prompte Bedienung vermißt wird. In den Zimmern findet man trotz ihrer Höhe eine verdorbene Luft. Besser sind, zum Theil wenigstens, die Kaffeehäuser oder Restaurationen, in denen man große und zahlreiche Zimmer findet, die bunt ausgemalt, mit Spiegeln reichlich versehen und jedes mit einem Heiligenbilde, vor dem eine heilige Lampe brennt, ausgestattet sind. (In jedem Zimmer eines russischen Hauses findet man ein Heiligenbild, Obroß genannt und gewöhnlich Gott den Vater oder Gott den Sohn oder die heilige Dreieinigkeit vorstellend, häufig auch den heiligen Nikolaus, den verehrtesten Heiligen in ganz Rußland, oder den heiligen Michael, weit seltener die heilige Maria oder andere Heilige.) Nicht leicht vermißt man Nachtigallen oder andere Singvögel, deren Gesang zuweilen mit einer in einem Schranke verborgenen Spielorgel abwechselt. Die ersten und größten Kaffeehäuser findet man am Fuß des Kremls um den Alexandergarten herum, kleinere sind in der ganzen Stadt zerstreut. In allen fällt dem Fremden eine Unzahl von Dienern auf, die durchgängig in weißes Baumwollenzeug gekleidet sind, woraus sowol die Pantalons als die von einem Gürtel zusammengehaltenen hemdenartigen Röcke (Blousen) bestehen. Es gibt Kaffeehäuser, in denen man 80 und mehr Diener antrifft, die in jedem Zimmer haufenweise beisammenstehen. Sie sind freilich darum nöthig, weil die Russen gewohnt sind, sich sehr viel bedienen zu lassen und sich oft sogar den Thee einschenken und die Speisen vorschneiden lassen. Eine nicht minder auffallende Erscheinung besteht in der nirgend fehlenden Sammlung von Pfeifen, die für das Publicum bestimmt von den Dienern gestopft, angeraucht und brennend von einem Gaste zum andern getragen werden; sie haben durchgehends kleine, irdene, glatte türkische Köpfe und lange Röhre ohne Elasticität.

Ganz eigenthümlich ist die Art, wie die Russen Thee trinken (Kaffee kommt in den russischen Kaffeehäusern fast gar nicht vor, weshalb man sie eigentlich Theehäuser nennen sollte). In der Regel brauchen sie keine Milch (die nur auf besonderes Verlangen gegeben wird), auch nur wenig Zucker, mit dem überhaupt in Rußland sehr sparsam umgegangen wird, wol aber Citronenscheiben, die sie mit dem Löffel ausdrücken; den eingegossenen Thee gießen sie aus der Obertasse in die Untertasse und trinken aus dieser. Fast scheint es, als brauchten die Russen den Thee vorzugsweise als schweißtreibendes Mittel; oft trinken sie halbe Stunden lang fast unaufhörlich, und bei jedem Eingießen wird ganz heißes Wasser angewandt, sodaß ihnen oft der helle Schweiß auf der Stirn steht.

Unter den öffentlichen Gärten steht der Kreml- oder Alexandergarten obenan, der die Stelle des ausgetrockneten Schwanenteichs einnimmt und sich am Fuße der gewaltigen hohen Mauer des Kremls hin bis an die Moskwa erstreckt, auf der Nordseite durch ein Eisengitter von der Straße getrennt. Er entspricht dem Sommergarten in Petersburg und dem Tuileriengarten in Paris. In der Mitte zieht sich eine Hauptstraße hin, die der schönen Welt Moskaus an Frühlings- und Sommerabenden als Promenade dient. Der nächste Rang gebührt dem Petrowski'schen Garten mit seinem Schlosse, welcher dem Katharinenhoffschen Schlosse und Garten in Petersburg entspricht. Er wurde von Katharina II. angelegt, von dem jetzigen Kaiser erweitert und verschönert; von Jener rührt auch das Schloß her, das in einer Art von gothischem Geschmacke gebaut ist. Die Gartenanlagen, die großentheils noch zu neu und unentwickelt sind, können sich mit den schönen Gartenanlagen bei Dresden, München, Berlin nicht messen und leiden großen Mangel an Wasser; die Gegend ist ganz flach und kann dem Garten keinen Reiz geben, ist aber desto geeigneter zu den großen Spazierfahrten (Gulanien), welche die Russen so sehr lieben. Zu den schlechten Kaffeehäusern des Gartens ist vor einigen Jahren ein Vauxhall gekommen. Eine Actiengesellschaft hat nämlich ein großes stattliches Gebäude mit Tanzsaal, Speisesälen, Billardzimmern u. s. w. aufführen lassen, daneben noch andere kleinere Kaffeehäuser, umgeben von hübschen Gartenanlagen und versehen mit vielen Apparaten zu Vergnügungen aller Art. Auch der Garten Nieskutschnoi (d. i. Sanssouci, Sorgenfrei), gehörig zu einem Schlosse, das der Kaiser Nikolaus einer Gräfin Orlow abgekauft hat, ist dem Publicum geöffnet. Dieser hat eine weit schönere Lage als der vorhin gedachte Garten; er zieht sich am hohen rechten Ufer der Moskwa in sehr hübschen Anlagen zum Flusse hinab und ist durch viele kleine Schlösser und Häuser und schöne Bäume geschmückt.

Stärke der französischen Armeen seit dem 16. Jahrhundert.

Folgende Zahlen lassen zwar wegen der Unbestimmtheit der ältern Angaben keine genaue Vergleichung zu, möchten aber dennoch der Wahrheit am nächsten kommen.

Sechszehntes Jahrhundert. 1558: 41,000, meist im Auslande geworben; 1600: 6737—8500 (so viel waren zum Kriege gegen Savoyen disponibel).

Siebzehntes Jahrhundert. 1609: 10,000, 1610: 49,600 (kriegsfähig 37,000), 1620: 31,200, 1624: 42,000, 1630: 95,310 (worunter 18,000 Reiter), 1635: 100,000, 1636: 204,000, 1640: 226,000, 1642: 80,000, 1644: 160,000, 1651: 140,000, 1659: 201,000 (mit 30,000 Milizen), nach dem Frieden 125,000, 1666: 68,294 (ohne Milizen), 1668: 180,000 (incl. 30,000 Hülfstruppen), 1672: 176,000 (ohne Alliirte), 1678: vor dem Frieden von Nymwegen 400,000, nach demselben 138,000, 1683: 196,000, 1684: 158,500, 1688: 396,450 (mit Milizen), 1690: 430,000, 1697: 140,000.

Achtzehntes Jahrhundert (vor der Revolution). 1701: 392,000, 1714: 133,000, 1726: 160,000, 1733: 205,000, 1734: 303,029—348,000, 1738: 142,000—200,000, 1742: 400,000, 1748: 167,000, 1749: 216,230 (mit 55,000 Milizen), 1756: 290—300,000, 1759: 330,000, 1761: 346,572, 1762: 188,325, 1769: 160,352, 1775: 128,000 (worunter angeblich 60,000 Offiziere!), 1776: 297,743, 1780: 265,660 (worunter 32,000 Reiter), 1784: 286,723, 1787: 162,000, 1788: 305,000—360,000 (Friedens- und Kriegsfuß).

Zeit der Revolution und der Republik. 1789: 154,000 (worunter 31,500 Cavalerie, 10,500 Artillerie), 1790: 176,616, 1791: 226,276, 1792: 138,000, später 220,000, 1793: im Januar 220,000, im Februar 600,000, 1794: unter den Waffen 528—732,000, 1796: unter den Waffen 440,000, 1797: 530,000, 1798: 609,495, 1798: 449,000, 1799: 400,000, 1800: 414,000, 1801: 327,000, 1802: 533,960, 1803: 414,000.

Zeit des Kaiserreichs. 1804: 498,000, 1808: 754,668, 1812: 880,631, 1813: 1,087,593, 1815: (hundert Tage) 559,000.

Restauration. 1814: 267,411, 1818: 118,000, 1820: 257,000, 1822: 233,563, 1823: 180,000, 1825: 282,347 (Friedensfuß), 1826: 231,000, 1827: 227,169, 1828: 369,720, 1829: 281,000.

Regierung Ludwig Philipp's. 1830: 60,000 (disponibel), 1839: 375,121 (worunter 46,779 in Algier), 1840: (nach Thiers' Vorschlag) 639,000 reguläre Truppen.

Literarische Anzeige.

Neuer Roman.

In meinem Verlage erscheint soeben und ist durch alle Buchhandlungen zu beziehen:

Irma und Nanka.
Von
F. Bruno.
Zwei Theile.
Gr. 8. Geh. 2 Thlr. 15 Ngr.
Leipzig, im August 1842.

F. A. Brockhaus.

Festung Munkholm bei Drontheim.

Das Pfennig-Magazin

für Verbreitung gemeinnütziger Kenntnisse.

492.] Erscheint jeden Sonnabend. [September 3, 1842.

Michel Angelo Buonarotti.

Michel Angelo wurde im Jahre 1474 auf dem Schlosse Caprese im Toscanischen geboren. Sein Vater, Ludovico Leonardo Buonarotti Simoni, stolz auf seine Abstammung von dem alten Geschlechte der Grafen von Canossa, wünschte, daß er sich den Wissenschaften widmen möchte, und sah daher des Knaben schon frühzeitig sich offenbarende, entschiedene Hinneigung zur Kunst höchst ungern; denn die ausschließliche Beschäftigung mit derselben schien ihm dem Stande seines Sohnes durchaus nicht angemessen; allein er verzichtete lieber auf die Ausführung seines Plans, als daß er zu Zwangsmaßregeln gegriffen hätte, durch die er ja doch einmal nicht zum Ziele gelangt sein würde. Er ließ es demnach zu, daß Angelo, nachdem er eine Zeit lang den Unterricht des Francesco Granacci genossen hatte, in seinem 14. Jahre die Schule des David und Domenico Ghirlandajo besuchte. Diese Männer, obgleich damals mit Recht als die besten Maler gepriesen, nahmen doch bald nicht ohne Verdruß wahr, wie der junge Buonarotti ihnen nicht nur gleichkam, sondern sie sogar nach und nach durch seine Geschicklichkeit übertraf und beschämte. Um so weniger fühlten sie sich bewogen, ihrem Zöglinge Hindernisse in den Weg zu legen, als derselbe sich immer mehr von der Malerei ab- und der Plastik zuzuwenden begann; dies geschah namentlich, seitdem ihn der edle Herzog Lorenzo dei Medici, ein würdiger Nachfolger des großen Cosmo, in seinen Palast aufgenommen hatte, um die Entwickelung seiner natürlichen Anlagen zu beschleunigen. Der Jüngling wurde von dem Fürsten wie ein Sohn gehalten. Er ging mit allen den ausgezeichneten Personen um, welche damals den florentinischen Hof zierten, vorzüglich mit dem Dichter und Philosophen Politiano und mit dem berühmten Pico de Mirandola, aus deren Gesprächen er kaum weniger Gewinn zog als aus dem besondern Unterrichte seiner

Lehrer. Neben dem Studium der vaterländischen Dichter, vor Allen des Dante, den er auch späterhin am meisten schätzte, war es jedoch die Bildhauerei, der er unter Bertoldo's Leitung den größten Theil seiner Zeit widmete. Mit unermüdlichem Eifer copirte er die Werke Masaccio's in der Kirche del Carmine und die in dem herzoglichen Garten aufgestellten Antiken, sodaß er sich binnen kurzem eine ungewöhnliche Fertigkeit in der Sculptur aneignete. Zeugniß dafür gibt schon seine erste plastische Arbeit, eine grinsende Faunuslarve in Marmor, die er in seinem 16. Jahre vollendete und welche noch jetzt in Florenz zu sehen ist. Bedauern müssen wir, daß sich nicht auch sein erster Versuch in der Malerei, die Versuchung des heiligen Antonius, erhalten hat.

Eine Veränderung seiner äußern Lage trat ein, als 1492 sein bisheriger Gönner, der Herzog Lorenzo, starb; denn der Sohn desselben, Pietro di Medici II., obgleich für seine Person den Wissenschaften und Künsten nicht abhold, that doch für dieselben beiweitem nicht zu viel, als seine Vorfahren; auch konnte er es wol kaum, da die Politik seine ganze Aufmerksamkeit in Anspruch nahm. Michel Angelo zog sich deshalb vom Hofe zurück und suchte in dem Kloster S.-Spirito, für dessen Prior er ein hölzernes Crucifix verfertigen sollte, eine Zuflucht. Hier beschäftigte er sich fast ausschließend mit anatomischen Studien; Tag und Nacht war er bemüht, die Leichname zu zergliedern, welche der Prior für ihn herbeischaffen ließ, um so den Bau des menschlichen Körpers auf das genaueste zu erforschen und ihn mit Pinsel und Meißel möglichst naturgetreu darstellen zu können. Ja es geht sogar die grauenvolle Sage, er habe einen Bettler wirklich ans Kreuz geheftet und qualvoll dahinsterben lassen, einzig und allein in der Absicht, einen Gekreuzigten vollkommen wahr und richtig nachzubilden. Daß diese Erzählung eben nur eine Sage sei, bedarf wol keines nähern Beweises. Wie tief sich aber damals der Künstler in anatomische Untersuchungen versenkt habe, darauf deuten selbst seine Gemälde aus jener Lebensperiode hin; unter andern eine Handzeichnung, die man nicht ohne ein Gefühl des Schauders zu betrachten vermag. Man sieht einen Cadaver, in dessen Herzgrube ein Licht steckt und in dessen Brusthöhle ein Zergliederer wühlt, während ein anderer mit dem Cirkel in der Hand ihm zur Seite steht; die beiden Lebenden sind, von dem Scheine des Lichts düster beleuchtet, fast ebenso gespensterartig als der Leichnam, der vor ihnen liegt.

Unterdessen hatte Pietro II. durch einen schimpflichen Frieden, den er mit dem König Karl VIII. von Frankreich schloß, den Unwillen und Haß des Volkes auf sich geladen. Florenz gerieth in Gährung und Aufruhr, der bekanntlich am 8. November 1494 die Flucht des Fürsten herbeiführte. Kurz vor dieser Katastrophe verließ Angelo die Stadt und begab sich zuerst nach Venedig, bald darauf aber nach Bologna, wo er sich eine geraume Zeit hindurch aufhielt. Als jedoch die Ruhe in Florenz einigermaßen wiederhergestellt war, kehrte er dorthin zurück. Hier arbeitete er an einer Bildsäule des Johannes, die aber jetzt nicht mehr vorhanden zu sein scheint, und vollendete einen schlafenden Cupido in Marmor, den er unter die Erde vergrub, um ihm das Ansehen einer Antike zu geben; wirklich verkaufte er ihn später als antik an den Cardinal Rafael Riario, allein dieser bald erfuhr die Täuschung und schickte dem Künstler die Statue zurück, lud ihn aber zugleich ein, zu ihm nach Rom zu kommen. Angelo folgte dieser Einladung und gab während seines einjährigen Aufenthalts zu Rom neue glänzende Beweise seiner Kunst. Vorzüglich verdienen zwei seiner damaligen Werke einer besondern Erwähnung; das eine ist ein Bacchus und das andere eine Madonna mit dem todten Christus. In dem erstern hat er unstreitig den Styl der Alten am besten getroffen, während er in der letztern, unter dem Namen Pietà bekannten Gruppe dem christlichen Typus am treuesten geblieben ist, von dem er sich im höhern Alter ziemlich weit entfernte.

Um das Jahr 1500 wendete er sich abermals nach Florenz, wohin ihm der Ruf von der Schönheit seiner eben vollendeten Arbeiten vorausgeeilt war. Jetzt eröffnete sich ihm ein neues Feld ruhmvoller Thätigkeit. In der Stadt befand sich ein großer Marmorblock, an welchem schon über ein Jahrhundert früher ein Bildhauer seine Kräfte versucht hatte, ohne etwas daraus schaffen zu können, weshalb man auch allgemein glaubte, er sei zu nichts mehr zu gebrauchen. Gleichwol wünschte der Senat von Florenz, den rohen Stein in ein Denkmal verwandelt zu sehen, und foderte demnach mehre Künstler auf, an das schwierige Werk Hand anzulegen. Auch an den großen Leonardo da Vinci, der gerade damals aus dem von den Franzosen besetzten Mailand ausgewandert war und sich in der Hauptstadt Toscanas niedergelassen hatte, erging eine derartige Aufforderung; allein er erklärte es für unmöglich, dem Blocke eine Gestalt zu geben, wenn man es Stücke ansetzen wollte. Desto begieriger ergriff Buonarotti — denn an ihn hatte man sich ebenfalls gewendet — eine Gelegenheit, bei der so viel Ehre zu gewinnen war. Nach sorgfältiger Berechnung aller Verhältnisse entwarf er seinen Plan, bei dessen Ausführung er sogar die Arbeit seines Vorgängers zu benutzen wußte, und so entstand die bewunderungswürdige, kolossale Statue David's, die später nachher den Eingang des Justizpalastes geschmückt ward. Hatte Michel Angelo in diesem Falle den Leonardo da Vinci übertroffen, so erscheint doch der Glanz seines Sieges deswegen geringer, weil da Vinci zwar ein ausgezeichneter Maler, aber keineswegs ein ebenso ausgezeichneter Bildhauer war; bald jedoch sollte er sich mit ihm auch in der Malerei messen und zwar nicht zu seinem Nachtheile. Es handelte sich darum, den Rathssaal mit historischen Darstellungen zu zieren. Den Auftrag dazu erhielten Leonardo und Angelo gemeinschaftlich. Der Erstere malte ein Reitergefecht der Florentiner gegen die Pisaner, in welchem sich der Reichthum seiner Phantasie und die Kraft seines Pinsels herrlich bekundete; der Letztere wählte eine Scene aus dem pisanischen Kriege, wo eine Schar florentinischer Soldaten, die sich eben im Arno baden, plötzlich uud unerwartet den Aufruf zum Kampfe vernimmt. Schon die Wahl des Gegenstandes muß eine höchst glückliche genannt werden, die Behandlung aber war nach dem Urtheile gleichzeitiger competenter Kunstrichter meisterhaft, ja Benvenuto Cellini erklärt diese Composition für die beste des Buonarotti; leider besitzen wir sie nur noch stückweise; denn ebenso wie Leonardo da Vinci hat auch Michel Angelo nicht das eigentliche Gemälde ausgeführt, sondern blos einen Carton dazu verfertigt, den Bandinelli aus Haß gegen den Künstler und aus Liebe zu da Vinci zerrissen haben soll, ein Vandalismus, der zu unglaublich und zu empörend ist, als daß man ihn auf die vorgebrachten unzureichenden Gründe hin für gegründet halten dürfte. Wer oder was aber auch immer die Schuld an der Zerstörung des herrlichen Werkes tragen möge, die Entscheidung darüber ändert an der Sache selbst gar nichts; genug, es sind bloße Fragmente auf uns gekommen, und glücklicherweise befindet sich darunter der Haupttheil des Ganzen, eine Gruppe von 16 Figuren, theils nackte, theils im Ankleiden begriffene, theils schon angekleidete Soldaten, die in ihren verschiedenen Stellungen, Geberden und Mienen ein so lebendiges, so treffendes Gemälde der Bestürzung und Verwirrung bilden, daß man bei dem Betrachten desselben nur mit größter Bewunderung des Meisters gedenken kann.

Nicht lange nach der Vollendung dieser Arbeiten um das Jahr 1503 wurde Angelo von dem Papste Julius II. nach Rom berufen und beauftragt, für ihn einen Entwurf zu einem Grabmale zu machen. Mehre Monate sann er nach, ehe er sich auch nur zu dem ersten Striche entschloß; aber als nun endlich der Papst die Zeichnung vorgelegt erhielt, so befahl er, hingerissen von der Großartigkeit und Schönheit des Plans, die Ausführung desselben auf das schleunigste zu beginnen und in möglichst kurzer Frist zu bewirken. Der Künstler beeilte sich daher nach Kräften und schon trat aus der Mitte des werdenden Denkmals das colossale Standbild des Moses hervor, schon waren andere Statuen ganz oder halb vollendet, als Julius der Zweite, ungeduldig über den seiner Ansicht nach viel zu langsamen Fortgang des Werkes und ungehalten wegen des großen Aufwandes, den es ihm verursachte, seinen Mismuth gegen Buonarotti dadurch an den Tag legte, daß er seinen Geldfoderungen kein Gehör mehr schenkte und ihn zuletzt gar nicht mehr vor sich ließ. Eine solche Behandlung konnte der Stolz des Meisters nicht ertragen. Zornig verließ er Rom und machte sich auf den Weg nach Florenz. Kaum hatte der Papst seine Entfernung erfahren, so reute ihn sein Benehmen; unverzüglich schickte er dem Beleidigten nacheinander fünf Eilboten nach, die ihn zur Rückkehr bewegen sollten; allein umsonst. Angelo blieb fest bei seiner Weigerung. Indeß während der drei Monate, daß er sich in Florenz aufhielt, sendete Julius drei Breven an den Rath dieser Stadt, welche in so heftiger Sprache abgefaßt waren, daß nicht allein der Künstler, sondern selbst der Senat das Schlimmste befürchten zu müssen glaubte. Jener traf sogar bereits alle Anstalten, nach Konstantinopel zu flüchten, und würde vielleicht den Vorsatze die That haben folgen lassen, wenn ihn nicht der Gonfaloniere Soderini durch sein Zureden umgestimmt und geneigt gemacht hätte, mit dem Papste wieder in freundschaftliche Verhältnisse zu treten.

Die Aussöhnung fand zu Bologna im November 1506 statt. Eigentlich sollte der Cardinal Soderini die Rolle des Vermittlers übernehmen; da dieser jedoch gerade krank war, so mußte ein Bischof seines Gefolges den Angelo bei dem heiligen Vater einführen. Demüthig stand Angelo da und harrte auf den apostolischen Segen; allein Julius blickte ihn drohend an und rief endlich mit zornigem Tone aus: „So, anstatt zu mir zu kommen, hast du erwartet, daß ich zu dir komme?" Inzwischen gelang es dem Bischof, den Aufgebrachten zu besänftigen, und nachdem der Papst dem Buonarotti mit seinem Hirtenstabe einen Schlag über die Schultern gegeben hatte, ertheilte er ihm seinen Segen und mit demselben seine Verzeihung. Zu Bologna beschäftigte sich Michel Angelo sechzehn Monate lang mit der Herstellung einer colossalen Statue des Papstes; er beachtete dabei mehr den Kirchenfürsten als den Knecht der Knechte. Julius erschien, seinem kriegerischen Charakter gemäß, in fester, stolzer Haltung, mit fast trotzigen Gesichtszügen und mit gebieterisch ausgestrecktem Arme. Als der Papst das Modell sah, fragte er, ob er segnend oder fluchend habe dargestellt werden sollen;

klug und vorsichtig antwortete der Meister, er habe sich ihn gedacht, wie er die Einwohner von Bologna ermahne. Auf die Frage aber, ob er mit einem Buche in der linken Hand abgebildet zu sein wünsche, erwiederte Julius: „Nein! Gib mir ein Schwert, ich bin kein Gelehrter." Die Statue wurde in Erz gegossen und soll 17,500 Pfund gewogen haben; später wurde sie in ein Kriegsgeschoß umgeschmolzen und nur den Kopf behielt der Herzog von Ferrara.

Nachdem Michel Angelo die Errichtung dieses Denkmals bewerkstelligt hatte, begab er sich wieder nach Rom, wo neue, schwierige Aufträge seiner warteten. Bald nach seiner Ankunft nämlich erhielt er Befehl, die Sirtinische Kapelle mit Gemälden aus der biblischen Geschichte zu schmücken; da er nun aber keine Uebung in der Frescomalerei besaß, so suchte er diese Arbeit von sich abzulehnen; allein der Papst duldete keinen Widerspruch, um so weniger, jemehr er von den Feinden des Künstlers, die diesem jetzt seinen Ruhm zu entreißen hofften, noch besonders in dem gefaßten Entschlusse bestärkt wurde. Ganz wider seinen Willen also ging Buonarotti an das ungewohnte Geschäft. Anfangs ließ er seine Mitschüler und Freunde aus Florenz kommen, um ihm behülflich zu sein; kaum jedoch hatte er ihnen ihre Kunstgriffe abgesehen, so schickte er sie fort, zerstörte Das, was sie bereits vollendet hatten, und begann nun allein das große Werk. Niemand durfte die Kapelle betreten, und als dennoch einmal der Papst, ungeduldig wegen des geheimnißvollen Wesens, hineinkam, so verscheuchte ihn der Maler zuerst dadurch, daß er ein Bret vom Gerüste herabwarf, dann aber ergriff er selbst die Flucht. Indessen söhnten sich Beide in kurzem wieder miteinander aus, worauf Buonarotti unausgesetzt fortarbeitete. Nach 22 Monaten, am Allerheiligenfeste (1. November) 1509 oder, was wahrscheinlicher ist, 1510, konnte sich das Publicum zum ersten Male an dem Anblicke der herrlichen Kunstschöpfungen weiden. Die Gemälde sind folgende: die Schöpfung der Welt und des Menschen, der Sündenfall, die Vertreibung aus dem Paradiese, die Sündflut, die wunderbare Errettung der Israeliten, endlich die Propheten und Sibyllen, als die, welche die Erscheinung des Erlösers verkündeten. Alle diese Darstellungen, welche zusammen den Deckenraum einnehmen, sind lautredende Zeugen von Angelo's Meisterschaft. Die Eva auf dem Bilde des Sündenfalls und der Vertreibung aus dem Paradiese gehört nebst der delphischen Sibylle zu den vollkommensten weiblichen Gestalten, die je der Pinsel eines Malers geschaffen hat. Unter den Propheten ragen Jesaias, Jeremias und Zacharias besonders hervor; die Figur Gottes in der Schöpfung ist unbeschreiblich majestätisch und würdevoll; die Sündflut aber zeichnet sich vor allen übrigen Bildern durch eine unübertreffliche Composition aus und macht auf den Beschauer den lebhaftesten Eindruck. Die eben geschilderten Gemälde erscheinen in einem noch vortheilhaftern Lichte, wenn man sie mit dem an der hintern Wand befindlichen vergleicht, es ist dies eine Darstellung des jüngsten Gerichts, welches Michel Angelo unter den Päpsten Clemens VII. und Paul III. von 1534—41 malte. Dieses ungeheure, 60 Fuß hohe und 30 Fuß breite Bild hat nicht mit Unrecht mannichfachen Tadel erfahren. Die weiblichen Figuren entbehren der Schönheit und Anmuth; die Engel sind keineswegs zarte Jünglingsgestalten und da sie nicht einmal durch Flügel kenntlich gemacht worden sind, so hat man Mühe, sie zu unterscheiden; die Männer erscheinen zuweilen plump, so selbst der Heiland, an dem man eine

*

edle Form und Haltung gänzlich vermißt; ja manche Stellungen von Gruppen und einzelnen Figuren sind sogar widernatürlich. Solche und ähnliche Mängel verdunkeln allerdings die Vorzüge, welche auch dieses Werk in reichem Maße besitzt; sie dürften aber wol in dem hohen Alter des Künstlers ihre genügende Entschuldigung finden. Früher rügte man auch die Nacktheit der meisten Figuren als für einen solchen Ort durchaus nicht passend. Der Papst Paul IV. wollte deshalb, da sich Michel Angelo weigerte, Gewänder darüber zu malen, das ganze Werk vernichten lassen; allein glücklicherweise erklärte sich Danielle de Volterra, ein Schüler Buonarotti's, bereit, den Anstoß zu entfernen; er that es bei einigen Hauptfiguren wirklich und erhielt davon den Beinamen Braghettone (Hosenmacher) Auch Gregor XIII. war einmal Willens, das Bild zu zerstören, und noch Clemens XIII. ließ von dem Maler St. Pozzi mehre nackte Figuren mit Gewändern bedecken.

(Der Beschluß folgt in Nr. 493.)

Der Hafen von Alexandria.*)

*) Über die Stadt Alexandria vergleiche Nr. 350 des Pfennig-Magazins.

Neu-Südwales bis zum Jahre 1836.

Die Südsee oder das stille Meer, welches den weiten Raum zwischen der Westküste Amerikas und der Ostküste Asiens ausfüllt, ist von einer unzähligen Menge theils größerer, theils kleinerer Inseln übersäet, die zusammengenommen unter dem Namen Australien, Südindien oder Polynesien (Inselwelt) den fünften Welttheil ausmachen. Die umfangreichste von ihnen ist das sogenannte Festland von Australien oder Neuholland, das sich vom 9.—39. Grade südlicher Breite und vom 131.—172. Grade östlicher Länge (von Ferro) ausdehnt und Europa an Flächeninhalt fast erreicht, ja vielleicht noch übertrifft.

Wann und von wem dieses große Land eigentlich zuerst aufgefunden worden sei, läßt sich nicht mit Genauigkeit bestimmen. Die Portugiesen, die Spanier, die Franzosen und die Holländer machen auf die Ehre der Entdeckung gleichmäßig Anspruch. Namentlich sollen die Portugiesen schon in der ersten Hälfte des 16. Jahrhunderts von seiner Existenz gewußt haben; man thut ihnen aber wol schwerlich Unrecht, wenn man die Wahrheit dieser Angabe bezweifelt. Mit mehr Grund kann man den Spanier Don Pedro Fernando de Quiros als Denjenigen bezeichnen, der die Nachricht von dem Vorhandensein eines großen, noch unbekannten Continents nach Europa gebracht hat; wenigstens behauptete er, einen solchen im Jahre 1609 entdeckt zu haben, und bat zugleich seinen Souverain um Ausrüstung einer Expedition zur Untersuchung und Besitznahme des Landes. Da ihm jedoch die Gewährung seines Gesuchs verweigert und auf diese Weise die Gelegenheit genommen wurde, seine Entdeckung weiter zu verfolgen, so bleibt es immer noch einigermaßen zweifelhaft, ob das von ihm gesehene Land wirklich der australische Continent oder nur eine der größern Inseln gewesen sei. Wie dem nun auch sein möge, so viel ist gewiß, daß die Holländer, welche zwischen 1616 und 1650 wiederholt die nördliche, westliche und südliche Küste Australiens besuchten, zuerst über die geographische Lage des neuen Welttheils genaue Kunde gaben. Die Entdeckung der Ostküste dagegen fällt in eine weit spätere Zeit und blieb den Engländern vorbehalten. Nachdem nämlich schon 1699 Dampier auf Befehl des englischen Königs Wilhelm III. eine Reise nach Australien unternommen hatte, ohne jedoch seine Forschungen über die Gegenden hinaus zu erstrecken, welche bereits durch die Bemühungen der Holländer näher bekannt geworden waren, erwarb sich der berühmte Seefahrer Capitain Cook 1770 und 1777 dadurch ein unsterbliches Verdienst um die Erweiterung geographischer Kenntnisse, daß er die östlichen Gestade Neuhollands entdeckte und aufnahm. Nicht minder erheblich und dankenswerth waren die Nachweisungen, welche bald nach ihm Hunter, Flinders und einige Franzosen über jene gewaltige Insel ertheilten.

Die Berichte über die physische Beschaffenheit des Bodens und über das Klima lauteten im Allgemeinen günstig. Gleichwol traf man noch von keiner Seite ernstliche Anstalten zur Benutzung des Landes und Niemand machte den Versuch, daselbst eine europäische Colonie in größerm Maßstabe zu gründen. Vielleicht wäre dies auch in der nächsten Folgezeit nicht geschehen, wenn nicht England sich gerade damals in einer eigenthümlichen Verlegenheit befunden hätte. Seit 1589 und noch mehr seit 1691 war man nun gewohnt, schwerere Verbrecher, die nach den Gesetzen mit lebenslänglicher Haft hätten bestraft werden sollen oder die durch Begnadigung dem Tode entgangen waren, in ferne Gegenden zu deportiren, um so die Gefängnisse von Zeit zu Zeit zu leeren und das Mutterland von Menschen zu säubern, welche ohne Gefahr für die Sicherheit des Staats und die Moralität des Volkes nicht wieder in Freiheit gesetzt werden konnten. Vor dem Ausbruche des Kriegs in Amerika hatte man sie meistentheils dorthin geschickt; durch jenen Krieg aber wurde es unmöglich, dieses Verfahren noch fernerhin beizubehalten, und man mußte sich daher nach andern für jenen Zweck geeigneten Orten umsehen. Zunächst richtete man nun seine Aufmerksamkeit auf die Westküste Afrikas, deren höchst ungesundes Klima jedoch der Mehrzahl der versuchsweise dahin gebrachten Sträflinge binnen kurzem den Tod zuzog. Das Gefühl der Menschlichkeit erforderte es demnach, die Deportation nach Afrika unverzüglich einzustellen, während die Überfüllung der einheimischen Gefängnisse die Ausmittelung eines neuen Abzugskanals dringend erheischte. So geschah es, daß das britische Parlament auf der erst kurz vorher von Cook entdeckten und Neu=Südwales benannten Ostküste Australiens eine Strafcolonie anzulegen beschloß.

Diesem Beschlusse gemäß wurde im März 1787 eine Flotte von 11 Segeln ausgerüstet, welche 600 Verbrecher und 250 Verbrecherinnen, außerdem aber 207 Soldaten unter einem Major und 20 Matrosenweiber mit ihren Kindern an Bord nahm. Den Oberbefehl über die Fahrzeuge und zugleich den Gouverneurposten in der zu stiftenden Ansiedelung erhielt der Capitain Sir Arthur Phillip, ein Marineoffizier von großer Einsicht und erprobter Tapferkeit. Er verließ 1787 den Hafen von Portsmouth und kam nach einer ziemlich günstigen, achtmonatlichen Fahrt am 26. Januar des folgenden Jahres in Botanybai an. Allein dieser kleine Meerbusen gewährte den Schiffen so wenig Schutz gegen die Ostwinde, und das angrenzende Terrain, meist nur Sumpf und Sand, war so augenscheinlich unpassend für eine Niederlassung, daß man sich zur Aufsuchung eines bequemern Platzes genöthigt sah. Ein solcher war indeß bald gefunden; denn nur ein Paar Meilen nördlich von Botanybai stieß man auf Port Jackson, den schönsten und sichersten Hafen, den ein Seefahrer sich wünschen mag. Auch kündigte sich der Boden an dieser Stelle, obschon bis an das Ufer dicht mit ungeheuern Bäumen bewaldet, als ein sehr fruchtbarer an und Sir Phillip begann deshalb sogleich die Ausschiffung ins Werk zu setzen.

Die großen Schwierigkeiten, auf welche man dabei stieß, da man sich fast jeden Fuß breit Landes durch mühsame Ausrodung gewaltiger Baumstämme erkaufen mußte, waren Schuld daran, daß erst am 6. Februar die Letzten der Mannschaft — im Ganzen noch 1030 Seelen — die Schiffe verlassen konnten. Bis dahin aber hatte man mehre Lagerplätze abgesteckt, Zelte ausgespannt und an dem östlichen Ufer des Hafens ein für den Gouverneur mitgebrachtes Haus aufgestellt. Den Ort, wo das letztere, umgeben von einigen Sträflingsbaracken, stand, hieß man, zu Ehren des damaligen Staatssecretairs für das Innere, Sidney.

Nachdem so für das Unterkommen der Colonisten einstweilen nothdürftig gesorgt war, schritt man zur Erbauung von Häusern für die vornehmsten Beamten und legte eine Kaserne, ein Magazin und vor Allem ein Hospital an; denn der Scharbock und die rothe Ruhr griffen unter den Eingewanderten auf eine bedenkliche Weise um sich und rafften viele derselben hinweg. Der Grund dieses ungünstigen Gesundheitszustandes lag in dem Mangel an vegetabilischer Nahrung und in dem Genusse halb verdorbenen Pökelfleisches, weshalb auch später, als man jenem Mangel durch Bebauung des Landes abgeholfen hatte, diese Krankheiten immer mehr und mehr verschwanden. Allein eben die Urbarmachung des Bodens schritt nur höchst langsam vorwärts; denn abgesehen von den Hindernissen, welche die natürliche Beschaffenheit desselben der Cultur entgegenstellte, und die Stockungen, die das ziemlich allgemein verbreitete Siechthum in den Arbeiten hervorrief, ungerechnet, so fehlte es auch gänzlich an Leuten, welche durch ihre ökonomischen Kenntnisse den Ackerbau hätten befördern können. Wäre man gleich anfangs vorsichtig genug gewesen, eine hinreichende Anzahl erfahrener Landwirthe nach Australien zu schicken, so würde die Ansiedelung von vorn herein eine andere Gestalt gewonnen haben und gewiß viel früher zu dem Wohlstande gelangt sein, den sie besonders seit der Einwanderung freier Männer genießt. So jedoch gerieth die junge Colonie bald in eine Lage, durch welche sie fast einem schnellen Untergange wäre entgegengeführt worden. Die Mundvorräthe, welche man aus England mit herübergebracht hatte, schmolzen immer mehr zusammen und eine furchtbare Dürre, die jedes Aufkommen von Feldfrüchten verhinderte, das Gras auf dem Weideplätzen versengte und selbst an manchen Stellen Waldbrände verursachte, vernichtete alle Hoffnung, die leeren Magazine von neuem zu füllen. Vergebens hoffte man auf eine frische Zufuhr von Lebensmitteln aus dem Mutterlande, da die Ansiedelung niemals ohne einen zwölfmonatlichen Proviant gelassen werden sollte; es war auch in der That im August 1789 ein mit dem Nöthigen versehenes Schiff von dort ausgesendet worden, aber dasselbe stieß unglücklicherweise auf einen Eisberg und konnte den Ort seiner Bestimmung nicht erreichen. An seiner Statt kam im Mai 1790 ein anderes Fahrzeug an, das einen neuen Transport von Verbrechern mitbrachte und dadurch die Noth in Neu=Südwales noch höher steigerte. Scharenweise entwichen die Sträflinge aus der

Colonie, indem sie in dem Wahne standen, zu Lande nach China gelangen zu können; die Meisten von ihnen starben eines jämmerlichen Hungertodes oder wurden von den Eingeborenen erschlagen; nur Wenige kehrten zurück, um mindestens, wenn auch kümmerlich, ihr Leben zu fristen.

Unter solchen Umständen wäre es gewiß verzeihlich gewesen, wenn der Gouverneur die Ansiedelung aufgegeben hätte; allein Capitain Phillip besaß Festigkeit genug, trotz alles Ungemachs nicht zu verzweifeln. Etwas jedoch mußte gethan werden, um das bis aufs Äußerste gesteigerte Elend zu vermindern. Am leichtesten schien dies bewirkt werden zu können, wenn man einen Theil der Colonisten in eine andere von der Dürre nicht betroffene Gegend versetzte, welche ihnen die Aussicht gab, noch vor dem gänzlichen Ausgehen der vorhandenen Lebensmittel durch eine ergiebige Ernte ihre Subsistenz zu sichern. Da nun die kleine nordöstlich von Port Jackson gelegene Insel Norfolk von Capitain Cook früher als ausnehmend fruchtbar geschildert worden war, so sendete Sir Phillip den Untergouverneur, Major Roß, mit zwei Compagnien Seesoldaten und ungefähr 200 Sträflingen dorthin, indem er ihnen zugleich so viele Vorräthe gewährte, als die Zurückgebliebenen nur irgend zu missen vermochten. Leider ging von diesen Vorräthen bei dem Anlanden an den steilen Felsenufern der Insel Vieles verloren und schon nach ein paar Monaten trat in Norfolk der drückendste Mangel ein. Die Rationen der Erwachsenen bestanden nur noch in 3 Pfund Mehl, 1½ Pfund Rindfleisch und 1 Pfund Reis wöchentlich und es mußte, um Unruhen unter den Sträflingen vorzubeugen, das Kriegsgesetz proclamirt werden. Während jedoch hier den Ansiedlern eine unerwartete, wunderbare Hülfe zu Theil ward, indem gerade in ihrer höchsten Noth sich große Schwärme von leicht einzufangenden Seevögeln auf dem Eilande niederließen, um in den Höhlungen der Berge zu brüten, wollte sich für die halb verhungerten Colonisten auf Neu=Südwales noch immer keine Rettung zeigen. Erst in den letzten Tagen des Juni 1790 kamen die sehnlichst erwarteten Zufuhren aus England an und hiermit hatten die Leiden der Niederlassung ein Ende, sodaß selbst die Ankunft von 1565 Verbrechern (unter denen nur 64 weiblichen Geschlechts waren), welche im nächsten Jahre erfolgte, eine Wiederkehr derselben nicht veranlaßte.

Zu bedauern war es dagegen, daß der Gouverneur Phillip im December 1792 sein Amt wegen geschwächter Gesundheit niederlegte und sich nach England einschiffte. Er hatte sich in jeder Beziehung als einen zur Ausfüllung jenes so schwierigen Postens vollkommen befähigten Mann gezeigt. Nicht nur war es ihm gelungen, alle Schwierigkeiten, welche mit der Gründung einer Colonie, vorzüglich aber einer Verbrechercolonie, verbunden sind, glücklich zu überwinden, sondern er hatte auch vermöge seiner kräftigen, umsichtigen Maßregeln die Ansiedelung ungeachtet der drohendsten Gefahren zu erhalten gewußt. Alle seine Einrichtungen und Verfügungen tragen den Stempel der Weisheit unverkennbar an ihrer Stirn und sind ein sprechendes Denkmal für den liebenswürdigen, tugendhaften Charakter ihres Urhebers. Schon sein Verfahren gegen die Ureinwohner des Landes stellt ihn in ein sehr vortheilhaftes Licht. Er duldete es durchaus nicht, daß diese armen Menschen von irgend Jemand beunruhigt würden, und wagten es nichtswürdige Verbrecher, seinem bestimmt ausgesprochenen Willen entgegenzuhandeln, so harrten ihrer die strengsten Strafen. Auch für die Civilisation der Wilden that er, was in seinen Kräften stand, ohne daß jedoch seine Bestrebungen von Erfolg gewesen wären; denn die Neuholländer, unter denen man zwei Racen, eine neger= und eine malaienartige, unterscheidet und welche selbst in viele kleine abgesondert lebende Stämme zerfallen, beweisen stets wenig Fähigkeit und noch weniger Lust, sich europäische Bildung anzueignen. Zwar konnte man wol Jüngere aus ihnen bewegen, eine Zeit lang in den Kreisen irgend einer Ansiedlerfamilie zu leben; allein früher oder später begaben sie sich doch zu den Ihrigen zurück, bei denen sie sich wieder ganz so benahmen, als wären sie niemals mit Europäern zusammengekommen. So sehr hängen sie an ihren Gewohnheiten, daß selbst der Wilde, welcher Sir Phillip mit nach England begleitete, als er später in sein Vaterland zurückkehrte, sogleich die lästige Kleidung abwarf und seine Stammgenossen im Walde aufsuchte. Aus diesem Charakter der Eingeborenen läßt sich der schlechte Fortgang zum Theil erklären, den die Missionen unter ihnen bis jetzt gehabt haben, obwol die Missionare selbst nicht von aller Schuld freigesprochen werden können. Übrigens wurde die Anzahl der Ureinwohner bald nach Gründung der britischen Colonie durch eine den Blattern ähnliche Seuche, die furchtbar unter ihnen gewüthet zu haben scheint, sichtlich vermindert und die Kämpfe, in denen die einzelnen Stämme fast ununterbrochen begriffen sind, lichten ihre Reihen noch immer; ja vielleicht ist die Zeit nicht gar so fern, wo von ihren einst blühenden Geschlechtern nur noch traurige Überreste zu finden sein werden.

Besonderes Lob verdient noch die Sorgfalt, welche der erste Gouverneur von Neu=Südwales auf die sittliche Besserung der Sträflinge verwendete. Auf jede mögliche Weise unterstützte er Diejenigen unter ihnen, bei denen er den ernsten Entschluß bemerkte, sich fortan eines tugendhaften Wandels zu befleißigen. Nach ihrer Freilassung bewilligte er ihnen 30 und noch mehr Morgen Landes, Kleidung und Lebensmittel auf 12—18 Monate, außerdem aber das nöthige Haus= und Ackergeräth und die Aussaat für das erste Jahr ohne alle Vergütung. Noch größere Vergünstigungen gewährte er Denjenigen, die seinem dringenden Anrathen zum Eintritt in den ehelichen Stand Folge leisteten, weil er das Heirathen der Sträflinge mit Recht als das geeignetste Mittel ansah, den Excessen und Ausschweifungen vorzubeugen, denen sich eben erst aus dem Kerker Befreite nur gar zu häufig hinzugeben pflegen. Noch mehr aber hoffte er für das äußere und innere Gedeihen der Niederlassung überhaupt und für die Moralität der Deportirten insbesondere von einer ausgedehntern und zahlreichern Einwanderung freier Briten; er ersuchte deshalb die oberste Behörde in England mehrmals, tüchtigen und unbescholtenen Landleuten oder Handwerkern, die etwa Lust haben sollten, sich nach Neu=Südwales zu begeben, alle Aufmunterung zu Theil werden zu lassen. Wie klug dieser Rath war, das hat die spätere Geschichte der Colonie auf das klarste bewiesen.

(Die Fortsetzung folgt in Nr. 493.)

Kampf einer Löwin mit einem Emgalo.

Wir haben in Nr. 490 gesehen, daß der Emgalo im ganzen weiten Negerlande und in Abyssinien wohnt. Ein noch größeres Vaterland hat der Löwe; denn es gibt auch nicht ein Land in Afrika, wo er nicht einheimisch wäre. Zwar ist er auch in Vorderasien zu treffen, d. h. in der asiatischen Türkei und in Persien, aber viel seltener. In Afrika entwickelt er seine ganze Kraft, und fast alle merkwürdigen Erzählungen von ihm beziehen sich auf Begebenheiten, die in diesem Welttheile vorgefallen sind. Eine solche ist die, welche der Franzose l'Amiral auf folgende Weise erzählt: „Podhor ist eine französische Niederlassung am Senegal und liegt 60 französische Meilen von seiner Mündung landeinwärts. In dieser Gegend sah ich im Jahre 1786 am Ufer des erwähnten Stroms am Rande eines Waldes einen sehr großen Emgalo. In einiger Entfernung davon befand sich ein Löwe mit seiner Löwin. Sobald diese den Emgalo gewahr wurden, sprang die Löwin mit außerordentlicher Schnelligkeit darauf zu, warf sich wüthend über den Emgalo her, faßte ihn bei der Gurgel, schüttelte ihn gewaltig und schlug tüchtig mit dem Schwanze in seine Weichen. Ungeachtet sich der Emgalo mit Anstrengung wehrte, dauerte der Kampf doch nur fünf Minuten, worauf er unterlag, indem er dabei ein schreckliches Geschrei ausstieß. Währenddem kam der Löwe ganz langsam herbei, setzte sich auf seine Hinterfüße und sah ruhig und gleichgültig zu. Erst als der Emgalo todt war, ging er ebenso langsam vollends hin und verzehrte zugleich mit der Löwin die Beute."

Daraus sieht man, daß die Löwin viel lebhafter ist als der Löwe, was wir auch an den in der Gefangenschaft befindlichen Löwen und Löwinnen sehen. Während die Löwin meist lebhaft im Käfig umhergeht, liegt der Löwe größtentheils ausgestreckt da und dehnt sich, faul der Ruhe pflegend.

Die Salzbergwerke von Wieliczka. *)

Das galizische Bergstädtchen Wieliczka liegt mit seinem alten Schlosse, seinen Thürmen und unregelmäßigen Gassen in einem Bergkessel der vordern Karpaten, eine Meile südlich von Krakau, an der Straße, die von da nach Wien führt. Eine kleine deutsche Colonie, dort „Schwaben=Dörfle" genannt, hat sich der alten Polenstadt zur Seite gelegt. Doch nicht was, auf der Erde ist, zieht unsere Augen hieher, sondern was ihr Schoß hier birgt. Vor 600 Jahren nämlich, im Jahre 1251, entdeckte man hier, wie zu Bochnia, die reichhaltigsten Steinsalzlager, und fing an, sie zum Nutzen der Menschheit auszubeuten, und zwar soll die heilige Kunigunde, die Gemahlin des polnischen Herzogs Boleslaus V., diese Entdeckung gemacht haben. Die anfangs höchst einfache und rohe Art des Anbaus wurde mit der Zeit, indem man Bergleute aus Ungarn und Deutschland herbeizog, kunstgerechter und geregelter. Doch waren die Arbeiten während der ganzen Polenherrschaft, wo die Bergwerke gewöhnlich an Juden verpachtet wurden, immer höchst unvollkommen, da man meist nur auf den augenblicklichen Gewinn sein Augenmerk richtete und der Zukunft nicht gedachte. Seit 1772, als die Bergwerke an Östreich kamen, begann eigentlich erst nach den neuen verbesserten Methoden eine vernünftige Bearbeitung, deren Geschichte das seitdem begründete Archiv im Einzelnen enthält, freilich nur für die östreichische Regierung, keineswegs für Jedermann. Bei so geregeltem und verbessertem Betriebe gewinnt man jetzt in Wieliczka jährlich 6—800,000 Centner Salz jährlich, wovon der kleinere Theil frühern Verträgen zufolge an Preußen und Rußland zu den Gewinnungspreisen abgelassen wird, der andere von der östreichischen Regierung um von ihr selbst bestimmten Preise (im Durchschnitt der Centner zu zwei Gulden Conv.=Münze) verkauft und vertrieben wird, sodaß wir die Salzgruben für sie zu ergiebigen Goldgruben werden sehen. Die Anzahl der bei den Bergwerken Beschäftigten beträgt im Ganzen 900, wovon 86 Beamte und zwar die höhern alle Deutsche sind. An der Spitze dieser Beamten, die gut besoldet sind und sich in „montanistische" (eigentliche technische zur Leitung und Beaufsichtigung des Baus) und „obertägige" (Herren von der Feder) theilen, steht ein Gouverneur nebst mehren Bergräthen; ihre Bildung erhalten sie meist auf der Akademie in Schemnitz in Ungarn.

Die Salzbergwerke dehnen sich jetzt in einem Gebiete von 35,000 Quadratklaftern aus; wollte man alle Stollen und Gänge ineinander legen, so würde ihre Länge zusammen 7½ Meilen betragen. Zur Verbindung der unterirdischen Gänge und Räume mit der Oberfläche der Erde dienen 10 Schachte und zwar wird einer zur Herausschaffung des Wassers, zwei zum Einfahren der Menschen, die übrigen zur Herausförderung des Salzes und Hinabförderung von Pferden, Holz, Stroh und dgl. gebraucht. Das Ganze zerfällt in drei Hauptabtheilungen, „Felder" genannt („das alte Feld", die ältesten unregelmäßigsten Anlagen enthaltend, „das Janinafeld", nach König Johann so genannt, und das „neue Feld" aus der östreichischen Zeit); jede derselben besteht aus fünf übereinander liegenden Stockwerken („Contignationen"), die wieder aus vielen durch Stollen und andere Gänge verbundenen Höhlen und Kammern zusammengesetzt sind und auch selbst durch schräg abwärts gehende Treppen und Schachte zusammenhängen. Die Tiefe des Ganzen beträgt 145 Klaftern oder 870 Fuß; in einer Tiefe von 15 Klaftern erscheinen in Thonschichten die ersten Spuren von Salz.

Nicht alles Salz, das gewonnen wird, ist von derselben Beschaffenheit. Das beste, das aber nur in kleinen Massen hier und da vorkommt, ist das Krystallsalz oder Edelsteinsalz, so genannt, weil es völlig weiß und durchsichtig ist. Dieses wurde sonst an den König von Polen abgeliefert, der die Magnaten seines Reichs oder benachbarte Fürsten mit kleinen Portionen davon beschenkte. Noch jetzt erhält der König von Preußen jährlich zwei Centner dieses Salzes, der Kaiser von Rußland als solcher und als König von Polen 5½, der Kaiser von Östreich als solcher drei und als König von Ungarn noch einen Centner. Auch allerlei Kleinigkeiten, als Nadelbüchsen, Kreuze, Kugeln, Tintenfässer und dgl. werden daraus verfertigt und um hohe Preise den Fremden verkauft. Außerdem gibt es noch drei Arten: das Kothsalz, in den obern Schichten des Werks, mit vielem Thon und Lehm gemischt, nur als Baumaterial im Bergwerke selbst oder fürs Vieh benutzt; das Grünsalz, in großen dichten Massen unter dem Kothsalze liegend, von grüner Farbe und beinahe so hart als Glas, auf dessen Gewinn man hauptsächlich ausgeht; endlich das Schibiker= oder Scheibensalz, das zu allerunterst liegt, weniger dunkel und noch dichter als das Grünsalz. Diesen zwei letzten Salzarten gibt man seit alter Zeit zweierlei Formen: die Walzen= und die Parallelepipedonform; die Stücke der erstern Form sind mehr für den Landtransport, die Stücke der letztern (Formalstücke) werden mehr verschifft; die Schwere eines jeden ein-

---

*) Wir folgen hier der neuesten Beschreibung derselben von Kohl in dessen sehr lesenswerthen „Reisen im Innern von Rußland und Polen." — Vergl. übrigens Nr. 141 des Pfennig=Magazins, wo eine Abbildung einen senkrechten Durchschnitt der Bergwerke gibt.

zelnen beträgt zwei bis drei Centner. Außerdem werden noch ungeformte Stücke unter dem Namen Naturalstücke, sowie Abfall unter der Benennung Minutiensalz verkauft, jene einzeln, dieses in Fässern von drei bis fünf Centnern.

Da die frühere schlechte und planlose Anlage Unbequemlichkeiten und Gefahren mit sich führte, so hat man sich in neuerer Zeit genöthigt gesehen, die Gänge und Stollen zu erweitern und auszumauern; auch eine große Menge von Holzpfeilern wurde zum Stützen aufgeführt, oft von 20 Fuß Länge und Breite und 40 Fuß Höhe; doch bedient man sich jetzt gewöhnlich nicht mehr des Holzes als Baumaterial, sondern gebraucht große feste Salzstücke selbst als Bausteine zum Ausmauern, die nach mehrmaligem Begießen mit Wasser nach und nach unglaublich fest zusammenhalten, und läßt in gewisser Entfernung dicke Salzpfeiler als Stützen stehen. Die Zahl der Kammern, Gewölbe, Treppen, Stollen u. s. w. ist so ungeheuer, daß selbst kein einziger Beamter Wieliczkas sich in diesem unterirdischen Irrgarten zurechtzufinden weiß. Hundert Kammern sind durch Größe ausgezeichnet und führen besondere Namen theils von Heiligen, theils von Beamten, die bei ihrer Anlegung besonders thätig waren, auch von polnischen Königen oder östreichischen Kaisern.

Die Fremden, die sonst oft wie Säcke zu vier bis sechs übereinander an einem langen Stricke in die Tiefe herabgelassen wurden, gelangen jetzt auf bequemere Weise theils in Salz gehauenen, theils von Baumstämmen gebauten Treppen hinunter. Alles ist hier unten reinlich und trocken; man meint gothische Kirchengewölbe zu durchwandern; die Wände blinken, als wären sie mit Spiegelglas belegt. Die Luft ist durchaus sehr trocken, wie viele Salzbildsäulen beweisen, die seit Jahrhunderten unversehrt stehen; schädliche Gasarten entwickeln sich fast nie, daher sehen auch die Arbeiter gesund aus und sind meist sehr lange in diesem Berufe thätig, viele 40—45 Jahre. Die Pferde, von denen sich gewöhnlich 16—20 Paare hier befinden und, sind sie einmal hinabgelassen, nie wieder ans Tageslicht zurückkehren, werden in diesen salzigen Räumen bei dem Futter, das sie aus salzgemeißelten Krippen fressen, nicht nur dick und fett, sondern auch sehr alt.

Die Höhe der Kammern beträgt durchschnittlich 100—150 Fuß, die Länge und Breite 80—100; in einigen hängen ungeheure Kronleuchter, aus Salzkrystallen künstlich zusammengefügt. Selbst Kapellen hat man hier unten angelegt: die größte, dem heiligen Antonius geweiht, ist 1698 gebaut; während sonst für alle zu Berg Fahrenden täglich eine Messe in derselben gelesen wurde, ist jetzt, seit Kaiser Joseph II., nur noch am 3. Juli festlicher Gottesdienst, bei dem alle Beamten in Gala erscheinen, nachher wird ein feierliches Mittagsmahl in den Salzhallen gehalten. Altar, Gewölbe, Thüren, Crucifix, viele Heiligenbilder, selbst die Lampen, Alles ist aus halbdurchsichtigem Krystallsalz zierlich gearbeitet. Im dem „alten Tanzsaale", in dem ein kolossaler östreichischer Adler aufgestellt ist, von Nachbildungen sämmtlicher zum Anbaue nöthiger Geräthschaften in Salz umgeben, werden zuweilen bei glänzender Beleuchtung unterirdische Feste gegeben, wo dann die Wände wie von tausend und aber tausend Edelsteinen wiederzustrahlen scheinen. Suworoff hatte an ihm so großes Wohlgefallen, daß er drei Tage sein Hauptquartier und seine Kanzlei dort aufschlug. Von den wunderbaren Teichen oder Seen, die sich hier unten befinden und zum Theil ziemlich tief sind, werden einige mit kleinen Kähnen befahren; ihr Wasser wird nie von einem Windhauch bewegt und gekräuselt und keine Blumen blühen an ihren Ufern. Ein kleines Cabinet zeigt dem Reisenden alle Salzarten, Salzformen und mineralischen Bildungen des Bergwerks; Muscheln, Steine, Holzkohlen und Baumäste, die man in dieser Tiefe fand und hier aufstellte, deuten auf die ungeheuern Umwälzungen, die hier stattgefunden haben müssen.

Was nun endlich die Art der Lösung der Salzmassen betrifft, so wird das reine Salz, wo es sich in kleinen Massen, in Adern und dgl. findet, mit spitzen Hacken herausgeschlagen, und so wird das sogenannte Minutiensalz gewonnen; das mit fremden Theilen vermischte Kothsalz wird durch Pulver losgesprengt, sodaß Naturalstücke entstehen; das Grünsalz und das Schibikersalz, das rein und in großen Massen sich findet, wird in großen langen Parallelepipeden abgelöst, und zwar verfährt man dabei so, daß die Bergleute mit Meißeln und Hacken eine flache, senkrechte Wand aufdecken und ebenen, meist in einer Höhe von 20 Fuß. Hat man sie nun durch eingegrabene senkrechte Rinnen, welche 20—30 Zoll tief sind, in längliche Streifen zertheilt, so setzt man eine lange Reihe von Eisenkeilen in die Fugen ein, zieht alle zu gleicher Zeit an und löst so die einzelnen Säulen nacheinander los, die, meist selbst dann noch feststehend, durch Hebebäume zu Boden geworfen werden müssen.

Literarische Anzeige.

Durch alle Buchhandlungen und Postämter ist zu beziehen:

Landwirthschaftliche Dorfzeitung.

Herausgegeben unter Mitwirkung einer Gesellschaft praktischer Land- und Hauswirthe von **C. v. Pfaffenrath** und **William Löbe**.

Mit einem Beiblatt: Gemeinnütziges Unterhaltungsblatt für Stadt und Land.

Dritter Jahrgang. 4. 20 Ngr.

Hiervon erscheint wöchentlich 1 Bogen. **Ankündigungen** darin werden mit 2 Ngr. für den Raum einer gespaltenen Zeile berechnet, **besondere Anzeigen** rc. gegen eine Vergütung von ¾ Thlr. für das Tausend beigelegt.

Inhalt des Monats Juli:

Dorfzeitung. Über Waldwirthschaft der Ökonomen. — Der Brand im Weizen. — Das Rösten des Hafers. — Mittheilungen aus den Protokollen des mecklenburgischen patriotischen Vereins. — Über den Anbau entblößter Holzflecke, wüster Hutungen und entlegener Ländereien der Gemeinden. — Anfragen über Feld-, Garten- und Obstbau. — Hafer- und Kartoffelbrot als Pferdefutter. — Englische Pferde. Mit einer Abbildung. — Über die Lähme der Lämmer. — **Miscellen, Ankündigungen.**

Unterhaltungsblatt. Der Wilddieb. — Die goldene Schäferei in den Urvestern der Burg Ranis, Volkssage aus dem Orlagau. — Beitrag zur Geschichte des Pflugs. — Man sei in seinen Reden und Handlungen vorsichtig gegen Kinder. — Büchermarkt. — Der Frühjahrsmarkt mit Tiroler- und Schweizerknaben und Mädchen in einigen oberschwäbischen Städten. — Die Haideschnucke. — Zeitungswesen. — **Vermischtes, Anekdoten, Ankündigungen.**

Leipzig, im August 1842.

F. A. Brockhaus.

Das Pfennig-Magazin
für
Verbreitung gemeinnütziger Kenntnisse.

493.] Erscheint jeden Sonnabend. [September 10, 1842.

Die Falkenjägerin, nach einem Gemälde von Albrecht Dürer.

Michel Angelo Buonarotti.
(Beschluß aus Nr. 492.)

Leo X., welcher 1513 den päpstlichen Thron bestieg, befahl dem Künstler, nach Florenz zu gehen, und den Wiederaufbau der dortigen St.=Lorenzkirche zu leiten. Angelo hatte wenig Lust dazu und entschuldigte sich damit, daß er das Grabmal Julius II. vollenden müsse; allein er sah sich nach vielem Widerstreben dennoch genöthigt, dem Drängen des Papstes nachzugeben. Er ging demnach nach Florenz, betrieb aber das ihm anvertraute Werk, das ohnehin schon durch ungünstige Umstände vielfach aufgehalten wurde, so lässig, daß bei Leo's Tode (1521) nur erst der Grund zu dem Gebäude gelegt war. Auch im Übrigen war Buonarotti während dieses Zeitraums auffallend unthätig. Unter Hadrian VI. (1521—23) dagegen arbeitete er wieder an dem Grabmale Julius II., ebenso unter Clemens VII., jedoch mit häufigen Unterbrechungen, welche durch anderweitige Aufträge, namentlich aber die damaligen Kriegsunruhen herbeigeführt wurden. Die Florentiner hatten nämlich 1527 die Mediceer vertrieben, ohne daß Clemens, selbst ein Mediceer, im Stande gewesen wäre, sie daran zu verhindern. Kaum jedoch sah sich der Papst von seinen eigenen Feinden befreit, so sann er ernstlich darauf, seiner Familie die lange behauptete Oberherrschaft über Florenz wieder zu verschaffen. Bei dem Kampfe, der sich nun entspann, befand sich Angelo in einer sonderbaren Lage, denn da er in der Stadt die Stelle eines Ingenieurs bekleidete, so mußte er dieselbe gegen die Mediceer vertheidigen helfen, während er doch zugleich an ihrem Mausoleum in der St.=Lorenzokirche arbeitete. Sieben Statuen hatte er bereits vollendet, als 1531 Alessandro di Medici als Herzog in die eroberte Stadt einzog. Seiner Sicherheit wegen verließ der Künstler Florenz und begab sich nach Ferrara zum Herzog von Este, der ihn sehr freundlich aufnahm; von dort ging er nach Venedig, wo er den Plan zu der prachtvollen Rialtobrücke entwarf. Bald darauf jedoch erhielt er vom Papste Verzeihung und den Befehl, das Grabmal der Mediceer zu vollenden. Es ist dies das bedeutendste Werk, welches Buonarotti in der Sculptur geliefert hat; vornehmlich müssen die Figuren des Lorenzo und Giuliano hervorgehoben werden; sie sitzen einander gegenüber, Beide in römischer Tracht, Lorenzo den Helm auf dem Haupte, den Ellenbogen auf das Knie gestützt und die Hand am Kinn, als ob er tief über etwas nachdächte (daher Pensieroso genannt), Giuliano ohne Kopfbedeckung, das Schwert auf dem Schoße. Diese Figuren verdienen das Lob, das alle Kenner ihnen einstimmig ertheilen, denn ihre Schönheit und Vollkommenheit ist in der That unvergleichlich. Auch das Grabmal Julius II., welches um diese Zeit vollendet und in der Kirche zu St.=Pietro in Vincoli aufgestellt ward, ist, obgleich nicht in dem Umfange ausgeführt, der ihm bestimmt war, ein würdiges Denkmal der Bildhauerkunst.

Wir übergehen hier andere minder wichtige Werke Buonarotti's und wenden uns wieder zu seiner Lebensgeschichte. Es ist schon früher bei Gelegenheit erwähnt worden, daß er von 1534 an sieben Jahre lang mit der Darstellung des jüngsten Gerichts in der Sirtinischen Kapelle zu Rom beschäftigt war. Einige Jahre nachdem er dieses Gemälde zu Stande gebracht hatte, übertrug ihm nach San Gallo's Tode (1546) der Papst Paul III. den Bau der Peterskirche. Angelo verwarf das von seinem Vorgänger San Gallo gefertigte Modell, welches über 4000 Scudi gekostet hatte, und lieferte binnen 14 Tagen ein anderes, das nur 50 Scudi kostete und den ganzen Beifall des Papstes erhielt. Dieser erließ hierauf eine Verordnung, worin er dem Buonarotti die Stelle als Baumeister der Peterskirche auf Lebenszeit ertheilte, ihm vollkommene Freiheit, nach eigenem Gutdünken zu handeln, gewährte und zugleich bestimmte, daß von seinem Plane niemals dürfe abgewichen werden. So führte denn Michel Angelo den Riesenbau des weltberühmten Tempels, obwol nicht ohne Störungen und Unterbrechungen, beinahe zwanzig Jahre lang allein zur Ehre Gottes und zu seinem eigenen Ruhme; denn zur Annahme eines Lohns (600 Ducaten jährlichen Gehalt bot ihm der Papst) konnte er nicht bewogen werden. Die Vollendung dieses seines Lieblingswerkes zu erleben durfte er nicht hoffen; doch sahe er noch vor seinem Sterbebette aus die ungeheure Kuppel St.=Peter's emporsteigen. Er verschied am 17. Februar 1564. Sein Leichnam wurde in der Kirche der heiligen Apostel beigesetzt, aber schon 14 Tage nachher von dem Neffen des Verstorbenen, Leonardo Buonarotti, heimlich weggenommen und nach Florenz in die Familiengruft Sta.=Croce gebracht, wo er neben den Gebeinen seines Vaters ruht. Sowol in der Apostelkirche als auch in Florenz setzte man ihm später Denkmäler.

Michel Angelo war von sanftem, gutmüthigem Charakter; nur wenn man seinen Künstlerstolz beleidigte, brauste er zuweilen mit allzugroßer Heftigkeit auf. Er führte stets ein stilles, einfaches Leben, welches er so sehr liebte, daß er oft ungesellig erscheinen mochte und sich daher nur wenig wahre Freunde erwarb. Verheirathet war er nie, vielmehr pflegte er die Kunst seine Geliebte und seine Werke seine Kinder zu nennen.

Als Künstler steht Buonarotti in zwiefachem Sinne einzig da; denn weder hat er Vorgänger — wenigstens läßt sich kein Meister namhaft machen, der für sein Vorbild gehalten werden konnte — noch hat er in der eigentlichen Bedeutung des Worts eine Schule gestiftet. An Nachahmern freilich und Schülern fehlte es ihm nicht; allein diese eigneten sich häufig mehr seine Fehler, als seine Vorzüge an; nur Wenige, wie Danielle de Volterra, Pietro Urbano, Ascanio Condivi, Gaspar Bacerra, Filippi, traten ihm näher.

Als Maler ist er oft nicht zu seinem Vortheile mit Rafael verglichen worden; zugestehen muß man, daß er einseitiger als dieser ist. Ruhige Erhabenheit und ideale Größe, das war der Ausdruck, den er in seinen Werken am besten wiederzugeben verstand; seltener glückte es ihm, tiefe Gemüthsbewegungen äußerlich darzustellen, doch haben wir auch davon glänzende Beispiele. Alttestamentliche Gegenstände zu malen gelang ihm besser, als neutestamentliche, weil er sich, besonders im höhern Alter, viel zu sehr von dem Typus christlicher Kunst entfernte. Man könnte ihn vielleicht nicht unpassend den Dante der Maler nennen. In der Bildhauerei ist er von keinem Neuern übertroffen worden; nur Schade, daß er seine derartigen Arbeiten fast immer unvollendet ließ. Nur die Auffindung der Ideen machte ihm Freude; die Ausführung derselben aber befriedigte ihn entweder gar nicht, oder sie ging ihm zu langsam von statten, sodaß sein Eifer nach und nach erkaltete. Was die Architektur anlangt, so galt er seinen Zeitgenossen auch in dieser Beziehung als ein Künstler ersten Ranges. Jetzt urtheilt man hierüber anders; ja Manche sind so weit gegangen, ihn als Denjenigen zu bezeichnen, der den Verfall der Baukunst wenn auch nicht herbeigeführt, doch wesentlich gefördert habe. Die meisten seiner Gebäude (wir erwähnen nur noch die Kirche Sta.-Maria begli Angioli zu Rom, einzelne Theile des Capitols, den Palast Farnese, eine Kapelle in S.-Andrea della Valle) fallen in das Plumpe und ein überladener Styl macht sich fast überall bemerkbar. Indeß steht wenigstens die Kuppel St.-Peter's als ein Werk da, welches ihm auch im Fache der Architektur einen bleibenden Ruhm sichert.

Als Dichter, — denn auch als solcher versuchte er sich, obwol blos zur eigenen Unterhaltung — behauptet er nur eine untergeordnete Stelle. Seine Gedichte und prosaischen Werke, meist scherzhaften Inhalts und allerdings nicht ohne Spuren von Talent, erschienen erst lange nach seinem Tode, im Jahre 1623, und wurden 1726 von Bottari zu Florenz nochmals herausgegeben.

Die Universitäten Europas.

Von den noch bestehenden 110 Universitäten Europas entstanden oder wurden restaurirt:

Im 12. Jahrhundert 2: Bologna 1150 und Montpellier 1189.

Im 13. Jahrhundert 9: Paris 1206, Salamanca 1222, Neapel 1224, Padua 1228, Toulouse 1233, Rom 1248, Orford 1249, Cambridge 1279, Lyon 1300.

Im 14. Jahrhundert 11: Perugia 1307, Coimbra 1308, Siena 1337, Pisa 1338, Valladolid 1346, Prag 1348, Huesca 1354, Pavia 1361 (erneuert 1770), Wien 1365 (erneuert 1756), Genf 1368 (erneuert 1538), Heidelberg 1386.

Im 15. Jahrhundert 26: Würzburg 1403 (erneuert 1582), Aix und Leipzig 1409, Valencia 1410, St.-Andrews 1411, Turin 1412, Rostock 1419 (erneuert 1789), Löwen 1426 (erneuert 1835), Poitiers 1431, Caen und Florenz 1433, Bordeaux 1441, Catania 1445, Palermo 1447, Greifswald und Freiburg 1456, Glasgow 1458, Basel 1460, Pesth 1465 (erneuert 1784), Aberdeen 1471, Toledo und Saragossa 1474, Kopenhagen 1475, Upsala 1476, Tübingen 1477, Alcala 1499.

Im 16. Jahrhundert 14: Sevilla 1504, Marburg 1527, Granada 1531, St.-Jago 1532, Königsberg 1544, Orihuela 1552, Jena 1558, Besançon 1564, Leyden 1575, Oviedo 1580, Olmütz (erneuert 1827) und Edinburg 1581, Grätz 1586 (erneuert 1826), Dublin 1591.

Im 17. Jahrhundert 9: Gießen 1607, Gröningen 1614, Strasburg 1621, Dorpat 1632 (erneuert 1703 und 1802), Utrecht 1634, Kiel 1665, Lund 1668, Innsbruck 1672 (erneuert 1792 und 1826), Halle 1694.

Im 18. Jahrhundert 12: Breslau 1702 (erneuert 1811), Moskau 1705, Cervera 1717, Dijon 1725, Göttingen 1734, Erlangen 1743, Cagliari 1764, Saffari 1766, Lemberg 1784 (erneuert 1817), Bonn 1786, Montauban und Rouen 1800 (erneuert 1818).

Im 19. Jahrhundert 27: Rennes 1801, Kasan, Charkow und Wilna 1803, Lausanne 1806, Berlin 1810, Christiania 1811, Genua 1812, Lüttich, Gent und Warschau 1816, Krakau 1817, Bonn 1818, Petersburg 1819, Korfu 1823, Camerino, Macerata, Fermo und Ferrara 1824, München 1826, London und Helsingfors 1828, Kiew und Zürich 1833, Bern 1834, Brüssel 1837, Athen, Messina und Malta 1834.

Hiervon kommen auf die einzelnen europäischen Staaten:

Belgien 4 Universitäten: Löwen mit 660, Lüttich mit 350, Gent mit 340, Brüssel mit 60 Studirenden.

Dänemark 2 Universitäten: Kopenhagen mit 1260, Kiel mit 290 Studirenden.

Deutschland (ohne Östreich, Preußen und Holstein) 12 Universitäten (s. Nr. 488).

Frankreich 14 Universitäten: Montpellier mit 780, Paris mit 7000, Toulouse mit 1300, Lyon mit 80, Aix mit 120, Poitiers mit 250, Caen mit 295, Bordeaux mit 120, Besançon mit 70, Strasburg mit 880, Dijon mit 450, Montauban mit 400, Rouen mit 85, Rennes mit 315 Studirenden, zusammen 12,180 Studirende.

Griechenland 1 Universität: Athen mit 180 Studirenden.

Großbritannien 8 Universitäten: Orford mit 5200, Cambridge mit 5530, St.-Andrews mit 200, Glasgow mit 1600, Aberdeen mit 510, Dublin mit 1350, Edinburg mit 2200, London mit 960 Studirenden, zusammen 17,550 Studirende.

Italien (ohne Östreich) 19 Universitäten: Bologna mit 560, Neapel mit 1550, Rom mit 680, Perugia mit 210, Siena mit 260, Pisa mit 580, Turin mit 1300, Florenz mit 220, Catania mit 600, Palermo mit 735, Cagliari mit 260, Saffari mit 240, Genua mit 610, Camerino mit 310, Macerata mit 320, Fermo mit 235, Ferrara mit 200, Messina mit 60, Malta mit 200 Studirenden, zusammen 8800 Studirende.

Jonien 1 Universität: Korfu mit 300 Studirenden.

Krakau 1 Universität: Krakau mit 300 Studirenden.

Niederlande 3 Universitäten: Leyden mit 511, Gröningen mit 303, Utrecht mit 402 Studirenden (hierzu kommt das Athenäum in Amsterdam mit 150 Studirenden).

Östreich 9 Universitäten: Padua mit 1500, Prag mit 1460, Pavia mit 1590, Wien mit 2700, Pesth mit 1900, Grätz mit 510, Olmütz mit 200, Innsbruck mit 500, Lemberg mit 1060 Studirenden, zusammen 15,100 Studirende.

Portugal 1 Universität: Coimbra mit 1900 Studirenden.

Preußen 6 Universitäten: Berlin mit 1652, Bonn mit 619, Breslau mit 639, Greifswald mit 150, Halle mit 674, Königsberg mit 400 Studirenden, zusammen 4134 Studirende.

Rußland und Polen 9 Universitäten: Dorpat mit 595, Moskau mit 1360, Kasan mit 190, Charkow mit 330, Wilna mit 610, Warschau mit 400, Petersburg mit 1300, Helsingfors mit 440, Kiew mit 300 Studirenden. (Nach einer andern Nachricht hatte Rußland 1840 nur 6 Universitäten mit 2740 Studirenden.

Schweden und Norwegen 3 Universitäten: Upsala mit 1450, Lund mit 650, Christiania mit 710 Studirenden.

Schweiz 5 Universitäten: Genf mit 330, Basel mit 140, Lausanne mit 230, Zürich mit 200, Bern mit 200 Studirenden.

Spanien 13 Universitäten: Salamanca mit 587, Valladolid mit 1163, Huesca mit 272, Valencia mit 2707, Toledo mit 205, Saragossa mit 770, Alcala mit 370, Sevilla mit 1200, Granada mit 810, St.-Jago mit 1120, Orihuela mit 130, Oviedo mit 398, Cervera mit 130 Studirenden. (In einem neuen Verzeichnisse der spanischen Universitäten werden noch Barcelona mit 648, Madrid mit 877, Oñate mit 149,

*

Vittoria mit 77 Studirenden aufgestellt, dagegen Alcala, Orihuela und Granada weggelassen.)

Im Verhältniß der Größe und Bevölkerung hat Rußland die wenigsten, Krakau die meisten Studirenden, Portugal die wenigsten, Krakau und Jonien die meisten Universitäten. Die Gesammtzahl aller Studirenden in Europa betrug 1841 ca. 95,000 oder 1 auf $1\tfrac{3}{4}$ Quadratmeile.

Die Mündung der Meerenge von Konstantinopel.

Wir glauben unserer Abbildung keinen bessern Commentar beifügen zu können, als einige Stellen aus Lamartine's Reise im Oriente, die auf die vielgepriesenen Reize des Bosporus Bezug haben.

„Zurückgekehrt von einer Fahrt durch den Kanal der Meerenge von Konstantinopel bis zu seiner Mündung in das schwarze Meer will ich versuchen, einige Züge dieser zauberischen Scenerie zu schildern. Meine Barke, geführt von vier arnautischen Rudern, glitt durch eine Menge vor Anker liegender Fahrzeuge und leichter Nachen hindurch, welche die Beamten des Serails, die Minister und ihre Kiajas und die Familien der Armenier, welche die Stunde der Arbeit an ihre Comptoirs zurückruft, nach Konstantinopel brachten. Große mit Truppen beladene Schaluppen fuhren zwischen dem Lande und den Kriegsschiffen hin und her und die eleganten Gondeln des Kapudan-Pascha, mit 20 Rudern bemannt, flogen mit der Schnelligkeit des Pfeils an uns vorüber. Etwa 30 Kriegsschiffe von sehr schöner Bauart lagen hier, welche bereit schienen, unter Segel zu gehen. In geringer Entfernung von diesen Schiffen erhebt sich auf dem europäischen Ufer ein langer, prachtvoller Palast: es ist der Serail des Sultans.

So oft die Wellen des Bosporus ein wenig vom Winde erhoben werden, so bespülen sie die Fenster des Serails und werfen ihren Schaum in die Zimmer des Erdgeschosses. Die Stufen der Freitreppen tauchen in das Wasser; Gitterthüren lassen das Meer sogar in die Höfe und Gärten eindringen. Hier sind Häfen für die Barken und Bäder für die Frauen, die durch Vorhänge verdeckt im Meere baden können. Hinter diesen Wasserhöfen erheben sich terrassenförmige Gärten mit vergitterten und vergoldeten Kiosken; ihre Blumenflächen verlieren sich in großen Eichen-, Lorberbaum- und Platanenwäldern, welche die Abhänge der Berge bedecken. Die Zimmer des Sultans sind offen, und ich sah durch die Fenster das reiche vergoldete Gesims der Decken, die Kronleuchter von Krystall, die Divans und Vorhänge von Seide. Die des Harems sind durch dichtes, zierlich gearbeitetes hölzernes Gitterwerk geschlossen. Unmittelbar hinter dem Serail beginnt eine ununterbrochene Reihe von Palästen, Häusern und Gärten der vornehmsten Günstlinge, Minister oder Beamten des Großherrn. Alle liegen nach dem Meere zu, als wollten sie die Frische desselben einathmen; ihre Fenster sind offen; die Besitzer sitzen auf Divans, in großen von Gold und Seide glänzenden Sälen, rauchend, plaudernd und Sorbet schlürfend. Zahlreiche, reichgekleidete Sklaven sitzen auf den Stufen der vom Meere bespülten Treppen, an deren Fuß bemannte Barken des Winks ihrer Gebieter harren. Überall bilden die Harems einen durch Gärten oder Höfe von den Wohnungen der Männer abgesonderten Flügel. Von Zeit zu Zeit sieht man den Kopf eines weiblichen Wesens an den Öffnungen eines mit Blumen verzierten Fensters zum Vorschein kommen, um ins Meer hinauszuschauen, oder den weißen Arm einer Frau, welche einen Vorhang öffnet oder schließt. Alle diese Paläste und Wohnungen sind von Holz, aber sehr zierlich gearbeitet, mit herumlaufenden Balustraden, eingetaucht in den Schatten großer Bäume, umgeben von Jasmin- und Rosengebüschen; alle werden vom Strome des Bosporus bespült und haben innere Höfe, in die das Meer eindringt. Der Bosporus ist so tief, daß man nahe genug am Ufer vorbeifährt, um den balsamischen Blumengeruch einzuathmen.

Je mehr man sich dem schwarzen Meere nähert, desto ernster wird die Landschaft, desto seltener die Häuser; die Hügel werden allmälig höher, und dichte Wälder treten an die Stelle der Gärten und Gebüsche. Ist man über das von Franken bewohnte Dorf Bujukdere hinausgekommen, so wird das Bette des Bosporus breiter und das Wasser beginnt eine dunklere Farbe anzunehmen. Auf dem asiatischen Ufer, Bujukdere gegenüber, bemerkt man einen steilen und sehr hohen Hügel, den die Türken den Berg des Riesen nennen. An diesem Punkte hat man eine herrliche Aussicht, denn man sieht zugleich das schwarze Meer und Konstantinopel mit seiner wundervollen Umgegend. Die türkische Chronik berichtet, daß Josua, nachdem er die Israeliten in das Land Kanaan geführt habe, in dieses äußerste Ende Asiens gezogen sei; sie macht aus ihm einen Riesen, der noch um Vieles größer war als Goliath, denn nach ihr soll er auf diesem Hügel seine Füße im Meere gebadet haben. Auf dem Gipfel des Berges ist eine Moschee erbaut; die Derwische dienen als Führer und Erklärer der Umgegend und verschmähen keine List, um die Unwissenheit oder Neugierde der Reisenden auszubeuten.

Am Eingange des schwarzen Meers finden sich die blauen Felsen, gegen welche die Fluten mit ungemeiner Heftigkeit schlagen — gefährliche Klippen, welche einst den Argonauten verderblich zu werden drohten. Dem Lootsen, welchen Phineus, König von Thrazien, den Argonauten gab, um sie zu führen, wurde das Steuerruder seiner Barke zerschmettert, und das Schiff Argo selbst stieß gegen einen dieser Felsen, fuhr aber glücklich durch und seitdem soll Neptun diese früher beständig zusammenschlagenden Felsen, bisher das Schrecken der Seefahrer, befestigt haben, worunter nichts Anderes zu verstehen ist, als daß ihre Lage genau bestimmt wurde."

Neu-Südwales bis zum Jahre 1836.

(Fortsetzung aus Nr. 492.)

Was endlich die Untersuchung des Landes betrifft, so blieb Gouverneur Phillip auch in dieser Hinsicht nicht müßig. Unter Andern entdeckte er den Hawkesbury, einen ziemlich bedeutenden Fluß, der sich in die nur wenig nördlich von Port Jackson gelegene Brockenbai ergießt. Die Ufer des Hawkesbury, die aus den fruchtbarsten angeschwemmten Erdschichten bestehen, galten bald nachher für das beste Ackerland in der Niederlassung und die Ernten daselbst übertrafen die kühnsten Erwartungen.

Die Achtung, die man nach diesem Allen dem Sir Arthur Phillip nicht versagen kann, wird noch erhöht, wenn man einen Blick auf das Thun und Treiben der unmittelbar nach ihm eintretenden Regierung wirft. Der Statthalterposten war eigentlich dem Capitain Hunter, einem Schotten, anvertraut worden; allein da dieser erst im August 1795 in Neuholland ankam, so leiteten die commandirenden Offiziere des sogenannten Neu-Südwales-Corps beinahe drei Jahre lang interimistisch die Angelegenheiten der Colonie. Dieses Corps war 1790 und 1791 für den australischen Dienst in England angeworben worden. Es läßt sich denken, daß der Dienst in jenem fernen Lande weder für angenehm noch für ehrenvoll galt, und daher kam es auch, daß sich fast nur Leute von zweideutigem Charakter und rohen Sitten zu demselben meldeten. Der Einfluß, den eine so zusammengesetzte Soldateska auf die Sträflingsbevölkerung ausüben mußte, läßt sich leicht berechnen. Es war kaum etwas Anderes zu vermuthen, als daß die Deportirten einestheils das traurige Beispiel eines zügellosen Lebens, welches ihnen täglich vor die Augen trat, eifrig nachahmen und anderntheils nicht ohne Erbitterung eine Herrschaft ertragen würden, die, während sie sich selbst Alles erlaubte, die entehrende Peitsche unaufhörlich im Schwunge hielt. Zum Überflusse trieben die Offiziere des Corps einen nicht minder verderblichen als einträglichen Handel mit geistigen Getränken, namentlich mit Rum; sie kauften alle Spirituosen, welche nach Neu-Südwales kamen, um einen verhältnißmäßig billigen Preis auf und verkauften sie alsdann wieder zu den höchsten Sätzen, weil die Nachfrage nach solcher Waare größer war, als die nach irgend einem andern Artikel. Wie sehr dadurch dem Hange zum Trunke, der über so Viele unermeßliches Elend herbeiführte, Vorschub geleistet ward, das erhellt am deutlichsten aus der Unzahl von Grogläden (es gab deren weit über 200), welche 1823 allein in dem damals noch kleinen Sidney im besten Flore standen, und aus der weiten Verbreitung, welche die mit dem Namen Delirium tremens oder Säuferwahnsinn bezeichnete Krankheit in Neu-Südwales gefunden hat. Hätte nur diese unselige Soldatenherrschaft blos drei Jahre gedauert, der Schade, den sie stiftete, wäre alsdann, obgleich schon tief genug, doch leichter wieder gut zu machen gewesen; allein sie war in der kurzen Zeit bereits so sehr erstarkt und so fest geworden, daß sie selbst einen Kampf mit der gesetzlichen Gewalt nicht zu scheuen brauchte.

Der neue Gouverneur, Capitain John Hunter, ein Mann, der seinem würdigen Vorgänger in nichts nachstand, bemerkte, als er endlich in der Colonie ankam, gar bald, daß er daselbst weder der einzige noch der oberste Gebieter sei; indeß ließ er sich durch diese Wahrnehmung nicht abhalten, Das, was ihm für die Ansiedelung heilsam schien, ohne Rücksicht auf etwaigen Anstoß zu verfügen und anzuordnen. Sein angelegentlichstes Streben ging natürlich auf schleunige Abschaffung der Misbräuche und Ungebührlichkeiten, welche durch Verschulden des Neu-Südwales-Corps in der Niederlassung eingerissen waren; allein hier stieß er auf den entschiedensten Widerstand. Man begnügte sich nicht damit, ihm bei allen seinen Schritten unübersteigliche Hindernisse in den Weg zu legen, sondern man griff zuletzt sogar zu Verleumdungen, um ihn bei den obersten Behörden in Britannien verdächtig zu machen und so feine Abberufung zu bewirken. Lange wollte dies nicht gelingen; vielmehr hatte es Sir Hunter schon dahin gebracht, daß man im Mutterlande die Zurückbeorderung des Neu-Südwales-Corps beschloß; unglücklicher Weise aber verhinderte der Krieg mit Frankreich die Ausführung dieses Beschlusses. Es erhoben sich nun lügnerische Anklagen gegen den Gouverneur, gegen welche sich dieser ein für alle Mal persönlich verwahren zu müssen glaubte. Er schiffte sich deshalb im Jahre 1800 nach England ein mit der Absicht, möglichst schnell in die Colonie zurückzukehren, was jedoch niemals geschah.

Inzwischen hatte sich der äußere Wohlstand der Ansiedelung merkbar gehoben. Durch den Fleiß der Bewohner, vorzüglich der freien Einwanderer, von denen die ersten zugleich mit Capitain Hunter eintrafen, waren ausgedehnte Strecken wüsten Landes angebaut worden. Paramatta, Toongabbe, Prospect und Castlehill, sämmtlich westlich von Sidney gelegene Ortschaften, lieferten Lebensmittel genug für die jetzt ungefähr 6500 starke Gesammtbevölkerung. In der Hauptstadt Sidney hielten sich davon gegen 2000 auf und die meisten von ihnen sahen sich in dem Besitz aller jener Bequemlichkeiten, an welche der Europäer von Jugend auf gewöhnt ist. Manches stand allerdings noch in einem sehr hohen Preise: eine Kuh kostete über 500, ein Pferd über 570, ein Schaf gegen 50, ein Schwein über 30 Thlr.; der Scheffel Weizen galt 4, das Pfund grünen Thees 5, das Pfund Butter über 1 Thlr., roher Zucker gegen 12 Gr.; indeß sanken alle diese Artikel bald in ihrem Werthe, und auch jene zum Theil ungeheuren Preise übten weiter keinen Einfluß auf die Verhältnisse aus.

Was die Beschäftigung der Sträflinge betrifft, so befanden sich die meisten im Dienste der Regierung, welche Jedem eine seinen Kräften und Kenntnissen angemessene Arbeit anwies; Einige jedoch wurden an Privatpersonen vertheilt. So erhielt jeder höhere Beamte, der sich mit Landwirthschaft abgab, 13 Sträflinge, 10 für die Bebauung der Felder und 3 für den Dienst im Hause; jeder frei Eingewanderte 5 und jeder freigelassene Sträfling oder Emancipist 1, alle mit der einzigen Bedingung, die ihnen solchergestalt Untergebenen zu beköstigen und zu kleiden. Diese Einrichtung hatte neben andern unmittelbar in die Augen springenden Vortheilen auch noch das Gute, daß die meisten der Privatpersonen übergebenen Verbrecher bei einer milden und klugen Behandlung von Seiten ihrer Herren leicht vollkommen gebessert wurden. In letzterm Falle erhielten sie gewöhnlich auf unbestimmte Zeit ausgestellte Urlaubskarten, vermöge deren es ihnen so lange gestattet war, ihrem eigenen Erwerbe nachzugehen, als sie nicht von Neuem die Gesetze übertraten. Ein auf Lebenszeit Deportirter konnte schon nach 8, ein auf 14 Jahre Verurtheilter nach 6 und ein auf 7 Jahre Verurtheilter nach 4 Jahren eine solche Urlaubskarte erhalten oder auch gänzlich begnadigt und von aller speciellen policeilichen Beaufsichtigung befreit werden. Für diejenigen aber, welche sich wiederholt Verbrechen zu Schulden kommen ließen, gab es verschiedene Strafgrade je nach der Schwere ihrer Vergehungen. Sie wurden entweder körperlich gezüchtigt — eine Strafe, die man besser ganz abgeschafft hätte — oder in die Tretmühle geschickt und zu sonstigen harten Arbeiten verwendet, oder nach einer Nebenstrafansiedelung deportirt, oder endlich vom Leben zum Tode gebracht. Übrigens wurden die härtern Strafen immer seltener zuerkannt, je mehr Sträflinge bei Privatpersonen ein Unterkommen fanden; für jetzt aber kamen noch oft Verbrechen vor, von denen ein großer Theil dem unsittlichen und unbesonnenen Treiben des Neu-Südwales-Corps zur Last gelegt werden muß, gegen welches Gouverneur Hunter ohne Erfolg in die Schranken getreten war.

Sein Nachfolger, Capitain Gidley King, zeigte die Energie nicht, die man bei andern Gelegenheiten an ihm beobachtet hatte, und seine Statthalterschaft war für die Colonie eher schädlich, als nützlich. Auch er sah seine Macht durch die Umtriebe der Offiziere gelähmt; anstatt sich ihnen nun aber offen und mit gerechten Waffen entgegenzustellen, wollte er sein Ansehen dadurch heben, daß er sich unter der zahlreichen Classe der Emancipisten eine Partei zu erwerben suchte. Zur Ausführung dieses Plans konnte er kein sicherers und — müssen wir hinzufügen — für das Wohl der Niederlassung verderblicheres Mittel finden, als das, welches er wirklich erwählte. Er ertheilte nämlich diesen Leuten sehr freigebig Licenzen zum Verkaufe von Spirituosen und verschaffte sich so allerdings in kurzem einen beträchtlichen Anhang, zugleich aber zog er eben dadurch der schon an sich gesunkenen Moralität die letzte Stütze hinweg.

Ein Glück, daß Capitain William Bligh, der nach ihm seit dem August 1806 die Zügel der Regierung ergriff, in dieser Beziehung einen ganz entgegengesetzten Weg einschlug. Der erste Schritt, den er sogleich nach seiner Ankunft in der Colonie that, war die Abschaffung des Militairmonopols hauptsächlich in Bezug auf geistige Getränke. Mit verhaltenem Ingrimm vernahmen Diejenigen, welche diesem ergiebigen Handel ihren Reichthum und Wohlstand verdankten, eine ihren Vortheil so sehr beeinträchtigende Verordnung; sie unterwarfen sich ihr zwar vor der Hand, weil sie die ausdrückliche Billigung der Oberbehörde in England erhielt, allein sie warteten nur auf eine Gelegenheit, um sich an dem Urheber der verhaßten Neuerung zu rächen. Diese Gelegenheit blieb nicht lange aus. Den Anlaß zur Explosion des angehäuften Zündstoffs gab ein gewisser John Macarthur, früher Capitain und Kriegszahlmeister im Neu-Südwales-Corps, zur Zeit der folgenden Begebenheiten jedoch bloßer Kaufmann in Sidney. Die großen Verdienste, welche sich dieser Mann um die Colonie unstreitig erworben hat, sollen hier keineswegs in Abrede gestellt werden; nur ist es nicht zu verkennen, daß er sich bei fast allen seinen Handlungen von Gewinnsucht und jenem Eigennutze leiten ließ, der zwar wol zuweilen etwas Gutes stiften kann, wenn das Gesammtinteresse zufällig mit seinem eigenen zusammentrifft, der aber für gewöhnlich dem allgemeinen Besten hemmend entgegenwirkt. Nimmt man nun noch hinzu, daß Macarthur ein leidenschaftliches, jähzorniges Gemüth besaß und bereits mit dem Gouverneur, der früher eine Streitsache mit vollem Rechte gegen ihn entschieden hatte, in Spannung lebte, so wird man sein Benehmen bei den gegenwärtigen betrübenden Vorfällen leicht erklärlich finden.

Im März 1807 langte ein zum Theil Herrn Macarthur gehöriges Schiff in Sidney an, welches unter Anderm auch zwei große Brennkolben an Bord hatte. Da nun das Branntweinbrennen in der Colonie seit kurzem streng verboten war, so befahl Sir William Bligh beide Destillirapparate in die königlichen Magazine abzuliefern, von wo aus sie mit dem ersten besten Fahrzeuge nach England zurückgeschickt werden sollten. Dieser bestimmten Ordre zuwider erlaubte der mit ihrer Vollziehung beauftragte Offizier, die kupfernen Blasen in die Behausung Macarthur's zu schaffen, damit derselbe die hineingepackten Arzeneien ungestört herausnehmen könnte; nur die Helme und Schlangenröhre ließ er in das Magazin bringen. Diesen Hergang der Sache erfuhr der Gouverneur erst im October, als er eben die Brennkolben zurücksenden wollte. Unverzüglich foderte er daher durch einen seiner Beamten die Auslieferung derselben, die jedoch der Besitzer aus nichtigen Gründen verweigerte. Natürlich nahm man ihm hierauf die Destillirapparate trotz seiner Gegenreden weg und die Folge davon war ein Proceß, den Macarthur wegen angeblicher Verletzung seines Eigenthumsrechts anhängig machte.

Während dieser Proceß noch schwebte, lief ein Schooner, von welchem Macarthur ebenfalls Miteigenthümer war, in Port Jackson ein. Da es sich nun ergab, daß derselbe Schooner einem Sträflinge zur Entweichung aus der Colonie verholfen hatte, so wurde er den Gesetzen gemäß in Beschlag genommen und außerdem Herrn Macarthur eine bedeutende Geldstrafe auferlegt. Gegen dieses Urtheil appellirte der Kaufmann; ja noch mehr, er sagte sich von dem Fahrzeuge los, d. h. er entzog der Mannschaft die bisherige Beköstigung und nöthigte sie so ans Land zu gehen, obgleich dies streng untersagt war. Vor das Gericht gefodert, weigerte sich Macarthur zu erscheinen und mußte endlich mit Gewalt in das Gefängniß gebracht werden. Das Gericht, welches über seine Sache entscheiden sollte, bestand aus einem Untersuchungsrichter und sechs Offizieren des Neu-Südwales-Corps. Die Letztern zeigten sich dem Angeklagten günstig und vereinigten sich mit ihm in dem Bestreben, den ihm abholden Untersuchungsrichter zu entfernen. Sie wendeten sich deshalb an Sir William Bligh, und als dieser ihrem ungesetzlichen Verlangen nicht entsprach, traten sie mit offenbarem Trotze und unverdeckter Widerspenstigkeit gegen ihn auf. Der von dem Gouverneur hierauf zu Hülfe gerufene Commandant des Corps, Major Johnston, machte mit seinen Offizieren gemeinschaftliche Sache und das Ende von Allem war, daß man den Gouverneur in Freiheit, den Gouverneur aber gefangen setzte. Dies geschah am 26. Januar 1808.

Die freien Siedler, welche mit aufrichtiger Liebe an Sir William hingen, verwendeten sich für ihn bei dem englischen Ministerium; denn sie waren der Wohlthaten noch immer eingedenk, die er ihnen erwiesen hatte, als wiederholte verheerende Überschwemmungen im Jahre 1806 ihre Ernten und ihre Vorräthe gänzlich zu Grunde richteten. Wirklich erlangten sie im Mai 1809 die Loslassung des Gouverneurs, jedoch nur unter der Bedingung, daß derselbe sich sogleich nach England einschiffte. Major Johnston wurde später in England vor ein Kriegsgericht gestellt und seiner militairischen Würden entkleidet, Capitain Bligh dagegen zum Contreadmiral befördert.

So üble Folgen nun auch die erzählten Begebenheiten für die Colonie hatten und haben mußten, so führten sie doch wenigstens das Gute herbei, daß man das Neu-Südwales-Corps, schon so lange die Ursache der Unordnung und Entsittlichung, von seinem Posten zurückberief. Insofern hatte Generalmajor Lachlan Maquarie, welcher vom December 1809 an zwölf Jahre lang an der Spitze der australischen Regierung blieb, einen ungleich bessern Stand als seine drei letzten Vorgänger, und zu leugnen ist nicht, daß während seiner Statthalterschaft die Niederlassung ebensosehr an äußerm Umfange wie an innerer Kraft zugenommen hat. Besondere Sorgfalt verwendete er auf die Herstellung einer bequemern Communication zwischen den einzelnen Ortschaften des Landes. Die Straße, welche Paramatta mit Sidney verbindet und sich noch weiter hinaus bis in die Gegend des Hawkesbury erstreckte, verbesserte er, und nach Liverpool, einer etwa 5 Meilen südlich von der Hauptstadt am Georgsfluß gelegenen und von ihm selbst gegründeten Niederlassung, ließ er eine neue bauen und nachher in verschiedenen Richtungen westlich und südwestlich verlängern. Am schwierigsten aber und zugleich am nützlichsten war der Bau einer Straße in die Ebenen, welche westlich von Sidney jenseits der sogenannten blauen Berge liegen. Erst 1813 war es einigen Ansiedlern gelungen, diese mit der Küste parallel laufende, scheinbar unübersteigliche Gebirgskette zu passiren, und die herrlichen, unübersehbaren Weideplätze am westlichen Abhange derselben hatten mehre Heerdenbesitzer bewogen, sich dort anzubauen; sie bildeten in der Gegend der blühenden Niederlassung Bathurst. Einen brauchbaren Weg dahin herzustellen war keine leichte Aufgabe, da die hundertfältig zerspaltenen und zerklüfteten Sandsteinfelsen einem solchen Beginnen überall kaum zu überwindende Schwierigkeiten entgegensetzten, welche nur durch die mehr als hinreichende Anzahl von Arbeitern, über die der Gouverneur verfügen konnte, in Etwas aufgewogen wurden.

Die Masse der Deportirten hatte sich im Laufe der Zeit so unverhältnißmäßig gemehrt, daß kaum ein Achtel von ihnen bei Privatpersonen unterzubringen war; für die Verwendung der übrigen sieben Achtel mußte die Regierung sorgen, eine Pflicht, deren Erfüllung zu schwer war, als daß man die Fehltritte, welche Sir Maquarie dabei beging, nicht wenigstens entschuldigen sollte. Er fehlte aber in doppelter Hinsicht, theils darin, daß er, um alle Sträflinge zu beschäftigen, weit über 200 meist unnütze Bauten unternahm, theils darin, daß er, um die Zahl der Sträflinge zu vermindern, mit Ertheilung von Urlaubskarten und Entlassungsscheinen allzu freigebig war. Hätte er, anstatt überall, selbst an unpassenden Orten, prachtvolle Häuser, palastähnliche Hospitäler und Magazine anzulegen, von denen viele, namentlich die in entfernteren Gegenden, nach kurzer Zeit wieder zerfielen, weil sie nicht benutzt werden konnten, — hätte er statt dessen lieber wüste Strecken Landes zum Anbau herrichten lassen, so würde zwar Sidney vielleicht noch nicht den so stattlichen Anblick gewähren, den es jetzt wirklich gewährt, aber das Gesammtwohl der Bevölkerung würde dabei nur gewonnen haben; und wäre er sparsamer mit Begnadigungen oft noch ungebesserter Verbrecher gewesen, so würde sich nicht so viel müßiges, liederliches Gesindel in und um Sidney angehäuft haben, wie dies damals der Fall war, wo so Manche für frei erklärt wurden, welche das Land, das man ihnen nach ihrer Emancipation zu eigener Bebauung anwies, eiligst verkauften, um den Gewinn in dem nächsten Groglaben zu vertrinken.

Überhaupt behandelte der Gouverneur die Emancipisten mit besonderer Vorliebe, ja er ging darin so weit, daß er einen solchen freigesprochenen Sträfling mit einem obrigkeitlichen Amte bekleidete, und als freie Siedler sich darüber mit Fug und Recht beschwerten, äußerte er sogar in einem Anfalle übler Laune, es gebe in Neu-Südwales nur Leute von zwei einander nahe verwandten Arten: solche, die man ihrer Verbrechen überführt habe, und solche, die man ihrer Verbrechen hätte überführen sollen.

Es ist bereits bemerkt worden, daß unter seiner Statthalterschaft die Niederlassung sich allmählig immer weiter ausdehnte, und zwar geschah dies nicht ohne des Gouverneurs Mitwirkung. Er selbst gründete die Ansiedelungen Emu-Plains am östlichen Fuße der blauen Berge, Newcastle an der Mündung des Hunter, eines ansehnlichen unter Sir Hunters Administration entdeckten Stroms, der sich mit seinen Nebenflüssen William und Patterson etwa 17 Meilen nördlich von der Hauptstadt in das stille Meer ergießt, und endlich noch nördlicher Port Maquarie an dem erst jetzt aufgefundenen Hastingsfluß. Außerdem veranlaßte er durch Landschenkungen hier und da die Gründung neuer Städte und Dörfer, oder er beförderte auch die Verschönerung und Erweiterung der alten. Den Lauf des Lachlan und des Maquarie, zweier anderer nicht unbedeutender Flüsse zunächst dem Hunter, ließ er westlich von den blauen Bergen bis dahin verfolgen, wo sie sich in ungeheure, unzugängliche Sümpfe verlieren, und erwarb sich durch dieses Alles Verdienste, deren Andenken in der Colonie gewiß nicht würde erloschen sein, auch wenn er nicht die Eitelkeit besessen hätte, Alles nach seinem Namen zu benennen.

Der sechste Gouverneur von Neu-Südwales war Generalmajor Thomas Brisbane, welcher nach der Zurückberufung Sir Maquarie's im December 1821 die Regierung antrat. Er fand die Niederlassung in einem ziemlich erfreulichen Zustande. Die Bevölkerung war nach einer Zählung im October 1821 auf 38,778 Seelen gestiegen; 102,939 Rinder, 290,158 Schafe und 33,906 Schweine weideten überall hin zerstreut auf herrlichen Triften; 32,267 Morgen Landes waren bereits bebaut und die Hafengefälle, welche 1810 kaum 50,000 Thlr. betragen hatten, beliefen sich jetzt auf beinahe 200,000 Thlr. Unter Brisbane wurde diese an sich schon günstige Lage der Colonie noch dadurch verbessert, daß der Strom englischer Auswanderung sich allmälig dem fernen Australien zuzuwenden begann. Früher hatten trotz der Zusicherung einer unentgeltlichen Überfahrt und trotz der versprochenen Landschenkungen nur wenig freie Briten hier ein zweites Vaterland gesucht und bis 1818 gab es in Neu-Südwales noch keinen Pflanzer, der die allerdings beträchtlichen Kosten (sonst weit über 300, jetzt ungefähr 200 Thlr.) der weiten Reise aus eigenen Mitteln bestritten hätte.) Jetzt aber trafen, angelockt durch den schnellen Aufschwung der Ansiedelung, viele meist begüterte Leute aus dem vereinigten Königreiche ein, von denen der größte Theil sich bei den sogenannten Kuhweiden, südwestlich von Sidney, oder jenseits der blauen Berge in Bathurst oder am Hunter und im Argyledistrict häuslich niederließ.

(Die Fortsetzung folgt in Nr. 494.)

Fremde in Wien.

Die Residenz Wien wird jährlich von 60—70,000 Fremden besucht. Darunter waren im Jahre 1841 6629 Honoratioren und zwar der Nationalität nach 1310 Preußen, 581 Baiern, 384 Sachsen, 166 Würtemberger, 722 aus andern deutschen Bundesstaaten, 745 Russen und Polen, 722 Türken, 517 Franzosen, 451 Engländer, 352 Schweizer, 182 Italiener, 117 Dänen, 68 Belgier, 66 Nordamerikaner, 52 Griechen, 49 Schweden, 30 Holländer, 15 Spanier, 7 Brasilianer 3 Portugiesen.

Verloren gegangene Schiffe.

In den 14 Monaten 1. Nov. 1840 bis 31. Dec. 1841 sind verloren gegangen: 68 Dreimaster, 47 Barkschiffe, 130 Briggs, 246 Schooner, 21 Sloops und 5 Dampfschiffe, zusammen 517 Schiffe; darunter waren 94 englische Schiffe, nämlich: 22 Dreimaster, 16 Barkschiffe, 41 Briggs, 15 Schooner. Die Anzahl der dabei umgekommenen Menschen beträgt 650. Nicht inbegriffen in obiger Zahl sind 28 Schiffe, die verschollen und wahrscheinlich gleichfalls mit Mann und Maus untergegangen sind.

Literarische Anzeige.

Denkwürdigkeiten
und
vermischte Schriften
von
K. A. Varnhagen von Ense.

Neue Folge. Zweiter Band.
Gr. 8. Geh. 3 Thlr.

Dieser neu erscheinende Band ist nicht minder reich an den interessantesten Mittheilungen wie die frühern Bände. Die erste Folge (4 Bde., 1837—38) ist aus dem Verlage von H. Hoff in Manheim an mich übergegangen und kostet 9 Thlr., der erste Band der Neuen Folge (1840) 2 Thlr. 15 Ngr.

Leipzig, im September 1842.

F. A. Brockhaus.

Das Pfennig-Magazin
für Verbreitung gemeinnütziger Kenntnisse.

494.]   Erscheint jeden Sonnabend.   **[September 17, 1842.**

Johann Friedrich Blumenbach.

Unter den vielen und großen Verlusten, von denen die göttinger Universität in neuerer Zeit schnell hintereinander und schwer betroffen wurde, ist der, den sie durch den Tod Blumenbach's erlitten hat, unstreitig einer der beklagenswerthesten sowol für die Wissenschaft im Allgemeinen als auch für jenes gelehrte Institut insbesondere; denn der erstern ward in diesem Manne ein ausgezeichneter Repräsentant und Beförderer, dem letztern aber ein Stern entrissen, dessen weithin strahlender Glanz nicht wenig zum Ruhme und zur Frequenz der Georgia Augusta beitrug.

Johann Friedrich Blumenbach wurde den 11. Mai (nicht den 15. Juni, wie man auch zuweilen angegeben findet) 1752 zu Gotha geboren. Sein Vater, Heinrich Blumenbach, war aus Leipzig gebürtig, hatte daselbst studirt und sich namentlich durch die Vorträge des Professors der Philosophie, Menz, zu der Beschäftigung mit Literatur und Naturwissenschaften hingezogen gefühlt. Später trat er selbst als Privatdocent auf, ging aber nachher als Hofmeister zu dem Kanzler von Oppel in Gotha und erhielt endlich 1738 eine Professur an dem dortigen Gymnasium. Im Vereine mit seiner Gattin, einer Enkelin des berühmten jenaer Theologen Buddeus, die, wie der dankbare Sohn es oftmals bekannte, „eine Frau voll großer, zumal häuslicher Tugenden und ohne allen Fehler" war, sorgte er eifrig für eine gute Erziehung seiner Kinder und ging dabei mit solcher Vorsicht und Klugheit zu Werke, daß er selbst scheinbare Kleinigkeiten nicht übersah. So rühmt es Blumenbach von seinen Ältern, daß sie es ihm niemals merken ließen, wie viel sie im Vermögen hätten. „Jene glückliche Ungewißheit, sagt er, war für mich eine Triebfeder mehr zum ernsten Fleiß, um mir einst selbst fortzuhelfen, und sie ist es größtentheils, die mich zum brauchbaren Manne gemacht." Auch die Herrschaft, welche er über die Sprache ausübte und die ihm in der Folge bei freien Vorträgen ungemein zu statten kam, leitete er von der Gewohnheit seines Vaters ab, nach welcher dieser streng darauf hielt, daß die Kinder „im Reden durchaus in der einmal angefangenen Construction fortfahren, die dazu gehörige Wendung suchen mußten und nie wieder von vorn anfangen durften, um eine andere einzuschlagen". Sein Vater war es auch, durch den er auf die Richtung hingeleitet wurde, welche seine literarischen Bestrebungen späterhin nahmen; denn er zunächst und vorzüglich erregte in dem Knaben die Liebe zu den Naturwissenschaften, in denen derselbe so Großes zu leisten bestimmt war.

Von Michaelis 1759 an besuchte Blumenbach das Gymnasium seiner Vaterstadt bis zum 12. October 1769, wo er, für die akademischen Studien vollkommen reif, mit den besten Zeugnissen von der Schule entlassen ward. Schon längst war er entschlossen, sich der Medicin zu widmen, und er begab sich deshalb nach Jena, nicht allein, weil diese Universität ihm am nächsten lag, sondern auch deswegen, weil dort der damals hochberühmte Kaltschmidt lehrte, von dem er sich sehr viel Gutes versprach. Aber dieser starb noch an demselben Tage, an welchem er seine Vorlesungen in dem ersten Halbjahre, welches Blumenbach in Jena zubrachte, begonnen hatte. An seine Stelle trat bereits im folgenden Halbjahre Neubauer, an den sich Blumenbach ganz besonders anschloß. Drei Jahre lang verweilte er in Jena und beschäftigte sich während dieser Zeit neben seinem Fachstudium namentlich mit Philosophie und neuern Sprachen, unter denen die englische obenan stand. Hierauf ging er, eigentlich wider den Willen seines Vaters, der von seiner Jugend her für Leipzig eingenommen war, nach Göttingen, um dort seine erlangten Kenntnisse zu vervollständigen und zu erweitern. Sein ehemaliger Rector, der Kirchenrath Geisler, gab ihm einen Brief an Heyne mit, mit welchem er seitdem in ein immer vertraulicher werdendes Verhältniß trat. Nächst ihm ward er vornehmlich mit Büttner bekannt, der ein in großem Rufe stehendes Naturaliencabinet besaß und gerade damals Vorlesungen über die Naturgeschichte hielt. „Da er, schreibt Blumenbach selbst, mit dem Menschen anfing und aus seiner zahlreichen Bibliothek eine Menge Reisebeschreibungen mit Abbildungen fremder Völkerschaften herbeibrachte, so reizte mich das, meine Doctordissertation: „De generis humani varietate nativa" (über die verschiedenen Menschenracen) zu schreiben, und die weitere Verfolgung dieses interessanten Gegenstandes hat dann den Anlaß zu meiner anthropologischen Sammlung gegeben, die mit der Zeit durch ihre in ihrer Art einzige Vollständigkeit allgemein berühmt geworden ist." Fühlte er sich auf diese Weise durch die Vorträge jenes Mannes vielfach angeregt und zu tieferm Eindringen in einzelne Zweige der Wissenschaft angespornt, so war ihm der Besuch derselben auch noch von anderweitigem Nutzen. Noch in demselben Halbjahre nämlich wurde Büttner's Naturaliencabinet für die Universität angekauft; allein es befand sich in einem solchen Zustande, daß es unmöglich so, wie es war, aufgestellt werden konnte. Weil sich nun Blumenbach immer durch Fleiß und Kenntnisse hervorgethan hatte, so übertrug man ihm das Geschäft des Ordnens, das er als ein lehrreiches mit Vergnügen unentgeltlich übernahm. Nicht lange darauf kam der Minister von Lenthe nach Göttingen und besichtigte die verschiedenen akademischen Institute; auch die neu erworbene naturhistorische Sammlung sollte ihm gezeigt werden. Büttner, überhaupt ein Sonderling, schien dazu wenig geeignet, und so wurde Blumenbach eilig herbeigerufen. Bei dieser Gelegenheit machte er einen so guten Eindruck auf den Minister, daß dieser beim Weggehen gegen Heyne äußerte: „Den jungen Mann müssen wir hier behalten."

Blumenbach selbst war ohnehin Willens, in Göttingen zu bleiben und dort als akademischer Lehrer aufzutreten. Die Umstände waren einem solchen Vorhaben günstig; denn abgesehen davon, daß ihm seine Bekanntschaft mit den einflußreichsten Männern an der Universität vielfache Vortheile zu gewähren versprach, so fehlte es auch gerade damals der Georgia Augusta an einem tüchtigen Vertreter der Naturwissenschaften, sodaß er sich mit weniger Schwierigkeiten Geltung zu verschaffen hoffen durfte. Nachdem er sich daher drei Jahre lang auf den erwählten Beruf sorgfältig vorbereitet hatte, erwarb er sich am 18. September 1775 durch Vertheidigung seiner bereits angeführten Abhandlung über die verschiedenen Menschenracen die medicinische Doctorwürde und zugleich durch die Abhandlung selbst einen ansehnlichen Ruf, denn es begegnete ihr, was wol selten einer solchen Jugendarbeit begegnen mag, daß sie nicht allein zu wiederholten Malen aufgelegt, sondern auch in mehre fremde Sprachen übersetzt wurde. Bemerkenswerth ist, daß darin die Abstammung aller Menschen von Einem Paare behauptet und die entgegengesetzte Meinung als aus „Bosheit, Nachlässigkeit und Neuerungssucht" hervorgegangen dargestellt wird. Übrigens theilt Blumenbach das Menschengeschlecht in fünf Racen ein: in die kaukasische, mongolische, äthiopische, amerikanische und malayische; eine Eintheilung, welche seitdem fast allgemein angenommen worden ist.

Schon am 31. October eröffnete er seine Vorlesungen über Naturgeschichte und noch in demselben Halbjahre, im Februar 1776, ward er zum außerordentlichen Professor ernannt. Von da an brachte ihm fast jedes Jahr neue Auszeichnungen. Noch im J. 1776 erhielt er die Aufsicht über das Naturaliencabinet und 1778 im November eine ordentliche Professur; 1784 ward er Mitglied der göttinger Societät, 1812 beständiger Secretair für die physische und mathematische Classe und 1814 für alle Classen dieser gelehrten Gesellschaft; 1788 großbritannischer Hofrath, 1811 Ritter der westfälischen Krone, 1816 Ritter des Guelphenordens und Obermedicinalrath mit Geheim. Justizrathsrang, 1821 Commandeur des Guelphenordens, 1829 Inhaber der großherzoglich weimarischen Verdienstmedaille und Ritter des königlich bairischen Civilverdienstordens, 1831 Mitglied der Akademie der Wissenschaften zu Paris, 1837 Ritter der Ehrenlegion. Die einzelnen gelehrten Gesellschaften, in die er nach und nach aufgenommen wurde, aufzuzählen, wäre ermüdend; denn es sind deren nicht weniger und nicht mehr als 78, die ihn und sich durch seine Aufnahme ehrten.

Wo so viele und große Ehrenbezeigungen auf Einen Mann gehäuft werden, da muß man wol auch, ehe man die Leistungen kennt, durch welche sie veranlaßt wurden, einen ganz besonders hohen Grad von Wichtigkeit voraussetzen. Werfen wir aber einen Blick auf Das, was Blumenbach in langjähriger literarischer Thätigkeit gewirkt hat, sehen wir, wie er der Wissenschaft hier die Bahn ebnete, dort eine neue brach, wie in allen seinen Werken Scharfsinn und Gelehrsamkeit mit geistreicher und lebensvoller Darstellung sich vereint, so wird jene Voraussetzung in Überzeugung verwandelt werden.

Die größten Verdienste hat er sich unstreitig um die Naturkunde erworben. Sein „Handbuch der Naturgeschichte" erschien zuerst 1779, hat seitdem noch 11 Auflagen erlebt und ist durch zahlreiche Übersetzungen Gemeingut fast aller gebildeten Nationen geworden. Trotz aller Kürze ist darin nichts Wesentliches übergangen, und trotz der sehr gedrängten Darstellung vermißt man nirgend die erfoderliche Klarheit und Deutlichkeit. Mit einem schlagenden Worte, einer treffenden Bemerkung wird oft mehr gesagt, als sonst durch lange und gelehrte Erörterungen; nicht trocken und einschläfernd, sondern anziehend und anregend tritt dem Leser der reiche Stoff vor die Seele. Getadelt hat man an dem Buche, daß es mit wenigen Ausnahmen die künstliche Classeneintheilung Linné's befolgt, während doch in dieser Beziehung ein engeres Anschließen an die Natur Bedürfniß sei; allerdings fühlte auch Blumenbach das Unstatthafte der alten Anordnung, denn bereits 1775 hatte er eine Eintheilung der Säugthiere entworfen, wobei er nicht auf einzelne, sondern auf alle äußern Merkmale zugleich Rücksicht nahm, allein er glaubte, daß die Zeit zur Aufstellung eines neuen Systems erst noch erwartet werden müsse. Nicht minder schätzenswerth als dieses Handbuch sind die später bekannt gemachten „Beiträge zur Naturgeschichte", die zehn Hefte „Abbildungen naturhistorischer Gegenstände" und eine bedeutende Anzahl kleinerer, in mehren Journalen zerstreuter Aufsätze, wie z. B. über das Känguruh (das er lange Zeit lebendig in seinem Hause hatte), über die Liebe der Thiere u. s. w., welche sämmtlich ihn als einen feinen Beobachter und trefflichen Kenner der Natur erscheinen lassen.

Am liebsten beschäftigte sich Blumenbach mit dem Menschen oder „dem vollkommensten aller Hausthiere", wie er ihn nannte. Schon frühzeitig begann er sich eine Schädelsammlung anzulegen, die, bald von allen Seiten her durch Geschenke von Fürsten und Gelehrten bereichert, zu einem Cabinete sich bildete, wie man wol schwerlich ein zweites finden möchte. Jedermann drängte sich hinzu, um in diesem „Golgatha", in dieser Schädelstätte, seine Schaulust und Wißbegierde zu befriedigen. Blumenbach selbst gab von dieser merkwürdigen Sammlung eine Beschreibung in einzelnen Heften heraus, denen 65 Abbildungen beigefügt sind.

Wenden wir uns von dem Gebiete der Naturgeschichte auf das der Physiologie und Anatomie, so sehen wir auch hier Blumenbach's Namen vor Allen hervorleuchten. Zwar die Physiologie hat in neuerer Zeit vielfache Fortschritte gemacht und macht sie noch immer (man denke z. B. an Johannes Müller, Ehrenberg u. A.); allein sie verdankt diesen Aufschwung zum großen Theil ihm, und außerdem gehören seine Untersuchungen über die Zeugung, Ernährung und Reproduction auch jetzt noch zu dem Belehrendsten, was über diese dunklen Capitel geschrieben worden ist. Seine Abhandlung „Über die Nutritionskraft", welche er auf Veranlassung einer Preisaufgabe der petersburger Akademie verfaßte, schrieb er an einem Tage und sandte sie sogleich den folgenden Tag nach Petersburg ein. Er erhielt den halben Preis unter 24 Concurrenten. Sein „Handbuch der Physiologie" erschien zuerst 1787 in correctem und elegantem Latein und ist reich an literarischen Nachweisungen sowie an überraschenden, auf eigene Beobachtung gegründeten Aufschlüssen. Was die Anatomie betrifft, so hat sie an Blumenbach nicht allein einen geschickten Bearbeiter, sondern auch einen Erweiterer ihres Umfangs gefunden; denn sein „Handbuch der vergleichenden Anatomie" (zuerst 1805) war das erste dieser Art und führte so eine neue Doctrin in den Kreis der Lehrgegenstände ein. Seiner „Geschichte und Beschreibung der Knochen des menschlichen Körpers" ist wegen ihrer Genauigkeit und Vollständigkeit eine dauernde Anerkennung gesichert. Unter den übrigen Wissenszweigen, in denen er sich auszeichnete, verdient noch die medicinische Literargeschichte genannt zu werden.

Als die Quelle, aus der ihm ein nicht geringer Theil seiner Kenntnisse, besonders im Fache der Naturgeschichte, zugeflossen sei, bezeichnete er die Reisebeschreibungen. Alle derartige Werke, welche sich auf der göttinger Bibliothek befanden, las er nicht nur durch, sondern machte auch Auszüge aus ihnen und fertigte sich ein dreifaches Verzeichniß von ihnen an, ein geographisches, ein chronologisches und ein alphabetisches. Er selbst dagegen reiste wenig; denn eine Reise nach der Schweiz 1783 und eine nach London in den Jahren 1791 und 1792 abgerechnet, entfernte er sich nur im Auftrage der Behörden oder zu seiner Erholung auf kurze Zeit von Göttingen. Im letztern Falle ging er gewöhnlich nach Arolsen zu der verwitweten Fürstin von Waldeck, oder nach Pyrmont, Gotha, Rehburg, Weimar und Dresden. Indeß hielt er gelehrte Reisen, vornehmlich in noch nicht genug durchforschte Länder, keineswegs für überflüssig; vielmehr hat er nicht wenig dazu beigetragen, die Lust zu solchen kostspieligen und gefahrvollen Unternehmungen anzuregen. Alexander v. Humboldt, Sibthorp, Prinz Max von Neuwied und andere berühmte Reisende sind sämmtlich seine Schüler gewesen.

(Der Beschluß folgt in Nr. 495.)

Dreux.

Die Stadt Dreux, deren Kathedrale die Begräbnißkapelle des jetzigen französischen Königshauses enthält*), liegt am Ufer des Flüßchens Blaise, etwa 12 deutsche Meilen von Paris entfernt, hat 6—7000 Einwohner und enthält mehre lebhaft betriebene Fabriken, ein Theater u. s. w. Sie ist eine der ältesten Städte Frankreichs und war unter den Galliern die Hauptstadt des mächtigen Völkerstammes der Durocassier. Ihre eigentliche Begründung als Stadt in den neuern Zeiten fällt in das 12. Jahrhundert, in welchem Robert I. oder der Große, Graf von Dreux, diesem Orte, dem Hauptorte der Grafschaft Dreux, 1159 das Städterecht verlieh. Die Geschichte dieses Grafengeschlechts läßt sich bis in das 10. Jahrhundert verfolgen; im J. 1365 erlosch es im Mannsstamme, indem Graf Simon am Tage seiner Vermählung im Turnier getödtet wurde. Seine überlebenden Schwestern veräußerten die Grafschaft an den König Karl V. von Frankreich. Im J. 1569 wurde sie zum Herzogthum und zur Pairie erhoben und dem französischen Prinzen Franz, Herzog von Alençon, zur Apanage gegeben. Durch Erbschaft kam Dreux endlich an das Haus Orleans, dessen Chef im J. 1783 die Überreste seiner verstorbenen Vorfahren von Rambouillet nach Dreux bringen ließ. Dreux ist die Vaterstadt des Trauerspieldichters Rotrou und des noch bekanntern Schachspielers und Componisten Philidor, der 1727 hier geboren wurde und 1795 in London starb.

Bonn.

Die Stadt Bonn in der preußischen Rheinprovinz, Sitz der rheinischen Friedrich-Wilhelms-Universität, liegt am linken Rheinufer zwischen Koblenz und Köln, fünf Stun-

---

*) Bis zum Jahre 1830 diente die Kirche zu St.-Denis, 2 Stunden von Paris, als Begräbnißort des französischen Königshauses. Hier sind einige Könige der merovingischen und karolingischen und alle vor 1789 gestorbene der capetingischen Dynastie, von Hugo Capet bis auf Ludwig XV., nur mit Ausnahme der Könige Philipp I., Ludwig VII. und Ludwig XI., beerdigt worden.

*

den südlich von der letztern Stadt, in einer freundlichen Gegend, die freilich nicht mehr mit den Reizen des Mittelrheinthals geschmückt ist und nur durch die in der Ferne emporsteigenden reizenden Höhen des Siebengebirges gehoben wird. Vom Rheine gesehen, macht die Stadt im Allgemeinen keinen guten Eindruck, weil sie dem Strome gerade ihre ältesten und häßlichsten Gebäude zuwendet; doch sieht man das prachtvolle Schloß und hohe Kirchthürme zwischen Baumgruppen hervorragen, und in der südlichen Vorstadt stehen mehre stattliche Gebäude am Flusse. Charakteristisch für die Ansicht der Stadt von dieser Seite ist eine am nördlichen Ende ganz nahe am Rheine stehende holländische Windmühle. Im Innern erscheint die Stadt weit vortheilhafter, wenngleich nicht zu leugnen ist, daß viele Straßen eng und schlecht gebaut, alle aber ziemlich schlecht gepflastert sind; sehr freundlich ist der geräumigste und lebhafteste aller öffentlichen Plätze der Stadt, der Marktplatz, geschmückt mit einem Brunnenobelisken, den die Bewohner der Stadt dem Kurfürsten Max Friedrich als Denkmal errichteten. Er trägt die Inschrift:

„Max Friedrich, bester Fürst, Schutzvater, Freund der Deinen,
Sich Ehrfurcht, Liebe, Dank Dein treues Volk vereinen.
Du grubst Dein Denkmal selbst in unsre Herzen ein;
Nachwelt, Du sollst davon hier unsre Zeugin sein."

Der schönste Platz aber ist der von Bäumen umgebene Münsterplatz, an welchem die Post und das große Fürstenberg'sche Haus stehen. Seinen Namen hat er von dem in unserer Abbildung dargestellten altgothischen Münster, Bonns ältester und vorzüg-

Das Münster zu Bonn.

lichster Kirche, die zu den schönsten Denkmälern der Baukunst überhaupt gezählt werden muß. Sie leitet ihre Entstehung aus der Zeit Konstantin's des Großen her, dessen Gemahlin, die heilige Helena, die Bauleute in Ermangelung baaren Geldes mit Ledermünzen bezahlt haben soll, wurde aber wahrscheinlich erst um 1270 erbaut; doch mögen der Chor mit seinen Thürmen und der Kreuzgang mit zierlichen Säulencapitälen über 100 Jahre älter und vom Propst Gerhard von Sain erbaut worden sein. Sehenswerth sind in der Kirche die eherne Bildsäule der heiligen Helena, vor dem Kreuze kniend dargestellt, und zwei Basreliefs von weißem Marmor, welche die Geburt und die Taufe Jesu darstellen. Sehr belohnend ist die Aussicht vom Münsterthurme, die schönste und weiteste in und bei Bonn. Das an die Kirche stoßende uralte Capitelhaus ist jetzt zu einer Pfarrwohnung eingerichtet.

Das schönste Gebäude der Stadt ist unstreitig das jetzige Universitätsgebäude, wahrscheinlich das ausgedehnteste und stattlichste in Europa oder doch von keinem übertroffen, welches früher das Residenzschloß der Kurfürsten von Köln war und von Kurfürst Clemens August um 1730 erbaut wurde. Bei dem großen Brande im J. 1777 zur Zeit Maximilian Friedrich's litt das Schloß sehr, wurde aber von der preußischen Regierung wieder hergestellt und zu seiner jetzigen Bestimmung eingerichtet. Es enthält außer den Hörsälen und der Aula die Bibliothek, das Kunstmuseum mit Gypsabgüssen von Statuen, Gemmen und Medaillen, das physikalische Cabinet und das reichhaltige Museum rheinischer Alterthümer aus der Römerzeit, in welchem ein römischer Siegesaltar besonders merkwürdig ist, der von 1809—22 auf einem öffentlichen Platze zu Bonn, noch früher in einem Privatgarten (dem Schloßgarten zu Blankenheim) aufgestellt war. Höchst sehenswerth vor allen ist die Aula (der zu akademischen Feierlichkeiten bestimmte Saal), die, an sich klein, einfach und unansehnlich, einzig und allein durch vier schöne Frescogemälde merkwürdig ist, welche von drei talentvollen Schülern des berühmten Malers Cornelius, Götzenberger, Förster und Hermann, ausgeführt sind. Sie stellen die vier Facultäten Theologie, Jurisprudenz, Medicin und Philosophie vor, von denen die zweite durch die Themis, die dritte durch Isis, die vierte durch die Wahrheit repräsentirt wird. Jedes der vier Gemälde enthält lebensgroße Figuren und Gruppen der bedeutendsten, jeder Facultät angehörigen Gelehrten und Forscher aller Zeiten und ist von kleinern Darstellungen aus der Culturgeschichte, Arabesken u. s. w. eingefaßt. Bei dem großen Reichthume an Figuren erfodert die sorgfältige Beschauung dieser interessanten Bilder mehr Zeit, als oft die einer ganzen Gemäldegalerie. Die naturhistorischen Sammlungen der Universität, unter denen besonders die Sammlung von Mineralien und Versteinerungen ausgezeichnet ist, sowie die chemischen und technischen Laboratorien und Apparate befinden sich in dem nahe bei der Stadt gelegenen Lustschlosse Clemensruhe.

Die Universität wurde am 18. Oct. 1818 von König Friedrich Wilhelm III. gestiftet oder vielmehr erneuert. Bereits früher hatte hier eine auf kurze Zeit bestanden; Kurfürst Maximilian Friedrich gründete 1783 eine Akademie, die im folgenden Jahre zur Universität erhoben, 1786 vom Kaiser bestätigt und feierlich eingeweiht wurde und schnell in Aufnahme kam. Aber nur acht Jahre bestand sie, und der Einfall der Franzosen im J. 1794 machte ihr ein Ende. Im J. 1801 wurde sie völlig aufgehoben und in ein Lyceum verwandelt. Außer der Universität ist noch die 1651 gestiftete Leopoldinische Akademie der Naturforscher zu erwähnen, die 1808 nach Bonn verlegt wurde, sowie die 1818 gestiftete niederrheinische Gesellschaft für Natur- und Heilkunde. Die Industrie der Stadt beschränkt sich auf Baumwoll-, Seiden-, Vitriol- und Seifenfabriken; der Handel ist meist in den Händen der Juden, welche eine besondere Gasse bewohnen.

Bonn war eins der ersten Römercastelle am Rhein, wahrscheinlich von Drusus erbaut, wiewol Andere die Gründung der Stadt den Ubiern zuschreiben. Die ausgemauerten Zellen und Casematten sind noch in der Erde liegend zu sehen; 1818 wurden sie am Wichelshofe ausgegraben; sonst sind nur wenige Überreste des Alterthums vorhanden. Schon in römischer Zeit hieß sie Bonna, auch Colonia Julia Bonna, im Mittelalter Verona (Bern). Vielleicht aber bezeichnete der letztere Name nur einen Theil der heutigen Stadt und zwar den ältesten oder das vierte Stadtviertel, der später mit der römischen Bonna vereinigt wurde. Hier stand eine der beiden Brücken, welche Drusus über den Rhein schlug, geschützt von einer Kriegsflotte. Unter Trajan, Marc Aurel und Konstantin dem Großen scheint Bonn schon ein ansehnlicher, blühender Ort gewesen zu sein. Kaiser Julian nahm das Kastell ein, welches die Alemannen besetzt hatten, und stellte die Mauer wieder her. Später verwüsteten die Sachsen und Normannen die Stadt wiederholt, Erzbischof Konrad von Hochsteden aber, bekannt durch den Beginn des kölner Dombaus, umgab sie 1240 mit neuen Ringmauern und verlieh ihr Städterecht; 1254 trat sie der Hansa bei. Wichtiger noch für die Blüte der Stadt war, daß der aus Köln vertriebene Erzbischof Engelbert von Falkenburg 1268 seine Residenz hier aufschlug. Durch Belagerungen hatte Bonn oft zu leiden und hat durch dieselben seinen ursprünglichen Charakter nach und nach eingebüßt. Im J. 1324 belagerte König Johann von Böhmen die Stadt, aber erfolglos; 1584 eroberte sie der Gegner des Kurfürsten Gebhard Truchseß von Waldburg, Herzog Ernst von Baiern, nach langer, hartnäckiger Vertheidigung; 1584 eroberte sie der Parteigänger Schenk von Nijbeck durch kühnen Überfall; 1588 die Spanier unter dem Herzog von Parma. Ganz besonders aber litt die Stadt im dreißigjährigen Kriege. Im J. 1673 entrissen die von Montecuculi befehligten vereinigten Ostreicher, Spanier und Holländer sie einer französischen Besatzung; dasselbe that 1689 Kurfürst Friedrich III. von Brandenburg (der später als König von Preußen Friedrich I. hieß), bei welcher Gelegenheit die Stadt durch das heftige Bombardement fast in einen Aschenhaufen verwandelt wurde. Zum dritten Male wurde Bonn den Franzosen 1703 durch den berühmten englischen Feldherrn Marlborough und den holländischen Generalingenieur Coehorn entrissen und seitdem kam das Sprüchwort auf: Jericho sei vor den Trompeten Josua's, Bonn aber vor dem Ton eines Kuhhorns gefallen. Verderblich war diese dritte Einnahme der Stadt nicht minder, als die zweite. Seit 1717 wurden in Folge des 1714 zu Baden geschlossenen Friedens die Festungswerke demolirt, auf deren Grunde, sowie aus den gewonnenen Steinen später das kurfürstliche Schloß aufgeführt wurde; von dieser Zeit an, unter der Regierung der Kurfürsten Clemens August, Maximilian Friedrich und Maximilian Franz, blühte Bonn freudig auf, sank aber schnell, als die Franzosen die Stadt besetzten und dieselbe aufhörte, Residenz und Sitz einer Universität zu sein. Nach Erneuerung der letztern im J. 1818 kehrte wieder neues Leben zurück, und Bonn gewann zusehends an Wohlstand und Schönheit, ohne jedoch Das zu werden oder werden zu können, was es gewesen ist. Die Einwohnerzahl beträgt jetzt über 12,000.

Die Umgegend der Stadt ist auf allen Seiten reizend. Unmittelbar vor der Stadt, und zwar vor dem koblenzer Thore, ist der alte Zoll zu erwähnen, ein ehemaliges französisches Bollwerk, das eine herrliche Aussicht auf den Rhein, die umliegenden Orte, das Jagdschloß Bensburg, die Abtei Siegburg u. s. w., namentlich aber auf das Siebengebirge gewährt. Ein Hauptspaziergang der Bewohner Bonns ist die vom Hofgarten (welcher das Universitätsgebäude umgibt) ausgehende, eine Viertelstunde lange Allee schöner Kastanienbäume, die nach dem Dorfe Poppelsdorf und dem Lustschlosse Clemensruhe führt. Über jenem erhebt sich, $\frac{1}{2}$ Stunde von der Stadt entfernt, der weit sichtbare Kreuzberg. Auf demselben ließ Kurfürst Ferdinand ein prachtvolles Kloster aufführen, das durch die Freigebigkeit seiner Nachfolger und die Geschenke zahlreicher Wallfahrer fortwährend bereichert und verschönert wurde, und in welchem Kurfürst Friedrich III. von Preußen 1689 sein Hauptquartier hatte, von welchem aber nichts erhalten ist als die Kirche, worin die prachtvolle, sogenannte heilige Treppe aus italienischem Marmor, einige Deckengemälde und die Gruft, in welcher die Leichen zu Mumien austrocknen, bemerkenswerth sind. Der schönste Punkt bei Bonn ist das $1\frac{1}{2}$ Stunde südlich liegende Godesberg mit einer Burgruine auf einem Bergkegel. Auf diesem soll ehemals ein vom Kaiser Julian um 360 gegründetes Kastell und ein Tempel des Jupiter gestanden haben, an dessen Stelle später eine christliche Kirche trat, von welcher der Name Godesberg (Gottesberg) hergeleitet wird. Andere glauben, derselbe sei aus Godenesberg oder Wodenesberg entstanden und deute auf die Verehrung des deutschen Kriegsgottes Wodan, eine Ableitung, für welche sich auch ein competenter Sprachforscher, Jakob Grimm, entscheidet. Die Burg, deren Ruine noch vorhanden ist, wurde 1210 begonnen, 1340 durch Kurfürst Wolram noch mehr befestigt, namentlich durch den gegen 100 Fuß hohen Wartthurm, von welchem aus man einer reizenden Aussicht genießt, später unter Erzbischof Friedrich III. mit stärkern Wällen und festern Ringmauern versehen und 1583 durch Herzog Ferdinand von Baiern, der den im Schlosse commandirenden tapfern Befehlshaber nichts anders zu bezwingen wußte, unterminirt und gesprengt, seit welcher Zeit sie in Trümmern liegt. Bei Godesberg und zwar nicht weit vom Fuße des Berges und dem anliegenden Dorfe entspringt eine Mineralquelle, der Draisch genannt, die schon den Römern bekannt war, wie aus einem dem Äsculap geweihten Votivstein sich ergibt, der im 16. Jahrhunderte ausgegraben wurde. Sie ist ein alkalisch-salinisches Stahlwasser von vorzüglicher Heilkraft. Der letzte Kurfürst von Köln ließ hier prächtige Bäder, Gasthöfe, Versammlungssäle u. s. w. anlegen, die trefflich eingerichtet sind und keineswegs, wie in so manchem andern Bade, leer stehen, indem Godesberg seit jener Zeit ein beliebter und vielbesuchter Kurort ist; an dieselben reihen sich elegante Sommerwohnungen.

Neu-Südwales bis zum Jahre 1836.

(Fortsetzung aus Nr. 493.)

Der Gouverneur bewilligte Jedem einen Strich Land, dessen Umfang sich nach der Zahl der Sträflinge richtete, die man zu beschäftigen versprach; denn noch immer war das Unterbringen der Deportirten für die Regierung äußerst schwierig. So erhielten die Meisten 500 bis 2000 Morgen Grundbesitz und außerdem für sich und ihre Sträflinge auf 6 Monate hinlängliche Rationen aus den königlichen Magazinen. Eine so große Begünstigung der frei Eingewanderten war aber keineswegs unnöthig oder tadelnswerth. Sie zog wackere, sittlich gebildete und thätige Familien herbei, welche der Roheit und dem Übermuthe der zahlreichen Emancipistenclasse mit der Zeit einen Damm entgegenzusetzen im Stande waren. Das Verfahren Gouverneur Brisbane's verdient also in diesem Punkte die vollste Anerkennung; dagegen machte er sich durch zwei andere Maßregeln, die er ergriff und durch welche er viele namentlich der kleinern Siedler unvorsichtiger Weise in eine höchst bedauernswürdige Lage versetzte, ziemlich allgemein verhaßt.

Bisher hatte die Regierung den Pflanzern ihr überflüssiges Getreide zu dem jedesmaligen Marktpreise abgekauft, um es alsdann in den Magazinen für vorkommende Fälle des Bedarfs aufzuspeichern. Die Verkäufer erhielten Empfangscheine, welche sie an Geldes Statt für die Waaren ausgaben, mit denen sie sich gerade zu versorgen wünschten. Diese Einrichtung hatte den Vortheil, daß die Landwirthe stets auf einen schnellen Absatz der Erzeugnisse ihrer Felder rechnen durften, was namentlich für die ärmern unter ihnen, deren Subsistenz einzig von dem Ertrage ihrer Grundstücke abhing, höchst ersprießlich war. Das Gouvernement freilich zog sich dadurch zuweilen Schaden zu, und um dies zu vermeiden, verfügte Sir Brisbane im Jahre 1823, daß fortan in den Magazinen nur so viel Getreide und zwar nach Lieferungsanerbietungen sollte angenommen werden, als man wahrscheinlich für das nächstfolgende Vierteljahr brauchen würde. In Folge dieser Verordnung beeilte sich Alles, seine Producte der Regierung zu den niedrigsten Preisen anzubieten, um nur zur rechten Zeit das nöthige Geld zu erhalten, und so verkaufte man den Scheffel Weizen, der vorher 2 Thlr. 20 Gr. bis 3 Thlr. 8 Gr. gegolten hatte, plötzlich für 1 Thlr. und etliche Groschen. Waren nun aber Diejenigen, welche auf solche Art ihr Getreide losschlugen, wegen des ansehnlichen Ausfalls in ihren Einnahmen schlimm daran, so war dies noch mehr bei Denen der Fall, die aus Mangel an Abnehmern ihre Producte behalten mußten. Viele sahen sich, hartbedrängt von ihren Gläubigern, der traurigen Nothwendigkeit preisgegeben, denselben ihr Eigenthum zu überlassen und entweder als Pächter die nämlichen Felder zu bebauen, die sie noch vor Kurzem die ihrigen genannt hatten, oder sonst irgendwie ein wenig beneidenswerthes Unterkommen zu suchen.

Zieht man nun noch in Erwägung, daß neben der eben besprochenen Maßregel des Gouverneurs eine andere herging, vermöge welcher statt der frühern Rechnung nach Sterling ein Papiergeld eingeführt und der Werth des Metalls sogleich um 25 Procent gesteigert wurde, so kann man sich wol die Verwirrung vorstellen, die aus einer so plötzlichen Umgestaltung der Dinge unausbleiblich hervorgehen mußte. Nicht blos Einzelne, sondern sämmtliche Colonisten litten darunter, der Eine mehr, der Andere weniger; denn da das Getreide so billig verkauft worden war, so glaubte man, es seien unerschöpfliche Vorräthe davon vorhanden, und verschleuderte sich in diesem Wahne mit unverzeihlicher Sorglosigkeit; aber bald entdeckte man den Irrthum und es währte nicht lange, so stieg der Scheffel Weizen auf 8 Thlr. Allenthalben erschollen hierauf Klagen gegen den Gouverneur, die zwar insofern, als sie seine Verfügungen an sich tadelten, keineswegs begründet waren, wol aber, insofern sie sich gegen die übereilte und unvorbereitete Durchsetzung der gefaßten Beschlüsse richteten. Niemals gelang es Sir Thomas Brisbane, sich die verscherzte Zuneigung der Siedler wieder zu gewinnen; vielmehr fiel er in der Gunst derselben noch tiefer, als er kurz vor seiner Abreise aus Neu-Südwales einem Gastmahle beiwohnte, welches eine Gesellschaft freierklärter Sträflinge ihm zu Ehren veranstaltete. Er legte im November 1825 sein Amt nieder, worauf nach einer kurzen Zwischenregierung Generallieutenant Ralph Darling den Statthalterposten in der Colonie übernahm.

Dieser Mann besaß jedoch noch weniger Popularität als sein Vorgänger. Man warf ihm Härte, Grausamkeit und Tyrannei vor, und wahr ist es, daß er gegen die deportirten Verbrecher mehr Strenge an den Tag legte, als die Gouverneurs vor ihm; allein er handelte hierin ganz im Sinne der englischen Oberbehörde, der es daran lag, das Deportiren nicht am Ende noch als eine Wohlthat erscheinen zu lassen. Daß es wirklich zuweilen von dieser Seite betrachtet wurde, lehrt das Beispiel zweier Soldaten, welche, um sich von dem Dienste loszumachen und in eine Strafansiedelung geschickt zu werden, einen Diebstahl begingen, und zwar so offen und so plump, daß sie unfehlbar ertappt werden mußten. Ein schärferes Verfahren gegen die Sträflinge war also gar nicht am unrechten Orte, und wenn Sir Darling insbesondere bei jenen beiden Soldaten der Abschreckung wegen eine schwerere Züchtigung für nöthig hielt, als das Gericht noch vor Ermittelung der wahren Sachlage bereits zuerkannt hatte, so wird kein Unparteiischer ihn deshalb tadeln; ja es würde ihn vielleicht überhaupt Niemand getadelt haben, wenn nicht einer der Soldaten zufällig, weil er schon vorher an einer nicht bemerkten Krankheit litt, gestorben wäre. Allein dieser Umstand wurde von Übelwollenden dazu benutzt, den Gouverneur in öffentlichen Blättern zu schmähen und zu verleumden, und dieser seiner Seits beging, von Leidenschaftlichkeit hingerissen, den Fehler, sich öffentlich zu vertheidigen. Hieraus entstand ein Journalstreit, durch welchen Sir Darling in den Augen seiner Freunde viel verlor, während er in den Augen seiner Gegner Nichts gewann.

Einen fernerweitigen Anlaß zu Beschuldigungen gab er dadurch, daß er kärglicher und zurückhaltender mit Landschenkungen war als Generalmajor Brisbane. Er erließ ein Gesetz, wonach nicht Jedem Land durfte gewährt werden, der es wünschte, sondern nur Solchen, von denen man mit Recht erwarten konnte, daß sie es selbst bebauen würden; aber auch dann erhielten sie nicht eine beliebige Strecke, sondern es wurde ihnen je nach ihrem Vermögen und Mitteln ein größeres oder kleineres Grundstück zugemessen. Dieses Gesetz, buchstäblich in Ausübung gebracht, wäre allerdings für ärmere, aber vielleicht fleißige Einwanderer drückend und hemmend gewesen; indeß der Gouverneur war klug und wohlwollend genug, es nicht in seiner ganzen Strenge zu handhaben. Daß er es aber überhaupt gab, hatte seinen guten Grund; denn die Freigebigkeit der Regierung war dermaßen gemißbraucht worden, daß, um einen einzelnen Fall anzuführen, einst ein Mann, der zur Wiederherstellung seiner durch ein wüstes Leben zerrütteten Gesundheit nach Neu-Südwales gekommen war und, der Munificenz des Gouverneurs unterrichtet, 2000 Morgen Landes erbeten und ohne Mühe erhalten hatte, dieses Grundstück, ohne es auch nur gesehen zu haben, sogleich an einen Freund für die Summe von ungefähr 3200 Thlr. verkaufte und alsdann wohlgemuth mit gefülltem Beutel wieder abreiste. Solchen und ähnlichen Betrügereien mußte jedenfalls vorgebeugt werden, wenn nicht die ganze Colonie darunter leiden sollte, und auf Sir Darling fällt in dieser Beziehung nicht der geringste Tadel. Überhaupt würde man vielleicht bessere Gesinnungen gegen ihn gehegt haben, wären nicht unabhängig von seinem Willen Ereignisse eingetreten, die ihrer Natur nach eine fast allgemeine Verstimmung und Unzufriedenheit unter der Bevölkerung hervorriefen.

Im Jahre 1825 hatte sich in London unter dem Namen „australischer Landwirthschaftsverein" eine Gesellschaft gebildet, deren Zweck es war, in Neu-Südwales eine möglichst große Anzahl feinwolliger Schafe und veredelter Rinder und Pferde zu ziehen. Ihre Statuten erhielten die königliche Bestätigung, sie selbst aber eine Million Morgen Landes zum Geschenk. Die Gesellschaft begann zu Anfange des Jahres 1826 ihre Geschäfte in der Colonie damit, daß sie so viel Vieh aufkaufte, als sie nur immer habhaft werden konnte. Natürlich erfolgte darauf ein schnelles Steigen der Preise, indem eine Kuh, die noch 1823 für 30—40 Thlr. zu kaufen war, jetzt 70—80 Thlr. kostete; Schafe aber bezahlte man sogar mit 20—30 Thlr. das Stück. Schon diese Wertherhöhung und die damit verbundene Vertheuerung des Fleisches ward von allen Denen, welche keine Heerden besaßen, übel empfunden. Allein dabei blieb es noch keinesweg. Es bemeisterte sich vielmehr der ganzen Bevölkerung eine wahre Viehzuchtsraserei. Man warf Hacke und Spaten hinweg, man ließ den Pflug rosten, man borgte enorme Summen, um nur auch seinen Theil an dem Gewinn zu haben, den die neue Speculation zu verheißen schien. Auf diese Weise blieben viele Felder unbenutzt liegen, sodaß bald ein fühlbarer Mangel an Getreide entstand.

Indeß diesem Übel hätte man wol noch zeitig genug abhelfen können, da man ja zu dem Ende nur den Ackerbau wieder fleißiger zu betreiben brauchte. Zum Unglück für die Colonie aber trat gerade jetzt eine beispiellose Dürre ein, welche von 1827 an drei ganze Jahre hindurch in dem beiweitem größten Theile des Gebiets alle Saaten vernichtete. Das Klima Australiens ist an und für sich schon warm; denn gewöhnlich zeigt das Thermometer im Sommer, d. h. vom 1. November bis zum 1. März, über 30 Grad Réaumur Hitze; bleibt jedoch in den Wintermonaten Juni, Juli und August nur der regelmäßige Regen — geschneit hat es bis jetzt in Sidney nur einmal, am 17. Juni 1836 — nicht aus, so gedeiht Alles vortrefflich und selbst die glühenden Nordwestwinde, die jährlich drei bis vier Mal je 24—36 Stunden wehen und bei denen das Thermometer zuweilen bis auf 50 Grad Réaumur steigt, richten alsdann keinen bedeutenden Schaden an. Aber da in den genannten Jahren jene räthselhaften Winde häufig und anhaltend wiederkehrten, ohne daß sich der Himmel beinahe 8 Monate lang im mindesten getrübt hätte, so mußte wol Alles versengen und verbrennen. Die Weideplätze glichen hier und da wohlgebahnten Heerstraßen und die Thiere verschmachteten, weil sie nirgend Wasser zu finden vermochten. Gleichwol mehrten sich die Heerden erstaunlich, wenn auch nicht so, wie in fruchtbaren Zeiten, wo sie aller zwei Jahre um das Doppelte zu wachsen pflegen. Fleisch wurde demnach im Überfluß auf den Markt gebracht, sodaß man das Pfund davon für ein Paar Pfennige kaufte; allein desto theurer war das Getreide, dessen man doch am wenigsten entbehren konnte. Wo sollten nun Diejenigen, welche ihr ganzes Vermögen und außerdem große Summen geborgten Geldes auf Erwerbung eines zahlreichen Viehstandes verwendet hatten, die Mittel zum Anschaffen von Mehl und Brot hernehmen? Der einzige Weg, der ihnen offen blieb, war, ihre Rinder und Schafe zu verkaufen, was sie denn auch nothgedrungen thaten, wenn ihre Gläubiger nicht schon vorher das gesammte Eigenthum in Beschlag genommen hatten. Ganze Heerden wurden öffentlich von den Gerichten versteigert, gingen aber, wie sich leicht denken läßt, zu so niedrigen Preisen weg (eine Kuh erstand man oft um 4 Thlr. und billiger), daß das gelöste Geld nicht hinreichte, die Schulden zu decken. Viele mußten daher auch noch ihren Grundbesitz veräußern, um nur die Foderungen hartherziger Wucherer zu befriedigen. So war also theilweise oder totale Verarmung einer Menge sonst wohlhabender Familien das Resultat jenes thörichten Schwindels und dieser verderblichen Naturerscheinung. Dennoch erholte sich die Colonie bald wieder und selbst die zum Schaden Aller maßlos betriebene Viehzucht diente zum Besten derselben, nachdem man auch darin auf die goldene Mittelstraße eingelenkt hatte.

Die Zeit der Dürre schien am geeignetsten zu sein für eine genauere Untersuchung der innern Theile Australiens, wo man bis dahin einen ungeheuren Landsee vermuthete, weil man beim Verfolgen einiger nach Westen hinströmenden Flüsse, wie des Lachlan und Maquarie, auf nichts als Sümpfe und Moräste gestoßen war. Generallieutenant Darling sendete daher den Kapitain Sturt auf eine Expedition aus, und dieser fand, daß allerdings eine Kette von Teichen, jedoch von mäßigem Umfange, sich nach Abend hin erstrecke zugleich entdeckte er einen großen Strom, der mit dem Maquarie in Verbindung steht und den er Darling nannte. Leider konnte er seinem Laufe nicht weit nachgehen, weil Mangel an Lebensmitteln und die sengende Hitze ihn zu schleuniger Rückkehr nöthigten. Wenig später begab sich derselbe Capitain Sturt in das südwestliche Gebiet der Niederlassung, um den Morumbidgee, einen unter Maquarie aufgefundenen Fluß, näher zu untersuchen. Seine Reise wurde von einem glücklichen Erfolge gekrönt, denn auch hier stieß er auf einen Strom, der außer dem Morumbidgee noch viele andere Gewässer in sich aufnimmt und zuweilen so breit ist, daß man das jenseitige Ufer kaum mit den Augen zu erreichen vermag. Er gab ihm den Namen Murray und verfolgte ihn bis dahin, wo er sich, an der Südküste angelangt, in das Meer ergießt. Bei der ungemeinen Fruchtbarkeit des Bodens, den dieser Fluß bespült, ist es unzweifelhaft, daß dort einst die blühendsten Niederlassungen werden gegründet werden.

Nachdem Gouverneur Darling so zuletzt auch noch für die Erforschung des Landes Erhebliches geleistet hatte, legte er 1831 den Statthalterposten nieder und kehrte nach England zurück. Nicht lange nach seiner Abreise kam der neue Gouverneur, Generalmajor Richard Burke, in Neu-Südwales an.

Er wurde um so freundlicher empfangen, je unzufriedener man mit seinem Vorgänger gewesen war; auch verdiente er einen solchen Empfang sehr wohl, denn fast alle seine Maßnahmen lassen in ihm einen Mann erblicken, der mit einer aufrichtigen Anhänglichkeit an das Interesse der Colonie Einsichten, Festigkeit und Kraft genug verband, um seiner schwierigen Stellung in jeder Hinsicht zu genügen. Er schaffte die mehr schadende als nützende Peitschenstrafe in so weit ab, daß es den niedern Behörden verboten wurde, mehr als funfzig Peitschenhiebe zu dictiren. Er sorgte für eine gerechtere Vertheilung der Deportirten, indem er für je 20 Morgen Landes 1 Sträfling bewilligte, eine Bestimmung, die zwar nicht neu, früher aber durch die Parteilichkeit der Regierungsbeamten oft verletzt worden war. Auch die Schenkungen von Ländereien hörten jetzt auf; denn auf Veranlassung höherer Befehle machte Burke bekannt, daß in Zukunft Niemand mehr unentgeltlich Grund und Boden empfangen sollte; vielmehr sollten Diejenigen, welche Land zu erhalten wünschten, sich bei der Regierung melden, um es alsdann drei Monate später in öffentlicher Auction zu erstehen, jedoch nicht unter dem Minimumpreis von 1⅔ Thlr. für den Morgen. Diese Einrichtung war, so vielen Tadel sie auch gefunden hat, gewiß ebenso billig als vortheilhaft: billig, weil man es doch dem Gouvernement sicherlich nicht verargen darf, wenn es nach so ungeheuren Ausgaben für die Gründung und Erhaltung der Colonie auch einigen Gewinn aus derselben zu ziehen suchte; vortheilhaft, weil dadurch abenteuerlichen Speculationen von Seiten unbemittelter Einwanderer am besten vorgebeugt wurde.

Dagegen zeigte Burke darin einen unvorsichtigen Liberalismus, daß er auch den Emancipisten Sitz und Stimme bei den Geschworenengerichten gestattete, wenn sie nur ein jährliches Einkommen von gegen 200 Thlr. oder ein Vermögen von ungefähr 2000 Thlr. besäßen; denn hat es schon an und für sich etwas Anstößiges, kaum begnadigte Verbrecher über Recht und Unrecht zu Gericht sitzen zu sehen, so läßt sich wol auch außerdem von solchen Leuten nur in seltenen Fällen die gehörige Unparteilichkeit erwarten; und die Erfahrung hat es bestätigt, daß Geschworene aus der Classe der befreiten Sträflinge gewöhnlich ihre frühern Leidensgefährten begünstigten, während sie zugleich geneigt waren, sonst unbescholtene Personen in dieselbe Lage zu versetzen, deren Unangenehmes sie selbst empfunden hatten.

(Der Beschluß folgt in Nr. 495.)

Literarische Anzeige.

Ausgewählte Bibliothek
der
Classiker des Auslandes.
Mit biographisch-literarischen Einleitungen.
Gr. 12. Geh.

Von dieser Sammlung, die nur wahrhaft Classisches in gediegenen Übersetzungen enthält und bei sehr schöner Ausstattung doch wohlfeil ist, sind bis jetzt erschienen:

Bremer (Frederike), Skizzen aus dem Alltagsleben. Aus dem Schwedischen.
Die Nachbarn. Mit einer Vorrede der Verfasserin. Dritte verbesserte Auflage. Zwei Theile. 20 Ngr.
Die Töchter des Präsidenten. Erzählung einer Gouvernante. Dritte verbesserte Auflage. 10 Ngr.
Nina. Zweite verbesserte Auflage. Zwei Theile. 20 Ngr.
Das Haus, oder Familiensorgen und Familienfreuden. Dritte verbesserte Auflage. Zwei Theile. 20 Ngr.
Die Familie H. 10 Ngr.
Kleinere Erzählungen. 10 Ngr.
Streit und Friede, oder einige Scenen in Norwegen. Zweite verbesserte Auflage. 10 Ngr.

Dante Alighieri, Das neue Leben. Aus dem Italienischen übersetzt und erläutert von K. Förster. 20 Ngr.

——, **Lyrische Gedichte.** Übersetzt und erklärt von K. L. Kannegiesser und K. Witte. Zweite, vermehrte und verbesserte Auflage. Zwei Theile. 2 Thlr. 12 Ngr.

Gomes (Joao Baptista), Ignez de Castro. Trauerspiel in fünf Aufzügen. Nach der siebenten verbesserten Auflage der portugiesischen Urschrift übersetzt von A. Wittich. Mit geschichtlicher Einleitung und einer vergleichenden Kritik der verschiedenen Ignez-Tragödien. 20 Ngr.

Prevost d'Exiles (Antoine François), Geschichte der Manon Lescaut und des Chevalier des Grieur. Aus dem Französischen übersetzt von E. von Bülow. 20 Ngr.

Tassoni (Alessandro), Der geraubte Eimer. Aus dem Italienischen übersetzt von P. L. Kritz. Mit einer die in dem Gedichte vorkommenden geographischen Örtlichkeiten darstellenden Karte. 1 Thlr. 9 Ngr.

Leipzig, im September 1842.

F. A. Brockhaus.

Das Pfennig-Magazin
für
Verbreitung gemeinnütziger Kenntnisse.

495.] Erscheint jeden Sonnabend. [September 24, 1842.

Ningpo.

Die vor kurzem von den Engländern besetzte Stadt Ningpo in China ist der Haupthafen der Provinz Tschekiang, einer der fruchtbarsten des Reichs, die als Mittelpunkt der Seidenfabrikation und Theeproduction betrachtet werden kann. Sie liegt etwa 50 englische Meilen westlich von der Insel Tschusan am rechten Ufer des Flusses Tahi oder Ningpo, 15 Meilen von seiner Mündung, die früher von der befestigten Stadt Tschinhae vertheidigt wurde, welche die Engländer gleichfalls weggenommen haben. Der Hafen ist gut und der Fluß hat, wiewol sich an seiner Mündung eine Sandbank befindet, bis zu den Mauern der Stadt eine Tiefe von 14 Fuß. Die gedachten Mauern waren schon zur Zeit der Anwesenheit des bekannten Missionars Gutzlaff (1832) mit Gras und Unkraut bewachsen und im Zustande des Verfalls. Sie haben 5 Thore, wovon 2 in Osten, wo der Hafen ist, außerdem 2 Wasserthore für die in Kanälen durch die Stadt fahrenden Boote. Eine Schiffbrücke von mehr als 1000 Fuß Länge, die bei dem letzten Angriffe der Engländer auf die Stadt durchbrochen wurde, verbindet das östliche Ufer mit der am entgegengesetzten liegenden Vorstadt; sie besteht aus 18 flachen Fahrzeugen, die durch eiserne Ketten verbunden sind. Die Stadt hat etwa 5 englische Meilen im Umfange und soll an 300,000 Einwohner enthalten. Die Straßen sind meist eng wie in allen chinesischen Städten, und werden durch die zahlreichen, zum Theil sehr eleganten Waarenläden noch mehr verengt; einige sind mit Triumphbogen geziert. Im Ganzen ist die Stadt gut gebaut; Gutzlaff sagt, sie übertreffe alle Städte in China, welche er zuvor gesehen, an Regelmäßigkeit und Pracht der Gebäude. Der lebhafte Handel der Stadt entsteht zum großen Theile aus dem Verkehr mit den Japanesen, welche den Chinesen Seide verkaufen und sich dafür Gold, Silber und Kupfer eintauschen. Auch die nach Siam und Batavia ausgewanderten Chinesen stehen mit Ningpo in lebhaftem Verkehr.

Im Jahre 1736 wurde ein Versuch gemacht, Ningpo zu einer Station für den britischen Handel umzugestalten, doch führte er nicht zum Ziele. Die neuerliche Besetzung der Stadt dürfte dasselbe ohne Schwierigkeiten und unter günstigern Bedingungen, als sonst zu erreichen möglich gewesen wäre, herbeiführen.

Johann Friedrich Blumenbach.
(Beschluß aus Nr. 494.)

Wie viel nun auch Blumenbach als Schriftsteller für die Wissenschaft gethan und geleistet hat, so ist doch seine Wirksamkeit als akademischer Lehrer derselben kaum minder ersprießlich gewesen. Es war ihm vergönnt, 60 Jahre lang die lernbegierige Jugend zu seinen Füßen sitzen zu sehen und mehren Geschlechtern in vielbesuchten Vorträgen die Schätze seiner Gelehrsamkeit mitzutheilen. Selbst nach dieser Zeit stellte er seine Vorlesungen nicht deswegen ein, weil es ihm an Kraft oder an Zuhörern und Beifall mangelte, — dies Alles war ihm geblieben, — sondern weil er nicht umhin konnte, den Bitten der Seinigen nachzugeben. Seine Lehrgabe war in der That eine außerordentliche. Er verstand es, wie selten Einer, durch eine glückliche Auswahl des Stoffes sich von ermüdender Weitschweifigkeit und unbefriedigender Kürze gleichweit entfernt zu halten. Stets bestrebte er sich, die Gegenstände, von denen er sprach, dem Verständnisse Aller so nahe als möglich zu bringen; er veranschaulichte, versinnlichte und verkörperte sie gleichsam durch Einkleidungen, welche gewöhnlich ebenso zweckmäßig als geschickt waren, die Aufmerksamkeit, wo sie ja erschlafft sein mochte, von Neuem zu erwecken. So sagte er einmal: „Wenn Sie eine Idee haben wollen von dem tiefsten Punkte, bis zu welchem die Menschen in's Innere der Erde gedrungen, so tempeln Sie zu Haus Ihre Bibliothek, Corpus juris, Kirchengeschichte und Therapie auf, bis Sie 12,000 Blätter, id est 24,000 paginas aufeinander haben. Und wissen Sie, wie tief man gekommen in das Herz der Erde? Gerade so weit, als das erste und zweite Blatt an Dicke beträgt. Und doch schämt man sich nicht, vom Kerne der Erde zu sprechen. Wenn der Dichter von den visceribus terrae (Eingeweiden der Erde) spricht, müssen wir übersetzen: Oberhäutchen der Erde." Ein anderes Beispiel, aus dem sich zugleich seine zuweilen lakonische Sprachweise erkennen läßt, ist folgendes. Er wollte nachweisen, wie nöthig es sei, die Individualität eines Zeugen zu berücksichtigen, wenn man über die Wahrheit oder Falschheit seiner Aussage aufs Reine kommen wolle; zu dem Ende erzählte er: „In Mähren geschah an einem sonnenhellen Sonntag ein Donnerschlag und Steine platzten vom Himmel wie Taubeneier. Das Zeugenverhör ist merkwürdig, als ein Beispiel, wie's in jure manchmal hergeht. Habt ihr den Lärm gehört? Wie ist's euch vorgekommen? — Wie Pelotonfeuer. — Wer seid ihr? — Musketier. — Gehört? — Ja wol. — Wie ist's euch vorgekommen? — Als wenn eine alte Kalesche auf der Straße rasselt. — Wer seid ihr? — Postillon. — Gehört? — Ja wol. Wie ist's euch vorgekommen? — Wie Janitscharenmusik. — Habt ihr denn schon Janitscharenmusik gehört? — Nein, mein Lebtag nicht, aber ich denke mir, so muß sie ungefähr klingen." Er liebte es, hier und da einen Scherz einzustreuen; allein auch dabei verfolgte er meist höhere Zwecke und es lag ihm keinesweges blos daran, Lachen zu erregen. Auf jede Vorlesung, mochte er sie auch noch so viel Mal gehalten haben (die Naturgeschichte hat er im Ganzen 118 Mal vorgetragen), bereitete er sich stets sorgfältig vor, änderte, was ihm einer Änderung bedürftig schien, ließ Altes hinweg und setzte Neues hinzu. „So lange Jahre ich auch Collegien lese, sagte er selbst, so oft ich bis dato niemalen ins Auditorium, ohne auf jede einzelne Stunde mich von neuem und eigens präparirt zu haben, weil ich aus Erfahrung weiß, wie sehr sich manche Docenten dadurch geschadet haben, daß sie diese jedesmalige Präparation bei Vorlesungen, die sie schon 20 und mehre Male gelesen, für entbehrlich gehalten." Sein Vortrag war lebhaft und von ausdrucksvollem Mienen- und Geberdenspiel begleitet, seine Sprache wohltönend und stark.

Solche Vorzüge bewirkten, daß sein Hörsal immer gefüllt war, indem nicht allein Mediciner, sondern auch Juristen und Theologen seine Collegia besuchten. Viele kamen vornehmlich seinetwegen nach Göttingen. Fürsten verschmähten es nicht, vor seinem Katheder Platz zu nehmen, wie unter Andern der nunmehrige König von Baiern und später dessen Sohn, der jetzige Kronprinz. Bei allen Studirenden war Blumenbach beliebt. Aber auch seine Collegen schätzten und ehrten ihn auf jede Weise. Zwar das Amt eines Prorectors der Universität hat er niemals verwaltet, allein er selbst hatte schon frühzeitig darum gebeten, daß man ihn nicht dazu wählen möchte, weil er möglichst wenig in seinen wissenschaftlichen Arbeiten gestört zu werden wünschte. Dagegen wurde er oftmals bei wichtigen Angelegenheiten von der Universität und der Stadt als Deputirter entsandt. So den 10. Juni 1803 an Mortier in Hanover; den 5. November 1805 nach Kassel; am 28. August 1806 nach Paris, wo er den 20. September Audienz beim Kaiser Napoleon hatte; den 30. October 1812 nach Heiligenstadt zu Bernadotte. Als Beweis seiner Dankbarkeit für solche Dienstleistungen und als ein Merkmal seiner Achtung ertheilte ihm der Stadtmagistrat am 1. März 1824 Freiheit von den auf seinem Hause haftenden Communallasten.

Wie viele Freunde und Verehrer Blumenbach hatte, das wurde vorzüglich an zwei Tagen, wol den festlichsten seines Lebens, sichtbar: am 18. September 1825 und am 26. Februar 1826. An dem erstgenannten Tage feierte er sein funfzigjähriges Doctorjubiläum. Bei dieser Gelegenheit erhielt er von allen Seiten die erfreuliche Gewißheit, daß man seiner auch in der Ferne in Liebe gedenke; Einzelne wie ganze Corporationen wetteiferten, die Feier zu verschönen. Sein College Schrader brachte ihm eine neue Pflanzengattung, die er Blumenbachia insignis benannte. Seine Schüler Rudolphi, Stieglitz und Lodemann hatten einen Aufruf an die Ärzte Deutschlands erlassen, damit diese sich vereinigen möchten zur Verherrlichung des seltenen Festes, das der theure Lehrer zu begehen im Begriffe stand. In Folge davon ward eine Medaille geprägt und ihm überreicht, auf welcher ein europäischer, ein äthiopischer und ein mongolischer Schädel abgebildet waren mit der Umschrift: Naturae Interpreti, Ossa Loqui Jubenti Physiophili Germanici (Dem Dolmetscher der Natur, der die Todtengebeine reden heißt, die Naturfreunde Deutschlands). Zugleich ward ein Reisestipendium im Betrage von 600 Thlr. Gold für Naturforscher gegründet. Auf ähnliche Weise ward der 26. Februar 1826, wo Blumenbach sein Amtsjubiläum feierte, begangen. Auch da übergab man ihm eine von Loos in Berlin gefertigte Denkmünze.

Im Leben war Blumenbach höchst einfach. Bei Tische überschritt er nie sein gewöhnliches Maß und er behauptete, auch nicht einmal betrunken gewesen zu sein. Selbstgemachte Bedürfnisse kannte er nicht; das Rauchen, was er früher sich erlaubt hatte, vertauschte er später mit dem Schnupfen; allein auch dieses gewöhnte er sich wieder ab. Den ganzen Tag, vom frühen Morgen bis zum späten Abend, traf man ihn völlig angekleidet, und nur im höhern Alter ließ er sich bewegen, von Schlafrock und Pantoffeln Gebrauch zu machen. Des Sophas bediente er sich nur in der Krankheit. Ebenso wollte er von einem Armsessel lange Zeit Nichts wissen; er sagte, es müßten Stacheln in die Rücklehnen hinein. Bei Tage schlief er nie, außer im spätesten Alter. Er war höchst pünktlich in allen Dingen, und die Uhr lag stets neben ihm auf dem Tische. Dieser Regelmäßigkeit und Einfachheit seiner Lebensweise verdankte er auch die fast ununterbrochene Gesundheit, deren er selbst noch als Greis genoß. In der Jugend zwar war er schwächlich und litt oft an heftigem Nasenbluten, ja sogar an Bluthusten, allein alles Dieses verlor sich. Ein trockner Husten, Augenentzündung oder Lendenweh waren die einzigen Übel, die ihn zuweilen belästigten. Noch im 88. Jahre las er den feinsten Druck ohne Brille. Merkwürdig ist, daß er niemals weinte. „Gucken Sie, äußerte er selbst mehrmals, nach meinem Tode nach der Thränendrüse; Sie werden keine finden;" und „Ich muß Nerven haben wie Stricke oder gar keine." Am 18. Januar 1840 wurde er ernstlich krank. Der noch vor kurzem kräftige Mann war schwach und zitterte am ganzen Körper, indeß schien bald nachher Besserung einzutreten, leider aber war sie eben nur scheinbar. Am 21. Januar blieb er zum ersten Male den ganzen Tag über im Bett, und schon am 22. Abends gab er den Geist auf, ohne daß das Bewußtsein ihn auch nur einen Augenblick verlassen hätte.

Blumenbach war seit dem 19. October 1778 mit einer Tochter des bekannten Georg Brandes, dem damals die oberste Leitung der göttinger Universität anvertraut war, verheirathet und dadurch Heyne's Schwager geworden. Was seinen Charakter betrifft, so läßt sich derselbe durch zwei Worte bezeichnen: er war ein echter deutscher Biedermann.

Neu-Südwales bis zum Jahre 1836.
(Beschluß aus Nr. 494.)

Andere Maßregeln des Gouverneurs mögen hier mit Stillschweigen übergangen werden, indem wir es für angemessener halten, die dargelegte Entwickelungsgeschichte der Colonie mit einem allgemeinen Überblicke über den gegenwärtigen Zustand derselben zu beschließen.

Die Volksmenge von Neu-Südwales belief sich nach einer Zählung vom Jahre 1833 auf 60,794; hierunter befanden sich 22,798 Freie männlichen und 13,453 Freie weiblichen Geschlechts, ferner 21,845 männliche und 2698 weibliche Sträflinge. Zu der protestantischen Kirche bekannten sich davon 43,095, zur katholischen 17,238 und zum Judenthum 345; 56 waren Heiden und von 42 blieb die Religion unermittelt. Von dieser Gesammtbevölkerung kamen allein 16,232 auf die Hauptstadt Sidney, die Übrigen lebten entweder in den andern Städten und Flecken der Colonie, in Paramatta, wo eine Correctionsanstalt für rückfällige Verbrecherinnen findet, in Windsor, Liverpool, Campbelltown, Richmond, Newcastle, Maitland, Bathurst, Goulburn, Bong-Bong und Wollongong, oder endlich vereinzelt und zerstreut in den 20 Grafschaften, in welche man das Gebiet eingetheilt hat.

Die große Mehrzahl der Bewohner beschäftigt sich mit Ackerbau, für den namentlich die Flußdistricte sich vortrefflich eignen; denn man erntet dort durchschnittlich 30 Scheffel Weizen auf dem Morgen Landes, zuweilen aber auch 40 bis 50 Scheffel; noch besser gedeiht der Mais, der in großen Quantitäten gewonnen und meist zur Fütterung des Viehs benutzt wird. Gerste, Hafer, Kartoffeln und andere Feldfrüchte kommen ebenfalls gut fort, man baut sie jedoch selten. Dagegen zieht man Taback in Menge und selbst die Versuche, den Hopfen und die Rebe in Australien einheimisch zu machen, sind vollkommen gelungen; ja sogar die Baumwollenstaude, der Kapernstrauch und das Zuckerrohr hat man mit dem glücklichsten Erfolge angepflanzt, und sonderbar wäre es in der That, wenn nicht auch der Thee den übrigen Producten sich beigesellen ließe. Von Obstbäumen gelangen alle europäische und viele tropische Gattungen zu einer seltenen Vollkommenheit. Von den australischen Pflanzen verdient vorzüglich die Ceder, der mächtige Blaugummibaum, eine herrliche Fichtenart und der neuseeländische Flachs genannt zu werden.

Ob der Bergbau in der Colonie belohnend sein werde, muß spätere Erfahrung lehren; an den geringern Metallen, namentlich Eisen, ist kein Mangel. Am Flusse Hunter, in der Nähe des Mount Wingen, eines Vulkans, aus dessen Ritzen fortwährend Schwefeldampf emporsteigt, findet man ungeheure Kohlenschichten, die auch schon seit geraumer Zeit bearbeitet werden. In manchen Gegenden bricht man eine Art Marmor, welcher eine sehr schöne Politur annimmt. Achate, Chalcedone und Opale sind gleichfalls nicht selten.

Ein Hauptnahrungszweig jedoch, auf welchen die Colonisten hingewiesen sind, ist die Viehzucht. Die köstlichsten Weideplätze laden dazu ein und der Umstand, daß die Thiere das ganze Jahr hindurch im Freien ihr Futter finden, erspart dem Heerdenbesitzer die Sorgen, welche anderwärts das Nahen des Winters hervorruft. Vorzüglich sind es feinwollige Schafe, mit deren Zucht man sich ganz besonders beschäftigt, seitdem der obengenannte Herr Macarthur in den Jahren 1791 und 92 die ersten nach der Colonie gebracht hat. Bereits um das Jahr 1820, also lange vor dem Auftreten des „australischen Landwirthschaftsvereins", gab es in Neu-Südwales 99,428 Schafe und in den letzten Zeiten belief sich ihre Zahl auf mehr als 400,000. Die Wolle, die man von ihnen gewinnt, bildet den Hauptausfuhrartikel der Niederlassung und wird in England ungemein geschätzt; 1819 versendete man 71,299, 1835 aber schon über 3 Millionen Pfund, was, das Pfund durchschnittlich zu 18 Gr. (denn sehr häufig wird es mit 1 Thlr. und darüber bezahlt) gerechnet, eine Summe von 2¼ Millionen Thlrn. ergibt (1841 überstieg die Wollausfuhr weit 12 Millionen Pfund). Auch die Rinderzucht ist nicht unbedeutend, besonders da die benachbarte Insel Van Diemensland jährlich eine beträchtliche Menge Hornvieh aus Neu-Südwales bezieht.

Der Walfisch- und Caschelot- oder Pottfisch-Fang, welcher jetzt ebenfalls vielen Colonisten als eine ergiebige Nahrungsquelle dient, ist erst seit kurzem ernstlicher betrieben worden; noch 1826 beschäftigten sich nur zwei, 1836 aber schon 41 Schiffe damit.

Aus diesen wenigen Notizen läßt sich leicht ein Schluß auf den Wohlstand der Colonie machen, und wenn man bedenkt, daß erst 4 Millionen Morgen Landes ihren Herrn erhalten haben und daher noch 20 Millionen Morgen meist fruchtbaren Bodens nur darauf harren, einer fünfmal so großen Bevölkerung, als sie jetzt ist, ein mehr als hinreichendes Auskommen zu gewähren, so kann man das mit Menschen überfüllte England nur glücklich preisen, daß es in der Colonisirung Australiens ein Mittel gefunden hat, die einheimische Armuth durch eine weise Begünstigung des Auswanderns zu vermindern. Freilich muß, wenn die Niederlassung allen Erwartungen entsprechen und verzüglich der Zweck des Deportationssystems: Besserung der Verbrecher, erreicht werden soll, vor Allem auch für das geistige Wohl der Ansiedelung kräftig gesorgt werden. Ein guter Anfang dazu ist unter Sir Richard Bourke bereits dadurch gemacht worden, daß die Unterstützung, welche bisher ausschließlich die Episkopalkirche von der Regierung erhielt, in Zukunft auch auf die übrigen beiden, die presbyterianische und die katholische, ausgedehnt werden soll. Hierdurch allein ist den Gliedern der zuletzt genannten Kirchen die Möglichkeit gegeben, die erforderliche Zahl von Geistlichen ihres Bekenntnisses anzustellen, an denen in frühern Zeiten ein höchst übel empfundener Mangel herrschte. Die Regierung hat bekannt gemacht, daß sie da, wo man zum Bau einer Kirche oder einer Kapelle mindestens 300 Pfund Sterling gesammelt habe, eine der Sammlung gleiche Summe bis zu 1000 Pf. St. beizutragen entschlossen sei. Zugleich bewilligt sie, wenn 100 Personen ihren Wunsch, an dem Gottesdienste irgend eines Pfarrers Theil zu nehmen, erklären, dem Pfarrer jährlich 100, wenn 200 Personen, 150, und wenn 300 Personen, 200 Pfund Sterling aus der Staatskasse.

Einer gleichen Förderung und Hebung wie das Kirchenwesen bedarf auch das Schulwesen. Es fehlt noch gar sehr sowol an tüchtigen Elementarschulen als auch an höhern Bildungsanstalten. Von den Instituten der letztern Classe ist das „australische Collegium", dessen Stiftung ein um die Colonie vielfach verdienter Mann, der schottische Geistliche **Dr. Dunmore Lang** (dessen größerm Werke über Neu-Südwales diese Notizen entlehnt sind), nach unsäglichen Bemühungen im Jahre 1831 durchsetzte, fast das einzige nennenswerthe. Ist aber endlich für die Erziehung des Volkes das Nöthige gethan, so mag man diesem wol auch nach dem allgemeinen Verlangen eine freiere Verfassung zugestehen; wenigstens dürfte es dienlich sein, den gesetzgebenden Rath, welcher dem Gouverneur zur Seite steht und aus 14 zur Hälfte von der Krone erwählten Mitgliedern zusammengesetzt ist, im Verhältniß zu der wachsenden Einwohnermenge zu verstärken.

Der gezopfte Larventaucher.

Unter den mancherlei Vögeln, deren Heimat die Seeküsten sind, gibt es viele, welche wir Landbewohner eben deswegen wenig oder gar nicht kennen, obgleich sie sowol im Baue ihres Körpers als auch in ihrer Lebensart Manches haben, was merkwürdig genug ist. Dahin gehören sechs verschiedene Arten von Seevögeln, die der deutsche Naturforscher Illiger im Jahre 1811 zu einer Gattung vereinigte, die er Larventaucher nannte (lateinisch Mormon), weil sie äußerst geschickt tauchen und weil es wegen des sonderbaren Baues ihres Schnabels fast aussieht, als wäre dieser eine Larve. Er ist nämlich so hoch wie das ganze Gesicht, kürzer als der Kopf, an den Seiten stark eingedrückt, wiewol daselbst etwas gewölbt. Die obere Kante des Schnabels ist scharf und steht sogar etwas höher als die obere Fläche des Schädels. Was ihn noch auszeichnet, ist, daß der Vogel ungefähr vom zweiten Jahre seines Lebens an eine oder mehre Querfurchen daran hat, die ihm, so lange er noch nicht ein halbes Jahr alt ist, gänzlich fehlen. Bei solchen jungen Larventauchern ist auch der Schnabel kaum halb so groß als bei den alten; ja der Unterschied zwischen einem halbjährigen und einem sehr alten Larventaucher in Größe und Gestalt des Schnabels ist so groß, wie bei keinem andern Vogel, weshalb man früher die Jungen für eigene Arten von Vögeln angesehen hat. Der Oberschnabel hat da, wo er an das Gesicht angewachsen ist, eine weiche Haut, die man bei Vögeln die Wachshaut nennt. Bei den Jungen ist sie mit kurzen Federchen bedeckt, die sie sich wahrscheinlich abstoßen, wenn sie später ihre Brutlöcher graben. Gleich vor der Wachshaut sieht man am untern Rande des Oberschnabels eine schmale Spalte, welches die Nasenlöcher sind. Am Mundwinkel ist eine schwammige Haut tellerförmig ausgebreitet, die mit dem Alter größer wird. Die meisten Arten haben an beiden Augenlidern eine harte Schwiele. Die Füße stehen bei ihnen so weit hinten am Körper, daß sie, wenn sie am Lande stehen, den ganzen Körper gerade in die Höhe richten müssen, sonst würden sie umfallen und zwar vorwärts; daher sieht es aber auch von weitem so aus, als wenn es kleine Männchen wären. Am Fuße haben sie blos drei Vorderzehen, zwischen denen eine vollständige Schwimmhaut angebracht ist. Die Nägel sind sehr gebogen, am meisten der an der innern Zehe; denn er bildet einen wahren Halbkreis, wie die Nägel bei den Raubvögeln, hat aber das Sonderbare, daß er nicht, wie bei diesen, steht, sondern platt aufliegt. Wozu übrigens das Thier diesen Schnabel- und Nägelbau hat, wozu ihm die harten Augenlidschwielen, die Wachshaut und die Haut an den Mundwinkeln dienen, ist uns noch ganz unbekannt; ohne bestimmten Nutzen sind diese Theile ihres Körpers gewiß nicht, denn die Natur thut nichts Überflüssiges, man vermuthet nur, daß sie ihre Brutlöcher mit dem Schnabel und den Nägeln in die Erde bohren. Sie legen nur ein Ei, das fast einfarbig ist; an der rechten und linken Seite des Bauchs fehlen ihnen zur Zeit des Brütens die langen Federn (die Conturfedern), sodaß sie an diesen Stellen, die man Brutflecken nennt, blos Flaumfedern haben.

Linné, dieser Altvater der Naturgeschichte, hatte die Larventaucher mit den Alken zu einer Gattung vereinigt und nannte sie daher auch Alken. Allein obgleich sie viel Ähnliches mit diesen Seevögeln haben, so gibt es doch ziemlich viel Unterschiede zwischen beiden. Der Schnabel der Larventaucher ist nämlich viel höher und stärker, als der der Alken; auch ist er bunt, was bei diesen nicht der Fall ist. Jene gehen besser, klettern aber nicht so gut die Felsen hinan als die Alken. Ihr Junges liegt viel länger im Neste als das der Alken; es behält seinen längern und dichtern Flaum längere Zeit und verläßt das Nest erst, wenn es erwachsen ist, was bei dem Alkenjungen eher geschieht, weil es eher die Conturfedern bekommt; daher wird auch das Junge der Larventaucher nach dem Ausfliegen von den Ältern bald verlassen, indem es sich nun selbst forthelfen kann, während das Alkenjunge noch lange nach seinem Ausfliegen von den Ältern geführt wird. Die Larventaucher mausern sich jährlich nur einmal, die Alken zweimal. Sie wandern im Winter nicht so regelmäßig nach Süden als die Alken, und sind also mehr an ihre nördliche Zone gebunden. Wie man sieht, sind dies Unterschiede genug, um die Larventaucher als Gattung von den Alken zu trennen.

Diejenige Art nun, welche hier abgebildet ist, heißt der gezopfte Larventaucher, lateinisch Mormon cirrata Temminck. Er bewohnt den großen Ocean in seinem nördlichen Theile von 45 Grad nördl. Br. an nordwärts, also an den Kurilen, Kamtschatka und dem Tschuktschenlande, an dem diesen Ländern gegenüberliegenden Theile von Amerika und den dazwischen liegenden Inseln; er zieht jedoch die Küsten des festen Landes denen der Inseln vor. Der Schnabel dieses

Vogels ist gelbroth, da, wo die Nasenlöcher liegen, schmuzig olivengelb und hat eine hakenförmige Spitze; Wachshaut und Mundwinkel sind gelb, die Iris gelbbraun, die Augenliderrändchen gelbroth, die Füße ganz orangengelb und die Krallen braun; Kinn, Zügel, vordere Backen= und Augengegend weiß. Über den Schläfen ist ein Zopf langer, schmaler, seidenartiger Federn angewachsen, der blaßgelb aussieht, wie sämisches Leder. Ein solcher Zopf hängt auf jeder Seite des Kopfs herunter, aber nicht gerade, sondern wie ein Halbkreis nach vorn gebogen. Stirn, Scheitel und der

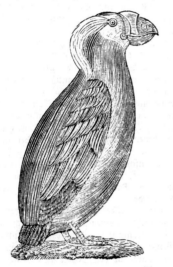

Der gezopfte Larventaucher.

ganze übrige Körper (die oben beschriebenen Theile ausgenommen) sind braunschwarz, nur oben dunkler als unten. Ausgewachsen ist der gezopfte Larventaucher vom Schnabel bis zum Schwanze 15 Zoll lang und darüber; mit ausgespannten Flügeln mißt er 28 Zoll in die Breite. Wenn die Brutzeit kommt, graben sie sich an abschüssigen Ufern oben in die Erde, womit die Felsen bedeckt sind und wo Gras wächst, ein Loch, das wenigstens eine Elle tief ist. Dahinein legen sie zu Ende des Mai oder zu Anfang des Juni ohne Unterlage ein einziges, großes, zugespitztes, schmuzig=weißes Ei, welches eßbar ist. Daher werden die Eier der Larventaucher auch aus den Nestern genommen. Dies geschieht z. B. auf der Insel Staritzschkow, zwei Seemeilen vom Eingange der Awatscha=Bai in Kamtschatka. Dort heißt das Thier Faparok, auf deutsch Beilchen, weil es mit dem Schnabel so hackt, wie mit einem Beile. Das Ei liegt so tief im Loche, daß man es nur schimmern sieht, wenn der Vogel gerade nicht darauf sitzt. Blos das Weibchen brütet und ist dann zwar leicht mit der Hand zu ergreifen, beißt aber heftig. Das Männchen hat nur ein Weibchen und schläft des Nachts auch neben demselben in der Höhle. Bei den Jungen sind die Zöpfe kurz und der Unterleib ist graulich. Mit dem Alter erhalten sie eine Querfurche nach der andern am Schnabel, bis die Zahl vier auf jeder Seite voll ist. Die gewöhnliche Nahrung des gezopften Larventauchers besteht in kleinen Krabben, Krebsen und Schaltthieren; letztere reißt er mit seinem starken Schnabel von den Felsen los. Bei den gefangenen brütenden Weibchen hat man jedoch weiter nichts im Magen gefunden als das Gras, welches um ihr Nest herum wächst. Ihre Liebe zu ihrem Ei ist es wahrscheinlich, welche sie zu dieser Nahrung treibt, um sich nicht weit vom Neste entfernen zu dürfen, und dies scheint auch der Grund zu sein, warum sie gern Grasplätze zu ihren Brütestellen wählen.

Die gezopften Larventaucher schwimmen vortrefflich, tauchen sehr geschickt und fliegen schnell und viel. So findet man sie außer der Brutzeit ganze Tage lang auf dem Meere beschäftigt; jedoch entfernen sie sich nicht weit von ihren Klippen und Inseln.

Die Schnäbel dieser Vögel gelten besonders unter den Aleuten als Zierde und Amulet, das befiederte Fell dient zur Kleidung. Die Weiber der Kamtschadalen sehen die Zöpfe dieser Larventaucher für einen schönen Putz an und ahmen ihn nach, indem sie sich Büschel vom weißen Theile der Vielfraßfelle hinter die Ohren hängen. Die ehemaligen Zauberer der dortigen Gegend (die Schamanen) empfahlen ihren Landsleuten die Schnäbel mit denen des Puffin, eines andern Seevogels, und mit den bunten Haaren der Robben vermischt als kräftiges Amulet. Jetzt werden auf Kamtschatka blos die Eier benutzt; das Fleisch dieser Vögel kann nicht gegessen werden, da es hart und unschmackhaft ist.

Die Thronfolge in Frankreich.

Das tragische Schicksal, welches den Erben des französischen Throns am 13. Juli betroffen hat und in Folge dessen es wahrscheinlich geworden ist, daß Ludwig Philipp einen seiner Enkel zum Nachfolger haben wird, lenkt unsere Blicke unwillkürlich auf frühere ähnliche Fälle in der französischen Geschichte. Hier zeigt sich uns sofort die auffallende Erscheinung, daß seit 200 Jahren kein französischer König die Krone seinem Sohne hinterlassen konnte. Zum letzten Male war dies der Fall mit Ludwig XIII., dem 1643 sein Sohn Ludwig XIV. folgte. Dieser aber sah im Greisenalter, wenige Jahre vor seinem eigenen Tode, sowol seinen ältesten Sohn, den Dauphin Ludwig, als dessen Sohn Ludwig ins Grab sinken (jener starb 1711, 50 Jahre alt, dieser 1712, 30 Jahre alt) und hinterließ die Krone 1715 seinem 5jährigen Urenkel Ludwig XV., während dessen Minderjährigkeit 8 Jahre lang (denn schon mit dem 13. Jahre wurden ehemals die französischen Könige großjährig) Herzog Philipp II. von Orleans die Regentschaft führte. Auch Ludwig's XV. Sohn, der Dauphin Ludwig, starb 9 Jahre vor dem Vater, und zwar in einem Alter von 36 Jahren (1765), sodaß nach jenem sein Enkel Ludwig XVI. 1774 den Thron bestieg. Daß dessen (zweiter) Sohn, Ludwig XVII., während der französischen Revolution im Jahre 1795, also 2 Jahre nach seinem Vater, 10 Jahre alt im Gefängnisse gestorben ist, ohne zum Besitze der Krone gelangt zu sein, ist bekannt genug; ebenso, daß noch immer von Zeit zu Zeit Abenteurer auftreten, welche sich für den Sohn Ludwig's XVI. ausgeben und Ansprüche auf den französischen Thron machen, die jedoch von keinem Menschen berücksichtigt werden. (Sein älterer Bruder starb schon 1789, 8 Jahre alt.) Napoleon's Sohn, der nur wenige Jahre als König von Rom für den Erben des französischen Kaiserthrons galt, starb 1832 als Herzog von Reichstadt, 21 Jahre alt. Ludwig XVIII., der 1814 den Thron einnahm, welchen 21 Jahre zuvor sein unglücklicher Bruder zugleich mit dem Leben verloren hatte, starb 1824 kinderlos. Karl's X. ältester Sohn Ludwig, bekannt als Herzog von Angoulème, hat keine Aussicht, sein Erbrecht je anerkannt zu sehen, zumal da sein 1836 verstorbener Vater 1830 für sich und seinen Sohn zu Gunsten seines Enkels, des jetzt 22jährigen Herzogs Heinrich von Bordeaux (von den Legitimisten Heinrich V. genannt), der Krone entsagt hat. Der jetzige Thronerbe, Ludwig Philipp, Graf von Paris, ist erst 4 Jahre alt. Nur wenn er sowol als sein jüngerer Bruder mit Tode abgehen sollte, würde Ludwig Philipp's zweiter Sohn, Herzog Ludwig von Nemours, jetzt 28 Jahre alt, den Thron besteigen.

Von dem ersten Könige der capetingischen Dynastie an, Hugo Capet, ist die Regierung 11 Mal hintereinander vom Vater auf den Sohn übergegangen; dann im Hause Valois von Philipp VI. an noch 6 Mal hintereinander; später nur noch 4 Mal.

Gebrauch des Feuersteins.

Wir haben bereits in Nr. 491 die Bearbeitung des Feuersteins zu Flintensteinen beschrieben; außerdem findet er jedoch noch manche andere Anwendung.

Da er bedeutend hart ist, so schleift man ihn zu Reibeschalen; auch gibt er, wenn eine seiner Flächen sehr glatt geschliffen ist, einen guten Glättstein ab. Hat man ihn in feines Pulver verwandelt, so dient dies als Schleifpulver in den Glas- und Metallschleifereien. Auch bestreicht man Papier damit, welches dann Feuersteinpapier heißt und zum Radiren gebraucht wird.

Besonders merkwürdig ist seine Anwendung zum englischen Steingute. Es gibt nämlich in der englischen Grafschaft Stafford einen ganzen District, der pottery heißt, d. h. Töpferei, weil hier eine ungeheure Menge grober und feiner Töpferwaare gebrannt wird. Man verwendet zu letzterer außer den großen Massen von Thon, die dazu nöthig sind, jährlich auch an 100,000 Centner Feuersteine, welche man zu diesem Zwecke aus Irland und von Gravesend im südöstlichen Theile von England holt. Damit sie mit dem Thone vermengt werden können, muß man sie vorher in Pulver verwandeln. Nun könnte man dies thun, indem man sie zerstampfte, so wie sie von Natur sind. Da sie jedoch so hart sind, würde das viel zu viel kosten. Deshalb brennt man sie erst mürbe; dies geschieht in Öfen, welche den Kalköfen ähnlich sind. Sie müssen dabei bis zur Rothglühhitze erhitzt werden, dadurch verlieren sie ihren Wassergehalt und werden leicht und mürbe. So wie man sie noch glühend aus dem Ofen nimmt, wirft man sie in kaltes Wasser (man schreckt sie ab). Dann werden sie unter Pochstempeln oder durch Hammerwerke sehr klein geklopft und nun kommen sie auf eigne Mühlen, um vollends zu Pulver gemahlen zu werden. Wie in einer gewöhnlichen Mühle, so sind auch in einer solchen zwei Mühlsteine. Der untere, welcher fest liegt (der Bodenstein), ist von Granit oder Quarz und besteht entweder aus einem einzigen Stücke oder ist aus mehren Stücken zusammengesetzt. Er liegt in einer runden Wand (in einem cylindrischen Gefäße), wie in einem Fasse. Auf ihm dreht sich der obere Stein herum (der Läufer), der aus derselben Masse besteht; oder man hat über dem Bodensteine eine stehende Welle angebracht, von deren unterm Ende nach allen Seiten hin wagrechte Arme gehen, an deren Ende schwere Steine angebracht sind. Zwischen diesen Steinen oder dem Läufer und dem Bodensteine werden nun die auf die angegebene Art gebrannten und zerstampften Feuersteine fein gemahlen, wobei man Wasser zugießt. An der Seite läuft die dadurch entstehende Flüssigkeit ab, welche milchig aussieht. Diese läßt man nun durch feine seidene Siebe laufen; was oben auf den Siebböden zurückbleibt, wird noch einmal gemahlen (zurückgegeben), weil es die gröbern Staubtheile enthält. So hat man also einen Schlamm erhalten, der aus Wasser und gebranntem Feuersteinpulver besteht und den man, der Kürze wegen, Kieselschlamm nennt, was auch richtig ist, da ja der gebrannte Feuerstein fast aus weiter nichts als aus Kieselerde besteht. Unterdessen hat man auch den Thonschlamm bereitet und vergleicht nun beide nach dem Gewicht und zwar so: man nimmt ein Gefäß, füllt es mit Thonschlamm und wiegt ihn; dann gießt man den Thonschlamm aus, gießt statt seiner Kieselschlamm hinein und wiegt diesen auch. Findet man nun, daß der Thonschlamm um den dritten Theil mehr als der Kieselschlamm wiegt, z. B. jener ein ganzes Pfund und dieser ¾ Pfund, so sind sie gerade so, wie man sie haben muß. Ist einer von beiden zu schwer, so gießt man so lange Wasser hinzu, bis das erwähnte Verhältniß herauskommt. Nun gießt man beide in großen Massen zusammen und mengt sie untereinander. Auch dies muß nach einem gewissen Verhältnisse geschehen; dies Verhältniß ist aber nicht einerlei, sondern es richtet sich theils nach der Thonart, die man zum Thonschlamme genommen hat, theils nach der Art von Steingut, die man verfertigen will. Es kommt indeß dabei im Durchschnitte auf einen Theil Thon 1/5 — 1/6 Kieselerde.

Daß man Wasser beim Zermahlen des Feuersteins zugießt, geschieht deswegen, um sogleich den Kieselschlamm zu bekommen; allein es hat auch noch einen andern Nutzen. Wollte man ihn nämlich trocken mahlen, so würde in der Mühle eine Menge Feuersteinstaub herumfliegen, der den Arbeitern durch das Einathmen die Auszehrung zuziehen würde.

Der Kieselschlamm wird in dem erwähnten berühmten Töpferdistricte nicht blos der Hauptmasse zugesetzt, aus der man das Steingut brennt, sondern auch der Glasur, womit man das Steingut überzieht und beim zweiten Brande einbrennt. Der Hauptbestandtheil dieser Glasur ist Bleioxyd, d. h. Blei mit Sauerstoff verbunden, und deshalb muß der Kieselschlamm in solcher Menge zugesetzt werden, daß sich beim zweiten Brande das Bleioxyd ganz damit verbinden kann. Wollte man weniger Kieselschlamm zusetzen, so würde Bleioxyd unverbunden in der Glasur übrig bleiben und die Speise und die Getränke, die man aus solchem Steingute genösse, vergiften.

Eine Sorte von englischem Steingute nennt man Kupferstichwaare, englisch printed-ware, weil man Kupferstiche dadurch abdruckt und den Abdruck einbrennt. Dazu braucht man natürlich eine Farbenmasse, gewöhnlich schwarz, blau oder grün. Auch zu dieser Farbenmasse kommt Kieselschlamm, damit sie sich mit dem Steingute stark verbinden kann.

Eine andere Sorte des englischen Steinguts heißt Lüsterwaare, englisch lustre-ware, d. h. Glanzwaare, weil man einen metallischen Glanz darauf anbringt, z. B. Gold-, Platin-, Eisenlüster. Man nimmt wirklich Gold, Platin und Eisen dazu; aber auch hier muß man Kieselschlamm hinzuthun.

Der Thon enthält zwar an und für sich schon mehr oder weniger Kieselerde beigemengt, allein nie genug für das Steingut, und deshalb wird ihm Kieselschlamm zugesetzt, sonst würde das Steingut nicht seine Vorzüge erhalten. Ja mancher Thon würde auch ohne Kieselschlamm beim Brennen Risse bekommen, wie dies bei dem fetten und schwarzen Thone aus Devonshire der

Fall ist, den die Engländer deswegen berstenden Thon nennen.

Früher hat man in England auch zum Krystallglase gebrannten Feuerstein genommen und daher hieß dieses dort auch sonst Flintglas, jetzt aber nehmen sie Quarzsand dazu, wie die Deutschen und andere Völker, welche auch bei ihren feinern und gröbern Töpferwaaren nie Feuerstein anwenden.

Bagdad. *)

Bagdad — einst 500 Jahre lang Hauptstadt des arabischen Reichs und Residenz der Khalifen — wurde von dem tapfern und weisen Khalifen Al-Mansur aus dem Geschlechte der Abbassiden, welcher 774 vor Christus starb, mit beispielloser Schnelligkeit und Pracht um das Jahr 762 erbaut und zur Residenz erhoben. Dies blieb es bis zum Jahre 1258, wo Hulagu, ein Enkel Dschingis-Khans, seine wilden Schaaren gegen die Stadt führte, sie eroberte, 40 Tage plünderte, an 200,000 ihrer Bewohner und unter ihnen den Khalifen Mostasem Billah (den 56. Nachfolger des Propheten) tödtete und so den Thron der Abbassiden in Asien stürzte. Jetzt ist Bagdad nichts als die Hauptstadt eines Paschaliks in der türkischen Provinz Irak Arabi und nur noch ein Schatten seiner frühern Pracht und Herrlichkeit, aber dennoch wichtig als bedeutendster Handelsplatz in diesem Theile Asiens und als die größte Grenzstadt des türkischen Reichs gegen Persien.

Bagdad liegt in einer niedrigen Ebene am Flusse Tigris, der es in zwei Theile theilt, die durch eine Schiffbrücke verbunden sind, in geringer Entfernung von der Stelle, wo die Ruinen von Babylon liegen. Die Stadt hat etwa 7 englische Meilen in Umfang und ist von einer einfachen, aus Lehmsteinen aufgeführten Mauer umgeben, die von einem Graben umschlossen ist. In ungleichen Zwischenräumen erheben sich runde Thürme von der Mauer, auf denen einige Geschütze stehen. Durch die Mauer führen die Thore, welche großartige spitzförmige Bogen in den schönsten Verhältnissen bilden, mit Sculpturarbeit geschmückt sind und aus dem 10. Jahrhundert herrühren.

Der Serai des Paschas ist ein großes, übrigens durch Nichts ausgezeichnetes Gebäude, das ohne Plan in verschiedenen Zeiten erbaut worden ist und eine formlose Häusermasse bildet. Der Moscheen sollen mehr als 100 sein, aber nur wenige darunter sind schön zu nennen; als Material haben bei allen gebrannte Backsteine von röthlich-gelber Farbe gedient, die oft mit grüner, schwarzer oder anders gefärbter Glasur überzogen sind. Die älteste Moschee wurde erst 1285 erbaut; sie ist wie gewöhnlich ein länglich viereckiges Gebäude, 60 Fuß hoch und von einem Kuppeldache bedeckt. Die Dachkuppeln sind nicht mehr, wie sonst, vergoldet, sondern gemalt oder mit überglasten Ziegeln von verschiedener Farbe bedeckt, weshalb sie einen bunten, heitern Anblick gewähren. Die Minarets, weniger hoch als anderwärts, aber schlank und zierlich, sind mit überhängenden Blenden u. s. w. geschmückt, erweitern sich von der Mitte an nach oben zu und werden in zwei Dritteln ihrer Höhe von der schmalen Galerie umgeben, von wo die Muezzims den Ruf zum Gebet ertönen lassen. Thüren und andere vorragende Theile sind mit Arabesken geschmückt; alle Bogen sind Spitzbogen, mit reicher Einfassung und Marmortafeln, auf denen Blumen, Vasen u. s. w. dargestellt oder Inschriften verzeichnet sind, versehen. Im Innern der Moscheen herrscht wenig Eleganz; von der Decke hängen Straußeneier und einige schmucklose Lampen herab, Strohmatten und ein Teppich bedecken den Boden und eine kleine leergelassene Nische auf der nach Mekka gewandten Seite zeigt die Richtung an, nach welcher die Gläubigen beim Gebete sich wenden müssen. Eine Schule, in der Knaben unentgeltlich im Lesen, Schreiben und in der Kenntniß des Korans unterrichtet werden, ist immer mit einer Moschee verbunden und wird durch freiwillige Beiträge unterhalten.

Die Karavanserais von Bagdad sind zahlreich, aber durch nichts ausgezeichnet; bemerkenswerth sind aber die Bazars, die in verschiedene Stadttheile vertheilt sind. Der größte, reichste und besuchteste ist der der Kleiderhändler, wo die kostbarsten Gewänder, Kaschmirshawls, Damascenersäbel mit prachtvollem Gehenk und persische Gewehre miteinander abwechseln; der Bazar der Schuhhändler steht ihm nur wenig nach, da bekanntlich im Oriente Fußbekleidungen von den buntesten, schreiendsten Farben beliebt sind. Die Juweliere in Bagdad sind lediglich Christen oder Juden, welche nur ganz feines Gold verarbeiten. Übrigens verstehen sich die Kaufleute in Bagdad so gut auf ihr Geschäft wie vielleicht in wenigen Ländern und Städten des Orients, Persien ausgenommen.

Die Bäder Bagdads sind sehr unbedeutend und bei der Seltenheit der Bruchsteine nicht aus Marmor, wie in Konstantinopel und Kairo, sondern aus Backsteinen und Erdpech erbaut; zudem ist das Wasser unrein, die Badezimmer schmuzig und die Bedienung schlecht, was jedoch die Schönen von Bagdad nicht abhält, ganze Tage daselbst zuzubringen.

Die ganze Stadt besteht aus engen, schmuzigen, dunkeln und feuchten Gassen, die am Fuße der Häuser nur etwa 9 Fuß breit, oben aber fast ganz geschlossen sind. Die Häuser bilden nach der Straßenseite eine ganz glatte Mauer, ihre Fenster gehen nach einem Hofraume, der mit Palmbäumen oder einem Brunnen geschmückt ist und immer sehr rein gehalten wird. Vier solche im Viereck gebaute, ein Stockwerk hohe Häuser stoßen gewöhnlich aneinander, durch eine schmale Galerie und Thüre verbunden. Das von der Straße am meisten entfernte heißt Harem, d. i. heilig, und dient als Wohnung der Frauen; das entgegengesetzte heißt Al Bab, d. i. Thor, und ist Besuchenden geöffnet. Das Auffallendste sind die Souterrains, von denen man die äußere Luft sorgfältig abhält und in die man sich bei sehr heißem Wetter zurückzieht, weil dann hier eine wohlthätige Kühle herrscht. Die Dächer sind platt, aber durch Mauern in verschiedene Räume abgetheilt, die im Sommer als Schlafstätten dienen.

Die Bevölkerung der Stadt beläuft sich auf 120,000 Seelen, worunter zwei Drittheile einer aus Persern, Türken und Arabern gemischten Race (meist von Sunniten-Sekte) angehören, die andern Juden und Christen sind. Die Kleidung der höhern Classen der Mohammedaner besteht in einem prächtigen seidenen Gewande, hochroth oder von irgend einer andern hellen Farbe; vorn und an den Ärmeln ist es offen und wird um die Hüften durch einen Kaschmirshawl zusammengehalten; darüber hängt ein Mantel von feinem Tuche. Der schöngeformte Turban ist von weißem, sehr feinem Musselin, die Beinkleider sind weit, die Pantoffeln von hellgelbem Leder; ein Dolch mit kostbarem Griff vollendet den Anzug. Frauen von Stand sieht man

---

*) Nach Wellsted's „Reisen nach der Stadt der Khalifen".

auf den Straßen nur selten und dann immer ganz vermummt und auf Eseln reitend; das Gesicht verhüllt ein dünner Schleier von Musselin oder Pferdehaar. Frauen niederer Stände sieht man oft Wasser aus dem Flusse holen, wobei sie die Gefäße auf dem Kopfe tragen; in der Jugend sind sie schlank und wohlgebildet und gehen mit Anstand und Leichtigkeit. Die unverheiratheten tragen rothe, die verheiratheten blaue Gewänder.

Die Christen in Bagdad sind großentheils Armenier; diese sind wohlhabend und geachtet und haben einen Bischof und eine Kirche. Außerdem gibt es in Bagdad noch zwei andere christliche Sekten: Jakobiten und Nestorianer. Juden gibt es in Bagdad etwa 7000, die ihre nationale Eigenthümlichkeit treuer bewahrt haben als sonst irgendwo; sie wohnen in einem besondern Stadtviertel unter Aufsicht eines Patriarchen, der für ihr Betragen verantwortlich ist.

Bagdad treibt sowol mit Indien als mit Persien Handel; der erstere ist im Zunehmen begriffen, der letztere dagegen nimmt ab, da man es jetzt vorzieht, den directen Weg nach Konstantinopel (über Erzerum) einzuschlagen. Aus Indien kommen Zucker, Muscheln, grobe und feine Tücher u. s. w., die weiter durch Syrien über Kurdistan nach Kleinasien versendet werden. Die Schiffe, in denen dieser Handel (zwischen Bagdad und Basrah) betrieben wird, sind in der Regel solche von 100—200 Tonnen, die einen ungeheuren Kiel und kurze Masten haben und 5—6 Fuß tief im Wasser gehen. Zu der Fahrt von Basrah bis Bagdad, also stromaufwärts, brauchen sie bei Nordostwind, bei welchem sie den ganzen Weg von 420 englischen Meilen gezogen werden müssen, etwa einen Monat; kleinere Schiffe brauchen nur 10 Tage. Auf dem Rückwege führen die Schiffe Galläpfel, Kupfer, rohe Seide und Salz aus der Wüste. Die kleineren Schiffe sind nur roh aus Bretern zusammengefügt und mit Theer überzogen; in der Regel fahren sie in Partien von 10—15, um die Erpressungen der kleinen Scheiks zu vermeiden.

In geringer Entfernung von Bagdad liegen die Ruinen einer einst noch wichtigern Stadt, Babylon. Auf dem 180 F. hohen Hügel Birs-Nimrod, welcher den Tempel des Belus getragen haben soll, der nach Herodot's Beschreibung acht Stockwerke hoch war, ist eine 40 F. hohe Steinmasse stehen geblieben, bestehend aus gelblichen Backsteinen, die mit einem ungemein haltbaren Mörtel verbunden sind. An den Mauern sind die Spuren des Feuers deutlich zu erkennen. Man findet in dieser Gegend Backsteine und Cylinder von gebranntem Thon mit eingegrabenen keilförmigen Buchstaben, Bruchstücke von Töpferwaaren, Gemmen, Amulets u. s. w. Mit Aufgrabung solcher Antiquitäten sind die Araber beschäftigt, welche mit denselben einen beträchtlichen Handel nach Bagdad, Basrah und Aleppo treiben. Am berühmtesten sind die Trümmer des östlichen Babylons, und zwar insbesondere drei Trümmerhaufen: El-Hamra, Mugelibe und El-Kasir. Der letzte nimmt vermuthlich den Platz ein, wo der Palast der Semiramis stand; er ist 1/2 englische Meile lang, ebenso breit und durchschnittlich etwa 90 Fuß hoch, wonach sich auf den gigantischen Umfang jenes Schlosses schließen läßt. Sonst weicht die Masse in ihrem allgemeinen Ansehen nicht von der auf dem vorhin gedachten Hügel ab; in einem Theil der Backsteine ist viel gehacktes Stroh enthalten. Von den hängenden Gärten ist keine Spur mehr vorhanden. Nicht weit von da sieht man das kolossale, aber roh ausgeführte Bild eines Löwen, der über einer liegenden menschlichen Figur, deren Kopf ein grober Turban bedeckt, steht. Die Ruine Mugelibe bildet einen länglichen Hügel von 250 Ellen Länge, auf dem Rücken desselben findet man Wände und andere Spuren von Gebäuden, deren Seiten nach den vier Himmelsgegenden stehen. Die pyramidalische, 70 Fuß hohe und 300 Ellen weite Ruine El-Hamra scheint einen Theil der Mauern von Babylon gebildet zu haben.

Etwa drei englische Meilen von Bagdad steht die Moschee der Cosmeen, die über den Gebeinen von zwölf Imans errichtet ist, vielleicht das schönste Grabmal in Mesopotamien und noch gänzlich unversehrt. Das Dach bildet eine zierlich vergoldete Kuppel; auf jeder Seite erhebt sich ein schlankes Minaret; die Vorderseite ist mit rothen Glasstücken bedeckt, mit denen das dunkle Grün der herumstehenden hohen Palmen wunderbar contrastirt.

Häufigkeit der Hinrichtungen.

Nach dem statistischen Werke des Kronprinzen von Schweden kommt jährlich eine Hinrichtung in Spanien auf 122,000, in Schweden auf 172,000, in Irland auf 200,000, in England auf 250,000, in Frankreich auf 447,000, in Norwegen auf 720,000, in Würtemberg auf 750,000, in Pennsylvanien auf 829,000, in Östreich auf 840,000, in Baden auf 1,230,000, in Preußen auf 1,700,000, in Baiern auf 2 Mill. Einwohner. In Vermont hat seit 1814, in Belgien seit 1830 keine stattgefunden.

Fertige Leihbibliotheken
von 500 bis 4000 Bänden nebst Katalogen offerirt zu Preisen von 150 bis 1200 Thlrn.
Ludwig Schreck in Leipzig.

Literarische Anzeige.

Durch alle Buchhandlungen und Postämter ist zu beziehen:

Landwirthschaftliche Dorfzeitung.
Herausgegeben unter Mitwirkung einer Gesellschaft praktischer Land- und Hauswirthe von
C. v. Pfaffenrath und **William Löbe.**
Mit einem Beiblatt: Gemeinnütziges Unterhaltungsblatt für Stadt und Land.

Dritter Jahrgang. 4. 20 Ngr.

Hiervon erscheint wöchentlich 1 Bogen. **Ankündigungen** darin werden mit 2 Ngr. für den Raum einer gespaltenen Zeile berechnet, **besondere Anzeigen ꝛc.** gegen eine Vergütung von 3/4 Thlr. für das Tausend beigelegt.

Inhalt des Monats August:
Dorfzeitung. Bemerkungen über bäuerliche Pferdezucht. — Anfragen. — Der Rattenkönig. — Über die Umwandlung unserer Laubholzwaldungen in Nadelholz. — Aufforderung zu Versuchen, um Winterkartoffeln zu erziehen. — Aus dem Nassauischen. — **Miscellen, Ankündigungen.**
Unterhaltungsblatt. Eifersucht und Freundschaft einer Gans. — Ein Besuch auf dem Getreidemarkte in London. — Eisenbahnlied bei einer Fahrt nach Leipzig. — Verwahranstalten für kleine Kinder. — Landesverschönerung. — Ein Gift für Kinder. — Morgenstunde hat Gold im Munde. — **Büchermarkt, Vermischtes, Anekdoten, Ankündigungen.**

Leipzig, im September 1842.
F. A. Brockhaus.

Das Pfennig-Magazin
für Verbreitung gemeinnütziger Kenntnisse.

496.]   Erscheint jeden Sonnabend.   [October 1, 1842.

Goldsmith.

Einer der populairsten und beliebtesten englischen Schriftsteller war und ist noch jetzt der Verfasser des „Landpredigers von Wakefield", Oliver Goldsmith. Er stammt aus einer irländischen Familie und wurde am 10. November 1728 zu Pallas oder Pallasmore in der irländischen Grafschaft Longford (nach andern Angaben zu Elphin in der Grafschaft Roscommon) geboren. Sein Vater war ein Landgeistlicher, Charles Goldsmith, der in Folge einer zu früh und unüberlegt geschlossenen, wiewol im Übrigen nicht unglücklichen Ehe 12 Jahre lang von der Güte des Oheims seiner Gattin, Namens Green, abhing, welcher Oberpfarrer in West-Kilkenny war und den er in seinen Amtsverrichtungen unterstützte. Dieser starb im Jahre 1730; Goldsmith, der bereits 5 Kinder hatte, deren jüngstes unser Oliver war (später folgten noch zwei), wurde sein Nachfolger und zog sofort von Pallas nach dem kleinen Dorfe Lissoy unweit Athlone. Unsere Abbildung zeigt die Mühle dieses Dorfs, von welcher in Goldsmith's „Verlassenem Dorfe", das er Auburn statt Lissoy nennt, mehrfach die Rede ist. In Lissoy erhielt er die Elemente der Erziehung durch eine alte Frau und einen alten Soldaten, dessen Märchenerzählungen anzuhören ihm aber lieber war, als seine Lection zu lernen; indessen zeigte er frühzeitig große Begierde zum Lesen, dichtete kindische Reime und zeichnete sich durch Lebhaftigkeit seiner Antworten und Einfälle aus.

Im Jahre 1739 kam er, zum Kaufmannsstande bestimmt, in die Schule zu Athlone, 1741 aber nach Edgeworths-Town, und da seine ausgezeichneten Geistesgaben immer mehr hervortraten, so gaben einige Verwandte die Kosten her, ihn nach Dublin zu schicken, wo seine Aufnahme ins Trinity College im Juni 1745 erfolgte. Hier blieb er, weder zu seiner Zufriedenheit, noch zu der seiner Lehrer und Vorgesetzten, bis zum Februar 1749, hatte aber während dieser Zeit viel mit Armuth zu kämpfen; diese zu mildern, schrieb er Straßenballaden, für deren jede er 5 Schillinge erhielt. Einmal hatte er, erbittert durch die Strenge seiner Lehrer und Vorgesetzten und entschlossen, in der Fremde sein Glück zu versuchen, mit einem Schilling in der Tasche Dublin verlassen, und war nur durch den Hunger zur Umkehr genöthigt worden. Während seines Aufenthalts in Dublin war sein Vater gestorben; seine Mutter lebte in Ballymahon, wohin er von Dublin ging. Da er keine große Neigung hatte, in den geistlichen Stand zu treten, so war es ihm willkommen, daß der Bischof, den er um die Weihe ersuchte, ihn seiner Jugend wegen abwies, aber die Summe, welche erborgt worden war, um ihn zum Studium des Rechts zu befähigen, hatte er thörichter Weise bald verschleudert und so scheint er zwei Jahre lang ziemlich müßig gewesen zu sein, während deren er sich der Jagd und andern Belustigungen hingab. Eine Zeit lang (um 1751) war er Hauslehrer in einer angesehenen Familie, ohne sich dabei selbst zu genügen; später wollte er nach Amerika gehen, aber dieser Plan scheiterte an verschiedenen Umständen und von Allem entblößt kehrte er zu seiner Mutter zurück. Unterstützt von seinen Verwandten und Freunden, ging nun Goldsmith 1752 nach Edinburg und von da 1754 nach Leyden, um hier seine Ausbildung zu vollenden. Auf beiden Universitäten überließ er sich, wie früher, ohne sich an Fleiß und Ordnung gewöhnen zu können, einem wenig geregelten Leben und seine Briefe aus jener Zeit zeigen, daß er sich mehr mit der Literatur als mit der Heilkunde beschäftigte, in welcher letztern er auch auf keiner derselben einen akademischen Grad erlangte. In Leyden hatte er sich mit Vorliebe mit Chemie beschäftigt, war aber in Gesellschaften gerathen, die ihn zum Spiele verführten.

Im Februar 1755 verließ er Leyden, bald nachdem er eine große Geldsumme verloren hatte, um einen größern Theil des Continents kennen zu lernen — zu welchem Zwecke ihn ein Freund mit einer Geldsumme versah, von der er aber den größten Theil dazu angewandt haben soll, seinem Oheim Blumenzwiebeln zu kaufen — und bereiste zu Fuß, mit großen pecuniairen Verlegenheiten kämpfend, Flandern, Frankreich, Deutschland, die Schweiz, wo er einen Theil seines „Wanderers" schrieb, und Italien. Wie man sagt, verschaffte er sich seinen Unterhalt oft auf seltsame Weise, in den Klöstern durch seine Fertigkeit im Disputiren, in den Dörfern durch sein Flötenspiel u. s. w. In Genf wurde er Führer eines jungen und reichen Engländers, der seiner Ausbildung wegen reiste, den er aber seines schmuzigen Geizes wegen bald wieder verließ. Goldsmith ging nun nach Padua, wo er sechs Monate blieb und die medicinische Doctorwürde erwarb.

Im Jahre 1756 kam Goldsmith zum ersten Male in London an, um sich hier als ausübender Arzt niederzulassen, hatte aber anfangs mit drückender Dürftigkeit zu kämpfen, weshalb er sich in einer Privatlehranstalt als Hülfslehrer anstellen ließ, bald darauf aber als Gehülfe zu einem Apotheker ging. Später wurde er Mitarbeiter des Monthly Review, dann des Literary Magazine. Hiermit begann seine angestrengte literarische Thätigkeit, die mit wenigen kurzen Unterbrechungen sein ganzes Leben hindurch gedauert hat. Er begann inzwischen, durch einen Freund unterstützt, auch die Heilkunde auszuüben und erwarb sich so als Arzt und Schriftsteller ein kärgliches Auskommen, mit dem er zufrieden war. Im Jahre 1758 bewarb er sich um eine Anstellung in Indien als Arzt einer Factorei auf der Küste Koromandel, wurde aber vom medicinischen Collegium wegen ungenügender Qualification zurückgewiesen. 1759 schrieb er „Eine Untersuchung über den gegenwärtigen Zustand der Gelehrsamkeit in Europa", ein gutgeschriebenes und geistreiches, aber seinem materiellen Inhalte nach sehr unvollkommenes Buch. 1760 begann er mit Smollet und Andern das British Magazine und schrieb für ein anderes Journal seinen „Weltbürger" und die „Geschichte der Miß Stanton", die als erster Keim zu seinem „Landprediger von Wakefield" angesehen werden kann. Den letztern, sein trefflichstes Werk, soll er nach Einigen in kurzer Zeit und unter dem Sporn der dringenden Noth geschrieben haben, aber abgesehen davon, daß ein Theil der Geschichte schon früher erschienen war, trägt auch das Werk selbst keine Spuren der Eile; es ist vielmehr wahrscheinlich, daß er sich in aller Muße arbeitete und daß es, als er sich einst in großer Geldnoth befand, von Dr. Johnston (dessen für ihn sehr wichtige Bekanntschaft Goldsmith 1761 gemacht hatte) für ihn um 60 Pf. St. (400 Thlr.) verkauft wurde. Der Buchhändler, der es an sich brachte, zweifelte so sehr an dem Erfolge, daß er es erst 1766 herausgab, als der Name des Verfassers durch seinen inzwischen (im December 1764) erschienenen „Wanderer", der bald nacheinander vier Ausgaben erlebte, bekannter geworden war und bessere Aussicht auf eine günstige Aufnahme gab. Um 1766—67 schrieb er sein erstes Lustspiel, „Der gutmüthige Mann", das nach langem Zögern und einem heftigen Zwist mit Garrick am 29. Januar 1768 mit Beifall in Coventgarden gegeben wurde und seinem Verfasser ansehnliche Summen einbrachte. In demselben Jahre übernahm er die Verbindlichkeit, die Geschichte Roms zu schreiben, und bezog daher, um mit größerer Muße arbeiten zu können, eine Landwohnung; dieses Werk ist sehr klar und elegant geschrieben, aber keineswegs durch Genauigkeit oder wissenschaftliche Forschung ausgezeichnet.

Im folgenden Jahre begann er seine „Geschichte der Erde und der belebten Natur", bei welcher er Buffon folgte, eine Arbeit seiner letzten Jahre, die 1774 in sechs Bänden erschien, von welcher aber dieselbe Bemerkung wie von der „Römischen Geschichte" gilt. Beide Bücher wurden populaire Schulbücher und behaupten sich als solche noch immer. Am 26. Mai 1770 erschien die erste Ausgabe des Gedichts „Das verlassene Dorf" und am folgenden 15. August schon die fünfte, ein Beweis, daß es der wirklich guten Poesie nie an Aufmunterung fehlen wird. Auf Verwendung seiner Freunde wurde Goldsmith nach dem Erscheinen seiner römischen Geschichte zum Professor der alten Geschichte bei der englischen Malerakademie ernannt. Um diese Zeit machte er einen kurzen Ausflug nach Paris und schrieb seinen „Haunch of Venison", ein scherzhaftes Gedicht. Im Jahre 1771 unternahm er seine „Geschichte von England" und schrieb ein neues Lustspiel „The stoops to conquer", das am 15. März 1772 mit entschiedenem Beifall aufgeführt wurde, ungeachtet der Befürchtungen des Theaterdirectors Colman und der ungünstigen Meinung Garrick's, und das sich bis jetzt auf der Bühne erhalten hat. Im Jahre 1773 übersetzte er die Werke des französischen Satirikers Scarron und schrieb sein komisches Gedicht „Vergeltung". Dies war sein letztes bedeutendes Werk; er starb am 4. April 1774, wie man glaubt, in Folge seiner eigenen verkehrten Behandlung seiner Krankheit (eines beginnenden Nervenfiebers). Bis zuletzt war er unermüdlich fleißig gewesen und hatte sich in der letzten Zeit viel mit dem Plane zu einem allgemeinen Wörterbuche der Künste und Wissenschaften beschäftigt. Er wurde auf dem Tempelkirchhof begraben und ihm in Westminsterabtei ein einfaches Denkmal errichtet, das Johnson's berühmte Inschrift trägt.

Von den vielen Schriften Goldsmith's fand keine so allgemeinen Beifall als der „Landprediger von Wakefield", der in die meisten europäischen Sprachen übersetzt worden ist. Ob die nach dem Tode Goldsmith's unter seinem Namen erschienene Geschichte von Griechenland von ihm sei, ist sehr zweifelhaft.

Goldsmith besaß viel Verstand, lebhafte Phantasie, feines Gefühl und schöne Darstellungsgabe. Wenig Schriftsteller haben so gänzlich aus ihren eigenen persönlichen Beobachtungen und Erfahrungen geschöpft als er. Der „Wanderer" beschreibt die charakteristischen Züge derjenigen europäischen Nationen, die er besucht und an deren von ihm erzählten Belustigungen er Theil genommen hatte. Im „Verlassenen Dorfe" schildert er unter dem Namen Auburn das Dorf Lissoy, wo er als Knabe gelebt, und die Personen, die er dort kennen gelernt. Im „Landprediger von Wakefield" schildert er seinen Vater und unter dem Namen Georg sich selbst; Olivia ist eine seiner Schwestern, welche beide unter ungünstigen Verhältnissen verheirathet waren, wiewol nicht unter so mislichen als von jener erzählt wird. Auch der „Weltbürger" und seine Theaterstücke beruhen auf persönlichen Erlebnissen und im „Gutmüthigen Mann" schilderte er ohne Zweifel sich selbst. In seinen Gedichten bildete er sich nach Pope, den er sehr bewunderte, doch ist er im Rhythmus weniger monoton und erinnert oft an Dryden. In seinen Novellen hatte er kein unmittelbares Muster, wenn man nicht Fielding's „Amalia" als solches nehmen will, insofern das Interesse dieser Erzählung ebenfalls lediglich auf den ungeschmückten einfachen Vorfällen des Privatlebens beruht. Seine Theaterstücke enthalten Witz und Laune, sind aber mehr Possen höherer Art als regelrechte Lustspiele. Vollendet und classisch war Goldsmith in keinem Fache, aber nichtsdestoweniger wird er immer in der englischen Literatur eine bedeutende Stelle behaupten.

Zur Zeitungsstatistik. *)

In London erschienen schon 1696 neun Zeitungen (alle nur einmal die Woche); 1709: 18 (worunter eine täglich); 1724: 20 (worunter 3 täglich, 7 dreimal, 4 zweimal die Woche); 1792: 33 (worunter 13 täglich).

---

*) Aus einer der statistischen Gesellschaft in London gemachten Mittheilung.

Jetzt hat London nur 9 tägliche Zeitungen. Die ältesten jetzt noch bestehenden londoner Zeitungen sind: English Chronicle (seit 1747), St.-James Chronicle (seit 1761) und Morning Chronicle (seit 1769). Älter noch als diese sind 6 englische Provinzialblätter, die in Lincoln, Ipswich, Bath, Birmingham, Chester und Derby erscheinen (in der erstgedachten Stadt seit 1695), ferner die älteste schottische und die älteste irländische Zeitung, jene in Edinburg und seit 1705, diese in Belfast und seit 1737 erscheinend. Mit Ausnahme einer einzigen (Rutland) haben alle englischen Grafschaften eigene Zeitungen; in Wales gibt es 6, in Schottland 16 (von 33), in Irland 7 (von 32) Grafschaften, wo keine Zeitung erscheint. Tägliche Zeitungen erscheinen außer London nirgend in England. Guernsey hat 4, Jersey 9, die Insel Man 5 Zeitungen.

In Paris erschien schon 1605 regelmäßig eine Zeitung, die bis zur Revolution bestanden hat. Im Jahre 1779 erschienen in Paris 35 Journale und Tageblätter, unmittelbar vor der Revolution 169 (worunter 17 politische), in den Provinzen 70—80. Jetzt hat Paris 27 tägliche Zeitungen. Im Jahre 1837 erschienen in ganz Frankreich 776 periodische Blätter, wovon 326 in Paris.

Die erste nordamerikanische Zeitung erschien 1704 in Boston. Jetzt erscheinen in Obercanada wöchentlich 28, in Neufundland 9, in Bermuda 2, in den Bahamas 2 Zeitungen, in Untercanada wöchentlich 29,000 englische, 8000 französische Zeitungsblätter. In Halifax erscheinen 15, im britischen Guiana 4, im französischen 2, in Bahia 2, in Rio Janeiro 8, in Buenos Ayres 8, in Jamaica 9, in Barbadoes 6 Zeitungen.

In den östreichischen Staaten erschienen 1838 76, in Preußen 1834 168, in den Niederlanden 80 holländische und einige französische Zeitungen, in Belgien 1840 55 (wovon 55 in französischer, 18 in flämischer Sprache), in der Schweiz 1834 54, in Rußland 1839 154, in Dänemark etwa 84 (worunter 54 Tage- und Wochenblätter) periodische Blätter. In Schweden erschienen 1832 gegen 50 Zeitungen.

Spanien hatte noch vor wenig Jahren nur 12 Zeitungen, jetzt ist deren Anzahl ohne Zweifel beiweitem größer; Portugal hat deren ungefähr 20, außerdem eine auf den Azoren. In Italien bestehen an 200 Journale. In Griechenland erscheinen 9 Zeitungen, auf den ionischen Inseln eine, in Malta mehre.

In Ostindien erscheinen mindestens 50 Zeitungen, wovon in Kalkutta 26 (6 tägliche, 9 hindostanische), in Bombay 14 (4 hindostanische), außerdem in Macao 2. In Persien erscheint seit 1838 eine amtliche Zeitung (in Steindruck).

In Afrika gibt es 11 Zeitschriften, von denen 1 in Algier, 2 in der amerikanischen Colonie Liberia, 11 (theils englisch, theils holländisch) auf dem Vorgebirge der guten Hoffnung erscheinen.

In Australien erscheinen 31 Zeitungen (in Sidney 8, in Vandiemensland 13, in Südaustralien 4 u. s. w.). Seit drei Jahren besitzen auch die Südseeinseln eine regelmäßige Zeitung, die in Honolulu gedruckt wird.

Gute Lehre.

Melanchthon erzählte seinen Zuhörern einst von einem speyer Mönche, den er während des dortigen Reichstages habe predigen hören. Dieser sagte einstmals: „Ich weiß, wie ihr darauf wartet, daß ich etwas über die

Streitigkeiten dieser Zeit bemerken soll. Ich werde es mir überlegen und nächsten Sonntag davon handeln." Nun strömte an dem bezeichneten Tage eine große Menschenmenge zusammen, daß die Kirche fast zum Erdrücken voll ward. Allein der Mönch predigte nach seiner gewöhnlichen Weise, nur gegen das Ende seines Vortrags sagte er: „Beinahe hätte ich vergessen, was ich euch vor acht Tagen versprochen habe. Doch höret nun!" Der gespannten Menge gab er nun weiter nichts als einige allgemeine Bemerkungen zu hören und schloß mit den Worten: „Wisset soviel, wenn ein iglicher fur seiner thur kehrete, so wurde es allenthalben rein!"

Port Lincoln in Südaustralien.

Ansicht von Boston Bai.

Die Stadt Port Lincoln befindet sich in einer der jüngsten britischen Colonien. Die Parlamentsacte, welche den jetzt Südaustralien genannten Theil von Neu-Holland zu einer englischen Provinz erklärte, erhielt im August 1834 Gesetzeskraft. Das erste Schiff, welches nach der neuen Colonie absegelte, aber noch ohne einen einzigen Colonisten, wurde von London im Februar 1836 erpedirt und noch vor dem 1. Mai folgten ihm mehre andere mit Ingenieurs, um die Küste zu untersuchen und einen geeigneten Platz für den Hauptort der künftigen Niederlassung ausfindig zu machen, sowie mit andern Personen, welche zur Aufnahme von Auswanderern die nöthigen Anstalten zu treffen hatten. Der Platz für die erste Stadt wurde auf der Ostseite des Meerbusens St.-Vincent gewählt und hier ist die Stadt Adelaide, die Hauptstadt von Süd-Australien, mit einer in der Geschichte der britischen Niederlassungen bisher unerhörten Schnelligkeit emporgestiegen; nach weniger als fünf Jahren beträgt der Jahresertrag der Häuser in Adelaide schon 20,000 Pf. St.

Aber nicht von dieser Stadt, sondern von Port Lincoln soll hier die Rede sein. Die vortheilhafte Lage von Port Lincoln (am westlichen Ufer von Spencer's Busen, der weit größer als der Meerbusen St.-Vincent ist) wurde übersehen, als die Aufnahme-Expedition einen geeigneten Platz für eine Hauptstadt suchte, konnte aber nicht lange unbemerkt bleiben. Im J. 1839 verließ ein Mann, der in der Auswahl von Ländereien großen Takt besaß, Adelaide und begab sich nach Boston Bai, um die dortige Gegend zu untersuchen und auf Specialvermessung von 4000 Acres anzutragen; während seiner Abwesenheit wurde er von Personen, welche seine Erfahrung kannten und wohl wußten, daß sie seinem Urtheile sicher vertrauen konnten, überlistet, und bei seiner Rückkehr fand er, daß man ihm in dem Gesuche einer Specialvermessung des von ihm besuchten Districts zuvorgekommen war, sodaß ihm nichts übrig blieb, als sich mit Auswahl der zweiten 4000 Acres zu begnügen. Im Februar 1839 kam der erste Ansiedler an; im März war die Lage der Stadt bestimmt und sogleich wurden Straßen und Plätze abgesteckt; die Hauptstraßen sollten 100, die Nebenstraßen 37 Fuß breit werden. Die Stadt hat einen Hafen von drei englischen Meilen Länge. Am reinsten Wasser in Tiefen von 2—8 Fuß ist Überfluß; abgesehen von diesen Quellen, bewässern den District zwei Ströme, der Tod und der Hindmarsh. Außer den gedachten Vortheilen wurden Lager von trefflichem Quaderstein entdeckt, der in kurzem einen Ausfuhrartikel nach andern Theilen Australiens abgeben möchte; auch Kalk war bald gefunden und der rothe Gummibaum, der sich zum Bauen trefflich eignet, wuchs in der Umgegend in großer Menge. Mit Ausnahme von Eisen finden sich alle Baumaterialien der besten Qualität an Ort und Stelle und die Häuser von Port Lincoln möchten leicht die besten und dauerhaftesten in ganz Südaustralien sein.

Im März 1840 waren über 30 Häuser erbaut, im März 1841 zählte man schon fast 60 bewohnte Häuser, die unvollendeten gar nicht gerechnet. Die Bevölkerung bestand zu der erstgedachten Periode aus 270 Individuen, ist aber seitdem ohne Zweifel in gleichem Verhältnisse als die Häuser gewachsen und mag sich jetzt mindestens auf 500 belaufen. Bereits stehen Kirche und Schule und wöchentlich erscheint sogar eine Zeitung. Für Ackerbau und Viehzucht ist die Umgegend trefflich geeignet, aber den Hauptnahrungszweig der Einwohner dürfte der Walfischfang bilden, für welchen der Ort sehr günstig gelegen ist; aus nautischen Gründen möchte er der beste Verladungsplatz für Fischthran auf der ganzen Westküste von Südaustralien werden. Boston Bai war sowol den französischen und amerikanischen als den englischen Walfischfängern schon lange vor Anlegung einer Colonie auf derselben bekannt. Sie versahen sich in der Bai mit Holz und Wasser, und seit dem Entstehen der Colonie nehmen sie hier Lebensmittel ein. Schon ist in Port Lincoln eine Compagnie für die Betreibung des Walfischfangs gebildet und die sanguinischen Bewohner sehen hoffnungsvoll der Periode entgegen, wo ihre im Werden begriffene Stadt das Liverpool von Südaustralien sein wird.

Boston Bai, welche unsere Abbildung vorstellt, nimmt einen Raum von 50 englischen Quadratmeilen ein; die Küste bildet hier die Basis eines gleichseitigen Dreiecks und die Stadt Port Lincoln liegt nicht weit von der Spitze der Halbinsel. Vor der Bai liegt die Boston-Insel, einen Eingang in Nordosten lassend, den das südliche Ende der Insel und ein Theil des festen Landes, Bostonspitze genannt, bilden. Den südlichen Eingang bilden zwei Inseln, genannt die Brüder, nebst dem südlichen Theile der Bostoninsel. Gefährliche Riffe und Untiefen fehlen ganz und die Bai ist völlig sicher. Wenn man sich ¾ Meile von der Nordspitze der Bostoninsel hält, so hat man immer 7—14 Faden Wasser. Man ist so weit gegangen, die Bai mit den trefflichen Häfen von Rio Janeiro und Toulon zu vergleichen.

Die Letten und Esthen. *)

Die Bewohner der russischen Ostseeprovinzen zerfallen in eine große Anzahl verschiedener Völkerschaften: Letten, Esthen, Liven, Kuren, Schweden, Juden, Deutsche, Russen und Polen. Die Gesammtzahl der Bewohner mag 1½ Million Menschen betragen; von 1000 Einwohnern mögen 900 Esthen und Letten, 50 Deutsche, 20 Russen, 15 Schweden (in Esthland), 15 Juden (in Kurland), sein. Darunter sind die Esthen und Letten die ackerbauenden Urbewohner; die Deutschen herrschen theils im Lande als Gutsbesitzer, theils bewohnen sie die Städte als Kaufleute und Handwerker und bilden die angesehenste, die Russen aber die am meisten aufstrebende Classe. Die Juden leben in Kurland als Krämer, Wirthsleute und kleine Handwerker; die Schweden sind nur auf kleinen Inseln angesiedelt, wie Wrangelsholm, Nargen, Worms, Runoe u. s. w., wo sie einen privilegirten Bauernstand bilden. Noch kommen in geringer Zahl Zigeuner vor, welche als Pferdehändler und Diebe alle drei Provinzen durchstreifen, aber in Kurland am häufigsten sind. Polen, die nur wenig in den Städten vorkommen, verlieren sich in der deutschen Bevölkerung.

Ackerbau ist die Hauptbeschäftigung beider Völkerschaften, der Letten sowol als der Esthen, und beschränkt sich fast ganz auf Roggen, der das Hauptproduct des Landes bildet und nirgend besser als hier gedeiht; Weizen wird nur in sehr geringer Menge ausgeführt. Der Flachs- und Hanfbau ist in Kur- und Esthland nur unbedeutend, während Liefland den berühmten rigaischen Flachs liefert. Ist hiernach die Production des Landes im Ganzen sehr einfach, so wird dafür die Landwirthschaft in einem höchst großartigen Zuschnitte betrieben. Die Kornfelder bilden weit ausgedehnte Striche, die Wälder und Wiesen bedecken ebenfalls ganze Quadratwerste; Kühe und Pferde sind auf jedem Gute in großen Heerden vorhanden. Das Getreide wird in vielen Gegenden bei Nacht geschnitten, weil die Kürze der guten Jahreszeit Eile in allen Arbeiten gebietet. Der Ernte folgt auf dem Edelhofe nach alter Sitte eine festliche Bewirthung der ganzen Bevölkerung des Guts, die sich oft auf mehre tausend Menschen beläuft; an Tanz und Musik fehlt es dabei nicht. Noch größer ist die Heiterkeit zur Johanniszeit bei der Heuernte, einer der am wenigsten beschwerlichen ländlichen Arbeiten, und dann zur Herbstzeit bei den Düngerfuhren, bei denen die Fröhlichkeit des Volkes, wenigstens bei den Letten, seltsamerweise den höchsten Grad erreicht. Im Herbste nach der Ernte treten die eigenthümlichen, in Deutschland unbekannten Rigenarbeiten ein. Die Rige ist ein großes, in der Mitte des Feldes oder in der Nähe eines Gehöftes erbautes Gebäude, das zum Dreschen und vorhergehenden Trocknen des Getreides bestimmt ist (denn in allen Ostseeprovinzen und den benachbarten Theilen von Rußland und Lithauen pflegt man seit uralten Zeiten das Getreide vor dem Dreschen durch Feuer zu dörren). Es besteht meist aus 2 Flügeln, von denen der eine die Tenne, der andere den Raum zum Darren darbietet; in dem letztern befindet sich ein großer Ofen, der die Luft bis zu 40—60 Grad erwärmt. Auf Balken und Gestellen ausgebreitet schwitzen die Halme alle Feuchtigkeit aus, wodurch das Dreschen erleichtert wird und die Körner fester, gesunder und dauerhafter, auch gegen das Dumpfigwerden und den Kornwurm geschützt werden. Bei dem Dreschen bedient man sich meist eines Instruments von lettischer Erfindung, einer sogenannten Rolle; dies ist ein langer, dicker Klotz von Eichenholz, auf dessen Oberfläche dicke, kurze Stäbe und Pflöcke eingekeilt sind; er dreht sich um eine Welle, an welche ein Pferd (sogenanntes Rollpferd) gespannt und an einem langen Stricke in der Runde herumgeführt wird. Die Reinigung des Getreides geschieht nicht durch Werfen oder Würfeln der Körner, sondern durch das sogenannte Windigen mittels großer aus Lindenbast geflochtener Siebe, die unter den nach allen vier Hauptwinden gerichteten Thüren der Rige im Zuge aufgehängt und geschüttelt werden, wobei das schwere Getreide gerade herabfällt, Spreu und Staub aber vom Winde fortgeführt werden. Einen besondern Theil des hiesigen Ackerbaus bildet die Bepflanzung der Teiche und kleinen Seen. Um nämlich die aus dem Wasser niederfallenden düngenden Theile zu benutzen, versieht man kleine Seen oder künstlich gebildete Teiche mit Schleusen, mittels deren man das Wasser alle 4—5 Jahre abläßt, um den bedüngten Boden zu ackern und mit Sommerkorn zu besäen. Solche Teiche heißen Sä-

---

*) Im Auszuge aus dem Werke von Kohl: „Die russischen Ostseeprovinzen."

teiche und bilden in dürren Jahren die einzige Aushülfe für die Gerste.

Im Winter ist die halbe Bevölkerung theils mit Transportarbeiten, die auf der Schneebahn leicht und wohlfeil bewerkstelligt werden können, theils mit Wald- und Holzarbeiten beschäftigt, da im Sommer ein großer Theil der sumpfigen Wälder nur wilden Thieren zugänglich ist. Die Waldarbeiten sind daher auch die beschwerlichsten und lästigsten von allen. Der Holzverbrauch dieser Gegenden ist nicht blos der Kälte des Landes wegen so bedeutend, sondern auch deshalb, weil man dort eine Menge Gegenstände aus Holz macht, die wir aus Stein, Eisen oder andern Stoffen verfertigen. Schon die Bedachung und Beschuhung, zu welcher die Rinde von den Bäumen geschnitten wird, ruinirt viele Gewächse.

Weit minder großartig als der Feldbau ist die Viehzucht des Landes. Die hier vorkommenden Viehracen, namentlich die Pferde und Rinder, sind ungemein klein und kümmerlich, daher auch die Kühe nur wenig Milch geben und die Pferde nur kleine Lasten fortschleppen können. Indessen ist das Pferd gleichwol das interessanteste Hausthier des Landes; wiewol klein von Gestalt und schwach an Kräften, ist es wegen seiner Ausdauer, Unverwüstlichkeit und Unermüdlichkeit bewundernswerth. Schlafen und ruhen sieht man sie fast nie; über die Sümpfe laufen sie mit großer Leichtigkeit, und arbeiten sich ebenso leicht durch die morastigen Flüsse. Diese merkwürdige Pferdeart findet sich über ganz Lief-, Esth- und Kurland, ebenso über Ingermann- und Finnland, die Alandsinseln, Ösel und Gothland verbreitet. Die übrigen Hausthiere sind dieselben wie bei uns; die Schafe und Ziegen sind ebenso häufig wie in Norddeutschland.

1. Die Letten.

Die Letten, ein Volksstamm von etwa 2 Millionen Seelen, bewohnen das ganze Flußgebiet des Niemen mit allen seinen Nebenflüssen (also das ganze Gouvernement Wilna und Theile von Bialystock und Ostpreußen), ferner die Mündungsländer der Düna, die ganze Halbinsel Kurland und das halbe Liefland bis zum Peipussee, wo sie an die Esthen stoßen. Nach neuern Sprachforschern stammen sie unmittelbarer als irgend eine andere Nation in Europa von den Indiern ab; unverkennbar ist der ganze Bau der letto-lithauischen Sprache sanskritisch und viele Benennungen sind im Sanskrit dieselben wie im Lithauischen. Die Zeit ihrer Ansiedelung in den Ostseelandschaften ist unbekannt, aber gewiß, daß sie seit unvordenklichen Zeiten hier wohnen, wiewol der Name ihres Landes „Litwa" erst etwa seit dem Jahre 1000 in der Geschichte vorkommt.

Der ganze Stamm spaltet sich in zwei wesentlich verschiedene Hauptäste: die Letten und Lithauer, von denen jeder wieder in mehre Zweige zerfällt. An Sitten, Kleidung, Gebräuchen u. s. w., sowie in dem Mangel an Energie und Kraft stimmen beide überein; aber die Letten (im engern Sinne), deren Zahl über 700,000 betragen mag und in rascher Zunahme begriffen ist, erscheinen immer als eine duldende Nation, die an der Größe und Selbständigkeit der Lithauer nie activen Antheil hatte, und sind seit vielen Jahrhunderten ein stilles, friedliches Volk von Ackerbauern und Hirten, gesitteter, reinlicher und menschlicher als die von ihnen in hohem Grade verachteten Lithauer. Sie fielen der deutschen Ordnung und dem Protestantismus anheim, während die Lithauer den Polen gehorchten und sich zum katholischen Glauben bekannten.

Die Lithauer zerfallen in die eigentlichen Lithauer im Süden von Wilna und die Samogitier im Nordosten von Wilna. Der lettische Stamm (und von diesem ist hier nur die Rede) hat drei Unterabtheilungen: die eigentlichen Letten im südlichen Liefland, die kurländischen Letten und die Semgaller, beide in Kurland.

Dem Nationalcharakter der Letten fehlt Energie, Trieb zur Geselligkeit und Streben nach fortschreitender Verbesserung, weshalb sie auf der untersten Stufe der Entwickelung stehen blieben. Von jeher wohnten sie zerstreut, keine höhere gesellige Einheit als die der Familie kennend; nicht einmal Zünfte und Gilden kennen sie, da Jeder sich selbst Schneider, Tischler u. s. w. ist. Sie sind weichherzig, furchtsam und schüchtern, immer bereitwillig, Andern als Knechte, Hirten und Bauern zu dienen. Gleichwol fehlt es ihnen keineswegs an Talenten und natürlichen Anlagen; sie sind im Gegentheil gewandt, bildsam und anstellig, nur wegen Mangels alles geselligen Triebes haben sie es in keinem Stücke zu etwas bringen können. Von Natur sind sie weich und feinfühlend, zuvorkommend, freundlich, offenherzig und gastfrei, aber die lange Knechtschaft hat sie scheu, mistrauisch, lügnerisch und versteckt gemacht und die Empfänglichkeit ihres Gemüths zur gemeinen Schmeichelei und kriechenden Unterwürfigkeit umgewandelt. Mit allen unfreien Nationen theilen sie den Hang zum Diebstahl, der sich aber nie auf wichtige und werthvolle Sachen, Geld und Geldeswerth, sondern nur auf Kleinigkeiten, Messer, Nadeln, Pfeifen, Bänder u. s. w. erstreckt. Findet der Lette ein Goldstück, so wird er es gewiß zurückgeben, eine Kupfermünze dagegen steckt er ein und behält sie. Diesen Hang zum Stehlen von Kleinigkeiten findet man ebenso bei den Esthen, Lithauern und Polen bei völligem Mangel an Raublust.

Die Bauart der Letten ist im Wesentlichen dieselbe wie im ganzen Norden von Europa; in Schweden, Finnland, Rußland und den Ostseeprovinzen wohnen Vornehme und Geringe, in Städten und auf dem Lande in niedrigen, langen Gebäuden, meist nur ein Stock hoch, aus Fichtenstämmen, die horizontal übereinander gelegt und ineinander verkeilt werden. Die Zwischenräume werden mit Moos und Werg ausgestopft, das Ganze wol auch mit einem dicken Filze aus Kuhhaaren überzogen. Ein lettischer Bauernhof besteht aus dem Wohnhause, dem Pferdestalle, dem Viehstalle, dem Vorrathshause (der Kleete) und der Rige, und liegt meist am hohen Ufer eines kleinen Bachs. Solche Gehöfte sind im ganzen Lande zerstreut, selten findet man zwei oder mehre nebeneinander, nie bilden sie ein Dorf. Alle Fenster und Thüren sind nach innen gekehrt. In der großen Wohnstube ist der Ofen die wichtigste Möbel; er ist aus Kacheln gebaut und von einer Bank umgeben, die zu Schlafstellen wird und wird von außen geheizt. Fast zahllos ist die Menge kleiner Abtheilungen, Kämmerchen und Winkel. Eine der kleinsten und auch wichtigsten Hausabtheilungen ist die Badestube, die alle Sonnabende geheizt wird, denn die Letten lieben das Baden ebenso leidenschaftlich als die Russen. In diesem Theile des Hauses erblicken die meisten Letten das Licht der Welt und so kann diese Vorliebe nicht eben sehr auffallen. Die Wiege hängt in der Wohnstube an einem jungen glattbehauenen Birkenbaume, der an einem Querbalken der Stubendecke befestigt ist; diese Sitte dient als eins der Wahrzeichen von Kurland. Die alte Bauart der Edelhöfe in den Ostseeprovinzen stimmt in der Hauptsache mit den obenbeschriebenen Wohnungen der Urbewohner überein. Die neuern Edelsitze aller reichen Familien aber sind alle aus Stein gebaut, zwei Stock hoch und wegen des zahlreichen Personals der meisten adeligen Familien sehr geräumig.

Die Nationalkleidung der Letten hat wenig Auffallendes in Stoff, Schnitt und Verzierung. Die allgemein üblichen Farben der Kleidung beider Geschlechter sind (mit Ausnahme einiger Gegenden, wo blau herrscht) weiß und hellgrau, während die benachbarten Russen überall bunte Farben, die Esthen aber die schwarze Farbe lieben. Eigenthümlich und mehr der esthnischen ähnlich ist die Kleidung der Letten im Innern von Kurland. Knöpfe kennen die Letten nicht, ihre Stelle vertreten Bänder und der Rock und Beinkleid zusammenhaltende Gürtel. Das Beinkleid geht nur bis zu den Knien; die Waden werden mit Tüchern und Bändern umwunden und Sandalen aus Leder oder einem Geflecht von Linden= oder Weidenbast bilden die Beschuhung. Im Winter tragen beide Geschlechter Schafpelze. Die Weiber tragen eng anliegende Kamisole, gefütterte Unterröcke, und als Mantel ein dickes weißes Tuch, das um den Hals herum steif absteht und auf der Brust von einer silbernen Agraffe, oft von der Größe eines Tellers, zusammengehalten wird. Zum Schmuck brauchen die Letten Bernstein, außerdem die Spargelpflanze, das Symbol der Fruchtbarkeit; Blumen lieben sie weit weniger als die Russen. Ein nothwendiges Stück der Kleidung bilden die Handschuhe, welche keine Nation verhältnißmäßig in so großer Menge verbrauchen möchte; selbst Knechte, Hirten, Holzhauer u. s. w. verrichten ihre Arbeiten mit Handschuhen. Eine Braut hält immer 3–500 Paar vorräthig, weil am Hochzeittage viele an die Gäste verschenkt werden müssen. Sie verfertigen sie selbst aus weißer Wolle und weben Blümchen und allerhand Muster hinein. Gleich den Handschuhen und gewöhnlich mit ihnen verbunden, dient das Handtuch als Festgabe (besonders bei Hochzeiten, wo alle Gäste mit zwei dergleichen Tüchern geziert erscheinen), weshalb es sorgfältig mit silbernen Tressen u. s. w. verziert wird.

Dies führt von selbst auf die Hochzeitgebräuche, die manches Eigenthümliche haben. Der Freier, der sich der Neigung seiner Auserwählten bereits versichert hat, sendet in ihr Haus einen Brautwerber, der in feierlicher Rede dem Brautvater oder einem andern Sprecher des Hauses zu verstehen gibt, daß einer seiner Freunde eine Jungfrau zum Spinnen, Weben, Waschen u. s. w. bedürfe und die rechte, welche er bisher nicht habe finden können, in diesem Hause befindlich glaube. Hierauf werden dem Werber die Mädchen des Hauses, um eine davon zu wählen, vorgestellt; aber die Gemeinte ist in der Regel versteckt und kommt erst nach mancherlei Bemühungen und Nachforschungen des Werbers zum Vorschein, wobei vor und hinter ihr zwei Lichter getragen werden. Nachdem sie ihr Jawort gegeben, thut sie dem Werber in Meth oder Branntwein Bescheid, wodurch die Verlobung abgeschlossen wird. Diesem vorläufigen Antrage folgt ein persönlicher Besuch des Freiers und zwar auf einem buntgeschmückten Pferde, das so lose beschlagen ist, daß bei jedem Schritte die Eisen klappen, woran man schon von weitem den Freiersmann erkennt; ihn begleitet der gleichfalls berittene Werber. Ist das Jawort bestätigt worden, so werden bei der Heimkehr beiden Pferden die Schweife aufgebunden. Zu der Hochzeit kommen Braut und Bräutigam mit ihrem berittenen Gefolge in zwei gesonderten Zügen, die bei der Kirche zusammentreffen. Während des Ringwechsels wird dem Bräutigam eine sogenannte Trauungskrone von Silber oder versilbertem Blech, das Zweige, Blumen u. s. w. bildet, aufgesetzt. Nach der Trauung begibt sich der ganze Zug, angeführt von einem Marschall zu Pferde, nach dem Hause der Braut, das mit Tannenzweigen, im Sommer mit Birkenlaub und allerlei kleinen Zierathen aus Strohhalmen geschmückt ist. Die Hochzeit selbst dauert in der Regel drei Tage und drei Nächte, welche die Männer schmausend und zechend, die Weiber auch mit Gesang hinbringen, indem die verheiratheten Frauen und die Mädchen um die Wette singen und abwechselnd den Ehestand und die Ehelosigkeit preisen. Ein Spaßmacher darf nie fehlen; als musikalische Instrumente dienen Zimbel und Fiedel. Am Morgen nach der ersten Hochzeitnacht wird die Braut unter vielen Thränen in einem Schlitten in das Haus des Bräutigams transportirt, wo ein Stück Brot zwischen Braut und Bräutigam getheilt und die Hochzeitfeier fortgesetzt wird. An demselben Tage wird die Braut mit der Haube bekleidet und erhält dabei von der Schwiegermutter eine Ohrfeige, die sie dem Bräutigam wiedergeben darf und muß. Die beliebtesten Gerichte bei diesen und andern Festlichkeiten sind geronnene Milch mit Salz und Lauch, Schweinefleisch und Käse mit Eiern vermischt.

Dem Tode gehen die Letten mit Ruhe und Freudigkeit entgegen. Die Leichen werden mehre Tage und Nächte ausgestellt; bei Nacht brennen Kerzen und es wird dabei gewacht und — gezecht. Leid= und Klageweiber sind auch bei diesem Volke üblich. An dem Feiertage, der den Seelen der Gestorbenen jährlich gewidmet wird, deuten sie jedes Geräusch auf Annäherung derselben und machen ihnen Abends eine Mahlzeit zurecht, zu welcher sie Lichter hinstellen.

Die letto=lithauische Sprache, die nie von einem gebildeten Volke geredet wurde, steht auf einer sehr niedrigen Stufe der Entwicklung, wie außer der finnischen und lappländischen keine andere in Europa. Dennoch muß, wenn man die geringe Bildung des Volkes und alle andere einschlagende Umstände bedenkt, die Fülle, Feinheit und Eleganz der an sich so armen Sprache in Erstaunen setzen. Ebenso auffallend und merkwürdig ist es, daß die Letten so viel poetischen Sinn haben, wie sich selbst in alltäglichem Gespräche aus ihrer bilderreichen Rede ergibt. Man kann das ganze Volk ein Volk der Dichter und ihr Land ein Land der Dichtung nennen. Die Poesie der Letten ist eine wahre und echte Volkspoesie in dem Sinne, in welchem sie in ganz Deutschland nicht existirt; sie geht vom Volke aus und erhält sich ohne schriftliche Aufzeichnung Jahrhunderte lang durch die Tradition. Während in Deutschland die Volkslieder nur durch einzelne vorragende Talente erhalten und fortgebildet werden, das Volk aber fast nirgend mehr productiv ist, so ist jeder Lette ein geborener Dichter und macht und singt Verse und Lieder. Einzelne vor andern begabte und begeisterte Sänger treten nur äußerst selten auf. Der Geist der lettischen Poesie ist lyrisch=idyllisch; Stoff und Form, welcher letztern der Reim fast ganz fehlt, sind in gleichem Grade zart und schön, an schönen Bildern ist Überfluß und nie werden Schicklichkeit und gute Sitte verletzt. Von dem in der Mythologie der christlichen Religion liegenden poetischen Stoffe hat die Poesie der Letten und Lithauer, wie die vieler andern nordischen Völker, gar keinen Gebrauch gemacht. Übrigens ist im Gegensatze zu den Russen das Dichten und Singen bei den Letten wenn nicht ausschließlich, so doch vorzugsweise Sache der Mädchen und Weiber, denen sich nur die Knaben und Jünglinge freiwillig anschließen. Fast alle ländlichen Arbeiten, Feste und Zusammenkünfte werden mit Gesang und Dichtung beglei=

tet; bei diesen Gelegenheiten werden erst alte Lieder gesungen, denen improvisirte folgen. Immer wird der Vortrag eines Liedes mit Gesang verbunden; er ist mehr recitativisch als melodisch und von der Weise der Deutschen, Russen und Finnen völlig verschieden. Sologesang wechselt ab mit Chorgesang; der letztere ist im höchsten Grade einfach, denn er besteht nur in einem langgehaltenen, immer schwächer werdenden O. In der Ferne klingt dieser einförmige Gesang (für dessen Urheber man wegen der Tiefe der Stimmen und der Wildheit der Melodie eher Männer als Mädchen halten möchte) sehr melancholisch und kann im Sommer, wo überall singende Mädchengesellschaften sitzen, Vielen lästig und unangenehm erscheinen. Manche Lieder, namentlich längere, haben dagegen die lieblichsten, einschmeichelndsten Melodien.

Die musikalischen Instrumente der Letten sind noch wenig ausgebildet und uralt, nämlich die Rohrpfeife, eine Art von Cither, Kohkle genannt (aus Lindenholz mit 6—10 Saiten, von der russischen, polnischen und deutschen Cither ganz verschieden), der Dudelsack und das Kuhhorn (die beiden letztern mehr in Liefland). Den Tanz lieben die Letten sehr, doch sind alle ihre Tänze, ihrem Naturell angemessen, ruhig, ja fast phlegmatisch.

2. Die Esthen.

Die finnische Völkerfamilie hat wol unter allen europäischen die unbedeutendste Rolle gespielt. Nur ein einziges gebildetes und mächtiges Volk ist aus ihr hervorgegangen, die Magyaren, dagegen die Ostiaken, Tscheremissen, Lappen u. s. w. stets barbarische Stämme gewesen und geblieben. Jetzt sind alle finnischen Völker dem russischen Scepter unterworfen und zwar die meisten als Leibeigene und Unterthanen; nur zwei kamen als Angehörige der Deutschen, welche sie früher unterjocht hatten, unter russische Botmäßigkeit, die Finnen in Finnland und die Esthen in Esthland, und nur diese beiden Stämme sind uns durch die Schweden und Deutschen näher bekannt geworden.

Unter Esthland versteht man seit uralten Zeiten das Land zwischen der Düna, dem Peipussee, dem finnischen und dem rigaischen Meerbusen. Die Esthen, von den Römern Aftier, von den Russen Tschudi (von Scythen?), von den Letten Iggunnis, genannt, d. i. Vertriebene, sollen sich früher auch über Kurland, Lithauen und Preußen erstreckt haben; jetzt bewohnen sie die ganze Provinz Esthland bis an die Narowa und den Peipussee, die Insel Ösel und die benachbarten kleinen Inseln Mön, Dagoe, Kin und andere, und die größere nördliche Hälfte von Liefland, ein Gebiet von etwa 700 Quadratmeilen, sodaß sie von allen finnischen Stämmen auf den kleinsten Raum beschränkt sind. Ihre Zahl mag sich auf eine halbe Million belaufen.

Die Esthen, deren Land großentheils vom Meere umgeben und von Seen und Flüssen durchschnitten ist, waren früher als Schiffer, Fischer und Seeräuber berühmt, wurden aber nach ihrer Unterjochung durch die Dänen, Schweden und Deutschen, die nicht ohne lange und blutige Kämpfe erfolgen konnte, fast ausschließlich auf Ackerbau und Viehzucht verwiesen. Noch jetzt ist Freiheitsliebe ein Grundzug ihres Charakters, der sich vor dem der Letten durch ungleich größere Energie auszeichnet; nur mit Trotz und Widerwillen tragen sie ihr Joch und hassen die Deutschen, als ihre Unterdrücker. In der Knechtschaft haben sie sich Falschheit, Verstellung, Trägheit und Gleichgültigkeit gegen alle Fortschritte angeeignet. Ihr Benehmen ist rauh und schroff, ihre Sitten überhaupt sehr unliebenswürdig. Dieberei ist auch ihnen eigen, erstreckt sich aber, wie bei den Letten, nur auf Kleinigkeiten, namentlich eßbare Dinge. Die Trunksucht ist bei ihnen allgemein wie bei allen russischen Leibeigenen; Alte und Junge, Männer und Weiber lieben den Branntwein über Alles. Zur Arbeit träge und verdrossen ist der Esthe gleichwol außerordentlich anstellig, gewandt und bildsam. Schamgefühl in Bezug auf geschlechtliche Verhältnisse ist den Esthen ganz unbekannt, beide Geschlechter geniren sich gegenseitig nicht im mindesten; die Unverheiratheten leben frei, ja zügellos, aber die Ehe wird heilig gehalten. Die Unreinlichkeit der Esthen sucht ihres Gleichen; den Ekel kennen sie fast gar nicht und die übelriechende Asa foetida, die sehr verbreitet ist und den Frauen als nervenstärkendes Mittel dient, gilt ihnen fast als Parfum.

Die Esthen sind von untersetztem Körperbau, gedrungen, ohne kräftig zu sein. Die kleinen Augen, breiten Backen, die spitze Nase, der kleine Mund charakterisiren sie als zur mongolischen Race gehörig; die Gesichtsfarbe ist gelblicher als bei den Letten, das Haupthaar flachs- oder goldgelb. Wohlbeleibtheit ist bei den Männern sehr selten.

(Der Beschluß folgt in Nr. 497.)

Luftdichte Fenster und Thüren.

Luftdichte Fenster kann man durch Anwendung von Kork auf folgende Weise erhalten. Man hobelt den Rahmenstock eines jeden Fensterflügels auf allen 4 Kanten ½ Zoll breit und ebenso tief aus und füllt diese Höhlung mit einem hineinpassenden, viereckig geschnittenen Streifen Kork aus, der an das Holz so befestigt wird, daß der Fensterflügel ganz seine frühere Gestalt wieder erhält. Der Kork schließt sich dann vermöge seiner Elasticität so dicht an, daß keine Luft durchfließen kann. Der Kork muß hierbei in seinem natürlichen Zustande bleiben und darf durchaus keinen Anstrich bekommen, damit seine Elasticität nicht vermindert wird. Dasselbe Verfahren wird bei den Thüren angewandt; der Kork wird in die Thürenbekleidung eingelegt und mit einem sichern Leistenwerk versehen. Diese Vorrichtung gewährt eine wesentliche Ersparniß an Brennmaterial im Winter und einen Vortheil bei Krankenzimmern, da der Zug ganz abgehalten wird.

Literarische Anzeige.

Bei **Pfautsch & Comp.** in **Wien** ist erschienen und durch alle Buchhandlungen zu beziehen:

Grundsätze zur physischen Erziehung des Kindes.

Mit besonderer Rücksicht auf gewöhnliche häusliche Verhältnisse.

Von

E. Nesper,

Doctor der Medicin, Accoucheur u. s. w.

8. 1842. Brosch. ⅔ Thlr.

Das Pfennig-Magazin

für
Verbreitung gemeinnütziger Kenntnisse.

497.]   Erscheint jeden Sonnabend.   **[October 8, 1842.**

Die Tabacksfabrikation.

Ein Tabacksmagazin in London.

Bevor wir zu einer Beschreibung der Tabacksfabrikation schreiten, mag eine Mittheilung über die ihr als Gegenstand dienende Pflanze vorausgehen, von welcher in Nr. 14 nur eine kurze Notiz gegeben wurde. Die Geschichte derselben und ihrer Anwendung bietet viele Dunkelheiten dar, ja es ist nicht einmal mit Gewißheit zu bestimmen, von welchem Welttheile die Gewohnheit des Rauchens ausgegangen sei. Gewöhnlich wird zwar angenommen, daß zuerst in Amerika Taback gebaut worden sei, aber in China und unter den mongolischen Nationen ist das Rauchen schon seit undenklichen Zeiten allgemein, sodaß man annehmen muß, daß die Europäer das Tabackrauchen zuerst in Asien gesehen haben, und zwar schon vor der Entdeckung von Amerika, wenn gleich ausgemacht ist, daß erst nach derselben die Pflanze und ihr Gebrauch in Europa bekannt geworden und jene aus Amerika zu uns gekommen ist. Wer sie daher gebracht, ob der Franzose Andreas Thevet, der 1555—56 in Brasilien war und die Pflanze Herbe d'Angoulême nannte, oder der Spanier Hernandez von Toledo, der 1560 Mexico bereiste, um dort Pflanzen zu sammeln, oder sonst Jemand, ist zweifelhaft. Bekannt gemacht wurde der Taback zuerst im Jahre 1496 von dem spanischen Ordensgeistlichen Romano Pana oder Pano, den Colombo bei seiner zweiten Reise nach Amerika zur Belehrung der Wilden daselbst zurückließ und der den Taback auf Domingo kennen lernte, wo er nach ihm von den Wahrsagern und Priestern gebraucht ward. Sollte etwas Wichtiges entschieden, der Ausgang eines Kriegs oder einer andern wichtigen Sache vorhergesagt werden, so wurden die Priester befragt; sie legten dann trockne Tabacksblätter aufs Feuer, sogen den entstehenden Dampf mittels einer Röhre ein, geriethen dadurch bald in eine Art von Verzückung und verloren endlich das Bewußtsein; kamen sie wieder zu sich, so gaben sie vor, im bewußtlosen Zustande Offenbarungen der Gottheit erhalten zu haben, die sie in zweideutigen Worten mittheilten. Um 1520 fanden die Spanier die Sitte des Rauchens überall in Amerika verbreitet. Der von den Spaniern dem Kraute gegebene Name Taback kommt nach Einigen von den Pfeifen, aus denen die Einwohner von St.=Domingo das getrocknete Tabackskraut rauchten und welche sie in ihrer Landessprache Tabacos nannten, nach Andern von der amerikanischen Insel Tabago, wo viel Taback gebaut wird, nach noch Andern endlich von der Provinz und Stadt Tabasco in der amerikanischen Provinz Yucatan, obwol diese wie jene auch ihre Namen erst von dem Tabacksbau erhalten haben können; die erste dieser Herleitungen möchte die wahrscheinlichste sein.

Die erste botanische Beschreibung der Pflanze lieferte Hernandez Oviedo im J. 1535. Ihr botanischer Name ist Nicotiana; so heißt sie nach Jean Nicot, Herrn von Villemain, welcher französischer Gesandter in Portugal war und sie von da im J. 1560 zuerst in Frankreich einführte, ein Jahr, nachdem der erste Tabackssame nach Portugal selbst gekommen war. Derselbe erhielt von einem seiner Freunde einige Tabackspflanzen, pflanzte sie in seinen Garten, wo sie gediehen und sich stark vermehrten, und wandte sie mit Erfolg als Heilmittel an. Der Verwandte eines seiner Pagen curirte sich durch Tabacksumschläge den Nasenkrebs, der Koch des Gesandten einen Pulsaderschnitt; beide Curen, zu denen noch mehre andere von Nicot selbst verrichtete kamen, machten in Lissabon großes Aufsehen und verschafften der Pflanze ihren Namen. (Man nannte sie auch Herba legati, d. i. Gesandtenkraut.) Nicot schickte sie nebst einer Gebrauchsanweisung an seinen König Franz II. und dessen Mutter, Katharina von Medicis, die sie in ihre Gärten pflanzen ließ. Dadurch kam sie in die Mode und wurde unter dem Namen herbe de la reine mère aus Frankreich nach allen Ländern gesandt, erhielt aber später noch eine Menge andere, jetzt nicht mehr üblicher Namen: indianisches Wund-, Wunder- oder Bilsenkraut, Heil aller Welt, Kraut des heiligen Kreuzes u. s. w. Nach England kam die Sitte des Rauchens durch den aus Amerika (Virginien) zurückkehrenden Walter Raleigh, nachdem schon Franz Drake 1583 den Taback nach jenem Lande gebracht hatte.

Von den verschiedenen Arten der Gattung Nicotiana (in botanischer Hinsicht nimmt man 27 Tabackssorten an) ist hauptsächlich eine, der gemeine oder virginische Taback, Nicotiana tabacum, die wieder in vielen Spielarten vorkommt, hier ins Auge zu fassen. Alle sind jährige krautartige Pflanzen mit starken aufrechten Stengeln, die 6—9 Fuß hoch werden. Ausgewachsen hat der Stengel in der Nähe der Wurzel mehr als einen Zoll im Durchmesser; er wird von einer haarigen und klebrigen Substanz von gelbgrüner Farbe umgeben. Die hellgrünen, länglichen und lanzenförmigen Blätter wachsen abwechselnd in Abständen von 2—3 Zoll; die niedrigsten sind 20 Zoll lang, nach oben zu nehmen sie an Größe ab und die obersten sind nur 10 Zoll lang und 5 Zoll breit. Die jungen Blätter sind dunkelgrün und glatt; reifer werdend, nehmen sie eine gelbliche Färbung und eine rauhere Oberfläche an. Die Blüten wachsen an den Enden der Stiele in Büscheln, sind von außen gelb, von innen rosenroth, die Ränder purpurfarbig. Diesen Blüten folgen nierenförmige Kapseln von brauner Farbe, deren jede etwa tausend Samen enthält, sodaß eine einzige Pflanze zuweilen gegen 350,000 Samenkörner liefert. Außer dem gemeinen oder virginischen Taback, der von den Tabacksfabrikanten am liebsten gekauft wird, werden noch folgende Arten bei uns angebaut: der aus Südamerika stammende großblätterige Taback, Nicotiana macrophylla, mit rothen Blumen, der nur in warmen Jahren geräth; der Jungferntaback, Nicotiana peniculata, aus Peru, der in der Regel nur 2—3 Fuß hoch wird; der Soldatentaback, Nicotiana glutinosa, gleichfalls aus Peru, von allen die beißendste und schärffte Art, stark cultivirt, aber hoch im Preise stehend; der Bauerntaback, Nicotiana rustica, auch türkischer, englischer, kleiner oder wilder Taback genannt, mit gelben Blumen, nur 2—4 Fuß hoch, in Deutschland nicht häufig gebaut (soll zuerst nach Europa gekommen sein); der chinesische, Nicotiana chinensis, und strauchartige Taback, Nicotiana fructicosa; der kurzblätterige Taback, Nicotiana breviformis, dessen Blätter feine Cigarren geben, und der asiatische Taback, welcher sich durch fette Blätter auszeichnet. Der weißblühende Taback, Nicotiana nyctaginiflora, der am Platastrom wild wächst, wird in den Gärten als Zierpflanze gezogen. Die feinsten Tabacke liefert Amerika und zwar namentlich Maryland, Virginien, Luisiana, die Inseln Cuba und Portorico, die Antillen und Brasilien; der meiste amerikanische kommt aus Virginien, der beste aus der Gegend der Stadt Varinas (in der Provinz Orinoco, Staat Venezuela, sonst Columbien). Eigentlich erheischt der Taback zum Gedeihen ein ziemlich warmes Klima, daher kann Deutschland und überhaupt Mitteleuropa keine vorzügliche Qualität hervorbringen; dennoch findet der mitteleuropäische Taback seines geringen Preises wegen starken Absatz und ist ein wichtiges Product der Landwirthschaft.

In Virginien, dem Mittelpunkte der tabackproducirenden Gegenden Amerikas, wählte man für den Anbau der Pflanze zwei Bodenarten: den chokoladenfarbigen Gebirgsboden und den leichten, schwarzen Boden in den Thälern und Niederungen. Im Allgemeinen sagt leichter, warmer, thonhaltiger Boden, der rein von Unkraut und reich an Dammerde ist, dem Taback am meisten zu; Sandboden ist auch gut, erfodert aber vielen Dünger, nasser und kalter Boden aber ist entschieden ungünstig. Der Boden wird in Amerika auf doppelte Weise zubereitet, theils für die Saat, theils für die verpflanzten Sprößlinge. Zur erstern braucht man besondere Beete, die von einer Pflanze eingefaßt sind. Gesäet wird in der Regel im März oder April. Nach einem Monate sind die jungen Sprößlinge zur Verpflanzung geschickt und man muß jetzt das Land zu ihrer Aufnahme vorbereiten. Kleine Hügel von 18 Zoll Höhe werden in parallelen Richtungen angelegt, in einer Richtung 2—3 Fuß, in der andern 4 Fuß voneinander entfernt. Die Sprößlinge, welche etwa 5 Zoll hoch sind, werden behutsam, um ihre zarten Würzelchen nicht zu beschädigen, aus der Erde genommen und in einem Korbe auf das Feld getragen. Eine Person legt auf jeden Hügel einen Sprößling; eine andere, die ihr folgt, macht mit dem Finger in der Mitte jedes Hügels ein Loch und steckt die Tabackspflanze in aufrechter Stellung hinein, die Erde mit der Hand an die Wurzel andrückend. Dies ist eine Operation, welche große Sorgfalt erheischt, da die Blätter um diese Zeit ausnehmend zart sind und jede Beschädigung derselben das Gedeihen der Pflanze gefährden würde. Die jungen Pflanzen erheischen fortdauernde und unablässige Aufmerksamkeit; man muß beständig Unkraut ausjäten, die Erde um die Wurzeln umgraben, verwelkte Blätter und überflüssige Sprößlinge entfernen, die Pflanzen gegen Würmer schützen u. s. w. Die am obern Theile des Pflanzenstengels hervorkommenden neuen Stengel mit Pflanzen und Blumen müssen alle Woche entfernt werden, damit sie nicht den nutzbaren Tabacksblättern die Kraft entziehen. Haben die Pflanzen die Höhe von 2 Fuß erreicht, so werden sie geköpft oder gegipfelt, d. h. der obere Theil wird abgeschnitten, sodaß nur ein 5—9 Blätter enthaltender Theil des Stengels übrig bleibt. Nach dem Gipfeln erzeugen sich zwischen den Winkeln der Blätter und des Stamms Seitentriebe, sogenannter Geiz, die man ausbrechen muß, welche Arbeit das Geizen genannt wird. An manchen Orten wird dieser Geiz besonders getrocknet, er gibt aber einen sehr schlechten Taback, wogegen der nach der Blaternte zum Vorschein kommende als mittelgutes Product mit verwandt werden kann.

Ist die Pflanze zur Ernte reif, was 10—13 Wochen nach dem Versetzen, also zu Ende des Juni, der Fall ist, so gehen die Schnitter, jeder mit einem scharfen und starken Messer versehen, aufmerksam durch die Reihen der Pflanzen und schneiden nur diejenigen, welche völlig reif erscheinen. Diese Sonderung ist nöthig, denn wird der Taback unreif geschnitten, so nimmt er keine gute Farbe an und ist nach dem Packen in Fässer der Gefahr des Faulens ausgesetzt. Die untersten Blätter am Stengel werden zuerst reif. Man erkennt die Reife an den entstehenden gelben Punkten oder Flecken, sowie am Dürrwerden einiger Theile der Blätter. Die Stiele werden nahe am Boden abgeschnitten und diejenigen darunter, welche dick genug sind, bis zur Mitte aufgeschlitzt, um den Zutritt der Luft und die Verdunstung der natürlichen Feuchtigkeit zu gestatten. Die abgeschnittenen Stengel werden dann in Ordnung auf der Erde ausgebreitet, sodaß die Enden der Blätter nach einer Richtung zeigen, damit sie leichter gesammelt werden können. Diese Einsammlung geschieht in der heißesten Tageszeit, nachdem sie kurze Zeit der Sonne ausgesetzt gewesen sind, denn Thau und Feuchtigkeit sind den gesammelten Blättern nachtheilig. Man legt sie dann auf einem Boden 3—4 Fuß übereinander und läßt sie abwelken oder schwitzen, was durch Zudecken mit einem Tuche befördert wird. Da sich die Wärme, welche durch das Zusammenliegen erzeugt wird, nicht ganz gleichmäßig vertheilt, so muß man die Haufen nach einiger Zeit, wenn die Wärme in der Mitte 30° R. erreicht hat, auseinander nehmen und die nicht gehörig erwärmten Blätter in die Mitte bringen. Sind die Blätter nach 4—5 Tagen ganz ausgeschwitzt und vollends gelb geworden, so reiht man sie mit einer Nadel an dünnen Bindfaden oder Zwirn, wobei man aber die Blätter sorgfältig sortiren und nur die gleiche Beschaffenheit, besonders gleiche Dicke und Farbe habenden zusammenbringen muß. So angereiht, hängt man sie auf luftige Böden, in Scheunen, unter Schuppen u. s. w., damit sie trocken werden, worüber der Februar oder März des folgenden Jahres herankommt. Die aufgehangenen Blätter dürfen sich so wenig als möglich berühren, besonders wenn der Taback noch sehr feucht ist, denn sonst bekommt er den Brand, wird schwarz und fällt stückweise ab. Wo der Tabacksbau stark getrieben wird, hat man eigene Häuser zum Trocknen. Rothblühender Taback darf beim Trocknen nicht zu großer Hitze ausgesetzt sein, weil jenes sonst zu schnell erfolgt und der Taback seine grüne Farbe behält, während dem gelbblühenden der Sonnenschein günstig ist.

Die getrockneten Blätter zieht man an den Stielen von den Fäden ab, wickelt jene zu 20—30 mit einem Blatte zusammen, was eine Handvoll Blätter oder sogenannte Docke gibt, und packt jede Tabackssorte unter dieser Gestalt in große Fässer, wodurch der Taback sich erwärmt. Nach ein paar Tagen nimmt man ihn heraus, besprengt die Blätter mit Salzwasser, läßt sie aufeinander liegend sich von neuem erhitzen und wiederholt das Besprengen nach acht Tagen einmal, wol auch mehrmal. Dann läßt man den Taback an der Luft ganz trocken werden und packt ihn zunächst in Fässer, in denen er nicht selten Jahre lang bleibt und dabei an Güte immer zunimmt. Beim Verpacken bringt man ihn in einen so kleinen Raum als möglich, und zwar aus drei verschiedenen Gründen: durch Compression werden nämlich die Frachtkosten bedeutend vermindert, der Taback durch Austreibung der Luft äußerlichen Veränderungen fast unzugänglich gemacht und die Aufnahme von Feuchtigkeit fast ganz verhindert. Man hat Beispiele, daß die Tabacksladungen gestrandeter Schiffe, wiewol sie lange von Seewasser bedeckt blieben, bei genauer Untersuchung nur an der Außenseite bis auf 1—2 Zoll tief beschädigt waren, während das Innere ganz trocken geblieben war. Der Taback wird schichtenweise gepackt, sodaß die Bündel oder Docken jeder Schicht miteinander parallel, die der darauf folgenden aber kreuzweis dagegen liegen. Ist das Faß auf diese Weise bis zu einem Viertel gefüllt, so wird eine Hebelpresse angewandt, welche die Dicke des Tabacks von 12 auf 4 Zoll bringt und mehre Stunden in ihrer Lage gelassen wird, bevor man mit der Füllung fortfährt. Ein auf diese Weise gepacktes Faß von 48 Zoll Länge und 30—32 Zoll Durchmesser hält ungefähr 1000 Pf. Taback.

In diesem Zustande wird der Taback verschifft, um in den Tabacksfabriken die Stadien seiner eigentlichen Fabrikation zu durchlaufen. Kommt der auf die angegebene Weise behandelte Taback ohne weiteres in den Handel, so heißt er Blättertaback; spinnt man ihn, so bildet er den Taback in Rollen, Rollentaback; verarbeitet man ganz feine Blätter, so werden sie von ihren Ribben befreit und diese kommen als Taback in Stengeln in den Handel, während die ausgeribbten Blätter Luxtaback heißen. Dem Taback in Blättern, Rollen und Stengeln setzt man im Handel den fabricirten, zum Verbrauch fertigen entgegen. Bekanntlich wird er vorzüglich in drei ganz verschiedenen Formen gebraucht: als Rauchtaback, Cigarren und Schnupftaback, denen man noch den Kautaback beifügen kann. Rauchtaback ist das Blatt, seines Stengels beraubt und in fadenförmige Theilchen geschnitten; Cigarren bestehen gleichfalls aus zerkleinertem Taback, der in ein sogenanntes Deckblatt gewickelt ist; Schnupftaback wird theils aus den pulverisirten Blättern, theils aus ihren Stielen gemacht. Jede dieser drei Formen hat mancherlei Varietäten, theils nach Verschiedenheiten in der Qualität des Blattes, theils nach der Art, wie es geschnitten ist, theils nach den dem Schneiden vorausgehenden oder nachfolgenden Processen.

Beim Rauchtaback, mit welchem wir den Anfang machen, kommen sechs Hauptoperationen vor: das Sortiren, Beizen oder Sauciren, Zerschneiden, Trocknen, Einpacken und Spinnen der Blätter. Vorangehen muß eine Befeuchtung mit Wasser. Die Blätterbündel sind nämlich so stark zusammengepreßt, daß sie fast zu einer Masse werden; ohne Hülfe von Feuchtigkeit würde es beinahe unmöglich sein, sie zu trennen, daher werden die Haufen zuerst mit Wasser besprengt und lassen sich dann leicht trennen. Hierauf folgt das Sortiren oder Aussuchen der Blätter, da dieselben noch immer mit dem Trocknen vorhergegangenen Sortirung ungeachtet von sehr verschiedener Güte sind. Nach dem Sortiren werden die Blätter entribbt, d. h. die dickern Ribben werden ausgeschnitten, weil sie sonst den Geschmack verderben würden; zuweilen werden sie noch zu schlechtem Rauch- oder Schnupftaback verwandt. Jetzt folgt der wichtigste Theil der Tabacksmanufactur: das Beizen oder Sauciren der Blätter, welches darin besteht, daß sie von einer derselben zubereiteten Brühe (Beize oder Sauce) durchdrungen werden, die dem Taback einen bessern Geschmack oder Geruch, sowie ein besseres Ansehen, die Eigenschaft eines langsamen Verbrennens ohne Flamme und mehr Haltbarkeit ertheilen soll. Man nimmt dazu theils salzige Stoffe, wie Kochsalz, Salmiak, Salpeter, Pottasche, theils süße und gewürzhafte, wie Most, Wein, Franzbranntwein, Him-

*

beerfaft, Zucker, Honig, Syrup, Thee, Kaffee, Zimmt, Nelken, Vanille, Cascarillenrinde, Lorberblätter, Aloeholz, theils wohlriechende Harze, wie Weihrauch, Storax, Mastir u. s. w. Durch Einweichen in Milch verliert der Taback seine betäubende Kraft, durch Kaffee, worin Citronensaft aufgelöst ist, wird selbst der allerschlechteste Taback verbessert. Einfache Beizen sind übrigens den zusammengesetzten vorzuziehen; sind in der Beize zu viele salzige Stoffe enthalten gewesen, so verräth sich dies durch ein Knistern des brennenden Tabacks. Die Beize wird entweder auf die Blätter gesprengt, oder diese in jene eingetaucht, worauf sie in Fässer eingepackt werden, in denen sie in eine Art von Gährung kommen, die das Eindringen der Beize in die Poren der Blätter befördert. Nun werden die Blätter bei mäßiger Wärme auf Horden getrocknet, dann zu kuchenähnlichen Schichten zusammengepreßt und auf der Schneidemaschine zerschnitten. Diese Maschine kann von sehr verschiedener Einrichtung sein und von Menschen-, Pferde-, Wasser- oder von Dampfkraft betrieben werden; eine nähere Beschreibung derselben übergehen wir, da sie ohne Abbildung nicht verständlich sein würde. Die bewegende Kraft, z. B. ein Wasserrad, kann noch andere Theile der Tabacksmanufactur in Bewegung setzen. Der zerschnittene Taback ist noch immer feucht, muß daher bei mäßiger Wärme auf einer kleinen Darre, ausgebreitet auf einer Horde von Draht, ausgetrocknet werden, wobei man jedoch darauf sehen muß, daß er nicht röstet statt zu trocknen, da in diesem Falle die Beizen zerstört werden würden. Hierauf wird der getrocknete und fertige Taback auf dem Vorrathsboden auf einen Haufen geschüttet, nöthigenfalls noch einmal gemengt und dann in Packete eingepackt, die in der Regel von Papier und zuweilen inwendig mit dünn gewalztem Blei oder besser noch mit dünnem Zinkblech ausgefüttert sind.

Wenn der Taback nicht zerschnitten, sondern in gesponnenen Taback (Rolltaback) verwandelt werden soll, so sortirt man die Blätter erst nach der Güte und Farbe, indem die gelben Blätter eine bessere Sorte abgeben als die braunen, dann nach der Größe, indem die ganzen und breiten Blätter, Wickelblätter genannt, das Äußere, die kleinern und zerbrochenen aber das Innere der Rollen abgeben sollen. Jedes einzelne Bund macht man durch Besprengen mit Wasser geschmeidig, worauf sie sich auf der Spinnmühle leichter zusammendrehen lassen. Die äußerste Spitze jeder Rolle bildet man aus freier Hand, macht dann aus kleinen oder zerbrochenen Blättern einen Wickel, umwindet denselben mit großen Wickelblättern und vollendet ihn auf der Spinnmühle, an welcher man die angefangene Stelle mit einem Bindfaden befestigt. Durch Verbindung der einzelnen Wickel entstehen Rollen, deren gewöhnlich fünf einen Centner wiegen.

(Der Beschluß folgt in Nr. 498.)

Koblenz.

Der Ehrenbreitstein.

Unter den zahlreichen stattlichen Städten, welche die Ufer des Rheins und namentlich das linke zieren, macht wol keine auf den unbefangenen Reisenden durch ihre Lage einen schönern und tiefern Eindruck, als Koblenz, in der Mitte jener reizenden, malerischen Gegend des Rheins, welche bei Mainz beginnt und bei Köln endigt, von jeder dieser beiden Städte ungefähr elf Meilen entfernt, am Zusammenflusse der Mosel und des Rheins und am Ausflusse des engen Rheinthals gelegen.

Anfänglich war Koblenz an der Mosel, nicht am Rheine erbaut, weshalb es auch in einigen der ältesten Urkunden Koblenz an der Mosel heißt, doch deutet der Name, aus dem römischen Confluentes oder Confluentia, d. i. Zusammenfluß, entstanden, auf die

Vereinigung der Mosel mit dem Rheine. Die Römer fanden wahrscheinlich hier schon eine Niederlassung der Treviver vor und fügten derselben ein Kastell hinzu, das eins der 50 war, die dem Drusus zugeschrieben werden; es lag auf einem Hügel an der Mosel, der noch jetzt der alte Hof heißt. Unter Kaiser Valentinian wurde dem Befehlshaber der Vertheidigungskrieger, welche die römische Grenze am Rhein zu schützen hatten, dieses Kastell zum Aufenthaltsort angewiesen. Zahlreiche römische Alterthümer, Legionensteine u. s. w., die man hier gefunden hat, zeugen noch für die Anwesenheit der Römer. In späterer Zeit stand auf dem gedachten Hügel der Palast der fränkischen Könige, von denen Childebert 585 und Theodorich 721 hier weilten. Im Mittelalter aber war die Stadt nicht sehr bedeutend und noch 1018 unter Kaiser Heinrich II., der sie dem Erzstifte Trier schenkte, Domainenbesitz oder kaiserliches Hofgut. Mächtiger wurde die Stadt seit dem Entstehen des rheinischen Städtebundes. Den Erzbischöfen und Kurfürsten von Trier trat sie, ihre Reichsfreiheit behauptend, oft feindlich entgegen und verschloß noch 1560 dem Kurfürsten Johann von der Leyen ihre Thore. Im dreißigjährigen Kriege mußte auch sie viel leiden; 1632 wurde sie von den Schweden besetzt und den Franzosen übergeben, 1636 aber von der alliirten kaiserlich-bairischen Armee belagert und erobert, wobei über die Hälfte aller Häuser zerstört wurde. Bis zum Jahre 1646 auf jede Weise gemißhandelt, hob sich die Stadt wieder unter Erzbischof Karl Kaspar von der Leyen, der 1663 eine Schiffbrücke über den Rhein schlug, hatte aber 1688 eine neue Belagerung durch die Franzosen unter Marschall Boufflers auszuhalten, der sie bombardirte und größtentheils zerstörte, ohne sie erobern zu können. Seit 1786 war Koblenz Residenz des Kurfürsten von Trier, aber schon 1794 wurde es von den Franzosen besetzt, 1798 Hauptstadt des Rhein- und Moseldepartements und erst 1815 an Preußen abgetreten.

Das schönste Gebäude der Stadt ist das in der Neustadt unweit des Rheins stehende Residenzschloß, das der letzte Kurfürst von Trier, Clemens Wenceslaus, Herzog zu Sachsen, Oheim der Könige Ludwig XVI., Ludwig XVIII. und Karl X. von Frankreich, sowie der verstorbenen Könige Friedrich August und Anton von Sachsen, in den Jahren 1778—86 nach dem Plane des französischen Baumeisters Peyre mit einem Kostenaufwande von einer Million Thlr. bauen ließ. Den Haupteingang von der Landseite bildet eine Säulenreihe ionischer Ordnung; die Wasserseite ist durch das kunstvoll gearbeitete kurfürstliche Wappen und Basreliefs, welche die Flußgottheiten des Rheins und der Mosel darstellen, geziert. Die Haupttreppe ist 18 Fuß breit; jede ihrer Stufen besteht aus einem einzigen Steine. Bald nach seiner Erbauung im Jahre 1792 diente das Schloß den Neffen des Kurfürsten, den Grafen von Provence und Artois (später als Könige Ludwig XVIII. und Karl X. genannt), und noch vielen andern französischen Emigranten als Zufluchtsort. Die Truppen der französischen Republik, welche bald darauf (1794) einrückten, benutzten das Schloß als Lazareth, später als Kaserne und zerstörten das prächtig ausgeschmückte Innere größtentheils. Die preußische Regierung ließ es seit 1815 wieder herstellen und zu den Gerichtssitzungen einrichten. Unweit des Schlosses, auf der andern Seite des geräumigen Schloßplatzes, steht das ziemlich kleine, aber zierliche Theater mit der Inschrift: Musis, moribus et laetitiae publicae (den Musen, den Sitten und dem öffentlichen Vergnügen). Das General-Commando (früher gräflich Leyen'scher Palast, an welches ein großer schöner Garten stößt, ist gleichfalls ein stattliches, größtentheils (bis auf eine große Spitzbogenhalle) neues Gebäude. Die großen Gasthöfe am Rhein, zum Riesen, zu den drei Schweizern und Hôtel de Bellevue, dürfen als Zierden der Stadt nicht übergangen werden. Unter den ältern Gebäuden sind bemerkenswerth: das im 15. Jahrhundert erbaute Kaufhaus, an welchem unterhalb der Stadtuhr das Wahrzeichen der Stadt zu sehen ist, der Mann am Kaufhaus, ein bärtiger, mit einer Sturmhaube bedeckter Kopf, der bei jeder Pendelschwingung die Augen verdreht und bei jedem Stundenschlage den Mund aufsperrt; das deutsche Ordenshaus, jetzt als Militairmagazin dienend; das Gymnasialgebäude, seit 1242 Kloster der Cisterzienserinnen, seit 1580 Collegium der Jesuiten, eine nicht unbedeutende Bibliothek und römische Alterthümer enthaltend; der Metternicher Hof, Stammhaus des Fürsten Metternich, der hier geboren ist, u. s. w. Die ehemalige erzbischöfliche Burg, mit zwei Thürmen, jetzt eine Fabrik lackirter Blechwaaren enthaltend, ist in historischer Hinsicht wol das merkwürdigste Gebäude der Stadt; sie wurde von Erzbischof Heinrich von Vinstingen 1280 begonnen und war ein beständiger Zankapfel zwischen jenem und den Bürgern, die sie den Zwinghof nannten. 1609 kam hier die von dem Kurfürsten Lothar von Metternich vorgeschlagene katholische Liga zu Stande, deren Heer von Tilly befehligt wurde. Die Burg erhebt sich unmittelbar neben der steinernen, 536 Schritt langen, 1344 von Erzbischof Balduin erbauten Moselbrücke von 14 Bogen, welche eine reizende Aussicht auf die Stadt, den Ehrenbreitstein und den die Mosel aufnehmenden Rhein gewährt. Unter der Brücke geht eine gußeiserne Wasserleitung, welche Trinkwasser mehr als eine Stunde weit von dem Dorfe Metternich zur Stadt bringt und die Brunnen der öffentlichen Plätze speist. Jenseit der Brücke lag ehemals das Dorf Lützelkoblenz oder Kleinkoblenz, eigentlich eine Vorstadt von Koblenz, das bei der Belagerung von 1688 zerstört wurde; jetzt stehen jenseits nur einige Häuser, unter ihnen ein ansehnlicher Gasthof.

Unter den Kirchen der Stadt nennen wir zuerst die tausendjährige Kastorkirche mit 4 Thürmen, die auf der Landspitze liegt, welche von der Mündung der Mosel in den Rhein gebildet wird. Sie wurde 836 vom Erzbischof Hatto eingeweiht und in demselben Jahre von Kaiser Ludwig dem Frommen besucht, dessen Enkelin Richenza oder Rizza hier begraben liegt. Im Jahre 922 (und schon früher mehrmals) fand hier eine Kirchenversammlung statt; 1105 betete hier Kaiser Heinrich IV., als Gebannter kurz zuvor von der Kirche ausgeschlossen, und versöhnte sich mit seinem treulosen Sohne, der den beschworenen Bund nur zu bald brach; später predigte hier der heilige Bernhard, Abt von Clairvaux, den Kreuzzug. In der Kirche sind sehenswerth: das (moderne) Grabmal der heiligen Rizza; das des Erzbischofs Kuno von Falkenstein (gestorben 1388) mit einem Wandgemälde auf Goldgrund, welches wahrscheinlich den berühmten Meister Wilhelm von Köln zum Urheber hat und zu den schönsten Werken altdeutscher Kunst gehört; das Grabmal des Erzbischofs Werner (gestorben 1418) u. s. w. Dem Eingange der Kirche gegenüber steht ein Brunnen, der sogenannte Kastorbrunnen, 1812 von dem letzten französischen Präfecten errichtet und durch seine doppelte Inschrift berühmt geworden. Der gedachte Präfect gab ihm nämlich folgende: an MDCCCXII, mémorable par la campagne contre les Russes; sous la préfecturat de Jules Doazan, und bezeichnete darin das Jahr 1812, dessen Winter damals noch nicht gekommen war, darum als ein durch den Feldzug der Franzosen gegen die Russen merkwürdiges, weil er den Sieg der erstern für ausgemacht hielt. Als der russische General St.=Priest am 1. Januar 1814 in Koblenz eingerückt war und von dieser Inschrift Kenntniß genommen hatte, ließ er folgende darunter setzen: Vu et approuvé par nous commandant russe de la ville de Coblenz. Le 1. Janv. 1814, indem er allerdings die erste Inschrift gutheißen mußte, aber natürlich einen ganz andern Sinn hineinlegte. Auch die Oberpfarrkirche unserer lieben Frauen, mit zwei hohen Thürmen, die auf der höchsten Stelle von Koblenz steht und im 13—15. Jahrhundert erbauet worden ist, enthält merkwürdige Grabsteine, Gemälde u. s. w. Die Florenskirche mit zwei Thürmen, von Erzbischof Bruno im Anfange des 12. Jahrhunderts erbaut, war in französischer Zeit lange Magazin; jetzt wird sie, nachdem das Innere in gothischem Geschmack wiederhergestellt worden ist, zum evangelischen Gottesdienst benutzt. Weniger merkwürdig sind die überladene Jesuiten= und die Barbarakirche. Die Karmeliterkirche dient jetzt als Kornmagazin.

Die ältern Straßen der Stadt sind eng, unansehnlich und schlecht gepflastert, die der Neustadt breit und gut gebaut, namentlich die lange, vom Löhrthor zum Schloß laufende Schloßstraße, die erst in den letzten 20 Jahren entstanden ist. Das gedachte Thor ist gleich dem Mainzerthor kasemattirt; beide gereichen der Stadt zur Zierde. Die ansehnlichsten Plätze sind der Schloßplatz und der Clemensplatz, in dessen Mitte ein Brunnenobelisk mit der Inschrift: Clemens Wenceslaus Elector vicinis suis (Kurfürst Clemens Wenzel seinen Nachbarn), steht. Bekanntlich ist Koblenz eine starke Festung, doch liegt ihre Stärke nicht in der Befestigung der Stadt selbst, wiewol auch auf diese viele Sorgfalt angewandt worden ist, sondern in den großartigen Außenwerken. Dieselben bestehen auf dem linken Rheinufer aus den Forts Alexander, Constantin, Franz und Friedrich Wilhelm. Die beiden ersten liegen auf dem rechten Moselufer auf dem Karthäuserberge; und zwar Fort Alexander oder die Oberfestung auf der Hunnenhöhe, Fort Constantin oder die Unterfestung auf der Stelle eines ehemaligen, jetzt abgetragenen Karthäuserklosters. Zwischen beiden zieht sich die mit Pappeln bepflanzte Hauptstraße nach dem Hundsrücken hin, einem Gebirgszug, der als Ende der Vogesen anzusehen ist. Die Aussicht von dieser Höhe ist reizend und hat in vieler Hinsicht noch Vorzüge vor der von Ehrenbreitstein. Das Fort Kaiser Franz liegt auf dem Petersberge, links von der Mosel, viel niedriger als die Karthause, und bestreicht die Stadt mit den Straßen von Köln und Trier. An dasselbe schließen sich zwei kleinere Werke, auf beiden Seiten und ein kleineres in der Ebene (Fort Friedrich Wilhelm) an. Am Fuße des Forts Franz steht das Grabdenkmal des 21. September 1796 gebliebenen französischen Generals Marceau, eine abgestumpfte Pyramide aus Lavaquadern.

Fester und imponirender als alle diese Werke, so fest sie auch sind, ist die Festung Ehrenbreitstein, welche auf dem rechten Rheinufer der Moselmündung gerade gegenüber auf einem sehr steilen, schön gestalteten Felsen liegt, der sich 360 Fuß über den Rheinspiegel erhebt. Mit großer Wahrscheinlichkeit läßt sich annehmen, daß dieser wichtige Punkt schon zur Zeit der Römer befestigt war; darauf deutet auch ein alter römischer Thurm, der Cäsarsthurm, 1794 noch vorhanden war. Im Mittelalter hieß die Burg Herbil=, Irmen= oder Herembertstein und soll schon 633 von dem fränkischen König Dagobert den Erzbischöfen von Trier geschenkt worden sein, denen Kaiser Heinrich II. diese Besitzung 1018 bestätigte. Das Geschlecht der Herren von Ehrenbreitstein erlosch erst im 13. Jahrhundert. Die Burg wurde von mehren Erzbischöfen vergrößert, namentlich von Johann von Baden, und 1532 mit der Burg Helfenstein verbunden, die der Stadtschultheiß Ludwig auf einem südlichen Vorsprung des Felsens erbaut hatte, die aber später wieder abgetragen wurde. Der Ehrenbreitstein, von jeher für uneinnehmbar gehalten, ist nur zweimal durch List in die Hände von Feinden gekommen; das erste Mal waren es Franzosen, die ihn, durch den Hunger aufs äußerste gebracht, übergaben (1632, fünf Jahre nachdem sie ihn mit Vorwissen des Kurfürsten besetzt hatten); später wurde er mehrmals vergebens von den Franzosen eingeschlossen, einmal 1795, zweimal 1796, dann wieder 1798. Durch Hunger gezwungen räumte endlich die triersche Besatzung am 27. Januar 1799 die Festung, welche darauf von den Franzosen besetzt wurde. In Folge des lüneviller Friedens wurde dieselbe gänzlich gesprengt und erst lange nachher unter der preußischen Herrschaft mit ungeheurem Kostenaufwande nach dem neuesten System unter dem Generallieutenant Aster und dem Major Huene neu erbaut, sodaß sie jetzt für ein Muster der Befestigungskunst gilt. Mit ihr hängt die gleichfalls befestigte pfaffendorfer Höhe zusammen. Der Weg auf den Ehrenbreitstein führt südlich in Schlangenwindungen an demselben; die am Rheine hinauf führende steile Steintreppe (von fast 900 Stufen), an deren Seiten sich während des Baues eine zum Hinaufschaffen der Baumaterialien dienende Eisenbahn befand, ist nicht gangbar. Auch für Denjenigen, der für die Schönheiten dieser Art von Architektur keinen Sinn hat und nichts davon versteht, ist der Besuch des Ehrenbreitstein im höchsten Grade belohnend wegen der herrlichen Aussicht, die weit und breit ihres Gleichen sucht und vielleicht nirgend findet. Eine Schilderung derselben wäre vergeblich, höchstens könnten wir die einzelnen Punkte, welche man sehen kann, namhaft machen; bemerkt sei nur, daß die Stadt Koblenz selbst den Glanz= und Mittelpunkt des vor dem Beschauer aufgerollten Gemäldes bildet, welches übrigens darum kein Panorama heißen kann, weil die Aussicht nach einer Seite (der östlichen, dem Rheine entgegengesetzten) auf das Nächste beschränkt ist. Der Zutritt auf die Festung steht Jedem offen, nur bedarf es einer Erlaubnißkarte, die man in der Stadt im Gouvernementsbureau unweit des Schlosses ohne alle Schwierigkeit erhält.

Am Fuße der Festung liegt das Städtchen Thal=Ehrenbreitstein, das mit Koblenz durch eine 485 Fuß lange Schiffsbrücke verbunden ist. Es hieß früher Mühlenthal, später Philippsthal, von dem Erzbischof Philipp Christoph v. Sötern, der 1628—30 hier ein Residenzschloß, der neue Bau genannt, erbauen ließ, das 1801 von den Franzosen abgetragen wurde. Sehenswerth ist die 1702 erbaute Kreuzkirche mit schöner Rotunde. Der am Rheine gelegene Garten des Gasthofs zum weißen Roß wird seiner schönen Aussicht wegen häufig besucht.

Koblenz zählt in 1200 Häusern an 14,000, mit der zahlreichen Besatzung und der Bevölkerung von Ehrenbreitstein etwa 21,000 Einwohner, die zum beiweitem größern Theile katholisch sind. Als Sitz des Oberpräsidiums der preußischen Rheinprovinz und zugleich des General=Commandos des achten Armeecorps muß es als Hauptstadt der gedachten Provinz betrachtet werden. Es hat einen Freihafen und treibt lebhaften Handel mit Colonialwaaren, Rhein= und Moselweinen, für welche es der Hauptstapelort ist, Selterswasser, wovon eine Million Krüge jährlich verschickt werden, Getreide und Eisen.

Die Letten und Esthen.
(Beschluß aus Nr. 496.)

Wohnung und Nahrung der Esthen sind über alle Begriffe armselig und dürftig. Die Balken, aus denen sie ihre Häuser bauen, werden so gelassen wie sie im Walde wachsen; einige in die Holzmauer gehauene Löcher, die mit Bretern geschlossen werden können, dienen als Fenster, Schornsteine aber gibt es nicht. Der große Ziegelofen, das Hauptmöbel, dient als Herd, Backofen, Trockenofen und Schlafstelle; daneben werden die Getreidegarben getrocknet. Der Rauch zieht durch die Fensteröffnungen und bringt durch das Strohdach. Menschen und Thiere aller Art (im Winter selbst die Hühner) wohnen meistens in demselben Raume beisammen. Bänke, Tische und Stühle sind völlig roh, wie mit dem Beile zugehackt. Thürklinken und Schlösser sind unbekannt. Der Boden wird an Festtagen mit zerhackten Tannenzweigen bestreut. Die Erleuchtung gewähren lange, dünne Birkenholzspäne, die in den Zwischenraum der Mauerbalken eingeschoben sind. Auch die Esthen lieben die Dampfbäder leidenschaftlich, weshalb neben jeder Wohnung ein eigenes Badehäuschen erbaut ist. Die Wohnungen sind übrigens nicht isolirt wie bei den Letten, sondern zu großen und weitläufigen Dörfern vereinigt, die einen höchst trostlosen Anblick gewähren. Die Häuser stehen schief und krumm, viele sind verlassen, einige gewöhnlich niedergebrannt. Von Gartencultur ist kaum eine Spur, nur hier und da sieht man Tannen und Birken; die einschließenden Zäune gleichen halbzerstörten Palissaden.

In der Kleidung der Esthen, auf die sie mehr Sorgfalt verwenden, ist Schwarz die Hauptfarbe; schwarze und dunkelbraune Wolle dient als Hauptmaterial, woraus alle Kleidungsstücke bestehen; doch werden im Sommer leichtere Stoffe als im Winter getragen.

Strümpfe und Handschuhe sind von schwarzem Garn gestrickt und auch die Pelze sind schwarz. Auf einzelne Theile des Anzugs wenden die Esthen besonders viele Sorgfalt, dahin gehören bei den Frauen namentlich die das Hemd zusammenhaltenden Brustschnallen von Silber und Messing, die durch Hinzufügung von allerlei Zierath, Anhängen von Ringen, Crucifixen, Münzen, Korallen, Schellen u. s. w. zu der Größe eines Schildes oder Brustharnisches anwachsen und nach den Gegenden verschieden sind. Zur Ausschmückung der schwarzen Kleider dient die rothe Farbe; durch rothe Litzen auf schwarzem Grunde werden die mannichfaltigsten Figuren und Schnörkel gebildet. Als Beschuhung dienen wie bei den Letten Sandalen, die aus Leder, bei den Armen aus Linden- oder Weidenbast bestehen. Nur Wenige tragen Sonntags Stiefeln. Hinsichtlich des Bartes unterscheiden sich verheirathete und unverheirathete Männer; diese scheeren ihn ab, jene lassen ihn (mit Ausnahme der Lippen) stehen. Das Haupthaar tragen beide Geschlechter lang herabhängend; nur hier und da tragen die Mädchen das Haar geflochten. Auf dem Kopfe tragen die unverheiratheten Männer ein hohes, rundgebogenes Stück Pappe mit rothem Wollenstoff oder Seide überzogen und mit Spitzen und Tressen, hinten aber mit flatternden Bändern, Schnuren, Flittern u. s. w. besetzt; die Frauen tragen geschlossene Hauben.

Anlangend die Nahrungsmittel der Esthen, so sind Schweinefleisch und Sauerkraut ihre Lieblingsgerichte; Gemüse werden viel gegessen, wie bei den Russen. Das gewöhnliche Getränk ist eine Art Dünnbier.

Manche Sitten und Gebräuche der Esthen sind uralt und rühren noch aus der heidnischen Zeit. Der Todte bekommt Speise mit auf den Weg und an Tage des Todtenfestes werden Speisen auf die Gräber gestellt. Trauerkleider werden nicht getragen; nur die Frauen tragen beim Tode ihrer Männer ihre silbernen Brustschilder eine Zeit lang umgekehrt. Bei jedem Begräbnisse wird ein Nagel in die Thürschwelle geschlagen. Im Winter werden die Leichen zu Schlitten nach dem Begräbnißplatz gefahren; die Weiber folgen gleichfalls zu Schlitten, die Männer zu Pferd. — Am 9. November, dem Vorabende des Martinstages, ziehen die jungen Burschen vermummt einher und sammeln bei ihren Bekannten Geschenke ein; Dasselbe thun die Mädchen am 24. November, dem Vorabende des Katharinentags; jene heißen dann Martinsbettler, diese Katharinenbettlerinnen, und man glaubt, daß diese Sitte auf Martin Luther und Katharina von Bora Bezug habe.

Die esthnischen Mädchen spinnen von der Zeit ihrer Mannbarkeit an oft 10 Jahre lang für ihre in Strümpfen, Handschuhen, Handtüchern u. s. w. bestehende Ausstattung. Die Heirathsanträge geschehen gewöhnlich zur Zeit des Neumondes, die Hochzeiten selbst werden am liebsten zur Zeit des Vollmondes gefeiert. Die ersten werden von den abgesandten Weibern (oft den Ältern des Freiers) durch Erzählungen von einem verlorenen Lamm oder Füllen, das man sucht, eingeleitet. Die Verlobung wird durch Meth oder Branntwein gefeiert. Am Trauungstage begibt sich der Bräutigam mit allen seinen Freunden zu Pferd oder Schlitten in die Kirche, voran reitet der Pejepois, das ist Herold oder Adjutant des Bräutigams. Nach der Trauung geht es zum Hause der Braut, das der Pejepois drei Mal umreitet, wobei er mit bloßem Degen drei Mal auf das niedrige Dach schlägt. Dem Pferde des Brautschlittens wird von den Freundinnen der Braut eine Kanne mit Meth oder Bier auf den Kopf gegossen; das Brautpaar selbst wird mit einer Handvoll Roggenkörnern überstreut. Nach dem Hochzeitsmahle zertritt der Bräutigam seinen und der Braut Löffel. Im Hause des Bräutigams erfolgt die feierliche Haubung und Einkleidung der Braut, die dabei ihrem Bruder (wenn sie nämlich einen hat) auf dem Schoße sitzt und um welche herum getanzt wird. Gewöhnlich hält sie während der ganzen Ceremonie ein Kind im Arme. Nach der Einkleidung setzt ihr der Pejepois drei Mal den Hut des Bräutigams auf, den sie jedesmal herunterwirft, dabei aber geschickt auffängt. Alsdann theilt die Braut an alle Anwesende Geschenke aus. Abends muß sie mit jedem Gaste einmal tanzen und erhält dafür ein Geldgeschenk. Bei der Taufe kommt nur der wunderliche Gebrauch vor, daß den Kindern etwas asa foetida in einer kleinen metallenen Kapsel um den Hals gehängt wird.

Ein wichtiger Feiertag der Esthen ist der Johannistag. In der Regel ziehen an demselben sämmtliche Bewohner eines Edelhofes und Dorfes Abends feierlich auf, wobei die Mädchen mit Blumen, die Männer mit Laub geschmückt sind; die Burschen tragen Fackeln oder Theerkränze an langen Stangen. So zieht man singend zu den Stallungen, Kornkammern u. s. w., endlich dreimal um das Wohngebäude oder Dorf, worauf sich Alle, geführt von Dudelsack und Schalmei, auf einen nahen Hügel begeben, wo ein Feuer lodert und wo die Nacht unter Jubel hingebracht wird. Eine Hauptrolle spielen dabei die Schaukeln, in denen die Mädchen die ganze Nacht sitzen und singen. Zuletzt werden Theertonnen angezündet und sobald sie ausgebrannt sind, hat die ganze Feier ein Ende. Das Schaukeln lieben die Esthen gleich den Russen sehr; keines ihrer Wirthshäuser ist ohne Schaukel und im Frühlinge werden dergleichen in jedem Wäldchen errichtet.

Von den Deutschen haben die Esthen während der 500jährigen Herrschaft Jener fast keinen einzigen Industriezweig, keine einzige Verbesserung in der Landwirthschaft und im Hauswesen angenommen. Der Acker wird noch nach uralter Sitte mit Ackergeräthschaften von ganz eigenthümlicher Construction bestellt. Als Zugthiere dienen nicht nur Pferde, wie bei den benachbarten Völkerschaften, sondern auch die hier sehr kleinen Ochsen, welche sogar an den Schlitten gespannt werden und auf dem glatten Schnee zum Erstaunen schnell fortkommen. Die Hauptgetreidearten, welche gebaut werden, sind Roggen, Gerste und Hafer; Weizen wird nur wenig gebaut. Vor dem Dreschen wird das Getreide in geheizten Räumen getrocknet und gedarrt. Das Düngen geschieht meist durch das sogenannte Küttisbrennen, welches so von statten geht, daß umgehauene Sträucher, vermischt mit anderm Holzabfall und mit Rasen bedeckt, angezündet werden; die Asche wird untergepflügt und düngt den Boden auf ein paar Jahre, nach deren Verlauf man ihn wieder mit Strauchwerk bewachsen läßt, um dasselbe Verfahren zu erneuern. Der Gartenbau liegt noch weit mehr als der Ackerbau im Argen; man kennt weder Blumen-, noch Obst- noch Gemüsegärten; außer Kohl wird fast gar kein Gemüse gebaut und selbst unsere Kartoffeln haben nur wenig Eingang gefunden.

Die esthnische Sprache, gleich allen finnischen, unter denen sie eine der reinsten ist, von den übrigen europäischen Sprachen ganz abweichend, ist im Ganzen wohlklingend, besonders durch die häufig wiederkehrenden Endungen auf a und o und die häufigen Diphthonge ü und oi; dazu kommt, daß das Organ der Esthen kräftig, klangreich, angenehm und geschmeidig ist. Arm ist die Sprache, noch ärmer als die lettische, aber ungemein reich an Bildern; abstracte Begriffe können großentheils nur durch Umschreibungen ausgedrückt werden. Übrigens zerfällt die Sprache in drei Hauptdialekte, den östlichen, westlichen und nördlichen, die man auch nach den Hauptstädten ihres Gebiets den dorpatischen, revalischen und pernauischen nennt. Die beiden ersten sind am meisten verschieden, der zweite aber, als der reichere und mehr ausgebildete, wird jetzt am meisten geschrieben. Der Hang zur Poesie ist bei den Esthen fast ebenso stark wie bei den Letten; gleich diesen improvisiren sie bei allen ihren Zusammenkünften Verse und Gedichte von gleich melancholischer Art, singen auch bei allen ihren Arbeiten; indeß ist der Charakter der esthnischen Poesie epischer und männlicher, weshalb auch die Esthen weit mehr Kriegslieder haben. Mit der tiefen Unwissenheit, in welche die Esthen versunken sind, bilden ihre sinnigen, zarten Dichtungen einen wohlthuenden Contrast.

Chronologie der Erdbeben.

Nach einer Abhandlung des Herrn Perrey in Dijon, welche derselbe der pariser Akademie der Wissenschaften übersandt hat, kommen von den 987 Erdbeben in Europa und Syrien, welche die Historiker von 306 bis 1800 n. Chr. aufzählten, auf das 4. Jahrhundert 21, auf das 5. Jahrh. 27, auf das 6. Jahrh. 30, auf das 7. Jahrh. 9, auf das 8. Jahrh. 13, auf das 9. Jahrh. 40, auf das 10. Jahrh. 14, auf das 11. Jahrh. 48, auf das 12. Jahrh. 71, auf das 13. Jahrh. 41, auf das 14. Jahrh. 45, auf das 15. Jahrh. 37, auf das 16. Jahrh. 109, auf das 17. Jahrh. 176, auf das 18. Jahrh. 306 Erdbeben. Von denjenigen, bei denen Tag und Monat angegeben ist, kamen 86 im Januar, 60 im Februar, 66 im März, 56 im April, 46 im Mai, 60 im Juni, 47 im Juli, 43 im August, 58 im September, 53 im October, 61 im November, 92 im December, demnach 212 im Winter, 162 im Frühling, 148 im Sommer und 206 im Herbst vor; von den übrigen 23 im Herbst und Winter, 13 im Frühling und Sommer; bei 223 ist nur das Jahr, nicht die Jahreszeit angegeben.

Literarische Anzeige.

Durch alle Buch- und Kunsthandlungen ist von mir zu beziehen das **Bildniß** von

VICTOR HUGO.

Gestochen von Th. Langer.
Gr. 4. 1/3 Thlr.

In meinem Verlage erschienen ferner nachstehende Bildnisse und es sind davon fortwährend **gute Abdrücke für 1/3 Thlr.** zu erhalten: **Auber. Baggesen. Bauernfeld. Böttiger. Calderon. Canova. Castelli. Cornelius. Dannecker.** Jakob **Glatz. Goethe. Hamann.** Alexander v. **Humboldt. Immermann. Kosciuszko.** Gerhard v. **Kügelgen. Lamartine.** Karl Friedrich **Lessing.** Albin v. **Meddlhammer.** Felix **Mendelssohn-Bartholdy.** Wilhelm **Müller. Oehlenschläger.** Jean Paul Friedrich **Richter. Schill.** Johanna **Schopenhauer.** Ernst **Schulze. Scott.** Kurt **Sprengel. Tegner. Thorwaldsen.** Ludwig **Tieck. Uhland. Zedlitz. Zelter.**

Gedichte
von
Karl Friedrich Heinrich Strass.
(Otto von Deppen.)
Gr. 8. Geh. 1 Thlr.

Die Mediceer. Drama in fünf Acten vom Fürsten zu Lynar. Gr. 8. Geh. 24 Ngr.

Früher erschien bereits von demselben Verfasser, nach der neuesten Bearbeitung gedruckt:

Der Ritter von Rhodus. Trauerspiel in vier Acten. Gr. 8. Geh. 20 Ngr.

Leipzig, im October 1842.

F. A. **Brockhaus.**

Herausgegeben unter Verantwortlichkeit der Verlagshandlung F. A. Brockhaus in Leipzig.

Das Pfennig-Magazin

für Verbreitung gemeinnütziger Kenntnisse.

498.] Erscheint jeden Sonnabend. [October 15, 1842.

Christine, Königin von Schweden.

Es gibt schwerlich eine Person in der Geschichte, welche so verschieden beurtheilt worden ist, als diese Tochter des großen Schwedenkönigs, der bei Lützen seinen Tod fand. Sie schien schon durch ihre Geburt dazu bestimmt zu sein, von der gewöhnlichen Ordnung der Dinge eine Ausnahme zu bilden. Alle Zeichen deuteten darauf hin, daß ihre Mutter, die Königin Marie Eleonore, geborene Prinzessin von Brandenburg, von einem Sohne genesen würde. Die Mutter glaubte nichts gewisser und wurde durch bedeutungsvolle Träume in ihrem Glauben bestärkt. Der Vater hatte ähnliche Träume und glaubte gern, was die Königin glaubte, denn er sehnte sich sehr nach einem männlichen Erben seines Throns. Die Astrologen ermangelten nicht, in den Sternen zu lesen, was die königlichen Altern so sehr wünschten. Alles jubelte der Ankunft eines Prinzen entgegen. So kam der Augenblick der Geburt heran. Die Sterne verkündigten große Gefahr für das königliche Haus. Ein kostbares Leben stand auf dem Spiele, doch wußte man nicht, ob das Leben des Vaters, der eben an einer bedeutenden Krankheit litt, oder das der Mutter oder das des Kindes gemeint war. So viel war gewiß, daß letzteres, wenn es 24 Stunden überlebte, etwas ganz Ausgezeichnetes werden mußte. Als das Kind geboren war (28. December 1626), schrie es wie ein kleiner Stentor, ein Umstand, der die anwesenden Frauen zu dem Rufe fortriß, daß ein Prinz geboren sei. Dieser Ruf drang wie ein Lauffeuer in alle Winkel des Schlosses und aus dem Schlosse in alle Straßen der Stadt und versetzte Schloß und Stadt in allgemeinen Jubel. Welche Verlegenheit für die Frauen, als sie sich in ihren Erwartungen betrogen sahen! Wie sollten sie den armen König enttäuschen? Da nahm seine Schwester Katharina das Kind auf ihre Arme und ging zum Könige, um ihm zu zeigen, was sie ihm nicht zu sagen wagte. Auf den König machte jedoch die Enttäuschung keineswegs den unangenehmen Eindruck, vor dem man sich gefürchtet hatte. Er nahm das Kind freundlich von den Armen der Prinzessin und sagte: „Danken wir Gott, meine Schwester. Ich hoffe, daß diese Tochter so viel werth sein soll als ein Sohn. Möge Gott erhalten, was er gegeben hat." Mit diesen Worten schickte er das Kind wieder zu seiner Mutter und gab Befehl zur Veranstaltung von Festlichkeiten, wie sie sonst nur bei der Geburt von Kronprinzen stattfanden.

Bei der Taufe, welche natürlich nach protestantischem Ritus verrichtet wurde, soll der Geistliche, ohne daran zu denken, das katholische Kreuz gebraucht haben, ein Umstand, auf welchen Christine selbst ein großes Gewicht legte, als sie zum Katholicismus übertrat. Mit dem Namen Christine wollte der König das Andenken an seine von ihm mit großer Zärtlichkeit geliebte Mutter ehren, daher er schon einer frühern Tochter, welche im September 1624 gestorben war, diesen Namen hatte geben lassen. Unsere Christine führte neben diesem Namen noch den Namen Augusta, den sie aber später dem Papste Alexander zu Ehren mit dem Namen Alexandra vertauschte. Als Gustav Adolf seinen berühmten Zug nach Deutschland unternahm, war Christine ungefähr 3½ Jahre alt. Am 20. Mai 1630 versammelte er die Stände seines Reichs, um ihnen ein feierliches Lebewohl zu sagen. Ehe er seine Abschiedsrede hielt, nahm er die geliebte Tochter auf den Arm, zeigte sie den Ständen als ihre künftige Königin und ließ sie schwören, ihr treu zu dienen. Schon im Jahre 1627 hatten sie ihr huldigen müssen, weil den König bei den Kriegen, die er zu führen hatte und in denen er sich allen Gefahren aussetzte, wenn es galt, den Sieg davon zu tragen, jeden Augenblick der Tod dem Vaterlande entreißen konnte.

Der Umstand, daß Christine schon in der Wiege Königin war und als Königin behandelt wurde, hatte auf die Entwickelung ihres Charakters einen bedeutenden Einfluß. Da der Anfang ihres Königthums über ihr Bewußtsein hinausging, konnte sie mit der Niederlegung der Regierung nicht aufhören, sich als Königin zu betrachten. Sie blieb in ihrem Innern Königin und wäre es geblieben, auch wenn sie hätte betteln müssen. Das Königthum war für sie nicht ein Kleid, das man aus- und anziehen kann, wenn man will, es war für sie ein Theil ihres Wesens.

Doch mit der Krone hatten sich auch die Gefahren frühzeitig eingestellt, welche Kronen zu begleiten pflegen. Sie selbst erzählt, daß man tausend Erfindungen gemacht habe, um ihren Tod zu veranlassen, und eine von einem Falle, den man sie vielleicht absichtlich hatte thun lassen, etwas erhöhte Schulter, die sie geschickt zu verbergen wußte, erinnerte sie bis an ihren Tod an die Gefahren, denen sie in ihrer Jugend entgangen war. Die Aussicht auf Ansehen und Macht, welche sich den versteckten Freunden, die der Kronprätendent, der polnische König Sigismund, an dem schwedischen Hofe hatte, bei dem Gedanken an Christinen's Tod eröffnete, kann wol manchen der vielen Angriffe auf ihr Leben herbeigeführt haben.

Ihr Vater hatte sie sehr lieb, ihre Mutter aber konnte sie nicht leiden; wieder ein Umstand, der eine Menge Erscheinungen ihres spätern Lebens erklärbar macht. Der Vater entdeckte frühzeitig Eigenschaften an ihr, die er selbst im höchsten Grade besaß, wie Furchtlosigkeit, Muth und Festigkeit; die durch Schönheit ausgezeichnete Mutter aber sah in ihr nur ein häßliches Kind, das noch dazu ein Mädchen war. An der außerordentlichen Liebe Gustav Adolf's zu Christinen hatte wol auch der seiner Zeit eigenthümliche Glaube an Astrologie seinen Antheil. Die Astrologen hatten nämlich den Umstand nicht unbeachtet gelassen, daß zur Zeit der Geburt des Vaters und zur Zeit der Geburt der Tochter die Sonne, Merkur, Venus und Mars in denselben Zeichen und Graden standen. Der Vater sah darin eine Andeutung, daß die Tochter ruhmvoll fortsetzen würde, was er selbst so ruhmvoll begonnen. Wie sehr ihm die Tochter am Herzen lag, beweist ein Vorfall aus ihrem frühesten Leben. Der König befand sich eben auf einer Reise nach den schwedischen Bergwerken, als Christine tödtlich krank wurde. Man fertigte sogleich einen Kurier an ihn ab, und der König war in 24 Stunden wieder in Stockholm, nachdem er Tag und Nacht geritten und in dieser Zeit einen Weg zurückgelegt hatte, wie ihn damals der beste Kurier nicht zurückzulegen im Stande war. Er fand Christinen dem Tode nahe und schien untröstlich, aber sie genas wider Erwarten und der König überließ sich jetzt einer Freude, die, wie vorher sein Schmerz, keine Grenzen kannte. Er nahm nun die geliebte Tochter auf seinen Reisen mit. Als er im Jahre 1628 mit ihr nach Kalmar kam, stand man an, ihn mit der gewöhnlichen Ehrensalve zu empfangen, und fragte erst an, was man thun solle. Der König überlegte einen Augenblick und antwortete dann: „Schießt nur immer zu! sie ist die Tochter eines Soldaten und muß sich daran gewöhnen." Als nun die Ehrensalve erfolgte, lachte und klatschte die kleine Christine in ihrem Wagen, statt darüber in Angst zu gerathen, und gab ihrer Umgebung auf alle Weise zu verstehen, daß sie mehr von solcher Musik hören wolle. Der Vater war darüber nicht wenig erfreut und nahm sie von nun an zu allen Musterungen mit, die er mit seinen Soldaten anstellte. Christine legte dabei den ihr angeborenen Muth auf eine so entschiedene Weise an den Tag, daß sie der König immer lieber gewann und scherzend zu sagen pflegte, sie solle ihm einst Schlachten gewinnen helfen. Christine erinnerte sich gern dieser Worte ihres Vaters, und zeigte mehrmals Lust, sich an die Spitze einer Armee zu stellen und ihr vermeintliches Recht mit Gewalt der Waffen geltend zu machen.

Der König hatte für die Zeit seiner Abwesenheit die Erziehung Christinen's seiner Schwester Katharina und ihrem Gemahl, dem Pfalzgrafen Johann Kasimir, übertragen, auch eine aus den fünf Hauptwürdenträgern des Reichs bestehende Regentschaft eingesetzt, die zugleich die Vormundschaft über Christinen führen sollte.

Kurz vor der Schlacht bei Lützen schrieb Gustav Adolf im Vorgefühle seines nahen Todes an den Großkanzler Orenstierna, den er wegen seiner unerschütterlichen Treue liebte, wegen seiner außerordentlichen Talente aber über Alles hochschätzte, und erinnerte ihn an die Befehle, die er ihm für den Fall seines Todes in Betreff Schwedens und seiner geliebten Tochter Christine zurückgelassen hatte. Er bat ihn, ihr eine Erziehung zu geben, wie sie die Bestimmung einer Königin nöthig machte, der Königin Mutter auf alle Weise beizustehen, aber durchaus nicht zu erlauben, daß sie irgend einen Antheil an der Regierung des Staats oder an der Erziehung Christinen's bekäme. So sehr der König seine Gemahlin liebte, so gut sah er dennoch ein, daß sie zur Führung von Staatsgeschäften durchaus nicht paßte, durch eine Verbindung mit ihrer Tochter aber ihre Abneigung gegen die Schweden leicht auf dieselbe übertragen und so den Grund zu einer Kette von Zerwürfnissen legen konnte, die mit dem Wohle des Landes unverträglich waren.

Der Ruf von dem Tode des großen Gustav Adolf und dem Siege der Schweden bei Lützen am 6. November 1632 war zugleich der Herold, welcher den Namen Christinen's durch Deutschland trug. An die Stelle des mächtigsten Mannes seiner Zeit war ein schwaches Kind getreten. Das belebte die Hoffnungen der Besiegten. Aber das schwache Kind war stark genug, die Kräfte zusammenzuhalten, die dem großen Todten zu seinen Siegen gedient hatten, und siehe da! man siegte für das schwache Kind nicht minder als für den starken Vater. Die Liebe zu Beiden war gleich groß und wirkte dieses Wunder. Orenstierna herrschte im Namen Christinen's allmächtig in Deutschland, über seinen Siegen vergaß er aber nicht die Erziehung des königlichen Kindes. Nachdem er die schon früher zur Erbin des schwedischen Throns erklärte Christine auf einem Reichstage öffentlich zur Königin von Schweden hatte proclamiren und alle Diejenigen, welche die Thronfolge in Schweden den Kindern Sigismund's von Polen würden zuwenden wollen, als Majestätsverbrecher hatte bezeichnen lassen; nachdem er das Reich in seinen mannichfaltigen Verhältnissen nach innen und außen sichergestellt und jede die Thronerbin beeinträchtigende Veränderung der Verfassung unmöglich gemacht hatte, ging seine ganze Sorge dahin, ihre Erziehung zu regeln. Er veranlaßte im Jahre 1635 die Stände selbst, sich mit diesem Gegenstande auf dem Reichstage zu beschäftigen und einen Plan zu entwerfen, der, allseitig geprüft, mit Zuversicht ins Werk gesetzt werden und das Land zu allen gerechten Erwartungen berechtigen könnte. Die Stände wiesen auf drei Hauptpunkte hin, auf welche hingearbeitet werden sollte. Die Königin sollte vor allen Dingen zum Bewußtsein ihrer Pflichten gegen ihre Unterthanen gebracht und mit Liebe zu ihnen erfüllt werden; sie sollte mit den schwedischen Sitten und Gebräuchen bekannt gemacht und an einen Anstand gewöhnt werden, der sich nicht blos auf den Leib, sondern auch auf die Seele bezöge; sie sollte in allem Wissen unterrichtet werden, das ihres hohen Berufes würdig wäre, und zwar zunächst in der wahren Erkenntniß Gottes und seiner Verehrung, dem ewigen Grunde alles Übrigen, dann in der Geschichte, als einer Wissenschaft, deren Kenntniß einem Souverain ganz besonders zukäme, endlich in der Schreibkunst, Rechnenkunst, Kenntniß fremder Sprachen u. s. w.

Christinen's Hauptlehrer wurde der schon 1630 von ihrem Vater dazu ausersehene Doctor der Theologie, Johann Matthiä, welcher in seinen Bestrebungen so glücklich war, daß Christine mit 14 Jahren den Thucydides und Polybius in der Ursprache las und mit dem Inhalte aller classischen Werke des Alterthums vertraut war. Merkwürdig ist, was Christine selbst als Veranlassung zu dem großen Fleiße nennt, den die Erwerbung solcher Kenntnisse voraussetzt. Obgleich nach dem Willen Gustav's Christinen's Mutter von jeder Theilnahme an der Erziehung der jungen Königin fern gehalten werden sollte, so konnte man es anfangs doch nicht über das Herz bringen, ihr ihre Tochter ganz zu entreißen, sondern ließ dieselbe bei ihr wohnen. Die Tochter langweilte sich aber in dem mit schwarzem Tuche austapezirten Zimmer der trauernden Mutter, welche Tag und Nacht weinte und die Lustigkeit Christinen's sehr unpassend fand, dermaßen, daß sie nichts so sehr herbeiwünschte als die Zeit der Lehrstunden, wo sie von den Liebkosungen und Vorwürfen ihrer Mutter frei war und in ihrem eigenen Zimmer sein durfte. Sie verlangte von den Lehrern so viel Aufgaben als möglich, um nach dem Ende der Lehrstunden so bald als möglich wieder in ihr Studirzimmer zurückzukehren, und bald machten ihr ihre Studien so viel Vergnügen, daß ihr nichts in der Welt darüber ging. Sie studirte täglich 12 Stunden lang mit einer unbeschreiblichen Lust; alle Sonnabende und Festtage wurden Wiederholungen und Prüfungen vorgenommen.

So gelehrig Christine war, so hatte ihre Umgebung dennoch keineswegs ein leichtes Spiel mit ihr. Nur die Lehrer waren zufrieden, besonders ihr Hauptlehrer Matthiä. Diesem theilte sie Alles mit, was sie bekümmerte, was sie erfreute. Mit ihm sprach sie über Alles, was vorging, und enthüllte ihm ihre innersten Gedanken, sodaß er wol noch mehr hätte wirken können, wenn er nicht zu sehr Gelehrter gewesen wäre. Sie besaß einen außerordentlich starken Willen, dem durch den großen Ehrgeiz, der ihr eigen war, jede Richtung gegeben werden konnte. Eine kluge Frau hätte etwas ganz Anderes aus Christinen gemacht.

Die Regierung während Christinen's Minderjährigkeit war sehr glücklich. Im Schoße Schwedens herrschte die größte Ruhe, Handel und Wandel blühten mit jedem Tage mehr auf; ein gemeinsamer Gottesdienst brachte die Bürger einander immer näher; eine unparteiische Gerechtigkeitspflege erweckte das nöthige Vertrauen zwischen der Regierung und den Unterthanen, und die glückliche Fortsetzung des Kriegs in Deutschland erhöhte das Selbstgefühl der ganzen Nation.

Dieser letztere Umstand mußte die Schweden um so mehr erfreuen, als nach dem Tode Gustav's keine Aussichten dazu da waren. Denn der Kaiser rüstete sich zu neuen Unternehmungen und hatte in dem Könige von Spanien einen mächtigen Bundesgenossen; viele der protestantischen Fürsten wollten von Schweden nichts mehr wissen, England und Holland wurden kalt, Frankreich war ein unzuverlässiger Bundesgenosse, Dänemark hielt nur die Aussicht auf eheliche Verbindung zwischen dem Prinzen Ulrich und Christinen von offenbaren Feindseligkeiten ab, Polen intriguirte auf alle Weise, um sich Schwedens zu bemächtigen, und Schweden selbst war über den Verlust seines großen Königs dermaßen niedergeschlagen, daß es für den Augenblick kein größeres Unglück kannte.

Die Königin, welche seit 1642 den Senatssitzungen beiwohnte und schon früher von Allem in Kenntniß gesetzt wurde, was in dem Senate vorkam, übernahm an ihrem Geburtstage 1644 endlich selbst die Zügel der Regierung und that nun alles Mögliche, den Frieden herbeizuführen. Die Briefe, die sie darüber an Orenstierna schrieb, sind Muster einer wahrhaft königlichen Schreibart. Da aber trotz der Befehle und Ermahnungen, die sie an ihre Gesandten nach Osnabrück schickte, der Friede nicht zu Stande kommen wollte, fing ihre Neigung gegen Orenstierna an in Abneigung überzugehen, denn es fehlte nicht an Leuten, welche ihr glaublich zu machen suchten, daß derselbe aus eigennützigen Absichten den Abschluß des Friedens hinausschiebe und mit sehr verbrecherischen Plänen umgehe. Aber dieser große Mann hatte nur das Wohl Schwedens und der Protestanten vor Augen, und es ist sehr die Frage, ob Christine durch ihre Foderung, es koste was es wolle, Frieden zu machen, mehr genutzt oder geschadet hat. Wie dem auch sei, Christine war außerordentlich erfreut, als es endlich am 24. October 1648 zum Abschluß des berühmten Friedens kam, über den vom 1. Juli 1643 an unterhandelt worden war. Sie war bereits allmächtig im Senate und vermochte durch ihre Beredtsamkeit so viel über die Senatoren, daß es ihnen selbst wie Zauberei vorkam. Glücklicher-

*

weise blieb der alte Orenstierna einflußreich genug, um diese Zauberei unschädlich zu machen, jedoch achtete auch er sie als die Erste ihres Geschlechts und der schwedischen Nation und war weit entfernt, ihr in irgend etwas entgegen zu sein, was sich mit ihrem und des Vaterlandes Wohle vereinigen ließ. So hätte Christine die glücklichste Regierung führen können, die je eine Königin geführt hat, wenn nicht ihre allzugroße Selbständigkeit sie den Machinationen des Jesuitismus überliefert und auf eine Bahn geführt hätte, auf der ihre ausgezeichneten Talente für die Menschheit verloren gingen.

Seit ihrer Thronbesteigung beschäftigte nichts so sehr das ganze Land als ihre Verheirathung. Der Bewerber gab es sehr viele. Unter diesen standen die beiden Söhne des Königs von Dänemark, Friedrich und Ulrich, obenan. Sie wurden von Christinen's Mutter begünstigt, behagten aber dem Senate und den Ständen durchaus nicht. Ein dritter Bewerber war der junge Kurfürst Friedrich Wilhelm von Brandenburg, auf den schon Gustav Adolf sein Auge gerichtet hatte, um durch ihn mit Schweden einen Staat zu verbinden, durch den es zu jeder Zeit dem Hause Östreich das Gleichgewicht zu halten im Stande sein sollte. Der Kurfürst hielt 1641 förmlich um Christinen an und erneuerte von da an von Zeit zu Zeit seine Bewerbung, heirathete aber, als seine Bewerbung zu keinem Ziele führte, endlich eine Prinzessin von Oranien. Der Grund der Nichtbeachtung seiner Anträge lag theils in der Furcht der schwedischen Großen vor einem fremden Könige, theils in den Gegenbestrebungen der Gesandten verschiedener europäischer Mächte, denen eine Verbindung zwischen Schweden und Brandenburg durchaus nicht wünschenswerth schien. Am meisten soll der allmächtige Orenstierna der Verbindung entgegen gewesen sein, weil er der Königin seinen Sohn Erich zudachte. Die Anträge von Seiten der Könige (Johann) von Portugal, (Philipp) von Spanien und von Ungarn geschahen wol mehr in der Absicht, für die in Gang gebrachten Unterhandlungen mit Schweden den gewünschten Erfolg zu erlangen, als in vollem Ernst, um eine Heirath zu Stande zu bringen.

Die meiste Hoffnung, Christinen's Gemahl zu werden, hatte Karl Gustav, Sohn ihres Onkels, des Pfalzgrafen Johann Kasimir. Sie war ihm schon als Kind sehr zugethan und pflegte ihm scherzend zu sagen, wenn sie groß wäre, wollte sie ihn heirathen. Sie scheint auch wirklich nach ihrer Thronbesteigung einige Zeit diese Absicht gehabt zu haben, denn sie wünschte die Sache von dem Senate und dem Reichstage in Vorschlag gebracht zu sehen, aber die Günstlinge, welche, wenn sie sich verheirathete, ihren Einfluß bei ihr zu verlieren fürchteten, wußten sie von dieser Absicht abzubringen. Dies gelang ihnen um so mehr, als sie selbst die Rolle der Frau in der Ehe nur von der Schattenseite betrachtete.

(Die Fortsetzung folgt in Nr. 499.)

Die Insel Haiti.

Der Hafen von Haiti.

Die Insel Haiti, welche im Mai dieses Jahres von einem so verheerenden Erdbeben heimgesucht wurde, ist der Größe nach die zweite der vier großen Antillen oder westindischen Inseln, zu denen außer ihr noch Cuba, Portorico und Jamaica gerechnet werden, und liegt zwischen 303 und 314 Grad östlicher Länge, 17½ und 20° nördlicher Breite, etwa eben so viel westlich von Portorico als östlich von Jamaica entfernt, von der in Nordwesten liegenden Insel Cuba durch einen nur 13 Meilen breiten Kanal, vom festen Lande von Südamerika aber durch das caraibische Meer getrennt. Die größte Ausdehnung der Insel von Osten nach Westen beträgt 75, von Süden nach Norden 30 Meilen, ihr Flächeninhalt aber etwa 1400 geographische Quadratmeilen sodaß sie dem Königreich Baiern ungefähr gleich kommt.

Auf der Westseite sowol als auf der Ostseite läuft die Insel in zwei Halbinseln aus, von denen auf beiden Seiten die südliche die längste ist. Die Oberfläche bildet ein Gebirgsland (daher auch der Name der Insel), in welchem fruchtbare Ebenen und reizende Thäler mit Hügeln und bewaldeten Bergen angenehm abwechseln. Die großen Gebirge, deren Höhe 6000 Fuß über der Meeresfläche nicht übersteigt, erstrecken sich im Allgemeinen von Nordwesten nach Südosten oder vom Cap St. Nicolas bis zum Cap Espada und drängen sich am meisten in der Mitte der Insel zusammen, wo das rauhe und steile Gebirge Cibao oder Ciboo das Centralgebirge bildet; an den Küsten bilden sie zahlreiche Vorgebirge und Landspitzen. Unter den Ebenen zeichnen sich aus die 21 Meilen lange, 7—8 Meilen breite Ebene von St.=Domingo oder los Llanos und die herrliche Vega Real. Zahlreiche Flüsse und Bäche kommen von den Bergen herab und bewässern die Insel nach allen Richtungen, sind aber meist kurz und seicht und nur zum kleinsten Theile schiffbar. Das Meer dringt an mehren Orten tief in die Insel hinein und bildet eine Menge von Baien und Buchten; die bedeutendsten darunter sind die Leogane= und die Samana=Bai, jene an der Westseite, diese, 12 Meilen lang und 14 Klafter tief, auf der Ostseite; in der erstern liegt die ansehnliche Insel Gonave. Noch sind zu bemerken: im Westen die Bai des Gonayves, im Norden die schottische Bai, im Süden die Ocoa= und die Neiva=Bai u. a.

Das Klima ist sehr heiß, doch wird die Hitze durch den Wind (besonders Ostwind) und die häufigen Regengüsse gemäßigt. Es gibt nur zwei Jahreszeiten: die nasse und trockene; jene dauert vom April bis November, diese vom December bis März. Dem Europäer wird das Klima leicht verderblich. Der Boden ist im Allgemeinen sehr fruchtbar und die Vegetation die üppigste, die sich denken läßt. Die Producte sind die aller westindischen Inseln. Von den Getreidearten kommen nur Mais, Manioc und Hirse fort; an den edelsten Früchten ist dagegen Überfluß. Aus dem Mineralreiche sind alle unedeln und edeln Metalle (von letztern selbst Gold, besonders im Sande einiger Flüsse) vorhanden, aber nur Kupfer und Eisen werden gebaut; ferner Salz, Marmor, Alabaster, Mineralwasser. Die Goldbergwerke, die bis in das 18. Jahrhundert betrieben wurden, sind jetzt ganz aufgegeben; Pferde= und Rindviehzucht sind vortrefflich.

Über die Einwohnerzahl fehlt es an neuen zuverlässigen Nachrichten. Eine officielle Angabe von 1824 gibt 935,335 Einwohner an, was auf eine Quadratmeile nur etwa 675 gibt, aber vielleicht doch noch zu hoch ist. Unter dieser Bevölkerung mögen sein 819,000 Neger, 105,000 Mulatten und Farbige, 105,000 rothe Indianer, 1800 einheimische Weiße, 10,000 Fremde. Eine Angabe, nach welcher die Insel 1826 1,200,000 Einwohner gehabt haben soll, scheint sehr wenig Glauben zu verdienen. 1790 zählte man 626,730 Einwohner. Die Mulatten bilden eine Art Aristokratie und sind im Besitz der besten Staatsämter; auch der Präsident der Republik — denn diese bildet die ganze Insel seit 20 Jahren — ist ein Mulatte. Haiti ist die einzige auf europäischen Fuß organisirte Negerstaat und liefert den unumstößlichen Beweis, daß durch den wohlthätigen Einfluß der Freiheit auch Farbige und Schwarze zu einer europäischen Cultur gelangen können. Wol mag in vielen Dingen ihre Bildung nur oberflächlich sein und die Nachahmung europäischer Sitten und Zustände zur Fratze werden; leugnen lassen läßt sich aber schwerlich, daß die schwarze Bevölkerung auf der Bahn der Civilisation Riesenschritte gethan hat. Bereits ist sie auch in den Künsten und Gewerben zu bedeutender Geschicklichkeit gelangt, wenn auch von eigentlicher Industrie nicht die Rede ist, und treibt lebhaften Handel, am meisten mit Frankreich, nächstdem mit den Nordamerikanern, Engländern, Niederländern, Dänen u. s. w. Übrigens ist Haiti wesentlich auf den Feldbau hingewiesen. Die Haupterzeugnisse der Insel sind Zucker, Kaffee, Baumwolle, Indigo und Cacao. Vor der Revolution besaß die französische Westhälfte 795 Zucker=, 6117 Kaffee=, 789 Baumwollen=, 3160 Indigo=, 54 Cacao= und 623 kleinere Plantagen, die spanische Osthälfte aber 5528 Plantagen. 1789 lieferten die Plantagen allein im französischen Theile der Insel, der freilich am meisten cultivirt war, 1,634,052 Ctr. Zucker, 691,511 Ctr. Kaffee, 62,861 Ctr. Baumwolle, 9301 Ctr. Indigo, 1500 Ctr. Cacao u. s. w. Seitdem hat der Zuckerbau ab= und der Tabacksbau zugenommen; die Production im Ganzen ist ohne Zweifel mehr gefallen als gestiegen. Die Zuckerausfuhr hat fast ganz aufgehört; von Kaffee wurden 1839 etwa noch 38 Millionen Pfund jährlich ausgeführt (früher 77, 1840 über 50, 1841 nur 30 Millionen), außerdem 4774 Ctr. Cacao, 21,028 Ctr. Taback, 16,354 Ctr. Baumwolle, 26 Mill. Pf. Farbholz, 5,903,477 Cubikfuß Mahagony u. s. w. Der Gesammtwerth der Ausfuhr beträgt etwa 7 Mill. Thlr. wovon vier Fünftel auf Kaffee kommen.

Die gesetzgebende Gewalt besitzen zwei Kammern, der Senat, aus 24 Mitgliedern bestehend, und das Haus der Repräsentanten; jene werden von den Repräsentanten aus einer vom Präsidenten vorgelegten dreifachen Liste auf neun Jahre gewählt. An jedem ersten April versammelt sich die Kammer zu Port=au=Prince auf drei Monate und während dieser Zeit erhält jedes Mitglied monatlich 200 Gourden oder haitische Dollars, d. i. 290 Thaler. Der Senat, welchem auch Gegenstände der Verwaltung obliegen, ist permanent; jedes Mitglied erhält eine jährliche Besoldung von 1600 Gourden oder 2300 Thlr. Der Präsident ist mit großer Macht ausgerüstet, auf Lebenszeit erwählt und hat das Recht, seinen Nachfolger selbst zu ernennen; für seine Verwaltung ist er dem Senate verantwortlich. Alle Einwohner haben nach der Verfassung gleiche Rechte und Pflichten, nur die Weißen können weder Grundeigenthum noch Bürgerrecht erwerben. Die katholische Religion ist Staatsreligion; alle andere Culte sind nur geduldet. Die Geistlichen sind theils Franzosen, theils Irländer. Für den Unterricht sorgen Lancasterschulen und andere niedere und höhere Unterrichtsanstalten, aber wol kaum nothdürftig; die errichtete Universität zu Port=au=Prince dürfte, wenn sie anders noch besteht, diesen Namen kaum verdienen. Eine Bildungsanstalt für Ärzte ist mit französischen Lehrern besetzt. Französisch ist die herrschende Sprache.

Die Hauptstadt der Insel ist Port=au=Prince an der großen Bai Leogane an der Westküste. Ihre Einwohnerzahl wird verschieden angegeben, mag aber zwischen 10 und 20,000 betragen. Sie liegt in einer niedrigen, sumpfigen und daher ungesunden Gegend, die von Hügeln umgeben ist, und hat zwei schöne Häfen, einen für Kriegs= und einen für Handelsschiffe, von denen der letztere 500 Schiffe faßt. 1770 wurde sie durch ein Erdbeben zerstört und fast ganz von neuem aufgebaut. Die zweite Stadt ist St.=Domingo an der Südostküste, früher die Hauptstadt des spanischen Theils der Insel, die älteste Stadt in Amerika, welche schon 1594 von Bartholomäus Columbus, dem Bruder des Entdeckers von Amerika, gegründet wurde, dessen Grabmal im Dome zu sehen ist. Die Stadt liegt auf einer das Meer beherrschenden Anhöhe und verdankt dieser hohen Lage Schutz gegen die Meeresfluten und Erquickung durch Wind. Nach der Seeseite wird sie durch das Fort St.=Jerome und durch Batterien vertheidigt, die sich bis an die Mündung des Flusses Ozama erstrecken. Die letztere ist schiffbar, hat ein enges und tiefes Bett und bildet einen Hafen, dessen enger Eingang von Felsen beherrscht wird. Die schönsten öffentlichen Gebäude sind der 1513—40 in gothischem Styl erbaute Dom und das ungeheure Arsenal. Die Einwohnerzahl wurde früher auf 25000 angegeben. Durch das neueste Erdbeben ist diese Stadt sehr beschädigt worden. — Die Stadt Cap Haitien an der Nordküste, früher Cap Français, nachher Cap Henri genannt, ist durch das Erdbeben fast gänzlich zerstört worden. Sie liegt am Fuße eines hohen Berges, le Morne de Cap, und war durch ihre Lage einer der gesundesten Aufenthaltsorte in ganz Westindien. Ihr guter, sicherer, nur den Nordostwinden ausgesetzter Hafen war immer mit Schiffen angefüllt. Die Stadt ist (oder war vielmehr) regelmäßig gebaut und soll vor der Katastrophe 15,000 Einwohner gehabt haben. In der Nähe der Stadt liegt eine starke Citadelle auf dem felsigen Gipfel eines 2500 Fuß hohen Berges, nicht weit davon das Schloß Sanssouci, der Lieblingsaufenthalt des Königs Henri, welcher auch die erwähnte Citadelle errichten ließ. In dem wenig bevölkerten Innern, aber nicht weit von der Nordostküste, ist die bedeutendste Stadt San Jago oder Yago mit dem Beinamen de los Caballeros, in einer sehr gesunden und fruchtbaren Gegend, die 12,000, nach Andern über 20,000 Einwohner haben soll. Die Stadt Vega (5 Meilen südlich von San Jago), von welcher die Ebene Vega Real ihren Namen hat, liegt 1 Meile östlich von der alten Stadt gleiches Namens, welche von Columbus angelegt, aber durch ein Erdbeben 1564 zerstört wurde.

(Der Beschluß folgt in Nr. 499.)

Die Tabacksfabrikation.

(Beschluß aus Nr. 497.)

Für die beste Sorte des Rauchtabacks, die daher auch am höchsten im Preise steht, gilt der Varinas-Knaster (der Name Knaster oder Kanaster kommt von den geflochtenen Rohrkörben her, in denen der beste Taback ursprünglich nach Europa geschickt wurde). Auch der virginische Taback ist gut, aber sehr stark und betäubend; Orinoco, Laguayra und brasilischer Taback sind schwer, türkischer sehr berauschend. Unter den europäischen Sorten sind die holländischen (die jedoch ihrer Fettigkeit wegen meist zu Schnupftaback verarbeitet werden), unter den deutschen Sorten der nürnberger, erlanger, bremer, westfälische, hessische (hanauer) am besten, weit geringer ist derjenige, der in Schlesien, Pommern, Anhalt, der Pfalz, Sachsen gebaut wird. Der aus Ungarn, Siebenbürgen, Polen und der Ukraine kommende ist nicht gut und wird nur in wenigen Gegenden Deutschlands geraucht.

Die Cigarren sind schon längst in Spanien beliebt gewesen und von da vor einigen 30 Jahren durch die spanischen Krieger des Romana nach Deutschland verpflanzt worden. Das Wort Cigarre (cigarro) selbst ist spanisch und bedeutet ein röhrenförmiges Stück Papier oder ein röhrenförmig zusammengerolltes, in der Regel eine Füllung von Taback enthaltendes Tabacksblatt, wiewol die besten Cigarren aus einem einzigen Blatte ohne Füllung bestehen. Man nimmt in Spanien ein breites Tabacksblatt, das sogenannte Deckblatt, breitet es auf einem Tische, der an drei Seiten eine Erhöhung hat, glatt aus und schneidet es in eine Form, die mit der eines Ballonstreifens Ähnlichkeit hat. Darauf legt man die Einlage oder Füllung, bestehend aus zerkleinertem Taback, und rollt das Ganze mit der Hand auf dem Tische, wol auch auf dem bloßen Arme (die Indianer brauchen statt dessen den bloßen Schenkel) röhrenförmig zusammen; endlich bringt man die Cigarren in ein eisernes Maß oder eine Form und schneidet sie in die gehörige Länge. Alles geschieht mit so großer Schnelligkeit, daß die Verfertigung einer einzelnen Cigarre nur wenige Secunden erheischt. In mehren deutschen Tabacksfabriken braucht man zur Cigarrenfabrikation eine eigene Preßmaschine mit Rinnen, worin die Cigarren, welche vorher nur aus dem Groben mit der Hand zusammengerollt worden sind, mehr Gleichförmigkeit bekommen. Der Haupttheil einer solchen Maschine ist eine Form, die aus zwei Platten besteht, welche cigarrenförmige Rinnen enthalten; legt man beide Platten aufeinander, so passen ihre Rinnen zusammen; ist der zusammengerollte Taback in dieselben gelegt, so werden die Platten mit Schrauben oder Schraubenringen fest zusammengepreßt.

In Spanien, namentlich zu Cadiz, Alicante und Sevilla, werden noch immer die besten Cigarren gemacht und zwar aus dreierlei Sorten: Havanablättern, virginischen Blättern oder Maruncosblättern. Man unterscheidet dort sieben Sorten von Cigarren: 1) Papiercigarren, bei denen die Füllung in einem feinen, ungeleimten Papierstücke liegt; 2) Stroh- oder Damencigarren, bei denen das Deckblatt in einem Maisblatt, die Inlage aus fein geschnittenen Havanablättern besteht (die mexicanischen Damencigarren, nur drei Zoll lang und so dick wie eine Krähenspule, sind an beiden Enden mit einem Fädchen zusammengebunden); 3) natürliche oder reine Cigarren, bei denen ein reines gesundes Tabacksblatt als Deckblatt und kleine Blätter oder Cigarrenabfall als Inlage dienen; 4) Havanacigarren, welche von allen die feinsten sind und aus den in einem beschränkten Theile der Insel Cuba wachsenden goldgelben Havanablättern gemacht werden; 5) Königincigarren, die feinste Sorte der Havanacigarren; 6) sevillanische Cigarren, von den echten Havanacigarren dadurch zu unterscheiden, daß das Deckblatt bei jenen von der linken zur rechten, bei diesen von der rechten zur linken Seite gelegt ist; 7) amerikanische oder ostindische Cigarren, die von verschiedener Größe und Dicke vorkommen, während die übrigen Sorten meist immer von derselben bestimmten Größe und Dicke sind. In Deutschland liefert Bremen die besten Cigarren; auch Leipzig hat in der Fabrikation derselben große Fortschritte gemacht.

Der Schnupftaback oder pulverisirte, zum Schnupfen bestimmte Taback wird meist aus dicken, fetten, schwarzbraunen Blättern, oft auch aus Rippen, Stengeln und andern bei der Verfertigung des Rauchtabacks abfallenden Theilen bereitet und zerfällt nach der verschiedenen Bearbeitung der Tabacksblätter in zwei Sorten: rapirten und zerstampften Taback. Bei dem ersten werden die Blätter erst in runde, spindelförmige Körper (sogenannte Karotten) verwandelt, die auf der Reibmaschine oder Raspelmühle gerieben werden, bei der zweiten Art aber werden die Blätter auf der Stampfmühle durch starke, mit Metall beschlagene Stampfen zerstampft. Statt der letztern kann man sich auch einer eigenen Art von Tabacksschneidemaschinen bedienen, bestehend in einem langen, cylindrischen Troge und einer in demselben umlaufenden Welle, an welcher nebeneinander viele kleine, sichelförmige Messer befestigt sind. Diese Art, den Taback zu zerkleinern, hat den Vorzug, daß sie den Taback nicht so erhitzt als das Zerstampfen und daher die Beize nicht in gleichem Grade wie bei diesem verflüchtigt werden kann. Der zerpulverte Taback wird gesiebt, um die gröbern Theile abzusondern, worauf dieselben noch weiter zerkleinert werden. Bei Verfertigung des mehl- oder staubartigen Tabacks (z. B. Spaniol) wendet man eine Mühle an, die entweder einer Mehlmühle ähnlich oder wie eine Walzenrollmühle eingerichtet ist.

Das Beizen oder Sauciren geschieht in der Regel vor dem Pulverisiren; es soll theils den natürlichen Geruch des Tabacks mehr hervorheben, theils ihn zur Hervorbringung eines angenehmen Reizes auf die Geruchswerkzeuge geschickt machen. Die zur Beize angewandten Ingredienzien sind im Allgemeinen dieselben, welche beim Rauchtaback gebraucht werden; ihre Wahl und Zusammensetzung ist das Geheimniß des Schnupftabacksfabrikanten. Sehr zu verwerfen sind Mittel wie Opium, Bleikalk, Spießglas, Kupfervitriol, gepulvertes Glas u. s. w., die zuweilen von unwissenden und nur auf ihren Gewinn bedachten Fabrikanten gebraucht werden, aber ihrer Natur nach die höchst nachtheilige giftige Wirkung zur Folge haben müssen. Bei dem Beizen tritt eine Gährung ein, deren Beendigung am Geruche und an der schwarzbraunen Farbe erkannt werden kann. Allmälig werden durch Feuchtigkeit, Wärme und Druck selbst die fettesten Blätter schwarz, ohne daß es der Anwendung färbender Mittel, wie Kupferdruckerschwärze, Kienruß u. s. w. bedarf. Nicht selten aber bedient man sich solcher und anderer Mittel, namentlich des Sandel-, Fernambuk-, Campecheholzes, des Röthels, Ochers, Ziegelmehls u. s. w., um den Schnupftaback zu färben. Der Spaniol, Tonka, Marino und andere feine Sorten sind schön hochroth, der holländische Rapé gelb, der St.=Omer, Strasburger und Brasilientaback (der von Natur olivengrün ist) schwarz. Zu den berühmtesten Sorten gehört außer den genannten noch der pariser (Robillard). Verkauft wird der Schnupftaback in Pulver= oder Stangen= (Carotten) Form; die Stangen laufen entweder nach beiden Seiten oder nur nach einer dünn zu und sind mit Bindfaden umwickelt. Ihn in Blei zu verpacken, ist gefährlich, besonders bei saucirtem Taback, da die Feuchtigkeit desselben das Blei angreift und auflöst.

Der Kau= oder Knulltaback wird aus den fettesten Blättern verfertigt und in Europa fast nur von den Seeleuten an den Küsten des Mittelmeers sowol als der nördlichen Meere, in Amerika (namentlich den Vereinigten Staaten) aber auch stark im Innern consumirt.

Man hat den Taback, wie den Thee und Kaffee, verschiedentlich durch andere Pflanzen zu ersetzen gesucht, ohne ihn jedoch verdrängen zu können. Am meisten sind folgende Surrogate empfohlen worden: Die Blätter der Engelwurz, der Bärentraube, der Kartoffeln, der krausen Grindwurzel (rumex crispus, auch häufig wilder Taback genannt), der Sand=Rainblume und des Walnußbaums.

Der kölner Dombau.

Zu einer Zeit, wo die Hoffnung aufs neue rege gemacht worden ist, eins der herrlichsten Denkmale altdeutscher Kunst, den leider nur zum kleinsten Theile vollendeten kölner Dom, seiner Vollendung entgegengeführt zu sehen, und wo die Augen von ganz Europa auf die Feierlichkeiten in Köln gerichtet sind, deren Mittelpunkt die Legung des Grundsteins zu dem südlichen Portale dieses Gotteshauses bildete, möchte es angemessen sein, auch in diesem Blatte theils an die geschichtlichen Momente des großartigen Baus zu erinnern, theils eine Beschreibung desselben beizufügen.

Den ersten Plan zum Bau des Doms scheint Erzbischof Engelbert I. der Heilige, Graf von Altena und Berg und Reichsverweser (reg. 1212—25) gefaßt zu haben, dessen Ermordung am Gevelsberge bei Schwelm durch seinen Verwandten, den Grafen Friedrich von Isenburg, am 7. November 1225, den Beginn des Dombaus verzögerte, bis der Brand der alten, von Erzbischof Hildebold 816—17 erbauten und 833 unter Ludwig dem Frommen als Hauptkirche eingeweihten Kathedrale (im Mai 1248) die Ausführung des längst gemachten Entwurfs, aber nicht auf der Stelle der zerstörten Kirche, sondern auf einem ansehnlichen, eine freie Aussicht gewährenden Hügel, veranlaßte. Noch im Sommer desselben Jahres, am 14. August 1248, also vor fast 600 Jahren, legte der Erzbischof Graf Konrad von Hochsteden, des Erzbischofs Engelbert zweiter Nachfolger, ein Mann von hochstrebendem Geiste und großem Einflusse (reg. 1237—61), in Anwesenheit des neuerwählten Kaisers Wilhelm von Holland (des Gegenkaisers von Friedrich II.), der Herzoge von Brabant und Limburg, der Grafen von Geldern, Berg, Cleve und Hennegau, eines päpstlichen Legaten und vieler Bischöfe, Abte, Grafen und Herren den ersten Grundstein zu dem gegenwärtigen kölner Dom. Derselbe sollte nach dem ursprünglichen Entwurfe 459 Fuß lang, im Schiffe und Chor 180, im Kreuz, d. h. im Querbau oder Transept, der dem Grundriß der Kirche die Form eines Kreuzes gegeben hatte, 290 Fuß breit, bis zum Dache über 200 Fuß hoch werden, zwei Thürme von mehr als 500 Fuß Höhe (jeder auf einem Grunde von 100 Fuß Breite) erhalten und, wie sich von selbst versteht, ganz aus Steinen aufgeführt werden. Die letztern wurden im Siebengebirge am Drachenfels unweit der kleinen Stadt Königswinter am Rhein (oberhalb Bonn) gebrochen; es ist Trachyt von grünlichgrauer Farbe mit Krystallen von glasigem Feldspath, vom Volke Sandstein genannt; mit diesem wurden im Fundamente säulenartige Basaltstücke (aus dem Unkelbruche, dem Siebengebirge gegenüber) verbunden und wagerecht über die rauh behauenen, stark verkitteten Sandsteine gelegt.

Ein Brief des Papstes Innocenz IV., schon vom 21. Mai 1248 datirt, verkündigte Allen, die zu dem Baue beisteuern und hülfreiche Hand leisten würden, auf 1 Jahr 40 Tage Erlaß der Kirchenbuße für ihre Sünden. In den ersten neun Jahren rückte der Bau sehr schnell vorwärts; von allen Seiten kamen sehr bedeutende Geldbeiträge zu demselben, selbst König Heinrich III. von England gestattete eine Sammlung zu diesem Zwecke in seinem Umfange seines Reichs, und die geringe Arbeits- und Tagelohn, sowie die wohlfeilen Preise der Lebensmittel kamen dem Fortschreiten des Werks sehr zu statten. Nach dem gedachten Zeitraume fing es an langsamer zu gehen, woran außer mehren andern Ursachen die beständigen Streitigkeiten zwischen der Stadt und den Erzbischöfen Konrad, Engelbert II. von Falkenburg (1261—75) und Siegfried (1276—96), welche diesen beide Stadt ganz verließen mußten, Schuld sein mögen. Indessen stand der Bau wol nie ganz still, selbst nicht während des Kirchenbanns, mit dem die Stadt 1267—73 wegen Gefangenhaltung ihres Erzbischofs Engelbert belegt war. Eine neue Anregung ging vom Erzbischof Wichbold von 1298 an aus; die Andächtigen wurden ermahnt, in ihren Testamenten den Bau zu bedenken; ein besonderer Verein, die Brüderschaft des heiligen Petrus genannt, von Papst und Erzbischof auf jede Weise durch Freiheiten, Indulgenzen u. s. w. begünstigt, verpflichtete sich zu jährlichen Beiträgen, deren niedrigster zu einem kölner Simmer Weizen oder zu sechs Stübern bestimmt wurde, und viele fromme Fürsten gaben große Summen für den Bau her.

Endlich konnte am 27. Sept. 1322, also 74 Jahre nach der Legung des Grundsteins, Erzbischof Heinrich von Virnenburg den hohen Chor einweihen, der ⅖ der für das ganze Gebäude bestimmten Länge einnimmt, 200

Fuß hoch ist und an der Westseite durch eine provisorische leichte Giebelmauer geschlossen wurde. In den folgenden Jahren wurde, wiewol mit großen Unterbrechungen, an den Säulen des Kreuzes, dem Schiffe und den Thürmen gearbeitet, von denen der südwestliche, welcher den weltbekannten Krahn trägt*), im J. 1437 bis zum dritten Geschoß oder 170 Fuß, also etwa ein Drittel der projectirten Höhe, fertig war, sodaß die Glocken aus dem neben dem Chor stehenden alten hölzernen Thurme in denselben versetzt werden konnten. Von den drei großen Glocken, welche dieser Thurm trägt, wiegt die größte 225, die mittlere 120 Ctr.; beide sind 1447 gegossen. Der nördliche Thurm ist bei seiner ersten Anlage geblieben und nur 27 Fuß hoch.

Durch die unaufhörlichen Kriege des Erzbischofs Theodorich von Mörs während seiner 50jährigen Regierung (1413—63) mußte der Schatz erschöpft werden und das Land verarmen; dazu kam, daß bei dem Sammeln der Beiträge mannichfacher Betrug geübt wurde, was Viele von Fortsetzung ihrer Gaben abhalten mochte. Dennoch wurde einer gedruckten Chronik zufolge noch im Jahre 1499 täglich fortgearbeitet, freilich ohne allen Nachdruck.

Im Anfange des 16. Jahrhunderts wurde das Schiff bis zur Capitälhöhe der Nebengänge geführt und die nördliche Nebenhalle, aus 7 Kreuzgewölben bestehend, nicht nur vollendet, sondern auch mit 5 kunstreich gemalten Fenstern geschmückt, in denen sich die Jahreszahlen 1507 und 1509 finden**), von da an aber weder fortgebaut (wiewol Kurfürst Maximilian Heinrich nach dem dreißigjährigen Kriege entschlossen gewesen sein soll, den Bau zu vollenden), noch das Vorhandene in gutem Zustande erhalten. Die unvollendeten Kirchenräume waren schon um die Zeit des Einsetzens der Glasmalereien mit den noch jetzt vorhandenen Nothdächern gedeckt, welche auf den nur bis zu 42 Fuß Höhe aufgeführten Gewölbepfeilern des Langhauses ruhen, nachdem diese lange unbedeckt gestanden hatten. Im J. 1735 wurden drei Giebelfenster über der Orgel vermauert und in der folgenden Zeit, namentlich 1739—42, 1748—51 und 1788—90 mancherlei Ausbesserungen vorgenommen, im Ganzen aber war die Kathedrale vernachlässigt und dem Verfall preisgegeben. Während der Jahre 1796—97 diente der ehrwürdige Dom (vom Bischofe Berdolet als großartige Ruine bezeichnet) den französischen Truppen als Heumagazin, gleichzeitig wurde durch Entwendung des Bleis aus den Dachrinnen der Verfall des Gebäudes beschleunigt. Während der französischen Herrschaft bis zum J. 1813 konnte die Ausbesserung der aus jenen Magazinjahren herrührenden Beschädigungen der Dachbedeckung und der Fenster bestritten werden und Napoleon verweigerte die nachgesuchte jährliche Summe von 40,000 Francs, womit die Unterhaltung und Herstellung bestritten werden sollte, als zu bedeutend.

Die Frage nach dem Baumeister des kölner Doms läßt sich nicht mit Bestimmtheit beantworten, obgleich die beiden Originalrisse der Thürme des Doms in der neuesten Zeit durch einen glücklichen Zufall aufgefunden worden sind (der eine für den nördlichen Thurm auf einem Speicher zu Darmstadt 1814 bei Gelegenheit der Vorbereitungen zu Ehrenpforten für die aus dem Freiheitskampfe zurückkehrenden Krieger, der andere zu Paris 1816). Die Sage nennt den Bischof Albertus Magnus von Bollstädt, der einige Jahre in Köln als Provincial des Predigerordens lebte, als Urheber des Plans. Weit wahrscheinlicher ist die Meinung, daß der Steinmetzenmeister (Gerhard von St.-Trond), dem das Domcapitel im J. 1257 zur Belohnung seiner Dienste den Platz, wo er auf seine Kosten ein großes steinernes Gebäude erbaut hatte, schenkte, als der Dombaumeister anzusehen sei; auch der berühmte Geschichtschreiber und Beschreiber des Doms, Sulpiz Boisserée, dem wir das vollständigste Werk über das merkwürdige Gebäude verdanken*), entscheidet sich für Meister Gerhard, der neuerdings von den Belgiern, wahrscheinlich mit Unrecht, als Landsmann vindicirt wird. Vielleicht haben auch die beiden genannten Männer in Gemeinschaft den Bauplan entworfen, wie ganz neuerlich Kugler in Berlin wahrscheinlich zu machen sucht. Nach Gerhard werden noch als Baumeister genannt: Meister Arnold um 1299, Meister Johannes um 1308, später die Meister Nikolaus von Büren, Konrad Kuyn und Konrad von Frankenberg.

(Der Beschluß folgt in Nr. 499.)

---

*) „Geschichte und Beschreibung des Doms von Köln" (Stuttgart 1823—32).

Literarische Anzeige.

Durch alle Buchhandlungen und Postämter ist zu beziehen:

Landwirthschaftliche Dorfzeitung.

Herausgegeben unter Mitwirkung einer Gesellschaft praktischer Land= und Hauswirthe von

C. v. Pfaffenrath und **William Löbe.**

Mit einem Beiblatt: **Gemeinnütziges Unterhaltungsblatt für Stadt und Land.**

Dritter Jahrgang.   4.   20 Ngr.

Hiervon erscheint wöchentlich 1 Bogen. **Ankündigungen** darin werden mit 2 Ngr. für den Raum einer gespaltenen Zeile berechnet, **besondere Anzeigen ꝛc.** gegen eine Vergütung von ¾ Thlr. für das Tausend beigelegt.

Inhalt des Monats September:

Dorfzeitung. Über das Verpflanzen der Obstbäume. — Über die Nachtheile des Ausästens der Waldbäume. — Die Dorftafel. — Anfragen. — Benutzung der Kürbisse. — Über das Rösten des Hafers. (Erwiderung.) — Einige Erfahrungen über die so überhandnehmende Trockenfäule der Kartoffeln. — Anweisung, Talglichter von ganz vorzüglicher Qualität und Sparsamkeit im Brennen anzufertigen. — Über die Lähme der Lämmer. — Über den Anbau der Weberkarden (Kardendisteln). — **Miscellen, Ankündigungen.**

Unterhaltungsblatt. Der Bauernstand. — Volkssagen aus dem Orlagau. — Die Dürre. — Alles von Gott. — **Büchermarkt, Vermischtes, Anekdoten, Komisches.**

Leipzig, im October 1842.

F. A. Brockhaus.

---

*) Der Domkrahn, mit dem man die Bausteine hinaufgezogen hatte, wurde bei einer 1816 vorgenommenen Untersuchung höchst baufällig befunden. Er war damals 49 Fuß lang und an einer 50 Fuß langen, gegen 30 Zoll im Querschnitt starken eisernen Hauptsäule befestigt, die sich durch seine Last schon früher gebogen hatte und daher durch starke Stücke Tannenholz geschützt werden mußte. Das sämmtliche Holzwerk war gänzlich verfault. Auf Anordnung der Regierung wurde daher der Krahn, das uralte Wahrzeichen der Stadt, vom 11.—22. Juli 1816 abgetragen und am 11. September 1819 durch einen neuen, 55⅔ Fuß langen und 17⅔ Fuß breiten ersetzt, der aber vor kurzem wieder angemessen verstärkt worden ist.

**) Diese Glasgemälde, 43 Fuß hoch und 16 Fuß breit, gehören ihrer Technik und Farbenpracht wegen zu den herrlichsten, die es gibt. Sie sind mit den Wappen der Stifter geschmückt.

Das Pfennig-Magazin

für Verbreitung gemeinnütziger Kenntnisse.

499.] Erscheint jeden Sonnabend. **[October 22, 1842.**

Südrussische Reisewagen.

Scene an der Südwestgrenze von Rußland.

In wenigen Ländern Europas ist das Reisen mit mehr Beschwerlichkeit verbunden als in Rußland. Die Reise von der einen russischen Hauptstadt nach der andern nehmen wir hier aus, denn auf dieser Strecke fährt man in Diligencen, die zwar von unsern und den französischen Postwagen und Diligencen sehr abweichen, indem sie in einzelne Coupés zu zwei Personen abgetheilt sind, aber keinerlei Bequemlichkeit vermissen lassen. Desto weniger Bequemlichkeit gewähren die in Südrußland, namentlich in der Krim üblichen Telega's, wie deren eine in unserer Abbildung vorgestellt ist. Sie sind der Hauptsache nach unbedeckte, vierräderige Karren und haben nur Raum für zwei Personen, die auf einem mit Stroh gepolsterten Sitze Platz nehmen, der durch Mäntel und dergleichen erhöht werden muß. Vor ihnen sitzt auf einem schmalen Brete der Kutscher, der ohne Aufhören mit den Pferden spricht, denn in Rußland scheinen die Kutscher mit ihren Pferden auf einem viel vertraulichern Fuße zu stehen als anderwärts und unterhalten sich mit ihnen fortwährend, ohne sich an das Ausbleiben der Antworten zu stoßen. Eine angehängte eiserne Glocke dient, um die Ankunft auf den Stationen anzumelden, und erinnert zugleich den Reisenden daran, daß es für ihn gefährlich sein würde, auf seinem Sitze zu schlafen. Nähert man sich einer größern Stadt, so wird die Glocke aus Rücksicht für das Ohr der Bewohner zum Schweigen gebracht. In diesem mehr als einfachen Fuhrwerke bereisen zahllose Reisende, Offiziere, Agenten, Kuriere, Regierungsbeamte das ungeheure Reich beständig nach allen Richtungen, ohne andern Schutz als einen Mantel, der zugleich gegen Sonne, Regen, Koth und Staub schützen muß.

Der kölner Dombau.

(Beschluß aus Nr. 498.)

Nachdem Köln an Preußen gefallen war, sprach der verstorbene König auf die Vorstellungen der Behörden den Entschluß aus, das Vorhandene, wenn irgend möglich, zu erhalten. Von großem Einflusse war bald darauf die Wiederherstellung des unter französischer Herrschaft aufgehobenen Erzbisthums (11. Juni 1825), wodurch der Dom seine eigentliche Bedeutung und sein Domstift wieder erhielt. Aber nach Beginn der Ausbesserung ergab sich, daß der schadhafte, gefahrdrohende Zustand des sämmtlichen Steinwerks einen äußerst umfassenden Bau nöthig machte. Für diesen wurde eine Summe von 350,000 Thlrn. zusammengebracht, vor welcher das hohe Chor wiederhergestellt werden konnte, was in den Jahren 1824—40 geschah. Anfänglich war der Reparaturbau zu 104,921 Thlr. veranschlagt worden, diese Summe zeigte sich aber als völlig unzureichend. Von der vorhin gedachten Summe hatte die Staatskasse 215,000 Thlr., also fast zwei Drittel, beigetragen; durch Wiederherstellung der althergebrachten Kathedralsteuer (1826) wurden 90,896, durch Collecten 45,323 Thlr. aufgebracht. Mit der obern Leitung des Reparaturbaus war der Baurath Frank in Koblenz beauftragt, mit der Ausführung der Bauinspector Ahlert, an dessen Stelle nach seinem Tode (1833) der Bauinspector (jetzt Dombaumeister) Ernst Zwirner trat. Das Erste, was geschehen mußte, war die Erneuerung des Dachs des hohen Chors und die Wiederherstellung der Strebebogen. Die letztern waren durch fehlerhaft geführte Wasserableitungen, zweckwidrige Eisenverbindungen (indem die Orydirung der vielen in den Steinfugen angebrachten Eisenzapfen den Stein auseinandersprengte), mangelhafte Auswahl des Materials und Mangel an Unterhaltung größtentheils zerstört und in einen höchst gefahrvollen Zustand versetzt worden.

Über den Dom, wie er jetzt erscheint, theilen wir noch Folgendes mit. Der Chor erhebt sich über 14 Säulen zu 200 Fuß Höhe. Innerhalb umgeben doppelte Nebengänge das Mittelgewölbe; außerhalb bilden die Nebengänge mit ihren Strebepfeilern einen 67 Fuß hohen Untersatz, auf dem sich Wiederhalter erheben, die mit vierfachen Strebebogen den Chor stützen. Im Mittelschiffe und den doppelten Nebenhallen stehen 100 Pfeiler als Gewölbeträger. Die ganze Kirche ist in Kreuzform gebaut, die Unterkirche 161 Fuß breit, der vordere Dachgiebel 231 Fuß hoch *). Der Chor ist mit vielen trefflichen Denkmälern, Statuen, Glasgemälden und Fresken, Hautelissetapeten und kunstreich geschnitzten Chorstühlen geschmückt. Den Tisch des Hochaltars bildet eine 16 Fuß lange, 8 Fuß breite Platte von seltenem Namur-Marmor. Auf dem alten Hochaltare stand sonst ein großes Tabernakelgehäuse (Monstranzbehälter) von Stein, ein Meisterwerk der architektonischen Sculptur, das 1766 zerstört wurde, um einem andern Platz zu machen, welches kein Meisterwerk ist; an seine Stelle ist ein französisch-italienisch im Style gearbeitetes und zu dem ernsten Style des Ganzen nicht passendes Säulentabernakel getreten. Eine Messingplatte deckt das Grab des zuletzt verstorbenen Erzbischofs von Köln, Ferdinand August, Grafen von Spiegel zum Desenberg.

Um den Chor herum laufen sieben Kapellen, deren mittelste die vermeintlichen Reste der heiligen drei Könige enthält, welche, im J. 326 aufgefunden, durch die Kaiserin Helena nach Konstantinopel, von da nach Mailand, dann durch Erzbischof Reinald von Dassele, als sie Friedrich Barbarossa geschenkt hatte, 1164 nach Köln kamen, wo sie im alten Dome beigesetzt und als Palladium der Stadt betrachtet wurden, auf welches auch die Kronen im Wappen derselben deuten; sie werden in einem kunstvoll gearbeiteten Sarge aufbewahrt, der zwar nicht mehr mit so vielen Edelsteinen und Perlen als vor der Ankunft der Franzosen 1794 geschmückt ist **), aber noch jetzt einen Werth von 1½ Mill. Thlr. haben soll. In dieser und andern Kapellen befinden sich zahlreiche Grabdenkmäler, namentlich der Königin Richenza von Polen und der meisten Erzbischöfe von Köln, worunter die der Erzbischöfe Philipp von Heinsberg und Konrad von Hochsteden zu bemerken sind. Der silberne, reich vergoldete Reliquienkasten des heiligen Engelbert (149 Pf. schwer, 1633—35 verfertigt) befindet sich in der von einem Herzogevon Crey erbauten Schatzkammer des Doms, die außerdem viele Kostbarkeiten, Monstranzen (worunter eine 18 Pf. schwere goldene, die mit Edelsteinen aller Formen und Farben reich besetzt ist), Kreuze u. s. w., auch das Schwert der Gerechtigkeit, welches der Kurfürst von Köln beim Krönungszuge zu Frankfurt zu tragen pflegte, und 10 von Melchior Paulus mit einem Zeitaufwande von 30 Jahren (1703—33) aus Elfenbein geschnitzte Tafeln, welche Scenen aus der Leidensgeschichte darstellen, enthält. Das größte im Dome befindliche Kunstwerk ist aber das Dombild, welches die Jahrzahl 1410 trägt und nach Einigen den berühmten Meister Wilhelm von Köln selbst, nach Andern seinen Schüler, Stephan von Köln, zum Urheber hat. Das Mittelbild stellt die Anbetung der heiligen drei Könige vor, die Seitenflügel die Schutzpatrone der Stadt, den heiligen Gereon mit seinen Kriegern und die heilige Ursula mit ihren Gefährtinnen *), die Außenseiten der Deckenflügel die Botschaft des Engels Gabriel bei der Jungfrau Maria. Zeichnung und Colorit sind in gleichem Grade bewundernswerth. Dieses Gemälde befand sich früher in der Rathhauskapelle, wurde auf Betrieb von Sulpiz Boisserée in eine Kapelle (Agneskapelle) des Doms versetzt und am Dreikönigstage 1810 hier zuerst aufgedeckt; seitdem hat es überaus zahlreiche Beschauer angezogen.

Unsere Zeit will sich nicht mit der bloßen Wiederherstellung und Erhaltung des Vorhandenen begnügen, sondern das Begonnene vollenden, was freilich ein überaus schwieriges und großartiges Unternehmen ist. Am 12. Januar d. J. hat der König durch Cabinetsordre die Fortsetzung des Baus nach dem von Schinkel (der 1824 den Dom behufs der Reparatur untersuchen mußte) entworfenen, an den ursprünglichen sich genau anschließenden Plane befohlen und für das Jahr 1842 eine Beihülfe von 50,000 Thlrn. mit der Zusage, auch für die folgenden Jahre einen gleichen Zuschuß gewähren zu wollen, außerdem am 31. Mai d. J. für den Fortbau des nördlichen Thurms für das laufende Jahr 10,000 Thlr. bewilligt. Zur kräftigen Förderung des Baus und Einsammlung von Geldbeiträgen hat sich schon am 3. September 1840 in Köln ein Dombauverein gebildet, dessen Statuten am 8. December 1841 die landesherrliche Bestätigung erlangten, worauf am 14. Februar 1842 die Wahl eines Vorstandes und seines Präsidenten (in der Person des Stadtraths v. Wittgenstein) erfolgte. Zu gleichem Zwecke bildeten sich bald darauf an vielen andern Orten der preußischen Monarchie und der deutschen Nachbarstaaten, ja auch im Auslande in Städten, wo Deutsche in ansehnlicher Anzahl sich aufhalten, Filialvereine. **) Nach dem speciellen Anschlage des Bauinspectors Zwirner werden die Kosten des Entwurfs, nach welchem die Mauern des Quer- und Vorderschiffs zur Höhe des Chors aufgeführt und die Gewölbe auf dieselbe Art vollendet werden sollen, auf 1,200,000 Thlr. berechnet; die Verbindung der Strebepfeiler mit Strebebogen, wie sie beim Chore stattfindet,

---

*) In allen Theilen und Verzierungen des Doms finden wir die Zahl 7 als heilige Zahl angewandt; in derselben Zahl lösen sich die Verhältnisse der Höhen, Längen und Breiten des Gebäudes, nach kölnischem Fuße berechnet, auf.

**) Noch jetzt wird die Zahl der Edelsteine und Perlen auf 1540 angegeben, darunter ein 3½ Zoll hoher, 2½ Zoll breiter Topas, ein noch größerer Blutjaspis, ein gleich großer Sardonyx u. s. w.

*) Beide Schaaren litten bei Köln den Märtyrertod, diese um 284, jene um 297.

**) Am 5. Sept. d. J. war in Köln die Constituirung von 70 auswärtigen Dombauvereinen bekannt, worunter einer in Paris und einer in Rom.

erheischt noch 800,000 Thlr. mehr und die Vollendung der Thürme noch 3 Millionen (wovon ⅖ auf den südlichen, ⅗ auf den nördlichen kommen). Nimmt man an, daß jährlich 100,000 Thlr. verwendet werden können, was nur dann möglich ist, wenn die in diesem Jahre gebildeten, durch ganz Deutschland verbreiteten Dombauvereine mindestens ebenso viel aufbringen als der König für den Fortbau bewilligt hat, so würden doch 50 Jahre nöthig sein, um den ganzen Dom mit beiden Thürmen zu vollenden. Um daher noch der jetzigen Generation die Aussicht zu geben, einen selbständigen Theil des Doms vollendet zu sehen, dürfte es angemessen sein, für jetzt nur den Ausbau des Kirchenschiffs, welcher nach Zwirner die kleinere Hälfte der überhaupt noch erforderlichen Summe erheischt, in Angriff zu nehmen und den Bau der Thürme der Zukunft zu überlassen. Zwar ist der Vorschlag gemacht worden, die Vollendung der Thürme aus den Mitteln der Vereine zu vollenden, während die des Schiffs aus Staatsmitteln geschieht; aber soll einmal eine Trennung der Kräfte stattfinden und ein abgesonderter Theil durch freiwillige Beiträge der Vereine hergestellt werden, so scheint es ungleich zweckmäßiger, beide Kräfte für die Nord- und Südseite des Kirchenschiffs und seiner Portale zu verwenden. Am besten wäre es wol, den gedachten Plan einer Kräftevertheilung, mag sie nun auf die eine oder die andere Weise stattfinden, ganz fallen zu lassen. Man ist sogar noch weiter gegangen und hat den Vorschlag gemacht, von den Beiträgen der Dombauvereine einzelner Länder und Städte auch einzelne Theile des Doms, Pfeiler, Fenster u. s. w. herzustellen und demgemäß zu bezeichnen, damit den Beisteuernden wenigstens etwas geboten werde, da von einer Verzinsung der Beiträge nicht die Rede sein kann. Bedarf es wol eines Worts, um das Unstatthafte und Kleinliche dieses Vorschlags ins Licht zu setzen? Die baldige Ausführung des Kirchenschiffs ist ohnehin dringendes Bedürfniß, um dem hohen Chor in westlicher Richtung einen sichern Stützpunkt zu geben, da es nach den drei andern durch die erneuerten Strebebogen gehalten wird, nach jener aber jeder Gegenstütze ermangelt. Diese sollte erst in den westlichen Thürmen erlangt werden, die in Süd und Nord projectirten Giebelmauern des Querbaus aber sollten denselben Zweck in diesen Richtungen erfüllen und gleichzeitig als Kirchenportale dienen.

Vor wenigen Wochen, am 4. September, ist durch feierliche Grundsteinlegung mit dem Fortbau des Doms der Anfang gemacht worden, und zwar an zwei Stellen zugleich, indem zu dem südlichen Portale der Grundstein gelegt und der erste neue Stein auf den südlichen Thurm emporgezogen wurde. Aus triftigen Gründen hatte man beschlossen, den Bau des südlichen Portals zuerst in Angriff zu nehmen, an welchem noch gar nichts über der Erde vorhanden war; da nun alle übrigen Gewölbepfeiler im Kirchenschiff bis zu 42 Fuß Höhe aufgeführt waren, so war vor allen Dingen nothwendig, auch die Portale bis zu dieser Höhe aufzubauen, damit dieselben sich gehörig setzen können, bevor die Gewölbe auf jene und auf die alten Pfeiler geschlagen werden. Von dem Fundamente des Portals war nur die östliche Hälfte vorhanden, die auf eine Tiefe von 26 Fuß unter die Sohle der Kirche heruntergeführt und auf grobem Kies ruhte. Die Tiefe des neuen, 34 Fuß breiten Fundaments erstreckt sich unter dem Hauptpfeiler 41, unter den Eingangsöffnungen nur 26 Fuß tief.

Bei der Grundsteinlegung (zu welcher Abgeordnete der auswärtigen Dombauvereine eingeladen waren) nahmen außer dem Könige und der Königin von Preußen folgende regierende Fürsten Theil: der Großherzog von Mecklenburg-Schwerin, der Herzog von Nassau und der Fürst von Hohenzollern-Hechingen (die Könige von Hanover und Würtemberg waren nur durch plötzliche Krankheit, jener seine eigene, dieser seiner Tochter, abgehalten worden); ferner die Erbprinzen von Preußen, Baden, Mecklenburg-Strelitz und Lippe, der Erzherzog Johann von Ostreich, die Prinzen Karl, Albrecht, Friedrich, Georg, August von Preußen, Georg von Cambridge, Karl von Baiern, August von Würtemberg, Maximilian von Baden, Georg von Hessen, Moritz von Nassau, 13 andere Fürsten und Prinzen nichtsouveräner Häuser u. s. w. Die Feier begann mit einem Hochamte im Chore, der an diesem Tage zum ersten Male nach seiner gänzlichen Wiederherstellung, die ihm seinen alten Glanz wiedergegeben hatte, dem Gottesdienste geöffnet war. Nach demselben begaben sich sämmtliche beim Dombau beschäftigte Arbeiter mit den Zeichen ihrer Gewerke, die Dombaubeamten, die Deputationen der fremden Hülfsvereine, die einheimischen Vereinsmitglieder, die Domgeistlichkeit, das Capitel und der Erzbischof-Coadjutor nebst einer zahlreichen Schar fremder und einheimischer Civil- und Militairbeamten in feierlichem Zuge mit zwei Musikchören und dem Vereinsbanner, das die Frauen Kölns gefertigt und dem Vereine verehrt hatten, durch die geschmückten Straßen auf den Domhof, wo bereits Tausende von Zuschauern versammelt waren. Das Königspaar befand sich mit seinen hohen Gästen auf einer hohen Tribune, die über dem neugelegten Fundamente errichtet war; für Zuschauer waren zwei Estraden auf der östlichen und nördlichen Seite des Platzes errichtet, sodaß der mittlere Theil desselben für die Theilnehmer des Zugs und die Deputationen der Schulen und Gymnasien, sowie für die Zöglinge des Waisenhauses frei blieb. Als der Zug auf dem Domhofe angekommen war, begannen die Einweihungsgebete über dem Grundsteine, welche der Erzbischof nach dem Pontificale romanum verrichtete. Der Grundstein bestand aus einem 3 Fuß langen, ebenso breiten und 2⅝ Fuß hohen rechtwinklig behauenen Werkstücke. In eine Aushöhlung desselben wurden eingelegt: eine Zinnplatte, auf welcher eine Urkunde in lateinischer und deutscher Sprache gravirt war, eine Pergamentrolle mit den Statuten und der Personalliste des Centraldombauvereins, die kölner Zeitung von demselben Tage und 37 preußische Münzen. Diese gefüllte Aushöhlung wurde von dem Erzbischofe durch den geweihten Stein, eine 16 Zoll hohe, 14 Zoll breite weiße Marmorplatte mit dem preußischen Adler, geschlossen, dann ein schweres Werkstück von der Größe des Grundsteins, das die Namen der bei dem Dombau beschäftigten Meister und ausgezeichneten Gesellen enthielt, aufgesetzt und mit bronzenen Zapfen befestigt. Hierauf wurde der König eingeladen, die drei üblichen Hammerschläge vorzunehmen, und hielt bei dieser Gelegenheit folgende Rede: „Ich ergreife diesen Augenblick, um die vielen lieben Gäste herzlich willkommen zu heißen, die als Mitglieder der verschiedenen Dombauvereine aus unserm und dem ganzen deutschen Lande hier zusammengekommen sind, um diesen Tag zu verherrlichen. Meine Herren von Köln! Es begibt sich Großes unter Ihnen. Dies ist, Sie fühlen es, kein gewöhnlicher Prachtbau. Er ist das Werk des Brudersinnes aller Deutschen, aller Bekenntnisse. Wenn Ich dies bedenke, so füllen sich Meine Augen mit Wonnethränen, und Ich danke Gott, diesen Tag zu erleben. Hier, wo der Grundstein liegt, dort, mit jenen Thürmen zugleich, sollen sich die schönsten Thore der ganzen Welt erheben. Deutschland baut sie — so mögen sie für Deutschland, durch Gottes Gnade, Thore einer neuen, großen, guten Zeit werden. Alles Arge, Unechte, Unwahre und darum Undeutsche bleibe fern von ihnen. Nie finde diesen Weg der Ehre das ehrlose Untergraben der Einigkeit deutscher Fürsten und Völker, das Rütteln an dem Frieden der Confessionen und der Stände, nie ziehe jemals wieder der Geist hier ein, der einst den Bau dieses Gotteshauses — ja den Bau des Vaterlandes hemmte! Der Geist, der diese Thore baut, ist derselbe, der vor neunundzwanzig Jahren unsere Ketten brach, die Schmach des Vaterlandes, die Entfremdung dieses Ufers wandte, derselbe Geist, der, gleichsam befruchtet von dem Segen des scheidenden Vaters, des letzten der drei großen Fürsten, vor zwei Jahren der Welt zeigte, daß er in ungeschwächter Jugendkraft da sei. Es ist der Geist deutscher Einigkeit und Kraft. Ihm mögen die kölner Dompforten Thore des herrlichsten Triumphs werden! Er baue! Er vollende! Und das große Werk verkünde den spätesten Geschlechtern von einem durch die Einigkeit seiner Fürsten und Völker großen, mächtigen, ja, den Frieden der Welt unblutig erzwingenden Deutschland! — von einem durch die Herrlichkeit des großen Vaterlandes und durch eigenes Gedeihen glücklichen Preußen; von dem Brudersinne verschiedener Bekenntnisse, der inne geworden, daß sie Eins sind in dem einigen, göttlichen Haupte! — Der Dom von Köln — das bitte ich von Gott — rage über diese Stadt, rage über Deutschland, über Zeiten, reich an Menschenfrieden, reich an Gottesfrieden, bis an das Ende der Tage. Meine Herren von Köln! Ihre Stadt ist durch diesen Bau hoch bevorrechtet vor allen Städten Deutschlands, und sie selbst hat dies auf das würdigste erkannt. Heute gebührt ihr dies Selbstlob. Rufen Sie mit Mir — und unter diesem Rufe will Ich die Hammerschläge auf den Grundstein thun — rufen Sie mit Mir das tausendjährige Lob der Stadt: Alaf Köln!" Nach Beendigung dieser Rede, welche lauten, tausendstimmigen Jubelruf hervorrief, that der König unter dem Schalle von sieben Kanonenschüssen die drei Hammerschläge. Nun folgten drei Reden, gehalten von dem Erzbischof-Coadjutor, dem Präsidenten des Dombauvereins und dem Dombaumeister; dann verrichteten die beiden letzten Redner, der Oberbürgermeister von Köln, die anwesenden fürstlichen Gäste, die Mitglieder des Dombauvorstandes u. s. w. Hammerschläge. Nach Absingung einer Festcantate wurde nun der erste zum Fortbau des südlichen Thurms bestimmte Stein unter Abfeuerung des Geschützes und dem Geläute sämmtlicher Glocken der Stadt am Krahn, über welchen ein kolossaler Adler seine Schwingen ausbreitete, emporgezogen und mit dem Einsetzen desselben endigte das schöne Fest, welches durch das Wetter sehr begünstigt wurde und allen Theilnehmenden unvergeßlich sein wird.

Mekka.

Die Stadt Mekka in Arabien*), Mohammed's Geburtsort und bekanntlich eine der heiligen Städte der Mohammedaner, gehört zu der arabischen Landschaft Hedschas und liegt etwa eine kleine Tagereise (fünf Meilen) vom rothen Meere in einem engen Thale, das sich unregelmäßig zwischen zwei 100—500 Fuß hohen Bergen hinschlängelt, umgeben von einer höchst unfruchtbaren, völlig baumlosen Gegend. Kein Fluß oder Bach

*) Bei den Arabern heißt die Stadt gewöhnlich Macoraba, d. i. das große Mekka, auch Moadhemah, d. i. die vortreffliche.

erfrischt den Reisenden in dieser Sandwüste oder ruft die mindeste Spur von Vegetation in derselben hervor. Eingeschlossen von Bergen und Sandwüsten und der Hitze einer brennenden Sonne ausgesetzt, müssen die Einwohner ihre Lebensmittel aus andern Gegenden holen, da ihr eigener Boden unfähig ist, die Mühen des Landmanns zu bezahlen, und das Wasser führt eine zum Theil verfallene Wasserleitung 7 Stunden weit herbei. Das Klima ist jedoch nicht so ungesund, als man nach der Lage des Orts vermuthen möchte; die Einwohner sind zwar schwächlich und werden selten alt, aber chronische Krankheiten kommen bei ihnen nur selten vor.

Die Stadt ist auf allen Seiten völlig offen, aber auf einem der benachbarten Hügel steht eine starke Festung und im Thale stehen einige vereinzelte Thürme. Die Hauptstraßen sind regelmäßig; die Gebäude, welche meist von Stein und 3—4 Stockwerke hoch sind, sind zum Theil sehr schön gebaut. Die Bewohner haben freilich ein besonderes Interesse, ihre Wohnungen in gutem Stande zu erhalten und zu schmücken, um die Aufmerksamkeit der Pilger auf sich zu ziehen, von denen sie größtentheils leben.

Die größte Merkwürdigkeit in Mekka ist die Kaaba oder das Gotteshaus, welches uralt ist und schon lange vor Mohammed's Zeit, ja wahrscheinlich schon vor unserer Zeitrechnung für die Araber der hauptsächlichste Gegenstand der Verehrung war. Es steht ungefähr in der Mitte der großen, prächtigen, thurmreichen Moschee, der einzigen der ganzen Stadt, und ist erbaut aus viereckig behauenen Steinen, 44 Fuß hoch, jede seiner Seiten aber ist 29—38 Fuß lang. In der südwestlichen Ecke steht 42 Zoll über dem Pflaster das eigentliche Heiligthum, ein großer, schwarzer Stein (wie man glaubt, Symbol der Göttin Ozza oder Allat, d. i. Venus, während die Kaaba einst zum Dienste des Saba oder Bacchus geweiht war), rund herum mit einer Silberplatte, die etwa 1 Fuß breit ist, besetzt; er ist nichts Anderes als vulcanischer Basalt, auf der Außenseite mit kleinen spitzigen und farbigen Krystallen besetzt, aber nach der Meinung aller rechtgläubigen Muselmänner war er einst ein durchsichtiger Hyacinth, den der Engel Gabriel vom Himmel brachte und den Abraham zum Geschenk machte, der aber durch die Berührung einer Sünderin schwarz und undurchsichtig wurde. Die Pilger küssen diesen Stein mit großer Ehrfurcht.

Das Innere der Kaaba besteht aus einer einzigen Halle, deren Dach zwei Pfeiler tragen. Säulen und Wände sind von glänzender, rosenrother Seide bedeckt, die mit silbernen Blumen gestickt ist. Diese prächtige Tapete wird jedesmal dem türkischen Sultan bei seiner Thronbesteigung zum Geschenk gemacht und mit einer neuen vertauscht. Der Fußboden ist mit sehr seltenem Marmor gepflastert (eben solches Pflaster umgibt die Kaaba von außen). Von einer Säule zur andern und von beiden Säulen zu den Wänden gehen silberne Stangen, von denen eine Menge silberner Lampen herabhängen. Von außen ist die Kaaba mit einem Vorhange von schwarzem Tuche bedeckt, der das Hemd der Kaaba heißt und jedes Jahr erneuert wird; er hat einen zwei Fuß breiten Goldstreifen, auf welchem Stellen des Korans stehen. In einem kleinen Gebäude in der Nähe der Kaaba ist der Brunnen Zemzem, von dem die Muselmänner glauben, daß er von dem Engel des Herrn für Hagar wunderbarer Weise geöffnet wurde, als sie nahe daran war, mit ihrem Sohne Ismael in der Wüste zu verschmachten. Die Moschee, welche die Kaaba einschließt, ist von den Khalifen erbaut worden.

Als Geburtsort Mohammed's gilt Mekka nebst der Umgegend bei den Bekennern des Islams für einen Platz von besonderer Wichtigkeit, wohin von ihnen aus allen Gegenden der Welt gewallfahrt wurde und noch wird. Das Gesetz gebietet jedem Muselmann, wenigstens einmal in seinem Leben in Mekka zu beten. Gegenwärtig nimmt die Zahl der Pilger sehr ab und statt wie sonst reiche Weihgeschenke mitzubringen, sind sie jetzt größtentheils arm, weshalb auch die gegenwärtige Lage der Bewohner Mekkas von der ihrer Vorfahren, welche von den Pilgern reich wurden, himmelweit verschieden sein muß. Übrigens nimmt die Zahl der Bewohner (die noch auf 30,000 geschätzt wird) schnell ab, einige Theile der Stadt sind verlassen und liegen in Trümmern, von den noch übrigen Häusern aber sollen zwei Drittel leer stehen. Ungeachtet des Rufes von Heiligkeit, dessen sich die Stadt erfreut, sind die Einwohner demoralisirter als in irgend einer andern mohammedanischen Stadt; ihrem Hange zur Diebrei können sie selbst in der Moschee nicht widerstehen.

In der Nähe der Stadt ist ein Ort, der ebenso sehr als die Stadt selbst ein Gegenstand der Verehrung der Gläubigen ist; dies ist ein Berg, genannt Arafat, wo nach dem unsinnigen Aberglauben des Volks Adam nach einer Trennung von 200 Jahren wieder mit seiner Eva zusammentraf und wo sie die noch stehende Kapelle bauten, bevor sie sich aus Hedschas nach der Insel Ceylon begaben. Viele heilige Örter in und außerhalb der Stadt sind 1803 bei der Eroberung durch die Wechabiten zerstört worden.

Die Insel Haiti.
(Beschluß aus Nr. 498.)

Zum Gebiete von Haiti gehören viele kleine, es umgebende Inseln, die meist unbewohnt sind. Die bedeutendsten darunter sind: 1) Gonave oder Gonaive an der Westküste, gegen 12 Quadratmeilen groß, aber wegen Mangels an frischem Wasser unbewohnt; 2) Saona im Südosten, die zwar an Wasser, Wildpret, Holz u. s. w. Überfluß hat, aber nur zu der Zeit, wo die Schildkröten an das Land kommen, um ihre Eier an den Strand zu legen, von einigen Fischern bewohnt wird; 3) Tortuga oder Tortue (Schildkröteninsel) an der Nordküste, gegen 4½ Quadratmeilen groß, ehemals der Sitz der Buccanier und Flibustier; ihr südlicher Theil ist bewohnt, wiewol das Trinkwasser dort selten ist, und hat gute Ankerplätze, der nördliche aber ist seines felsigen Bodens und seiner ungesunden Luft wegen unbewohnt.

Die Insel Haiti wurde am 5. December 1492 von Colombo auf seiner ersten Entdeckungsfahrt entdeckt und von ihm Espanola oder Hispaniola genannt; damals soll sie eine Million Bewohner von kleiner Statur und rothbrauner Farbe gehabt haben, die unter einer Menge kleiner Häuptlinge (Kaziken) standen. Colombo ging in einem Hafen an der Nordwestspitze, den er St. Nicolas nannte (wie er auch noch jetzt heißt), vor Anker, fand später noch andere Häfen und gründete in der Nähe von Cap Français ein kleines Fort. Als er dies bei seiner Rückkehr am 27. October 1493 zerstört fand, gründete er die Stadt Isabella im Osten des Caps Monte Christo; von da aus setzten sich die Spanier in den Besitz der reichen Goldgruben von Cibao. Sein Bruder Bartholomeo, den er bei seiner Abberufung 1496 als Vicestatthalter zurückließ, erbaute eine zweite

Stadt, St.-Domingo, welche die Hauptstadt des Landes wurde. Im J. 1498 kehrte Colombo zurück, aber schon 1499 wurde er abberufen und durch Bovadillo ersetzt (der ihn nebst seinen beiden Brüdern in Fesseln nach Cadix zurücksandte). Dieser entdeckte die reichen Goldminen von St.-Christoforo, welche die Hauptursache wurden, daß die eingeborene Bevölkerung zu Grunde ging. Bovadillo behandelte die Eingeborenen als Sklaven und ließ sie zu Tausenden in den Bergwerken arbeiten, wo sie, deren schwächliche Constitution solchen Anstrengungen nicht gewachsen war, in großer Zahl erlagen. Dasselbe that sein Nachfolger Ovando und mehre Aufstände stürzten die Armen nur noch tiefer ins Verderben; im Jahre 1507 waren die Eingeborenen von einer Million auf 60,000 heruntergebracht und 1511 gab es auf der Insel nur noch 14,000 rothe Menschen, 1519 noch 4000, deren Nachkommen sich noch jetzt 6—7 Meilen im Nordosten von St.-Domingo erhalten haben. Durch den Untergang der eingeborenen Bevölkerung verlor die Insel sehr und die Colonie nahm immer mehr ab; die Hauptstadt erhielt sich zwar, aber ihr Wohlstand litt sehr durch den englischen Admiral Franz Drake, der sie 1586 überfiel und erst nach einem Monate halbzerstört verließ. Noch mehr Schaden thaten die englischen und französischen Buccanier, die seit 1630 ihren Schlupfwinkel auf der Insel Tortuga hatten und den ganzen Handel der Hauptstadt mit Amerika unterbrachen. Zwar wurde aus Spanien eine Flotille nach der gedachten Insel geschickt, aber kaum war sie wieder abgesegelt, so wurde die Insel 1638 abermals von den kühnen Seeräubern besetzt, die nun eine Art Raubstaat constituirten, der jedoch von kurzer Dauer war. Ein Theil derselben siedelte sich auf der menschenleeren Nordküste von Haiti an (das schon früher seinen Namen nach dem spanischen Hauptstadt in St.-Domingo verwandelt hatte) und wurde so Ursache, daß die Hälfte der Insel für Spanien verloren ging. Da nämlich die neuen Colonisten einsahen, daß sie sich gegen Spanien nicht würden behaupten können, gingen sie Frankreich um Hülfe an. Dieses schickte 1661 den Gouverneur Dogeron nach Haiti, welcher daselbst 1665 eine ordentliche französische Niederlassung gründete, deren Hauptort sich auf der Insel Tortuga befand. Etwa 20 Jahre darauf griffen die Spanier die neue Colonie mit Erfolg an. Der französische Gouverneur de Cussy blieb in der Schlacht, die neuerbaute Capstadt wurde verbrannt und fast alle französische Niederlassungen zerstört. Der Gouverneur Ducasse begründete die Colonie seit 1691 aufs neue und im Frieden zu Ryswick (1697) mußte Spanien den Franzosen die ganze (kleinere) Westhälfte überlassen, die bald unter dem Namen St.-Domingo die wichtigste französische Colonie in Westindien wurde und besonders seit 1722 schnell aufblühte. 1776 wurde die Grenze zwischen dem spanischen und französischen Gebiete genauer bestimmt. Mit dem Plantagenbau, der den Reichthum der Colonie ausmacht, stieg die schwarze und farbige Bevölkerung außerordentlich schnell; 1790 zählte man auf der Westhälfte unter 555,825 Einwohnern nur 27,717 Weiße und 21,880 freie Farbige, dagegen 495,528 Sklaven.

Der Ausbruch der französischen Revolution hatte den eines Sklavenaufstandes zur Folge, durch welchen die Insel für Frankreich und Spanien zugleich verloren ging. Der Krieg zwischen den Pflanzern und den Sklaven, den Weißen und den Farbigen begann eigentlich schon im Jahre 1790, kam aber erst dann völlig zum Ausbruch, als das Decret der französischen Nationalversammlung (vom 15. Mai 1791) erschienen war, wodurch allen von freien Ältern geborenen farbigen Menschen der Genuß aller Rechte französischer Bürger verliehen wurde. Die Colonisten erklärten sofort ihren Entschluß, sich diesem Decret zu widersetzen; die Mulatten und Neger, denen die ihnen gesetzlich zugesprochenen Rechte vorenthalten wurden, griffen zu den Waffen und ein furchtbarer greuelvoller Vertilgungskrieg begann (August 1791), der nur noch blutiger und schrecklicher wurde, als es bekannt ward, daß die Nationalversammlung am 24. September ihr früheres Decret widerrufen habe. Die erst so blühende Insel war nun der Verwüstung preisgegeben; die herrlichen Pflanzungen gingen in Flammen auf und in Strömen floß das Blut, wie bald nachher im fernen Mutterlande. Am 4. April 1792 erneuerte die gesetzgebende Versammlung das Decret vom 15. Mai 1791 und sandte eine ansehnliche Truppenzahl mit drei Commissaren ab, um dessen Vollziehung zu sichern. Aber der Kampf auf Tod und Leben dauerte dennoch fort; in Cap Français wurden die Weißen ohne Unterschied des Alters und Geschlechts von einer eindringenden Negerschar gemordet, Gebäude und Schätze zerstört und als die Commissare am 29. August 1793 die Befreiung aller Sklaven erklärten, mußte die gegenseitige Erbitterung noch größer werden. Spanien versuchte vergeblich im Trüben zu fischen und den empörten Theil der Insel zu erobern. Als der Convent am 4. Februar 1794 die Abschaffung aller Sklaverei erklärt hatte, begaben sich die Pflanzer sich unter englischen Schutz, aber die wiederholten Angriffe der Engländer, welche sich 1796 und 1797 auf kurze Zeit einiger Plätze bemächtigten, scheiterten an der Tapferkeit der Farbigen und Schwarzen, an deren Spitze der Mulatte Rigaud und der Neger Toussaint Louverture standen. Der Letztere, vom Directorium zum Obergeneral von St.-Domingo ernannt, beherrschte als selbständiger Oberherr, wenn auch im Namen der Republik, fast die ganze Insel, denn 1801 eroberte er, mit Ausnahme der Hauptstadt St.-Domingo, auch den spanischen Antheil, den Spanien schon im Frieden von 1795 an Frankreich abgetreten hatte, und stellte Ordnung und Sicherheit wieder her. Im Jahre 1801 wurde er von den Negern auf Lebenszeit zum Statthalter der Insel ernannt, dem Namen nach ein wesentlicher Theil des französischen Gebiets, jedoch mit eigner Gesetzgebung und Verwaltung bleiben sollte. In der That hatte die französische Herrschaft längst ein Ende. Dies konnte Bonaparte nicht ruhig ansehen. Noch in demselben Jahre beschloß er die Wiedereroberung der Insel und im December 1801 segelte aus dem Hafen von Brest eine Flotte mit 25,000 Mann Landungstruppen unter General Leclerc (dem Schwager Bonaparte's) nach Domingo ab. Im Februar 1802 landeten die Franzosen, Freiheit und Gleichheit verheißend, und ihre List, sowie des Feindes Bestechlichkeit verschaffte ihnen den Sieg, wenn auch mit Verlust von Tausenden. Toussaint und Christoph, die Oberanführer der Neger, legten die Waffen nieder; Jener ergab sich am 1. Mai 1802 dem treulosen General Leclerc, der ihn, den Waffenstillstand nicht achtend, nach Frankreich bringen ließ, wo er bald nachher im Gefängniß starb. *)

Aufs neue griffen die getäuschten Neger zu den Waffen, angeführt von Dessalines und Christoph; mit ihnen vereinigten sich die Mulatten unter Pethion. Der Krieg entbrannte schrecklicher als je, zumal da in Frankreich die Herstellung der Sklaverei ausgesprochen wor-

---

*) Vgl. über Toussaint Louverture Pf.-Mag. Nr. 285—87.

ben war, und die Franzosen wurden durch das Schwert der Neger und das gelbe Fieber gleichzeitig dahingerafft. In fünf Monaten starben 20,000 Streiter, unter ihnen General Leclerc, dem General Rochambeau im Oberbefehl folgte; von 34,000 Mann waren noch 2200 waffenfähig, die sich in die festen Plätze zurückzogen. Am 19. November 1802 mußte Rochambeau über die Räumung der Insel capituliren und am 30. sich mit den Seinen als kriegsgefangen in Cap Français an ein diesen Platz blockirendes britisches Geschwader ergeben, worauf Dessalines die Unabhängigkeit von Haiti proclamirte und am 1. Januar 1804 zum lebenslänglichen Statthalter ernannt wurde. Eine von ihm angeordnete allgemeine Ermordung der übrigen Franzosen in Cap Français, Port-au-Prince u. s. w. folgte seiner Erhebung; nur in Domingo, das er vergebens angriff, hielt sich noch eine kleine Zahl. Am 8. October 1804 ließ sich Dessalines, der weder lesen noch schreiben konnte, unter dem Namen Jakob I. zum Kaiser von Haiti ausrufen und am 20. Mai 1805 gab er eine neue Verfassung. Aber seine blutige Herrschaft dauerte nicht lange; am 17. October 1806 wurde der grausame Tyrann in einem Aufstand seiner Generale ermordet, worauf der bei demselben nicht betheiligte geist- und kraftvolle General Christoph (geboren 1767 auf der britischen Antilleninsel Grenada) als Präsident der Insel sich der Herrschaft bemächtigte. Gegen ihn erhob sich der Mulatte Alexander Pethion; zwar siegte Jener bei Cibert am 1. Januar 1807, aber Pethion behauptete sich in Port-au-Prince und im Südwesten der Insel als Präsident der am 27. December 1806 errichteten Republik, während Christoph zu Cap Français, im nördlichen Theile von Westhaiti herrschte. Der Letztere nahm im Jahre 1811 den Königstitel und den Namen Heinrich I. an, nahm sich in Allem Napoleon zum Muster, ließ sich wie dieser krönen und salben (am 2. Juni), umgab seinen Negerhof mit allem Glanz europäischer Höfe und führte ein neues Gesetzbuch, Code Henri, ein. Der Krieg zwischen beiden Oberhäuptern dauerte fort, und auf einige Zeit gewann Pethion (1812—13) die Oberhand, als aber die Herrschaft der Bourbons in Frankreich hergestellt worden war, vereinigten sich Beide im Widerstande gegen diese, die mit ihnen Unterhandlungen anknüpften. Pethion starb am 29. März 1818; ihm folgte, von ihm empfohlen und von den Repräsentanten gewählt, der noch jetzt regierende Präsident Jean Pierre Boyer (ein Mulatte, geboren zu Port-au-Prince 1785), und als der mit Verstand und Kraft regierende, aber als Tyrann gehaßte König Heinrich, gegen den am 6. October 1820 ein Aufstand ausgebrochen war, von seinen Truppen verlassen am 8. October seinem Leben durch Selbstmord ein Ende gemacht hatte, erkannte auch der bisher von ihm beherrschte Theil der Insel den General Boyer als Präsidenten an. Am 26. November 1820 wurde die Vereinigung beider Theile öffentlich erklärt. Osthaiti war 1814 von Frankreich an Spanien abgetreten worden (schon 1809 hatten die Engländer die bis dahin von den Franzosen behauptete Stadt Domingo erobert). Aber am 1. December 1821 sagten sich die Einwohner des spanischen Theils von Spanien los, um sich der Republik Columbia anzuschließen, worauf Boyer jenen und die Hauptstadt Domingo am 2. Februar 1822 besetzte, ohne ernstlichen Widerstand zu finden. Seitdem bildet die ganze Insel einen einzigen Freistaat, dessen Unabhängigkeit am 24. Juli 1824 vom Papst, am 17. April 1825 von Frankreich und bald nachher von den übrigen Staaten Europas (mit Ausnahme der spanischen Regierung) anerkannt wurde.

Christine, Königin von Schweden.

(Fortsetzung aus Nr. 498.)

Vielen Großen des Reichs war die Nichtverheirathung Christinen's ebenfalls sehr erwünscht, denn sie bekamen dadurch die Aussicht, nach dem Tode der Königin das Reich in ein Wahlreich verwandelt zu sehen, und dann die Verfassung aristokratisiren und für ihre speciellen Interessen sorgen zu können. Diese Wünsche blieben aber der Königin nicht unbekannt und sie beschloß nun wirklich auszuführen, was sie Karl Gustav früher wol nur im halben Ernste versprochen hatte, um ihn für die Versagung ihrer Hand zu trösten. Sie erklärte nämlich am 23. Februar 1649 in einer Senatssitzung, daß sie, da sie der Aufforderung zu heirathen unmöglich Folge leisten könne und dadurch das Reich in eine wohlbegründete Unruhe versetze, diese Unruhe aber durch Bestimmung eines Thronfolgers augenblicklich schwinden müsse, dem Lande einen Thronfolger zu geben beschlossen habe und dazu dem Senate ihren Vetter, Karl Gustav, als den geeignetsten vorschlage. Der Senat konnte vor Überraschung anfangs keine Worte finden und es herrschte einige Zeit ein so tiefes Schweigen in der Sitzung, als habe Jeder die Sprache verloren. Bald aber erfolgte von allen Seiten ein solches Mißbilligungsgeschrei, daß die Königin sagte: sie wisse recht wohl, daß einige der Senatoren, sie als die letzte ihres Hauses ansehend, ihr eigenes Haus zur Wahl bringen zu können hofften, daß andere, auf ihre eigenen Interessen mehr als auf das Wohl des Staates sehend, eine Veränderung der Verfassung wünschten. Den Erstern habe sie zu sagen, daß Niemand aus ihrem Hause Karl Gustav an Vorzügen übertreffe, den Letztern aber, daß, wenn das Wohl des Volks eine Veränderung der Verfassung nöthig machte, sie die Erste wäre, mit jedem Opfer diese Veränderung herbeizuführen. Hierauf erklärten die Senatoren: in dem Falle, daß ihr Tod eintreten sollte, noch ehe sie Kinder geboren, würden sie alle gern Karl Gustav als ihren Nachfolger anerkennen. Die Königin verlangte eine schriftliche, für alle Zeiten gültige Erklärung dieses soeben abgelegten Versprechens, aber die Senatoren entschuldigten sich mit Rücksichten auf ihre (Christinen's) Person, mit der Möglichkeit, daß sie ihre gegenwärtige Ansicht ändern könnte, daß, im Fall sie einen andern als Karl Gustav heirathen wollte, dieser einen Bürgerkrieg veranlassen möchte, und mit dergleichen Dingen mehr. Christine wußte jede Einwendung zu entkräften, aber der Senat weigerte sich hartnäckig und wurde immer kühner. Trostenson sagte unter Anderm: daß sie ihre Unterthanen zu Sklaven machen wolle und daß sie verlange, sie sollten sich in diesen ihren Willen fügen, ohne auch nur eine Überlegung darüber anzustellen. Die Königin wendete sich nun an die Stände und sprach mit jedem insbesondere. Die Bauern, die Geistlichen, die Städte fügten sich endlich in ihren Willen, worauf auch die kühnsten unter dem Adel anfingen, einen andern Ton anzunehmen. Christine setzte ihren Plan durch. Karl Gustav wurde zu ihrem Nachfolger erklärt und erhielt 1650 den Titel Königliche Hoheit nebst einem bestimmten Einkommen zur Unterhaltung eines Hofstaats.

In dieses Jahr fällt auch die glänzende Krönung Christinen's, welche wegen der Abwesenheit vieler Groten des Reichs von einer Zeit zur andern hatte verschoben werden müssen. Durch die nürnberger Convention vom 30. Juli 1650 war aber der westfälische Friede endlich ins Leben getreten und damit den Offizieren des Heers die Zeit gekommen, ins Vaterland zurückzukehren. Die Krönung wurde auf den 30. October festgesetzt und wegen der großen Zurüstungen nicht in Upsala, der eigentlichen Krönungsstadt, sondern in Stockholm vorgenommen. Am 24. October begab sich die Königin nach Jacobstad zum Grafen de la Gardie, welcher sie zwei Tage lang auf die verschwenderischste Weise von der Welt bewirthete; von Mittag bis Abend gossen vier Fontainen rothe und weiße französische und spanische Weine in prächtige Bassins und Jedermann konnte trinken so viel er wollte.

Am 27. October hielt sie ihren Einzug in Stockholm. Der ganze Adel kam ihr im prächtigsten Aufzuge entgegen. Ein Kürassierregiment, mit blauen Schärpen geschmückt, eröffnete den Zug, welcher eine Pracht und einen Reichthum zeigte, der über alle Beschreibung geht, und drei Stunden dauerte. Zwölf reichgezäumte Maulthiere und sechs Lastwagen trugen die Garderobe der Königin. Mit dem ersten Schritte der Königin in ihre Zimmer wurden in der Umgebung Stockholms auf ein vom Schlosse aus gegebenes Zeichen 900 Kanonenschüsse gelöst. Hierauf folgte ein Bankett, welchem alle Vornehmen beiwohnten. Vor dem Thore, durch welches der Zug ging, befand sich eine Triumphpforte, auf welcher außer allerlei sinnreichen Emblemen alle die Schlachten zu sehen waren, in welchen sich während des Krieges in Deutschland die Schweden ausgezeichnet hatten. Am 28. und 29. October nahm die Königin die ihr von allen Seiten zugeschickten reichen und prächtigen Geschenke in Empfang. Am 30. endlich ging es in einem langen, von höchster Pracht schimmernden Zuge, in welchem der Großschatzmeister den goldenen Schlüssel, der Kanzler den goldnen Reichsapfel, der Großadmiral das Scepter, der blinde Großconnetable das Schwert und der Justizminister die Krone trug, aus dem königlichen Schlosse durch die Hauptstraßen in die Hauptkirche, wo die Königin von der gesamten obern Geistlichkeit empfangen wurde, um alsbald, nach Ablegung des hergebrachten Eides, von dem Erzbischof gesalbt und gekrönt zu werden. Die Großoffiziere der Krone überreichten nun der Königin auch das Schwert, das Scepter, den Reichsapfel und den Schlüssel. Darauf verkündigte ein Herold dem anwesenden Volke mit lauter Stimme: „Die großmächtige Königin Christine ist gekrönt, und Niemand anders!" Jetzt bestieg die Königin den dem Altare gegenüber errichteten Thron, die vornehmsten Generale der Armee hielten einen prachtvollen Baldachin über sie und Karl Gustav stand an ihrer Seite. Als die Senatoren knieend den Eid der Treue in ihre Hände abgelegt hatten, erhob sich die Königin, um das Zeichen zum Aufbruch zu geben. Sie bestieg vor der Thür der Kirche einen mit Gold bedeckten, von vier Schimmeln gezogenen Triumphwagen. Vor ihr befand sich ihr Schatzmeister und warf goldene und silberne Denkmünzen unter das Volk. Im Schlosse erwartete den Krönungszug ein glänzendes Festmahl, bei welchem sich besonders drei Tafeln auszeichneten. An der obersten Tafel speiste die Königin ganz allein; ihr zur Rechten saßen die Königin Mutter, die vornehmsten Hofdamen und die Gesandten der fremden Mächte, ihr zur Linken der Erbprinz Karl Gustav und die sämmtlichen Senatoren; das Mahl wiederholte sich drei Tage hintereinander. Am dritten huldigten die Stände, die Grafen und die Barone, baten knieend um fortdauernden Besitz ihrer Lehngüter und erhielten ihn. Die Festlichkeiten zogen sich bis in die nächste Woche hinein.

Man sieht aus der Art und Weise, wie Christine ihre Krönung feiern ließ, daß sie den Aufwand sehr liebte. Bedenkt man nun noch, daß ihre Freigebigkeit keine Grenzen kannte und daß sie, als einmal Hunderte von ihr für ihre geringen Verdienste aufs glänzendste belohnt worden waren, gegen die Tausende, welche für nicht geringere Verdienste nach gleichen Belohnungen strebten, ohne sich etwas zu vergeben, nicht gut minder großmüthig sein konnte, so wird man sich leicht vorstellen können, daß es mit dem Staatsschatze nicht zum Besten stehen konnte und daß das Volk schon deshalb von der abgöttischen Verehrung seiner Königin nach und nach zurückkommen mußte. In der That fing sie nach ihrer Krönung an, einen harten Stand zu bekommen. Der Adel sah nur mit verbissenem Unwillen tausend Vortheile, auf die er allein Ansprüche zu haben glaubte, in den Händen von Christinen's Creaturen; dem Volke, das so lange nur Einfachheit und Mäßigkeit gesehen hatte, wurde der Glanz und die Pracht des Hofes immer mehr zuwider; auch die Geistlichkeit war mit mancherlei Erscheinungen nicht zufrieden. Christinen's Scharfsinn blieb alles Dieses nicht unbekannt. Sie wußte zwar durch ein kluges Benutzen der Misverständnisse zwischen den Ständen des Reichs für den Augenblick jedem Sturme vorzubeugen, bei dem ihr Ansehen hätte Schiffbruch leiden können, aber sie sah auch eben so gut ein, daß das auf die Länge der Zeit nicht möglich sein werde. Sie faßte daher den Entschluß, die kaum erst mit vielem Glanze empfangene Krone niederzulegen; vielleicht hatte sie ihn schon gefaßt, ehe sie die Krone empfing.

Am 25. October 1651 erklärte sie denselben trotz der Abmahnungen, die vorangegangen waren, dem Senate. Eine Verschwörung, die in diesem Jahre entdeckt worden war und bei der es sich um nichts Geringeres handelte als um ihre Ermordung, mochte das Ihrige zu diesem Schritte beigetragen haben. Der Senat machte fruchtlose Gegenvorstellungen und appellirte endlich an die Reichsstände. Mit diesen vereint, war er einen Monat darauf glücklicher. Christine ließ sich durch die ergreifende Rede des alten Kanzlers bewegen und versprach unter der Bedingung, daß man sie mit dem Heirathen nicht weiter belästige, die Regierung fortzuführen. Sie hatte jedoch damit ihren Vorsatz nicht aufgegeben, sondern nur aufgeschoben, und änderte darum in Dem, was die allgemeine Unzufriedenheit schon mehrmals hervorgerufen hatte, nicht das Geringste.

(Der Beschluß folgt in Nr. 500.)

Literarische Anzeige.

Bei **Friedr. Schultheß** in **Zürich** ist soeben erschienen:

Erzählungen
aus der
Geschichte des Menschengeschlechts
für die reifere Jugend.
Zur Unterhaltung, Belehrung und Bildung des Gemüths
von
Joh. Andr. Hofmann.
8. Broch. 1 Thlr. 18 gGr. oder 2 Fl. 48 Kr.

Das Pfennig-Magazin
für
Verbreitung gemeinnütziger Kenntnisse.

500.]   Erscheint jeden Sonnabend.   **[October 29, 1842.**

Zur Kenntniß altenglischer Lebensweise.

Im Mittelalter gab es in England noch wenig Städte; auf hundert Seelen der ganzen Bevölkerung kamen nur sieben Stadtbewohner, die übrigen wohnten in Dörfern und Weilern. Noch am Ende des 14. Jahrh. hatte England kaum 30 Städte mit mehr als 2000 Einwohnern; von diesen enthielten wieder außer London nur zwei eine Bevölkerung von 10,000 oder mehr Seelen. London selbst hatte nach der Zählung von 1377 nicht viel mehr Einwohner als jetzt die vor etwa 50 Jahren gegründete Stadt Sidney in Neu-Südwales. Schon diese Thatsachen zeigen, daß die Industrie des Landes fast ganz auf die Landwirthschaft gerichtet war und sein mußte. Die Ausfuhrartikel bestanden fast nur aus rohen Producten, hauptsächlich Wolle; der auswärtige Handel war fast ganz in den Händen der Ausländer. Der vorhandene Reichthum bestand hauptsächlich in Heerden und Getreidevorräthen; solcher Reichthum, der sich augenblicklich in tausend verschiedene Dinge verwandeln läßt, war selbst bei den Reichsten selten.

Der große Landeigenthümer jener Zeit, so reich an Naturalien als arm an Geld, wohnte Sommer und Winter in seinem Schlosse. Seine Vasallen bestanden aus Lehnsleuten, die ihm nur unbestimmte Dienste zu leisten hatten, und Leibeigenen, die seine Pflüger, Schaf-, Kuh- und Schweinehirten, Handwerker und Tagelöhner waren. Die Abgaben jener bestanden in Naturalien und hatten Werth als Gegenstände der Consumtion seiner eigenen Tafel; der Betrag von Zinsen, welcher in Geld entrichtet wurde, war vergleichungsweise sehr gering. Die große Halle war das ganze Jahr hindurch allen Besuchern geöffnet. Das Weihnachtsfest und andere Feste wurden mit einer Lustigkeit und Ausgelassenheit gefeiert, die man jetzt nicht mehr kennt und die ihre Quelle in der glücklichen Sorglosigkeit eines der Sklaverei verwandten Zustandes der Gesellschaft hatte.

Politische und ökonomische Ursachen trugen dazu bei, die Zahl der Diener und Vasallen zu vergrößern. Die Aristokratie bot der Krone Trotz und zwang ihr Zugeständnisse ab durch eine imponirende Schar gewaffneter Diener, die sie begleitete, wenn ein Parlament zusammentrat. Warwick behauptete seinen großen Einfluß auf Staatsangelegenheiten durch die große Zahl seiner Mannen; alte Schriftsteller geben an, daß täglich in seinen verschiedenen Schlössern und Gebäuden 30,000 Menschen gespeist wurden. Bei dem Parlamente, welches 1457 in London gehalten wurde, hatte der Graf von Salisbury ein Gefolge von 500 Berittenen, Richard, Herzog von York, von 400, der Graf von Northumberland und Lord Clifford von 1500, und Richard Neville, Graf von Warwick, der sogenannte Königmacher, von 600. In dem Hause, welches der Letztere bewohnte, sollen nicht selten sechs Ochsen bei einem einzigen Frühstück verzehrt worden sein. Die Gewohnheit, von zahlreichen Dienern begleitet zu werden, überdauerte die unruhiger Zeiten, wo eine solche Begleitung nöthig scheinen konnte, und erhielt sich als Luxus. Der Graf von Orford ritt, wie Stow erzählt, in die Stadt mit 80 Begleitern in Livree und mit goldenen Ketten und 100 Dienern ohne Ketten. Auch Gesandte nahmen oft ein übermäßig zahlreiches Gefolge mit sich; so ging der Graf von Nottingham als Botschafter nach Paris mit 500, der Graf von Hertford nach Brüssel mit 300 Begleitern.

Versetzen wir uns in das Schloß eines Edelmanns und beobachten das darin herrschende Wohlleben. Als Beispiel diene Eduard Stafford, Herzog von Buckingham im Jahre 1507, dem 23. Heinrich's VII., dessen Regierung der Unabhängigkeit und Größe der Edeln so gefährlich war. Unsere Autorität ist sein noch vorhandenes Haushaltbuch, welches die genauesten Rechnungen enthält. Die Genauigkeit, mit welcher die Angelegenheiten des Haushalts selbst in den Zeiten der größten Feste behandelt wurden, ist ein Zug, den man in jener Zeit nicht erwarten sollte. Der Herzog feierte das Christfest im gedachten Jahre zu Thornbury in der Grafschaft Gloucester. Die Zahl der Personen, welche am ersten Feiertage bei ihm speisten, war 299, worunter 95 Adelige, 107 Pächter, 97 Diener; zum Abendessen waren 84 Adelige, 114 Pächter, 92 Diener. Am Dreikönigstage war die Gesellschaft noch zahlreicher: beim Mittagsessen waren 134 Adelige, 188 Pächter, 197 Diener, zusammen 519 Personen; zur Erheiterung der Gäste dienten 4 Spielleute, 2 Minstrels und 6 Trompeter. Die gottesdienstlichen Gebräuche vollzogen der Abt von Kingsworth und der Dechant der Schloßkapelle, assistirt von 18 Sängern und 9 Chorknaben. Consumirt wurden an den letztgenannten Tage 678 Brote, 36 Ochsenviertel, 12 Hammel, 4 Schweine, 6 Ferkel, 2 Kälber u. s. w., ungerechnet das Geflügel, die Fische und das Wildpret; getrunken wurden 259 Flaschen Ale und 33 Flaschen Gascogner-Wein, was im Vergleich zu der Masse der consumirten Speisen für sehr wenig gelten muß.

Zwei Jahrhunderte früher, im Jahre 1313, beliefen sich die Kosten des Haushalts des Grafen von Leicester für ein Jahr auf 7954 L., was nach bewährten Nationalökonomen in jener Zeit ebenso viel war als jetzt etwa 100,000 L.; darunter machten die Ausgaben für Speisen und Getränke allein 3400 L. oder nach unserm Gelde 42,000 L. aus.

Bei dem Feste, das bei der Installation von Georg Neville (dem Bruder des oben gedachten Grafen von Warwick) als Erzbischof von York gegeben wurde, sollen nach den ohne Zweifel übertriebenen Angaben der Chronisten consumirt worden sein: 104 Ochsen, 1000 Schafe, 304 Kälber, 2000 Schweine, 500 Hirsche und Rehe, 204 junge Ziegen, 22,000 Stück Geflügel aller Art. Zu Brot verbacken wurden 300 Quarter Weizen, getrunken 100 Tonnen Ale und 100 Tonnen Wein.

In jener Zeit, wo die Leibeigenschaft noch bestand, waren Armuth und Bettelei fast unbekannte Übel oder mindestens viel geringer als jetzt, da die großen Gutsbesitzer für ihre Leibeigenen sorgten. Almosen wurde nach einem höchst großartigen Maßstabe gereicht. Jedes Schloß und jedes Kloster hatte seinen Almosenier, dessen Amt die Vertheilung des Almosens war. Stow erzählt von einem Grafen von Derby, der einen Hausstand von 220 Personen hatte und jährlich 60 bejahrten Personen zweimal täglich zu essen gab, jeden Freitag aber an 2700 Personen Speise, Trank und Geld vertheilen ließ. Derselbe erzählt von seinem Zeitgenossen, Thomas Lord Cromwell, Grafen von Essex, der täglich zweimal an 200 Personen Brot, Fleisch und Getränke vertheilen ließ. Der Bischof von Ely hatte um 1532 in seinem Hause beständig 200 Diener und vertheilte täglich an 200 arme Leute warmes Essen. Ein bemerkenswerther Zug jener Zeit war auch die Armenschüssel bei Tische, in welche von jedem Gerichte ein Stück gelegt wurde.

Landwirthschaftliche Statistik der Vereinigten Staaten von Nordamerika.

In sämmtlichen 26 Staaten und 3 Territorien (nebst dem Districte Columbia) der Vereinigten Staaten von Nordamerika, welche im J. 1840 17,069,453 Einwohner zählten, wurden im Jahre 1839 producirt: 91,642,957 Bushels*) Weizen, 130,607,623 Bushels Hafer, 19,333,474 Bushels Roggen, 5,024,731 Bushels Gerste, 7,953,544 Bushels Buchweizen, 387,380,185 Bushels Mais, 113,183,619 Bushels Kartoffeln, 12,804,705 Tonnen Heu, 101,181¼ Tonnen Flachs und Hanf, 240,187,114 Pfund Taback (geerntet), 578,008,473 Pf. Baumwolle, 88,952,968 Pf. Reis, 379,272 Pf. Seidencocons, 126,164,644 Pf. Zucker, 125,715 Gallonen Wein, 35,802,114 Pf. Wolle, 1,238,502 Pf. Hopfen, 628,303 Pf. Wachs. Der Viehstand betrug 4,335,669 Pferde und Maulthiere, 14,971,586 Stück Rindvieh, 19,311,374 Schafe, 26,301,293 Schweine. Nach diesem Berichte beläuft sich die Masse der Lebensmittel, die im Umkreise der Union erzeugt werden, d. i. die Summe der Ernten der Getreidearten, des Mais und der Kartoffeln, auf 755 Millionen Bushels, wovon die Menschen etwa 170 Millionen oder noch nicht ein Viertel verzehren; nimmt man nun an, daß die Aussaat den zehnten Theil wegnimmt, so bleibt für die Ausfuhr für einzelne Fabrikationsgegenstände und für Viehfutter die ungeheure Masse von etwa 500 Millionen Bushels übrig. Die zum Grunde liegenden Ernten von 1839 waren in beinahe allen Producten (nur den Taback ausgenommen) im ganzen Lande sehr reichlich. Über die einzelnen Producte ist noch Folgendes zu bemerken. In der Weizenproduction steht der Staat Ohio obenan, der überhaupt für alle Getreidearten vorzüglich geeignet ist; er producirt ein Sechstel der Weizenernte des ganzen Landes. Die Gesammtproduction von Weizen kommt übrigens der in Großbritannien ziemlich gleich. — Gerste wird außer Neu-

---

*) Ein englischer Bushel beträgt etwa ⅔ preußische Scheffel.

york wenig und vorzüglich dazu gebaut, um Malz zum Brauen zu erhalten. — In der Erzeugung des Hafers, der in einigen Staaten einen Hauptgegenstand der Cultur bildet, stehen Neuyork und Pennsylvanien obenan; dann folgen die neuenglischen Staaten. — Roggen ist auf einige Staaten beschränkt; am meisten liefert Pennsylvanien (über ein Drittel), nächstdem Neuyork, Neu=Jersey, Virginien und Kentucky; er dient vorzüglich zum Branntweinbrennen. — Mais oder türkischen Weizen produciren hauptsächlich Tennessee, Kentucky, Ohio, Virginien, Indiana, und in Neuengland ist Hafer die einzige Getreideart, von welcher eine größere Menge als von Mais producirt wird. Zur Gewinnung von Öl und Zucker kann Mais mit Nutzen angewendet werden, ja in letzter Hinsicht haben die Maisstengel einige entschiedene Vorzüge vor dem Zuckerrohr. — Von Kartoffeln werden zwei Arten gebaut: die gemeine oder irische und die süße mit zahlreichen Varietäten. Im Verhältnisse zur Bevölkerung steht Vermont im Kartoffelbau obenan. — Von Flachs wird weit mehr als von Hanf gebaut, der Bau des letztern wird auffallend vernachlässigt, wiewol der jährliche Bedarf davon für die Schiffahrt sehr bedeutend ist. Der nordamerikanische Hanf ist übrigens nach gehöriger Röstung stärker und schwerer als der russische. — Taback wird am meisten in Virginien, Kentucky, Tennessee, Nordcarolina und Maryland producirt und in mehren Staaten mit größerm Vortheil angebaut als Weizen und Mais. Auch in Pennsylvanien und Massachusetts nimmt die Tabakscultur überhand. — Die Baumwollenernte der Vereinigten Staaten beträgt mehr als die Hälfte der Ernte der ganzen Welt; der Werth der jährlichen Ausfuhr kann zu 62 Millionen Dollars angenommen werden. Die meiste Baumwolle produciren nach der Reihe die Staaten Mississippi, Georgien, Luisiana, Alabama, Süd= und Nordcarolina, gar keine die sechs neuenglischen Staaten, ferner Neuyork, Neu=Jersey, Pennsylvanien, Ohio, Michigan, Wiskonsin, Iowa und Columbia, unbedeutende Quantitäten Indiana, Delaware, Maryland. — Reis, ein bedeutender Ausfuhrartikel nach Europa, wird am meisten in Südcarolina und Georgien gebaut, nächstdem in Nordcarolina und Luisiana; nur unbedeutend ist, was die Staaten Missouri, Illinois, Virginien, Arkansas bauen, und 14 Staaten bauen gar keinen. — Die Seidenproduction ist im Zunehmen. Beiweitem am meisten Cocons producirt Massachusetts, nächstdem Connecticut und Pennsylvanien. Die Quantität der 1841 fabricirten rohen Seide wird auf mehr als 30,000 Pf. angegeben. In 12 Staaten wird eine besondere Prämie für Production von Cocons und roher Seide gezahlt. Das Klima ist im größern Theile des Landes, von der Südgrenze bis zu 44° nördl. Breite, zum Seidenbau sehr geeignet. — Zucker wird in allen Staaten, mit Ausnahme von Delaware, producirt; der beiweitem bedeutendste Zuckerdistrict ist Luisiana, das über zwei Drittel der ganzen Production liefert und achtmal mehr als der nächstdem am meisten producirende Staat, Neuyork; in Rhode=Island, Neu=Jersey und Mississippi ist die Production ganz unbedeutend. — Den meisten Wein baut Nordcarolina, nächstdem Pennsylvanien, Virginien, Ohio, Indiana; gar keinen Arkansas, Michigan und die drei Territorien. Im Ganzen ist die erzeugte Quantität noch gering und entschiedene Zunahme ist nicht wohl zu erwarten.

Medina.

Im Norden von Mekka, etwa 60 Meilen von dieser Stadt und 13 Meilen von der Küste des rothen Meers entfernt, liegt Medina*), die zweite heilige Stadt der Mohammedaner, am Rande des Hochlandes in einer völligen Ebene, von drei Seiten von Dattelpflanzungen, Weizen= und Gerstenfeldern umgeben, gegen Süden von der offenen Wüste begrenzt. Im Contraste gegen Mekka ist Medina sehr reichlich mit Wasser versehen. Die Stadt ist ziemlich gut gebaut und enthält fast nur steinerne Häuser; nach Süden und Westen schließen sich Vorstädte an, die mehr Raum einnehmen als die innere Stadt, von welcher sie durch freie Plätze, Gärten u. s. w. getrennt sind. Die Stadt selbst umschließt eine Mauer; auf einem niedrigen Hügel steht eine Citadelle mit dickem, steinernem Walle, mit Thürmen besetzt und von einem Graben umgeben.

Auch Medina hat, wie Mekka, nur eine einzige große Moschee, welche wichtig ist, weil sie Mohammed's, des Propheten, Grab umschließt. Sie bildet ein offenes Viereck, durch eine Scheidemauer in zwei Abtheilungen getheilt und auf allen Seiten von bedeckten Arcaden umgeben, und ist der Moschee von Mekka ähnlich, aber weit kleiner (165 Schritte lang, 130 breit). Von den Khalifen verschönert und reich beschenkt, nachher in Folge eines Blitzschlags durch Feuer gänzlich zerstört, sodaß nur das Grab des Propheten übrigblieb, wurde sie in ihrer jetzigen Form 1487 wiederhergestellt. Sie hat fünf Minarets und vier Eingänge, deren einer sehr schön verziert ist. Um das heilige Grab vor zu nahen Berührungen der Andächtigen zu schützen, ist es von einer Art Gehäuse umgeben, das El Hejra genannt wird und aus vielen kleinen Säulen besteht, die ein gewölbtes Dach tragen; dieses umgibt wieder ein eisernes Gitter von 30 Fuß Höhe, das so dicht und mit so vielen Sprüchen bedeckt ist, daß das Innere dadurch fast völlig verborgen wird. Durch die wenigen Lücken und kleinen Fenster des Gitters sieht man nichts als einen reichen Vorhang von Silberstoff mit einem Streifen, auf dem Inschriften in goldenen Charakteren stehen. Auch dieser Vorhang wird jedem neu zur Regierung gelangenden Sultan in Konstantinopel zum Geschenk gemacht und dort als Sargtuch für die Gräber der kaiserlichen Verwandten gebraucht. Innerhalb des verborgenen Raums befinden sich außer den Überresten des Propheten die der beiden ersten Khalifen, seiner Nachfolger Abubekr und Omar. Alle drei Grabmäler sollen aus einfachem Mauerwerk bestehen und mit kostbaren Stoffen bekleidet sein. Rund um den Vorhang hängen Lampen, die bei Nacht brennen; ihre Zahl, zuweilen auf 3000 angegeben, beträgt nach einem Augenzeugen nicht viel über 100. Die Geschichte von der Aufhängung des Sargs des Propheten mittelst eines mächtigen Magnets scheint eine Erfindung der Griechen zu sein. Die Mohammedaner bekennen sich nicht nur nicht zu derselben, sondern lachen über die Leichtgläubigkeit Derer, die daran glauben.

Ein Besuch in der Moschee und bei dem Grabe des Propheten ist dem Gläubigen nicht gerade zur Pflicht gemacht, gilt aber für eine Gott wohlgefällige Handlung, durch welche viele Sünden geführt werden, weil sie dem Pilger bestimmten Anspruch auf den Schutz des Propheten im Himmel gewährt.

---

*) d. i. die Stadt, auch Med=al=Nabi oder Munnaowerah, d. i. die Stadt des Propheten oder die herrliche genannt, in frühern Zeiten Iathreb oder Iathrippa.

Um ihrer Stadt und dem Grabe des Propheten größere Wichtigkeit beizulegen, behaupten die Einwohner, ein Gebet im Angesicht des Hejra gesprochen, sei so wirksam wie 1000 andere, an irgend einem andern Orte mit Ausnahme von Mekka, gesprochene, und Jeder, der in dieser Moschee 40 Gebete wiederhole, werde von den Höllenstrafen nach dem Tode befreit.

Einst soll Medina unermeßliche Schätze gehabt haben, aber wahrscheinlich sind alle Nachrichten darüber sehr übertrieben. Ungeachtet des glänzenden Äußern der Moschee, deutet nichts darauf, daß sie gegenwärtig erhebliche Reichthümer besitze. Sie hält — so äußert sich Burkhardt — in dieser Hinsicht mit dem Hochaltar der ersten besten katholischen Kirche in Europa keinen Vergleich aus und kann als Beweis dienen, daß die Mohammedaner bei allem Aberglauben und Fanatismus weit entfernt sind, ihren religiösen Stiftungen und Gebäuden dieselben Opfer zu bringen, als die Bekenner der katholischen oder selbst der protestantischen Kirche den ihrigen.

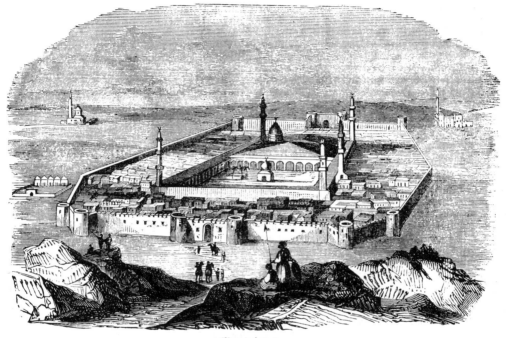

Medina.

Christine, Königin von Schweden.
(Beschluß aus Nr. 499.)

Ihren Geburtstag ließ Christine 1651 so glänzend feiern wie noch nie zuvor. Antheil hatte daran gewiß der Umstand, daß in diesem Jahre ihr Leben mehr als dreimal wunderbar erhalten wurde *), mehr aber noch ein gewisser Leichtsinn, der seit dieser Zeit die glänzenden Eigenschaften der Königin in Schatten zu stellen beginnt. Sie fing damals an, nur ihrem Vergnügen zu leben, und entsagte sogar auf einige Zeit den liebgewonnenen Studien. Diese Veränderung hatte ein sich für einen Arzt ausgebender Franzose von der oberflächlichsten Bildung hervorgebracht. Er war ihr von dem eben so eingebildeten als gelehrten Salmasius empfohlen worden und hieß eigentlich Michon, nannte sich aber Boundelot, nach einem Onkel, welcher Arzt war und einen großen Ruf besaß, und spielte selbst den Arzt. Er war ein guter Gesellschafter, sang leichte Lieder, spielte die Guitarre, verstand sich auf die Verfertigung von allerlei Wohlgerüchen, ja sogar auf die Küche, und hatte ein unübertreffliches Talent, auf fremde Kosten Lachen zu erregen. Durch Letzteres wußte er sich alsbald in solche Gunst bei Christinen zu setzen, daß er sie ganz und gar beherrschte. Er bediente sich seines Einflusses zunächst, um die Gelehrten, von denen er am meisten zu fürchten hatte, aus Christinen's Nähe zu entfernen, und stellte ihr vor, daß ihre Studien die alleinige Quelle ihrer Krankheiten seien; daß sie sich durch dieselben nicht nur krank, sondern auch lächerlich mache, denn am Hofe von Frankreich kenne man nichts Lä-

*) Außer verschiedenen Krankheiten und der von ihrem Reichshistoriographen Messenius angezettelten Verschwörung hatte ihr Leben auch folgender Vorfall aufs Spiel gesetzt. Der Admiral Flemming zeigte ihr einst ein neues Schiff. Im Diensteifer untersuchte er nicht, ob das Bret, auf dem er sich mit der Königin befand, fest genug wäre, und stürzte darum mit derselben ins Wasser, wo es über 30 Klaftern tief war. Glücklicherweise bemerkte es ihr Oberstallmeister Steinberg zeitig genug und sprang ihnen nach. Obgleich er die Königin bei einem Zipfel ihres Kleides erfaßte, so konnte er sie doch nicht auf die Oberfläche bringen, denn der unter ihr befindliche Admiral hielt sich auch an einen Zipfel des königlichen Kleides und zog sie immer tiefer. Erst als mehre andere Personen zu Hülfe kamen, zog man die Königin sammt dem Admiral aus dem Wasser. Die Königin war weit entfernt, über den Admiral erzürnt zu sein, vielmehr lobte sie ihn dafür, daß er die Gelegenheit, mit ihr gerettet zu werden, nicht aus den Händen gelassen habe.

cherlicheres als eine gelehrte Frau; dabei floß er von satirischen Bemerkungen gegen die am Hofe befindlichen Gelehrten über. Christine gab ihm Recht und trennte sich nun von ihren Büchern. Da sie sich bald darauf wohler befand, so erklärte sie öffentlich, daß ihr Boundelot das Leben gerettet habe, und sie unternahm nun nichts mehr, ohne es ihm vorher mitgetheilt und seine Meinung darüber eingeholt zu haben. Die Ansicht der Königin theilte sich den Großen mit und jeder kranke Senator wollte von Boundelot geheilt sein, der auch nicht verfehlte, Jeden so zu heilen, daß er nie wieder einen Arzt brauchte. Aber bald wurde er mit Recht allenthalben gehaßt; denn er entfernte nicht nur Alles vom Hofe, was edel und gut war, sondern hatte auch auf die Entschließungen der Königin den nachtheiligsten Einfluß. Man wandte sich am Ende einmüthig an die Königin, mit der Bitte, ihr kostbares Leben nicht länger einem Charlatan anvertrauen zu wollen. Aber solche Vorstellungen wirkten nichts. Boundelot wurde immer mächtiger und damit immer unverschämter. Er schonte jetzt sogar den Mann nicht mehr, der bis jetzt Alles über Christinen vermocht hatte, den Grafen de la Gardie, welcher auch sogleich in Ungnade fiel. In dieser Zeit wagte ein Gelehrter, was selbst der Kronprinz nicht gewagt haben würde. Eines Tages befanden sich unter verschiedenen Großen auch mehre Gelehrte am Hofe, unter andern Meibom, der über die Musik der Alten, und Naudé, der über die Tänze der Alten geschrieben hatte. Boundelot benutzte diesen Umstand, den Hof nach seiner Weise zu unterhalten. Meibom wurde genöthigt, eine Arie in antikem Style vorzutragen, und Naudé mußte einen antiken Tanz tanzen. Da aber Meibom eine sehr schlechte Stimme und Naudé sehr häßliche Füße hatte, so wurde aus vollem Halse über die Leistungen der beiden Künstler gelacht. Meibom war darüber so aufgebracht, daß er bald darauf dem allmächtigen Boundelot seinen Dienst mit einigen derben Ohrfeigen bezahlte. Natürlich mußte er nun den Hof verlassen, aber er hatte doch dem Übermüthigen gezeigt, daß er nicht über alle Angriffe erhaben sei. In der That kamen auch nun Christine seine Erbärmlichkeit wahrnahm; das hatte wenigstens die gute Folge, daß sie anfing, auf die öffentliche Stimme über ihn zu achten, und daß so nach und nach der Wunsch in ihr aufstieg, den faden Menschen los zu sein. Unter welchem Vorwande sie ihn endlich vom Hofe entfernte, ist nicht bekannt, doch ist gewiß, daß es etwas für ihn sehr Schmeichelhaftes war. Sie ließ ihm bei seiner Abreise im Juni des Jahres 1653 nicht nur 10,000 Reichsthaler baar auszahlen, sondern gab ihm auch einen Wechsel auf 20,000 Thaler und Empfehlungsbriefe an den französischen Hof. Ihre Großen bewiesen sich ihr zu Gefallen nicht minder freigebig gegen ihn, obgleich sie ihn über alle Maßen haßten. Der Kronprinz schenkte ihm eine goldene Kette mit seinem Portrait in einer mit Diamanten besetzten Dose; der Prinz Adolph that Dasselbe. So behandelte man den Mann, welcher Schweden unendlichen Schaden zugefügt hatte. Ihm ist nebst dem spanischen Gesandten Pimentelli die Umwandlung Christinen's zuzuschreiben, welche am Ende zur Verleugnung der vom Vater ererbten Religion führte. Zwar ging nach Boundelot's Entfernung vom Hofe Christinen's Vorliebe für ihn sogleich in Verachtung über, aber was er gesäet hatte, ging wuchernd auf.

Pimentelli soll sich durch folgende List in die außerordentliche Gunst gesetzt haben, in der er bei Christinen stand. Als er die erste Audienz bei ihr hatte, neigte er sich tief vor der auf dem Throne sitzenden Königin und entfernte sich darauf augenblicklich. Den nächsten Tag bat er um eine zweite Audienz und hielt eine außerordentlich schmeichelhafte und wohlgesetzte Rede an sie. Auf das Befragen der Königin, warum er bei der ersten Audienz kein Wort gesprochen habe, antwortete er: der Glanz ihrer Majestät habe ihn dermaßen überrascht, daß ihm die ganze Zeit, die seitdem verflossen, nöthig gewesen sei, um sich zu sammeln und zu einer zweiten Audienz vorzubereiten. Diese Antwort erwarb ihm die Gunst der Königin in so hohem Grade, daß kein anderer Gesandter mehr über sie vermocht hat. Er soll während seines Aufenthalts in Schweden diesem Lande mehr Schaden gethan haben, als ihm hätte widerfahren können, wenn es von einer Armee von 50,000 Mann überfallen worden wäre. Am meisten war Frankreich darüber in Sorgen. Frankreichs Vorstellungen nachgebend, beschloß endlich die Königin, den Liebling zu entfernen. Er schiffte sich in Gothenburg ein, aber von einem Sturme überfallen, kehrte er in den Hafen zurück und blieb noch ein ganzes halbes Jahr am Hofe, von Christinen mit seinem Freunde, dem kaiserlichen Gesandten Montecuculi, auf alle mögliche Weise ausgezeichnet.

Alles Das und tausend Anderes geschah aber recht absichtlich gegen die Wünsche aller Stände, sodaß jeder Hellsehende daraus abnehmen konnte, wie Christine nur darauf ausging, das Volk ihrer Regierung so müde zu machen, wie sie selbst deren müde war. Nachdem sie den besten Theil ihrer Bibliothek und ihre kostbarsten Meubeln in 100 Ballen nach Gothenburg geschickt und die Zahl der Senatoren auf 40 vermehrt hatte, ließ sie überall verbreiten, daß sie nun ernstlich abdanken wolle, und erklärte am 11. Februar 1654 in einer Senatsversammlung zu Upsala ihren jetzt unabänderlichen Willen. Diesmal machte der Senat nur Anstands halber Gegenvorstellungen. Für den 2. Mai wurden die Stände zusammenberufen, kamen aber erst am 21. Mai zusammen. In der Zwischenzeit unterhandelte Christine mit ihrem Nachfolger über die ihr nach ihrer Thronentsagung auszuzahlenden Einkünfte und mit dem Senate über die Thronfolge, im Fall Karl Gustav stürbe. Sie hätte es außerordentlich gern gesehen, wenn man den Grafen Tott zu seinem Nachfolger gewählt hätte, und wollte für diesen Zweck ihm, sowie den Häusern Brahe und Oxenstierna den Herzogstitel verleihen. Aber man ging durchaus nicht auf diesen Plan ein und die Häupter der Häuser Brahe und Oxenstierna dankten für die ihnen zugedachte Ehre.

Als die Stände feierlich von dem Entschlusse der Königin in Kenntniß gesetzt wurden, machten sie, ebenfalls nur Anstands halber, Gegenvorstellungen, und fügten sich darauf in ihren Willen, aber sie protestirten einmüthig gegen den Vorschlag, ihr die Besitzungen, von denen sie ihren Unterhalt ziehen sollte, mit voller Souverainetät abzutreten. Dagegen protestirte auch sie und mit Erfolg gegen jede Clausel, die sie in dem Genusse ihrer Revenuen von irgend etwas abhängig machen sollte.

Kurz vor der förmlichen Niederlegung ihrer Krone that sie noch einen Schritt, der viel Licht über ihren Charakter gibt. Da sie zu der beabsichtigten Reise nach Flandern die Gunst des Königs von Spanien nöthig zu haben glaubte, ließ sie dem portugiesischen Residenten am schwedischen Hofe sagen, daß sie beschlossen habe, den Herzog von Braganza nicht weiter als König von Portugal anzuerkennen, da Portugal der Krone Spanien angehöre; der Resident solle also den schwedischen Hof verlassen. Der Senat war darüber sehr aufgebracht und ließ dem Residenten sagen, er solle seine Abreise nur noch einige Tage verschieben; nach dem Abtreten der Königin würden die alten Verhältnisse wieder eintreten. Die Königin war selbst dieser Ansicht, aber sie hatte doch durch diesen Schritt dem Könige von Spanien ihre Anhänglichkeit an den Tag gelegt und dadurch einen Grund erlangt, Begünstigungen von ihm zu verlangen.

Der 6. Juni war der von ihr so sehr ersehnte Tag, der ihr die Freiheit geben sollte, für sich zu leben, wo es ihr gefiele. Um 7 Uhr war sie schon im Senate und ließ die Entsagungsacte vorlesen und unterzeichnen. Hierauf bekleideten sie die Hauptwürdenträger mit dem königlichen Mantel und setzten ihr die Krone aufs Haupt. Sie nahm das Scepter in die Rechte, den Reichsapfel in die Linke und ließ durch zwei Senatoren das Schwert und den Schlüssel vor sich hertragen. So trat sie in den Hauptsaal des Schlosses, wo alle Stände des Reichs, sowie die Gesandten und Hofdamen versammelt waren. Sie stieg auf eine Estrade von drei Stufen und setzte sich auf einen Sessel von massivem Silber. Ihr Oberkammerherr und Gardehauptmann standen hinter ihr, der Kronprinz aber ihr zur Rechten. Nach Vorlesung der Entsagungsacte ließ sie die Großwürdenträger vor sich treten und überreichte ihnen die einzelnen Stücke des königlichen Schmucks, den sie auf einem Tisch zur Linken der Königin niederlegten. Dann sprach sie fast eine halbe Stunde mit großer Festigkeit zu den Ständen; die Meisten weinten, Andere waren von Bewunderung hingerissen. Nachdem die Königin eine Gegenrede angehört hatte, stieg sie die drei Stufen der Estrade herab und reichte den Wortführern der vier Stände die Hand zum Kusse. Hierauf wandte sie sich an den Kronprinzen und hielt eine neue äußerst ergreifende Rede, in welcher sie ihm unter Andern auch ihre Mutter empfahl. Der nunmehrige König redete nun seinerseits die abtretende Königin und die Stände an und reichte dann Christinen die Rechte, um sie in ihre Gemächer zu führen. Als dies geschehen war, zog sie sich um und ging in die Kirche, wo Alles zu seiner Krönung vorbereitet war.

Christine hielt sich hierauf nur noch fünf Tage in Stockholm auf und verließ mit einer Eile, die Jedermann in Erstaunen setzte, das Königreich, das immer noch mit Liebe an ihr hing. Ihre Eile rührte von zwei Umständen her. Der Bauernstand wollte nicht, daß sie ihre bedeutenden Revenuen im Auslande verzehren sollte, und die Geistlichen beunruhigte das Gerücht, daß sie nur das Reich verlasse, um katholisch werden zu können. Sie mußte also jeden Augenblick einen Beschluß erwarten, der ihr ihre Abreise unmöglich machen sollte. Um unerkannt durch Dänemark zu reisen, ließ sie sich die Haare abschneiden und gab sich für einen Grafen von Dohna aus. So kam sie den 10. Juli nach Hamburg und wohnte hier bei einem reichen Juden, Namens Tereira, gleichsam um öffentlich zu beweisen, daß sie die Menschen nicht nach ihrer Religion achte. Sie besuchte in Gesellschaft des Landgrafen Friedrich von Hessen die protestantische Kirche und beschenkte den Pastor Primarius Müller, welcher seinen Text über die Königin von Arabien höchst glücklich auf seine hohe Zuhörerin angewandt hatte, mit einer goldenen Kette. Nichts destoweniger verbreitete sich das Gerücht, daß sie katholisch werden wolle, immer weiter, sodaß die Stände Schwedens Abgeordnete an sie abschickten, die nichts unversucht ließen, sie von ihrem Entschlusse abzubringen.

Gegen Ende Juli verließ sie Hamburg und besuchte unterwegs das Jesuitencollegium zu Münster. In den Niederlanden sah sie, nachdem sie die Männerkleidung abgelegt hatte, den Erzherzog Leopold und den Herzog von Condé, den sie schwärmerisch verehrte. Am heiligen Christabend legte sie nach einem prächtigen Einzuge in Brüssel im Cabinete des Erzherzogs vor ihm und mehren andern Zeugen, unter denen sich auch Pimentelli befand, insgeheim das Bekenntniß des katholischen Glaubens in die Hände des Dominikaners Guemes ab. Als die Königin ihre Beichte geendigt hatte und der Pater die Absolution aussprach, erfolgte eine Freudensalve aus allen Feuerschlünden, die Brüssel aufzuweisen hatte. Die nächsten Tage darauf wurde Alles aufgeboten, Christinen zu unterhalten. Bälle, Komödien, Turniere, Jagdpartien und prachtvolle Spazierfahrten folgten einander. Der Cardinal Mazarin, obgleich im offenen Kriege mit Spanien, schickte zur Verherrlichung der Feste die ganze Truppe von Komödianten von Paris nach Brüssel, welche abwechselnd spanisch, französisch und italienisch spielten. Die Königin gab sich ganz dem Strome der Freuden hin, für die sie schon von Natur so empfänglich war, und that sich nirgend Zwang an, wo sie sich unterhalten zu können glaubte. Im Monat Februar 1655 bezog sie das Schloß des Grafen von Egmont und unterhielt sich nun an ihrem Hof auf eigene Kosten. Mitten in ihrem Freudenrausche erhielt sie die betrübende Nachricht von dem Tode ihrer Mutter, worauf sie sich drei Wochen lang von jeder öffentlichen Gesellschaft fern hielt.

Sie beabsichtigte von Brüssel nach Rom zu gehen, wo am 7. April unter dem Namen Alexander VII. ein neuer Papst gewählt worden war. Dieser verlangte aber, daß sie sich vorher öffentlich zum Katholicismus bekennen sollte, damit sie mit allen den Ehrenbezeigungen empfangen werden könne, die er ihr bestimmt hätte. Christine, welche dadurch Alles erreichen zu können glaubte, was sie wünschte, versprach es und reiste am 22. September 1655, nachdem sie ihren brüsseler Freunden die reichsten Geschenke gemacht hatte, mit einem Gefolge von 200 Personen von Brüssel ab. Als man ihr in Augsburg den Tisch zeigte, an welchem ihr Vater nach der Eroberung Baierns gespeist hatte, vergoß sie Thränen, die wol einen sehr gemischten Grund haben mochten. Doch war sie zu sehr daran gewöhnt, Gefühlen der Rührung keinen Einfluß auf ihre Handlungen zu gestatten, als daß sie sich hätte durch sie bestimmen lassen können, einen Vorsatz, den ihr Egoismus als nothwendig erkannt hatte, auch nur einen Augenblick aufzuschieben. Schon am 3. November bekannte sie sich in der Hauptkirche zu Innsbruck öffentlich zur katholischen Kirche, worauf der Jesuit Staudacher über Psalm 45, 11. eine deutsche Predigt hielt. Daß auch jetzt nichts gespart wurde, was Christinen's Sinn für Glanz und Vergnügen befriedigen konnte, versteht sich von selbst.

Nach einem achttägigen Aufenthalte in Innsbruck setzte sie ihre Reise nach Rom fort und wurde in jedem neuen Gebiete auf das feierlichste empfangen und auf das glänzendste bewirthet. Am 21. November betrat sie das Gebiet des Papstes. An allen Orten, in die sie kam, waren Triumphbogen errichtet und Festlichkeiten veranstaltet, um sie aufzuhalten und so den Römern Zeit zu lassen, sich zu ihrem Empfange würdig vorzubereiten. Sie hielt ihren Einzug in den verschiedenen Städten des Kirchenstaats gewöhnlich zu Pferde und als Amazone gekleidet. Am 19. December hielt sie incognito in einem ihr vom Papste geschickten Wagen bei dem Scheine unzähliger Fackeln ihren Einzug in Rom. Nach einigen Ceremonien wurde sie noch denselben Abend zum Papste gebracht. Nach drei Verbeugungen warf sie sich vor ihm nieder und küßte ihm den Pantoffel. Er hob sie sehr höflich auf und sie setzte sich nun auf den für sie bestimmten Armstuhl. Nach einer kurzen Unterhaltung entließ sie der Papst in die für sie eingerichteten Zimmer. Den nächsten Tag machte er ihr mit seinem Besuche ein unaussprechliches Vergnügen und die beiden folgenden Tage wurden mit Concerten und andern angenehmen Zeitvertreiben hingebracht. Erst am ersten Weihnachtsfeiertage hielt sie unter Kanonendonner ihren öffentlichen Einzug in Rom. Sie war als Amazone gekleidet und ritt einen prächtigen Schimmel. An der Treppe zur Peterskirche angelangt, stieg sie ab und begab sich in die aufs Glänzendste ausgeschmückte Kirche, wo sie von der hohen Geistlichkeit empfangen und in die Kapelle des Papstes geführt wurde. Der Papst sagte ihr, als sie ihm ihre Freude über ihre Bekehrung und sein Wohlwollen bezeugte, ihre Bekehrung sei von solchem Werthe, daß im Himmel deshalb weit größere Feste gefeiert würden als auf Erden. Nun folgten allerlei Ceremonien, die damit endigten, daß sie aus den Händen des Papstes die Confirmation empfing und zu ihrem Namen Christine den Namen Alexandra annahm. Den nächsten Tag speiste sie bei dem Papste. Während der Mahlzeit predigte der Jesuit Oliva vor ihnen und gab ihr Gelegenheit, dem Papste ihre Gelehrsamkeit sehen zu lassen. Nach den Feiertagen verließ sie den Vatican und bezog den Palast Farnese, der für sie aufs geschmackvollste eingerichtet worden war. Wie sehr der Papst es sich angelegen sein ließ, die Königin zu unterhalten, beweist der Umstand, daß die Jesuiten 20,000 Thaler empfingen, um Komödien in verschiedenen Sprachen zu Stande zu bringen. Christine bekam jetzt ihren alten Geschmack für die Wissenschaften und Künste wieder und versammelte die Gelehrten Roms alle Wochen einmal um sich. Die vom Papste veranstalteten Festlichkeiten dauerten bis in den März hinein und Christine war damit so zufrieden, als wenn nichts in der Welt sie von Rom abzuziehen im Stande gewesen wäre; aber bald verleiteten ihr tausend kleine Intriguen, welche die Eifersucht der Franzosen und Spanier ihres Gefolges veranlaßte, den bisher so angenehmen Aufenthalt und sie wurde, vielleicht in Folge des Ärgers darüber, im April 1656 sehr krank. Wieder genesen, benutzte sie eine in Rom ausgebrochene ansteckende Krankheit als Vorwand, sich von dort zu entfernen.

Sie schiffte sich im Hafen von Civitá Vecchia ein, um den französischen Hof zu besuchen, und wurde in Marseille vom Herzoge von Guise feierlich empfangen. Jede Stadt, durch welche sie kam, suchte ihr so viel Ehre zu erweisen als möglich. Am 8. September hielt sie ihren öffentlichen Einzug in Paris. Das Gedränge war ungeheuer; alle gelehrten und ungelehrten Körperschaften von Paris becomplimentirten sie. Am Hofe söhnten sich sogar die Frauen mit ihr aus, die Gelehrten und Dichter aber waren von ihr entzückt. Nichtsdestoweniger verließ sie Frankreich bald wieder. Der Rath, den sie dem Könige gegeben haben soll, die von ihm geliebte Mancini zu heirathen, soll Ursache gewesen sein, daß man sie so bald als möglich los zu werden suchte. Sie nahm ihren Weg über Turin, wo sie am 17. November ebenfalls auf das ehrenvollste empfangen wurde und den Winter über blieb. Später verweilte sie, da die ansteckende Krankheit in Rom noch nicht aufgehört hatte, in verschiedenen Städten des Kirchenstaats, am längsten in Pesaro. Im Herbst 1657 machte sie eine zweite Reise nach Frankreich. Als sie nach Fontainebleau kam, machte sie die Entdeckung, daß sie von einem ihrer Diener, dem Grafen Monaldeschi, hintergangen werde und ließ ihn trotz aller Fürbitten, die für ihn eingelegt wurden, wenige Tage darauf höchst grausam hinrichten oder richtiger gesagt ermorden. Was sie zu dieser grausamen Handlung bewog, ist nicht bekannt, doch muß es etwas sein, was sie im höchsten Grade Empörendes gewesen sein, denn sie erklärte, es gäbe keine Strafe in der Welt, die zu hart für ihn wäre. Der Ruf von dieser Handlung drang wie ein Blitz durch ganz Europa und setzte die Geister in gewaltige Bewegung. Viele vertheidigten diese Handlung, die Meisten aber tadelten sie und gewiß mit Recht.

In Paris wußte man anfangs nicht recht, was man der fremden Königin gegenüber für ein Benehmen beobachten sollte. In dieser Ungewißheit ließ man sie bis zum 24. Februar in Fontainebleau schmachten. In dieser Zeit aber meldete man ihr, daß das Ballet, zu dem sie schon vor vier Monaten eine Einladung erhalten hatte, stattfinden würde und daß in der Wohnung des Cardinals Mazarin Zimmer zu ihrem Empfange in Bereitschaft ständen. Christine säumte nicht, nach Paris zu kommen, und setzte sich mit Mazarin auf einen so guten Fuß, daß er ihr seinen Palast in Rom zur Wohnung einrichten ließ, den sie auch nach ihrer Rückkehr nach Rom, zum großen Ärger der Spanier, sogleich bezog.

Schweden hatte in dieser Zeit einen Krieg mit Polen, Dänemark und Brandenburg zu führen und konnte deshalb die Christinen zugesagten Jahrgelder nicht pünktlich bezahlen. Christine aber brauchte immer Geld. In ihrer Verlegenheit machte sie dem Kaiser den Vorschlag, er solle ihr 20,000 Mann borgen; sie wolle damit Pommern erobern und die Eroberung solle dafür nach ihrem Tode ans Reich zurückfallen. Die Unterhandlungen wurden jedoch wieder abgebrochen, als ihr der Papst ein Jahrgeld von 12,000 Scudi ausgesetzt und in dem liebenswürdigen Cardinal Azzolini einen weisen Verwalter ihrer Finanzen gegeben hatte. Trotz der Unbesonnenheiten, die sie auf Antrieb der um sie werbenden Parteien von Zeit zu Zeit beging, wußte sie sich doch immer wieder aus jeder Verlegenheit zu ziehen und fing wieder an, sich ganz den Wissenschaften und Künsten zu widmen.

Aus dieser gelehrten Ruhe weckte sie plötzlich die Nachricht von dem Tode Karl Gustav's, welcher am 7. Februar 1660 erfolgt war. Mit einem kleinen Gefolge machte sie sich am 20. Juli, nachdem sie vom Papste und den Cardinälen Abschied genommen, auf den Weg nach Schweden. Der Senat war sehr überrascht über ihre plötzliche Ankunft und machte allerlei Versuche, sie von Stockholm fern zu halten. Christine ließ sich aber nicht aufhalten und wurde auf das Ehrenvollste in Stockholm empfangen, mußte aber auf dem am 19. October eröffneten Reichstage viele Demüthigungen erdulden. Ihre Erklärung, daß, im Falle der hinterlassene Sohn Karl Gustav's ohne männlichen Erben stürbe, die Krone Schwedens ihr gehöre, machte großes Aufsehen und war Schuld, daß man sie sobald als möglich zu entfernen suchte. Für diesen Zweck verbot man ihr, in ihrer Wohnung Messe lesen zu lassen. Das bewog sie ihre Abreise von Stockholm zu beschleunigen und den Rest des Winters in Norköping zuzubringen. Im Mai 1661 begab sie sich nach Hamburg, wo sie fast ein Jahr damit zubrachte, ihre Angelegenheiten mit Schweden in Ordnung zu bringen.

Am 10. Juni 1662 war sie wieder in Rom und lebte hier wieder ihren Studien, doch hatten Staatsangelegenheiten immer noch großen Reiz für sie und sie nahm Theil daran, wo sie nur konnte. Im Jahre 1666 unternahm sie eine neue Reise nach Schweden. Man empfing sie sehr ehrenvoll, verlangte aber, daß sie jeden Priester aus ihrem Gefolge entfernen sollte. Dies bestimmte sie, augenblicklich umzukehren und in Hamburg den nächsten Reichstag abzuwarten. Auf diesem Reichstage erklärte sich der geistliche Stand sehr günstig für sie, weil man sie für die väterliche Religion wieder zu gewinnen hoffte.

In dieser Zeit starb Papst Alexander VII. und ihm folgte am 20. Juni 1667 Clemens IX., mit welchem sie, als er noch Cardinal war, in gutem Einverständnisse gestanden hatte. Sie ließ daher den 15. Juli ihre Wohnung illuminiren und verschiedene Transparents anbringen, auf denen der Papst und seine Tugenden dargestellt waren. Das zog eine große Menge Menschen herbei, die sich über die Bedeutung der Transparents sehr mißbilligend aussprachen und am Ende gar mit Steinen darnach warfen; ein Diener der Königin hatte die Unvorsichtigkeit, auf die tobende Menge zu schießen, dadurch wurde der Tumult noch größer. In einem Augenblicke waren alle Fenster eingeworfen und die Königin mußte sich durch eine Hinterthüre in die Wohnung des schwedischen Consuls flüchten. Die Tumultuanten wurden darauf gebändigt und die Königin den nächsten Tag wie im Triumphe in ihren Palast zurückgeführt, nachdem sie 2000 Thaler zur Vertheilung an die Verwundeten hergegeben hatte. Sie blieb nun noch über ein Jahr in Hamburg.

Den 10. October 1668 reiste sie wieder nach Rom, wo sie der neue Papst mit allen möglichen Ehren empfing. Im J. 1670 kam Clemens X. auf den päpstlichen Stuhl. Auch unter ihm wurde Christine auf alle mögliche Weise ausgezeichnet; aber je mehr man für sie that, desto mehr verlangte sie. Dadurch verfeindete sie sich mit den meisten fürstlichen Familien in Rom, die aus Rache ihren Ruf auf alle Weise verdächtigten und anschwärzten. Mit den Gelehrten dagegen stand sie auf einem desto bessern Fuße und fand in den Lobsprüchen derselben eine reiche Entschädigung für alle Verleumdungen Derer, die ihr nicht wohlwollten. So lebte sie bis an ihren Tod, welcher am 19. April 1689 früh um 6 Uhr in ihrem 63. Jahre erfolgte. Die letzten 21 Jahre ihres Lebens hatte sie Rom nicht wieder verlassen, doch waren sie darum nicht ruhiger gewesen als die frühern, denn sie nahm fortwährend an allen Erscheinungen ihrer Zeit den lebhaftesten Antheil. Sie hatte in Rom einen außerordentlichen Einfluß, und machte der päpstlichen Regierung nicht wenig zu schaffen. Der letzte Papst, unter dem sie gelebt, Innocenz XI., hatte ihr in ihren letzten Jahren den ihr ausgesetzten Jahrgehalt von 12,000 Scudi genommen, weil sie sich durchaus nicht in seinen Willen fügen wollte. Nichts destoweniger ehrte er sie nach ihrem Tode, wie ganz Rom, und ließ sie in der heiligen Grotte der Peterskirche beisetzen. Ihre kostbare Bibliothek wurde von Papst Alexander XIII. für einen Spottpreis gekauft und zum Theil dem Vatican überwiesen, ihre reichen Münz=, Bilder=, Statuen= und Curiositätensammlungen aber wurden leider vereinzelt.

Die Brücke bei Bronnizy.

Auf dem Wege zwischen Petersburg und Moskau bei Bronnizy, etwa 220 Werste oder 31½ M. von Petersburg, ist vor kurzem eine neue Brücke über den bedeutenden, in den Ilmensee mündenden Fluß Msta erbaut worden, die ihrer eigenthümlichen Construction wegen eine besondere Erwähnung verdient. Ungeachtet ihrer sehr ansehnlichen Länge — sie ist 133 Faden oder 800 F. lang, 13 F. länger als die Isaaksbrücke über die Newa in Petersburg — ruht sie nur auf 6 Pfeilern, von denen 4 im Flusse und 2 an dessen Ufern stehen. Eine größere Zahl war darum unthunlich, weil im Frühjahre, wo die Msta um 3½ Faden über den gewöhnlichen Wasserstand steigt und ungeheure Eismassen führt, die in einer Stunde 3½ deutsche Meilen fortgetrieben werden, eine gewöhnliche Brücke der größten Gefahr ausgesetzt sein würde. Um die lange Brücke über den wenigen Pfeilern zu befestigen, erheben sich kolossale Granitmassen um 4 Faden über den gewöhnlichen Wasserstand der Msta; über die leeren Räume zwischen denselben erheben sich 6 ungeheure Bogen, 24 Faden lang und 3 hoch, und an den von den Bogen vertical herabgehenden Balken hängt die Brücke, zu deren beiden Seiten sich elegante steinerne Pavillons befinden. Sie hat zwei bedeckte Galerien, eine zur Einfahrt, die andere zur Ausfahrt, außerdem zwei Corridors für Fußgänger, und ist mit einem flachen eisernen Dache bedeckt.

Groß waren die bei dem Baue der Brücke zu überwindenden Schwierigkeiten, zumal da sie in einem Sommer erbaut werden und vor dem Eisgange das ganze Gerüst abgenommen werden mußte; aber alle wurden glücklich überwunden. Zwar trat der Eisgang ungewöhnlich früh ein, aber er verletzte das Gerüst nur unbedeutend und eine den nahe gelegenen Ort Bronnizy verheerende furchtbare Feuersbrunst verschonte glücklicherweise das hölzerne mit Öl getränkte Gerüst, das in großer Gefahr schwebte.

Notiz.

Um Stahlfedern im Gebrauche den Gänsefedern sehr ähnlich zu machen und ihr Rosten lange zu verhüten, sie also zu conserviren, wird empfohlen, sie jedes Mal nach dem Gebrauche mit einem Lappen abzuwischen, der mit einer Mischung von gleichen Theilen Terpenthinöl und Baumöl getränkt ist. Hierdurch wird auf den Federn stets eine dünne Fettschicht erhalten und die Tinte gleitet nun an ihnen ab, wie an den Gänsefedern.

Literarische Anzeige.

Im Verlage von **Im. Tr. Wöller** in **Leipzig** erschien soeben und kann durch jede gute Buchhandlung des In= und Auslandes bezogen werden:
Die einfache und doppelte Buchhaltung in ihrer Anwendung auf gewerbliche Unternehmungen. Ein Leitfaden für den Unterricht an Gewerbschulen und zum Selbstunterricht für **Handwerker, Fabrikanten und Gewerbtreibende aller Art**, sowie auch für **Capitalisten** und überhaupt alle Diejenigen, welche in kurzer Zeit zur vollständigen Kenntniß einer einfachen und dabei höchst praktischen Einrichtung und Behandlung sämmtlicher zum vortheilhaften Betriebe eines Geschäfts nöthiger Bücher gelangen wollen. Mit besonderer Berücksichtigung aller nur denkbaren Fälle in den verschiedenen Gewerben durch Beispiele und Formulare erläutert von **C. D. Fort**, Lehrer der Buchhaltung in Dresden. 2te Stereotyp=Auflage. 4. Broch. (16 Bogen.) Ladenpreis 1¼ Thlr. (Partiepreis für Lehranstalten bei je 10 Exemplaren auf einmal bezogen ⅚ Thlr.)

Das Pfennig-Magazin
für Verbreitung gemeinnütziger Kenntnisse.

501.]   Erscheint jeden Sonnabend.   **[November 5, 1842.**

Kaiser Joseph II.

Joseph II., der große Sohn einer großen Mutter, gehört zu den liebenswürdigsten Menschen, welche die Geschichte kennt. Mag man an seinen Handlungen aussetzen so viel man will, der Quelle derselben wird man nie etwas anhaben können, denn diese war die reinste Menschenliebe, die je ein Fürstenherz erwärmt hat.

Joseph's Geburt (am 13. März 1741) fiel in eine für sein Haus höchst verhängnißvolle Zeit. Preußen, Sachsen, Baiern, Frankreich, Spanien, Neapel, Sardinien waren in offenem Kriege mit seiner Mutter, der großen Maria Theresia, sodaß sie kurz vor ihrer Niederkunft an ihre Schwiegermutter schrieb: „Ich weiß nicht, ob mir aus der ganzen väterlichen Erbschaft eine einzige Stadt übrig bleiben wird, um die unter meinem Herzen keimende Frucht abzulegen." Er war sechs Monate alt, als die hochherzige Mutter, den zarten Säugling auf dem Arme, auf dem ungarischen Reichstage erschien und die versammelten Stände dermaßen für sich begeisterte, daß von nun an ihre Angelegenheiten die glücklichste Wendung nahmen.

Maria Theresia ließ sich die Erziehung ihres einstigen Nachfolgers sehr angelegen sein und gab ihm frühzeitig einen Hofmeister, der seinem wichtigen Amte ganz gewachsen war und nicht geringen Antheil daran hat, daß Joseph geworden ist, was er war. Dieser Mann, der Feldmarschall Graf von Bathiany, sah in dem Prinzen, den er bildete, nichts als einen jungen Menschen, der seiner hohen Bestimmung wegen Weisheit und Herzensgüte doppelt nöthig hätte. Bei solchen Grundsätzen gelang es ihm bald, das Herz seines Zöglings für jene erhabene Denkungsweise zu stimmen, die einem guten Regenten so unentbehrlich ist. Maria Theresia, obgleich ihn in so guten Händen wissend, war dennoch weit entfernt, zu glauben, daß sie nun Alles gethan habe. Sie hatte ihn immer vor Augen und versäumte keine Gelegenheit, heilsam auf ihn zu wirken. Als sie ihn einst beim Gebete auf einem Kissen kniend fand, verwies sie ihm diese Weichlichkeit als Etwas, das sich für keinen Betenden, am wenigsten aber für einen Fürsten schicke, der geboren sei, Andern mit gutem Beispiele voranzugehen.

Im J. 1754 war sein Elementarunterricht vollendet und er bekam nun verschiedene Lehrer in den höhern Wissenschaften. Der große Ingenieur Brequin unterrichtete ihn in der Mathematik. Sein Religionslehrer war ein Jesuit, der ihn bis zur Ungebühr zu äußern Übungen der Frömmigkeit anhielt, obgleich die kluge Mutter verlangte, daß man eine falsche Andacht von dem lebhaften Knaben sorgfältig entfernt halten solle. In den Prüfungen, die Joseph mit seinen Brüdern vor der Mutter bestehen mußte, stand er gewöhnlich seinen Brüdern nach, dafür aber übertraf sie an scharfsinnigen Bemerkungen, witzigen Einfällen, bedeutsamen Fragen und den Selbstdenker verrathenden Antworten. Seine Mußestunden brachte er theils mit der Erlernung der Musik, die er sehr liebte, theils in der Gesellschaft einiger geistvoller Altersgenossen zu, die von seiner Mutter aus den vornehmsten Familien gewählt worden waren. In Gemeinschaft mit diesen Gespielen führte er bisweilen kleine Schauspiele in französischer Sprache vor dem versammelten Hofe auf. Seiner großen Raschheit und Lebhaftigkeit wegen beging er nicht selten Streiche, die ihm empfindliche Züchtigung zuzogen.

Im Jahre 1759 kam es in Vorschlag, den Thronerben zur Armee des Feldmarschalls Daun zu schicken; aber Maria Theresia besorgte, Joseph könnte, von seiner Lebhaftigkeit hingerissen, den Krieg zu lieb gewinnen, und gab ihre Einwilligung nicht dazu. Am 6. October 1760 wurde er mit Isabella, der ältesten Tochter des Herzogs von Parma, einer Enkelin Ludwig's XV., die sich durch Schönheit und Tugend gleich sehr auszeichnete, unter großem Jubel der Bewohner von Wien vermählt. Die junge liebenswürdige Frau hatte großen Einfluß auf die Entwickelung seines Charakters; denn sie verband mit der Güte seines Herzens Erhabenheit der Gesinnung und gab damit seinem ganzen Wesen mehr Ruhe und innere Würde. Sie kam im Jahre 1762 mit einer Prinzessin nieder und starb leider schon im Jahre darauf zur größten Betrübniß Joseph's. Um seinen Schmerz zu lindern, widmete er jetzt jeden Augenblick den Wissenschaften. Zum Feldherrn bildete er sich durch den Umgang mit Daun und den Unterricht Loudon's und Lascy's, zum Staatsmann im Staatsrathe, dem er seit 1761 fleißig und aufmerksam beiwohnte.

Am 15. Februar 1763 wurde der hubertsburger Friede geschlossen, in welchem sich Friedrich der Große verpflichtete, Joseph seine Stimme zur Würde eines römischen Königs zu geben. Joseph hatte bereits einen großen Ruf erlangt und als im Jahre 1764 zur Wahl eines römischen Königs geschritten wurde, fiel die Wahl zu großer Freude des Publicums auf ihn. Hierauf machte er eine Reise durch Ungarn und sah das schöne Land durch Misbräuche aller Art zurückgehalten auf der Bahn zu einer höhern Cultur, die er seinem ganzen Reiche zu geben beabsichtigte.

Im Jahre 1765 wurde er zum zweiten Male vermählt und zwar mit einer Tochter Kaiser Karl's VII., der Prinzessin Josephe, die er auf einer Reise nach Straubing gesehen und liebgewonnen hatte. Diese zweite Gemahlin stand aber der ersten an Vorzügen sehr nach, daher Joseph in seiner Aufmerksamkeit für sie nicht weiter ging, als es der Anstand verlangte. Eine Reise, die in dieser Zeit der Hof nach Innsbruck unternahm, um der Vermählung des zweiten Erzherzogs Peter Leopold mit der spanischen Infantin Marie Luise beizuwohnen, gab ihm Gelegenheit, sich in Tirol und Oberitalien umzusehen. Eben wollte man vergnügt wieder nach Wien zurückkehren, als am Vorabend der Abreise, am 18. August, den Kaiser der Schlag rührte. Joseph war außer sich vor Schmerz. Er schrieb an seine in Wien zurückgebliebenen Schwestern unter Anderm: „Wir haben den zärtlichsten Vater, den besten Freund verloren, laßt uns die Liebe gegen unsere hohe Mutter, das einzige Gut, das uns übrig ist, verdoppeln. Ihre Erhaltung ist meine Hauptsorge bei diesem traurigen Vorfalle." Die Kaiserin wollte im ersten Schmerz die Regierung niederlegen, auf der Stelle, wo ihr geliebter Gemahl gestorben, ein Kloster bauen und in demselben als Äbtissin den Rest ihres Lebens zubringen, aber Joseph und die Liebe zu ihrem Volke brachten sie wieder von diesem Entschlusse ab und sie regierte noch 15 Jahre an der Seite ihres Sohnes ihre ausgedehnten Staaten.

Joseph trat jetzt in die Rechte seines Vaters und erhielt die deutsche Kaiserwürde. Die Mutter erklärte ihn zu ihrem Mitregenten, und übergab ihm das Großmeisterthum aller Orden, sowie die Verwaltung der Armee und des ganzen Kriegswesens. Er fing seine Regierung damit an, daß er dem Staate ein Capital von 22 Millionen nebst Zinsen schenkte, indem er die von seinem Vater geerbten 22 Millionen Staatspapiere verbrennen ließ. Ebenso gab er dem Staate die Domainengüter zurück, die sein Vater sich gekauft hatte, und suchte seine Mutter zu Einschränkungen in ihrem Haushalte zu vermögen. Die Erzherzoginnen und die beiden Erzherzoge aßen von nun an mit dem Kaiser und der Kaiserin an einer Tafel. Er richtete seinen Hof deutsch ein, verbannte das steife Ceremoniel der spanischen Etikette und machte die deutsche Sprache zur Hofsprache. Er kleidete sich höchst einfach und sah es auch gern, wenn man in ihm erschien. Um selbst zu regieren, suchte er überall mit eigenen Augen zu sehen, mit eigenen Ohren zu hören.

Als Mitregent seiner Mutter mußte er sich hüten, an der Regierung der östreichischen Monarchie zu lebhaften Antheil zu nehmen, denn seine Mutter war in diesem Stücke sehr eifersüchtig und ließ sich in ihren Plänen und Handlungen nicht vorgreifen. Aber er kannte die Mutter und folgte dem Beispiele des Vaters, der den Schein der entferntesten Theilnahme an der Regierung vermieden und doch tausend wohlthätige Veränderungen hervorgebracht hatte. Joseph ließ seine Vorschläge immer durch irgend einen Minister im Staatsrathe zur Berathung bringen und sprach dann mit anscheinender Heftigkeit dagegen. Auf diese Weise erreichte er fast immer seinen Zweck und die Mutter behielt den Wahn, das Gute sogar gegen die Ansicht ihres Sohnes zu fördern und nach wie vor selbst zu regieren.

Im Jahre 1767 verlor er durch die Blattern seine zweite Gemahlin, seine Schwester Josephe und beinahe auch seine erhabene Mutter, ein Umstand, der die Einführung der Impfung in Östreich nicht wenig beförderte.

Im Jahre 1769 machte er seine erste Reise nach Italien und kam am 15. März nach Rom, wo er dem Conclave beiwohnte. Als man ihm beim Eintritt in dasselbe nicht, wie es bisher Sitte gewesen, den Degen abverlangte, fragte er scherzend, ob es ihm erlaubt sei, an einem solchen Orte den Degen zu tragen, und erhielt die Antwort, dem Schützer und Vertheidiger der Kirche gebühre dieses Recht allerdings. Nachdem er die Merkwürdigkeiten Roms besehen hatte, setzte er seine

Reise nach Neapel fort. Nach der Besteigung des Vesuvs und der Besichtigung der Alterthümer von Portici ging er über Florenz, Parma, Turin nach Mailand, wo er längere Zeit täglich zwei Stunden lang Audienz gab. Sein Incognito, mit dem er reiste, gaben ihm Gelegenheit, mit vielen Leuten zusammenzukommen, die der kaiserliche Glanz in weiter Ferne von ihm gehalten haben würde und die ihm zu seiner Belehrung nicht selten den wichtigsten Stoff gaben. Er benutzte sein Incognito auch, auf die liebenswürdigste Weise von der Welt, Wohlthaten zu üben und Freude zu bereiten. So kam er auf seiner italienischen Reise mit einem armen Edelmanne zusammen, der nach Wien reiste, um dort sein Glück zu machen. Er theilte dem Kaiser, den er für einen schlichten Bürger hielt, seine Hoffnungen und Befürchtungen mit, und erhielt von ihm einen Empfehlungsbrief an den Grafen von Lascy, den er mit keinen großen Erwartungen annahm, der ihm aber, sobald er übergeben war, augenblicklich eine Offizierstelle bei der Armee verschaffte.

Bald nach der Rückkehr aus Italien unternahm Joseph eine Reise nach Schlesien. Er reiste durch Mähren, ergriff hier auf der Lichtenstein'schen Herrschaft Posowitz den Pflug eines gemeinen Bauern und ackerte mehre Furchen mit eigenen Händen. König Friedrich war damals im Übungslager bei Neisse; hier stattete ihm Joseph einen Besuch ab. Die Anrede des Kaisers war: „Endlich sehe ich meine Wünsche erfüllt" — die des Königs: „Dies ist der schönste Tag meines Lebens." Als es bei einem gemeinschaftlichen Ritte zu einem kleinen Streit kam, wer voranreiten sollte, sagte Joseph: „Wenn Sie anfangen zu manoeuvriren, so muß ich gewiß weichen" — und fügte sich in den Willen des Königs. Im Jahre 1770 erhielt Joseph am 3. September im Lager bei Mährisch=Neustadt einen Gegenbesuch vom König von Preußen, der hier die Theilung Polens in Vorschlag brachte.

Der Bürgerkrieg in Polen und mehr noch der Ausbruch der Pest in diesem Lande gaben Preußen, Rußland und Östreich einen schicklichen Vorwand, starke Truppencordons an den polnischen Grenzen aufzustellen. Als jede Macht Truppen genug zusammengebracht hatte, trat man mit den Ansprüchen hervor, von denen die östreichischen noch am begründetsten waren. Die armen Polen mußten sich in ihr Schicksal fügen und die östreichische Monarchie ward ohne einen Schwertschlag plötzlich um 2700 Quadratmeilen und drei Millionen Einwohner größer. Die an Östreich abgetretenen Provinzen hatten sich übrigens zu ihrem Schicksale nur zu gratuliren, denn eine solche Berücksichtigung ihrer Wohlfahrt hatten sie noch von keiner Regierung erfahren, als sie ihnen jetzt zu Theil wurde. Nachdem in der Hauptstadt Lemberg die feierliche Huldigung für Maria Theresia vollzogen war, durchreiste Joseph in Begleitung der Generale Loudon, Pellegrini und Nostitz das neue Land in allen Richtungen. Einst trafen sie ganz ermüdet und hungrig in einem jüdischen Dorfe ein, aber wo sie auch einsprachen, nirgend war etwas Genießbares zu haben. Da schlug der Kaiser vor, daß Jeder für sich allein in einer bestimmten Zeit ein Gericht herbeischaffen sollte. Man zerstreute sich im Dorfe und zur bestimmten Zeit standen vier Schüsseln auf dem Tische, die mit dem herrlichsten Appetite verzehrt wurden.

Joseph hatte für jedes Jahr fünf Übungslager an bestimmten Orten des Reichs angeordnet, die sich in den Monaten August, September, October versammelten und jedes Mal von Joseph selbst besucht wurden. Als er im Jahre 1776 im Lager bei Prag war, kam die Armee während ihrer Übungen in die Gegend, wo am 6. Mai 1757 Schwerin gefallen war. Auf der Stelle, wo er von fünf Kartätschenkugeln getroffen niedergesunken war, stand ein Baum. Als an diesem Baume sechs Grenadierbataillone vorüberzogen, commandirte Joseph: halt! ließ ein Quarré formiren, trat in die Mitte desselben, befahl eine dreimalige Salve und entblößte bei jeder sein Haupt. So ehrte er den Schatten Schwerin's, der nicht wenig zu den Siegen beigetragen hatte, durch welche Schlesien für Östreich verloren ging.

In Wien besaß Joseph in dieser Zeit die höchste Achtung und Liebe des Volks. Er hatte sich dieselbe nicht nur durch seinen Gerechtigkeitssinn und seine Herablassung, sondern auch durch die Sorge erworben, mit der er die öffentlichen Vergnügungen des Publicums beförderte. So öffnete er den Augarten, den ihm seine Mutter 1774 geschenkt hatte, nachdem er ihn hatte erweitern und verschönern lassen, dem gesammten Publicum und ließ über den Haupteingang die Worte setzen: „Allen Menschen gewidmet zur öffentlichen Ergötzung von ihrem Schätzer." Zu gleichem Zwecke bestimmte er auch den Prater und als sich der Adel darüber beschwerte und ihn für sich allein in Anspruch nahm, wies er ihn mit den Worten zurecht: „Wenn ich auch immer nur mit meines Gleichen umgehen wollte, müßte ich in der kaiserlichen Gruft bei den Kapuzinern meine Tage zubringen."

Am 1. April 1777 trat er als Graf von Falkenstein in Begleitung der Grafen Colloredo und Cobenzl eine Reise nach Frankreich an. In Metz wohnte er im Regen einer Parade bei; ein freundlicher Offizier bot ihm seinen Regenschirm an, der Kaiser dankte aber mit den Worten: „Ich fürchte den Regen nicht", und augenblicklich ließen sich alle Offiziere die zierlichen Frisuren beregnen, für die sie bisher so besorgt gewesen waren. In Paris besuchte er vor allen Dingen das große Invalidenhaus, eine der großartigsten Schöpfungen Ludwig's XIV., in welcher über 200 Offiziere und 3000 Gemeine Wohnung und Unterhalt finden. Im Hotel=Dieu besichtigte er alle Zimmer, kostete die Speisen und verließ es, ein sehr ansehnliches Geschenk zurücklassend. Seines Besuchs erfreuten sich Buffon, d'Alembert, Rousseau und der Abbé de l'Epée, dem er eine prächtige Dose und dessen taubstummen Schülern er 50 Dukaten schenkte. Auf seiner weitern Reise, welche über Caen, Rouen, St.=Malo, Brest nach Bordeaux und von da über Bayonne, durch die spanische Provinz Biscaya, Südfrankreich, die Schweiz, Ostfrankreich zurück nach Wien ging, pflegte er die Einladungen zu den Bällen und Assembleen, die man ihm zu Ehren überall veranstaltete, wo er durchkam, mit den Worten abzulehnen: „Ich bin nicht nach Frankreich gekommen, um zu tanzen, sondern um Kenntnisse zu sammeln." Auf dem Wege von Lyon nach Genf reiste er durch das Ländchen Gex bei Ferney vorüber, ohne Voltaire zu besuchen, der seinen Besuch erwartete; dafür besuchte er Saussure in Genf und Haller in Bern.

Zu Ende des Jahres 1777 erlosch mit dem Tode des Kurfürsten von Baiern, Maximilian Joseph, die baiersche Hauptlinie und der Kurfürst von der Pfalz wollte als nächster Agnat die Länderein des Verstorbenen in Besitz nehmen, aber Östreich machte auch Ansprüche an die Verlassenschaft. Man verglich sich zwar mit dem Kurfürsten von der Pfalz, aber der König von Preußen bewog den Herzog von Zweibrücken, den natürlichen Erben nach des Kurfürsten Tode, gegen diesen Vergleich zu protestiren und Preußen um Hülfe anzugehen. Sachsen und Mecklenburg, welche auch Ansprüche auf die Erbschaft hatten, thaten Dasselbe. Friedrich brachte schnell zwei Armeen zusammen, eine in Schlesien, die er in eigener Person anführen wollte, und eine in der Mark, die unter dem Prinzen Heinrich nach Sachsen gehen und, mit den sächsischen Truppen vereinigt, in Böhmen einrücken sollte. Die Östreicher stellten ebenfalls zwei Armeen auf, die eine an der schlesischen Grenze, die andere an der Iser in Böhmen; außerdem stand noch ein Corps in Mähren und ein anderes dicht an der sächsischen Grenze. Die Führung der ersten Armee übernahm Joseph selbst. So drohend sich die Feinde gegenüberstanden, so kam es doch zu keiner Hauptschlacht. Der teschener Friede vom 13. Mai 1779 stellte alle Parteien zufrieden und vermehrte die östreichischen Lande mit dem Innviertel. Für Preußen war es gewiß ein Glück, daß dieser Krieg ein solches Ende nahm, denn auf Seiten der Östreicher brannte Alles vor Begierde, sich unter den Augen des Kaisers auszuzeichnen, welcher alles Ungemach und jede Arbeit mit seinem Heere theilte. Er setzte sich unerschrocken, ja verwegen den größten Gefahren aus und antwortete dem Obersten Canto, der ihm darüber Vorwürfe machte: „Wollen Sie denn, daß ein Kaiser den Hasenfuß machen soll?"

Die Kaiserin Maria Theresia, die sein Verhalten weder zu billigen noch zu tadeln wagte, da ihr Herz von Mutter- und Ruhmliebe gleich sehr erfüllt war, befand sich in einer unbeschreiblichen Unruhe und freute sich unendlich, als der Friede ihren Sohn lebendig in ihre Arme zurückführte.

Friedrich hatte seit Ende dieses Krieges das Brustbild Joseph's immer in seinem Zimmer vor sich hängen und selbst die preußischen Offiziere ergossen sich in die größten Lobeserhebungen, so oft die Rede auf Joseph kam. Der eine lobte seine menschenfreundlichen Gesinnungen, der andere rühmte seine Kenntnisse, der dritte pries seinen Muth; alle erzählten einmal über das andere, daß sie den Kaiser mitten unter den Bomben gesehen hätten, wie er zwischen seinem Leben und dem des gemeinsten Soldaten keinen Unterschied gemacht habe.

Am 26. April 1780 verließ der Kaiser Wien, um in Mohilew mit der russischen Kaiserin Katharina II. zusammenzutreffen. Am 2. Juni kam er daselbst an und zwei Tage darauf Katharina. Nach einem sechstägigen Zusammenleben reisten sie zusammen bis Smolensk; hier trennten sich die hohen Reisenden. Katharina ging nach Petersburg, Joseph nach Moskau und von da ebenfalls nach Petersburg.

In diesem Jahre verlor er seine Mutter und trat in den alleinigen Besitz der Erbländer. Das Volk betete ihn an, das Publicum von ganz Deutschland achtete und liebte ihn, als er Alleinherrscher in seinen Staaten wurde. Aber das änderte sich sehr, als er Alleinherrscher war. Er war nun nicht mehr Mittler und Tröster, er war nun Landesherr, der die Vortheile des Einzelnen dem Wohle des Ganzen opfern mußte. Als Mitregent hatte er tausend Misbräuche kennen gelernt und sich innerlich gelobt, dieselben abzustellen, es koste was es wolle, sobald er Alleinregent sein werde, und er war nicht der Mann, sich etwas vorzunehmen und es nicht auszuführen. Kein Wunder, daß unter solchen Umständen bald die Unzufriedenheit von Tausenden laut wurde, die von den Misbräuchen Vortheil und Gewinn gehabt hatten, und den stillen Dank der Millionen übertönte, für welche jene abgestellt wurden.

(Der Beschluß folgt in Nr. 502.)

Die Polygaren von Tinvelly.

Nicht weit von dem südlichen Ende Hindostans, am Meerbusen von Manaar und östlich von den Bergen, die sich vom Cap Comorin landeinwärts erstrecken, liegt der wenig bekannte District Tinvelly, einst ein Tributairstaat des Nabobs von Arkot, jetzt ein Theil der anglo-indischen Provinz Karnatik und demnach zur Präsidentschaft Madras gehörig. Er ist stark bevölkert, aber für Europäer ungesund, hauptsächlich wegen der dort stark betriebenen Reis- und Baumwollencultur. Das Land ist im Allgemeinen eben und holzarm und wird durch zahlreiche Ströme bewässert, welche von den westlichen Bergen herabkommen, während im Süden und Osten, in der Nähe der Meeresküste, viele salzige Moräste angetroffen werden. Die bedeutendsten Städte sind Tinvelly und Pallamcotta, die Haupthäfen Tuticorin und Tritschindur. Ein großer Theil des Landes ist Eigenthum von Brahminen, welche sich mit der Landwirthschaft nicht selbst befassen, sondern Arbeiter und niedrigere Kasten dazu anwenden; das meiste Land aber ist in den Händen von Sudras, von welchen viele alle Feldarbeiten selbst verrichten. Mit Ausnahme einiger mohammedanischer Landpächter sind die Bewohner hauptsächlich Hindu, die viele ihrer alten Privilegien beibehalten haben. Ehemals war das Land im Besitz einer Anzahl kleiner Häuptlinge, welche Polygaren hießen, immer in Krieg miteinander lebten und in Burgen wohnten, die in Wäldern und andern schwer zugänglichen Gegenden erbaut waren. Tapferkeit zeichnete sie aus; auf gute Waffen und Rüstungsstücke legten sie großen Werth, in ihren Sitten und Gebräuchen hatten sie große Ähnlichkeit mit den Mahratten. Ihre Krieger trugen weder übereinstimmende Kleidung noch gleiche Waffen; einige hatten Schwerter und Schilder, andere Bogen und Pfeile, Lanzen, Streitärte, noch andere Musketen, nur der Säbel war allen gemeinsam. Eine Art Helm bedeckte den Kopf und fiel auf die Schultern herab; ein Panzerhemd hüllte den Körper ein. Zur Zeit Hyder-Ali's schlossen die Polygaren, untreu ihren Verpflichtungen gegen die britisch-ostindische Compagnie, einen Bund mit Jenem; daher wurde im Kriege mit Hyder-Ali's Sohne, Tippo-Saib, Oberst Fullarton im J. 1783 damit beauftragt, sie zu unterwerfen, was ihm nicht ohne blutigen Kampf gelang; nachher fehlte es nicht an Versuchen der Polygaren, das britische Joch abzuschütteln, die jedoch alle ohne Erfolg waren. Seitdem ist von Polygaren gar nicht mehr die Rede gewesen. Seit langer Zeit hat sich der District Tinvelly eines ungestörten Friedens erfreut; die einst furchtbaren Festungen der Polygaren sind theils zerstört, theils verfallen sie immer mehr, während die Städte und Dörfer an Ausdehnung immer zunehmen.

Der Hagel.

Eins der schwierigsten Witterungsphänomene, das bis jetzt noch immer keine vollständige, alle Zweifel beseitigende Erklärung gefunden hat, ist der Hagel, den man bald zu den Hydrometeoren oder atmosphärischen Niederschlägen, bald zu den elektrischen Erscheinungen der Atmosphäre rechnet, das Letztere deshalb, weil er häufig mit Gewitter verbunden ist, immer aber nur bei einem hohen Grade von Luftelektricität vorkommt. Von dem eigentlichen Hagel (den Schloßen) unterscheidet man bekanntlich als eine Abart die Graupeln. Diese sind meist vollkommen runde Körper von weißer Farbe, die sich mehr oder weniger der des Schnees nähert, und von der Größe eines Hirsekorns bis zu der einer großen Erbse (von $1/3$–$2\frac{1}{2}$ Linien Durchmesser); sie sind immer völlig undurchsichtig, nur die größern nehmen einen dünnen Überzug von Eis an. Diese Art Hagel zeigt sich besonders im Winter und Frühling, in der Regel ohne Gewitter zur Zeit von Stürmen.

Der eigentliche Hagel, welcher besonders im Sommer zur Zeit von Gewittern vorkommt, besteht aus rundlichen Körpern von birn- oder herzartiger Gestalt mit einer Spitze, die beim Fallen meist nach oben gerichtet ist (ganz runde Hagelkörner werden nur selten gefunden), und von der Größe einer kleinen Erbse bis zu der einer welschen Nuß; sie haben in der Mitte einen graupelähnlichen Kern, umgeben von durchsichtigem oder milchigem Eise. Hagelkörner ohne einen Schneekern im Innern, welche durch gefrierende Regentropfen entstehen, kommen nur sehr selten vor; sie haben die gewöhnliche Größe der Graupeln. Übrigens ist es in vielen Fällen nicht leicht, zu bestimmen, ob ein Niederschlag zum Hagel oder zu den Graupeln gehört, indem beide allmälig ineinander übergehen.

Die Größe der Hagelkörner ist sehr verschieden, beträgt aber von mittlern Breiten für einzelne Körner wol nicht über 2 Zoll Durchmesser; findet man größere Massen, so sind diese zusammengesetzt und durch die Vereinigung oder Zusammenballung mehrer entstanden, wie das Vorhandensein mehrer Kerne deutlich zeigt. Beispiele, wo Hagelkörner die Größe von Hühnereiern oder gar Faustgröße hatten, sind nicht selten vorgekommen, ja in Nordamerika sollen dergleichen Hagelmassen alle Jahre vorkommen. Das Gewicht einzelner, durch Zusammenballung entstandener Hagelkörner wird bis zu einem Pfunde angegeben; so 1802 bei Annaberg, 1822 in Bonn und Trient u. s. w. Mehre Erzählungen von ungeheuer großen Hagelmassen gehören in das Gebiet der Fabeln, oder sind mindestens nicht gehörig beglaubigt; so sollen 1717 bei Namur Eisklumpen von 8 Pfund gefallen sein, 1802 in Ungarn bei dem Dorfe Putzemischel ein viereckiger Eisklumpen von 3 Fuß Länge, 3 Fuß Breite und 2 Fuß Dicke, auf 11 Centner Gewicht geschätzt, in dessen Nähe ein zweiter von der Größe eines Reisekoffers lag; bei Seringapatam in Ostindien unter der Regierung von Tippo-Saib eine Hagelmasse von der Größe eines Elefanten u. s. w.

In seltenen Fällen enthält der Hagel fremdartige Substanzen eingeschlossen, z. B. kleine Stückchen Spreu, Sand oder vulkanische Asche (1755 in Island beim Ausbruche eines dortigen Vulkans), ja sogar einen metallischen Kern, der für Schwefelkies erkannt wurde (1721 in Irland). Auf einem Berge von Südamerika (Paramo von Guancos) hat man in 13,800 Fuß Höhe rothen Hagel gefunden.

Hagelwetter ereignen sich in der Regel am Tage, zuweilen aber auch in der Nacht, und das Vorurtheil, daß in der Nacht kein Hagel vorkommen könne, weil das Tageslicht zur Bildung desselben nöthig sei, ist durch zahlreiche Erfahrungen hinreichend widerlegt. So kamen unter andern folgende große Hagelwetter bei Nacht vor: 1686 in Zürich, 1689 in Wien, 1719 in Triest, 1723 in Nürnberg und Genf, 1741 in Montpellier und Altona, 1751 in Altona (im März und November), 1778 am Comersee, 1802 bei Buck im Bezirk von Posen; am $\frac{25}{26}$. Juli 1822 in Sachsen und der Niederlausitz; am $\frac{22}{23}$. Juli 1826 im Waadtlande, 1829 in Halle u. s. w. Gewiß würden wir noch weit mehr Nachrichten von nächtlichen Hagelwettern haben, wenn nicht in der Nacht die Zahl der Beobachter weit kleiner als am Tage wäre.

Die kleinern Hagelarten gehören dem Winter und insbesondere dem Frühling an. Im Winter (besonders im Anfange und namentlich gegen das Ende desselben, im Februar und März) ist der Schnee häufig mit Graupelkörnern vermischt, die meist klein und locker sind; fester und größer sind die dem Regen beigemischten. Wenn im Frühjahre die Wärme, zugleich aber auch die Feuchtigkeit und Luftelektricität zunimmt, so erfolgen entweder Gewitter oder häufige Regenschauer, die sich ganz wie Gewitter verhalten und immer von fühlbarer Kälte begleitet sind, die oft auch eintritt, wenn die Wolken ohne Regen vorübergehen und nur die Sonne verdunkeln. Bei dieser Beschaffenheit der Witterung, die in Deutschland meist im April, zuweilen auch im Mai und in Norddeutschland ausnahmsweise noch im Juni vorkommt, ist das Graupeln sehr häufig; es beginnt und endigt gewöhnlich mit Regen. Im Juni und Juli kommt Graupeln nach einem starken Gewitter vor, besonders wenn es von Hagel begleitet war. Das Graupeln ist auch in solchen Gegenden, wo eigentlicher Hagel selten oder nie vorkommt, namentlich auf hohen Bergen, z. B. in den Alpen, häufig.

Die Hagelwetter im engern Sinne sind ganz eigentliche Gewitter und zwar von der furchtbarsten Art. Die sie herbeiführenden Wolken sind sehr dick und schwarz oder aschgrau, an den Rändern vielfach ausgezackt, gehen sehr niedrig und entstehen meist nach heiterm und windstillem Wetter und anhaltender drückender Wärme, die aber beim Beginn des Hagelns schnell abnimmt und zuweilen um 20° Réaumur fällt. Vor dem Hagelwetter und wol noch während desselben fällt das Barometer stark, um nachher wieder zu steigen. Die hagelführenden Theile der Gewitterwolken bilden meistens weißliche Streifen, die gegen die übrigen Wolkentheile sehr abstechen; zuweilen bilden die Hagelwolken einen traubenartigen, sich tief herabsenkenden Schlauch. Ein eigenthümliches Brausen kündigt nahe und schwere Hagelwolken an und verwandelt sich zuletzt in ein eigentliches Geprassel; es entsteht theils durch das Zusammenschlagen der Hagelkörner, theils durch die fast immer beim Hageln vorkommenden Luftströme, welche die Wolken mit großer Schnelligkeit nach verschiedenen Richtungen treiben. In der Regel dauert das Hageln nicht länger als 15, nur sehr selten 30 Minuten, indem sich die Hagelwolken mit großer Geschwindigkeit fortbewegen, welche in einem Falle auf 36 Fuß in einer Secunde oder 6 geographischen Meilen in einer Stunde berechnet worden ist. Die eintretende Dunkelheit hat Ähnlichkeit mit der bei totalen Sonnenfinsternissen vorkommenden und ist so groß, daß man nicht mehr lesen kann. Sie contrastirt grell mit einer die Hagelwetter oft begleitenden, dem Wetterleuchten ähnlichen Erhellung, die häufiger als einzelne Blitze beobachtet wird.

Daß Menschen durch ein Hagelwetter beschädigt oder gar getödtet werden, möchte sehr selten vorkommen, und die darüber vorhandenen Nachrichten sind wenig glaubwürdig, mit Ausnahme eines Falles bei Trient am 9. Juni 1822. Thiere werden öfter getödtet, namentlich Vögel, Schafe und Hasen. Daß außer den Fensterscheiben auch die Dachschiefer und Dachziegel, sowie die stärksten Pflanzen, Weinreben, Baumäste u. s. w. den größern Hagelkörnern nicht widerstehen können, ist eine bekannte Sache. Der Schade, den weit verbreitete Hagelwetter anrichten können, ist daher oft unermeßlich, wie bei dem großen Hagelwetter in Frankreich im J. 1788, wo der angerichtete Schade auf 25 Millionen Livres (etwa 7 Mill. Thlr.) geschätzt wurde. Zum Glück sind die von einem Hagelwetter betroffenen Landstriche in der Regel nicht sehr ausgedehnt und insbesondere sehr schmal, sodaß die Länge derselben vielmal größer als die Breite ist. Unter den in der neuern Zeit bekannt gewordenen Hagelwettern ist das vorhin erwähnte am meisten ausgezeichnet. Dasselbe traf zwei von SW. nach NO. laufende Streifen, von denen der eine 3—5, der andere 1½—3 französische Meilen breit war und die auf eine Strecke von wenigstens 100 Meilen einen 3—7 Meilen breiten Zwischenraum zwischen sich ließen. Das große Hagelwetter in Hanover im J. 1801 durchlief von Hanover bis Wolfenbüttel eine Strecke von 7 Meilen. Die Menge des auf eine ganze Strecke herabfallenden Hagels ist keiner genauen Messung fähig, aber jedenfalls außerordentlich groß. An einigen Orten soll der Hagel eine Höhe von 2 und mehr Fuß erreicht haben, was aber sehr übertrieben zu sein scheint; bei dem Hagelwetter in Hanover lagen die Hagelkörner nur 3 Zoll hoch, bei dem auf den Orkneyinseln im J. 1818 9 Zoll hoch. Muncke sieht 6 Zoll als größte in der Breite von Deutschland vorkommende Höhe des gefallenen Hagels an. Nicht selten hat ein starkes Hagelwetter eine Überschwemmung zur Folge, die in der Regel schnell vorübergeht, oft nur 15 Minuten in größter Stärke dauert. Übertrieben ist ohne Zweifel die Angabe, daß bei dem Hagelwetter von 1360 durch die aus Hagel und Regen entstandene Überschwemmung im englischen Lager bei Bretigny in Frankreich 1000 Menschen und über 6000 Pferde umgekommen seien; aber gewiß ist, daß durch solche Hagelfluten 1792 bei Beveringen im Hanoverschen ein vierspänniger Wagen fortgerissen und in die Weser gestürzt, 1800 unweit Göttingen eine Gartenmauer von 2 Fuß Dicke umgestürzt wurde u. s. w.

Hinsichtlich des Vorkommens der Hagelwetter in den einzelnen Ländern, sowie in verschiedenen Jahreszeiten ergibt sich aus den Beobachtungen Folgendes. In Frankreich und den Niederlanden kommen jährlich 10—20 Hagelschauer vor, die meisten im Frühling (etwa 40 Procent) und Winter (33 Procent), die wenigsten im Sommer (7 Procent). In Deutschland finden an einem Orte jährlich nur 5 Hagelschauer statt, und ferner am meisten im Frühling (47 Procent oder fast die Hälfte), nächstdem im Sommer und Herbst, die wenigsten im Winter (10 Procent). Im Innern von Europa oder den östlich von Deutschland liegenden Gegenden (Rußland, Ungarn) kommen jährlich nur etwa 3 Hagelschauer vor, die meisten im Sommer (etwa die Hälfte), nächstdem im Frühling, am wenigsten im Herbst (13 Procent) und Winter (10 Procent). In Moskau fällt sechs Monate lang kein Hagel. In Italien (Rom) kommen jährlich fünf Hagelschauer vor, die meisten im Winter und Frühling (zusammen 82 Procent), die wenigsten im Sommer und Herbst (zusammen 18 Procent), wiewol es im Herbst dort so häufig regnet. Hiervon abgesehen, hat die Vertheilung der Hagelschauer im Jahre große Ähnlichkeit mit der Vertheilung des Regens; je tiefer wir in das europäische Festland eindringen, desto mehr erhalten die Sommerregen und zugleich die Hagelwetter im Sommer das Übergewicht.

Einzelne Gegenden der betrachteten Länder zeichnen sich durch Häufigkeit oder Seltenheit des Hagels aus. In einigen Thälern der Schweiz, namentlich den warmen, in denen viele Cretins vorkommen, so in Wallis und dem Unter-Engadin, ist der Hagel so selten, daß oft in 20 Jahren keiner fällt; hingegen in den am Fuße hoher Berge liegenden Ebenen ist er sehr häufig, z. B. zu Borgofranco am Ausgange des Aostathals. Wenn in höher liegenden Gegenden der Hagel nicht so häufig als in der Tiefe vorkommt, so mag dies daher kommen, daß die Hagelkörner während des Fallens größer werden und sich aus Graupeln in Hagel verwandeln, denn daß auf den Alpen zwischen dem Schnee häufig Graupeln gefunden werden, ist ausgemacht. Auch kommt selbst auf dem St.-Gotthard Hagel vor, nur mit kleinern Körnern. In einer größern Höhe als 5—6000 Fuß kommt schwerlich irgendwo eigentlicher Hagel vor.

Zwischen den Wendekreisen ist der Hagel in tiefer liegenden Gegenden selten, während es in der Höhe öfter hagelt. So kommt er auf Martinique (wo nur aus dem Jahre 1721 ein Hagelwetter bekannt ist) und Isle de France, in Bornu, in Cumana überaus selten vor, selbst in Ägypten und Palästina, sodaß im alten Testamente der Hagelschauer, welcher sich vor dem Auszuge der Juden aus Ägypten ereignete, unter den Wundern aufgezählt wird. In Amerika ist nach Humboldt der Hagel zwischen den Wendekreisen in einer Höhe, die weniger als 1800 Fuß über dem Meere beträgt, so selten als bei uns etwa der Fall von Meteorsteinen und von einem Hagelfalle in einer mit dem Meeresspiegel fast gleichen Ebene ist jenem berühmten Gelehrten nur ein Beispiel bekannt geworden. In Caraccas, etwa 2700 Fuß über dem Meere, kommt alle vier bis fünf Jahre ein Hagelschauer vor. Humboldt vermuthet, daß der Hagel zwischen den Wendekreisen in geringer Höhe über dem Meeresspiegel nur darum fehlt, weil die Körner in den tiefern Luftschichten während des Fallens geschmolzen werden. Dies setzt aber, da es in den Vereinigten Staaten und in Europa unter 40—48° nördlicher Breite in den Ebenen im Sommer eben so heiß als in den Tropenländern ist und in jenen Gegenden Hagel vorkommt, entweder viel kleinere Hagelkörner als in der gemäßigten Zone voraus, oder ist dadurch zu erklären, daß die Wärme über den Ebenen der heißen Zone mit der Entfernung vom Boden sehr langsam und allmälig abnimmt und demnach die Hagelkörner lange genug in warmen Luftschichten schweben, um geschmolzen zu werden. Im hohen Norden ist großkörniger Hagel selten, wie auch der Regen dort meist in kleinen Tropfen fällt; Graupeln aber kommen z. B. auf Grönland häufig vor.

Einzelne Jahre zeichnen sich durch häufige Hagelschauer, wie durch häufige Gewitter aus, doch kommt es wol nicht leicht vor, daß dieselben Orte mehrmals in einem Jahre durch Hagelschlag zu leiden haben, wiewol nicht selten dieselben Gegenden in mehren aufeinanderfolgenden Jahren verwüstet werden. Unter jene hagelreichen Jahre gehörte besonders das Jahr 1822, wo vom Mai bis zum October in Bonn, Heidelberg, Trient, Strasburg, Venedig, Genua und in der Wetterau Hagelschläge, die zum Theil sehr furchtbar und verheerend waren, vorkamen. Im Allgemeinen sind die wärmsten und fruchtbarsten Jahre zugleich diejenigen, in denen Hagelschäden am häufigsten vorkommen.

Die Erklärung des Hagels, namentlich seiner Entstehung in der heißesten Zeit des Jahres, ist eine der schwierigsten Aufgaben der Witterungskunde, deren Lösung auf verschiedene Art versucht worden ist. Seitdem Franklin die elektrische Natur der Gewitter nachwies, leitete man häufig den Hagel aus den Wirkungen der Elektricität ab. Muschenbroek stellte die erste elektrische Theorie der Hagelbildung auf. Nach ihm entstehen die Graupeln ganz einfach aus gefrornen Regentropfen, der Sommerhagel aber auf folgende Weise. In der Region des ewigen Schnees schweben Wolken von ungleicher Stärke der Elektricität; wenn zwei solche zusammentreffen, so wird der stärker elektrischen ihre Ladung unter Donner und Blitz entrissen; die Theile der ihrer Elektricität beraubten Wolke stoßen nun nicht mehr, wie früher, einander ab, sondern vereinigen sich und bilden gefrierend die größern Hagelkörner. Dieser Erklärung steht freilich die Thatsache entgegen, daß im Sommer nicht selten Hagel ohne alles Gewitter vorkommt.

Großen Beifall erhielt die Hypothese von Volta, der sich bekanntlich durch Erfindung der nach ihm benannten galvanischen Säule so große Verdienste um die Elektricitätslehre erwarb. Dieser nimmt an, daß die zur Bildung so bedeutender Eismassen, mitten in der warmen Jahreszeit, erforderliche Kälte durch schnelle Ausdünstung entstehe, welche befördert werde durch die auf den obern Theil der Wolke scheinenden Sonnenstrahlen, durch die große Trockenheit und Verdünnung der über der Wolke stehenden Luft und durch die Elektricität. Wichtig ist demnach die Gegenwart der Sonne, weshalb auch die meisten Hagelwetter am Tage eintreten. Zur weitern Ausbildung der ersten Elemente der Hagelkörner sind nach Volta zwei Wolkenschichten erforderlich, von denen die obere durch den von untern aufsteigenden Dunst gebildet wird. Da beide in einen elektrischen Gegensatz treten (die obere wird positiv, die untere negativ elektrisch), so tritt eine Erscheinung ein, die mit der des elektrischen Puppentanzes ähnlich ist. Der letztere entsteht bekanntlich dadurch, daß von zwei Metallplatten (oder überhaupt Platten eines gut leitenden Körpers) die eine an dem Leiter einer Elektrisirmaschine befestigt ist, die andere mit dem Erdboden in leitender Verbindung steht; dann werden zwischen beiden Platten befindliche leichte Körper von beiden abwechselnd abgestoßen und angezogen, hüpfen also von der einen zur andern. Ein ähnlicher oder vielmehr derselbe Vorgang soll nach Volta beim Hagelwetter stattfinden, indem die auf der obern Seite der untern Wolke befindlichen Schneeflocken von jener abgestoßen, von der obern Wolke angezogen werden, dann aber wieder abgestoßen zur untern Wolke zurückkehren und so stundenlang zwischen beiden Wolken hin und her gehen, wobei sich die Flocken zu größern abgerundeten Körnern vereinigen und durch den Niederschlag von Dämpfen fortwährend vergrößert werden. Das häufige Zusammenstoßen der Körner bildet das eigenthümliche Geräusch, das dem Ausbruche eines Hagelwetters vorhergeht. Sind die Körner so groß und schwer geworden, daß die Elektricität der untern Schicht sie nicht mehr festhalten kann, so durchdringen sie die letztere und fallen zu Boden. Freilich muß sehr bezweifelt werden, ob sich die bedeutende Kälte aus der bloßen Verdunstung herleiten lasse, sowie es sicher ein Fehler ist, die Wolken als feste Körper anzusehen, der andern Einwürfe gar nicht zu gedenken. Die von Volta angenommene tanzende Bewegung der Hagelkörner müßte auf Gebirgen öfter wahrgenommen werden, ist aber bisher noch von Niemand bemerkt worden. Eine andere nicht minder scharfsinnige Hageltheorie hat Leopold von Buch zum Urheber. Nach diesem gefriert das Wasser durch starke Verdunstung, die folgenden Ursprung hat. Scheint die Sonne stark, so entsteht ein lebhafter aufsteigender Luftstrom, durch welchen die beständig aufsteigenden Dämpfe in Gegenden geführt werden, wo sie der größern Kälte wegen sehr bald niedergeschlagen werden müssen. Indem sie nun als Tropfen herabfallen, müssen sie durch die fortwährend aufwärts steigende warme Luft theilweise schnell verdunsten und dadurch so stark erkalten, daß sie gefrieren; im Herabfallen schlagen sich auf ihrer Oberfläche immer neue Dunstbläschen nieder, wodurch die Hagelkörner gebildet und vergrößert werden. Wo der aufsteigende Luftstrom am lebhaftesten ist, ist der Hagel am häufigsten. Gegen diese Erklärungsart ist hauptsächlich Das einzuwenden, daß die Hagelkörner, wenn sie durch das Gefrieren schon gebildeter Tropfen entständen, unmöglich das schneeartige Ansehen haben könnten, sondern nur als Eiskugeln erscheinen würden.

(Der Beschluß folgt in Nr. 502.)

Über Walzenmühlen.

Die Mahlmühlen, welche bis zum Anfange des 19. Jahrhunderts ihre Einrichtung und Gestalt in der Hauptsache unverändert beibehalten hatten, haben in der neuesten Zeit höchst wesentliche Veränderungen erlitten, durch welche für die Mehlerzeugung eine neue Epoche herbeigeführt worden ist. Vor allen Dingen sind in dieser Beziehung die von den Engländern vervollkommneten amerikanischen Mühlen zu nennen, die auch in Deutschland immer allgemeiner verbreitet zu werden anfangen. Bei diesen ist das ganze gezahnte Räderwerk nebst vielen andern zur Mühle gehörigen Theilen von Eisen, wodurch viele Hindernisse der Bewegung und viele Reparaturen vermieden werden. Zum Reinigen des Getreides, das in den gewöhnlichen Mühlen gar nicht oder doch nur sehr unvollkommen geschieht, dienen eigne Sieb-, Wind- und Bürstenwerke. Durch einmaliges Sieben bekommt man mehre Mehlsorten, die Kleienabsonderung ist weit vollständiger, ein und dasselbe Wasserrad kann mehre (3—4) Mahlgänge treiben u. s. w. Zu diesen großen Vorzügen kommt endlich noch, daß eine Mühle dieser Art bei gleichem Umfange und gleichem Zeitaufwande mit einer gewöhnlichen Mühle weit mehr Mehl liefern kann.

Aber auch diese verbesserten Mühlen behielten die horizontal liegenden Mühlsteine bei, die in den Walzenmühlen, wie sie seit 1820 in der Schweiz (von Helfenberger), in Wien (von Bollinger) und in Paris (von Collier und Andern) aufgestellt wurden, mit eisernen Walzen vertauscht sind. Entsprachen aber jene Mühlen sämmtlich den gehegten Erwartungen nicht, so hat neuerdings (vor 6—7 Jahren) der Mechaniker Sulzberger zu Frauenfeld in der Schweiz Walzenmühlen verfertigt, die nichts zu wünschen übrig lassen, und bereits sind Mühlen dieser Art von ihm in Mailand, Mainz, München, Stettin, Leipzig u. s. w. mit dem besten Erfolge construirt worden. Die Walzen haben sechs Zoll Durchmesser und ungefähr dieselbe Länge; in einem gußeisernen Gestelle (Stuhl oder Ständer), das in sechs Abtheilungen getheilt ist, liegen drei Paar solcher Walzen übereinander und zwei solche Stühle bilden ein System, indem die Walzen des einen zum Schroten und zur Grieserzeugung, die des andern zum Feinmahlen dienen. Die Geschwindigkeit je zweier Walzen verhält sich wie 16 zu 17; wenn sich z. B. die eine in der Minute 224 Mal umdreht, so dreht sich die andere 238 Mal.

Beim Weizenmahlen, zu welchem sich die Walzenmühlen am besten eignen, indem Roggen seiner größern Härte wegen nur darauf geschroten werden kann, ist der Gang der Arbeit folgender. Der Weizen kommt erst auf eine Reinigungsmaschine und geht dann durch die Walzen der Schrotstühle; das Schrot kommt hierauf in einen mit Drathnetz überzogenen Cylinder, den sogenannten Schrotbeutel, und aus diesem auf den Griesseparator, d. h. in einen länglich viereckigen Kasten mit 4—5 Abtheilungen, über dessen Öffnung ein Rahmen mit einem Drathnetz von gleich vielen Feinheitsabstufungen hin und her bewegt wird. Die in der letzten Abtheilung, wo die Maschen am größten sind, erhaltene Masse wird auf gewöhnlichen Mühlsteinen vermahlen (sie beträgt etwa $3/10$ derjenigen Masse, welche auf den Walzen zu Mehl vermahlen wird). Die übrigen feinern Griessorten werden, jede einzeln, auf den Mehlwalzen in Mehl verwandelt, nachdem sie zuvor durch eine zweite Reinigungsvorrichtung, die Blasmaschine, gegangen sind, in welcher ein Ventilator die Hülsen und andere fremde Substanzen wegbläst, die schweren guten Theile aber zu Boden fallen läßt. Das gewonnene Mehl wird in Cylinderbeuteln, die mit seidenem Beuteltuche überzogen sind, gebeutelt.

Ein System mahlt in 24 Stunden 300 berliner Scheffel Weizen und schrotet in derselben Zeit 700—800 Scheffel Korn. Die Kraft zur Bewegung der drei Paar Walzen eines Stuhls beträgt im Durchschnitt eine Pferdekraft. Der Preis eines Stuhls ist circa 500 Thlr.

Das von den Walzenmühlen gelieferte Mehl übertrifft an Feinheit das der amerikanischen Mühlen und eignet sich daher vorzugsweise für das feine Backwerk der Bäcker und Conditoren. Beim Kneten zu Teig nimmt es, da es völlig trocken gemahlen ist, mehr Wasser auf als das gewöhnliche Mehl und erscheint lockerer als dieses.

Unglück durch Fuhrwerk.

In den letzten Jahren kamen in den Straßen von Paris durch Fuhrwerk zu Schaden:

Jahr	Personen	getödtet
1834	158	4
1835	226	12
1836	225	5
1837	372	11
1838	376	10
1839	393	9
1840	408	14

Wie man sieht, ist die Zahl der Unglücksfälle dieser Art in schneller Zunahme begriffen.

Literarische Anzeige.

In allen Buchhandlungen ist zu erhalten:

Historisches Taschenbuch.

Herausgegeben von

Friedrich von Raumer.

Neue Folge. Vierter Jahrgang.
Gr. 12. Cartonnirt. 2 Thlr.

Inhalt: I. Verrath Strasburgs an Frankreich im Jahre 1681. Von **H. Scherer.** — II. Landgraf Hermann von Thüringen. Eine historische Skizze von **Ed. Gervais.** — III. Die brabantische Revolution 1789—90. Eine Skizze von **W. A. Arendt.** — IV. Der Jesuit Girard und seine Heilige. Ein Beitrag zur geistlichen Geschichte des vorigen Jahrhunderts, mitgetheilt von **A. Kurtzel.** — V. Erasmus von Rotterdam. Ein Beitrag zur Gelehrtengeschichte des 16. Jahrhunderts. Von **H. Escher.** — VI. Über die französischen Verfassungsformen seit 1789. Vortrag gehalten am 5. Februar 1842 im wissenschaftlichen Vereine von **Fr. v. Raumer.**

Die erste Folge des Historischen Taschenbuchs besteht aus zehn Jahrgängen (1830—39), die im Ladenpreise 19 Thlr. 20 Ngr. kosten. Ich erlasse aber sowol den ersten bis fünften (1830—34) als den sechsten bis zehnten Jahrgang (1835—39) **zusammengenommen für fünf Thaler**, sodaß die ganze Folge **zehn Thaler** kostet. Einzeln kostet jeder dieser zehn Jahrgänge 1 Thlr. 10 Ngr., der erste Jahrgang der Neuen Folge (1840) 2 Thlr., der zweite (1841) 2 Thlr. 15 Ngr., der dritte (1842) 2 Thlr.

Leipzig, im November 1842.

F. A. Brockhaus.

Das Pfennig-Magazin
für
Verbreitung gemeinnütziger Kenntnisse.

502.] Erscheint jeden Sonnabend. [November 12, 1842.

Der Hafen von Cherbourg.

Der Hafen von Cherbourg.

Die Stadt Cherbourg im französischen Departement von la Manche (zur ehemaligen Normandie gehörig), auf der Halbinsel Cotentin an einer geräumigen Bucht und der Mündung der kleinen Divette in den Kanal la Manche gelegen, ist für Frankreich seines Hafens wegen wichtig. Dieser ist nämlich der einzige Kriegshafen, den es am Kanal besitzt, und von Napoleon seit 1812 durch Sprengung von Felsen und ungeheuren Dämmen mit einem Aufwande von mehren Millionen hergestellt worden; er ist weit, bequem und mit einem Arsenal, einem Seehospital, großen Docken und Magazinen versehen. Das Bassin ist 1000 F. lang, 770 F. breit, 50 F. tief und kann 50 Linienschiffe fassen; indessen ist es leider der Verschlämmung zu sehr ausgesetzt und die Aufräumung desselben kostet jährlich bedeutende Summen. Schon von 1783 an hatte man an den Hafen 20 Millionen Thlr. umsonst verschwendet, unter Napoleon aber sollen die Arbeiten 50—60 Millionen Thlr. gekostet haben, ohne zu ihrer Vollendung gelangt zu sein. Die von Napoleon projectirte Verlängerung des Molo ist nicht fortgesetzt worden. Vertheidigt wird der Hafen durch vier starke Forts: Querqueville, Homet, Polet und das auf der Insel Pelée, die Rhede aber durch andere Festungswerke.

Die Stadt selbst ist wenig bemerkenswerth. Sie ist schlecht gebaut, hat enge, winklige Straßen und alterthümliche hohe Häuser, die meist mit Schiefer gedeckt sind. Die Zahl der Einwohner betrug 1836 19,315; sie treiben Schiffbau, Sodabereitung (aus dem am Strande des Meers häufigen Tang), Tuch- und Spiegelfabrikation u. s. w. Nicht unwichtig ist der Handel, welcher mit Colonialwaaren, Salz und Branntwein getrieben wird.

Cherbourg ist eine alte Stadt und war die letzte, welche die Engländer in der Normandie behaupten konnten; erst am 14. August 1450 wurde sie wieder französisch und feiert alljährlich die Wiederkehr dieses Tages durch eine feierliche Procession. Im J. 1680 ließ Ludwig XIV. alle Festungswerke der Stadt schleifen. Am 29. Mai 1692 wurde unweit Cherbourg eine große Seeschlacht geliefert (gewöhnlich die Schlacht bei la Hogue genannt), in welcher die französische Flotte unter Admiral Tourville durch die englische unter Lord Russell eine vollständige Niederlage erlitt; man kann von diesem Tage an das Übergewicht Englands zur See datiren. Im J. 1759 eroberten die Engländer die Stadt und verbrannten alle Magazine. In der neuesten Zeit wurde Cherbourg dadurch merkwürdig, daß sich Karl X. am 16. August 1830 hier einschiffte, um nach seiner Thronentsetzung in die Verbannung zu gehen; bekanntlich hat er seitdem den französischen Boden nicht wieder betreten.

Kaiser Joseph II.
(Beschluß aus Nr. 501.)

Das Erste, was der Kaiser nach dem Tode seiner Mutter that, war die Errichtung eines Cabinets aus Männern, wie er sie brauchte. Mit diesen arbeitete er vom Morgen bis in die Nacht. Von allen Stellen mußten ihm sogar geringe Sachen zur eigenen Entscheidung vorgelegt werden. Jedermann, vom Fürsten bis zum Bettler, hatte den ganzen Tag über freien Zutritt zu ihm. Der erste öffentliche Schritt, den der Kaiser that, war die Einführung der Conduitenlisten auch bei den Civilstellen, die für den Kaiser alle sechs Monate von den Präsidenten der verschiedenen Regierungsstellen über Stand, Besoldung, Fähigkeiten, Fleiß, Kenntnisse, sittliches Verhalten der Beamten eingereicht werden mußten. Hierauf wurde die Büchercensur durch eine neue Vorschrift geregelt, in welcher unter Anderm die Stelle vorkam: „Kritiken, wenn es keine Schmähschriften sind, sie mögen die Fürsten des Landes oder den untersten Unterthan betreffen, sind nicht zu verbieten." Dieser Vorschrift folgten mehre Verordnungen, durch welche die Bande, welche Deutschland an den Vatican knüpften, etwas lockerer wurden. Diesen folgte ein Pensionsregulativ, kraft dessen eine Menge Gnadengelder ganz eingezogen wurden.

Der Kaiser hatte alle seine Provinzen bereist, nur die Niederlande nicht. Er beschloß daher, auch sie zu sehen, reiste am 22. Mai 1781 dahin ab, nahm seinen Weg über Dünkirchen und erwarb sich überall, wo er hin kam, allgemeine Liebe und Hochachtung. Als er sich von dem Zustande der Niederlande gehörig unterrichtet hatte, ging er nach Holland. So begab er sich über Rüremonde, Aachen und Limburg nach Spaa, und dann über Brüssel nach Paris. In der Mitte August war er wieder in Wien.

Der nächste Gegenstand seiner Fürsorge war der Rechtszustand der 300,000 Juden, die sich in seinen Erbstaaten aufhielten. Er hat sie mehr begünstigt als irgend ein Fürst in Europa. Am 15. October 1781 erschien das erste Toleranzedict, das den Lutheranern, Reformirten und nichtunirten Griechen freie Ausübung ihrer Religion gestattete. Am 1. November 1781 erschien das Manifest zur Aufhebung der Leibeigenschaft an die Stände von Böhmen, Mähren und Schlesien, und bald darauf wurden die ersten Schritte gegen das Mönchthum gethan. Der römische Stuhl fürchtete, daß die Schritte des Kaisers das Vorspiel zu noch wichtigern sein und bald von andern katholischen Fürsten nachgeahmt werden möchten; es mußte also etwas geschehen, den Kaiser auf andere Gedanken zu bringen. Zu diesem Zwecke beschloß der damalige Papst Pius VI eine Reise nach Wien, um die Angelegenheiten der Kirche und die Gerechtsamen des Kaisers zu vereinbaren. Am 22. März sah man ihn mit Kaiser Joseph in derselben Kutsche durch die Thore Wiens einfahren und in der Kaiserlichen Burg absteigen. Er besah in den nächsten Tagen die Merkwürdigkeiten Wiens, hielt am Osterfest das Hochamt zu St.-Stephan und gab darauf vom Altan der Kirche allem Volke feierlich den Segen.

Man versprach sich von dieser außerordentlichen Reise auch außerordentliche Wirkungen, aber man täuschte sich; die Aufhebung der Klöster ging fort und wurde auf alle Orden ausgedehnt. Innerhalb acht Jahren wurden 700 Klöster aufgehoben und dafür viele Hundert neuer Pfarreien und Kaplaneien gegründet.

Im Jahre 1782 wurde die Todesstrafe abgeschafft. Die Verbrecher wurden zu öffentlichen Arbeiten verurtheilt und mußten mit abgeschorenen Haaren, in groben Kleidern, zwei und zwei an einer Kette, die Gassen Wiens säubern und die neugepflanzten Bäume der Esplanade begießen. So lange nur gemeine Leute so bestraft wurden, spöttelte man blos über die neue Justiz; als aber auch Hofräthe, Stabsoffiziere, Barone und Grafen in diesem Aufzuge auf den Gassen erschienen, wurden Hunderte mit Haß gegen den Kaiser erfüllt. Der Kaiser ließ sich aber dadurch in seinen Ansichten nicht irre machen und war von der Gerechtigkeit seiner Handlungsweise dermaßen überzeugt, daß er eine gegen ihn erschienene, mit großer Kühnheit abgefaßte Schrift öffentlich verkaufen ließ.

Das Jahr 1783 verging unter einer großen Menge innerer Reformen der mannichfaltigsten Art. Im December dieses Jahres reiste Joseph nach Italien, wo er wiederholte Unterredungen mit dem Papste hatte und den König von Schweden kennen lernte, und kam erst im März 1784 nach Wien zurück. In der Zwischenzeit hatte Rußland mit der Türkei Frieden geschlossen und die Krim gewonnen. Die eingetretene Ruhe benutzte der Kaiser, um auch in Ungarn seine Verbesserungen einzuführen. Die Comitate z. B. erhielten statt der Obergespane königliche Commissare; die deutsche Sprache sollte allgemeine Landessprache werden, die Toleranz ward mit Ernst betrieben, die Leibeigenschaft aufgehoben. So groß auch die allgemeine Unzufriedenheit darüber war, Joseph beharrte dennoch bei seinen Plänen und der Widerstand machte ihn nur hitziger in der Ausführung derselben.

Mit Holland kam Joseph dieses Jahr wegen der Scheldeschifffahrt in Streit. Er verlangte Freiheit derselben für alle seine Unterthanen gegen Aufopferung aller seiner Ansprüche an Holland, die Holländer aber verweigerten sie. Da erklärte er, die Schelde müsse frei sein und er würde den ersten Schuß, den man auf ein kaiserliches Schiff thun würde, für eine förmliche Kriegserklärung ansehen. Am 8. October lief ein kaiserliches Schiff von Ostende die Schelde hinauf und ein anderes von Antwerpen die Schelde hinunter; beide wurden von den Holländern genommen. Hierauf erschien eine kaiserliche Armee, die ohne Schwertschlag den Willen des Kaisers durchsetzte.

Um seine Besitzungen abzurunden, suchte Joseph für die Niederlande Baiern einzutauschen, aber der Herzog von Zweibrücken war dagegen und wandte sich an Preußen, welches den sogenannten deutschen Fürstenbund zusammenbrachte, dessen erste Mitglieder Sachsen, Hanover und Preußen waren. Joseph gab nun sein Tauschproject auf und zog auch die Niederlande in den Bereich seiner Reformen.

Im Jahre 1787 reiste er in die Krim, um daselbst mit seiner hohen Verbündeten zusammenzutreffen. Hier speiste am 1. Juni der Mufti Musalaph Effendi mit einer griechischen Kaiserin und einem katholischen Kaiser an einem Tische. Die Pforte gerieth über diese Zusammenkunft in große Unruhe. Die ersten Tage, welche Joseph in der einst für Östreich so verhängnißvollen Krim zubrachte, waren die letzten Tage seines Glücks. Während er an den Ufern des schwarzen Meers herumreiste, stieg in seiner entlegensten Provinz eine Flamme auf, die seine Ruhe und seine Zufriedenheit völlig vernichtete.

Mit dem Jahre 1787 sollte auch in den Niederlanden die neue politische und gerichtliche Verfassung ihren Anfang nehmen. Am 26. April erklärten aber die Stände, daß sie die Subsidien nicht ferner bewilligen könnten, wenn nicht alle neuen Einrichtungen sogleich aufgehoben würden. Ein wegen Betrug verhafteter Seifensieder diente den bürgerlichen Gewerkschaften von Brüssel, Antwerpen und Löwen zum Vorwande, sich bei den Ständen höchst ungestüm über Verletzung ihrer Freiheiten zu beklagen. Das war den Ständen sehr willkommen und sie machten nun so kühne Foderungen an die Gouverneurs, daß das Volk in seiner blinden Wuth das größte Recht zu haben glaubte. Die Regierung opferte Alles, um nur die Ruhe zu erhalten, aber munterte dadurch nur die von der Geistlichkeit verhetzte Nation auf, immer weiter zu gehen. Joseph erließ am 3. Juli ein Rescript an die niederländischen Stände, worin er sich in seiner ganzen liebenswürdigen Humanität zeigt. Aber das half nichts, die Misbräuche mußten wiederhergestellt werden und dafür wurden Freudenfeste angestellt, Städte illuminirt, das Te Deum gesungen.

Im Jahre 1788 am 6. Januar verheirathete er den Erstgeborenen seines Bruders Leopold, den verstorbenen Kaiser Franz, mit der würtembergischen Prinzessin Elisabeth und am 9. Februar ließ er der Pforte den Krieg erklären, nachdem alle Versuche mislungen waren, sie mit Rußland auszusöhnen. An demselben Tage fingen auch die Feindseligkeiten an, denn diesmal stand eine Armee von 240,000 Mann kriegsgerüstet an der türkischen Grenze; man fand aber die Türken nicht minder vorbereitet. Im März kam Joseph selbst zur Armee, aber der Feldzug ging nicht von statten, wie man erwartet hatte, denn Rußland mußte plötzlich seine Kräfte theilen und gegen Schweden zu Felde ziehen. Man getraute sich nicht, einen Hauptschlag zu thun. Die Armee stand bei einer ungewöhnlichen Sommerhitze in einer wahren Wüste; Krankheiten fingen an zu grassiren und zerstörten mit der Gesundheit den Muth der Truppen. Der Feldzug kostete über 45,000 Menschenleben und brachte nicht das Geringste ein; das Schlimmste war, daß auch die Gesundheit des Kaisers dabei zu Grunde ging. Er kam am 5. December krank an Leib und Seele nach Wien zurück. Seine Krankheit erlaubte ihm nicht, im Jahre 1789 zum Heere zurückzukehren; dafür war man diesmal ebenso über Erwarten glücklich, als man im vorigen Jahre unglücklich gewesen war. Die Eroberung Belgrads setzte dem Feldzuge die Krone auf; sie war der letzte Freudenstrahl im Leben Joseph's, der immer hinfälliger wurde. Doch erlebte er noch das Jahr 1790, um Zeuge der traurigsten Erscheinungen zu sein, die er erleben konnte. Die Niederlande waren in offener Empörung gegen ihn, die Ungarn und Tiroler drohten damit. Um sie davon abzuhalten, ließ er Alles wieder auf den alten Fuß setzen. Der Tod der Erzherzogin Elisabeth, der in Folge einer schweren Entbindung am 18. Februar eingetreten war, war der letzte harte Schlag, der ihn traf. Er befahl, daß ihr der Hofkapelle ausgesetzter Leichnam bald an ihren Begräbnißort kommen solle, damit für seine Leiche Platz werde. Während seiner ganzen Krankheit hatte er fast ebenso eifrig gearbeitet als in seinen gesunden Tagen. Die letzten Tage widmete er der Freundschaft. Er schrieb am 19. Februar an den Fürsten Kaunitz einen Brief, welcher mit den Worten schließt: „Ich umarme Sie und empfehle Ihnen in diesem gefährlichen Zeitpunkte mein Vaterland, das mir so sehr am Herzen liegt", — einen andern an den Grafen Rosenberg, worin die Stelle vorkommt: „Glauben Sie, daß das Einzige, was ich bei meinem Austritte aus der Welt bedaure, die kleine Anzahl von Freunden ist, die ich verlassen muß" — einen dritten an die weiblichen Mitglieder der Gesellschaft, in der er gewöhnlich seine geschäftsfreien Abende zubrachte. Um 10 Uhr Abends entließ er seine Secretaire und legte sich zu Bette. Zwischen abwechselndem Schlummern und Phantasiren verging die Nacht. Um 5 Uhr ward er munter und verlangte eine Suppe; die Suppe ward gebracht, aber Joseph sank zurück. Es folgten die Zuckungen des Todes und um halb 6 Uhr der Tod. Joseph war nur 49 Jahre alt geworden.

*

Das Rathhaus zu Aachen.

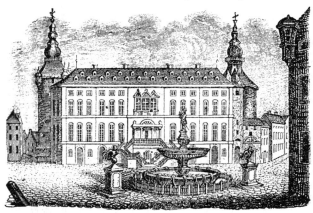

Eins der merkwürdigsten Gebäude der durch ihre geschichtlichen Erinnerungen, durch ihre alten Baudenkmäler und ihre Neubauten gleich interessanten Stadt Aachen ist das gothische Rathhaus, im J. 1353 auf dem höchsten Punkte der Stadt von dem Bürgermeister Gerhard Chorus erbaut. An beiden Enden der 175 Fuß langen Fronte stehen Thürme, die weit älter sind: der halbkreisförmige im Westen (Markt- oder Glockenthurm genannt, weil er die städtische und die sogenannte Portenglocke trägt, die früh bei Öffnung und Abends bei Schließung der Thore geläutet wurde) gehörte einst der Halle an, welche den Dom mit dem Palaste Karl's des Großen in Verbindung setzte, der an der östlichen Seite stehende viereckige aber, der den Namen Granusthurm führt*) und dessen unterer Theil von Manchen irrthümlich für römisches Bauwerk gehalten wird, wurde zwischen 1208—15 von dem kaiserlichen Schultheißen Arnold von Gimnich erbaut, und zwar einem noch stehenden Theile des karolingischen Palastes angelehnt, um die dem Kaiserhause der Hohenstaufen ergebene Stadt in der Gewalt der Guelfen behaupten zu können. Im J. 1215 wurde A. v. Gimnich in diesem Thurme von der Bürgerschaft belagert, die sich für Friedrich II. erhob. Zu Anfange des 14. Jahrhunderts wurde der Raum zwischen den beiden gedachten Thürmen, wo früher auf den Trümmern eines römischen Castells eine 882 von den Normannen zerstörte, 983 durch Otto wieder aufgebaute Pfalz der fränkischen Könige gestanden hatte, in welcher Karl der Große geboren wurde, der Stadt zur Erbauung eines Rathhauses überlassen, mit der Bedingung jedoch, daß das obere Stockwerk zu einem Festsaale für die kaiserlichen Krönungen eingerichtet werden sollte. Dies geschah; der Saal (im dritten Stockwerke), welcher zu diesem Zwecke bestimmt und mehrmals gebraucht wurde, war 160 Fuß lang und 60 Fuß breit und wurde durch vier in der Mitte aufgerichtete Säulen, welche Kreuzgewölbe tragen, der Länge nach in eine südliche und eine nördliche Hälfte getheilt. Ehemals wurde er durch die Standbilder der in Aachen bis 1558 gekrönten Kaiser geschmückt (deren Bildnisse auch an der Vorderseite des Rathhauses angebracht waren), aber bei der Umgestaltung des Saals im vorigen Jahrhundert sind sie verschwunden. Damals wurde bekanntlich das aachener Rathhaus für die Verhandlungen des Friedens benutzt der 1748 dort geschlossen wurde. Man ließ auf der nördlichen Seite einen geräumigen Saal bestehen, der nur am östlichen und westlichen Ende verkürzt wurde; die südliche Hälfte wurde durch eine die Säulen verbindende Zwischenwand von der nördlichen getrennt und in mehre Abtheilungen zerlegt. In dem verkleinerten Saale sieht man noch die Bildnisse der bei dem Friedensschlusse anwesenden Gesandten. Er wird jedoch seine jetzige Gestalt nicht lange behalten. Vor einigen Jahren wurde beschlossen, den ehemaligen Krönungssaal in seiner jetzigen Breite, aber in der ursprünglichen Länge von 160 Fuß mit Frescogemälden aus der düsseldorfer Schule, Scenen aus dem Leben Karl's des Großen, die Schlacht von Roncesvalles, das Concilium von Frankfurt u. s. w. darstellend, auszuschmücken und die auf den aachener Frieden bezüglichen Gemälde zu beseitigen. Dieser vielfach angefochtene Beschluß wurde jedoch später dahin modificirt, daß der Saal ganz in seiner ehemaligen Größe hergestellt werden soll. Die Gemälde sollen nicht an der Zwischenwand, sondern auf der nördlichen Hinterwand Platz finden; alle Fenster nach dieser Seite sollen vermauert werden, ebenso die Freitreppe, auf welcher die Kaiser hinanstiegen, und dafür ein äußeres Treppenhaus an dem Gebäude angebracht werden. Ein anderer Saal enthält die von David gemalten Bildnisse des Kaisers Napoleon und seiner Gemahlin Josephine, welche der Stadt Aachen vom Kaiser zum Geschenk gemacht wurden, dann nach Berlin kamen und 1840 von dem jetzt regierenden Könige Friedrich Wilhelm IV. der Stadt zurückgegeben wurden.

Vor dem Rathhause, in der Mitte des Marktes, befindet sich ein zu gleicher Zeit mit dem Rathhause erbauter schöner Springbrunnen, dessen Wasser ¾ Stunde von der Stadt entspringt. Es ergießt sich aus einer 1200 Pf. schweren kupfernen Schale, welche mit Delphinen und Löwenköpfen verziert ist, in ein darunter befindliches großes Becken von schwarzgrauem Stein. Aus jener Schale erhebt sich eine Säule, welche das 1620 errichtete 6 Fuß hohe Standbild Karl's des Großen aus Erz trägt, das freilich für die Größe des Platzes viel zu klein ist und daher nach Simrock's witziger Bemerkung eher für Karl's Vater, Pipin den Kurzen, geeignet scheint.

In der Nähe des Rathhauses ist noch die Kaiserquelle merkwürdig, welche dem Orte seinen Ursprung gegeben und das gewaltige Kaiserbad mit Wasser versehen hat, in welchem einst hundert Menschen zugleich umher-

---

*) Granus war ein Beiname des Apollo, der von den Römern bei Heilquellen verehrt wurde. Vielleicht ruht der Thurm, der sehr tief in die Erde geht, wenigstens auf der Grundlage eines Apollotempels.

schwammen. Sie strömt aus tiefen Felsenspalten und ist die schwefelhaltigste Quelle in ganz Europa; der Dampf ihres Wassers setzt jährlich gegen 20 Pf. Schwefelblumen ab.

Der Hagel.
(Beschluß aus Nr. 501.)

Unter den übrigen Hypothesen ist besonders die von Muncke zu bemerken, welcher ebenfalls den aufsteigenden Luftstrom zu Hülfe nimmt. Die Graupeln entstehen nach ihm im Frühlinge dann, wenn der Erdboden noch die Winterkälte hat, aber durch die Strahlen der Sonne bedeutend erwärmt wird; dann steigen viele mit Wasserdampf gesättigte Luftschichten in die höhern Regionen, in denen noch die kalten Luftströmungen des Winters herrschen, und werden dort mit kältern Luftschichten gemengt, dadurch wird der Wasserdampf verdichtet und in Graupeln allein oder Graupeln und Schnee oder Graupeln mit nachfolgendem Regen verwandelt. Soll sich im Sommer ein Hagelwetter ausbilden, so muß sich erstens die Atmosphäre in großer Ruhe befinden (weht der Wind lebhaft, so ist man gegen Hagelwetter fast ganz sicher), zweitens die Sonne lebhaft auf den Boden einwirken und demnach der Thermometer für die Jahreszeit ungewöhnlich hoch stehen. Dadurch entsteht nun ein lebhafter aufsteigender Strom (während unten die Luft von der Seite herzuströmt und dadurch häufig Wirbelwinde gebildet werden) und der Wasserdampf kommt nach und nach in Regionen, die weit über die Schneegrenze hinaus liegen, also weit kälter sind und deren Temperatur tief unter dem Gefrierpunkte liegt. Diese hoch emporgehobenen Luftmassen sind nicht die Hagelwolken selbst, aber das Material derselben; ein Theil der in ihnen enthaltenen Dämpfe wird niedergeschlagen, der Himmel wird trübe und milchig, und es erzeugen sich zarte und flockige Wolken, die in einer sehr großen Höhe (wol bis 18 oder 20,000 Fuß) schweben, in einer Temperatur von 10—16 Grad Réaumur unter dem Eispunkte. Der niedergeschlagene Dampf bildet allmälig Eiskrystalle, welche die umgebenden Wassertheilchen anziehen, dadurch größer werden und den Kern der Hagelkörner bilden. Das Gewicht derselben nimmt immer mehr zu, ihre Wolken sinken zuletzt herab und ziehen die kältern und schwerern obern Luftschichten nach sich, wodurch ein Wind entsteht, der oft zum Orkan wird. In Folge der dadurch vermehrten Verdunstung wachsen die Hagelkörner immer mehr und gelangen endlich auf den Erdboden.

Die durch Hagelwetter herbeigeführten ungeheuern Verwüstungen ließen bald nach Erfindung des Blitzableiters durch Franklin auf Hagelableiter, d. h. auf Vorrichtungen denken, welche gegen das Hagelwetter schützen sollten, und bei dem leicht erkennbaren Zusammenhange zwischen der Elektricität und den Hagelwettern lag dieser Gedanke allerdings sehr nahe. Mit Bestimmtheit aber läßt sich erklären, daß, so wirksam und wohlthätig auch Blitzableiter sind, keiner der vielen zur Abwendung des Hagels gemachten Vorschläge seinen Zweck erreichen kann. Die vermeintlichen Hagelableiter sollten auf dreifache Weise wirken: 1) durch Entziehung der Elektricität, was schon darum ohne Wirkung sein muß, weil wahrscheinlich die Elektricität nicht sowol Ursache als Folge der Hagelbildung ist, den Wolken in größerer Ausdehnung ihre Elektricität zu entziehen und dadurch Gewitterwolken zu zerstören, was gar nicht zugestanden werden kann; 2) durch Erschütterung der Luft und Mengung ihrer verschiedenen Schichten, wozu heftige Explosionen, große Feuer u. s. w. dienen könnten; dieser Art von Schutzmitteln, welche noch die sichersten Wirkungen verspricht, steht nur Das im Wege, daß man in den voraus die Bildung eines Hagelwetters nicht bestimmen kann, so wenig als den Ort, wo es gebildet wird; wollte man aber an allen schwülen Tagen, an denen muthmaßlich eine Disposition zur Hagelbildung vorhanden sein kann, über weiten Länderstrecken dergleichen Explosionen oder große Feuer anwenden, so würde der dadurch verursachte Aufwand mit dem möglicherweise zu verhütenden Schaden in gar keinem Verhältnisse stehen; 3) durch einen chemisch zersetzenden Einfluß auf das Mischungsverhältniß der atmosphärischen Luft; aber an die Möglichkeit und Wirksamkeit einer solchen chemischen Einwirkung ist nicht zu denken. Hiernach gibt es kein Mittel, um die Bildung des Hagels zu verhüten; daß aber das Herabfallen des bereits gebildeten Hagels nicht verhindert werden kann, ist von selbst klar.

Der Erste, welcher den Vorschlag machte, durch eine Menge von Blitzableitern den Wolken alle Elektricität zu entziehen und dadurch die Hagelbildung zu hindern, war der Franzose Guenaut de Montbeillard (1776), dem sein berühmter Landsmann Guyton de Morveau beistimmte. Die Unwirksamkeit dieses Mittels wurde schon 1785 durch Heinrich, sowie später von Wrede und Weiß nachgewiesen; dennoch wiederholte Pinazzi in Mantua 1788 denselben Vorschlag.

Im J. 1820 pries ein gewisser La Postolle Blitzableiter aus Strohseilen zugleich als Schutzmittel gegen Hagelschäden an (ihnen nachgebildet waren die von Thollard verfertigten Hagelableiter aus Strohseilen an Stangen mit hölzerner Spitze und aus Strohseilen mit eingeflochtener leinener Schnur mit messingener Spitze). Wiewol die Physiker den Vorschlag allgemein verwarfen und die Unwissenheit des Erfinders klar zu Tage lag, so fehlte es doch nicht an Solchen, die getäuscht wurden und den Vorschlag vertheidigten, was namentlich sogar der sonst so gelehrte Orioli that. Mehre Gesellschaften für Naturwissenschaften und Ackerbau, namentlich in Frankreich, Italien und der Schweiz, nahmen sich der Sache an und setzten zum Theil Preise aus, um Erfahrungen über den Gegenstand zu sammeln. Es liegt aber in der Natur desselben, daß es fast unmöglich ist, einzelnen Erfahrungen dieser Art, sofern sie scheinbar günstig sind, ein großes Gewicht beizulegen; denn wenn auch ein Feld, das mit einem solchen Hagelableiter versehen ist, in einer bestimmten Zeit oder bei einem bestimmten Hagelwetter keinen Schaden durch Hagelschlag erleidet, so bleibt immer ganz unentschieden, ob es ohne Hagelableiter von dem Hagel getroffen worden wäre, worüber sich um so weniger etwas bestimmen läßt, da Hagelwetter in der Regel eine so geringe Verbreitung haben; in jedem Falle müßten die Versuche eine lange Reihe von Jahren fortgesetzt werden. Ganz anders ist es aber mit Erfahrungen entgegengesetzter Art; werden Felder, die mit Hagelableitern versehen sind, gleichwol von dem Hagel eben so gut, als Felder, die keine Hagelableiter haben, getroffen, so beweist dies entschieden gegen den Nutzen solcher Hagelableiter. Solcher Erfahrungen aber gibt es eine große Zahl; namentlich machte es Aufsehen, als die mit Hagelableitern geschützten Weinberge des Waadtlandes in der Nacht vom 22. zum 23. Juli 1826 gänzlich verhagelten, während einige benachbarte, nicht damit versehene verschont blieben. Nichtsdestoweniger wurde auch später eine Menge von Versuchen (in Italien sogar von den Regierungen, in Frankreich, der Schweiz und Süddeutschland von Privaten) angestellt, welche nicht geringe Kosten verursachten; das Resultat war am Ende, daß von Hagelableitern kein Nutzen zu erwarten stehe, wovon man jetzt doch wol allgemein überzeugt sein möchte. In Norddeutschland und England hatte man gleich anfangs nichts davon erwartet; in letzterm Lande war J. Murray der Einzige, der das vermeintliche Schutzmittel als unzweifelhaft sicher seinen Landsleuten empfahl.

Eine mechanische Zertheilung der Hagelwolken hat man schon in frühern Zeiten versucht. So wird vom Jahre 1703 berichtet, daß die Einwohner eines französischen Orts durch Glockengeläute während eines großen Hagelwetters die Wolken zertheilt und ihre Feldmark geschützt hätten. Dem Gebrauche, bei Hagelwettern und überhaupt bei Gewittern die Glocken zu läuten, lag indeß hauptsächlich Aberglaube zum Grunde, weshalb man auch meistens nur geweihte Glocken für brauchbar hielt. Auch das Mittel, Feuer auf dem Herde anzuzünden, ist wol aus dem abergläubischen Wahne entstanden, daß das Verbrennen geweihter Kräuter dem Hause Schutz gewähre. Neuerdings (noch 1806) wurde in Frankreich das Abfeuern von Kanonen als wirksam empfohlen. Wahrscheinlich ist es allerdings, daß die zur Hagelbildung erforderlich scheinende Ruhe der Atmosphäre durch heftige Lufterschütterungen, wie sie bei dem Abfeuern von Geschützen vorkommen, gestört werden kann. Dafür aber, daß auch dieses Mittel nicht allgemein und sicher helfen kann, läßt sich die Erfahrung anführen, daß einst unter Friedrich dem Großen ein großes Artillerie-Manoeuvre, bei welchem außerdem 36,000 Mann Infanterie feuerten, stattfand, ohne daß dies den Ausbruch eines heranziehenden Gewitters verhüten konnte. Ein schon ausgebildetes Hagelwetter kann aber, wie leicht einzusehen, auch auf diesem Wege nicht zerstört werden. Ein chemischer Einfluß, wie ihn einige Physiker dem Pulverdampfe zugeschrieben haben, ist in Bezug auf die Gewitter- und Hagelbildung nicht füglich anzunehmen; könnte man aber Racketen in diejenige Region, wo die Hagelwetter wahrscheinlich gebildet werden, und dort zur Explosion bringen, so wäre ein Erfolg dieser mechanischen Erschütterung der Luft wol denkbar.

Neapolitanische Skizzen. *)

1. Leben auf der Straße.

Rom ist die Stadt der Vergangenheit, Neapel die der Gegenwart. In Rom ist wenig Leben, Alles ernst und still; zwischen den weißgetünchten Häusern mit platten Dächern überall großartige Denkmäler einer entschwundenen Zeit, der Römer selbst edel von Haltung, langsam von Gang und Bewegung. Neapel, obgleich nicht größer als Rom, hat bei fast 400,000 Einwohnern das Dreifache seiner Bevölkerung, hier unaufhörliches Getümmel in den Ameisenhaufen gleichenden Straßen, Wagen, Reiter, Fußgänger ohne Zahl, die leicht und gewandt aneinander vorüberschlüpfen.

Das bunteste Bild bietet sich in der Hauptstraße Neapels, die von Süden nach Norden sanft ansteigend die Stadt fast in ganzer Länge durchschneidet, der Straße

---

*) Wir folgen hierbei dem sehr anziehenden Werke des Dr. Karl August Mayer: „Neapel und die Neapolitaner oder Briefe aus Neapel in die Heimat". Der Verfasser hat sich mehre Jahre in Neapel aufgehalten und daher zu gründlichern Beobachtungen Gelegenheit gehabt als die Menge Derer, welche flüchtig die schöne Halbinsel durchstreifen und selbst ihren Hauptstädten nur wenige Tage widmen können.

Toledo, dar. Die Mitte derselben nehmen zwei selten unterbrochene Reihen hin- und hergehender Privat- und Miethkutschen, untermischt mit Reitern und Omnibus, ein, welche alle Fußgänger und eine große Anzahl Lastthiere rechts und links an die Häuser andrängen. Zum Glück ist die Straße von bedeutender Breite, sonst fänden sie wenig Platz; denn vor den Häusern haben die Besucher der zahllosen Kaffeehäuser sich niedergelassen und auch allerlei Handwerker, Schneider, Schuhmacher, Schlosser, Sattler u. s. w. verrichten da ihre Arbeit, wie durch ganz Italien üblich ist; die Kleinhändler und Geldwechsler, namentlich auch die Eiswasser-Verkäufer haben auf der Straße ihre Tische und Stände, Garköche und dergl. ihre Kohlenbecken und Öfchen. Dazu die Menge herumwandernder Händler und Kleinverkäufer, die Bauern, Lazzaroni, Bettler, die oft den Kopf an die Häuser gelehnt sich nach der Mitte der Straße zu ausgestreckt haben, so daß man über sie wegsteigen muß, nicht selten schlafend auf dem harten Pflaster und bei dem entsetzlichen Lärm. Ein Capitano kommt vielleicht gar auf den seltsamen Einfall, seine Soldaten gassenbreit marschiren zu lassen durch das dichte Getümmel, wo dann unwillig Alles flüchtet.

Tragen sich auch die Neapolitaner, insofern sie nicht den untersten Ständen angehören, fast ganz wie wir, so ist doch die Mannichfaltigkeit der Trachten ungleich größer als in unsern Hauptstädten. Überall sieht man die rothen Mützen und Leibbinden der Fischer und Lazzaroni, die seidenen Kopftücher, die bunten Mieder und Röcke der Weiber vom Lande. In buntem Gemisch erblickt man die königlichen Garden und Schweizerfoldaten in hochrothen Röcken, die Weltgeistlichen in langem, schwarzem Talar, die Mönche der verschiedenen Orden: spitzbärtige Kapuziner in braunen Kutten, Sandalen an den Füßen, kahlgeschorene Franziskaner, die weißen Camalduleuser, die Dominikaner, Benedictiner, Augustiner und wie sie alle heißen mögen. Dann und wann erscheinen auch Nonnen von verschiedenen Orden und Trachten, am meisten die sogenannten Hausnonnen, die in der Welt leben, aber nur für fromme Zwecke und durch das Keuschheitsgelübde gebunden. In bunten, meist recht grellen Uniformen erscheinen die See- und Landcadetten, die Schüler der medicinischen und chirurgischen Anstalten, herrschaftliche Diener, wie Kanarienvögel gelb die Züchtlinge und dann wieder in langen Zügen, von ihren Lehrern geführt, die Zöglinge geistlicher, meist jesuitischer Institute; zuweilen läßt sich auch ein Grieche oder ein Mohr im Nationalcostume blicken. Wahrlich, man möchte meinen, es sei hier Tag für Tag Carneval.

Und welch ein unbeschreiblicher Lärm bei all dem Gewühle! „O welch schöne Sache! — Fische, Fische! — Gefrornes, meine Herren, Gefrornes, das Glas einen Gran! — Hähne, Hähne! — Schöne Pomeranzen!" Dies Geschrei, das die stehenden und wandernden Verkäufer aus heiserer Kehle ertönen lassen, klingt immer in den Ohren; und die Anerbietungen der Kutscher: „Einen Wagen, Excellenz, einen Wagen", und ihre Warnungen: „Achtung, Achtung!" — und der Ruf der Leute, die mit blechernen Kapseln rasselnd vor den Kirchen stehen: „Zur Messe!" — und der Bettler Wehelaut: „Erbarmen, ich sterbe vor Hunger!" Horch, da schallt aus einer Seitenstraße der rauhe, kunstlose Ton des Tambourin zum Nationaltanz, der Tarantella; das Militair kommt truppweise die Straßen daher mit klingendem Spiel, aber der Kanonendonner, den du hörst, gilt nur der Ehre eines Heiligen und Schutzpatrons; auch der Hammer der Schlosser und Schmiede kennt keine Rast.

Doch was macht auf einmal alles Leben stocken, alles Geräusch verstummen? Der Priester kommt dahergeschritten mit der Hostie; der Prinz in der Karosse wie der Bettler verneigt sich tief oder fällt zur Erde nieder und bis auf den höchsten Balcon liegt Alles auf den Knieen. Processionen oder Leichenzüge kommen durch die Straße gezogen, Jedermann weicht ehrfurchtsvoll grüßend aus; doch nach kurzer Pause beginnt der alte Lärm von neuem. Bringt der Abend Stille? Sommers fängt man nun erst an frische Luft zu schöpfen und auch die Gewerbe ruhen nicht. Ueberall tauchen Lampen und Lichter und Laternen hellglänzend auf an den Ständen der Krämer und den Werkstätten der Handwerker. Noch um 2, 3 Uhr sieht man in und vor der Stadt Tische mit Branntweinen von den verschiedensten Farben aufgestellt, die in Krystallflaschen beim Scheine des Feuers glänzen, das oft vor ihnen unterhalten wird. Seit 1806 werden die Straßen mit Laternen erleuchtet, was viel zur Sicherheit derselben beiträgt; sonst fuhr man nie im Dunkeln ohne Fackeln aus.

2. Häuser, Kirchen, Villen.

Die Straßen Neapels zeichnen sich nicht eben durch Reinlichkeit aus, denn mit wenigen Ausnahmen werden sie niemals von Menschenhänden, nur zuweilen vom Regen gereinigt, der oft mehre Monate lang nicht fällt, aber dann, wenn er einmal fällt, den auf der Straße Befindlichen gewöhnlich sehr unbequem wird, weil er von den der Dachrinnen entbehrenden Häusern mitten in die Gasse fällt. Das Pflaster Neapels ist so vortrefflich wie in allen italienischen Städten, nur etwa Rom ausgenommen; erhöhte Fußwege gibt es leider nicht. Die Häuser Neapels erscheinen dem Auge des Nordländers wegen der glatten oder nur unmerklich geneigten Dächer so, als wären sie noch nicht im Bau vollendet. Ueber das Gebälk des obersten Stockwerks wird eine Mischung von verwittertem, vulkanischem Gestein und Kalk verbreitet und so lange geschlagen, bis das fortwährend darauf gegossene Wasser nicht mehr eindringen kann; so ist das platte Dach, Astrico (Estrich) genannt, fertig. Freilich anhaltendem Regen vermögen solche Dächer nicht zu widerstehen, daher sie auch nach Norden zu bald aufhören, während sie südlich von Neapel, in Sicilien und im ganzen Orient allgemein sind. Sie bieten dem Neapolitaner die beste Gelegenheit, der frischen Luft zu genießen, ohne den Fuß aus dem Hause zu setzen. Die letztere ist ihm, der keinen Zug kennt, so sehr Bedürfniß, daß er im Sommer und Winter Thüren und Fenster offen stehen läßt, die nur in der Nacht verschlossen werden. (Schloß und Riegel pflegen in sehr üblem Zustande zu sein oder ganz zu fehlen.) Beide, Thüren und Fenster, sind sehr hoch, und die letztern gehen selbst in geringern Wohnungen nicht selten bis auf den Boden herab. Auffallend ist die Höhe der Häuser; man thürmt Stockwerk auf Stockwerk, sodaß man in den ältern Theilen Neapels zuweilen zehn Fenster übereinander sieht, was bei der Höhe der einzelnen Stockwerke ein Haus gibt, das nicht niedriger ist, als zwei deutsche achtstöckige Häuser übereinander gesetzt. Was folgt daraus? Daß die Bewohner der obern Etagen nicht gern die Reise auf die Straße machen, sondern vermittelst Eimern und Körben, die an Stricken heruntergelassen werden und in denen auch das Geld an die Verkäufer auf der Straße gelangt, sich ihre Bedürfnisse herbeischaffen. Das Erdgeschoß, in keinem Hause bewohnt, ausgenommen das Kämmerchen des Thürstehers, enthält nur Hallen, Buden, Werkstätten und Ställe. Bei der Größe der Häuser sind sie kaum je von einer Familie allein bewohnt, und selbst der Herzog oder Fürst trägt kein Bedenken, die Stockwerke, deren er für sich nicht bedarf, an Leute, die weit unter seinem Stande sind, zu vermiethen, das Erdgeschoß aber Handwerksleuten zu überlassen. Zu besonderer Zierde gereichen die vielen Balkone vor jedem Fenster oder um die Hauptseite, ja zuweilen um alle vier Seiten des Hauses laufend; hier weilt man, von einem Zelt geschützt, selbst in den heißen Stunden des Mittags. Von einem Balkon zum andern werden dann durch Geflüster, Mienen und Geberden lebhafte Zwiegespräche gepflogen; einen besonders heitern Anblick aber gewähren sie bei Festen, wo sie dicht besetzt und mit bunten Tüchern behängt sind. Die platten Dächer dienen dem Neapolitaner zum willkommenen Aufenthalte in der Abendkühle oder den Kleinen bei ihren Spielen und den Erwachsenen bei ihren Tarantellatänzen zum Tummelplatze; oft gleichen sie kleinen Gärten; denn nicht nur Blumen, Orangen=, Citronen=, Oleander= und Myrtenbäume, sondern auch Lauben, Luftwäldchen und Springbrunnen sieht man auf denselben. Mehre Anbaue von verschiedner Höhe, alle mit ihren Astricos, daß man von dem höchsten Geschosse oft auf vier oder fünf mehr oder weniger tiefe Estriche, die alle zu demselben Hause gehören, herabsieht, machen die Gebäude viel unregelmäßiger als bei uns. Und von diesen Dächern, welche Aussicht! Da erschließt sich der Golf, von weißen Segeln belebt, und der Vesuv, von Rauchwolken umhüllt, der begrünte Hügel Posilipp erhebt sich, die nahe Insel Capri steigt aus den Wellen, aber tief unten erscheint das dumpf brausende Gewühl in den Gassen!

Der Anstrich der Häuser ist gewöhnlich weiß, was im Sonnenscheine die Augen ausnehmend blendet und an den häufigen Augenkrankheiten Schuld sein mag. Fußboden und Treppe bestehen in geringern Wohnungen aus Estrich, wie das Dach, in den bessern aus glasirten Ziegelsteinen, die mosaikartig zusammengesetzt sind und immerwährend gebohnt werden müssen, da sie sich leicht abschleifen, oder auch aus Marmor.

Neapel hat viele ansehnliche Häuser, aber wenig eigentliche Paläste, wie es denn auch keine bedeutenden Kirchengebäude aufzuweisen hat. Die Gebäude der Großen sind zwar groß, weit und hoch, aber unbequem und schmuzig; die breiten, sanft ansteigenden Treppen werden zwar durch ungeheure Fensteröffnungen erhellt, aber Fenster sucht man oft vergeblich darin; dazu sind Treppen und Hallen den gröbsten Verunreinigungen ausgesetzt. In den meisten Palästen trifft man nur geschmacklosen Prunk, zerrissene und verblichene Tapeten, veraltete Einrichtung, zuweilen zerbrochene Meubels, und die Diener gehen wie Bettler einher.

Die Kirchen Neapels (es gibt deren mit Einschluß der Kapellen 314) sind fast alle im gewöhnlichen italienischen Style erbaut, nicht zu vergleichen den herrlichen Gotteshäusern von Rom, Florenz, Mailand, Genua, Venedig; sie gleichen fast alle, thurmlos, mit platten Dächern, gewöhnlichen Häusern und sind nur durch den schweren Vorhang vor der Thüröffnung und die Inschrift über dem Portale zu erkennen. Den ganzen Tag, mit Ausnahme der Mittagsstunden, offen, dienen sie Müßigen und Bettlern als Ruhestätte und den Liebenden als Stelldichein; auch spielende Kinder und selbst Katzen, die sich besonders der Gunst der Geistlichen erfreuen, sieht man öfters in ihnen.

Auch die Villen, um noch einen Blick außerhalb

der Stadt zu werfen, stehen gegen die römischen zurück. Sie sind oft geschmacklos, die Gartenanlagen verwildert, die Wege und Statuen von Moos überwachsen. Auch fehlt ihnen der Quellenreichthum, welcher es möglich macht, die Villen in der Umgegend Roms in ewiger Frische zu erhalten, daher auch die Teiche und Wasserkünste jener, während hier im Sommer der Rasen verdorrt. Aber Eins haben diese Landsitze voraus vor denen Roms und des ganzen übrigen Europas, nur Lissabon und Konstantinopel ausgenommen, das ist die reizende, überaus mannichfache, wechselnde Aussicht. Vor den meisten breitet sich das weite unendliche Meer aus, das in den verschiedenen Tageszeiten, je nach der verschiedenen Beschaffenheit der Luft, in allen Farben vom dunkelsten Blau bis zum glühendsten Purpur prangt; dann der Posilipp, die Stadt, der Vesuv, die Küste von Sorrent und das zauberische Eiland Capri. Der Landsitz des Königs, der der Stadt zunächst liegt, ist das Schloß auf Capodimonte, ein Rechteck mit vier Thürmen erbaut, mit seinen röthlichen Mauern weithin schimmernd. Es hat eine sogenannte Eselstreppe, die so allmälig ansteigt, daß man bis in die obersten Stockwerke reiten kann. Ein großer Park mit schattigen Alleen, die sich zu Lauben wölben, umgibt es; Fasanen fliegen in Menge frei umher, den Prinzen zur Lust, Rudel von Hirschen und Rehen weiden an eingezäunten Stellen der Waldung. An gewissen Tagen des Jahres hat Jedermann Zutritt und alle Wege wimmeln dann von Marinari und Lazzaroni, an derem buntem Gewühl sich die höhern Classen, zu Wagen einherfahrend, ergötzen.

(Die Fortsetzung folgt in Nr. 503.)

Der türkische Kalender.

Vor einiger Zeit meldeten die Zeitungen, daß auf Befehl des Sultans Abdul-Medschid der türkische Kalender abgeschafft und der griechische an dessen Stelle gesetzt worden sei. Wiewol nun diese Nachricht gleich anfangs höchst unwahrscheinlich erscheinen mußte und sich seitdem auch nicht bestätigt hat, so möchte es doch nicht unpassend und vielen unserer Leser willkommen sein, wenn wir sie zum Anlaß nehmen, um über den Kalender der Türken, welcher zugleich der aller Mohammedaner ist, einiges Nähere mitzutheilen.

Das mohammedanische Jahr ist ein reines Mondenjahr, bestehend aus 12 Mondmonaten oder synodischen Mondumläufen, die zusammen 354 Tage 8 Stunden $48\frac{1}{2}$ Minuten lang sind; mit dem Sonnenlaufe oder den Jahreszeiten steht es durchaus nicht in Verbindung und unterscheidet sich dadurch von dem Jahre der Juden, das zwar auch ein Mondenjahr ist, aber durch beständige Einschaltungen in Verbindung und Übereinstimmung mit dem Sonnenjahre gesetzt wird. Das bürgerliche Jahr der Mohammedaner hat 354 Tage, vertheilt in 12 Monate, die abwechselnd 29 und 30 Tage haben; weil aber dieses Jahr nach dem Obigen um 8 Stunden $48\frac{1}{2}$ Minuten zu kurz ist, was auf 5 Jahre 44 Stunden, auf 30 Jahre 11 Tage gibt, so wird von Zeit zu Zeit ein Tag eingeschaltet und dem letzten Monate angehängt, und zwar geschieht dies 11 Mal in 30 Jahren, im 2., 5., 7., 10., 13., 16., 18., 21., 24., 26., 29. Jahre des 30jährigen Cyclus, was aber nur dann völlig genau sein würde, wenn das Mondenjahr gerade 354 Tage 8 Stunden 48 Minuten lang wäre. Der begangene Fehler beträgt jährlich $33\frac{3}{5}$ Secunden, um welche das Jahr zu kurz genommen wird, also erst in 2571 Jahren einen ganzen Tag, der eingeschaltet werden müßte. Die Namen der Monate sind: Moharrem (30 Tage), Safar (29 Tage), Rebi (Rabia) el Auwel (30), Rebi el Achar (29), Dschemadi (Dschemada) el Auwel (30), Dschemadi el Achar (29), Redscheb oder Radschab (30), Schaban (29), Ramadan (30), Schewwal oder Schauwal (29), Dsulkade (30), Dsulhedsche (29 oder 30 Tage). Der Anfang des Jahres traf in diesem Jahre auf den 12. Februar und wandert in etwa 33 unserer Jahre durch alle Jahreszeiten.

Der Anfangspunkt der mohammedanischen Zeitrechnung ist bekanntlich die Hegira oder Flucht Mohammed's von Mekka nach Medina, aber nicht der Tag dieser Flucht selbst, sondern der 68 Tage früher fallende 1. Moharrem nach der damals bereits üblichen arabischen Zeitrechnung; dieser fiel zusammen mit dem 16. (nach Andern mit dem 15.) Juli 622 v. Chr. Seitdem sind 1220 Sonnenjahre oder 1257 mohammedanische Jahre verflossen, denn am 12. Februar 1842 war der 1. Moharrem 1258. Das jetzige Jahr ist das 28. des 42. Cyklus von je 30 Jahren, daher ein Gemeinjahr gleich dem vorhergehenden; das folgende aber, welches am 1. Februar 1843 beginnt, wird ein Schaltjahr von 355 Tagen sein.

Seltsame Ehrenbezeigung.

Wie ein edinburger Blatt erzählt, wurde während der dortigen Anwesenheit der Königin Sir Robert Peel mit einem alten Schuh geworfen, den er auffing und, unter dem Gelächter der Volksmenge, gutgelaunt emporhielt. Dieser Wurf soll indessen als keine Schmach, sondern als eine Ehre gemeint gewesen sein: wem nämlich die Schotten ihre Freude recht herzlich bezeigen wollen, dem schleudern sie eben einen alten Schlappen zu; so namentlich den zur Kirche ziehenden Bräuten.

Literarische Anzeige.

Neuestes und vollständigstes

Fremdwörterbuch,

zur Erklärung aller aus fremden Sprachen entlehnten Wörter und Ausdrücke, welche in den Künsten und Wissenschaften, im Handel und Verkehr vorkommen, nebst einem Anhange von Eigennamen, mit Bezeichnung der Aussprache bearbeitet von

Dr. J. H. Kaltschmidt.

In 10 Heften zu 8 Ngr.

Leipzig, bei F. A. Brockhaus.

Zur Empfehlung dieses Werkes wird am besten die Einsicht der ersten Hefte sowie die Bemerkung genügen, daß sich dasselbe vor allen bisherigen Fremdwörterbüchern durch **Vollständigkeit**, zweckmäßige **typographische Einrichtung** und durch **ungemeine Billigkeit** gleich vortheilhaft auszeichnet.

Das Pfennig-Magazin

für

Verbreitung gemeinnütziger Kenntnisse.

503.] Erscheint jeden Sonnabend. [November 19, 1842.

James Thomson.

Wenn Popularität im besten Sinne des Worts, welche bei einem Schriftsteller darin besteht, daß er allgemein gelesen und verstanden wird, der beste Probirstein für das Genie eines Dichters ist, so muß dem Verfasser der „Jahreszeiten" ein hoher Rang unter den englischen Dichtern eingeräumt werden, da seine Werke in England noch jetzt in Jedermanns Händen sind. Ein Theil dieser Popularität ist vielleicht dem Umstande zuzuschreiben, daß er nirgend zu dunkel für seine Leser ist; ohne daß er deshalb ein oberflächlicher Schriftsteller genannt werden könnte, liegen seine Vorzüge doch so sehr auf der Oberfläche, daß sie nicht in Gefahr sind, übersehen oder nicht beachtet zu werden.

Er wurde am 11. September 1700 zu Ednam in der schottischen Grafschaft Roxburgh geboren und war der Sohn eines presbyterianischen Predigers; seine erste Bildung erhielt er auf der Schule zu Jedburgh, wo er schon eine große Liebe für die Dichtkunst an den Tag legte. Die romantischen Gegenden jener Grafschaft, mit ihrer wellenförmigen Oberfläche, ihren romantischen Strömen und Waldungen vertauschte er als Jüngling mit Edinburg, wo er Theologie studiren sollte, aber den meisten Fleiß auf Ausbildung seines poetischen Talents verwandte. Er war kaum zwei Jahre hier, als sein Vater starb und seine Mutter mit dem Überreste der zahlreichen Familie nach Edinburg kam, in der Hoffnung, durch das Zusammenleben zu ersparen, da ihr Einkommen nur dürftig war. In Edinburg erschien der erste rohe Entwurf der „Jahreszeiten" in einem Gedicht, betitelt „Über das Landleben, von einem Studenten der Universität"; aber wenn der Dichter auf diesen Versuch große Hoffnung setzte, so wurde er ohne Zweifel unangenehm enttäuscht. Bessern Erfolg hatte der nächste Versuch. Professor Hamilton gab unserm Thomson den 119. Psalm zur Bearbeitung auf und dieser lieferte eine so poetische Umschreibung desselben, wenn auch in prosaischer Form, daß der Professor und sämmtliche Zuhörer überrascht und erfreut wurden; doch hielt es der Erstere für angemessen, dem angehenden Theologen zu bemerken, daß ihm als Kanzelredner eine weniger lebhafte Phantasie, aber ein vollkommener, mehr regelrechter Styl zu wünschen wäre. Im Jahre 1725 ging Thomson nach London, wie schwer es ihm auch wurde, sich von seiner Mutter zu trennen, die bald nach seiner Ankunft in der Hauptstadt starb und der er sehr gefühlvolle Verse widmete. Sein erster Auftritt in London versprach, wie so häufig der Fall ist, mehr, als binnen einer Reihe von Jahren verwirklicht werden konnte. Doch wäre er weit schneller vorwärts gekommen, wenn er nicht das Unglück gehabt hätte, daß ihm seine in ein Schnupftuch gebundenen Empfehlungsbriefe gestohlen wurden, was einen Schluß auf die Sorglosigkeit seines Charakters machen läßt; sich neue schreiben zu lassen, war er zu schüchtern und befand sich daher einige Zeit in nicht geringer Verlegenheit. Bald jedoch nahm sich der nachherige Lord Forbes seiner an, wie denn Thomson überall Freunde fand und von seiner Kindheit an von Allen, die ihn kannten, geliebt wurde. Ein anderer Freund, David Mallet, rieth ihm, sein Gedicht „Der Winter", welches von den die „Jahreszeiten" bildenden vier Gedichten zuerst entstanden ist, drucken zu lassen (1726); es machte aber nicht nur kein Aufsehen, sondern blieb fast ganz unbeachtet, bis ein einsichtsvoller Kritiker, Whateley (Verfasser von Bemerkungen über die neuere Gartenkunst), es kennen lernte und seine Freunde darauf aufmerksam machte. Bald wurde es nun allgemein bekannt und verschaffte dem Dichter viele neue Freunde und Gönner; zu diesen gehörten der berühmte Dichter Pope, der Lordkanzler Talbot und andere ausgezeichnete Männer, die den Dichter aufforderten, auch die andern Jahreszeiten folgen zu lassen. Willig schenkte Thomson dieser Aufforderung Gehör; 1727 erschien „Der Frühling", 1728 „Der Sommer" und 1730 „Der Herbst", doch stehen sie an poetischem Werthe dem „Winter" nach. Der Frühling war der Gräfin von Hertford, der Beschützerin von Richard Savage, gewidmet, auf deren Landsitze Thomson einige Monate zubrachte.

Nachdem er den ältesten Sohn des Lords Talbot auf Reisen begleitet hatte, erhielt er eine einträgliche Stelle, die der geringen damit verbundenen Geschäfte wegen für eine Sinecure gelten konnte, und war dadurch in den Stand gesetzt, sich ganz seiner Lieblingsbeschäftigung zu widmen. Zwar verlor er die Stelle nach dem Tode des Lords, allein der Prinz von Wales, dessen persönliche Bekanntschaft zu machen er das Glück hatte, entschädigte ihn durch eine jährliche Pension von 100 Pf. St. Seine Bestrebungen waren jetzt fast ausschließlich dem Drama gewidmet. Im Jahre 1729 erschien das Trauerspiel „Sophonisbe", das nur mäßigen Erfolg hatte; unter seinen dramatischen Arbeiten steht das Trauerspiel „Tancred und Sigismunda", erschienen 1745, obenan, aber auch dieses hat sich nicht auf der Bühne erhalten und ist fast vergessen. Alle fünf Trauerspiele, die er schrieb, enthalten zu viel didaktische und beschreibende Stellen, die an sich zwar trefflich, aber nicht am rechten Orte sind und den Fortgang der Handlung zu lang sind. Im Jahre 1740 gab er in Gemeinschaft mit Mallet „Die Maske des Alfred" heraus, worin das nachmals so berühmt gewordene Volkslied „Rule Britannia" enthalten ist; welcher von beiden Dichtern der Verfasser davon sei, ist unbekannt.

Das allegorische Gedicht „Castle of Indolence" erschien 1746 und in Spenser's Manier und Versart abgefaßt, ist es das letzte bei Lebzeiten des Verfassers herausgegebene Werk desselben und steht an Verdienst nur den „Jahreszeiten" nach, wenn es sich auch mehr durch einzelne gelungene Stellen als durch Vollendung des Ganzen auszeichnet. Der Dichter schildert darin sich selbst und persiflirt in humoristischer Weise seinen eigenen Mangel an Energie. In demselben Jahre 1746 nahmen seine wieder in Verfall gerathenen ökonomischen Angelegenheiten eine günstige Wendung, indem er durch die Vermittelung seines hochgestellten Freundes Lord Lyttleton eine Stelle in der Verwaltung der westindischen Inseln erhielt, die er zwar durch einen Stellvertreter versehen ließ, die ihm aber auch nach Abzug des demselben zu gewährenden Gehaltes jährlich 300 Pf. St. einbrachte. Er selbst verließ seine Wohnung in der reizenden Gegend von Richmond nicht nur um sich auf kurze Zeit nach London zu begeben, was er entweder zu Wasser oder, wenn das Wetter dies nicht gestattete, zu Fuß zu thun pflegte. Hier erhielt er Besuche von Pope, Mallet, Lord Lyttleton und seinen andern zahlreichen Freunden. Hier starb er auch an den Folgen einer Erkältung am 27. Mai 1748, nur 48 Jahr alt, und wurde in der Kirche zu Richmond begraben. In der Westminsterabtei wurde ihm 1762 ein Denkmal gesetzt. Sein Haus in Richmond fiel in die Hände einer Dame, die ihre Bewunderung der Verdienste des frühern Besitzers dadurch an den Tag legte, daß sie Alles, woran sich sein Andenken knüpfte, in seinem Zustande ließ. Im Garten stellte sie in einer versteckten Stelle den kleinen Sessel auf, auf dem er so gern gesessen, daneben seine Büste mit der einfachen, aber beredten Inschrift: „Hier sang Thomson die Jahreszeiten und ihren Wechsel."

Neapolitanische Skizzen.

(Fortsetzung aus Nr. 502.)

3. Die Katakomben.

Gleich hinter dem Benedictinerkloster, das neben der Kirche San Gennaro de' Poveri (Sanct Januarius der Armen) liegt und jetzt als Siechenhaus für Greise dient, am Ausgange eines sich nach Capodimonte hinziehenden Thälchens, tritt man in die Katakomben. Diese merkwürdigen Gänge und Gewölbe, die sich in verschiedener Richtung unterhalb der Erde bis nach Puzzuoli erstrecken und, ursprünglich wol Steinbrüche, den ersten Christen zur Begräbnißstätte dienten, sind in weichen Tuffstein gehauen, weit, hoch und zum Theil gewölbt, während die römischen eng und niedrig sind gleich den Gängen in einem Bergwerk. Greise, die jenes Siechenhaus bewohnen, selbst Leichen ähnlich, dienen den Fremden zu Führern in diesem dem Tode geweihten Labyrinthe. Daß die Christen hier auch Gottesdienst hielten, bezeugt eine in dem obern der beiden miteinander in Verbindung stehenden Stockwerke befindliche Kirche, die mit Pfeilern, Altar und Sakristei ganz aus Fels gehauen ist. Der h. Januarius, unter Diocletian gegen Ende des 3. Jahrhunderts Bischof in dem benachbarten Puzzuoli, soll hier Messe gelesen haben; in einer andern in Tuff gehauenen Kirche neben dem Eingange der Katakomben wurde sein Leichnam unter Konstantin beigesetzt. In den von den Begräbnißstätten entfernter liegenden Räumen finden sich alte Frescogemälde, sowie lateinische und griechische Inschriften an den Wänden. Die meisten Gänge aber enthalten zu beiden Seiten Gräber, die zu sechs bis sieben übereinander in den Wänden ausgehauen sind. Die einzelnen Fächer wurden, sobald der Leichnam hineingelegt war, durch Ziegelsteine oder eine Marmorplatte verschlossen, die meisten sind jedoch jetzt geöffnet und lassen grinsende Schädel blicken. Einzelne Gänge enthalten ganze Haufen von Gebeinen; hier wurden wol nicht die Leichen der Armen, die kein Grab in der Wand bezahlen konnten, sondern die Leichen Solcher, die an ansteckenden Krankheiten gestorben waren, aufgehäuft. Es ist eine grausige Wanderung, die man unter Vorantritt zweier schwankender Greise, welche Fackeln in der Hand halten, durch diese labyrinthische Stätte der Verwesung unternimmt; der blutrothe Schein der Fackeln fällt auf Todtenbeine und Schädel und Modergeruch füllt die Luft. Wie, wenn man sich hier verirrte, wie einst drei Fremde in den römischen Katakomben, wenn die Fackel verlöschte, der Fuß über Gerippe strauchelte, und der Gedanke, lebendig begraben zu sein, die innerste Seele erbeben machte! Als Neapels junge Königin vor einigen Jahren die Katakomben besuchte, wurden mehre Öffnungen nach dem Berge zu gebrochen, um Luft und Licht einzulassen; durch sie lacht der blaue Himmel herunter in diese unterirdischen Räume und üppiges Grün rankt sich hinab. Aber ganz wohl wird dem Besucher erst, wenn er das ewig blaue Dach, das auf Neapel ruht, über seinem Haupte ausgespannt sieht.

4. Lazzaroni.

Unter Lazzaroni im engsten Sinne (das Wort, von dem armen Lazarus im Evangelium abgeleitet, wird sonst auch als Schimpfwort und von der ganzen ärmern Volksclasse gebraucht) begreift man diejenigen Bewohner Neapels, welche keine regelmäßige Beschäftigung haben, sondern den sich auf der Straße zufällig darbietenden Erwerb, wozu es in der großen neapolitanischen Stadt mit dem nie aufhörenden Fremdendurchzuge nie an Gelegenheit fehlt, abpassen und erhaschen. Tagelöhner oder Arbeiter in unserm deutschen Sinne, die im Schweiße ihres Angesichts Tag für Tag sich ihr Stücklein Brot verdienen, sind sie nun freilich nicht, aber Müßiggänger sind sie auch nicht. Der Lazzarone braucht kein Haus, eine Treppe oder Bank genügt ihm zum Lager; Früchte oder auf der Straße zubereitetes Essen sind für wenige Pfennige feil; für den Winter braucht er nicht zu sammeln, denn es gibt so gut als keinen (nur selten kommt es zum Frieren in Neapel und der gewöhnliche Stand des Thermometers im kältesten Monate, dem Januar, ist 6° R.), und die leichteste, dürftigste Kleidung (den Kopf bedeckt allezeit eine braune oder rothe Fischermütze, die Füße sind unbekleidet) genügt unter solchem Himmel. Betrachten wir einen Tag aus dem Leben eines Lazzarone. Am Morgen erwacht er auf dem Pflaster, seinem gewöhnlichen Lager von Jugend auf, das ihm eben deshalb weich genug ist. Er greift sogleich in seine Tasche, um den ihn anwandelnden Hunger, sein erstes Gefühl, zu stillen; aber die Tasche ist leer, auch nicht ein Heller ist darin zu finden trotz aller Mühe, und das Stück Maisbrot, das er den Abend vorher noch hineingesteckt hatte, muß ihm ein Hund oder ein Schlafgeselle heimlich entwendet haben. Er steht auf, um in der nächsten Kirche eine Messe zu hören. Nachdem er seine Andacht verrichtet, durchstreift er singend oder pfeifend Straßen und Gassen und bleibt da und dort stehen, mit Bekannten zu schwatzen und zu spaßen; das schärfste Auge aber hat er auf die Fremden gerichtet. Da kommt ein Maler des Wegs daher und fragt den Müßigen nach einer Straße; sogleich haftet dieser an ihm und läßt ihn nicht los, ob auch zurückgewiesen. „Excellenz, ich bin Antonio, ein wohlbekannter Cicerone Neapels. Soll ich Sie zu San Gennaro führen, das ist die prächtigste Kirche in der Welt, die 60 Heilige aus Silber hat; oder nach der Katakomben, wo die Knochen von hunderttausend Christen wie Orangenschalen auf dem Molo liegen; oder wollen wir eine Barke nehmen und bei der schönen Morgenkühle nach der Villa fahren?" Doch ungeduldig weiset der Maler alle seine Vorschläge zurück, sodaß der schlaue Führer sich begnügen muß, das Lob der Dinge zu preisen, an denen sie vorüberkommen. Das gewünschte Haus ist gefunden; der Lazzarone athmet tief auf, als wär' er erschöpft; der Maler reicht ihm eine Münze — ob klein, ob groß, der Neapolitaner begnügt sich damit nicht; er habe so und so viel Zeit versäumt, so und so viel Miglien zurückgelegt, sein Dienst verdiene mehr. Der Maler legt noch ein paar Gran zu, um ihn los zu sein, und lachend über den einfältigen Fremden macht der Beglückte einen Luftsprung. Die Ernte war reichlich; 20 Gran (ungefähr 6 Sgr.) hält er in der Hand, genug, um 4 bis 5 Tage davon zu leben, aber Haus zu halten weiß er nicht; noch heute muß er Alles durchbringen. Zwei Gran geben ein großes Stück Melone, das er als Frühstück einnimmt; für einen Gran nimmt er noch Knoblauch, an dem er wohlgefällig kaut, indem er weiter geht. Ein Tabacksladen gebietet ihm wieder zu stehen; um einmal den Feinen zu spielen, kauft er eine Cigarre zu 2 Gran und diese im Munde geht er nun vornehm an seinen Kameraden vorüber und zieht die Augen der Dirnen auf sich; ein Regiment Soldaten zieht mit klingendem Spiel nach dem Exercierplatz, er kann der Lust nicht widerstehen, ihren Übungen zuzusehen, und marschirt mit auf den Campo; seine Cigarre, die unterdessen bis zum Stümpfchen niedergebrannt ist, reicht er mit Gönnermiene einem kleinen zerlumpten Buben, der ihn darum bittet. Nach seiner Zurückkunft in die Stadt erfrischt er sich durch ein paar Gläser Eiswasser für einen Gran, leert bei dem ersten besten Maccaronikoch mit den Fingern eine Schüssel seines Leibgerichts, und beschließt mit einem Gericht gebackener Fische mit Citronensaft diese Mahlzeit — Alles zusammen für sechs Gran. Die große Steinbank vor dem königlichen Palaste winkt nun zur Mittagsruhe, die zwei Stunden einnimmt, nach dieser geht's zum Molo; auf dem Wege dahin hält unsern Lazzarone die Mora auf, ein allgemein beliebtes Spiel, zu dem er ein paar Lastträger als Theilnehmer findet, wobei er 2 Gran gewinnt; einer fällt in die Hand eines bettelnden Laienbruders zum Besten der im Fegefeuer schmachtenden Seelen; der andere wandert zu den nun noch übrigen acht, und diese Summe ist Schuld, daß auf dem Molo Angekommenen Fremde umsonst anrufen, die seine Dienste gebrauchen wollen. Er hat keine Zeit, denn er betrachtet die neuangekommenen Schiffe im Hafen und die Barken, die die Flächen des Meers durchschneiden, schenkt einem predigenden Kapuziner seine Aufmerksamkeit, dem Vorleser aus Ariost, dem Spiele Pulcinell's oder den Künsten des Taschenspielers. Doch wieder sehnt sich der müde Leib nach Erfrischung; zwei Gläser Erdbeereis erquicken ihn; ein langes Gebet in der Kirche seines Patrons zu verrichten, unterläßt unser Freund nicht, dann aber besteigt er mit einigen Kameraden einen Einspänner, um das Vergnügen zu haben, an Herzögen und Fürsten vorüberzurollen und wie sie des schönen Abends und der schönsten Gegend der Welt zu genießen. Hat er nun noch des Abends auf dem Königsplatze die Märsche und Ouverturen des Militairmusikchors gehört und singend begleitet, so bleibt ihm nichts übrig als den Rest seiner Baarschaft, zwei Gran, zu verwenden; das Puppenspiel und zwei Gläser Eiswasser helfen ihm aus dieser Verlegenheit. Nun ist, wie seine Tasche geleert, so sein Tagewerk vollbracht; darum bleibt er nichts zu thun als auf der Treppe einer Kirche sein Lager aufzusuchen und nach einem an die Madonna geschickten Gebete flugs einzuschlafen. Das war ein Tag aus dem Leben eines Lazzarone, reich an den mannichfaltigsten Genüssen, von denen sich unsere fleißigen Tagelöhner in Deutschland, die sich vom Morgen bis zum Abend nicht umsehen, nichts träumen lassen; sie kennen nur eine Erquickung, ein Labsal: die leidige Schnapsflasche.

Nach Einiger Angaben soll die Zahl der Lazzaroni in Neapel vierzigtausend, nach Andern ungleich mehr betragen; jedenfalls ist ihre Zahl in raschem Abnehmen. So friedlich und gutmüthig diese Menschen auch erscheinen, so bereit sind sie doch, sobald Gefahr von außen ihnen sicheres Spiel verspricht, in Masse aufzustehen und die Stadt mit Gewalt und Plünderung zu bedrohen. Nach Murat's Sturze versammelten sie sich, bevor die Östreicher noch eingerückt waren, quartierweise unter ihren Häuptern (Capi Lazzari); sie wollten an die Häuser Feuer legen und dann im Trüben fischen; die Habe der verschiedenen Stadttheile hatten sie schon im voraus unter sich vertheilt, ja die Magazine zu deren Aufbewahrung gemiethet. Zum Glück vereitelte der Einzug der Östreicher, die vorerst von der Stadt Besitz nahmen, die Ausführung solcher Pläne. Die Ruhe war durch strenge Maßregeln bald wieder hergestellt und König Ferdinand kehrte in seine Stadt zurück. So sehr demnach die Behörde Ursache hat, diese Menschenclasse zu scheuen, so willkommen ist sie ihr als Gegengewicht gegen den Adel, sollte er sich einmal feindlich erheben.

5. Spiele.

Daß die kindlichen, den Müßiggang liebenden Italiener nichts lieber thun als spielen, kann man sich denken. Bei Groß und Klein beliebt ist hier, wie in ganz Italien, die Mora, ein schon den Alten bekanntes Spiel, zu dem man weder Karten, noch Würfel, noch Damensteine oder Schachfiguren, sondern nichts braucht als Finger, und das man in jeder Stellung, im Dunkeln so gut als bei Tage und bei Licht spielen kann. Die Zahl der Spieler ist zwei, das Spiel selbst aber geht auf folgende Art vor sich. Die Spieler werfen gleichzeitig die rechte Hand in die Höhe, deren Finger sie nach Belieben alle oder theilweise ausstrecken, und rufen in demselben Augenblick diejenige Zahl aus, die der Summe der von Beiden zusammen ausgestreckten Finger gleich sein soll; natürlich muß die Zahl, die Jeder ausruft, größer sein als die der Finger, die er selbst ausstreckt, kann aber nie mehr als 10 betragen. Wer die Zahl räth, hat einen Point gewonnen, was an der vor der Brust gehaltenen linken Hand durch Einschlagen der einzelnen Finger markirt wird; wer fünf gewonnen, also die linke Hand ganz geschlossen hat, ist Sieger und erhält den bedungenen Kampfpreis, z. B. ein Geldstück, ein Glas Limonade u. s. w, wiewol oft um nichts gespielt wird. Eine einfachere Mora ist die, wo der eine vor dem Ausstrecken der Hand eine gerade, der andere eine ungerade Fingerzahl räth, ohne daß es auf die Höhe der Zahl ankommt. Ein anderes sehr gewöhnliches Spiel ist Boccia. Bei diesem ist die Zahl der Theilnehmer unbestimmt; jeder derselben hat eine Kugel und wirft damit aus freier Hand nach einer kleinern. Ein sehr gewöhnliches Knabenspiel ist das Münzenwerfen, wobei Der gewinnt, der Kopf wirft, d. h. eine Münze so wirft, daß beim Niederfallen derselben das Bild oben liegt. Das Ballspiel in Ballhäusern, das im Norden Italiens noch sehr üblich ist, ist leider in Neapel abgekommen. Papierdrachen ergötzen Kinder und Erwachsene und werden häufig von den Dächern hochgelegener Häuser aus regiert; ebenso häufig läßt man papierne Luftballons steigen. Kartenspiele sind in allen Ständen häufig und dieselben wie in Deutschland. Dem Neapolitaner eigenthümlich ist ein Spiel, Namens Soope, das einzige, welches das gemeine Volk kennt. Hazardspiele dürfen nicht mehr öffentlich gespielt werden, desto häufiger spielt man sie in Privatgesellschaften. Das Lottospiel ist in ganz Italien beliebt, aber nirgends so sehr wie in Neapel, wo die Regierung es unterhält und eine Einnahme von einer Million Ducati davon zieht. Handwerker, Lazzaroni und Bettler sind die eifrigsten Spieler, da der niedrige Einsatz gar zu lockend ist. Als Lottopropheten oder Verkündiger glücklicher Zahlen stehen hauptsächlich Geistliche in Ansehen und werden dafür bezahlt, weshalb sie dieses verderbliche Spiel in Schutz nehmen.

6. Die Tarantella.

Bei den vornehmern Neapolitanern ist der Tanz vielleicht seltener als bei uns, ungleich häufiger aber bei den untern Volksclassen. Jene tanzen während des Carnevals und in der Zeit des Landaufenthaltes und zwar meist nur die bei uns gewöhnlichen Tänze, nur zuweilen eine veredelte Tarantella. Diese letzte, deren Namen wol eher von Tarent als von Tarantel abzuleiten ist, ist der echte und einzige Tanz des Volkes. Die Tarantella wird nur von Einem Paare getanzt und zwar bedarf es dazu keines besondern Feiertags, ebensowenig einer zusammengesetzten Tanzmusik, eines Tanzbodens und eines festlichen Gewandes. Wenn der Feierabend gekommen ist und mit ihm ein kühles Lüftchen, so sammeln sich, sei es in einer Nebenstraße, auf dem Hofe, dem Dache, der Tenne oder am Strande, Burschen und Mädchen zum Tanze beim Klange des Tambourins oder der Guitarre und Mandoline, wozu sich noch die Begleitung durch Gesang passender Lieder gesellt. Es muß nicht immer ein Bursche und ein Mädchen sein, auch zwei Burschen oder öfter noch zwei Mädchen genügen zur Ausführung des Tanzes; auch der Zeugen bedarf es nicht.

Tänzer und Tänzerin stehen sich in der Tarantella gegenüber; Beider Bewegungen stimmen überein oder entsprechen sich. Man tritt immer zweimal mit der Ferse des einen Fußes auf und läßt sie dann nach vorn vom Boden abgleiten, und hüpft auf dem andern

Fuße ebenso oft; zuweilen hüpft der Tänzer blos mit dem linken Fuße und schlägt den rechten taktmäßig dagegen, wobei die Tänzerin auf beiden Seiten ihr Kleid anfaßt unter ruhiger Bewegung. Die Arme werden meist wie zur Umarmung geöffnet, bald bewegt man sich hüpfend vor- und rückwärts, bald schleifend im Kreise, und dies Nahen und Fliehen, Umkehren und Zurückflüchten, Meiden und zurückhaltende Umgehen, Begegnen und sich Trennen ist ein Bild der Liebe. Besonders anmuthig sieht es aus, wenn das Mädchen knieend ihr seidenes Tuch an zwei Zipfeln hält, die eine Hand hoch, die andere tief, während der Bursche um sie herum tanzt, oder wenn Beide Rücken gegen Rücken knieen und zuweilen die Köpfe gegen sich wenden, durch zärtliche Blicke kosen oder auch im leichten Kusse sich begegnen. Schweigt das Tambourin, das in der Regel eine ältere Frau spielt, so wird die Pause von dem Paar durch das Klappern der Castagnetten oder durch Schnalzen mit der Zunge ausgefüllt. Den Wechsel der Touren gibt der Mann durch Händeklatschen an. Ermüdet eines der Tanzenden, so springt gleich zum Ersatze Jemand herbei, damit die Tarantella nicht unterbrochen werde; allezeit sind die Tänzerinnen ausdauernder, eine tanzt nicht selten drei Burschen müde; scheidet sie aber aus, so vergißt sie nie, die Hände gegen die Brust anmuthig zu erheben und sich zu verbeugen.

(Der Beschluß folgt in Nr. 504.)

Das Feuerland und seine Bewohner.

Der Name Feuerland (spanisch Tierra del Fuego) bezeichnet den südlichsten Theil von Amerika und wurde diesem Lande von seinem Entdecker, dem ersten Erdumsegler Magelhaens, von den Feuer- und Dampfausbrüchen der dortigen feuerspeienden Berge, die er bei Nacht wahrnahm, beigelegt. Die Südspitze der neuen Welt ist ein Inselhaufen, im Süden der Magelhaensstraße, der durch gewaltsame neptunische und vulkanische Einwirkungen entstanden zu sein scheint und daher sehr zerklüftete und zerrissene Küsten zeigt. Der nördlichste Punkt ist Cap Oranien am östlichen Eingange jener Straße unter $52^{3}/_{4}$ Grad, der südlichste das falsche Cap Horn unter $55^{3}/_{4}$ Grad südl. Breite. Die Ausdehnung der Inselmasse zwischen diesen beiden Punkten beträgt 58 Meilen, von Osten nach Westen aber zwischen dem Cap St.-John auf Staatenland und dem Pfeifercap am westlichen Ende der Straße 112 Meilen und der Flächeninhalt ungefähr 1290 Quadratmeilen. Die Bestandtheile des Ganzen sind noch keineswegs genügend ausgemittelt; das Hauptland selbst ist wahrscheinlich durch Kanäle in viele kleinere Inseln getheilt. Von dem Feuerlande pflegt man das Staatenland zu unterscheiden, das von Jakob Le Maire 1616 entdeckt wurde und durch die Straße Le Maire vom Feuerlande geschieden wird; ferner die L'Hermite's-Inseln, unter denen sich eine ziemlich große von Jacques L'Hermite 1619 entdeckte befindet, deren Südspitze das berühmte Cap Horn unter 56 Grad südl. Breite ist.

Auf allen Seiten erscheint das Feuerland gebirgig; seine Gebirge sind rauh, schroff, felsig und ihre Gipfel mit Schnee bedeckt. Am schroffsten und gebirgigsten ist der Westen; im Osten sieht man weniger Berge, die von grünen Thälern und Ebenen unterbrochen und deren Abhänge größtentheils mit Bäumen bedeckt sind. Das Innere ist noch ganz unbekannt; auch die Küste kennt man nur an der Magelhaensstraße genauer, wo sich Feuer- und Festland in Osten flach zeigen, nach Westen zu aber immer gebirgiger werden. Zahllos sind die Vorgebirge und Landspitzen an diesen Inseln. Unter den die Inseln trennenden Kanälen sind nächst der Magelhaensstraße am meisten zu bemerken: die Straße St.-Sebastian oder Monmouth und St.-Barbara. Die

Binnengewässer sind nicht bekannt, doch muß das Land seiner Bildung und Lage nach reich an Flüssen sein.

Das Klima ist kalt, aber dennoch milder, als man der geographischen Lage des Landes nach erwarten sollte. Nebel, Stürme und Regen sind sehr häufig. Im westlichsten Viertel der Magelhaensstraße erlebte Capitain Cordova eine Hitze, die das Thermometer im Schatten auf 17½ Grad Réaumur trieb und sehr lästig erschien. In der Nacht sinkt das Thermometer auch im Sommer oft unter den Gefrierpunkt, ohne daß jedoch die Kälte fühlbar oder gar unangenehm wird; auch Schneeschauer sind in dieser Jahreszeit nicht selten, und zwar beim Südwinde. Im Winter ist die Temperatur des Meeres bis 13 Grad höher als die der Luft am Lande und die beständige Verdunstung des Seewassers neutralisirt die Wirkung der niedrigen Temperatur der Küste. Die Pflanzenwelt zeigt eine Mannichfaltigkeit und einen Reichthum, die überraschen müssen; ausgedehnte stämmige Waldungen kommen bis zur Südspitze vor und gewähren Holz in Menge, in den Thälern aber wachsen vielerlei Gräser und andere Kräuter. Von Landsäugthieren ist ohne Zweifel der Hund hier einheimisch und zwar der sogenannte antarktische; auf Staatenland kommt eine Fischotter vor. Robben sind an der Küste sehr zahlreich; auch der Walfisch kommt vor nebst andern Seesäugthieren. Von den Vögeln hat man den Smaragd=Papagei, mehre Geier= und Adlerarten, den Albatros, Möven, viele Entenarten und den Pinguin hier entdeckt. Daß Kolibris zuweilen hier vorkommen sollten, ist wol in das Gebiet der Fabeln zu verweisen. An Fischen ist Überfluß; ebenso an trefflichen Schalthieren.

Die Bewohner des Feuerlandes theilt Capitain Fitzroy, der diese Küsten vor einigen Jahren aufgenommen hat, in sechs Stämme, deren jeder seine eigene Sprache hat, zusammen etwa 2300 Erwachsene zählend. Am zahlreichsten darunter sind die im Osten wohnenden Yacanas, die große Ähnlichkeit mit den Patagoniern oder Tahuelhets haben (600 Erwachsene); dann folgen die Tekinicas mit 500, die Alikhulips mit 400 Erwachsenen. Die Männer des zuletzt genannten Stammes gehören zu den kräftigsten, die Weiber zu den häßlichsten. Von den Stämmen der Huemuls, welche mit den Yacanas verwandt sind, und der Pescheräbs*) zählt jeder etwa 200 Erwachsene; der letztere Stamm ist von allen der armseligste. Der letzte Stamm, der der Chonos, 400 Erwachsene zählend, bewohnt Westpatagonien, dessen Bewohner den Feuerländern physisch und geistig weit überlegen sind und sich von ihnen schon durch den Gebrauch des Pferdes unterscheiden.

Nach Cordova sind die Feuerländer von gewöhnlicher Größe und proportionirtem Wuchse, nach Bougainville und Andern klein und sehr häßlich. Die Haare gleichen nach Jenem mehr dem Pferde= als dem Menschenhaar. Das weibliche Geschlecht ist kleiner als das männliche und nur durch seine scharfe und feine Stimme ausgezeichnet. Die Kinder haben dicke Bäuche, die mit den Jahren verwachsen. Die Hauptfarbe ist ein mattes, ins Kupferfarbige spielendes Gelb. Der englische Capitain Fitzroy, der mit den Bewohnern des Feuerlandes so gut wie außer ihm Wenige bekannt sein dürfte und sich große Mühe gegeben hat, sie auf eine höhere Bildungsstufe zu heben, hat sie in seinem interessanten Werke „Beschreibung der Reisen der Schiffe Adventure und Beagle" geschildert; wir geben einen Auszug aus seiner Schilderung mit seinen eigenen Worten. „Die auffallendsten Eigenthümlichkeiten in der Körperbildung der Feuerländer sind eine ausnehmend kleine, niedrige Stirn, vorstehende Backenknochen, weitgeöffnete Nasenlöcher, großer Mund und dicke Lippen. Ihre Augen sind klein, tiefliegend, schwarz und so unruhig wie die der Wilden in der Regel sind; die Augenlider werden durch den Holzrauch in ihren Hütten roth und feucht. Das Kinn wechselt sehr; das eines Tekinica ist kleiner und weniger vorragend als das eines Alikhulips. Die Nase ist fast flach; der Mund ist häßlich gebildet und unter den Zähnen sieht man keine Schneidezähne vorragen. Das dünne, schwarze Haar geht mit dem Alter nicht aus und wird erst spät grau; die Augenbrauen enthalten wenig oder gar keine Haare. Der Kopf ist auffallend niedrig, aber breit und dick; der Hals ist kurz und stark, die Schultern breit und hoch, Brust und Körper sind gleichfalls sehr breit. Arme und Beine sind runder und weniger nervig als bei den Europäern; Gelenke und Extremitäten sind kleiner. Die meisten haben kurze Beine und tragen sie beim Gehen einwärts.

„Um den Kopf wird nur eine schmale Binde getragen, die gewöhnlich nichts als eine aus den Sehnen von Vögeln oder vierfüßigen Thieren gemachte Schnur ist; um jedoch Staat zu machen, befestigen sie zuweilen Federn, Stückchen Tuch und dergl. an ihre Kopfbinden. Weiße Federn an denselben gelten als Zeichen der Feindseligkeit und der Kriegsrüstung; roth dagegen bedeutet Frieden und freundschaftliche Absichten und ist als Zierde sehr beliebt, daher auch (durch Ocher erzeugt) allgemein zur Färbung des Körpers angewandt. Schwarz ist, wie in Europa, die Farbe der Trauer; nach dem Tode eines Freundes oder nahen Verwandten schwärzt man sich mit Holzkohle und Öl oder Fett.

„Wenn die Feuerländer von Fremden aufgesucht werden, so ist ihre erste Handlung die, mit ihren Kindern und Allem, was sie fortbringen können, in den Wald zu fliehen. Nach kurzer Zeit, wenn die Ankömmlinge nichts Feindliches unternehmen und nicht zu zahlreich sind, kehren die Männer behutsam zurück, machen Friedenszeichen, schwingen Stücke Fell, reiben sich den Bauch und geben seltsame Töne von sich. Oft kehren auch die Weiber nebst den Kindern zurück, immer aber lassen sie die werthvollsten Felle im Gebüsch verborgen. Diese Gewohnheit schreibt sich von dem Besuche von Seehundsfängern her, die nicht selten feuerländische Familien alles Dessen, was sie hatten, beraubten.

„Mangel an Nahrungsmitteln und die Leichtigkeit, sich in den Kähnen von einem Orte zum andern zu bewegen, sind ohne Zweifel die Gründe, warum die Feuerländer immer in kleinen Abtheilungen auf den Inseln zerstreut sind und sich nie lange an einem Orte verweilen; größere Gesellschaften bleiben niemals lange beisammen. Nie versuchen sie, dem Boden durch eine Art von Cultur etwas abzugewinnen; Seehunde, Vögel und besonders Schellfische dienen ihnen hauptsächlich als Nahrungsmittel, weshalb eine Gegend bald aufhören muß, die Bedürfnisse auch nur einer einzigen Familie zu befriedigen. Nur in wenigen Gegenden, wo die Eigenthümlichkeit der Flut einen beständigen Überfluß von Fischen verursacht, und das Land in eine Menge kleiner Inseln und Felsen zerspalten ist, in deren Nähe sich eine fast unerschöpfliche Menge von Schellfischen aufhält, sind mehre Familien anzutreffen, die zusammen 20—40 Seelen stark sind; aber auch diese Anfänge von Gesellschaft sind sehr selten und selbst solche Familien bleiben an derselben Stelle, wie viel Nahrung sie auch darbieten möge, nicht länger als einige Monate. Während des Sommers ziehen sie die Küste vor, wo sie

---

*) Vgl. über dieselben Nr. 305 des Pfennig=Magazins.

eine große Menge von Eiern und jungen Vögeln, außerdem aber Seehunde finden, welche in dieser Jahreszeit ans Land kommen, um zu säugen; im Winter ziehen sie sich mehr nach den innern Gewässern, um Schellfische und die kleinen, aber zahlreichen und trefflichen Fische, die sie zwischen den Seegewächsen fangen, aufzusuchen."

Diesen Nachrichten fügen wir nach andern Reisebeschreibern noch die folgenden hinzu.

Die Hütten der Feuerländer geben nur schwachen Schutz gegen die Witterung. Die des Tekinicastamms bestehen aus Pfählen, die kreisförmig in der Erde befestigt sind, und einem kegelförmigen Dache; die Windseite ist mit trockenem Gras, Baumrinde und Fellen bedeckt; die andern Stämme bauen ihre Wohnungen in Bienenkorbgestalt aus Baumzweigen, die oben zusammengebogen sind und durch ein Schilfseil festgehalten werden. Ihre Höhe vom Boden an beträgt 4—5 Fuß, ihr Durchmesser 6—8 Fuß; der Boden ist ausgehöhlt. In der Mitte des Hüttenraums brennt ein immerwährendes Feuer, um welches korbförmige Erhöhungen von Gras angebracht sind, die als Sitze und Schlafstätten dienen. Der Hausrath besteht in Robben- und Guanacohäuten (die letztern von den Patagoniern eingetauscht), Binsenkörben, Kannen und Krügen aus Baumrinde, Beuteln aus Fischdärmen, worin die zum Bemalen des Leibes dienenden farbigen Pulver aufbewahrt werden, und einigen andern Kleinigkeiten. Der Stamm der Chonos in Patagonien hat die größten Hütten, welche 50—60 Menschen fassen. Derselbe Stamm hat die besten Kanots; manche derselben sind 30 F. lang und 7 Fuß breit, aus Bretern, die durch Streifen von Baumrinde und Binsen aneinander befestigt sind, doch stehen sie den neuseeländischen Kähnen weit nach. Die andern Stämme machen ihre Kähne, 12—20 F. lang, aus Baumrinde; in den nordöstlichen Theilen des Landes gibt es sogar Stämme, die gar keine Kähne haben. Mit Ausnahme der schon gedachten Kopfbinden und Halsbänder, die aus kleinen Muschelschalen bestehen, scheint kein Theil ihres Anzugs eine Art von Kunstfertigkeit zu erheischen. Die Männer gehen fast ganz nackt, nur zuweilen in eine Seelöwen- oder Robbenhaut gehüllt, die mittels einer Schnur am Halse befestigt, den Rücken hinabhängt und durch einen aus Fischgedärmen zusammengedrehten Strick um den Leib festgegürtet wird; dazu kommt noch eine kleine, aus Federn gemachte Schürze. Als Fußbekleidung dient zuweilen ein Stück Robbenfell, als Kopfschmuck alter Männer eine Federmütze. Gesicht, Schenkel und andere Glieder werden mit rothen, weißen und schwarzen Streifen bemalt. Auch die Weiber tragen jene Haut als Kleidung, gürten sie aber auch um die Brust sorgfältig zusammen, um den Busen zu bedecken, und tragen sowol um das Hand- als um das Fußgelenk einen aus Fischgedärmen zusammengedrehten Ring. Beide Geschlechter binden die Haare in die Höhe, sodaß sie sich kronenförmig ausbreiten. Die Kinder gehen ganz nackt.

Die Angriffswaffen der Feuerländer bestehen in Bogen und Pfeilen, Schlingen, Lanzen und Keulen. Die Pfeile sind 2 Fuß lang und aus hartem Holz; sie enthalten am Ende einen scharfen, dreieckigen Kieselstein, der in der Wunde stecken bleibt, und sind am hintern Ende gefiedert; der Bogen ist 3—4 F. lang, plump von Holz geschnitzt und mit einer Sehne aus gedrehtem Fischdarm versehen. Die Lanzen enthalten eine knöcherne Spitze oder an deren Stelle einen spitzigen Kiesel und sind 2½ F. lang. Der Feuerländer geht selten ohne seine Schleuder aus, die er um den Hals oder um den Leib trägt und zugleich als Gürtel braucht; der Stein wird von einem Hautstück getragen und durch starke Schnüre von Fischdarm in Schwung gesetzt.

Als Lebensmittel dienen den Feuerländern hauptsächlich Fische, Schalthiere und die wenigen Beerenarten, die der Boden erzeugt; nach Fitzroy sind sie nicht im mindesten ekel und essen Alles, was nur eßbar ist, ohne Unterschied, ob es frisch oder nicht, roh oder gekocht ist. Cordova sah sie Muscheln, Fische, Robben- und Walfischfleisch nicht nur roh, sondern sogar nach schon eingetretener Fäulniß essen.

Das Hauptgeschäft der Männer besteht in Herbeischaffung der Nahrung. Begleitet von ihren Hunden jagen sie die wilden Lamas oder Guanacos, die im Winter von den Bergen herabsteigen, um an der Küste Nahrung zu suchen; da die langen Beine dieser Thiere es ihnen schwierig machen, im tiefen Schnee fortzukommen, so werden sie ohne Schwierigkeit gefangen. Seehunde und Seelöwen, wegen ihres Fleisches und Fettes gleich geschätzt, werden von den Kähnen aus gefangen, ebenso Fische bis zu 20 Pf. Gewicht. Bei der Otterjagd thun die Hunde gute Dienste, doch werden Ottern nur im Nothfall gegessen. Vögel werden sowol mit der Schlinge als mit Bogen und Pfeilen gefangen, ob blos der Federn oder auch des Fleisches wegen, ist zweifelhaft; die Klippen an der Seeküste aber gewähren einen Überfluß an Eiern. Die Hauptbeschäftigung bildet der Fischfang, bei welchem weder Netze noch Angeln gebraucht werden, sodaß die Art und Weise, wie er vor sich geht, noch nicht ergründet ist. In ihren Kanots nehmen sie scharf gespitzte Stäbe mit sich, woran Köder angebunden ist. Kleine Fische werden bei gutem Wetter in großer Menge gefangen, wozu auch die Weiber gebraucht werden. Außerdem besteht die Beschäftigung der Weiber im Einsammeln der nöthigen Schalthiere, Früchte und Kräuter, im Herbeischaffen des Wassers und Holzes, in der Reinigung des Kanots und der Besorgung der Kinder. Die letztern tragen sie, so lange sie klein sind, in einer Art Tasche, die zwischen dem Rücken und dem Fellkleide angebracht ist, bei allen Arbeiten und auf allen Wanderungen bei sich, selbst zu zweien, ohne dadurch in ihren Arbeiten gestört zu werden.

Ein Volk, welches in einem so elenden Zustande wie die Feuerländer lebt, steht fast immer unter der Herrschaft des Aberglaubens. Die Feuerländer glauben an einen bösen Geist; sie beschreiben ihn als einen großen, schwarzen Mann, der in den Wäldern und Bergen umherstreift, jedes Wort und jede Handlung kennt, sodaß es unmöglich ist, ihm zu entgehen, und der das Wetter nach der Aufführung der Menschen einrichtet. Dieser Geist verursacht Krankheit, Hungersnoth und anderes Unglück ebenso gut als schlechtes Wetter. Trost suchen die Feuerländer bei einem guten Geiste, den sie in Unglück und Gefahr anrufen. Träume und Zeichen üben auf sie einen großen Einfluß. Der Hexenmeister jedes Stamms, gewöhnlich der Listigste und Verschlagenste, ist gleichzeitig als Priester, Prophet, Zauberer und Arzt zu betrachten. Von ihren religiösen Gebräuchen ist so gut als nichts bekannt.

Die Todten werden meist in die Wälder getragen, auf Baumzweige gelegt und mit solchen bedeckt; einige Stämme setzen ihre Todten in Gräbern bei. Ein hohes Alter kommt selten vor. Die einzigen Heilmittel, welche die Feuerländer anwenden, bestehen darin, daß sie den Körper mit Öl einreiben, kaltes Wasser trinken und sich, in Felle gehüllt, der Wärme des Feuers aussetzen.

Fleischconsumtion.

In den einzelnen Provinzen der preußischen Monarchie betrug die mittlere jährliche Fleischconsumtion eines Einwohners im Durchschnitt aus den Jahren 1836—39: in Ostpreußen 80, Westpreußen 67¼, Posen 65, Pommern 59¾, Schlesien 69, Brandenburg 95¼, Sachsen 64¾, Westfalen 72, Rheinprovinz 91½ Pfund. In den größern Städten ergab sich 1837 folgende Consumtion: Königsberg 73⅓, Danzig 124 (wobei die Versorgung der Schiffe eingerechnet ist), Köln 122, Magdeburg 84, Breslau 88¼, Berlin 109 Pf. (Von dem 1836—39 in den mehl- und schlachtsteuerpflichtigen Städten in Preußen eingeführten Schlachtvieh wog durchschnittlich ein Ochse oder Stier 525, eine Kuh oder Ferse 332, ein Kalb 42½, ein Schwein 114, ein Schaf 35½ Pf.).

In London beträgt die Consumtion ohne Schweinefleisch (das als gekochter Schinken und Speck in ganz England in großer Menge verzehrt wird) nach Mac Culloch etwa 104 Pf.

In Paris wurden in den Jahren 1837—40 durchschnittlich jährlich 70,787 Stück Rindvieh (Ochsen) zur Verzehrung eingeführt. Nimmt man das Stück zu 600 Pf., so gibt dies bei einer Bevölkerung von 900,000 Menschen 47 Pf. auf den Kopf. Kalb-, Hammel- und Schweinefleisch wird ungefähr ebenso viel als Rindfleisch verzehrt, sodaß auf den Kopf 94 Pf. Fleisch kommen würden. Chabrol nimmt 85—86 Pf. an.

In Wien findet wahrscheinlich eine stärkere Fleischconsumtion als in irgend einer andern Stadt Europas statt. Im Durchschnitt aus den Jahren 1830, 1832 und 1835 wurden hier jährlich 87,213 Stück Ochsen verzehrt, und zwar ungarische und podolische, wovon die meisten 800 Pf. schwer sein dürften. Rechnet man aber nur 600 Pf. und 345,253 Einwohner, so kommen auf den Kopf 151 Pf. Rindfleisch und die ganze Fleischconsumtion ist mindestens zu 300 Pf. anzunehmen, wobei Wildpret, Geflügel und Fische noch gar nicht gerechnet sind, so wenig als in den vorigen Angaben.

Die französischen Bagnos.

Die drei Bagnos von Brest, Rochefort und Toulon, im Ganzen für 6970 Galeerensträflinge (3288, 1108, 2574) eingerichtet, zählten deren zu Anfang des Jahres 1841 6560, zu Anfang 1842 aber 6908, worunter 447 Ausländer; 156 Gefangene waren noch nicht 20 Jahre alt. Auf bestimmte Zeit waren 4746, lebenslänglich 1714 verurtheilt. Die Mehrzahl war unverheirathet: 4139, von den übrigen 2399 Ehemänner und 369 Witwer. 4128 konnten weder lesen noch schreiben, 654 konnten Beides geläufig und 114 hatten sogar eine höhere Schulbildung genossen. Die Verbrechen vertheilten sich auf folgende Weise: wegen Diebstahl waren verurtheilt 4546, wegen Todtschlag 867, wegen Mord 175, wegen Vergiftung 69, wegen Vatermord 18, wegen Nothzucht 314, wegen Fälschung 192, wegen Brandstiftung 139, wegen Falschmünzerei 116, wegen Schläge und Verwundung 109, wegen Complott 72 u. s. w. Dem Stande nach waren unter den Sträflingen: 1110 Landleute, 815 Tagelöhner, 381 Weber, 360 Handelsleute, 189 Tischler, 184 Zimmerleute und Wagner, 119 Kutscher und Fuhrleute, 114 Schneider, 105 Müller, 105 Soldaten und Douaniers, 76 Bäcker, 58 Holzhauer und Köhler, 49 Hafenarbeiter und Lastträger, 30 Gastwirthe, 27 Lehrer und Professoren, 12 Ärzte und Chirurgen, 12 Geometer, 7 Musiker und andere Künstler, 5 Geistliche, 5 Juristen, 2 Schriftsteller u. s. w.

Statistik der Dampfschiffahrt.

Im ganzen britischen Reiche wurden bis zum J. 1838 834 Dampfschiffe von 104,676 Tonnen gebaut; davon kommen auf England 541, auf Schottland 231, auf Irland 5, auf die britischen Colonien 57. Das erste wurde in Schottland im J. 1788 (von 4 Tonnen) erbaut, in den Colonien wurde erst 1814, in Irland erst 1820 das erste Dampfschiff erbaut. Am meisten vermehrte sich die Zahl der Dampfschiffe in den Jahren 1826 (76), 1835 (88), 1836 (69), 1837 (82) und 1838 (87). Auf den Inseln Jersey, Guernsey und Man wurden keine Dampfschiffe erbaut. Nicht gerechnet sind hierbei die Kriegsdampfschiffe, von denen 1828 die ersten gebaut wurden und deren Zahl im Jahre 1840 76 (von 35,000 Tonnen und 10,661 Pferdekraft) betrug, 1842 aber schon 102.

Nach den dem Hause der Gemeinen vorgelegten Papieren waren im Jahre 1836 in allen Theilen der Erde, wo britische Gesandten, Consuln und Agenten accreditirt sind, mit Ausnahme der Vereinigten Staaten von Nordamerika, vorhanden 211 Dampfschiffe von 22,482 Tonnen und 14,604 Pferdekräften; davon kamen auf Frankreich 67, auf Holland 30, auf Schweden 27, auf Rußland 23. Etwa die Hälfte der Maschinen (98) war in England und Schottland gebaut und 84 Dampfschiffe wurden auf dem Meere verwendet.

Die Vereinigten Staaten besaßen im Jahre 1838 800 Dampfschiffe von 160,000 Tonnen und 57,019 Pferdekräften.

Literarische Anzeige.

Durch alle Buchhandlungen und Postämter ist zu beziehen:

Landwirthschaftliche Dorfzeitung.

Herausgegeben unter Mitwirkung einer Gesellschaft praktischer Land- und Hauswirthe von **C. v. Pfaffenrath** und **William Löbe.** Mit einem Beiblatt: Gemeinnütziges Unterhaltungsblatt für Stadt und Land.

Dritter Jahrgang. 4. 20 Ngr.

Hiervon erscheint wöchentlich 1 Bogen. **Ankündigungen** darin werden mit 2 Ngr. für den Raum einer gespaltenen Zeile berechnet, **besondere Anzeigen** ic. gegen eine Vergütung von ¾ Thlr. für das Tausend beigelegt.

Inhalt des Monats October:

Dorfzeitung. Woher kommt es, daß jetzt viele Hauswirthschaften zu Grunde gehen? — Von einigen Hindernissen, welche dem bessern Betriebe der Landwirthschaft hemmend entgegentreten. — Über Mäßigkeitsvereine. — Englische Schafe. Mit einer Abbildung. — Das Rabengeschlecht. — Futtersurrogate. — Vorschläge, die diesjährige Herbstsaatbestellung betreffend. — Über das Einmachen des Kartoffel- und Weißkrauts. — **Miscellen, Ankündigungen.**

Unterhaltungsblatt. Das Reisen, ein sehr zu empfehlendes Bildungsmittel für junge Landwirthe. — Das Johannisthal bei Leipzig. — Die Schlacht bei Leipzig. Von William Wolfe-Tone, einem Augenzeugen. — Deutsche Auswanderer nach Amerika. — **Büchermarkt, Vermischtes, Anekdoten, Ankündigungen.**

Leipzig, im November 1842.

F. A. Brockhaus.

Das Pfennig-Magazin
für
Verbreitung gemeinnütziger Kenntnisse.

504.] Erscheint jeden Sonnabend. **[November 26, 1842.**

Der Berg Karmel.*)

Der Berg Karmel ist ein Ausläufer des Libanongebirges in Palästina und besteht eigentlich aus mehren bewaldeten Bergen, die sich in einer Länge von sechs Meilen hinziehen und von fruchtbaren Thälern unterbrochen werden. Am Ausflusse des Baches Kischon dacht sich der Karmel, dessen Höhe etwa 1500 Fuß beträgt, in eine Ebene ab, welche die südliche Küste des Meerbusens von Ptolemais oder Akka bildet; die gedachte Stadt liegt am Fuße des Gebirges. Auf demselben findet man außer Ruinen von Kirchen und Klöstern aus der Zeit des christlichen Königreichs Jerusalem und den Grundmauern einer alten Tempelherrenburg an der Westseite eine große, sehr hohe Höhle, die der Sage nach von dem Propheten Elias bewohnt wurde und von den Mohammedanern und Juden die Schule des Propheten genannt wird. (Siehe die Abbildung auf S. 384.) Sie ist gegen 20 Schritte lang und über 18 Schritte breit. Im Hintergrunde sieht man mehre Lampen und einige Fetzen oder Lappen, die für Überreste von Fahnen ausgegeben werden. Weiter oben findet man noch eine Menge anderer Höhlen.

Von dem Berge Karmel hat der Mönchsorden der Karmeliter seinen Namen. Schon im 4. Jahrhundert wählten sich christliche Einsiedler den Karmel zum Aufenthalt; im 12. Jahrhundert aber stifteten Pilger eine Verbrüderung zum einsiedlerischen Leben auf diesem Gebirge, welche 1224 die päpstliche Bestätigung erhielt. Die Mönche selbst schrieben die Stiftung ihres Ordens dem Propheten Elias zu und behaupteten, alle Propheten und heiligen Männer der Bibel von Elias bis auf Jesus seien Mitglieder des Ordens, Jesus selbst aber ein besonderer Beschützer desselben gewesen. Zwischen 1238—44 verpflanzte sich der Orden, von den Sarazenen verdrängt, nach Europa und nahm eine mildere Regel an, welche das Klosterleben an die Stelle des Einsiedlerlebens setzte. Aus demselben gingen später vier unabhängige Corporationen hervor, deren jede unter einem besondern General steht; unter ihnen sind zwei Barfü-

*) Vgl. Nr. 138 des Pfennig-Magazins.

tiercongregationen, eine spanische und eine italienische, welche beide der ältesten strengen, in mehren Punkten verschärften Regel folgen. Allen Karmelitern sind die Vorrechte der Bettelorden und der im J. 1287 eingeführte Gebrauch eines eigenthümlichen, sechs Zoll breiten Scapuliers von grauer Wolle gemeinschaftlich. Ihre Kutten sind seit dem 15. Jahrhundert kastanienbraun; über denselben tragen sie weiße Mäntel. Ihre Regel schließt jede gemeinnützige Thätigkeit aus, weshalb ihre Klöster in vielen Ländern aufgehoben wurden.

Neapolitanische Skizzen.
(Beschluß aus Nr. 503.)

7. Das Volksfest Madonna dell' Arco.

Alljährlich ihre Frauen zum Feste der Madonna dell' Arco zu führen, das ist ein Punkt, zu dem sich häufig die Neapolitaner schon im Ehecontracte verbindlich machen müssen. Wer italienisches Volksleben sehen und kennen lernen will, der gehe am zweiten Pfingsttage nach dem Dorfe, das von ihr den Namen trägt. Ganz Neapel hat sich dorthin aufgemacht, aus allen Dörfern strömen sie zusammen, von allen Bergen steigen sie hernieder, und selbst von den Inseln her kommen sie auf leichten Gondeln, Alt und Jung, Männer und Weiber, Fremde und Einheimische, Vornehme und Geringe. Hier rollt in einer stolzen Karosse ein neapolitanischer Principe an verschiedenen Gruppen von Landleuten in spitzen Hüten mit Weib und Kind vorbei; Schaaren von Fischern mit der rothen phrygischen Mütze ziehen dorthin; zwei Herren mit Brillen in einem Wagen verrathen sich durch ihr Gespräch als Deutsche, während die vier breitschultrigen Männer mit rother Uniform und blondem Schnurrbart, die im bunten Fiaker mit kleinen Pferdchen sitzen, sich als Schweizersoldaten erkennen lassen. Ein riesengroßer Stier, neben ein Eselchen gespannt, zieht einen hohen Karren mit grünen Zweigen besteckt, über dem schützend ein rothes Tuch ausgebreitet ist; er enthält eine ganze Familie, die aus einem benachbarten Dorfe kommt; ein Calabrese reitet an ihm vorüber auf schwarzem, blumenbekränztem Roß, in einen langen weißen Carbonaro gehüllt, am Hute das Madonnenbild. Am phantastischsten haben sich die Bürgerfrauen Neapels aufgeputzt; sie tragen schwarze oder weiße Filzhüte wie die Männer, mit Federn und Blumen besteckt, einige erscheinen sogar in Maskenanzügen; auf dem Rückweg tragen sie gar noch Stangen, mit dem Holzschnitte der Madonna und mit all den Kleinigkeiten behängt, die sie an verschiedenen Orten eingekauft. Kirchen, Kapellen, Heiligenbilder am Wege prangen alle im frischen Blumenschmuck; auch die Wein= und Speisehäuser längs der Straße sind aufgeputzt und überall wird gekocht, gebraten und gesotten, geschmauset und gezecht, denn wird auch sonst sparsam gelebt, heute am Tage der Freude hört alle Einschränkung auf.

So wird unsere Wanderung nicht lang; gleich sind wir am Ziele. Das Dörfchen liegt vor uns, bestehend aus einer doppelten Reihe von Häusern mit einer Kirche und einem Kloster. Durch das Gewühl des Volks und der Bettler, der Wagen und Esel, durch die Menge der Verkäufer von Holzschnitten, die den Papst und allerlei Heilige darstellen, von Spielzeug, Eßwaaren und Erfrischungen müssen wir uns drängen, um zur Kirche zu gelangen. Daß das Bild der Madonna, das hier aufgestellt ist, ein wunderthätiges ist, bezeugen eine Menge von kleinen Gemälden an den Wänden der Kirche, die ebenso viele Rettungsgeschichten und Heilungen darstellen, sowie mancherlei Gliedmaßen, ja selbst Kinder in Silber, die hier als Weihgeschenke aufgehängt sind. Der fromme Neapolitaner verrichtet an diesem Tage vor dem Altare der Madonna dell' Arco, d. h. Madonna vom Bogen (so wird das Bild, das zwischen zwei prächtigen Kandelabern aufgestellt ist, von dem Thore gegenüber genannt), seine Andacht; dann kauft er auch noch in der Kirche bei einem Dominikaner des Klosters, zu dem diese gehört, ein Fläschchen heiliges Öl. Eine Schar alter Weiber küssen sogar kriechend einen Marmorstreifen, der sich vom Altare nach der Thür erstreckt, bleiben jedoch für dies Werk der Frömmigkeit nicht unbelohnt. Nach dem Besuche des Gotteshauses lagert und labt man sich unter dem Laubdache eines Baumes oder unter einem Zelte; an malerischen Gruppen ist dabei Überfluß. In den benachbarten Speisehäusern ist das regste Leben, in der Küche drehen sich die Bratspieße und in den Pfannen schmoren die Fische. Auf dem Dache sitzt eine Schar munterer Landmädchen und ladet zu ihrem Maccaronimahle freundlich ein; ein Abruzzese, in ein Schaffell gehüllt, bläst auf dem Dudelsack und läßt dazu seine Puppen tanzen überall im Dorfe und in dessen Nähe und selbst auf dem Heimwege wird die Tarantella getanzt und gesungen. Dennoch sieht man keinen Betrunkenen, es müßte denn ein Fremder sein. Bei der Rückkehr häufen und drängen sich Wagen und Fußgänger in unglaublicher Anzahl; Flöten, Guitarren, Mandolinen, Tambourins erklingen von allen Seiten aus jenen und Kerzen entzünden sich bei einbrechender Nacht. Die Zurückgebliebenen aber stehen dicht gedrängt in der Stadt bis zum Molo; auch alle Fenster, Balcone und Dächer sind von Zuschauern besetzt; von der Ankunft der Wallfahrer will Jedermann Zeuge sein. Ja, ein Tag allgemeiner Fröhlichkeit ist das Fest der Maria dell' Arco.

8. Begräbnisse.

Zu den lobenswerthen Instituten Neapels gehört eins, das leider allmälig in Abnahme zu kommen scheint: das der Brüderschaften, in welche fast jeder Bürger der Stadt eingeschrieben ist. Diese Vereine sind von der Regierung autorisirt und haben zum Hauptzwecke die gemeinschaftliche Bestreitung und Feier der Begräbnisse ihrer Mitglieder, welche daher monatlich einen bestimmten Beitrag zahlen. Stirbt eins derselben, so folgen die andern seiner Leiche, vom Scheitel bis zum Fuß in weiße Kutten gehüllt, in denen eine Öffnung für die Augen gelassen ist, was einen unheimlichen, gespenstischen Anblick gewährt. Der Todte befindet sich in einem rohen und engen Sarge oder vielmehr Kasten, dieser aber in einem der Brüderschaft gehörigen Übersarge, der von rothem Sammt, Gold und Silber strotzt und mit einem prachtvollen Sargtuche bedeckt ist, dessen Zipfel die Angeschlossenen der Leichenbegleitung halten. Alle Brüder tragen in der einen Hand den Pilgerhut, in der andern brennende Kerzen, der Vorderste aber ein Crucifix an einem langen Stabe; sie werden begleitet von einem oder mehren Geistlichen und einer Schar von Greisen aus dem Siechenhause in blauer Kleidung mit schwarzen Mänteln. Mädchen und Geistliche werden in der Regel unbedeckt getragen, und zwar jene mit Rosen geschmückt. Der Zug begibt sich in die Kirche der Brüderschaft, wo der Sarg auf einen Katafalk gesetzt wird; nachdem hier Gebete gesprochen worden sind, bringt man den Todten in die Gruft; hier wird er von rohen Händen völlig entkleidet, zu den andern hier befindlichen Todten geworfen und mit Kalk übergossen, um schneller verzehrt zu werden. Nach einem Jahre, auch wol nach kürzerer Zeit werden die Gebeine in den Gewölben gesammelt und nach dem Campo santo gebracht, wohin die Verstorbenen der untersten Volksclasse unmittelbar, d. h. 24 Stunden nach ihrem Tode (dies ist die zur Beerdigung policeilich festgesetzte Frist), auch wol noch früher gebracht werden, sodaß wol mancher nur Scheintodte beerdigt wird. Der Campo santo Neapels ist ein mit Steinplatten bedeckter viereckiger Platz, 252 Fuß lang und ebenso breit, rings von hohen Mauern umgeben. Er enthält 366 tief ausgemauerte Grabgewölbe, davon alle 24 Stunden eins neues geöffnet wird, um diejenigen Todten aufzunehmen, die den Tag über hineingestürzt werden (durchschnittlich 30—40). Weiter östlich liegt der neue, von den Franzosen mehr nach Art unserer Kirchhöfe angelegte Campo santo, der immer mehr in Aufnahme kommt.

Vornehme und Reiche besitzen in den Kirchen Kapellen mit Grüften, wo sie ihre Todten in Särgen beisetzen lassen. In vielen Kirchen gibt es einen sonderbaren Raum, Terra santa oder Giardinetto (Gärtchen) genannt, bestehend in einer vier Fuß hohen, von Bretern eingeschlossenen Erdschicht, in welcher Todte begraben werden und in einigen (6—8) Monaten eintrocknen. Ist dies geschehen, so werden sie herausgenommen und in einer Kleidung, wie sie dieselbe im Leben zu tragen pflegten, in Glaskästen längs der Wände ausgestellt. An dem Tage Aller Heiligen und Aller Seelen findet eine Todtenausstellung bei festlicher Beleuchtung statt; dann drängt sich das Volk die schmalen Treppen auf und ab, ergeht sich in der schwarz ausgeschlagenen, natürlich von Modergeruch erfüllten Kapelle und beschaut diese widrigen Gestalten (deren Namen, Stand, Alter und Todesjahr ein beigelegter Zettel angibt) mit lebhaftem Interesse; wer Verwandte hier findet, die noch ein leidlich gutes Aussehen haben, freut sich herzlich darüber.

Am Tage Aller Seelen ist der alte Campo santo dem großen Publicum geöffnet und in der hier stehenden Begräbnißkapelle wird Gottesdienst gehalten, bei welchem sich Viele einfinden, um für ihre Verwandten zu beten, worauf sie häufig aufs Land gehen und schmausen und zechen. Die Conditoren backen an diesem Tage kleine Todtenköpfe und Gerippe aus Zucker für Kinder, die sich auf diesen Tag lange voraus freuen und überall mit Täschchen herumgehen, auf welche Todtenköpfe gemalt sind und in welche Bekannte ihnen Geld zum Naschen stecken. Arme Jungen betteln für solche Täschchen mit dem Ausrufe: I morti! (die Todten!)

Die Walhalla*)

Am 18. October hat, wie öffentliche Blätter berichten, die Eröffnung der Walhalla bei Donaustauf unweit Regensburg stattgefunden, der Ruhmeshalle, welche König Ludwig von Baiern ausgezeichneten Männern und Frauen deutscher Nation gewidmet und der rühmlichst bekannte Architekt Leo von Klenze in dem Zeitraume von gerade 12 Jahren (am 18. October 1830 wurde der Grundstein zu dem Gebäude gelegt) erbaut hat. Sie steht unweit der Donau auf einem von cyklopischen Mauern umgebenen Berge oder vielmehr Hügel, 304 Fuß über dem Spiegel des Stroms erhaben. Auf den Gipfel des Berges führen prachtvolle Doppeltreppen.

Das Gebäude hat die Form eines dorischen Tempels und ist 500 F. lang, 332 F. breit, über 240 F. hoch. Der obere Tempel ist 264 F. lang, 127 F breit und 72 F. hoch. An jedem Ende steht eine Säulenhalle von 14 dorischen Säulen, die 36 F. hoch sind und 6 Fuß im Durchmesser haben; jede derselben wiegt etwa 100 Ctr., die zum Architrav verwandten Blöcke aber an 260 Ctr.

Das Hauptbasrelief des Frontispizes enthält eine Gruppe von 15 allegorischen Figuren, welche die Befreiung Deutschlands vom französischen Joche vorstellen; in der Mitte steht die colossale Figur Deutschlands, ein Schwert haltend und umgeben von den Hauptbelden des Befreiungskriegs. Die Gruppe auf der Nordseite des Porticus stellt den Sieg der Cherusker über die Römer dar. In der Mitte steht Arminius, der Befreier Deutschlands, zu seiner Rechten drei andere germanische Häuptlinge; Velleda, die Seherin, und Thusnelda, Gattin des Befreiers, sind um einen sterbenden Krieger bemüht; Varus gibt sich den Tod, neben ihm liegt auf dem Boden ein sterbender römischer Fahnenträger. Zeichnung und Ausführung sind von Schwanthaler.

Über die Bestimmung des Gebäudes spricht sich der königliche Gründer desselben in der vom 10. December 1829 datirten Vorrede zu dem die Lebensbeschreibungen der in die Walhalla aufgenommenen Personen enthaltenden Werke folgendermaßen aus: „Es waren die Tage von Deutschlands tiefster Schmach (schon hatten jene von Ulm und Jena stattgefunden, die Rheinische Conföderation war geschlossen, Deutschland zerfleischte sich bereits selbst), da entstand im Beginne des 1807ten Jahres in dem Kronprinzen Ludwig von Baiern der Gedanke, der funfzig rühmlichst ausgezeichneten Deutschen Bildnisse in Marmor verfertigen zu lassen, und er hieß gleich Hand an die Ausführung legen. Später wurde die Zahl vermehrt, dann auf keine beschränkt und nur rühmlich ausgezeichneter Deutscher, fühlend, daß sagen zu wollen, welche die rühmlichsten, Anmaßung wäre, wie denn auch zu behaupten, daß es keine gäbe, die eben so verdienten, in Walhalla aufgenommen zu sein, und mehr noch als manche, die es sind. Deutscher Zunge zu sein, wird erfodert, um Walhalla's Genosse werden zu können; wie aber der Hellene ein solcher blieb, gleich viel, ob aus Jonien oder aus Sikelien, aus Kyrene oder Massalia, so der Deutsche, sei er aus Liefland, dem Elsaß, der Schweiz oder den Niederlanden (ward ja holländischer Adel sogar in den deutschen Orden aufgenommen, und flamändisch und holländisch sind Mundarten des Plattdeutschen). Auf die Wohnsitze kommt es nicht an, ob es seine Sprache behalten, Das bestimmt den Fortbestand eines Volkes; so blieben die Ostgothen bis zu ihres Staates Untergang, die Lengobarden Jahrhunderte noch ihrer Herrschaft, die Franken in Gallien lange noch nach dessen Eroberung, die Westgothen in Spanien aber, und in Britannien die Angeln und Sachsen verschmolzen sich bald nach ihren Niederlagen bei Xeres della Frontera und Hastings mit andern Völkern, woraus neue entstanden. Mit dem ersten bekannten großen Deutschen: Hermann dem Römerbesieger, angefangen, sind in Walhalla, durch deutsche Künstler verfertigt, von rühmlich ausgezeichneten Deutschen die Brustbilder oder (wurden keine gleichzeitige Bildnisse gefunden) aus Erz die Namen. Kein Stand, auch das weibliche Geschlecht nicht, ist ausge-

---
*) Vgl. Nr. 202 des Pfennig-Magazins, wo eine Ansicht der Umgegend gegeben ist, und Nr. 487.

schlossen. Gleichheit besteht in Walhalla; hebt doch der Tod jeden irdischen Unterschied auf! *) Die Stelle in ihr wird durch die Zeit des Eintritts in die Ewigkeit bestimmt. Rühmlich ausgezeichneten Deutschen steht als Denkmal und darum Walhalla, auf daß besser der Deutsche aus ihr trete, besser als er gekommen. Geweiht sei diese ehrwürdige Stätte allen Stämmen deutscher Sprache; sie ist das große Band, das verbindet, wäre jedes andere gleich zernichtet; in der Sprache währt geistiger Zusammenhang."

Die Zahl der bis jetzt in die Walhalla aufgenommenen Personen (von König Ludwig selbst Walhalla's Genossen genannt) ist nach der von dem Könige selbst herausgegebenen, kurze Andeutungen über ihr Leben enthaltenden Schrift 162. Darunter sind, dem Stande und den Lebensverhältnissen nach: 11 römische Kaiser und deutsche Könige (Karl der Große, Arnulf, Heinrich I. der Vogelsteller, und Heinrich III., Otto I. der Große, Konrad II., Friedrich I. (Rothbart) und II., Rudolph I., Maximilian I. und Karl V.); — 2 Kaiserinnen (Maria Theresia und Katharina II. von Rußland, als geborene Prinzessin von Anhalt=Zerbst hier aufgenommen); — 16 Könige, worunter 3 der Ostgothen (Hermanrich, Theodorich der Große, Totila), 3 der Westgothen (Alarich, Ataulf, Theodorich), einer der Vandalen (Generich), einer der Heruler (Odoacer), zwei der Franken (Clodwig und Pipin der Kurze), einer der Longobarden (Alboin), die Könige Egbert, Alfred der Große und Wilhelm III. von England (die beiden ersten Angelsachsen, der letzte aus dem deutschen Geschlechte Nassau=Oranien), König Friedrich II. der Große von Preußen und Karl X. v.n Schweden (geborener Pfalzgraf von Zweibrücken); — 33 weltliche Kurfürsten, Herzoge, Fürsten u. s. w. (5 von Baiern, 2 von Östreich, 1 von der Pfalz, 3 heidnische und 5 christliche von Sachsen, worunter Kurfürst August, Herzog Bernhard von Sachsen=Weimar und Herzog Ernst der Fromme von Sachsen=Gotha; 2 von Würtemberg, 2 von Oranien u. s. w.; hierher zählen wir auch Wallenstein als Herzog von Friedland und Mecklenburg und die Fürsten Barclay de Tolly, Blücher und Schwarzenberg); — 4 Königinnen und andere fürstliche Frauen: Theutolinde, Gemahlin eines longobardischen Königs, Mechthildis die Heilige, Gemahlin König Heinrich des Vogelstellers, Elisabeth die Heilige, Landgräfin von Thüringen, und Amalie, Landgräfin von Hessen; — 14 Feldherren ohne fürstlichen Rang (die neuesten sind Diebitsch und Gneisenau); — 2 Seehelden und zwar holländische (Tromp und Ruyter); — 4 Staatsmänner (Hugo Grotius, Justus Möser, Graf von Trautmannsdorf und Freiherr von Stein); — die drei Männer des Rütli (Walther Fürst, Werner Stauffacher und Arnold von Melchthal); — der Einsiedler Niclas von der Flue, Arnold von Thurn (Gründer das rheinischen Städtebundes), der Graf von Zinzendorf (Stifter der Brüdergemeinde); — 18 Erzbischöfe, Bischöfe und Äbte (von Ulphilas, Emmeran und Bonifaz an), nebst einer Äbtissin (Hildegard); — 22 Schriftsteller und Gelehrte, worunter Ulrich von Hutten, die Geschichtschreiber Paul Warnefried, Eginhard, Lambrecht von Aschaffenburg, Aventinus, Tschudi, Joh. von Müller; die Astronomen Johann Müller (Regiomontan), Kopernicus, Kepler und Wilhelm Herschel, der Physiker Otto von Guericke, die Sprachforscher Reuchlin und Erasmus, die Ärzte Theophrastus von Hohenheim (Paracelsus), Boerhave und Haller, die Philosophen Leibnitz und Kant, der Theolog Herder, die Kunstforscher Winckelmann und Heinse; — 9 Dichter: der unbekannte des Nibelungenliedes, Walter von der Vogelweide, Wolfram von Eschenbach, Lessing, Klopstock, Bürger, Schiller, Wieland, Goethe; — 9 Maler: Wilhelm von Köln, van Eyck, Hemling, Albrecht Dürer, Holbein, Rubens, Anton van Dyk, Snyders, Mengs; — 4 Tonsetzer: Händel, Gluck, Mozart, Haydn; — 2 Baumeister: der unbekannte des kölner Doms und Erwin von Steinbach; — ein Künstler in Erz, Peter Vischer; — die Erfinder der Buchdruckerkunst und der Sackuhren, Gutenberg und Peter Henlein, auch Peter Hele genannt; — neun Frauenzimmer: außer den früher genannten noch die Seherin Velleda und die Dichterin Roswitha. Von den Aufgezählten gehören den Todesjahren nach, die freilich nicht bei allen Walhallagenossen mit Bestimmtheit angegeben werden können, den einzelnen Jahrhunderten unserer Zeitrechnung an: Jahrhundert I. 4, II. —, III. —, IV. 3, V. 7, VI. 4, VII. 2, VIII. 1, IX. 1, X. 7, XI. 5, XII. 6, XIII. 12, XIV. 8, XV. 7, XVI. 23, XVII. 21, XVIII. 22, XIX. 17. Die Reihe wird begonnen mit dem Cheruskerfürsten Hermann, dem Besieger der Römer, geschlossen mit Goethe (gest. 1832).

In den ersten Jahrhunderten kommen natürlich mehre Heiden vor, unter andern Hermann, Marbod, Civilis, Velleda, Hengist und Horsa. In den letzten fehlt es nicht nur nicht an Protestanten, sondern ihre Zahl ist im 18. der der Katholiken ungefähr gleich und im 19. sogar beiweitem größer, indem in demselben nur 4—5 Katholiken vorkommen.

Über die Einweihungsfeier theilen wir noch Folgendes mit. Am 17. October kam der König in Begleitung der Königin, des Kronprinzen nebst seiner Gemahlin, den Ältern derselben (Prinz und Prinzessin Wilhelm von Preußen) und den Prinzen Karl, Luitpold und Maximilian von Baiern in Regensburg an und begab sich am folgenden Tage, dem für Deutschland so denkwürdigen 18. October, mit den gedachten Verwandten und 2—300 andern Personen von Rang (worunter die in München beglaubigten Gesandten der deutschen Bundesfürsten) nach dem Walhallaberge, wo festlicher Empfang seiner harrte. Am Fuße des Berges standen 32 Jungfrauen in weißen Kleidern und buntfarbigen Überwürfen, von der Germania mit purpursammtnem Überwurfe und goldenem Kranze geführt, welche an Lanzen die Wappen der deutschen Bundesstaaten trugen. Germania begrüßte den König durch ein Gedicht, während einige ihrer Begleiterinnen ihm eine Eichenkrone darreichten und alle übrigen Jungfrauen die Fahnen vor ihm neigten. Auf der ersten Treppe standen etwa 20 junge Mädchen, in die bairischen Farben Weiß und Blau gekleidet; ihre Führerin begrüßte den König im Namen Baierns und der Stadt Regensburg. Nachdem von einem Chor von 200 Sängern unter Begleitung von Blasinstrumenten ein angemessener Gesang (Walhallagesang) ausgeführt worden war, hielt der Präsident der Regierung des Kreises Oberpfalz und Regensburg die Festrede, worauf der König folgende Worte erwiderte: "Möge Walhalla förderlich sein der Erstarkung und Vermehrung deutschen Sinnes. Möchten alle Deutsche, welchen Stammes sie auch seien, immer fühlen, daß sie ein gemeinsames Vaterland haben, ein Vaterland, auf das sie stolz sein können, und Jeder trage bei, so viel er vermag, zu dessen Verherrlichung." Jetzt öffneten sich, vom König mit goldenem Schlüssel berührt, die Pforten des Tempels und der König mit seiner Gesellschaft trat ein, worauf unter Posaunenbeglei=

---

*) Wal heißt Tod im Uraltdeutschen.

tung der choralartige Bardengesang angestimmt wurde, gleich dem Walhallagesang von Stuntz componirt. Eine Beleuchtung des Tempels von innen und außen mit bengalischem Feuer in verschiedenen Farben beschloß die Feier dieses Tages.

Der Göthakanal.

Unter den Kanälen Europas, so weit sie vollendet sind, nimmt der Göthakanal in Schweden, welcher die Ostsee mit der Nordsee und Stockholm mit Gothenburg, also die beiden wichtigsten Städte des Reichs, verbindet, eine sehr bedeutende Stelle ein und verdient, wenn er auch von mehren andern an Länge und Großartigkeit übertroffen wird, um so mehr unsere Bewunderung, da er in einem so geldarmen und schwach bevölkerten Lande ausgeführt worden ist.

Der Vorschlag, einen Wasserweg zwischen der Ost- und Nordsee herzustellen, ist schon sehr alt. Schon 1516 erhielt der Bischof Hans Brask in Lynköping die von ihm nachgesuchte Erlaubniß der Stände zur Anlegung eines Kanals von der Ostsee nach dem Wenersee, aber die unruhigen Zeiten verhinderten die Ausführung desselben. Gustav Wasa schlug den Ständen dasselbe Unternehmen 1526 vor. Den Anfang mit der Ausführung desselben machte erst König Karl IX., von welchem der sogenannte Karlsgraben, der älteste Kanal im Lande, herrührt. Karl XII. beschloß den Plan des Bischofs Brask auszuführen und übertrug den Kanalbau dem berühmten Mechaniker Christoph Polhem, der ihn in fünf Jahren von der Ostsee (Norrköping) bis Gothenburg zu vollenden versprach; allein des Königs Tod unterbrach das ganze Unternehmen, von dessen Vollendung seine Nachfolger nichts wissen wollten. Nachdem 1777—95 der Strömsholmskanal aus Dalekarlien nach dem Mälarsee, 10 Meilen lang, und 1793—1800 der kühne Trollhättakanal angelegt worden war, brachte Graf Balthasar Bogislaus von Platen (geb. 1766 auf Rügen, seit 1809 Staatsrath, seit 1810 Contreadmiral, 1827—29 Reichsstatthalter in Norwegen) 1806 den großen Kanal wieder in Anregung. Der König ordnete eine genaue Untersuchung über dessen Ausführbarkeit an, welche der aus England berufene erfahrene Kanalbauer Telford im J. 1808 in einem Zeitraume von 29 Tagen anstellte, und da die Stände in einem Schreiben an den König Karl XIII. vom 10. October 1809 die Anlegung des Kanals verlangten, so ertheilte der König am 11. April 1810 das Privilegium für eine zu bildende Göthakanalgesellschaft. Das Unternehmen fand so lebhafte Theilnahme, daß in acht Tagen (des folgenden Monats) die große Summe von 3,148,000 Thlrn. schwed. Banco gezeichnet wurde, fast das Doppelte dessen, was der Kanal nach dem ersten Voranschlage kosten sollte. Der Bau des Kanals wurde 1810 sowol in Ost- als Westgothland und auf mehren Stellen zugleich begonnen, aber durch mancherlei Hindernisse, namentlich Mangel an Geldmitteln, außerordentlich verzögert, woran hauptsächlich die unvorherzusehende Steigerung des Arbeitslohns Schuld hatte (der Tagelohn betrug 1810 nur 5 Schillinge und stieg 1813 auf 13 Schillinge); nur die energische Unterstützung des Staats machte die Vollendung möglich. Nach dem ersten Plane sollte der Bau im J. 1820 beendigt sein, aber erst am 23. September 1822 wurde die westgothische Linie zwischen dem Wener- und dem Wettersee, 3½ schwedische oder 5 deutsche Meilen lang und 21 Schleusen enthaltend, eröffnet, in den Jahren 1825 und 1827 zwei andere Kanalstrecken und erst zu Ende des J. 1832 war der ganze Kanal beendigt; am 26 September 1832 wurde er zur Segelfahrt eröffnet. Leider erlebte der Graf von Platen, der die Seele des Ganzen gewesen war, die Vollendung des Werks nicht; er starb am 26. December 1829. Die Arbeitsmannschaft bestand nur zum kleinsten Theile aus Privatarbeitern, zum größten aber aus Soldaten; die Anzahl sämmtlicher Arbeiter stieg zuweilen auf 7000 Personen.

Die durch den Kanal schiffbar gemachte Strecke beträgt $17^{3}/_{5}$ schwedische ($25^{1}/_{3}$ deutsche) Meilen, wovon $9^{2}/_{5}$ M. Seen und $8^{1}/_{5}$ M. eigentlicher Kanal sind. Der Kanal steigt in Westgothland vom Wenersee nach dem Wikensee um 163 Fuß und fällt von da bis zur Ostsee um 308 Fuß. Seine Breite beträgt 48, an der Oberfläche des Wassers 90 (an manchen Stellen weniger, an andern bis zu 118), bei Brücken 25, die Tiefe überall 10 Fuß.

Die Schleusen, deren der Kanal 58 enthält, sind 120 F. lang und 24 F. breit; sie sind theils Senkschleusen (53), durch welche man in die Tiefe hinunterfährt, theils bestimmende (5), die am Ausgange des Kanals aus einem höher liegenden See angelegt sind und die Höhe des Wassers im Kanal bestimmen sollen. Alle sind vollkommen wasserdicht und an den Seiten wie auf dem Boden mit Stein ausgemauert. An der Stelle, wo der Kanal die Landstraße durchschneidet, sind Brücken angelegt, deren Zahl sich auf 34 beläuft; außerdem sind 5 Fähren vorhanden. Die Brücken sind von neuer Erfindung, sie können nämlich zurück aufs Land gezogen werden; die Hälfte der Brücke liegt auf 14 gußeisernen Rädern, über welche sie zurückgerollt wird. Um die Vermischung des Kanalwassers mit fließendem Wasser zu vermeiden, hat man alle Flüsse und Bäche, auf welche man stieß, unter den Kanal in gemauerte Ablaufsgewölbe geleitet, die Culverte oder Aquäducte heißen, je nachdem das Wasser in ein Gewölbe oder durch mehre aufeinander folgende geht. Von jenen gibt es 3 (in Westgothland), von diesen 21. Um das Wasser gewisser Theile des Kanals ablassen zu können, sind 12 Stemmpforten und 17 Abläufe nach dem Boden hin angebracht. Bassins oder Hafenplätze (große Erweiterungen) sind 11 vorhanden; in den größten haben gegen 50 Schiffe Platz. Zur Reparatur der Fahrzeuge sind 3 Docken mit steinernem Boden gebaut, in welche die Fahrzeuge aus dem Kanal gehen; eine derselben hat Platz für 16, die andere für 6 große Kanalschiffe. Abläufe am Rande (8 an Zahl) von 50—120 F. Öffnung dienen, das Wasser in bestimmter Höhe zu erhalten. Längs dem ganzen Kanale geht auf der einen Seite ein Weg zum Ziehen der Fahrzeuge (Leinpfad), der an mehren Stellen mit Bäumen bepflanzt ist.

Zur Anlegung des Kanals sind 1,287,700 Cubikklaftern ausgegraben und gesprengt worden; mit Lehm und Kalk sind 31,000, ohne diese Materialien 8000 Cubikklaftern gemauert. Die Kosten des Kanalbaus haben ungefähr 9,108,500 schwedische Reichsthaler (über 5 Mill. Thlr. preuß.) betragen; davon kommen 158,500 Rthlr. auf angekaufte Ländereien, das Übrige auf die eigentlichen Baukosten. Die Gesellschaft selbst hat nur etwa den dritten Theil der Kosten bestritten, die übrigen zwei Drittel hat der Staat hergegeben, der außerdem den Actieninhabern 1,303,733 Rthlr. Zinsen gezahlt hat. Die vom Staate vorgestreckten Mittel waren der Gesellschaft anfangs als Anleihe gegeben worden, wurden ihr aber später geschenkt, sodaß sie alle Einkünfte allein bezieht.

Durch den Göthakanal werden 143 schwedische (über 200 geographische) Meilen Ufer von Landseen, an denen 12 größere und kleinere Städte liegen, miteinander und mit den großen Meeren auf beiden Seiten Schwedens, der Ost- und Nordsee, in Verbindung gesetzt. Die beiden Punkte der Küste, welche er verbindet — die Mündung des Meerbusens Slåtbaken an der Ostküste und die Stadt Gothenburg an der Westküste — sind in gerader Linie 40 geographische Meilen voneinander entfernt; der Seeweg von dem einen zum andern beträgt 130, der durch den Kanal eröffnete Wasserweg $52\frac{1}{2}$ geographische Meilen. Das Gebiet des Kanals begreift einen Raum von $1958\frac{1}{2}$ Tonnen Landes*), wovon 674 Feld, 917 Wiese und $367\frac{1}{2}$ Wald.

Der Wasserweg von Stockholm nach Gothenburg mittels des Kanals zerfällt gegenwärtig in folgende Strecken:

1) Von Stockholm durch den Mälarsee nach Södertelge $5\frac{3}{4}$ M., von da durch den 1819 eröffneten Södertelge-Kanal (welcher 12 F. tief, unten 30, oben 60 F. breit, 3050 F. lang ist und durch den See Mare in zwei Theile getheilt wird) in die Ostsee (Södertelgebusen), aus dieser durch die Scheeren von Nyköping und längs der Küste von Ostgothland in den $1\frac{1}{2}$ M. langen Busen Slåtbaken, an dessen westlichem Ende bei der Freigute Mem, 26 M. von Stockholm, der Göthakanal beginnt. Auf einer Insel desselben erheben sich die Ruinen des Schlosses Stegeborg, welches einst als Festung und Fürstenpalast berühmt war.

2) Kanalstrecke von der Ostsee bis zum See Asplången, 2 Meilen mit 12 Schleusen. An derselben liegt die alte Stadt Söderköping mit 1000 Einwohnern, wo einst 13 Reichstage gehalten wurden.

3) Der See Asplången ist über eine halbe Meile lang, aber von unbedeutender Breite, 24 F. tief; Meerhöhe 92 Fuß.

4) Kanalstrecke von Hulta am westlichen Ende des gedachten Sees bis zum See Roren (beinahe 1 M.), in den der Kanal bei Horsholm mündet.

5) See Roren, $3\frac{3}{5}$ M. lang, größte Breite $1\frac{1}{2}$ M., größte Tiefe 28 Fuß. In der Nähe die uralte Stadt Linköping mit 4500 Einwohnern und dem größten Gymnasium im Lande. Der Kanal verläßt den See bei Berg.

6) Kanalstrecke von Berg bis zum See Boren, fast 3 M., mit 15 Schleusen, die eine Senkung von 136 F. vermitteln (größte Schleusenstelle des ganzen Kanals).

7) See Boren, $1\frac{4}{5}$ M. lang und $\frac{1}{2}$ M. breit; größte Tiefe 44 F., Meerhöhe 146 F.

8) Kanalstrecke von Borenshult nach dem Wettersee, über $\frac{1}{4}$ M. mit 5 Schleusen; Fall 51 F. Südlich vom Kanal (der bei Motala in den Wettersee mündet) fließt die Motalaelf von einem See zum andern. Bei Motala befindet sich die mechanische Werkstätte der Kanalgesellschaft, welche 250 Arbeiter beschäftigt. Die bewegende Kraft geht von einem Wasserrade von 16 F. Durchmesser und 14 F. Breite aus.

9) Von Motala geht das Fahrwasser über den Wettersee nach Westgothland. Dieser See, der Größe nach in Schweden der dritte, liegt 297 F. über der Ostsee und erstreckt sich in einer Länge von 17 Meilen in eiförmiger Gestalt von Norden nach Süden. Seine größte Breite zwischen Motala und Karlsborg beträgt $4\frac{1}{2}$ M., sein Flächeninhalt gegen 36 Quadratmeilen, seine größte Tiefe 420 F. Er erhält sein Wasser aus 90 Gewässern, ist stürmisch und für den Schiffer gefährlich, aber reich an Naturmerkwürdigkeiten, unter denen die Wirbel und das starke, oft sehr plötzliche Steigen und Fallen des Wassers, wie man es auch ähnlich am Bodensee in der Schweiz beobachtet, zu bemerken sind. An seinen Ufern liegen eine Festung (Karlsborg, seit 1820 erbaut) und 5 Städte, von denen Jönköping mit 4000 Einwohnern, an der Südspitze des Sees gelegen, die größte ist. Südlich von Motala liegt die einst berühmte Stadt Wadstena und der 570 F. hohe Berg Omberg am Wettersee. Vom Wettersee fährt man durch einen 760 F. langen Kanal nach dem Botensee, der als ein Busen desselben zu betrachten ist; in demselben steigt das Fahrwasser auf eine Länge von 12,000 Ellen (1 Meile) und verläßt ihn bei Forsvik, um mittels einer kleinen Kanalstrecke in den See Wiken einzutreten.

10) Der Wikensee ist für den Göthakanal von der größten Wichtigkeit, weil er den höchsten Punkt auf der ganzen Kanallinie ausmacht, 308 F. über der Ostsee, 11 Fuß über dem Wettersee, 163 F. über dem Wenersee erhaben; er bekommt sein Wasser aus dem 86 F. höher liegenden See Unden; seine Ufer zeichnen sich durch imponirende Felsmassen aus. Das Fahrwasser im See (dessen Flächeninhalt nicht ganz eine Quadratmeile beträgt) ist $2\frac{3}{5}$ M. lang.

11) Bei Tatorp am Wikensee fängt der westgothische Kanal an und geht in einer Länge von $4\frac{4}{5}$ M. nach dem Wenersee, die längste Strecke im Göthakanal, welche ununterbrochen durch Land geht. Die Senkung dieser Strecke (163 F.) wird durch 10 Schleusen vermittelt. Unmittelbar vom Wiken aus geht der Kanal ganz gerade und horizontal in einer Strecke von fast 3 Meilen fort, welche die längste gerade Strecke im ganzen Kanal ist. Der Kanal endigt bei Sjötorp am Wenersee in einer überaus schönen und majestätischen Gegend.

12) Der Wenersee, der größte aller schwedischen Landseen und von allen in Europa vorhandenen an Größe der dritte, hat einen Inhalt von 104 Quadratmeilen. Die größte Länge desselben beträgt 20, die größte Breite 10 Meilen, die größte Tiefe 359 F., die Höhe über der Nordsee 145 F. In den See ergießen sich 24 verschiedene Gewässer und Ströme, worunter mehre sehr große. Der See hat mehre Inseln und ist sehr fischreich; seine Ufer sind bergig und überaus malerisch. Unter den Umgebungen sind 6 Städte zu nennen: Karlstad, Christinehamm, Amal, Mariestad, Lidköping und Wenersborg; ferner der 791 F. hohe merkwürdige Berg Kinnekulle, der bis auf die Spitze bewohnt und cultivirt ist. Das Fahrwasser im See beträgt von Sjötorp bis Wenersborg gegen 16 Meilen.

13) Die Fahrt geht dann von Wenersborg durch den kleinen See Westbotten und einen 6000 Ellen langen Karlsgraben, den König Karl IX. angelegt hat, nach

14) der Göthaelf, diesem majestätischen Flusse, welcher der einzige Ausfluß des Wenersees ist und sich nach einem Laufe von $11\frac{1}{2}$ Meilen in zwei Armen, die sich bei Bohus trennen, in die Nordsee ergießt. Im Allgemeinen ist er 400 Ellen breit, an mehren Stellen aber weit breiter, z. B. oberhalb Trollhätta 1600, bei Alt-Lödöse 2000 Ellen; ja bei Gothenburg ist der Hauptarm, welcher dort mündet, 3000 Ellen breit. Die Göthaelf senkt sich am Wenersee um 145 F. und hat mehre Wasserfälle, von denen der größte, 112 F. hoch, der berühmte bei Trollhätta ist; gleichwol ist er schiffbar, weil die Fälle durch Kanäle und Schleusen umgan-

---

*) Eine schwedische Tonne Landes (56,000 Quadratfuß) beträgt beinahe 2 preuß. Morgen oder $\frac{1}{2}$ franz. Hectare.

gen werden. Der Wasserfall bei Trollhätta besteht eigentlich aus mehren, die eine Gesammtlänge von 2500 Ellen einnehmen; die Breite des zwischen hohen Felsenwänden eingeschlossenen Flusses beträgt 17—80 Ellen. Der Vorschlag, ihn durch Schleusenwerke schiffbar zu machen, wurde ziemlich gleichzeitig mit dem zur Anlegung des Göthakanals gemacht, aber erst seit 1749 nach Polhem's Plane ausgeführt. Zwischen dem Wenersee und Trollhätta waren vier Schleusen, 66 F. lang und 19 F. breit, projectirt, die Kosten aber auf zwei Tonnen Goldes, d. i. 33,333⅓ Bancothaler, berechnet. Bei der Ausführung stieß man auf große Hindernisse. Zwar wurde die erste Schleuse 1753, die zweite 1754 vollendet, die mühsamste Arbeit war aber ein Damm, der die letzten Fälle aufdämmen sollte, und als dieser nach fünfjähriger Arbeit (1751—55) durch hineingeworfene Bretermassen plötzlich zerstört worden war, beschlossen die Stände 1756, den ganzen Plan fahren zu lassen. Andere Vorschläge zum Kanalbau blieben ohne Ausführung, als sich 1793 eine Actiengesellschaft für denselben bildete. Im folgenden Jahre begann die Arbeit von neuem und am 14. August 1800 war der Kanal bereits fahrbar. Derselbe geht zuerst in einer Länge von 3300 Ellen oder ¼ Meile nach dem Akers-See und von diesem durch 8 Schleusen nach der Göthaelf. Der gesammte Kanal ist 4500 Ellen lang, 22 F. breit, 8½ F. tief, die Schleusen sind 120 F. lang; der Bau des Kanals hat 369,473 Reichsthaler gekostet. Im J. 1800 befuhren den Kanal erst 419 Fahrzeuge; 1801—10 im Durchschnitt jedes Jahr 1687, 1811—20: 1948, 1821—30: 2274, 1831—40: 2839; die Einnahme betrug 1801—10 durchschnittlich jährlich 24,017, 1811—20: 28,810, 1821—30: 48,039, 1831—40: 72,817 schwedische Reichsthaler, woraus sich ergibt, in welchem hohen Grade und wie schnell der Verkehr auf diesem Kanale zugenommen hat. Das Gewicht der verschifften Güter betrug 1801 192,000, 1828 schon 526,000 Schiffspfund. Nach Vollendung des Göthakanals ist beschlossen worden, den Trollhättakanal so umzubauen, daß er mit jenem gleiche Dimensionen erhält, also von 11 Ellen auf 45 Ellen Breite, von 8½ auf 10 F. Tiefe gebracht wird, zu welchem Zwecke sich eine neue Gesellschaft gebildet hat. Die Kosten sind auf 1,624,000 Rthlr. berechnet. Der Bau hat bereits 1838 begonnen und soll dem Plane nach in sieben Jahren vollendet sein.

Wichtige Erweiterung der Photographie.

Die seit dem Bekanntwerden von Daguerre's Erfindung bereits so bedeutend fortgeschrittene Kunst der Hervorbringung von Lichtbildern ist ganz neuerlich wieder durch eine Erfindung von Moser (in Königsberg) dergestalt bereichert worden, daß jene erste nicht nur in einem ganz neuen Lichte erscheint, sondern die Lehre vom Lichte überhaupt Aufschlüsse der merkwürdigsten Art erhält. Um es kurz zu sagen: Moser hat gefunden, daß man auch ohne Licht in der Finsterniß daguerrotypische Bilder der Gegenstände auf Silberplatten hervorbringen kann, wenn man die abzubildenden Gegenstände auf die Silberplatten legt oder denselben nahe bringt; allgemeiner: daß zwei Körper sich aufeinander abbilden, sobald sie einander hinreichend genähert werden. Er legte z. B. auf eine mit vielen gravirten Figuren versehene Achatplatte schmale Glimmerstreifen und auf diese eine Silberplatte, sodaß die Entfernung beider Oberflächen etwa den fünften Theil einer Linie betrug und ein bequemes Hindurchsehen erlaubte; als nach einigen Stunden die Silberplatte in die Quecksilberdämpfe gebracht wurde (wie bei dem Verfahren der Daguerrotypie), so zeigte sich ein deutliches Bild aller auf der Achatplatte befindlichen Figuren. Diese Versuche gelingen selbst in der dunkelsten Nacht und die Silberplatte braucht keinen Überzug von Jod zu haben, wie bei der Daguerrotypie. Moser hat folgende Gegenstände sich abbilden lassen (in der Regel auf Silber): reines Silber, jodirtes Silber, Messing, Eisen und Stahl (z. B. den Stempel einer Münze), Gold, Kupfer, Wismuth, Zinn, Blei, Zink, Glas, polirtes Horn, weißes Papier (mit Schriftzügen versehen), Gyps, Glimmer, Achat, Holz, Perlmutter, Pappe, Leder, Sammt, Kork, und bei allen gelang der Versuch. Die nöthige Zeit der Einwirkung betrug bei vielen nur 10 Minuten. Die passendste Entfernung beträgt nach Moser ¾ bis 1 Millimètre, d. h. ⅓ bis ⁴⁄₉ Linie.

Wie können nun diese so höchst auffallenden Erscheinungen erklärt werden? Moser nimmt an, daß alle Körper in stärkerm oder schwächerm Grade selbstleuchtend sind, die meisten freilich (alle diejenigen, welche wir für dunkle halten) in so schwachem Grade, daß wir das von ihnen ausgehende Licht gar nicht sehen können. Hier lernen wir also etwas kennen, was in das Reich der Unmöglichkeit zu gehören scheint: unsichtbares Licht. In der Natur aber kommt etwas dem ganz Ähnliches vor: unhörbare Töne. Das menschliche Ohr vernimmt blos solche Töne, die weder zu hoch noch zu tief sind, oder durch solche Schwingungen hervorgebracht werden, die weder zu schnell noch zu langsam aufeinander folgen; denn bekanntlich hängt die Höhe und Tiefe der Töne lediglich von der größern oder geringern Geschwindigkeit der Schwingungen ab, und sie sind desto tiefer, je langsamer, desto höher, je schneller die letztern sind. Über eine gewisse Grenze hinaus hören die Töne auf, uns hörbar zu sein, aber diese Grenze ist nicht für alle Menschen gleich, der eine hört noch Töne, die der andere ihrer Höhe wegen nicht mehr vernimmt, und vielleicht gibt es Thiere, die für weit höhere Töne als wir empfänglich sind und Töne hören, die kein menschliches Ohr mehr wahrnehmen kann, und zwar nicht, weil sie zu leise, sondern nur weil sie zu hoch sind. In eine Kategorie mit den unhörbaren Tönen würden nun offenbar die unsichtbaren Lichtstrahlen gehören. Wie können diese aber zur Erklärung der erzählten Erscheinung dienen? Insofern, weil das Abbilden der Gegenstände im Daguerrotyp auf einer chemischen Einwirkung der Lichtstrahlen beruht und eine solche auch den dunkeln Lichtstrahlen zugeschrieben werden muß. Eine Hauptschwierigkeit scheint hier darin zu liegen, daß jeder leuchtende Punkt nach allen Richtungen hin Lichtstrahlen aussendet. Wenn daher ein Gegenstand, den wir als selbstleuchtend ansehen wollen, sich einem andern Körper gegenüber befindet, auf dem er sich abbilden soll, z. B. einer Silberplatte, so fragt sich, wie das möglich ist, da doch jeder Punkt des letztern von allen Punkten der Oberfläche des erstern Lichtstrahlen erhält. Diese Schwierigkeit fällt hinweg, wenn man annimmt, daß unter allen von einem Punkte einer leuchtenden Oberfläche ausgehenden Strahlen derjenige, welcher auf der Oberfläche senkrecht steht, beiweitem die meiste Wirksamkeit haben muß und unter allen allein berücksichtigt zu werden braucht.

Bei den erwähnten Versuchen bedarf es der Quecksilberdämpfe nur dann, wenn die Einwirkung des Lichts nur kurze Zeit gedauert hat. Hat dagegen die Wirkung hinreichend lange Zeit gedauert, so zeigt z. B. eine jodirte Silberplatte das Bild eines ihr im Dunkeln sehr nahe gewesenen Körpers ohne Anwendung jener Dämpfe sofort dadurch, daß das Silberiodid an einigen Stellen mehr als an andern geschwärzt ist.

Im Allgemeinen dienen die Quecksilberdämpfe, wie alle andern Dämpfe, die vom Lichte angefangene Wirkung fortzusetzen und wahrnehmbar zu machen. Dies zeigt sich auch bei der Daguerrotypie. Bei dieser werden die Bilder gleichfalls durch Niederschlagen von Quecksilberdämpfen auf der dem Lichte ausgesetzt gewesenen Silberplatte erst wahrnehmbar; also muß eine Einwirkung des Lichts auf diese stattgefunden haben, wenn sie auch auf der aus der Camera obscura kommenden Platte nicht wahrgenommen werden kann. Läßt man das Licht länger einwirken, so entsteht ein ohne Quecksilberdämpfe sichtbares Bild, in welchem die hellen Theile des Gegenstandes dunkel, die dunkeln hell erscheinen, welches also unsern Anforderungen durchaus nicht entspricht und eigentlich ganz unbrauchbar genannt werden muß. Dieses Bild (das nach Herschel ein negatives heißen mag) sieht man auch auf einer Platte entstehen, die in der Camera obscura gewesen ist und die man mit einem bunten, z. B. gelben Glase bedeckt in die Sonne legt. Dann entsteht schnell ein negatives Bild, dies verschwindet aber bald wieder und macht nach 10—15 Minuten einem positiven Bilde Platz, d. h. einem solchen, auf welchem die hellen Theile hell und die dunkeln Theile dunkel erscheinen.

Notiz.

Die diesjährige Gelehrtenversammlung in Strasburg zählte 1008 Theilnehmer, worunter 490 Angehörige der Stadt und 518 Fremde. Von den letztern waren wieder 309 Franzosen, 139 Deutsche, 33 Schweizer, 11 Italiener, die übrigen 26 Engländer, Belgier, Russen, Ungarn u. s. w.

Literarische Anzeige.

In meinem Verlage erscheint soeben und ist in allen Buchhandlungen zu erhalten:

Forststatistik der deutschen Bundesstaaten.

Ein Ergebniß forstlicher Reisen
von
Karl Friedrich Baur.
Zwei Theile.
Gr. 8. 3 Thlr.

Leipzig, im November 1842.
F. A. Brockhaus.

Schule des Propheten Elias.

Das Pfennig-Magazin

für

Verbreitung gemeinnütziger Kenntnisse.

505.] Erscheint jeden Sonnabend. [December 3, 1842

Anna, Kurfürstin von Sachsen.

Kurfürstin Anna von Sachsen, die noch jetzt im Andenken des Volkes lebt, wurde am 25. November 1532 geboren, war die Tochter König Christian III. von Dänemark und seiner Gemahlin Dorothea von Lauenburg, Schwester des Königs Friedrich's II. von Dänemark und des Herzogs Johann von Holstein-Sonderburg (des Stifters der noch blühenden Nebenlinien des dänischen Regentenhauses), und wurde am 7. October 1548, kaum 16 Jahre alt, zu Torgau mit dem Prinzen August von Sachsen vermählt. Mit demselben residirte sie zu Weißenfels, bis ihm 1553 durch den unerwarteten Tod seines Bruders Moritz die Kurwürde zufiel. (Vgl. über Kurfürst August Nr. 486 des Pfennig-Magazins.) Als Kurfürstin war sie die Leutseligkeit selbst und eine wahre Landesmutter, daher auch unter dem Namen der guten Mutter Anna bekannt; jeder ihrer Unterthanen hatte bei ihr freien Zutritt. Ihren Gemahl, mit dem sie sehr glücklich lebte, unterstützte sie sowol bei seinen Regierungsgeschäften als bei seinen alchemistischen Versuchen. Nutzbringender als die letztere Beschäftigung war die mit der Medicin; sie verfertigte eine Menge Arzneimittel, die sie unentgeltlich unter die Armen vertheilte, und schrieb sogar eine kleine Schrift über die Arzneien. Ihre Frömmigkeit und Religiosität waren musterhaft, woran die am Hofe ihres Vaters erhaltene Erziehung den größten Antheil hatte; gleich ihrem Gemahl hielt sie viel auf die strenge lutherische Lehre. Am 13. August 1585 wurde sie von der in Dresden grassirenden pestartigen Seuche befallen, worauf ihrer eigenen, ausdrücklichen Vorschrift gemäß in den Kirchen mit folgenden Worten für sie gebetet wurde: „Es wird begehret, ein gemein christlich Gebet zu thun für eine arme Sünderin, deren Sterbestündlein vorhanden ist." Indessen starb sie erst nach siebenwöchentlicher Krankheit am 1. October 1585 zu Dresden in Abwesenheit ihres Gemahls, der sich damals der Seuche wegen nach dem Rathe der Ärzte auf dem Schlosse zu Kolditz aufhielt, ihr aber schon nach vier Monaten, fünf Wochen nach seiner auffallend schnellen zweiten Vermählung, im Tode folgte.

Von den 15 Kindern, mit denen sie ihren Gemahl beschenkte, starben 10, nämlich 7 Söhne und 3 Töchter, in der Wiege; ein Sohn, Alexander, starb 1565 im zwölften Jahre als Titular-Administrator zu Merseburg. Überlebt wurde sie von einem Sohne, der unter dem Namen Christian I. dem Vater als Kurfürst folgte, aber nur 31 Jahre alt wurde, und drei Töchtern, von denen Elisabeth, die älteste (geb. 1552, gest. 1590) mit dem Pfalzgrafen Johann Kasimir, Dorothea (geb. 1563, gest. 1587) mit dem Herzog Heinrich Julius von Braunschweig, Anna (geb. 1567, gest. 1613) mit dem Herzog Johann Kasimir von Sachsen-Koburg vermählt wurde, letztere aber, 1593 nach siebenjähriger Ehe geschieden, zu lebenslänglichem Gefängnisse verurtheilt wurde und nach 20 Jahren in demselben starb.

Die Nigerexpedition.

Unter den vielen Versuchen, die von den Europäern und vorzugsweise von den unternehmenden Engländern gemacht worden sind, um das Innere von Afrika, jenes geheimnißvollen, seinem größten Theile nach noch unbekannten Welttheils, zu erforschen, darf die im vorigen Jahre unternommene, mit großer Sorgfalt und Umsicht veranstaltete Nigerexpedition nicht mit Stillschweigen übergangen werden. Hauptzweck derselben war die Abschließung von Verträgen mit den afrikanischen Häuptlingen zur Unterdrückung des Sklavenhandels und zur Anknüpfung eines friedlichen Verkehrs mit diesem Lande; einen Nebenzweck bildete die wissenschaftliche Erforschung desselben. Man hoffte, daß einige Mitglieder zu Lande den Tschadsee und Timbuktu erreichen und so die Beobachtungen von Denham, Clapperton und Laing mit den durch die Expedition bestimmten Punkten verbinden könnten.

Betrieben wurde die Unternehmung hauptsächlich durch den einflußreichen Sir Thomas Fowell Burton*), der sich von ihr die glänzendsten Erfolge versprach, und zwar hauptsächlich in Betreff der Abschaffung des Sklavenhandels. Vorzüglich auf seine Anregung hatte sich im Juni 1839 in England eine Gesellschaft zur Abschaffung des Sklavenhandels und zur Civilisation von Afrika gebildet, deren Ausschuß sehr bald den Vorschlag machte, eine eigene Expedition zu den Hauptstationen Westafrikas als den Verbindungslinien zum Innern dieses Erdtheils, auszurüsten, welcher sich von Seiten der britischen Regierung einer sehr günstigen Aufnahme zu erfreuen hatte. Vorläufig concentrirte sich die größte Thätigkeit der Gesellschaft hauptsächlich auf die Ausrüstung der Nigerexpedition, zu welcher aber ihre eigenen Kräfte schwerlich ausgereicht hätten; es gelang ihr indessen, sich die Mitwirkung des Staats zu verschaffen. Der damalige Colonialminister Lord John Russell empfahl der britischen Schatzkammer die Anschaffung von drei Dampfschiffen zu dem gedachten Zwecke und das Parlament votirte am 12. Juni 1840 die zu ihrer Equipirung nöthige Geldsumme, sodaß die Instandsetzung derselben augenblicklich beginnen konnte.

Die gewählten Dampfschiffe waren von Eisen, stark gebaut, aber leicht genug, um zur See- und Flußschifffahrt zugleich zu dienen. Sie erhielten die Namen Albert, vom Präsidenten der Gesellschaft (Prinz Albert), Wilberforce und Soudan, vollständiger Habib-es-Soudan, d. i. Freund der Schwarzen. Die beiden erstern waren gleich groß, jedes von 500 Tonnen Gehalt, 136 F. lang, 27 F. breit, 10 F. tief, 5⅜ F. im Wasser gehend; das dritte kleiner, nur von 250 Tonnen, 110 F. lang, 22 F. breit, 8½ Zoll tief und 4 F. im Wasser gehend. Jedes der zwei großen Schiffe wurde von 2 Maschinen, jede zu 35 Pferdekraft, getrieben; das kleinere hatte nur eine Maschine von gleicher Kraft. Das letztere war nur zu kleinern Nebenexpeditionen auf Seitenflüssen bestimmt, oder als Vorläufer der größern zum Sondiren, Recognosciren oder zum Transport der Erkrankten. Alle drei Schiffe waren vollständig mit allen Bedürfnissen und Bequemlichkeiten versehen, natürlich mit besonderer Hinsicht auf das Klima, für welches sie bestimmt waren. Für wissenschaftliche Zwecke fehlte es nicht an den besten astronomischen und physikalischen Instrumenten, (12) Chronometern u. s. w., denen ein treffliches tragbares Magnetometer beigefügt war, um die magnetischen Beobachtungen, welche auf der ganzen Erde angestellt werden, auch im Innern Afrikas fortzusetzen. Die Compasse, auf deren Genauigkeit bei eisernen Dampfschiffen mit vorzüglicher Sorgfalt gewacht werden muß, waren auf der Sternwarte zu Greenwich geprüft und regulirt worden. Das Commando der ganzen Expedition wurde dem Capitain H. Dundas Trotter (von der königlichen Flotte) übergeben, der schon früher als eifriger Verfolger des Sklavenhandels auf seiner Station an der Westküste von Afrika bekannt geworden war und zu Unterhandlungen mit halbcivilisirten Völkern ganz vorzüglich geeignet schien. Das Commando des Wilberforce erhielt Capitain William Allen, der frühere Begleiter Lander's auf seiner zweiten Entdeckungsreise, der sich durch Aufnahme und Bearbeitung einer Karte des Quorrastroms verdient gemacht hatte; das des dritten Schiffs erhielt Capitain Bird Allen, der durch langen Aufenthalt in Westindien mit dem Negercharakter bekannt geworden war. Alle waren als königliche Commissare zum Abschluß von Verträgen mit den afrikanischen Häuptlingen bevollmächtigt. Als Gelehrte begleiteten die Expedition zwei Deutsche: der Botaniker Theodor Vogel (aus Berlin), Director des botanischen Gartens in Bonn, mit allen Instrumenten zu Temperatur- und Höhenbeobachtungen versehen, und der Mineralog Roscher aus Freiberg; ferner der Curator der zoologischen Gesellschaft in London, Fraser. Von der Bemannung (88) waren mehr als das Viertheil Afrikaner von Geburt, bei ihrer Ankunft zu Sierra-Leone aber sollten noch 120 Neger von einem tüchtigen, ungemein fleißigen Stamme in Dienst genommen werden, um während der Unternehmung im Nigerlande die mühevollen Arbeiten, wie Holzschlagen, Wasserschöpfen u. s. w. zu verrichten. Noch begleiteten die Expedition die Aschantiprinzen, die einige Jahre lang ihre Ausbildung in England erhalten hatten und nun in ihre Heimat an die Küste von Guinea zurückkehrten. Man hoffte, die Schiffe würden im December 1840 oder doch im folgenden Januar die Küsten Englands verlassen können, aber ihre schwierige Zurüstung und die Hindernisse der Jahreszeit verzögerten die Expedition um mehre Monate. Erst am 19. Mai 1841 gingen die beiden ersten Dampfschiffe in Plymouth unter Segel, nachdem das dritte kleinere schon am 17. April ausgelaufen war.

Der Erfolg der Expedition war leider ein durchaus ungünstiger. Die drei Dampfschiffe liefen zwar sämmtlich in den Niger ein, wurden aber durch das Überhand-

---

*) Den Verfasser eines ausführlichen Werks: „Der afrikanische Sklavenhandel und seine Abhülfe", übersetzt von Julius und mit einer Vorrede von Karl Ritter (Leipzig 1841).

nehmen epidemischer Krankheiten nach vielem Verluste von Menschenleben zur Umkehr genöthigt, ohne ihren Zweck erreicht zu haben. Am 20. August fuhr die Expedition, welche sechs Tage zuvor die gefährliche Barre vor den Mündungen des Nigerstroms passirt hatte und in die bedeutendste derselben, den Nunfluß, der 2 englische Meilen breit ist, eingelaufen war, den Niger selbst hinauf; am 26. gingen die Schiffe bei der ansehnlichen, 8—9000 Einwohner zählenden Handelsstadt Eboe 120 englische Meilen von der See vor Anker. Der Niger ist dort etwa 1200 F. breit und ziemlich tief; die Ufer sind bis an den Rand des Wassers von Pflanzen bedeckt, worunter Baumwollenstauden, Palmen, Rohr und andere Bäume. Noch war, der sumpfigen Beschaffenheit der Ufer ungeachtet, kein bedenklicher Krankheitsfall vorgekommen, wiewol bereits mehre europäische Matrosen gestorben waren. Nach Abschluß eines Vertrags mit dem Negerfürsten von Eboe, Namens Obi, setzten die Schiffe ihre Fahrt fort und kamen am 2. September nach Iddah oder Attah, 160 engl. Meilen weiter stromaufwärts in hoher, felsiger und wohlangebauter Gegend gelegen. Hier brach zuerst das afrikanische Wechselfieber unter der Mannschaft aus und gerade die aus England mitgebrachten Neger erkrankten zuerst; gleichwol wurde nach Abschluß eines Vertrags mit dem Oberhaupte von Iddah und Ankauf eines Stück Landes zur Begründung einer Mustermeierei die Fahrt fortgesetzt. Am 11. September erreichte man den Zusammenfluß des Niger (Quorra) und des Tschadda, 270 Meilen vom Meere entfernt, und kaufte ein Stück Land zu einer Niederlassung, wo einige Personen zurückgelassen wurden; aber schon am 19. mußte man sich, da die Epidemie immer weiter um sich griff, entschließen, den Soudan mit den Kranken (46 an Zahl) zurückzuschicken. Jenes Schiff kam bis zur Meeresküste in drei Tagen, übergab die Kranken dem königlichen Dampfschiffe Delphin, dem es glücklicherweise in der Mündung, wo es kreuzte, begegnete, und ging nach Fernando Po.

Die beiden andern Schiffe sollten ihre Fahrt fortsetzen und zwar der Wilberforce den Tschadda, der Albrecht den Niger oder Quorra hinauffahren, während nach den ursprünglichen Plane beide Schiffe hätten in Gesellschaft bleiben sollen. Da aber noch am 19. September der Befehlshaber, Schiffer und Kassirer des ersten Schiffs erkrankten, außerdem der Botaniker und der Mineralog der Expedition u. A., so mußte auch der Wilberforce am 21. seine Rückfahrt antreten. Am 29. erreichte dieses Schiff die offene See, ging am 3. October im Hafen von Clarence an der Insel Fernando Po vor Anker und kam am 17. November im Hafen von Ascension an. Schon am 1. October waren am Bord des Schiffs von der ganzen europäischen Mannschaft, etwa 50 an Zahl, nur 4—5 arbeitsfähig, alle übrigen lagen krank darnieder.

Am 6. October kam das einem Privaten gehörende Dampfschiff Ethiope in Fernando Po an und machte sich auf Ansuchen des Capitains des Wilberforce, William Allen, sogleich auf den Weg, dem Albert entgegenzufahren. Dieser war am 28. September zu Egga, einer 50—60 englische Meilen oberhalb des Zusammenflusses des Niger mit dem Tschadda liegenden Handelsstadt, angekommen und die Mannschaft desselben hatte so sehr von der Epidemie gelitten, daß man sich am 4. October zur Umkehr entschließen mußte. Nur ein einziger Offizier und 2—3 europäische Matrosen waren noch dienstfähig. Capitain Trotter selbst erkrankte zu Egga, Capitain Bird Allen lag längst krank darnieder. Am 9. October erreichte man die Mündung des Tschadda und fand auf der angelegten Mustermeierei sämmtliche Europäer erkrankt, weshalb sie eingeschifft wurden; am 12. ging das Schiff bei Eboe vor Anker und wurde von dem Könige dieser Gegend wohlwollend aufgenommen. Schon am folgenden Tage wurde die Mannschaft, von welcher nur sechs Personen von der Krankheit frei waren, bei Stirling-Island, 24 Meilen unterhalb Eboe, durch den Anblick des Dampfschiffs Ethiope getröstet, das am 10. October in den Nun eingelaufen war. Da auch der Maschinist des Albert erkrankt war, so mußte der Dr. Stanger, ein Naturforscher, nach einem Buche über Dampfmaschinen und den mündlichen Andeutungen des Maschinisten die Maschine so gut als es gehen wollte, zu regieren suchen. Am 16. passirten beide Schiffe die Barre und gingen am folgenden Tage bei Fernando Po vor Anker. Hier wurden 28 Kranke ans Land geschafft und in Privathäusern untergebracht, unter ihnen die Capitaine Trotter und Bird Allen, von denen der Letztere am 25. October starb. Auf dem Albert waren nur 4, auf dem Wilberforce 5, auf dem Sudan gar kein Weißer von dem Flußfieber verschont geblieben. Während der Fahrt der drei Schiffe auf dem Niger hatten sich 24 Todesfälle ereignet; wie viel Menschenleben die Expedition überhaupt gekostet hat, ist noch nicht genau bekannt. Von den bei derselben angestellten deutschen Gelehrten starb Dr. Vogel am 2. December 1841 zu Fernando Po.

Die Resultate der verunglückten Nigerexpedition sind höchst geringfügig; sie war nicht einmal so weit vorgedrungen, als die von den Expeditionen von Odfield, Becroft und Will Allen in den Jahren 1835—36 aufgenommene Karte reicht, die 400 Meilen umfaßt.

Unentzündliche Gewebe.

Sorgfältige Versuche in Betreff derjenigen Stoffe, welche mit Erfolg angewandt werden können, um gewebten Zeuchen in größerm oder geringerm Grade die Eigenschaft der Unentzündlichkeit zu ertheilen, haben zu folgenden Resultaten geführt. Wasserglas, namentlich in der von Fuchs angegebenen Zusammensetzung (vgl. Nr. 325 des Pfennig-Magazins) verdient den Vorzug vor allen unbeweglichen Gegenständen, sowol Geweben, als Papier oder Holzwerk, hat aber für bewegliche, die der Reibung ausgesetzt sind, z. B. eine Zeltleinwand, den Nachtheil, daß der Glasüberzug nach dem Trocknen nicht fest an dem Gewebe hängt, sondern nur staubartig darauf liegt und also bei jeder Bewegung wenigstens zum großen Theile herunterfallen muß. Zweckmäßiger zeigte sich Zinkoryd, bei welchem folgende Quantitätsverhältnisse angemessen befunden wurden. Auf 45 Pf. Leinwand nahm man 16 Pf. schwefelsaures Zinkoryd in Broden und 36 Pf. Wasser und schlug daraus das Oryd mit 6½ Pf. Ammoniak, mit vielem Wasser gemengt, nieder, indem man die Leinwand damit tränkte; sie war dann noch mit 5—6 Pf. oder ⅕ ihres Gewichts Zinkoryd beladen. Ein Übelstand dieses Mittels liegt aber darin, daß es beim Waschen vom Zeuche entfernt wird, und der Regen bringt daher allmälig dieselbe Wirkung hervor, weshalb es nöthig ist, die Gewebe von Zeit zu Zeit von neuem mit der schützenden mineralischen Substanz zu tränken. In einigen Fällen kann ein zerfließliches Salz, z. B. Chlorkalk, gute Wirkung haben. Alle derartigen Schutzmittel gewähren jedoch nur den Nutzen, daß sie die Verbrennung langsamer machen und

*

die Flammenbildung hindern, ohne jedoch eine gänzliche absolute Unverbrennlichkeit bewirken zu können. Einem kleinen Feuer widerstehen die präparirten Gewebe und ein einzelner Funke, ein Stückchen Kohle u. s. w. können auffallen, ohne sie zu entzünden; ist dagegen die Wärme sehr groß, so wird der Überzug die Entzündung nicht verhindern können.

Die brasilischen Indianer.

Indianer nach einer Zeichnung von Rugendas.

Die meisten Ureinwohner Amerikas, deren Anzahl Humboldt auf sechs Millionen schätzt, während Andere neun Millionen annehmen, dürften sich im Innern Brasiliens finden, das von den zahlreichsten und zwar gerade den rohesten Indianerstämmen bewohnt wird, als da sind Botocuden, Capuchos, Cumanchos, Paraibas, Puris, Coroatos, die langbärtigen Barbatos u. s. w. Martius zählt nicht weniger als 250 Stämme auf, von denen aber die meisten wol nur aus wenigen Familien bestehen, namentlich im Süden des Amazonenstroms.

Einen Begriff vom Indianerleben gibt folgende Schilderung des gedachten Reisenden. „Sobald die ersten Sonnenstrahlen auf die Hütte eines Indianers fallen, erwacht er, verläßt sein Lager und geht nach der Thüre, wo er einige Zeit zubringt, seine Glieder zu reiben und zu dehnen, und dann auf einige Minuten in den Wald geht. In die Hütte zurückkehrend, sieht er nach der noch glühenden Asche des Feuers vom vorigen Tage oder entzündet es von neuem durch zwei trockne Stöcke, von denen er den einen auf den andern setzt, gleich einer Mühle umdreht und dann trocknes Gras oder Stroh dazu legt, was sich schnell entzündet. Alle männliche Einwohner nehmen an der Arbeit Theil; einige holen Holz aus dem Walde, andere häufen es zwischen mehren großen Steinen auf; dann setzen sich Alle in kauernder Stellung um das Feuer. Ohne mit einander zu sprechen, bleiben sie oft Stunden lang in dieser Stellung, nur beschäftigt, das Feuer brennend zu erhalten oder Kartoffeln, Bananen, Maisähren u. s. w. in der Asche zum Frühstück zu rösten. Ein zahmer Affe oder ein anderes ihrer zahlreichen Hausthiere, mit denen sie spielen, dient, sie zu belustigen. Die erste Beschäftigung der Weiber, wenn sie ihre Schlafstätten verlassen haben, besteht darin, sich und ihre Kinder zu bemalen, worauf jede an ihre häusliche Arbeit geht, welche darin besteht, Netze oder Thonwaaren zu verfertigen, Manioc zu reiben, Mais zu zerquetschen und daraus ein kühlendes Getränk zu bereiten u. s. w. Andere gehen auf ihre kleine Pflanzung, um Mais, Manioc und Bohnen zu holen, oder in den Wald, um wilde Früchte und Wurzeln zu suchen. Sobald die Männer ihr frugales Frühstück beendigt haben, setzen sie ihre Bogen und Pfeile in Stand u. s. w. Erst wenn die Sonne hoch am Himmel steht und die Hitze drückend ist, wäscht und badet sich der Indianer und geht dann (zwischen 9 und 10 Uhr) auf die Jagd, in der Regel von seinem Weibe begleitet. Er schlägt schmale, fast unsichtbare Pfade ein oder geht aufs Gerathewohl durch den Wald. Ist das Ziel seiner Wanderung entfernt, so bricht er im Gehen Zweige ab, die er hängen läßt oder auf dem Wege zerstreut, um den Rückweg zu finden. Hat er ein größeres Thier oder mehre kleine erlegt, so ist seine Jagd für diesen Tag vorüber und sein Weib trägt das Wildpret nach Hause. Die Bereitung der Mahlzeit ist, wie die Unterhaltung des Feuers, die Sache der Männer. Schweine werden gesengt, andere behaarte Thiere aber mit Haut und Haar auf den Spieß gesteckt und gebraten gestellt; Vögel werden oberflächlich gerupft, dann ganz oder in Stücken auf Stöcken am Feuer geröstet oder in einem Topf mit Wasser gekocht, doch zieht der Indianer geröstetes Fleisch dem gekochten vor. Tapire, Affen, Schweine, Armadillos, Pacas und Agutis sind seine Lieblingsgerichte, doch ißt er auch Vögel, Schildkröten, Fische u. s. w. und begnügt sich im Fall der Noth mit Schlangen, Kröten und gerösteten Larven großer Insekten. Nach der Mahlzeit, die kauernd eingenommen wird, trinken die Theilnehmer derselben aus einem Gefäß mit Wasser, das aus dem benachbarten Bache gefüllt wird. Der Indianer liebt es, unmittelbar nach dem Essen sich in seiner Hängematte zu schaukeln oder zu schlafen. Außer dem Mittagsessen hat er keine regelmäßige Mahlzeit, ißt aber zuweilen Früchte, wie Bananen, Wassermelonen u. s. w."

Die Grundzüge der Wärmelehre.

Nachdem wir uns in frühern Abhandlungen (Nr. 373 fg., 424—28 des Pfennig-Magazins) über die Erscheinungen der Elektricität und des Magnetismus mit einiger Ausführlichkeit verbreitet haben, scheint es angemessen zu sein, auch die Lehren vom Lichte und von der Wärme in diesen Blättern auf dieselbe Weise zu behandeln. Wir beginnen mit der Lehre von der Wärme, werden es jedoch bei dem genauen Zusammenhange der Wärme mit dem Lichte nicht vermeiden können, uns dabei hier und da auf Eigenschaften des letztern Stoffs zu beziehen.

Welcher Zustand der Körper im Allgemeinen mit dem Ausdrucke Wärme bezeichnet wird, bedarf keiner nähern Erklärung. Bekanntlich ist die Wärme der Kälte entgegengesetzt, ohne daß beide Zustände der Körper streng geschieden wären. Aber unter dem Worte Wärme versteht man nicht blos einen Zustand der Körper, der sich durch das Gefühl zu erkennen gibt, oder dieses Gefühl selbst, sondern zugleich die physische Ursache desselben, die wir gewöhnlich in einem besondern Wärmestoffe suchen. Dieselbe liegt auch den Erscheinungen der Kälte zum Grunde; Kälte ist aber nichts Anderes als ein geringer Grad von Wärme, der von einer geringen Menge des Wärmestoffs herrührt, nicht die Wirkung eines besondern Kältestoffs. Das eigentliche Wesen des Wärmestoffs ist noch jetzt ziemlich ebenso räthselhaft und unbekannt als damals, als man zuerst anfing, die Ursachen der natürlichen Erscheinungen und Ereignisse zu erforschen. Gewiß ist nur so viel, daß dieser Stoff, wenn es anders einen solchen gibt, außerordentlich fein sein muß und daß er ebenso wenig als das Licht, die Elektricität und der Magnetismus ins Gewicht fallen kann, weil ein Körper erwärmt gerade ebenso viel als kalt wiegt, weshalb man ihn allgemein zu den Imponderabilien, d. h. unwägbaren Stoffen, zu zählen pflegt.

Sind wir über die eigentliche Ursache der Wärme im Allgemeinen im Dunkeln, so kennen wir die äußern Ursachen derselben in einzelnen Fällen oder die Arten der Wärmeerregung desto genauer. Wir können dieselben in folgende Hauptclassen theilen: Wärmeerregung durch Sonnenstrahlen, durch Zusammendrückung und Reibung, durch Verbindung fremdartiger Stoffe, durch vegetabilischen und animalischen Lebensproceß, durch Elektricität.

Jede dieser Arten erheischt eine besondere Betrachtung. 1) Die Sonne ist für die Erde die Hauptquelle der Wärme wie des Lichts. Die erwärmende Kraft der Sonnenstrahlen ist aber verschieden nach der Durchsichtigkeit der Luft, welche sie durchdringen, und der Beschaffenheit, insbesondere der Farbe der Körper, auf welche sie fallen, indem dunkle Körper mehr als helle erhitzt werden; sie ist außerdem desto größer, je höher die Sonne steht oder je größer der Winkel ist, unter welchem ihre Strahlen den Erdboden treffen, und daher unter niedern Breiten größer als unter höhern, weil in jeder Gegend der Erde die Sonne desto höher am Himmel steigen kann, je näher die Gegend dem Äquator liegt oder je geringer ihre geographische Breite ist. Zerlegt man das weiße Sonnenlicht durch ein dreiseitiges Glasprisma in Strahlen von verschiedenen Farben, so ergibt sich, daß diese farbigen Strahlen eine sehr verschiedene erwärmende Kraft haben; die größte haben die gelben und rothen, die kleinste die blauen und violetten Strahlen. Ein erwärmender Einfluß der Mondstrahlen ist bisher noch nie bemerkt worden. 2) Zusammendrückung und Reibung. Wenn feste Körper gedrückt oder gerieben werden, so erfolgt Erwärmung, wie sich in unzähligen Fällen zeigt und schon dann zu bemerken ist, wenn man ein Stück Holz, ein Band, Seil u. s. w. schnell durch die Hand zieht. Wird ein Stück Holz auf einer Drehbank umgedreht und ein anderes dagegen gedrückt, so tritt eine beginnende Verkohlung beider ein. Bekannt ist, daß wilde Völker durch schnelles Reiben von Holz sich Feuer verschaffen; schon den Alten war diese Methode bekannt. Wie durch Reiben, entsteht auch durch schnelle Zusammendrückung Wärme, z. B. beim Prägen der Münzen. Nicht nur Metalle erhitzen sich durch starkes Hämmern, sondern selbst weiche Körper, wie Leder, Holz, Leinen, Wollenzeug und trockne Pflanzenstoffe. Bei der Zusammendrückung tropfbarer Flüssigkeiten, die sich bekanntlich selbst durch sehr starken Druck nur äußerst wenig zusammendrücken lassen, entsteht keine merkliche Wärme, wol aber bei der Zusammendrückung der Gase oder Luftarten, worauf das pneumatische Feuerzeug beruht; eine schnelle, 12—18fache Verdichtung der Luft reicht hin, um Schwamm zu entzünden. Die Verdünnung der Luft erzeugt eine Wirkung, die das Gegentheil von der der Zusammendrückung ist, nämlich Kälte. 3) Verdichtung, Vereinigung und chemische Verbindung verschiedenartiger Körper. Hierher gehört die Erhitzung des gebrannten Kalks beim Löschen, welche bis zum Glühen steigt und daher Entzündung des Schießpulvers bewirkt. Werden Flüssigkeiten, die sich leicht verbinden, miteinander gemischt, so ziehen sie sich etwas zusammen und es entsteht Wärme, wie es bei Weingeist und Wasser, Säuren und Wasser, Ölen und Säuren u. s. w. der Fall ist. 4) Lebensproceß. Die Wärme, welche in den Pflanzen erzeugt wird, ist nur gering und wird ihnen großentheils durch Verdunstung wieder entzogen, sodaß ihre Temperatur unter die ihrer Umgebung herabsinkt; während der Blütezeit ist die Wärmeerzeugung am stärksten, wie man zuerst an den Blütenkolben mehrer Aronarten entdeckt hat. Alle lebenden Thiere erzeugen gleichfalls Wärme; diese ist am größten bei solchen Thieren, welche elastische Luft athmen, aber geringer bei Thieren, welche durch Kiemen die im Wasser enthaltene Luft athmen, wie Mollusken und Fische, die man daher auch kaltblütig nennt. Unter den Insekten zeigen die Bienen am auffallendsten eine starke Wärmeproduction. Eine auffallend große Wärme hat der Walfisch, ungeachtet seines Aufenthalts zwischen dem Eise in den Polarmeeren. Unter den höhern Thierclassen haben die Vögel die größte Wärme, zwischen 30 und 35 Grad Réaumur, und können in sehr großer Kälte leben. Die eigenthümliche Wärme des Menschen (Blutwärme) ist fast ganz unveränderlich und beträgt für mittlere Breiten 29½ Grad Réaumur; unter dem dauernden Einflusse höherer Temperatur steigt sie etwa um einen Grad und erreicht bei den Negern 31 Grad und darüber. Auch in hitzigen Krankheiten, in der heftigsten Fieberhitze steigt die Wärme nie über 33½ Grad. Der Mensch kann übrigens, durch Bekleidung geschützt, vorzugsweise hohe Grade von Hitze und Kälte vertragen; während er ohne Bekleidung einer anhaltenden Kälte von $+ 2 - 6°$, im Wasser von $6 - 10°$ erliegt, erträgt er bekleidet eine Temperatur von $- 38°$ R. und auf kurze Zeit eine Wärme, welche die Siedhitze des Wassers übersteigt. Ein gewisser Martinez blieb sogar 14 Minuten in einem Ofen, worin das Thermometer $+ 136°$ R. zeigte, wobei sein Kopf in Wollenzeuch gehüllt war. 5) Electricität. Inwiefern auch diese Wärme hervorbringt, ist bereits in der Abhandlung über Electricität zur Sprache gekommen.

Unter die dritte Classe der Wärmequellen können alle Erscheinungen des Verbrennens gerechnet werden. Im Allgemeinen ist Verbrennung immer eine chemische Verbindung oder Trennung der Körper, die mit Entwickelung von Licht und Wärme verbunden ist. Werden Körper miteinander vereinigt, welche mit großer Stärke aufeinander wirken, so entzünden sie sich von selbst, und nicht selten entstehen auf diese Art Feuersbrünste. So entzündet sich Hanf, der mit Öl begossen und dann fest gepackt ist; Baumwollenzeug, das mit Leinöl getränkt ist; Kleie, Mehl, Grütze, Reis, Erbsen, Bohnen, Kaffee, Sägespäne und andere vegetabilische Substanzen, welche geröstet und noch warm in Leinwand fest eingewickelt sind; feucht zusammengeballtes Stroh, Heu, Dünger und andere vegetabilische und thierische Substanzen, wenn sie in großen Massen aufgehäuft sind; fest zusammengelegte Pakete gefirnißten Taffets und seidener Strümpfe. Zuweilen entzünden sich auch Steinkohlen, wenn sie viel Erdharz enthalten und Feuchtigkeit zu ihnen Zutritt hat. Auch Kohlenpulver in großen Haufen entzündet sich zuweilen in Pulverfabriken, am leichtesten die schwarze, stark destillirte Kohle, der Zusatz von Schwefel und Salpeter aber hebt die Fähigkeit der Selbstentzündung auf. Unter die sich selbst entzündenden Körper gehören vorzugsweise die sogenannten Selbstzünder oder Pyrophore, unter denen der Homberg'sche der gebräuchlichste ist, welcher aus gebranntem Alaun, kohlensäuerlichem Kali (d. i. gereinigter Pottasche) und Kienruß in gleichen Theilen besteht. Dieser Pyrophor entzündet sich schon beim Ausschütten in der Luft, besonders aber auf Papier und Holz, und verbrennt vollständig zu Asche.

Eine höchst merkwürdige, zum Glück seltene Erscheinung ist das Selbstverbrennen der Menschen, ohne hinzugebrachtes Feuer. Es besteht in einer von innen ausgehenden, mit einer leichten Flamme verbundenen Zersetzung der weichen Theile des menschlichen Körpers, wodurch diese in eine widerlich riechende, dickflüssige Jauche verwandelt werden; zuweilen geht die Zersetzung nur bis zur Verkohlung. Corpulente Personen (besonders weiblichen Geschlechts) und Branntweintrinker sind diesem Schicksale am meisten ausgesetzt. Bei den Samojeden, welche den Branntwein sehr lieben, kommen Fälle dieser Art ziemlich häufig vor. Wasser scheint die Flamme eher zu verstärken als auszulöschen, und erst nach dem Aufhören der Flamme beginnt die gänzliche Zersetzung von innen. Versuche, die Erscheinung zu erklären, sind viele gemacht worden, aber keiner hat ein befriedigendes Ergebniß geliefert.

Zu den Körpern, welche in Folge von Erwärmung, äußerem Druck oder andern äußern Ursachen neue chemische Verbindungen eingehen und dabei Licht und Wärme verbinden, gehören namentlich die detonirenden oder knallenden Substanzen, von denen das Schießpulver die bekannteste ist; außerdem Knallpulver und die sogenannten Knallmetalle oder knallsauren Salze, Knallgold, Knallquecksilber und Knallsilber, die man wegen ihrer großen Entzündlichkeit (durch bloßen Stoß) bei den Percussionsgewehren und den mit Percussionsschlössern versehenen Geschützen braucht. Auch die chemischen Zündhölzchen gehören hierher, welche entweder durch Benetzung mit Schwefelsäure oder durch Reibung sich entzünden. Bei den erstern besteht der wirksame Überzug aus chlorsaurem Kali, das mit Schwefel, Harz, Zucker, Tragantschleim und Zinnober gemengt ist, bei den letztern ist fein vertheilter Phosphor (meist mit Benzoe und Schwefel verbunden) die das Entzünden bewirkende Substanz. Hierher gehört auch der von Döbereiner erfundene Platinschwamm oder Platinsalmiak, der ein wesentlicher Bestandtheil der sogenannten Platinafeuerzeuge ist und aus lose zusammengeballten Partikelchen Platin besteht. Er hat die merkwürdige Eigenschaft, daß er, sobald er in freier Luft einem Strome Wasserstoffgas ausgesetzt wird, glühend wird und dadurch das Gas selbst entzündet.

Verbrennung im engern Sinne ist die Verbindung eines Körpers oder Stoffes mit Sauerstoff, sofern dabei zugleich Wärme und meist auch Licht erzeugt wird; die erste Bedingung des Verbrennens ist daher Verwandtschaft zum Sauerstoff. Die größte Verwandtschaft zu demselben zeigen unter andern die Metalloide, Kalium und Natrium, Boron u. s. w., vorzüglich auch der Phosphor, der an der Luft liegend schon bei 5--6 Grad Wärme Sauerstoffgas aufnimmt, weiße Dämpfe ausstößt und schwach leuchtend langsam verbrennt. Eigentlich entzündet wird er durch Reiben an rauhen Flächen, wollenen Zeuchen u. s. w. Sehr große Verwandtschaft zum Sauerstoff hat ferner das Sauerstoffgas und solche Körper, die es enthalten, besonders in Dampfform, worauf die Glühlämpchen oder Lampen ohne Flamme beruhen. Zur Construction einer solchen ist neuerdings Platinschwamm als die zweckmäßigste Substanz empfohlen worden. Leicht verbrennlich ist ferner der Schwefel, bei welchem nur das Verbrennen durch sich verbreitende und das Sauerstoffgas mit Gewalt an sich reißende schweflige Säure wieder gehindert wird, weshalb Schwefel, der in großen Massen brennt, bald von selbst verlöscht; endlich Kohle, wenn sie sich nämlich im lockern Zustande befindet. Die härtesten Kohlen, Diamant und Graphit, sind dagegen im höchsten Grade unverbrennlich.

Die zweite Bedingung des Verbrennens ist die Menge des vorhandenen Sauerstoffgases; ist dieses nicht vorhanden oder der Zutritt desselben abgeschnitten, so ist kein Verbrennen möglich, wogegen Zuführung von Luft und noch mehr von reinem Sauerstoffgas das Brennen erhöht. Hierauf beruhen die verschiedenen Gebläsearten vom Löthrohr an bis zu den großen Gebläsen der Hohöfen, namentlich aber das Knallgasgebläse. Die dritte Bedingung ist die Ausbreitung der verbrennlichen Substanzen; je größer ihre Oberfläche ist, desto mehr wird das Brennen erleichtert; viele Körper, wie Wachs, Öl, Unschlitt, lassen sich in Massen nicht entzünden, wol aber in kleinen Quantitäten. Eine der wichtigsten Bedingungen des Brennens ist endlich eine höhere Temperatur, welche die Verwandtschaft des Sauerstoffs zu den verbrennlichen Körpern erhöht, namentlich bei den

Metallen und vorzüglich beim Eisen, das in verschiedenen Temperaturen nach der ungleichen Dicke der mit Sauerstoff verbundnen (oxydirten) Oberfläche verschiedene Farben annimmt. Auf diesem Einflusse der Temperatur beruht die Wirkung der heißen Luft bei Schmelzöfen. Allgemein bekannt ist jetzt die Thatsache, daß durch Anwendung heißer Gebläseluft das Schmelzen befördert und an Brennmaterial bedeutend erspart wird. Auf der entgegengesetzten Wirkung der Abkühlung, welche die Leichtigkeit des Verbrennens vermindert, beruhen die meisten Mittel der Feuerlöschung. Das Ersticken des Feuers geschieht (wenn man nicht den Sauerstoff ganz abzusperren vermag) im Allgemeinen dadurch, daß man die verbrennlichen Sachen unter diejenige Temperatur abkühlt, die zu ihrer Entzündung erfodert wird. Je heißer eine Flamme ist, desto leichter läßt sie sich auslöschen; daher ist eine Wachslichtflamme leichter auszublasen, als eine Talglichtflamme, diese wieder leichter als eine Schwefelflamme u. s. w. Auch die Anwendung des Wassers, das am allgemeinsten als Löschmittel gebraucht wird, beruht auf Abkühlung, kann aber nur dann von Erfolg sein, wenn das Wasser in hinreichender Menge angewendet wird.

Das Verbrennen findet entweder mit oder ohne Flamme statt. Das Erstere ist dann der Fall, wenn glühende Theile des verbrennenden Körpers in Dampfgestalt aufsteigen; je mehr Theile weißglühen, desto leuchtender ist die Flamme. Die Flammen verbrennender Metalle sind meistens dunkel; die zum Leuchten dienenden Flammen rühren hauptsächlich von organischen Körpern her und bestehen aus Mischungen explodirender Gasarten; reine Gasarten, z. B. Wasserstoffgas, geben beim Verbrennen eine nur wenig leuchtende Flamme. Im Allgemeinen hängt die Helligkeit der Flammen von der geeigneten, weder zu kleinen noch zu großen Menge des Kohlenstoffes ab, der in der Flamme aufsteigt und weißglüht und zu den übrigen Gasarten in dem gehörigen Verhältnisse stehen muß. Jede Kerzenflamme, am meisten die größten und hellsten, ist mit einer schwach-leuchtenden Hülle umgeben, die wegen des hellern innern Theils weniger sichtbar, unten aber am dicksten ist und durch die weniger kohlenstoffhaltigen Bestandtheile der Gasarten gebildet wird. Die Farbe der Flammen, welche eigentlich weiß sein sollte, wird durch beigemengte trübende und färbende Partikeln modificirt. So wechseln die Flammen von Weingeist und Öl zwischen Blau und Gelb; tränkt man den Docht einer Weingeistlampe mit Salzwasser und trocknet ihn dann wieder oder setzt man dem Weingeist Kochsalz zu, so erhält man eine einfarbige gelbe Flamme. Legt man auf den Docht einer Weingeistlampe ein Stück Kochsalz und läßt einen Strom von Sauerstoffgas dagegen blasen, so erhält man eine auffallend helle gelbe Flamme. Andere gefärbte Flammen erhält man, wenn man Alkohol, worin färbende Substanzen aufgelöst sind, verbrennt. So geben salzsaurer Kalk, Baryt oder Strontian eine schöne rothe, Kupfervitriol, weißes Pech und Salmiak gemengt eine blaue, Grünspan, Salmiak und Pech oder salpetersaures Kupfer eine grüne Flamme. Das indische Weißfeuer, welches zu nächtlichen Signalen sehr geeignet ist, besteht aus 24 Theilen Salpeter, 7 Theilen Schwefel und 2 Theilen rothen Arseniks, die zu feinem Pulver gestoßen, in Schachteln gepackt und durch eine gewöhnliche Zündruthe entzündet werden. Eine Schachtel mit Weißfeuer von 6 Zoll Durchmesser und 3 Zoll Höhe brennt 3 Minuten und verbreitet ein Licht, das in mäßiger Dunkelheit (bald nach Sonnenuntergang) über neun Meilen weit sichtbar ist. Woraus das griechische Feuer bestanden habe, ist uns unbekannt; wahrscheinlich war es eine Art Schießpulver oder bestand (wie Mac Culloch vermuthet) theils aus sehr verbrennlichen, theils aus explodirenden Substanzen.

Dem Verbrennen geht ein Glühen vorher, das vom Dunkelrothglühen durch Kirschroth und Orange zum Weißglühen übergeht. Die zum Glühen erforderliche Hitze ist bei ungleichen Körpern verschieden; Phosphor brennt schon, wenn andere Körper noch nicht glühen, Gasarten aber können heißer sein, als weißglühende Körper, ohne nur überhaupt zu glühen. Nach Pouillet's Messungen mit dem Luftpyrometer beginnt das Glühen bei 420° R. und steigert sich zum Weißglühen bei 1000—1200° R. In einer gewöhnlichen Lichtflamme ist Weißglühhitze vorhanden und dünne Körper werden zu gleicher Hitze gebracht, weswegen Glasfäden in ihr schmelzen, Stahldraht und sogar feiner Platindraht in ihr verbrennt u. s. w.

Die Verbreitung der Wärme geschieht durch Strahlung und Leitung. Wärmestrahlung findet statt, wenn die Wärme einer Wärmequelle aus dieser entweder in den leeren Raum oder auf andere feste, flüssige oder luftförmige Körper übergeht. Den Namen strahlende Wärme führte Scheele ein und wies nach, daß die Wärmestrahlen durch den Luftzug nicht abgelenkt werden und die Luft selbst nicht erwärmen. Ein Thermometer steigt, sobald es von den Sonnenstrahlen getroffen wird. In der Nähe eines brennenden Feuers spüren wir weniger Wärme, wenn wir einen Schirm vorhalten, der die Wärmestrahlen abhält; auch dunkle warme Körper strahlen Wärme aus. Je leichter ein Körper die Wärme ausstrahlen läßt, desto leichter erkaltet er; hierauf ist die Oberfläche der Körper von sehr großem Einfluß, indem Körper mit rauher, geschwärzter Oberfläche die Wärme viel leichter ausströmen lassen, als Körper mit glatter, blanker Oberfläche. Man kann sich davon leicht überzeugen, wenn man einen hohlen Würfel von Metallblech (am besten Messing- oder Kupferblech) anwendet, von dessen vier Seitenflächen die eine polirt, die zweite mattgeschliffen, die dritte mit Lampenruß und die vierte mit verschiednen Substanzen überzogen ist; wird ein solcher Würfel mit heißem oder kaltem Wasser gefüllt und mit der einen oder andern Seite einem Thermometer genähert, so kann man den Unterschied des Strahlungsvermögens wahrnehmen. Hat man verschiedne Würfel dieser Art, von denen der eine eine polirte, der zweite eine mattgeschliffene u. s. w. Oberfläche hat, und füllt man sie sämmtlich mit Wasser von gleichem Wärmegrade, so kann man auch das verschiedene Strahlungsvermögen aus der mit einem eingesenkten Thermometer erkennbaren mehr oder minder schnellen Abnahme der Wärme bestimmen. Küchengeschirre, welche die Wärme lange erhalten sollen, müssen eine blanke, Öfen, welche die Wärme den Zimmern mittheilen sollen, müssen eine rauhe oder geschwärzte, keine glasirte Oberfläche haben und Dasselbe gilt von Heizröhren für Wasserdämpfe. Außer der Oberfläche ist auch die Beschaffenheit der Körper von Einfluß; Quecksilber reflectirt die strahlende Wärme am besten, dann Kupfer und die übrigen Metalle.

(Fortsetzung folgt in Nr. 506.)

Die Miethwagen in Paris.

Die Zahl der Omnibus in Paris beträgt 390. Jeder Wagen hat 6, manche 8 Pferde, welche immer 2 Stunden im Geschirr bleiben und dann abgelöst werden. Jeder Wagen verursacht täglich 44—48 Francs Kosten für Kutscher und Conducteur (deren jeder 3 Francs täglich erhält), für die Pferde, Abnutzung des Wagens, Bureaukosten und Steuer (400 Francs jährlich, welche der Stadtkasse zufließen). Man hat berechnet, daß zur Deckung der Unkosten 15 Personen für jede Fahrt erfoderlich sind, und da jeder Wagen nur zu 16 Personen eingerichtet ist, so kann nur durch den öftern Wechsel der Passagiere während einer und derselben Fahrt ein Gewinn erzielt werden. Dies gibt auf sämmtliche Omnibus zur Deckung der nothwendigen Ausgaben etwa 6 Millionen Francs und 20 Millionen Passagiere jährlich, und rechnet man, daß die Zinsen und Dividenden etwa 1 Million Francs betragen, so kommen 23—24 Millionen Passagiere heraus, was keineswegs übertrieben erscheint, da in Paris alle Stände die Omnibus benutzen. Durchschnittlich müßte sich hiernach jeder Einwohner von Paris jährlich 30 Mal eines Omnibus bedienen, wenn man auf die zahlreichen Fremden keine Rücksicht nimmt. Auf jede Fahrt kommen etwa 2½ Sgr.

Die Zahl der Fiacres ist auf 1107, die der Cabriolets auf 1200 gestiegen (im Jahre 1811 wurde die Zahl jener auf 900, dieser auf 300 beschränkt). Im Allgemeinen bringt jeder dieser Wagen 14 Francs täglich ein, wofür der Besitzer 2—3 Pferde halten muß. Die Stadt erhält von einem Fiacre 80, von einem Cabriolet 160 Francs jährliche Abgabe, wofür sie an den Stationsplätzen Inspectoren hält und den Kutschern im Sommer kaltes, im Winter warmes Wasser liefert. Der Besitzer einer Nummer kann sie verkaufen und erhält dafür durchschnittlich 5000 Francs, womit natürlich Pferde und Wagen noch nicht bezahlt sind. Die Summe, welche das Publicum jährlich für diese beiden Wagenclassen ausgibt, beträgt etwa 10 Millionen Francs.

Unter obiger Zahl sind die Remisecabriolets nicht begriffen, die in offenen Remisen in Häusern stationiren; ihre Zahl mag sich auf 400 belaufen. Im Ganzen geben die Pariser für die öffentlichen Wagen innerhalb der Stadt etwa 20 Millionen Francs jährlich aus.

Englands Staatsschuld.

Im Jahre 1689 begann sie unter Wilhelm III. mit 664,262 Pf. St.; im J. 1697 (nach 8 Kriegsjahren) betrug sie 20,700,000 Pf.; im J. 1702 (nach 5 Friedensjahren) 16,394,701 Pf.; im J. 1713 (nach 11 Kriegsjahren) 53,681,000 Pf.; im J. 1718 (nach 5 Friedensjahren) 51,211,015 Pf.; im J. 1721 (nach 2½ Kriegsjahren) 56,282,978 Pf.; im J. 1739 (nach 18 Friedensjahren) 46,954,622 Pf.; im J. 1748 (nach 9 Kriegsjahren) 78,293,313 Pf.; im J. 1756 (nach 8 Friedensjahren) 72,289,673 Pf.; im J. 1763 (nach 6⅔ Kriegsjahren) 146,816,000 Pf.; im J. 1775 (nach 12 Friedensjahren) 129,146,322 Pf.; im J. 1783 (nach 8¾ Kriegsjahren) 246,222,392 Pf.; im J. 1793 (nach 10 Friedensjahren) 271,113,051 Pf.; im J. 1802 (nach 9 Kriegsjahren) 597,640,432 Pf.; im J. 1815 (nach 12 Kriegsjahren) 1054,046,181 Pf.; im J. 1841 (nach 26 Friedensjahren) 766,371,725 Pf. St. An Zinsen, Verwaltungskosten u. s. w. waren im J. 1841 28,556,324 Pf. St. zu zahlen, also über die Hälfte der ganzen Einnahme, welche 1841 45¼ Millionen Pf. St. netto betrug.

Der Maas- und Moselkanal.

Eine der großartigsten Unternehmungen unserer Zeit ist der Maas- und Moselkanal, für dessen Erbauung König Wilhelm I. von Holland einer im Jahre 1825 gebildeten Actiengesellschaft Concession ertheilt hat. Derselbe soll bei Lüttich beginnen, die Provinz Lüttich und das Großherzogthum Luxemburg durchziehen und nachdem er durch die Sauer (Sure) gegangen ist und mehre kleine Flüsse, Wiltz, Wolz, Douth u. s. w. aufgenommen hat, zu Wasserbillig in die Mosel münden. Mit einem Seitenkanal von Alzett unweit Ettelbrück bis nach Mersch umfaßt er eine Länge von 279,712 Mètres und übertrifft daher den größten Kanal Frankreichs, den Kanal von Languedoc, um 55,620 Mètres. Zwischen Hoffelt und Hachiville durchschneidet er die Hochebene der Ardennen und geht durch einen 2555 Mètres langen Tunnel. Die Zahl der projectirten Schleusen ist 150; die Kosten sind auf 8 Millionen Francs angeschlagen. Die Ausführung des Werks begann am 1. April 1828, wurde aber in Folge des Ausbruchs der belgischen Revolution im Jahre 1831 unterbrochen, als bereits 2½ Millionen Francs verausgabt waren. Nach der zwischen den Souverains von Holland und Belgien vor kurzem abgeschlossenen Convention sollen die Arbeiten nunmehr wieder aufgenommen werden.

Literarische Anzeige.

Subscription wird in allen Buchhandlungen angenommen auf die

neunte verbesserte und sehr vermehrte Auflage des

Conversations-Lexikon.

Vollständig in 15 Bänden oder 120 Lieferungen zu dem Preise von
5 Ngr. = 4 gGr. = 18 Kr. Rh. = 15 Kr. C.-M.

Das erste Heft ist bereits erschienen und von allen Buchhandlungen zur Ansicht zu erhalten. Durch dasselbe wird man sich am besten von den bedeutenden Vermehrungen und Verbesserungen dieser neuen Auflage und von den äußern Vorzügen derselben hinsichtlich des Drucks und Papiers überzeugen können. Das ganze Werk wird in drei Jahren vollständig geliefert und monatlich werden in der Regel drei bis vier Hefte von 6—7 Bogen ausgegeben.

Außer der Ausgabe in Heften auf **schönem weißen Maschinenpapier** erscheinen auch bandweise Ausgaben auf **feinem Schreibpapier** und **extrafeinem Velinpapier** zu dem Preise von 2 Thlr. und 3 Thlr. für den Band.

Rabatt kann auf die bemerkten Preise nicht in Anspruch genommen werden, **aber alle Buchhandlungen sind von der Verlagshandlung in den Stand gesetzt, Subscribentensammlern auf 12 Exemplare ein dreizehntes Exemplar gratis zu liefern.**

Leipzig, im December 1842.

F. A. Brockhaus.

Das Pfennig-Magazin
für Verbreitung gemeinnütziger Kenntnisse.

506.] Erscheint jeden Sonnabend. [December 10, 1842.

Expedition der Franzosen gegen Tagdempt. *)

Ansicht von Tagdempt nach der Zeichnung eines französischen Offiziers.

Von allen innerhalb der französischen Besitzungen in Nordafrika gelegenen Städten war Tagdempt bis zum Frühjahre 1842 die einzige, welche von den französischen Truppen noch nicht besucht worden war. Diese Stadt war der letzte Zufluchtsort Abd-el-Kader's geworden, der, aus Mascara und Tlemcen vertrieben, nach unserm Abzuge aus diesen Städten sich geweigert hatte, in diese wichtigen Plätze zurückzukehren, und zwar deshalb, weil sie durch die Gegenwart der Christen entweiht worden wären. Im Eingange der Wüste gelegen, von dem Küstenlande durch sechs Tagemärsche und schwierige Engpässe getrennt, von einem Kranze senkrechter und kahler Berge umgeben, schien Tagdempt, von der Natur selbst vertheidigt, eine sichere Zuflucht darzubieten. Man wußte, daß Abd-el-Kader den Sitz seiner Macht dorthin verlegt und daß er dort wichtige Magazine für Pulver, Waffen, Kriegsvorräthe und seinen Schatz angelegt hatte. Man wußte ferner, daß die fanatischsten Muselmänner zu dem jungen Marabut pilgerten, welcher nach dem Beispiele Peter's des Einsiedlers die mit seiner Stellung verbundene geistliche Macht zum Besten seines Ehrgeizes und seiner materiellen Interessen benutzte, den heiligen Krieg predigte und mit Hülfe dieses mächtigen Hebels Hülfsgelder und Abgaben einkaffirte, um den Kampf gegen Frankreich zu bestreiten. Die Zerstörung dieses feindlichen Herdes und Mittelpunktes, der letzten in Abd-el-Kader's Gewalt gebliebenen Stadt war dringend geworden und wurde im Frühjahre 1841 beschlossen, aber große Hindernisse traten diesem Unternehmen gleich anfangs in den Weg und warfen auf die Zukunft den Schatten trüber Ahnungen.

In Afrika, wo man Alles bei sich führen muß, oft sogar Wasser und Holz, sind die Transportmittel, deren man bedarf, um eine ihrer Magazine entbehrende Armee mehre Wochen lang zu unterhalten, ein Gegenstand von großer Wichtigkeit; aber kaum die Hälfte der nöthigen Maulesel konnte herbeigeschafft werden. Die Lage von Tagdempt, die Stärke und Vertheidigungsmittel der Stadt, der dahin führende Weg, Alles beruhte auf unsichern Angaben, wie alle Nachweisungen, welche die Franzosen den Eingeborenen mit Geld abkaufen müssen. Man sprach von vielen Tagemärschen ohne Wasser in der Wüste und durch brennenden Sand; Abd-el-Kader, so hieß es, hatte übermenschliche Anstrengungen gemacht und eine zahlreiche Armee versammelt, die entschlossen war, zu siegen oder zu sterben. Diese Erzählungen konnten nicht ermangeln, in den Gemüthern eine gewisse Unbehaglichkeit zu verbreiten. Verständige Männer hielten es für unklug, an die sofortige Zerstörung von Tagdempt zu denken, und meinten, die projectirte Expedition müsse sich begnügen mit einer einfachen Recognoscirung, um eine ernstliche Unternehmung vorzubereiten,

---

*) Nach der Erzählung eines Theilnehmers der Expedition, Dr. Baudens, welcher seit acht Jahren Director der Feldlazarethe in Algier ist.

die bis auf den folgenden Herbst (1841) zu verschieben wäre. Im Herbst hätte man aber Futter für die Pferde und Maulthiere mitnehmen müssen; im Frühlinge dagegen machten die mit üppigem Gras bedeckten Ebenen diese Sorge überflüssig; in diesem mußte also der Feldzug begonnen oder auf das nächste Jahr verschoben werden. Der erste Entschluß belastete den Gouverneur mit einer schweren Verantwortlichkeit, der zweite war der Klugheit mehr angemessen, verzögerte aber die Unternehmung um ein ganzes Jahr, das man nicht gern verlieren wollte. Generallieutenant Bugeaud prüfte gewissenhaft die Hülfsmittel, über die er verfügen konnte, und die auf außerordentlichem Wege zu erlangenden, und beschloß sodann, daß die Armee zu Ende des Mai gegen Tagdempt marschiren sollte. Der Herzog von Nemours suchte und erhielt die Erlaubniß, sich dieser Expedition anzuschließen und machte sich mit den Offizieren seines Stabes (unter denen sich auch der Verfasser des gegenwärtigen Aufsatzes befand) im Anfange Aprils auf den Weg.

Da die Cavalerie sich erbot, ihre Pferde mit Reis und Zwieback zu beladen, so wurde es möglich, den Feldzug am 18. Mai zu beginnen. Der Ausgangspunkt der Expeditionsarmee war Mostaganem, eine Stadt an der Meeresküste, 20 Lieues östlich von Oran, 60 Lieues westlich von Algier. Diese Stadt hat keinen Hafen, nicht einmal einen Landungsplatz; man landet dort nur, indem man das die Reisenden tragende Boot auf den Strand laufen läßt, und bei stürmischer See ist es ganz unmöglich, zu landen; sie enthält eine Bevölkerung von 12,000 Seelen. Ein herrliches Thal, durch welches ein Fluß sich schlängelt, trennt sie von der nicht ganz so bedeutenden Stadt Miserghin, die gleich ihr von starken Mauern mit Schießscharten umschlossen ist. Hinsichtlich ihrer gesunden Lage läßt die Gegend nichts zu wünschen übrig; der Boden ist trefflich, die Vegetation reich und üppig; die Baumwollenstaude wächst wild ohne alle Pflege. In diesem Platze hatte man nun große Vorräthe aller Art aufgehäuft, um ihn als Operationsmittelpunkt zu brauchen und von hier aus die zahlreichen und wohlhabenden Stämme der Districte von Tagdempt und Mascara zu beunruhigen. Die Truppen der Division von Oran und die, welche der Gouverneur aus Algier mitbringen wollte, sollten sich in Mostaganem am 16. Mai versammeln. Von beiden Seiten war die Pünktlichkeit so groß, daß man in demselben Augenblicke, wo Kanonenschüsse vom Lande her den Herzog von Nemours und den Generalgouverneur begrüßten, deren Schiffe in der Bai Anker geworfen hatten, unter den Mauern des Platzes die von Oran kommende Colonne unter General Lamoricière defiliren sah, welche sich anschickte, bis zum Befehl des Abmarsches nach Tagdempt ein Lager zu beziehen. Der 17. ging in Vorbereitungen verschiedener Art hin. Man theilte die Armee in zwei Divisionen: die eine befehligt von dem Herzoge von Nemours, die andere vom General Lamoricière; jener hatte den General Garraube, dieser den General Levasseur unter sich. Ferner wurde beschlossen, daß die Armee, 10—12,000 Mann stark, in drei Colonnen marschiren sollte; die mittelste, welche den Generalgouverneur und die Zuaven an der Spitze hatte, sollte durch eine Brigade des Nachtrabs geschlossen werden; zwischen dem rechten und linken Flügel dieser mittelsten Colonne sollte sich unser schwerer Bagagetrain befinden, bestehend aus mehren hundert Kameelen, zahlreichen Eseln und Maulthieren, 1200 Ochsen, einer großen Menge von Wagen, einer Feldbatterie und etwa 1000 abgesessenen Reitern, die ihre mit Lebensmitteln beladenen Pferde am Zaume führten. Die Division zur Rechten befehligte der Prinz, die zur Linken General Lamoricière; General Mustapha-Ben-Ismael bildete an der Spitze von 6—700 wohlberittenen Arabern den Vortrab.

Am 18. verließ die Armee mit Tagesanbruch Mostaganem und bivouakirte 3—4 Lieues von da bei Mazzera. Diese Gegend zeichnet sich aus durch eine Gruppe riesiger Olivenbäume, deren große Zweige drei Marabouts von blendender Weiße beschatten. Ein Marabout ist ein kleines kuppelförmiges, mit Kalk beworfenes Gebäude, das auf einem hohen Punkte steht, um den Muselmännern als Warte zu dienen und sie zum Gebete zu rufen. Wegen der großen Menge von Reptilien, die man in Mazzera fand, wurde dieses Bivouac von der Armee das Bivouac der Schlangen genannt. Die Nachbarschaft dieser neuen Gäste erschien anfangs unbequem; einige Tage nachher machten die Soldaten, von ihrem Schrecken zurückkommend, Jagd darauf als wären es Rebhühner und machten sie zu ihrer Lieblingsspeise.

Am 19. und an den folgenden Tagen rückte man um 3½ Uhr Morgens aus. Um diese Zeit ist die Frische der Nacht, die in Afrika immer sehr groß ist, am empfindlichsten; der Thau löst sich in einen feinen Regen auf, der die Kleidungsstücke durchdringt, und da die Armee zu ihrem Schutze weder Decken noch Zelte hatte, so war die Bewegung das beste Mittel gegen die Kälte. Von diesem Tage an marschirte die Armee beständig durch ein Land, in welchem Hügel und Thäler abwechselten. Alles Strauchwerks ermangelnd, bieten die Ebenen nur einige Gebüsche von Nopalcactus dar, welche dem Auge die Hütten der Eingeborenen verbergen, außerdem hier und da, gleichsam um den Reisenden als Führer zu dienen, die malerischen Schattenrisse einsamer Palmbäume.

Die Auswanderung aller Eingeborenen aus den Gegenden, durch welche wir kamen, und die Abwesenheit aller lebenden Wesen hätte uns glauben machen können, daß wir uns in einer Wüste befänden, wenn die reichen Ernten, welche überall den Boden bedeckten, uns nicht sofort vom Gegentheil überzeugt hätten.

Die Berge, welche diese Ebenen einrahmen, bieten Ansichten von unendlicher Mannichfaltigkeit dar: Flächen, die mit immergrünen Eichen, Myrten, Jasmin, Olbäumen, Geislaub und Schlingpflanzen aller Art bedeckt sind, sich stufenförmig herabsenken und in amphitheatralischer Form die schönsten Gärten bilden; ungeheure Granitmassen, die sich in unabsehbarer Ferne erheben, und scharf abgeschnittene Bergrücken, auf denen das Auge am Horizonte die mikroskopischen Figuren einzelner arabischer Reiter gewahrt, bilden ein interessantes Ganzes. Um Mittag entdeckte man zur Rechten auf einer mit der Straße parallel laufenden Anhöhe einen Haufen von 3—4000 Reitern, anscheinend in Schlachtordnung aufgestellt. In diesem Augenblicke war der Nachtrab etwas zu sehr zurückgeblieben, zwischen ihm und dem Gepäckzuge war viel leerer Raum entstanden und es war zu fürchten, daß der Feind diesen Fehler sich zu Nutze machen würde. Der Gouverneur befahl daher der Division Nemours, jene Reiterschar anzugreifen und zurückzutreiben. Sofort wandte der Prinz seine Truppen gegen den Feind, dieser aber ergriff so schnell die Flucht, daß es unmöglich war, ihn einzuholen; dennoch hatten zwei im Trabe fahrende Feldgeschütze Zeit, sich aufzustellen und einige Kugeln abzufeuern, welche gut trafen und den Arabern einige empfindliche Verluste beibrachten. Diese Reiter, welche von der Farbe ihrer Kleidung die rothen heißen, waren von Abd-el-Kader abgeschickt, unsere Bewegungen zu beobachten, die auf unserm Wege wohnenden Stämme von unserer Ankunft zu benachrichtigen, damit sie Zeit hätten, sich mit ihrer Habe zu flüchten, und die Kabylen zu zwingen, uns den Weg streitig zu machen; sie selbst sollten sich mit uns in kein Gefecht einlassen, außer wenn die Gelegenheit entschieden günstig wäre. Abd-el-Kader begreift, daß seine Macht nur noch auf seinen besoldeten Truppen beruht, und hat daher ein großes Interesse, dieselben keiner Niederlage auszusetzen, die seine Macht gefährden könnte.

Nachdem wir einige Berge hinter uns gelassen, campirte die Armee an den Ufern des Flusses Hillil, dessen lebhaftes, reichliches Wasser unter einer dichten Decke von Laub dahinfließt. Während der beiden ersten Marschtage war die Hitze drückend gewesen: wir hatten 30 Grad Réaumur im Schatten. Von jetzt an kamen wir in höher liegende Gegenden und die Wärme nahm so bedeutend ab, daß die Kälte früh und Abends empfindlich war. Am 20. wurde der Marsch nur durch üppige Getreidefelder gehemmt, die in der fruchtbaren Ebene des Hillil die Geschenke der Natur entfalteten und einen angenehmen Contrast mit der Unfruchtbarkeit anderer Gegenden bildeten. Der Feind beobachtete uns beständig; unsere Araber näherten sich den vordersten Reitern, aber diese freundschaftlich begonnene Unterhaltung endigte mit Flintenschüssen. Nach 6 oder 7 Lieues stieg die Armee in das Thal der Mina herab, zog 2 Stunden lang am Ufer dieses Flusses hin und lagerte sich dann an seinem Ufer. Die Mina, von den Arabern wegen der Farbe ihres Wassers die Blonde genannt, schlängelt sich mitten durch die von uns durchzogene Provinz und war uns mehr als einmal von großem Nutzen.

Der 21. war ein Unglückstag. Kaum hatten wir eine Stunde marschirt und einen Nebenfluß der Mina, den Kreluk, überschritten, dessen felsiges Bette schwierige Arbeiten dem Geniecorps nöthig gemacht hatte, als ein heftiges Donner- und Regenwetter ausbrach. In kurzem waren die Soldaten bis auf die Haut durchnäßt und es wurde nöthig, an Ort und Stelle ein Bivouac aufzuschlagen. Am meisten Sorge machten die Lebensmittel; der Zwieback mußte um jeden Preis vor Feuchtigkeit bewahrt werden, was auch glücklich gelang. Gegen 11 Uhr reinigte sich der Himmel und Nachmittags wurde das Wetter wieder vollkommen schön. Wir befanden uns am Eingange des Thals des Kreluk, das zwischen hohen Bergen eingeschlossen ist. Einen derselben bestiegen wir und erblickten im Süden eine ausgedehnte Ebene mit vielen kleinen Hügeln; am Horizonte bemerkte man eine kleine Stadt, genannt Sidi-Mohammed-Ben-Auda, deren Bewohner beschäftigt waren, sich in aller Eile zu flüchten und ihre Habseligkeiten mitzunehmen. Der Ort lag aber nicht auf unserm Wege und blieb daher von uns unbesucht. Hinter der Stadt zeigte sich das Profil eines schwarzen, völlig kahlen Berges, der von seiner Gestalt das Zelt genannt wird.

Am 22. kamen wir durch eine Bergschlucht, durch welche der Kreluk fließt. Hier setzte uns der Feind wenig Widerstand entgegen, aber das Geniecorps hatte desto mehr mit den Hindernissen des Bodens zu kämpfen, um im Felsen einen Weg für die Wagen auszuhauen. Hinter einem kleinen Erdwall sahen wir 20—30 Gazellen, die sich wenig um uns kümmerten; einige Flintenschüsse verscheuchten sie. Gegen Mittag zeigte sich der Feind zahlreicher und suchte uns die schwierigsten Pässe streitig zu machen, wurde aber durch Kanonenschüsse zurückgetrieben. Da die Hindernisse des Bodens nicht weiter zu gehen erlaubten, so machten wir am Eingange einer engen Schlucht Halt. In der Nacht fiel unaufhörlicher Regen und leider gestattete der Mangel an Holz nicht, große Wachtfeuer anzuzünden; die Soldaten drängten sich kauernd zusammen und litten sehr von Nässe und Kälte. Am 23. war der Boden so völlig durchnäßt, daß der Abmarsch verschoben werden mußte. Das Geniecorps mußte erst einen Weg bahnen und um 8 Uhr brachen wir auf. Der Gepäckzug kam nur schwierig und langsam vorwärts; die Kameele glitten aus und fielen unaufhörlich, die Ochsen wollten nicht vorwärts und eine große Zahl mußte auf der Stelle geschlachtet werden. Gegen Mittag zeigten sich mehre tausend Reiter auf der linken Seite; die Division Lamoricière nebst den Reitern Mustapha's rückte gegen sie, aber die Manoeuvres der Infanterie hatten geringen Erfolg. Der Feind ergriff bald die Flucht und nahm seine Verwundeten mit sich; in unsere Gewalt fielen nur 6 Gefangene. Um 5 Uhr campirte die Armee eine Meile vom Kampfplatze in einer fast ganz wasser- und holzarmen Gegend, genannt Ued-Menasfa.

Am 24. bot die Landschaft zum ersten Male eine traurige Einförmigkeit dar, weshalb auch die Führer sich verirrten, da es ihnen an allen Merkmalen des Wegs fehlte. Am Horizont entdeckten sie endlich einen Marabout, den sie zu erkennen glaubten; als wir hinkamen, zeigte es sich, daß sie sich getäuscht hatten. Dennoch erkannten sie von diesem hohen Punkte aus die Richtung nach Tagdempt, das nach ihrer Angabe nur noch 1½ Tagereise entfernt war. Wir kehrten wieder um und lagerten uns 5 Lieues von dieser Stadt unweit einer Quelle, während mehre Reiterschwadronen sich von uns trennten und sofort den Weg nach Tagdempt einschlugen.

Das frische und klare Wasser dieser Quelle fließt aus den Spalten eines gewaltigen Felsens, der mit dem Stabe des Moses berührt worden zu sein scheint; es fällt in einer 40—50 Fuß hohen Cascade herab über große Steinblöcke von solcher Regelmäßigkeit, als wären sie künstlich behauen worden, sie sind aber nur das Werk der Zeit und der Durchsickerung, welche den Felsen unterminirt und in horizontalliegende Schichten getheilt hat. Einige derselben scheinen fast in der Luft zu schweben und sehen aus, als könnte man sie mit dem Finger umwerfen. Ein hundertjähriger Feigenbaum von ungeheurer Dicke, dessen Wurzeln sich durch die Lücken von Granitblöcken schlängelten, beschattet diese Quelle und scheint die Reisenden zur Ruhe einzuladen. Das Feigenbaumholz ist sehr porös und gibt ein schlechtes Feuer; aber da man gar kein Holz hatte, fiel dieser alte Bewohner Afrikas unter den Axtschlägen der Soldaten, die unterwegs die Menge Eidechsen, Schildkröten, Frösche und Schlangen gefunden hatten und aus diesen ein köstliches Mahl bereiteten. Das Schlangenfleisch war vorzugsweise gesucht; es hat Ähnlichkeit mit dem des Aals.

Am 25. begann der Regen mit Tagesanbruch herabzuströmen und nahm uns alle Hoffnung, Tagdempt, wie wir berechnet hatten, noch denselben Tag zu erreichen. Gegen 8 Uhr klärte sich der Himmel auf. Vier Stunden lang marschirten wir in einer wellenförmigen Ebene und gelangten zu einer sehr engen Schlucht, die durch hohe Felsenmauern gebildet war. In dieser furchtbaren Stellung erwarteten wir den Feind, aber vergeblich. Beim Heraustreten aus der finstern Schlucht sahen wir am Horizonte hohe Rauchsäulen; es war der Brand von Tagdempt, das die Einwohner beim Rückzuge selbst angezündet hatten. Sogleich begab sich der Gouverneur an der Spitze einer Division auf die Brandstätte; gegen Mittag kam er daselbst an und fand, daß

*

die Araber ihr Zerstörungswerk unvollendet gelassen hatten; nur elende Hütten hatten sie angezündet. Je mehr wir uns Tagdempt näherten, desto mehr verschwand allmälig Cultur und Vegetation, bis endlich keine Spur davon mehr übrig war. Die Landschaft nahm nun einen braunen Ton an; die lachenden Gegenden, die wir hinter uns gelassen, machten ernsten und strengen Bildern Platz.

(Die Fortsetzung folgt in Nr. 507.)

Diamantenwäschen in Brasilien.

Transport von Diamanten aus dem Diamantendistrict nach Rio Janeiro.

Die Diamanten, mit denen Brasilien jetzt nicht nur Europa, sondern zum großen Theil selbst Asien versieht, seitdem die ostindischen Minen jetzt fast ganz erschöpft sind, werden nur in den Flußbetten des Districts Tejuco oder sogenannten Diamantendistricts gefunden. Dieser liegt in der Provinz Minas Geraes, im südlichen Theile des Landes, unweit des Meeres; die Hauptstadt des Districts ist Tejuco am Flusse S. Antonio, wo der Generalintendant der Diamantenwäschen residirt. Die reichhaltigsten Diamantflüsse sind Pardo und Jequetinhonha. Im ganzen District wurden 1772—1818 für 40—50 Millionen Thlr. Diamanten gewonnen. Das Suchen nach Diamanten war ursprünglich Privaterwerbszweig, bis die Regierung ein Regal daraus machte und den ganzen District unter strenge Controle stellte. Wurden Diamanten in Goldsandwäschen gefunden, so mußten die Besitzer derselben die Werke der Regierung überlassen; auf unerlaubtes Suchen nach Diamanten standen sehr schwere Strafen, Verbannung nach Afrika, lebenslängliche Gefangenschaft u. s. w. Dennoch konnten sie die so leicht zu verbergende Übertretung des Verbots nicht hindern.

Als der Mineralog Mawe den Diamantendistrict besuchte, waren daselbst 2000 Neger beschäftigt, getheilt in Abtheilungen von 200. Das Verfahren der Diamantengewinnung besteht darin, daß der Fluß, in dessen Bette die kostbaren Steine zu finden sind, abgeleitet wird und nach Entfernung des Schlamms die steinhaltigen Materialien, Cascalho genannt, herausgenommen und gewaschen werden. In der trocknen Jahreszeit wird ein hinreichender Vorrath zusammengebracht, um die Neger in den Regenmonaten zu beschäftigen. Der Cascalho wird in Haufen von 5—15 Tonnen gelagert. Das Waschen desselben geschieht mit Hülfe von Wasserleitungen in Trögen. Man errichtet zu diesem Ende einen 75—90 Fuß langen, 45 Fuß breiten Schuppen in parallelogrammatischer Form, bestehend aus verticalen Pfosten und mit Gras gedeckt. Über den Boden desselben wird auf der einen Seite ein Wasserstrom durch einen mit Bretern bedeckten Kanal geleitet; auf der andern Seite ist ein gedielter Fußboden, 12—15 Fuß lang, der in Thon eingelassen sich in der ganzen Länge des Schuppens erstreckt und von 3—4 Zoll bis 3 Fuß Höhe ansteigt. Dieser Boden ist in etwa 20 drei Fuß breite Abtheilungen oder Tröge getheilt, die hier Canoes heißen. Das obere Ende sämmtlicher Tröge communicirt mit dem Kanal. Durch diese Öffnung, zwischen zwei Bretern, die 1 Zoll voneinander abstehen, fällt der Wasserstrom etwa 6 Zoll hoch in den Trog und kann zu jedem Theile desselben geleitet oder durch eine Quantität Thon nach Belieben abgesperrt werden. An den untern Enden der Tröge läuft eine kleine Rinne hin, um das Wasser abzuleiten. Sind die erdigen Theile durch die Wäsche entfernt, so bleibt die kiesartige Masse zurück, die zuerst von den großen, dann von den kleinen Steinen befreit wird; was dann noch bleibt, wird mit größter Sorgfalt untersucht. Findet ein Neger einen Diamant, so klascht er in die Hände, worauf ein Aufseher den Edelstein in Empfang nimmt. Alle an einem Tage gefundene werden Abends zu einem Oberbeamten gebracht, der sie wiegt und registrirt. Findet ein Neger einen Diamant von 17½ Karat*), so erhält er seine Freiheit; auch die Entdecker kleinerer Steine erhalten Prämien.

Die Diamanten in der Schatzkammer von Tejuco werden in Kisten mit verschiedenen Schlössern aufbewahrt, deren Schlüssel verschiedenen Beamten anvertraut werden, und jährlich unter militairischer Escorte nach Rio Janeiro gebracht. Die Soldaten, die hierzu gebraucht werden, haben diesen Auftrag als eine Belohnung ihrer guten Aufführung anzusehen. Die mittlere Quantität von Diamanten, die im Diamantendistrict jährlich gewonnen wird, ist nach Mawe 20—25,000 Karat, die ganze in Brasilien gewonnene Quantität gegen 30,000 Karat. Jener Reisende sah die Schatzkammer in Rio, welche 4—5000 Karat enthielt. Der größte bekannte Diamant, welcher 138½ Karat wiegt, wurde 1791 im Rio Abaité gefunden; nach dem Preise kleiner Diamanten geschätzt würde er 5,644,800 Pf. St. werth sein. Mawe gibt den Handelswerth guter Diamanten, der keinen großen Schwankungen unterworfen ist, folgendermaßen an: 1—2½ Gran schwer 7—8 Pf. St. der Karat; 3—4 Gran, 8—9 Pf. der Karat; 5—6 Gran, 13—14 Pf.; fehlerfreie von 6 Gran, 17—18 Pf.; 2 Karat, 27—30 Pf.; schöne von 3 Karat, 70—80 Pf.; 4 Karat, 100—130 Pf.; 5 Karat, 180—200 Pf.; 6 Karat, 230—250 Pf. St. (à Karat).

Die Grundzüge der Wärmelehre.
(Fortsetzung aus Nr. 505.)

Wärmeleitung nennt man die Fortpflanzung der Wärme eines Körpers durch andere mit demselben in Berührung stehende Körper. Diejenigen Körper, welche die Wärme leicht durch sich hindurchziehen lassen, nennt man gute Wärmeleiter, Körper der entgegengesetzten Eigenschaft schlechte Wärmeleiter. Zu den letztern gehören besonders die luftförmigen und flüssigen Körper. In beiden pflanzt sich die Wärme hauptsächlich dadurch fort, daß in Folge der großen Beweglichkeit, welche die Theile dieser Körper besitzen, die erwärmten und dadurch ausgedehnten und specifisch leichter gewordenen Theile herabsinken. Offenbar kann auf diese Weise nur dann eine Fortpflanzung der Wärme stattfinden, wenn sich die Wärmequelle unter dem zu erwärmenden Körper befindet oder zuerst auf die untersten Theile desselben wirkt; die Erfahrung lehrt auch in der That, daß sich in einem luftförmigen oder flüssigen Körper die Wärme viel leichter von unten nach oben als von oben nach unten fortpflanzt; aber das Letztere findet dennoch statt und es ist daher irrig, wenn manche Physiker die Behauptung aufstellen, die luftförmigen sowol als die tropfbaren Flüssigkeiten seien absolute Nichtleiter der Wärme und die letztere pflanze sich in ihnen einzig und allein durch die Bewegung ihrer Theile fort. Gewiß ist so viel, daß Quecksilber ein guter, Wasser ein schlechter und Luft ein noch schlechterer Wärmeleiter ist, der schlechteste ist aber von allen der leere Raum. Daß die festen Körper eine sehr ungleiche Leitungsfähigkeit besitzen, zeigen viele alltägliche Erscheinungen. Legt man gleichlange Stangen von Metall, Glas und Pfeifenthon mit dem einen Ende ins Feuer, so verbreitet sich die Wärme in ungleichen Zeiten auf gleiche Entfernungen; die Glasstange und das Pfeifenrohr kann man wenige Zoll von dem glühenden Ende entfernt mit den Fingern berühren, ohne sich zu verbrennen, was bei der Metallstange nicht möglich ist. Ganz besonders schnell leiten die Metalle die Wärme fort, zeigen aber selbst einen verschiedenen Grad von Leitungsfähigkeit. Ingenhouß fand durch Versuche mit Drähten, die mit Wachs überzogen und mit dem einen Ende in heißes Öl getaucht waren, folgende Reihe der Metalle, nach abnehmender Stärke des Leitungsvermögens geordnet: Silber, Kupfer, Gold und Zinn gleich, Eisen, Stahl, Blei. Nach Ure folgt Messing auf Kupfer, Eisen und Zinn sind fast gleich und dem Blei geht Zink voraus. Nach den Versuchen Anderer steht Platin allen andern Metallen nach. Die Holzarten leiten die Wärme schlecht, aber besser nach den Längen- als nach den Querfibern, weshalb sie leichter die Wärme des Bodens als die der äußern Umgebung annehmen. Auch Stroh, Wolle, Haare, Pelzwerk, Federn sind schlechte Wärmeleiter; die schlechtesten unter den festen Körpern sind Kohlen und Asche. Sehr lockere Körper sind noch schlechtere Wärmeleiter als selbst die trockne Luft; merkwürdig aber ist, daß festes Eis die Wärme noch schlechter leitet, als der lockere Schnee. Eigenthümlich und nicht leicht zu erklären ist die oft beobachtete Erscheinung, daß Metallstangen und sonstige Metallmassen von länglicher Form, wenn sie an einem Ende stark erhitzt und mit diesem in kaltes Wasser getaucht werden, am andern weit größere Wärme zeigen, als wenn jenes von Luft umgeben wird. Erhitzt man z. B. einen silbernen Löffel so lange, bis der in der Hand gehaltene Stiel warm zu werden anfängt, und gießt dann Wasser in den Löffel, so theilt sich dem andern Ende die Wärme so schnell mit, daß man den Löffel nicht länger in der Hand halten kann.

Soll ein Körper warm erhalten werden, also die ihm eigene Wärme behalten oder wenigstens nur langsam verlieren, so muß man ihn mit schlechten Wärmeleitern umgeben, und Dasselbe muß stattfinden, wenn man die äußere Wärme von ihm abhalten oder ihn kühl erhalten will. Doppelfenster halten im Winter die Zimmer warm, weil die zwischen den doppelten Fenstern enthaltene Luft ein schlechter Wärmeleiter ist; Betten und Kleider am menschlichen Körper, theils weil sie aus schlechtleitenden Stoffen bestehen, wie Federn u. s. w., theils weil sie Luft einschließen. Aus demselben Grunde schützen Kleider den Körper gegen zu große äußere Wärme. Ferner beruht hierauf das Umbinden der Bäume und das Bedecken der Pflanzen mit Stroh, um gegen die Winterkälte zu schützen; ferner der Vorzug der Strohdächer, sowie der Stroh- und Holzbedeckungen für Keller, besonders Eiskeller. Begießt man das Stroh mit Wasser und veranlaßt so die Bildung einer möglichst dicken Eiskruste, so schützt man die Kellerlöcher gegen strenge Kälte. Der Schnee schützt als schlechter Wärmeleiter die Pflanzen im Winter gegen den nachtheiligen Einfluß der Kälte; die Bewohner des höchsten Nordens überwintern in tiefen Schneehöhlen. Warme Körper werden schnell abgekühlt, und ebenso kalte schnell erwärmt, wenn sie mit guten Wärmeleitern umgeben sind. Daß Körper, die in gleichem Grade erwärmt sind, dennoch eine verschiedene Wirkung auf das Gefühl hervorbringen, ist auch eine Folge der verschiedenen Wärme-

---
*) Ein portugiesischer Karat (in 4 Gran getheilt) ist etwa ⅕ franz. Gramm, also 1/5000 Kilogramm oder 1/2500 Zollpfund.

leitung; aus einem heißen und gut leitenden Körper, z. B. Metall, geht in gleicher Zeit viel mehr Wärme in die ihn berührenden Körper über, als aus einem gleichheißen, aber schlecht leitenden, z. B. Holz.

Nur kurz kann hier der eigenthümlichen oder **specifischen Wärme** (Wärmecapacität) gedacht werden, da diese Lehre zu den schwierigsten in der ganzen Wärmelehre gehört. Wenn zwei Körper verschiedener Art einen gleichen Thermometergrad haben, so zeigen sie zwar für das Gefühl gleiche Wärme, aber die Wärmemengen, welche beide in sich aufgenommen haben, können ganz verschieden sein. Dies zeigt sich bei der Mischung ungleich warmer Körper. Mischt man zuerst — um mit dem einfachsten Falle zu beginnen — gleiche Mengen desselben Körpers, z. B. Wasser mit Wasser, Quecksilber mit Quecksilber u. s. w., so ist die Wärme der Mischung nichts Anderes als das arithmetische Mittel der früher vorhandenen Temperaturen. Z. B. 1 Pfund Wasser von 20 und 1 Pfund Wasser von 40 Grad Wärme geben vermischt 2 Pfund Wasser von 30 Grad Wärme, sodaß das wärmere Pfund 10 Grad Wärme verliert, das kältere aber so viel gewinnt. Sind die vermischten Quantitäten verschieden, so findet man die Temperatur der Mischung, wenn man jede Quantität (etwa nach dem Gewicht bestimmt) mit ihrer in Graden ausgedrückten Temperatur multiplicirt, beide Producte addirt oder subtrahirt, je nachdem beide Temperaturen gleichartig sind oder nicht, und die erhaltene Summe der Differenz durch die Summe der Quantitäten dividirt. Diese Regel wurde zuerst von Richmann in Petersburg (demselben verdienten Gelehrten, der 1753 das Opfer seiner Untersuchungen über den Blitz wurde) aufgestellt und nach ihm die Richmann'sche genannt. Mischt man z. B. 3 Pf. Wasser von 17 Grad Wärme und 7 Pf. Wasser von 5 Grad Wärme, so hat die Mischung eine Wärme von $\frac{51 + 35}{10} = \frac{86}{10} = 8\frac{3}{5}$ Grad; jedes der 3 Pf. hat also $8\frac{2}{5}$ Grad verloren, jedes der 7 Pf. $3\frac{3}{5}$ Grad gewonnen, sodaß Gewinn und Verlust sich völlig ausgleichen. Mischt man aber 6 Pf. Quecksilber von 7 Grad Kälte und 10 Pf. Quecksilber von 9 Grad Wärme, so ist die Wärme der Mischung $\frac{90 - 42}{16} = \frac{48}{16} = 3$ Grad, und zwar über Null; hätte die unter Null erkältete Quantität ein größeres Product gegeben, so wären die erhaltenen Grade Kältegrade. — Diese bequeme Regel findet jedoch dann keine Anwendung, wenn zwei verschiedene Körper gemischt werden; die resultirende Wärme ist dann bald größer, bald kleiner, als nach der vorigen Regel. Z. B. wenn man ein Goldstück bis 100 Grad erhitzt und dann in ein gleiches Gewicht eiskaltes Wasser wirft, dessen Temperatur 0 Grad ist, so steigt die Temperatur des Wassers nicht auf 50, sondern nur auf 5 Grad, es gewinnt also 5 Grad, während das Gold 95 Grad verliert, woraus man schließt, daß 1 Grad Wärme beim Wasser 19 Graden Wärme beim Gold entspricht, oder daß Wasser von gewisser Temperatur 19mal mehr Wärme enthält als Gold von gleicher Temperatur, oder endlich, daß die eigenthümliche specifische Wärme des Wassers 19mal größer als die des Goldes ist. Einer der einfachsten Apparate zur Bestimmung der specifischen Wärme der Körper ist das von Lavoisier und Laplace erfundene und seit 1777 angewandte Eiscalorimeter. Es beruht auf dem Grundsatz, daß eine bestimmte Menge Eis von 0 Grad Kälte immer eine gewisse Quantität Wärme bedarf, um geschmolzen oder in Wasser verwandelt zu werden. Indem nun ein Körper von gewisser Temperatur eine gewisse Quantität Eis schmilzt und dadurch selbst bis zur Temperatur des schmelzenden Eises oder zum Eispunkte erkältet wird, so kann man aus dieser Quantität des geschmolzenen Eises, die bei verschiedenen Körpern von gleicher Temperatur ganz ungleich ist, auf die Menge des in dem Körper enthaltenen Wärmestoffs schließen. Aus zahlreichen Versuchen mit diesen und andern Apparaten hat sich ergeben, daß unter allen Körpern (etwa mit Ausnahme des Wasserstoffgases) das Wasser die größte specifische Wärme oder Wärmecapacität hat, weshalb auch das Wasser zu seiner Erwärmung so vieles Brennmaterial und so lange Zeit erfodert und seine Wärme so langsam verliert. Unter den Metallen hat Eisen die größte (wiewol sie nur etwa $\frac{1}{10}$ von der des Wassers ist); nur wenig geringer ist sie beim Kupfer, Messing, Zink, weit kleiner beim Silber und Zinn, am kleinsten beim Gold, Blei, Platin, Wismuth (bei diesem $\frac{1}{25} - \frac{1}{40}$ von der des Wassers) und Quecksilber ($\frac{1}{30} - \frac{1}{50}$ von der des Wassers). Hieraus sieht man zugleich deutlich, daß die Verschiedenheit der specifischen Wärme nicht etwa auf der des specifischen Gewichts beruht, wie man aus dem oben vom Golde angeführten Beispiele schließen könnte; denn in diesem Falle müßte die specifische Wärme des Quecksilbers etwa $\frac{1}{13}$ von der des Wassers sein.

Wenn Wärme vorhanden ist, ohne auf das Gefühl oder auf das Thermometer eine Wirkung hervorzubringen, so nennt man sie **latente oder gebundene Wärme**. Nimmt man z. B. ein Gefäß mit Eis, in welchem sich ein Thermometer befindet, und setzt es über eine Flamme, so wird das Thermometer schnell bis 0 Grad steigen, aber auf diesem Grade ungeachtet der fortdauernd einströmenden Wärme stehen bleiben, so lange noch ungeschmolzenes Eis vorhanden ist. Sobald alles Eis geschmolzen ist, steigt die Wärme und zugleich das Thermometer schnell, aber nur bis zur Siedhitze; während dann das Wasser sich allmälig in Dampf verwandelt, bleibt das Thermometer auf dem Siedepunkte stehen, bis kein Wasser mehr übrig ist, und erst dann steigt es höher. Schon hieraus erkennt man, daß Wärme gebunden wird, wenn feste Körper in den tropfbarflüssigen Zustand übergehen, eine noch weit größere Menge von Wärme aber, wenn tropfbare Flüssigkeiten die Dampfform annehmen. Ganz das Gegentheil findet bei den entgegengesetzten Formveränderungen der Körper statt; wenn tropfbare Flüssigkeiten fest werden, gestehen, gerinnen oder gefrieren, so wird Wärme frei oder wahrnehmbar und äußert sich durch das Steigen des Thermometers; Dasselbe findet statt, wenn Dämpfe in den Zustand der tropfbaren Flüssigkeit zurückkehren. Um eine gewisse Quantität Eis zu schmelzen, ist eine gleiche Quantität Wasser von 60° R. erfoderlich; die Mischung beider zeigt dann 0 Grad, also werden beim Schmelzen des Eises 60 Grad Wärme gebunden oder nur zum Schmelzen verwandt, ohne sich auf andere Weise äußern oder bemerklich machen zu können. Das gefrierende Wasser gibt dagegen Wärme her oder entbindet sie, macht sie frei, und zwar so viele Wärme als hinreicht, eine gleichgroße Wassermenge um 60° R. oder eine 60mal größere Wassermenge um 1° R. zu erwärmen. Darin liegt der Grund, warum immer nur ein kleiner Theil Wasser gefriert, während der beiweitem größere die freigewordene Wärme aufnimmt, und da die erzeugte Eisdecke ein schlechter Wärmeleiter ist, welcher die freigewordene Wärme nur langsam entweichen läßt, so beträgt die Dicke des Eises unter mittlern Breiten nur 1—3 Fuß und selbst in den kältesten Gegenden der Erde nie über 10—12 Fuß. Ebenso nützlich ist das Binden der Wärme beim Schmelzen des Eises, denn es bewirkt ein allmäliges Schmelzen und verhütet die Überschwemmungen, die beim plötzlichen Schmelzen der vorhandenen Masse von Eis und Schnee im Frühjahre nothwendig eintreten müßten.

Das Binden und Entbinden der Wärme zeigen namentlich auch alle Salze; wenn Salzlösungen krystallisiren und also fest werden, was oft sehr schnell geschieht, so wird viele Wärme frei, umgekehrt wird Wärme gebunden und es entsteht Kälte, wenn Salz aufgelöst wird. In dem letztern Falle erkalten nicht nur die einer Formveränderung unterliegenden Körper, sondern sie entziehen auch den sie umgebenden Gegenständen Wärme und zwar um so schneller, je schneller ihre Formveränderung vor sich geht. Hierauf beruht die Erzeugung der sogenannten künstlichen Kälte durch Auflösung von Salzen. Schon Réaumur brachte sein Weingeistthermometer durch 4 Theile Eis mit 2 Theilen Kochsalz auf — 15°, durch Steinsalz auf —17°, Fahrenheit aber schmolz Schnee durch verdünnte Salpetersäure, welche beide stark erkältet waren, und erhielt dadurch — 40° F., d. i. — 32° R. Durch verdünnte Schwefelsäure, die noch wirksamer ist, bringt man Quecksilber zum Gefrieren; dies bewirkt man selbst im Sommer durch ein Gemisch aus zwei Theilen Salpetersäure, einem Theil Schwefelsäure und einem Theil Wasser. Hat man Schnee oder Eis in Bereitschaft, so ist salzsaurer Kalk am geeignetsten zur Erzeugung sehr starker Kälte; die stärkste Kälte (etwa 40° R.) geben ein Theil Schnee oder zerstoßenes Eis mit einem Theil verdünnter Schwefelsäure oder ½ Theil verdünnter Salpetersäure; drei Theile Schnee und vier Theile salzsaurer Kalk; ein Theil Schnee oder Eis, ⅜ Theil verdünnte Schwefel= und ⅗ Theil verdünnte Salpetersäure. Sollen Versuche dieser Art gelingen, so müssen die Salze nicht zu stark ausgetrocknet und fein gepulvert sein, der Zutritt der äußern Wärme muß aber verhindert werden. Am besten füllt man ein sehr tiefes und großes Gefäß mit einer kalt machenden Mischung, stellt in dieses ein kleines, ebenfalls mit erkältenden Substanzen gefülltes und in dieses erst die zum Gefrieren bestimmte Substanz. Das äußerste Gefäß muß aus einem schlechtleitenden Material bestehen, am besten aus Holz, Thon oder Porzellan, das innere aus dünnem Metallblech.

Durch künstlich beförderte Verdampfung wird noch größere Kälte erzeugt als durch schnelles Schmelzen. Benetzt man eine Thermometerkugel mit Wasser und bläst dagegen, so fällt das Thermometer schnell; nimmt man statt des Wassers Schwefeläther, der sehr schnell verdunstet, so entsteht eine viel bedeutendere Kälte und das Thermometer fällt mitten im Sommer in wenigen Minuten um mehre 20 Grad R. Die durch Verdunstung entstehende Kälte läßt viele praktische Anwendungen zu. In Spanien kühlt man das Trinkwasser durch poröse Thonkrüge (sogenannte Alcarazzas) ab, die genau so porös sein müssen, um gerade so viel Wasser durchzulassen, als augenblicklich verdunsten kann. Ähnliche Gefäße sollen in der Berberei und Ägypten gewöhnlich sein; vielleicht kamen sie erst durch die Mauren nach Spanien. Die Seefahrer kühlen ihr Getränk dadurch ab, daß sie die Flaschen mit nassem Segeltuch umwickeln und im Tauwerk aufhängen; die Jäger bestimmen die Windrichtung, indem sie einen Finger benetzen, dann in die Höhe halten und nun fühlen, auf welcher Seite der Finger am meisten kühlt. Auch die bekannte Eisbildung zu Benares in Ostindien beruht auf der Verdunstungskälte; sie geschieht folgendermaßen: Auf einem ausgedehnten Felde, das vier Zoll hoch mit ganz trockenem Stroh oder Schilfrohr belegt ist, werden flache und glasirte irdene Gefäße, deren innere Seite mit Butter bestrichen ist, zu Tausenden aufgestellt. Mehre hundert Menschen füllen sie Abends mit Quellwasser und nehmen am andern Morgen die gebildete Eiskruste heraus, die unter günstigen Umständen über einen Zoll dick ist. Die Eisbildung wird vorzüglich durch einen kühlen Wind befördert, der sich gegen Morgen erhebt.

Die Dampfbildung geht dann besonders schnell von statten, wenn sich der entstehende Dampf im leeren Raume frei ausbreiten kann, ohne eine auf der Flüssigkeit ruhende Luftart heben zu müssen. Hierauf gründen sich mehre Verfahrungsarten, um selbst im Sommer Wasser zum Gefrieren zu bringen, welche alle durch die von dem Schotten John Leslie ersonnene weit übertroffen wurden. Nach derselben wird das Wasser durch seine eigene Verdampfung in Eis verwandelt, indem jene durch den luftverdünnten Raum erleichtert, zugleich aber auch der erzeugte Dampf durch eine ihn anziehende und verschluckende Substanz (Schwefelsäure) schnell beseitigt wird, um der fortdauernden Bildung neuen Dampfes nicht hinderlich zu sein. Das Wasser, welches gefrieren soll, steht in einem flachen Gefäß (z. B. in einem Uhrglase) über einem weitern, das mit Schwefelsäure gefüllt ist, unter der Glocke einer Luftpumpe, in welcher eine 50—100fache Verdünnung erzielt wird. Das entstehende Eis erkaltet viele Grade unter dem Eispunkte, fast bis zum Gefrierpunkte des Quecksilbers. Wendet man statt des Wassers eine noch schneller verdampfende Flüssigkeit an, z. B. Schwefeläther, und behält die Schwefelsäure bei, so kann man die Kälte noch weiter treiben, bis — 38½° R., nur werden dabei die Ventile und innern Theile der Luftpumpe vom Äther leicht angegriffen. Man kann auf diese Weise Quecksilber zum Gefrieren bringen, selbst bei 19 Grad äußerer Wärme. Die wirksamsten Flüssigkeiten sind der Schwefelkohlenstoff, durch welchen die Kälte unter der Luftpumpe bis 48—49 Grad getrieben werden kann, und die schweflige Säure, durch welche man das Quecksilber unter der Luftpumpe augenblicklich, aber auch, wiewol minder schnell, ohne dieselbe zum Gefrieren bringen kann, wenn man sie auf eine mit Baumwolle umwickelte Thermometerkugel tröpfelt und in kalter trockener Luft der Verdampfung aussetzt.

Aber alle früher erreichten Kältegrade werden beiweitem übertroffen durch die Verdampfung der flüssigen Kohlensäure, welche flüssig zu machen bekanntlich dem französischen Chemiker Thilorier mittels einer eigens hierzu construirten Compressionspumpe in der neuesten Zeit gelungen ist. Als er die entstandene Flüssigkeit mit Alkohol oder Schwefeläther mischte und 50 Gramme oder 1/10 Pf. Quecksilber in einen Strahl dieser Mischung hielt, so gefroren sie in wenigen Secunden, ja ein Thermometer, das in einen Strahl der reinen Kohlensäure gehalten wurde, ging bis — 70 Grad R. herab. Hiernach gibt die feste Kohlensäure ein Mittel an die Hand, um die bisher fast ganz unbekannten Gefrierpunkte derjenigen Körper zu untersuchen, die erst bei einer außerordentlich großen Kälte gefrieren, z. B. Alkohol.

(Die Fortsetzung folgt in Nr. 507.)

Mittlere Höhe der Continente.

Wenige Aufgaben der physikalischen Geographie sind so schwierig, als diejenige, mit deren Lösung sich der berühmte Alexander von Humboldt schon seit Jahren be=

schäftigt hat, nachdem bisher noch kein einziger Geograph sich ihr zu unterziehen gewagt hatte. Wir meinen die Aufgabe: die mittlere Höhe eines ganzen Landes oder Erdtheils über der Meeresfläche zu bestimmen, d. h. diejenige Höhe, welche sich ergeben würde, wenn man von unzähligen, aufs Gerathewohl und ohne Unterschied aus allen Gegenden genommenen Punkten der Oberfläche dieses Landes oder Erdtheils die absolute Höhe über der Meeresfläche kennte und von allen diesen Höhen das arithmetische Mittel nähme, oder deutlicher: wenn man die ganze Masse dieses Landes sich geebnet, auf ein gleiches Niveau über der Meeresfläche reducirt, also sämmtliche Hervorragungen und Vertiefungen völlig ausgeglichen denkt. In einem Werke von Legendre findet sich die auffallende Behauptung, daß die mittlere Höhe der Continente und Inseln über der Meeresfläche nicht über 1000 Mètres oder 3078 pariser Fuß betrage. Diese Behauptung entfernt sich aber sehr bedeutend von der Wahrheit, weil sie die gedachte Höhe viel zu groß erscheinen läßt, und rührt daher, weil Laplace dabei den Umfang und die Masse der eigentlichen Gebirge überschätzte und die Höhe einzelner Gipfel derselben mit der mittlern Höhe der Gebirge verwechselte.

Für die drei am besten bekannten Erdtheile findet Humboldt folgende mittlere Höhen: Europa 630, Asien 1080, Nordamerika 702, Südamerika 1062 par. Fuß, wo sogleich die geringe Höhe von Europa auffällt. Frankreich für sich genommen hat eine mittlere Höhe von höchstens 816 Fuß, das europäische Flachland aber bei einem neunmal größern Flächeninhalt eine Normalhöhe von nur etwa 360 Fuß, wodurch die allgemeine mittlere Continentalhöhe von ganz Europa bedeutend vermindert werden muß. Das höchste Plateau von Frankreich hat eine Höhe von nur 1044 Fuß.

Für ganz Amerika ergeben sich 876 Fuß. Die Höhe des Schwerpunktes sämmtlicher Continentalmassen über dem heutigen Meeresspiegel beträgt nach Humboldt 947 Fuß.

Statistik der Schafe.

Im preußischen Staate wurden zu Ende des J. 1837 15,011,452 Schafe (2957 auf die Quadratmeile) gezählt, worunter 3,617,469 Merinos und ganz veredelte, 7,165,088 halbveredelte, 4,228,895 unveredelte Schafe. Die meisten Schafe hatten verhältnißmäßig die Regierungsbezirke Breslau, Stralsund und Merseburg, in denen 5264, 5158, 5060 auf die Quadratmeile kamen, die wenigsten die Regierungsbezirke Düsseldorf, Köln und Münster, nämlich 867, 1070, 1105 Schafe auf die Quadratmeile. Jeder der Regierungsbezirke Posen, Potsdam, Frankfurt, Stettin, Breslau hatte an 1 Million Schafe; am meisten Potsdam, 1,363,216. — In der östreichischen Monachie waren 1820 12,269,274, 1834 14,844,641 Schafe vorhanden (1173 auf die QM.); davon kommen auf Ungarn 6,975,000, auf Böhmen 1,357,566. Im Verhältnisse zur Größe hatten Dalmatien und das Küstenland am meisten, nämlich 2678 und 2437 auf die QM. — Baiern besitzt jetzt etwa 1½ Million (1837 1,484,000) Schafe, also auf die QM. 1089. Würtemberg hat 520,000, also 1444 auf die QM.; Baden hatte 1832 nur 188,706 Schafe (686 auf die QM.), worunter 16,856 spanische; Sachsen hat jetzt 1,310,000 Schafe oder 4850 auf die QM. Hanover besaß 1817 1,564,355, 1839 etwa 1,610,000 oder 2318 auf die QM.; das Kurfürstenthum Hessen hat jetzt über 561,000 Stück (3360 auf die QM.; die Großherzogthümer Mecklenburg sollen fast 1,300,000 Schafe oder 4980 auf der QM. haben. — Aus den außerdeutschen Ländern sind wenig zuverlässige Angaben bekannt. In Großbritannien und Irland sollen auf der QM. 7927 Stück vorhanden sein, was aber kaum glaublich ist. Frankreich soll nach Schnitzlers allgemeiner Statistik von Frankreich 32,131,430 Schafe besitzen. Für Rußland nimmt Balbi 36 Millionen, Hassel 60 Millionen an; Polen hatte 1834 2,877,707, Grusien 700,000, Liefland 115,000, Esthland 80,000 Stück. Schweden hat 1,464,870 Schafe. In Spanien zählte man 1778 4,850,000, 1793 5,130,000 Merinos und außerdem 8 Millionen gemeine Schafe. Nach dem französischen Kriege war die Zahl der Merinos auf 3½ Millionen gesunken und jetzt wird die Gesammtzahl auf 12 Millionen Stück geschätzt.

Die genaueste Uhr.

Der berliner Uhrmacher Ferdinand Leonhardt — so berichten die Zeitungen — hat vor kurzem eine Uhr verfertigt, die alle bisher vorhandenen an Genauigkeit weit übertrifft, indem sie die Zeit bis auf ein Tausendstel einer Secunde angibt. Sie ist zum Gebrauch der Artillerie bestimmt, nämlich dazu, die Schnelligkeit der Kugeln mittels der Zeit, welche sie brauchen, um eine Scheibe zu erreichen, zu messen. Über einer metallenen Uhrscheibe bewegt sich in einer Secunde ein haardünner Zeiger hinweg und kann nach Belieben in Bewegung gesetzt und wieder angehalten werden. Wollte man beide Operationen der Hand des Menschen überlassen, so würde kein genaues Resultat zu erreichen möglich sein; dies wird aber dadurch erreicht, daß ein galvanischer Draht eine Verbindung zwischen der Kanone, der Scheibe und Uhr vermittelt. Indem die Kugel die Kanone verläßt, hebt sie von selbst den Zeiger aus und hält ihn wieder an, sobald sie an die etwa 1500 Fuß entfernte Scheibe schlägt. Als Regulator ist ein rotirendes Secundenpendel von ganz eigenthümlicher Construction angewandt. Das Ganze ist mit einem massiven Gehäuse versehen, um bequem transportirt werden zu können, und kostet 1500—1600 Thlr.

Literarische Anzeige.

Bei **Friedr. Schultheß** in **Zürich** ist nun vollständig erschienen:

Die Physik in ausführlicher populairer Darstellung.

Nach dem gegenwärtigen Zustande dieser Wissenschaft mit den bis auf die neueste Zeit darin gemachten Erfindungen und Entdeckungen für die Gebildeten beiderlei Geschlechts bearbeitet von

Dr. H. J. M. von Poppe,
Hofrath und Professor in Tübingen.

2 Bände. 8. Mit 292 Abbildungen auf 20 Tafeln. 5 Fl. 24 Kr. = 3 Thlr. 12 Gr.

Dieses mit ausgezeichnetem Beifall aufgenommene Werk wird bereits allgemein als das beste populaire Werk über Physik anerkannt.

Das Pfennig-Magazin

für

Verbreitung gemeinnütziger Kenntnisse.

507.]   Erscheint jeden Sonnabend.   [December 17, 1842.

George Washington.

Von jeher mußten Republiken die traurige Erfahrung machen, daß gerade die Männer, deren Glück und Talent sie anfangs ihre Unabhängigkeit, ihren Ruhm und ihre Größe verdankten, zuletzt ihrer Freiheit am gefährlichsten wurden und gleichsam nur deshalb die fremden oder einheimischen Unterdrücker des Landes bekämpft zu haben schienen, um hinterher selbst die Rolle von Despoten mit desto größerer Gefahrlosigkeit übernehmen und behaupten zu können. Befremden darf dies nicht. Denn sind Aussichten auf den Besitz der höchsten Macht schon an und für sich reizend, und Gelegenheiten, die oberste Gewalt über ein ganzes Volk zu erlangen, schon ihrer Seltenheit wegen für die menschliche Ehr= und Herrschsucht verführerisch, so werden sie es noch viel mehr in einem Freistaate, wo die Begierde nach Thron und Scepter, als nach verpönten Dingen, am heftigsten sich regt. Die Geschichte kennt daher manchen Pisistratus, Octavian und Napoleon und noch mehr Solche, die Gleiches, wie die Genannten, erstrebten, ohne jedoch eines gleichen Erfolgs sich zu erfreuen; aber Beispiele von jener Entsagung und Selbstbeherrschung, die, wenn sie den Gipfel der Macht so nahe ist, daß sie ihn durch einen letzten, leichten Schritt erreichen kann, diesen letzten Schritt doch nicht thut, sondern freiwillig zurücktritt, — Beispiele von der Art zählt sie nur wenige. Eines der schönsten und merkwürdigsten gab gegen das Ende des vorigen Jahrhunderts der edle Washington, der Befreier von Nordamerika, ein Mann, werth, daß sein Vaterland mit Stolz, die Welt mit Achtung und Liebe seiner gedenkt.

Um das Jahr 1657 wanderten zwei Brüder, Johann und Lorenz Washington, Söhne eines bemittelten Landeigenthümers in der englischen Grafschaft Northampton, nach Amerika aus und ließen sich in Virginien am Potomacflusse nieder. Ein Enkel Johann's, Augustin Washington, der zwei Mal verheirathet war, mit Johanna Butler, die ihm vier Kinder gebar, und das andere Mal (seit 1730) mit Maria Ball, erhielt aus dieser zweiten Ehe vier Söhne und zwei Töchter; der älteste von jenen wurde den 22. Februar 1732 in der virginischen Grafschaft Westmoreland geboren und empfing den Namen George. Bald nach der Geburt dieses Sohnes zog Augustin nach einer seiner Besitzungen am Rappahannoc in der Gegend von Falmouth und lebte dort bis zu seinem frühzeitigen Tode; er starb nämlich bereits am 12. April 1743. Die Ländereien, die er besessen hatte, waren groß genug, daß jedem seiner Söhne eine ansehnliche Pflanzung als Erbtheil zufallen konnte und immer noch ein hinreichendes Vermögen übrig blieb, um auch der einzigen noch lebenden Tochter ein anständiges Auskommen zu sichern. In dieser Beziehung sah sich demnach Mistreß Washington mancher drückenden Sorge überhoben; auf der andern Seite dagegen war ihr, der Mutter von fünf unmündigen Kindern, die doch alle eine angemessene Erziehung erhalten mußten, eine Pflicht auferlegt, deren Erfüllung, schon an sich nicht leicht, für sie mit doppelten Schwierigkeiten verknüpft war, da es in ihrem Vaterlande an guten Lehranstalten fast gänzlich fehlte. Allerdings gab es auch in den weniger bevölkerten südlichen Theilen Nordamerikas Schulen; allein der Unterricht, der in denselben ertheilt wurde, erstreckte sich nur auf Lesen, Schreiben und Rechnen, im besten Falle noch auf die Mathematik. Ältern, welche eine höhere wissenschaftliche Bildung ihrer Kinder bezweckten, waren daher genöthigt, ihnen entweder Hauslehrer zu halten oder sie nach England zu schicken. Das Eine wie das Andere verursachte natürlich bedeutende Kosten, welche nur die Vornehmern zu bestreiten vermochten.

Deshalb und aus andern Gründen wurde George Washington einer einheimischen Schule anvertraut. Hier that er sich durch Wißbegierde und Fleiß hervor, namentlich aber durch eine bei Knaben seines Alters seltene Ordnungsliebe, die seinem Charakter so eigenthümlich war, daß er sie während seines ganzen Lebens niemals verleugnete. Seine Schulbücher, die von seinem 13. Jahre an aufbewahrt worden sind, geben von demselben das unverkennbarste Zeugniß; zugleich sieht man aus ihnen, mit welchen Gegenständen er sich vorzüglich beschäftigte. Sie enthalten neben verschiedenartigen schriftlichen Aufsätzen, wie sie in dem gewöhnlichen Geschäftsverkehr vorkommen, als Verschreibungen, Empfangscheinen, Wechseln u. s. w., besonders Arbeiten, welche die Geometrie betreffen, und diese Wissenschaft war es auch, die ihn vor Allem anzog und in welcher er, sowie in der Mathematik überhaupt, sich bald tüchtige Kenntnisse erwarb. Ob er in den Regeln der Sprache gehörig unterwiesen worden sei, ist mehr als zweifelhaft; denn in seinen Schriften aus früherer Zeit finden sich grammatische Fehler, und nur durch vieles Lesen, verbunden mit verständiger Nachahmung guter Muster, gelang es ihm, seine Sprache nicht allein correct, sondern auch durch eigenthümliche Klarheit ausgezeichneten Styl anzubilden. Mit fremden Sprachen befaßte er sich niemals, außer etwa späterhin mit der französischen, auf welche seine Aufmerksamkeit durch den Umgang mit französischen Offizieren hingelenkt wurde, jedoch nur so flüchtig, daß er es darin zu keinerlei Fertigkeit brachte. Seine Freistunden benutzte er gern zu allerhand Leibesübungen. Laufen, Springen, Ringen, Stangenwerfen war ihm eine Lust und noch in reifern Jahren suchte er auf diese Weise seinen Körper zu stärken und abzuhärten. Sah er aber eine hinreichende Anzahl von Knaben um sich versammelt, so verfehlte er selten, sich zu ihrem Führer aufzuwerfen, sie in Compagnien abzutheilen und alsdann kleine Schlachten liefern zu lassen. Gern gehorchten ihm dabei die Andern; ja wenn ihn ein Streit unter sich hatten, so machten sie in der Regel ihn zum Schiedsrichter; denn sie kannten seine Klugheit, Aufrichtigkeit und unparteiische Rechtlichkeit. Obwol von lebhaftem Temperament und beinahe heftiger Gemüthsart, lernte Washington doch zeitig seine Leidenschaften beherrschen, und zeigte überhaupt bereits als Knabe alle die Tugenden, durch welche er als Mann so sehr glänzte.

Als er 14 Jahre alt war, that sein ältester Bruder, Lorenz, der Neigung zum Kriegswesen an ihm bemerkte und früher selbst als Offizier gedient hatte, geeignete Schritte, um ihm eine Cadettenstelle in der englischen Marine zu verschaffen. Schon bereitete sich George voll Freude und Hoffnung auf die Abreise vor, da widersetzte sich die Mutter mit allen ihr zu Gebote stehenden Mitteln seinem Vorhaben, sei es nun, daß sie erst jetzt davon Kenntniß erhielt, oder sei es, daß sie erst beim Herannahen der Trennung von dem geliebten Sohne das Herbe und Bittere derselben recht zu empfinden begann. Durch kein Bitten und Zureden konnte sie bewogen werden, Den von sich zu lassen, von dem sie in Kurzem Unterstützung bei ihren Geschäften und Erleichterung ihrer mannichfachen Sorgen erwarten durfte. Man mußte deshalb den gefaßten Plan aufgeben, und George fuhr fort, die Schule zu besuchen wie vordem, nur daß er jetzt noch entschiedener und mit noch größerm Eifer sich dem Studium der Mathematik hingab; besonders übte er sich im Feldmessen, hierin aufgemuntert von seinen Angehörigen, welche es wohl wußten, wie vortheilhaft Kenntnisse in diesem Fache für ihn werden konnten; denn in Amerika waren damals tüchtige Feldmesser ebenso gesucht als selten.

Im Herbst 1747 verließ endlich Washington die Schule und nicht lange nachher begab er sich auf das Landgut seines Bruders Lorenz am Potomac, welches später unter dem Namen Mount Vernon bekannt geworden ist. In geringer Entfernung davon lebte der Schwiegervater seines Bruders, William Fairfax, in dessen liebenswürdiger Familie George manche vergnügte Stunde zubrachte; bei ihm lernte er auch den Lord Fairfax, einen Verwandten William's, kennen, der gerade damals aus England eingetroffen war, um von seinen ihm durch Erbschaft zugefallenen Ländereien in Virginien Besitz zu ergreifen. Dieselben lagen zwischen den zwei Gebirgsketten, welche Virginien von Südwest nach Nordost durchschneiden, zwischen den blauen Bergen und dem westlichern Alleghannygebirge, zum Theil in den herrlichen Thälern des letztern selbst. Die Schönheit und Fruchtbarkeit jener Gegenden lockte Viele herbei, die sich an den besten Plätzen ansiedelten, ohne erst danach zu fragen, ob der Grund und Boden, dessen sie sich bemächtigten, schon einen Herrn habe oder nicht. Um nun sein Recht gegen solche willkürliche Occupation wahren und zugleich von den Pflanzern, die sich auf seinem Gebiete niedergelassen hatten, den Erbzins heben zu können, sah sich der Lord genöthigt, seine Besitzungen vermessen zu lassen, und da er von Washington's Geschicklichkeit in derartigen Arbeiten wußte, so übertrug er ihm dieses schwierige Geschäft. Demnach verfügte sich Washington, begleitet von dem ältesten Sohne des William Fairfax, in das Alleghannygebirge. Noch waren die Gipfel der Berge mit Schnee bedeckt, während in den Thälern ausgetretene Flüsse, häufige Moräste und überallhin zerstreute Felsblöcke dem Vordringen fast unüberwindliche Hindernisse bereiteten.

Gegen die unfreundliche Witterung bot in dieser öden, unbekannten Wildniß keine menschliche Wohnung eine willkommene Zuflucht und oft warfen heftige Stürme das Zelt um oder zerstörten die in Eile zusammengefügte Hütte, unter welcher die Jünglinge bei eintretender Nacht Schutz und Obdach suchten. Aber trotz aller dieser Beschwerden beendigte Washington sein Werk zu des Lords höchster Zufriedenheit und in Folge davon erhielt er, nunmehr öffentlich angestellter Feldmesser und Landbeschauer, auch von andern Seiten ähnliche Aufträge in so großer Menge, daß er drei Jahre hindurch in unausgesetzter Thätigkeit war. Durch die Gewandtheit und Redlichkeit, mit der er sein Amt versah, sowie durch sein einnehmendes Wesen, gewann er das Vertrauen, die Achtung und die Zuneigung Aller, mit denen er in Berührung kam; durch die Beschwerden, die er bei seinen Arbeiten ertragen mußte, härtete er seinen Körper ab und stählte seine Kräfte; durch sein langes Verweilen in den unbewohnten, kaum noch von Europäern betretenen Bergen und Wäldern endlich erwarb er sich eine genaue Kenntniß von Örtlichkeiten, die bald nachher der Schauplatz eines blutigen Krieges werden sollten.

Die Franzosen, damals noch Herren von Canada, bemerkten es mit Mismuth, daß die Briten, besonders seit 1749, Anstalten trafen, das Land am rechten Ufer des Ohio zu besetzen. Ließen sie dies ruhig geschehen, so verloren sie nicht allein die Aussicht, durch Benutzung jenes Flusses ihre nördlichen Provinzen mit den südlichen am Missisippi auf bequeme Weise zu verbinden, sondern sie bekamen auch eine Nation zum unmittelbaren Nachbar, deren Macht ihnen leicht gefährlich werden konnte. Deshalb hielten sie es fürs Beste, den Engländern zuvorzukommen, gingen in dieser Absicht mit einer großen Truppenzahl über die Seen von Canada und faßten dort festen Fuß. Schon vorher jedoch hatten sie sich Handlungen erlaubt, welche, da sie nur ein Vorspiel weiterer Feindseligkeiten zu sein schienen, den Gouverneur von Virginien bewogen, schleunigst Maßregeln zum Schutz seiner zunächst bedrohten Provinz zu ergreifen. Er theilte daher sogleich in einzelne Districte ein und stellte in jedem derselben einen Offizier mit dem Titel eines Generaladjutanten, dem Range eines Majors und einem Gehalte von ungefähr 1000 Thlr. an, dessen hauptsächlichste Pflicht es war, die Miliz zu versammeln und in den Waffen zu üben. Durch Vermittelung seines Bruders und des William Fairfax erhielt auch Washington eine solche Offizierstelle, obschon er erst 19 Jahre alt war. Indeß, was ihm an Alter und Erfahrung abging, das ersetzte er durch seine Klugheit und durch seinen Eifer, vermöge dessen er nicht ruhte noch rastete, bis er theils durch aufmerksames Studium militairischer Werke, theils durch den Umgang mit erprobten Soldaten und durch eigne Übung eine Vertrautheit mit den Kriegswissenschaften sich angeeignet hatte, die ihn zur Ausfüllung seines Postens vollkommen befähigte. Inzwischen hinderte ihn ein Umstand auf längere Zeit an der Fortsetzung der übernommenen Geschäfte. Es war dies eine Reise nach Westindien, die sein Bruder Lorenz zur Wiederherstellung seiner Gesundheit unternehmen und auf der George ihn begleiten mußte. Beide segelten im September 1751 nach Barbadoes ab; hier blieb Lorenz, George aber kehrte nach Virginien zurück. Bald nach seiner Rückkehr, im Februar 1752, kam ein Brief mit erfreulichen Nachrichten von seinem Bruder an, dem jedoch in kurzem ein sehr betrübender und im Sommer Lorenz selbst, kränker als jemals, nachfolgte. Nicht lange, so starb er auch in der Blüte seiner Jahre. Obgleich nun George durch diesen Todesfall, als Testamentsvollstrecker des Verstorbenen, neue Lasten sich aufgebürdet sah, so erfüllte er doch daneben seine Pflichten als General-Adjutant mit um so größerer Gewissenhaftigkeit, je ernster gerade jetzt die Zwistigkeiten zwischen den Franzosen und Amerikanern sich gestalteten.

Das Gerücht, die Erstern seien über die Seen von Canada gegangen, fand Bestätigung und zu gleicher Zeit ward dem Gouverneur von Virginien, Dinwiddie, vom englischen Ministerium der Befehl ertheilt, durch Anlegung zweier Forts am Ohio das dortige Gebiet gegen feindliche Angriffe zu sichern. Der Krieg erschien von Tag zu Tag unvermeidlicher; allein da derselbe noch von keiner Seite öffentlich erklärt worden war, so beschloß Dinwiddie vor der Hand an den Commandanten der französischen Truppen eine Gesandtschaft zu schicken, die ihn nach dem Zwecke der Invasion fragen und zum Rückzuge auffodern, vornehmlich aber über die Stellung der Feinde sich Gewißheit verschaffen und die indianischen Völkerschaften südlich vom See Ontario wo möglich zu Gunsten der Engländer stimmen sollte. Die Aufgabe war keine leichte; sie erfoderte, um glücklich gelöst zu werden, einen Mann, begabt mit Klugheit und militairischer Einsicht, erfahren in den Sitten und Gebräuchen der Indianer, kundig der Pfade durch die einsamen, unwirtbaren Berge und Wälder, die man passiren mußte, gewöhnt endlich an Anstrengungen und Entbehrungen, wie sie mit einer so weiten und gefahrvollen Reise nothwendig verbunden waren. Einen solchen Mann glaubte der Gouverneur mit Recht in dem Major Washington gefunden zu haben. Dieser wurde daher mit der Sendung beauftragt und trat zu Ende des Novembers 1753 von Williamsburg aus, begleitet unter Andern von einem indischen und von einem französischen Dolmetscher, den 140 (deutsche) Meilen langen Weg an. Zu Wills Creek, wohin er in 14 Tagen gelangte, vereinigte sich noch ein gewisser Gist, der viel in dem Gebirge umhergestreift war, mit ihm, sodaß nun die ganze Gesellschaft aus acht Personen bestand. Jetzt begann der Zug durch die dichten, schauerlichen, unabsehbaren Waldungen, in denen jeder neue Tag den erschöpften Wanderern neue Mühseligkeiten brachte. Bald mußten sie auf leicht gezimmertem Floß über reißende Gewässer setzen, bald waren sie gezwungen, wieder umzukehren und sich anderswo Bahn zu brechen, bald drohten ihnen jähe Abgründe, bald tiefe Moräste, und immer liefen sie Gefahr, in der labyrinthischen Wildniß sich zu verirren. So ging es fort, bis sie den Punkt erreichten, wo der Monongahela und die Alleghany zusammenfließend den Ohio bilden. Major Washington bemerkte sogleich, wie vortheilhaft es sein werde, wenn man sich dieses Platzes versicherte, und rieth deshalb seinen Landsleuten, dort unverzüglich eine Festung anzulegen, ein Rath, der auch bald nachher wirklich befolgt wurde. In dem benachbarten Longstown fand sodann die verabredete Zusammenkunft zwischen dem Major und einigen indianischen Häuptlingen statt. Die Letztern äußerten für die Engländer durchaus freundschaftliche Gesinnungen und waren auch bereit, der Gesandtschaft eine hinreichende Bedeckung bis zu dem noch ungefähr 50 Meilen entfernten Standort der Franzosen mitzugeben; weil jedoch ihre jungen Krieger gerade zu einer großen Jagd ausgezogen waren, von der sie unter drei Tagen nicht zurückkommen konnten, so setzte Washington, ohne sie zu erwarten, nur von vier Indianern begleitet, seine Reise fort und traf endlich nach Überwindung neuer

*

Schwierigkeiten bei dem französischen Commandanten, dem Herrn von St.=Pierre, ein, nachdem er 41 Tage vorher Williamsburg verlassen hatte. Er wurde sehr höflich aufgenommen, erhielt aber auf die Fragen und Foderungen, die er im Namen des Gouverneurs stellte, theils ausweichende, theils, was den verlangten Rück= zug der Franzosen betraf, bestimmt abschlägige Antwor= ten. Sein Geschäft war somit beendigt, — denn auch die Stellung der Feinde hatte er bald überblickt, — und er be= schleunigte deswegen seine Abreise um so mehr, da er wahr= nahm, wie sehr es sich St.=Pierre angelegen sein ließ, die vier indianischen Häuptlinge auf seine Seite zu ziehen.

Er beschloß, einen Theil des Weges zu Wasser zu= rückzulegen, und schickte in dieser Absicht die Pferde nach Venango, einem französischen Vorposten, voraus. Sechs Tage brachte er auf dem Flusse zu, indem Sandbänke und Eislager die Fahrt oftmals erschwerten und verzö= gerten. Zu Venango angekommen fand er die Pferde in einem so üblen Zustande, daß er vorzog, zu Fuße weiter zu gehen. Er kleidete sich in einen indischen Wanderanzug, nahm ein Tornister mit seinen Papie= ren und dem nöthigen Mundvorrath auf den Rücken, versah sich mit einer Büchse und betrat mit dem ebenso ausgerüsteten Gist als einzigem Gefährten kühn die un= geheuren Waldungen. Leicht konnten Beide dieses Wag= stück mit ihrem Leben büßen; ja zweimal waren sie in der That dem Verderben so nahe, daß sie alle Ursache hatten, Gott für ihre Rettung zu danken. Sie be= gegneten nämlich bald nach ihrer Trennung von der übrigen Gesellschaft einem Indianer, der auf ihre Bitte sich ihnen als Führer anschloß. Allein dieser, wahr= scheinlich ein Freund der Franzosen, leitete sie nicht nur irre, sondern schoß zuletzt sogar nach ihnen, glückli= cherweise jedoch ohne zu treffen. Gist wollte den Ver= räther auf der Stelle tödten, Washington aber wider= setzte sich Dem, und so ließen sie ihn laufen. Nicht lange nachher stieß ihnen ein zweites nicht minder ge= fährliches Abenteuer zu. Sie waren unter unglaublichen Beschwerden bis an die Alleghany vorgedrungen; hier sahen sie sich nun in ihrer Erwartung, den Strom zu= gefroren zu finden, bitter getäuscht; kaum wenige El= len breit hatte sich das Eis an beiden Ufern festgesetzt, während in der Mitte gewaltige Schollen trieben. Er= müdet lagerten sich — es war bereits Abend — die Reisenden am Flusse in den Schnee, blos von dünnen Decken gegen die schneidende Kälte geschützt. Mit An= bruch des Tages machten sie sich ungesäumt an die Arbeit, um möglichst schnell ein Floß zu bauen, und obwol ihr ganzes Werkzeug in einem einzigen, überdies schlechten, Beile bestand, so waren sie doch schon kurz nach Sonnenuntergang damit fertig. Sie zogen es so= gleich ins Wasser und begannen die Überfahrt; aber noch ehe sie die Mitte des Stromes erreicht hatten, ge= riethen sie zwischen das Eis. Washington versuchte das Floß mit einer langen Stange anzuhalten, da= mit es nicht vom Eise fortgerissen werden könnte, die starke Strömung aber verhinderte ihn, die Stange fest in den Grund zu bohren, und er stürzte in den Fluß an einer Stelle, wo derselbe 10 Fuß tief war. Hätte er sich nicht mit aller Kraft an das Fahrzeug angeklammert, so wäre er unrettbar verloren gewesen. Bei der Unmöglichkeit, an das entgegengesetzte Ufer zu gelangen, mußten die Abenteurer froh sein, daß eine nahegelegene wüste Insel ihnen Sicherheit vor dem Ungestüme der Wellen gewährte. Die Nacht, welche sie dort zubrachten, war schrecklich. Gist hatte bereits Hände und Füße erfroren, und die Kälte, der sie schutz= los bloßgestellt waren, stieg bis zur Unerträglichkeit. Indeß diente gerade dies zu ihrem Besten, denn früh war der Strom in seiner ganzen Breite mit einer Eis= decke überzogen, die ihnen einen leichten und bequemen Übergang verschaffte. Ohne weitern Unfall überschrit= ten sie nun das Alleghanygebirge und trafen den 16. Ja= nuar 1754 in Williamsburg ein.

(Fortsetzung folgt in Nr. 508.)

Der Ganges.

Der Ganges durchströmt mehre der reichsten Gegen= den der Erde, verschönert durch Fruchtbarkeit und die Reize einer üppigen Vegetation, bewohnt von 60 Mill. Menschen. Von den Himalayagebirgen herabfließend, erreicht er bei Hurdwar die Ebenen, ist von jetzt an schiffbar, nimmt viele Nebenflüsse auf, die zum Theil größer als der Rhein sind, und ergießt sich in den Ocean (in den Meerbusen von Bengalen) in mehren Mündun= gen nach einem Laufe von mehr als 336 geographischen Meilen. Seine Richtung ist südöstlich; sein Flußgebiet beträgt 20,435 Quadratmeilen. Die bedeutendsten der vielen Städte, an denen er vorbeifließt, sind Allahabad und Benares; an einem der Arme, in welche er sich trennt, dem Hugly (der Hauptarm, welcher weiter östlich fließt, behält den Namen Ganges), liegt Kalkutta, die Hauptstadt des anglo-indischen Reichs.

Das Land, durch welches der Ganges fließt, zerfällt in drei natürliche Districte: 1) Die große Ebene von Ben= galen, die sich über 60 Meilen von Norden nach Sü= den erstreckt und selbst aus vier verschiedenen Landstrichen besteht. Zwischen den Gangesmündungen und dem Flusse Brahmaputra liegen die Sunderbunds, der ungesundeste Theil Indiens, morastig, ganz unangebaut und von ei= ner armseligen Bevölkerung bewohnt. Der nächste Land= strich ist das Überschwemmungsgebiet zwischen dem Ganges und seinen Armen, sowie zwischen jenem und dem Brah= maputra in 25 Grad nördl. Breite. In der Nähe der Vereinigung beider Ströme ist ein so großes Ge= biet der Überschwemmung ausgesetzt, weshalb Städte und Dörfer auf künstlichen Hügeln erbaut sind. Die Tiefe des angeschwemmten Landes beträgt oft 130 Fuß. Sobald das Wasser sich verlaufen hat, wird Reis gesäet, womit dieser District ganz Bengalen versor= gen könnte. In dieser Gegend ändern die Flüsse leicht ihren Lauf; es gibt alte Bettes des Ganges, mehre Meilen von dem jetzigen entfernt. Der dritte District, westlich von dem Huglyfluß und nördlich von 25 Grad nördl. Breite, ist den Überschwemmungen fast gar nicht ausgesetzt; der Boden ist reich an Quellen, die in dem vorigen Landstrich fast ganz fehlen, fruchtbar an Baumwolle, Indigo, Zucker, Getreide; gegen das nörd= liche Ende dieser Gegend sind aber noch große Land= strecken unangebaut. Der vierte Landstrich, zwischen der Ebene des Ganges und der untern Region des Hima= layagebirges, heißt Tarai oder der Morast und hat in der Provinz Bengalen eine Breite von vier bis fünf Meilen, die aber am nordwestlichen Ende viel geringer wird. Der Boden ist angeschwemmtes Land, und die Gewässer, welche von den höhern Gegenden herabfließen, bilden wegen des ungenügenden Gefälles Sümpfe. Die Vegetation ist ungemein reich und üppig, aber die Hitze, welche auf die nasse Oberfläche wirkt, erzeugt Krank= heiten, und außer Elefanten, Tigern, Büffeln und an= dern wilden Thieren sind die einzigen Bewohner dieses Landstrichs wenige arme Holzhauer.

2) Der zweite große District, den der Ganges be= wässert, wird von Bengalen durch den Fluß Cusi und

Boote auf dem Ganges.

die Radschmahalhügel getrennt und erstreckt sich westlich bis zur Vereinigung des Jumna mit dem Ganges. Hier verwandelt sich das angeschwemmte Land Bengalens in sandigen Boden. Überschwemmungen kommen nicht mehr vor, aber der Boden wird durch Bewässerung befeuchtet und gleicht einem Garten, reich an Mohn, Indigo, Reis und Baumwolle.

Der dritte und letzte District erstreckt sich von Südosten nach Nordwesten, zwischen dem Ganges und Jumna, und begreift die Ebenen von Doab, Oude und Rodilcund. Der Boden ist trocken, das Klima gemäßigt und der Palmbaum verschwindet; Weizen, Gerste und ähnliche Getreidearten werden gebaut, und die europäischen Früchte gedeihen, während die Sommerhitze dem Bau von Reis, Baumwolle, Indigo günstig ist.

Der Ganges ist im ganzen Jahre bis zum Fuße des Himalayagebirges für kleinere Boote, nur 6 Monate im Jahre für größere Boote schiffbar. Die Zahl der Boote von beiden Classen schätzte Major Rennell auf 30,000; seitdem ist der Verkehr noch bedeutend gestiegen. Diese Boote sind gebrechliche, schlecht construirte Fahrzeuge. Die bengalischen haben hohe Vordertheile mit schwerfälligen Rudern, die an Stricken hängen. Bischof Heber beschreibt ein solches Boot als das einfachste und roheste aller denkbaren Fahrzeuge. Es ist in seiner ganzen Länge mit Bambus gedeckt und enthält eine kleine Cajüte von Bambus und Stroh, die einer kleinen Hütte ohne Schornstein gleicht. Hier halten sich die Passagiere auf. Die Ruder der Schiffsleute sind große Bambusstäbe mit kreisrunden Bretern am Ende; auch der Mast besteht aus Bambus und das Segel aus sehr grober Leinwand ist viereckig, in der Regel oben etwas breiter als unten.

Die Schiffahrt auf dem Ganges mit den gewöhnlichen Flußschiffen ist selbst für die Zwecke des Handels lange nicht schnell genug. Am schnellsten ist sie zur Zeit der Überschwemmungen, wo der Wind von Süden kommt, also die stromaufwärts fahrenden Schiffe sich der Segel bedienen können, während die zu Thal fahrenden bei der Heftigkeit der Strömung den Widerstand des Windes wenig empfinden. In dieser Zeit legen die Schiffe stromabwärts in 12 Stunden 10—14, in der trockenen Jahreszeit aber nicht über 8 Meilen zurück; stromaufwärts werden in der letztern selten mehr als 4—5 Meilen zurückgelegt, und noch viel weniger, wenn die Schiffe (durch Menschen oder Ochsen) gezogen werden müssen. Die Reise von der Militairstation Mirut nach Kalkutta, ein Weg von 160 Meilen, dauerte bisher zu Wasser sieben Wochen (zu Lande, wo sie aber ungemein kostspielig und beschwerlich war, nur 12 Tage); von Kalkutta nach Mirut brauchte man durchschnittlich vier Monate, und der Transport schwerer Güter dauerte oft sechs bis sieben Monate. So war Mirut von Kalkutta der Dauer der Reise nach ebenso weit entfernt als London, und die Transportkosten waren sogar zwischen jenen beiden Plätzen noch höher. Die Reise von Kalkutta nach Allahabad dauerte zwei bis drei Monate. In Folge dieser Hindernisse der Bergfahrt auf dem Flusse konnte man viele Artikel in den obern Provinzen gar nicht bekommen, und der Verkehr zwischen den verschiedenen Provinzen war fast ganz unmöglich. Diese Umstände bewogen den Generalgouverneur Lord Bentinck, Maßregeln zu ergreifen, um den indischen Strömen die Vortheile der Dampfschiffahrt zu gewähren. Im J. 1832 wurden in London vier eiserne Dampfschiffe zu 60 Tonnen, jedes 2 Fuß tief im Wasser gehend, verfertigt und gingen im J. 1834 zwischen Calcutta und Allahabad mit dem besten Erfolge. Im J. 1837 wurde ihre Anzahl vermehrt, und jetzt ist alle Aussicht vorhanden, daß die Binnenschiffahrt zwischen den britischen Be=

sitzungen in Indien ganz mit Dampfbooten betrieben werden wird, ein Resultat, das in politischer, militairischer und mercantilischer Hinsicht gleich wichtig sein wird. Wenn bisher Schiffe im Hugly ankamen, so brauchten sie zwei bis drei Wochen, um bis Kalkutta zu kommen, und während dieser Zeit wurden die ungesunden Sunderbunds, durch welche diese Fahrt geht, das Grab manches Europäers. Jetzt wird die Ankunft eines Seeschiffes durch den Telegraphen nach Kalkutta gemeldet, und sogleich kommt ein Dampfschiff von dort, welches das Segelschiff schnell aus den Regionen des Todes entführt und in zwei bis drei Tagen nach Kalkutta bringt.

Die Grundzüge der Wärmelehre.
(Fortsetzung aus Nr. 506.)
Wirkungen der Wärme.

1) Die Wärme dehnt alle Körper aus, luftförmige am meisten, feste am wenigsten, und auf dieser Eigenschaft beruht bekanntlich die genaue Abmessung der Wärme mittels besonderer Werkzeuge, die man Thermometer nennt. Die flüssigen Körper weichen hiervon insofern ab, als sie sich, wenn sie erwärmt werden, anfangs etwas zusammenziehen, bis sie ihre größte Dichtigkeit erlangt haben; ihre Beobachtung wird außerdem dadurch erschwert, daß sie bei zunehmender Kälte fest werden, bei diesem Übergange aber sich oft plötzlich sehr bedeutend zusammenziehen und nachher als feste Körper ein anderes Gesetz der Zusammenziehung befolgen als im flüssigen Zustande. Die Ausdehnung des Glases beträgt vom Eispunkte bis zum Siedepunkte den 11—1200sten Theil seiner Länge, die des Platins etwa eben so viel, die des Holzes $1/3300$, des Eisens $1/800$, des Messings und Silbers $1/500$, des Goldes $1/700$, des Kupfers $1/600$, des Zinns $1/400$—$1/500$, des Bleis und Zinks $1/330$, des Marmors $1/1000$, des Sandsteines $1/600$, des Pfeifenthons $1/2200$ u. s. w., wonach Blei und Zink unter allen festen Körpern noch die stärkste Ausdehnung haben. Legt man also einen Glasstab, der bei der Gefrierkälte 120 Linien oder 10 Zoll lang ist, seiner ganzen Länge nach in kochendes Wasser, so dehnt er sich um $1/10$ Linie aus, ein kupferner Stab von gleicher Länge um $1/5$ Linie, ein bleierner um fast $2/3$ Linien u. s. w. Quecksilber dehnt sich weit stärker als alle festen Körper aus, nämlich vom Gefrierpunkte bis zum Siedepunkte um $1/54$—$1/56$ seines früheren Raumes. Wasser hat seine größte Dichtigkeit bei etwas über $+3°$ R. und dehnt sich erst von da aus (nachdem es sich vom Gefrierpunkte bis 3 Grad etwas zusammengezogen hat), und zwar nimmt es bei $6\frac{1}{2}$ Grad wieder denselben Raum ein als beim Gefrierpunkte, beim Siedepunkte aber einen Raum, der ungefähr um den 24sten Theil größer ist. Weingeist dehnt sich vom Eispunkte bis zu der Temperatur, wo er siedet, um etwa $1/13$ aus.

Hinsichtlich der luftförmigen Körper fanden Gay-Lussac und Dalton aus einer großen Anzahl sorgfältiger Versuche das merkwürdige, unter dem Namen des Dalton'schen oder Gay-Lussac'schen Gesetzes bekannte Resultat, daß sich die atmosphärische Luft, ferner alle elastische Gasarten, Wasserdämpfe und überhaupt alle vollkommen expandirten Dämpfe bei gleicher Zunahme der Wärme in gleichem Verhältnisse ausdehnen, und der Erstere bestimmte ihre Ausdehnung vom Gefrierpunkte bis zum Siedepunkte zu $3/8$ oder $375/1000$ des ursprünglichen Raumes. Neuere Physiker stimmen damit nicht ganz überein; nach dem schwedischen Physiker Rudberg ist die Ausdehnung trockner Luft etwas geringer, nämlich $365/1000$, während die frühere Bestimmung für feuchte Luft gilt.

Auf der Ausdehnung der Körper durch die Wärme beruht eine Menge bekannter Erscheinungen. Eine Kugel, die eben noch durch einen Ring geht, wenn beide kalt sind, geht erwärmt nicht mehr hindurch; ein Glasstöpsel, der sich kalt in eine erwärmte Flasche eben noch, aber mit genauer Noth, bringen läßt, kann nach dem Erkalten derselben nur mit großer Mühe oder gar nicht herausgezogen werden; ein eiserner Reif, der heiß um ein Rad gelegt worden ist, wird dasselbe nach dem Erkalten, wodurch er sich zusammengezogen hat, ganz fest umschließen. Ein Wasserglas, in welches heißes Wasser gegossen wird, zerspringt häufig durch die stärkere Ausdehnung der innern Theile, und zwar desto leichter, je dicker das Glas ist, weil dann die Wärme um so langsamer die ganze Masse des Glases durchdringt; aus dem entgegengesetzten Grunde, durch die stärkere Ausdehnung der äußern Theile, zerspringt ein Glas, das auf den heißen Ofen gesetzt wird. Möbeln, Papier und andere Dinge, die der Sonnen- oder Ofenwärme ausgesetzt sind, ziehen sich in Folge der ungleichen Ausdehnung ihrer Theile krumm, selbst hohe Thürme erlangen durch den Einfluß der Sonnenhitze eine einseitige Beugung, die bei Sternwarten durch Verrückung der astronomischen Werkzeuge nachtheilig wirkt. Eine Folge der Ausdehnung der Körper ist ferner, daß sie durch Erwärmung specifisch leichter werden. Daher steigt warme Luft in kalter, warmes Wasser in kaltem in die Höhe, kalte Luft und kaltes Wasser sinken herab, worauf die Verbreitung der Wärme in einem mit Wasser oder Luft angefüllten Raume hauptsächlich beruht.

2) Eine zweite Wirkung der Wärme ist das Schmelzen oder Flüssigwerden fester Körper, entgegengesetzt dem Gefrieren, Gestehen, Festwerden flüssiger Körper, das durch eintretenden Mangel an Wärme bewirkt wird. Hinsichtlich dieser Erscheinungen zeigen die verschiedenen Körper ein sehr verschiedenes Verhalten, weshalb man leicht- und strengflüssige unterscheidet. Einige bleiben stets flüssig und gefrieren erst bei außerordentlicher Kälte, andere bleiben stets fest und können durch die stärkste Hitze nicht in Fluß gebracht werden; einige werden erst allmälig weich, dann flüssig, andere gehen plötzlich aus einem Zustande in den andern über. Eigentlich sollten Gefrierpunkt und Schmelzpunkt eines und desselben Körpers zusammenfallen, d. h. eine und dieselbe Temperatur müßte die Grenze bezeichnen, bei deren Überschreitung ein Körper aus dem festen in den flüssigen oder umgekehrt aus dem flüssigen in den festen Zustand übergeht, je nachdem die Wärme zu- oder abnimmt. In der Wirklichkeit ist dies nicht der Fall, was von der bei jeder Formänderung langsam latent oder frei werdenden Wärme herrührt. Eine gelinde Bewegung befördert das Gefrieren, eine heftige hindert es; ruhiges Wasser kann bis tief unter seinen Gefrierpunkt erkältet werden (bis nahe an 12 Grad R., zumal in verschlossenen Gefäßen), gefriert aber sogleich theilweise, wenn es bewegt wird.

Das Eis oder gefrorene Wasser zeigt fast alle merkwürdigen Erscheinungen, die beim Schmelzen und Gefrieren vorkommen können. Wie bereits erwähnt, hat das Wasser etwa bei 3 oder $3\frac{1}{4}$ Grad R. seine größte Dichtigkeit; sinkt die Wärme noch tiefer, so dehnt es sich ein wenig aus (bis zum Gefrierpunkte um $1/8500$, aber weit stärker beim Gefrieren selbst, wo es einen um $1/9$, nach Andern $1/17$ größern Raum als vorher einnimmt), sodaß das specifische Gewicht des Eises zwischen $9/10$ und $19/20$ von dem des Wassers schwankt. Daher schwimmt auch das Eis auf dem Wasser. Das entstehende Eis hat die Form feiner Nadeln oder länglicher Krystalle und bildet sich zuerst an der Oberfläche des Wassers, wobei die Form des regelmäßigen Sechsecks unverkennbar hervortritt; die Eistheilchen gehen vom Rande des Gefäßes aus und bilden allmälig eine zusammenhängende Haut über die Oberfläche, dann, indem die Krystallbildung sich unterwärts fortsetzt, eine immer dicker werdende Eisrinde, die aber durchgängig dieselbe Dicke behält. Im Augenblicke des Gefrierens ist die Temperatur des Eises gleich Null; war dasselbe vorher im flüssigen Zustande kälter, so erhebt sich die Temperatur beim Erstarren bis auf den Nullpunkt, was eine Folge der beim Festwerden sich entbindenden oder freiwerdenden Wärme (etwa 60 Grad R.) ist. Die Kraft, mit welcher das Wasser beim Gefrieren sich ausdehnt, ist so bedeutend, daß sie der Kraft der Wasserdämpfe und der des Schießpulvers an die Seite gesetzt werden kann. Daher werden die festesten Gefäße durch Gefrieren des in ihnen enthaltenen Wassers zersprengt, z. B. eiserne Bomben, deren Stücke oft mit einer Kraft von mehren tausend Centnern weit hinweggeschleudert werden. Ebenso werden Felsen und starke Bäume durch das Gefrieren der in ihrem Innern gefrierenden Flüssigkeit zerrissen. Hierauf beruhen viele bekannte Erscheinungen des gewöhnlichen Lebens: der Frost hebt Schwellen und Steinpflaster in die Höhe, zersprengt oft mit heftigem Knalle Steine, Bäume, Mauern, Wasserleitungen u. s. w. Das Eis verliert einen merklichen Theil seiner Masse durch Verdunstung; dieser Verlust kann in vier Stunden $1/5$—$1/10$ des ganzen Gewichtes betragen. Das Zergehen oder Aufthauen des Eises erfolgt langsamer als das Festwerden und erheischt viele Wärme, die dabei gebunden wird.

Das Gefrieren des Quecksilbers ist zuerst im J. 1759 beobachtet worden; es erfolgt bei einer Kälte von 30—31 Grad R., die aber nicht durch ein Quecksilberthermometer, sondern nur durch ein Weingeistthermometer gemessen werden kann, weil das Quecksilber sich, wie das Wasser, beim Gefrieren ungemein stark zusammenzieht, weshalb man früher den Gefrierpunkt viel zu niedrig angegeben hat. Weingeist widersteht unter allen bekannten Flüssigkeiten der Kälte am meisten; absoluter Alkohol verdickt sich zwar in großer Kälte auch, aber in der bis jetzt erreichten Kälte nur theilweise, nie vollständig. Bei 72° R. gleicht Alkohol dem Öle, bei 79° dem geschmolzenen Wasser. Die verschiedenen Öle gestehen bei sehr ungleichen Kältegraden, zum Theil (z. B. gemeines Rübsamenöl) schon einige Grade über dem Gefrierpunkte des Wassers: Olivenöl bei +8 Grad R.; Mohnöl gefriert bei — 16 und schmilzt bei — $2\frac{1}{2}°$, Terpentinöl gefriert bei — 21°; Seewasser friert bei — 2 bis 4 Grad, Schwefelsäure bei — 32, Salpetersäure bei 36--43 Grad Kälte u. s. w.

(Der Beschluß folgt in Nr. 508.)

Expedition der Franzosen gegen Tagdempt.

(Fortsetzung aus Nr. 506.)

Von allen Seiten durch schwarze, terrassenförmig emporsteigende Berge eingeschlossen, gleicht Tagdempt einem Gefängniß unter freiem Himmel; der Eingang, durch welchen wir kamen, liegt zwischen jenen ganz versteckt. Wir fanden die Stadt ganz verlassen und zogen ohne Schwertstreich ein. Nur die Avantgarde wechselte einige Flintenschüsse mit einer Schar von Reitern, die abgesessen waren und sich hinter Felsen im Süden von Tagdempt versteckt hatten. Die Zuaven vertrieben sie und setzten mit ihnen während unsers Aufenthalts in diesem Platze ein bisweilen sehr lebhaftes und dennoch fast erfolgloses Gewehrfeuer fort.

Tagdempt ist auf dem nördlichen Abhang eines Bergs gebaut und erscheint als ein Amphitheater, das von wilden Felsenmassen eingefaßt ist, die eine tiefe Schlucht bilden. Das höher liegende Quartier oder die Altstadt bestand aus 5—600 einstöckigen Häusern, aus Bruchsteinen ohne Mörtel erbaut und mit Stroh gedeckt; die Straßen waren zum Theil so eng, daß nicht einmal zwei Menschen nebeneinander gehen konnten. Unter diesen bescheidenen Wohnungen erheben sich auf einem sanftern Abhange etwa 100 neuere Häuser, zum Theil noch nicht ganz fertig, alle solid gebaut, mit Ziegeln gedeckt und von einem kleinen Garten umgeben. Aus diesen Wohnungen ragt der Palast des Emirs oder die Kasbah hervor, ein längliches Viereck mit hohen, Zinnen tragenden, sehr starken Mauern; auch dieses Gebäude war erst seit Kurzem vollendet. Es enthielt das Arsenal und die Münze Abd-el-Kader's, der aber nichts als einen vergessenen Sack mit Pulver und einige kleine neugeschlagene Kupfermünzen zurückgelassen hatte. Man erkannte das Gemach, welches er bewohnt, sowie das, welches den Franzosen als Gefängniß gedient hatte. Vor dem Abmarsch hatten die Letztern mit Kreide ihre Namen und folgende Worte auf die Wand geschrieben: „Wir erwarten euch mit Ungeduld; beklagt das Loos der unglücklichen Gefangenen."

Der Gouverneur beschloß Tagdempt sofort durch Pulverminen und Feuer zu zerstören und schon am folgenden Tage zu verlassen. Die Soldaten gingen mit Eifer an ihr schreckliches Zerstörungswerk, und am folgenden Tage war von der ganzen blühenden Stadt nichts übrig als eine Moschee, die man geschont hatte, und in dem Schwager Abd-el-Kader's gehöriges Haus, das als Feldlazareth gedient hatte. Dieses füllten die Soldaten mit Bauholz und setzten es erst unmittelbar vor ihrem Abmarsch in Brand.

Flüchtige archäologische Untersuchungen ließen mich in Tagdempt und zwar in der Oberstadt regelmäßig behauene Steinblöcke entdecken, die ich aus der Zeit der römischen Herrschaft herleite, und die Überreste eines Hauses, das entschieden das Werk der Römer ist. Das Erdgeschoß, 6 Fuß unter dem Boden liegend, war vollkommen gut erhalten und die gegen 5 Fuß dicke Umfassungsmauer durch einen so festen Mörtel verbunden, daß sie eine einzige Steinmasse zu bilden schien. Im Innern war die Oberfläche der Mauern spiegelglatt und mit einer staubähnlichen Masse überzogen. Die Thüren waren eng und mit starken behauenen Steinen eingefaßt; ein zerbrochener Säulenschaft, an seinem Capitäl mit Acanthusblättern als zur korinthischen Ordnung gehörend kenntlich, zeigte an, daß dieses Haus die Wohnung eines Vornehmen gewesen sein mußte.

Am 26. um 7 Uhr Morgens verließ die Armee die Ruinen von Tagdempt. Wenige Truppen blieben darin versteckt zurück, um den Arabern, welche Neugierde und Unruhe herbeiziehen könnte, einen Hinterhalt zu legen; aber unser Feind ist in dieser Art von Kriegslisten zu erfahren und läßt sich nicht fangen. Nachdem wir den Engpaß vom vorigen Tage passirt, verließen wir den Weg nach Mostaganem in südwestlicher Richtung, um nach Mascara zu marschiren. Um 6 Uhr Abends erreichte die Armee Mahera und campirte am Ufer des

Flusses Mina. Am 27. legten wir, von dem Feinde beständig beobachtet, 6 Meilen zwischen Korn= und Gerstenfeldern zurück und campirten abermals am Ufer desselben im Zickzack fließenden Flusses, nachdem wir ihn zweimal überschritten hatten. Dasselbe geschah am Morgen des 28. und gegen Mittag gelangten wir in die ausnehmend fruchtbare, aber sumpfige Ebene Fontassa, die von einer Menge in den Ued=el=Abel fallender Bäche bewässert wird. Begrenzt wird sie von steilen Felsen, die man übersteigen muß, um nach Mascara zu gelangen.

Auf dem dahin führenden Wege lagerte die Cavalerie Abd=el=Kader's, dessen Scharen viel zahlreicher als gewöhnlich schienen, als wollte sie uns den Weg versperren. 25 Jahre zuvor war dieselbe Ebene der Schauplatz eines Sieges gewesen, den die Kabylen über die Türken erfochten hatten. Leicht möglich war es, daß Abd=el=Kader mit Rücksicht auf diese Erinnerung Absicht hatte, uns hier anzugreifen und die Vortheile seiner Stellung zu benutzen. Eine Zeitlang glaubte der Gouverneur wirklich, daß es hier endlich zum Kampfe mit dem Emir kommen werde. In dieser Voraussetzung ließ er die von den Pferden getragenen Reisladungen abladen und in einem Augenblicke konnte er sich an die Stelle von 1600 Reitern setzen, die aus der Erde hervorgezaubert schienen. Dem Prinzen gab er Befehl, mit seiner Division vorzurücken, um die Cavalerie zu unterstützen. Diese ritt nun dem Feind im Galopp entgegen, aber er erwartete sie nicht, und nach einer Verfolgung von zwei Stunden gab man die Hoffnung auf, ihn zu erreichen.

Am 29. kam die Armee nach einem ungewöhnlich starken Marsche von 12 Stunden in Fernifine an und lagerte in einer herrlichen Ebene. Kurz zuvor hatte ein ernstliches Scharmützel zwischen arabischen Reitern und einigen Compagnien unserer Infanterie stattgefunden. Am 30. erreichten wir Mascara. In der Nähe der Stadt war Alles öde, einsam und still, weshalb wir anfangs einen Hinterhalt fürchteten. Bald überzeugten wir uns, daß Mascara von allen seinen Bewohnern verlassen war. Wir fanden diese Stadt fast ganz so wieder, wie wir sie 1835 verlassen hatten; die damals verübten Beschädigungen der Häuser waren noch nicht wieder ausgebessert worden. Abd=el=Kader's Haus, welches damals von dem Herzog von Orleans bewohnt worden und zur Hälfte abgebrannt war, schien Niemand wieder zu haben, seitdem wir es entweiht hatten.

(Der Beschluß folgt in Nr. 508.)

Eigenthümliche Anwendung der Galvanoplastik.

In der Sitzung der pariser Akademie der Wissenschaften theilte Dr. Cornay eine neue Anwendung des galvanoplastischen Verfahrens mit, an welche außer ihm schwerlich irgend Jemand gedacht hat. Er hatte nämlich einem zuvor einbalsamirten menschlichen Leichnam (eines Kindes) einen Kupferüberzug gegeben. Es leuchtet ein, daß man auf diese Weise die Gestalt in allen Einzelheiten mit größter Genauigkeit erhalten und gewissermaßen unsterblich machen kann, was namentlich bei Fürsten und berühmten Männern von allgemeinem Interesse sein muß. Nur Eins ist gegen die so erhaltenen metallenen Statuen einzuwenden: sie schließen die der Verwesung geweihten Überreste des Körpers in sich ein.

Preußische Schiffahrt.

In sämmtlichen Häfen des preußischen Staats sind im J. 1841 eingelaufen 5677 Seeschiffe (2867 fremde, 2810 preußische) mit 443,901 Lasten, ausgelaufen 5761 (2859 fremde, 2902 preußische) mit 464,362 Lasten. Davon kommen auf Memel 622, 640; Pillau 723, 727; Danzig 1230, 844; Stolpmünde 197, 193; Rügenwalde 175, 175; Kolberg 237, 240; Swinemünde 1619, 1644; Wolgast 194, 197; Greifswalde 163, 167, Stralsund 517, 550.

Das Invalidenhotel in Paris.

Die Anzahl der Invaliden beträgt 2913, worunter 1 Oberst, 1 Major, 46 Capitains, 65 Ober= und 49 Unterlieutenants, 24 Adjutanten, 12 Feldwebel, 71 Ehrencapitains, 266 Ehrenlieutenants, 51 Sergeantmajors, 260 Sergeanten, 448 Corporale, 1603 gemeine Soldaten, 16 Tambours. — 17 sind epileptisch, 10 beider Beine, 5 beider Arme, 365 eines Beins, 255 eines Armes beraubt, 180 blind, 154 sehr schwer verwundet; 667 sind über 70 Jahre alt. — Den Ludwigsorden tragen 16, den der Ehrenlegion 211. — An der Spitze der Anstalt stehen 21 Beamte und Ärzte; dazu kommen 5 Krankenwärter, 25 der Krankenpflege gewidmete Nonnen, 260 Diener aller Art.

Notiz.

Das größte englische Eisenwerk ist das dem Baronet Sir John Guest gehörige bei Merthyr Tidvill in Südwales. Es enthält 18 Hohöfen und 58 Puddelöfen. Die wöchentliche Production desselben an Roheisen beträgt mindestens 1500 Tonnen oder 30,000 englische Ctr., die jährliche also 1,560,000 Ctr. oder drei Viertheile der Gesammtproduction des preußischen Staats im J. 1839. Sämmtliches Roheisen wird gefrischt, d. h. zu Stabeisen verarbeitet.

Literarische Anzeige.

Lloyd's Werke zur Erlernung der englischen Sprache.

Im Verlage von **August Campe** in **Hamburg** ist erschienen und von **F. A. Brockhaus** in **Leipzig** durch alle Buchhandlungen zu beziehen:

Lloyd, H. E., Theoretisch=praktische englische Sprachlehre für Deutsche. Mit faßlichen Übungen nach den Regeln der Sprache versehen. Sechste verbesserte Auflage. 8. 1841. 27 Ngr.

— — Englisch=deutsche Gespräche, ein Erleichterungsmittel für Anfänger. Nach **F. Perrin** bearbeitet. Nebst einer Sammlung besonderer Redensarten. Neunte Auflage. 8. 1841. 20 Ngr.

— — Übersetzungsbuch aus dem Deutschen ins Englische. 8. 1832. 15 Ngr.

— —, Englisches Lesebuch. Eine Auswahl aus den besten neuern englischen Schriftstellern. 8. 1832. 25 Ngr.

Lloyd, H. E., und **G. H. Nöhden**, Neues englisch=deutsches und deutsch=englisches Handwörterbuch. Zweite Auflage. 2 Theile. Gr. 8. 1836. Cart. 2 Thlr. 20 Ngr.

Das Pfennig-Magazin
für Verbreitung gemeinnütziger Kenntnisse.

508.]   Erscheint jeden Sonnabend.   **[December 24, 1842.**

Neapolitanische Räuber.

Das heutige Italien ist zwar noch immer nicht ganz frei von Räubern, hat aber doch nicht so zahlreiche und furchtbare Räuberbanden gesehen, wie die des Marco Sciarra und der übrigen großen Räuberanführer, die im 15. und 16. Jahrhundert sich eine furchtbare Berühmtheit erwarben. Am nächsten kamen ihnen die Banden Calabriens und der großen Ebene Apuliens, im südlichsten Theile des Königreichs Neapel, unweit der Küste des adriatischen Meers. Wie in älterer Zeit, wurden diese Banden durch die politische Zerrüttung des Landes, durch feindliche Einfälle, Aufstände und häufigen Wechsel der Regierung begünstigt; aus denselben Ursachen vereinigten sie in den Augen des Volkes nicht selten den Charakter der Räuber mit dem der Patrioten.

Auf einer sehr niedrigen Bildungsstufe stehend, lebten die Calabresen im Ganzen glücklich genug zwischen ihren Bergen und die Apulier in ihren Ebenen, als gegen Ende des Jahres 1798 die Armeen der französischen Republik, nachdem sie den Kirchenstaat besetzt hatten, die Grenze des Königreichs überschritten, um in Neapel die rothe Freiheitsmütze aufzupflanzen, den alten König Ferdinand von Bourbon zu vertreiben und eine verbündete Republik zu errichten, die nicht volle sechs Monate bestand. Die Calabresen griffen zu den Waffen, während der Hof sich unter englischem Schutz nach Sicilien zurückzog. Statt eines Generals, sandte ihnen der König einen Priester, den berühmten Cardinal Ruffo, ein Glied des alten Hauses Ruffo Scilla, dessen Güter in Calabrien liegen und dessen Hauptschloß unweit des Felsens Scilla (der alten Scylla, gegenüber der Charybdis am sicilischen Ufer) stand, bis es durch das Erdbeben von 1780 zerstört wurde.

Sobald der Cardinal in jenem südlichsten Theile Calabriens das bourbonische Banner aufgepflanzt hatte,

X.   52

stürmten auf den Ruf der Legitimität und des Glaubens Tausende ihm zu und schwuren, das Königreich von den ungläubigen Franzosen und Jacobinern zu reinigen und ihren rechtmäßigen Landesherrn wieder einzusetzen. Unter diesen Schaaren waren denn auch viele, die nichts mehr und nichts weniger als Räuber waren, aber sie hatten Waffen in den Händen, waren muthig und mit jenem wilden Lande besser als alle Andere bekannt; auch war die Zeit für den Cardinal nicht geeignet, hinsichtlich der Moral seiner Anhänger sehr scrupulös zu sein; ihm genügte es, daß sie marschiren und fechten wollten. Ruffo nahm Alle in seine Dienste und marschirte schnell gegen Neapel, wo die französischen Streitkräfte unter General Championnet sehr unbedeutend waren; im Vorrücken vermehrte sich seine Schar allmälig durch Zuflüsse aus dem Gebirge. Unglücklicherweise war der Marsch dieser von einem Kirchenfürsten angeführten Armee der Legitimität und des Glaubens durch Blut und Plünderung bezeichnet. Ruffo selbst war nichts weniger als grausam, aber er konnte unter seinen Banden keine Disciplin herstellen, und die Leidenschaften ganz rohen Menschen waren fast bis zum Wahnsinn gesteigert. Sie ergriffen sich nicht nur an Gegnern und Solchen, die es mit den Franzosen gehalten hatten, sondern auch an Solchen, die ebenso gute Royalisten als sie selbst waren. Mit seiner stets wachsenden Armee stieg Ruffo in die apulischen Ebenen hinab und eroberte Altamura, das durch eine starke republikanische Garnison vertheidigt war. Statt einer Batterie errichtete er vor der Stadt einen Altar, vor welchem er jeden Morgen Messe las und Gebete für die Gefallenen sprach. Dies that große Wirkung; in Kurzem war die Stadt mit Sturm genommen und drei Tage lang allen Greueln der Plünderung preisgegeben.

Andere Glaubenstruppen, in deren Reihen sich gleichfalls eine Anzahl Räuber befand, rückten gleichzeitig ins Feld. Ein Priester aus den Abruzzen — der bekannte Abate Proni — vertrieb die Franzosen aus seinen heimatlichen Bergen, marschirte durch die Abruzzen und die Provinz Capitanata, drang durch die dichten Wälder des Monte Gargano und vereinigte sich, von diesen Höhen herabsteigend, mit dem Cardinal, dem Oberbefehlshaber der Glaubensarmeen. Ein Räuber von Itri (einer kleinen Stadt an dem Berge St. Andrea, unweit der Grenze des Kirchenstaats), welcher den Namen Fra Diavolo (Bruder Teufel) erhielt, wurde royalistischer Parteigänger und machte die Hochstraße von Terracina nach dem Flusse Garigliano so unsicher, daß keine französischen Convois oder Truppenabtheilungen, wenn sie nicht sehr stark waren, dieselbe passiren konnten, da kein Courier anders als von einer kleinen Armee begleitet fortkommen konnte. Fra Diavolo und seine Mannschaft besetzten immer die tiefen Schluchten, durch welche der Weg lange Zeit führt; während sie zwischen Felsen und Büschen versteckt waren, waren ihre Kundschafter, hauptsächlich ihre Weiber, die keinen Verdacht erregten, längs des Weges postirt, um Nachricht von der Annäherung aller des Wegs Kommenden zu geben. Man sah diese Weiber, den Spinnrocken in der Hand, hin und her gehen, singend und mit dem Flachsspinnen beschäftigt; aber nur zu viele Franzosen und andere Reisende fanden, daß es besser gewesen wäre, wenn sie statt dieser rauhen Schönen unterwegs Dragoner angetroffen hätten. Wenige Meilen von Itri, dem Hauptquartier des Fra Diavolo, in derselben Provinz Terra di Lavoro, sammelte Gaetano Mammone, ein Müller von Sora, eine andere Bande, von deren Mitgliedern mehre Räuber gewesen waren oder später wurden. Fra Diavolo war rachsüchtig und grausam, aber dieser Mammone war ein eingefleischter Teufel, ein blutdürstiges Ungeheuer. Nie schonte er das Leben eines Franzosen, der in seine Hand fiel, und mit eigener Hand soll er in diesem schrecklichen Kriege 400 Franzosen und Neapolitaner der republikanischen Partei erschlagen haben; ja man sagt, auf seinem Tische habe während des Mittagsmahls ein blutender Menschenkopf gestanden, und in seiner größten Aufregung habe er das warme Blut seiner Schlachtopfer getrunken, wiewol wir zur Ehre der Menschheit diese schauerlichen Erzählungen für übertrieben halten wollen.

Bemerkt muß jedoch werden, daß beide Parteien ziemlich in gleichem Grade blutdürstig waren und daß die französischen Generale Duhesme, Broussier, der neapolitanische General Ettore Caraffa einerseits und die royalistischen Parteigänger Abate Proni, Fra Diavolo, Mammone u. s. w. anderseits sich gegenseitig eben nicht viel vorzuwerfen hatten. Während ihrer kurzen Herrschaft verfolgten die Franzosen die Royalisten wie wilde Thiere und begingen in San Severo, Bovino, Andria und vielen andern Orten Apuliens die schändlichsten Grausamkeiten. Ettore Caraffa, Sohn und Erbe des Herzogs von Andria, nahm die volkreiche und blühende Stadt Andria mit Sturm, zündete sie an und legte sie in Asche, wofür er wegen seines uneigennützigen Republikanismus gepriesen wurde. Als später General Broussier die Stadt Trani erstürmte, gab Caraffa den Rath, auch sie niederzubrennen, und dieser Rath wurde nur zu genau befolgt; die Stadt wurde verbrannt, und die meisten Bewohner kamen in den Flammen um.

Als der Cardinal sich anschickte, mit seiner bedeutend vermehrten Armee über die Apenninen zu gehen, erließen die französischen Generale im Einklange mit der republikanischen Regierung in Neapel Befehle der empörendsten Art. Jede Stadt, die der Republik widerstand, sollte niedergebrannt und der Erde gleich gemacht, die Cardinäle, Erzbischöfe, Bischöfe, Pfarrer, kurz alle Würdenträger und Diener der Religion als Urheber der Revolution mit dem Tode bestraft werden; in allen Fällen sollte die Todesstrafe die Einziehung der Güter nach sich ziehen. Ungeachtet dieses Manifestes setzte der Cardinal seinen Marsch fort und zog, nach einem siegreichen Gefechte in den Vorstädten, in Neapel als Eroberer ein. Die Contrerevolution war schrecklich; die Lazzaroni der Stadt vereinigten sich mit den Apuliern und Calabresen und überboten sie noch an Grausamkeit; als der Hof von Sicilien zurückkehrte, vollendeten Kriegsgerichte, Beil und Strick das Werk, welches die Glaubensarmee und der Pöbel begonnen hatten. Mehre der royalistischen Anführer erhielten ungeachtet ihres zweifelhaften Rufes regelmäßige Anstellungen. Proni und Mammone wurden zu Obersten ernannt, ja Dasselbe soll auch bei Fra Diavolo, der doch ein Räuber von Profession war, der Fall gewesen sein.

Aber die so bewirkte Restauration Ferdinand's dauerte nicht lange. Im J. 1806 marschirten die Franzosen abermals gegen Neapel, und der Hof floh wieder nach Sicilien. Die Regierung, welche jetzt errichtet wurde, war keine Republik, sondern eine höchst absolute Monarchie, an deren Spitze Napoleon's Bruder Joseph als König gestellt wurde. Sofort entstanden neue Aufstände in Calabrien, Apulien und fast allen Theilen des unglücklichen Königreichs. Die Franzosen nannten alle Insurgenten Räuber und behandelten sie als solche, wo sie ihrer nur immer habhaft werden konnten; in der That aber waren viele dieser Männer entweder ehrliche Enthusiasten für ihren vormaligen König, oder erst durch den Druck und Übermuth der französischen Soldateska zu den Waffen getrieben worden. „Ihr seid die Diebe" sagte ein calabresischer Gefangener vor dem in Monte Leone niedergesetzten Kriegsgerichte; „denn was habt ihr in unserm Lande und mit uns zu thun? Ich führte meine Flinte und mein Messer für König Ferdinand, dem Gott wieder zu seiner Macht verhelfe, aber ich bin kein Räuber." Indeß behaupteten, wie in der Zeit des Cardinals Ruffo, viele wirkliche Räuber das Feld, nicht nur in Calabrien, welches die Franzosen mit außerordentlicher Schwierigkeit und ungeheuern Verlusten unterjochten, sondern auch an der römischen Grenze, in den Abruzzen, sowie in den gebirgigen Provinzen Basilicata und Principato. Obenan stand unter ihnen Fra Diavolo, zu welchem von beiden Seiten der Grenze, aus dem Kirchenstaat wie aus dem Königreich, Räuber stießen; im Verlaufe weniger Monate fügte er den Franzosen unberechenbaren Schaden zu und vereitelte alle Versuche, ihn zu überfallen und zu fangen. In Apulien sammelten drei Brüder, Namens Vardarelli, vorher Räuber geringern Schlags, eine sehr zahlreiche Bande und behaupteten sich 12 Jahre lang, bis lange nach dem Sturze Napoleon's und dem von ihm gestifteten Reiche. Einer der Hauptschauplätze ihrer Thaten war das Thal von Bovino, ein langer, schmaler Paß, durch welchen die einzige Straße von Neapel nach den Ebenen von Apulien, nach Bari, Lecce, Otranto u. s. w. läuft. Selten oder nie griffen sie gewöhnliche Reisende an; aber sie plünderten die Regierungsfelleisen, die französischen Offiziere, Beamten, Steuereinnehmer und lebten auf Unkosten der Pächter und Verwalter der großen Landeigenthümer, die genöthigt waren, ihnen Speise und Trank und Fourrage für ihre Pferde zu liefern. Die Zahl der Bande war nie genau bekannt, mochte sich aber zuweilen auf 200 belaufen; die Meisten waren gut bewaffnet und bekleidet und trefflich beritten. Der älteste der drei Brüder, den man Don Gaetano nannte, wäre unter Umständen wahrscheinlich ein großer Feldherr geworden. Er erhielt unter seiner Mannschaft die strengste Disciplin und war in hohem Grade thätig und scharfsinnig; seine List hinterging die besten Offiziere, die gegen ihn geschickt wurden; nie wurde er selbst überfallen, aber die von ihm angeordneten Überfälle schlugen selten fehl. Die Wildheit eines Mammone war ihm fremd; seine Bande war freier von Blutschuld als vor ihm italienischer Räuber, mit Ausnahme der Bande von Marco Sciarra in den Abruzzen je gewesen waren. Das von ihm beherrschte Gebiet war groß; wurde er im Thale von Bovino in Apulien hart bedrängt, so flüchtete er in die Wälder des Monte Gargano und an die Grenzen der Abruzzen oder erstieg, die entgegengesetzte Richtung einschlagend, die Berge von Basilicata und lag verborgen in den fast unzugänglichen Wäldern und Wildnissen dieser Provinz, deren Straßen unbekannt und die wenigen Pfade für Fußgänger und Reiter von der mangelhaftesten Art waren.

Die berüchtigsten Räuber in Calabrien waren Francatripa, Benincasa, Parafante und Scarolla. Der zuerst Genannte allein kostete der französischen Armee unter Marschall Massena mehr Menschenleben, als manche berühmte Schlacht in andern Ländern hinweggerafft hatte. Gleich Benincasa hielt er sein Hauptquartier in dem fast undurchdringlichen Walde von St.-Euphemia in der Mitte von Sümpfen und Labyrinthen, zu denen nur er mit seiner Mannschaft den richtigen Schlüssel hatte. Nach mehren fruchtlosen Versuchen, diesen schlauen alten Räuber zu überfallen, erkauften die Franzosen einige seiner Bande, welche versprachen, ihn lebendig oder todt in ihre Hände zu liefern; aber Francatripa war geschickt und glücklich genug, sich gegen die Verrätherei seiner eigenen Kameraden zu schützen und mit einem ansehnlichen Schatze über die Meerenge von Messina nach Sicilien zu entkommen.

Parafante, der einen Theil von Francatripa's zerstreuter Bande sammelte und der seinigen einverleibte, war den Franzosen vielleicht noch lästiger, ohne daß sie ihn fangen oder tödten konnten. Ob Scarolla ein wirklicher Räuber oder nur ein Parteigänger war, ist zweifelhaft. Die Königin Karoline hatte ihn von Sicilien aus mit Waffen, Uniformen und Geld versehen, und viele Calabresen und Bergbewohner aus Basilicata, die sich unter dem von ihm aufgepflanzten bourbonischen Banner sammelten, hatten immer in gutem Rufe gestanden. Er nannte sich selbst „Anführer der Independenten von Basilicata" und erließ Befehle und Manifeste gleich dem General einer Eroberungsarmee. Eine französische mobile Colonne überfiel und schlug ihn in einer tiefen Schlucht im Gebirge von Syla, aber ohne großen Verlust zog er sich durch Calabrien zurück, verfolgt von der französischen Colonne, die ihn nicht wieder einholen konnte. In den Bergen versteckt, durchzog er das ganze Königreich, stieg aus den Abruzzen in den Kirchenstaat herab und setzte sich auf den steilen Höhen des Monte Velino fest. Hier glaubte er sich in vollkommener Sicherheit und beschloß hier zu bleiben, um sich von den außerordentlichen Anstrengungen zu erholen. Eine andere mobile Colonne, die in ganz anderer Absicht abgeschickt war, traf die Bande zufällig, als sie schlafend am Boden lag. Der größte Theil derselben wurde auf der Stelle erschossen oder mit dem Bayonnett niedergemacht; der Rest floh nach allen Richtungen. Die Franzosen machten eine so ansehnliche Beute, daß sie mit spanischen Piastern und goldnen Dublonen spielten. Scarolla selbst blieb am Leben, wurde aber so schwer verwundet, daß er zu Hirten fliehen mußte, die ihn für die verheißene Belohnung von 1000 Ducaten den Franzosen auslieferten, von denen er bald nachher gehängt wurde.

Einige Zeit früher hatte Fra Diavolo seine Laufbahn geendet. Nachdem er unzählige Male auf unbegreifliche Weise entkommen war, Civil- und Militairbehörden Trotz geboten hatte und beim Volke in den Ruf der Unverwundbarkeit und Allgegenwärtigkeit gekommen war, denn er schien fast gleichzeitig hier, dort und überall zu sein, wurde er von mehren seiner Helfershelfer verrathen und inmitten eines französischen Gendarmenregiments nach Neapel escortirt. Obgleich mit ungeheilten Wunden bedeckt, erschöpft durch die Anstrengungen eines langen und schnellen Marsches, dem sichern Tode entgegengehend, verlor er dennoch Muth und Hoffnung nicht und verhöhnte die Franzosen durch die Erzählung des Unglücks, das er ihnen zugefügt, und der zahlreichen Gelegenheiten, wo er sie zum Besten gehabt hatte. Als er sich der Hauptstadt näherte, strömten Tausende herbei, um ihn zu sehen. König Joseph selbst war neugierig, den Mann zu erblicken, welcher so viele Monate hindurch das Königreich mit seinem Ruhme erfüllt hatte, und befahl unschicklicher Weise, daß man ihn zu ihm nach Portici bringen möchte. Fra Diavolo wurde daher eine Strecke zurück und in den königlichen Palast gebracht; hier führte man ihn unter einem Balcon hin und her, damit Joseph seine unwürdige Neugierde befriedigen könnte; dann wurde er ins Gefängniß gebracht. Bei dem Prevotalgerichte, welches den Beweis seiner Identität für unnöthig hielt, schützte er den erhaltenen Auftrag des Königs Ferdinand und seine Ernennung zum Obersten vor, doch wurde darauf keine

Rücksicht genommen und er sofort auf dem offenen Platze vor dem Thor von Capua enthauptet. Noch jetzt spricht der gemeine Neapolitaner seinen Namen nicht ohne ein Gefühl der Furcht und des Schreckens aus.

Die schwimmenden Inseln.

Der See der schwimmenden Inseln.

Bei den alten Griechen ging die Sage, daß Delos, eine der Cykladen im Archipel, ursprünglich eine auf den Wellen des ägäischen Meeres schwimmende Insel gewesen und vom Apollo, der nebst der Diana auf derselben geboren worden, mit Ketten an zwei Felsen auf den benachbarten Inseln Gyaros und Mykonos befestigt worden sei. Noch jetzt aber gibt es in verschiedenen Theilen der Welt schwimmende Inseln auf Seen und Flüssen, die natürlich oder künstlich entstanden sind; vielleicht die bekanntesten unter ihnen sind die Chinampas oder schwimmenden Gärten von Mexico. Ihren Ursprung sollen sie der außerordentlichen Lage verdanken, in welche die Azteken bei der Eroberung ihres Landes durch eine benachbarte Nation versetzt wurden. Sie mußten sich auf die kleinen Inseln des Sees flüchten und allen Scharfsinn anwenden, um hinreichende Lebensmittel für ihren Unterhalt herbeizuschaffen. Humboldt meint, die Natur selbst habe die Idee zu diesen Gärten an die Hand gegeben, da auf den Seen von Xochimilco und Chalco oft größere Stücke Land, mit Pflanzen bedeckt und durch Wurzeln verbunden, losgerissen werden. Jetzt sind diese Gärten, die nun nicht mehr zum Bau von Mais und andern Nutzpflanzen dienen, in Mexico sehr gewöhnlich; theils schwimmen sie immer auf dem Wasser und werden von den Winden hierhin und dorthin getrieben, theils sind sie durch Ketten am Ufer befestigt. Ist der Eigner einer solchen Chinampa mit der Lage derselben nicht zufrieden, oder wünscht er sich von einem unangenehmen Nachbar zu trennen, so braucht er nur die Ketten seiner Insel zu lösen und kann dann diese mit der Pflanzung schwimmen lassen, wohin er will. Der größte Theil von Blumen und Wurzeln, mit denen die Stadt Mexico versorgt wird, kommt aus diesen Gärten, die zum Theil auch Bohnen, Artischocken u. s. w. produciren und in der Regel von geringer Ausdehnung sind, auch kein anderes Gebäude enthalten, als eine Hütte zum Schutz des Gärtners gegen Hitze oder Sturm.

Auch in den Seen von Kaschmir gibt es schwimmende Gärten, die aber von geringerer Bedeutung und Fruchtbarkeit als in Mexico sind. In China, wo die übergroße Bevölkerung den Einwohnern gebietet, jedes Mittel zur Vermehrung ihrer Subsistenzmittel aufzusuchen, findet man auf den zahlreichen Seen und Flüssen schwimmende Inseln in Menge. In der Nähe von Kanton allein sollen über 40,000 Menschen beständig auf dem Wasser leben, auf Inseln, Flüssen und Böten.

Kleine schwimmende Inseln kommen in dem schönen Loch Lomond und in andern Gewässern von Schottland und Irland vor; ein kleiner See bei St.-Omer in der französischen Grafschaft Artois ist ganz damit bedeckt. Sie finden sich auf den Gewässern aller der Gegenden, die einen vorherrschend morastigen Boden haben; im Nil, im Congo, im See von Tivoli, in den Seen von Comacchio u. s. w.

Die Abbildung stellt einen dieser Seen in der Campagna romana vor, nur drei Meilen von Rom entfernt und vulkanischen Ursprungs, ehemals aquae Albulae genannt, jetzt See Tartari oder See der schwimmenden Inseln. Sein Wasser ist sehr schwefelhaltig, versteinert alle darin liegenden Gegenstände und übertrifft an Wärme die Temperatur der Luft. Die darin schwimmenden Gegenstände bestehen meist nur in vegetabilischen

Körpern, die hineingefallen sind und versteinert und zu größern Massen verbunden darin schwimmen. Das Wasser des Sees ist von unergründlicher Tiefe. Unweit des Sees finden sich die Überreste der von Agrippa angelegten, von Augustus so oft besuchten Bäder, jetzt Bäder der Königin genannt.

Die Grundzüge der Wärmelehre.
(Beschluß aus Nr. 507.)

Das Schmelzen der Metalle wird durch ihre Verbindung oder Mischung befördert und erleichtert, wovon das Rose'sche Metall ein merkwürdiges Beispiel abgibt. Dasselbe besteht aus drei Metallen, 2 Theilen Wismuth, 1 Theil Blei und 1 Theil Zinn und schmilzt schon unter dem Siedepunkte des Wassers, während jedes der genannten drei Metalle für sich allein erst weit über demselben schmilzt. Auch durch Beimischung anderer Körper werden Metalle leichter flüssig: Eisen und Stahl durch Kohlenstoff, Phosphor u. s. w. Hierauf beruht der Zuschlag oder Fluß, den man bei den Hohöfen verwendet, um die strengflüssigen Metalle zum Schmelzen zu bringen; dazu dient Borax bei Silber und beim Löthen mit hartem Lothe (Zink und Kupfer), Kolophonium beim Schnellloth (Blei und Zinn). Die schwerflüssigsten Metalle sind Platin, das den stärksten Hitzegraden widersteht, und Iridium. Die Bestimmungen der Schmelzpunkte sehr strengflüssiger Körper sind wegen der Verschiedenheit und Unvollkommenheit der Pyrometer in hohem Grade unsicher; als annähernd genau können folgende gelten (nach Réaumur's Scala): Platin 1360, Eisen 1200—1300, Stahl 1100, Gußeisen 800—1000, Gold 960, Kupfer 840, Silber 800, Zink 300, Blei 250, Wismuth 210, Zinn 178—213, Schnellloth (4 Th. Blei und 6 Th. Zinn) 135, Rose'sches Metall 76, Kampher 140, Schwefel 83—89, Wachs 49, Phosphor 30—33, Hammelfett 32, Gänsefett 20, Stearin 46—49, Walrath 36, Butter 26 Grade.

Eine dritte überaus wichtige Wirkung der Wärme ist die Dampfbildung oder Verwandlung fester oder flüssiger in luftförmige Körper. Sie findet im Allgemeinen dann statt, wenn die Wärme der Körper eine größere Intensität oder Spannung hat, als die sie umgebenden Luft; der Wärmestoff reißt sich daher von diesen Körpern los und nimmt einen Theil ihrer Bestandtheile mit sich fort. Je größer der Wärmeunterschied ist, desto schneller geht die Verdunstung vor sich; auch die Trockenheit der Luft übt einen sehr bedeutenden Einfluß, indem er sie befördert; je leichter und schneller der bereits erzeugte Dampf weggeführt wird, desto schneller bildet sich neuer. Auch die Vergrößerung der Oberfläche erhöht die Verdunstung. Bei mittlerer Luft verdunsten feste Körper nur ganz unmerklich, oder höchstens auf eine dem Geruch merkliche Weise, mit Ausnahme des Kamphers, dessen Masse der Luft ausgesetzt allmälig, im luftleeren Raum aber noch weit schneller abnimmt. Die Verdunstung des Moschus ist hauptsächlich dem darin enthaltenen Wasser und ätherischen Öle zuzuschreiben; das Schwinden des Phosphors ist Folge einer langsamen Verbrennung. Vom Verdunsten des Eises ist schon die Rede gewesen; man benutzt es in den Haushaltungen zum Trocknen gefrorener Wäsche. Die tropfbaren Flüssigkeiten sind beständig der Verdunstung unterworfen, mit Ausnahme der fetten Öle, welche nicht verdunsten. Die Stärke der Verdunstung ist bei den verschiedenen Flüssigkeiten verschieden, und im Allgemeinen desto größer, je geringer die zum Sieden erforderliche Wärme ist (je niedriger der Siedepunkt liegt). Am stärksten von allen verdunstet wol die flüssige Kohlensäure und zwar schon bei — 80 Grad R. Von besonderm Interesse ist die Verdunstung des Wassers auf der Erde, deren Größe man bestimmt, um die Menge des herabfallenden Schnee= und Regenwassers zu erklären, was auch vollkommen gelungen ist. Übrigens ist die Größe der Verdunstung ebenso wenig in allen Jahren gleich, als die Regenmenge und mittlere Temperatur; in heißen Gegenden ist sie am stärksten. Flächen, die mit Pflanzen bedeckt sind, verdunsten nach Einigen weit stärker als kahle, unbewachsene.

Die Dampfbildung tropfbarer Flüssigkeiten findet vorzugsweise beim Sieden oder Kochen statt; dies erfolgt aber dann, wenn die gebildeten Dämpfe einen hinlänglichen Grad von Elasticität oder Spannkraft erlangt haben, um sowol die über ihnen befindliche Flüssigkeit, als die darauf drückende Luft emporzuheben; sie steigen dann in der Flüssigkeit schnell in die Höhe und bewirken dadurch jenes Aufwallen, an dem man das Sieden erkennt. Das in der Regel vorhergehende hörbare Geräusch, das sogenannte Singen, kommt daher, weil aus den zuerst erwärmten untersten Wasserschichten Dampfblasen aufsteigen, die in den höhern kältern Wasserschichten plötzlich abgekühlt und wieder in Wasser verwandelt werden, dabei aber einen leeren Raum bilden, in den das Wasser sogleich eindringt. Die Temperatur, bei welcher das Wasser siedet oder zu sieden beginnt, ist bei gleicher Barometerhöhe so gut als unveränderlich, aber etwas geringer in metallenen als in gläsernen Gefäßen. Wasser, worin Salze aufgelöst sind, nimmt eine bis 20 Grad höhere Temperatur an als reines Wasser; am wirksamsten unter den Salzen ist hierbei essigsaures Natron; Salpeter erhöht die Temperatur um 11—12, Kochsalz um 5½ Grad. Die Hitze des aus siedenden Salzauflösungen aufsteigenden Dampfes ist der des reinen Wasserdampfes völlig gleich. Auffallend ist bei manchen Auflösungen das vor dem Sieden und während desselben stattfindende heftige Stoßen, was durch hineingeworfene Stücke Metall beseitigt wird. In einem offenen weiten Gefäße sieden viele Flüssigkeiten bei geringerer Wärme als in engen Glasröhren. Den größten Einfluß auf die Temperatur des Siedens übt stets der Luftdruck, weshalb jene immer zugleich mit dem Barometerstande angegeben werden muß. Schon Papin, Huyghens und Fahrenheit wußten, daß das Wasser desto leichter, d. i. bei desto geringerer Kälte siedet, je geringer der Luftdruck ist oder je niedriger das Barometer steht. Die Siedepunkte der bekanntesten Flüssigkeiten bei einem Barometerstande von $^{76}/_{100}$ Mètres (28 par. Zoll $^9/_{10}$ Linie) sind: Äther 29, Alkohol 63, gemeiner Essig über 80, Leinöl 253, Naphtha 68, Quecksilber 272, Salpetersäure 96, Schwefel 230—250, Schwefelsäure 248, Wasser 80 Grad R.

4) Von großer Wichtigkeit sind die physiologischen Wirkungen der Wärme. Allgemein bekannt ist, daß die Wärme den vegetabilischen sowol als den animalischen Lebensproceß erhält und befördert; er muß aufhören, sowol wenn der Grad der vorhandenen Wärme zu niedrig, als wenn er zu hoch ist. Die Pflanzen können eine höhere Wärme als die Thiere ertragen, diese dagegen widerstehen leichter einer heftigen Kälte, und die auf der höchsten Stufe der Ausbildung und Vollkommenheit stehenden Thierclassen produciren die Wärme, deren sie zu ihrem Dasein bedürfen, aus sich selbst. Am vollkommensten zeigt sich auch in dieser Beziehung der Mensch, welcher besser als alle übrigen Thierclassen den Einflüssen der verschiedensten Temperaturen widerstehen kann.

5) Die Wirkungen der Wärme auf Magnetismus

und Elektricität brauchen hier nur erwähnt zu werden, da von ihnen schon früher bei Behandlung der gedachten Erscheinungen ausführlicher die Rede gewesen ist.

Expedition der Franzosen gegen Tagdempt.
(Beschluß aus Nr. 507.)

Mascara bildet drei getrennte Häusergruppen, deren wichtigste die eigentliche Stadt ist; sie ist umgeben von sehr festen und hohen Mauern aus Bruchsteinen. Außerhalb derselben nach Westen zu liegen zahlreiche Obstgärten; auf der Ost- und Südseite aber befindet sich eine sehr tiefe Schlucht, durch welche ein reißender Waldstrom mit mehren Wasserfällen fließt. Die Westseite, als die am meisten ausgesetzte, wird durch ein Fort beschützt, dessen Wälle 1835 von Kanonen starrten, das aber jetzt nur drei demontirte Geschütze enthielt. Bis zu unserer Ankunft hatte dieses Fort den französischen Gefangenen als Gefängniß gedient. 55 derselben hatten ihre Namen mit Kohle an die Wand geschrieben; auf dem Fußboden war die Figur eines Damenbretes wahrzunehmen.

Die meisten Häuser von Mascara sind in gutem Stande und man könnte darin leicht eine Besatzung von 12,000 Mann unterbringen. Überrascht von den Hülfsquellen, welche diese Stadt darbot, und den Vortheilen ihrer Lage aus dem militairischen und politischen Gesichtspunkte beschloß der Gouverneur, 2000 Mann mit 120,000 Rationen Proviant und 800 Ochsen dort zu lassen.

Im Osten der Stadt, auf der andern Seite der erwähnten Thalschlucht, sieht man die Mauern einer neuen Stadt, die noch wenige Häuser enthält, welche den Truppen des Emirs im Winter als Casernen dienen sollen. In südöstlicher Richtung steht eine wichtige Vorstadt mit vielen Gerbereien, die 1835 am meisten gelitten hatte; unsere Araber eigneten sich das in den Gruben enthaltene Leder an und luden es auf ihre Kameele.

Am 31. Mai blieb die Armee unter den Mauern von Mascara, um die zurückzulassende Garnison zu installiren und mit hinreichender Fourrage aus der Ebene zu versehen. Der Gouverneur wünschte, so viel Getreide (besonders Hafer) und Stroh, als nur möglich in der Stadt aufzuhäufen, und alle Offiziere beeiferten sich, behufs des Fourragirens ihre Pferde und Bedienten zu seiner Disposition zu stellen.

Am 1. Juni wurde wieder aufgebrochen. Den Weg von Mascara nach Mostaganem hatte die Armee 1835 in vier Tagen zurückgelegt. Der Gouverneur erfuhr jedoch, daß es einen kürzern, wiewol schwierigern Weg gab; er entschloß sich, ihn einzuschlagen, zu untersuchen, ob er sich nicht mittels einiger Nachhülfe zum gewöhnlichen Communicationswege umwandeln lasse, und ließ in Mascara alle Wagen zurück, um überall durchkommen zu können. Fast eine Stunde lang blieben wir in den Gärten von Mascara, und kaum hatte der Nachtrab sie verlassen, als er von Seiten der arabischen Reiterei, deren Zahl in jedem Augenblicke größer wurde, ein ziemlich lebhaftes Feuer auszuhalten hatte. Je näher man dem Engpasse Akbet-Krebda kommt, desto mehr dachen sich die Berge des Gebiets von Mascara ab. Von den steilen Bergen, die den Eingang des Passes vertheidigen, werden sie durch eine kleine Ebene getrennt, in welcher wir den zahlreichen und kampflustigen Feind zum Gefechte zu bringen suchten. Hinsichtlich des Emirs selbst, dessen Fahnen wir erkannt hatten, wollte dies so wenig als früher gelingen. Von den Höhen, welche den Engpaß beherrschen, konnte man unsere Evolutionen und die Bewegungen des Feindes genau verfolgen. Man sah zur Linken bedeutende Reiterhaufen, welche, getäuscht über den von uns eingeschlagenen Weg, uns zugleich mit der Infanterie des Emirs bei den Schluchten von El Borge erwarten wollten. Der Feind konnte wenigstens 6000 Reiter stellen, und doch verweigerte er hartnäckig den Kampf, den wir ihm mit 1600 Reitern anboten. Wir beschlossen daher, unsern Marsch fortzusetzen und in die Engpässe von Akbet-Krebda einzudringen. Dieser Paß ist drei Lieues lang und fast überall so eng, daß kaum zwei Mann nebeneinander gehen können. Auf der einen Seite steigt man steil hinauf, auf der andern noch schwieriger herunter. Es ist eine Art Treppe, deren natürliche Stufen höchst unregelmäßig sind und an manchen Stellen ganz fehlen, sodaß man, sich mit den Händen anhaltend, auf dem Rücken hinuntergleiten muß. Die arabischen Pferde sind so gewandt, daß sie überall, selbst auf diesen gefährlichen Wegen fortkommen. Die Eingeborenen sagen daher oft, wenn von schwierigen Wegen die Rede ist: „Man kann zu Pferde passiren, aber nicht zu Fuß."

Die Reiter des Feindes, welche den Kampf vorher mit so großer Beharrlichkeit ausgeschlagen hatten, ließen das Gepäck und das Gros der Armee im Engpasse weit vordringen, und als sie sahen, daß die letztere dem Nachtrab, der aus etwa 1500 Mann Infanterie bestand, nicht zu Hülfe kommen konnte, griffen sie ihn mit großer Heftigkeit an. Sobald sie unsere ersten Verwundeten fallen sahen, erhoben sie ein durchdringendes Geschrei, das ihnen als Signal der Vereinigung dient und mit ähnlichem Geschrei beantwortet wurde. Von allen Seiten eilten Reiter im Galopp herbei, ohne sich durch die Abgründe aufhalten zu lassen, und einige davon stiegen ab, um ein eigentliches Handgemenge zu beginnen. Unsere Soldaten erwarteten sie festen Fußes und schlugen den Angriff zurück, wobei sie etwa 80 Todte und Verwundete hatten, während der Feind deren mehr als 400 mit sich hinwegnahm. Das ganze Scharmützel dauerte nicht über eine halbe Stunde. Die Spitze der Colonnen erreichte um 5 Uhr Abends die Ebene Uedel-Hammam, der Nachtrab aber erst um 9 Uhr.

Am 2. Juni gelangte die Armee ohne weitere Unfälle in die Ebene Habra, überschritt diesen Fluß zwei Mal, campirte bei Bugirat, in der Nähe eines von Tamariskengehölz umgebenen Sees, und rückte am 3. wieder in Mostaganem ein.

George Washington.
(Fortsetzung aus Nr. 507.)

Die Nachrichten, welche Washington überbrachte, ließen den Gouverneur nicht im Zweifel, was er zu thun habe. Er ertheilte zunächst Befehl zur Anwerbung von zwei Compagnien, welche noch vor dem Eintritt der bessern Jahreszeit sich am Ohio festsetzen sollten; hierauf wendete er sich an die benachbarten Provinzen und an die Virginier selbst um Geldunterstützungen, und obschon jene anfangs Nichts, diese nur eine kleine Summe bewilligten, so war er doch durch dieses Wenige in den Stand gesetzt, sechs andere Compagnien auszurüsten, über welche der Engländer Fry das Commando erhielt; Washington bekam die zweite Befehlshaberstelle und den Rang eines Oberst-Lieutenants. Nachdem alle Vorbereitungen getroffen waren, marschirte Washington im April an der Spitze von zwei Compagnien, zu denen auf dem Wege noch eine dritte stieß, nach Wills-Creek. Hier erfuhr er mit Bestimmtheit, daß die Franzosen einen Theil der früher an den Ohio geschickten amerikanischen Truppen gefangen genommen, die übrigen vertrieben und an dem Zusammenflusse des Monongahela und des Alleghany eine starke Festung angelegt hatten. Nichts desto weniger rückte er, ohne erst die Verstärkung, um die er dringend gebeten hatte, abzuwarten, mit seiner geringen Mannschaft vorwärts, da er von einem Rückzuge oder einem unthätigen Stillstehen für die Disciplin und den Muth der Soldaten das Schlimmste fürchtete. War der Durchgang durch die Wälder schon für einzelne Personen schwierig, so war es für ein ganzes, wenn auch kleines Armeecorps natürlich in ungleich höherm Grade. Die Soldaten mußten Bäume umhauen, Felsen sprengen, Sümpfe ausfüllen, Brücken schlagen, kurz unter den mislichsten Umständen eine Straße herstellen, breit und eben genug, um das Kriegsgeräth bequem darauf fortzuschaffen. Allein trotz aller dieser Strapazen, zu denen außerdem ein drückender Mangel an Lebensmitteln kam, drangen sie bis an den Youghiogany vor. Weiter zu gehen durfte Washington nicht wagen, da ihm eben jetzt das Anrücken eines feindlichen Detachements gemeldet wurde. Er führte daher seine Truppen auf einen nur mit niedrigem Gebüsch bewachsenen Platz, die Great Meadows (großen Wiesen) genannt, und verschanzte sich daselbst. Tags darauf, den 28. Mai, wählte er 40 von seinen Leuten aus, vereinigte sich mit den befreundeten Indianern und marschirte nach der Gegend zu, wo man die Franzosen gesehen hatte. Bald entdeckte man sie in einem Hinterhalte und es entspann sich nun ein Gefecht, in welchem Herr von Jumonville, der Anführer der Franzosen, nebst einigen seiner Soldaten getödtet und eine größere Anzahl gefangen genommen wurde. Die Amerikaner dagegen hatten nur einen Todten. So glücklich demnach dieses Treffen auch ablief, so ward es doch für Washington eine Quelle vielfachen Verdrusses. Man behauptete, Jumonville sei mit einer Botschaft beauftragt und mithin als friedlicher Gesandter, nicht als Feind zu behandeln gewesen; ja man ging so weit, seinen Tod als Mord zu bezeichnen. Allerdings fand man bei Jumonville ein Schreiben an den Gouverneur; aber der Inhalt desselben sowol als das ganze Benehmen des angeblichen Gesandten, der an der Spitze von Truppen heranrückte, die Engländer auskundschaftete und mit der französischen Hauptmacht fortwährend verkehrte, deuten darauf hin, daß die Botschaft nichts als ein Kunstgriff der Feinde war, um ihr Detachement im Falle eines plötzlichen Angriffs zu retten.

Nach dem Treffen zog sich Washington wieder nach den Great Meadows, wo er ein Fort anlegte, dem er den Namen Necessity gab; schon aber war der Feind im Anmarsch, um sich wegen seiner frühern Niederlage zu rächen. Ursprünglich war es Washington's Absicht gewesen, offensiv zu verfahren, und wirklich war er auch schon mit dem größten Theile seiner Truppen nach dem Monongahela zu vorgerückt, als die Franzosen ihn durch ihre Übermacht zur Rückkehr ins Lager nöthigten, vor dem sie endlich am 3. Juli wol 900 Mann stark erschienen. Gegen eine so überlegene Anzahl vermochten sich die 400 Engländer auf die Dauer nicht zu behaupten, zumal da ein starker Regen viele ihrer Gewehre unbrauchbar gemacht hatte. Indeß hielten sie doch ein mehr als neunstündiges ununterbrochenes Feuern mit solcher Standhaftigkeit aus und machten so wenig Miene, sich zu ergeben, daß der französische Commandant ihnen eine höchst annehmbare Capitulation anbot. Ihr zufolge zogen sie am nächsten Morgen mit allen kriegerischen Ehren aus und ließen nichts als das Geschütz in dem Fort zurück. Washington führte die Truppen nach Wills-Creek, wo sie mit dem Nöthigsten versorgt wurden; er selbst aber eilte nach Williamsburg, um dem Gouverneur von dem Feldzuge Bericht abzustatten. Dieser sowie die Abgeordneten der Bürgerschaften billigten sein Benehmen vollkommen, und die letztern richteten an ihn noch ein besonderes Danksagungsschreiben. Dies hinderte jedoch nicht, daß er bald darauf eine unverdiente Kränkung erfuhr. Es wurden nämlich auf Dinwiddie's Betrieb zehn Compagnien von je 100 Mann angeworben, welche unabhängig voneinander sein und unter ebenso viel Capitainen stehen sollten. Dadurch sank Washington plötzlich vom Obersten zum Capitain herab; ja noch mehr, er sah sich sogar den königlichen Offizieren von gleichem Range untergeordnet. Wegen dieser Zurücksetzung nahm er im Gefühl seiner Würde den Abschied und verlebte den Winter im Kreise seiner Angehörigen.

Allein sein Durst nach kriegerischen Thaten, sowie sein unbegrenzter Patriotismus ließen ihn nicht in träger Ruhe verharren, vielmehr nahm er, als ihm der General Braddock, der im Frühling 1755 mit zwei Regimentern in Virginien gelandet war, eine Stelle in seinem Generalstabe antrug, mit Freuden die Gelegenheit wahr, im Dienste des Vaterlandes sich neue Lorbern zu erwerben. Das Augenmerk des Generals war darauf gerichtet, die Franzosen aus dem Fort zu vertreiben, das sie an dem Zusammenfluß des Monongahela und Alleghany erbaut hatten. Auf Washington's Rath theilte er seine Armee in zwei Divisionen, deren eine, 1200 Mann stark, leicht bewaffnet und nur mit dem Unentbehrlichsten versehen war; diese führte er selbst auf der früher gebahnten Straße nach dem Ohio zu. Während des Marsches boten ihm Indianer ihre Unterstützung an; anstatt jedoch dieselben auf jede mögliche Weise an sich zu fesseln, nahm er sie zwar auf, behandelte sie aber so kalt und stolz, daß sie sich, mißvergnügt, Alle nach und nach von ihm trennten. Erst am Abend vor der Schlacht am Monongahela erneuerten sie ihre Anerbietungen. Washington, der eben von einem vierzehntägigen heftigen Fieber genesen, wieder beim Vortrab des Heers eingetroffen war, bat wie das erste Mal den General dringend, die Hülfe der Indianer nicht von sich zu weisen; umsonst: Braddock setzte allzugroßes Vertrauen auf seine regulairen Truppen, als daß er den Antrag der Wilden nach Verdienst hätte würdigen sollen. Am nächsten Morgen, den 9. Juni 1755, zog er mit seinem Heere auf dem rechten Ufer des Monongahela hinunter und befand sich um Mittag noch etwa 2½ Meilen von dem feindlichen Fort. Hier durchwateten die Soldaten den Fluß; aber kaum hatten sie das jenseitige Ufer erreicht, so begann ein mörderisches Feuern auf ihre Fronte und rechte Flanke. Ein Feind war nicht zu sehen, denn die Franzosen und die Indianer ihrer Partei hatten sich hinter den Bäumen verborgen. Am besten wäre es gewesen, wenn die Engländer ihr Beispiel sogleich nachgeahmt hätten; allein die Virginier, die dies, gewöhnt an den Krieg in jenen Gegenden, wirklich thaten, mußten auf Befehl des Generals sich wieder in Reih und Glied stellen; und so kam es denn, daß das englische Heer, nachdem es binnen drei Stunden bis über die Hälfte zusammengeschmolzen war, endlich in wilder Flucht sich auflöste. Zwei Dritttheile seiner Offiziere wurden in diesem Treffen theils getödtet, theils verwundet; zu den letztern gehörte auch der General Braddock, der vier Tage nachher an seinen Wunden starb. Washington, obgleich als einziger dienstfähiger Adjutant der Gefahr am meisten bloßgestellt, entkam dem Tode wie durch ein Wunder. Vier Kugeln gingen durch seinen Rock und zwei Pferde wurden unter ihm erschossen, er selbst aber ward nicht im geringsten verletzt. Er eilte nach der Schlacht zu dem zurückgebliebenen Corps und sendete von dort aus den Flüchtigen Wagen und Pferde zum Transport ihrer Verwundeten entgegen; hierauf begab er sich, nicht weiter an den Dienst gebunden, auf sein Landgut Mount Vernon. Die Achtung und Liebe seiner Kriegsgefährten folgte ihm nach. Hatte Braddock stets nach seinem Rath gehandelt, hätte er namentlich die Indianer gut aufgenommen und als Kundschafter gebraucht, so würde sein Unternehmen schwerlich ein so trauriges Ende gehabt haben; dies erkannten Alle an. Alle waren einstimmig in Washington's Lob. Ein Prediger sagte in einer Rede, welche er vor den Soldaten hielt, bei Erwähnung der unglücklichen Schlacht am Monongahela: „Als Einen, der sich bei dieser Gelegenheit hervorgethan, muß ich noch einen heldenmüthigen Jüngling, den Obersten Washington nennen, und ich bin überzeugt, die Vorsehung hat ihn auf eine so auffallende Weise beschirmt und erhalten, weil er seinem Vaterlande noch dereinst die bedeutendsten Dienste thun soll." Diese prophetischen Worte sprachen Nichts aus als die allgemeine Ansicht der Virginier, die schon damals mit Stolz auf ihren Landsmann hinblickten. Washington empfing aber auch thatsächliche Beweise der Dankbarkeit und des Vertrauens; denn als in Folge der letzten Ereignisse die Abgeordneten der Bürgerschaften zusammenkamen, bewilligten sie ihm ein Geschenk von ungefähr 1000 Thlr. und ernannten ihn zugleich zum Oberbefehlshaber der Armee, welche alsbald durch sechs Compagnien verstärkt werden sollte. Er nahm das Commando an, aber nicht ohne vorher gewisse Bedingungen gestellt zu haben, deren Erfüllung er selbst nicht erwartet hatte, in die man aber dennoch einging, weil außerdem an eine glückliche Führung in der That nicht zu denken war.

So trat Washington nach vierwöchentlicher Unterbrechung von Neuem auf den Schauplatz öffentlicher Thätigkeit. Allein ungeachtet aller Zugeständnisse und Versprechungen, die man ihm gemacht hatte, war seine Lage doch keinesweges eine beneidenswerthe. Immerwährend mußte er klagen, bald über die Saumseligkeit der bürgerlichen Behörden, welche es an den nöthigen Lieferungen für das Heer nicht selten gänzlich fehlen ließen, bald über seine unzureichende Machtvollkommenheit, bei der es ihm unmöglich war, die Soldaten gehörig zu discipliniren; bald über den Mangel an Truppen, den er nur zu oft übel empfand, bald über die verkehrten Operationspläne, welche der kriegsunkundige Gouverneur ihm vorzeichnete. Den meisten Verdruß machte ihm die Widerspenstigkeit eines Capitains, der, weil er vom König ernannt worden war, über ihm zu stehen glaubte und ihm den Gehorsam offen verweigerte. Da er von der virginischen Regierung keine Abhülfe dieses Uebelstandes erlangen konnte, so machte er im Februar 1756 eine Reise nach Boston zum General Shirley, um diesem persönlich seine Beschwerden vorzutragen. Er ward vom General sehr freundlich und zuvorkommend empfangen und erreichte mit leichter Mühe seinen Zweck. Im Uebrigen freilich blieb Alles beim Alten; der Gouverneur Dinwiddie schien taub selbst gegen seine gerechtesten Vorstellungen zu sein, und Verdrießlichkeiten aller Art kamen zusammen, um ihm nach und nach seinen Posten zu verleiden, da keine Aussicht auf ruhmvolle Thaten ihnen das Gegengewicht hielt. Zwar schlug er zu wiederholten Malen die feindlichen Indianer, die raubend und mordend in das Land einfielen; aber diese Siege waren von keinem Erfolg; denn da er mit seiner geringen Mannschaft außer Stande war, die weitausgedehnten Grenzen überall zu decken, so drangen die Wilden, wenn sie an der einen Stelle zurückgetrieben wurden, an der andern desto ungestörter vor. Ohne helfen zu können, mußte Washington die Noth der unglücklichen Pflanzer mit ansehen, die plötzlich überfallen oft Nichts als ihr nacktes Leben zu retten vermochten. Kaum ertrug sein gefühlvolles Herz den Anblick dieses Jammers, als aber endlich gar noch Verleumder auftraten, welche ihm die Schuld an alle dem Elend beimaßen, da riß der Faden seiner Geduld gänzlich, er beschloß seine Stelle niederzulegen und würde es auch unfehlbar gethan haben, wenn nicht die vornehmsten und wohlgesinntesten Bürger durch inständiges Bitten ihn davon abgebracht hätten. Im November 1757 jedoch zwang ihn körperliches Unwohlsein, die Ruhe Mount Vernon's aufzusuchen; ein Fieber überfiel ihn und mattete ihn so sehr ab, daß er bis zum 1. März des folgenden Jahres das Haus nicht verlassen konnte.

(Der Beschluß folgt in Nr. 509.)

Literarische Anzeige.

Durch alle Buchhandlungen und Postämter ist zu beziehen:

Landwirthschaftliche Dorfzeitung.

Herausgegeben unter Mitwirkung einer Gesellschaft praktischer Land- und Hauswirthe von **C. v. Pfaffenrath** und **William Löbe**. Mit einem Beiblatt: Gemeinnütziges Unterhaltungsblatt für Stadt und Land.

Dritter Jahrgang. 4. 20 Ngr.

Hiervon erscheint wöchentlich 1 Bogen. **Ankündigungen** darin werden mit 2 Ngr. für den Raum einer gespaltenen Zeile berechnet, **besondere Anzeigen** ec. gegen eine Vergütung von ¾ Thlr. für das Tausend beigelegt.

Inhalt des Monats November:

Dorfzeitung. Ueber den Brand im Weizen. — Vereine gegen Mißhandlung der Thiere sind überall wünschenswerth. — Aus dem Nassauischen. — Auch eine zu kurze Saugzeit der Kälber ist ein wichtiges Hinderniß einer guten Rindviehzucht, und bringt nicht nur dem Allgemeinen, sondern auch dem einzelnen Landwirthe Nachtheil. — Darf man von einer Kreuzung der inländischen Schweine mit den chinesischen Schweinen eine bessere, besonders mastfähigere Bastardrace erwarten, als wir schon besitzen? — Die Eröffnung der landwirthschaftlichen Lehranstalt zu Regenwalde. — Worte bei Eröffnung einer Generalversammlung von Mäßigkeitsfreunden gesprochen am 3. Juli 1842. — Verhandlungen des landwirthschaftlichen Vereins zu Königsberg. — **Antworten, Miscellen, Ankündigungen.**

Unterhaltungsblatt. Das Erntefest. — Kleinkinder-Bewahranstalten. — Lied, den deutschen Land- und Forstwirthen gesungen von dem Liederkranze in Stuttgart. — Der Brand von Kasan. — Zeitungswesen. — Die höchste Menschenwohnung auf der Erde. — Die Reise in der Nacht, Bruchstück. — **Büchermarkt, Vermischtes, Anekdoten, Ankündigungen.**

Leipzig, im December 1842.

F. A. Brockhaus.

Das Pfennig-Magazin

für Verbreitung gemeinnütziger Kenntnisse.

509.]   Erscheint jeden Sonnabend.   **[December 31, 1842.**

Ancona.

Der Hafen von Ancona.

Die Stadt Ancona am adriatischen Meere, welche etwa 20,000 Einwohner zählt, ist der bedeutendste Handelsplatz des Kirchenstaats und berühmt wegen ihres Hafens, der für den besten am adriatischen Meere gehalten und schon von den ältesten Schriftstellern gepriesen wird. Um ihn erwarben sich Kaiser Trajan und anderthalb Jahrtausende später Papst Benedict XIV. Verdienste, weshalb ihnen von den Einwohnern ein noch jetzt auf dem Molo stehender Ehrenbogen von weißem Marmor errichtet wurde.

Nacheinander im Besitze der Römer, Gothen, Longobarden, Sarazenen, die es zerstörten, rettete Ancona aus den Trümmern seine Freiheit und behauptete sie als Freistaat, bis es 1532 vom Papst Clemens VII. durch List dem Kirchenstaate einverleibt wurde. Von jeher Festung, wurde es 1799 vom französischen General Meunier gegen die verbündeten Russen, Türken und Östreicher lange und tapfer vertheidigt, bis er der Übermacht weichen mußte. Seit 1815 ist nur noch die Citadelle befestigt. Als Östreich im J. 1831 der Insurrection im Kirchenstaate durch seine bewaffnete Dazwischenkunft ein Ende gemacht hatte, ohne auf Frankreichs Widerspruch zu achten, sandte dieses eine Escadre nach Ancona, welche die Stadt am 22. Febr. 1832 in Besitz nahm. Seitdem behielt sie, wiewol unter päpstlicher Civilverwaltung bleibend, französische Garnison, bis die Östreicher am 30. Nov. 1838 aus dem Kirchenstaate abzogen, worauf auch Ancona (am 3. December) von den Franzosen geräumt wurde.

George Washington.

(Beschluß aus Nr. 508.)

Unterdessen änderte sich Vieles. Das englische Parlament entschied sich für eine kräftigere Fortsetzung des Kriegs gegen die Franzosen, bewirkte die Aufstellung eines großen Heers und übertrug dem General Forbes das Commando über dasselbe mit der Weisung, den Feind ohne Verzug vom Ohio zu vertreiben. Als daher Washington nach seiner Genesung den Oberbefehl über die virginischen Truppen wieder übernahm, fand er Alles in der größten Bewegung; bald darauf erhielt er Ordre, nach Fort Cumberland zu marschiren, wo sich damals das Hauptquartier der gesammten Armee befand. Der General befragte ihn über die wichtigsten Gegenstände um seine Meinung; namentlich foderte er ihn auf, die Straße zu bezeichnen, die ihm für den

Zug nach dem Ohio als die tauglichste erscheine. Washington rieth den Weg einzuschlagen, auf welchem Braddock vorgedrungen war, und unterstützte diesen Rath mit den triftigsten Gründen; gleichwol ließ sich Forbes von den Pennsylvaniern, die einen bequemen Durchgang nach Canada von ihrer Provinz aus hergestellt zu sehen wünschten, bewegen, auf einer andern Seite vorzurücken. Fast hätte dieser unkluge Entschluß das ganze Unternehmen vereitelt; denn während man sich anstrengte, eine neue Bahn durch die Wildniß zu brechen, verging die schönste Zeit des Jahres, und schon war man des herannahenden Winters wegen im Begriff, wieder umzukehren, als man erfuhr, daß das französische Fort nur von einer geringen Mannschaft vertheidigt werde. Nun beschleunigte das Heer seinen Marsch so viel als möglich und am 25. November 1758 kam es auf dem Platze an, wo das Fort gestanden hatte; denn dieses selbst war Tags vorher von den Franzosen bei ihrem Abzuge verbrannt worden. So endigte, wenigstens in dieser Gegend, der langjährige Krieg. Noch im December desselben Jahres legte Washington seine Stelle nieder und zog sich auf sein Landgut zurück, nachdem er vorher eine Adresse von den ihm untergebenen Offizieren erhalten hatte, worin diese ihm ihre Achtung und Freundschaft in höchst schmeichelhaften Ausdrücken an den Tag legten.

Jetzt, da er, von den Sorgen für die öffentlichen Angelegenheiten so ziemlich befreit, mit Muße auch einmal an seine eigenen denken durfte, regte sich in ihm lebendiger als je der Wunsch, eine Gattin zu besitzen, mit welcher er in Zukunft Glück und Unglück theilen könnte. Schon während des letzten Feldzugs hatte er seine Blicke auf eine junge Wittwe, Mistreß Martha Custis, eine Tochter des John Dandridge, gerichtet und sie war es, welche er am 6. Januar 1759 als seine Gemahlin heimführte. Diese Wahl war in jeder Hinsicht eine vortreffliche; denn Mistreß Custis zeichnete sich nicht allein durch ein angenehmes Äußere, sondern auch durch Frömmigkeit, durch ein sanftes, liebevolles Gemüth und durch häusliche Tugenden höchst vortheilhaft aus und brachte außerdem ihrem Manne ein bedeutendes Vermögen zu. Nach seiner Verheirathung hielt sich Washington eine Zeitlang in Williamsburg und in der Umgegend auf; dann aber zog er nach Mount Vernon, wo er 15 Jahre hindurch ein zufriedenes und glückliches Leben führte. Meist beschäftigte er sich mit der Landwirthschaft, für die er leidenschaftlich eingenommen war. Unter seinen Vergnügungen behauptete die Jagd den ersten Rang; im Herbste zog er nicht selten drei Mal in der Woche aus, um Füchse zu jagen, und er ward keineswegs mismuthig, wenn er unverrichteter Sache heimkehren mußte; denn seinen Hauptzweck, Bewegung und Stärkung des Körpers, erreichte er doch immer.

Ungeachtet seiner Zurückgezogenheit nahm er an dem Wohle seiner Mitbürger fortdauernd den innigsten Antheil. Willig unterzog er sich den mühsamsten Geschäften, wenn er dadurch seinem Vaterlande einen Dienst leisten konnte. Er ordnete als einer der Bevollmächtigten die militairischen Rechnungen der Colonie auf das Sorgfältigste; er verwendete sich eifrig zu Gunsten der Offiziere und Soldaten, welche dem französischen Kriege beigewohnt hatten und denen von der Regierung Ländereien im Westen von Virginien versprochen, aber noch nicht zugetheilt worden waren; ja er machte im Jahre 1770 eine neunwöchentliche Reise, um die besten Ländereien in der bezeichneten Gegend zu ermitteln und für den Zweck der Vertheilung zu vermessen. Vorzüglich jedoch wirkte er durch seine Theilnahme an den Versammlungen, welche von den Vertretern der Bürgerschaften jährlich zwei- oder dreimal unter Aufsicht des Gouverneurs in Williamsburg gehalten wurden. Schon 1758 nämlich hatte ihn die Provinz Frederik, ohne daß eine Bewerbung von seiner Seite vorausgegangen wäre, zu einem der Abgeordneten von Virginien gewählt und er begleitete diesen ehrenvollen Posten 15 Jahre lang ununterbrochen, sieben Jahre für die genannte Provinz und acht Jahre für die Provinz Fairfax, in der er wohnte. Die Gegenstände, welche in den jährlichen Sitzungen zur Sprache kamen, suchte er stets allseitig zu durchdringen und er folgte dem Gange der Verhandlungen mit der gespanntesten Aufmerksamkeit, sodaß er, unterstützt von seinen Einsichten und Erfahrungen, über Alles ein sicheres, wohlbegründetes Urtheil zu fällen im Stande war; deshalb legte man auf seine Meinung immer einen großen Werth, obgleich ihm gerade Das abging, wodurch Andere ihren Ansichten am leichtesten Geltung zu verschaffen wissen, denn Rednertalente besaß er durchaus nicht und nie hielt er in den Versammlungen einen förmlichen Vortrag.

Die Abgeordneten der Bürgerschaften, welche bis zum Jahre 1765 eine ziemlich untergeordnete Rolle spielten, gewannen seit dieser Zeit ein hohes Ansehen, indem sie waren, von denen der erste Anstoß zur nordamerikanischen Revolution ausging. Die englische Regierung hatte in dem genannten denkwürdigen Jahre eine Stempelacte für die Colonien erlassen und dadurch einen Sturm gegen sich hervorgerufen, den sie nicht wieder zu beschwören vermochte. Zwar widerrief sie die Stempelacte, erschrocken über die energische Protestation der Amerikaner; allein nicht jene Acte an und für sich war Schuld an der entstandenen Gährung; es handelte sich vielmehr um allgemeine politische Principien, es handelte sich um die Frage, ob das englische Parlament das Recht habe, die Colonien zu besteuern, oder nicht. Das Parlament sprach diese Berechtigung an, weil es billig sei, daß die Colonien gleiche Lasten mit dem Mutterlande trügen, da sie ja gleiche Begünstigungen von Seiten der Regierung genössen; die Colonisten dagegen leugneten diese Berechtigung, weil sie nicht im Parlamente vertreten seien und weil nach den Grundsätzen der britischen Staatsverfassung nur solche Abgaben erhoben werden könnten, welche das Volk sich selbst freiwillig auferlegt habe. Der Streit ward immer heftiger. Die Abgeordneten von Virginien gehörten zu denen, welche sich gegen die Bedrückungen des Parlaments am nachdrücklichsten und lautesten erklärten. Als die Nachricht eintraf, daß auf mehre Artikel eine Einfuhrtaxe gelegt worden sei, schritten sie sofort zu Repressalien und beschlossen, bis zur Aufhebung jener unrechtmäßigen Taxe Erzeugnisse englischer Manufacturen weder zu kaufen noch zu gebrauchen. Dieser Beschluß fand bei seiner Bekanntmachung unter dem Volke den ungetheiltesten Beifall; fast Niemand handelte ihm entgegen und der Schade, welchen der britische Handel dadurch erlitt, war nicht unbeträchtlich. Indeß das Parlament ließ sich nicht irre machen, sondern griff endlich sogar zu offener Gewalt. Es erklärte den Hafen von Boston vom 1. Juni 1774 an für geschlossen und sandte den General Gage mit hinreichenden Truppen dorthin, um seinen Anordnungen Gehorsam zu verschaffen. Die Erbitterung in Amerika stieg nun aufs Höchste. In Virginien und anderwärts beging man den 1. Juni als einen Buß-, Bet- und Fasttag. Zwölf Colonien, zu denen später auch noch die dreizehnte und letzte sich gesellte, vereinigten sich daihn, Abgeordnete zu einem allgemeinen Congreß zu ernennen, der sich den 1. September 1774 in Philadelphia versammeln und über die ferner zu ergreifenden Maßregeln berathschlagen sollte. Washington, der vom Anfange an für die Colonien Partei genommen und sich stets als einen warmen Vertheidiger der Freiheit gezeigt hatte, erschien bei dem Congresse als Bevollmächtigter der Provinz Fairfax. Man genehmigte das Verfahren in Bezug auf die britischen Waaren und Güter und proclamirte die Rechte der amerikanischen Nation, enthielt sich jedoch sonst aller Feindseligkeiten, denn außerdem war nur noch ein Memorial an das englische Volk und eine Adresse an den König aufgesetzt, worin die Beschwerden der Colonien in einem bescheidenen, aber festen Tone vorgetragen waren, und nachdem man schließlich den 10. Mai 1775 für eine zweite Zusammenkunft bestimmt hatte, ging der Congreß am 16. October auseinander. Kaum war Washington in seine Heimat zurückgekehrt, so richteten verschiedene Compagnien von der Miliz, die überall bewaffnet zusammentrat, an ihn die Bitte, das Commando über sie zu übernehmen. Bereitwillig fügte er sich ihren Wünschen; er bereiste die einzelnen Sammelplätze, musterte die Truppen, ertheilte die nöthigen Rathschläge und suchte namentlich den kriegerischen Geist, den er unter den Bürgern fand, rege zu erhalten und zu erhöhen; denn daß es zwischen England und Nordamerika bald zum Bruche kommen müsse, davon war er schon länger überzeugt, obgleich er kein Mittel zur Aussöhnung unbenutzt wissen wollte, damit die Schuld des Blutvergießens nicht seinem Vaterlande zur Last fiele. Auch zögerte England nicht mit dem Angriff. Der König hielt die ihm überreichte Adresse nicht einmal der Beantwortung werth; das Parlament nannte die Colonisten Empörer und Rebellen, führte eine ungemein drohende Sprache und erlaubte sich immer größere Bedrückungen; ja in Massachusetts hatten die Feindseligkeiten mit den Gefechten bei Lexington und Concord bereits ihren Anfang genommen.

Es blieb demnach dem neuen Congreß Nichts übrig, als für die Vertheidigung des Landes und der Freiheit Sorge zu tragen. Er berieth sich über die Herbeischaffung der erforderlichen Gelder und Kriegsbedürfnisse, über die Anlegung von Magazinen, über die Errichtung einer Continentalarmee und endlich über die Wahl eines Feldherrn. Der letzte Punkt war unstreitig der schwierigste, nicht allein deswegen, weil es eine Menge alter erprobter Offiziere gab, die sämmtlich auf Berücksichtigung Anspruch machen konnten, sondern ganz besonders deshalb, weil jede der einzelnen Colonien natürlich wünschen mußte, jenen hohen Posten mit einem der Ihrigen besetzt zu sehen. Aber hier zeigte sich einmal recht deutlich, wie sehr die Verdienste Washington's von allen seinen Landsleuten anerkannt und geschätzt wurden; denn trotz der mannichfaltigen einander durchkreuzenden Interessen, welche die Versammlung beherrschten, ward er am 15. Juni 1775 einstimmig zum Befehlshaber des amerikanischen Heers ernannt. Tags darauf stattete er dem Congreß in einer Rede seinen Dank für das ihm geschenkte Vertrauen ab und erklärte seinen Entschluß, die Stelle anzunehmen, sprach jedoch seine Besorgniß aus, daß er dem neuen Amte schwerlich gewachsen sein möchte. Am 19. Juni empfing er seine Bestallung und schon am 21. verließ er, von einem Corps leichter Reiterei bis Neuyork escortirt, Philadelphia, um sich in das Lager zu Cambridge vor Boston zu begeben, in welchem damals ungefähr 14,500 kampffähige Amerikaner standen. Sowol der Provinzialconvent von Massachusetts als auch das Heer überhäufte ihn mit Beweisen von Ehrerbietung und Liebe.

Er besichtigte sogleich die Belagerungslinie in ihrer ganzen Ausdehnung und zog Erkundigungen über die Stärke des Feindes ein. Glaubhaften Nachrichten zufolge belief sich die englische Besatzung von Boston auf 11,500 Mann, die mit allem Nöthigen überreichlich versehen waren und in dem General Gage einen Anführer besaßen, dessen Tapferkeit und militairische Kenntnisse sich schon oftmals glänzend bewährt hatten. Washington sah wohl, daß er gegen die Stadt nichts auszurichten im Stande sein werde, denn die unter seinen Befehl gestellten Truppen waren nicht einmal hinreichend, die weitläufige Belagerungslinie vollkommen zu decken, zu einem Angriff auf Boston aber gehörten, wenn er glücken sollte, nach dem einmüthigen Ausspruch des Kriegsraths mindestens 22,000 Mann; überdies mangelte es dem amerikanischen Heere fast gänzlich an Munition, und von Disciplin war in seinen Reihen kaum eine Spur zu finden. Die Offiziere aus den verschiedenen Colonien lebten in unaufhörlichen Rangstreitigkeiten, während die Soldaten, die als freie Bürger freiwillig zum Kampfe für die Freiheit aufgestanden waren, sich keinerlei Zwang unterwerfen wollten. Dieser Lage der Dinge mußte ein Ende gemacht werden; aber nur der Geduld und Ausdauer, der unermüdeten Thätigkeit, der Klugheit und Einsicht, dem aufopfernden Patriotismus eines Washington konnte es gelingen, die vorhandenen Übelstände zu beseitigen, und auch ihm gelang es nur theilweise und nach und nach. Seine Macht war eine sehr beschränkte; hätte man dem Feldherrn gleich anfangs eine ausgedehntere Gewalt eingeräumt, so wären von der Armee manche Gefahren abgewendet worden; allein die Colonien fürchteten sich vor einer Militairherrschaft und gingen darin selbst so weit, daß sie kein stehendes Heer duldeten, sondern die Truppen immer nur auf ein Jahr anwarben. Diese einzige unkluge Maßregel brachte die Sache der Amerikaner im Laufe des Kriegs mehr als einmal an den Rand des Verderbens. So schon im ersten Jahre. Die Dienstzeit der meisten Soldaten war mit dem 1. December 1775 abgelaufen, und ohne die Ankunft der Neuangeworbenen zu erwarten, eilte Jeder seiner Heimat zu. Nicht mehr als 9650 Mann verblieben im Lager, während zu Boston im October bedeutende Verstärkungen unter General Howe, dem Nachfolger Gage's, eingetroffen waren und noch fortwährend eintrafen.

Glücklicherweise erfolgte der gefürchtete Angriff von Seiten der Engländer nicht, theils weil die Jahreszeit dazu nicht günstig war, theils weil die Engländer nichts von dem traurigen Zustande des Belagerungsheers erfuhren. Washington beobachtete über denselben das tiefste Stillschweigen; lieber wollte er in einem falschen Lichte erscheinen, als durch Aufdeckung seiner mislichen Lage das Wohl des Vaterlandes gefährden. Indeß brachte er es durch seine dringenden Vorstellungen endlich dahin, daß überall neue Truppen angeworben und ins Lager gesendet wurden. Kaum glaubte er sich stark genug, so ergriff er ohne Verzug Maßregeln, den Feind aus Boston zu vertreiben. Unter dem Schutze der Nacht und während er durch eine ununterbrochene Kanonade auf die Stadt die Engländer über seine Absicht täuschte, ließ er am 4. März 1776 die Höhen von Dorchester besetzen, von wo aus die britische Flotte beunruhigt werden konnte. Das Unternehmen ward von dem besten Erfolg gekrönt. Der englische Admiral bemerkte nicht sobald das Geschehene, als er dem General Howe erklärte, es sei ihm unmöglich, mit

*

seinen Schiffen im Hafen von Boston zu bleiben, wenn er nicht die Amerikaner von jenen Höhen vertriebe. Washington war darauf gefaßt, daß die Engländer einen Versuch dazu machen würden, und wollte in diesem Falle die Stadt erstürmen; allein der General Howe hielt es für besser, Boston schleunigst zu räumen, da er ohnehin angewiesen war, dies, wenn auch erst später, zu thun. Am 17. März schiffte er sich mit seinen Truppen ein; gleich darauf nahmen die Amerikaner von dem Platze Besitz.

Washington vermuthete, daß der Feind nach Neuyork segeln werde, um sich dieses wichtigen Punktes zu bemächtigen. Als er daher von der wirklichen Entfernung der Flotte Gewißheit erhalten hatte, brach er sogleich mit seinem Heere dorthin auf. Er hatte sich nicht geirrt. Am 28. Juni erschien das englische Geschwader bei Sandy-Hook, südlich von Neuyork, und General Howe landete auf Staaten-Island, wo er die Verstärkungen zu erwarten gedachte, welche ihm sein Bruder, der Admiral Lord Howe, zuführen sollte. Der Lord traf um die Mitte des Juli an Ort und Stelle ein, und einen Monat später war das ganze britische Heer beisammen, das nun aus nahe an 30,000 Mann der besten Truppen bestand. Dieser furchtbaren Macht hatte der amerikanische Feldherr höchstens 12,000 dienstfähige Soldaten entgegenzustellen, welche zwar, besonders seitdem der Congreß am 4. Juli 1776 die Unabhängigkeit des gemeinsamen Vaterlandes proclamirt hatte, von Kampflust glühten, aber weder gehörig geübt noch vollständig bewaffnet und ausgerüstet waren; außerdem mußten sie auf eine große Strecke vertheilt werden, da der Feind, im Besitze von zahlreichen Schiffen, an jedem beliebigen Platze seine Operationen beginnen konnte. Im August setzte General Howe plötzlich nach Long-Island über, einer Insel, welche blos durch den Ostfluß von Neuyork getrennt ist. 9000 Amerikaner — mehr vermochte Washington nicht zu entbehren — sollten hier dem Feinde den Weg vertreten; aber sie wurden am 26. und 27. August von zwei verschiedenen Seiten zugleich angegriffen und nach der tapfersten Gegenwehr gezwungen, sich mit bedeutendem Verlust zurückzuziehen. Washington war in Person herbeigeeilt und sah mit Kummer den Ausgang des Kampfes. Es blieb ihm nichts übrig, als die Truppen über den Ostfluß nach Neuyork zu retten, was er denn auch während der Nacht mit solcher Vorsicht und so heimlich bewerkstelligte, daß die Engländer erst am nächsten Morgen zu ihrem höchsten Verdruß seine Entfernung wahrnahmen. Neuyork war jedoch nicht mehr zu halten, und Washington begann, immer verfolgt von dem übermächtigen Feinde, aber demselben stets unerreichbar, ja in kleinen Gefechten oftmals siegreich, jenen denkwürdigen Rückzug, der von seinen Feldherrntalenten das glänzendste Zeugniß ablegte. Zuerst besetzte er die Höhen von Haerlem; dann, als er hier fürchtete, im Rücken angegriffen zu werden, nahm er weiter nördlich eine so starke Stellung ein, daß die Engländer es nicht wagten, sich ihm zu nähern; aber auch dort konnte er auf die Dauer nicht bleiben, da er Philadelphia gegen einen etwaigen Überfall schützen mußte. Er theilte deshalb sein Heer, ging mit nur 4000 Mann über den Hudson und erreichte, den nacheilenden Feind durch geschickte Märsche und trefflich gewählte Positionen gleichsam verspottend, im November glücklich das westliche Ufer des Delaware. Durch den Fluß einstweilen vor weiterer Verfolgung gedeckt, war er für das Erste nur darauf bedacht, seine Landsleute zu neuen Aufopferungen und Anstrengungen anzuspornen, und er wurde um so leichter gehört, je verzweifelter damals die Angelegenheiten Amerikas standen. Alles schien verloren zu sein. Die Engländer herrschten unumschränkt in ganz Neu- und Rhode-Island; die Amerikaner waren fast auf allen Punkten geschlagen, auseinander gesprengt und zurückgetrieben; nahe an 3000, die das Fort Washington am Hudson vertheidigten, geriethen an einem Tage in Gefangenschaft; schaarenweise desertirten die Soldaten. Schon unterwarf sich hier und da das Volk der königlichen Regierung; die ganze Hoffnung der Unabhängigkeitsfreunde ruhte auf einer halb nackten, schrecklich zusammengeschmolzenen Armee, die noch dazu im December mit Ablauf der Dienstzeit sich gänzlich aufzulösen drohte. Jetzt endlich wurden die Trägen aufgerüttelt, und lange gehegte Vorurtheile verschwanden. Der Congreß beschloß, fortan die Truppen auf die Dauer des Kriegs anzuwerben, und ertheilte zugleich dem General Washington eine Art von Dictatur, die ausgedehnteste Gewalt in Betreff militairischer Einrichtungen. Die einzelnen Staaten aber boten ihre äußersten Kräfte auf, um eine Achtung gebietende Macht in das Feld zu stellen.

Noch ehe jedoch Washington die ihm von allen Seiten zuziehenden Verstärkungen erhielt, überschritt er plötzlich im December mit geringer Mannschaft den Delaware, überfiel zu Trenton ein Corps von 1500 Hessen und nahm dasselbe fast ganz gefangen. Kaum hatte er seine Beute in Sicherheit gebracht, so eilte der Lord Cornwallis mit einem weit überlegenen Heere racheschnaubend herbei. Als der Morgen graute, rüstete sich Cornwallis zum Angriff; da hörte er in seinem Rücken fernen Kanonendonner, und das leere amerikanische Lager zeigte ihm, wo er den Feind zu suchen habe. Erschrocken wendete er sich, mit größter Schnelligkeit nach Princeton marschirend, um die drei Regimenter, welche dort lagen, wo möglich noch zu retten. Allein diese waren bereits geworfen und zerstreut oder gefangen, und als sein Vortrab zu Princeton ankam, verließ der Nachtrab der Amerikaner eben den Platz. In ruhiger Haltung zog Washington bis nach Morristown, wo er im Januar sein Winterquartier aufschlug. Hatte er doch das Unglaubliche geleistet, binnen wenig Tagen mit seinem kleinen Häuflein die englischen Linien am Delaware durchbrochen, Philadelphia vorläufig von aller Gefahr befreit und fast ganz Neu-Jersey von den Feinden gesäubert. Das Jahr endete aber unglücklicher, als es begonnen hatte. Im Frühlinge 1777 rückte der General Howe mit seiner gesammten Macht in Neu-Jersey wieder vor und suchte Washington durch allerlei Kunstgriffe zu einem allgemeinen Treffen zu reizen; allein alle seine Pläne scheiterten an der weisen Besonnenheit seines Gegners, und da er diesem durchaus nichts anzuhaben vermochte, so schiffte er seine Truppen in Amboy ein und verließ die Küste. Lange blieb Washington über Howe's Absichten im Ungewissen. Ein großes britisches Heer unter Bourgoyne's Anführung näherte sich von Norden her dem Hudson, und man glaubte, Howe würde wieder nach Neuyork zurückkehren, um sich mit Bourgoyne zu vereinigen. Die englische Flotte zeigte sich bald hier bald dort; zuletzt aber segelte sie die Chesapeak-Bai herauf. Nun war keinem Zweifel mehr unterworfen, daß der Feind es auf Philadelphia abgesehen habe. Washington marschirte deshalb sogleich nach Wilmington mit dem festen Entschluß, Philadelphia den Engländern wenigstens nicht ohne blutigen Kampf preiszugeben; denn er wußte, daß ein furchtsames Zurückweichen einen weit üblern Eindruck machen würde als selbst die härteste Niederlage. So kam es im September zu der Schlacht am Brandywine, in welcher die

Amerikaner geschlagen wurden. Indeß verlor der Feldherr den Muth nicht, sondern verfuhr schon im October wieder offensiv, indem er Howe, der inzwischen Philadelphia eingenommen und sich dann bei Germantown gelagert hatte, tapfer angriff. Anfangs war er glücklich, am Ende aber mußte er sich vor der Übermacht zurückziehen. Später fanden noch einzelne zum Theil sehr vortheilhafte Scharmützel statt, bis der Winter den Kampf unterbrach. Washington führte seine Truppen nach Valley Forge, etwa 5 Meilen von Philadelphia, um ihnen hier die nöthige Ruhe zu vergönnen und sich selbst auf den nächsten Feldzug vorzubereiten.

Während dieser Zeit hatte er vielfachen Verdruß. Die Soldaten, die er wahrhaft väterlich liebte, litten den drückendsten Mangel nicht allein an Kleidung, sondern auch sogar an Lebensmitteln. Schon dies that ihm weh; noch mehr aber schmerzte es ihn, daß er, wenigstens anfangs, dieser Noth nicht anders abzuhelfen vermochte, als durch Aussendung von Streifcorps, welche mit Gewalt wegnehmen mußten, was sie fanden. Als endlich die dringendsten Bedürfnisse einigermaßen befriedigt und in Folge seines unablässigen Drängens und Treibens vom Congresse Vorkehrungen getroffen waren, die einem ähnlichen Übelstande für die Zukunft vorbeugten, so verursachte die Saumseligkeit und Schläfrigkeit, mit der einige Staaten die Anwerbung frischer Truppen betrieben, dem Oberbefehlshaber neuen Kummer. Seine Armee verdiente kaum diesen Namen, so unscheinbar war sie. Dennoch mutheten ihm Manche zu, mit diesem schwachen hülflosen Heere den Feind mitten im Winter anzugreifen, und schalten ihn unthätig, weil er es unterließ. Selbst im Congreß erhoben sich Stimmen gegen ihn, angeregt durch die Verleumdungen dreier Offiziere von hohem Range, welche sich verbunden hatten, um ihn zu stürzen. Der Irländer Conway spielte die Hauptrolle bei dieser Intrigue, von welcher übrigens Washington durch seinen Freund Lafayette längst unterrichtet war. Jene Offiziere überzeugten sich aber bald von der Fruchtlosigkeit ihres Unternehmens und gaben es aus freien Stücken auf; ja Conway schrieb, als er sich, in einem Duelle verwundet, dem Tode nahe glaubte, einen reuigen Brief an den General, worin er den Tugenden desselben volle Gerechtigkeit widerfahren ließ. Für solche Unannehmlichkeiten und Kränkungen fand Washington in seinem guten Bewußtsein und in der Liebe aller Wohlgesinnten Entschädigung; was aber die Sache des Vaterlandes und der Freiheit betraf, um die er bei der geringen Unterstützung, welche sie fand, wol Ursache hatte, ernstlich besorgt zu sein, so eröffneten sich ihm auch in dieser Beziehung bessere Aussichten. Frankreich hatte die Unabhängigkeit Nordamerikas anerkannt und demselben seine mächtige Hülfe zugesagt. Die Nachricht davon verbreitete überall, namentlich unter dem Heere, den lautesten Jubel, und Viele hegten schon die frohe Hoffnung, es werde mit dem Feldzuge des Jahres 1778 dem Kriege ein Ziel gesetzt werden; allein gerade in diesem geschah äußerst wenig. England machte im April Friedensvorschläge, die jedoch durchaus unannehmbar waren. In Philadelphia folgte Sir Henry Clinton dem General Howe im Commando. Da bereits eine französische Flotte nach den Vereinigten Staaten unter Segel war, so durfte Clinton nicht länger in der Stadt verweilen, sondern mußte so schnell als möglich nach Neuyork aufbrechen, um diesen wichtigen Platz gegen die drohende Gefahr sicherzustellen. Er räumte deshalb Philadelphia, ging über den Delaware und zog langsam durch Neu-Jersey. Washington folgte ihm auf dem Fuße. Bei Monmouth kam es zwischen beiden Heeren zum Treffen, welches für die Amerikaner noch glücklicher würde gewesen sein, wenn nicht der General Lee (der ebendeswegen nachher vor ein Kriegsgericht gestellt und abgesetzt wurde) den gemessenen Befehlen Washington's entgegengehandelt hätte. Clinton erreichte gegen Ende Juni ohne weitern Unfall Neuyork. Der französische Admiral Estaing, der mit seiner Flotte die Engländer bei Rhode-Island angriff, ward geschlagen und flüchtete sich in den Hafen von Boston. Washington, der so seinen Plan zu einem Zusammenwirken der Land- und Seemacht vereitelt sah, legte seine Truppen in einem Halbkreise um die Stadt Neuyork in die Winterquartiere; er selbst begab sich im December zum Congreß, um diesem seine Pläne für den kommenden Frühling mitzutheilen. Auf seinen Rath wurde beschlossen, den Krieg blos vertheidigungsweise fortzusetzen, damit nicht die schon so sehr in Anspruch genommenen Hülfsquellen der Staaten gänzlich erschöpft würden, was um so unnützer gewesen wäre, je sicherer man seit dem Bündnisse mit Frankreich auf einen baldigen Frieden rechnen konnte.

Demnach verhielt sich Washington nach seiner Zurückkunft in das Lager meist ruhig und beschränkte sich darauf, die Bewegungen des Feindes zu beobachten. General Clinton gerieth in Verzweiflung, als es ihm durchaus nicht gelingen wollte, seinen Gegner aus seiner trefflichen Position herauszulocken und zu einer Schlacht zu bewegen. Nach vielen Märschen und Manoeuvern, die er zu diesem Zwecke gemacht hatte, kehrte er unverrichteter Sache und mismuthig nach Neuyork zurück. Dagegen überfiel Washington plötzlich bei Nachtzeit einen starken englischen Posten zu Stony Point, eroberte ihn, machte 543 Gefangene und erbeutete eine Menge Kriegsgeräth. Außerdem fielen noch mehre kleine Gefechte vor, in denen die amerikanischen Waffen meist siegreich waren. So verging das Jahr 1779. Das folgende war ebenso arm an Ereignissen. Zwar langte wiederum eine französische Flotte unter Herrn von Ternay und mit ihr ein Landheer von 5000 Mann unter dem Grafen Rochambeau an; allein da die französische Seemacht weit geringer war als die englische, so mußte der Angriff auf Neuyork, den Washington wünschte, unterbleiben; ja Herr von Ternay wurde sogar im Hafen von Newport blockirt, sodaß nicht einmal Rochambeau Rhode-Island verlassen durfte. General Clinton beschloß, die Franzosen zu Wasser und zu Lande anzugreifen, und setzte sich darum mit dem größten Theile seines Heers von Neuyork aus in Bewegung; da sich aber Washington sogleich drohend der Stadt näherte, so gab er sein Vorhaben unverzüglich auf und kehrte eilig nach Neuyork zurück, worauf auch die Amerikaner ihre vorigen Stellungen wieder einnahmen. Sonst geschah weiter nichts von Bedeutung. Das Jahr 1781 begann mit einer höchst gefährlichen Meuterei im amerikanischen Lager, die jedoch Washington theils durch kluges Nachgeben, theils durch rasches und strenges Einschreiten in Kurzem zu dämpfen wußte. Clinton richtete unterdessen sein Augenmerk auf den Süden. Er schickte so viel Mannschaft, als er entbehren konnte, nach Carolina und Virginien, wo die Engländer ungeahndet die abscheulichsten Grausamkeiten verübten. Auch nach Mount Vernon kamen sie und würden es jedenfalls in Brand gesteckt haben, wenn der Verwalter sich nicht unterwürfig gezeigt und durch geringe Aufopferungen das Unglück abgewendet hätte. Dafür empfing er aber einen ernsten Verweis von Washington, der ihm erklärte, er hätte lieber Alles plündern und verwüsten lassen als mit dem Feinde des Vaterlandes unterhandeln sollen. Da die Besatzung von Neuyork, obgleich von England aus neu verstärkt, nach den erwähnten Truppenentsendungen jetzt wieder zahlreicher war als vorher, so verband sich Washington mit Rochambeau zu einem gemeinschaftlichen Angriff auf die Stadt. Er rechnete bei Entwerfung dieses Planes auf den Beistand der großen französischen Flotte, die der Admiral Grasse aus Westindien herbeiführte. Es fand sich indeß, daß Grasse nur eine sehr kurze Zeit an der Küste von Nordamerika sich aufhalten durfte, während welcher man Neuyork unmöglich einnehmen konnte. Um nun doch die Anwesenheit der Flotte zu benutzen, entschloß sich Washington zu einem Zuge nach Virginien. Er traf seine Anstalten so gut, daß Clinton erst dann seine wahren Absichten durchschaute, als die vereinigte amerikanisch-französische Armee bereits die Grenze von Virginien überschritten hatte und es zu spät war, dem Lord Cornwallis, welcher das dortige englische Heer befehligte, Verstärkungen zuzuschicken. Cornwallis warf sich bei Washington's Herannahen nach Yorktown, wo er, in der Meinung, die englische Flotte werde der französischen überlegen sein, von Clinton entsetzt zu werden hoffte. Bald indeß gewahrte er seinen Irrthum. Am 30. September eröffnete Washington die Belagerung der Stadt, die zugleich vom Admiral Grasse auf der Seeseite blockirt wurde. Der Lord sah keine Rettung. Schon am 14. October capitulirte er und ergab sich mit seinem über 7000 Mann starken Heere als kriegsgefangen. Die Freude der Amerikaner war grenzenlos. Der Congreß übersandte dem General Washington ein Danksagungsschreiben und schenkte ihm zwei der eroberten Standarten; außerdem ertheilte er den französischen Anführern angemessene Auszeichnungen, belobte die Offiziere und Soldaten öffentlich und decretirte die Errichtung einer marmornen Säule zu Yorktown. Die Engländer dagegen erholten sich von diesem schweren Schlage nicht wieder. Der Krieg war so gut wie geendet.

Nachdem Washington zu Yorktown Alles in Ordnung gebracht hatte, ging er, überall mit den größten Ehrenbezeigungen empfangen, über Eltham, wo er seinen Stiefsohn, den jungen Custis, sterbend antraf, nach Philadelphia, um den Congreß zur schleunigen Aufstellung einer bedeutenden Heeresmacht anzutreiben, wodurch, wie er ganz richtig urtheilte, sich ein desto vortheilhafterer Friede würde erzwingen lassen. Von Philadelphia verfügte er sich in sein früheres Lager vor Neuyork. Hier erhielt er jene merkwürdige Adresse, worin er aufgefodert wurde, sich zum König aufzuwerfen. Die Adresse rührte von einer Anzahl Offiziere her, die mit der allerdings schwachen Regierung des Congresses unzufrieden waren und jetzt fürchteten, man werde sie, ohne ihre langen Dienste gehörig zu belohnen, entlassen; sie entsprach aber zugleich den geheimen Wünschen nicht nur fast aller Soldaten, sondern auch vieler Bürger, und leicht hätte Washington die höchste Gewalt sich aneignen können, aber sein edler, hochherziger, für Freiheit glühender Sinn verabscheute einen solchen Schritt wie ein Verbrechen. Er gab seine Betrübniß und Entrüstung über die Adresse den Verfassern derselben mit so kräftigen Worten zu erkennen, daß ihm später wol schwerlich ein ähnlicher Antrag gemacht worden ist. Das nicht ganz grundlose Misvergnügen gegen den Congreß, welches zu der Adresse Veranlassung gegeben hatte, äußerte sich zu Anfange des Jahres 1783 noch heftiger unter den Offizieren; ihre gerechten Vorstellungen waren unbeachtet geblieben, und es hatte das Ansehen, als ob sie auf dem Wege der Güte niemals zu Dem gelangen würden, was ihnen gebührte. Viele wollten daher Gewalt angewendet wissen. Sie setzten einen Tag der Zusammenkunft fest, an welchem sie auch die Übrigen auf ihre Seite zu ziehen hofften. Washington erfuhr dies noch zeitig genug, um einem so verderblichen Plane entgegenzuwirken. Er versammelte die Offiziere ungesäumt um sich, ermahnte sie in einer eindringlichen Rede, ihren Ruhm nicht durch Empörung zu verdunkeln, und versprach, schließlich ihre Ansprüche mit allen ihm zu Gebote stehenden Mitteln zu unterstützen. Die Offiziere standen hierauf augenblicklich von ihrem Unternehmen ab, Washington aber vertrat ihre Foderungen so nachdrücklich, daß der Congreß sie nochmals in Erwägung zog und endlich auch befriedigte. Im April kam die Nachricht von dem zu Paris abgeschlossenen Frieden in Amerika an. Viele Soldaten gingen auf Urlaub, und auch Washington benutzte diese Gelegenheit zu einer kleinen Reise nach dem Norden. Von dort zurückgekehrt, empfing er eine Einladung, den Versammlungen des Congresses (der ihn unterdessen durch den Beschluß noch ganz besonders geehrt hatte, daß eine Reiterstatue von ihm an dem künftigen Sitze der Regierung aufgestellt werden sollte) zu Princeton beizuwohnen. Er folgte der Einladung und hielt sich lange in Rocky Hill, nahe bei Princeton, auf, wo man ein Haus für ihn eingerichtet hatte und wo zwischen ihm und einzelnen Abgeordneten häufig Rath gepflogen wurde. Am 25. November endlich räumte der Feind Neuyork, den letzten Platz, den er noch auf amerikanischem Boden besetzt hielt. An demselben Tage zog Washington in die Stadt ein und übergab sie sodann feierlich dem Gouverneur. Bei dem Gastmahle, welches dieser veranstaltete, nahm er rührenden Abschied von seinen bisherigen Kampfgenossen. Alle vergossen Thränen, als der geliebte Feldherr den Saal verließ. Die ganze Gesellschaft begleitete ihn mit stummer Trauer. Nachdem er die Barke, auf der er nach Powles Hook übersetzen wollte, bestiegen hatte, wendete er sich noch einmal um und winkte, seinen Hut schwenkend, den Freunden am Ufer das letzte Lebewohl zu. In kurzen Tagereisen begab er sich nun, allenthalben auf das herzlichste bewillkommnet, nach Annapolis, wo damals der Congreß versammelt war. Am 23. December legte er seine Vollmachten in die Hände des Präsidenten nieder, und schon am 24. traf er in seinem geliebten Mount Vernon ein.

Über acht und ein halbes Jahr war er von dort entfernt gewesen und hätte selbst des Umgangs mit seiner Familie gänzlich entbehren müssen, wenn nicht seine Gattin jedesmal den Winter bei ihm im Lager zugebracht hätte. Mit desto größerm Behagen genoß er jetzt die heitere Ruhe seines stillen, ländlichen Wohnsitzes. Die Bewirthschaftung seiner Güter, die er auch während des Krieges auf das sorgfältigste überwacht hatte, ward wiederum seine Hauptbeschäftigung und zugleich sein Hauptvergnügen. Ihr widmete er einen großen Theil seiner Zeit ausschließlich. Er stand vor Sonnenaufgang auf und arbeitete bis zum Frühstück in seinem Studirzimmer; dann bestieg er ein Pferd, ritt durch die Felder, gab den Arbeitern die nöthigen Anweisungen und legte nicht selten selbst Hand an das Werk, sodaß, wer ihn so sah, glauben mußte, er sei niemals etwas Anderes gewesen als ein einfacher Pflanzer. Um 3 Uhr speiste er zu Mittag, und den Rest des Tages brachte er im Kreise seiner Familie und Freunde zu. Sein Haus wurde nicht leer von Gästen; denn unzählige Fremde strömten aus allen Ländern herbei, um den Befreier von Amerika kennen zu lernen. Da kamen Generale und Staatsmänner, vornehme Herren und schlichte Bürger; da kamen Schriftsteller, denen er Aufschluß über einzelne Ereignisse der Revolution geben, Maler, denen er sitzen sollte, Bildhauer (unter Andern

Houdon, der von der Regierung beauftragt war, eine Statue Washington's zu fertigen und dessen Arbeit als die gelungenste gilt), die seine Büste zu modelliren wünschten. Viele solche Besuche konnten ihm nur lästig sein; manche dagegen überraschten ihn auf die angenehmste Weise, namentlich war er ungemein erfreut, als sein Freund und Waffenbruder Lafayette auf einige Wochen bei ihm einsprach. Häufig fanden sich auch Mitglieder der Regierung ein in der Absicht, ihn über Dieses oder Jenes um Rath zu fragen; noch häufiger aber wendete man sich in dieser Absicht brieflich an ihn, und er war somit immer noch in die öffentlichen Geschäfte verwickelt, obgleich er sich äußerlich von denselben zurückgezogen hatte. Sein Einfluß auf die Staatsangelegenheiten verminderte sich durchaus nicht, und er gebrauchte ihn fortwährend zum Besten des Vaterlandes. Besonders that er sehr viel für die Schulen und für den Unterricht der Jugend. Zu wiederholten Malen ließ er unbemittelte Jünglinge auf seine Kosten studiren; lange Zeit gab er jährlich über 300 Thaler zur Erziehung armer Kinder in Alexandria her, und in seinem Testamente legirte er eben dazu 4000 Dollars. Er interessirte sich auch lebhaft für das Missionswesen und unterstützte dasselbe, so viel in seinen Kräften stand. So hörte er in seiner Zurückgezogenheit nicht auf, Gutes zu wirken, wo er nur immer konnte. Sein Vaterland frei und glücklich zu sehen und selbst zu dessen Glücke beizutragen, erfreute ihn mehr als der Ruhm, den seine Thaten ihm erworben hatten. Die Belohnungen, welche seine dankbaren Mitbürger ihm für seine Dienste anboten, wies er alle bestimmt, doch schonend zurück; nur einen Lohn wünschte er, und dieser bestand darin, daß es ihm möchte vergönnt sein, sein noch übriges Leben in ruhiger Abgeschiedenheit von der Welt als betriebsamer Pflanzer auf seinem väterlichen Landsitze Mount Vernon zuzubringen. Allein das Vaterland konnte seiner nicht entbehren; es hatte keinen zweiten Washington; noch einmal rief es ihn und, ein treuer Sohn, gehorchte er willig.

Die Verfassung Amerikas, wie sie, durch den Drang der Umstände hervorgerufen, bis dahin sich erhalten hatte, genügte in keiner Beziehung mehr. Als die einzelnen Staaten ihre Rechte und Freiheiten noch gefährdet, ihre Städte von einem mächtigen Feinde verwüstet und ihre Fluren durch die Schrecken des Krieges verheert sahen, da fühlten sie die Nothwendigkeit, sich eng aneinanderzuschließen; da besaß der Congreß Ansehen und Macht; aber kaum war der Sturm beschworen, so löste sich diese erzwungene Verbindung von selbst wieder auf, es bildeten sich 13 Republiken, deren jede nur ihre eigenen Vortheile ins Auge faßte, und der Congreß verlor auch den letzten Schatten von Autorität. Dennoch hing das Wohl oder Wehe Amerikas allein von der größern oder geringern Festigkeit eben jener Verbindung ab. Das Land bedurfte, wollte es die mühsam errungene Unabhängigkeit nicht wieder verlieren, einer Centralgewalt, um nach außen würdevoll repräsentirt und innerlich stark zu werden. Glücklicherweise verbreitete sich diese Ansicht der Dinge immer weiter, sodaß endlich die verschiedenen Regierungen im Mai 1787 Bevollmächtigte nach Philadelphia sandten, die sich über eine zweckmäßige Bundesverfassung vereinbaren sollten. Washington erschien, nachdem er sich dessen lange geweigert hatte, bei dieser Versammlung als Abgeordneter Virginiens und wurde einmüthig zum Vorsitzenden ernannt. Die Berathungen dauerten vier Wochen. Am 17. September unterzeichneten alle Bevollmächtigte, mit Ausschluß von dreien, die neue Verfassung, nach welcher die oberste Leitung der Vereinigten Staaten von Nordamerika in die Hände eines vom Volke jedesmal auf vier Jahre zu erwählenden Präsidenten gelegt wurde, dem man einen allgemeinen Congreß zur Seite stellte. Dieser Verfassung traten nach und nach sämmtliche Staaten bei und im März 1789 ging die Wahl des ersten Präsidenten vor sich. Als man die Stimmen gesammelt hatte, ergab es sich, daß sie alle ohne Ausnahme auf Washington gefallen waren. Einen Monat später erhielt dieser die amtliche Nachricht von seiner Ernennung zugleich mit der Einladung, sich nach Newyork, dem einstweiligen Sitze des Congresses, zu verfügen. Seine Reise dorthin glich einem Triumphzuge. Eine zahllose Menschenmenge drängte sich an den Straßen, die er passiren mußte; auf dem ganzen Wege reihte sich Ehrenpforte an Ehrenpforte; Festzüge kamen ihm vor jeder Stadt entgegen und begrüßten ihn mit feierlichen Reden; die Häuser waren bekränzt; Gastmähler, Illuminationen und Feuerwerke wurden veranstaltet, wo er länger verweilte; Artilleriesalven ertönten, als er in Newyork landete; die ganze Bevölkerung stand am Ufer und geleitete ihn in unermeßlichem Zuge nach dem für ihn eingerichteten Hause. Am 30. April leistete er vor dem versammelten Volke dem Kanzler Livingston den Präsidenteneid und trat somit sein neues beschwerliches Amt an. Anfangs ertheilte er zu jeder Stunde Audienz; allein er bemerkte bald, daß ihm so kein Augenblick zu eigener Verfügung übrig bleiben würde. Er traf daher eine andere Einrichtung. Nur Dienstags zwischen 3 und 4 Uhr nahm er Jeden an, der mit ihm sprechen wollte, zu andern Zeiten hatten nur Diejenigen Zutritt zu ihm, die in Staatsgeschäften kamen. Freitag Nachmittag waren die Gesellschaftszimmer seiner Gemahlin geöffnet, wo dann eine freie, von keinem Ceremoniell eingeengte Unterhaltung stattfand Sonntags empfing der Präsident keine Gesellschaft. Früh besuchte er regelmäßig die Kirche und den Rest des Tages brachte er theils in seinem Zimmer, theils bei seiner Familie zu. Bei dieser Ordnung beharrte er, so lange er seine hohe Würde bekleidete. Selten verließ er den Sitz der Regierung, der sich erst in Newyork und dann in Philadelphia befand.

Was nun Washington's Wirksamkeit anlangt, so herrscht über dieselbe nur Eine Stimme. Der Stempel der Kraft, Weisheit und Gerechtigkeit war seiner Regierungshandlungen unverkennbar aufgedrückt. Er war es, der Nordamerika eine der ersten Stellen unter den mächtigsten Staaten anwies; er war es, der Handel und Gewerbe in seinem Vaterlande zu einer vorher nicht erreichten Blüte erhob; er war es, der die neue Verfassung der jungen Republik befestigte, überall Ordnung und Ruhe herstellte und Glück und Wohlstand hervorrief. Und dies Alles that er unter den schwierigsten Verhältnissen, zu einer Zeit, wo die traurigen Folgen eines langjährigen Krieges erst recht hervorzutreten begannen, wo der Credit Amerikas gänzlich gesunken war, wo Haß und Zwietracht die Bürger einander immer mehr zu entfremden drohten. Das Volk erkannte aber auch seine Verdienste an; denn nach Ablauf der gesetzlichen vier Jahre wurde er zum zweiten Male einstimmig zum Präsidenten erwählt; ja man würde ihm nochmals diese hohe Würde übertragen haben, wenn er nicht mit Bestimmtheit erklärt hätte, daß er sie unter keiner Bedingung wieder annehmen werde. Er sehnte sich zurück nach seinem Mount Vernon. Seine Kräfte nahmen von Tag zu Tag ab und er wünschte sein so lange der öffentlichen Wohlfahrt gewidmetes Leben ruhig zu beschließen. Demzufolge richtete er bereits am 15. September 1796, also sechs Monate vor Ablauf seiner Amtsverwaltung, eine Abschiedsadresse an das Volk, damit dasselbe Zeit hätte, auf einen Nachfolger zu denken. Im December erschien er zum letzten Male vor dem versammelten Congreß, dem er in einer Rede den gegenwärtigen Zustand des Staates klar auseinandersetzte, indem er zugleich die heißesten Wünsche für das fernere Gedeihen des gemeinsamen Vaterlandes aussprach. Als am 4. März 1797 der neue Präsident den Amtseid leistete, befand sich Washington unter den Zuschauern, dann begab er sich, nachdem er noch viele Beweise der Liebe und Hochachtung erhalten hatte, nach Mount Vernon, wo er sich wieder ungestört seinen Lieblingsbeschäftigungen hingab. Zwei Jahre waren so vergangen, da erkrankte er plötzlich. Am 12. December 1799 war er, wie gewöhnlich, in seinen Pflanzungen umhergeritten und dabei von einem heftigen Schneegestöber überfallen worden. Gänzlich durchnäßt und von Frost durchschauert kam er nach Hause; noch in derselben Nacht stellte sich ein Fieber ein und schon am 14. December verschied er nicht ohne Schmerzen in den Armen seiner Gattin.

Washington war von hoher schöner Gestalt; seine Brust breit und gewölbt; sein Gesicht wohlgebildet, seine Stirn frei. In seiner ganzen Haltung lag etwas Ernstes, Ruhiges, in seinen Blicken etwas Sanftes und Wohlwollendes. Meist erschien er still und nachdenkend, doch verschmähte er in heiterer Gesellschaft auch den Scherz nicht, immer aber sprach sich in seiner Erscheinung jene Würde aus, die unwillkührlich Achtung vor Dem einflößt, der sie an sich trägt.

Sein Charakter bedarf keiner weitern Schilderung. Gewiß stimmt Jeder in das Urtheil eines neuern Geschichtschreibers ein, welcher sagt: „So lange Civilisation und Humanität ein Reich oder eine Stätte auf Erden haben, so lange die Ideen Freiheit und Vaterland einem Werth behalten und geschichtliche Erinnerungen unter den Menschen leben werden, so lange wird Washington's Name glanzvoll im Tempel des Ruhmes stehen."

Französische und belgische Rübenzuckerproduction.

Die Anzahl der thätigen Fabriken beträgt in Frankreich 398; die Summe des im letzten Jahre (April 1841 bis März 1842) fabricirten Zuckers 28,055,515 Kilogramm (2,752,927 Kilogramm mehr als im vorigen Jahre). Zur Consumtion geliefert wurden 23,284,355 Kilogramm. In Belgien wurde die erste Runkelrübenzuckerfabrik 1828 errichtet; jetzt gibt es dort 39 Fabriken (worunter 17 in Hennegau und 9 in Brabant), welche zusammen für 3,503,500 Francs produciren. Außerdem gibt es dort 59 Raffinerien für inländischen, 6 für ausländischen Zucker. Die Durchschnittseinfuhr von Rohzucker und präparirtem Zucker beträgt 14½ Mill. Francs; die Ausfuhr von raffinirtem Zucker 11,700,000 Francs.

Der Albatros.

Theilen wir mit Schinz und Naumann die Vögel in 14 Ordnungen ein (während Linné und Cuvier nur 6, Oken 7, Temminck 16 annehmen), so zerfällt die Ordnung der Schwimmvögel wieder in sechs Familien: Langschwinger, Zahnschnäbler, Pelikanartige, Taucherartige, Alkartige und solche, die des Flugvermögens ganz beraubt sind. Von diesen enthält die erste die meisten Gattungen; unter ihnen befindet sich auch der Albatroffe, welche sehr große und plumpe Schwimmvögel sind, die ebenso gut fliegen und dabei allen Stürmen trotzen, als schwimmen, ohne jedoch unterzutauchen. Ihr großer Schnabel gibt ihnen ein furchtbares Ansehen, wiewol sie nicht im mindesten gefährlich sind und ihn nur zur Vertheidigung gegen andere Vögel brauchen, wenn sie von diesen angegriffen werden. Sie bewohnen die südlichen Meere vom Cap bis nach Neuholland, werden im stillen Meere fast überall und im südlichen Theile des atlantischen Oceans getroffen, sind am Vorgebirge der guten Hoffnung und am Feuerland häufig und verlassen die Meere nur in der Brutzeit, so lange ihre Jungen sich noch nicht selbst forthelfen können. Merkwürdig sind sie auch deshalb, weil sie das einzige bekannte Beispiel eines Vogels, der aus der südlichen Halbkugel in die nördliche wandert, darbieten, indem sie in den Wintermonaten aus der südlichen Halbkugel, namentlich im Juni und Juli, in die nördlichen Meere von Kamtschatka, der Beringsinseln u. s. w. kommen. Ihre Nahrung besteht in Fischrogen, Weichthieren, dem Fleische todter Walfische und ähnlichen Thiere, aber Fische scheinen sie nicht zu fressen; übrigens sind sie sehr gefräßig und verdauen sehr schnell. Ihre Nester bauen sie an öden Küsten, Klippen und Vorgebirgen und legen ein weißes Ei. Die bekannteste Art ist der große Albatros (auch Kriegsschiffvogel oder Seeschaf genannt), der fast die Größe eines Schwanes hat und 4—5 Fuß lang ist; die ausgebreiteten Flügel messen von einer Spitze bis zur andern mehr als das Doppelte. Seine Farbe ist im Allgemeinen weiß, doch hat er schwarze Flügel, einen gelben Schnabel und rothe Füße. Sein Geschrei wird sowol mit dem des Esels, als mit dem Wiehern des Pferdes und dem Grunzen des Schweines verglichen. Das Fleisch ist hart und thranig und wird von den Schiffern nur im Nothfalle und in Ermangelung eines bessern genossen. Die Eier, welche in ein ganz kunstloses Nest in einer trocknen Vertiefung gelegt werden, sollen schmackhaft sein. Eine andere Art, der rußfarbige Albatros, ist weit kleiner, von Farbe schieferblau mit dunkelbraunen Flügeln; sie baut aus Schlamm ein 5—6 Fuß hohes Nest.

Herausgegeben unter Verantwortlichkeit der Verlagshandlung F. A. Brockhaus in Leipzig.